嘉兴年鉴

2015

梁平波题

中共嘉兴市委
嘉兴市人民政府 主办

嘉兴市地方志编纂委员会 编

方志出版社

版 权 声 明

Declaration of Copyright

嘉兴市地方志编纂委员会

主　　　任：林健东

常务副主任：孙贤龙

副　主　任：张志伟　柴永强　马玉华　周志迪

委员由市政府秘书长，市政府分管副秘书长，市法院、市检察院、市委办公室、市人大常委会办公室、市政府办公室、市政协办公室、嘉兴军分区政治部、市委组织部、市委宣传部、市委统战部、市委政研室、市农办（市农业经济局）、市发展改革委、市经信委、市教育局、市科技局、市公安局、市民政局、市司法局、市财政局（市地税局）、市人力社保局、市国土资源局、市建委、市交通运输局、市水利局、市商务局、市文化局、市卫生局、市人口计生委、市审计局、市国资委、市体育局、市环保局、市统计局、市旅游局、市粮食局、市城管执法局、市外办、市人防办（市民防局）、市信访局、市总工会、团市委、市妇联、市科协、市残联、市工商联、嘉兴经济技术开发区、嘉兴港区、嘉广集团、市档案局、市委党校、嘉报集团、嘉职院、嘉兴银行、市供销社、市新居民事务局、市社保事务局、市市场监管局、市质监局、市国税局、嘉兴检验检疫局、嘉兴海关、市气象局、嘉兴电力局、市邮政局、人行嘉兴市中心支行、嘉兴银监分局、电信嘉兴市分公司、市烟草专卖局、嘉兴学院有关负责人和南湖区、秀洲区、嘉善县、平湖市、海盐县、海宁市、桐乡市政府主要负责人组成。

《嘉兴年鉴》编辑室

主　　　任：叶永强

副　主　任：周春锋　曾　燕　姚炎鑫

主　　　编：叶永强

常务副主编：曾　燕　周春锋

副　主　编：吴勤勤

编　　　辑：邱　阳　王泽群　郑敏芳　尤裕森

孙忠烈　翟杭加　蒋炳华

英文翻译：翁　葳

凡　例

一、《嘉兴年鉴》是中共嘉兴市委、市人民政府主办，市地方志编纂委员会组织编纂的综合性年鉴。自1998年起，每年编纂出版一部，旨在全面、真实地反映上一年度全市经济建设、社会各项事业的发展情况，为建设和谐嘉兴服务，为各级领导科学决策服务，为国内外人士了解、研究、宣传嘉兴服务，也是为记载嘉兴历史服务。

二、《嘉兴年鉴》采用分类编辑法。结构分为篇目、分目、条目3个层次，即篇目下设分目，分目下设条目，条目是年鉴内容的基本表现形式和手段。为方便检索，篇目标题用2号宋体字通栏，分目标题用3号黑体字加灰底“　　　　”，条目标题用5号黑体字加方头括号“【 】”。

三、《嘉兴年鉴(2015)》记载时限为2014年1月1日至12月31日，部分新增分目，在条目内容的记述上作简要的历史追溯，以求内容的完整；特载部分提前收录2015年的政府工作报告。

四、本年鉴分为36个篇目：特载、专记、大事记、嘉兴概貌、农业、工业、交通·电力·水利、信息化建设与信息产业、城乡建设、环境保护·气象、名胜与旅游、科学技术、国内贸易、外经贸·口岸、财税·金融、经济管理与服务、中共嘉兴市委、嘉兴市人民代表大会、嘉兴市人民政府、政协嘉兴市委员会、民主党派和工商联、群众团体、法治、武装、教育、文化、传媒、体育、卫生、社会生活、人物、县(市、区)、国家级及省级开发区、社会经济统计资料、文件选编、附录，共设254个分目，收录1602个条目、63个表格。全书前有目录，后有索引。

五、本年鉴采用的文稿，由各有关部门、单位落实专人撰写或提供，并经撰稿、供稿单位领导审核。撰稿人或供稿人姓名加圆括号“( )”列在条目后面右下方。各种数据均经有关部门、单位核实确认，综合性数据依据嘉兴市统计局统计数据。对个别因统计时间、口径不同而产生的不同数据，均作加注说明。

六、本年鉴“市和县(市、区)机构及负责人”分目收录的名单为：市级一级局副职以上，二级局正职以上；县(市、区)级副职以上；职务均指实职，凡2014年机构或负责人职务有变动的，单位或姓名后加圆括号“( )”，注明机构成立、撤销或职务任职、免职时间。

七、本年鉴中，凡用“嘉兴市”“全市”“市”，即包括嘉兴市本级及所辖县(市、区)；“嘉兴市区”“嘉兴市本级”，即包括市直属、南湖区、秀洲区；“市城”指建成区；嘉兴市简称“禾”，市城简称“禾城”。

八、本年鉴的索引，采用主题分析索引的方法，按主题词首字汉语拼音字母顺序排列，使用方法详见索引说明。

九、《嘉兴年鉴(2015)》的编纂、出版得到全市各有关部门、单位和社会各界人士的关心、帮助和支持，谨此一并表示衷心感谢！希望广大读者对书中出现的疏漏欠妥之处，提出宝贵意见。

《嘉兴年鉴》编辑室

2015年10月

目　　录

凡例

特　　载

市委七届八次全体（扩大）会议报告摘要 …… 1
政府工作报告 …… 9

专　　记

党的群众路线教育实践活动 …… 18
“五水共治”工作 …… 23
“三改一拆”行动 …… 27
2014世界互联网大会 …… 30

大 事 记

2014年嘉兴市大事记 …… 35

嘉兴概貌

地理环境 …… 40
　概况 …… 40
资源物产 …… 40
　概况 …… 40
历史沿革 …… 41
　概况 …… 41
气候特征 …… 42
　常年气候概况 …… 42
　2014年气候概况 …… 42
　2014年主要气候事件 …… 43
行政区划及人口 …… 44
　概况 …… 44
国民经济和社会发展 …… 45
　概况 …… 45
　三次产业平稳运行 …… 45
　社会需求稳定增长 …… 46
　三大收入稳步提升 …… 47
　推进经济转型升级 …… 47
　社会民生发展情况 …… 48
　生态环境持续改善 …… 50
　城乡统筹发展水平居全省首位 …… 50
　个私经济稳步发展 …… 52
精神文明建设 …… 53
　培育和践行社会主义核心价值观 …… 53
　巩固文明城市创建水平 …… 53
　推进诚信建设制度化工作 …… 54
　推进志愿服务制度化建设 …… 54
　强化未成年人思想道德建设 …… 55
　开展节俭养德全民节约行动 …… 56
　开展文明家风传承行动 …… 56
　提升文明旅游素质 …… 57
　“我们的节日”主题活动 …… 57
　深化基层文明创建 …… 57
生态嘉兴建设 …… 58
　概况 …… 58
　推进“清三河”行动 …… 58
　首次实现交接断面水质考核优秀 …… 58

开展废气治理行动 …… 58
开展"节能减排"行动 …… 58
推进"四边三化"行动 …… 59
开展生态示范创建工作 …… 59
市和县(市、区)机构及负责人 …… 59
中国共产党嘉兴市委员会 …… 59
中国共产党嘉兴市纪律检查委员会 …… 60
中共嘉兴市委工作部门及直属单位 …… 60
嘉兴市人民代表大会常务委员会 …… 61
嘉兴市人民政府 …… 62
嘉兴市人民政府工作部门及直属单位 …… 62
其他行政、事业、企业单位 …… 68
中国人民政治协商会议嘉兴市委员会 …… 71
嘉兴市中级人民法院 …… 72
嘉兴市人民检察院 …… 72
中国人民解放军嘉兴军分区 …… 72
民主党派 …… 72
群众团体 …… 72
县(市、区)主要机构 …… 73

农 业

综述 …… 77
农业"两区"建设 …… 77
培育农业经营主体 …… 77
生态循环农业列全省第一位 …… 77
农业社会化服务 …… 77
农产品质量安全 …… 78
农业行政执法 …… 78
"绿剑"集中执法行动 …… 78
中国农技推广协会到嘉兴调研 …… 78
粮油 …… 78
概况 …… 78
培育种业发展项目 …… 78
晚粳稻单产创纪录 …… 79
示范推广新型肥料 …… 79
蔬菜 …… 79
概况 …… 79
平湖市试点政策性蘑菇及蘑菇大棚保险 …… 79
参加省精品果蔬展销会 …… 79
参加省第五届鲜花展示展销会 …… 79
全省瓜菜水稻轮作现场会在嘉兴召开 …… 80
全省新型农作制度推广现场会在嘉兴召开 …… 80
水果 …… 80
概况 …… 80
2014嘉兴精品果蔬展销会 …… 80
嘉兴市葡萄产业协会成立 …… 80
省精品葡萄评比活动在嘉兴举行 …… 80
范泾草莓获浙江省第一届优质草莓金奖 …… 80
蚕桑 …… 81
概况 …… 81
秋蚕期桑螟暴发成灾 …… 81
政策性养蚕保险试点 …… 81
实施优质茧收购试点 …… 81
畜禽 …… 81
概况 …… 81
畜禽养殖效益 …… 82
退养生猪农民转型 …… 82
完善死亡动物无害化集中处理体系 …… 82
畜禽遗传资源保护 …… 82
动物疫病防控 …… 82
畜禽农产品安全监管 …… 83
畜禽屠宰工作移交至农经部门 …… 83
H7N9禽流感防控 …… 83
小反刍兽疫防控 …… 83
林业 …… 83
概况 …… 83
完成中央重点沿海防护林建设 …… 84
破获首起非法运输象牙制品案 …… 84
修订《嘉兴市森林火灾应急预案》 …… 84
海洋与渔业 …… 84
概况 …… 84
现代渔业园区建设 …… 84
池塘生态化改造工程 …… 85
养鱼稳粮增收工程 …… 85
引进名优水产品种 …… 85
水产养殖技术推广 …… 85
水产品质量安全整治 …… 85
温室甲鱼养殖拆除整治 …… 85
开展海域专项执法行动 …… 85
海洋规(区)划修编 …… 85

海洋管理 …… 85
海洋环境保护 …… 86
推进增殖放流工作 …… 86
渔业安全管理 …… 86
海洋与渔业行政执法 …… 86
农机 …… 86
概况 …… 86
水稻机械化穴直播观摩会在桐乡召开 …… 87
农用航空植保无人喷洒机首次试飞 …… 87
举办农机修理职业技能比赛 …… 87
农村经营管理 …… 87
推进农村土地流转 …… 87
农村集体资产产权制度改革 …… 88
农村产权公开交易平台建设 …… 88
发展村级集体经济 …… 88
农民专业合作社信用评价 …… 88

工　业

综述 …… 89
“机器换人”取得实效 …… 90
推行工业绩效评价 …… 90
启动“三名”工程 …… 90
加快培育信息经济 …… 90
培育工业强镇 …… 90
开展“进企解困”专项行动 …… 91
传统优势产业 …… 91
概况 …… 91
成立嘉兴市羊毛衫协会 …… 92
实施现代装备制造业三年行动计划 …… 92
召开现代装备制造业发展合作交流会 …… 92
新兴产业 …… 92
概况 …… 92
全国分布式光伏发电现场交流会在禾举行 …… 93
8 个新兴产业项目获中央财政资金扶持 …… 94
参加 2014 中国国际机器人展览会 …… 94
嘉兴化工新材料园区进入全国 10 强 …… 94
大企业培育 …… 94
概况 …… 94
大企业培育工作 …… 95
推进“三名”工程建设 …… 95
中小微企业扶持 …… 95
概况 …… 95
获融资性担保经营许可证 48 家 …… 96
557 家企业“小升规” …… 96
中小企业公共服务平台运行 …… 96
节能降耗 …… 96
概况 …… 96
实施能源消费总量预算化管理 …… 97
加大投资项目节能评估和审查力度 …… 97
推进重点领域节能管理 …… 97
节能技术推广运用 …… 97
调整优化能源结构 …… 97
改革能源要素配置 …… 97
淘汰落后产能 …… 98
概况 …… 98
开展重点行业整治 …… 98
扶持企业转型升级 …… 98

交通　电力　水利

公路 …… 99
概况 …… 99
普通公路建设 …… 100
提升农村公路等级 …… 100
公路边环境整治 …… 100
实施公交优先战略 …… 100
钱江通道北接线段项目正式通车 …… 100
推进杭州湾大桥北接线前期工程 …… 101
秀洲区公交停车西场投入使用 …… 101
嘉兴市城乡公交西北停保场开工建设 …… 101
铁路 …… 101
概况 …… 101
三环南路下穿沪昆铁路立交开工建设 …… 102
纺工路下穿沪杭客运专线通道通车 …… 102
水路 …… 102
概况 …… 102
推进航道建设 …… 103
内河港口提升升级 …… 103
加强交通安全监管 …… 103
推进绿色水运建设 …… 103

加强“法治港航”建设 …… 103
电力 …… 104
概况 …… 104
道路绿色照明改造 …… 105
实施居民楼道亮化工程 …… 105
首个风力发电站投入运行 …… 105
秀洲电力营业厅开业 …… 105
低压光伏反孤岛装置的鉴定与应用 …… 105
区域分布式电源调控及运营平台上线 …… 106
表1 2014年嘉兴市全社会用电量按用电性质构成 …… 106
表2 2014年嘉兴市全社会用电量按行政区人均水平构成 …… 106
秦山核电 …… 107
概况 …… 107
机组保持安全稳定运行 …… 107
方家山核电工程提前投产 …… 108
机组大修工作 …… 108
调整优化内部管理模式 …… 108
科技创新和技术管理 …… 109
对外技术服务 …… 109
重水堆科研专项取得新进展 …… 109
推进项目竣工验收 …… 109
获省部级及以上荣誉60项 …… 109
水利 …… 110
概况 …… 110
加强水资源保障工作 …… 111
重大水利工程建设 …… 111
农田水利标准化建设 …… 111
水环境综合整治 …… 112
入选全国水生态文明城市建设试点 …… 112
基层防汛防台体系规范化建设 …… 112

信息化建设与信息产业

综述 …… 113
电子政务与公共服务信息化 …… 113
完成网上政务大厅建设 …… 113
完成电子政务云计算中心建设 …… 113
完善公共事务信息交换共享 …… 113
智慧电网建设 …… 113
建设智慧交通 …… 114
参加中欧绿色智慧城市交流会 …… 114
嘉兴智慧健康建设 …… 114
“一体化警务”建设 …… 114
建设国家信息消费试点市 …… 114
启动智慧教育“在线课堂”项目 …… 114
培育企业电商平台 …… 114
信息经济发展和两化深度融合 …… 115
信息经济工作会议 …… 115
促进两化深度融合工作 …… 115
创建省两化深度融合国家示范区 …… 115
加强两化融合技术服务工作 …… 115
社区与农村信息化 …… 115
概况 …… 115
建成“12316”农业综合信息平台 …… 115
推进智慧农业试点建设 …… 115
加快智慧畜牧业建设 …… 115
平湖市被列入农业部信息进村入户试点县 …… 116
基础网络建设与运营 …… 116
概况 …… 116
中国电信嘉兴分公司 …… 116
中国移动嘉兴分公司 …… 116
中国联通嘉兴分公司 …… 116
中国铁塔嘉兴分公司 …… 117
电子信息产品制造业 …… 117
概况 …… 117
2家企业入围中国电子信息百强企业 …… 117
4家企业入围中国电子元件百强企业 …… 117
17家企业入围省百家重点电子信息企业 …… 118
天通公司15英寸蓝宝石晶体材料出炉 …… 118
3家企业入省光伏建筑一体化产品推广目录 …… 118
光伏产业“五位一体”试点经验在全省推广 …… 118
省电子信息产业示范园区规划通过评审 …… 118
5家企业入选《光伏制造行业规范条件》 …… 119
23个项目列入省重点计划 …… 119
软件业及技术服务业 …… 119
概况 …… 119

9 个项目获省信息服务业发展专项资金 …… 119
新增认定软件企业 13 家 …… 119
新增软件产品登记 113 项 …… 119
无线电管理 …… 120
概况 …… 120
业余无线电管理 …… 121
打击整治非法使用"伪基站"活动 …… 121
联合打击"黑广播" …… 121
参与首届世界互联网大会保障 …… 121
邮政 …… 121
概况 …… 121
开展真诚服务年活动 …… 122
创建 E 邮综合服务平台 …… 122
开拓"村邮网购"农村电子商务市场 …… 122
建设新型报刊亭 …… 122
举办跨境电商推介会 …… 123
共建校园智能投递中心 …… 123
为世界互联网大会提供服务 …… 123

城乡建设

综述 …… 124
规划　测绘 …… 126
概况 …… 126
加强城乡规划管理 …… 126
市规划管理局 3 个分局成立 …… 126
开展"多规合一"试点工作 …… 127
推进嘉兴市城市总体规划修改工作 …… 127
启动嘉兴市域总体规划修编工作 …… 127
开展嘉兴市综合交通体系规划编制工作 …… 127
完成产城融合战略及空间布局规划研究 …… 127
开展嘉兴科技创新平台规划研究 …… 128
推进地理国情普查工作 …… 128
完善地理信息共享平台 …… 128
加强测绘与地理信息市场监管 …… 128
开展国家版图知识宣传活动 …… 128
提升基础测绘能力 …… 129
勘察　设计 …… 129
概况 …… 129
开展优秀勘察设计评选 …… 129
开展"四库一平台"信息系统建设 …… 130
建筑业 …… 130
概况 …… 130
加强建筑施工安全生产监督 …… 131
加强施工现场关键岗位人员变更管理 …… 131
召开"树标杆、学标杆"活动现场会 …… 132
成立嘉兴市建筑业管理局驻贵州办事处 …… 132
开展工程质量治理两年行动 …… 132
10 项工程获浙江省"钱江杯"优质工程奖 …… 132
16 项工程获评省安全文明施工标准化工地 …… 132
市建筑企业获省级和国家级工法 7 项 …… 133
2 个企业成为省级企业技术中心 …… 133
国家可再生能源建筑应用示范城市建设 …… 133
3 个国家级光电建筑示范项目验收 …… 133
房地产业 …… 133
概况 …… 133
出台促进房地产市场平稳健康发展意见 …… 135
举办房地产业发展高峰论坛 …… 135
开展危旧房屋大排查 …… 135
房地产经纪机构非法集资风险专项排查 …… 135
实施老旧住宅危急维修资金制度 …… 136
市区启动地下建筑物登记工作 …… 136
建立网络协助执行查控机制 …… 136
房产办证推出四项预约服务 …… 136
市政公用事业 …… 136
概况 …… 136
新建改建市区城市道路 …… 137
优化路网和停车系统 …… 137
制定建设系统"五水共治"方案 …… 138
国家"十二五"水专项课题通过中期评估 …… 138
编制市区城市排水防涝综合规划 …… 138
修编市区燃气规划 …… 139
启动排水设施工程质量专项整治行动 …… 139
省荣军医院完成建设并搬迁 …… 139

文生修道院修缮完成并移交 …… 139
推进城市有机更新 …… 139
园林绿化 …… 139
概况 …… 139
实施市区绿化彩化提升工程 …… 140
完成三塔路沿线景观提升改造工程 …… 140
建成姚家荡、天琴湖、莲馨3个公园 …… 141
环境卫生 …… 141
概况 …… 141
制定城市生活垃圾收运新体系实施方案 …… 141
充实完善市容环卫工作专家库 …… 142
城市管理 …… 142
概况 …… 142
曝光台和"啄木鸟"志愿者系统运行 …… 143
渣土运输管理平台试运行 …… 143
提升执法管理质量 …… 143
小城镇建设 …… 143
概况 …… 143
13个镇被列为国家重点镇 …… 144
推进小城市培育试点工作 …… 144
优化完善嘉兴市村庄布点规划 …… 144
新农村建设 …… 144
概况 …… 144
美丽乡村建设 …… 144
农村生活污水治理 …… 145
农房改造集聚 …… 145
加快新市镇建设 …… 145
出台低收入农户收入倍增计划 …… 145

环境保护　气象

环境管理 …… 146
概况 …… 146
加强畜禽养殖污染治理 …… 146
强化建设项目环评审批 …… 146
推进危险废物全过程管理 …… 146
推进环保体制机制改革创新 …… 147
环境监测与科研 …… 147
概况 …… 147
加强环境质量综合评价 …… 147
加强环境监测能力建设 …… 147
加强环境监测科研 …… 148
环境法制建设 …… 148
概况 …… 148
开展环保系列专项执法行动 …… 148
深化部门联动执法机制 …… 148
环境宣传教育 …… 149
概况 …… 149
深化环保公众参与机制 …… 149
环保宣教活动 …… 149
开展"五水共治"专题研讨班 …… 149
环境质量状况 …… 149
概况 …… 149
城市大气环境质量状况 …… 150
地表水环境质量状况 …… 150
近岸海域环境质量状况 …… 150
声环境质量状况 …… 150
气象 …… 150
概况 …… 150
强化公共气象服务 …… 151
推进基本实现气象现代化 …… 151
加强气象防灾减灾社会管理 …… 151

名胜与旅游

综述 …… 152
南湖风景名胜区 …… 152
南湖景区获"全国最佳旅游目的地"称号 …… 152
组建成立嘉兴旅游发展有限公司 …… 152
旅游市场开发 …… 152
创新旅游市场营销机制 …… 152
发布四季旅游主题 …… 152
实施接轨上海战略 …… 153
与全国晚报联盟合作开展主题推广活动 …… 153
嘉兴旅游咨询服务中心对外运行 …… 153
举办全国供应商采购大会 …… 153
"红色旅游书屋"落户嘉兴 …… 153
首次发行嘉兴旅游护照 …… 153
参加京杭大运河城市旅游推广联盟 …… 154
旅游电子杂志创刊 …… 154
旅游商务中介平台上线 …… 154
旅游商品获全国金奖 …… 154

旅游规划建设 …… 154
《嘉兴南湖景区改造提升规划》确定 …… 154
旅游开发项目 …… 154
旅游招商 …… 154
新增 A 级旅游景区 15 家 …… 154
大云温泉获批省级度假区 …… 155
推进旅游产业融合发展 …… 155
温泉小镇规划获批 …… 155
旅游行业监管 …… 155
概况 …… 155
引导企业创品牌经营 …… 155
举办全市导游大赛 …… 156
推出市区首条旅游专线 …… 156
开展安全生产专项行动 …… 156
游客满意度指数排名全省前列 …… 156
新批旅行社 10 家 …… 156

科学技术

综述 …… 158
科技环境、人才与项目 …… 158
概况 …… 158
拓展科技型企业融资渠道 …… 158
省级以上计划项目获补助资金 8300 万元 …… 159
市级科技计划项目补助经费 4268.1 万元 …… 159
区域创新体系与高新技术产业 …… 159
概况 …… 159
发展高新技术特色产业基地 …… 159
高新技术园区建设 …… 159
科技企业孵化器建设 …… 159
科技型企业培育 …… 160
科技成果与科技合作交流 …… 160
科技成果申报评审 …… 160
表 3 2014 年嘉兴市获国家科学技术奖项目 …… 160
表 4 2014 年嘉兴市获浙江省科学技术奖项目 …… 160
表 5 2014 年嘉兴市自主创新重大贡献奖获奖人员 …… 161
表 6 2014 年嘉兴市自主创新贡献奖获奖人员 …… 161
表 7 2014 年获嘉兴市科学技术进步一等奖项目 …… 161
科技合作交流 …… 162
与沪杭签约项目 660 项 …… 162
与名校及科研院所共建创新载体 40 家 …… 162
浙江清华长三角研究院 …… 162
浙江中科院应用技术研究院 …… 162
农业科技与科技新农村建设 …… 163
概况 …… 163
农业科技研发成果转化及应用 …… 163
获评省科技特派员工作先进市 …… 163
专利、知识产权保护 …… 163
概况 …… 163
推进知识产权试点示范工作 …… 163
举办专利培训 69 场 …… 164
查处假冒专利案件 83 件 …… 164
专利管理和服务 …… 164
防震减灾 …… 164
概况 …… 164
开展防震减灾宣传周活动 …… 165
处置平湖地震事件 …… 165

国内贸易

综述 …… 166
推动商贸流通品牌建设 …… 166
出台家禽集中屠宰管理办法 …… 166
交接生猪屠宰监管职责 …… 167
创建生鲜农产品“放心柜” …… 167
推进农产品流通 …… 167
落实“大气污染防治”项目 …… 167
加强特种行业监管 …… 167
强化商贸领域监督管理 …… 167
举办 2014 嘉兴国际御厨争霸赛 …… 168
落实散装销售汽油规定 …… 168
组织参加会展活动 …… 168
网络零售额 678.89 亿元 …… 168
推进电商园区建设 …… 168
专业市场 …… 169
中国茧丝绸交易市场 …… 169
嘉兴蔬菜批发市场 …… 169
嘉兴水果市场 …… 169

嘉兴汽车商贸园 …………………………… 170
嘉兴中国纺织城 …………………………… 170
海宁中国皮革城 …………………………… 170
海宁中国家纺城 …………………………… 170
濮院羊毛衫市场 …………………………… 171
大型商场 ……………………………………… 171
戴梦得购物中心 …………………………… 171
江南大厦 …………………………………… 171
海宁华联大厦 ……………………………… 172
海宁大厦 …………………………………… 172
桐乡东兴商厦 ……………………………… 172
平湖名媛百货 ……………………………… 172
粮食 …………………………………………… 173
概况 ………………………………………… 173
成立首个网上粮食交易中心 ……………… 174
社会粮油供需平衡调查 …………………… 174
供销 …………………………………………… 174
概况 ………………………………………… 174
市、县两级供销系统综合改革列省
试点 ……………………………………… 175
加强基层供销社建设 ……………………… 175
提升农业服务平台建设 …………………… 175
烟草 …………………………………………… 175
概况 ………………………………………… 175
强化市场监管力度 ………………………… 176
优化提升管理效能 ………………………… 176
加强行政许可管理 ………………………… 176
盐业 …………………………………………… 176
概况 ………………………………………… 176
保障盐业市场供应 ………………………… 177
拓展非盐商品销售 ………………………… 177
加强盐业市场监管 ………………………… 177
完成股权划转工作 ………………………… 177
盐业配送中心投入使用 …………………… 177
防治碘缺乏病日宣传 ……………………… 177
餐饮业 ………………………………………… 178
概况 ………………………………………… 178
餐饮住宿业税费降低 ……………………… 178
举办“爱心年夜饭”活动 …………………… 178
开展《嘉兴菜谱》征集编写工作 …………… 178
组建众美联餐饮产业联盟嘉兴区域
平台 ……………………………………… 178

外经贸　口岸

对外贸易 ………………………………………… 179
概况 ………………………………………… 179
新兴市场国家出口增速加快 ……………… 179
民营和小微企业出口增幅较大 …………… 179
机电产品出口稳定增长 …………………… 179
进口增速下降 ……………………………… 180
利用外资 ………………………………………… 180
概况 ………………………………………… 180
外商投资企业效益提升 …………………… 180
对外经济技术合作 ……………………………… 180
概况 ………………………………………… 180
大项目投资总额2.9亿美元 ………………… 181
服务外包 ………………………………………… 181
概况 ………………………………………… 181
引进外商投资服务外包项目49个 ………… 181
离岸外包业务 ……………………………… 181
国际贸易促进工作 ……………………………… 181
概况 ………………………………………… 181
举办商务人才选拔大赛 …………………… 182
嘉兴(乍浦)港 ………………………………… 182
概况 ………………………………………… 182
获评全省“十大最美港航品牌” …………… 183
嘉兴港通关服务中心项目开工建设 ……… 183
内河外贸集装箱航线投入试运行 ………… 183
奥地利驻沪总领事访问滨海新区 ………… 183
大型机械防风应急演练在海盐港区
举行 ……………………………………… 183
内河外贸集装箱航线开通 ………………… 183
海盐港区多用途码头项目开工建设 ……… 184
粮食码头二期工程使用港口岸线
获批 ……………………………………… 184
海盐港区多用途码头工程获
“钱江杯”奖 ……………………………… 184
二期4号、5号泊位等工程通过竣工
验收 ……………………………………… 184
多用途码头等工程通过交工验收 ………… 184
浙江乍浦港口岸更名为嘉兴港口岸 ……… 184
表8　2014年嘉兴港分货类吞吐量 ……… 184
海事 …………………………………………… 185

概况 …… 185
加强应急搜救工作 …… 186
加强水上安全监管 …… 186
海关 …… 187
概况 …… 187
通关无纸化率93.9% …… 187
实施燃料油政策性退税 …… 188
促成嘉兴港全域开放方案获国家批准 …… 188
支持光伏行业健康发展 …… 188
中国海关与FLECC执法研讨会在嘉兴召开 …… 188
助力玻璃纤维行业发展 …… 189
启动海关特殊监管区域通关一体化改革 …… 189
助推出口加工区转型升级 …… 189
出入境检验检疫 …… 189
概况 …… 189
构建口岸工作新机制 …… 189
实施检验监管模式优化 …… 190
推进无纸化进程 …… 190
进境羊毛截获大量杂草疫情 …… 190
做好口岸埃博拉防控 …… 190
加强进出口食品安全检测 …… 190
加强进口产品风险监测预警 …… 190
支持口岸开放 …… 190
开展CCC免办受理工作 …… 191
促进外贸服务措施 …… 191
建设木材与种苗检疫中心实验室 …… 191
深化对外检测合作 …… 191
边防检查 …… 191
概况 …… 191
助推口岸对外开放 …… 192
完成重大安保任务 …… 192
执法满意率98.8% …… 192
加强口岸管控力度 …… 192
二维码办证系统投入使用 …… 192

财税　金融

财政 …… 193
概况 …… 193
完善收入征管措施 …… 193
支持经济转型升级 …… 193
保障民生事业 …… 193
助推生态文明建设 …… 194
深化财政预算、支付改革 …… 194
强化财政监管 …… 194
国家税务 …… 194
概况 …… 194
落实结构性减税政策 …… 195
推进出口退税简政放权 …… 195
营造良好的税收法治环境 …… 195
强化税收风险管理 …… 196
纳税人满意度列全国第二位 …… 196
表9　2014年嘉兴市分税种国税收入完成情况 …… 196
表10　2014年嘉兴市分县(市)国税收入完成情况 …… 196
地方税务 …… 197
概况 …… 197
支持企业转型升级 …… 197
开展调整土地使用税政策试点工作 …… 197
加强税收法治 …… 198
强化税源和税收管理 …… 198
优化纳税服务 …… 198
表11　2014年全市地税收入情况 …… 199
银行业 …… 199
概况 …… 199
表12　2014年嘉兴市银行业金融机构本外币存贷款情况 …… 200
探索普惠金融“嘉兴样本” …… 201
优化金融生态环境 …… 202
推进利率市场化改革 …… 202
省级科技金融创新示范区建设 …… 202
周小川联系指导群众路线教育实践活动 …… 203
深化金融服务主题活动 …… 203
维护金融消费者权益 …… 203
提升银行信贷资产质量 …… 203
实行企业授信总额联合管理 …… 203
农发行嘉兴市分行 …… 204
工商银行嘉兴市分行 …… 204
农业银行嘉兴市分行 …… 204
中国银行嘉兴市分行 …… 205

建设银行嘉兴市分行 …… 205
交通银行嘉兴分行 …… 205
中信银行嘉兴分行 …… 206
浦发银行嘉兴分行 …… 206
兴业银行嘉兴分行 …… 206
招商银行嘉兴分行 …… 206
浙商银行嘉兴分行 …… 207
平安银行嘉兴支行 …… 207
民生银行嘉兴分行 …… 207
光大银行嘉兴分行 …… 207
邮政储蓄银行嘉兴市分行 …… 208
嘉兴银行 …… 208
禾城农村商业银行 …… 208
湖州银行嘉兴分行 …… 209
绍兴银行嘉兴分行 …… 209
华夏银行嘉兴分行 …… 209
秀洲德商村镇银行 …… 209
保险业 …… 210
概况 …… 210
表 13　2014 年财产保险公司业务情况 …… 210
表 14　2014 年人寿保险公司业务情况 …… 211
表 15　2014 年新增设市级保险机构 …… 211
中国人寿嘉兴分公司 …… 212
人保产险嘉兴市分公司 …… 212
太保人寿嘉兴中心支公司 …… 213
平安产险嘉兴中心支公司 …… 213
太保产险嘉兴中心支公司 …… 213
天安保险嘉兴中心支公司 …… 214
华泰产险嘉兴中心支公司 …… 215
阳光产险嘉兴中心支公司 …… 215
国寿产险嘉兴中心支公司 …… 215
平安人寿嘉兴中心支公司 …… 216
太平人寿嘉兴中心支公司 …… 216
信泰人寿嘉兴中心支公司 …… 216
人民人寿嘉兴中心支公司 …… 217
信诚人寿嘉兴中心支公司 …… 217
中国出口信用保险公司嘉兴办事处 …… 217
外汇管理 …… 218
概况 …… 218
推进地方经济发展 …… 218
创新推出套餐服务 …… 218
强化履职监管 …… 219
优化监管市场手段 …… 219
证券　期货 …… 219
概况 …… 219
友邦吊顶在深交所上市 …… 219
莎普爱思在上交所上市 …… 220
新澳股份在上交所上市 …… 220
嘉化能源借壳在上交所上市 …… 220
中国玻纤注册地迁至嘉兴市 …… 220
全年证券交易额 10142.2 亿元 …… 220
全年期货代理交易额 6053.3 亿元 …… 220
表 16　2014 年嘉兴市上市公司情况 …… 220

经济管理与服务

计划管理 …… 222
启动“十三五”规划编制 …… 222
制定实施国民经济和社会发展计划 …… 222
推进重大项目建设 …… 223
深化重点领域改革 …… 224
编制市本级产业发展规划 …… 224
加快滨海港产城统筹发展试验区建设 …… 225
国有资产管理 …… 225
概况 …… 225
出台国资国企改革意见 …… 225
加强国有企业财务监督 …… 226
国有产权和经营性资产管理 …… 226
开展经营业绩考核 …… 226
加强人员和薪酬管控 …… 226
加强风险监控 …… 226
物价管理 …… 226
概况 …… 226
梳理行政审批前置所涉收费 …… 227
加强社会价格监督工作 …… 227
调整市本级公办幼儿园保教费标准 …… 227
梳理涉企经营服务性收费 …… 227
落实封闭区域价格信息发布 …… 227
开展商业银行专项检查 …… 227
出台生猪养殖污染收费管理办法 …… 228
优化城市停车服务收费 …… 228
调整嘉兴港区供水价格 …… 228
加强网络商品价格监管 …… 228
统计 …… 228

概况 …… 228
统计制度方法改革创新 …… 228
第三次经济普查工作获全国先进 …… 229
加强统计法制建设 …… 229
国土资源管理 …… 229
概况 …… 229
成为全省唯一享受省审批权限地市 …… 229
保障用地需求 …… 229
推进土地整治工程 …… 230
健全耕地保护责任机制 …… 230
提升土地资源承载力 …… 230
推进“三地一治”工作 …… 230
强化土地执法监察 …… 231
土地确权登记发证 …… 231
实施国土资源信息化三年行动计划 …… 231
审计 …… 231
概况 …… 231
土地出让和耕地保护情况审计 …… 231
公务支出公款消费审计 …… 232
全部政府性资金审计 …… 232
金融审计 …… 232
农业与资源环境审计 …… 232
政府投资审计 …… 232
经济责任审计 …… 233
嘉兴经济技术开发区和嘉兴港区审计 …… 233
完善计算机审计应用 …… 233
加强内部审计工作 …… 233
工商行政管理 …… 233
概况 …… 233
实施工商登记制度改革 …… 234
“个转企”提质扩面 …… 234
推进名品工程 …… 234
落实“两个两万亿” …… 234
加快农贸市场改造 …… 234
创新维权方式 …… 235
强化市场监管 …… 235
质量技术监督管理 …… 235
概况 …… 235
质监部门机构改革 …… 236
行政审批职能整合 …… 236
开展全国质量强市示范城市创建 …… 236
加强特种设备与产品质量监管 …… 237
围绕“五水共治”开展工作 …… 237
建立检验检测高技术服务业集聚区 …… 237
产品质量检验检测中心建设 …… 238
被国家质检总局评为依法行政示范单位 …… 238
食品药品监督管理 …… 238
概况 …… 238
开展食品药品专项整治 …… 238
健全食品药品管理机制 …… 239
推进食品药品诚信体系建设 …… 239
加强药品生产质量风险管理 …… 239
开展 ADR 和 MDR 工作 …… 239
行政审批及公共资源交易服务 …… 239
概况 …… 239
行政审批层级一体化改革 …… 240
加强行政审批中介服务管理 …… 240
推行“三制联动”审批机制 …… 240
加强行政审批电子监察绩效考评 …… 240
加快培育要素交易市场 …… 241
加强公共资源交易综合监管 …… 241
加强公共资源交易规范管理考核 …… 241
提升行政审批服务质量 …… 241
安全生产管理 …… 242
概况 …… 242
强化安全预防控制工作 …… 242
加强安全隐患排查治理工作 …… 242
强化安全生产监察执法 …… 243

中共嘉兴市委

综述 …… 244
重要党务与决策 …… 247
全市三级干部大会 …… 247
市委七届八次全会 …… 247
市委七届九次全会 …… 247
首届世界互联网大会 …… 248
“推进重点工作、推动争先晋位”活动 …… 248
推进“五水共治”工作 …… 248
深化“三改一拆”工作 …… 249
生猪养殖业转型升级 …… 249
群众路线教育实践活动 …… 249
重点领域改革工作 …… 250

全国文明城市创建工作 …………………… 250
平安嘉兴和法治嘉兴建设 ………………… 251
“两美”嘉兴建设 …………………………… 251
创新驱动发展战略 ………………………… 251
纪检监察工作 …………………………… 252
概况 ………………………………………… 252
落实党风廉政建设主体责任和监督责任 ………………………………………… 252
开展整风肃纪行动 ………………………… 252
查办违纪违法案件 ………………………… 253
探索查办腐败案件体制机制改革 ……… 253
强化政治纪律和组织纪律监督检查 …… 253
有效预防腐败 ……………………………… 253
纪检体制改革 ……………………………… 253
组织工作 ………………………………… 254
概况 ………………………………………… 254
助推服务“五水共治” …………………… 255
举办“星耀南湖”精英峰会 ……………… 255
开展中层干部跨部门交流 ……………… 255
推进党员志愿服务 ………………………… 255
构建干部教育培训“1+8”制度体系 …… 255
宣传工作 ………………………………… 256
概况 ………………………………………… 256
举办首届世界互联网大会 ……………… 258
“南湖讲坛”获评“嘉兴市机关服务品牌” … 258
农村文化礼堂建设 ………………………… 258
“中国梦”主题文艺宣传活动 …………… 258
统一战线工作 …………………………… 259
概况 ………………………………………… 259
开展“五水共治·同心行动”主题活动 …… 259
指导市知联会组织换届 ………………… 259
开展专题民主协商 ………………………… 259
对台工作 ………………………………… 260
概况 ………………………………………… 260
推动嘉台两地高层交流互访 …………… 261
协调处理台商投诉求助案件 …………… 261
服务台资企业“二次创业” ……………… 261
加强对台招商引资工作 ………………… 261
举办第四届“嘉兴·南投两岸邻里节” … 261
举办嘉兴籍大陆配偶故乡行 …………… 261
举办第二届嘉兴·台湾摄影作品交流展 ………………………………………… 261
推进嘉台两地教育交流 ………………… 262
政策研究工作 …………………………… 262
概况 ………………………………………… 262
履行调查研究职能 ………………………… 262
整合力量提升研究水平 ………………… 263
档案、党史、地方志工作 ……………… 263
概况 ………………………………………… 263
创新档案服务民生模式 ………………… 263
开展卫生档案工作专项执法检查 ……… 264
档案登记备份中心达到省级规范化创建标准 …………………………………… 264
举行灾备中心数据恢复演练观摩会 …… 264
召开民生档案资源建设会议 …………… 264
改革开放新时期党史专题资料征编 …… 265
《嘉兴民营经济发展回眸》出版 ………… 265
《嘉禾宋文钞》出版 ……………………… 265
《嘉兴年鉴(2014)》出版 ………………… 265
推进市志续修工作 ………………………… 265
举办首届民间档案文献史料收藏晒宝活动 ………………………………………… 265
嘉兴市“掌上档案”应用平台试运行 …… 266
国家档案局行政执法检查组到嘉兴检查 ………………………………………… 266
老干部工作 ……………………………… 266
概况 ………………………………………… 266
举办离退休干部读书会 ………………… 267
开展“共促五水共治”主题实践活动 …… 267
沈如淙被评为全国离退休干部先进个人 ………………………………………… 267
落实老干部生活待遇 ……………………… 267
建立多层次医疗保健服务平台 ………… 267
机关党建工作 …………………………… 268
概况 ………………………………………… 268
开展市直机关第二届文化节活动 ……… 268
开展条例贯彻情况督察 ………………… 269
健全党内关爱机制 ………………………… 269
“践行群众路线、奏响青春之歌”团日活动 ………………………………………… 269
开展农村结对共建活动 ………………… 269
党校工作 ………………………………… 269
概况 ………………………………………… 269
省委党校南湖分校成立 ………………… 270

开展纪念建校30周年系列活动 …… 270
服务全市党的群众路线教育实践活动 … 270
实施“教学提升”工程 …… 270
实施“科研提质”工程 …… 271
承办“红船精神与科学发展”理论研讨会 …… 271
“红色讲坛”入选首批机关服务品牌 …… 272
加强党校系统建设 …… 272

嘉兴市人民代表大会

综述 …… 273
重要会议 …… 274
市七届人大四次会议 …… 274
市委人大工作会议 …… 274
市七届人大常委会会议 …… 274
市七届人大常委会主任会议 …… 276
主要工作 …… 279
推进“五水共治”工作 …… 279
加强人大法制环境建设 …… 279
监督科技进步条例实施 …… 279
推进基层人大工作 …… 279
表17　嘉兴市七届人大四次会议优秀建议名单 …… 280
优秀议案(建议)选录 …… 280
关于加快启动《嘉兴市城市综合交通规划》修编的议案 …… 280

嘉兴市人民政府

综述 …… 282
重要政务与决策 …… 284
七届市政府第二十六次常务会议 …… 284
七届市政府第二十七次常务会议 …… 284
七届市政府第二十八次常务会议 …… 284
七届市政府第二十九次常务会议 …… 284
七届市政府第三十次常务会议 …… 284
七届市政府第三十一次常务会议 …… 285
七届市政府第三十二次常务会议 …… 285
七届市政府第三十三次常务会议 …… 285
七届市政府第三十四次常务会议 …… 286
七届市政府第三十五次常务会议 …… 286
七届市政府第三十六次常务会议 …… 286
七届市政府第三十七次常务会议 …… 286
推行政府部门权力清单、责任清单制度 …… 286
开展综合行政执法改革试点 …… 287
嘉兴市获批国家新型城镇化综合试点 … 287
“电商换市”快速发展 …… 287
推动开发区转型发展 …… 287
加快光伏“五位一体”创新试点工作 …… 288
“机器换人”专项行动获省考核一等奖 … 288
嘉兴市入选全国水生态文明城市建设试点 …… 288
两年完成生猪养殖减量三年目标任务 … 288
嘉兴市运河申遗工作获得成功 …… 288
单独两孩政策稳妥实施 …… 289
启动居住证制度改革试点工作 …… 289
嘉兴市获批开展“多规合一”试点工作 … 289
开展全省公交优先示范城市创建活动 … 289
2014年度民生实事工程完成 …… 290
信访工作 …… 291
概况 …… 291
加强信访工作制度建设 …… 291
调处突出群体信访事项 …… 291
推行阳光信访 …… 291
规范信访秩序 …… 292
创新基层信访机制 …… 292
法制工作 …… 292
概况 …… 292
规范性文件备案、审查和清理 …… 292
行政合同合法性审查 …… 293
“三改一拆”和“五水共治”法制保障工作 …… 293
行政复议应诉和行政调解 …… 293
受理仲裁案件331件 …… 293
体改工作 …… 295
开展资源要素市场化配置改革 …… 295
开展行政审批层级一体化改革 …… 295
推进新型城镇化进程 …… 295
开展“多规合一”试点 …… 295
建立政府权力清单制度 …… 296
建立健全政府性债务风险管控体制机制 …… 296

推进滨海港产城统筹发展试验区建设 …… 296
鼓励民间资本进入公共领域 ………… 296
统筹推进县(市、区)重点改革试点 …… 296
人事工作 ……………………………… 297
概况 ……………………………………… 297
开展公务员"日志式管理"平时考核 …… 297
开展事业单位第二轮岗位聘用工作 …… 298
推进"创新嘉兴·精英引领计划" ……… 298
实施"高技能人才振兴"工程 ………… 298
机构编制工作 ………………………… 298
推行政府部门权力清单和责任清单制度 ……………………………… 298
开展综合行政执法试点工作 ………… 298
推进政府职能转变和机构改革 ……… 299
加强机构编制动态管理 ……………… 299
强化机构编制监督检查 ……………… 299
合作交流工作 ………………………… 299
概况 ……………………………………… 299
支持浙商创业创新工作 ……………… 300
举办第一届浙(禾)商大会 …………… 300
出席长三角城市经济协调会市长联席会议 ……………………………… 301
融入杭州都市圈转型升级综合改革试点 ……………………………… 301
开展对口支援和对口帮扶工作 ……… 301
参加第十七届中国国际投资暨全球采购会 …………………………… 301
外事工作 ……………………………… 301
概况 ……………………………………… 301
嘉兴市国际友城经济合作推进会 …… 303
荷兰驻沪总领事访问嘉兴 …………… 303
丹麦女王出席乐高首个亚洲工厂奠基仪式 ……………………………… 304
雅培(嘉兴)营养品有限公司举行投产典礼 ……………………………… 304
皇家飞利浦项目落户嘉兴 …………… 305
表 18 2014 年嘉兴市部分出访团组情况一览 ……………………………… 305
表 19 2014 年嘉兴市部分团组接待情况一览 ……………………………… 305
侨务工作 ……………………………… 306
概况 ……………………………………… 306
推行行政审批制度改革 ……………… 306

政协嘉兴市委员会

综述 …………………………………… 307
重要会议 ……………………………… 308
市政协七届三次会议 ………………… 308
市政协七届九次至十三次常委会议 …… 309
市七届政协第二十四至第三十七次主席会议 ……………………………… 310
主要工作 ……………………………… 315
召开纪念人民政协成立 65 周年座谈会 ……………………………… 315
围绕重点课题进行专题协商 ………… 315
助推"五水共治"专项民主监督活动 …… 316
尝试开展民主评议工作 ……………… 316
优秀提案选录 ………………………… 316
建立农药废弃包装物回收机制、保护农村生态环境安全 ……………… 316
关于进一步推动我市居家养老事业发展的几点建议 ………………… 319

民主党派和工商联

民革嘉兴市委会 ……………………… 325
概况 ……………………………………… 325
履行参政党职能 ……………………… 325
开展社会主义学习实践活动 ………… 326
嘉善县法律援助中心民革工作站成立 … 326
成立民革文艺界党员联谊会 ………… 326
开展社会服务 ………………………… 326
继续做好祖国统一工作 ……………… 327
民革嘉兴市委第一届主任委员刘先正逝世 ……………………………… 327
民盟嘉兴市委会 ……………………… 327
概况 ……………………………………… 327
开展中国特色社会主义学习实践活动 … 327
履行参政党职能 ……………………… 327
树立社会服务品牌 …………………… 328
民建嘉兴市委会 ……………………… 329
概况 ……………………………………… 329
开展中国特色社会主义学习实践活动 … 329

提升组织建设水平 …………………… 329
履行参政议政职能 …………………… 329
拓展社会服务渠道 …………………… 329
嘉兴建华企业家协会成立 …………… 330
民进嘉兴市委会 ……………………… 330
概况 ………………………………… 330
开展中国特色社会主义学习实践活动 … 330
民进嘉兴市委会成立30周年系列活动 … 330
参政议政工作 ……………………… 330
社会服务工作 ……………………… 331
农工民主党嘉兴市委会 ……………… 331
概况 ………………………………… 331
履行参政议政民主监督职能 ………… 332
服务社会助力实现"中国梦" ………… 333
创办姚庄社会服务联系点 …………… 333
九三学社嘉兴市委会 ………………… 333
概况 ………………………………… 333
中国特色社会主义学习实践活动 …… 334
纪念九三学社嘉兴市委会成立三十周年 ………………………………… 334
参政议政、民主监督 ………………… 334
社会服务 …………………………… 335
致公党嘉兴市委会 …………………… 335
概况 ………………………………… 335
开展届中述职述廉评议 ……………… 336
履行参政党职能 …………………… 336
号召党员参与"五水共治" …………… 337
嘉兴市工商联 ………………………… 337
概况 ………………………………… 337
人才服务取得新进展 ……………… 337
组织非公有制经济人士参加培训 …… 338
加强协会商会党建工作 …………… 338
实现"五好"县级工商联建设"满堂红" … 338
加强行业协会商会的培育发展 ……… 338
助推行业协会商会承接政府职能转移 … 338
首次发布嘉兴民营经济发展报告 …… 339
四家民营企业入围"中国民企500强" … 339
开展"百企联百村,合力治污水"专项行动 ………………………………… 339
举办中国·嘉兴商会发展高端论坛 …… 339
行业协会会长参加APEC会议 ……… 339
徐云明获"全国优秀建设者"称号 …… 339

群众团体

嘉兴市总工会 ………………………… 340
概况 ………………………………… 340
深化企业职工文化建设 ……………… 342
开展"争当好职工,奉献中国梦"活动 … 342
共青团嘉兴市委 ……………………… 342
概况 ………………………………… 342
开展青春助力"五水共治"行动 ……… 344
第十届"嘉兴市十大杰出青年"评选 …… 344
成立嘉兴市青年创业就业促进中心 …… 344
开展志愿服务主题活动 ……………… 344
嘉兴市妇女联合会 …………………… 345
概况 ………………………………… 345
开展清河治水五先行活动 …………… 346
开展寻找"最美家庭"活动 …………… 346
建立政策法规性别平等咨询评估机制 … 346
出台《嘉兴市家庭暴力告诫制度实施办法》 ………………………………… 346
承接政府妇女儿童社工服务 ………… 347
首次举办社会女性SYB创业培训班 … 347
召开市第七次妇女代表大会 ………… 347
嘉兴市科学技术协会 ………………… 347
概况 ………………………………… 347
与中国工程院环境与轻纺工程学部签约 ………………………………… 348
海智计划浙江工作基地 ……………… 348
中国工程科技论坛在嘉兴召开 ……… 348
科普讲师团 ………………………… 348
嘉兴市社会科学界联合会 …………… 349
《中国共产党早期组织及其成员研究》成果发布 ………………………… 349
嘉兴社科工作得到省委肯定 ………… 349
县级社科联组织建设全覆盖 ………… 349
开展党的群众路线教育理论研讨 …… 349
应用对策研究 ……………………… 349
《中共一大南湖会议相关历史问题考证》研究 ………………………………… 350
第十九届社科优秀成果评选 ………… 350
表20　嘉兴市第十九届社会科学优秀成果(著作类) ………………………… 350

表21 嘉兴市第十九届社会科学优秀成果(论文类) …… 350
嘉兴市文学艺术界联合会 …… 351
概况 …… 351
全国美展综合画种·动漫展区展览 …… 352
第九届“南湖奖”评选 …… 353
乡镇文联建设 …… 353
文艺交流 …… 353
嘉兴市台胞台属联谊会 …… 353
概况 …… 353
完成换届选举 …… 354
参政议政 …… 354
做好旅台同胞教育奖励基金发放工作 …… 355
嘉兴市归国华侨联合会 …… 355
概况 …… 355
助推“五水共治”工程 …… 355
建立回国留学人员创业创新基地 …… 356
举办侨界艺术家书画展 …… 356
召开嘉兴市留联会第三届会员代表大会 …… 356
嘉兴市残疾人联合会 …… 356
概况 …… 356
承办全国残疾人职业技能竞赛 …… 357
举办嘉兴市第六届残疾人运动会 …… 357
完善残疾人事业经费保障机制 …… 358
嘉兴市红十字会 …… 358
概况 …… 358
举办“清明追思,向无语良师致敬”活动 …… 359
“嘉兴经验”亮相“两论一动”研讨会 …… 359
出品公益微电影《奔跑》 …… 359
创办嘉图红十字学校 …… 359
器官捐献感动嘉兴 …… 360
寻人访亲搭桥两岸 …… 360

法　治

综述 …… 361
重大决策社会稳定风险评估规范化建设 …… 361
社会治理“网格化管理、组团式服务” …… 361
“三治”建设纳入全省社会治理创新机制 …… 362
开展涉法涉诉信访工作改革试点 …… 362
公安 …… 363
概况 …… 363
推进“一体化警务”建设 …… 363
完成世界互联网大会安保工作 …… 363
深化执法规范化建设 …… 364
实现命案全破 …… 364
严打食品药品环境领域犯罪 …… 364
开展打防侵财犯罪专项行动 …… 364
开展“两打两保”春季行动 …… 364
开展打击整治“伪基站”专项行动 …… 364
开展净网专项行动 …… 364
开展“大排查、大管控”专项工作 …… 364
打击非法集资经济犯罪 …… 365
打击传销犯罪 …… 365
打击重特大经济犯罪 …… 365
开展缉枪治爆专项行动 …… 365
加强矛盾纠纷“联排联调联处”工作 …… 365
打击涉黄涉赌违法犯罪 …… 365
开展户口登记管理专项清理整顿工作 …… 365
推进社会治安防控体系建设 …… 366
加强社区警务工作 …… 366
做好“护校安园”工作 …… 366
开展打击涉医违法犯罪专项行动 …… 366
加大交通违法管理力度 …… 366
开展“三小车”退运整治联合执法 …… 366
加强黄标车违法查处力度 …… 366
加强巡特警能力建设 …… 366
开展“创人民满意消防队伍”活动 …… 367
提升消防安全事故防控能力 …… 367
实施接警指挥新模式 …… 367
开展“我最喜爱的十大人民警察”评选 …… 367
嘉兴市看守所迁建项目投入使用 …… 367
检察 …… 367
概况 …… 367
强化人权司法保障 …… 368
健全监督制约机制 …… 368
被评为全省检察机关规范化办案工作区 …… 368
研发“检务通”综合管理平台 …… 369

法院 ………………………………………… 369
概况 ………………………………………… 369
助推党委政府中心工作 …………………… 370
助推经济转型升级 ………………………… 370
促进社会综合治理 ………………………… 371
不断完善便民措施 ………………………… 371
加强法院信息化建设 ……………………… 371
推进司法公开 ……………………………… 371
司法行政 …………………………………… 371
概况 ………………………………………… 371
表 22　2014 年嘉兴市律师业务数据 … 372
表 23　2014 年嘉兴市公证业务数据 … 372
表 24　2014 年嘉兴市基层法律服务业数据 ……………………………………… 372
公共法律服务体系建设工作 …………… 372
法律服务中心工作 ………………………… 372
法律援助工作 ……………………………… 373
法治宣传教育工作 ………………………… 373
人民调解工作 ……………………………… 373
社区矫正工作 ……………………………… 373
强制隔离戒毒工作 ………………………… 373

武　　装

综述 ………………………………………… 374
国防教育与政治动员 ……………………… 374
概况 ………………………………………… 374
开展国防教育宣传周活动 ………………… 376
开展纪念中日甲午战争 120 周年活动 … 376
嘉兴国防动员工作综合排名全省第四 … 377
承办全国国防交通储备物资规范化管理观摩会 ……………………………………… 377
完成民兵预备役部队组织整顿 ………… 377
开展后备力量基层规范化建设达标活动 ……………………………………… 377
军民共建 …………………………………… 378
开展"春节"军地走访慰问活动 ………… 378
出台军人随军家属就业安置实施细则 … 378
民兵　预备役　兵役 ……………………… 378
省军区司令员检查征兵工作 …………… 378
完成夏秋季兵员征集任务 ……………… 378
省市领导检查海宁市征兵体检工作 …… 379
组织"百名优秀红船民兵连长"大比武 … 379
开展民兵"红旗党支部"创建活动 …… 379
组织党管武装工作综合考评 …………… 379
武装警察部队 ……………………………… 380
概况 ………………………………………… 380
完成"卫士－14"演习 …………………… 380
完成上海"亚信峰会"大云卡点安保任务 ……………………………………… 380
完成南京青奥会环苏"护城河"安保任务 ……………………………………… 380
完成"世界互联网大会"安全保卫任务 … 380
组织秋季新兵野营拉练 ………………… 380
人民防空 …………………………………… 381
概况 ………………………………………… 381
举行"浙江金盾－1406"演习 ………… 381
国防动员工作考评获全省第一 ………… 381
推进基层人防建设 ……………………… 382
参与乌镇世界互联网大会安保工作 …… 382
组织民防救援队伍培训和演练 ………… 382
处理沪杭高速液氧槽罐车侧翻事故 …… 382

教　　育

综述 ………………………………………… 383
基础教育 …………………………………… 384
概况 ………………………………………… 384
第六届"阅读伴我成长"系列读书活动 … 385
举办嘉兴市科学家教城乡行 …………… 385
举办班主任基本功大赛 ………………… 385
推动社会主义核心价值观进学校 ……… 385
举办首届汉字听写大会 ………………… 385
两名教师入选浙江省班主任工作室领衔人 ……………………………………… 385
嘉善县教师流动国家级试点获刘延东批示 ……………………………………… 385
华东师范大学附属海宁市高级中学揭牌 ……………………………………… 385
中等职业教育 ……………………………… 386
概况 ………………………………………… 386
中职学生技能比赛创佳绩 ……………… 386
中职学校项目创建成绩显著 …………… 386
产生市第四批中职教育专业创新基地 … 386

市第九届中等职业学校技能节 …… 386
启动产学研共同体建设行动计划 …… 386
新疆阿克苏 15 名中职教师挂职 …… 387
平湖成为国家级农村职业教育示范县 … 387
高等教育 …… 387
概况 …… 387
嘉兴学院 …… 387
同济大学浙江学院 …… 388
嘉兴职业技术学院 …… 388
嘉兴南洋职业技术学院 …… 389
嘉兴广播电视大学 …… 389
嘉兴教育学院 …… 389
民办教育 …… 390
概况 …… 390
新居民子女教育 …… 390
成人教育 …… 390
概况 …… 390
实现省级以上社区教育实验区全覆盖 … 390
开展社区教育实验项目和特色课程评审 …… 390
扫盲教育培训工作 …… 390
三地合作论坛评为“终身学习活动品牌” …… 390
教育督导 …… 391
概况 …… 391
学前教育示范、先进县(镇) …… 391
省等级中职学校创建 …… 391
国务院教育督导委员会到南湖区督导检查 …… 391
教师队伍建设 …… 391
概况 …… 391
教师职称评审 …… 392
教师资格认定 …… 392
教师资格定期注册 …… 392
中小学教师专业发展培训 …… 392
义务教育学校教师校长轮岗交流 …… 392
师德建设年 …… 392
优秀教师表彰 …… 393
市直属学校教师公开招聘工作 …… 393
教育科研 …… 393
概况 …… 393
获国家级教学成果奖 3 项 …… 394
获省教育科研优秀成果奖 4 项 …… 395
获省教学研究成果奖 10 项 …… 395
2 人获省心理健康教育教师专业技能奖 …… 395
教育投入与装备 …… 395
概况 …… 395
完成智慧教育“在线课堂”项目前期建设 …… 396
中小学数字校园示范校建设 …… 396

文　化

综述 …… 397
专业文化 …… 399
嘉兴大剧院承接专业演出 73 场 …… 399
嘉兴市歌舞团 …… 399
社会文化 …… 400
承办春节元宵文化活动 …… 400
2014 嘉兴端午群众性民俗文化体育活动 …… 400
“端午民俗文化的当代传承”研讨会 … 400
市第七届“石榴奖”校园文化艺术节 … 400
第十二届嘉兴市“社区之声”文艺调演 … 400
第八届嘉兴市乡村文化艺术周 …… 401
实施“双百、双千、双万”工程 …… 401
文物　博物 …… 401
抢救性清理洪合大桥村明代古墓 …… 401
《嘉兴历代才女诗文徵略》出版 …… 401
嘉兴五四文化博物馆开馆 …… 401
不可移动文物数据库及管理系统通过验收 …… 401
嘉兴博物馆二期工程开工 …… 402
文生修道院竣工验收 …… 402
完成汪胡桢故居修缮工程 …… 402
非物质文化遗产 …… 402
开展第七个“服务传承人月”活动 …… 402
嘉兴灶头画 2014 年系列活动 …… 402
举办“非遗文化客厅”启动仪式 …… 403
文化遗产保护宣传系列活动 …… 403
16 名非遗传承人获市政府补贴 …… 403
2 个项目进入国家级非遗名录 …… 403
图书事业 …… 404

概况 …… 404
推进总分馆体系标准化建设 …… 404
推进乡镇分馆提档升级“2.0 代” …… 404
启动 24 小时自助图书馆建设 …… 404
推动社会力量参与图书馆事业 …… 405
打造图书馆“微平台” …… 405
读者服务活动特色化、多元化 …… 405
古籍保护创全国先进 …… 405
“好书有约”项目获嘉兴市十佳文化品牌 …… 405
推进文化传媒广场项目 …… 405
文化市场管理 …… 406
概况 …… 406
取消网吧总量控制 …… 406
开展文化市场执法检查 …… 406
开展文物消防安全检查 …… 406
开展案卷纠错研讨会 …… 406
举办文化市场综合执法案卷评析会 …… 407
国家督察组检查“扫黄打非”工作 …… 407
召开文化市场依法行政培训会 …… 407
取缔非法大棚演出 …… 407
开展部门权力清单梳理工作 …… 407
开展文化市场综合行政执法工作评查活动 …… 407
文化交流 …… 408
硖石灯彩“走进美国过大年” …… 408
平湖西瓜灯参加台湾元宵灯会 …… 408
海宁皮影戏等在台中参加浙江非遗展 …… 408
海宁皮影戏参加德黑兰届国际木偶节 …… 408
第二届嘉兴·台湾摄影作品交流展 …… 408
硖石灯彩参加第十届海峡两岸图书交易会 …… 408
嘉兴·丽水山海协作文化交流 …… 408
与保加利亚漫画友城开展文化交流活动 …… 408
秀洲农民画加强对外交流与合作 …… 409

传　　媒

综述 …… 410
报纸 …… 411
概况 …… 411
开展社会主义核心价值观宣传 …… 412
增强服务民生报道 …… 412
联办的《秀洲新闻》实行扩版 …… 412
推进媒体融合 …… 412
党报阅报栏民生项目建设 …… 413
推进文化产业园招商引资 …… 413
出版电子读物四十余种 …… 413
广播　电视 …… 413
概况 …… 413
丰富和创新节目形态 …… 415
党的群众路线教育实践活动报道 …… 416
举办《我是河长》大型新闻行动 …… 416
加快传统媒体与新媒体融合步伐 …… 416
第三届观众听众节 …… 417
提升广电惠农服务实效 …… 417
举办“嘉兴好声音”选秀活动 …… 418
新闻网站 …… 418
概况 …… 418
做好党的群众路线教育实践活动专题报道 …… 418
加大文明嘉兴宣传力度 …… 418
“五水共治”和美丽嘉兴宣传 …… 419
报道首届世界互联网大会 …… 419
推出《法治嘉兴》网络专题 …… 419
做好双推工作网络报道 …… 419
新闻出版和广播影视管理 …… 419
新闻出版(版权)管理 …… 419
广播影视管理 …… 420

体　　育

综述 …… 422
竞技体育 …… 423
概况 …… 423
备战十五届省运会 …… 423
嘉兴籍运动员取得好成绩 …… 424
体育人才基地建设 …… 424
群众体育 …… 424
第二届市民运动会暨第四届老年人运动会 …… 424
参加省二届全民体育节 …… 424
全国健身舞大赛暨全国健身交谊舞锦标赛 …… 424

开展非奥运动项目基地认定 …………… 425
规范全民健身设施管理 ………………… 425
开展市级体育社团考核评估 …………… 425
体育产业 …………………………………… 425
完成体育产业增加值核算 ……………… 425
深化体育旅游融合发展 ………………… 425
加强游泳市场监管服务 ………………… 425
体育产业自主品牌创建 ………………… 425
争取体育产业发展资金 ………………… 425
完成第六次全国体育场地普查 ………… 426

卫　生

综述 ………………………………………… 427
卫生监督 …………………………………… 428
概况 ……………………………………… 428
医疗服务市场监管 ……………………… 428
传染病防治监管 ………………………… 428
职业与放射卫生监管 …………………… 429
公共场所卫生监管 ……………………… 429
生活饮用水在线监测 …………………… 429
消毒产品监管 …………………………… 429
开展校园卫生安全健康监督 …………… 429
疾病控制 …………………………………… 430
概况 ……………………………………… 430
人感染禽流感、流感防控 ……………… 430
埃博拉出血热防控 ……………………… 430
手足口病防治 …………………………… 430
结核病防治 ……………………………… 430
艾滋病、性病防治 ……………………… 431
寄生虫病防治 …………………………… 431
碘缺乏病防治 …………………………… 431
实施国家免疫规划 ……………………… 431
慢性非传染性疾病防控 ………………… 431
加强健康教育工作 ……………………… 431
规范学校卫生工作 ……………………… 432
医疗 ………………………………………… 432
概况 ……………………………………… 432
强化医疗质量安全管理 ………………… 432
提升医疗服务质量 ……………………… 432
推进中医药事业发展 …………………… 432
无偿献血工作 …………………………… 433
医务社工工作 …………………………… 433
妇幼保健 …………………………………… 433
概况 ……………………………………… 433
加强产科能力建设 ……………………… 433
开展爱婴医院复核 ……………………… 433
落实妇幼重大公共卫生服务项目 ……… 433
全市妇幼保健信息实现共享 …………… 434
基层卫生 …………………………………… 434
概况 ……………………………………… 434
开展乡镇卫生院等级评审 ……………… 434
抓好基层特色专科建设 ………………… 434
推进全科医生签约服务 ………………… 434
完善区域中心建设 ……………………… 434
医教科研 …………………………………… 434
概况 ……………………………………… 434
继续医学教育工作 ……………………… 435
市医学重点学科建设 …………………… 435
基层卫生人员培养培训 ………………… 435
住院医师规范化培训工作 ……………… 435
医疗卫生体制改革 ………………………… 435
控制医疗费用不合理增长 ……………… 435
开启市级医院托管式办医模式 ………… 435
开展县域内区域医联体协作 …………… 436
推进社会资本办医 ……………………… 436
爱国卫生 …………………………………… 436
概况 ……………………………………… 436
城乡卫生创建活动 ……………………… 436
除四害工作 ……………………………… 436
推进城乡环境卫生整洁工作 …………… 437
推进健康素养提升工程 ………………… 437

社会生活

人口与计划生育 …………………………… 438
概况 ……………………………………… 438
人口计生工作五件实事 ………………… 438
单独两孩政策稳妥实施 ………………… 438
深化计划生育特殊家庭帮扶工作 ……… 438
幸福家庭关爱工程 ……………………… 439
加强非法胎儿性别鉴定治理 …………… 439
新居民计划生育管理服务不断加强 …… 439
新居民事务 ………………………………… 440

概况 …………………………………… 440
嘉兴市列入省居住证制度改革试点 … 440
新居民积分入学公办学校 8317 人 …… 440
民政工作 …………………………… 440
概况 …………………………………… 440
低保标准提高到每人每月 588 元 …… 441
嘉兴市 8 人被评为“全国孝亲敬老之星” ………………………………… 441
开展首届城乡社区社会组织公益创投大赛 …………………………………… 441
4 个项目被确定为大爱之行拟立项项目 … 441
启动涉老场所饮水健康公益助老工程 … 441
完善社会救助制度 ………………… 441
承办全国乡镇服务型政府建设示范培训班 ……………………………… 442
创建首批全国社会工作服务示范地区 … 442
首次实现省级双拥模范城创建“满堂红” …………………………… 442
加强地名管理工作 ………………… 442
社区、社团、社工建设 ……………… 442
城乡社区设置 ……………………… 442
推进新塍镇国家实验区创建 ………… 443
加强城乡社区服务中心建设 ………… 443
换届选举呈现“六高三低三全”特征 … 443
开展村(社区)机关化整治行动 ……… 443
和谐社区创建位居全省第三 ………… 443
推动社会组织登记管理改革 ………… 444
加强社会组织自身建设 ……………… 444
专业社工服务机构数量位居全省首位 … 444
加强社会工作人才队伍建设 ………… 444
实施政府购买社会工作服务 ………… 444
老龄工作 …………………………… 445
概况 …………………………………… 445
出台《关于加快发展养老服务业的实施意见》 …………………………… 445
顺利完成民生实事项目 …………… 445
创新为老服务载体 ………………… 445
推进养老机构均衡发展 …………… 445
加强养老服务人才队伍建设 ………… 446
老年电大实体化运作 ……………… 446
劳动就业 …………………………… 446
概况 …………………………………… 446
推进创业型城市创建 ……………… 447
深入开展“双爱”活动 ……………… 447
社会保障 …………………………… 447
概况 …………………………………… 447
居民医保经办职能整合 …………… 448
公共信息与 32 个部门共享交换 …… 448
拓展市民卡功能应用 ……………… 448
开拓职工医保异地就医业务 ……… 449
完善社保“上网下乡”经办服务体系 … 449
加大社保基金监管力度 …………… 449
住房保障 …………………………… 449
概况 …………………………………… 449
嘉兴市区公共租赁住房与廉租住房并轨运行 ……………………………… 451
住房公积金业务指标稳中有升 ……… 451
消费者权益保护 …………………… 451
概况 …………………………………… 451
商品类消费投诉情况 ……………… 453
表 25　2014 年嘉兴市商品类投诉情况 … 453
服务类消费投诉情况 ……………… 453
表 26　2014 年嘉兴市服务类投诉情况 … 454
助推房企率先探索“后悔期” ……… 454
督促完成四(三)轮电动车回购 …… 454
建立快递投诉处理平台 …………… 454
规范行业经营行为 ………………… 454
民族　宗教 ………………………… 455
概况 …………………………………… 455
下放行政许可权 …………………… 455
“三改一拆”涉及宗教违法建筑处置 … 455
完成由拳路建设用地内回民墓迁移 … 455
开展和谐寺观教堂创建活动 ……… 455
参加省第五届少数民族传统体育运动会 ……………………………… 456
人民生活 …………………………… 456
城镇居民人均可支配收入首次突破 4 万元 ……………………………… 456
工资性收入保持主体地位 ………… 456
经营净收入增幅持续回落 ………… 456
财产净收入增速加快 ……………… 456
转移净收入占比提高 ……………… 456
城镇居民收入高于全省平均水平 …… 456
城镇居民消费支出与收入同步增长 … 457

“吃、住、行”支出占比超六成 …………… 457
教育文化娱乐和生活用品及服务支出增幅提高 …………… 457
医疗保健、衣着、其他用品支出增速回落 …………… 457
农村居民人均可支配收入增长 10.2% … 457
农村居民人均可支配收入全省领先 …… 457
农村居民工资性收入占比再提高 …… 457
农村家庭经营净收入态势 …………… 458
农村居民财产净收入逐步提高 ………… 458
转移净收入增长较快 …………… 458
农村居民生活消费支出增长 20.2% …… 458
农村居民食品消费多样化 …………… 458
交通通信和居住占比两成左右 ………… 458
医疗保健和教育文化娱乐支出增长较快 …………… 458

人 物

新任市领导人简介 …………… 459
李 跃 …………… 459
英模人物 …………… 459
唐爱英 …………… 459
张 虹 …………… 460
周 勇 …………… 461
顾旭东 …………… 461
知名专业人士 …………… 462
曹雪波 …………… 462
姚红飞 …………… 463
欧文斌 …………… 463
陆炳荣 …………… 463
陈吕军 …………… 464
蔡 强 …………… 464

县(市、区)

南湖区 …………… 465
概况 …………… 465
南湖区位列中国市辖区百强第 76 位 … 468
贯彻习总书记清华长三角研究院批示精神 …………… 468
基金小镇项目获全国人居经典规划金奖 … 469
入选省第一批两化深度融合国家示范试点 …………… 469
被确定为省级电子商务示范县(市)创建单位 …………… 469
4 个企业进入省高新技术企业百强榜 … 469
举办第十二届“南湖之春”文化经贸活动 …………… 470
东方特钢公司成为区首个“百亿企业” … 470
中兴创投签署《合作框架协议》 ………… 471
一项工程入选中科院 STS 项目 ………… 471
国家食品安全风险评估应用技术中心成立 …………… 471
市主城区永久性关闭活禽交易市场 …… 471
农业种养结构从 28∶72 调整到 60∶40 … 471
组建南湖区市场监督管理局 ………… 472
完成“三小车”整治退运工作 ………… 472
省第二届合唱节暨第十二届南湖合唱节 …………… 472
“红立方”党员志愿者服务驿站启用 … 472
东栅街道获评全国和谐社区建设示范街道 …………… 473
南杨社区获列全国社会工作服务示范社区 …………… 473
余新镇入选全国重点镇 …………… 474
区司法局获评全国“六五”普法中期先进 …………… 474
市生态文化旅游节暨南湖桃花节开幕 …………… 474
2014 凤雅国际陶笛节在凤桥镇举行 … 474
明星牧业公司获评省劳动模范先进集体 …………… 475
省首个老年护理院建立 …………… 475
秀洲区 …………… 475
概况 …………… 475
获列国家新能源示范城市创建单位 … 478
嘉兴现代物流园获评全国优秀物流园 … 478
获省技术改造考核一等奖 …………… 478
成功创建省知识产权工作示范区 …… 479
成功创建省级慢病综合防控示范区 … 479
成功创建省级社区教育实验区 ………… 479
“五水共治”取得成效 …………… 479
王江泾入选“治水美镇·浙江样本”50 强 … 479

王店—洪合省级现代农业综合区通过验收 …… 480
雅莹服装有限公司入选省创新能力百强 …… 480
新塍菜场成功创建省级放心农贸市场 …… 480
开展涉批中介机构改革 …… 480
推出社会稳定指数评价体系 …… 480
嘉兴国际人才城挂牌运作 …… 481
王江泾镇村公交枢纽站启用 …… 481
成功创建省级残疾人文化示范基地 …… 481
嘉兴市第一医院王江泾分院举行揭牌仪式 …… 481
嘉逸礼顿商务酒店获评三星级旅游饭店 …… 481
新塍镇被授予省中小企业健康养生基地 …… 481
新塍镇成为全国社区治理和服务创新实验区 …… 482
全国美展综合画种·动漫作品展开幕 …… 482
秀洲区农民画公司首次参加海外会展 …… 482
获评年度"中国民间文化艺术之乡" …… 482
嘉善县 …… 483
概况 …… 483
示范点建设全面深化 …… 486
全国首个县级留学报国基地落户嘉善 …… 486
西塘获评最佳古镇旅游度假目的地 …… 487
实现国家级生态镇(街道)全覆盖 …… 487
大云温泉获批省级旅游度假区 …… 487
农村义务教育学校名师全覆盖 …… 487
县综合交通信息服务平台投入试运行 …… 487
"零审批"试点 …… 488
上海自由贸易试验区嘉善协作区成立 …… 488
村(社区)慈善帮扶基金实现全覆盖 …… 488
大舜服装辅料创业园成为省创业示范基地 …… 488
实施"三大养老工程"建设 …… 489
平湖市 …… 489
概况 …… 489
独山港区升级成为省级经济开发区 …… 493
曹桥供销社获列国家农民专业合作示范社 …… 493
钟埭水利服务社获列全国合作示范组织 …… 494
通界村被授予全国人口和计生自治示范村 …… 494
试点改革出入境管理"县市同权" …… 494
第三次经济普查工作获全国先进 …… 494
景兴纸业成国家首批节水标杆企业 …… 495
朝阳路社区获评全国社区侨务工作明星社区 …… 495
李叔同纪念馆成为中国博物馆协会会员 …… 495
"微博平湖"评为"中国优秀政务微博" …… 496
阿里巴巴·平湖产业带上线 …… 496
莎普爱思药业在上交所上市 …… 496
茉织华获国家印刷示范企业称号 …… 496
汽车客运中心启用 …… 496
首所非公综合性医院正式开业 …… 497
首个民间应急救援中心成立 …… 497
首个民办养老机构正式营业 …… 497
承办重大围棋赛事古李十番棋 …… 497
平湖籍华人张益唐获美国麦克阿瑟奖 …… 497
欧尚超市签约入驻瑞丰国际商业广场 …… 498
海盐县 …… 498
概况 …… 498
沈晓红在高层论坛上阐释海盐城镇化做法 …… 501
县长在全球绿色增长论坛上作主题发言 …… 501
被命名为"浙江省美丽乡村创建先进县" …… 501
滨海新城列入国家级绿色生态示范城区 …… 501
绮园景区列入国家 AAAA 级景区名单 …… 501
国家级集成吊顶行业检测中心成立 …… 501
省级生活饮用水水质卫生管理示范县 …… 502
被命名为省级药品安全示范县 …… 502
被命名慢性非传染性疾病综合防控示范区 …… 502
获全国"平安农机"示范县称号 …… 502
实现省级双拥模范县"两连冠" …… 502
获省首届"河姆渡杯"粮食生产先进县 …… 503
被列入全国"美丽乡村建设标准化"试点 …… 503

开发区获列国家级分布式光伏发电示范区 …… 503
行政审批服务省级标准化试点项目通过考核 …… 503
溯源公司在中国创新创业大赛中获奖 …… 503
海利循环产业园一期投产 …… 503
何家桥线内河航道改造工程竣工 …… 504
湖山省级现代农业综合区通过验收 …… 504
芦荟源公司获评“全国科技创新示范基地” …… 504
县水生动物防疫检疫中心项目通过验收 …… 504
病死动物无害化处理中心投运 …… 504
澉浦镇入选“治水美镇·浙江样本” …… 505
全国首个商务印书馆版本图书馆开馆 …… 505
海宁市 …… 505
概况 …… 505
海宁要素改革试点经验全省推广 …… 509
实施“五水共治”战略 …… 509
新浪(浙江)产业园落户海宁 …… 509
浙大国际联合学院(海宁国际校区)开建 …… 510
江南总部基地项目开工 …… 510
海宁电子商务产业园成立 …… 510
杭州至海宁城际铁路建设规划获批 …… 510
长安镇入选省小城市培育试点 …… 510
改制成立海宁农村商业银行股份有限公司 …… 511
海宁太阳能(热水器)被认定为省区域名牌 …… 511
2014 中国·海宁潮国际博览会 …… 511
第二十一届中国国际钱江(海宁)观潮节 …… 511
第二十一届海宁·中国皮革博览会 …… 512
被认定全国义务教育发展基本均衡市 …… 512
海宁市被命名为“全国游泳之乡” …… 512
第十六届亚洲轮滑锦标赛在海宁举行 …… 512
“三类五步”办事机制受中央表彰 …… 512
海宁信访工作规范化办理在全省推广 …… 513
破获特大利用赌博机犯罪案 …… 513
大运河(海宁段)申遗成功 …… 513
图书馆获“2014 最美基层图书馆”称号 …… 513
大脚板乐园开业 …… 514
桐乡市 …… 514
概况 …… 514
承办首届世界互联网大会 …… 516
创建省级示范文明城市通过验收 …… 516
桐乡市成功创建省级森林城市 …… 517
桐乡市获列首批省“红十字工作示范县” …… 517
桐乡市首次获浙江省水利“大禹杯”金奖 …… 517
首届“伯鸿书香奖”颁奖典礼在桐乡举行 …… 518
桐乡市漫画艺术馆开馆 …… 518
徐肖冰·侯波纪念馆开馆 …… 518
中国玻纤总部迁址桐乡市 …… 519
浙江新澳纺织股份有限公司公开发行A股 …… 519
浙江股权交易中心桐乡运营中心成立 …… 519
开发区入选省级循环化改造示范试点园区 …… 519
阿里巴巴·桐乡产业带上线 …… 520
首届工业设计大赛 …… 520
环城东路综合整治工程主车道通车 …… 520
开展城乡生活垃圾分类收集试点 …… 520
法国黎塞留展馆在乌镇开幕 …… 521
石门镇获“中国女鞋名镇”称号 …… 521
大麻镇获“中国沙发布生产基地”称号 …… 521
振石大酒店被认定为国家五星级旅游饭店 …… 521
第二届乌镇国际戏剧节 …… 521
桐乡技师学院(筹)揭牌 …… 521
桐乡市获评省农村生活污水治理工作优胜市 …… 522

国家级及省级开发区

综述 …… 523
嘉兴经济技术开发区、嘉兴国际商务区 …… 524
概况 …… 524
主要道路“二次开发”成效明显 …… 526
飞利浦优质生活家居业务创新园项目开工 …… 526

美国荷美尔项目签约落户开发区 …… 526
国际商务区集中征地拆迁专项行动 … 527
创建“无违建区” …… 527
获评2013年度全省国家级开发区先进单位 …… 527
获评省级产业集聚区综合考评优秀单位 …… 527
嘉善经济技术开发区 …… 527
概况 …… 527
省长李强视察开发区 …… 528
喜力啤酒落户并开工建设 …… 528
嘉善斯道拉恩索正元包装有限公司开业 …… 528
阿克苏·诺贝尔涂料有限公司十周年庆典 …… 529
平湖经济技术开发区 …… 529
概况 …… 529
生物技术产业园获评省外商产业示范基地 …… 530
光机电产业园获评现代装备制造业特色园 …… 530
方便面元祖日清食品项目签约落户 … 530
开发区管委会开展全员竞聘 …… 530
开发区实行集中行政审批 …… 531
开发区获“治水美镇、浙江样本”称号 … 531
中国虫草博物馆开馆 …… 531
依爱夫企业获评嘉兴市市长质量奖 … 531
嘉兴港区(乍浦开发区) …… 531
概况 …… 531
铜精矿项目落户嘉兴出口加工区 …… 532
乍浦记忆展示馆对外开放 …… 532
举办投资·创业环境说明会 …… 532
杭州师范大学附属乍浦实验学校揭牌 …… 532
港区公共自行车投入运营 …… 532
浙北大宗商品交易中心项目落户港区 … 533
乍浦农贸市场开业 …… 533
上海市东方医院全面托管平湖二院 …… 533
实现村(社区)慈善工作站建设全覆盖 … 533
保税物流中心项目列为省服务业重大项目 …… 533
浙江嘉兴工业园区 …… 533
概况 …… 533
省级葡萄示范区项目通过验收 …… 535
大桥镇入围全国综合实力百强镇 …… 535
市本级首所骨伤科医院入驻园区 …… 536
宇培电子商务分拨结算运营中心落户园区 …… 536
诺伊曼实业落户园区 …… 536
嘉兴中通吉物流项目顺利推进 …… 536
浙江嘉兴秀洲新区、秀洲工业园区 …… 536
概况 …… 536
国家863课题落户秀洲 …… 537
嘉兴光伏高新区并网发电 …… 538
中国首个云光伏项目落户嘉兴光伏高新区 …… 538
秀洲新区成立“G20”精英企业峰会 …… 538
光伏科创园启动建设 …… 538
秀洲工业园区列入国家低碳工业园区试点 …… 539
国字号检测项目落户嘉兴光伏高新区 … 539
获列全国分布式光伏发电应用示范区 … 539
分布式光伏发电“秀洲模式”在全国推广 …… 539
浙江姚庄经济开发区 …… 540
概况 …… 540
兴建3D裸眼手机园区 …… 540
浙江姚庄经济开发区揭牌 …… 540
海峡两岸(嘉善)经贸合作平台发展论坛 …… 540
获市现代装备制造业特色专业园称号 … 541
浙江独山港经济开发区 …… 541
概况 …… 541
独山港区正式升级成为省级经济开发区 …… 542
口岸开放获得国务院批复同意 …… 542
新增2个浙江省著名商标 …… 542
浙江物产集团入驻开发区 …… 542
晨光电缆获省QC小组成果发表一等奖 … 542
浙能煤炭中转码头主体工程通过交工验收 …… 542
工业水厂(一期)工程试运行 …… 543
海盐经济开发区 …… 543
概况 …… 543

创建国家级分布式光伏发电示范区 …… 544
核电关联产业园获评特色品牌园区 …… 544
战略性新兴产业占规模以上工业产值之半 …… 544
嘉兴市首个风力发电项目并网发电 …… 544
8个项目获省专项资金补助 …… 545
引进首个汽车商贸园 …… 545
建设“三大特色工业园区” …… 545
研制世界首个商用核电站主管道电渣锭 …… 545
建立上海交通大学技术转移站 …… 545
举办首届读书节 …… 545
推行“工作人员阳光日志” …… 546
海宁经济开发区 …… 546
概况 …… 546
上海漕河泾新兴技术开发区海宁分区建设 …… 547
全省第一个零审批工业项目开工 …… 547
漕河泾科技绿洲获省开发区特色园区称号 …… 547
海宁农业对外综合开发区 …… 548
概况 …… 548
“大长安民生”微信平台正式上线 …… 549
海宁国际花卉城开业 …… 549
长安闸成为世界遗产点 …… 549
长安镇(高新区)文学艺术界联合会成立 …… 549
纪鸿包装顺利摘牌入驻高新区 …… 549
普洛斯物流项目签约仪式 …… 549
浙江维大茵特起重设备有限公司签约落户 …… 549
浙江海宁经编产业园区 …… 549
概况 …… 549
海宁智慧城挂牌经编产业园区 …… 550
经编纺织品基地获列国家外贸示范基地 …… 550
建立上海工程技术大学海宁科技园 …… 550
沪浙人力资源服务产业园入驻 …… 550
新浪(浙江)产业园落户园区 …… 550
第五届中国·马桥经编交易会 …… 550
第九届中国国际经编设计大赛 …… 551
中天纺检测获省级创新基地称号 …… 551
海宁经编产业园区党建创新经验全省推介 …… 551
桐乡经济开发区 …… 551
概况 …… 551
中国玻纤总部迁址桐乡开发区 …… 552
休闲房车产业园列为外商投资新兴示范基地 …… 552
获列“四换三名”示范开发区称号 …… 552
承担省重点领域深化改革试点项目 …… 552
浙江合众新能源汽车项目签约 …… 553
浙江桐乡濮院针织产业园区 …… 553
概况 …… 553
濮院320创意广场列入省级工业设计基地 …… 553
首届高级服装设计师培训班开班 …… 553
毛衫企业参展“PH Value第一汇” …… 554
濮院毛衫品牌推介会在深圳举行 …… 554

社会经济统计资料

统计示意图 …… 555
人均地区生产总值 …… 555
地区生产总值 …… 555
地区生产总值构成 …… 555
农业增加值 …… 556
农业发展指数 …… 556
工业增加值 …… 556
工业增加值发展指数 …… 556
固定资产投资额 …… 557
全社会消费品零售总额 …… 557
城乡居民人均收入 …… 558
居民消费价格指数 …… 558
统计表 …… 559
表27 全市主要年份国民经济主要指标 …… 559
表28 全市生产总值 …… 560
表29 全市生产总值指数 …… 561
表30 全市2000万元以上独立核算工业企业主要经济指标 …… 562
表31 市和区、县(市)农业总产值 …… 563
表32 市和区、县(市)项目投资分行业固定资产投资额 …… 563

表 33　市和区、县(市)限额(500 万元)以上项目投资主要指标 …… 564
表 34　全市利用外资情况 …… 565
表 35　分地区预算内财政支出情况 …… 565
表 36　分地区预算内财政收入情况 …… 566
表 37　市区城市公用事业基本情况 …… 567
表 38　分地区金融机构人民币存贷款情况 …… 568
表 39　全市总户数和总人口数 …… 569
表 40　全市人口变动情况 …… 569
表 41　全市分行业城镇单位职工平均工资 …… 570
表 42　全市分行业社会消费品零售总额 …… 570
表 43　全市城镇居民家庭基本情况 …… 571
表 44　全市农村居民抽样调查基本情况 …… 571
表 45　长江三角洲地区主要经济指标(省内) …… 572
表 46　长江三角洲地区主要经济指标(省外) …… 573
表 47　各县(市、区)单位 GDP 能耗等指标 …… 574

文件选编

规范性文件 …… 575
嘉兴市城乡规划管理办法 …… 575
嘉兴市本级新增建设用地计划指标使用管理办法(试行) …… 579
嘉兴市违法建筑认定与处置办法 …… 582
嘉兴市地名管理办法 …… 586
其他重要文件 …… 590
嘉兴市职工基本医疗保险暂行办法 …… 590
文件目录 …… 597
表 48　2014 年中共嘉兴市委文件目录 …… 597
表 49　2014 年嘉兴市人大常委会文件目录(一) …… 597
表 50　2014 年嘉兴市人大常委会文件目录(二) …… 598
表 51　2014 年嘉兴市人民政府文件目录(一) …… 598
表 52　2014 年嘉兴市人民政府文件目录(二) …… 598
表 53　2014 年政协嘉兴市委员会文件目录 …… 601

附　录

先进名录 …… 602
2014 年度十强新市镇 …… 602
2014 年度嘉兴市市长质量奖 …… 602
2014 年度嘉兴市走新型工业化道路十强企业 …… 602
2014 年度市本级走新型工业化道路十强企业 …… 602
2014 年浙江省劳动模范 …… 602
文论选录 …… 603
嘉兴市“十三五”海陆统筹发展战略研究 …… 603
农村土地制度创新的成本收益分析 …… 613
表 54　农户成本收益测算表 …… 616
表 55　地方政府成本收益测算表 …… 617
新世纪以来嘉兴市区经济转型发展主要特征与问题研究 …… 618
重要报道目录 …… 622
表 56　2014 年国家级主要报刊有关嘉兴的重要报道 …… 622
表 57　2014 年中央人民广播电台有关嘉兴的重要报道 …… 622
表 58　2014 年中央电视台有关嘉兴的重要报道 …… 623
名牌产品 …… 624
概况 …… 624
表 59　2014 年嘉兴市新增浙江名牌产品称号的产品 …… 625
表 60　2014 年新增嘉兴名牌产品称号的产品 …… 625
著名商标 …… 627
概况 …… 627
表 61　2014 年认定的“驰名商标”名录 …… 627

表 62　2014 年认定的“浙江省著名商标”名录 …… 627
表 63　2014 年认定的“嘉兴市著名商标”名录 …… 628

索　引

索引 …… 630

彩页目录

南湖革命纪念馆新馆 …… 封面
嘉兴市政区图 …… 折页
嘉兴城区图 …… 折页
张德江到嘉兴考察 …… 1
万钢到嘉兴考察 …… 1
周小川到嘉兴考察 …… 2
路甬祥到嘉兴考察 …… 2
玛格丽特出席奠基仪式 …… 3
夏宝龙到嘉兴调研 …… 3
李强到嘉兴调研 …… 4
鲁俊到桐乡经济开发区休闲房车产业园调研 …… 4
肖培生到嘉善经济技术开发区考察 …… 5
刘冬生调研质监工作 …… 5
高玲慧到南湖区长水街道调研 …… 6
嘉兴市与丹麦里比市续签两市友好交流关系协议书 …… 6
嘉兴经济技术开发区与飞利浦(中国)投资有限公司签订合作协议 …… 7
嘉兴市召开国际友城经济合作推进会 …… 7
2014 嘉兴国际人才交流与合作大会举行 …… 8
2014“星耀南湖”精英峰会开幕 …… 8
嘉兴市党的群众路线教育实践活动部署会议举行 …… 9
嘉兴市开展“推进重点工作、推进争先晋位”活动 …… 9
嘉兴市举办“走基层、惠员工”百佳企业公益行活动 …… 10
嘉兴市党员干部参观反“四风”主题展 …… 10
全市“五水共治”三级干部大会举行 …… 11
秀洲区王江泾镇古塘村再现江南水乡风光 …… 11
嘉善塘“五水共治”前后对比 …… 12
嘉兴市开展拆除违章猪舍工作 …… 12
嘉兴市组织志愿者开展“三改一拆”志愿服务活动 …… 13
南湖区新嘉街道清河小区综合整治改造 …… 13
嘉兴市建成 6 条特色绿道 …… 14
嘉兴石臼漾湿地公园被命名为“国家城市湿地公园” …… 14
嘉兴市区启动中山路改造工程 …… 15
钱江通道北接线工程通车 …… 15
中国大运河项目列入《世界遗产名录》 …… 16
2014 世界互联网大会举行 …… 16
秀洲区王江泾镇土地实现流转 …… 17
2013 嘉兴品牌力量榜颁奖典礼举行 …… 17
第十二届全国美术作品展览综合画种·动漫展区作品展览开幕 …… 18
2014 年全国健身舞大赛暨第十一届全国健身交谊舞锦标赛举行 …… 18
第二届市民运动会开幕式举行 …… 19
“五芳斋”杯端午龙舟赛举行 …… 19
“五芳斋”杯全国裹粽大赛举行 …… 20
嘉兴市首届中华优秀传统文化传播使者大赛举行 …… 20

Main Contents

Special Documents
The Report Summary at the eighth Plenary (Enlarged) Session of the 7th Jiaxing Municipal Committee of CPC ······ 1
Report on the Work of the Municipal Government ······ 9

Specific Records
CPC's "Mass Line" Education Practice Campaign ······ 18
The Work of "Harnessing Five Waters" ······ 23
The Campaign of "Three Renovations and One Demolition" ······ 27
2014 World Internet Conference ······ 30

Chronicle of Events
Chronicle of Jiaxing in 2014 ······ 35

General Information of Jiaxing
Geographical Environment ······ 40
Local Products & Resources ······ 40
Historical Changes & Development ······ 41
Climate Features ······ 42
Administrative Division & Population ······ 44
National Economy & Social Development ······ 45
Spiritual Civilization Construction ······ 53
Ecological Jiaxing Construction ······ 58
Administrative Organs & Responsible Members of the City, Districts & Counties (Cities) ······ 59

Agriculture
Review ······ 77
Grains & Oil ······ 78
Vegetables ······ 79
Fruit ······ 80
Silkworm & Mulberry ······ 81
Animal Husbandry ······ 81
Forestry ······ 83
Ocean & Fishery ······ 84
Farm Machinery ······ 86
Rural Business Management ······ 87

Industry
Review ······ 89
Traditional Superior Industry ······ 91
Emerging Industry ······ 92
Big Enterprises Cultivation ······ 94
Small and Medium-sized Enterprises and Micro-Enterprises Support ······ 95
Energy Saving and Consumption Reducing ··· 96
Elimination of Backward Production Capacity ··· 98

Communications, Power & Water Conservancy
Highway ······ 99
Railway ······ 101
Shipping ······ 102
Electric Power ······ 104
Qinshan Nuclear Power ······ 107
Water Conservancy ······ 110

Informationization Construction & Information Industry
Review ······ 113
E-Government & Public Service Informationization ······ 113
Information Economy Development & Deep Integration of Informationization and Industrialization ······ 115
Community & Rural Informationization ······ 115
Basic Network Construction & Operation ··· 116
The Manufacturing Industry of Electronic Information Products ······ 117
Software Industry & Technology Service ······ 119
Wireless Administration ······ 120
Postal Service ······ 121

Urban & Rural Construction
Review …… 124
Plan Survey & Drawing …… 126
Reconnaissance & Designing …… 129
Building Industry …… 130
Real Estate Business …… 133
Urban Public Utilities …… 136
Gardens & Afforestation …… 139
Environmental Sanitation …… 141
Urban Management …… 142
Small City and Town Construction …… 143
New Countryside Construction …… 144

Environmental Protection & Weather
Environmental Management …… 146
Environmental Monitoring & Scientific Research …… 147
Environmental Laws Construction …… 148
Environmental Publicity & Education …… 149
Environmental Quality State …… 149
Weather …… 150

Places of Interest & Tourism
Review …… 152
Scenic Spots of South Lake …… 152
Tour-Marketing Exploiting …… 152
Tour-Planning Construction …… 154
Tour-Trade Supervision …… 155

Science & Technology
Review …… 158
Circumstance, Talent & Projects of Science & Technology …… 158
Regional Innovation System & High and New Technology Industries …… 159
Scientific & Technological Achievements, Cooperation & Exchange …… 160
Agricultural Science & Technology in the Construction of New Countryside …… 163
Patents & Knowledge Property Right Protection …… 163
Precautions against Earthquakes & Decreasing Disasters …… 164

Domestic Trade
Review …… 166
Professional Markets …… 169
Large Department Stores …… 171
Food Supplies …… 173
Supply & Marketing …… 174
Tobacco …… 175
Salt Trade …… 176
Catering Trade …… 178

Foreign Economy and Trade & Ports
Foreign Trade …… 179
Utilizing Foreign Capital …… 180
Foreign Economic & Technological Cooperation …… 180
Service Outsourcing …… 181
International Trade Promotion …… 181
Jiaxing (Zhapu) Port …… 182
Maritime Affairs …… 185
Customs …… 187
Imp. & Exp. Inspection and Quarantine …… 189
Frontier Inspection …… 191

Finance & Taxation
Public Finance …… 193
State Taxation …… 194
Local Taxation …… 197
Banking Industry …… 199
Insurance Industry …… 210
Administration of Foreign Currency Exchange …… 218
Securities & Futures …… 219

Economic Administration & Service
Planning Management …… 222
Management of the State-owned Assets …… 225
Commodity Price Management …… 226
Statistics …… 228
Land Resource Management …… 229
Audit …… 231
Industrial & Commercial Administration …… 233
Quality & Technology Supervision Administration …… 235
Food & Drug Supervision Administration …… 238
Examination and Approval & Transaction Services of Public Resource …… 239
Safety-Producing Management …… 242

Jiaxing Municipal Committee of CPC
Review …… 244
Important Party Affairs & Policy Decisions …… 247
Discipline Inspection & Supervision …… 252
Organizational Work …… 254
Publicity work …… 256
United Front Work …… 259
Taiwan Affairs Work …… 260
Policy Research Work …… 262
Archives, Party History & Local Chronicles Work …… 263

Services to Veteran Cadres Work ············ 266
Party-Building Work in the Government Organ ············ 268
Party School Work ············ 269

Jiaxing People's Congress
Review ············ 273
Important Conferences ············ 274
Main Work ············ 279
Excerption of Excellent Proposals ············ 280

Jiaxing Municipal People's Government
Review ············ 282
Important Governmental Affairs & Policy Decisions ············ 284
Correspondence & Visitation Work ············ 291
Legal System Work ············ 292
System Reform Work ············ 295
Personnel Work ············ 297
Public Sector Reform Work ············ 298
Cooperation & Communion Work ············ 299
Foreign Affairs Work ············ 301
Oversea Chinese Affairs Work ············ 306

Jiaxing Municipal Committee of CPPCC
Review ············ 307
Important Conferences ············ 308
Main Work ············ 315
Excerption of Excellent Proposals ············ 316

Democratic Parties & Federation of Industry and Commerce
Jiaxing Municipal Committee of KMT Revolutionary Committee of China ············ 325
Jiaxing Municipal Committee of China Democratic League ············ 327
Jiaxing Municipal Committee of China National Democratic Construction Association ············ 329
Jiaxing Municipal Committee of China Association for Promoting Democracy ············ 330
Jiaxing Municipal Committee of The Chinese Peasants' and Workers' Democratic Party ············ 331
Jiaxing Municipal Committee of Jiusan (Sept.3rd)Society ············ 333
Jiaxing Municipal Committee of China Zhi Gong Party ············ 335
Jiaxing Federation of Industry and Commerce ············ 337

Mass Organizations
Jiaxing Federation of Trade Unions ············ 340
Jiaxing Municipal Committee of the Chinese Communist Youth League ············ 342
Jiaxing Women's Federation ············ 345
Jiaxing Association for Science & Technology ············ 347
Jiaxing Social Sciences Association ············ 349
Jiaxing Federation of Literary & Art Circles ············ 351
Jiaxing Taiwanese and Relatives of Taiwanese Association ············ 353
Jiaxing Returned Oversea Chinese Federation ············ 355
Jiaxing Disabled Persons' Federation ············ 356
Red Cross Society of China Jiaxing Branch ············ 358

Nomocracy
Review ············ 361
Public Security ············ 363
Procuratorate ············ 367
Trial ············ 369
Judicial Administration ············ 371

Armed Forces
Review ············ 374
National Defence Education & Political Mobilization ············ 374
Military-Civilian Joint Construction ············ 378
Militia, Reserve Duty & Military Service ············ 378
Armed Police Force ············ 380
Civil Air Defense ············ 381

Education
Review ············ 383
Elementary Education ············ 384
Secondary Vocational Education ············ 386
Higher Education ············ 387
Non-Government Funded Education ············ 390
Adult Education ············ 390
Educational Supervision and Guide ············ 391
Professional Teachers' Vocational Construction ············ 391
Teaching Scientific Research ············ 393
Teaching Input & Facilities ············ 395

Culture
Review ············ 397
Professional Culture ············ 399
Social Culture ············ 400
Culture Relics & Natural Science ············ 401
Intangible Cultural Heritage ············ 402
Libraries & Bookstores ············ 404
Management of Cultural Market ············ 406

Exchange of Culture ······ 408

Media
Review ······ 410
Newspapers ······ 411
Broadcasting & Television ······ 413
News Websites ······ 418
Management of Press, Publication, Radio, Film and Television ······ 419

Sports
Review ······ 422
Competitive Sports ······ 423
Mass Sports ······ 424
Sports Industry ······ 425

Hygiene
Review ······ 427
Hygiene Supervision ······ 428
Disease Control ······ 430
Medical Care ······ 432
Maternity & Children Care ······ 433
Primary Healthcare ······ 434
Medical Education & Research ······ 434
Medical-Sanitary System Reform ······ 435
Patriotic Sanitation ······ 436

Social Life
Population & Family Planning ······ 438
New Residents Affairs ······ 440
Civil Affairs ······ 440
Community, Mass Organization & Social Worker Construction ······ 442
Senior Citizen Administration ······ 445
Labor & Employment ······ 446
Social Security ······ 447
Housing Security ······ 449
Consumers' Right & Interests Protection ······ 451
Nationalities & Religions ······ 455
People's Livelihood ······ 456

Personage
Brief Introductions to Reposting Municipal Leaders ······ 459
Heroes & Model Workers ······ 459
Famous Professionals ······ 462

Districts & Counties(Cities)
Nanhu District ······ 465
Xiuzhou District ······ 475
Jiashan County ······ 483
Pinghu City ······ 489
Haiyan County ······ 498
Haining City ······ 505
Tongxiang City ······ 514

Economic Development Zone of National & Provincial Level
Review ······ 523
Jiaxing Economic and Technological Development Zone, Jiaxing International Business Park ······ 524
Jiashan Economic and Technological Development Zone ······ 527
Pinghu Economic and Technological Development Zone ······ 529
Jiaxing Port Area (Zhapu Development Zone) 531
Zhejiang Jiaxing Industrial Park ······ 533
Zhejiang Jiaxing Xiuzhou New Area, Xiuzhou Industrial Park ······ 536
Zhejiang Yaozhuang Economic Development Zone ······ 540
Zhejiang Dushan Port Economic Development Zone ······ 541
Haiyan Economic Development Zone ······ 543
Haining Economic Development Zone ······ 546
Haining Agricultural Comprehensive Development Zone for Foreigners ······ 548
Zhejiang Haining Warp Knitting Industrial Park ······ 549
Tongxiang Economic Development Zone ······ 551
Zhejiang Tongxiang Puyuan Knitting Industrial Park ······ 553

Social & Economic Statistics
Statistical Charts ······ 555
Statistical Tables ······ 559

Selected Documents
Normal Documents ······ 575
Other Important Documents ······ 590
Document Catalogues ······ 597

Appendices
Lists of the Advanced Units & Workers ······ 602
Selected Articles & Opinions ······ 603
Catalogues of Important Reports ······ 622
Famous Brand Products ······ 624
Famous Brands ······ 627

Index
Index ······ 630

▲ 5月8～11日，中共中央政治局常委、全国人大常委会委员长张德江（左六）到浙江省调研，图为在浙江雅莹服装有限公司了解服装设计、生产和销售情况。

（新华社记者马占成 摄）

▲ 12月20日，全国政协副主席、致公党中央主席、科学技术部部长万钢（左三）到浙江清华长三角研究院、中科院浙江研究院和同济大学浙江学院考察。

（盛建生 摄）

▲ 4月8日，全国政协副主席、中国人民银行行长周小川（前排左二）到人民银行嘉兴市中心支行考察。（盛建生 摄）

▲ 6月16日，全国人大常委会原副委员长路甬祥（左三）到海宁市和秀洲区考察调研光伏产业发展情况。（盛建生 摄）

▲ 4月27日，丹麦女王玛格丽特二世（右二）出席乐高集团位于嘉兴经济技术开发区的首个亚洲工厂奠基仪式。（盛建生 摄）

▲ 9月18～19日，浙江省省委书记、省人大常委会主任夏宝龙（前排右三）到嘉兴调研企业有效投资情况。（市合作交流办 提供）

▲7月15日，浙江省省长李强（左三）到嘉兴市调研经济发展情况。

（盛建生 摄）

▲7月17日，嘉兴市市委书记鲁俊(左三)到桐乡经济开发区休闲房车产业园调研重点工作推进情况。（盛建生 摄）

▲ 6月18日，嘉兴市市长肖培生（右三）到嘉善经济技术开发区考察企业运行情况。（嘉善经济技术开发区 提供）

▲ 12月15日，嘉兴市人大常委会主任刘冬生（左三）调研质监工作和国家服装辅料质检中心建设情况。（市质量技术监督局 提供）

▲ 9月25日，嘉兴市政协主席高玲慧（左二）到南湖区长水街道调研嘉兴晶晖广场项目。（市政协办公室 提供）

▲ 10月20日，嘉兴市与丹麦里比市续签两市友好交流关系协议书。(许叶 摄)

▲ 7月7日，嘉兴经济技术开发区与飞利浦（中国）投资有限公司签订合作协议。（许叶 摄）

▲ 11月7日，嘉兴市召开国际友城经济合作推进会。(许叶 摄)

▲ 4月21日，2014嘉兴国际人才交流与合作大会在嘉兴市举行，吸引美国、法国、日本等16个国家的海外人才。（盛建生 摄）

▲ 12月14日，2014“星耀南湖”精英峰会在嘉兴国际会展中心开幕。（盛建生 摄）

▲ 2月10日，嘉兴市党的群众路线教育实践活动部署会议在市行政中心举行。（盛建生 摄）

▲ 7月14~19日，嘉兴市开展2014年第一次“推进重点工作、推进争先晋位”活动。（盛建生 摄）

▲ 7月8日，嘉兴市践行党的群众路线教育实践活动，举办打通服务群众最后一公里——“走基层、惠员工”百佳企业公益行活动。（李剑铭 摄）

▲ 2014年，嘉兴市在南湖红廉馆举办“清风荡涤满城新——党的群众路线教育实践活动反‘四风’主题展”，图为党员干部参观主题展。（周赞 摄）

▲2月12日，全市“五水共治”三级干部大会在嘉兴大剧院举行。

（盛建生 摄）

▲2014年，秀洲区王江泾镇古塘村经过“五水共治”，再现水清草绿的江南水乡风光。

（盛建生 摄）

▲嘉善塘“五水共治”前后对比。（胡凌翔 摄）

▲2014年，嘉兴市开展拆除违章猪舍工作。（李剑铭 摄）

▲ 5月10日，嘉兴市组织志愿者开展“三改一拆”志愿服务活动。
（李剑铭 摄）

▲ 2014年，南湖区新嘉街道清河小区经过综合整治改造，集绿化、停车和文化于一体的文化小广场为居民提供新的服务功能。（李剑铭 摄）

▲2014年，嘉兴市建成6条特色绿道，图为南湖—西南湖健身绿道。

（市建委 提供）

▲嘉兴石臼漾湿地公园被住房和城乡建设部命名为“国家城市湿地公园”。

（市建委 提供）

▲10月8日，嘉兴市区启动中山路改造工程。（王振宇 摄）

▲4月16日，钱江通道北接线工程通车。（嘉通集团 提供）

▲ 6月22日，中国大运河项目列入《世界遗产名录》，成为中国第32项世界文化遗产及第46项世界遗产。（寿平 摄）

▲ 11月19日，2014世界互联网大会在桐乡乌镇举行。（王振宇 摄）

▲ 2014年，秀洲区王江泾镇土地实现流转，专业化、规模化的管理模式提高了土地的产出。（李剑铭 摄）

▲ 4月18日，2013嘉兴品牌力量榜颁奖典礼举行。（李剑铭 摄）

▲ 9月18日，第十二届全国美术作品展览综合画种·动漫展区作品展览在秀洲·中国农民画艺术中心开幕。（袁培德 摄）

▲ 10月25日，2014年全国健身舞大赛暨第十一届全国健身交谊舞锦标赛在嘉兴体育馆举行。（张继良 摄）

▲ 5月7日，第二届市民运动会开幕式在嘉兴体育馆举行。（赵颖硕 摄）

▲ 5月31日，“五芳斋”杯端午龙舟赛在南湖举行。（王振宇 摄）

▲ 6月2日，2014嘉兴端午群众性民俗文化体育活动——“五芳斋”杯全国裹粽大赛在嘉兴国际会展中心举行。 （李剑铭 摄）

▲ 11月30日，嘉兴市首届中华优秀传统文化传播使者大赛在市区华庭街举行。 （朱骏 摄）

特　　载

市委七届八次全体（扩大）会议报告摘要

中共嘉兴市委书记　鲁　俊

2014年7月23日

这次全会的主要任务是，认真贯彻落实党的十八大、十八届三中全会和省委十三届五次全会精神，着眼更高质量的经济建设、更高层次的竞争优势、更高水平的民生工程，研究部署建设美丽嘉兴、创造美好生活工作，审议通过《中共嘉兴市委关于深入贯彻省委“两美”建设决定、打造江南水乡典范的实施意见》。

现在，我代表市委常委会向全会作报告。

一、切实增强推进“两美”建设、打造江南水乡典范的紧迫感和责任感

家园美丽、生活美好，人们孜孜以求。百姓的梦想，就是我们的追求，历届党委、政府一直为之奋斗。省委十三届五次全会根据建设“美丽中国”的要求和习近平总书记关于“让人民生活得更好”等重要讲话精神，作出了建设美丽浙江、创造美好生活的重大战略部署，并明确要求嘉兴在“两美”建设中打造成为江南水乡典范。我们贯彻省委全会精神、顺时应势打造江南水乡典范，在内涵上就是依托我市独特的自然、人文等特质，着力重塑水清岸绿天蓝的生态风貌、加快建设宜业宜居宜游的城乡环境、不断提升富饶和谐幸福的发展指数，更好地实现城市与乡村相得益彰、历史与现代交相辉映、发展与共享互促共进、人与自然和谐相处。这是对建设现代化网络型田园城市内涵的丰富与深化，是对人民群众美好生活新期待的关切与回应，与全市多年来坚持实施城乡一体化、生态立市、文化兴市等战略一脉相承，与我们聚力推进科学发展、加快富民强市的目标高度契合。

（一）建设“两美”、打造典范我们有条件有基础。从条件看，嘉兴依水而生、因水而兴、有水而美，全市河网密布，有大大小小1.2万条河道、总长1.38万公里，水域面积占国土面积的近10%，很好地留存了运河绕城、八水汇聚的独特水乡风貌，形成了马家浜文化、运河文化等生生不息的水乡文化，积淀了勤善和美、崇文厚德等特色人文品质。境内独一无二的300多万亩农田，既孕育了古老的农耕文明、成就了鱼米之乡的美誉，也构成了长三角区域最大的平原绿地、最佳的生态湿地。无论是自然生态还是历史底蕴、人文特质，“江南水乡”都是嘉兴最鲜明的地域标识。从基础看，经过改革开放30多年的探索，我们的发展理念在逐步提升，既要金山银山也要绿水青山、绿水青山就是金山银山，逐步成为发展的共识；我们的综合实力在增强，经济总量超过3000亿元、人均GDP超过11000美元，统筹城乡发展水平居全省第二位、进入全面融合阶段;我们的人居环境在优化,全市交接断面水质考核去年首次合格、今年上半年实现优秀,率先夺得全省平安银鼎,摘取了全国文明城市、国家历史文化名城、国家园林城市等国字号“桂冠”。所有这些,都是我们建设“两美”、打造典范的基础所在,底气所在。

(二)建设“两美”、打造典范面临的压力和挑战不少。从生产上看,资源环境的硬约束加剧, 全市土地开发强度达到 26.4%、居全省首位, 已到了土地开发利用强度的临界状态;节能减排、淘汰落后产能等越往后难度越大,要完成“十二五”目标任务形势十分严峻;污水管网等环保基础设施建设相对滞后,偷排漏排等现象时有发生。从生活上看,一方面人民群众的生态诉求日益迫切,全市每年新增信访总量的 60%都与环境问题相关;但另一方面,一些干部和群众环保意识薄弱, 绿色低碳生活、与自然和谐相处等理念尚未完全根植于心、尚未广泛外化于行,全社会崇尚环保、呵护生态的自觉有待进一步提升。从生态上看,低小散工业污染和农业面源污染仍较为突出,市控以上地表水监测断面中五类和劣五类水体还占有较大比重,大幅削减大气污染物排放总量和局部区域废气治理的任务艰巨。解决这些问题,是我们在发展过程中必须上好的“必修课”,更是建设“两美”、打造典范的必然要求。

(三)建设“两美”、打造典范的意义十分重大。这是更高质量的经济建设。任何时候,发展第一要务不能放松, 经济建设中心不能动摇。推进“两美”建设,就是更好地遵循经济发展规律,主动融入产业变革、科技革命等新潮流,在比选优质项目中保持增长定力,在厘清“两张清单”中激活微观主体,在打实“绿色底子”中检验转型升级成效。这是更高层次的竞争优势。实现“城市美、人才兴、经济强、百姓富”的有机统一,要求我们把“两美”建设作为提升区域竞争力的核心载体,使“水乡绿城”的生态风貌、与沪杭同城的区位优势、“越韵吴风”的文化特色交相辉映,加快形成“青青田园乡村、悠悠诗画江南”的嘉兴品牌,切实以人文生态的魅力激发创业创新的活力。这是更高水平的民生工程。群众想什么,我们就干什么。现在群众不仅期盼安居、乐业、增收,更期待碧水、蓝天、绿地。建设“两美”,就是百姓利益的关切、以人为本的体现,就是社会治理的探索、群众路线的实践。我们一定要站在战略和全局的高度,深刻认识建设“两美”、打造典范的重要意义,始终树立信心,坚定决心,自觉担当,务实推进。

二、全面把握推进“两美”建设、打造江南水乡典范的主要任务

提交这次全会讨论审议的市委实施意见稿,提出了建设“两美”、打造典范的总体要求、目标任务和工作举措。请大家认真讨论,提出意见建议,使之更加完善。总的是要坚定不移地高举生态旗、坚持不懈地铸就田园梦、与时俱进地打好特色牌,突出产业升级、城乡统筹、人文生态“三大引领”,强化源头严控、过程严管、恶果严惩“三项机制”,促进生产、生活、生态“三生融合”,打造“水清岸绿天蓝、宜业宜居宜游、富饶和谐幸福”的江南水乡典范。到 2016 年,生产发展更加优质、生态环境更加优美、生活方式更加文明,美丽嘉兴建设的体制机制和组织保障体系基本健全, 江南水乡典范建设进展明显;到 2020 年,经济实力、可持续发展能力和区域竞争力不断增强, 生态文明建设各项工作走在前列,江南水乡典范初步建成。

在具体工作中,要突出抓好以下四个方面:

(一)坚持城乡统筹“一盘棋”。江南水乡典范的美丽画卷,一头连着城市、一头连着乡村。要着力从空间布局、产业结构、生产生活方式等多个维度,全域式推进“两美”建设。要优化城乡空间布局。加快经济社会发展规划、城市总体规划、土地利用总体规划、产业规划、生态规划等多规融合,科学界定生态敏感线、耕地保护线、城市发展边界线、产业用地控制线等,提升规划的科学性和可操作性。进一步优化现代化网络型田园城市布局体系,统筹城乡规划实施、基础设施建设、产业布局、社会事业发展和生态环境保护，加快形成人口、经济、资源、环境相协调的城乡空间格局。要加快美丽城市建设。以深化“五城联创”等为载体，以提升人居环境为导向，统筹推进中心城市和各副中心建设，突出功能完善、品位提升和特色塑造，加快城市有机更新和老旧小区改造步伐，注重产城融合互动，进一步增强主副中心城市的集聚和辐射能力。全力确保蝉联全国文明城市。分类推进省、市级小城市培育，推进生态人文小城市试点，实施小集镇提升工程，着力建设一批江南“风情小镇”。要深化美丽乡村建设。巩固提升“百村示范、千村整治”成果，强化连线成片综合整治农村环境，建立长效管理机制。深化美丽乡村“四级联创”，全面开展美丽乡村先进县（市、区）、镇和精品村（特色村）、优美庭院示范户等创建活动。要高度重视促进心灵美与环境美相同步，既倾力打造“园在城中、城在园中”的最美风景，又大力倡导“勤善和美”的当代嘉兴人共同价值观，宣传最美人物、弘扬最美精神、形成最美风尚。

（二）打好产业升级“组合拳”。解决生态问题源头在于调结构、转方式。要强化亩产论英雄导向，统筹推进三次产业转型升级，大力实施“四换三名”，加快产业调高调优，实现经济发展与生态保护双赢。要改造提升传统产业。坚持运用信息技术、先进适用技术、节能环保技术等，推进农业“两区”建设提档升级，加快工业化与信息化“两化”融合，大力发展现代服务业特别是生产性服务业，注重实体市场改造与网络经济发展互动融合，整体促进传统产业向智慧智造、高质高效和网上网下互动转型。要强化科技成果转化。依托清华长三角研究院、浙江中科院应用技术研究院等创新载体，积极推进嘉兴科技城扩容提升，加快建设人才改革试验区，着力打造更大更优质的孵化转化平台，承载培育一批科技型“小巨人”，更好地向创新要效益、向科技要环保。要推进绿色安全发展。低端制造对应低值环节、吸引低端用工，不仅制约企业发展，也带来环境压力、管理难题。要算好节本增效的“眼前账”和生态减负的“长远账”，大力发展低碳经济、循环经济，坚决腾退一批重污染高耗能、安全隐患多、产出效益低的企业，大力支持企业抓住有利时机扩大进口、加快技术和装备更新换代升级，换出竞争力和可持续发展能力。

（三）实施“五治联动”攻坚战。从视觉、嗅觉、味觉等直观体验与切身感受出发，联动推进治水、治气、治违、治地、治废，这是建设“两美”、打造典范最直接、最现实的抓手。“治水”，就是要把“五水共治”进行到底，深入实施黑河、臭河、垃圾河“清三河”行动，推进城镇截污纳管和农村污水处理、生活垃圾集中处理“两覆盖”，抓好工业、农业“两转型”，强化对企业违法排放、超标排放“五个一律”的硬约束，确保水环境逐年好转。同时，扎实推进平湖塘延伸拓浚、农村标准化圩区等防洪排涝工程建设；加快市域外引水工作进度，千岛湖引水工程规划尽快向省报批，力争早日开工建设，同时认真做好太湖引水相关工作。“治气”，就是要向空气污染宣战，以 PM2.5 防控为重点，一手抓节能减排降碳，抓实清洁能源、绿色交通、秸秆禁烧等；一手抓净化修复，加快构建城市绿肺、干道绿轴等清洁空气的绿色屏障。“治违”，就是要既看数字又看现场深化“三改一拆”，强势推进城市规划区内、道路河道沿线、工业园区等重点区域拆违；同时，注重拆与改、拆与建、拆与转相结合，统筹推进城市有机更新、“两退两进”等。“治地”，就是要下大力气抓好城镇建设用地和工业用地节约集约，积极推行打包复垦零星闲置土地、整镇腾退低小散工业用地等土地整治新模式，以土地高效利用促城镇高端发展；同时，强化重金属等污染防治，以土壤环境安全保障“菜篮子”“米袋子”等安全。“治废”，就是要突出发展循环经济与严格废弃物管理“双管齐下”，积极推进减量化、资源化和无害化处置利用，特别要认真研究淤泥、污泥等变废为宝之道。

（四）打响人文生态特色牌。水、田、林、文是嘉兴最鲜明的人文生态元素，也是“两美”最直观的体现。要彰显水的灵气。坚持水生态与水经济同步谋划,深度挖掘大运河世界文化遗产的品牌效应,加强河、塘、湖、荡、港和湿地的保护与适度开发,依湖临水打造特色小镇、人文小镇、休闲小镇,突出小桥流水人家、青砖黛瓦丝竹的独特意境。要彰显田的生机。既要把300多万亩农田作为重要的生态屏障来保护,又要作为独特的风景来开发,结合发展观光农业、休闲农业等,科学布局粮油、瓜果、花卉等规模种植区,更好地展现稻浪花海、荷塘月色、桑基鱼塘等田园风光。要彰显绿的秀美。坚持以绿色衬托历史文化、用文化提升绿化内涵,既要保护好古树名木等历史遗存,进一步彰显绿化的古风史韵;又要在生态绿道、自然景观、花草植被等构成的新生态空间中,融入历史文化、现代文明、城市精神等因子,让人们在享受绿色视觉的同时,受到文化的熏陶。要彰显文的厚重。着力传承传统江南文化中天人合一的生态理念,认真研究一些传统集镇、村落和古街区、古建筑等所遵循的生态布局,充分汲取古人智慧,保留江南传统文化元素,更好地促进城市建设与历史文脉相融合、现代人居与传统文化相统一。同时,要结合弘扬"红船精神",深入挖掘红色历史文化元素,加快推进南湖湖滨等片区开发建设,高标准打造城市客厅。

三、凝聚推进"两美"建设、打造江南水乡典范的强大合力

建设"两美"、打造典范是全社会共同的事业,必须坚持党政主导、多元共治、社会参与的现代治理理念,需要依靠人大、政协、各民主党派、工商联、无党派人士、群众团体等群策群力,推动形成社会各界共同参与、共同监督、共同建设、共同分享的良好局面。

(一)要强化干部主动担当。权力就是责任,责任就是担当。建设"两美"、打造典范,面临的硬骨头很多,需要有逢山开路、遇水架桥的精神,有明知山有虎、偏向虎山行的劲头。各级各部门都要守土有责、守土负责、守土尽责,人大、政协的同志都要坚持"一线"意识、"一线"要求,增进建设"两美"的共识,凝聚打造典范的智慧,服务科学发展的大局。既要维护自然生态,以"上对得起祖宗、下对得起子孙"的态度,切实担当起保护生态、修复生态的时代责任;又要优化经济生态,在稳增长、促转型上有新举措,在抓项目、抓实体上有新力度,推动"两美"建设、打造典范早见成效。

(二)要突出企业社会责任。企业主体无论大与小、传统与新兴,在"两美"建设中都有相应的社会责任。要善于运用经济杠杆、市场手段等规范企业生产经营行为,既突出正向引导,健全绿色主导项目准入、绿色与信贷和财税挂钩、资源要素市场化配置等机制,推动各类企业走绿色发展、循环发展、低碳发展之路;又强化反向倒逼,建立"一处失信、处处受限"和"一时失责、终身追责"的惩戒机制,对污染环境、破坏生态的行为形成高压态势。同时,要注重搭建市场化运作、社会化参与的平台,探索通过公私合作(PPP)等形式,调动企业共建"两美"的积极性。

(三)要扩大公众参与。汇聚每个人的一小步,就是迈向江南水乡典范的一大步。要把弘扬社会主义核心价值观与建设"两美"、打造典范有机结合起来,依托开展各类群众性精神文明创建活动,引导每个家庭、每个公民从身边做起,从小事做起,争当绿色消费、文明生活的践行者和推动者;及时回应公众环境诉求、公布环境监测数据,培育壮大民间环保组织,鼓励公民积极举报环境违法行为,充分保障群众的环保知情权、参与权和监督权,加快形成"两美"建设人人参与、典范成果人人共享的生动局面。

(四)要强化法治保障。扎实推进"法治嘉兴"建设,深入实施"六五普法",认真贯彻落实新环保法等有关保护环境、节约能源资源方面的系列法律法规,推动全社会牢固树立生态"禁区"意识、环保"红线"观念,切实把"两美"建设纳入法治化轨道;推进综合行政执法试点,加大执法力度,创新执法方式,提高执法效能,对阻碍"两美"建设进程、破坏"两美"建设成果的违法违规行为"零容忍",不断提高依法治理能力。

同志们，现在离年底只有5个多月的时间，完成全年经济社会发展目标任务，时间紧、任务重。要按照市委七届七次全会的部署，坚持“稳中求进、改中求活、转中求好”的工作基调，决战三季度、冲刺四季度、努力实现“全年红”。要保持定力稳增长、调结构。抓经济工作一天也不能耽误，要千方百计扩投入、优增量、稳市场、拓需求，狠抓中央和省、市系列经济政策的落地，主动帮助企业排忧解难减负，打好浙商回归、“四换三名”、“两退两进”等组合拳，积极促进房地产市场平稳健康发展，确保全年完成GDP增长8.5%、公共财政预算收入增长8%、城乡居民收入分别增长9.5%和10%等工作目标。要内外联动抓改革、增活力。坚持问题导向，统筹梳理政府“权力清单”和企业投资“负面清单”，加大与国家层面改革联动，主动对接上海自贸区等改革龙头的辐射，系统推进全市各项改革“重头戏”，早日形成相互复制、相互借鉴的整体效应，最大限度释放改革红利，切实以改革率先支撑发展领先。要坚持不懈优环境、惠民生。进一步聚焦百姓关注的突出问题，坚持“三改一拆”、“五水共治”、生猪养殖业减量提质等工作力度不减，确保今年生猪存栏量控制在120万头以下、成功创建2个“无违建县(市、区)”，年内消灭垃圾河，跨行政区域交接断面水质年度考核结果好于去年；大力发展教卫文体等社会事业，扎扎实实办好年度民生实事，千方百计促进居民增收，切实增进百姓福祉。要从严要求抓党建、转作风。以制度建设优化从政环境，严肃党的政治纪律、组织纪律，坚决贯彻中央“八项规定”，认真落实党风廉政建设党委主体责任和纪委监督责任，进一步夯实基层基础，坚持倡导“狮子型”干部的鲜明导向，大力弘扬敢于担当、艰苦奋斗、狠抓落实的优良作风，加快打造一支敢为人先创新型、百折不挠担当型、忠诚为民服务型“三型”干部队伍。

每个层级、每个部门、每个条线的工作都很重要，要继续按照各自职责、各自分工，高标准高要求推进，由于时间关系就不再一一展开了。现在，就几项重点工作作一强调：

一要集中精力抓有效投入。有效投资既是经济增长的“发动机”，又是转型升级的“助推器”。扩大有效投资，规模是基础。年初我们提出的目标是确保增长13%、力争增长16%。从上半年情况看，全市固定资产投资增长16.5%，比一季度高0.6个百分点，这是很不容易的。现在省里明确把全省投资的年度增长目标提高到18%，我们也要把努力的目标锁定为18%，需要大家主动作为、奋力担当。扩大有效投资，项目是根本。投资在经济增长中的关键作用，集中体现在项目尤其是产业大项目和优质项目上。上半年全市深化招大引强选优，共引进世界500强、国际行业领先企业、总投资超亿美元生产性项目14个，项目数比去年同期增加4个，要继续加大产业投资的力度，力争全年实现更大突破。扩大有效投资，推进是关键。好的项目靠跑出来、争过来，要创新招商方式，整合招商力量，加强对接国资、引进外资等工作，促进浙(禾)商大会签约项目早日落地，切实提高招商选资的质量和成功率。要充分调动民间投资的积极性，引导社会资本更多投向实体经济。要破解要素特别是土地要素制约，深化“三改一拆”、创建“无违建县、镇”，进一步挖掘城市有机更新、“两退两进”、农村土地整治复垦“三个一万亩”的潜力，切实在盘活存量中拓展增量。

二要突出重点抓工业强市。工业是嘉兴经济的主体，没有工业增长的8.5%，就没有全年GDP增长的8.5%，必须抓牢工业这个确保全年经济增长目标的“定盘星”。要抓平台载体。充分发挥工业大县、工业强镇的稳增长支撑作用，特别是要推动我市开发区和工业园区与上海重点园区的研发中心、总部基地、创新中心等开展对接合作，提升平台功能。要抓优势产业。上半年，全市电子信息、装备制造等产业增长较快，是工业稳增长的“生力军”，要抓住这批当先快马、领头飞雁，既顺势而为，又顺市(场)而为，努力在实现稳增长的同时，进一步加大技术改造和新产品开发力度，加强综合管理,提升竞争实力。要抓龙头企业。抓工业必须突出抓规模型企业,要坚持不懈地实施大企业倍增计划,鼓励和引导优势企业通过强强联合、兼并重组等做大做强,进一步增强示范引领和辐射带动能力。

三要龙头引领抓科技创新。坚持以市场化导向推动科技成果转化,以特色化定位提升科技创新载体,以国际化眼光抢占科技创新制高点,积极创新体制机制,努力向科技创新要发展空间、要质量效益。特别是要全力以赴做强两大龙头:要抓科技城扩容提升。科技城已进入做大做强的关键期,要更好地发挥龙头引领作用,更多地容纳大项目、好项目,迫切需要扩大规模、完善功能、提升层次。为此,市里考虑将科技城的核心区拓展为 29 平方公里左右,更好地走专业化科技发展之路。省里已明确把嘉兴科技城作为省级平台来打造,我们要进一步加强与省里的沟通衔接,加快理顺体制机制,统筹争创省级高新技术产业园区,努力成为省科技改革创新试验区,更好地争取土地、资金、重大项目布局等更多政策倾斜。要加快浙大国际联合学院海宁国际校区建设。这个项目背后既是浙江大学这一智囊团、创新源、人才库,更为我们对接顶尖的世界大学、云集高端的创新人才、催生强大的孵化能力搭建了新的平台,必将成为科技创新的新引擎,对全市经济社会发展产生重要的带动作用。要全力支持,争取早建成、早见效,并积极谋划与科技城扩容提升等的融合互动,努力在全市范围用好优质资源,形成集群效应。同时,要进一步深化与清华大学、浙江大学等的"产、学、研"合作,加强与同济大学、上海交大等的走亲联姻,从更高层次搭建创新平台、提升创新驱动能力。

四要抢抓机遇发展旅游业。旅游业是举世公认的"无烟产业",发展前景十分广阔。当前,旅游消费已经进入大众化时代,国家和省里进一步加大对旅游业发展的政策扶持力度,运河申遗成功使嘉兴成为世界遗产城市,计划于明年底开业的上海迪斯尼乐园可以说是"永不落幕的世博会"。机遇不容错失,发展正当其时,旅游业最有望成为新的经济增长点。我们要深入研究,适时召开全市旅游业发展大会,掀起新一轮发展大旅游、开拓大市场、形成大产业的热潮。要坚持旅游业与其他产业深度融合发展,注重投资参与多元化、资源整合最优化、景区发展品牌化、营销拓展全方位,着力在创新投融资机制、完善吸引民资政策、强化配套设施建设、加强宣传推介等方面下更大功夫。当前,要把打响运河旅游品牌摆在突出位置,推进主要旅游景区、景点串点连线,加强与京杭大运河沿线城市旅游推广联盟的合作,着力打造运河边上的国际旅游休闲城市;要积极做好与上海迪斯尼乐园和国际旅游度假区的对接,打造沪嘉同城旅游的升级版。只有这样,我们才能凭借金字招牌"招"来真金白银,才能依托近水楼台"搂"来八方游客。

五要全力抓好重点领域改革。全市改革的时间表和任务书已经明确,近期需要突破的重点项目已经排定,要不等不靠往前推、聚焦聚神抓落地,突出从纵向、横向、外向三个维度求突破。要纵向联动抓改革。重点围绕打造审批事项和层级最少、审批集中度和效率最高、审批流程和服务最优的地区,大力推进行政审批层级一体化改革,抓紧梳理公布政府"权力清单"、企业投资"负面清单"等,同时扎实抓好综合行政执法改革试点。这些改革都要上下联动,体现人随事走、人事一致的原则,既放权又放编放人,确保上面放到位、下面接得住接得好。要横向复制抓改革。嘉善县域科学发展示范点、海宁要素配置市场化、秀洲光伏产业"五位一体"创新、平湖产业结构调整机制创新、海盐农村综合改革示范、桐乡旅游综合改革、南湖金融创新示范等改革试点都各具特色,要加快在点上创新突破,及早在面上复制推广,形成"1+1 > 2"的叠加效应。要外向承接抓改革。上海自贸区是我们家门口的改革样板、开放平台、国际市场,要发挥紧邻上海的地缘优势,率先借鉴和运用上海自贸区的改革成果,做到"两个无差别、三个更好",即市场规则、政府办事规则与上海无差别,产业配套条件、政府服务效率和人居生活环境更好，努力成为全省对接的先行区、主战场。目前，嘉善已经成为上海自贸区的项目协作区，嘉兴经济技术开发区正在打造上海自贸区嘉兴商务中心，其他地方也要找准同频共振点，更好地搭建对接平台，更多地集聚资金、人才、科技等要素，加快借势借力发展。

六要深入推进统筹城乡发展。以农村土地整治为切入点，推进新型城镇化建设，提升城乡统筹发展水平，这符合经济发展的规律性要求，符合走嘉兴特色化发展道路的需要，符合农民增收、农业发展的现实需要，符合我们破解发展瓶颈、拓展发展空间的需要。要抓住土地利用总体规划优化完善、新一轮建房高峰到来等机遇，坚定方向、坚定不移推进统筹城乡发展。要优化“1+X”布局规划。总体上要坚持一个前提和四个看的原则。就是要充分尊重农民意愿并适度引导，农民没有意愿千万不能干，这是前提。四个看，就是一看规模，有一定的集聚基础、配套设施较好的，要保留；二看产业，根据当地三次产业的特色和发展前景来选点；三看底蕴，具有传统农耕文化、江南民居特点、水乡田园风光、深厚历史积淀的，可予以保留；四看区位，要充分考虑区位优势，尽量向集镇集聚，培育建设小城市。要突出土地综合整治。要拓宽整治的内容。土地整治不单单是宅基地复垦，其他方面还有很多的潜力可挖，如废弃的工矿用地、低效的工业厂房，还包括不再使用的村部、学校、礼堂、粮站等，都可以纳入土地综合整治范围。要激励整治的主体。镇级组织是盘活土地的主力军，村民委员会也可以作为农村土地整治项目的主体。项目主体要成为受益主体，节约土地产生的收益要用在农房集聚项目上，真做农房集聚，不与农民争利，确保良性循环。要提高整治的质量。在立项评估上，一看农民意愿强不强；二看节地高、成本低；三看复垦连片、有利于现代农业园区等建设；四看镇村干部号召力、项目运作能力。在项目推进中，要注重与土地流转相结合，与现代农业主体培育相结合，与农业“两区”发展相结合，与农民转移就业相结合，与美丽乡村建设相结合。要强化资金保障。要借力市场“盘”，在全市范围内建立交易平台，确保实现节余指标的价值最大化。要定向对接“争”，积极争取农发行、国开行等政策性银行的支持，同时抓住今年国家连续定向降准支持“三农”的机遇，进一步扩大金融服务受益面。要质押贷款“借”，创新落实省国土厅与省农行已经签订的银政合作协议，探索土地节余指标在产生之前质押融资。要整合专项“集”，把村庄整治资金、农村旧房改造、土地开发整理、农业综合开发、农田水利建设等相关涉农资金和美丽乡村建设资金整合起来，发挥各项资金的叠加效应。要把握好工作节奏。政府要筹资一本账，完善政策，盘活用地，筹措资金；要因势利导，尊重农民的意愿；要防控风险，确保资金土地双平衡，推动形成政府重规划引领政策引导、农民自愿参与有序集聚的良性格局。

七要全力争创平安创建“十连冠”。我市稳定形势总体较好，社会大局一直保持平稳。但也要看到，近年来国内稳定形势发生了较大变化，暴力恐怖活动现实威胁加大，各种社会矛盾相互交织，维护稳定这根弦必须始终绷紧，绝不能有丝毫的麻痹和懈怠。要强化舆论引导。更加自觉地把意识形态工作放在极端重要位置，加强对社会舆情、网络舆情的分析研判，做大做强重点新闻网站、主流舆论阵地和“红色网军”等，提高舆论引导和处置能力。在高度发达的网络时代，各级党员干部都要养成两个习惯，一要习惯于在民众的监督下工作和生活，二要习惯于在媒体的聚光灯下工作和生活。既要以战斗的姿态打好舆论遭遇战，敢于发声、善于发声，又要自觉做到洁身自好、慎言慎行，勤勉工作、健康生活。要强化反恐处突，切实担当起反恐维稳的政治责任，增强忧患意识，强化底线思维，守土有责、守土尽责，按照管控重点人、稳控社会面、主控危险物的要求，确保嘉兴在反恐领域不出事、不惹事。要强化矛盾纠纷化解，坚持和发展“枫桥经验”，严格落实重大事项社会稳定风险评估机制，加大信访遗留问题等攻坚力度，多管齐下控制矛盾“增量”、化解矛盾“存量”。

八要善始善终抓好教育实践活动。前不久，习近平总书记对继续抓好第二批教育实践活动提出明确要求，强调要一鼓作气、防止前紧后松，上下衔接、防止矛盾积压，慎重处置、防止简单粗糙，巩固成果、防止短期效应。当前，教育实践活动已陆续进入整改落实、建章立制环节，要持之以恒加强领导指导。各级党委（党组）要认真抓好基层党组织的专题组织生活会，开展“党性体检、民主评议”工作，组织引导广大党员过一次严肃的党内生活。党员领导干部要履行好“一岗双责”，在带头整改的同时，抓好分管单位的教育实践活动，并以普通党员身份参加所在党支部的组织生活会。要以改在实处提升形象。充分运用民主生活会成果，制定切实可行的整改方案，建立问题台账，明确整改时限，实行销号管理。要紧紧围绕百姓反映强烈的窗口办事难、农村建房难、村级集体经济薄弱等问题，认真抓好“八大顽症”等各专项集中整治行动，大力推进惠民行动和民生实事项目落实，回应群众关切，解决实际问题。要务实管用强化制度建设。按照“抓常、抓细、抓长”的要求建制度、立规矩，防止“四风”问题变异反弹。要注意把教育实践活动中的好经验好做法用制度形式固定下来、坚持下去。要突出务实管用、配套衔接，防止内容繁杂、空洞无物，确保建立的制度可执行、可监督、可检查、可问责。要强化制度执行，做到令行禁止、不搞例外，切实维护制度的严肃性和权威性。

同志们，建设“两美”、打造典范使命光荣，实现年度各项目标任务责任重大。我们要更加紧密地团结在以习近平同志为总书记的党中央周围，在省委的正确领导下，与全市人民一道，解放思想，改革创新，真抓实干，努力把党的诞生地建设得更加美好！

政府工作报告

——在嘉兴市第七届人民代表大会第五次会议上

嘉兴市人民政府

2015 年 1 月 28 日

各位代表：

现在，我代表市人民政府向大会作工作报告，请予审议，并请市政协委员和其他列席人员提出意见。

2014 年工作回顾

过去一年，市政府认真贯彻党的十八大和十八届三中、四中全会精神，深入实施省委“八八战略”和“干好一三五、实现四翻番”的决策部署，在中共嘉兴市委的正确领导下，认真执行市七届人大四次会议决议，坚持稳中求进工作总基调，着力抓改革、稳增长、促转型、治环境、惠民生，新常态下不断涌现新亮点。全市地区生产总值 3352.8 亿元，增长 7.5%；财政总收入 568.1 亿元，其中一般公共预算收入 307.1 亿元，分别增长 9.8%和 8.8%；城镇居民和农村居民人均可支配收入 42143 元、24676 元，分别增长 9%和 10.2%。

（一）致力稳增促调，经济保持平稳健康发展。实施扩大有效投资“三抓三保”专项行动，举办首届浙（禾）商大会，引进世界 500 强、国际行业领先企业和总投资超亿美元项目 32 个，实际利用外资 24.96 亿美元，浙商回归到位资金 264.5 亿元，完成固定资产投资 2221.2 亿元、增长 16.3%。强化项目要素保障，消化利用供而未用土地 1.9 万亩。加强项目管理，完成 182 个市级政府投资项目竣工验收。深入推进工业强市建设，大力实施“四换三名”工程，完成企业技改投入 662.3 亿元，腾退低效用地 1.2 万亩，新增上市公司 5 家，规模以上战略性新兴产业、高新技术产业和装备制造业增加值分别增长 12.8%、11.7%和 15.7%。建筑业产值达到 1134 亿元。国家能源局在全国推广我市分布式光伏发电经验。平台功能得到提升，平湖独山港区和嘉善姚庄工业园区获批省级经济开发区。统筹做好稳出口、促消费等工作，外贸出口 236.51 亿美元、增长 10%，社会消费品零售总额增长 12.5%，网络销售零售额达到 678.9 亿元。服务业发展保持良好态势，接待国内外游客 5391 万人次，金融机构本外币存贷款余额突破 10000 亿元，服务业增加值占生产总值比重提高到 41.6%。成功承办首届世界互联网大会。大力发展现代农业，新建粮食生产功能区 15.1 万亩、新增省级现代农业园区 19 个，粮食生产连续 12 年保持稳定增长。国家创新型城市建设步伐加快，新建创新载体 40 个、院士专家工作站 10 家，引进国家和省“千人计划”人才 37 名，新增专利授权量 1.7 万件，全社会研究与试验发展经费支出占生产总值比重提高到 2.5%。全市单位生产总值能耗及化学需氧量、二氧化硫、氨氮和氮氧化物等节能减排指标完成省下达目标任务，提前一年实现“十二五”淘汰落后产能目标。

（二）坚持先行先试，重点领域改革取得突破。深化行政审批层级一体化改革，428 项省、市行政审批事项下放至县一级。海宁、嘉善在全省率先开展核准目录外企业投资项目不再审批改革试点。实行政府权力清单和责任清单制度，市级部门行政权力从11552项减少到3875项，明确市级部门主要职责492项。全面推进商事登记制度改革，新增各类市场主体5.8万个。在全省率先启动综合行政执法改革试点，组建市、县、镇三级综合行政执法机构。推进市场监管体制改革，组建市场监管局。总结海宁要素市场化配置改革试点经验并在全市推广，各县(市、区)全部列入省要素市场化配置改革试点。深化统筹城乡综合配套改革，加快农村产权制度改革步伐，新增流转土地面积12.1万亩，统筹城乡发展水平列全省第一。嘉善县域科学发展综合配套改革、平湖产业结构调整机制创新试点、桐乡全国旅游综合改革试点、海盐农村综合改革示范试点等各项国家、省改革试点进展顺利。获批国家新型城镇化综合试点。加强区域合作交流，实施深化接轨上海三年行动计划，积极参与杭州都市圈和浙东经济合作区共建，援藏、援疆、援青和“山海协作”等对口支援工作进展顺利。

(三)大力实施“五水共治”，生态环境治理取得积极成效。加强水环境治理，加大“清三河”力度，全面完成垃圾河清理1066.2公里，整治黑河、臭河847.8公里。加快污水处理设施建设，新建污水管网594公里，新增污水达标入网企业4152家。扎实推进农村生活污水治理，新增受益农户10.2万户。强化农业面源污染治理，实现生猪养殖业减量“三年任务两年完成”目标，各县(市、区)死亡动物无害化集中处理中心全面投运。全市跨行政区域河流交接断面水质考核首次获得优秀。加强饮用水安全保障，饮用水水源地水质明显改善。市域外引水工作取得重大进展。统筹抓好防洪、排涝、节水等工作，整治标准化圩区33.9万亩，加固海塘6.8公里。深入实施大气污染整治，组织开展秸秆禁烧专项行动，淘汰高污染小锅炉、小炉窑665台、黄标车2.5万辆，市区空气质量优良率70.3%。加强固体废弃物处理与综合利用，市本级废旧商品回收体系建设加快推进。大力实施“四边三化”行动，新增改造绿化面积4.6万亩，新建生态绿道108公里。加强生态示范创建，新增国家级生态镇(街道)5个。

(四)统筹城乡区域发展，城市功能进一步提升。启动国家“多规合一”试点，开展新一轮市域总体规划修编。完善市域基础设施，杭平申线航道改造、嘉兴应急备用水源等项目扎实推进，建成钱江通道北接线一期、湖嘉申线航道一期等工程，嘉兴军民合用机场改扩建项目前期工作进展顺利。认真落实促进市本级经济发展的18条意见，完成市本级规划管理体制调整，国际商务区、湘家荡区域、温泉新城等重点区块开发建设步伐加快。全市启动城市有机更新10097亩，中心城区子城广场、南湖湖滨等区块房屋征收、设计规划和招商工作有序推进。大力实施“三改一拆”，积极开展无违建县(市、区)、无违建镇(街道)创建，改造旧住宅区、旧厂区、城中村1722.8万平方米，拆除违法建筑2013.8万平方米。开展城市交通治堵，大力实施道路综合整治工程，全市新增专用和公共停车位7925个，开发利用地下空间145.9万平方米。优先发展公共交通，中心城市新建公交场站40个，优化公交线路51条，公交分担率进一步提高。市区顺利完成“三小车”整治。加快滨海港产城统筹发展试验区建设，嘉兴港口岸扩大开放获得国务院批复，货物吞吐量、集装箱吞吐量分别达到6880万吨和115.6万标准箱。支持各副中心城市特色发展，区域发展协调性进一步增强。联动推进4个省级和13个市级小城市培育试点工作，中心镇综合承载功能得到提升。大力实施农村土地综合整治，改造集聚农户1.4万户，复垦土地1.1万亩。深入开展美丽乡村“四级联创”，新增市级美丽乡村先进镇15个。

(五)着力保障和改善民生，社会建设水平不断提高。各级财政用于民生支出255.2亿元，占一般公共预算支出的76.2%。深化统筹城乡就业，新增城镇就业10.7万人，城镇登记失业率2.9%。加快社会保障提标并轨步伐，企业退休人员基本养老金待遇标准平均提高10%，城乡居民最低生活保障标准首次统一并提高到每月588元。完善住房公积金政策，开工建设保障性住房5485套。健全养老服务体系，新增机构养老床位2128张，居家养老服务照料中心城市社区、农村社区覆盖率分别达到89.2%和75.2%。各类教育协调发展，新建改建幼儿园46所，新增义务教育标准化学校34所、省级职业教育实训基地3个，浙江大学国际联合学院（海宁国际校区）开工建设。深入开展全国文明城市创建，城市文明程度指数测评连续两年居全省第一。启动国家公共文化服务体系示范区建设，大运河嘉兴段6段河道和2个遗产点列入世界文化遗产名录，成功承办第十二届全国美展综合画种·动漫展区展览。深化公立医院改革和基层卫生综合改革，推进优质医疗资源"双下沉、两提升"，认真做好重大传染病疫情防控工作，实现国家卫生城市创建县（市、区）"满堂红"。完成省荣军医院迁建。加强"体育强市"建设，大力开展群众体育，嘉兴体育代表团在第十五届省运会上取得了144枚金牌的优异成绩。实施"单独两孩"政策，计划生育特殊家庭帮扶制度进一步完善。档案、史志、气象等工作不断加强，妇女儿童、青少年、残疾人、慈善等事业取得新成绩。完成全市第三次经济普查。被确定为全国首批社会工作服务示范地区。加强新居民管理服务，启动省居住证制度改革试点。健全安全生产责任体系，开展安全生产大排查大整治和食品药品安全整治专项行动，安全生产事故起数、死亡人数分别下降5.2%和9%。加强信访工作，完善矛盾纠纷调解机制，健全社会治安防控体系，荣获全省平安建设银鼎。深化双拥创建，首次实现县（市、区）省级双拥模范城（区）创建"满堂红"。国防动员、人防、民族、宗教工作得到加强，外事、侨务、港澳台等工作不断深化。

（六）*扎实开展党的群众路线教育实践活动，政府自身建设取得新进展。*坚决贯彻中央八项规定和省委"28条办法""六项禁令"，围绕反对形式主义、官僚主义、享乐主义和奢靡之风，扎实开展党的群众路线教育实践活动，政风建设成效明显。市政府发文减少24.7%，清理规范性文件480件，全市性大会减少27.1%，"三公"经费支出下降39.8%。推进政务公开，市、县两级政务服务网全面开通，公开各类政府信息6.2万条。扎实开展"双千双百"进村入企走访服务活动，一批影响基层、企业发展的问题得到解决。年初确定的10项民生实事项目顺利完成。严格遵守和执行各项法律法规，自觉接受人大法律监督、工作监督和政协民主监督，定期向市人大报告、向市政协通报工作，积极回应人大代表、政协委员对社会热点问题的关注，办理市人大代表建议321件、市政协提案379件。深入开展正风肃纪专项检查活动，机关效能建设得到加强。认真落实党风廉政建设责任制，强化行政监察和审计监督，严肃查处违纪违法案件，惩治和预防腐败体系建设深入推进。

各位代表，面对复杂多变的外部环境和转型升级的迫切要求，我们主动应对各种困难和风险挑战，较好地完成了市七届人大四次会议确定的主要目标任务，这一成绩来之不易，各级干部也是蛮拼的。这是省委、省政府和中共嘉兴市委坚强领导的结果，是全市上下凝心聚力、开拓奋进的结果。在此，我代表市人民政府，向全市人民、外来建设者，表示衷心的感谢！向人大代表和政协委员，向各民主党派、工商联、各人民团体、无党派人士、离退休老同志和社会各界人士，向驻嘉人民解放军和武警官兵，表示衷心的感谢！向关心支持嘉兴发展的香港和澳门特别行政区同胞、台湾同胞、海外侨胞及国际友人，表示衷心的感谢！

我们也清醒地看到，当前我市经济社会发展还存在不少问题，主要是经济下行压力加大，部分企业生产经营比较困难，投资后劲不足；结构调整困难较大，经济发展过多依赖低端产业、过多依赖资源要素消耗、过多依赖低小散企业的状况还没有根本改变；中心城市集聚辐射功能不强，城市综合竞争力有待提升；资源与环境约束日益趋紧，环境治理和保护的任务依然艰巨;城乡居民持续稳定增收机制有待完善，多元化群体利益的协调难度增大,社会和谐稳定依然面临不少压力。与此同时,一些政府工作人员的服务意识、服务能力有待加强,改进工作作风、密切联系群众的长效机制需要进一步完善。对此,我们要直面问题,采取有力措施,认真加以解决。

2015 年目标任务和主要工作

今年是全面深化改革的关键之年、全面推进依法治国的开局之年,也是完成"十二五"规划、研究制定"十三五"规划的重要节点。根据市委七届九次全体(扩大)会议精神,今年政府工作的指导思想是:高举中国特色社会主义伟大旗帜，认真贯彻党的十八大和十八届三中、四中全会精神,深入学习贯彻习近平总书记系列重要讲话精神,全面落实省委"八八战略"和"干好一三五、实现四翻番"的决策部署,牢牢把握稳中求进的工作总基调,坚持以提高经济发展质量和效益为中心,主动适应经济发展新常态,坚定不移深化改革开放,坚定不移打好转型升级组合拳,坚定不移推进城乡区域统筹发展,切实保障和改善民生,保持社会和谐稳定,加快推进"三城一市"和"两美"嘉兴建设,努力完成"十二五"规划目标任务,为"十三五"发展奠定更加坚实的基础。

做好今年政府工作，一要主动适应新常态。全面把握经济发展新常态下速度变化、结构优化、动力转换等特征,切实把调结构转方式摆在更加突出的位置，找准规模与质量、速度与效益之间的平衡点,保持定力,积极作为,努力实现更高起点、更高标准、更高质量的发展。二要牢牢把握新机遇。抓住国家"一带一路"、长江经济带、上海自贸区建设等重大战略机遇，以及当前我市正在推进的各项国家、省改革试点机遇,不断集成改革红利、开放活力和创新驱动力，加快培育嘉兴新的发展优势。三要不断拓展新空间。充分发挥嘉兴综合比较优势,在推进新型城镇化、产业转型升级过程中,坚持调整存量和做优增量并举,积极培育经济新增长点,切实增强发展的后劲和可持续性。四要努力增进民生新福祉。始终坚持需求导向、问题导向和满意导向,着力解决群众最关心、最直接、最现实的民生问题,在更高水平上完善社会保障,发展社会事业,优化社会管理，努力满足人民群众对美好生活的新期待。五要扎实推进依法行政新实践。充分发挥法治引领和规范作用,坚持法定职责必须为、法无授权不可为,自觉运用法治思维和法治方式深化改革、推动发展、化解矛盾、维护稳定,不断提高依法行政的能力和水平。

建议 2015 年全市经济社会发展的主要预期目标为:地区生产总值增长 7.5%左右;一般公共预算收入增长 7.5%左右;城镇居民人均可支配收入增长 8.5%,农村居民人均可支配收入增长 9%；居民消费价格指数与省价格调控目标保持衔接;节能减排各项指标完成或超额完成省下达的目标任务。

重点工作是:

(一)突出提质增效,加快经济转型升级步伐

以扩大有效投入促转型。发挥投资对经济发展的关键作用,组织实施扩大有效投资"项目大推进、招商大引进、服务大跟进"专项行动,确保固定资产投资增长 12%以上。优化投资结构,聚焦大项目、好项目带动,确保重大基础设施、重大产业、重大工业技改、重大生态建设和环境保护项目投资均增长 20%以上。坚持国资、外资、民资"三资齐上"抓投入,注重发挥政府投资的导向作用,推出更多面向民间资本的优质项目。加强项目要素保障,继续做好供而未用土地消化利用工作,积极向上争取省重点项目土地点供指标。结合研究制定"十三五"经济社会发展规划,谋划储备一批符合我市长远发展需求的战略性项目。

以提升产业素质促转型。加快工业强市建设,重点围绕主导产业、特色优势产业等领域做强"十大产业链",促进高端装备制造、新材料、新能源等产业形成更高水平的集群发展优势，力争规模以上战略性新兴产业产值达到 3600 亿元。深入推进"四换三名"工程,组织开

展“两化”融合专项行动，实施“机器换人”项目900个，腾退低效用地1万亩，推动传统产业向中高端发展。扎实推进国家质量强市示范城市建设，抓好平湖、桐乡“浙江制造”试点工作。推进服务业提速提质发展，大力发展现代物流、科技服务、电子商务、健康养老等服务业，力争服务业增加值突破1500亿元，占生产总值比重达到42%。加快转变农业发展方式，积极发展多种形式的适度规模经营，支持种养大户、家庭农场和专业合作社发展，大力发展生态循环农业，加强农业科技创新和信息化建设，进一步提升农业产出效益。守住粮食安全红线，增强粮食保供能力。

以培育经济新增长点促转型。抓住乌镇被列为世界互联网大会永久会址的契机，加快发展以互联网产业为核心的信息经济，积极争创国家互联网产业创新发展综合试验区。大力发展时尚经济，充分运用创意设计、品牌运作等手段，推动服装、皮革、毛衫、箱包等传统优势产业向时尚化转型。大力发展海洋经济，深入推进港产城统筹发展，加快海河联运集疏运体系建设，培育壮大临港先进制造业集群，力争滨海新区规模以上工业产值达到1200亿元。大力发展军民融合产业。抢抓上海迪士尼开园机遇，加快旅游业转型发展，着力打造运河国际旅游休闲城市。按照企业主体、资源整合、项目组合、产业融合原则，加快规划建设一批特色小镇，以新理念、新机制、新载体推进产业集聚、产业创新和产业升级。适应消费结构升级趋势，大力发展网上交易、连锁经营、物流配送等商贸业态，积极培育消费热点。

（二）坚持改革引领，不断释放体制机制红利

深化要素市场化配置改革。建立完善公开公正的亩产效益综合评价机制，启动开展服务业企业绩效评价。推广要素分层定价、企业分类指导制度，积极推行土地、电力等资源要素差别化供给，全面开展城镇土地使用税政策调整工作。健全要素交易平台，深入推进土地、排污权、用能等节余指标交易，激励企业更好地盘活存量、优化增量。

深入推进统筹城乡综合配套改革。围绕“三权到人、权跟人走”，联动推进土地承包经营权、宅基地使用权和集体收益分配权改革，扎实推进农村产权确权登记颁证。健全农村产权交易市场体系，稳步推进农村产权市场化流转、抵押担保和入市交易。加强农村集体资产监管，全面完成村级集体经常性收入低于30万元的经济薄弱村转化工作。

加快建立现代财政制度。认真贯彻新《中华人民共和国预算法》，健全预算管理制度，完善预算追加和调整管理办法，深入推进预决算公开。建立跨年度财政预算平衡机制，研究编制三年滚动财政规划。改革财政专项资金使用方式，加强绩效评估。规范政府性债务管理，切实防范和化解政府性债务风险。

深化投融资体制改革。推行负面清单管理模式，积极推广核准目录外企业投资项目不再审批等投资便利化措施。推广政府与社会资本合作模式，探索利用社会资本建设大项目的体制机制。加大政府购买公共服务力度，鼓励支持民办教育、民办医疗、民办养老等事业发展。加快金融创新步伐，积极推进多层次资本市场发展，支持地方法人金融机构做大做强，鼓励金融机构开展金融产品创新。

深化国资国企改革。优化国资布局，加快国有资产整合重组，加大主导产业和优势企业培育力度，鼓励和支持民营企业参与国有企业改革，推动国有企业转型发展。完善国资监管体系，健全监管制度和机制，逐步建立以管资本为主的监管方式。实施国资公司分类管理，加快建立以效益、净资产收益率和社会贡献率为主要指标的分类考核评价体系。

（三）强化创新驱动发展，加快建设创新型城市

加强创新平台建设。抓住嘉兴科技城被列入省级创新平台的机遇，加强创新资源整合，推进科技城扩容提质，着力打造科技与产业高度融合的创新核心区。支持平湖张江长三角科技城、秀洲光伏高新园区、嘉善归谷科技园、海

盐中国核电城等平台建设，支持有条件的园区积极创建国家、省级高新技术产业开发区。深化省校合作模式，发挥好浙江清华长三角研究院、浙江中科院应用技术研究院等科研院所的作用，不断提升战略合作水平。完善专业化、社会化的科技公共服务体系，鼓励和引导社会资本参与“泛孵化器”建设，启动建设国家检验检测高技术服务业集聚区。

促进科技资本产业融合发展。加快省科技金融改革创新试验区建设，支持设立科技支行、科技小额贷款公司、科技保险公司等金融机构，扩大创投引导基金规模，不断健全科技投融资体制。突出企业创新主体地位，鼓励企业加大研发投入，建立研发机构，重点支持企业研究开发新产品、新技术。健全技术创新市场导向机制，加快建设科技大市场，推进市、县、镇科技成果转化管理服务体系建设。

集聚创业创新人才。深入实施“创新嘉兴·精英引领计划”，扎实推进人才改革试验区建设，引育国家、省“千人计划”人才35名以上。实施“人才强企”工程，注重企业家精神培育，加大高技能人才队伍建设力度。健全人才引进、培养、使用等工作机制，加快形成大众创业、万众创新的生动局面，努力把嘉兴打造成高层次人才创业创新的乐园。

(四)扩大对内对外开放，提升开放型经济发展水平

加大接轨上海力度。大力实施“与沪杭同城”战略，全力打造浙江省接轨上海示范区。做好与上海城市轨道交通的规划对接，加强嘉兴军民合用机场与上海机场集团合作，扎实做好沪乍杭铁路前期工作。提升临沪经济区开发建设水平，健全省级以上开发区、市镇工业园区与上海平台的长效合作机制。加快推进上海自贸区协作配套区建设，及时复制、借鉴上海自贸区的管理经验。深入实施一批合作办学、办医等社会民生项目，继续推进两地公交、医保等“一卡通”，努力实现与上海公共服务资源的互联共享。认真落实国家区域发展战略，继续做好援藏、援疆、援青等对口支援工作。

提高引资质量效益。深入实施招商选资和浙商回归“一号工程”，围绕重点产业、重点企业开展精准招商，引进世界500强、国际行业领先企业和总投资超亿美元项目20个，确保实际利用外资24亿美元以上，浙商回归到位资金288亿元。创新招商引资方式，整合招商资源，继续办好嘉洽会等主题招商活动，加强与境内外知名商会、投资促进机构合作，引导企业通过合资合作、产业链配套等方式引入投资者。加快各类开发区特色化、专业化、差异化发展，鼓励支持建设各类新经济园，启动中德工业园建设，力争嘉兴出口加工区获批国家综合保税区。

推动内外贸一体化发展。完善出口基地公共服务平台，协同推进货物贸易和服务贸易，推动跨境电子商务快速发展，重点支持高附加值产品、自主品牌产品出口。引导企业扩大先进技术装备、关键零部件和重要能源资源进口。进出口总额增长7%。加快“走出去”步伐，鼓励重点龙头企业到境内外建立营销网络，建立境外经贸合作区，支持企业开展国际并购和股权投资，大力培育跨国公司。鼓励外贸企业积极开拓国内市场，促进内外贸融合发展。

(五)加强生态文明建设，着力建设“美丽嘉兴”

深入推进治水治气。实施“消灭黑臭河、劣Ⅴ类水三年行动计划”，完成河道清淤1000公里，巩固垃圾河治理成果，力争全面消灭黑河、臭河。加快截污纳管进度，新建污水管网280公里，加快污水处理厂提标改造步伐，进一步加大工业企业污水全入网推进力度。加快农村生活污水治理设施建设，实现农村小集镇污水收集管网基本全覆盖。深化农业面源污染治理，完善生猪养殖业控量提质长效监管机制。全面落实“四位一体”保洁机制，严格水环境执法监管，巩固八大重点区域治理成果，促进水环境质量持续好转。扎实推进平湖塘延伸拓浚、扩大杭嘉湖南排等工程建设，继续实施圩区治理。加快市域外引水步伐，力争项目早日开工建设。加强大气污染整治，统筹推进工业

废气、机动车尾气、秸秆焚烧、餐厨油烟、扬尘等“五气共治”，全面开展高污染锅炉专项整治，实施燃煤电厂清洁排放技术改造，推广秸秆多元化利用模式，全面完成黄标车淘汰任务。提高环境空气监测预警能力，完善大气污染应急响应体系。

大力实施节能减排。严格执行能源“双控”管理，严禁新上高耗能、高污染项目。深入开展工业循环经济示范园区创建，大力发展绿色环保产业，实施节能技术推广应用示范项目180项，完成80家企业清洁生产审核。深入做好餐厨废弃物资源化利用国家试点工作。调整能源结构，积极推广分布式光伏发电应用，继续做好“煤改气”“油改气”等工作。加强重点企业排污总量监管，坚决打击超标准排污行为。

加强生态文明制度建设。以新《中华人民共和国环保法》实施为契机，铁腕治污，依法严惩各类环境违法行为。严格执行主体功能区制度，加强生态环境空间管制，坚守生态保护红线。健全生态保护激励约束机制，开展区域资源有偿使用和生态补偿试点，推行主要污染物排放财政收费制度。完善排污权交易办法，实行排污总量削减替代制。创新环境治理方式，培育环境污染治理第三方市场。推进公众广泛参与的环保制度建设，及时公布环境信息，加强社会监督。

（六）扎实推进新型城镇化，促进城乡发展一体化

优化城市空间布局。开展国家新型城镇化综合试点，探索建立“多规合一”机制，修编完善市域总体规划、城市总体规划以及镇级总体规划，推动经济社会发展规划、城乡规划、土地利用规划和生态环境保护规划融合衔接，形成“一本规划，一张蓝图”。加强市域内重大功能区块、战略性资源统筹，促进主副中心城市一体化发展。加快县域城镇化进程，推动六个副中心做大规模、做强功能、做优环境，实现差异化、特色化发展。提升市域基础设施建设水平，加快推进杭州湾跨海大桥北接线二期、京杭运河三级航道整治等工程。

提升中心城市功能。坚持产城融合发展，实施城市组团开发，加快嘉兴科技城、国际商务区、湘家荡区域、温泉新城等重点区块建设。认真落实市本级产业发展规划，大力发展楼宇经济，积极引进和培育总部基地、新兴金融、文化创意等业态，推动县域经济向城市经济转型。高标准实施城市有机更新，加快中心城区子城广场、南湖湖滨、火车站等片区更新改造步伐，确保早出形象。继续推进“三改一拆”工作，深入开展无违建县（市、区）、无违建镇（街道）创建，重点抓好城郊接合部、工业园区等区域综合整治，带动重点区块改造提升。加大城市交通治堵力度，强化科技治堵、交通管理和社会参与，加快实施一批交通畅通项目，不断提高城市通行速度和群众满意度。积极争创省公交优先示范城市。加快建立“数字城管”应用体系，积极推行“路长制”，不断提高城市管理科学化、精细化、智能化水平。

加快建设美丽乡村。扎实做好省、市两级小城市培育试点工作，不断提升新市镇辐射带动能力。优化村庄规划布局，有序推进农村土地综合整治，完成土地整治复垦1.1万亩。加强农村建房管理和危旧房改造，积极开展省级农房改造示范村建设。深入实施美丽乡村“四级联创”，加强历史文化村落保护，积极创建一批优美庭院示范户。深入实施“四边三化”行动，大力开展平原绿化，新增改造绿化面积2.5万亩。

（七）繁荣发展各项社会事业，努力增进民生福祉

加强居民增收和民生实事工作。积极拓宽城乡居民增收渠道，千方百计提高城乡居民收入。完善促进就业、鼓励创业、自主择业的体制机制，建立就业困难人员实名管理服务制度，统筹做好重点群体就业工作，新增城镇就业6.5万人。实施高校毕业生创业引领计划，加快创业示范基地、创业园建设。完善企业工资集体协商、最低工资标准调整机制，促进职工工资稳步增长。健全为民办实事的长效机制，市政府今年将继续推出水环境治理、

交通治堵、居家养老服务体系建设等10件民生实事项目。

健全社会保障体系。加快社会保险扩面提标,建立全民参保登记和动态管理机制,完善城乡居民基本养老和基本医疗保险制度,健全社会保障待遇确定和正常调整机制,实现城乡居民大病保险全覆盖。加快发展养老服务业,扎实推进城乡社区居家养老服务照料中心建设,积极推广医养结合的养老服务新模式。推进市老年公寓和残疾人康复中心建设。加强社会救助规范化建设,稳步提高对贫困家庭和困难人群的救助标准。保持房地产市场平稳健康发展,推进廉租房与公租房并轨运行,新开工保障性住房1960套。

提高教育事业发展质量。加快教育现代化步伐,深化教育领域综合改革,大力实施第二轮学前教育三年行动计划,推进义务教育标准化学校建设,利用信息化手段不断扩大优质教育覆盖面,促进基础教育高水平均衡发展。深入开展特殊教育提升计划,争创国家特殊教育改革试验区。加快职业教育体制改革,加大"五年一贯制"中高职统筹发展力度,推进职业教育产教融合、校企合作。支持嘉兴学院等在禾高校发展,加快推进浙江大学国际联合学院(海宁国际校区)建设。积极构建终身教育体系,努力建设学习型城市。

加快文化事业发展。弘扬社会主义核心价值观,高起点开展新一轮全国文明城市创建。推进基本公共文化服务标准化、均等化,加快城乡一体化文化馆总分馆服务体系建设,完善"文化有约"服务平台,力争成功创建国家公共文化服务体系示范区。做好大运河遗产保护工作,加强非物质文化遗产的保护、传承和利用。鼓励文艺精品创作,推出一批思想性、艺术性、观赏性有机统一的优秀作品。重视文化产业基地建设,积极培育文化创意、文化旅游、文博会展等业态,促进特色文化产业加快发展。

提升卫生体育等事业发展水平。深化公立医院改革,加强公共卫生服务资源整合,继续推进优质医疗资源下沉。提升社区卫生服务中心标准化建设水平,完善合理分级诊疗模式,不断提高基层就诊比例。广泛开展全民健身活动,加大公共体育设施向社会免费开放力度,加快发展体育产业,举办第八届市运会。加强人口计生工作,深入实施"幸福家庭关爱工程",促进人口长期均衡发展。

(八)加强社会治理创新,深入推进"平安嘉兴"建设

发挥社会组织作用。加强新形势下群团工作,积极支持工会、共青团、妇联、科协、残联、红十字会等群团事业发展。创新社会组织管理体制,重点培育发展行业协会商会类、公益慈善类、科技类、社区服务类等社会组织,鼓励支持社会组织参与社会治理和公共服务。重视社会工作人才队伍建设,不断提升志愿服务专业化、社会化水平。

强化基层管理服务。健全社区服务体系,加强社区公共服务信息平台建设,完善城乡社区便民服务中心功能。全面实施居住证制度改革,强化新居民综合管理。引导和动员群众依法自我管理、自我服务,让村(居)委会集中精力开展村(居)民自治。

努力促进社会和谐。建立畅通的诉求表达、矛盾调处、权益保障机制,充分利用市长电话、政务微博等平台,不断拓宽社会公众民意表达渠道。加强和完善网络信息安全管理,营造良好的网络环境。加强"六五"普法教育,推进公共法律服务体系建设。开展社会矛盾大排查、大调解,有效化解社会矛盾。大力推行阳光信访,着力化解信访积案。

切实保障公共安全。健全隐患排查治理和安全预防控制体系,坚决遏制重大安全事故。完善食品药品安全监管方式,健全食品原产地可追溯制度。加强社会诚信体系建设,完善信用约束机制。健全突发事件预警和应急处置机制,提高应急处置能力。强化社会治安综合治理,依法严厉打击各类违法犯罪活动,着力打造长三角最具安全感的城市。大力支持驻嘉人民解放军和武警部队建设,推进国防后备力量和人民防空建设,力争实现全国双拥模范城市

创建“三连冠”。

努力建设法治政府

党的十八届四中全会对建设法治政府提出了更高的要求，我们必须认真落实《中共嘉兴市委关于全面深化法治嘉兴建设推动法治建设走在前列的实施意见》，加快建设职能科学、权责法定、执法严明、公开公正、廉洁高效、守法诚信的法治政府。

一要加快职能转变。正确处理政府与市场的关系，最大限度地减少政府对微观事务的管理，加强政府公共服务、市场监管、社会管理、环境保护等职责，使市场在资源配置中起决定性作用和更好发挥政府作用。深化“四张清单一张网”改革，建立健全“四张清单”动态调整机制，重点推进权力清单“瘦身”、责任清单“强身”、政务服务网功能提升。深化行政审批层级一体化改革，进一步清理压缩审批事项，优化和规范审批流程，推动政府职能由注重事前审批管理向加强事中事后监管转变。推进政府机构改革，加强政府职能精细化管理，理顺权责关系。

二要严格依法行政。严格按照法定权限和程序行使权力、履行职责。健全行政决策机制，完善公众参与、专家论证、合法性审查、集体讨论决定等行政决策程序，建立决策后评估和纠错制度。健全政府法律顾问制度。深入推进综合行政执法改革，落实行政执法责任制，健全行政执法裁量权基准制度。全面推进政务公开，重点加强财政预决算、公共资源配置、重大建设项目批准和实施、社会公益事业建设等领域的政府信息公开工作。强化对行政权力的制约和监督，自觉接受人大监督、民主监督、司法监督，加强政府内部层级监督、专门监督和审计监督，主动接受社会监督、舆论监督。

三要切实改进作风。巩固扩大党的群众路线教育实践活动成果，高标准落实中央八项规定和省委“28条办法”“六项禁令”，坚持不懈纠正“四风”。始终把人民意愿和关切作为政府工作着力点，进一步密切与群众的联系，增进与群众的感情，凝聚群众的智慧和力量，共同维护和促进来之不易的改革发展稳定的大好局面。完善深入基层调查研究制度，组织开展“转型发展服务年”活动，不断提高服务基层、服务企业、服务群众的针对性和精准度。大力倡导敢于负责、敢于担当、敢闯敢试的精神，加强对重大决策部署落实情况的督促检查，对确定的目标、部署的任务，一抓到底，确保政令畅通。从严管理公务员队伍，每一位政府工作人员要始终坚持谋利民之策、办亲民之事、解困民之忧，努力赢得人民群众的更多信任，获得人民群众的更大支持。

四要坚持廉洁从政。深刻领会习近平总书记“三严三实”要求，坚定理想信念，加强道德修养，坚持自重、自省、自警、自励，常修为政之德，常思贪欲之害，常怀律己之心。强化党风廉政建设主体责任，严格落实“一岗双责”。严格执行廉洁从政各项规定，厉行勤俭节约，反对铺张浪费，严格控制和审计公务消费。坚持用制度规范行政行为，形成靠制度管权、管事、管人的有效机制。强化对重点领域、关键环节权力运行的监督制约，对各类腐败行为保持“零容忍”，做到发现一起，查处一起，绝不姑息。

各位代表，新常态新征程已经开启，发展的号角催人奋进。大力推进“三城一市”和“两美”嘉兴建设，需要全体嘉兴人民的共同奋斗！只要我们的心往一处想，嘉兴的发展就有坚实的基础、坚强的动力和保障；只要我们的劲往一处使，嘉兴的发展就能适应新常态，迈向新征程，跨上新台阶；只要我们咬定青山不放松，就一定能肩负起时代赋予的光荣使命，创造光辉的业绩，实现人生的美好价值！各位代表，身处伟大的时代，面对伟大的梦想，让我们紧密团结在以习近平同志为总书记的党中央周围，在省委、省政府和中共嘉兴市委的坚强领导下，进一步解放思想，开拓创新，脚踏实地，攻坚克难，为谱写中国梦的嘉兴篇章而努力奋斗！

专　记

党的群众路线教育实践活动

按照中央和省委的部署要求，嘉兴市委成立党的群众路线教育实践活动领导小组及其办公室，抽调人员集中办公，与第一批活动单位一起开展“同步学习、同步整改、同步督察”工作。2014年2月10日，嘉兴市委召开党的群众路线教育实践活动部署会议，活动从2014年1月开始，2014年9月基本完成。全市32个市、县（市、区）机关，498个市、县（市、区）直属部门（单位），1.26万个基层党组织和22.77万名党员（县处级以上党员干部897名）参加第二批教育实践活动。省委书记夏宝龙联系嘉善县，多次听取汇报，3次专程指导，提出“五个认真”要求。省委常委、纪委书记任泽民全程参加指导市委常委会专题民主生活会，省领导胡和平、茅临生、陈云龙等多次到嘉兴市及相关县（市、区）调研指导。省委督导组在组长徐宏俊的带领下，对嘉兴市教育实践活动进行督导。

嘉兴市委把开展教育实践活动作为全面贯彻落实中共十八大、十八届三中全会和习近平总书记系列重要讲话精神的重大政治任务，按照省委“建好示范点、当好排头兵”的要求，加强领导，精心组织，周密部署，圆满完成各个环节的工作任务。嘉兴市党员志愿服务打通联系服务群众“最后一公里”的做法，得到中央政治局委员、中央书记处书记、中央组织部部长赵乐际的批示肯定，并在全国党员志愿服务座谈会上作经验交流，中央党建工作领导小组《党建要报》、中央组织部《全国基层组织建设情况通报》、中央活动办《简报》予以刊发，省委活动办专门发文要求在全省推广。中央活动办、中央第七巡回督导组先后4次到嘉兴市指导督导，对嘉兴市教育实践活动的做法和成效给予充分肯定。《人民日报》、新华社、中央电视台、《光明日报》、人民网等主流媒体对嘉兴市教育实践活动的做法进行报道。

一、主要做法

嘉兴市紧扣为民务实清廉主题，落实“照镜子、正衣冠、洗洗澡、治治病”的总要求，重点抓好县处级以上领导机关、领导班子和领导干部，坚持八个贯穿全过程，扫除作风之弊、行为之垢。

1.坚持以上率下，把领导带头贯穿活动全过程。一是“真学深悟”作示范。市委常委学习中央和省委规定的“七本”必读书目，精学习近平总书记《弘扬红船精神，走在时代前列》的署名文章和对嘉兴的一系列调研讲话及指示精神，先后集中学习讨论11次共8天。市委书记鲁俊带领四套班子成员到南湖开展“红船精神”现场教学，主持召开“思差距、找不足、固三观”学习交流会，为全市党员干部上专题党课。

二是“真听实访”作示范。市委常委深入联系点开展暗访式调研，不打招呼、不设线路、不搞层层陪同，深入基层听真话、摸实情；鲁俊、肖培生、胡海峰等市委领导分别牵头召开29次座谈会，面对面听取老同志、两代表一委员、基层党员群众等各方面意见建议；通过调查问卷、来信来访、督导反馈等多种途径，征求到对市委常委会的意见建议837条、3823条次。三是“揭短亮丑”作示范。市委常委按照“四必谈＋约谈＋找谈”的要求，相互敞开心扉、以诚相见，充分沟通、交换意见，谈心谈话点出问题不足、指出努力方向；鲁俊主持撰写市委常委会班子对照检查材料，市委常委撰写个人对照检查材料；市委常委利用4个半天时间召开专题民主生活会，常委会班子共查摆21个方面、72项具体问题，常委个人查摆“四风”问题207条，相互批评意见187条。四是“立改笃行”作示范。市委常委会公布先行查摆出的规范工作待遇和公务接待、改进文风会风、规范出国（境）管理等9个方面问题清单，并作出整改承诺。针对征求到的意见建议，分层分类进行交办整改，涉及工作层面的389个问题全部办理回复。专题民主生活会后，市委常委会精心制定整改方案，列出29项整改任务，逐项明确时间表、责任人。常委个人认领班子整改任务，细化个人整改清单，全力抓好整改落实。在市委常委的带动下，各级党员干部转作风、摸实情、抓整改，形成一级带一级、层层抓落实的局面。

2.加强党性修养，把学习教育贯穿活动全过程。一是集中学习和个人自学相结合。采取领导领学、专家辅导、专题研讨、集中轮训等方式，通过重点内容反复学、党纪党规深入学、革命传统引导学、先进经验总结学、反面教育警示学、联系实际互动学，促进党员干部加强主观世界改造和作风改进。同时，针对基层党员的实际，采取返乡过节座谈学、远程教育网上学、周一夜学、周末微课堂等多种方式，分类施教，全员覆盖。全市各级党委（党组）开展专题领学5026次，领导干部上党课3283场次，作形势报告1746场，举办“知行论坛”72期、“道德讲堂”116期。基层党组织集中学习时间均在5天以上，轮训基层干部8200余人次。二是理论学习和现场教学相结合。引导全市党员干部学习党的理论和习近平总书记系列重要讲话精神，编发《一周学习选编》33期。开展“三思三观”“三严三实”大讨论，提升理论素养，增强政治定力、实干动力。在南湖纪念馆开设现场教学点，精心设计22堂精品“微党课”，组织开展以看一次展览、听一次党课、学一次党章、观一次专题片、瞻仰一次红船、重温一次入党誓词为主要内容的重温“六个一”活动。三是反思深学和典型领学相结合。各级党员领导干部从聚焦“四风”的角度，针对自己处理的最不满意的案例，分析得与失，反思自身在党性、作风建设方面存在的问题和产生原因。开展“学习弘扬焦裕禄精神、争做红船旁好干部”活动，号召全市党员干部弘扬十种新风气，在《嘉兴日报》集中刊登县（市、区）委书记和部分市直单位党委（党组）书记学习感悟。树立南繁支部、“96345”党员志愿服务中心、百姓喜爱的好支书陈俐勤等先进典型，用身边的事和人教育激励党员干部。

3.突出问题导向，把开门整改贯穿活动全过程。一是开门纳谏，即知即改显诚意。以“联村、联户、联企业，解民情、解民忧、解民困”为主要内容，开展“三联三解”大走访。市县两级党员领导干部深入1803个联系点，7个县（市、区）委和80个市直部门党委（党组）对走访中发现的问题及时梳理，形成问题清单，晒出整改问题1042个。各级党员干部走访农户61.82万户，实现“走村不漏户、户户见干部”“联系不漏户、党群心贴心”。秀洲区推出“民情体验日”、平湖市开展“体验式调研”，换位体验“看病难”“停车难”“办证难”等民生问题；海盐县印制1万个“绿色信封”，内附征求意见表免费寄回；海宁市清理办公用房801间2.7万平方米，腾出办公大楼10幢。二是专项整治，祛除顽疾转作风。聚焦“四风”突出问题，市领导领衔开展机关“中梗阻”、干部“怕担当”等“八大顽症”的集中整治行动；根据中央和省委的部署,排定20项整治任务,形成“8+20”专项整治格局。市级文件和会议数量同比下降19.4%和6.4%;表彰、考核项目分别下降47.6%和87.3%;因公出国(境)人次下降75.5%;权力清单初步编制完成,精简率达51.52%;市县行政审批一体化改革全面推进,共下放审批事项411项。市财政局推行财政预算绩效管理,“三公”经费下降37.4%;市国土资源局开展审批流程再造,将土地证的办理从8~18个工作日缩减到30分钟以内。三是惠民行动,回应诉求暖人心。对群众反映强烈的切身利益问题,市级梳理出12项,并由市领导领衔推进惠民行动。市级部门列出50项民生实事项目、县(市、区)承诺163项民生实事工程,均在主流媒体上进行公示,接受群众监督。

4.严肃党内生活,把整风精神贯穿活动全过程。一是严查深剖照镜子。坚持“剖析自己不怕严、亮出问题不怕丑、触及灵魂不怕痛”,各级党组织和广大党员采取群众提、自己找、上级点、互相帮、集体议等方式,对照“理论理想、党章党纪、民心民声、先辈先进”四面镜子,深入查摆、找准找实“四风”问题,深挖思想根源,提出整改措施。二是谈心交心亮底子。按照“四必谈”要求,绝大多数单位开展2轮以上“一对一”谈心谈话,每名党员谈心谈话普遍在5人次以上,为开好专题民主生活会和组织生活会奠定基础。三是开展批评挖根子。每名党员以“我说人人、人人说我”的方式,逐一检查“四风”问题,奔着问题去、点到关键处、讲到根子上。广大基层党组织结合专题组织生活会,开展党组织先进指数和党员先锋指数“双体检”,及时通报会议情况,公布整改举措,制定“两方案一计划”。

5.保持高压态势,把正风肃纪贯穿活动全过程。一是日常巡查和节点督察并举。分阶段制定行动计划,每月突出一个主题、每周组织不少于一次明察暗访,实行“一检查一报告一宣传”。先后针对“节日病”“吃喝风”“会所中的歪风”和“五水共治”“三改一拆”、全国文明城市创建复评等中心工作开展督察巡查,对典型问题启动“一案三查”分级联动会审,查找问题产生的根源,查背后的干部“四风”问题,查有无违纪违法,共查处25名责任人,分别给予通报批评、诫勉谈话、降职免职等处分。二是飞行检查和交叉互查并举。市级对县(市、区)和市直单位进行突击检查122次,组织县(市、区)之间交叉互查55次,加强市县的互动协作,健全案件通报、信访报告、问题会商等机制,有效防止属地化检查的弊病,提升监督检查的实效。三是组织监管和公众监督并举。对省委督导组交办的问题、班子回访考察发现的问题和市领导包办的信访积案,及时核实调查处理274件。召开市级机关部门作风建设大会,播放嘉兴市正风肃纪典型案例教育片。发挥群众和媒体的监督作用,开展“千人正衣冠、万人来点评”活动,聘请100名公众监督员,邀请11个市级部门开展“电视问效”,推出21期《民生问题马上办》电视曝光督办栏目,播出171期《行风热线》,接受群众面对面质询和监督,对群众反映强烈的突出问题进行挂牌督办、通报倒逼、“一把手”约谈等措施,以问责促履职。全市共组织正风肃纪检查410次,检查部门单位3536个次,处理问题268起,问责追究94人,下发通报68期,媒体曝光33次。

6.夯实基层基础,把固本强基贯穿活动全过程。一是健全基层党组织服务机制。制定出台《关于进一步加强基层服务型党组织建设的实施意见》,开展“五好”镇(街道)创建,深化镇(街道)为民服务“五承办”、村(社区)“一联三会”、两新组织“三联三会”等制度,构建民情民意“收集、研判、交办、督办、评价、反馈”的一体化机制。建立村级事务准入、退出机制,开展村(社区)牌子多、考核多、台账多的问题集中规范清理工作。二是整顿转化软弱涣散基层党组织。建立领导联系帮扶机制,选派174名机关党员干部担任“第一书记”,指导制定整顿转化方案,协调人财物向基层倾斜,帮助解决疑难问题。针对软弱涣散的不同成因,采取“一支部一对策”,调整村(社区)党组织书记9名,跨村任职6名,配强党组织班子;落实帮扶项目42

个，涉及资金1240余万元，发展壮大村级集体经济；推进"五议两公开"工作，规范村级民主管理。三是创新基层组织服务载体。围绕打造"红色志愿之城"，创新服务模式，建立"红立方"党员志愿服务驿站40个，深化"96345"党员志愿服务品牌建设，为城乡居民提供生活性服务。持续深化"1+X"组团帮扶机制，为全市2.2万户低保户和困难残疾家庭提供结对式服务。推行窗口单位服务行业"红色代办"，为服务对象提供管家式服务。推广党员干部"两地双服务"做法，开展青春党建"四季"活动，10.2万名在职党员到社区报到，常态化推进"点亮微心愿·共筑中国梦"活动，认领"微心愿"2.2万个。

7.注重氛围营造，把宣传引导贯穿活动全过程。一是广泛宣传报道。综合运用报纸、电视、宣传栏等传统载体和互联网、手机报、微信平台等新兴媒体，开设专题、专栏，深入宣传中央、省委和市委的决策部署及活动开展情况，及时报道各地各单位好做法、好经验，中央媒体刊(播)发报道24篇(次)，省级媒体264篇(次)，市级传统媒体开设专题专栏11个、刊(播)专题报道2000余篇(次)，嘉兴群众路线网编发信息6000余条。二是突出典型引领。开展"寻找身边的最美党员"活动，先后推荐3批"最美党员"群体和个人，组织举办最美党员先进事迹报告会、专题宣讲、图片巡展20余场，省、市两级媒体宣传报道嘉兴市"最美党员"先进事迹60余人次，南湖区编印《风从南湖来·百名身边好党员》一书，树立践行群众路线的正面典型。挖掘"南繁精神"价值内涵，市级媒体推出相关报道20余篇，《光明日报》发表长篇通讯《一群皮肤黝黑的农业科学家——记浙江嘉兴农科院南繁育种团队的五十年、四代人》，将"南繁精神"推向全国。三是加强理论研究。承办省委组织部与《光明日报》主办的"弘扬'红船精神'，深化党员志愿服务，推进基层服务型党组织建设"理论座谈会，举办"红船精神"理论研讨会，发布《中共早期组织及其成员研究》成果，广泛征集群众路线教育实践活动研究论文，《嘉兴日报》先后刊发理论文章49篇，推动群众路线教育实践活动的理论研究。

8.加强领导督导，把从严从实贯穿活动全过程。一是高标准组织实施。提出深化思想认识、深入基层群众、深化改革发展等5个"走在前列"的18条具体标准，明确组织保障、接好地气、纪律约束、长效机制等8个方面的32条基本要求。制定计划书、任务表、线路图，统筹规定动作与自选动作、主要环节与细化流程、进度节奏与质量要求。坚持"一步一回头"，每个环节、每项工作都进行专项暗访检查，活动推进务实、有序、高效。二是严要求督导把关。制定23条督导工作细则，先后召开5次督导组长会议，定期召开联络员例会，做到督导工作全程有方案、环节有重点、把关有标准、节点有交流。三是重实效统筹推进。各地各单位把开展活动和推动工作结合起来，在活动整体方案的谋划、每个环节的推进和"两方案一计划"的实施中，始终找准开展活动与推进发展的契合点，实现两手抓、两不误、两促进。市委选派100名干部到"五水共治"、"三改一拆"、项目推进、浙商回归等中心工作一线。36个市级涉企部门组团开展"进企解困"专项行动，推进"四换三名"工程。

二、主要成效

根据中央和省委的部署要求，嘉兴市群众路线教育实践活动的主要任务基本完成，达到预期效果。中央第七巡回督导组对嘉兴市教育实践活动抽样调查结果显示：嘉兴市干部群众对教育实践活动总体评价"好"的占97.7%、较好的占2.3%，对解决"四风"问题特别是群众反映的突出问题评价"好"的占97.1%、较好的占2.3%。

1.理想信念得到普遍增强。通过学习习近平总书记系列重要讲话精神，进一步增强党员干部的责任感和使命感，改进作风走在前列、推动发展干在实处，密切联系群众的思想更加自觉、行动更加坚定、精神更加振奋。通过与人民网、中国共产党历史网共同举办"重温光辉岁月·践行群众路线——群众路线革命圣地行”活动,开展“党的革命精神”大联讲,弘扬“红船精神”,广大党员从革命精神中汲取营养,补充精神之“钙”。通过“三思三观”“三严三实”大讨论,广大党员干部接受了马克思主义群众观的深刻教育和严格的党性锤炼,进一步认识到服务人民的宗旨不能变,发挥先锋模范作用的传统不能丢,党性意识和党性观念不能忘。

2.“四风”问题得到明显遏制。经过近一年的教育实践活动,党员领导干部进一步树立了正确的政绩观,转变了不适应、不符合科学发展要求的思想和行为,初步形成科学决策、民主决策、依法决策的良性机制。通过边学边改、边查边改、边整边改,中央八项规定和省委、市委的“28条办法”得到真正落实,“舌尖上的浪费”“节日里的腐败”“会所中的歪风”得到有效整治,党员领导干部廉洁从政意识和执政为民意识进一步增强。

3.制度建设得到切实加强。结合市四套班子的整改方案和市委全面深化改革工作部署,列出健全完善市委常委会、全会议事决策程序、从严管理干部的若干意见、深化行政审批层级一体化改革、健全民情民事办理机制等29项制度建设计划,出台精简和规范文件简报会议活动的操作办法、领导干部提醒告诫调整办法、中层干部执行力责任追究暂行办法等8个规范性文件。市县两级根据工作实际和服务群众需要,共废止制度243项、清理350项、修订676项、新建884项,初步形成从源头上防止“四风”问题的制度体系。

4.群众诉求得到有效解决。按照“群众点题、组织解题”的要求,各级党组织领办4100余个民生实事项目,有效解决教育、就业、社会保障、医疗等群众反映强烈的切身利益问题。市农办(农经局)围绕生猪养殖业转型发展,为6万多户退养农户转产转业提供帮扶指导;市教育局、市交通运输局完成农村小学生上下学交通保障工程目标任务的80%,基本解决农村孩子上下学安全问题;市行政审批中心推出周日轮值服务,方便群众办事;市卫生局推出“掌上医院”服务,方便患者就医;市级相关部门调整脑瘫儿童康复费用报销比例。

5.发展质量得到稳步提升。教育实践活动改善了党员干部的作风形象,提振了干事创业的精气神。全市“五水共治”、“三改一拆”、“两美嘉兴”、生猪养殖转型等中心工作加快推进,全面深化行政审批一体化改革、资源要素市场化配置、深化城乡统筹等八个方面的改革任务,抓改革、促转型、治环境、惠民生等各项工作统筹部署。2014年上半年,全市实现地区生产总值1515.8亿元,增长7.4%,总量和增幅均列全省第五,全省排位提升一位;城镇居民人均可支配收入和农村居民人均可支配收入达到20713元、14045元,分别增长9.3%和10.1%,其中农村居民人均可支配收入居全省11个设区市首位;跨行政区域河流交接断面水质考核首次为“优秀”。

(李晔青)

“五水共治”工作

2014年，市委、市政府贯彻落实省委、省政府“五水共治”重大决策部署，全力推进“五水共治”工作，水环境明显改善。全市67个市控以上地表水监测断面水质与上年相比，Ⅲ类水质上升1.5%、Ⅳ类上升5.9%、Ⅴ类上升4.5%、劣Ⅴ类下降11.9%，主要污染物高锰酸盐指数、氨氮和总磷平均浓度分别下降0.2%、10.8%、24.9%。17条市级“河长制”河流中，Ⅲ类水质增加1条、Ⅳ类增加12条、Ⅴ类减少2条、消除劣Ⅴ类水质。

2014年年初，市委、市政府成立“五水共治”工作领导小组，市委书记、市长任组长，市委副书记、市人大常委会分管领导、市政府副市长和市政协联系领导任副组长。市“五水共治”办每月至少召开一次主任办公会议、一次全市“五水共治”办主任会议，每季度召开一次市级“河长制”责任部门会议。2月12日，嘉兴市召开“五水共治”三级干部大会，9月11日，市委、市政府召开全市治水工作会议，市委书记鲁俊作重要讲话。市人大常委会、市政协多次开展专题调研和督察。市、县、乡三级层层签订责任书，制定任务表、进度表、责任表。

2014年，嘉兴市有市级河长17名、县级河长225名、镇级河长1453名、村级河长3478名，1.3万公里河道实现监管和治理全覆盖。全市创新“河道认领制”“义务投工投劳”等治水机制，新增“浜长”“段长”“公里长”“堤长”“民间河长”“河道警长”“法制副河长” 等治水力量。海盐县、海宁市领导及市级机关部门领导到结对村担任“第一书记”，协调治水工作。编制《嘉兴市水环境治理综合规划》，确定到2020年治水总目标，提出各阶段的控制方案和措施。市政府出台治污水、防洪水、排涝水、保供水、抓节水三年行动计划，提出2014～2016年总体目标、主要措施等。市发改委、市“五水共治”办安排“五水共治”投资项目509个，总投资675.3亿元，其中2014～2016年计划完成投资364.2亿元。

2014年，市委、市政府将“五水共治”工作列入年度目标责任制考核内容，市、县两级制定“河长制”考核办法、“五水共治”工作考核办法，完善河长保证金制度。市委书记于7月、11月两次带领各县（市、区）党政“一把手”观摩、点评“五水共治”等重点工作。市委、市政府成立8个专项督察组，每月开展一周水环境专项督察，全面推进“清三河”等重点工作。市“五水共治”办组织开展日常督察及群众反映问题专项督察，现场处理问题103次，下发督办单40份，组织媒体检查曝光62次、处理市长热线转交单78件、接待群众来信来访及网络举报100多次。《嘉兴日报》每月通报“清三河”进度、每周通报违章猪舍拆除进度；市“五水共治”办每月通报各县（市、区）“五水共治”进展、工业企业污水全入网等情况。新闻媒体播发公益广告、开设专栏专题，2014年市级主要媒体刊播治水报道2150余篇。各级“五水共治”办通过网站、简报、微信、微博、户外公益广告、宣传资料等媒介，引导群众关心、支持、参与治水工作。全市67924人加入治水志愿者队伍，1868人担任 “民间河长”，704名企业主“认领”河道。

2014年，嘉兴市完善科学治理机制，与科研院所建立长期合作机制,与中科院、省科技厅联合建立150平方公里的“五水共治”示范区;开发治水智慧地图系统,为各级河长及责任部门提供参考。探索生态补偿机制,市政府完善市区饮用水源地保护生态补偿机制,桐乡市、平湖市探索建立“排污有偿、破坏赔偿、生态补偿”新机制,海盐县对水质改善明显的村(社区)实行财政专项奖励。完善联防联治机制,嘉兴市与湖州市、杭州市建立环境友好区域协作联席会议制度;各县(市、区)、镇(街道)探索完善联防联治机制;完善集镇区、河道、公路、村庄于一体的长效保洁机制。完善资金筹措机制,市财政局出台“清三河”、河道清淤、农村生活污水治理等一系列治水资金保障政策。至11月底,全市“五水共治”累计投入项目建设资金145.8亿元。

一、加强水污染治理

1.*改善河容河貌*。市政府将“清三河”列入民生项目,组织开展“清三河”大会战、百日攻坚战,印发《嘉兴市“清三河”行动方案》,确定工作目标、阶段任务、工作内容、整治标准和保障措施等。开展“地毯式”排查,摸清“三河”情况,编制“一河一码”,做到不留死角。建立半月进度统计、每月排名公布、季度督察暗访、年度抽查考核等制度,推行“统一编号制、全程跟踪制、验收销号制、考核奖惩制”。率先开发“嘉兴市三河治理信息管理系统”,逐级、动态录入“清三河”进展情况。同时,推广生态绞吸式清淤技术、在中小河道推广生态修复技术等。全市完成1806条、1066.16公里的垃圾河治理,1338条、847.77公里黑河、臭河得到治理,分别占总数的97.3%和95.3%。

2.*削减入河污染*。推进污水收集处理设施建设,全市新建污水管网566.7公里,实施雨污分流改造63.5公里,推进集中式污水处理厂提标改造,新增污水入网企业4152个。推进重污染行业整治提升,对602个印染、造纸、制革、化工等重污染高耗能行业企业开展整治提升专项行动,取缔非法印染企业3个,淘汰关停企业197个,364个企业通过原地整治提升验收,31个企业搬迁入园。推进落后产能淘汰,全市拆除低端落后设备15000多台(套),涉及高水耗高污染行业企业200多个,全市化学需氧量减排2607.3吨,二氧化硫减排585.3吨,氨氮减排1875.9吨,氮氧化物减排1323.6吨。推进重点污染区域治理,开展喷水织机集聚区域、生猪养殖密集区域、生活污水治理困难集镇等八大重点区域环境整治,秀洲区累计淘汰喷水织机8321台,局部区域水环境得到改善。推进航运污染治理,开展船舶污染物岸上接收点的设置工作,做好油污水和生活垃圾接收、转运等管理工作,全市港航检查站新建30个船舶垃圾接收点和1个油污水接收点。加大环境执法力度,出动执法人员3.5万人次,检查企业2万多厂次,限期整改293个企业,立案查处390起,处罚金额3334万元,全市公安机关侦办污染环境犯罪案件92起,采取刑事强制措施240人。

3.*治理农业污染*。市政府出台促进畜牧业转型升级“1+X”系列文件,从符合用地规划、生态养殖和加强环评等方面提高生猪养殖准入门槛。7个县(市、区)均依法划定禁养区、限养区,其中禁养区2339.67平方公里,占市域总面积的58.9%。拆除禁养区、非法占用基本农田、违法排污猪舍938.79万平方米,生猪存栏量从2月底的288.97万头减少到91.25万头,推进规模化、规范化、生态化养殖,创新“一户一证”“一猪一券”和“一猪一费”制度,生猪养殖污染问题得到解决。建设无害化集中处理中心,全市形成高温干化、高温碳化、高温高压生态循环处理及高温生物降解四种无害化处理模式,年处理能力达2.5万余吨,“村收、镇聚、县处理”的死亡动物无害化收集处理机制基本建成。推进农村生活污水治理,运用经济实用、维护简便的治理模式和技术工艺,建成好氧处理池3338个,厌氧处理池10682个,铺设村内主管67.7万米,投入建设资金8.6亿元,新增受益农户102406户。实施农药减量增效工程90066.67公顷,加快测土配方施肥整建制推进工作,全市农药减量147吨;推广专业配方肥

2.68 万吨、施用面积 71333.33 公顷，商品有机肥 4.62 万吨、施用面积 13860 公顷，化肥减量 2580 吨。启动渔业污染治理，完成生态化设施改造面积 575.2 公顷，稻鱼共生轮作面积 1846.8 公顷，划定整治水产禁养区、限养区 675.53 公顷，增殖放流累计投苗 9085 万尾。

二、提高防洪排涝能力

1.加快重大项目建设。嘉兴市结合水利建设三年行动计划，重点加强“固堤”“扩排”等防洪工程建设，完善“上蓄、中防、下排”防洪排涝工程体系，提高整体防洪排涝能力。推进平湖塘延伸拓浚、扩大杭嘉湖南排两项国家、省重点水利工程。平湖塘延伸拓浚完成工程建设征地移民安置规划编制、工程征迁移民安置监督评估等招标工作；扩大杭嘉湖南排完成初步设计招标、初稿编制、工程初步设计内审咨询等工作。

2.加固堤防圩区工程。至 11 月底，固堤项目完成投资 7.16 亿元；计划整治圩区 45 个（包括续建和新开工项目），至 11 月底，整治圩区 19186.67 公顷，投资 5.01 亿元。

3.加速河道综合整治。实施新一轮河道综合整治工程，以修建护岸、修筑堰坝、水系连通等工程为重点，全面清理水面漂浮物，清理河底淤泥，清理沉船、无主无证船舶、非法养殖围网等障碍物，完成河道整治 1674.4 公里。

4.加强排涝设施建设。杭嘉湖南排 4 座出海排涝闸加固工程开工建设，独山闸和浙能闸首次开闸排涝。加强排水管网养护、管渠清疏和排涝闸站泵站维护，新建排水管网 129.1 公里，提标改造管网 73.9 公里，排水管网清淤 1103.3 公里，新增应急设备 10240 立方米 / 小时，完成积水点改造 116 个。

三、保障供水安全

1.加强水源地建设。全市共建 6 个生态湿地、总面积 485.87 公顷，提升水源地水质。治理饮用水源保护区河道及周边支流，市本级饮用水源新塍塘共清淤 23.8 万立方米，清理垃圾 400 多吨，石臼漾水厂取水口总体水质稳定在Ⅲ类、Ⅳ类，比上年提高一个类别。全市 16 个饮用水水源地一级保护区，与供水设施和水源保护无关的企业和设施基本拆除，嘉善县长白荡建成边界围网和绿化隔离区；二级保护区内 27 个排放污染物的企业和设施全部整治；准保护区内 90 个企业污水实现入网排放，共封堵排污口 110 个。推进秀洲秀湖、海宁鹃湖、桐乡革新、海盐千亩荡 4 个应急备用水源工程建设，嘉兴市应急备用水源（秀湖水库）工程于 2014 年开工，年度计划完成投资 2 亿元。

2.开展引调外水工作。市政府高度重视引水工程，专门成立市域外引水工程领导小组，编制完成《嘉兴市市域外引水工程咨询报告》。

3.强化水质风险管理。建立《嘉兴市环境风险源名录》，对名录中的 115 个企业定期开展排查工作，提高污染风险预判和处置能力。7 月上旬，太浦河饮用水水源地锑浓度出现异常，市县两级政府立即启动应急预案，污染源在较短时间内得到妥善处置。市区每年开展水质全分析监测，县级每两年开展一次监测，全市每月开展 29 项常规污染物监测工作，市区对 33 项特定污染物监测从原来的每季度一次增加到每月一次。

四、提高用水效率

1.完善节水政策。完成《嘉兴市市区城市节水中长期规划》修编工作，建立城市用水良性循环体系。建立“三条红线”控制指标体系和考核制度，强化用水需求和用水过程管理，严格建设项目水资源论证，实施取水许可制度和水资源有偿使用制度。全面实施城镇居民阶梯式水价制度，利用价格调控用水。

2.加强用水管理。按照“慎重核定、分批推开”的原则，逐年推进公共供水非居民用水计划管理工作。建立嘉兴市计划用水综合业务平台，计划用水户达 800 家，公共供水计划率达 90%。

3.普及水平衡测试。2014 年开展水平衡测试项目 26 项，年节水量 1443.7 万立方米。嘉兴谷粟膳点食品有限公司将洗粽叶用水从直排改成循环利用，用水高峰期每日用水从 80 立方米降至 10 立方米。

4.推广雨水利用。完成大型雨水利用示范工程1项,启动雨水利用示范工程2项,完成屋顶集雨收集系统等雨水综合利用示范点565个。平湖塘绿道等生态绿道设置植草浅沟,加大雨水渗透,净化水质。

5.深化节水行动。全市淘汰落后产能、完善行业标准、推广中水回用、普及水平衡测试淘汰落后产能共节水1391.5万立方米。全市扩大灌溉面积864公顷,新增固定式喷微灌819.33公顷,改造灌区渠道591.3公里;发展集约化节水型养殖,提高养殖废水处理及重复利用率。全市新建供水管网241.6公里,改造供水管网310公里,降低自来水漏损率;加快老旧用水器具更换改造,市本级完成改造1200套,完成"一户一表"改造3500户。

(祝国振)

“三改一拆”行动

2014年，嘉兴市按照省、市统一部署，以“无违建”创建为核心，依法推进“三改一拆”行动，不仅拆出发展空间，改出生态环境，也有力促进民生改善和公平正义，推动经济社会转型升级。

一、总体成效

2014年，全市拆除各类违法建筑面积2013.8万平方米，拆违总量居全省第三位。拆出土地面积1995.4万平方米，其中复垦复绿1475.3万平方米、占73.9%，启动改建151.5万平方米、占7.6%。“三改”累计完成面积1722.8万平方米，居全省第七位，其中实施旧住宅区改造面积591.4万平方米、旧厂区改造面积764.7万平方米、城中村改造面积366.7万平方米。全市有61个镇(街道)开展“无违建镇(街道)”创建活动，其中47个镇(街道)接受市级验收。海宁市、经济技术开发区申报创建省“无违建县(市、区)”并接受考核验收。全市各地“三改一拆”行动和“无违建”创建工作受到省、市领导14次肯定性批示。

1.进一步推动经济转型升级。嘉兴市民营经济发达，但产业起点低、企业规模小、生产布局较为分散，极易产生违法建筑。“无违建”创建工作一方面把拆违与项目建设相结合，以拆违促进拆迁，清理一批拆迁“困难户”“钉子户”，打通断头路，加快项目落实；另一方面把拆违与淘汰低小散落后产能相结合，以拆违倒逼转型，腾退一批低小散、高耗能、高污染的企业。拆除的土地除用于复垦复绿外，其余通过城市有机更新、“退低进高”、“退二进三”等途径，实现土地资源、空间资源和环境资源的合理配置与高效利用，加快嘉兴市经济转型升级步伐。2014年，全市拆除违建猪舍938.8万平方米，2013年以来累计拆除1518万平方米，实现生猪存栏减量2/3。

2.进一步维护社会公平正义。嘉兴市在“三改一拆”行动暨“无违建”创建工作中，始终把依法依规和公平正义贯穿于每一个环节。严格执行“零违建”报告制，明确涉及党政机关、国有企业和党员干部的违法建筑必须先行拆除；规定违法建筑造成社会恶劣影响的先拆、群众反映强烈的先拆、面积特别大的先拆、污染环境的先拆以及农村非法一户多宅的全拆。2014年，全市实行强拆、助拆违法建筑8802起、面积180.9万平方米；全市处理媒体曝光、群众举报案件969起，有效防止“拆民不拆官、拆小不拆大、拆穷不拆富、拆私不拆公”等影响社会公平正义现象的发生。

3.进一步改善城乡环境面貌。2014年，嘉兴市加强对主要河道与道路两侧违建、工业企业严重影响消防安全违建、集镇周边经营性违建的拆除力度，强化老旧住宅区和城中村的拆改计划落实，助推“两美”嘉兴建设。一是水质环境有所改善，嘉兴市跨行政区域河流交接断面水质年度考核首次达到优秀；二是主要道路、高速公路沿线形象得到改观；三是城镇老旧小区环境得到改善，交通拥堵和停车难问题有所缓解；四是从根本上改变部分集镇脏、乱、差形象。

4.进一步提升干部作风效能。2014年，市领导以“双推”、重点工作督察等形式走村入户察看拆违改造现场，听取基层意见，着力打通服务群众“最后一公里”。全市进一步健全“市县干部联镇、县镇干部联村、镇村干部联户”的工作机制。各县(市、区)抽调力量,以“第一书记”、驻镇驻村工作组等形式,走企业、进社区、跑田头,到工作一线开展政策宣传、技术指导,协调解决工作中遇到的困难,涌现海宁市马桥街道先锋村党委书记许文华、海盐县元通街道青莲寺村党总支书记冯伟娟等“三改一拆”基层先进典型。同时,对在“三改一拆”行动和“无违建”创建过程中自身违建处置不到位或工作开展不力的党员、干部进行党纪、行政问责,全市274名党员干部受到批评通报、解聘、待岗、约谈等处理。

二、主要做法

1.“截污清源”“拔钉清障”等行动成效显著。

2014年,嘉兴市以“无违建”创建为契机,部署推进“三改一拆”行动的各项措施和机制,上半年在全市重点部署开展“截污清源”拆违百日攻坚行动,重点拆除市级河道两岸200米范围内的各类违法建筑,全面拆除“三河”(黑河、臭河、垃圾河)沿线污水直排、污染严重的违法建筑和违建养殖棚舍。1~6月,全市拆除违建猪舍664.26万平方米,超额完成上半年拆除违建猪舍阶段性目标任务,以拆除违建猪舍倒逼生猪养殖业减量提质。重点对“三边”(国道省道边、城镇主干道边、主要河道边)可视范围内的存量违法建筑进行拆除,“三边”环境得到美化,形象得到提升,空气质量和水体质量得到改善。

2014年,嘉兴市开展“拔钉清障”专项行动,在违建猪舍拆除的同时,引导调整拆违重点,集中力量拆除工业园区、城郊接合部、国道省道等主要道路和主要入城口沿线100米范围内违法建筑和农村非法“一户多宅”,一批集镇违建出租房、库房等被拆除,下半年全市拆除违法建筑602.5万平方米,比上半年增长30%,脏、乱、差环境得到有效改善。

2014年,嘉兴市对沿河沿路等重点区域砂石料堆场进行集中整治,全市整治砂石料堆场279处,整治面积87.6万平方米,土地得到集约利用,环境得到改善。开展高速公路沿线违法广告牌拆除整治活动,全市拆除大型户外违法广告牌1193块,拆除总量居全省第二位。开展宗教违法建筑处置行动,全市处置涉教违法建筑179处,完成3批5处省督办重点涉教违法建筑处置任务。清理影响城乡环境的废品收购点,全市清理整治废品收购点989个。

2.初步建立拆旧控新管理体系。

2014年,嘉兴市严格落实依法拆违,注重建章立制,强化政策指导,不断完善长效监管机制。国土、城管、农经等部门严格按照相关法律,突出早发现、快处置,提升执法效力。根据《浙江省违法建筑处置规定》有关要求,嘉兴市制定出台《嘉兴市违法建筑认定和处置办法》和《“无违建镇(街道)”创建实施方案》。市纪委、市委组织部和市“三改一拆”办联合出台《机关企事业单位和党员干部“零违建”报告制度》。市“三改一拆”办印发《关于明确“无违建”创建违法建筑处置若干问题的通知》《嘉兴市“无违建镇(街道)”创建活动实施意见》,制定《嘉兴市“无违建镇(街道)”考核验收办法》,各县(市、区)配套制定相应的规范性文件或实施细则。

2014年,嘉兴市严格落实违法建筑分类处置办法,加强日常改拆工作的程序化管理,坚持所有工作流程对社会和当事人公开,丈量摸底必到、拆违通知必到、思想工作必到。按照农村“一户一档”、城市“一楼一档”的要求,组织违建存量调查;结合违建当事人和违建时间、性质、用途等要素,对违建事实进行仔细分类;依法依规、合情合理运用拆除、缓拆、整改、补办等方式进行综合处置。

3.营造推动“三改一拆”的浓厚氛围。

2014年,市“三改一拆”办配合市委、市政府督察组到各县(市、区)检查“三改一拆”、“五水共治”、养殖业转型发展等重点工作开展情况,协调解决全市“三改一拆”工作中的难点、热点问题。不定期组织人员到县(市、区)、“无违建”创建示范镇(街道)明察暗访,提出整改意见，引导阶段工作重点，年内，市“三改一拆”办组织3轮暗访督察和1轮考核验收，对全市60余个镇（街道）进行检查、考核。实行进度公告制度，每周在《嘉兴日报》公布各县（市、区）工作进度，年底对47个申报“无违建”创建的镇（街道）分2批次公示验收结果。指导督促有关县（市、区）按时完成典型案例的整改落实，协调市级媒体参与全市“三改一拆”和“无违建”创建工作，对正反两方面典型案例进行剖析报道。

4.形成拆违控违强大合力。

2014年，市“三改一拆”办围绕“两美嘉兴”建设，把“三改一拆”与“五水共治”、养殖业转型发展、美丽乡村建设等重点工作结合起来，以“截污清源”和“拔钉清障”两个百日攻坚行动为载体，开展高速公路两侧、涉宗教违法建筑、一户多宅、堆场码头、危旧房等重点领域专项整治工作，与产业转型、环境保护、安全整治等工作协同并进。与纪检、组织、宣传、法制、建设、国土、城管、农经、电力等成员单位密切合作，有效解决工作中遇到的难点问题，提高行政效率。各县（市、区）认真贯彻落实省、市有关会议精神和政策规定，直接参与并具体指导镇、村工作，实现市、县、镇、村四级协同联动。

5.进一步促转型、治环境、惠民生。

2014年，嘉兴市结合“三改一拆”行动启动城市有机更新，大力实施旧厂区改造，使城市功能品位得到提升、业态布局更趋合理，有效推进经济转型；在全面拆除违建畜禽养殖棚舍的同时，通过政策扶持、技能培训，引导和帮扶养殖户因地制宜转产增收、转业致富。“三改一拆”行动中，全市拆除违建猪舍1500多万平方米，通过复垦复绿，农村面貌和生态环境得到改善，桐乡濮院镇永越村、平湖钟埭街道三友新村、海盐县澉浦镇紫金山村等部分城郊接合部、城中村在改拆行动中得到整片成建制清理。结合治堵、城乡环境综合整治以及公路边“三改一拆”行动，通过拆除违法建筑腾出土地，建成一批健身绿道、文体休闲等民生工程设施。2013～2014年，全市对276个旧住宅区、222个城中村进行综合改造整治，14.56万户居民直接受益。

三、经验体会

1.群众支持是改拆工作得以进行的基础。

“三改一拆”行动和“无违建”创建坚持群众路线。嘉兴市各级党委、政府结合党的群众路线教育实践活动，换位思考，动之以情，晓之以理，把政策说清，把道理讲透，党员干部率先垂范、带头拆违。创建行动坚持以人为本，分类处置，不搞简单化“一刀切”，未发生重大群访集访、越级上访、负面网络炒作等事件。

2.依法拆违是改拆工作顺利完成的制度保障。

以法治思维和法治手段开展工作，是“三改一拆”和“无违建”创建顺利完成的制度保障。创建行动坚持依法依规，各执法主体分工明确，相互协作，制定出台《嘉兴市违法建筑认定和处置办法》等规范性文件。全市拆违量在全省排名第三，未发生因拆违引起的群体性事件和重大安全事故。

3.示范引领是改拆工作纵深发展的重要手段。

“三改一拆”行动和“无违建”创建，在坚持违法建筑必拆的原则基础上，突出党员干部违建的先拆、机关企事业单位违建的先拆、面积大且典型的先拆、群众反映强烈影响恶劣的先拆、存在安全隐患的先拆、农村用于养殖污染严重的先拆，使拆违工作在全社会形成良性舆论氛围。在全市分别推出一批无违建示范镇（街道）、示范道路、示范河道等，积累经验，制定政策，以点带面。

4.部门协作是合力推进改拆工作的有力保障。

全市“三改一拆”行动和“无违建”创建工作，在发挥城建、国土、城管、农经等部门职能作用的基础上，协调交通、电力、民宗、纪检、组织、宣传、法制等部门力量，形成牵头部门为主、多部门协作的联动机制，推动“三改一拆”和“无违建”创建工作持续深入开展。

（阮建平）

2014 世界互联网大会

2014 世界互联网大会是中国举办的规模最大、层次最高的互联网大会,旨在为中国与世界互联互通搭建国际平台,为国际互联网共享共治搭建中国平台,让全世界互联网巨头在这个平台上交流思想、探索规律、凝聚共识。此次大会对全球互联网行业来说,是一次崭新而高端的交流平台;对中国来说,是推动互联网行业健康发展的一个创新之举;对浙江来说,是更好地了解世界、学习他人长处、加强发展的重大机遇;对乌镇来讲,是展示古镇风采与江南魅力的梦想舞台。在中央、省、市领导的高度重视和全面指导下,首届世界互联网大会圆满落幕。

一、大会概况

11 月 19~21 日,由国家互联网信息办公室、浙江省人民政府主办,浙江省互联网信息办公室、浙江省经济和信息化委员会、桐乡市人民政府、中国互联网络信息中心承办的 2014 世界互联网大会在桐乡乌镇召开,习近平总书记专程发来贺词,国务院副总理马凯致开幕词。11 月 20 日,国务院总理李克强在杭州会见出席大会的 65 位中外代表并座谈。11 月 21 日,在大会闭幕式上发表的乌镇共识,提出促进网络空间互联互通、尊重各国网络主权等九点倡议;国信办主任鲁炜将世界互联网大会永久会址的牌匾授予乌镇。

大会采取闭门高管会议、圆桌会议、演讲和小组讨论相结合的形式,设立多个分会场并线召开。大会主题是“互联互通,共享共治”。包括互联网新媒体,互联网创造未来:共建在线地球村,连接未来·智慧共享——移动互联让生活更美好,高峰对话——互联互通·共享共治,跨境电子商务与全球经济一体化,加强国际合作共同打击网络恐怖主义,中外企业家高峰对话,互联网与金融:促进金融创新和经济发展,互联网与政府:公共服务创新,网络空间安全和国际合作,革新与未来:构建全球互联网治理生态系统,构建和平、安全、开放、共赢的网络空间,依法治网论坛等 15 个议题,另有一个不对外公开的圆桌论坛,内容涵盖互联网治理、网络安全、互联网经济与文化、互联网科技 4 个方面。参加大会的共有近百个国家的政府代表,国际互联网机构和世界知名互联网企业负责人,世界互联网领域知名学者,国内外知名高校、智库和研究机构专家、学者等近 1000 余人,大会注册记者 617 人,实际到会记者 579 人。

会议期间举办了七项主要活动:举办“互联网之光”主题展,设立世界互联网大会展示体验区,通过图片、实物、视频等多种形式,展示在智慧城市、物联网、大数据、云服务、电子商务、互联网金融、新传媒、创意文化等相关领域的发展成果;11 月 19 日晚,在枕水度假酒店举办“乌镇之夜”招待晚宴暨浙江特色文艺表演活动;举办专场文艺节目表演,11 月 20 日晚,在乌镇大剧院演出民俗风情舞剧《十里红妆·女儿梦》;设计制作首届世界互联网大会签名纪念墙,邀请会议嘉宾签名,由专业设计师设计筑墙作为永久纪念;举办“美丽浙江”系列图片展,以摄影图片形式展示浙江丰富独特的民俗风情和人文生态;种植互联网名人纪念林,邀请国家和省有关领导、大会部分嘉宾在指定区域种植桐乡市市树——梧桐树，作为大会永久纪念；举办“相约乌镇”欢送午宴。

2014世界互联网大会成为世界各国和全国社会各界网民关注的焦点，全国知名主流网站和报刊均开设专题专栏进行全程报道。浙江在线作为会议的指定官方网络媒体，开设“2014世界互联网大会”的官网，第一时间对外发布大会信息。新华网、人民网、光明网、国际在线、中国日报网、澎湃新闻等都设置“世界互联网大会”专题专栏。新华网、人民网、光明网、中国新闻网、中国网、凤凰网、新浪、腾讯、网易、搜狐、新民网、浙江在线、新蓝网等媒体均第一时间发布涉会新闻，对大会进行全程追踪报道。各大平面媒体相继推出特别报道和专刊，《光明日报》《人民日报》《人民日报（海外版）》《中国青年报》《解放日报》《中国日报》等都推出特别报道。《新京报》推出“世界互联网大会会刊”，《光明日报》推出“世界互联网大会特刊”，《浙江日报》13日至22日连续10天推出“世界互联网大会专刊”。各新闻网站、微博、微信、论坛等均报道或转载。据初步统计，涉及大会的新闻报道约有17.8万多篇，微博136.4万多条，微信5.8万多篇，论坛帖子3.4万个，博客4700多篇。

二、桐乡市筹备工作情况

（一）大会确定情况

9月3日，桐乡市市长、宣传部部长等一行在省委宣传部副部长来颖杰带领下到国信办进行对接，听取中宣部副部长、国信办主任鲁炜和国信办国际合作局局长祁小夏对整个会议的设想与安排。鲁炜指出，举办首届世界互联网大会基于三个判断：一是中国是互联网大国，但还不是互联网强国；二是目前中国互联网管理是九龙治水，各管一段，管理体制不够健全；三是当前国内互联网法制不够完善，要求嘉兴做好迎接首届世界互联网大会的各项准备工作。

10月30日，北京召开新闻发布会，国信办主任鲁炜和省长李强对世界互联网大会永久会址选在桐乡作了明确。鲁炜表示：首届世界互联网大会选址桐乡，基于以下几个条件：一是桐乡互联网经济比较发达；二是乌镇是一个像达沃斯那样的小镇，可以被赋予互联网的魅力；三是有深厚的文化底蕴。省长李强用“镇小名气大、网络故事多”来形容世界互联网大会的举办地乌镇。他用四个特点介绍古镇：一是交通便利、民风淳朴，乌镇地处沪杭苏金三角中心，是典型的鱼米之乡、丝绸之府；二是经济发达、百姓富裕，旅游、健康、养生等特色产业已初具规模；三是历史悠久、文化灿烂，拥有7000多年的文明史和1300多年的建镇史，已经被列入联合国世界文化遗产预备清单；四是江南水乡、特色鲜明，拥有16万平方米的历史街区建筑，素有中国“最后的枕水人家”的美誉。

（二）大会筹备情况

9月初，成立首届世界互联网大会桐乡市承办工作领导小组，下设办公室和环境整治、宣传媒体、安全保卫、会务接待、技术保障、产业发展、项目招商七个专项工作组，明确领导小组工作制度和“一办七组”的工作职责，落实办公场所，抽调骨干力量集中办公。10月16日和17日，桐乡市级层面和省级层面组织两次综合性演练。

（1）会务接待工作。梳理景区内会场资源，制定主会场、分会场、领导会见室、文艺演出场地等具体实施方案；对市区、景区和乌镇镇区的住宿等场地资源进行排摸汇总与统筹预留，景区内预留嘉宾住宿1209间，景区外预留工作人员住宿1035间；制定嘉宾接待方案，完成271名志愿者的招募、培训工作；派出2个团队到杭州黄龙饭店和西湖国宾馆学习外事接待、高端会议服务，全市抽调优秀服务人员培训规范；预留车辆341辆；制定医疗卫生和食品卫生工作方案及应急预案，完成景区内3个、景区外1个医疗救护点设置，采购60余万元医疗设备和药品；开展餐饮单位专项整治、宾馆等公共场所检查整改。

（2）技术保障工作。在省经信委的牵头协调下，与电信、移动、联通三大通信运营商的省级公司及中通服务公司就景区网络通信及安防技防相关事项进行商讨研究,桐乡市3家通信运营商和华数公司制定专项工作方案、梳理项目清单。根据专项工作方案及要求,做好外围和会场的信息技术、通信网络、会场设施等技术改造升级工作。三家通信运营商光缆施工工程53.3千米,新增4条万兆、5条千兆,百兆升千兆1条;新建完成宏站、微站87个,新建及改造室分系统4727个,完成率124.3%;新增电信无线WIFI覆盖完工1000个,完成率126.6%;完成“爱WIFI”平台建设和对接整合乌镇景区原有WIFI网络,实现景区内外2G、3G、4G通信网络和免费WIFI全覆盖;做好乌镇和桐乡市区1500家旅馆、咖啡馆等场所的小型免费WIFI的调查摸底与首次上网认证;做好水、电、气设施维修检查,完成供水管网双回路,制定供电、供气应急保障预案。

(3)安全保卫工作。制定乌镇安保方案、桐乡市社会面管控和不稳定因素处置、信访接待、反恐专项方案。实施景区内部监控数字化改造,打通交通卡口和治安监控系统,在游客服务中心和主会场安装安检设备,落实安检服务外包。在乌镇派出所建立安保指挥部,在景区服务中心建立现场指挥部;抽调以公安为主,武警、消防、民兵预备役为补充的2735名警力保障,安监、消防、市场监管等部门联合开展快递行业整治、使用危化品企业检查,为安保工作提供有力保障。收集整理嘉宾和工作人员信息,细化证件分类、统一制作证件,会议召开期间严格执行凭证管理制度。

(4)环境整治工作。开展高桥、屠甸、乌镇高速互通周边环境整治,对各高速口至乌镇60余公里道路沿线进行道路改善、绿化美化、立面改造和标识标牌标线护栏完善等,大力开展市区及乌镇的市容市貌整治提升。增加6万平方米绿化种植,关闭或搬迁沿线40余户商铺、拆除近万平方米建筑、实施立面改造66户。

(5)新闻宣传工作。制定《世界互联网大会乌镇峰会氛围宣传方案》《桐乡市内广告宣传方案》《沪杭宁大型广告宣传方案》《世互会期间网上舆情应对方案》《记者接待方案》等,落实媒体接待、氛围营造等具体事项,分项排查落实到人。做好新闻中心建设、记者接待处的软硬件设置及互联网大会指示系统方案。在机场、高铁站、高速沿线发布大型广告(浦东、虹桥、萧山机场三个机场到达厅设置9个广告位,上海虹桥、杭州东站、北京南站三个高铁站设立大型电子LED屏广告10个,申嘉湖高速设立4处高炮广告牌);在桐乡市区及沿线、乌镇镇区设大型户外广告牌25个。

同时,以世界互联网大会为契机,做好产业发展工作。与中国电子信息产业研究院(北京赛迪)和浙江省工业经济研究所合作,初步形成《中国(乌镇)互联网产业基地建设与发展规划》,共同编制互联网产业基地规划和初步框架。10月23日,召开桐乡互联网产业对接会,开展项目招商工作。

三、工作亮点

(一)通信、网络保障

电信、移动、联通三大通信运营商在乌镇分别成立互联网大会通信保障指挥部、办公室和应急通信工作小组,明确工作职责,组织各专业开展网络现状评估,确定保障范围和目标,同时,进行负载容量预测,推进隐患整改、网络优化方案,对150多个国家的国际来访漫游业务进行全面测试,制定各场景应急预案、现场驻守预案。三大通信商根据大会安排明确各专业三个等级的保障范围和保障目标,做出业务预测与冗余配置30余次、开展现场巡检与隐患排查1667人次、解决隐患496处,无线优化1590多人次、国际漫游测试2100多次、网络安全防护改造9次,8辆3G、4G应急通信车现场待命,完成各类应急预案32套(含子预案),提供车载4G无线接入模块450套件,全省调拨及厂家借调备品备件近313套块,网络安全防护及应急演练100多次,过程协调等维护保障工作1360余次。

1.有线宽带方面:电信公司对嘉兴本地网出口带宽紧急扩容,由原480G扩容至880G,乌镇景区出口带宽在原有2个百兆基础上,新增2个万兆和2个千兆。移动新增2个千兆，联通新增1个千兆、百兆升千兆1个，全部完成开通。新增带宽分别安排在不同的物理路由上，直接接入省骨干网，以确保网络安全。景区内部南北两个主通道布放288芯光缆10公里，分配给沿途景区内部47个二、三级机房，使景区数据网络具备承载视频监控、WIFI等业务的带宽能力。景区内实现万兆到景区，千兆到酒店，百兆到桌面的宽带能力。

2.通信网络方面：乌镇景区2G、3G、4G信号三家运营商覆盖率均大于99%，3G网络的下行峰值达到3.1Mbps，均值1.2Mbps，掉线率小于0.3%；4G网络的下行峰值达到150Mbps（电信、联通）、100Mbps（移动），均值50Mbps，ERAB掉线率小于0.5%；2G网络的掉话率小于0.1%。2G、3G网络在乌镇西栅景区满足最大用户数为20000人，在大剧院为3000人，在枕水度假酒店为3000人；4G网络在乌镇景区满足最大用户数为50000人，在大剧院为6000人，在枕水度假酒店为6000人。主干道沿线4G信号实现无缝覆盖。

3.无线网接入方面：电信公司新装及更换无线AP1032台，景区总AP达到1583台，其中枕水度假酒店AP480台。景区内所有酒店均实现一客房一AP，酒店大堂、过道区域及客人可能驻留位置均加装无线AP，西栅老街东起游客服务中心西至西高桥、茶艺街外场均实现无线WIFI信号覆盖。重点会场区域均根据会场容纳人数进行AP加装，枕水度假酒店主会场加装AP10台（单个AP接入数为100人），主会场总接入数可达1000人；水剧场AP11台，最大接入数可达1100人。会议重点区域经测试信号强度均在-50dBm以上，下载速率35Mbps。移动公司也进行了无线AP的布网建设。

（二）华数高清信号及直播保障

1.高清互动及个性化界面推送：为了对大会主要下榻酒店——枕水度假酒店的数字电视升级成为高清互动电视，提升入住嘉宾体验效果，桐乡华数根据枕水度假酒店的网络特点，采用C-docsis技术，实现电视高清互动点播功能，共在景区酒店内安装高清双向互动电视终端800多个。同时，数字电视的开机画面实现个性化界面，突出“世界互联网大会”标志；语言实现中英文两种选择，满足绝大多数嘉宾的使用需求。

2.直播链路保障工作：由于互联网大会场地限制，新闻媒体人员不能全部进入会场采访，会议组委会确定由华数负责现场视频信号的传输。传输链路包括主会场至直播车、分会场至直播车、新闻中心至直播车，直播车至嘉兴、嘉兴至省华数公司。桐乡华数根据省华数公司制定的施工方案，严格按照浙江卫视、新蓝网、浙江在线直播点方案确定技术标准，新增临时光缆实现直播车与会议中心、新闻中心以及省华数公司的直通。

（三）不间断供电保障

1.电网运行保障。11月18~21日互联网会议保电期间，落实嘉兴电网“全出力、全接线、全保护”保障措施，全面覆盖供电电源、主网、配网、用户设备。发挥省、地、县调控一体化优势，仔细排查乌镇区域供电负荷，合理调整配网供电方式，全力保障乌镇电网安全可靠，形成运维检修、调度控制、供电服务、综合保障等专业协同的供电保障体系。

2.核心区域重点巡守。根据省电力公司统一部署，嘉兴供电公司、桐乡供电公司负责人指挥首届世界互联网大会保供电工作。在乌镇景区外，安排104名输电线路运维人员驻守现场，对20条重要保供电线路、346基铁塔进行24小时巡守。在乌镇景区内，安排2支56名保供电人员在15个配电房，分两班24小时不间断巡守，每一小时汇总报告驻点记录。在乌镇供电所，安排一支29人的机动抢修小组24小时待命，随时做好应急抢修准备。同时，在景区内外安排8辆发电车24小时待命，为大会提供可靠的应急电源保障。大会期间，共出动应急抢修、线路巡视、变电、安保等各类保电人员2600余人次，巡查输电线路、配电线路、低压线路5470余公里，确保供电工作的万无一失。

3.电网信息实时监控。加强调控分中心监控值班力量,在 OPEN3200 系统中绘制专用监控画面,实时监控 4 座重要变电站、开闭所的开关状态及负荷信息。运营监测(控)中心安排专人 24 小时值班,对乌镇片区配电线路、会议所在地 9 台专变有功、电压、电流数据进行实时监测分析,对频繁失电台区进行统计与分析,为保供电预防性治理提供决策依据。同时,完成备用转供线路上其他专变客户阶段性限负荷监督工作。

(四)供水保障

水务集团根据技术保障工作方案要求,成立水务集团安全供水应急领导小组,下设生产运行保障组、管网运行保障组和物资供应保障组,制定保障安全供水的应急预案,建立 24 小时抢修值班队伍,形成以应急领导小组为中心的指挥体系;做好供制水构筑物及设备设施的检修,完成运河水厂监控系统改造及果园桥水厂排泥机检修,加强对各工艺段水质的监测,重点加大三个水厂唯一的取水水源地运河取水口的安保力度,确保取水口各种应急设施的正常运行及应急物资的充足储备。同时,投资约 217 万元,完成乌镇环河路 DN400 给水管道延伸工程和新华路 DN400 供水管网连接工程,使乌镇镇区和乌镇景区的管网实现双回路供水,切实提高供水保障能力。

(五)供气保障

桐乡港华公司根据技术保障组要求,成立互联网大会不间断供气工作领导小组,由总经理担任组长,副总经理全面负责。10~11 月,组织 10 名管网运行部维护技术人员,对乌镇方向的管线巡查不少于 3 次 / 天,天然气设施维护不少于 1 次 / 周,专项泄漏检测 2 次 / 周。同时全面更新沿线的相关天然气标志(标识)、警示牌等工作,并投入资金约 16 万元,采购移动应急保障供气设备和 LNG 移动应急气源的储备工作。大会前一天起,按照应急保障预案将应急移动供气装置安装在乌镇气站,一辆 LNG 应急车辆停放在百桃气站,并派技术人员 24 小时值班,同时增加抢险车辆和抢险设备的配备。

(刘　鹏)

大 事 记

2014 年嘉兴市大事记

1月

7 日 加拿大达蒙维市市长亚历山大·屈松一行到嘉兴市访问。

15 日 南湖新区被住房和城乡建设部评为“2013 年中国人居环境范例奖”。

16 日 国务委员、公安部部长郭声琨到嘉兴，调研公安信息化建设应用、执法规范化建设等情况。

20 日 嘉兴温泉体验区（清池温泉）对外试运营。该体验区位于运河农场，有 27 座温泉池，温泉水来源于“运热 1 号井”。

23 日 援藏干部王卫东、干爱忠被浙江广电集团评为“浙江骄傲年度致敬人物”。

26 日 肖培生在市七届人大四次会议上当选为嘉兴市人民政府市长。

同日 嘉兴市全国质量强市示范城市创建申请获国家质检总局批准。

2 月

10日 嘉兴市召开党的群众路线教育实践活动部署会议。

同日 嘉兴市被浙江省人民政府办公厅评为第一届“河姆渡杯”粮食生产先进单位。

12 日 嘉兴市召开全市“五水共治”三级干部大会。

13 日 嘉兴市被浙江省委、省政府授予“2013 年度社会主义新农村建设优秀单位”称号。

19 日 墨西哥阿瓜斯卡连特斯州州长卡洛斯·罗扎诺一行到嘉兴市访问。

27 日 新西兰毛利事务部部长皮塔·沙普尔斯率代表团到南湖区访问。

28 日 嘉兴市第一医院王江泾分院举行揭牌仪式。

3 月

1 日 浙江省首家老年护理院——嘉兴逸和源湘家荡护理院开业。护理院位于南湖区七星镇，投资 3 亿元，占地 25.33 公顷。

10 日 嘉兴市召开市、县（市、区）农业技术推广基金会成立大会。

11 日 由团市委、市绿委办、市新居民事务局和市志愿者协会共同主办的 “百团添万绿——保护母亲河植树行动”在新塍镇启动。

13 日 上海自贸区嘉兴服务中心建设课题组到嘉兴市调研。

14 日 2014 嘉兴旅游市场全国供应商采购大会暨百家旅行社走进嘉兴活动举行。

17 ~ 18 日 河南省济源市党政考察团到嘉兴市考察。

19 日 市委副书记、市长肖培生会见南非驻沪总领事陶博闻，双方就发展国际经贸合作等进行交流。

20日 市委副书记、市长肖培生会见荷兰驻沪总领事郗佩德,双方就加强合作交流进行交流。

29~30日 2014中国地市报新闻摄影论坛暨"嘉报视觉"研讨会在嘉兴市召开。嘉兴日报报业传媒集团被授予新闻摄影"最佳组织奖",嘉兴日报报业传媒集团党委书记、社长蔡伟达被授予"学术贡献奖"金鼎奖。

31日 嘉兴市获全省平安建设银鼎,连续九年获"平安市"称号。

4月

1日 秀洲区新塍镇被民政部授予第二批"全国社区治理和服务创新实验区"称号,是全国31个实验区中唯一一个镇级单位。

8日 全国政协副主席、中国人民银行行长周小川到人民银行嘉兴市中心支行考察。

11日 嘉兴市侨联在浙江汇信实业有限公司建立嘉兴市海外留学人员归国创业创新基地。

14~16日 中国残联宣文部主任王涛一行到嘉兴市,就嘉兴市创建全国残疾人文化体育建设示范市情况进行考核验收。

16日 浙江省首条水底高速公路——钱江通道及接线工程通车。钱江通道是嘉兴连接杭州萧山及其以南地区的快捷通道,使杭州湾形成"一湾三通道"格局。

同日 嘉兴开明画院成立仪式在市图书馆举行,同时举办"庆祝民进嘉兴市委会成立30周年暨嘉兴开明画院成立——嘉兴开明画院书画作品展"。

18日 2013嘉兴品牌力量榜颁奖仪式举行。浙江禾城酒业有限公司、戴梦得购物中心获"最具市场影响力企业"称号;嘉兴科技城、中国化工新材料(嘉兴)园区获"最具创新引导力平台"称号;亚特电器获"最具创新力企业"称号;禾欣股份获"综合实力标杆企业"称号;嘉兴电力局的"红船服务队"获"最具社会责任感企业"称号。

21日 2014嘉兴国际人才交流与合作大会召开,美国、法国、日本等16个国家的近150名海外人才参加会议。

30日 嘉兴市召开法治嘉兴、平安嘉兴工作会议暨建设平安嘉兴10周年纪念大会。

5月

7日 嘉兴市第二届市民运动会开幕式在嘉兴体育馆举行。

8日 沙雅县嘉兴第一实验学校续建工程开工奠基,这是嘉兴市第八批援疆首个全额投资类项目。

8~9日 中共中央政治局常委、全国人大常委会委员长张德江到嘉兴市王店镇调研乡镇人大工作,到浙江雅莹服装有限公司了解服装设计、生产和销售情况。

10日 由嘉兴市红十字会出品的首部公益微电影《奔跑》在嘉兴大剧院首映。

16日 全市农民培训工作暨嘉兴农民学院成立大会在嘉兴职业技术学院举行。

同日 嘉兴市与中国工程院环境与轻纺工程学部签订建立紧密型科技合作框架协议。

18日 国务委员、公安部部长郭声琨到嘉兴,检查指导嘉兴市亚信峰会"环沪护城河"安保工作。

同日 "红色旅游书屋"赠书仪式暨嘉兴旅游惠民广场宣传活动在游客服务中心举行,全省首个"红色旅游书屋"落户嘉兴。

23日 市委宣传部、市合作交流办主办"浙商创业创新"全国网络媒体嘉兴行集中采访活动。

31日 由中国食品工业协会、嘉兴市人民政府、中国食品工业协会粽子行业委员会主办的中国嘉兴端午食品国际博览会在嘉兴国际会展中心举行,海内外近200个企业参展。

6月

2日 由中国民俗学会、市委宣传部、中国端午文化研究基地、市文联、市文化局共同举办的“2014 端午民俗文化的当代传承”学术研讨会在嘉兴市举行。

13 日 嘉兴市学生联合会成立大会在嘉兴学院召开。

16 日 全国人大常委会原副委员长路甬祥到嘉兴考察调研光伏产业发展情况。

17 日 市委副书记、市长肖培生会见突尼斯加贝斯省省长胡赛因·杰拉德一行，双方就发展国际经贸合作等进行交流。

20 日 由嘉兴市美术馆、南昌市书法家协会共同主办的“洪都十友书法嘉兴展”在市美术馆举行。

22 日 中国大运河项目被列入《世界遗产名录》，嘉兴市境内 110 公里运河河道和长虹桥、长安闸 2 个遗产点入选其中，嘉兴市首个世界文化遗产诞生。

27 日 嘉兴·温州女企业家发展研讨交流会在嘉兴市举行，两地女企业家围绕“创新驱动转型发展”进行交流座谈。

同日 中国·嘉兴商会发展高峰论坛举行，嘉兴温州商会、嘉兴湖北商会、嘉兴江西商会、宁波嘉兴商会就如何提升商会活力等进行探讨，同时举行“浙商回归投资联络站”授牌仪式。

28 日 嘉兴市召开第一届浙(禾)商大会，旨在进一步宣传嘉兴，传承浙(禾)商文化，联络浙(禾)商感情，凝聚浙(禾)商力量，推动嘉兴经济社会更好更快发展。

7 月

1～2日 国务院第五督察组第一小组到嘉兴市，对嘉兴市贯彻国务院“稳增长、促改革、调结构、惠民生”各项政策措施落实情况进行督察。

3 日 浙江省副省长朱从玖一行到嘉兴市调研科技金融工作。

11 日 秀洲区妇幼保健院更名为嘉兴市妇幼保健院秀洲分院。

12 日 《统筹城乡发展报告(2013)——长三角户籍管理制度改革与创新》发布会在嘉兴学院举行。

15 日 浙江省省长李强一行到桐乡市和平湖市调研经济发展情况。

19 日 中央党校调研组一行到嘉兴市，就学员党性教育情况开展调研。

23 日 省质量工作考核组对嘉兴市质量目标和质量措施完成落实情况进行考核。

同日 埃塞俄比亚联邦民主共和国驻沪总领事由哈纳·方达·沃尔德·乔治斯一行访问嘉兴。

24 日 市长电话首次举行市民开放日活动。

29 日 全省农业水环境治理暨现代生态循环农业发展现场会在嘉兴市召开。

31 日 由人民网、中国共产党历史网主办的“重温光辉岁月践行群众路线——群众路线革命圣地行”暨“革命精神大联讲”活动启动仪式在南湖革命纪念馆举行。

8 月

4日 国家能源局在嘉兴市召开全国分布式光伏发电现场交流会。

8 日 全省县级社区矫正执法机构队伍建设现场推进会在嘉兴市举行。

10 日 民政部社会工作司司长王金华一行到嘉兴市，深入调研基层专业社工人才队伍建设、社会工作服务开展和民办社工机构培育发展等情况。

23 日 浙江省第五届对外传播异地采访颁奖仪式在嘉兴市举行，嘉兴电视台作品《蚕舞》获特等奖。

26 日 嘉兴青年创业沙龙暨嘉兴市青年电子商务创业大赛电商创业政策培训活动在市青年创业就业促进中心举行。

9 月

3 日 嘉兴市党政代表团到西藏自治区那

曲县考察慰问。

7日 嘉兴市早期教育指导中心在市区梅湾街揭牌。

10～13日 2014年(第七届)中国地市新闻网站联盟年会在江苏省扬州市召开,嘉兴在线获中国地市新闻网站联盟"2014年度最具影响力品牌奖"。

11日 陕西省榆林市政府考察团到嘉兴市考察交流。

12日 嘉兴市科普讲师团成立,80名科普宣传人士成为科普讲师团首批团员。

同日 第三届长三角地区农超对接洽谈会在嘉兴市举行,省内外168家采购商和230家农产品供应商参加洽谈会。

18日 由文化部、中国文联、中国美协主办的第十二届全国美展综合画种、动漫展区展览在嘉兴市秀洲·中国农民画艺术中心开幕。

29日 西藏自治区那曲地委党政代表团到嘉兴市考察。

10月

7日 由嘉兴市委宣传部、嘉兴市文化局和绍兴市文化局主办的"文化走亲"绍兴专场活动在绍兴城市广场举行。

8日 嘉兴市启动市区中山路(秀州路至中环西路)改造。

同日 在第23届浙江树人出版奖评选中,嘉兴吴越电子音像出版公司创作的《红船驶进中国梦》入选音像类树人出版奖。

13日 农业部副部长、中国农科院院长、中国科学院院士李家洋一行到嘉兴市考察嘉优中科系列杂交稻选育及示范推广工作。

15日 中共浙江省委党校南湖分校揭牌仪式在市委党校举行。南湖分校依托市委党校办学,实行省委党校、市委党校双重领导体制。

同日 2014中澳(嘉兴)"五水共治"研讨会在嘉兴市举行。

18日 由中共中央组织部、民政部联合主办的全国乡镇服务型政府建设示范培训班在嘉兴市开班。

20日 嘉兴市党政代表团考察浦东新区。

21日 嘉兴市和四川省宜宾市就流动人口区域共管达成合作协议。

22～25日 2014年全国残疾人岗位精英职业技能竞赛在嘉兴市举行。

25～26日 2014年全国健身舞大赛暨第十一届全国健身交谊舞锦标赛在嘉兴市举行。

29日 绍兴市政府代表团一行到嘉兴市交流考察。

11月

4日 由国家档案局局长杨冬权带队的国家档案行政执法检查组一行到嘉兴市,对嘉兴市自2011年以来贯彻实施《中华人民共和国档案法》情况进行执法检查。

5日 由嘉兴市委、市政府授权的嘉兴市新闻办官方微博、微信"嘉兴发布"网络平台正式上线。

同日 英国驻上海领事馆科技领事、农业环境专家蒂姆·丹尼尔对嘉兴市农业生态环境改善情况进行实地考察。

6日 嘉兴市首届海河联运论坛举行。

7日 嘉兴市政府、中国国际电子商务中心共同举办中国嘉兴跨国采购洽谈会。

同日 2014嘉兴市国际友城经济合作推进会举行,嘉兴市与埃塞俄比亚赛贝塔市签署两市建立友好城市意向书。

8日 2014长三角·嘉兴投资贸易洽谈会召开。

同日 环太湖发展研究中心2014年会在嘉兴市召开。

12日 2014嘉兴机械装备(机器人)博览会召开。

13日 浙江现代慈善20年纪念表彰会在嘉兴市举行。

同日 嘉兴市举行"红船杯"首届工业设

计大赛颁奖典礼。首届设计大赛历时近一年，评选出52件获奖产品，奖金总额达30万元。

15日 嘉兴市文化馆、嘉兴市博物馆举办理事会成立大会。

19～21日 2014世界互联网大会在桐乡乌镇举行，全世界近100个国家和地区的1000余名受邀嘉宾参加大会。

28日 嘉兴市电子商务促进会成立。

12月

2日 市委书记鲁俊会见荷兰皇家飞利浦集团优质生活事业部首席执行官诺彼得一行，就项目进展等情况进行交流。

4日 首届中国青年志愿服务项目大赛在广州市举行，嘉兴市"万封家书传亲情"关爱新居民（农民工）子女志愿服务项目获全国金奖。

6日 第二届"红船精神与科学发展"理论研讨会在嘉兴市举行。

9日 安徽省马鞍山市党政代表团考察嘉兴市党建工作。

11～12日 全省公共法律服务体系建设工作推进会在嘉兴市召开。

14日 2014"星耀南湖"精英峰会开幕。

20日 全国政协副主席、科技部部长万钢到嘉兴市，考察浙江清华长三角研究院、中科院浙江研究院以及同济大学浙江学院。

同日 文化部党组副书记、副部长杨志今一行对嘉兴市公共文化服务体系建设工作进行专题调研。

23日 青海省海西州党政代表团一行到嘉兴市考察。

24日 南京市嘉兴商会成立大会在南京举行。

25日 嘉兴市首个风力发电站——海盐风电场项目投运发电。

27日 中国铁塔股份有限公司嘉兴市分公司成立。

28日 首届中国工程院环境与轻纺工程学部科技合作工作座谈会在嘉兴市召开。

（市档案局）

嘉兴概貌

地理环境

【概况】 嘉兴市位于浙江省东北部、长江三角洲杭嘉湖平原腹心地带，是长江三角洲重要城市之一，被列为国家批准的沿海经济开放地区。市境介于北纬30° 21′ 至31° 2′ 与东经120° 18′ 至121° 16′ 之间，东临大海，南倚钱塘江，北负太湖，西接天目苕溪，京杭大运河贯穿境内。市城处于江、湖、河交会之位，扼太湖南走廊之咽喉，东接上海，北邻苏州，西通湖州，南接杭州，相距均不到百公里，区位优势明显。全境隔杭州湾可呼应宁波、绍兴、舟山等地，铁路、公路、水路网络交织，四通八达，交通十分便利。

市境陆域东西长92公里，南北宽76公里，陆地面积3915平方公里，其中平原面积3477平方公里，水域面积328平方公里，丘陵山地面积40平方公里。市境海域面积1559平方公里。

市境地势低平，平均海拔2～2.2米（黄海高程），其中秀洲区和嘉善县北部较为低洼，其地面高程一般在1.57～1.97米之间，部分最低地在1.17～1.37米之间。全市有山丘200余个，零散分布在钱塘江杭州湾北岸，海拔大多在200米以下，市境最高点是位于海盐县与海宁市交界处的高阳山。市境为太湖边的浅碟形洼地，地势大致呈东南向西北倾斜，由于数千年来人类的垦殖开发，平原被纵横交错的塘浦河渠所分割，田、地、水交错分布，形成“六田一水三分地”，旱地栽桑、水田种粮、湖荡养鱼的立体地形结构，人工地貌明显，水乡特色浓郁。

全市河道纵横，湖荡众多，河道总长1.38万公里，骨干河流57条，河道密度50公里/百平方公里，有定级航道224条，航道里程1936.4公里。境内沿杭州湾北岸岸线长121公里，海岸线长81.84公里，东北自平湖市的金丝娘桥（北纬30° 41′ 、东经121° 16′ ），西南至海盐县的高阳山（北纬30° 21′ 、东经120° 50′ ），其中有41公里海岸线水深滩阔，腹地广阔，宜建深水良港。乍浦港海岸东起独山，西至苏家埭，全长15公里，近海水深3～10米，乍浦东北侧水深10米以上，航道宽1公里，2万吨级舰船可随时进出，故乍浦港自古即为著名良港。

（市档案局）

资源物产

【概况】 嘉兴市域出产的矿物主要有石矿和黏土。此外还有石油、煤、铜、铅、锌等矿种，但大多储量少，品位低，蕴藏分散。市域地下还储有一定数量的天然气。

全市多年平均径流总量，即地面水资源量15.84亿立方米，每年可开采的浅层地下水资源3.53亿立方米。全市水资源总量19.37亿立方米，水资源年开发利用量22.65亿立方米，利用量超过自身拥有的水资源总量，每年靠从域外引水解决。

嘉兴市东部嘉善县城所在地地下深循环封存的古泉水距今已有2.6万年，为中国大理冰期气候寒冷时降水所补给，是大火山岩裂隙、长期地质环境中形成的天然水资源，蕴藏量达25亿立方米以上，水质达到饮用天然矿泉水国家标准(GT88537－87)。

全市现存生物约有335科、1429种，其中列入《国家重点保护野生动物名录》的一级保护动物有白鹳和黑鹳2种，二级保护动物有20种。列入《浙江省重点保护植物、动物名录》的植物有银杏、金钱松、鹅掌楸、厚朴、青檀5种。全市天然植被的主要类型有阔叶林与阔叶混交林、针叶林、灌木草本植被和水生植被4种；人工植被有作物植被和防护林植被2种，其中粮食作物有水稻、大麦、小麦、蚕豆、玉米等，经济作物有油菜、棉花、络麻、烟草、甘蔗、西瓜、杭白菊等，林园植物有桑、竹类、茶、桃、李、梨、葡萄及蔬菜等。

全市海域面积1559平方公里，海洋资源较丰富。深水岸线较长，其中平湖市的金丝娘桥至独山段岸线长12公里，前沿水深12米，乍浦岸线25公里，前沿水深10米，均适宜建深水泊位。滩涂面积大，沿海从岸线至理论基准面滩涂有2.27万公顷，其中岸线至平均海平面，即近中期具有围垦条件的滩涂有1.06万公顷。海水产品种类繁多，其中鳗苗是重要资源，海蜇、鲻鱼和白虾是大宗捕捞产品，滩涂养殖也具有一定基础。海洋能源蕴藏量大，嘉兴市位于东亚季风带，濒临东海，海域辽阔、潮急浪高，具有丰富的潮汐能、潮流能、波浪能、温差能、盐差能和风能等海洋能源，开发潜力很大。

嘉兴自古以来物产丰富，名产众多，有“鱼米之乡”“丝绸之府”的美誉。名优特产有粮食豆类的紫香糯、元青豆、平湖特粗黄豆；经济作物类的桐乡晒红烟、杭白菊、新丰生姜、桐乡青(桑树)、海盐大头菜、杨庙雪菜；畜禽类的嘉兴黑猪、湖羊、竹林三元猪、王店三园鸡、小湖羊皮、白山羊笔料毛；水产类的青、草、鲢、鳙四大家鱼，以及鳗苗、蟹苗、罗氏沼虾、中华绒螯蟹、河虾、海蜇、四鳃鲈鱼、中国对虾；果品类的槜李、南湖菱、平湖西瓜、大红袍荸荠、凤桥水蜜桃、黄花梨、藤稔葡萄、锦绣黄桃、洪合蜜梨、黄沙坞柑橘；食品糕点类的平湖糟蛋、嘉兴酱鸭、嘉兴五芳斋粽子、平湖蜂蜜、斜桥榨菜、西塘八珍糕和粉蒸肉、乌镇姑嫂饼、新塍月饼；手工业工艺类的硖石灯彩、蓝印花布、盐官药刀、桐乡桑剪等。

（市档案局）

历史沿革

【概况】 嘉兴是新石器时代马家浜文化的发祥地，距今7000年前市境就有先民从事农、牧、渔、猎活动。春秋时期，此地名长水，又称槜李，吴越两国在此风云角逐。战国时，划入楚境。秦置由拳县、海盐县，属会稽郡。两汉时煮海为盐，屯田为粮。三国时吴国雄踞江东，析由拳县南境、海盐县西境置盐官县。三国吴黄龙三年(231年)“由拳野稻自生”，吴大帝孙权以为祥瑞，改由拳县为禾兴县，三国吴赤乌五年(242年)禾兴县改称嘉兴县。两晋、南北朝时，嘉兴得到进一步开发，“一岁或稔则数郡忘饥”。隋朝开凿江南河，即杭州经嘉兴到镇江的大运河，给嘉兴带来灌溉舟楫之利。唐天宝十年(751年)析嘉兴县东境及海盐、昆山等县部分辖地置华亭县。唐代嘉兴屯田27处，“浙西三屯，嘉禾为大”，嘉兴已成为中国东南重要产粮区，有“嘉禾一穰，江淮为之康；嘉禾一歉，江淮为之俭”的说法。五代十国时期，吴越国在嘉兴设置开元府，领嘉兴、海盐、华亭三县，是嘉兴首次设州府级政权。后晋天福五年(940年)，因吴越王钱元瓘之奏请，在嘉兴置秀州，领嘉兴、海盐、华亭、崇德四县。北宋改秀州为嘉禾郡，南宋庆元元年(1195年)升郡为府，后改嘉兴军。元世祖至元十三年(1276年)改嘉兴军为嘉兴府安抚司，随后升为嘉兴路总管府。宋元时，嘉兴经济较发达，被称为“百工技艺与苏杭等”“生齿蕃而货财阜,为浙西最”。乍浦、澉浦、青龙等港口外贸频繁,海运兴隆。明宣德五年(1430年)析嘉兴县西北境为秀水县,析东北境为嘉善县;析海盐县置平湖县;析崇德县置桐乡县,嘉兴府下辖七县。此后四五百年内嘉兴府县体制基本未再变动。其时,在农业和手工业发展的基础上,商品经济日渐繁荣,棉布丝绸行销南北,远至海外,嘉兴王江泾镇的丝绸有“衣被天下”的美誉,嘉善有“收不完的西塘纱”的谚语,桐乡濮院镇丝绸“日产万匹”,闻名遐迩。明弘治《嘉兴府志》记载:“嘉兴为浙西大府”“江东一都会也”。清朝初期,清政府进行赋税改革和整顿,并多次对杭州湾沿岸海塘进行修筑,嘉兴社会经济不断好转,市镇更加繁荣。清咸丰十年(1860年),太平军攻克嘉兴,建听王府为当地军政领导机构。清朝中期以后,受帝国主义掠夺和封建主义的剥削,嘉兴的经济和城市面貌日渐衰落和凋敝。1911年11月7日,辛亥革命党人占领嘉兴,成立嘉兴军政分府。民国初,废府存县,改称嘉禾县,后复称嘉兴县。1921年8月初,中国共产党第一次全国代表大会在嘉兴南湖的一艘游船上闭幕,宣告中国共产党成立。1937年11月5日,嘉兴被侵华日军占领,惨遭践踏达8年之久。1949年5月7日嘉兴解放,分设嘉兴县、嘉兴市,均隶属嘉兴专员公署,其间撤并频繁。1983年8月,撤销嘉兴地区行政公署,分设嘉兴市、湖州市,嘉兴市设城区和郊区,下辖嘉善、平湖、桐乡、海宁、海盐五县。1986年11月,海宁撤县设市(县级市);1991年6月,平湖撤县设市(县级市);1993年5月,桐乡撤县设市(县级市);1993年11月,城区更名为秀城区;1999年6月,郊区更名为秀洲区;2005年5月,秀城区更名为南湖区。1985年1月,经中共中央、国务院批准,嘉兴市区及所辖嘉善、桐乡、海宁县被列为长江三角洲经济开放区,至1988年嘉兴市及所辖五个县(市)均被列为经济开放区。经过30余年的改革开放,嘉兴市的经济建设和社会发展均取得辉煌的成就,所辖的海宁、嘉善、平湖、桐乡、海盐五个县(市)全部进入全国综合实力百强县前50强,所有县(市、区)均被命名为“浙江省小康县”。2011年1月24日,嘉兴市被国务院批准成为国家历史文化名城。2011年12月20日,嘉兴市被授予“全国文明城市”荣誉称号。嘉兴市成为长江三角洲的经济重镇、上海南翼的港口新市、江南水乡的文化名城。

(市档案局)

气候特征

【常年气候概况】 嘉兴市年平均气温16.4℃。1月最冷,月平均气温4.1℃,极端最低气温-11.9℃,出现在1977年1月31日;7月最热,月平均气温28.4℃,极端最高气温42℃,出现在2013年8月9日;日平均气温稳定通过10℃的平均回暖初日在3月27日,平均结束日在12月5日;平均终霜日在3月16日,平均初霜日在11月15日,平均无霜期243天;平均初冰日在11月27日。

年平均降水量1193.3毫米。最多年降水量1720毫米,出现在1954年;最少年降水量757毫米,出现在1978年。全年有3个明显的降水时段,即4~5月的春雨、6~7月的梅雨和8~9月的秋雨,1月是下雪最多的月份。

年平均日照1920.1小时。其中以7月、8月最多,月平均日照分别为225小时、219小时;1月、2月最少,月平均日照分别为120小时、115小时;年平均蒸发量1283.1毫米;年平均相对湿度79%。

主要灾害性天气有雷雨、连阴雨、干旱、寒潮、大雪、大雾、强雷暴、高温和台风热带气旋等。

【2014年气候概况】 2014年,嘉兴市平均气温普遍偏高,降水和雨日持平,日照略偏少。季度特征:冬季温暖,降水偏多;春季偏暖明显,降水偏少,日照持平;夏季温度偏低,降水偏多,日照偏少;秋季偏暖。季度平均气温差缩小,波动相对平缓,表现为冬无严寒夏无酷暑,

凉夏特征突出。年内，除夏季雷电和强降水灾情外，其他基本属风调雨顺，总体来说，2014年气候条件属偏好年景。

全市年平均气温17.2℃（海宁、桐乡）至16.6℃（平湖），比常年高0.6℃，比上年偏低0.4℃，属偏暖年份。气温除6月、7月、8月、12月比常年偏低外，其他月份均比常年偏高，其中1月、3月比常年高出2.2℃，8月比常年偏低1.6℃。

冬季（2013.12～2014.2）平均气温5.8℃（嘉善）至6.1℃（平湖、海盐、海宁），较常年偏高0.5℃，比上年高0.6℃，属偏暖年景。年极端最低气温-5.3℃（平湖）至-3.9℃（海宁、海盐），均出现在1月22日。

春季平均气温15.6℃（平湖）至16.9℃（桐乡），比常年偏高1.3℃，比上年偏高0.2℃，属偏暖年景。其中3月平均气温偏高明显，为12.3℃（海宁、桐乡）至11.0℃（平湖），分别比常年和上年高2.2℃和0.6℃；终霜日海宁为3月10日，平湖、海盐为3月14日，嘉兴、桐乡为3月15日，嘉善为3月21日。

夏季平均气温25.7℃（平湖）至26.4℃（桐乡），比常年低0.8℃，比上年低2.9℃，属异常偏低年份。年极端最高气温为36.5℃（海宁、桐乡、海盐）至34.4℃（平湖），明显偏低于往年和上年，嘉兴、海宁、桐乡、海盐均出现在7月11日，嘉善、平湖出现在8月4日。夏季大于35℃高温天数：海宁、桐乡5天，嘉兴4天，嘉善3天，海盐2天，平湖没有，全市均无大于或等于37℃高温天。

秋季平均气温19.2℃（平湖）至19.5℃（嘉兴、海盐、海宁、桐乡），比常年高1.1℃，比上年低0.2℃，属偏暖年景。9月、10月、11月平均气温分别比常年偏高0.4℃、1.4℃、1.6℃。初霜日均为11月18日，比常年略偏迟，与上年同日。

全市年降水量1152.6毫米（桐乡）至1438.0毫米（平湖），与常年基本持平，比上年略少，属正常年景。降水除2月、7月、8月、9月偏多外，其余月份降水偏少。其中8月降水量最多，是常年的1.3倍（桐乡）至2.4倍（平湖），并有明显的地域差异，平湖比桐乡多1.2倍。全年雨日128天（桐乡）至142天（平湖），与常年平均基本持平。

冬季降水量236.7毫米（桐乡）至264.1毫米（平湖），比常年偏多近3成。其中2013年12月和2014年2月比常年偏多明显，2月比常年偏多1.1倍，1月明显偏少，仅是常年的4成。冬季雨日平均24.7天，较常年偏少2成。

春季降水量229.0毫米（桐乡）至268.4毫米（平湖），较常年少2成，比上年少1成。其中3月较常年少4成，4月较常年少1成，5月较常年少2成。春季雨日平均37天，较常年少1成。

夏季降水量532.1毫米（桐乡）至748.1毫米（平湖），降水明显偏多，平均较常年多3成，比上年多5成。6月较常年少1成，是上年的7成。7月、8月降水明显偏多，分别为188.6毫米和269.1毫米，比常年偏多2成和8成；8月降水最多，是比常年偏多最多的月份，其中平湖比常年偏多1.1倍。夏季雨日平均45.8天，较常年偏多2成。

秋季降水量203.8毫米（海盐）至253.1毫米（嘉善），比常年偏少1成，比上年偏少9成。9月较常年偏多1成，10月和11月较常年偏少2成。秋季雨日平均28天，与常年持平。

年日照时数1465.4小时（海宁）至1695.8小时（嘉善），比常年偏少2成，比上年偏少2成。冬季312.2小时（嘉兴）至374.6小时（海盐），比常年偏少1成；春季397.7小时（平湖）至486.5小时（嘉善），与常年持平；夏季283.0小时（海宁）至444.8小时（海盐），偏少明显，仅是常年的6成；秋季357.4（海宁）至449.0小时（嘉善），比常年偏少2成。日照除1月、3月、10月、12月比常年偏多2～3成外，其余月份均偏少。其中8月偏少最多，比常年偏少6成，9月、6月分别偏少5成和4成，4月、5月、7月、11月偏少均在3成以内。

【2014年主要气候事件】 2月雨雪偏多。2月，嘉兴市出现三次连阴雨（雪）过程，雨雪日17天，雨雪总量157.9毫米，列历史第二位。9日

晚上出现2014年首场降雪,10日清晨积雪明显,部分桥面与道路出现严重结冰,对市民出行有较大影响。由于降水时间长、雨水多,光照严重不足,给春耕生产造成不利影响。

夏季雨水较多,粮食水果受灾。夏季梅雨量偏少,但盛夏雨水多,出现持续阴雨少光照天气。7~8月累积雨量466毫米,为2000年来同期最多,市防汛指挥部多次启动城市防洪大包围工程排水;8月中旬出现的连续性强降雨,使全市多地农田受淹。连续的降水天气导致晚稻纹枯病、稻瘟病和稻曲病等发病增加,葡萄、桃、李等水果上市时间延迟,果实品质受到影响。

强对流、狂风雷暴偏多。年内发生闪电次数在800次以上的有3天,据不完全统计,造成雷电灾害35起,直接和间接经济损失约5000万元。7月12日,全市大部分地区出现8级以上大风、强雷电和短时暴雨,海盐县武原街道出现小冰雹;桐乡市龙翔街道附近出现弱龙卷,6站点监测到10级狂风,造成房屋倒塌、树木折断、设施损毁、作物倒伏等灾害。桐乡市直接受灾人口1520人,转移安置112人,受灾面积14000公顷,房屋倒塌22户,受损215户,直接经济损失约860万元。

(宋文英)

行政区划及人口

【概况】 嘉兴市为浙江省省辖市,全市陆地面积3915平方公里,下设南湖区、秀洲区,辖嘉善、海盐2个县,以及平湖、海宁、桐乡3个市(县级市)。

2014年年底,嘉兴市有建制镇44个、街道29个、社区居委会380个、行政村797个。其中,南湖区面积426平方公里,有七星、大桥、凤桥、余新、新丰5个镇,有新嘉、解放、建设、新兴、南湖、东栅、城南、长水8个街道,有社区居委会82个、行政村58个;秀洲区面积542平方公里,有王店、洪合、新塍、王江泾、油车港5个镇,有新城、高照、嘉北、塘汇4个街道,有社区居委会43个、行政村117个;嘉善县面积507平方公里,有西塘、干窑、大云、天凝、姚庄、陶庄6个镇,有魏塘、罗星、惠民3个街道,有社区居委会50个、行政村104个;平湖市面积537平方公里,有乍浦、新埭、独山港、新仓、广陈、林埭6个镇,有当湖、钟埭、曹桥3个街道,有社区居委会58个、行政村96个;海盐县面积508平方公里(海盐县报584.96平方公里),有沈荡、百步、于城、澉浦、通元5个镇,有武原、西塘桥、元通、秦山4个街道,有社区居委会49个、行政村85个;海宁市面积668平方公里(海宁市报700.5平方公里),有许村、长安、周王庙、盐官、丁桥、斜桥、袁花、黄湾8个镇,有硖石、海洲、海昌、马桥4个街道,有社区居委会63个、行政村161个;桐乡市面积727平方公里,有乌镇、濮院、屠甸、石门、河山、洲泉、大麻、崇福、高桥9个镇,有梧桐、凤鸣、龙翔3个街道,有社区居委会35个、行政村176个。

2014年年底,全市户籍总人口348.14万人,比上年增加2.21万人,增长0.64%;人口密度889人/平方公里;总户数104.96万户,增长0.60%;平均每户3.32人。其中,南湖区户籍总人口48.79万人、总户数17.12万户,人口密度1145人/平方公里,平均每户2.85人;秀洲区户籍总人口37.57万人、总户数11.18万户,人口密度693人/平方公里,平均每户3.36人;嘉善县户籍总人口38.75万人、总户数12.52万户,人口密度764人/平方公里,平均每户3.10人;平湖市户籍总人口49.14万人、总户数14.79万户,人口密度915人/平方公里,平均每户3.32人;海盐县户籍总人口37.83万人、总户数12.16万户,人口密度745人/平方公里,平均每户3.11人;海宁市户籍总人口67.38万人、总户数18.55万户,人口密度1009人/平方公里,平均每户3.63人;桐乡市户籍总人口68.68万人、总户数18.64万户,人口密度945人/平方公里,平均每户3.68人。

2014年,全市出生人口34618人、出生率9.98‰,死亡人口23724人、死亡率6.84‰,人口自然增长率 3.14‰；迁入人口 29479 人、迁出人口 17945 人，净迁入 11534 人。其中南湖区出生人口 5030 人、出生率 10.35‰，死亡人口 3055 人、死亡率 6.29‰，人口自然增长率 4.06‰，迁入人口 5443 人、迁出人口 2801 人，净迁入 2642 人；秀洲区出生人口 3745 人、出生率 10.03‰，死亡人口 2459 人、死亡率 6.59‰，人口自然增长率 3.45‰，迁入人口 3912 人、迁出人口 877 人，净迁入 3035 人；嘉善县出生人口 3362 人、出生率 8.69‰，死亡人口 2824 人、死亡率 7.30‰，人口自然增长率 1.39‰，迁入人口 3604 人、迁出人口 2970 人，净迁入 634 人；平湖市出生人口 4584 人、出生率 9.35‰，死亡人口 3422 人、死亡率 6.98‰，人口自然增长率 2.37‰，迁入人口 2153 人、迁出人口 1391 人，净迁入 762 人；海盐县出生人口 3691 人、出生率 9.78‰，死亡人口 2467 人、死亡率 6.54‰，人口自然增长率 3.24‰，迁入人口 1809 人、迁出人口 1440 人，净迁入 369 人；海宁市出生人口 7185 人、出生率 10.70‰，死亡人口 4534 人、死亡率 6.75‰，人口自然增长率 3.95‰，迁入人口 5920 人、迁出人口 3836 人，净迁入 2084 人；桐乡市出生人口 7021 人、出生率 10.25‰，死亡人口 4963 人、死亡率 7.25‰，人口自然增长率 3.01‰，迁入人口 6638 人、迁出人口 4630 人，净迁入 2008人。

2014 年年底，全市人口按户口性质分，农业人口 187.16 万人、非农业人口 160.98 万人。其中，南湖区农业人口 14.34 万人、非农业人口 34.45 万人；秀洲区农业人口 26.12 万人、非农业人口 11.45 万人；嘉善县农业人口 20.35 万人、非农业人口 18.40 万人；平湖市农业人口 25.09 万人、非农业人口 24.04 万人；海盐县农业人口 15.78 万人、非农业人口 22.05 万人；海宁市农业人口 43.96 万人、非农业人口 23.42 万人；桐乡市农业人口 41.50 万人、非农业人口 27.18 万人。全市人口按性别分，男性 171.52 万人、女性 176.61 万人，性别比 97.12。其中南湖区男性 24.16 万人、女性 24.63 万人，性别比 98.09；秀洲区男性 18.46 万人、女性 19.11 万人，性别比 96.60；嘉善县男性 19.09 万人、女性 19.66 万人，性别比 97.10；平湖市男性 24.09 万人、女性 25.05 万人，性别比 96.17；海盐县男性 18.67 万人、女性 19.15 万人，性别比 97.49；海宁市男性 33.07 万人、女性 34.31 万人，性别比 96.39；桐乡市男性 33.97 万人、女性 34.70 万人，性别比 97.90。

（市档案局）

国民经济和社会发展

【概况】 2014 年，嘉兴市经济社会实现平稳健康发展。全市生产总值 3352.6 亿元，比上年增长 7.5%，增幅低于全省平均 0.1 个百分点，回落 1.8 个百分点。其中第一产业增加值 145.1 亿元，下降 0.2%；第二产业增加值 1811.3 亿元，增长 7.8%；第三产业增加值 1396.35 亿元，增长 8.0%。全市三次产业结构由上年的 4.7：54.0：41.3 调整为 4.3：54.1：41.6，第三产业增加值比重提升 0.3 个百分点。按常住人口计算，人均生产总值 73462 元，折合 11959 美元，增长 7.2%，人均生产总值列全省第 5 位。

【三次产业平稳运行】 2014 年，嘉兴市克服国内外复杂多变的宏观环境和实体经济困难增多、经济下行压力增大等诸多不利因素影响，坚持稳中求进的工作总基调，确保三次产业平稳运行。农业生产保持稳定。全市实现农业增加值 150.6 亿元，与上年持平。粮食播种面积 203200 公顷，总产 134.1 万吨，超额完成省定任务。蔬菜种植面积 82800 公顷，与上年基本持平，总产量 242.2 万吨，总产值 41.9 亿元。新建成粮食生产功能区 224 个、面积约 10066.67 公顷，新增家庭农场 552 家，新增农民专业合作社 31 家，培育市级以上农业龙头企业 239 家，其中国家级 4 家、省级 21 家。全市无公害农产品、绿色食品分别达到 590 个和 160 个，累计制定农业标准 254 项，建立各级农业标准化示范区项目82个，农业标准化生产程度63%。工业经济缓中趋稳。全市完成规模以上工业总产值7364.9亿元,增长7.2%,增幅比上年回落0.5个百分点；完成规模以上工业增加值1328.3亿元,增长7.7%,回落3.8个百分点。重工业发展快于轻工业,全市轻、重工业增加值分别为593.9亿元、734.3亿元，分别增长6.8%、8.4%,重工业快于轻工业1.6个百分点。大型企业发展快于中、小微企业,全市规模以上大型、中型、小微企业工业增加值分别增长12.2%、6.8%、5.7%,大型企业分别领先中型、小微企业5.4个百分点、6.5个百分点。33个行业大类中28个行业实现增长。电气机械业实现增加值78.7亿元,增长27.8%,对全市规模以上工业增加值增长贡献率19.5%,比上年提高15.1个百分点。装备制造业完成工业增加值322.2亿元,增长15.7%,提高5.2个百分点。纺织、化工、服装、化纤分别完成规模以上工业增加值166.5亿元、142.4亿元、103.7亿元、32.9亿元，分别增长8.5%、4.9%、1.1%和17%。光伏产业加快发展,全市累计受理光伏发电项目装机总容量524兆瓦，完成并网容量219兆瓦，均占全省40%以上，嘉兴光伏高新区等4个园区列入国家级分布式光伏发电应用示范区,在全国地级市中位列首位,秀洲油车港镇、桐乡河山镇被列为省级光伏示范镇。成功承办全国分布式光伏发电(嘉兴)现场会,国家能源局确定推广分布式光伏发电嘉兴经验。全市实现服务业增加值1396.3亿元,增长8.0%,服务业增加值占生产总值的41.6%,提升0.3个百分点。全市完成道路营业性货运量9861万吨,周转量104.1亿吨公里,分别增长6.2%和6.8%;完成水路营业性货运量8295.9万吨，周转量141.3亿吨公里，与上年基本持平。嘉兴港货物吞吐量6880.35万吨、集装箱吞吐量115.6万标准箱，分别增长4.2%和14.4%,内河集装箱港区完成15.2万标准箱,增长6.3%。旅游业增长较快,国内外游客5391.2万人次，旅游总收入565亿元,全市有A级景区、省级旅游度假区和省级生态旅游区63家,星级饭店63家,分别增加11家和4家。金融业贡献度提高,金融业增加值223.9亿元,增长11.9%,占服务业增加值的16%。全市金融机构本外币存款余额5684.1亿元,增长9.2%;本外币贷款余额4641.3亿元,增长12.6%。房地产市场止跌回稳,全年销售商品房497.34万平方米。全市房地产业增加值下降1.5%,增幅回落13.2个百分点。全市商品房销售面积497.3万平方米,下降17.3%,其中商品住宅销售面积406.1万平方米,下降18.2%。

【社会需求稳定增长】 2014年,嘉兴市落实扶持外贸发展的一系列政策措施以及中央、省关于扩大消费需求的各项政策举措,推动三大需求实现稳定增长。全年完成全社会固定资产投资2221.2亿元,比上年增长16.3%,增幅与上年持平。其中第一产业、第二产业、第三产业投资分别增长52.4%、11.8%和19.7%。全市基础设施投资434.4亿元，增长51.1%，增幅提升28.9个百分点。全市工业投资1000.8亿元,增长12%，其中制造业投资863.4亿元，增长6.4%，增幅分别回落2.1个百分点和7.7个百分点。服务业投资1194.6亿元,增长19.7%,高于全市投资3.4个百分点，对固定资产投资贡献率53.8%。房地产开发投资525.7亿元,增长2.9%,增幅回落19.9个百分点。全市进出口总额337.34亿美元，增长6.2%。其中出口总额236.51亿美元,增长10%;进口总额100.83亿美元,下降1.7%。主要产品出口保持平稳,机电产品出口76.6亿美元,增长14.7%,高出全市平均增速4.7个百分点，占全市出口总值的32.4%，比上年提高0.3个百分点。纺织品、家具、塑料制品、箱包出口分别增长12.7%、12.5%、8.5%、18.1%。高新技术产品出口9.3亿美元,增长4.2%。出口市场日趋多元,对美国出口56.3亿美元,增长12.4%;对欧盟出口56.8亿美元,增长18.5%;对日本出口21.5亿美元,下降6.3%;对东盟、拉丁美洲、大洋洲的出口额分别为15.3亿美元、14亿美元、5.8亿美元,分别增长10.6%、14.9%、17.2%。民营企业出口增幅较大,全市民营企业出口128亿美元,增长

13.2%，高出全市出口平均增速3.2个百分点，占全市出口总额的54.1%，比上年提高1.6个百分点。全年引进超亿美元、世界500强和国际行业领先企业项目32个，实际利用外资24.96亿美元，增长13.1%，引进浙商回归项目321个，到位资金264.5亿元。全市实现社会消费品零售总额1347亿元，增长12.5%。其中批零贸易业零售额1215.3亿元，增长12.8%；住宿餐饮业零售额131.7亿元，增长9.9%。全市限额以上零售额496.5亿元，增长10.8%，提高3.6个百分点。其中食品及服装类零售额分别增长10.4%和18%，分别提高2.4个百分点和5.3个百分点，珠宝类商品消费下降23.8%，汽车类增长14%，提高5.3个百分点，石油制品类增长17.7%，提高9.1个百分点。物价涨幅平稳，全年居民消费价格总水平上涨2%。其中食品类价格上涨3.1%，工业品价格上涨1.2%，服务项目价格上涨2%。

【三大收入稳步提升】 2014年，嘉兴市在保持经济稳步增长的同时，继续优化财政收入结构，促进城乡居民增收，推进企业效益回升，全市财政收入、企业利润、居民收入实现同步增长。财政收入基本稳定。全市财政总收入568.1亿元，增长9.8%，增幅比上年提升0.1个百分点，其中一般公共预算收入307.1亿元，增长8.8%，增幅回落0.7个百分点。全市一般公共预算收入中增值税、营业税和企业所得税三个主体税种收入176.8亿元，增长8.8%，增幅提升0.7个百分点。其中营业税收入73亿元，增长2%；增值税收入54.9亿元，增长8.7%；企业所得税收入48.9亿元，增长21.0%。全市公共财政预算支出334.9亿元，增长10.4%，高于公共财政收入预算收入1.6个百分点。居民收入稳步增长。全市城镇居民人均可支配收入42143元，增长9%，扣除价格因素实际增长6.9%，农村居民人均可支配收入24676元，增长10.2%，扣除价格因素实际增长8%。城镇居民人均可支配收入中，工资性收入27341元，增长8.3%，工资性收入占可支配收入64.9%，对可支配收入增长的贡献率达60.6%，拉动可支配收入增长5.4个百分点；经营净收入5393元，增长10.0%；财产净收入3429元，增长9.2%；转移净收入5979元，增长11%。农村居民人均可支配收入中，工资性收入18648元，增长10.5%，工资性收入占可支配收入75.6%，提升0.3个百分点；经营净收入4151元，增长7.4%，经营净收入占可支配收入16.8%，回落0.5个百分点；财产净收入867元，增长12.9%；转移净收入1010元，增长13.4%。企业效益有所改善。全市规模以上工业企业主营业务收入6862.2亿元，增长6.2%，利税总额598.5亿元，增长5.8%，其中利润总额366.2亿元，增长6.5%。企业亏损面13.8%，收窄1.9个百分点。制造业利润增速快于全部规模以上工业，全市规模以上制造业主营业务收入6444亿元，增长7%，利税总额498亿元，增长8.8%，其中利润总额299.9亿元，增长9.4%。轻工业利润增速快于重工业，全市规模以上轻、重工业主营业务收入分别为3280.6亿元和3581.6亿元，分别增长4.6%和7.8%，利税总额分别为258.1亿元和340.4亿元，分别增长8.4%和3.8%，利润总额分别为141.8亿元和224.4亿元，分别增长11%和3.8%。主要行业中，电气机械、化纤、通用设备行业分别实现利润23.3亿元、15.4亿元和20亿元，分别增长67.5%、123.1%和51.7%，三大行业对全市利润增长的贡献率为110.7%，拉动全市利润增长7.2个百分点。全市2591家规模以上服务业企业实现营业收入2095.4亿元，增长2.6%，利税总额120.1亿元，下降0.2%，其中利润总额83.1亿元，增长4.9%。

【推进经济转型升级】 2014年，嘉兴市深入实施创新驱动发展，全市经济转型升级步伐加快。农业结构持续调整，全市农、林、牧、渔、服务业增加值比重由上年的57.2：0.5：27.1：12.0：3.2调整为61.0：0.6：23.7：11.1：3.6，全市农作物播种面积粮经比例调整为58.6：41.4。生猪养殖减量提质，全市拆除违建猪舍938.8万平方米，累计1518.4万平方米，生猪存栏量压缩至82.2万头，比年初下降71.6%,生猪养殖场(户)从12.8万户减少到3.8万户。工业内部结构优化，全市规模以上装备制造业、高新技术产业、战略性新兴产业增加值分别为322.19亿元、508.03亿元、351.01亿元,分别比上年增长15.7%、11.7%、9.6%，增速均高于全市规模以上工业平均水平,占全市规模以上工业增加值的24.3%、38.2%、26.4%，分别提高1.7个百分点、15.7个百分点、1.8个百分点。深入推进"退低进高",全市腾退低效用地800公顷，再利用面积269.2公顷。加快淘汰落后产能,全市涉及企业992家,拆除低端落后设备15680多台(套),1417家"低小散危"企业(作坊)依法关停淘汰。全市节约标准煤39.5万吨，节水1391.5万立方米，单位GDP能耗下降4.5%左右，万元工业增加值能耗下降3.5%,万元工业增加值废水排放量下降5.4%,万元工业增加值用水量下降5.2%。第三产业继续领先第二产业增长,以电子商务为代表的新兴业态发展迅猛,全市电子商务网络零售额678.9亿元,增长37.4%,网络零售额占全省的12%。首届世界互联网大会在桐乡乌镇召开,全市两化融合发展指数63.41,列全省第三位。全面推进要素市场化配置改革,在全省率先实现要素市场化配置改革全覆盖。投资结构不断优化。三次产业投资结构由上年的0.9∶46.8∶52.3调整为1.1∶45.1∶53.8。全市完成项目投资1695.5亿元,增长21.2%,占全部投资的76.1%,提升3个百分点。服务业投资1194.6亿元，增长19.7%,占全部投资的53.8%,提升1.5个百分点,其中生产性服务业完成投资262.8亿元,增长37.3%，快于服务业投资增速17.6个百分点。生产性服务业投资占服务业投资的22%,提高2.7个百分点。全市完成工业投资1000.8亿元，增长12%，其中工业技改投资661.6亿元,增长16.7%,快于一般工业投资4.7个百分点,占工业投资的66%,提高3个百分点。"机器换人"成效显著,全年开展"机器换人"企业1400家,实施"机器换人"项目1550项,完成投资470.6亿元，万元工业增加值从业人数下降8%。民间投资主体地位加快确立,全市民间投资1464.9亿元,增长21.5%,快于全部投资增速5.2个百分点,占全部投资的65.9%,提高3个百分点。"五水共治"项目完成投资140亿元。创新驱动加快推进,全市财政用于科技方面支出14.1亿元,增长16.8%。全市研究与试验发展经费支出占全市生产总值的2.7%。新认定省级高新技术企业研究开发中心55家、省级企业研究院16家、市级高新技术研究开发中心116家,认定高新技术企业68家、省科技型企业311家。全市有省级高新技术产业园区3家，省级以上高新技术特色产业基地14家，其中国家级9家。建成科技孵化器19家,其中国家级6家、省级5家。累计认定省级高新技术企业研究开发中心216家、省级企业研究院26家、市级高新技术研究开发中心520家,累计认定高新技术企业402家、省科技型企业1304家。专利授权17456件，发明专利授权546件,分别增长16.8%、34.2%。全市开展新产品研发、工艺技术改造等科技活动项目的规模以上工业企业2153家，规模以上工业企业科技活动费支出130.7亿元,增长19.5%。全年获得市级以上科技成果105项,经认定登记技术交易金额11.18亿元,交易合同数237项。全市新增省技术创新项目13项，省重点高新技术产品19项,省优秀工业新产品4项,省装备制造业首台套产品3个,市首台套产品22个。全市规模以上工业新产品产值2668.2亿元,增长12.3%,新产品产值率为36.2%,提高1.2个百分点。11家企业入围2013年全省高新技术企业百强榜,排名全省第四位,9家科技企业入围2014年度浙江省创新能力百强企业,排名全省第四位。

【社会民生发展情况】 2014年,嘉兴市切实增进民生福祉,努力维护社会和谐稳定。民生投入力度加大，全市公共财政民生发展类支出255.2亿元,增长10.9%,比公共财政预算支出增幅高0.5个百分点，民生发展类支出占公共财政预算支出的76.2%,提高0.3个百分点。城乡居民生活持续改善,全市城镇居民人均生活消费支出 23032 元,增长 9.1%,扣除价格因素实际增长 7%,农村居民人均生活消费支出 16163 元,增长 20.2%,扣除价格因素实际增长 17.8%。城乡居民家庭恩格尔系数(居民家庭食品消费支出占家庭消费总支出的比重)分别为 30.4%和 29.8%,分别下降 0.6 个百分点和 1 个百分点。加快建立以货币补贴为主的住房保障新模式,全市新开工保障性住房 5485 套,竣工 22713 套。教育事业均衡发展,全市拥有各类学校(含幼儿园)698 所,在校生 68.7 万人。各类高等教育学校 10 所,在校生 10.3 万余人,其中全日制普通高校 6 所,在校生 6.6 万人;普通高中 36 所,在校生 6 万人;初级中学 139 所,在校生 11.03 万人;小学 170 所,在校学生 24.54 万人。初中、小学入学率和巩固率均达到 100%。初中毕业生升高中段各类学校比例达 99%。全市新居民子女就读义务教育段人数 13.7 万人,其中在公办学校就读 11.1 万人,占就读总人数 81.02%。继续深化普通高中课程改革,全市 36 所普通高中课程改革方案日趋完善,选修体系全部建立,5 所高中成功创建省一级特色示范学校,7 所高中成功创建省二级特色示范学校,全市高考一本上线人数达到 3630 人。加强中等职业教育建设,启动实施“产、学、研”共同体三年行动计划。全市有中等专业学校 8 所,职业中学 8 所,技工学校 3 所,成人中专 6 所,在校生 5.3 万人。建成国家中等职业教育改革发展示范校 4 所,省级改革发展示范校 7 所,中央财政支持实训基地 11 个,省级实训基地 20 个,省级产学研联合体 5 个。全省普通高职考试上线人数 2730 人,上线率 95.6%,高出全省平均 21.4 个百分点,其中本科上线 275 人,比上年增加 160 人。全市获省技能大赛金牌 19 枚、银牌 41 枚、铜牌 43 枚,金牌数列全省第二位。医疗卫生事业健康发展,全市各级财政对公立医院基本建设投入 10187 万元、重点学科投入 480 万元、公共卫生服务投入 3705 万元。全市公立医院门诊均次费用 174.8 元,住院均次费用 7831.9 元,处于全省较低水平;全市公立医院门诊人次 1123.4 万人次,增长 7.67%;住院人次 36.3 万人次,增长 8.1%。年末,全市有医疗卫生机构 1374 个,卫生工作人员 28036 人,其中医生 9280 人,注册护士 11384 人,医疗床位 21038 张。平均每千人拥有医生 2.67 名,每千人拥有医院床位 6.04 张。全年急门诊病人 3440 万人次,住院 63.9 万人次。全市建成 81 个社区卫生服务中心,其中省级规范社区服务中心 78 个,社区卫生服务站 780 个。全市无偿献血 45531 人次,献血量 1446 万毫升;无偿献血占临床用血的 100%。全市(镇)、村合作医疗覆盖率均 100%,镇初保达标率 100%。社会资本办医发展较快,全市新增民营医疗机构 64 家,审批核定床位 1902 张。实现国家卫生城市创建县(市、区)“满堂红”。适应人口形势新变化,鼓励依法多生,人口自然增长率 3.1‰,其中“单独两孩”政策新增出生人口 2437 人。就业形势总体稳定,全市举办各类招聘会 552 场,提供岗位 81.1 万个(次)。全年新增城镇就业 10.7 万人、帮助城镇失业人员再就业 4.4 万人、就业困难人员再就业 1.45 万人,城镇登记失业率 2.9%,社会就业率 90%,农村公益性岗位进村达标率 100%。社会保障扩面提质,全市职工基本养老、基本医疗、失业、工伤、生育保险参保总人数分别达到 219.2 万人、193 万人、110.4 万人、159.8 万人和 134.9 万人,分别净增 9.8 万人、10.1 万人、6.3 万人、5.3 万人和 6.4 万人,全市社会养老保险、社会医疗保险覆盖率均达 98%以上。全市城乡享受最低生活保障家庭 1.4 万户,保障人数 2.3 万人。全市投入城乡最低生活保障资金 9787 万元,增长 17.2%,提供城乡社会救济 5.1 万人次。全年新增机构养老床位 2128 张,居家养老服务照料中心城市社区、农村社区覆盖率分别达到 89.2%和 75.2%。文体事业加快发展。2014 年年底,全市拥有文化艺术表演团体 11 个,艺术表演场所 16 个,文化馆 8 个,文化站 73 个,公共图书馆 6 个,图书总藏量(不含电子图书)680 万册,图书阅览 913 万人次。全市行政村有线电视联网率达到 100%,广播和电视人口覆盖率均达100%。大运河嘉兴段6段河道和2个遗产点成功列入世界文化遗产名录,全国城市文明程度指数测评连续两年居全省第一位,嘉兴体育代表团在第十五届省运会上获得金牌144枚。“平安嘉兴”建设深入推进,开展安全生产大检查和食品药品安全整治专项行动,获全省平安建设银鼎。

【生态环境持续改善】 2014年,嘉兴市以“五水共治”为重点,加强污染治理和环境保护,全市生态环境质量持续加快好转。“五水共治”初显成效,深化实施“河长制”,全市清理垃圾河1806条、1066.2公里,治理黑臭河1338条、847.8公里。3300多家企业污水入网,全市新增生活污水入网量2.2万吨/日,落实饮用水源地生态补偿资金3000万元,拆除饮用水水源地环境隐患点43个,贯泾港饮用水水源二级保护区新增生活污水入网5.6万吨/年。检查涉水企业2万多厂次,限期整改293家,查处涉水案件390件,处罚金额3334万元。水环境质量明显改善,全市跨行政区域河流交界断面考核优秀,67个市控以上地表水监测断面中,Ⅲ类1个(嘉善太浦河水厂),Ⅳ类20个、Ⅴ类30个、劣Ⅴ类16个,分别占1.49%、29.85%、44.78%和23.88%,67个断面主要污染物高锰酸盐指数、氨氮和总磷平均浓度为6.18毫克/升、1.65毫克/升和0.262毫克/升,比上年分别下降0.2%、10.8%、24.9%。9个饮用水水源地中,Ⅲ类1个、Ⅳ类6个、Ⅴ类2个,首次消除饮用水源地劣Ⅴ类水质,饮用水源地水质改善率为49.1%。严格控制大气污染物排放,推进温室甲鱼养殖、木业加工、水泥管桩等行业锅炉淘汰或清洁能源改造,淘汰各类高污染小锅炉665台,实施燃煤锅炉改造77台。全面开展机动车污染防治,全市建成34条机动车排气检测线,检测机动车57万辆,县以上建成区实行黄标车区域限行,实施油品提升工程,全市全部供应符合国Ⅳ标准的车用汽、柴油。建立健全空气污染预警机制,出台应对灰霾天气的《嘉兴市霾天气应急预案(试行)》。在全市构建大气复合立体污染监测网络并与上海交通大学合作开展PM2.5源解析工作。严格执行热电、化工、橡胶、制革等行业新排放标准,强力推进重点企业提标改造。严格实施热电企业用煤总量控制制度,制定企业用煤总量,定期开展企业用煤核查核定,全市非电用煤总量下降120万吨。深化重点行业整治,实施重污染高耗能行业整治提升“6·30”零点行动,列入综合整治的印染、造纸、化工、制革四个行业企业602家,完成淘汰关停企业196家,其中制革11家、印染92家、造纸14家、化工79家,淘汰关停完成比例100%,取缔非法印染企业3家,原地整治提升企业354家通过验收,其中制革行业22家、印染行业202家、造纸行业32家、化工行业98家。完成搬迁入园企业27家。淘汰关停企业新增4家,通过原地整治提升验收企业新增17家,搬迁入园企业新增13家,整治总完成率95.8%。大力推进污染减排,强化以排污权有偿使用和交易为杠杆的污染减排制度,坚持排污总量区域平衡和总量替代,建立环境资源要素使用绩效评价制度。全市排污权交易和有偿使用项目4100个、金额11亿元。全市省控以上重点污染企业建成废水、废气刷卡排污系统74套。完成废水减排项目332个,削减化学需氧量5478吨、氨氮973吨;完成废气减排项目61个,削减二氧化硫9840吨、氮氧化物8636吨。全市查处各类环境违法案件1300多件,处罚款6500多万元。开展生态文明创建示范,嘉善县建成国家级生态建设示范区,建成桐乡、海宁、嘉善、海盐4个省级生态县(市),新创建国家级生态镇(街道)15个、累计45个,建成率达到76.2%;建成省级生态镇(街道)57个,建成率达到93.9%。平湖市建成省级环保模范城市,海宁市完成省级环保城市技术考核。

【城乡统筹发展水平居全省首位】 2014年,嘉兴市继续完善以嘉兴市区为中心、5个县(市)城区和滨海新城为副中心、40个左右新市镇为骨干、300个左右城乡一体新社区为基础的

"1640300"城乡布局体系,嘉兴城乡统筹发展水平位居全省首位。嘉兴市成功列为国家新型城镇化综合试点,成为全省唯一列为试点的地级市。根据《国家新型城镇化综合试点方案》以及国家发改委等11个部委批复的《浙江省嘉兴市国家新型城镇化综合试点方案工作要点》,嘉兴市将重点实施深化完善城乡一体化发展机制、创新社会治理体制、推进创新型城市建设、建立"多规合一"机制、建立健全新型城镇化标准体系5项试点任务。到2017年,常住人口城镇化率达到62%,到2020年达到65%,成为全国城乡统筹发展的示范区和新型城镇化的样板区。深入推进省级小城市培育试点镇建设,组织开展第二轮省级小城市培育试点申报。3个省级小城市培育试点镇在2013年度全省考核中首次全部达到良好以上等级,其中嘉善县姚庄镇位列全省27个试点镇第8名,获得考核优秀等级,桐乡市崇福镇、秀洲区王江泾镇分别位列第11名和19名,均获得考核良好等级。海宁市长安镇成功入选省级小城市培育试点扩围名单。推进市级小城市培育试点,组织召开全市小城市培育工作推进会,制定出台《关于进一步支持小城市培育试点工作的政策意见》,明确优化土地要素保障、加大金融政策扶持、完善行政管理体制、推动文化繁荣发展、加大改革创新力度5个方面16条支持政策。嘉兴港区乍浦镇、海宁市袁花镇被列入市级小城市培育试点名单。至年底,全市有4个省级小城市培育试点镇(秀洲区王江泾镇、嘉善县姚庄镇、桐乡市崇福镇、海宁市长安镇)、13个市级小城市培育试点镇。继续推进新市镇发展,"分层分类、梯度培育、特色发展"的新市镇培育格局和省市联动的小城市培育格局不断健全和完善。2014年,全市44个新市镇实现经济总量1697.7亿元,增长7.7%,占全市经济总量的50.6%;财政总收入178.5亿元,增长11.5%,占全市财政总收入的31.4%,其中地方财政收入62.8亿元,增长15.3%,占全市地方财政收入的20.4%;规模以上工业总产值4275.8亿元,增长6.4%,占全市规模以上工业总产值的58.1%;固定资产投资1054亿元,增长20.3%,占全市固定资产投资的47.5%,其中工业投资611.3亿元,增长19.9%,占全市工业投资的63%,主要经济指标增幅均高于全市平均水平。其中17个省、市级小城市培育试点镇实现经济总量1044.3亿元,增长8.1%,占全市44个新市镇的61.5%;财政总收入109.3亿元,增长10.2%,其中地方财政收入38.7亿元,增长13.8%,占全市44个新市镇的61.2%和61.6%;规模以上工业总产值2856.3亿元,增长6.9%,占全市44个新市镇的66.8%;固定资产投资633.5亿元,增长17.7%,占全市44个新市镇的60.1%,其中工业投资375.9亿元,增长17%,占全市44个新市镇的61.5%。全面推进农村改革,加强农村土地承包管理,推进农村土地所有权、承包权、经营权分置,在海盐县开展"定量不定位"试点,加快推进农村土地流转。全年全市新流转土地面积8066.67公顷,完成年度任务的150.6%,累计流转面积74466.67公顷,流转率46.1%,其中开展整村流转的有33个村,流转面积7133.33公顷;开展整组流转的有504个组,流转面积5000公顷。开展土地经营权抵押试点,全年发放土地流转经营权证204张,权证面积2800公顷,累计发放贷款3.1亿元。推进农村集体资产产权制度改革,全年新完成农村集体资产产权制度改革村20个、累计852个,占总村数的98.3%,量化资产总额36.7亿元,界定股东265.6万人。创新村级集体经济发展转化方式,推进农村产权公开交易平台建设,全市建立县级农村集体产权交易中心5个、镇级农村集体产权交易中心53个。推进"美丽乡村"建设,统筹安排文化、卫生服务中心、教育等公共服务设施和道路交通、能源供给、给水排水等基础设施建设。海盐县通过省级美丽乡村先进县创建考核验收,全市新增市级美丽乡村先进镇15个。61个村启动优美庭院建设,全市40%以上农户达到优美庭院示范户标准。深化农村生活污水治理,全市247个行政村开展农村生活污水治理工作,其中109个行政村计划实行纳管处理、138个行政村以自建终端处理设施为主,新增受益农户106208户。推广秸秆肥料化、饲料化、原料化、基料化、燃料化利用模式,综合利用率达91.5%。加强历史文化村落建设,全年启动建设历史文化一般村落11个、累计达到25个。

(陈　超)

【个私经济稳步发展】 2014年,全市新设立私营企业15219户、比上年下降10.56%,注册资金830亿元、增长46.37%;新设立农民专业合作社290户,出资总额1.98亿元,下降31.44%和35.78%;新设立个体工商户41923户,注册资金44.54亿元,增长7.78%和下降6.02%。2014年,全市注(吊)销私营企业3607户;注销农民专业合作社21户,增长75%;注(吊)销个体工商户21359户,下降29.67%。至年底,全市实有私营企业86473户,注册资本(金)2977.04亿元,增长15.43%、35.15%;实有农民专业合作社2230户,成员出资总额16亿元,增长13.72%、13.27%;实有个体工商户213743户,资金数额158.15亿元,增长10.65%和19.84%。

2014年,嘉兴市私营企业发展呈现以下特点:一是新设数量和注册资本成倍增长。二是私营企业规模扩大。全年新设私营企业户均注册资本545.37万元,比上年增长63.65%,至年底,私营企业户均注册资本344.27万元,增长17.08%,增长幅度有所提升。三是有限合伙企业发展迅速。至年底,全市有限合伙企业763户,认缴出资金额836.27亿元,分别增长134.77%和201.32%。全市实有合伙企业3370户,认缴出资金额846.57亿元,分别增长15.65%和194.27%,其中有限合伙企业数占所有合伙企业总数的22.64%,提升11.49%,认缴出资金额占所有合伙企业认缴出资金额的98.78%。四是私营公司占主导地位。至年底,全市实有私营企业86473户,增长15.43%,注册资本(出资金额)2977.04亿元,增长35.15%,其中私营公司(含股份公司)63920户,占私营企业总数的73.92%;独资企业19183户,占私营企业总数的22.18%;合伙企业3370户,占私营企业总数的3.9%。全市法人企业实有数持续增长,全市实有法人企业58725户,增长20.08%。五是新设企业第三产业比重上升。年内,全市新设私营企业三次产业户数分别为296户、4211户、10712户,其中第三产业占70.39%,显示嘉兴市近年来产业结构“退二进三”调整的趋势。至年底,全市实有私营企业三次产业的户数分别为1386户、41308户、43779户。六是行业分布以制造业、批发零售业、租赁和商务服务业为主。年内,新设企业数量依次为批发零售业5929户、制造业3617户、租赁和商务服务业2028户,分别占全年新设私营企业数的38.96%、23.77%和13.33%。至年底,全市实有私营企业户数依次为制造业38675户、批发零售业26343户、租赁和商务服务业6299户,分别占私营企业总户数的44.72%、30.46%和7.28%。

2014年,全市个体工商户发展呈现以下特点:一是数量增长平稳。年内新设立个体工商户41923户,比上年增长7.78%,至年底实有个体工商户213743户,增长10.65%。二是产业结构稳定,第一产业增长迅速。年内新设立个体工商户的三次产业分布为802户、6258户、34863户,分别比上年增长45.55%、6.14%、7.44%,第一产业的增长速度较快。至年底,全市个体工商户第一产业2023户、第二产业33292户、第三产业178428户,占比与上年基本持平,第一产业略有增长。三是行业高度集中。至年底,个体工商户数量依次为批发零售业124762户,制造业32751户,居民服务、修理和其他服务业20677户,住宿和餐饮业17731户,四大行业个体工商户数量195921户,占个体工商户总数的91.66%,其中批发零售业占总数的58.37%。年内四大行业新设立个体工商户38791户,占新设立总户数的92.53%,其中批发零售业占总数的56.31%。四是台港澳居民和农民个体户增长。至年底,全市实有港澳居民个体工商户5户,台湾农民个体工商户1户,台湾居民个体工商户27户,行业涉及零售业、餐饮业、洗浴服务业、洗染服务业。

(谭琪学)

精神文明建设

【培育和践行社会主义核心价值观】 2014年，市文明委制定下发《关于培育和践行社会主义核心价值观的实施意见》，就全市培育和践行社会主义核心价值观工作进行全面部署。加强对社会主义核心价值观的理论阐释，《社会主义核心价值观在嘉兴的实践研究》等7篇理论文章在浙江省第九届精神文明建设理论研讨会暨“培育和践行社会主义核心价值观”论坛中，被评选为优秀论文。依托各类宣讲团队和爱国主义教育基地、基层党校、文化礼堂、道德讲堂、社科基地、知行论坛、网上讲坛等阵地，开展大众化、多样化、常态化的宣讲活动，并将核心价值观24字基本内涵纳入新修订的市民公约和学生守则。强化媒体宣传，市级新闻媒体开设“践行社会主义核心价值观”等7个相关专题专栏，在主要版面、显著位置、主打频道、黄金时段集中持续刊播“三个倡导”24个字和“图说我们的价值观”通稿作品。在《嘉兴日报》《南湖晚报》共刊登公益广告版面135.86个；通过电台新闻综合等3个频率播放24545分钟；通过电视新闻综合等3个频道播出13824分钟。嘉兴文明网等网站开设“社会主义核心价值观”公益广告宣传专题，定期更新公益广告宣传文字和图片；推出公益广告手机报主题宣传平台，自行设计手机类公益广告作品50幅。开通“文明嘉兴”官方微博、微信公共平台，并开发“文明嘉兴”微网站及APP应用平台，在重要节点刊播社会主义核心价值观公益广告通稿作品，引导网民开展互动讨论和点评。以讲文明树新风公益广告形式，运用灯箱、基座式路名牌灯箱、大型电子显示屏、铁艺、展板等各类社会媒介，打造一批造型美观、主题鲜明、景物和谐的“图说我们的价值观”主题广场、公园、社区、学校、街路和主题小品，并将宣传延伸至背街小巷、集贸市场、老旧小区等城市角落。另外，在1000多个基座式路名牌灯箱，市区8个交通枢纽站点、76条公交线路沿途的公交站台以及市区近千辆公交车、500辆出租车张贴“图说我们的价值观”图片；市区67个建筑工地设置2万余平方米的“图说我们的价值观”建筑围挡，美化率达到100%。在市中心公共区域，新建300座微电脑阅报栏开展公益宣传。至年底，市本级制作发放“图说我们的价值观”宣挂画25万张，面向全社会开展公益广告创作征集，共征集到有效参赛作品219件，评选出优秀平面类、墙绘类、连环画类获奖作品61件，并组织参加省级公益广告大赛，获墙绘类优秀组织奖。同时，指定专业团队，创作围绕“三个倡导”24个字的连环画作品144幅、微电影3部、手机彩信50幅、墙绘26000平方米。在中宣部“图说我们的价值观”天津现场会上，嘉兴作典型经验交流发言。11月，中宣部部分省市社会主义核心价值观建设工作座谈会在嘉兴召开。

嘉兴市七一广场核心价值观主题广场

【巩固文明城市创建水平】 2014年，嘉兴市不断巩固文明城市创建水平。完善“马上办”、市领导联系街道、季度测评、年度测评、创建工作例会、三级联动、督察考核、跟踪督办、约谈问责、投入保障等工作机制，并在二季度测评中，首次邀请人大、政协代表参与，使测评工作更具公平性和公正性。发挥文明委成员单位骨干作用，对2011年版《全国文明城市测评体系》36项测评指标、《全国未成年人思想道德建设工作测评体系》74项测评标准和《浙江省城市文明程度指数测评体系》18项测评项目，逐一进行责任分解，明确82个责任部门的创建任务和工作责任，市政府还与市本级三区、文明委成员单位的主要负责人签订创建目标任务责任书。实施考核表彰机制，对2013年全国城市文明程度指数测评28个先进集体和62名先进个人进行表彰。制定《关于践行党的群众路线深化全国文明城市创建工作的实施意见》,实施"市民素质提升"和"城市形象提升"两大工程,推进社会主义核心价值观普及、传统文化传承、市政设施管护、市容环境洁净等行动,努力提升公民素质,改善城市环境面貌,提升文明城市创建水平。深化多层次、立体式督促检查,通过市领导重点督察、市创建办不定期督察、三区"推磨式"交叉检查、数字城管巡查、媒体公示监督等督察,及时发现并整改存在的问题。营造浓厚创建氛围,5月9日、6月17日、12月8日,市创建办、市文明委分别召开动员部署会议,发动全市各级各部门参与文明城市创建。继续在《嘉兴日报》、《南湖晚报》、《嘉兴广播电视报》、嘉兴广播电台开设专栏,加大新闻报道、公益广告等宣传力度,引导市民群众参与文明创建。继续加强中国文明网联盟嘉兴站建设,深化网络文明传播工作,并运用新开发建设的"文明嘉兴"微信公共平台、微网站及APP应用平台,加大文明城市创建网络宣传力度。前三季度,嘉兴文明网季度测评、全国文明单位网络文明传播志愿者季度测评成绩均在全国名列前茅。持续招募"城市啄木鸟"市民监督员队伍,开设网上曝光台,让群众充当创建活动的主裁判。8月,嘉兴市以896.17的总分连续两年名列全省11个设区市第一,通过全省城市文明程度指数测评。12月,省、中央文明委分别对嘉兴开展2014年省城市文明程度指数测评和全国文明城市复查验收。

6月17日,嘉兴市召开全国文明城市创建工作部署会议。

【推进诚信建设制度化工作】 2014年,市文明委制定出台《嘉兴市推进诚信建设制度化工作实施方案》,建立诚信建设制度化工作联席会议制度,全方位推进嘉兴市诚信建设制度化、规范化、长效化。探索信用信息共享平台建设,开发建立嘉兴市个人和企业信用信息共享数据库,构建个人征信服务体系,推进信用数据交换。构建科学的现代信用体系,在政府、企业、社会及司法四大重点领域开展"诚实立身、信誉兴业"主题教育活动并推进诚信管理制度建设,建立六大"红黑榜"发布机制,建立"诚实劳动、诚信经营"创建实践机制,广泛开展诚信宣传,在全社会营造"守信光荣、失信可耻"的社会环境。

2014年,嘉兴市加强信用体系建设。

【推进志愿服务制度化建设】 2014年,嘉兴市《关于推进志愿服务制度化的意见》制定出台,通过制度化建设促进志愿服务活动常态化。依托嘉兴市志愿者注册管理系统,完善志愿者招募注册,市本级注册志愿者12万余名。建立市志愿者培训学院及教学点,组建志愿者培训讲师团,针对不同志愿服务群体开展菜单式培训,并着力在社区建立培训场所。依托嘉兴市志愿者工作信息平台,搭建网络信息服务平台,并整合"96345"求助热线等社会公益资源,为社会需求与志愿者之间搭建供需渠道。建立保险制度,签署《嘉兴市志愿者意外伤害保险协议》,解除志愿者的后顾之忧。规范服务记录和嘉许回馈制度,依托市志愿者注册管理系统,按照活动申请、网上公示、系统录入等规范流程进行时间记录,明确星级认定标准,星级志愿者可享受一定面值的公交卡、充值卡、体检券等优惠优待，并每年开展优秀志愿者、优秀志愿服务集体等评选表彰，嘉兴市各地各单位开辟“奉献银行”“好人好事银行”“爱心超市”，激发广大志愿者参与志愿服务的热情。深化志愿服务活动。制定《关于推进社区志愿服务的实施意见》，通过党员带动、节日拉动、机制推动等形式，以空巢老人、留守儿童、农民工、残疾人、困难职工等为重点关爱人群，开展“邻里守望”志愿服务活动，弘扬邻里相亲的传统文化。突出“美丽嘉兴”建设，开展“五水共治”志愿服务活动，发挥“保护母亲河志愿者行动”品牌影响力。开展“三五”学雷锋统一大行动、文化志愿者进乡村学校少年宫、社区红十字应急救护等活动，推进社区志愿服务工作站和公共场所便民利民志愿服务站规范化建设，开通“志愿巴士”，突出重点场所的志愿服务活动。加强志愿服务示范引领。着力打造嘉兴党员志愿者品牌，通过在职党员向社区报到，认领奉献岗位，点亮微心愿，实行“1+X”组团帮困，建立“红立方”党员志愿服务驿站。年内，嘉兴经验先后在全国共产党员志愿服务工作座谈会、全省志愿服务制度化推进会上进行交流。

“红立方”党员志愿服务驿站

【强化未成年人思想道德建设】 2014年，嘉兴市强化未成年人思想道德建设。定期召开有关学校教育、家庭教育、心理健康、校园周边环境、公平教育等方面的联席会议。按照《全国未成年人思想道德建设工作测评体系》的要求，开展未成年人思想道德建设工作季度测评，发挥测评体系引导、推动工作的作用。同时，乡村少年宫辅导员、“春泥计划”志愿者、心理健康教育志愿者、关心未成年人工作的社会热心人士等队伍不断壮大，各有关责任部门之间密切配合，学校、家庭、社会“三结合”的教育体系形成并不断完善。通过上好“开学第一课”“优质班会课”“主题微型课”；开展“高中生演讲大赛”“主题墙设计大赛”“未成年人公益广告大赛”“经典诵读”“书信文化”等活动，推动社会主义核心价值观进教材、进课堂、进头脑。开展社会主义核心价值观主题教育，通过开展“做一个有道德的人”主题活动、“爱学习、爱劳动、爱祖国”、“学习道德模范，争当美德少年”、“童心向党”歌咏活动、优秀童谣征集传唱、节日小报、文明小博客、阅读伴我成长、“我身边的最美嘉兴人”征文活动、未成年人公益广告设计大赛，努力培养未成年人树立正确的世界观、人生观和价值观。开展“我的中国梦”系列主题实践活动，突出清明、“六一”等重要节日，组织全市未成年人开展“网上祭英烈”“做一个有道德的人”网上签名寄语等集中性活动，吸引全市32万名中小学生参与。开展“学习道德模范，争当美德少年”活动，全市有235所学校、26.6万名未成年人参与。以“中国梦想、美丽嘉兴”为主题，开展中华经典诵读大赛，来自各县(市、区)的28个节目参加比赛。开展优秀童谣征集传唱活动，共收到各县(市、区)选送的童谣作品338首。11月，中宣部副部长王世明在考察市实验小学时对嘉兴市入情入景把核心价值观送到学校表示肯定，嘉兴市开展未成年人培育和践行社会主义核心价值观的经验在浙江省宣传系统网络交流平台上发表。在加强阵地建设方面，深入推进乡村学校少年宫建设，全市建成各类乡村学校少年宫81家，招募各类专兼职辅导员5285名，并组织乡村学校少年宫参加中国文明网、中国未成年人网联合开展的2014年“秀出风采，放飞梦想”全国乡村学校少年宫学生作品展暨评选活动，获得优秀组织奖1个、“优秀指导老师”1人。深入实施“春泥计划”，开展“春泥计划”示范镇(街道)、村(社区)评选认定工作。深化校园道德讲堂建设,嘉兴市建成各类校园道德讲堂149家。重视爱国主义教育基地建设,强化爱国主义教育基地和公益性文化设施的管理,全市所有爱国主义教育基地和公益性文化场所均实行对公众免费开放。建好、管好、用好乡村学校少年宫,在全省率先提前实现乡村学校少年宫全覆盖的基础上,开展提质工程,乡村学校少年宫真正成为农村未成年人的课外乐园。年内,6所乡村学校被命名为中央专项彩票公益金支持乡村学校少年宫,全省2014年中央专项彩票公益金支持乡村学校少年宫建设培训会在嘉兴市举行,嘉兴经验及做法在会上交流,并在余新镇中心小学进行现场教学和观摩。

嘉善县小学四年级学生学习校本教材《善的教育》。

【开展节俭养德全民节约行动】 2014年,嘉兴市开展节俭养德全民节约行动。以全市党员干部、城乡居民、职工和青少年学生为重点对象,倡导节约一滴水、一粒粮、一分钱、一度电、一张纸,开展节约型社会建设。在党政机关中开展"节约型机关"建设,倡导"俭以养德向我看齐",把加强厉行节约反对浪费教育作为作风建设的重要内容,融入干部队伍建设和机关日常管理中。在社区和家庭中开展"节约型家庭"建设,倡导"俭以养德人人行动";结合"五水共治",运用社区宣传栏、折页、易拉宝等多种载体和方式广泛宣传,开展"我身边的浪费现象"大讨论、弘扬传承"节俭节约的家训家风"等活动。在生产建设领域中开展"节约型企业"建设,倡导"俭以养德见于管理",深化节水型城市创建工作,推进高耗能企业节能降耗,开展"资源循环利用行动"和废旧商品回收行业整治行动,并组织全市宾馆、饭店、餐馆、食堂深入推进文明餐桌行动。在大、中、小学中开展"节约型校园"建设,倡导"俭以养德,从小做起",开展"文明餐桌进校园"、"曝光泔水缸"、旧物利用、节约体验等活动,将文明用餐、节俭用餐教育融入全市各级各类学校(含幼儿园)的德育教育范畴,让青少年从小树立节约光荣、浪费可耻的思想观念。据统计,市本级各餐饮单位经营场所在显著位置张贴文明餐桌海报、宣传画2万多张,设置餐桌提示牌近5万块。55家宾馆全部开展文明餐桌行动,参与率达100%;饭店开展文明餐桌行动280家,参与率100%;餐馆开展文明餐桌行动2422家,参与率96.8%,食堂开展文明餐桌行动248家,参与率99.2%。

6月7日,秀洲区新塍镇虹桥社区开展"节俭养德从我做起"宣传志愿签名活动。

【开展文明家风传承行动】 自2014年3月6日起,全市开展"晒家训家规、晒村规民约,培育文明家风乡风"主题实践活动,通过寻找、征集、传播、传承"我们的家训",引导全社会在潜移默化中建设积极向上的家庭文化和乡风文明,由内而外地培育和践行社会主义核心价值观。至年底,活动参与人数达382822人;发放宣传册177500份;全市媒体宣传报道345次,微博传播和转发73459条,微信转播和转发30957条;征集家训18896条,其中家谱存量654个;挖掘家训故事523个;推荐优秀家训286个,其中推荐给省里105个;围绕家训家风开展各种活动

207个；老百姓家训传承66227户，新立家训9432户，家训挂厅堂数2644户；家训家风进学校224所、进社区185个、进文化礼堂134个、进企业159家、进“春泥计划”573个；家训家风融入党风廉政教育、党的路线教育等活动，形成文艺作品115个，融入“我们的节日”86次。

【提升文明旅游素质】 2014年，嘉兴市成立市文明旅游工作领导小组和联席会议制度，制定《关于进一步深化文明旅游活动的通知》，聘请13名社会各界人士担任旅游行风监督员，通过明察、暗访等形式，对旅游部门和旅游经营者等进行社会监督，并由多个部门联合开展多次“文明旅游”专项检查。抓住护照、组团、出境、交通、落地、行程六个关键环节，把好文明出游的“出门关”。各组团单位和旅行社坚持做到双重行前教育，落实行前培训计划，向游客宣讲《中国公民出境旅游文明行为指南》《中国公民国内旅游公约》，并要求带队导游（领队）做好行中引导及行后总结。通过“服务民生，我们在行动”“民生热点面对面”等直播节目，宣传文明旅游先进典型、各地各部门的工作进展和有效做法、境外文明旅游常识，曝光违规行为。开通24小时投诉电话，设立嘉兴旅游网上投诉信箱，年内，嘉兴市7天结案率达到100%，时效全省第一。此外，在市区9家A级景区、13家星级饭店、44家旅行社等游客集散地，集中展示文明旅游公益广告，制作并免费发放《文明旅游出行指南》2万份，《十大文明旅游提醒语》张贴画、折页、小卡片共6万份。

2014年，嘉兴市开展文明旅游宣传活动。

【“我们的节日”主题活动】 年初，市文明委制定下发“我们的节日”主题活动方案，把中国梦、社会主义核心价值观等主题，贯穿到活动全过程、体现在各方面，在春节、元宵、清明、端午、中秋和重阳等传统节日期间开展“我们的节日”主题活动。做好中央文明办关于“迎新春送吉祥”为农民赠送春联年画工作和省文明办春联发放工作。组织“有德吉祥灯”进街区、“中国梦，社区行”名家写福送春联、灯会花会、龙舟竞渡、2014中国·嘉兴端午民俗文化节、登高赏菊、戏曲歌舞等文体活动，开展经典诵读、节日小报、签名寄语、志愿服务、网上祭扫等社会实践活动，并分别拍摄制作“我们的节日”中华长歌行嘉兴篇，营造浓厚的节日宣传氛围。为加强端午传统民俗文化保护和传承，使“嘉兴端午，中国味道”品牌深入人心，嘉兴市启动“非遗文化客厅”建设，全方位展现嘉兴市“非遗”保护的丰硕成果。

2014年，市文明委组织开展“有德吉祥灯”进街区活动。

【深化基层文明创建】 2014年，嘉兴市深化基层文明创建。深化县（市、区）文明创建，重点指导桐乡市创建省级示范文明城市工作，实现市域省级示范文明城市（县城、城区）“满堂红”；指导海宁市创建全国文明城区，指导其他县（市、区）巩固提升城市文明创建成果，不断提升区域文明程度。开展新一轮全国、省、市三级文明村镇、文明单位推荐申报和现有全国、省级文明村镇、文明单位复评工作，共推荐全国文明单位5个、全国文明镇3个、全国文明村4个（递补1个）、全国文明风景旅游区1个；省级文明单位31个、省级文明镇1个、省级文明村 17 个；市级文明单位 85 个、市级文明镇 3 个、市级文明村 52 个。开展新一轮省级文明街道、文明社区推荐申报工作，共推荐申报省级文明街道 2 个、文明社区 3 个。同时，对 2012～2013 年度市级文明行业、街道、社区、文明示范窗口和文明单位、文明镇、文明村进行表彰命名，并向省文明办推荐 2014 年度省级文明街道 2 个、省级文明社区 3 个。

全国文明单位桐昆集团股份有限公司

（孙水观　伍广平）

生态嘉兴建设

【概况】 2014 年，嘉兴市紧紧围绕“生态立市”战略，实施“811”生态文明建设推进行动，开展“五水共治”“清洁空气”“四边三化”“三改一拆”和“重污染高耗能行业整治提升”等行动，全面推进生态文明建设试点工作，加快建设绿色、低碳、和谐、可持续发展的生态型城市，努力打造“水清岸绿天蓝、宜业宜居宜游、富饶和谐幸福”的江南水乡典范。嘉兴市生态建设工作、“五水共治”工作获得全省考核优秀。

【推进“清三河”行动】 2014 年，嘉兴市将“清三河”（黑河、臭河、垃圾河）行动列入民生项目，组织开展“清三河”大会战、百日攻坚战。通过推行“统一编号制、全程跟踪制、验收销号制、考核奖惩制”，强化考核督察，严守验收标准，推进长效管理，实行考核问责，“清三河”行动年度任务全面完成。全市完成 4500 多个企业污水入网，新增生活污水入网量 2.2 万吨 / 日；新建污水收集管网 566.7 公里。全市查处涉水案件 390 件，处罚金额 3334 万元；查处涉水环境犯罪案件 58 件，47 人被判三年以下实刑，35 人被判缓刑，4 人被判拘役，11 人被判罚金。

【首次实现交接断面水质考核优秀】 2014 年，嘉兴市跨行政区域河流交接断面水质考核为优秀，是自全省实施交接断面考核以来，嘉兴市首次实现考核优秀。其中嘉善县、平湖市、桐乡市、海盐县交接断面考核为优秀，海宁市、嘉兴港区、嘉兴经济技术开发区交接断面考核为良好。全市 67 个市控以上地表水监测断面中，Ⅲ类 1 个（嘉善太浦河水厂）、Ⅳ类 20 个、Ⅴ类 30 个、劣Ⅴ类 16 个，分别占 1.5%、29.8%、44.8%和 23.9%，Ⅲ类、Ⅳ类、Ⅴ类分别比上年增加 1 个、4 个、3 个，劣Ⅴ类减少 8 个。断面主要污染物高锰酸盐指数、氨氮和总磷平均浓度为 6.18 毫克 / 升、1.65 毫克 / 升和 0.262 毫克 / 升，分别下降 0.2%、10.8%、24.9%。

【开展废气治理行动】 2014 年，全市 45 个重点企业开展废气治理，淘汰各类高污染小锅炉 760 台，实施燃煤锅炉改造 77 台；平湖市关停 47 个废塑料加工作坊，南湖区查封 7 个违法大理石加工场、17 个石材加工企业；浙能嘉兴发电厂和新嘉爱斯热电实施清洁排放改造，实现超低排放。全市建成 34 条机动车排气检测线，检测机动车 57 万辆，累计检出排气不合格车辆 3.1 万辆。实施油品提升工程，严格控制高污染燃料总量。2014 年，嘉兴市区空气优良天数 253 天，优良率 70.3%，比上年增加 41 天，上升 11.4 个百分点，全省排名第六位，上升两个位次，海盐县空气优良率 84.1%，列全市第一位。

【开展“节能减排”行动】 2014 年，嘉兴市加快淘汰落后产能，完成 100 多个企业的淘汰工作，淘汰落后机器设备 5000 多台（套），完成

103个企业的清洁生产审核验收工作。全市排污权交易和有偿使用项目达4100个，交易金额11亿元。全市省控以上重点污染企业建成废水、废气刷卡排污系统74套。完成废水减排项目332个，削减化学需氧量5478吨、氨氮973吨；完成废气减排项目61个，削减二氧化硫9840吨，削减氮氧化物8636吨。完成淘汰关停污染企业196个，取缔非法印染企业3个，354个原地整治提升企业通过验收。全市重点企业化学需氧量、氨氮、氮氧化物分别比2010年下降21.1%、22%和11%。

【推进“四边三化”行动】 2014年，嘉兴市推进“四边三化”行动（在公路边、铁路边、河边、山边开展洁化、绿化、美化行动）。清理公路沿线生活、建筑垃圾2953处、20.98万立方米；拆除公路边违法建筑物（搭建、废弃、破旧建筑物及地面构筑物）1961处、29.29万平方米，整治公路污染源2968处。拆除非公路标牌（不含大型户外广告）3640块，整治拆除大型户外广告1193块。新增绿化里程121.92公里，种（补）植苗木30.7万株，种（补）植灌木94.09万平方米。完成省安排嘉兴市干线公路绿化完善工程5个，补植苗木2.8万株，边坡复绿2万平方米。全市完成河道整治约800公里，累计完成河道绿化长度814公里、绿化面积532公顷。新增河岸绿化长度400公里、绿化面积200公顷。保洁河道12800公里，保洁水域面积265.63平方公里，河道保洁率达到98.46%。完成沪杭高速、高铁森林通道建设，绿化长度83.24公里、绿化面积657.87公顷。矿山治理面积25.6万平方米，恢复矿区土地面积22.68公顷，实施矿山边坡及台阶绿化面积1.87公顷。全市247个行政村开展农村生活污水治理，新增受益农户106208户。

【开展生态示范创建工作】 2014年，嘉善县获得“国家级生态建设示范区”命名，全市新建成国家级生态镇（街道）15个、省级生态镇（街道）5个、省级生态文明教育示范基地3个、省级绿色学校18个。全市累计建成国家级生态建设示范区1个、省级生态县4个、国家级生态镇（街道）45个、省级生态镇（街道）62个、省级生态文明教育示范基地12个，全市省级生态镇（街道）创建比例达到93.9%。

（高　梅）

市和县(市、区)机构及负责人

【中国共产党嘉兴市委员会】

书　记：鲁　俊（女）

副书记：肖培生　胡海峰

常　委：梁　群　孙贤龙　何炳荣　陈越强　连小敏　陈　刚　李　浩　夏忠平

七届委员（按姓氏笔画为序）

王马青　王照祥　卢跃东　朱　伟
朱林森　朱海平　朱静绮（女）
刘冬生　许　晴（女）　许惠春
孙贤龙　孙建华　孙厚祥　李　浩
李　跃　连小敏　肖培生　吴　健
何炳荣　沈建华　沈秋明
沈晓红（女）　张仁贵　陆　英（女）
陈　刚　陈利众　陈树庆　陈越强
邵建华（女）　武亮靓　林　毅
周梅芳（女）　赵建明　赵树梅（女）
胡海峰　祝亚伟　姚高员　敖考权
袁建民　夏忠平　翁建荣（～2014.9）
高玲慧（女）　盛付祥　盛全生
盛勇军　章　剑　梁　群　葛永元
董苗虎　鲁　俊（女）　戴　锋

七届候补委员（按得票多少为序）

张文华　施建松　陶金根　陈新友
翁勤雄　朱永领　卓卫明　徐鸣阳
朱　苗

秘书长：孙贤龙

副秘书长：李　跃（～2014.2）
赵建明（2014.2～）　沈岱峰
葛永元　周梅芳（女）　陈新友
翁勤雄　沈丁华　朱少平

【中国共产党嘉兴市纪律检查委员会】
书　记:陈　刚
副书记:沈秋明　王　蕾(女)
常　委:张黎群　沈红雷　徐　峰
　　　张月琴(女)

【中共嘉兴市委工作部门及直属单位】
办公室
主　任:李　跃(~2014.2)
　　　赵建明(2014.2~)
副主任:沈晓农　邱爱忠　刘松洁
督查考评室
主　任:金梓伟
正处级督查专员:孙建良　平培元(~2014.6)
副处级督查专员:关晓东　姚晓明　王建峰
　　　封叙坤(2014.12~)
　　　肖传金(2014.12~)
接待办
主任、党组书记:沈岱峰
副主任:杨　帆　王永才(兼)
组织部
部　长:连小敏(兼)
副部长:敖考权　方俊良　李　捷(2014.2~)
　　　汪政旭(兼)　陈树庆(兼)
　　　沈建明(兼)
新经济与新社会组织工作委员会
书　记:方俊良
副书记:陈国平　陈兴隆(兼,~2014.11)
　　　金　渊(女,兼,~2014.5)
　　　陆金甫(兼)　叶伟达(兼,2014.12~)
人才办
专职副主任:林　卫(女)
老干部局
局　长:汪政旭
副局长:姚启槐(~2014.9)　陈双玉
　　　薛月芳(女)　崔伏良(2014.2~)
关心下一代工作委员会办公室
主　任:陈双玉
宣传部
部　长:陈越强(兼)
副部长:王国华(女)　王登峰
　　　姚　伟(2014.12~)
文明办(创建办)
主　任:王国华(女,~2014.12)
　　　姚　伟(2014.12~)
副主任:施俊法　黄国强(~2014.12)
　　　孙水观(2014.12~)
　　　蔡山林(兼,~2014.9)
　　　沈国强(兼,2014.9~)
党政信息和互联网宣传管理办公室
主　任:王登峰(兼)
副主任:钱永忠(~2014.12)
　　　黄国强(2014.12~)
市文化产业发展领导小组办公室
专职副主任:王小红
统战部
部　长:朱静绮(女,兼)
副部长:张颖杰　陈兴隆(~2014.11)
　　　浦金英(女)　陈国华
　　　叶伟达(2014.12~)
政法委员会(社会管理综合治理委员会办公室、市委市政府维护稳定工作领导小组办公室)
书　记:高玲慧(女,兼,~2014.3)
　　　胡海峰(兼,2014.3~)
副书记:梁　群(兼)　李　浩(兼)　翁勤雄
　　　肖　列(女)　刘安良　杨　敏
　　　曹雪根　丁六全
专职委员:朱国清
政治部主任:顾海群(女)
社会管理综合治理委员会办公室
主　任:曹雪根
副主任:张建章
维护稳定工作领导小组办公室
主　任:杨　敏
副主任:顾林荣
市委直属机关工委
书　记:周梅芳(女)
副书记:王剑平　姚　伟(~2014.12)　高志群
纪工委书记:姚　伟(~2014.12)
　　　徐磊明(2014.12~)

政策研究室
主　任:朱少平
副主任:李顺合　金培中
机构编制委员会办公室
主　任:沈建明
副主任:吴良根　陈兴伟
台湾事务办公室
主　任:张彤芳
副主任:姜培洪　章建琴(女)
党　校
校　长:胡海峰(兼)
常务副校长:徐　勇
副校长:翁为平　柴海生　徐连林
档案局(党史办、市志办)
局长(主任)、党组书记:叶永强
副局长(副主任):曾　燕(女)　姚炎鑫
社会工作委员会办公室
主　任:沈海明
副主任:金　渊(女,~2014.5)　陈卫东(兼)
　　张正伟(兼)　曹雪根(兼)
　　余柏根(兼)　赵建华(兼)
　　方俊良(兼)　李月康(兼,~2014.6)
　　吴贵敏(兼)　任　军(兼)
嘉兴日报报业传媒集团
党委书记、社长、理事长:蔡伟达
党委副书记、总编、副社长:施卫华
副社长:魏荣彪
副总编:杨自强　杨志勇　颜伟光
纪委书记、监事会主席:吕怀青(女,~2014.10)
理　事:施卫华　魏荣彪
　　夏林生(兼,~2014.12)
　　沈建阳(兼,~2014.10)　王登峰(兼)
监　事:蒋朝晖(兼)
嘉兴广播电视集团
党委书记、总裁、理事长:马雪腾
副书记、总编辑、副总裁:沈炳忠
副总裁:韩福根(~2014.11)
副总编:胡伯良
纪委书记、监事会主席:杨阿敏(女)
理　事:沈炳忠　夏林生(兼)
　　沈建阳(兼,~2014.11)　王登峰(兼)
监　事:蒋朝晖(兼)

【嘉兴市人民代表大会常务委员会】
主　任:刘冬生(2014.1~)
代理主任:武亮靓(~2014.1)
党组书记:刘冬生(2014.2~)
　　武亮靓(~2014.2)
党组副书记:武亮靓(2014.2~)
副主任:张志伟　金成胜　俞四兴　周楚兴
　　邵建华(女)　沈利农
七届委员(按姓名笔画为序)
　　王会能(2014.1~)
　　王国华(女,2014.1~)　叶　放(女)
　　叶肖梅(女)　史丽佳(女)
　　吕新建(2014.1~)　朱永领　朱兴福
　　朱金富　朱建潮　刘　君(女)
　　刘惠娟(女)　刘稚红(女)　许洪明
　　汪林青　张京生　陆　英(女)
　　陈兴隆(~2014.11)　尚　群　罗献中
　　周　明(女)　周国建　郑富江
　　胡静如(女)　钟治安　闻人庆(女)
　　姜新良　敖考权　徐永良
　　傅一鸣(女)
秘书长:王立仁(女)
副秘书长:罗献中　朱金富　傅一鸣(女)
内务司法委员会
主任委员:叶　放(女)
副主任委员:钮月终
财政经济委员会
主任委员:张京生
副主任委员:胡静如(女)　李良华
教育科学文化卫生委员会
主任委员:周　明(女)
副主任委员:徐寒飞
城乡建设农村经济委员会
主任委员:尚　群
副主任委员:郑富江　凌吴松
代表工作委员会
主任委员:姜新良

副主任委员:史丽佳(女)

预算工作委员会

主任委员:张京生

副主任委员:胡静如(女)　李华良

办公室

主　任:罗献中

副主任:钟治安　金永海　陆奇芬(女)
　　　易太贤(2014.1~)

研究室

主　任:朱金富

副主任:陆士明

【嘉兴市人民政府】

市　长:肖培生(2014.1~)

代理市长:肖培生(~2014.1)

党组书记:肖培生

常务副市长、党组副书记:梁　群

副市长:赵树梅(女)　柴永强　祝亚伟
　　　张仁贵　盛全生

秘书长:董苗虎

副秘书长:沈建华　邬泉林　陈秋荣(挂职)
　　　　祁海龙(~2014.4)　沈岱峰
　　　　李泉明　陈新友　陈铭嘉　施震东
　　　　蔡山林(2014.3~)　吴　燕(女)
　　　　沈丁华　柏卫东　王一伟　王碎社
　　　　周建新　仲旭东(2014.3~)
　　　　王恒俊(挂职,2014.9~2014.11)
　　　　张志强(挂职,2014.9~2014.11)

【嘉兴市人民政府工作部门及直属单位】

办公室

党组书记:董苗虎

党组副书记、主任:沈建华

副主任:张春晓　王永才　糜克明

法制办公室

主　任:沈建华(兼)

副主任:杨建强

研究室

主　任:何　坚

突发公共事件应急管理办公室

副主任:邓　辉　沈晓农(兼)

金融工作办公室

主　任:王申峰(女)

党组书记:王申峰(女,2014.12~)

副主任:周坤彪

反走私与海防管理办公室

副主任:张永明

发展和改革委员会

主任、党组书记:朱　伟

党组副书记:李月康(~2014.6)

副主任:徐黎宏　姚中华　罗永联　朱永根
　　　杨克建

纪检组长:李月康(~2014.6)
　　　　陈为民(2014.9~)

重大项目稽察特派员:姚中华

援建办副主任:吴晓云

服务业发展局

局　长:朱　伟(兼)

副局长:柳国彪

经济建设规划院

院长:徐黎宏

经济和信息化委员会

主任、党组书记:卓卫明

党组副书记:张雪荣

副主任:梁　虎　万　勇　徐　忠　顾志刚
　　　李颖新(挂职,~2014.8)

纪检组长:倪　英(女)

教育局、市委教工委

局长:赵建明(~2014.3)　祁海龙(2014.3~)

教工委书记:赵建明(~2014.2)
　　　　　祁海龙(2014.2~)

教工委副书记:张新民　王幸平(2014.2~)

副局长:王幸平　朱军一　武曜云(女)

纪工委书记:严丽娟(女)

科学技术局

局　长:邢海华

党组书记:沈向宏

副局长:沈向宏　夏学强　余建平
　　　夏　洋(挂职)

纪检组长:顾金芳

公安局
局长、党委书记:李　浩
党委副书记:沈楚赓　姚钰明
副局长:沈楚赓　姚钰明　冷江浩
　　吕桂华(女)　李新宝　杨永健
纪委书记:刘保民
政治部主任:高海金
督察长:李　浩(2014.5～)
　　刘保民(～2014.5)

监察局
局　长:沈秋明
副局长:徐　峰(兼)　朱　军(2014.1～)

民政局
局长、党委书记:沈海明
副局长:任国明　陈卫东
　　金　渊(女,～2014.6)　沈晓琴(女)
　　张正伟
纪检组长:肖　缨
老龄委员会办公室主任:任国明

司法局
局长、党委书记:陆娟梅(女)
副局长:孙入增(～2014.8)　倪蔚天
　　王林飞(2014.10～)　林时兴　蔡加龙
纪委书记:黄　威(女)
政治部主任:王林飞(～2014.9)
　　曹　霞(女,2014.12～)
劳教所所长:马卫林
强制隔离戒毒所所长:马卫林(2014.2～)

财政局
局长、党委书记:魏建明(～2014.7)
　　许　农(2014.7～)
党委副书记:吴贵敏
　　夏林生(2014.2～2014.12)
副局长:吴贵敏　夏林生　姜　东
纪检组长:方季良
市政府投资项目财务中心主任:朱国萍(女)

地方税务局
局　长:魏建明(～2014.9)
　　许　农(2014.9～)
副局长:董　渭　马莉萍(女)　卓　然
总会计师:傅如龙
稽查局局长:张卫阳(2014.8～)

人力资源和社会保障局
局长、党组书记:陈树庆
党组副书记:应志敏
副局长:应志敏　王松林　余柏根　冯俊华
　　倪建强　吴金华
纪检组长:施　迪(女)

环境保护局
局　长:吴海松(～2014.11)
　　曹建强(2014.11～)
党组书记:吴海松(～2014.9)
　　曹建强(2014.9～)
副局长:单国强　朱　军(～2014.1)　潘　侃
　　余鸿伟　魏元胜
纪检组长:邱再青

城乡规划建设管理委员会
主任、党委书记:陶金根
党委副书记:骆小民　陈　胜
副主任:骆小民　章一川
　　蔡山林(兼,～2014.10)　方柏如
　　陈松加　沈国强(兼,2014.10～)
委　员:林　海　张卫高　汪旭明　梅丽华
纪检组长:陈耀武(2014.2～)
总规划师:孙兴辰
总工程师:陆锦法
建筑业管理局局长:汪旭明
住房保障局局长:章一川(兼)
规划管理局局长:林　海
房屋征收与补偿管理办公室主任:梅丽华

城市管理办公室
主　任:陶金根
副主任:方柏如

交通运输局
局长、党委书记:张文华(～2014.11)
　　顾国强(2014.11～)
党委副书记:顾国强(～2014.11)
副局长:顾国强(～2014.11)　陆佳荣　张伟林
　　诸柏生　鲍武明(兼)　张志东(援青)
纪检组长:董学军

总工程师:严凤祥
港航管理局局长:步海宾
公路管理局局长:方建义
道路运输管理局局长:陈连根

水利局(杭嘉湖南排工程管理局)

局长、党委书记:袁建民
党委副书记:夏志强
副局长:徐文俊　朱　海　董郁祥　徐明良
纪检组长:陈明杰
总工程师:苏胜利

农业和农村工作办公室、农业经济局

主　任:葛永元
局长、党委书记:葛永元
党委副书记:徐　勇(~2014.9)
副主任:徐　勇(~2014.9)
　　邵其源(~2014.7)　赵如英(女)
　　马纪良(2014.12~)
　　周洪根(~2014.12)　俞日富　张荣根
　　沈建全　贺学明(2014.9~)
副局长:徐　勇(~2014.10)
　　邵其源(~2014.8)　赵如英(女)
　　马纪良(2014.12~)　周洪根　俞日富
　　张荣根　沈建全　贺学明(2014.10~)
纪检组长:李　玲

商务局

局长、党委书记:张建生
副局长:沈文平　张　军　陈　峰　陈志林
纪检组长:冷海林

文化广电新闻出版局

局长、党委书记:金琴龙
副局长:王　蕾(女)　胡　晶(女)　陈云飞
　　张宪义　陈建江
纪检组长:孙金林

文物局

局　长:金琴龙
副局长:陈建江

卫生局

局长、党委书记:严吉丹
党委副书记:沈　勤(女,~2014.12)
副局长:沈　勤(女)　陈其根
纪检组长:周引忠

爱卫办

主　任:严吉丹
专职副主任:李金大

人口和计划生育委员会

主　任:张永红(女,~2014.11)
党组书记:李　蒙
副主任:李　蒙　朱　东　郑新娣　徐秀林

审计局

局　长:许　农(~2014.11)
　　张永红(2014.11~)
党组书记:许　农(~2014.7)
　　江　强(2014.9~)
党组副书记:陈关华
副局长:陈关华　王海荣　蒋朝晖
纪检组长:潘光志
总审计师:叶常青
经济责任审计工作联席会议办公室主任:宣玉泉

体育局

局长、党组书记:包毓琼(女)
副局长:黄伟明　王伟荣　陈　政(女)
纪检组长:王如清

统计局

局长、党组书记:李国明
党组副书记:沈周明
副局长:沈周明　钱亚畅
纪检组长:蒋新民
总统计师:吴晓东

国家统计局嘉兴调查队

队　长:吴红卫
党组书记:吴红卫
副队长:张全跃　张连华

城市社会经济调查队

队　长:郑莉英(兼,女,~2014.5)
　　李国民(兼,2014.5~)
副队长:徐文军

旅游局

局长、党组书记:张　硕
党组副书记、副局长、总工程师:金三民
副局长:周红霞(女)　汪明华　计学忠

粮食局
局长、党委书记:陈付良
副局长:屈达贵　周龙顺　马　俊
外事办公室
主任、党组书记:朱永明
副主任:邱锦月(女)　庄玉娥(女)
　　　陆林甫(兼)
侨务办公室
主　任:浦金英(女)
副主任:钟富根　娄新生(女,兼)
民族宗教事务局
局　长:陈国华
副局长:陈林根　马继宁
信访局
局长、党组书记:沈丁华
副局长:金保根　徐国梁　陈建新　毕志强
信访督查专员:吴秉成(2014.2~)
安全生产监督管理局
局　长:江　强(~2014.11)
　　　徐建役(2014.11~)
党组书记:江　强(~2014.9)
　　　　徐建役(2014.9~)
副局长:顾联军　钱叶秋　许　兵
纪检组长:杨逢春
市场监督管理局(工商行政管理局、食品药品监督管理局)
局　长:王根良(2014.3~)
党委书记:胡晓云(2014.2~2014.12)
　　　　王根良(2014.12~)
党委副书记:王根良(2014.2~2014.12)
　　　　　俞振琪(女,2014.2~)
副局长:计卫东(2014.3~)
　　　陆金甫(2014.3~)
　　　孙　巍(2014.3~)
　　　王海燕(2014.3~)
　　　朱国农(2014.3~)
纪检组长:周曙光(2014.2~)
食品安全委员会办公室主任:
　　　王根良(2014.3~)
食品药品监督管理局
局长、党委书记:王根良(~2014.2)
副局长:计卫东　王海燕(~2014.2)
纪检组长:邢华胜(~2014.2)
工商行政管理局
局长、党委书记:胡晓云(~2014.2)
党委副书记:俞振琪(女,~2014.2)
副局长:俞振琪(女,~2014.3)
　　　陆金甫(~2014.3)
　　　朱国农(~2014.3)
　　　孙　巍(~2014.3)
纪委书记:孙　巍(~2014.2)
质量技术监督局
局　长:沈建法(2014.3~)
党委书记:沈建法(2014.2~)
党委副书记:桂红蕾(女,2014.2~)
副局长:桂红蕾(女,2014.3~)
　　　朱林根(2014.3~)
　　　杨连青(2014.3~)
纪委书记:沈钟炜(女,~2014.2)
纪检组长:沈钟炜(女,2014.2~)
总工程师:马云龙(2014.3~)
城市管理行政执法局(~2014.12)
局　长:蔡山林(~2014.11)
党组书记:蔡山林(~2014.9)
　　　　沈国强(2014.9~2014.11)
副局长:何伟明(~2014.12)
　　　徐锡波(~2014.12)
　　　董振华(~2014.12)
　　　李能祥(~2014.12)
　　　沈楚赓(兼,~2014.12)
纪检组长:陈耀武(~2014.2)
邢华胜(2014.2~2014.12)
城市管理行政执法支队(~2014.12)
支队长:蔡山林(~2014.10)
　　　沈国强(2014.10~)
副支队长:何伟明(~2014.12)
　　　　徐锡波(~2014.12)
　　　　董振华(~2014.12)
综合行政执法局(2014.11~)
局长、党组书记:沈国强(2014.11~)

副局长:何伟明(2014.12~)
徐锡波(2014.12~)
董振华(2014.12)
李能祥(2014.12~)
沈楚赓(兼,2014.12~)
纪检组长:邢华胜(2014.11~)

综合行政执法支队(2014.11~)

支队长:沈国强(2014.12~)
副支队长:何伟明(2014.12~)
徐锡波(2014.12~)
董振华(2014.12)
李能祥(2014.12~)

人民防空办公室(民防局)

主任(局长)、党组书记:陆志林
副主任(副局长):周进友　戴忠平　梁兴甫
成　立(兼,~2014.8)
史高翔(兼,2014.8~)
纪检组长:周颂华

国有资产监督管理委员会

主任、党委书记:施建松
副主任:沈建阳(~2014.11)　王　鸣
唐蓉蓉(女)
纪工委书记:裴铁民(~2014.6)
蔡土贵(2014.9~)

嘉兴经济技术开发区

党工委书记:何炳荣
管委会主任:陈利众
党工委副书记:陈利众　叶伟达(~2014.12)
陈玉锋(2014.2~)
副主任:朱全根　陈玉锋(2014.5~)　金龙飞
张善根　闻建梁　沈卫东　葛其林
朱甫荣　陈　骏　张晓江(~2014.8)
周志祥
纪工委书记:叶伟达(~2014.12)

嘉兴现代服务业集聚区

党工委书记:何炳荣
管委会主任、党工委副书记:陈利众
管委会副主任:仲旭东(兼,~2014.3)
朱全根(兼)　徐　军(兼)

嘉兴国际商务区

党工委书记:何炳荣
管委会主任:陈利众
党工委副书记:陈利众　叶伟达(~2014.12)
陈玉锋(2014.2~)
副主任:朱全根　陈玉锋(2014.5~)　金龙飞
张善根　闻建梁　沈卫东　葛其林
朱甫荣　陈　骏　张晓江(~2014.8)
周志祥
纪工委书记:叶伟达(~2014.12)

嘉兴高新技术产业园区管委会

主　任:陈利众
副主任:邢海华(兼)

滨海办

主　任:梁　群(兼)
党委书记:王照祥
党委副书记、纪委书记:吕亚军
副主任:王照祥　王建安　张　翼　贾　翔
吴国飞(~2014.2)　马红观
纪委书记:吕亚军

嘉兴港务局

局　长:王照祥
副局长:王建安　张　翼
总工程师:黄银水

口岸办

主　任:王照祥
副主任:贾　翔

嘉兴港区开发建设管委会

党工委书记:王马青
管委会主任:石云良
党工委副书记:石云良　吴月荣(~2014.10)
管委会副主任:徐才根　沈跃平　郑栋良
王其明(~2014.1)
许红莲(2014.11~)　马麟梁
连永刚
纪工委书记:吴月荣(~2014.10)

嘉兴出口加工区管委会

主　任:石云良
副主任:郑栋良

湘家荡区域开发建设管委会

党工委书记:毛扣祥

主　任:鲁肇峰
南湖风景名胜区管委会
主　任:陈士洪
副主任:陈保良　金三民(兼)　沈洪亮
　　　朱建华(2014.3～)
市政府驻北京联络处
主　任:吴根军
副主任:黄立元　毕志强(兼)　曾步望(挂职)
合作交流办公室(协作办、上海联络处)
主任、党组书记:陈铭嘉
副主任:俞红平(女)　杨成跃　郑秀峰
　　　章雄伟
审批服务中心
主任、党组书记:吴　燕(女)
副主任:张荣法(～2014.6)　张海君　顾伟忠
纪检组长:王永飞
机关事务管理局
局长、党组书记:邬亚甫
副局长:张志祥　戴金荣
纪检组长:黄炳金
供销社
主任、党委书记:汪洪波
副主任:葛跃新　张　俊　韩金祥　周松云
纪委书记:周松云(～2014.2)
　　　　王伟明(2014.2～)
农村合作经济组织联合会
主　任:汪洪波
副主任:葛跃新　张　俊　韩金祥　周松云
　　　邵其源(兼,～2014.8)　王月光(兼)
农业科学研究院(所)
院长(所长):程旺大
党委书记:沈卫锋
党委副书记:程旺大
副院长(副所长):顾掌根　曾步望
新居民事务局
局长、党组书记:刘安良
副局长:丁永夫　赵建华　任　军
　　　姚钰明(兼)　应志敏(兼)
　　　徐秀林(兼)
社会保障事务局
局长、党组书记:于霞芬(女)
副局长:潘建中(～2014.3)　王銮松　杨惠清
　　　李　祥　王保国(2014.3～)
纪检组长:杜锦瑛(女)
行政学院
院　长:梁　群(兼)
副院长:徐　勇　翁为平　柴海生　徐连林
　　　冯俊华(兼)
社会主义学院
院　长:柴永强(兼)
副院长:徐　勇　翁为平　柴海生　徐连林
　　　张颖杰(兼)
住房公积金管理中心
主任、党组书记:张卫高
嘉兴南湖革命纪念馆
馆　长:王国芬(女)
高速公路建设指挥部
总指挥:张仁贵(兼)
常务副总指挥:沈兰冠(兼)
副总指挥:张文华(兼,～2014.12)
　　　　顾国强(兼,2014.12～)
成　员:李云鸿　许海云(女)
杭嘉湖南排工程建设指挥部
副总指挥:袁建民
杭州湾跨海大桥管理局
副局长:张文华(兼,～2014.12)
　　　顾国强(兼,2014.12～)
嘉绍大桥管理局
党组书记、副局长:吴炳泉(2014.12～)
支援新疆阿克苏地区沙雅县指挥部
指挥长:祁海龙(～2014.4)　王碎社
党委书记:祁海龙(～2014.2)　王碎社
党委副书记、纪委书记:王良科
副指挥长:王良科　顾新宇
嘉兴职业技术学院
党委书记:周奇迹
院长:单胜道(～2014.4)　赵　云(2014.6～)
党委副书记:单胜道(～2014.6)
　　　　　赵　云(2014.6～)　沈建龙
副院长:章康龙　张红宇　沈建根

纪委书记:沈建龙
嘉兴教育学院(市教育研究院)
院长、党委书记:陆福根
副院长:都建明　张志松
纪委书记:张锦荣
嘉兴广播电视大学
校长、党委书记:鲍忠良
副校长:徐伟根　周纪奎　项大海
同济大学浙江学院
院　长:陆敏恂
党委书记:赵建明(兼,~2014.2)
　　　　祁海龙(兼,2014.2~)
党委副书记:张新民　林　冶
纪委书记:林　治
中科院应用技术研究院
党委书记:陈秋荣
党委副书记:吕　勇
嘉兴市实业资产投资集团有限公司
董事长、党委书记:冯水祥
副董事长、总经理:方怡红
党委副书记:方怡红(~2014.12)
　　　　　马　俊(2014.12~)　庄荣根
副总经理:庄荣根　俞益平
纪委书记、监事会主席:张付良
嘉兴市现代服务业发展投资集团有限公司
董事长、党委书记:陈云海
党委副书记:徐富明(~2014.11)
　　　　　方怡红(2014.12~)
副董事长、总经理:徐富明(~2014.12)
副总经理:周　平　钱祖根　郑晓光　汤森彪
纪委书记、监事会主席:姚莉莉(女)
嘉兴市城市投资发展集团有限公司
董事长、党委书记:陈士洪
副董事长、总经理:陈保良
党委副书记:陈保良　张正明
副总经理:沈洪亮　姜铭恩　朱建华
纪委书记、监事会主席:张正明
嘉兴市交通投资集团有限公司
董事长、党委书记:沈兰冠
副董事长、总经理、党委副书记:李云鸿
党委副书记、纪委书记、监事会主席:李海明
副总经理:许海云(女)　杜增樑　戴　铭
　　　　何宇健　周大勇　苏志刚
嘉兴市水源水务投资集团有限公司
董事长、党委书记:董长杰
党委副书记、副董事长、总经理:郭　成
党委副书记:包红星
副总经理:张富标　陈玉林　刘稚红(女)
纪委书记、监事会主席:薛德甫
浙江嘉绍跨江大桥投资发展有限公司
副董事长、总经理、党委副书记:吕为昱
副总经理:李开土

【其他行政、事业、企业单位】
国土资源局
局长、党委书记:汪善明
党委副书记:沈金德
副局长:沈金德　曹建强　苏志兴
　　　吴国飞(2014.1~)
纪委书记:曹建强
土地储备中心主任:王新龙
执法监察局局长:王之愈
国家税务局
局长、党组书记:袁大中
副局长:盛耀军　张锦铭　陈亨龙
纪检组长:姚顺龙
稽查局局长:沈剑芳
海事局
局长、党委书记:袁　珂
副局长:王　勤
纪委书记:王　勤
气象局
局长、党组副书记:杨育强
党组书记:谢国庆
副局长:杜俐萍(女)　林　迢(女)
　　　陈金良(挂职,2014.12~)
纪检组长:朱补全
烟草专卖局(省烟草公司嘉兴分公司)
局长、经理、党组书记:陈月华
副局长:徐佳宏

副经理:丁文华
纪检组长:陶文宇(女)

嘉兴出入境检验检疫局

局长、党组书记:郑自强
副局长:王汉方　任金华　梅明华
纪检组长:裘欣凉
乍浦办事处主任:王晓峰
嘉善办事处主任:钱　铮
海宁办事处主任:程光法
桐乡办事处主任:沈伟忠
省检验检疫科学研究院嘉兴分院院长:王　练

嘉兴海关

关长、党组书记:冯仲良
副关长:汤　彪(兼,~2014.10)
　　　　潘炳华(2014.11~)
　　　　周长春(~2014.12)　朱建忠　张志芳
乍浦办事处主任:徐　超
嘉善办事处主任:朱忠荣
海宁办事处主任:夏学庆
桐乡办事处主任:郑　冬(2014.6~)

嘉兴海关缉私分局

局　长:汤　彪(~2014.10)
　　　　潘炳华(2014.11~)
政　委:许文忠
副局长:骆贤方(2014.5~)

盐务管理局(盐业公司)

局长、经理:杨武君
副局长、副经理:盛智良　姜洪法

嘉兴供电公司

总经理、党委副书记:韩志军
党委书记、副总经理:娄　为
副局长:姚水秋(~2014.3)
　　　　张彩友(~2014.9)　王坚敏　李付林
　　　　王文华(2014.3~)
纪委书记:陈国荣(~2014.3)
　　　　　王继如(2014.11~)
工会主席:陈国荣(~2014.3)
　　　　　王继如(2014.11~)
总工程师:王坚敏
总会计师:余立军

嘉兴市邮政公司

局长、党委书记:戴洪基
副局长:乔建华　蔡　勇
纪委书记:乔建华

嘉兴市邮政管理局

局　长:鲍武明

中国人民银行嘉兴市中心支行

行长、外汇管理局局长、党委书记:褚小平(女)
副行长:朱　宏　张一兵
纪委书记:赵承英(女)
工会主任:汤钟尧(2014.4~)

中国银行业监督管理委员会嘉兴监管分局

局长、党委书记:周立新(~2014.12)
　　　　　　　　崔安明(2014.12~)
副局长:毛志恒　陈　杰
纪委书记:沈新荣(2014.9~)

中国工商银行嘉兴市分行

行长、党委书记:陶　飚(~2014.10)
　　　　　　　　林士强(2014.10~)
副行长:洪跃庆　马敏娟(女,~2014.10)
　　　　艾　欣(女)　王崇敏(2014.4~)
　　　　朱华斌(2014.8~)
　　　　吕　忠(2014.8~)
纪委书记:洪跃庆
高级经理:王青英(女)　马敏娟(女,2014.10~)
工会主席:马敏娟(女,2014.10~)

中国农业银行嘉兴市分行

行长、党委书记:金烈祥
副行长:尤伟华　单伟平
　　　　孙绮霏(女,~2014.9)
　　　　宋社宝(~2014.10)
　　　　谈翠晖(2014.8~)
纪委书记:谈翠晖

中国银行嘉兴市分行

行长、党委书记:郭　林
副行长:曹根源　顾　宇　陆　强　韩惠良
纪委书记:曹根源

中国建设银行嘉兴分行

行长、党委书记:陈　强
副行长:袁龙豫　程能平　俞　璇(女)

朱金明　王妍而(女)
纪委书记:朱金明
风险主管:许　华(女)

交通银行嘉兴分行

行长、党委书记:梁蕴旭(女)
副行长:徐　耀　陆建华　范建华(女)
董敬杰(挂职,2014.4～)
纪委书记:徐　耀

中国农业发展银行嘉兴市分行

行长、党委书记:张韩强
副行长:张丽玲(女)　翟建生　严伟新
纪委书记:张丽玲(女)

浙江省农村信用社联合社嘉兴办事处

主　任:吴建伟
副主任:王月光　傅仲才

上海浦东发展银行嘉兴支行

行长、党委书记:宣骥翃
副行长、党委副书记:鲍晓鳞
副行长:袁爱山　陆旭平
纪委书记:张建华

中信实业银行嘉兴分行

行长、党委书记:朱　进
副行长:张　骅　吴永明　钱小平(～2014.5)

嘉兴银行

董事长:许洪明
党委书记:许洪明(～2014.12)
夏林生(2014.12～)
党委副书记:许洪明(2014.12～)
马　俊(～2014.12)
行　长:马　俊
副董事长:凌　华
副行长:李国庆　章张海　阮　红(女)
监事长、纪委书记:陈煌生

中国人民财产保险股份有限公司嘉兴市分公司

总经理、党委书记:桂文东
副总经理:张　艳(女)　陈国良
纪委书记:陈国良

中国人寿保险股份有限公司嘉兴分公司

总经理、党委书记:王忠伟(女)
副总经理:张世平　许汉丰
王洪铨(～2014.8)

中国太平洋财产保险股份有限公司嘉兴中心支公司

总经理、党委书记:程　伟
副总经理:吴金寿　方　诚

中国太平洋人寿保险股份有限公司嘉兴中心支公司

总经理、党委书记:李爱良
副总经理:董一飞　王　海
方斌初(2014.2～)

中国平安财产保险股份有限公司嘉兴中心支公司

总经理:焦宏伟
副总经理:凌　云　蒋国强

中国平安人寿保险股份有限公司嘉兴中心支公司

总经理:倪伟忠(～2014.7)
副经理:袁　韵(女)　王建丰
高丰琴(女,2014.6～)

中国电信公司嘉兴分公司

总经理、党委书记:万晓东
副总经理:张　良(～2014.12)　胡剑荣
屠海青
纪委书记:胡剑荣

中国移动公司嘉兴分公司

总经理、党委书记:张汉良
副总经理:苏卫鸣(女,～2014.10)
盛　华　余伟大
纪委书记:盛　华

中国联合网络通讯公司嘉兴市分公司

总经理、党委书记:朱志辉(～2014.1)
殷汝锋(2014.10～)
党委副书记:林　发
副总经理:林　发　顾跃生(～2014.11)
徐红军(～2014.1)
许开来(～2014.10)
樊　伟(2014.1～)
俞林根(2014.10～)
陈校明(2014.11～)
纪委书记:林　发

浙江省石油总公司嘉兴分公司（中国石油化工股份有限公司浙江嘉兴分公司）
总经理:徐　锋
党委书记:徐　锋
党委副书记:陈　鹤（女，~2014.12）
副总经理、纪委书记:陈　鹤（女，~2014.7）
副总经理:金志明　陈增良
总会计师:张巍巍（女，2014.7~）

【中国人民政治协商会议嘉兴市委员会】
主　席:刘冬生（~2014.1）
　　高玲慧（2014.1~）
党组书记:刘冬生（~2014.2）
　　高玲慧（2014.2~）
党组副书记:金锦根
副主席:金锦根　王　淳（女）　李水根
　　马玉华　薛佳平　马邦伟
　　朱静绮（女）　邢海华
　　李　跃（2014.1~）
七届常务委员（按姓氏笔画为序）:
　　王　毅　王林林　王国英（女）
　　王登峰　方俊良　叶筱敏（女）
　　曲建平　朱　军　朱　海　朱　樵
　　朱启丰　任再平　孙　勤
　　孙　薇（女）　孙卫斌　孙旭阳
　　芦苇岸（土家族）　李开土　李成义
　　李轩渠　杨立公　吴重秋　吴晓阳
　　沈　盛　沈卫锋　沈钰祥　张心桥
　　张永红（女）　张进喜　张颖杰
　　陆其祥　陈　俐（女）　陈天荣
　　金铁臣　周　军　周利春
　　郑新娣（女）　赵如英（女）
　　胡　晶（女）　俞天明（~2014.1）
　　俞红平（女）　俞燕锋（女）
　　俞霞萍（女）　姚晓明　贾　鸣
　　顾秋莉（女）　徐鹿平　浦金英（女）
　　黄伟明　龚遂良　崔峪梅（女）
　　章留明　章锡根　程利仲　释性空
　　鲍　忆（女）　薛家麒　戴　铭
秘书长:高梓福
副秘书长:沈钰祥　张进喜
　　吴海松（2014.11~）　姜　东（兼）
　　孙卫斌（兼）　程利仲（兼）
　　孙　薇（女，兼）　胡金祥（兼）
　　吴晓阳（兼）　徐谟光（兼）
　　顾小萍（女，兼）

提案委员会
主　任:崔峪梅（女）
副主任:李德忠（兼）　李　蒙（兼）
　　张春晓（兼）　胡晓云（兼）
　　金颖英（女，兼）

学习和文史资料委员会
主　任:叶筱敏（女）
副主任:周　军　王登峰（兼）
　　胡　晶（女，兼）　黄允钰（兼）
　　胡伯良（兼）

经济科技委员会
主　任:俞霞萍（女）
副主任:俞燕锋（女）　张雪荣（兼）
　　叶伟达（兼）　李轩渠（兼）
　　程利仲（兼）

文教卫体委员会
主　任:沈　盛
副主任:朱　樵　鲍忠良（兼）
　　沈　勤（女，兼）　黄伟明（兼）
　　杨志勇（兼）

社会法制委员会（港澳台侨联谊委员会）
主　任:曲建平
副主任:杨鸿圣（~2014.1）
　　顾太文（2014.1~）
　　徐正方（2014.1~）
社会法制委员会副主任:徐静霞（女，兼）
　　张心桥（兼）
　　徐海荣（兼）
　　姚武强（兼）
港澳台侨联谊委员会副主任:张形芳（兼）
　　浦金英（女，兼）
　　姜　东（兼）

人口资源环境委员会
主　任:任再平

副主任:沈玉良　沈金德(兼)　朱　军(兼)
朱　海(兼)　朱　东(兼)
杜俐萍(女,兼)

委员工作委员会

副主任:秦　泓(女)　王　蕾(女,兼)
张颖杰(兼)　方俊良(兼)
蒋加伟(兼)

办公室

主　任:张进喜
副主任:张明华(女)　秦　泓(女,兼)
徐　民

研究室

主　任:沈钰祥
副主任:顾太文(～2014.1)
杨鸿圣(2014.1～)

【嘉兴市中级人民法院】

院长、党组书记:许惠春
党组副书记:顾进良
副院长:顾进良　徐静霞(女)　章伯凌
李忠平
纪检组长:陆建林
政治部主任:吴建英
审判委员会专职委员:蔡士泉(～2014.9)
执行局局长:张惠谊

【嘉兴市人民检察院】

检察长、党组书记:孙厚祥
党组副书记:王建红
副检察长:王建红　严乐雄(～2014.7)
陶深明　李　越
纪检组长:水红浙
政治部主任:黄　蕾(女)
检察委员会专职委员:尹立栋　杨连明
反贪局局长:郑美良

【中国人民解放军嘉兴军分区】

司令员:夏忠平
政　委:王会能
副司令员:丁仁加
参谋长:卞云坚
政治部主任:姚晓明
后勤部部长:邹泗清(～2014.3)
姚健康(2014.3～)

【民主党派】

中国国民党革命委员会嘉兴市委员会

主　委:李水根
副主委:沈晓琴(女)　姜　东(兼)
金颖英(女,兼)

中国民主同盟嘉兴市委员会

主　委:柴永强
副主委:孙卫斌　徐永良(兼)　杨立公(兼)

中国民主建国会嘉兴市委员会

主　委:戴　铭
副主委:程利仲(兼)　陈　俐(女,兼)
叶肖梅(女)　陆志芬(女,兼)

中国民主促进会嘉兴市委员会

主　委:王　淳(女)
副主委:孙　薇(女,兼)　顾玉峰(兼)
汪林青　顾云祥(兼)

中国农工民主党嘉兴市委员会

主　委:金成胜
副主委:王　毅(兼)　龚遂良(兼)　胡金祥
费爱华(女,兼)

九三学社嘉兴市委员会

主　委:马玉华
副主委:刘稚红(女,兼)　陈天荣(兼)
徐谟光　孔　俭(兼)

中国致公党嘉兴市委员会

主　委:赵如英(女)
副主委:刘惠娟(女,兼)　吴晓阳(兼)

【群众团体】

总工会

主　席:邵建华(女,兼)
党组书记:张心桥
副主席:张心桥　沈禾丰　周春锋　丁曙明
经审委主任:高红慧(女)

共青团市委

书记、党组书记:朱永领
副书记:顾秋莉(女,~2014.12)　仲建锋

妇女联合会

主席、党组书记:陆　英(女)
副主席:郑新娣(女)　许红莲(女,~2014.11)
　　任　勤(女)　冯　丹(女)
兼职副主席:沈晓琴(女,2014.11~)
　　顾小萍(女,2014.11~)

科学技术协会

主席、党组书记:刘　君(女)
副主席:李轩渠　章　芸(女)　孙　明
　　王幸平(兼)　刘　霞(女,兼)
　　严从荃(兼)　沈向宏(兼)
　　陈秋荣(兼)　程旺大(兼)

社会科学界联合会

主　席:马雪腾
副主席:黄允钰　顾志刚(兼)　徐连林(兼)
　　吕延勤(兼)　章康龙(兼)

文学艺术界联合会

主　席:金琴龙
副主席:胡　晶(女)　田耘(兼)　杨自强(兼)
　　高海金(兼)

工商业联合会

主　席:薛佳平(兼)
党委书记:陈兴隆(~2014.11)
　　叶伟达(2014.12~)
副主席:陈兴隆　孙昌佩　顾小萍(女)
兼职副主席:尤　源　朱兴福　朱在龙
　　沈金荣　沈锦坤　鲍　忆(女)
　　潘建清　方光明　卢卫伟
　　孙连清　庄奎龙　许洪明
　　吴小弟　吴真生　张汉良
　　杨卫东　沈兰冠　沈国甫
　　陈正财　周国建　盛富林
　　管建忠

残疾人联合会

理事长、党组书记:闻人庆(女)
副理事长:汤碧滨　金　龙　胡志敏
　　姜豫明(挂职,2014.8~)
纪检组长:柴林根

归国华侨联合会

主　席:浦金英(女)
副主席:娄新生　钟富根(兼)　章一川(兼)
　　黄德荣(兼)　蒋嘉平(兼)
　　袁　沅(兼)　陈　亮(兼)
　　贺星燕(女,兼)　孟凡国(兼)

中国国际贸易促进委员会嘉兴支会

会　长:毛雪荣

红十字会

会　长:柴永强
党组书记:吴月荣(2014.10~)
专职副会长:王国芬(女,~2014.3)
　　傅琦红(女)　沈卫东(2014.3~)

【县(市、区)主要机构】

中国共产党嘉兴市南湖区委员会

书　记:孙建华
副书记:吴　健　赵建峰(~2014.12)
　　沈岱峰(挂职)
常　委:张顺荣　边明亮　徐　军
　　李建政(挂职)　陈天英(女)
　　徐建英(女)　吴　佳
　　李文胜(挂职,~2014.7)
　　肖传金(~2014.4)　赵子元(挂职)
　　李文冰(挂职)　毛扣祥
　　陈登福(2014.4~)

中国共产党嘉兴市南湖区纪律检查委员会

书　记:徐建英(女)

嘉兴市南湖区人大常委会

主　任:谢立昕
副主任:柴伟龙　张培新　汪泽韵(女)
　　苏志强　许　立　杜克强

嘉兴市南湖区人民政府

区　长:吴　健
副区长:徐　军　李建政(挂职)
　　李文胜(挂职,~2014.8)
　　李文冰(挂职)　孙旭阳　柴荣明
　　马纪良(~2014.12)　周　静(女)
　　霍忠华(援藏)　许　翔
　　雪　莲(女,挂职,2014.4~)

程小辉(挂职,2014.6～)
蔡立新(2014.12～)

政协嘉兴市南湖区委员会

主　席:赵群乐(女)
副主席:祝秀平(女)　阮全海　陆建良
冯琪钰(女)　孔　俭

嘉兴市南湖区人民法院

院　长:朱建宏

嘉兴市南湖区人民检察院

检察长:黄　敏(女,～2014.12)
代理检察长:陈伟良(2014.12～)

中国共产党嘉兴市秀洲区委员会

书　记:朱海平
副书记:盛付祥(～2014.11)
徐建役(～2014.9)　刘　君(女,挂职)
常　委:陈虎培　高海忠　吴炳芳
仲旭东(～2014.2)　程恩光
李　捷(～2014.2)　陈天荣
李颖新(挂职,～2014.7)　刘晓洪
郭腾辉(2014.7～)
王永法(2014.2～)
凌学毅(挂职,2014.6～)
金　波(挂职,2014.7～)

中国共产党嘉兴市秀洲区纪律检查委员会

书　记:陈虎培

嘉兴市秀洲区人大常委会

主　任:冯家俊
副主任:张国平　包雷耿　章世英(女)
肖根华　沈金富　邱根明

嘉兴市秀洲区人民政府

区　长:盛付祥(～2014.11)
副区长:吴炳芳　仲旭东(～2014.3)
陆志芬(女)　徐永良　沈凤兴
章　澜　曾群力(女,挂职,～2014.7)
孟红梅(女,挂职,2014.4～)
郭腾辉(2014.7～)
凌学毅(挂职,2014.7～)
金　波(挂职,2014.7～)

政协嘉兴市秀洲区委员会

主　席:张少初
副主席:胡建新　金颖英(女)　徐文祥
孙　薇(女)　张　旦

嘉兴市秀洲区人民法院

院　长:汪　欣

嘉兴市秀洲区人民检察院

检察长:赵陆鸣

中国共产党嘉善县委员会

书　记:姚高员
副书记:许　晴(女)　滕根林
常　委:梁晓英(女,～2014.12)　何全根
陈　健(～2014.4)
沈国强(～2014.9)
曹国良(2014.12～)　毛永忠　朱学军
朱　苗　曹雪龙
钱国庆(挂职,2014.3～)
宁卫东(2014.4～)
沈康明(挂职,2014.6～)

中国共产党嘉善县纪律检查委员会

书　记:毛永忠

嘉善县人大常委会

主　任:郑　明
副主任:张炳祥　何慧琴(女)　沈恩达
顾林法　丁炳龙　邹霞芬(女)

嘉善县人民政府

县　长:许　晴
副县长:何全根　沈国强(～2014.12)　殳世平
高　嵩　施晓松　许春红(女)
李小平(挂职)
沈康明(挂职,2014.7～)

政协嘉善县委员会

主　席:冯　伟
副主席:吴建平　俞鹤祥　丁金华　王秋儿
陆才华　阎靖华(女)

嘉善县人民法院

院　长:傅杨杰

嘉善县人民检察院

检察长:陈伟良(～2014.12)
代理检察长:钟益民(2014.12～)

中国共产党平湖市委员会

书记:翁建荣(～2014.9)　盛付祥(2014.10～)

副书记:朱林森　潘川弟
常　委:姚田宝(女)　梁晓英(女,~2014.12)
　　　徐春华　王道平　魏　飙(~2014.4)
　　　曹国良(~2014.12)　傅金明
　　　陈敏红(女)　何敏伟(2014.4~)
　　　严　政(挂职,2014.6~)

中国共产党平湖市纪律检查委员会

书　记:徐春华

平湖市人大常委会

主　任:胡水良
副主任:刘耀明(女)　方向明　李　仁
　　　周建安　陶明方　陈引发(~2014.2)

平湖市人民政府

市　长:朱林森
副市长:王道平　顾玉峰　胡志梁
　　　金玉珍(女)　钱勇彪　钱　陈(挂职)
　　　蔡国平　杨晓鹏(挂职,2014.4~)
　　　严　政(挂职,2014.8~)

政协平湖市委员会

主　席:徐春林
副主席:王华根　柯卫明　方晓烈　俞明祥
　　　邱其良　许　静(女)

平湖市人民法院

院　长:赵　阳

平湖市人民检察院

检察长:沈小平

中国共产党海盐县委员会

书　记:沈晓红(女)
副书记:章　剑　蔡志昌(~2014.12)
　　　黄江莺(女,2014.12~)
常　委:田林华　黄江莺(女,~2014.12)
　　　钱炳华　李乐伦　孙雄伟　王　坚
　　　尹雪阳　郭腾辉(~2014.7)
　　　王临坤(挂职,2014.6~)
　　　顾秋莉(女,2014.12~)

中国共产党海盐县纪律检查委员会

书　记:王　坚(~2014.12)

海盐县人大常委会

主　任:谢剑华
副主任:朱引良　马小平　朱蓓华(女)
　　　沈连法　姜金良　徐林春

海盐县人民政府

县　长:章　剑
副县长:黄江莺(女)　孙雄伟　崔用龙
　　　胡燕萍(女)　高海华　刘德威(挂职)
　　　陆忠祥　檀中琦(挂职,2014.5~)
　　　王临珅(挂职,2014.7~)

政协海盐县委员会

主　席:陆　瀛
副主席:肖钰鑫　郑其良　陆建根　董雪明
　　　贺伟民

海盐县人民法院

院　长:宋　健(女)

海盐县人民检察院

检察长:宋　跃

中国共产党海宁市委员会

书　记:林　毅
副书记:戴　锋　周红霞(女)
常　委:孙　群　姚敏忠　王志成(~2014.4)
　　　姚建新　王险峰　沈雨祥　许金夫
　　　顾照荣　方　芳(女,挂职)
　　　郑定距(2014.4~)

中国共产党海宁市纪律检查委员会

书　记:王险峰

海宁市人大常委会

主　任:徐　辉
副主任:许煜威　朱祥华　孙浩彬　严海城
　　　潘宇民　钱培伦

海宁市人民政府

市　长:戴　锋
副市长:姚敏忠　方　芳(女,挂职)
　　　朱海英(女)　邵小文(~2014.12)
　　　曹　毅　王建坤　俞亚明
　　　胡燕子(女)
　　　李　玮(女,挂职,~2014.7)
　　　杨海云(挂职,2014.5~)
　　　金国强(挂职,2014.7~)

政协海宁市委员会

主　席:张炜芬(女)
副主席:郑进良　田　耘　高兴龙　朱有田

吴关佳　史丹夫

海宁市人民法院

院　长:李　斌

海宁市人民检察院

检察长:陈建钢

中国共产党桐乡市委员会

书　记:卢跃东

副书记:盛勇军　蒋惠玲(女)

常　委:吴炳泉(～2014.12)

沈建坤(～2014.12)

单志荣(～2014.7)　汤云良　陈千颂

潘家春　徐鸣阳　姚健康(～2014.4)

徐云松(挂职,～2014.12)

严　培(2014.4～)

戴金明(2014.7～)

朱明杰(2014.12～)

中国共产党桐乡市纪律检查委员会

书　记:陈千颂

桐乡市人大常委会

主　任:张林洪

副主任:闻金根　沈济贤　吴娟芬(女)

曹荣金　孙　琦　朱　红(女)

桐乡市人民政府

市　长:盛勇军

副市长:吴炳泉(～2014.12)　朱明杰　钱松华

费玉林(～2014.12)　潘敏芳(女)

周国强　徐云松(挂职,～2014.12)

杨青海(挂职,2014.5～)

郑利民(挂职,2014.7～)

柳国彪(2014.12～)

冯中海(2014.12～)

政协桐乡市委员会

主　席:池晓明

副主席:周　民　陈　英(女)　孙晓东

顾根梁　李云飞　陈炳荣

桐乡市人民法院

院　长:冀友佳(～2014.12)

代理院长:许邦清(2014.12～)

桐乡市人民检察院

检察长:郭军毅(～2014.12)

代理检察长:何伟明(2014.12～)

(屠群贤)

农　　业

综　　述

2014年年底，全市有乡镇、涉农街道65个，村、涉农社区867个，村民小组18339个，有农村常住户66.78万户，农村常住人口253.97万人，农村劳动力资源总数154.32万人，其中从事农、林、牧、渔业劳动力30.51万人。

全年全市实现农业总产值249.12亿元，比上年下降2.6%；实现农业增加值144.77亿元，下降1.7%。农民收入保持较快增长，全市农村居民人均可支配收入达到24676元，增长10.2%，增幅高于城镇居民。年内，浙江省农业厅发文公布《2013年浙江省农业现代化建设进程综合评价报告》，首次对全省农业现代化建设进程进行综合评价。2013年，全省农业现代化发展水平综合得分73.22分；嘉兴市农业现代化发展水平得分80.34分，居全省11个设区市的第二名，仅次于湖州市；在全省82个县（市、区）农业现代化发展水平综合评价中，嘉兴五县（市）两区均跻身前30位，其中嘉善县、海宁市列前10位。

【农业“两区”建设】 2014年，全市继续深化农业“两区”（粮食生产功能区、现代农业园区）建设，全年新建粮食生产功能区224个、面积1万公顷，累计功能区1067个、面积5.26万公顷，其中省级粮食生产功能区41个、面积4380公顷。年内4个（累计8个）现代农业综合区、4个（累计10个）现代农业示范区和11个（累计41个）现代农业精品园通过省级验收，现代农业园区总面积达到4.87万公顷。

【培育农业经营主体】 2014年，嘉兴市鼓励发展粮食生产型、农牧结合型等多种形式的现代家庭农场，新增家庭农场552家，累计1136家，其中省级36家、市级31家。组织开展农民专业合作社规范化认定工作，全年新增农民专业合作社18家，累计934家，其中国家级3家、省级104家、市级130家；新申报国家级农民专业合作示范社13家，新建农民专业合作联合社4家。全市农民专业合作社带动农户占总农户数的60.8%，信用合作社比例80.7%；继续扶持壮大农业龙头企业，累计培育市级以上农业龙头企业239家，其中国家级4家、省级21家。浙江虹越花卉股份有限公司在“新三板”上市。

【生态循环农业列全省第一位】 2014年，嘉善县、桐乡市成功创建省级生态循环农业示范县，秀洲区王江泾镇、平湖市新仓、海盐县元通、海宁市新曙创建省级生态循环农业示范区，嘉兴敦好牧业有限公司、嘉兴市江浩生态农业有限公司创建省级生态循环农业示范企业（合作社）。全市省级生态循环农业示范县、示范区、示范企业分别达到3个、10个、11个，列全省第一位。

【农业社会化服务】 2014年，嘉兴市继续开展农业社会化服务体系省级试点示范创建活动，南湖区、秀洲区、平湖市、桐乡市通过省级示范县创建验收。提升基层农业公共服务中心功能,全市建立基层农业公共服务中心地理信息系统36套。加强农机服务,全市大小麦机收面积6.11万公顷,机收率100%;推广水稻机插面积2.33万公顷,比上年增长15.2%。

【农产品质量安全】 2014年,全市无公害农产品、绿色食品、有机食品、国家地理标志保护产品分别达到576个、163个、15个、15个;累计制定农业标准372项;建立省级农业标准化示范区项目92个,农业标准化生产程度超过63%;推进农产品质量安全保障工程,全市7个县(市、区)、63个涉农镇(街道)全部建有农产品质量快速检测站(室),全年向社会免费提供快速检测服务6700批次,嘉善县被列入首批省级农产品质量安全示范县;开展农产品质量安全专项整治,查处案件171起。

【农业行政执法】 2014年,全市出动执法人员7017人次,检查各类管理相对人3974个次,比上年增长17.1%。全市立案查处农业行政违法案件135起,比上年下降26.2%,其中肥料案件20起、种子案件29起、农药案件43起、饲料及饲料添加剂案件9起、兽药案件25起、农产品案件9起;结案139起,罚没款金额87.18万元。调处农业生产事故6起,为农民挽回经济损失129.99万元,其中嘉善县农业行政执法大队生产事故调处工作获浙江省农业行政执法总队通报表彰。

【"绿剑"集中执法行动】 3~5月,全市以假冒伪劣种子、农药、肥料为重点,开展"绿剑"春季集中执法行动,出动执法人员2007人次,检查农资生产经营单位1046家次,查处违法案件40起;7~9月,以农业生产主体在生产过程中使用禁限用农药及违禁物质为检查重点,开展"绿剑"保安全专项执法行动,出动执法人员1991人次,检查农资生产经营单位957家次,查处违法案件25起;9~11月,以假冒伪劣兽药、饲料及饲料添加剂、农药为检查重点,开展"绿剑"秋季集中执法行动,出动执法人员1320人次,检查农资生产经营单位804家次,查处违法案件8起。

【中国农技推广协会到嘉兴调研】 7月4日,农业部原部长、中国农技推广协会名誉会长陈耀邦一行到嘉兴,调研"万元千斤"稳粮增效种植模式和基层农技推广体系情况。调研组先后考察南湖区新丰镇净湘毛家头万元千斤种植基地、世合台创园和桐乡市乌镇农业公共服务中心。

(和玉昌)

粮　油

【概况】 2014年,嘉兴市粮食播种面积18.33万公顷、总产122.34万吨,超额完成省定种植面积18.2万公顷、总产121万吨的粮食生产任务。全市大、小麦播种面积5.96万公顷,比上年增加0.02万公顷,增长0.34%;总产26.66万吨,增加1.23万吨,增长4.84%。其中大麦1.83万公顷,单产4397.00公斤/公顷,总产8.06万吨;小麦4.13万公顷,单产4510公斤/公顷,总产18.6万吨。全市晚稻播种面积10.14万公顷,减少1.52万公顷,下降13.04%;单产8593公斤/公顷,增长0.62%,总产87.11万吨,减少12.43万吨,下降12.49%。其中单季稻10.04万公顷,单产8634公斤/公顷,总产86.65万吨;连作晚稻0.1万公顷,单产4497公斤/公顷,总产0.45万吨。豆类、薯类和玉米等杂粮播种面积2.22万公顷,减少0.99万公顷,总产8.55万吨,减少5.3万吨。其中豆类1.53万公顷,总产4.79万吨;薯类0.26万公顷,总产1.66万吨。油菜播种面积1.61万公顷,单产2574公斤/公顷,总产4.14万吨,下降15.5%。

【培育种业发展项目】 2014年,嘉兴市出台

《市本级现代种业发展项目与经费管理办法(试行)》,每年设立现代种业发展专项资金 300 万元。由市级科技发展资金 150 万元和市级农业发展资金 150 万元组成,提升嘉兴市种子产业自主创新和市场竞争能力。浙江美之奥种业“育繁推”项目成为省级首批农作物种业“育繁推”一体化培育计划项目。

【晚粳稻单产创纪录】 2014 年,嘉兴市继续开展晚稻高产创建“600 行动”,建设 17 个部级万亩示范区、33 个省级千亩示范方。经市、县测产验收,10500 公斤 / 公顷以上示范方 42 个,10500 公斤 / 公顷以上攻关田 83 块。平湖市新埭镇星光村杂交稻“甬优 12”田块最高产量达到 13637.25 公斤 / 公顷;嘉善县陶庄镇汾湖村的常规晚粳稻“绍粳 18”示范方产量 11761.35 公斤 / 公顷,最高田块产量达到 12129.15 公斤/ 公顷,创全省单季晚粳稻验收新纪录。

【示范推广新型肥料】 2014 年,嘉兴市推广科学施肥技术,计划化肥减量 0.4 万吨,提高化肥利用率 3 个百分点;示范推广施用新肥料脲铵 0.09 万公顷,节氮增效明显,被列入市发改委“五水共治”2014 ~ 2016 年重大投资项目;推广应用商品有机肥 8.66 万吨,施用面积 2.51 万公顷;加强商品有机肥质量检测,全市检测 80 个样品、496 项次。

(张寒波)

蔬　菜

【概况】 2014 年,全市蔬菜种植面积 8.23 万公顷,单产 30.8 吨 / 公顷,总产 253.3 万吨,均比上年略增,其中榨菜种植面积 5492 公顷,菜心 5348 公顷,茭白 3689 公顷,莴苣 2948 公顷,番茄 2385 公顷。全市果用瓜种植面积 9079 公顷、下降 8.8%,总产 26.9 万吨、下降 11.2%,其中西瓜种植面积 5082 公顷、15.9 万吨,甜瓜 2885 公顷、8.6 万吨,草莓 414 公顷、9085 吨。全市食用菌种植面积 807.2 公顷,下降 5%;总产 5.5 万吨,下降 1.6%。年内,全市重点推广蔬菜穴盘育苗、节水灌溉、绿色防控等技术,推广防虫网面积 476.6 公顷、杀虫灯面积 439 公顷、性诱剂面积 1316.0 公顷、喷滴灌面积 3578.6 公顷,培育穴盘苗 6934 万株、穴盘苗大田应用面积 4677.3 公顷。全市大棚种植面积 10248.7 公顷,比上年下降 3.3%,其中 8 米大棚面积 3849.7 公顷,增长 4%;中、小棚种植面积 6596.3 公顷,下降 7.3%。

【平湖市试点政策性蘑菇及蘑菇大棚保险】 2014 年,平湖市率先试点政策性蘑菇及蘑菇大棚保险,有效降低蘑菇种植风险。根据保险政策规定,蘑菇及蘑菇大棚受到火灾、热带风暴及以上的热带气旋、短时 9 级以上大风、雹灾、雪灾、倒塌等风险造成的损失,可得到理赔。蘑菇 0.09 元 / 平方尺、蘑菇大棚 0.072 元 / 平方尺的保险费,由市、镇(街道)两级政府补贴 70%,菇农承担 30%。凡蘑菇种植面积在 3 万平方尺以上且具有一定种菇经验和管理能力的菇农均可参加保险。种植面积未达到 3 万平方尺的种植户可以通过专业合作组织或以村、镇(街道)为单位以统保方式参加保险。

【参加省精品果蔬展销会】 8 月 1 ~ 2 日,2014 浙江精品果蔬展销会在杭州举行。嘉兴市 18 家水果蔬菜生产加工企业、专业合作社、农场参展,展示销售水蜜桃、葡萄、蜜梨、火龙果、无花果、西瓜、芦笋、番茄等优质果蔬产品。平湖市新埭果蔬专业合作社、海宁市民盈蔬菜有限公司、嘉兴市绿江葡萄专业合作社、嘉兴市凤桥水蜜桃专业合作社、嘉兴碧云花园有限公司、海盐县金斗笠农场的产品获得金奖,10 家企业的产品获得优质奖。

【参加省第五届鲜花展示展销会】 3 月 27 ~ 30 日,浙江省第五届鲜花展示展销会在杭州举行,嘉兴市 7 家企业参展,展出杜鹃、非洲菊、天堂鸟、蓝莓、杭白菊等鲜花和盆栽类产品。碧云花园有限公司的杜鹃、海宁国美园艺有限公司的米尔特兰、嘉德园艺有限公司的天堂鸟获得金奖。

【全省瓜菜水稻轮作现场会在嘉兴召开】 4月23~24日,由省农业技术推广中心组织的全省瓜菜水稻轮作现场观摩会在嘉善县举办。会议交流各地农作制度创新成效与工作经验,考察嘉善县罗星街道马家桥村大棚甜瓜(瓠瓜)—水稻轮作模式现场和姚庄镇北鹤村大棚茄子—水稻轮作模式现场。

【全省新型农作制度推广现场会在嘉兴召开】 11月3~4日,全省新型农作制度推广现场会在平湖市召开,全省各市(县)农业局分管局长、农技推广中心负责人等180余人参加会议。参会人员实地参观新仓镇仓秦果蔬专业合作社基地的“果园套种大豆”模式、新埭镇金穗园基地的“稻鳖共生”种养模式、平湖市三丰果蔬专业合作社基地的“大棚瓜菜—水稻轮作”模式等农作制度创新模式。

(张　敏)

水　果

【概况】 2014年,全市水果生产继续稳步发展,总面积1.37万公顷,总产量33.06万吨,分别比上年增长9.6%和10.5%。主要水果栽培面积为葡萄0.65万公顷、梨0.25万公顷、桃0.20万公顷、柑橘0.13万公顷。3月27日,市种植技术推广总站举办技术培训班,邀请日本冈山大学名誉教授冈本五郎到嘉兴授课。全市5县(市)2区的80余名葡萄种植户和技术干部参加培训。

【2014嘉兴精品果蔬展销会】 7月11~13日,2014嘉兴精品果蔬展销会暨“秀秀农博会”团购大街在国际会展中心举行,五县(市)两区的70多家农业龙头企业、农民专业合作社、家庭农场参展,展示展销番茄、西瓜、葡萄、水蜜桃、梨、芦笋、西红柿、蓝莓、黑大蒜、雪菜等特色果蔬和加工品,40个产品被评为金奖。

【嘉兴市葡萄产业协会成立】 7月11日,嘉兴市葡萄产业协会成立大会暨第一次会员大会召开。各县(市、区)葡萄产业相关管理人员,葡萄生产、加工、购销大户,从事葡萄生产经营的国有企业、股份制企业、专业合作社、家庭农场,从事葡萄经济贸易及相关活动的人士、学者、研究工作者等60多名会员参加此次会议。会上,宣读准予筹备成立“嘉兴市葡萄产业协会”的批文,通过《嘉兴市葡萄产业协会章程》《嘉兴市葡萄产业协会会费收取与使用管理办法》《嘉兴市葡萄产业协会选举办法》,选举产生协会第一届理事会。同时,召开一届一次理事会、监事会会议,选举产生会长、副会长、秘书长和监事长,嘉兴市绿江葡萄专业合作社朱屹峰当选为葡萄产业协会会长。

【省精品葡萄评比活动在嘉兴举行】 7月28日,2014年浙江精品葡萄评比活动在秀洲区举行,由上海交通大学、浙江大学、浙江省农科院等7名专家组成评定小组,依照外观、肉质、可溶性固形物等标准,对全省80个葡萄样品进行评比,评出金奖产品10个、银奖产品20个、优质奖产品30个,嘉兴市获得金奖3个、银奖6个、优质奖2个。

【范泾草莓获浙江省第一届优质草莓金奖】 12月26日,浙江省第一届优质草莓评比活动在杭州举办,嘉善县范泾草莓专业合作社生产的“红颊”草莓获得金奖。嘉善县范泾草莓专业合作社成立于2003年,2004年“范泾”牌草莓通过省级无公害基地和农产品认证,2006年通过国家绿色食品认证,2008年通过国家级有机食品认证。

(李　斌)

蚕　桑

【概况】 2014年，全市桑园面积17346公顷，比上年减少902公顷，下降4.9%；饲养蚕种43.3万张，减少5.3万张，下降10.9%；蚕茧总产20057吨，减少2705吨，下降11.9%，其中春茧12321吨、下降5.2%，夏茧996吨、下降3%，秋茧6740吨、下降23.3%。全市五个蚕茧主产县（市、区）产量均减少，桐乡市下降4%，海宁市、海盐县、秀洲区、南湖区减幅较大，分别下降19.5%、24.5%、17.4%和31.9%。全市有蚕桑生产村438个；养蚕农户14.98万户，比上年减少8514户，其中年产蚕茧500公斤以上的农户2812户；有蚕桑生产镇（街道）44个，其中年产茧500吨以上的镇（街道）14个，海宁市周王庙镇为全市产茧量最多的镇（街道）、年产茧1470吨。全市收购蚕茧5433吨，减少2557吨；蚕茧平均收购价格每百公斤3388元，比上年跌615元。全市生产实生桑苗1.16亿株，嫁接桑苗4.48亿株，种桑面积227.7公顷、274万株，3.33公顷以上的蚕桑规模小区面积8939.3公顷。全市生产一代杂交蚕种28.18万张，其中春制蚕种20.11万张、秋制蚕种8.07万张。

【秋蚕期桑螟暴发成灾】 7月、8月与9月上中旬，嘉兴市气温不高，雨水调匀，有利于桑螟发生。8月中旬防治第4代桑螟期间，全市连续下雨，无法进行防治，导致第4代桑螟在部分桑园危害严重。第5代桑螟防治正值中秋蚕饲养期，总体防治效果较差，导致第5代桑螟暴发成灾，晚秋期桑叶大幅减产，全市弃养蚕种4.1万张，占晚秋蚕饲养量的51.3%。

【政策性养蚕保险试点】 2014年，海宁市在蚕桑保护区域周王庙、盐官、长安三个镇中选择8个村启动养蚕保险试点工作，并在保费上给予农户财政扶持。中秋和晚秋二期蚕试点村参保农户共2096户，投保蚕种3640.75张。全年理赔出险农户56户，涉及蚕种120.5张，赔付保险金额44900元。

【实施优质茧收购试点】 2014年春，市农经局在海宁市周王庙镇云龙村试点优质茧收购模式。一方面在上蔟、采茧、售茧过程中，加强对农户宣传指导，帮助蚕农抓好管理，提高蚕茧质量；另一方面蚕茧收烘公司承诺在市场保底价的基础上，对质量达标蚕茧实行奖励。全年春蚕、中秋蚕和晚秋蚕共收购优质茧4.25吨，平均每50公斤蚕茧比市场价提高180元，提高10.6%。

（姚李军）

畜　禽

【概况】 2014年，全市畜牧业产值74.37亿元，比上年减少6.22亿元，下降7.72%。全年生猪饲养量457.02万头，减少158.23万头，下降25.72%。生猪出栏374.83万头，减少44.98万头，下降10.71%；存栏82.19万头，减少113.25万头，下降57.95%，其中能繁母猪6.65万头，减少16.89万头，下降71.75%。家禽存栏1162.15万羽，减少222.17万羽，下降16.05%；出栏3615万羽，减少646.69万羽，下降15.17%。羊存栏58.91万只，减少2.78万只，下降4.51%；出栏69.52万只，增加0.05万只，增长0.07%。以奶牛为主的牛存栏0.20万头，减少0.04万头，下降16.67%。家兔存栏37.52万只，减少6.01万只，下降13.81%；出栏65.45万只，减少2.64万只，下降3.88%。全年肉、蛋、奶产量分别为32.3万吨、5.84万吨、0.85万吨，分别减少3.94万吨、1.54万吨、0.31万吨，下降10.87%、20.87%、26.72%。其中猪肉25万吨，减少2.9万吨，下降10.39%；禽肉5.75万吨，减少0.99万吨，下降14.69%；羊肉1.40万吨，减少0.03万吨，下降2.1%；牛肉145吨，减少84吨，下降36.68%；兔肉1323吨，减少73吨，下降5.23%。全年外调上海活猪2.86万头、白胴猪

86.18万头、白胴牛2.99万头、白胴羊1.21万只、活禽318.34万羽。2014年,全市兽药生产企业6家,年产值2.3亿元,下降10.51%;饲料和饲料添加剂生产企业91家,其中配合饲料企业69家、单一饲料企业2家、饲料添加剂及添加剂预混合饲料企业20家。全年饲料产量180.62万吨,其中配合饲料178.82万吨、浓缩饲料1.14万吨、预混合饲料0.66万吨;年产量超万吨饲料企业42家,产量171.42万吨,占总产量的94.91%。全市申报后备母牛补贴913头,申请补贴45.65万元,其中省财政补贴9.13万元。年内,全市查处违法案件261起,其中动物防疫类257起,罚款54.47万元;兽药饲料管理类4起,行政处罚2起、罚款8.8万元,移交公安机关2起。全市参加执业兽医师资格考试141人,取得执业兽医师资格16人、助理执业兽医师资格15人。

【畜禽养殖效益】 2014年,生猪养殖效益较上年有所下降,平均每头肉猪亏损90元。受人感染H7N9禽流感影响,家禽及其产品价格数次下跌,肉鸡年初亏损严重,至下半年回暖有微利;种鸭、肉鸭盈亏平衡;鸡蛋价格较好,每只蛋鸡全年获利14元。草食动物行情较好,每只湖羊获利300元,每只獭兔获利10元,每只成年长毛兔全年获利150元。

【退养生猪农民转型】 2014年年初,市委、市政府召开生猪养殖转型发展暨拆违治污百日攻坚行动视频会议,印发《关于进一步深化生猪养殖业减量提质工作的通知》等文件,市与县(市、区)签订《深化生猪养殖业减量提质工作目标责任书》。至年末,全市五县(市)两区均超额完成市定年度减量目标、发布畜牧业发展专项规划,嘉兴市级发展专项规划通过专家审定。全市通过免费培训、项目推介、政策扶持等方式,引导退养农民从事高效种植业或者转移到第二产业、第三产业就业;引导养殖场"走出去"发展,部分养殖场在安徽、江苏等地落实养殖用地。年内,全市创建国家级畜禽养殖标准化示范场1个、省级示范场2个;有5万多名退养农户实现转产转业。

【完善死亡动物无害化集中处理体系】 2014年,全市累计投入资金近1.5亿元,形成海盐县高温干化处理工艺、桐乡市高温高压生态循环处理工艺、平湖市高温碳化处理工艺以及其他县(市、区)高温生物降解4种死亡动物无害化处理模式。完善收集处理体系,按照"就近、便利、易防控疫病传播"的原则,全市建设收集点80个(建设配套冷库35个),配备收集人员287名、收集车辆185台,"村收、镇聚、县处理"的病死动物无害化收集处理体系实现全覆盖。规范收集处理流程,按照"统一收集、集中处理"的要求,建立养殖场(户)主动报告、镇(街道)统一收集、中心转运处理的无害化处理运行机制,并实行"联单制"管理。实施病死动物无害化处理奖励补助政策,对主动报告、送交病死猪的养殖户,根据猪大小给予每只3~30元的奖励补助,海宁、桐乡等地还通过政府筹资,将送交羊、禽等病死动物纳入奖励补助范围。联合公安、环保等部门,严厉打击不按规定处置死亡动物等违法行为,全年查处案件90起。

【畜禽遗传资源保护】 2014年,嘉兴黑猪地方品种资源首次被纳入农业部《国家级畜禽遗传资源保护名录》,成为湖羊之后嘉兴市的第二个上榜品种。嘉兴青莲黑猪原种场有限公司通过国家级畜禽遗传资源保种场现场考核,"桐乡湖羊"地理标志证明商标被录入"中国初步审定地理标志公告名录"。

【动物疫病防控】 2014年,全市未发生重大动物疫情。年内,全市各类疫苗免疫生猪1719.66万头次、牛羊121.96万头次、家禽7597.16万羽次。累计监测样本79331份次,各类免疫抗体合格率均超过农业部合格标准。其中检测流感H7亚型非免疫抗体7771份,H7N9病原2995份,均为阴性;检测布病19945份,发现阳性73份,涉及阳性畜全部按照规定扑杀并作无害化处理;检测奶牛结核病1536份,均为阴性。2014年,全市备案审批省外调入动物及动物产品3.02万批次、备案率99.53%,安全调入活畜禽171.42万头(羽)、动物产品0.93万吨。全市4个公路动物卫生监督检查站(其中桐乡市乌镇动物卫生监督检查站自9月1日起关停)共检查车辆5.10万辆次,畜禽104.21万头(羽),动物产品7.53万吨,其中乍嘉苏高速公路动物卫生监督检查站4次查获装载疑似染疫生猪的外省入境车辆,均按有关规定进行处置。全市产地检疫生猪323.27万头、牛羊6.07万头、家禽6652.10万羽;屠宰检疫生猪417.93万头、牛羊9.75万头、家禽175.89万羽,检出病害家畜0.74万头、病害家禽0.43万羽,均按规定进行无害化处理。全年嘉兴市使用电子开证系统开具检疫证明19.11万张;注册使用识读器683台,录入各类数据38.76万条,使用生猪二维码耳标305.5万枚,继续保持全省领先。

【畜禽农产品安全监管】 2014年,嘉兴市开展盐酸克伦特罗、莱克多巴胺、沙丁胺醇三项违禁药物快速监督检测120.02万批次,其中养殖环节70.94万批次、屠宰环节49.08万批次,合格率99.99%以上。全年承接部、省级畜产品质量安全例行监测8次,不定期专项抽检5次,累计抽检屠宰和流通环节畜禽肉、内脏、禽蛋、生鲜乳等各类样品486批次。完成市级畜产品质量安全监测350批次,合格率100%。

【畜禽屠宰工作移交至农经部门】 7月1日起,嘉兴市屠宰管理工作正式从商务部门移交到农经部门,并成立畜禽屠宰监管科,负责指导全市畜禽屠宰监管工作;建立由副市长赵树梅为召集人,市级相关部门(单位)分管负责人为成员的联席会议制度;在原有生猪屠宰管理执法机制基础上,组建由农经、市场监管、公安、城管等部门执法人员参加的屠宰联合稽查队,依法开展联合执法检查;代拟《关于嘉兴市主城区实行家禽定点屠宰杀白上市工作的通知》,在限制区域范围内禽类产品供应实行定点屠宰杀白上市。8月,农经、市场监管、公安和城管执法4部门联合开展为期2个月的专项行动,并在首届世界互联网大会期间、节假日期间,牵头开展畜禽屠宰场专项检查,确保上市肉品安全。下半年,全市取缔私屠乱宰窝点3个,查处违法案件12起,收缴违法产品1479.4公斤,罚没款6.7万元,处罚违法人员9人。

【H7N9禽流感防控】 2014年,嘉兴市启动禽流感排查日报制度,对全市范围内的养殖场(户)、屠宰场、农贸市场等环节进行排摸调查,全市共排查养殖场(户)0.94万个次,涉及存栏活禽4614.75万羽次,消毒养殖场(户)0.72万个次,未发现疫情。对全市范围内养殖场和农贸市场开展血清学及病原学监测,检测血清学样本6335份、病原学样本1665份,结果均为阴性。发布《关于暂停从市外调入商品活禽的通知》《关于切实做好当前防控人感染H7N9禽流感工作的通知》,严防市外疫情传入,全面暂停活禽交易。

【小反刍兽疫防控】 2014年,嘉兴市启动调入羊只排查、采样送测工作,对发现阳性样品的调入羊实行全群扑杀,并作无害化处置。制定下发小反刍兽疫防控通知,部署开展紧急免疫,启动小反刍兽疫排查日报制度。全年全市出动人员1.07万人次,排查交易市场0.01万场次,养殖场(户)13.53万个次,涉及存栏羊121.03万只次,未发现异常情况;紧急免疫羊48.20万只。

(竺珊珊)

林 业

【概况】 2014年,嘉兴市完成平原绿化面积3072公顷,封山育林面积1096公顷,四旁植树78.5万株,幼林抚育面积2672公顷。年末,林木种苗花卉育苗面积10251公顷。全市签发木材运输证32530份、检疫证68063份;木材采伐证112份,未突破采伐限额;审核审批野生动物驯养繁殖许可证和经营利用核准证26件;办结林业行政案件25起,处罚27人次,罚款77143元。全年未发生森林火灾。全市林业有害生物成灾面积134.13公顷、成灾率2.62‰,无公害防治面积285.23公顷、无公害防治率100%,预测发生面积318.67公顷、实际发生面积313.54公顷、测报准确率98.36%,应施种苗产地检疫面积6573.67公顷、实施检疫面积6350.27公顷、种苗产地检疫率96.9%,"四率"指标均超额完成省林业厅下达的"十二五"期间林业有害生物防治目标管理年度指标。年内,桐乡市被授予"浙江省森林城市"称号,秀洲区洪合镇、海宁市袁花镇和黄湾镇、桐乡市屠甸镇被授予"浙江省森林城镇"称号,嘉兴市联众实业投资有限公司被评为"浙江省绿化模范单位"。南湖区凤桥镇永红村等14个村创建"浙江省森林村庄",秀洲区王店镇清泰桥村等41个行政村被评为"嘉兴市绿化示范村"。

【完成中央重点沿海防护林建设】 2014年,省发改委和省林业厅下达嘉兴市中央扩大内需重点沿海防护林建设任务997.2公顷。嘉兴市将重点沿海防护林工程列为2014年重点工作之一,明确分管领导,落实责任处室,成立督察组,多次到建设单位监督建设进度,检查现场造林情况;指导各地做好造林作业编制、规划设计及资金管理工作,实施定期上报制度。全年完成重点沿海防护林建设1032公顷,完成省下达任务的103.5%,完成投资9949万元。

【破获首起非法运输象牙制品案】 2014年,海宁森林公安部门破获嘉兴市首起非法运输象牙制品案,抓获犯罪嫌疑人一名,缴获涉案象牙制品4.392公斤,涉案价值18.3万余元。

【修订《嘉兴市森林火灾应急预案》】 年内,市政府办公室发布修订后的《嘉兴市森林火灾应急预案》,明确编制目的、编制依据、适用范围、灾害分级等内容,确立"统一领导、分级管理,分级负责、属地为主,各司其职、密切配合,以人为本、科学扑救,预防为主、常备不懈"的工作原则,对嘉兴市森林火灾的组织指挥体系、预警、检测和信息报告、应急响应、后期处置、综合保障等方面作出具体规定。

(鲍腾飞)

海洋与渔业

【概况】 2014年,全市水产养殖总面积2.06万公顷,比上年减少651公顷,下降3.06%。其中淡水养殖面积20307公顷,减少518公顷,下降2.49%;海水养殖面积280公顷,减少133公顷,下降32.2%。工厂化养殖水体91.45万立方米,减少105.59万立方米,下降53.59%。全市水产品总产量163514吨,减少16491吨,下降9.16%。其中海洋捕捞产量1209吨,减少2078吨,下降63.22%;海水养殖产量828吨,减少950吨,下降53.43%;淡水捕捞产量26866吨,减少2083吨,下降7.2%;淡水养殖产量134611吨,减少11380吨,下降7.8%。全市渔业经济总产出620775万元,下降3.56%。其中渔业产出424462万元,下降4.17%;涉渔工业和建筑业总产出123774万元,增长3.93%;涉渔流通和服务业总产出72539万元,下降11.16%。2014年,全市实现渔业经济增加值198518万元,其中渔业增加值165754万元。全年水产品出口总量944吨,贸易额614万美元,分别增长351.67%和189.62%。全市参加分配的淡水渔业村1个,渔村总人数711人,总劳动力442人;渔村渔民人均收入22278元、劳均收入35837元,分别增长9.78%、9.01%。

【现代渔业园区建设】 2014年,嘉兴市新启动渔业园区建设1家,实施省级渔业园区建设相关项目12项,投入资金5876万元;通过省级验收挂牌5家,其中主导产业园区1家、精品园 4 家，完成省下达目标任务。渔业园区引进新品种 2 个，推广新技术、新模式 5 项。新培育建设主体 9 个，开展园区建设技术培训，参加培训人员 1426 人次。

【池塘生态化改造工程】 2014 年，嘉兴市根据“加快渔业转型促治水，推进生态渔业建设”要求，计划实施池塘生态化改造 544 公顷。全市 28 个场开展生态化改造示范建设，通过养殖尾水治理试点示范等生态化设施技术改造，完善池塘生态化改造建设，全年实施生态化设施改造 576 公顷，完成计划任务的 105.9%。

【养鱼稳粮增收工程】 2014 年，嘉兴市把稻田养鱼作为市级重点（创新）项目，重点建设三羊、海腾等 25 个“渔菜轮作技术”“稻鳅、稻鳖共生”“藕（菱）鳅（鳖）共生”“茭鳅共生”示范基地。全年落实推广面积 1800 公顷，实际推广面积 1850 公顷。9 月 10～11 日，海盐县承办全省第六期养鱼稳粮增收工程培训班。

【引进名优水产品种】 2014 年，嘉兴市引进南美白对虾“浙桂一号”和 SIS 一代苗，南美白对虾优质种苗覆盖率达到 70%；推广“太湖一号”青虾、台湾泥鳅等名优品种，探索适合嘉兴的养殖模式；通过与科研院校合作，沙塘鳢、大鲵等品种规模化繁育技术取得进展，丰富了新型水产养殖业态。

【水产养殖技术推广】 2014 年，嘉兴市水产养殖技术主推品种 4 个、特色品种 6 个、主推模式与技术 7 项，全年组织实施科研示范项目 46 项，其中中央项目 10 项、省级项目 23 项、市（县）级项目 13 项；扶持建立科技示范户 789 家、面积 3658 公顷，先进实用技术入户率 96% 以上；渔业主推品种、模式与技术推广总面积 8651 公顷，增加产量 4222.5 吨，实现产值 192965.3 万元，增加产值 8803.2 万元。

【水产品质量安全整治】 2014 年，全市开展水产品质量安全整治“百日严打”行动，对全市规模养殖场（户）生产投入品使用、“三项纪录”等进行执法检查，举办各类培训 15 期，培训人员 845 人次；检查养殖单位 511 家，责令整改 23 家，约谈养殖单位和鱼药经营单位 9 家，收缴病死龟鳖及甲骨 26 公斤，对 6 个品种 99 个批次水产品进行监督抽检，未发现违禁药物超标情况。开展牛蛙专项整治，责令整改 3 家。开展水产苗种企业现场检查，责令整改 2 家。

【温室甲鱼养殖拆除整治】 2014 年，为有效解决甲鱼养殖环境污染问题，根据水产养殖禁限养区划定整治工作要求，海宁市、嘉善县、海盐县相继出台温室拆除政策，拆除和整治温室面积 329.7 万平方米。全市共划定整治水产禁限养区 718 万平方米。

【开展海域专项执法行动】 2014 年，嘉兴市组织开展海域“一打三整治”专项执法行动，打击涉渔“三无”（无船名号、无渔业船舶证书、无船籍港）船舶及其他各类非法行为，整治“船证不符”捕捞渔船和渔运船、整治禁用渔具、整治海洋环境污染。年内，累计取缔涉渔“三无”船舶 91 艘，在全省率先完成涉渔“三无”船舶的取缔任务；治理“船证不符”渔船 384 艘，排查建档入海污染源 25 个，清理禁用及违规网具 587 件，立案查处使用小于最小网目尺寸的网具进行捕捞案件 1 起。

【海洋规（区）划修编】 2014 年，嘉兴市依据《嘉兴市海洋功能区划修编工作实施方案》，完成《嘉兴市海岛保护规划（2008～2020 年）》和《嘉兴市海洋功能区划（2006 年）实施情况评估报告》评审，编制完成《嘉兴市海洋功能区划（2011～2020 年）》送审稿。

【海洋管理】 2014 年，市海洋与渔业局组织开展海域、海岛使用动态监管和海底管线路由资源管理，核查录入全市新增用海数据；根据《浙江省围填海计划管理办法》要求，开展 2014 年用海项目的现场调研,提出全市年度围填海指标需求;协调落实浙商回归项目用海需求,安排海盐县东段围涂二期工程1号海域3宗海43.48公顷、平湖独山1号区块海域填海3.48公顷、平湖独山3号区块海域填海12.91公顷、平湖九龙山填海工程北区4.78公顷和南区10.94公顷5宗填海招标并挂牌出让;完成嘉兴3号海上风电场测风塔项目、独山港区A区3号泊位、泰地石化码头工程、海盐县嘉兴港航标作业码头工程的初始登记配号工作并纳入日常监管。同时,完成近海海洋灾害信息发布LED大屏建设项目,启动嘉兴市县级海洋与渔业突发事件应急视频会商系统建设,不断提高海洋与渔业灾害应急处置能力。

【海洋环境保护】 2014年,嘉兴市继续实施"蓝色屏障行动",编制并向社会发布《2013年嘉兴市海洋环境公报》;制定《嘉兴市2014年海洋环境监测工作方案》,重点对秦山核电核辐射、近海海水质量、近岸海域沉积物质量、沿岸海域环境综合质量、主要河流污染物入海量、排污口及邻近海域生态环境质量、杭州湾生态系统环境状况等开展监测分析,并组织涉海工程环评和渔业水域环境监测等工作。

【推进增殖放流工作】 2014年,市海洋与渔业局推进水生生物资源增殖放流工作,严格实行增殖苗种招评标制度,提高增殖实效。全市投入放流资金207.38万元,增殖放流各类鱼苗9238.62万尾,其中市本级增殖放流各种鱼苗2235.93万尾,投入资金57.57万元。

【渔业安全管理】 2014年,嘉兴市签订《渔船安全生产目标管理责任书》,落实"定人联船""定人随访""编组生产"等安全生产管理制度;开展"打非治违"专项行动,完成内陆1945艘渔业船舶的登船检验,做好"二代标签"更换的普查工作;组织相关县(市)海洋与渔业局到上海崇明岛、芦潮港等地开展跨海区作业渔船安全生产情况检查,全年嘉兴市渔船安全生产零死亡。全年完成水产品质量抽检595个,其中省级以上375个,合格率99.7%;完成省级水产品风险监测抽样及农业部市场例行调查抽样。

【海洋与渔业行政执法】 2014年,嘉兴市开展"碧海2014""海盾2014" "护岛2014"等海洋专项执法巡查,出动执法人员235人次、船舶30艘次、航时100小时、航程1335海里,拍摄海岛照片96张,摄像100分钟,更新海岛执法档案13个,登岛检查17个;对全市32个无居民海岛进行执法检查,查处未经批准擅自对小孟屿进行采石、建设违法行为1起,罚款28万元。开展"春潮2014""护渔2014"等渔业资源保护专项执法行动,查处电力捕鱼案件2855起,清理各类违规网具6000余件。

(周华成　徐卫国)

农　机

【概况】 2014年,全市贯彻落实《嘉兴市关于加快推进农业机械化发展的实施意见》精神,推广农机新机具、新技术,推进农业领域"机器换人"。年内,全市拥有农业机械总动力147.87万千瓦、比上年减少4.29万千瓦,农业机械原值16.17亿元、增加0.32亿元,农业机械净值8.46亿元、增加0.18亿元;拥有农业机械总台数34.27万台、减少18.23万台,其中耕作机械1.74万台、种植机械960台、排灌机械4.11万台、植保机械1.65万台、收获机械1700台、收获后处理机械16.23万台、农产品粗加工机械6600台、畜牧养殖机械3600台、渔业机械3.22万台、林果业机械380台、茶叶机械300台、食用菌机械500台、运输机械1.28万台、农田基本建设机械1100台、其他机械4.53万台;完成设施农业设备面积9396公顷,增加939公顷,增幅11.1%,其中连栋温室148公顷、日光温室12公顷、钢架大棚6473公顷、简易大棚2763公顷;完成机耕面积15.32万公顷、减少0.84

万公顷，机播面积 2.45 万公顷、增加 0.36 万公顷，机收面积 16.4 万公顷、减少 0.53 万公顷，机电灌溉面积 12.8 万公顷、减少 0.13 万公顷，机械植保面积 7.2 万公顷、减少 0.07 万公顷。水稻机耕面积 8.93 万公顷、机械种植面积 2.38 万公顷、机收面积 11.09 万公顷，大小麦机耕面积 3.31 万公顷、机播面积 0.05 万公顷、机收面积 4.46 万公顷，油菜机耕面积 0.30 万公顷、机播面积 0.01 万公顷、机收面积 0.08 万公顷，其他作物机耕面积 2.78 万公顷、机播面积 0.01 万公顷、机收面积 0.77 万公顷。机械化秸秆还田面积 4.18 万公顷，机械烘干粮食 28.60 万吨，农机运输作业量 20857 万吨公里，农机跨区作业面积 4.64 万公顷。全市有农机化作业服务组织 876 个、增加 14 个，人员 6465 人、增加 872 人，农机户 32989 户、人员 46416 人，农机维修厂(点)326 个、人数 573 人，农机经销企业 16 个、人数 62 人，农机经销点 42 个、人数 82 人；乡村农机从业人员 37299 人。全年农机化培训 9656 人次，维修农机 154720 台次，发布各类农机服务信息 6764 条。全市农机经营单位 38834 家，实现农机经营总收入 10.74 亿元、减少 0.16 亿元，农机经营成本与费用 7.18 亿元，实现农机经营总利润 3.56 亿元、减少 0.14 亿元。全年农业生产燃油消耗 7.39 万吨。全市农业机械化总投入 1.91 亿元，增加 0.01 亿元，其中财政投入 9730 万元（中央财政 2977 万元、地方财政 6753 万元）、单位和集体投入 2319 万元、农民投入 6939 万元、其他投入 112 万元。

2014 年，全市发生上道路行驶拖拉机甲方责任事故 26 起(其中外省籍拖拉机 22 起)，死亡 8 人(外省籍 8 人)，受伤 24 人，直接经济损失 5.6 万元；农业作业事故 4 起，受伤 1 人，直接经济损失 0.78 万元，农机事故万台死亡率 1.52，未发生一次死亡 3～9 人的农机事故和 10 人以上的责任事故。

【水稻机械化穴直播观摩会在桐乡召开】 9 月 11 日，省农机局、省种植业局、省农技推广中心在桐乡联合召开水稻机械化穴直播观摩会。全省各市及部分县农机、农技部门负责人以及科研院校专家、企业代表参加会议，并参观桐乡市洲泉镇精量穴直播示范方。水稻生产全程机械化是农业领域“机器换人”的重要内容，水稻机械化穴直播作为水稻机械化栽植的一种新模式，是破解水稻机械化栽植瓶颈的一项新举措。

【农用航空植保无人喷洒机首次试飞】 10 月 20～23 日，单旋翼和多旋翼农用航空植保无人机现场观摩会分别在嘉善县、海宁市、海盐县、桐乡市举行，农业技术人员、农机合作社理事长、粮食种植大户等到现场观摩。无人机飞行分别采用锂电池电机和汽油发动机，药液箱容量有 5 升、10 升、15 升、20 升等多个型号，以满足不同的植保作业需求。

【举办农机修理职业技能比赛】 7 月 25 日，嘉兴市职业技能竞赛暨第七届职工技能运动会——农机修理工比赛在嘉兴职业技术学院举行。各县(市、区)的 17 名选手分别参加拖拉机或收割机修理项目比赛。竞赛分理论知识竞赛和操作技能竞赛两部分，最终根据理论和操作技能竞赛总得分确定个人名次。

（梅启华）

农村经营管理

【推进农村土地流转】 2014 年，全市新流转土地面积 7913.33 公顷，累计流转面积 7.37 万公顷，流转率 46%，其中 33 个村开展整村流转、流转面积 7133.33 公顷，504 个组整组流转、流转面积 5006.67 公顷。开展土地流转经营权抵押贷款试点，全年全市发放土地流转经营权证 204 张、权证面积 2780 公顷，发放贷款余额 1.15 亿元、累计发放贷款 3.1 亿元。平湖市、海盐县、秀洲区、海宁市、桐乡市建立流转风险保障金，由财政部门、村集体、流入主体按当年新增土地流转面积以一定标准(一般由县、镇两级财政分别按当年新增土地流转面积每亩50元)建立土地流转风险保障金。至年底,全市归集土地流转风险保障金1600多万元。

【农村集体资产产权制度改革】 年末,全市852个村完成产权制度改革,占总村数的98.2%;调整完善产权管理模式,由“动态管理”向“静态管理”转变。引导股份经济合作社实施按股分红,增加农民的资本性收入,2014年分红总额4065万元,累计分红总额2.48亿元。探索建立股份退出机制,选择海宁市海洲街道开展股份流转试点;在嘉善县开展股权抵押试点,10月16日在嘉善县姚庄村发放首批股权抵押贷款,发放农村集体经济股权贷款5笔,贷款总额15.5万元,

【农村产权公开交易平台建设】 2014年,嘉兴市召开农村产权公开交易平台建设现场推进会,推进农村集体资产、资源发包、出租和出让等经济活动进入集体产权交易中心交易,推进农村集体资产公开管理和交易,优化集体资产资源配置。全市各县(市、区)完成试点推进工作,建立县级农村集体产权交易中心5个,镇级农村集体产权交易分中心53个。

【发展村级集体经济】 2014年,嘉兴市先后召开发展壮大村级集体经济工作座谈会、新一轮村级集体经济壮大计划政策落实协调会。全市立项薄弱村项目313个(其中2014年立项100个),总投资18.23亿元;各级财政扶持资金4.07亿元,落实土地指标50.67公顷,其中新落实土地(非村原有建设用地)27公顷。年末,全市867个村(股份)经济合作社,拥有村级集体资产总额172.8亿元,村均1993万元;村级集体经济总收入18.96亿元,村均218.7万元。全市村级经济收入在100万元以下的村由2012年的302个减少到198个,100万元以上村数占总村数的77%;经常性收入30万元以下的薄弱村由2012年的276个减少到53个。

【农民专业合作社信用评价】 2014年,全市746家农民专业合作社获评省A级以上农民专业合作社,其中AAA级30家、AA级308家、A级408家,占全市信用合作社的78.8%。农民专业合作社信用评价结果为驰名(著名)商标申报认定、“守合同、重信用”推荐评选、知名商号认定、工商分类监管、农业项目扶持、示范合作社评选、金融信贷、合作社金融授信等工作提供重要依据。

(陈卫红)

工　业

综　述

2014年，全市完成规模以上工业总产值7364.9亿元，比上年增长7.2%，总量列全省第四位，增幅列全省第三位；规模以上工业增加值1328.3亿元，增长7.7%，总量、增幅均列全省第四位，其中制造业增加值1159.9亿元、增长9.5%，产值6719.7亿元、增长8%；完成工业投资1000.8亿元，增长12%，总量列全省第三位，增速列全省第六位；完成工业生产性投资970.4亿元，增长12.4%，投资增速低于2013年；完成制造业投资863.4亿元，增长6.4%，增速为“十二五”规划以来最低点。1～12月全市新增制造业贷款21.8亿元，占新增贷款的4.2%，下降29.2个百分点。全市完成规模以上工业出口交货值1501.5亿元，增长7.1%，占销售产值的21.02%。2014年，全市规模以上工业总产值超百亿元制造业18个，总量与上年持平，排序略有变动，其中超过500亿元制造业行业3个，分别为纺织、化工和化纤。

2014年，嘉兴市规模以上战略性新兴产业、装备制造业、高新技术产业完成增加值525.9亿元、322.2亿元、508亿元，分别占工业增加值的39.6%、24.3%、38.2%，比上年提高4.3个百分点、1.8个百分点、15.6个百分点。腾退低效用地800公顷，提前一年完成市“十二五”规划落后产能淘汰目标任务；单位GDP能耗下降约4.5%，万元工业增加值能耗下降3.5%，万元工业增加值废水排放量下降5.4%，万元工业增加值用水量下降5.2%。全市完成工业技改投资661.6亿元，比上年增长16.7%，占工业投资的66%，提高3个百分点。“机器换人”成效显著，全年完成投资470.57亿元，万元工业增加值从业人数下降8%。

2014年，桐昆、新凤鸣2家超百亿元企业入选2014中国500强企业名单和2014中国民营企业500强名单；闻泰集团和浙江晶科能源公司入选2014年全国电子信息百强企业名单。晶科能源、巨石集团、海利控股3家企业入围全省首批“三名”（知名企业、知名品牌、知名企业家）工程试点企业，安正时尚等16家企业被评为嘉兴市首批“三名”培育试点企业。全年全市新增上市公司5家，境内外上市公司达到35家，列全省第四位；上市公司总市值超过2200亿元，占全市GDP近60%。规模以上工业企业完成利润总额366.2亿元，比上年增长6.5%，主营业务收入利润率5.3%。

2014年，嘉兴市建成光伏高新区等四个20兆瓦以上规模化、集中连片发展的分布式光伏发电示范区，引进北京鉴衡认证中心等光伏检验检测平台，引进7名国家、省“千人计划”人才和相关技术创新团队，分布式光伏发电经验被国家能源局向全国推广。至年底，全市累计受理光伏发电项目装机总容量524兆瓦，完成并网容量219兆瓦，均占全省40%以上，提前完成市政府确定的目标任务。嘉兴电子商务产业园区和海宁电子商务省级示范区发展效应显著，形成麦包包、正尚科技等国内行业有影响、有特色的电子商务龙头企业，健一网（药品网上销售)、中农网(农产品网上销售)等网站在业内的影响力日趋增强，首届世界互联网大会在乌镇召开。1～12月网络销售零售总额实现678.9亿元,比上年增长37.4%;全年新增省级企业技术中心5家，市级企业技术中心46家,省技术创新项目13项,省重点高新技术产品19项，省优秀工业新产品4项,省装备制造业首台套产品3个，市首台套产品22个;新产品产值率36.2%,比上年提高1.2个百分点。

【“机器换人”取得实效】 2014年,嘉兴市在纺织、服装、家纺、小家电、五金机械、化工新材料等行业分别召开行业性的“机器换人”推进会、现场会。明确各级财政专项资金优先支持“机器换人”技术改造的政策,简化“机器换人”项目报备手续,降低补助起点,提高补助标准,并对“机器换人”示范服务商、服务中心、研究院、行业专家指导组给予补助。同时整合嘉兴市“机器换人”推广服务中心、行业“机器换人”专家服务指导组、科研院校和“机器换人”先进适用装备制造公司等专业力量,为企业“机器换人”提供指导服务。2014年,全市实施“机器换人”企业1400家,实施“机器换人”项目1550项，比2012年万元工业增加值用工数累计减少用工18万人；评选出64家2014年度市级“机器换人”示范企业。

【推行工业绩效评价】 2014年,嘉兴市运用工业绩效综合评价结果,有效提升工业质量。从绩效评价两轮数据看,2011～2013年与2010～2012年相比,近三年平均绩效水平整体有所提升。亩均税收提高3.3%,亩均工业增加值提高6.9%,单位能耗工业增加值提高7.1%,单位排放工业增加值提高11.5%，全员劳动生产率提高12.5%。嘉兴市成为全省唯一县(市、区)要素市场化配置扩面改革全覆盖地市,海宁、平湖、桐乡、海盐分别出台与工业绩效评价结果相挂钩的差别化政策措施,全年对882家工业企业执行差别电价加价政策。

【启动“三名”工程】 2014年,嘉兴市出台《关于全面推进“三名”工程的实施意见》,成立“三名”工程建设办公室,下设名企、名牌、名家三个培育工作组,负责制定工程计划、推进方案等工作;集聚嘉兴学院、清华长三角研究院及嘉兴知名会计师事务所、律师事务所、管理咨询公司等优势资源,与国内著名高校、科研机构及知名服务机构加强战略协作,成立嘉兴市名企名牌名家服务促进中心,为试点企业提供专业化、个性化服务,形成政府与市场共同推进“三名”工程建设的格局。2014年,嘉兴市3家企业入选省“三名”培育试点企业名单,16家企业被评为市首批“三名”培育试点企业。

【加快培育信息经济】 2014年,嘉兴市召开全市发展信息经济工作会议,出台《关于加快发展信息经济的若干意见》。信息基础设施不断完善,电信、移动、联通三家公司全部完成移动通信基站的建设任务,全市镇(街道)以上区域4G网络实现基本覆盖;引导雅莹、卡森等嘉兴知名企业创建城市信息消费综合体验馆,逐步建立网络营销和实体销售体验融合发展的消费模式,嘉欣丝绸公司投资130万元、建成100平方米的产品体验馆。年内,组建两化深度融合技术服务指导组，组织54名两化深度融合专家指导员到企业开展指导服务;评定首批首席信息官试点企业51家。2014年,嘉兴市两化融合发展指数63.41,列全省第三位。

【培育工业强镇】 2014年,嘉兴市进一步健全工业强镇培育机制,完善工业强镇争先创优评价办法,公开发布《2014嘉兴市工业强镇培育发展报告》,嘉兴市工业强镇(街道)建设工作走在全省前列。全年列入综合评价的55个镇(街道)规模以上工业完成产值5810.4亿元,比上年增长7.4%，占全市规模以上工业产值的78.9%;财政总收入316.5亿元,增长10.9%,占全市财政总收入的55.7%；工业投资824.6亿元,增长15.1%,占全市工业投资的82.4%;规模以上工业产值超100亿元的镇(街道)达到

18个。2014年，全市分三档评出15个工业强镇建设进步奖单位，100亿元以上有平湖市钟埭街道、海盐县秦山街道、嘉兴港区乍浦镇、南湖区大桥镇、海宁市长安镇；50亿～100亿元有海宁市袁花镇、海盐县百步镇、桐乡市梧桐街道、平湖市新仓镇、桐乡市凤鸣街道；50亿元以下有嘉善县西塘镇、嘉善县罗星街道、秀洲区王店镇、海宁市盐官镇、嘉善县干窑镇。

【开展“进企解困”专项行动】 2014年，嘉兴市创新服务企业方式，在全市开展“进企解困”专项行动，有关涉企部门分成9个服务组，以组团形式到各县(市、区)听取企业意见、困难和需求。经梳理，共征集用地保障、用电扩容、员工子女入学、固废(污泥)处置等115个具体问题，分别交由经信、发改、国土、金融、科技等20多个部门(单位)办理，有112个问题得到解决；治理乱收费、乱罚款、乱摊派专项治理，查处并纠正违规问题20个，涉及企业28家，清退365万元、387.21万美元。

(雷白鸽)

传统优势产业

【概况】 4月28日，嘉兴市召开全市工业转型升级大会。会上，市长肖培生提出要做大装备制造、电子信息两大优势产业，提升纺织、服装、皮革、化纤四大传统产业。2014年，全市纺织业生产正常、产销衔接，规模以上工业完成总产值907.8亿元，比上年增长5.9%，产销率96.2%；完成规模以上工业增加值166.5亿元、增长8.5%，规模以上工业增加值率18.3%、比上年提高0.9个百分点，超过全市平均0.3个百分点；主营业务利润率3.9%，比上年提高0.3个百分点；规模以上工业企业从业人员劳动生产率12.6万元/人，提高10.5%。2014年，嘉兴市服装行业处于从以贴牌为主向品牌经营转型的过渡期，至三季度末，产值、增加值增速才由负转正，全年产值、增加值维持低位增长，均增长1.1%，产值规模在制造业中的排名从上年的第四位退至第六位。规模以上工业企业亏损面为20.4%，比上年扩大1.7个百分点；规模以上工业企业从业人员的劳动生产率从上年的8.5万元/人提高至9.4万元/人，主营业务利润率从上年的3.5%提高至3.8%。2014年，皮革行业完成产值352.6亿元，增长1.6%；出口交货值134.4亿元，增长10.3%；实现增加值62.2亿元，增长2%，增速低于全市平均水平。受全国其他皮革服装市场和电商冲击，以及暖冬影响，第四季度皮革服装旺季不旺，没有出现返单潮，产成品存货23.7亿元，增长20.6%，奥王、汉诺威、龙马等主要生产企业年销售收入减少三成以上。沙发企业总体平稳，订单充足，鉴于劳动力成本的持续上涨，企业效益普遍不高，蒙努、欧诺雅、宏洋等沙发企业加快产业转移，在柬埔寨等东南亚地区设立生产基地。

2014年，化纤行业规模以上工业完成总产值569.5亿元，比上年增长9.2%，提高4.3个百分点。规模以上工业增加值率5.8%，规模以上工业企业从业人员劳动生产率9.9万元/人，均比上年有所下降。主营业务利润率2.3%，提高1.4个百分点，行业盈利能力依然偏弱。

装备制造业发展较快。2014年，全市规模以上装备制造业企业1168家，完成工业总产值1618.4亿元，比上年增长10.6%，提高0.9个百分点，比全市高出3.4个百分点；完成工业增加值322.2亿元，增长15.7%，提高5.2个百分点，总量排名全省第七位，增速居全省第一位。装备制造业新增嘉善精密机械产业园、海盐核电装备产业园、平湖光机电产业园、海宁特种设备产业园4个特色专业园。整个行业运行能力提高，盈利水平大幅提升。全年规模以上工业增加值率19.9%，提高0.1个百分点，比全市高出1.9个百分点。主营业务利润率5.3%，提高0.9个百分点，比全市高出0.9个百分点。

信息产业平稳增长。2014年，全市完成主营业务收入819.5亿元，比上年增长8.8%，增幅回落9.9个百分点。其中规模以上电子信息制造企业完成主营业务收入 741 亿元，增长 9.7%;软件业务收入 25.1 亿元,增长 11%;通信运营业主营收入 53.4 亿元，下降 2.9%。至年底，电子产品制造业总产值超 10 亿元企业 16 家,其中超 20 亿元企业 6 家、超 50 亿元企业 3 家。光伏产业回升明显,重点监测的 25 家光伏企业(含光伏玻璃)全年工业总产值 240 亿元、增长 18.6%，主营业务收入 215 亿元、增长 15.8%,利润总额 8.4 亿元、增长 58.1%。全年手机生产龙头企业闻泰通讯和德景电子合计生产手机超 3000 万部,产量占全省的 70%以上，继续保持全省龙头地位。全年手机制造业产值 78.8 亿元，增长 4.5%，利润 0.9 亿元，下降 47%。手机生产呈现两大变化:功能手机继续减产，智能手机占 70%;4G 产品自下半年生产，总量低于 10%。

【成立嘉兴市羊毛衫协会】 10 月,嘉兴市羊毛衫行业协会成立大会暨第一届第一次会员代表大会举行，中国服装协会副会长陈国强、嘉兴市副市长盛全生出席会议,汪昌斌当选首届行业协会会长。羊毛衫产业一直是嘉兴的传统优势产业，羊毛衫生产加工企业 1 万多家,市场经营户 2 万多户,年产值 350 多亿元,占全国毛衫份额的 50%以上。

【实施现代装备制造业三年行动计划】 2014 年,嘉兴市制定出台《加快发展现代装备制造业三年行动计划(2014 ~ 2016 年)》,提出实施产业集聚区建设工程、优质企业培育工程、优势产品提升工程、重点工作推进工程四大工程;认定嘉善精密机械产业园、海盐核电装备产业园、平湖光机电产业园、海宁特种设备产业园 4 个园区为嘉兴市现代装备制造业特色专业园,认定东方日立锅炉有限公司、加西贝拉压缩机有限公司、浙江亚特电器有限公司、浙江西子重工机械有限公司 4 家企业为嘉兴市现代装备制造业龙头企业。

【召开现代装备制造业发展合作交流会】 11 月 8 日,由中国机械工业联合会和嘉兴市政府主办,嘉兴市经信委和嘉兴市商务局承办的现代装备制造业发展合作交流会在嘉兴举行。70 余名客商代表和近 100 名嘉兴企业代表参加会议。副市长盛全生致辞,中国机械工业联合会、工业和信息化部、上海市经信委、浙江省经信委相关领导分别就全国、长三角、浙江省装备制造业发展现状、趋势及现代装备制造业协同创新方面作专题报告。北京机械工业自动化研究所与嘉兴市经信委、上海市汽车行业协会与南湖区经商局、上海新能源行业协会与秀洲区经商局、上海市机器人行业协会与嘉兴市“机器换人”推广服务中心、上海通用机械行业协会与嘉善姚庄经济开发区、上海起重运输机械行业协会与海宁高新区、上海仪器仪表行业协会与南湖区经商局及嘉兴市“机器换人”推广服务中心分别签署合作协议。

(雷白鸽)

新兴产业

【概况】 2014 年,嘉兴市六大战略性新兴产业规模以上企业 774 家,占全市规模以上企业的 16.75%；完成工业增加值 505.6 亿元，增长 13.4%,占全市规模以上企业的 40%;完成工业总产值 3021 亿元,增长 15.7%,占全市规模以上企业的 42.2%;完成利润总额 176.5 亿元,增长 7.9%,占全市规模以上企业的 48.2%;完成利税总额 265 元,增长 7.7%,占全市规模以上企业的 44.3%。新兴产业完成投资 357.4 亿元,增长 4.1%,占工业总投资的 35.7%;新产品产值 1443.9 亿元,增长 13.6%,占全市规模以上企业的 54.1%;科技活动经费支出 66.36 亿元,增长 14.5%,占全市规模以上企业的 51%。

2014 年，全市战略性新兴产业企业科技活动经费支出超过全市规模以上企业科技活动经费支出的一半,占新兴产业企业销售产值的 2.1%。全市有省级以上企业技术中心 65 个,突破“基于YC500微逆变器的光伏发电机组”等一批关键技术，获有效发明专利1项；东方日立锅炉有限公司的“9F级双燃料燃气—蒸汽联合循环余热锅炉DG284/10.51/40/3.62/49/0.49-M104”，填补国内空白。嘉善精密机械、海盐核电装备、平湖光机电、海宁特种设备4个园区被认定为嘉兴市现代装备制造业特色专业园，加西贝拉、西子重工、东方锅炉、亚特电气4家企业被认定为龙头企业。

2014年，新兴产业完成投资357.4亿元，比上年增长4.1%，占工业投资的35.7%。其中新能源产业投资122.5亿元，是上年的60.7%；节能环保完成投资55.9亿元，增长14.5%。年内，嘉兴市列入战略性新兴产业的重点项目101项，计划总投资405.7亿元，2014年计划投资107.6亿元；至年底，101项重点项目累计完成投资261.5亿元，2014年完成投资131.1亿元。浙江振申绝热科技有限公司投资6亿元的年产20万立方米泡沫玻璃项目、三江化工有限公司总投资1.97亿元的20万吨/年表面活性剂及配套储运项目、闻泰通讯股份有限公司投资0.86亿元的年产500万个3G移动智能终端技术改造项目、嘉兴市宏丰机械有限公司投资0.84亿元的年产1400万套高性能空调压缩机精密零部件铸造线技改项目投产后，将形成百亿以上的产值。2014年，全市战略性新兴产业中主营业务收入超10亿元的企业68家、占全市规模以上超10亿元工业企业的60.2%，超50亿元企业9家、占全市规模以上超50亿工业企业的90%。

2014年，全市新能源产业实现产值405.2亿元，比上年增长14%。光伏产业28家规模以上企业实现产值240.9亿元，增长18.6%；利润8.4亿元，增长58.1%。同时，围绕光伏装备产业基地和重点企业研究院建设、集中连片光伏发电应用、智能电网建设等，深化光伏产业“五位一体”创新综合试点工作，推动设立全国首个光伏云服务平台。

2014年，全市新材料产业规模以上企业396家，实现产值1992.5亿元，比上年增长15.1%，占战略性新兴产业产值的66%；建成港区化工新材料、海宁电子磁性材料和经编特种纤维、桐乡玻璃纤维等产业集聚区。

2014年，全市规模以上节能环保企业156家，实现工业总产值340.7亿元，比上年增长20%，超过全市规模以上工业平均增速12.7个百分点；增加值68.3亿元，增长22.5%。构建以新光源、光热、环保药剂、污水处理等为主的产业，其中LED照明产业发展快速，形成涵盖芯片制造、器件封装、产品应用等环节的产业链，秀洲区、海盐县成为嘉兴市LED产业生产基地，有生辉照明、天通等龙头企业。

2014年，全市生物产业规模以上企业24家，实现工业总产值49.6亿元，比上年增长13.7%，有平湖生物(医药)产业园、嘉善生物医药高新科技园、嘉兴欧美生物产业园等特色产业集聚园区。

2014年，全市物联网及相关产业规模以上企业83家，实现工业总产值175.9亿元，比上年增长20.8%。有嘉兴传感网工程中心、中国电子科技集团36所、浙江正原、斯达半导体等骨干企业，形成传感器、集成电路、软件、终端、节点等上下游产业链。

2014年，全市核电关联产业规模以上企业43家，实现产值57亿元，比上年增长9.6%；利润3.5亿元，增长15.7%。至年底，海盐核电关联高技术产业基地晋升为省级高技术产业基地，海盐县的核电关联企业有76家。

【全国分布式光伏发电现场交流会在禾举行】 8月4日，国家能源局在嘉兴市召开全国分布式光伏发电现场交流会。国家发改委副主任、国家能源局局长吴新雄出席会议，市委副书记、市长肖培生在会上介绍嘉兴经验。江苏省常务副省长李云峰，江西省常务副省长莫建成，河北省常务副省长杨崇勇等在会上发言。全国各省、市、自治区政府，发改委、能源局、金融机构、能源企业等负责人参加会议。现场会上，嘉兴推进分布式光伏发电的“政府引导、市场运作、统一管理”创新模式获高度肯定。会议期间,与会人员到嘉兴光伏高新区,实地考察福莱特自投自建屋顶光伏电站、中节能(嘉兴)环保科技园光伏应用示范项目、浙江电腾云光伏科技有限公司等现场点。

【8个新兴产业项目获中央财政资金扶持】 2014年,嘉兴市8个新兴产业项目获国家产业振兴和技术改造专项中央资金补助19557万元。8个新兴产业项目分别是浙江传化合成材料有限公司年产5万吨稀土顺丁橡胶项目,浙江信汇合成新材料有限公司年产5万吨卤化丁基橡胶项目,浙江卫星石化股份有限公司年产3万吨高吸水性树脂项目,加西贝拉压缩机有限公司年产500万台超高效压缩机和变频压缩机项目,浙江生辉照明有限公司年产2800万套高效节能LED产品项目,浙江福莱特玻璃集团股份有限公司年产580万平方米Low-E玻璃深加工项目,桐昆集团股份有限公司年产8万吨超仿棉差别化纤维项目,嘉善华瑞赛晶变流技术有限公司年产轨道交通变流器500台功率模块、1000台高压箱配套设备、300台网络控制系统100套项目。

【参加2014中国国际机器人展览会】 7月9日,由中国机器人产业联盟主持的“2014中国国际机器人展览会”在上海新国际博览中心举行。市经信委组织百余家企业组团参展并在现场召开产需对接嘉兴专场活动。全市100多家“机器换人”用户企业和全球35家机器人装备生产企业进行产需对接,促进全市企业“机器换人”扩面升级,加快嘉兴制造向“智造”转变。

【嘉兴化工新材料园区进入全国10强】 2014年,中国石油和化学工业联合会公布中国化工园区20强名单,中国化工新材料(嘉兴)园区位列第10位,比2013年前进4位。中国化工新材料(嘉兴)园区以提高经济增长质量和效益为中心,推进“二次创业”、促进转型发展,园区综合经济实力不断增强。到年底,入区的30多家国际、国内知名化工企业,已形成以聚碳酸酯、硅材、合成橡胶、环氧乙烷等为特色的循环经济产业链。

(鲍健全)

大企业培育

【概况】 2014年,全市销售收入超百亿元制造业企业3家,销售收入超十亿元制造业企业104家,销售收入超亿元制造业企业1186家。全市制造业主营业务收入列前100位企业的主营业务收入总额2510.1亿元,比上年增长6.1%,占全市规模以上工业企业主营业务收入的36.6%;实现工业增加值355.1亿元,增长8.5%,占全市规模以上工业企业的26.7%;实现利润128.2亿元,与上年持平,占全市规模以上工业企业的35%;实现利税188.1亿元,增长2.2%,占全市规模以上工业企业的31.4%。

2014年,嘉兴市出台《企业股份制改造指导工作方案》,鼓励企业建立健全科学的组织管理体系、领导体制和经营管理制度,优化企业用人机制。年内,全市完成股份制改造企业40家。

2014年,嘉兴市引导企业开展技术、管理、生产方式和商业模式创新,通过“四个创新”,增强创新驱动发展新动力,在新一轮发展机遇中抢占先机。确定技术创新试点示范企业4家、管理创新试点示范企业4家、生产方式创新试点示范企业5家、商业模式创新试点示范企业3家。

2014年,海宁经编纺织品基地、平湖箱包基地获评“国家外贸转型升级专业型示范基地”。至年底,全市培育3个国家级、12个省级对外贸易转型升级出口基地和34个外贸公共服务平台。年内,全市金融机构大中企业贷款余额2025.4亿元,比年初新增130.6亿元,占全部新增贷款的39.5%。1~12月,三江化工、新凤鸣集团、巨石集团、华友钴业、新澳实业等13家大型企业通过发行短期融资券、中期票据，在银行间市场累计注册规模227.8亿元，比上年增加90.8亿元，增幅达66.3%；累计发行规模112.5亿元，增加43亿元，增幅61.9%，超额完成年初70亿元的发行计划。年内，全市直接融资规模达到298.4亿元，其中友邦吊顶、莎普爱思、新澳股份3家企业首发上市共募集资金10.07亿元，5家上市公司实施再融资共募集资金82.15亿元，企业股权融资总额达到106.34亿元，占全市直接融资总规模的35.63%，比上年增长7倍多。

【大企业培育工作】 年初，市经信委明确全市大企业培育年度工作要点，开展大企业培育对象情况摸底调查工作，把调研情况整理后反馈给政府和相关部门；与培育企业签订“一企一策服务协议”，解决培育过程中存在的重点和难点问题；利用大企业跟踪监测系统，每月开展全市经济形势分析，从产、销、利、税等指标分析判断大企业走向，了解大企业培育情况。修编《嘉兴市企业社会责任评价体系(2014年修订版)》，组织开展全市第二批企业社会责任建设试点工作，召开企业社会责任报告发布会，发布《2013～2014嘉兴市企业社会责任白皮书》，并设立企业社会责任报告发布平台；由浙江双箭橡胶股份有限公司、加西贝拉压缩机有限公司、浙江卡森实业集团有限公司、民丰特种纸股份有限公司、浙江卫星石化股份有限公司、浙江青莲食品股份有限公司、浙江万凯新材料有限公司、浙江东明不锈钢制品股份有限公司8家企业发起成立嘉兴市企业社会责任联盟，组织企业社会责任讲座十余场；开展大企业培育考核评比，桐乡市、海宁市获年度培育大企业工作先进集体一等奖，平湖市、海盐县、秀洲区获年度培育大企业工作先进集体二等奖；评出年度培育大企业工作优秀部门10个，年度培育大企业工作先进个人20名。

【推进“三名”工程建设】 2014年，嘉兴市实施“三名”培育工程，增强企业创新驱动能力，提高工业经济的质量和效益。6月，出台《嘉兴市人民政府关于全面推进“三名”工程的实施意见》，明确30条工作举措和6条保障措施。建立由市委组织部、市委宣传部、市发展改革委、市经信委等19个成员单位组成的“三名”工程建设联席会议制度，下设办公室，负责市“三名”工程建设。组织开展“三名”宣传辅导，利用嘉兴电视台、《新嘉兴》杂志等媒体对“三名”工作进行专题报道；利用大企业培育平台举办“三名”工程建设专题宣讲会，向企业解读“三名”工程建设的背景、意义及相关培育政策。开展“三名”培育试点，印发《关于开展嘉兴市第一批“三名”培育试点工作的实施办法》《嘉兴市第一批“三名”培育试点企业遴选评价方案(试行)》等相关文件；7月，在企业自愿申报的基础上，按申报推荐、专家评价、投票表决、初选公示、确认试点的程序，从县(市、区)政府推荐的62家企业中选出试点企业16家；12月，《嘉兴市人民政府办公室关于公布嘉兴市第一批“三名”培育试点企业名单的通知》正式发文公布；年内，组织企业参与浙江省第一批“三名”培育试点申报，巨石集团有限公司、浙江晶科能源有限公司、浙江海利控股集团有限公司三家企业入选省第一批“三名”培育试点。组建市“三名”促进中心，集聚嘉兴学院、清华长三角研究院及嘉兴知名会计师事务所、律师事务所、管理咨询公司等优势资源，与国内著名高校、科研机构及知名服务机构加强战略协作，成立嘉兴市名企名牌名家服务促进中心，为试点企业和政府提供技术和服务支撑。

（曹伟东）

中小微企业扶持

【概况】 2014年，全市有工业企业近4万家，其中规模以上企业4622家，大型企业76家，中型企业514家。2014年，规模以上中小企业实现产值5356亿元，比上年增长7.4%，占全市规模以上企业的73%；实现利税437.2亿元，增长 2.3%,占全市规模以上企业的 77%。

【获融资性担保经营许可证 48 家】 2014 年,全市获得融资性担保经营许可证的机构有 48 家(1 家再担保公司),比上年减少 11 家,其中市本级 3 家、南湖区 6 家、秀洲区 6 家、嘉兴经济技术开发区 4 家、嘉善县 5 家、海盐县 10 家、海宁市 7 家、平湖市 2 家、桐乡市 5 家。全市融资性担保机构注册资金 23.07 亿元,其中国有资本 6.38 亿元,占 27.65%。注册资金 1 亿元以上的有 9 家,占 18.8%;注册资本 5000 万元至 1 亿元的有 15 家,占 31.3%。至年底,在保责任余额 67.58 亿元,有 23 家担保机构在保责任余额超过 1 亿元。担保业务量在全省各地、市排名列第四位,48 家担保公司在保责任余额比上年下降 3.33%。全年全市融资性担保机构累计新增代偿 1.57 亿元,其中海盐县 0.58 亿元、占 36.9%,市本级 0.34 亿元、占 21.7%,海宁市 0.23 亿元、占 14.6%。5 家担保机构公布社会责任报告,推动融资担保行业提高社会责任意识。桐乡诚信担保公司等 8 家公司被列入全省百家优秀业绩的担保机构并受到表彰。多家担保公司被专业评级机构评为 A 级以上。桐乡诚信担保公司和海宁嘉丰担保公司获得全省综合运行能力最好的担保机构称号。原新加坡淡马锡投资控股的富登担保公司由平安集团收购,已全面开展业务。

【557 家企业“小升规”】 2014 年,嘉兴市确定 500 家 “小升规”(规模以下工业企业转规模以上企业)目标任务。市经信委开展“小升规”专项工作,建立市、县、镇联动机制,每季度末上报“小升规”工作进度。完善“小升规”企业培育信息库。各县(市、区)将目标任务分解到镇(街道),成立分管领导为组长的小微企业上规升级和个转企工作领导小组,组织经信、工商、税务等部门及社会服务机构“进村入企”,为中小微企业破解发展过程中遇到的困难。同时,通过土地绩效评价、完善园区准入机制等措施,指导企业转型升级。年内,全市 557 家企业完成“小升规”,列全省第三位。

【中小企业公共服务平台运行】 2014 年,嘉兴市中小企业公共服务平台正式运行。平台秉承“政府引导、市场化运作、社会机构广泛参与”的运营方针,组建“96871”服务团队,内设综合管理、服务协调、宣传推广等部门,负责建设方案制定与实施、服务机构与服务项目的管理、服务活动的组织与宣传、数据库维护与分析等工作。9 月 23 日,嘉兴市中小企业公共服务平台(一期)建设通过专家组验收。至年底,与平台建立业务联系的社会服务机构达数十家,涉及融资、人才、市场、管理、技术、法律、创业、信息等领域,平台将国内外市场拓展、融资服务、人才对接、政策传递等作为特色服务。年内,线下服务大厅接待来访企业 259 家,线上收到企业需求 130 次,通过服务热线为企业服务 582 次;服务短信推送 57 万条;联合服务机构开展人才、融资、创业等服务活动 30 余场,服务企业 500 余家;组织企业参加跨国采购交易会 8 场,编写行业进出口市场分析报告 10 篇。平台与嘉兴市各银行、担保公司、小贷公司等建立合作,为中小企业提供专项信用贷款,全年协助 50 多家企业获得 2 亿元融资;与嘉兴学院数信学院、机电学院、商学院,南湖学院,南洋职业技术学院,嘉兴职业技术学院等高校开展战略合作,为企业定向培养专业人才数十名。

(孙业飞)

节能降耗

【概况】 2014 年,嘉兴市围绕万元 GDP 能耗下降 4%、能源消费总量控制增速 4.7%、用电量控制增速 8.83%的目标任务,加大产业结构优化升级,强化节能技术运用。年内,全市万元 GDP 能耗下降 4.7%、2011 ~ 2014 年累计下降 16.13%,完成“十二五”规划节能目标进度的 83.87%;规模以上单位工业增加值能耗下降

3.5%；腾出用能空间29.1万吨标准煤，均超额完成上级下达的年度目标任务。推进八大高耗能行业转型升级，全市八大高耗能行业规模以上工业能耗1042.12万吨标准煤，占全市规模以上工业能耗的77.9%，比上年下降0.08个百分点。全市三次产业结构得到优化，第三产业增加值增长8%，占全市生产总值的41.6%，比上年上升0.3个百分点；全市战略性新兴产业增加值占全市规模以上企业的39.9%，上升3.5个百分点。

【实施能源消费总量预算化管理】 2014年，嘉兴市制定《能源消费总量预算化管理暂行办法》，对年度可用能源增量进行编制预算，结合工业行业能效标准，坚持差异化的用能导向，做到优先安排单位能耗产出高的企业用能，合理安排现有企业延伸产业链项目用能，控制现有高能耗企业扩大产能的项目用能，确保区域能源消费总量的动态平衡。年内，全市对883家企业实行差别电价政策，提高工业企业能源利用效率。

【加大投资项目节能评估和审查力度】 2014年，嘉兴市加大工业固定资产投资项目节能评估和审查力度，严格控制“两高”行业新增产能，对列入八大高能耗行业单纯扩大产能的项目原则上不予节能审查；严格实施新、改、扩建项目产能等量置换或减量置换，实行区域用能“减量或等量”置换的方式进行平衡。年内，全市审查节能项目222个、市级审查节能项目27个、上报省节能项目10个。同时，建立健全工业固定资产投资项目的后评估制度，加大对节能项目实际建设情况与节能评估报告的审查验收，年内，完成首批15家工业企业投资项目的节能后评估验收。

【推进重点领域节能管理】 2014年，嘉兴市推进建筑、交通、公共机构等重点领域节能管理。实施既有公共建筑改造示范工程3项，开展星级绿色建筑示范工程5项，完成既有建筑节能改造20万平方米，29个项目被列为省建筑节能示范项目。加快调整交通运输结构和交通用能结构，开展“车船路港”低碳交通运输行动，全市交通运输行业节约5.75万吨标准煤；营运货车单位能耗下降1.51%，营运船舶千吨公里油耗下降1.5%。推进节约型公共机构示范单位创建，全年申报国家级示范单位5家、省级示范单位1家。

【节能技术推广运用】 2014年，嘉兴市通过节能技术推广会、现场会、交流会、展览会等形式，在印染、造纸、化纤、化工、冶金、建材、电力等传统行业，推广运用工业锅炉（窑炉）改造技术、余热余压利用技术、电机系统节能技术等节能新技术。年内，全市实施节能重点项目247个，其中列入省节能与工业循环经济重点项目计划50个，项目全部实施后每年可节约108万吨标准煤、节水1970万立方米。

【调整优化能源结构】 2014年，嘉兴市制定出台《控制煤炭消费总量实施方案（2014～2017年）》，通过限制水泥和化工等耗煤行业规模、禁止新建项目配套建设自备燃煤电站、实施煤炭消费减量替代、实施热电企业锅炉改造等措施，控制区域煤炭消费总量；通过调整和优化能源消费结构，促进太阳能、生物质能等可再生能源的推广运用，太阳能光伏发电的推广运用走在全国前列。年内，全市光伏发电项目总装机容量525.3兆瓦，完成并网331兆瓦，提前完成2013年市政府制定的到2015年确保完成500兆瓦分布式光伏发电的目标任务。

【改革能源要素配置】 2014年，嘉兴市制定《关于加快推进要素市场化配置改革实施方案》《嘉兴市工业企业用能权核定指导意见》，确保新增用能有偿使用和差异化价格政策的实施。全年完成974家年用能3000吨标准煤以上的企业用能基数核定；实施用能量交易申购项目70个，其中无偿申购项目35个，有偿申购项目35个，有偿申购金额497.7万元，累计申请新增用能 17.4 万吨标准煤，基本实现全市用能量交易全覆盖。

（李军伟）

淘汰落后产能

【概况】 2014 年，嘉兴市继续将印染、造纸、织造、化工等行业作为重点领域，对国家、省明确规定的落后产能，以及全市相对落后低效产能进行淘汰。全市拆除低端落后设备 15680 多台（套），涉及企业 992 家，超额完成国家和省下达的年度淘汰落后产能任务及嘉兴市年初确定的目标，提前一年完成全市淘汰落后产能“十二五”规划提出的目标任务。全市淘汰制革行业落后产能 135.4 万牛皮标张，造纸行业落后产能 42.4 万吨，印染行业落后产能 38329.47 万米，水泥行业落后产能 40 万吨，铅蓄电池行业落后产能 8.6 万千伏安时，电镀行业落后产能 90.1 万升，医化行业落后产能 124817 吨，织造行业落后产能 23775 万米，炼钢行业落后产能 20 万吨，黏土砖瓦窑行业 3.78 亿标准砖，纺织服装行业落后产能 10572 万米，机械行业落后产能 1752.7 万吨，建材行业落后产能 1155 万吨，轻工行业 24.5 万吨。通过对落后产能项目的关停淘汰，全市节约标准煤40.1 万吨，节水 1391.5 万立方米，减少 COD 排放 2607.3 吨、减少 SO_2 排放 585.3 吨、减少 NH_3-N 排放 1875.9 吨、减少 NOX 排放 1323.6 吨；腾出低效工业用地 580.73 公顷，其中淘汰关停企业腾退土地 267.8 公顷。在腾出土地、用能空间和环境容量的同时，直接减少了工业污水、废弃物的排放。

【开展重点行业整治】 2014 年，嘉兴市有序开展重点行业整治。年内，实施《嘉兴市印染造纸制革化工行业整治提升方案》和《嘉兴市印染造纸制革化工行业整治提升实施计划》，3 家非法企业被取缔，184 家产能落后企业被淘汰关停，319 家企业通过原地整治提升；关停淘汰“低小散危”企业，全市选择南湖区化工行业、秀洲区印染行业、海盐县造纸行业等作为行业整治试点，确定嘉善县作为省“腾笼换鸟”综合试点县，全市 1417 家“低小散危”企业（作坊）依法关停淘汰；化解钢铁、水泥等行业过剩产能，按照国务院《关于化解产能严重过剩矛盾的指导意见》，对钢铁、水泥、平板玻璃、电解铝、船舶行业过剩产能调查清理，淘汰 2 家 40 万吨水泥落后产能，上报 2 个建议规范建设水泥项目。

【扶持企业转型升级】 2014 年，嘉兴市扶持企业改造提升，对“退低进高”与转型升级加大资金补助力度。年内，市级工发资金补助项目 169 项、补助金额 10092 万元，其中节能项目 32 项、补助金额 230 万元；新发资金补助项目 15 项、补助金额 4115 万元。全年全市获得省淘汰落后产能补助资金 495 万元，约占全省总额的三分之一，资金总量列各地市第一位。同时，嘉兴市也制定补助政策，对淘汰落后产能企业给予一定资金补助。

（张会锋）

交通　电力　水利

公　　路

【概况】 2014年年底，嘉兴市公路总里程8066.65公里。境内有高速公路11条，其中国家高速公路5条、省级高速公路6条，普通国道公路1条，省道公路3条。全市公路密度以国土面积计算206.04公里/百平方公里，以人口计算23.32公里/万人，其中桐乡市最高为276.76公里/百平方公里、29.75公里/万人。全市乡(镇)、村公路通达率100%。按行政等级分:国道(含国家高速公路)349.25公里，省道(含高速公路)329.19公里，县道1844.52公里，乡道1939.27公里，专用公路95.91公里，村道3508.51公里。按公路等级分:高速公路393.06公里，其中国道256.98公里、省道136.08公里;一级公路758.44公里;二级公路637.04公里;三级公路1165.33公里;四级公路3754.45公里；准四级公路1231.71公里；等外公路126.64公里。另有城管里程40.95公里。按路面等级分:高级路面7479.54公里，其中沥青混凝土2543.25公里、水泥混凝土4936.29公里;次高级路面255.7公里；中级以下未铺装路面331.41公里。高级、次高级路面铺装率占总里程的95.89%。全市农村公路里程7388.21公里。绿化公路里程7870.21公里，占可绿化里程的97.56%。全市有公路桥梁7354座，总长35.06万延米，其中互通式立交桥23座、1.46万延米。按跨径分:特大桥20座、2.64万延米，大桥465座、14.29万延米，中桥2237座、9.15万延米，小桥4632座、8.98万延米。

2014年，嘉兴市列养公路里程8066.65公里，普通干线公路管养单位7个，下设公路养护工区(站、道班)17个，养护企业7个，收费公路经营企业6个，高速公路服务区9个。农村公路养护站38个，养护企业4个，收费公路经营企业1个。全市完成高速公路养护工程投资1.26亿元;完成普通国道、省道公路养护工程投资1.52亿元，其中预防性养护投资871万元，中修工程投资9479万元，大修工程投资1740万元;农村公路养护工程投资6.58亿元。绿化资金投入4134.5万元。高速公路、普通国道及省道公路优良率94.59%。

2014年，嘉兴市完成营业性客运量9594万人次、周转量31.67亿人公里，分别比上年下降9.5%、7.7%;完成营业性货运量9861万吨、周转量104.06亿吨公里，分别增长6.2%、6.8%。货物平均运距105公里，增加4公里;全市拥有营运客车1649辆、总客位7.43万座，分别增长4%、8%。其中按经营方式分:班线客车1245辆、客位5.8万座，分别增长2%、8%;包车404辆、客位1.63万座，分别增长11%、9%。按经营地域范围分布分:县内班线占37%，旅游包车占25%，跨省班线占15%，跨市班线占15%，跨县班线占8%。拥有营运货车4.19万辆、下降5%，货车总吨位26.75万吨、增长4.5%，平均吨位6.4吨，比上年增加0.6吨。其中普通货车2.47万辆、下降6%，9.44万吨位、增长2.5%；厢式货车1.19万辆、下降5.7%，3.75万吨位、增长3%;专用货车4229辆、与上年基本持平,11.58万吨位、增长6%;危险货运车辆1073辆、增长3%,1.98万吨位、增长11%。全市道路旅客运输经营业户19家,其中班车客运业户12家;道路货物运输经营业户2.7万家,其中普通货运2.66万家。机动车维修业户2475家,汽车综合性能检测站6家,机动车驾驶员培训业户48家。全年完成汽车维修139万辆次,增长8.6%;完成驾驶学员培训16.98万人次,增长30.6%。道路运输从业人员7.62万人。2014年,全市完成物流基地投资13.68亿元,物流龙头企业投资1.52万元,物流A级企业29家,增加4家。

(杨杭平　贺晓民)

【普通公路建设】 2014年,嘉兴市国道、省道及重要县道完成投资21.89亿元,开工建设油车港至黎里公路一期、嘉善县丁栅至新埭公路二期等5个项目,沪杭高速许村互通、08省道海宁马桥至尖山段、桐九公路客运中心至高铁火车站段改建工程等项目建设进展顺利,按计划推进海盐至安吉公路桐乡凤鸣至洲泉段建设工程、嘉善县丁栅至天凝公路改建工程、嘉善姚庄至杨庙公路省界段等项目前期工作。

【提升农村公路等级】 2014年,嘉兴市公路部门服务统筹城乡发展,新建农村联网公路17.2公里,实施等级提升121公里、桥梁改造15座,完成大中修133公里;编制完成四年行动计划,结合实际提出实施标准;6个县(市、区)分别出台《农村公路提档升级管理办法》,建立资金保障机制。创新农村公路提档升级的体制机制和升级实施办法;4月29日,《人民日报》头版头条刊发"筑好康庄大道共圆小康梦想——习近平总书记关心农村公路发展纪实",肯定嘉善在县域城乡一体化发展方面做出的探索实践。

【公路边环境整治】 2014年,嘉兴市公路部门集中治理路域环境,集中实施高速公路沿线广告专项整治行动,拆除大型户外广告740块,探索公路沿线违法建筑管理长效机制,编制公路广告设置规划;推进公路"三化"(活化、绿化、美化),清理公路沿线生活和建筑垃圾2953处、21万立方米,拆除各类违法建筑物1961处、29万平方米,整治公路污染源2968处,拆除非公路标牌3640块。

【实施公交优先战略】 2014年,市区建成第一医院等3个枢纽站,8个公交首末站、28个港湾式停靠站、316个候车亭、450个站牌设施;建成10.45公里公交专用道;新增公交车辆61辆,优化公交线路51条,新增公交站点21个;开通王店、油车港夜班公交线路,市区乡镇夜班公交开通率90%;配置新丰、王江泾等7条学生保障线路,主要线路运行速度提升12.6%,公交满意度提升2.3%;推广交通"258行动",开展现场宣传、乘公交抽奖、公交进校园等活动,倡导"绿色出行"理念。至年底,市区累计开通城市公交线路77条,车辆735辆,年客运量7952万人次,公共自行车6500辆,服务网点300个,年租用量512万人次,日均1.4万人次;全市累计开通城乡公交线路277条,车辆1311辆,日均客运量超过20万人次;全市公交通村率100%。

(吴建民)

【钱江通道北接线段项目正式通车】 4月16日,钱江通道北接线段(杭浦至隧道段)正式通车。杭浦至隧道段路线长约1.1公里,合同造价2.34亿元;2012年7月开工建设,2013年12月31日通过交工验收。由嘉通集团投资建设的钱江通道北接线项目一期起点与沪杭高速公路相交,终点与钱江通道隧道相连,路线总长11.42公里,按六车道高速公路标准建设,设计速度100公里/小时,路基宽度33.5米,桥梁宽度33米(空心板桥33.5米),涵洞与路基同宽,工程总投资约21.18亿元。该项目是浙江省公路水路交通建设规划中"两纵两横十八连三绕三通道"高速公路主骨架的"一通道",是《长三角都市圈高速公路网规划方案》中"七纵之一”江苏盐城至绍兴高速公路的组成部分，也是杭州市、嘉兴市、绍兴市公路水路交通建设规划的重要组成部分。项目连接沪杭、杭浦、杭甬、杭绍甬(规划中)四条高速公路，北接苏震桃高速、南接诸绍高速(规划中)、与诸永高速相连，是环杭州湾地区接轨上海市、北通苏州市及苏州、嘉兴到达萧山国际机场及绍兴市的最快捷通道，在路网布局中具有重要地位。

【推进杭州湾大桥北接线前期工程】 2014年，嘉通集团负责投资建设的杭州湾大桥北接线(二期)工程是《浙江省公路水运交通建设规划(2003～2020年)》“两纵、两横、十八连、三绕、三通道”中的宁波通道与江苏苏通大桥连接的一部分，也是《长三角都市圈高速公路网规划纲要》中上海和宁波组团的两个通道之一，同时也是嘉兴“三纵、三横、三连”高速公路网中的组成部分。项目起点沪杭高速公路枢纽互通立交西北的孙家浜，路线向北跨越嘉善大道、沪杭铁路、320国道、三店塘、石井塘、申嘉湖高速、红旗塘和平黎一级公路，至汾湖与摇篮圩间的苏浙两省交界线止。全线设置枢纽互通1处、一般互通2处、停车区1处、主线收费站1处，全长27.55公里。项目批复概算55.94亿元，其中建安费36.9亿元。主线采用交通部颁发的《公路工程技术标准(JTG B01-2003)》双向六车道高速公路标准，设计速度120公里/小时，路基宽度34.5米，桥涵与路基同宽，汽车荷载等级为公路-I级。该项目工程可行性报告、初步设计文件以及规划选址、土地预审、环境影响评价、水土保持、矿产压覆等专题研究报告由相关主管部门审批同意。项目涉及苏浙两省省界协议已经签订。项目涉及跨越铁路交叉方案由上海铁路局批复。年内，进入土地勘测定界工作及施工图设计阶段。2014年完成投资600万元。

【秀洲区公交停车西场投入使用】 10月30日，秀洲区公交停车西场建成启用。秀洲区公交停车西场项目位于嘉兴市秀洲工业园区，新塍大道与新农路交叉口东北侧，总征用土地面积33293平方米，总投资3950万元，总建筑面积5187.81平方米，设计停车230辆。2013年9月26日开工建设，2014年4月10日通过主体中间结构验收，9月底基本完工，10月底建成并投入使用，2014年完成投资2370万元。该项目的建成启用，能够缓解“公交停车难”问题，进一步优化市区公交场站布局，方便城乡公交线路衔接，解决秀洲区居民出行难问题，减少公交车辆的空驶里程，降低营运成本，提升社会效益。

10月30日，秀洲区公交停车西场建成启用。

【嘉兴市城乡公交西北停保场开工建设】 2014年9月，嘉兴市城乡公交西北停保场开工建设。嘉兴市城乡公交西北停保场项目位于秀洲工业园区，新塍大道东侧，八字路南侧。2013年6月9日，项目获市发改委批准；2014年5月4日，项目初步设计获市发改委批复。项目总投资5670.58万元，总用地面积26687平方米。建设规模为152个公交停车位及相应保养、检修、清洗、换乘等附属配套设施，建筑面积12334.31平方米，停车坪、道路等23340.52平方米。至年底，完成投资2364万元。

(罗贝丽)

铁　路

【概况】 嘉兴车务段成立于1978年10月1日，隶属上海铁路局。车务段管辖沪昆、宣杭、沪杭高铁、宁杭高铁26个车站2个线路所,运营里程全长约427公里。沪昆线管辖6个车站,跨越嘉兴、海宁两市,其中嘉兴、海宁、嘉兴东站按车间管理,长安镇、马王塘、斜桥站按班组管理。宣杭线管辖10个车站,跨越杭州、湖州两市,其中长兴南、煤山站按车间管理,泗安、大云、湖州西、妙西、梅峰、德清西、上柏镇、石濑站按班组管理。沪杭高铁管辖7个车站和春申、笕桥2个线路所,跨越上海、嘉兴、杭州三个市,其中嘉兴南为集控站,按车间管理,松江南(含春申线路所)、金山北、嘉善南、桐乡、海宁西、余杭站(含笕桥线路所)按班组管理。宁杭高铁管辖3个车站,其中湖州按车间管理,长兴、德清站按班组管理。车务段主要承担管内"四线"行车组织、运输组织和客、货运业务。客运主要有高铁、动车组、新空特快、新空快速、新空普快、普通快速,以及假日列车、周末列车、朝发夕至和夕发朝至等系列,运输业务辐射全国各地。货运主要办理长三角货物快运业务。2014年,完成运输收入15.37亿元,旅客发送1712.8万人。至年底,嘉兴车务段实现安全运行7426天。车务段多次获得中国铁路总公司、上海铁路局"安全优质站段"称号,2005年起在上海铁路局年度经营业绩考核中保持优秀,继续保持浙江省和上海铁路局"文明单位"等称号。

【三环南路下穿沪昆铁路立交开工建设】 3月13日,三环南路下穿沪昆铁路立交开工建设。该通道位于市区长水街道,由中铁第四勘察设计院集团有限公司设计,杭州地方铁路开发有限公司承建,上海华东铁路建设监理有限公司监理,路基总宽60米,行车道为双向8车道,两侧分别设置非机动车道和人行道,布置形式为:2米(人行道)、3米(非机动车道)、4.5米(辅道)、2米(客专桥墩)、8米(行车道)、1.65米(客专桥墩)、8米(行车道)、1.7米(客专桥墩)、8米(行车道)、1.65米(客专桥墩)、8米(行车道)、2米(客专桥墩)、5米(绿化带)、4.5米(慢行系统),总投资约2.5亿元。

【纺工路下穿沪杭客运专线通道通车】 2014年8月,纺工路下穿沪杭客运专线通道全部完工。该通道位于嘉兴高铁南站西侧,2012年12月开工建设,由中铁第四勘察设计院集团有限公司设计,中铁十局集团有限公司承建,北京铁城建设监理有限责任公司监理,路基总宽46.3米,行车道为双向8车道,两侧分别设置人行道和非机动车道,布置形式为:3米(人行道)、3.9米(非机动车道)、15米(行车道)、2.5米(中央分隔带)、15米(行车道)、3.9米(非机动车道)、3米(人行道),总投资约6500万元。

(徐建林)

水　　路

【概况】 2014年,嘉兴市完成内河水运基础设施投资15.14亿元,其中重点工程完成投资13.27亿元,内河港口建设完成投资1.87亿元。航道养护完成投资0.86亿元。新建码头泊位26个,其中500吨级泊位10个、300吨级泊位15个、100吨级泊位1个,增加港口吞吐能力511万吨。全行业完成水路货运量8295.92万吨,比上年下降1.04%;货物周转量141.26亿吨公里,增长1.72%。完成水路客运量37.34万人,下降13.85%;旅客周转量186.8万人公里,下降13.88%。完成内河港口货物吞吐量1.01亿吨,下降9%。嘉兴内河港多用途港区完成集装箱中转量16.03万标准箱,增长6.08%。全市拥有营运货船3679艘、110.45万载重吨,平均吨位300.2吨。其中内河营运货船3658艘、95.77万载重吨,平均吨位261.81吨;沿海营运货船21艘、14.68万载重吨,平均吨位6988.95吨。全市营运货船比上年减少78艘,运力规模比上年增加9.37万吨,船舶平均吨位比上年增加31.17吨。拥有客运船舶46艘、客位2034座。全市辖区发生水上交通事故68起,死亡5人,受伤3人,沉船6艘,直接经济损失163.92万元,未发生水运在建工程安全生产事故。全年检验船舶5262艘、112.04万总吨，其中建造检验325艘、7.48万总吨，营运检验4937艘、104.56万总吨(海船营运检验68艘)。完成船舶图纸审查148套、船用产品检验243批次。完成港航事业费征收3571.46万元，下降1.4%；通行费7416.7万元，下降4.41%。办理行政许可事项5053件，实施行政处罚案件500件，办理行政确认事项1613件，未发生行政复议和行政诉讼案件。

(吴可珍)

【推进航道建设】 2014年，市交通运输局推进杭平申线“浙北水上主通道”建设，杭平申线(浙江段)航道改造工程完成投资7.98亿元，平湖段全线开工建设，海盐段主线6个航道标段开工建设，五星桥—长生桥段完成施工招标并陆续开工建设，桐乡段和沪昆铁路桥初步设计获省发改委批复。湖嘉申线航道嘉兴段一期工程完成投资2185万元，为年度计划的36.42%。秀洲段航道主线贯通，成为嘉兴市第一条三级通航航道。湖嘉申线嘉兴段二期工程，涉河涉水许可获省水利厅批复，工程可行性研究报告通过审查。京杭运河(嘉兴段)三级航道整治工程启动初步设计。丁诸线航道工程可行性研究报告、初步设计分别通过批复和审查。

(吴建民)

【内河港口提升升级】 2014年，市交通运输局开展内河港区规划调整工作，海盐内河港区、海宁港区规划调整方案上报交通运输部，其他港区完成初稿编制。印发《嘉兴内河港码头整治提升指导意见》，召开码头整治提升现场会，对各港区整治保留的码头进行整改提升，改善港口码头整体环境。推进港口工程建设，海宁港区尖山码头通过工程可行性报告审查，完成海宁港区环城河(海昌)作业区施工图审查并获批复。开工建设浙江上物金属有限公司码头、海宁粮库二期配套码头工程等项目。完成嘉兴内河港多用途港区、嘉兴现代综合物流园北区码头等工程的竣工验收。

【加强交通安全监管】 2014年，市交通运输局加强危险品运输安全监管，落实危险货物港口作业和船舶申报审批制度。全市办理危险品运输申报5858艘次，危险品运输量198.6万吨，其中油品类44.3万吨；落实安全监管措施，严格船舶签证管理，办理船舶进出港签证49.5万艘次，录入外省籍船舶信息4736艘次，开展船舶安全检查4117艘次，对10艘重点船舶及492艘违章船舶实施跟踪检查，完成上海“亚信会”、南京青奥会、世界互联网大会等重大活动的水上交通安保工作；强化内河港口安全监管，开展港口油气输送管线安全等专项排查整治，落实港口码头企业安全生产主体责任，开展港口安全评价报告以及整改方案的落实情况备案94起，完成113家港口危险货物作业企业的港口经营许可证审核换发。

【推进绿色水运建设】 2014年，市交通运输局完成1042家营运港口码头、30个港航管理检查站船舶垃圾桶和油污水接收桶的设置工作，回收船舶生活垃圾9.7万公斤，开工建设首艘油污水收集船舶。全力建设“美丽航道”，完成养护投资8566万元，其中专项养护6394万元、例行养护2172万元，新建护岸5987米、疏浚土方83.26万立方米，养护绿化235万平方米，种植树木2.09万株。

【加强“法治港航”建设】 2014年，市交通运输局全面梳理权力清单，精简后确定行政权力207项，精简率45.4%；编制权力运行流程图，完善事前预防、事中检查、事后查处的监管措施并在嘉兴门户网站公布。推进简政放权和行政审批制度改革，对全市港航行政审批事项进行清理，下放行政审批事项10项。全面完成基层站所标准化建设，三塔港航管理检查站被列为省级“三基三化”建设试点站所。推进违法处理中心建设，嘉兴市本级和海宁市港航处完成违法处理中心建设工作，实现行政处罚调查与处理分离。开展“严执法、优服务”活动，推进执法规范化建设。全年办理行政许可事项

5053件,办理行政确认事项1613件,实施行政处罚案件500件,未发生行政复议和行政诉讼案件。

(吴可珍)

电　力

【概况】 2014年,嘉兴市电力发电设备总容量1119.56万千瓦、比上年增加16.64万千瓦,年总发电量621.17亿千瓦时、减少51.87亿千瓦时。其中嘉兴发电厂和秦山核电设备容量942.6万千瓦,年发电量573.38亿千瓦时,减少55.24亿千瓦时;锦江热电公司等36个地方公用小发电厂,设备容量55.8万千瓦,年发电量32.28亿千瓦时,减少0.45亿千瓦时;民丰特纸公司等城乡自备电站,设备容量53.32万千瓦,年发电量15.51亿千瓦时,增加3.57亿千瓦时(含小火电厂发电量),其中光伏发电量7545万千瓦时。

2014年年末,全市电网供电设备35千伏及以上变电所208座,主变压器总容量3586.65万千伏安,其中公用变电所179座,用户自备变电所29座(不含电厂升压变)。全市年供电量377.32亿千瓦时,比上年增长1.97%。年售电量366.35亿千瓦时,增长2.49%。全社会用电量396.45亿千瓦时,增长2.85%。8月5日,嘉兴电网网供负荷610.3万千瓦,比上年增长1.87%。全市用电户数185.42万户,增加6.7万户,营业户数达200.56万户,增加6.58万户。全市电网最高负荷672万千瓦,增加24.4万千瓦,电网供电综合线损率2.91%,城网供电可靠率99.98%,城网电压合格率99.99%。

2014年,国网嘉兴供电公司下属5个县(市)供电公司,下辖11个部室,7个业务机构和8个集体企业。在编职工2423人,中级及以上专业技术资格762人,技师及以上技能资格1934人。固定资产原值(含县公司)196.35亿元,净值95.09亿元。上缴税金(不含所得税)9.12亿元,实现主营业务收入235.66亿元。全口径应收电费290.08亿元,实收290.08亿元,电费回收率100%,无陈欠电费,连续七年实现部属电费回收"双结零"。

2014年,国网嘉兴供电公司连续十年获评全国"安康杯"竞赛优胜单位,累计安全日4767天。完成电网建设与改造总投资17.06亿元,投产110千伏及以上变电容量260万千伏安,线路113.9公里。按期投产500千伏由拳变扩建工程、汾店5441线增容改造工程和220千伏安江等输变电工程。创新实施"3+X"项目管理模式,220千伏星轮变电站获"钱江杯",110千伏运河变电站工程获省电力公司"变电安全质量管理流动红旗"。建成全国首个区域分布式电源智能管控系统,完成省电力公司营销移动作业平台试点,并网浙江省首个风力发电站项目,建成省内首个营业厅屋顶分布式光伏发电示范点。首批开展省电力公司市、县财务一体化管理试点,完成物资限时成套配送和中心库寄售模式试点,绘制"嘉电印象"地图,与南湖革命纪念馆共建红色教育实践基地。年内,国网嘉兴供电公司获省电力公司系统绩效考核第一名、同业对标综合标杆第二名,"促进分布式光伏并网的服务管理体系建设"获国家级企业管理现代化创新成果一等奖,获得省电力公司精神文明建设先进单位,全国内部审计先进集体等荣誉。获"浙江省质量管理小组活动优秀企业",1项成果获省电力公司优秀调研成果

11月17日,嘉兴供电公司举行2014世界互联网大会保供电誓师大会。

一等奖，3 个班组被授予全国质量信得过班组，5 个 QC 小组被评为全国优秀质量管理小组。

【道路绿色照明改造】 4 月 17 日，浙江省道路绿色照明改造工程现场会在桐乡召开，全省全面启动道路绿色照明改造工程。国网嘉兴供电公司与嘉兴市经信委、浙电节能服务公司签署《节能工作战略合作备忘录》，三方协作推进节能工作，出台《嘉兴市推广应用 LED 照明产品示范工程实施方案》，进一步明确两年内 LED 照明示范工程的目标和进度安排。LED 是高效、节能、环保的新四代光源技术，在保证同样照度水平的前提下，可实现 50%以上的节能率，LED 灯的有效寿命是高压钠灯和金卤灯的 4 倍左右，使用 LED 路灯可大幅降低运行维护成本。至年底，嘉兴市完成桐乡桐兴路、平湖市平湖大道、滨海东西大道、海盐百尺路、嘉善县开发区等多条重要道路的 LED 路灯推广应用，改造路灯 2.4 万盏，年节约电量 1768.89 万千瓦时。桐乡市道路绿色节能改造量居全省之首，五年内对 63 条主要道路的 4427 盏路灯进行节能改造，每年可节约电费约 272.81 万元。

【实施居民楼道亮化工程】 嘉兴市区许多居民楼建于 20 世纪八九十年代，住宅楼没有统一的物业和规范的社区化管理，楼道照明设施年久失修。2014 年，市政府将整治楼道灯问题列入十大民生实事项目，帮助解决老旧小区"黑楼道"问题。楼道亮化工程前期工程和后期维护资金由政府投入，供电部门负责施工和维修，居民只需均摊电费。年内，国网嘉兴供电公司对嘉兴市区老旧小区的"黑楼道"情况进行排摸，将施工重点确定在老旧小区较为集中的新嘉街道和解放街道，覆盖月河、电子、菜花泾等 17 个社区近 800 幢老居民楼的 2500 多个楼道，安装楼道灯 1 万多盏，给 2 万多户居民带来便利。

【首个风力发电站投入运行】 12 月 25 日，浙江省首个风力发电站——海盐风电场项目投入运行。该项目被列入国家"十二五"风电规划第二批核准备案名单，总投资 36255 万元，安装风力发电机 20 台，总装机容量 40 兆瓦。建成后，每年上网电量约 8640 万千瓦时，年满负荷运行小时数 2160 小时，节约标准煤 2.84 万吨，减少二氧化碳排放 7.89 万吨、减少二氧化硫排放 573 吨、减少氮氧化物排放 229 吨、减少灰渣 11427.5 吨。

【秀洲电力营业厅开业】 5 月 18 日，位于嘉兴市秀洲区长虹路 376 号的秀洲电力营业厅开业，总占地面积 592 平方米，是浙北面积最大的电力营业厅，也是嘉兴市首个电力旗舰店。12 月 9 日，秀洲电力营业厅光伏发电项目竣工及调试成功，秀洲电力营业厅改造成浙江省首家"绿色能源"的光伏发电营业厅。该营业厅开展一站式服务，对功能分区进行优化，设置业务区、缴费区、客户等候区、信息展示互动平台、自助缴费区、大客户接待室等多个区域。提供叫号服务、自助缴费终端，有效分流交费客户，并提供 24 小时不间断服务，为客户提供零距离的服务。

5 月 18 日，秀洲电力营业厅开业。

【低压光伏反孤岛装置的鉴定与应用】 为促进分布式光伏科学有序发展，规避分布式光伏发电孤岛效应所带来的安全隐患，国家电网公司组织中国电力科学研究院、南京南瑞集团公司编制《分布式光伏专用低压反孤岛装置技术规范》，并开展分布式光接入专用低压反孤岛装置的安装试点工作。国网嘉兴供电公司作为国网系统较早开展分布式光伏并网工作的单位,首家承担光伏反孤岛装置和低压断路器试运行。2013 年 2 月,完成项目选址、方案论证、现场踏勘和施工建设;4 月,余新镇同创开闭所成为全国首个试点投入运行。运行一年,两套装置功能可靠,在检修作业前可有效破坏光伏发电的孤岛效应,防止光伏电源倒送电;具备失(欠)压长延时、检有压合闸功能,可躲避电网因瞬时故障引起的电压暂降或短时失压,提高光伏发电效率。2014 年 5 月 9 日,中国电机工程学会组织召开"分布式光伏检修专用低压反孤岛装置"和"分布式光伏并网专用低压断路器"项目技术成果鉴定会。评委会一致认为,两套装置理念领先,能够提高接入分布式光伏的配电网检修安全,填补国内空白。

【区域分布式电源调控及运营平台上线】 3 月 12 日,国网嘉兴供电公司召开嘉兴区域分布式电源调控及运营平台技术规范评审会,规范调控系统、运营系统、并网接入装置三项技术。4 月 24 日,嘉兴区域分布式电源调控及运营平台项目合同签约。该平台是浙江省首个由政府出资的"智慧城市—智能电网"试点建设中的重要项目,建成后管辖嘉兴区域内的所有分布式电源,实现嘉兴区域内分布式电源的统一调控和运营。该平台集数据采集、分布式电源远程监控、电力生产应用、信息发布及检索服务、区域配电网分布式电源经济调度与协调控制于一体,为开展分布式电源的工作提供专业平台,为市政府和社会发展分布式电源项目提供信息展示、信息定制、综合评价服务。7 月 1 日,嘉兴区域分布式电源调控及运营平台上线试运行,先后完成技术规范编制、设备采购、合同签订、系统生成、出厂验收、现场安装调试、接口和功能研发、气象数据接入等工作。

表 1 **2014 年嘉兴市全社会用电量按用电性质构成**

类别	用电量(万千瓦时)	构成(%)	比上年增长(%)
全社会用电总计	3964500.04	100	2.85
农、林、牧、渔业	26309.61	0.66	-11.38
工业合计	3288812.27	82.96	4.58
建筑业	50330.57	1.27	5.41
交通运输、仓储、邮政业	40459.74	1.02	6.78
信息传输、计算机服务和软件业	17174.91	0.43	10.99
商业、住宿和餐饮业	134794.29	3.40	-0.15
金融、房地产、商务及居民服务业	52091.18	1.31	4.57
公共事业及管理组织	76644.09	1.93	-0.39
城乡居民生活用电合计	277883.37	7.01	-12.43

表 2 **2014 年嘉兴市全社会用电量按行政区人均水平构成**

地区	用电量(万千瓦时)	常住人数(万人)	人均年综合用电量(千瓦时)	人均生活用电量(千瓦时)
全市总计	3964500.04	457.00	8675	608
市区	1013705.67	122.32	8287	626
南湖区	373568.62	63.37	5895	684
秀洲区	640137.05	58.95	10859	563

续表 2

地 区	用电量 （万千瓦时）	常住人数 （万人）	人均年综合用电量 （千瓦时）	人均生活用电量 （千瓦时）
嘉善县	468037.69	57.04	8205	672
平湖市	571558.05	68.36	8361	523
海宁市	705904.72	82.31	8576	601
海盐县	410863.27	44.21	9293	532
桐乡市	766417.95	82.76	9261	655

说明：全市用电量含 110 千伏、220 千伏电网线路损耗。

（邹凌宇）

秦山核电

【概况】 2014 年，根据中国核工业集团公司（以下简称中核集团）及中国核能电力股份有限公司（以下简称中国核电）的部署，秦山核电对外仍然保持秦山核电集团筹备组（以下简称筹备组）和中核核电运行管理有限公司（以下简称中核运行）两个单位的运作模式。

筹备组履行秦山核电有限公司（简称秦山一期）、核电秦山联营有限公司（简称秦山二期）、秦山第三核电有限公司（简称秦山三期）三家业主公司的法人资质，主要负责方家山核电工程管理，运行机组经营管理、安全监督、科技研发、后勤保障等工作。2014 年，筹备组以安全为核心抓生产，以进度为核心抓工程，以成本为核心抓效益，扎实推进各项重点工作，安全生产全面受控，方家山核电工程提前投产，经营业绩创造历史新高，2014 年，秦山核电全面完成年度各项任务。

中核运行受托负责秦山一期、秦山二期、秦山三期 7 台机组的运行管理及方家山核电工程的调试接产工作，负责巴基斯坦恰希玛核电 1、2 号机组的运行支持及 3、4 号机组的调试工作等。2014 年，中核运行秉承“安全第一，质量第一”的方针，7 台在役机组安全稳定运行，方家山核电工程 2 台机组调试接产工作稳步推进。2014 年，中核运行实现安全发电、深化改革、对外服务的有序推进，确定并开始实施“一体两翼”发展战略，顺利切换至领域管理模式运作，创造良好的经济效益和社会效益。

5 月 19 日，中核集团核电厂核事故应急场内救援队揭牌。

【机组保持安全稳定运行】 2014 年，秦山核电 7 台机组安全稳定运行，安全发电 345.46 亿千瓦时，完成年发电计划的 100.79%，其中秦山一期 30 万机组发电 26.23 亿千瓦时、秦山二期 4 台机组发电 202.35 亿千瓦时、秦山三期 2 台重水堆机组发电 116.88 亿千瓦时，7 台机组平均能力因子达到 89.70%，超额完成中国核电下达利润考核目标。秦山二期 3 号机组全面实现中国核电“90－30－00”目标（90 是指机组负荷因子超过 90%，30 是指机组大修工期控制在 30 天以内，00 是指两次大修之间无小修）；秦山二期 3 号机组、秦山三期 2 号机组 WANO（世界核电运营者协会）综合指数均为 100 分。年内，秦山核电安全生产状况良好，各项安全指标受控,未发生二级及以上核事件(事故),未发生重大及以上的设备事故、火灾事故、交通事故和环境事故,集体剂量、最大个人剂量和流出物排放量均远低于控制目标值,放射性三废管理处于受控状态。

6月17日,秦山核电举行场内多机组核事故综合应急演习。

【方家山核电工程提前投产】 2014年,方家山核电工程1号机组克服DCS(数字控制系统)机柜交货滞后36.7个月的困难,组织各参建单位签订《方家山工程1号机组登高责任状》,制定登高计划和实施方案。2号机组同样采取1号机组的登高措施,取得更为显著的成效。1号机组9月1日开始装料,11月4日首次并网,比登高计划提前53天具备商业运行条件,至年底发电8.8亿千瓦时。2号机组5月23日开始主系统冷态水压试验,8月1日开始热态功能试验,12月3日开始装料,比登高计划提前37天首次达到临界状态。方家山核电工程在登高冲刺阶段刷新多项中国核电建设最短纪录,

11月4日,方家山核电工程1号机组并网。

包括1号、2号机组DCS机柜安装分别仅用7天和6天、首次装料用时43个小时、同类型机组从首次装料到具备商运条件仅用时106天;两台机组投运间隔工期仅约2个月。

【机组大修工作】 2014年,秦山核电7台运行机组,以项目管理方式开展大修相关工作,逐步实现大修运作标准化、大修管理专业化,6次大修均按计划完成。秦山一期30万机组115大修用时18.12天,创造国内运行机组换料大修工期最短纪录;秦山二期1号机组111大修用时56.21天,创造国内同类型机组十年换料大修最佳工期纪录。

秦山二期402大修

【调整优化内部管理模式】 2014年,筹备组落实JYK(计划—预算—考核)一体化管理,实施指标管理和绩效考核管理挂钩。加强全面预算管理,提升成本管控能力,主动争取秦山二期2号、4号机组所得税“三免三减半”优惠政策,争取所得税返还1.17亿元。发行秦山二期、秦山三期短期融资券各5亿元,节约财务费用490万元;利用美元转贷偿还长期贷款,节约利息支出约400万元。2014年,中核运行实施第二阶段改革调整,提出“以九台机组安全稳定运行”为主体、以“对外服务”和“建设中国核电运行管理、技术支持、专业培训大本营”为两翼的“一体两翼”发展战略,明确2020年发展规划和目标。持续开展管理程序模型化、流程标准化工作;明确培训、设备可靠性、信息化、队伍

建设、经营能力、成本优化六个重点管理提升项目以及与先进标杆的全面对标活动；完成环境管理体系、质量管理体系、职业健康安全管理体系三体系认证；启动公司“十三五”规划的编制。

【科技创新和技术管理】 2014 年，秦山核电科技创新和技术专项成果显著，共获得专利授权书 19 项、中核集团科学技术奖 5 项、中国核能行业协会科学技术奖 3 项。编制的 3 项能源行业标准正式发布实施；320MWe 机组运行许可证延续、长周期燃料循环等重大技术专项取得进展；秦山二期 1 号机组 KIT/KPS(电厂计算机系统 / 安全监视）系统整体升级等重大技术改造项目实施完成；开发中国核电设备可靠性数据库（ERDB）；7 月 29 日召开秦山核电科学技术协会第四次代表大会。全年有 37 个科研项目参与抵税，研发费用约 1.39 亿元。

【对外技术服务】 2014 年，中核运行确定生产准备、调试、大修、专项维修、培训、技术支持、重水堆技术、信息系统建设与维护八大类对外服务核心产品。与巴基斯坦恰希玛核电站、中电投核电有限公司、中国核电工程有限公司、上海核工程研究设计院、中国核动力研究设计院等单位签订战略合作框架协议。恰希玛核电站 C3/C4 机组调试、C1/C2 机组运行支持、对外培训服务、ERP 系统（人财物一体化平台）建设、集中采购等各项对外项目取得重要进展。

【重水堆科研专项取得新进展】 2014 年，秦山核电基地完成项目重水堆回收铀全堆应用项目安全论证，并向国家核安全局提交全堆应用申请。完成示范验证棒束的热室检查，开展现场改造方案设计与放射性废液处理技术研究。重水处理设施技术路线项目建议书通过专家审核，并得到中核集团正式批准。开展工业钴源生产和医用钴源科研，5 月从秦山三期 2 号机组产出 572 万居里钴 -60 同位素，秦山三期累计产出 3550 万居里钴 -60 同位素，投入市场约 2700 万居里。11 月 5 日，中核集团和加拿大坎杜能源公司联合组织的中国核电重水堆先进燃料技术研发中心揭牌，研发中心设在秦山三期。完成先进燃料重水堆的概念设计，并于 11 月 5 日通过中国核能行业协会组织的专家审查。秦山三期会同中核浙能能源有限公司开展重水堆厂址普选及海盐长山厂址的前期准备工作，并为阿根廷核电项目前期工作提供技术支持。

【推进项目竣工验收】 2014 年，秦山二期扩建工程、秦山三期乏燃料临时干式贮存设施 3 号、4 号模块职业安全、职业卫生等通过专项竣工验收。秦山三期 25 号办公楼通过最终竣工验收。完成秦山一期食堂整体改造、应急停车场扩建项目、文档大楼改造加固施工和秦山三期运行支持中心建安施工。方家山核电工程厂前区综合楼项目开工建设。推进秦山二期厂区瞭望塔、4 号门外应急道路建设。

【获省部级及以上荣誉 60 项】 2014 年，筹备组获得省部级及以上荣誉 26 项，主要有秦山核电厂扩建工程（方家山核电工程）获电力安全生产标准化一级工程建设项目；张振华的《利用核电重水堆生产钴 60 技术研发及产业化工程》获国防科学技术进步奖一等奖；张振华、乔刚的《企业主导，产研结合，以创新实践推动科学发展》获中核集团管理创新成果奖二等奖；邹德麟获浙江省重点建设立功竞赛先进个人；王贺宇获中核集团公司优秀共产党员；施锡祺获中核集团“最美中核人”；马跃华获浙江省优秀党务工作者；孙萍获浙江省优秀思想政治工作者；唐晨、高利坚获浙江省直属机关工委优秀共产党员；秦大林获 2014 年浙江省国家安全人民防线建设优秀个人；赵兵获中国核电优秀共产党员；工程管理处团支部获浙江省优秀团支部，赵莉获浙江省优秀团员；公司办公室的《新形势下党支部工作创新管理》获浙江省直机关工委思想政治研究优秀成果二等奖。中核运行共获得省部级及以上荣誉 34

项,主要有中核运行获中国国防科技工业企业管理创新成果二等奖;中核运行获华东电网最佳调度培训管理奖;中核运行秦山三厂获中国电力设备管理协会全国电力行业设备管理创新成果奖(管理类)特等奖;中核运行团委获浙江省先进团委。运行三处主控室被中央企业团工委命名为“中央企业青年文明号”;燃料操作处换料运行二组制作的安全文化展板获“全国班组安全文化展板比赛一等奖”;维修二处电气二科高压班被中国质量协会命名为“全国质量信得过班组”;科普视频《核电小苹果》获第二届亚洲微电影艺术节“金海棠奖”之“优秀广告微电影奖”;何少华获国家人力资源和社会保障部“中华技能大奖”,傅建军获“全国技术能手”荣誉称号;周拯晔获“全国优秀科技工作者”;何少华、吴元柱、叶鸣钧、沈聪4人获中核集团授予的“最美中核人”;张旭辉被共青团浙江省委授予“青年岗位能手”。

(沈　俊　陈　铭)

水　利

【概况】 2014年,全市水利工作围绕市委、市政府“五水共治”战略部署,以实施《水利建设三年行动计划》为主线,以“防洪水、保供水”为重点,加快实施防洪除涝工程、水源保护工程、水生态治理工程和农田水利工程,完成水利投资32.68亿元。

年内,全市76个镇、街道(包括3个经济功能区管委会)设立防汛防旱指挥部、1112个村(社区)设立防汛防台工作小组,共建立防汛责任网络9541个、避灾场所1110处;镇、村级防汛防台责任人及重要水利工程防汛责任人在《嘉兴日报》等主要媒体上向社会公布,接受群众的监督。全年启动防汛Ⅳ级应急响应2次,防台风Ⅳ级应急响应1次,调度南排工程各泵闸累计排水21.33亿立方米,并在8月持续阴雨期间,首次启用独山应急排涝工程;市区大包围城市防洪工程在梅汛和8月持续阴雨期间单泵累计运行时间668.6小时,总排水量2888.35万立方米。同时,积极协商太湖局和省防指错峰调度周边水利工程,有效减轻上游来水对嘉兴市的影响。进一步完善防汛抗台应急预案,抓好抢险物资储备和抢险队伍建设,全市建设县级以上防汛物资仓库面积6883平方米,储备主要防汛物资:木材6156.7立方米,铅丝铁钉50.4吨,草包24.28万个,麻袋49.39万只,编织袋336.7万个,救生衣8687件,挖掘机276台,推土机120台,装卸机148辆;组建以人武部和各乡镇为主要责任单位的各级抢险队994个、14599人,并筹备市级防汛防台专业抢险队;开启“嘉兴防汛”官方微信,提升抢险救灾和公众预警能力。

年内,嘉兴市完成圩区整治面积2.26万公顷,完成投资5.07亿元,占年度计划的130.3%;完成中小河流固堤93.6公里,完成计划任务的124.8%。完成编制“十二五”规划中小河流治理项目16条河道32个项目的初步设计报告,完成治理长度229公里、完成投资5.44亿元。平湖、海盐、桐乡、嘉善4个全国中小河流综合治理重点县及水系连通试点,经审查后批复项目区33个,整治长度882公里,完成投资5.94亿元。海塘配套加固海盐青山—鸽山项目完工,场前地方塘项目开工,两个项目年度完成投资1445万元。海宁尖山围堤西顺堤保滩一期工程完工,完成投资1500万元。平湖市白沙湾至水口标准海塘加固工程项目待批,年度完成投资500万元。滩涂围垦建设浙能嘉兴独山煤炭中转码头围垦工程完成投资6447万元,累计完成投资30353万元。海盐东段围垦和海盐黄沙坞围垦准备后期扫尾和竣工验收,海宁尖山围垦堤竣工验收。

年内,嘉兴市编制完成《嘉兴市防洪水实施方案》,完成《嘉兴市滩涂围垦规划》审查;继续组织编制《嘉兴市地区防洪规划》和全市水系规划;开展新一轮圩区整治规划修编,完成《海盐县区域(武原片区)防洪排涝规划》和《海宁市城市防洪规划(2014~2020)》审查;推进第一批县(市、区)节水型社会建设,开展市、县“三条红线”控制指标的分解工作;列入省第一批县(市、区)节水型社会建设的秀洲区、南湖区、桐乡市、海宁市、海盐县等县(市、区)通过中期督察;继续抓好平湖市的限制纳污控制红线试点工作,启动和指导嘉兴市本级、南湖区、秀洲区、海盐县、海宁市、桐乡市等节水型社会建设工作;落实最严格水资源管理制度,编制完成《嘉兴水资源保护规划》。加强水资源监测,全市对年取水量5万立方米以上的447家企业518个监测点实施实时监控,117个水功能区128个监测断面进行水质水量同步监测和行政交界断面水量测算;对列入国家考核的重点水功能区监测频次每月一次,其他水功能区监测频次每2个月一次,饮用水源地监测每月一次。强化取用水监督管理,年度下达取水计划企业332家,继续严厉打击非法开采地下水行为。开展地下水动态监测站点建设,完成海宁市和桐乡市监测站点建设,累计完成38个地下水监测站点建设。

年内,全市受理工程质量监督申请项目18个、项目划分审批18个、制定质量监督计划18个,开展质监活动27次、印发质监活动纪要27份、印发单位工程质量核定意见书和质量监督报告22份;完成嘉兴市周水泾港垃圾中转站及河道保洁码头工程、秀洲区北排、红旗塘配套河道工程、市区二环内太平桥港等河道整治工程的竣工验收工作。完成桐乡市北永兴港河道综合治理(一期)工程、平湖市盐船河二期治理工程的竣工验收;做好水利工程项目、施工企业等信息公开工作,进一步规范和监督全市水利建设市场交易行为。严格水利施工企业资质申报准入条件,全年审查水利水电施工企业20家次;强化工程招投标监管,全年受理招标报名项目68个,开标59个,中标价3.58亿元。

【加强水资源保障工作】 年内,嘉兴市实施水源地治理工程,贯泾港水厂水源生态湿地治理工程、海宁鹃湖应急备用水源工程、桐乡市革新应急备用水源工程、秀洲区应急备用水源(秀湖水库)工程、嘉善县太浦河和长白荡饮用水源地建设保护工程、海盐县千亩荡水源保护一期工程和海宁长水塘水源生态湿地工程等8个项目,完成投资6.22亿元,累计完成21.13亿元,完成总投资额的80%。推进引调工程建设,开展市域外引水前期工作,编制完成《千岛湖引水工程项目建议书》和《太湖引水工程项目建议书》;优化太湖引水方案,专题研究取水地点水域水文情势及水环境影响,基本完成《嘉兴市太湖取水工程对庙港水域水文情势及水环境影响专题研究》初稿;推进嘉善县太浦河取水二期工程建设,年度完成投资2015万元。抓好农村饮水安全工程建设,平湖市、桐乡市建设农村饮水安全工程2项,总投资3011万元,改善农村6.49万人的饮水条件。

【重大水利工程建设】 2014年,嘉兴市加快推进“五水共治”水利重大项目前期工作。平湖塘延伸拓浚工程初步设计获省发改委批复,征地移民安置规划编制、工程征迁移民安置监督评估等招标工作全部完成,先期实施项目平湖塘疏浚整治Ⅰ标顺利开工建设;独山排涝应急工程完成建设任务;杭嘉湖南排扩大工程完成初步设计报告编制,并基本完成详查工作;钱塘江海塘南台头闸维修加固工程初步设计获批复,并进场施工,年内完成投资2000万元。

【农田水利标准化建设】 2014年,嘉兴市全面完成2013年度农田水利标准化建设市级复核工作,各县(市、区)全部获得省水利厅考核优秀;全年完成农田水利基本建设投资18.13亿元,完成土石方3123万立方米,累计出动机械台班67万个;完成新增旱涝保收面积1.29万公顷,扩大灌溉面积2640公顷,新增固定式喷微灌2220公顷,灌区渠道改造884公里,均超额完成年度计划。嘉善(第一、四批)、桐乡(第二、五批)、海盐(第三批)、海宁(第五批)、秀洲(第五批)、南湖(第六批)先后成功申报中央财政小型农田水利重点县。至年底,第一批嘉善县完成总体验收;第二批桐乡市2010年度、

2011年度和2012年度完成验收并上报省水利厅、省财政厅备案,准备省水利厅总体验收;第三批海盐县2011年度、2012年度、2013年度完成验收;第五批桐乡市、秀洲区、海宁市均按省批复文件完成2013年度建设任务,2014年度建设任务稳步推进。2014年度市本级农田水利建设计划,南湖区涉及余新、凤桥、新丰、大桥、七星五个镇,估算工程投资7760.32万元,主要包括圩区整治、河道清淤及河道综合整治工程;秀洲区涉及新塍、王江泾、洪合、新城等五镇两街道,估算工程投资9610.58万元,主要包括圩区整治、河道清淤、农田水利工程。

【水环境综合整治】 2014年,全市清淤河道1891公里、绿化河道642.6公里、绿化面积404.27公顷,分别完成年度计划的182.35%、122.87%、148.26%。编制完成《"清三河"行动计划》,全市计划整治"三河"2816条段、1787.1公里,其中垃圾河1806条段、1066.16公里,黑臭河1375条段、889.37公里。至年底,垃圾河清理全部完成,黑臭河整治完成1338条段、847.77公里,占整治总数的97.3%和95.3%。市区河网清淤工程计划清淤市区二环内8条河道、1个湖泊,完成清淤土方31万立方米、完成投资1300万元,完成年度任务。市河整治二期工程苏州塘热电厂码头、斜港钢铁厂整体扫尾,整治面积12400平方米,完成建设任务。市河整治三期工程完成项目前期调查与立项报告编制,市区断头浜治理工程开展前期工作。蒋水港河段改造工程,完成河道改造470米,种植水面生态浮岛2758平方米,完成投资约45.68万元。完成西板桥港北段50米水毁工程验收,编制完成《嘉兴市区西板桥港护岸维修加固工程设计报告》。年内,嘉兴市做好"春季生猪养殖业"专项督察,累计组织巡查135次、出动人员325人次;做好涉水"三改一拆"清障活动,拆除涉河违章建筑52万平方米。全市城乡河道推行"四位一体"环境卫生保洁新机制,1.3万公里河道水面基本实现城乡一体保洁,配有保洁作业队伍599支,保洁人员3486名,各类保洁船1703只,年保洁经费投入约9000万元。

【入选全国水生态文明城市建设试点】 2014年2月,嘉兴市根据水利部《关于加快推进水生态文明建设工作的意见》的要求,申报全国水生态文明城市建设试点。5月,水利部下发《关于开展第二批全国水生态文明城市建设试点工作的通知》,嘉兴市被列为第二批全国水生态文明城市建设试点。至年底,嘉兴市完成《试点实施方案》起草,并通过市政府常务会议审议和水利部组织的审查。

【基层防汛防台体系规范化建设】 2014年,嘉兴市组织各县(市、区)及嘉兴经济技术开发区、嘉兴港区开展基层防汛防台体系规范化建设实施方案的编制工作,并印发实施;编制《嘉兴市基层防汛防台体系规范化实施方案》,整合和完善市级建设内容;拟定全市防汛储备仓库建设和管理相关办法,并实施监测预警体系基层预警发布平台的开发和测试。海宁市、桐乡市通过省基层防汛防台体系规范化建设考核验收。

(包潇玮)

信息化建设与信息产业

综　述

2014年，嘉兴市信息产业主营收入完成819.5亿元，比上年增长8.8%，其中电子信息制造业规模以上企业完成主营收入741亿元，增长9.7%。软件业务收入完成25.2亿元，增长11%；通信运营业主营收入完成53.4亿元，下降2.9%。信息产业专项资金安排项目50项，补助经费554.3万元，其中软件与信息服务业24项、补助经费285万元，电子产品制造业13项、补助经费79万元，规模和能级奖励5项、补助经费110万元，国家项目配套资金2项、补助28万元，其他项目2项、补助经费19.5万元，结转项目4项、补助经费32.8万元。

（刘　鹏　周晓燕）

电子政务与公共服务信息化

【完成网上政务大厅建设】 2014年，嘉兴市完成网上政务大厅建设。嘉兴市网上政务大厅作为浙江政务服务网嘉兴分厅，融入全省“一张网”联动运行，与省网上政务大厅采用统一界面、统一导航、双向链接，开设行政审批、便民服务、政务公开等主要功能，将各个政府机构的政务服务资源连接在一起，实现行政审批等政务服务“一站式”网上办理。

【完成电子政务云计算中心建设】 2014年，嘉兴市基本完成电子政务云计算中心建设。电子政务云计算中心采用新型云计算技术，将原来各部门（单位）分散建设、管理、使用的基础软硬件及机房资源，转变为由电子政务云计算中心统一建设、管理和提供服务，实现远程资源申请部署和系统访问操作。

【完善公共事务信息交换共享】 2014年，嘉兴市公共事务信息系统新增公安交警、法院、公积金基础信息、工商局企业法人身份证信息、教委、新居民事务局以及水务、燃气、电信、移动、联通、广电等部门及企事业单位数据。至年底，接入共享平台的部门单位31家。12月12日，“嘉兴市公民个人信用管理系统1.0版”正式开通试运行，成为国内首例以市民卡为载体提供查询应用服务的个人信用评价系统。

【智慧电网建设】 2014年，嘉兴电力局开展桐乡变、安江变、洛西变等输变电工程，“城市十分钟缴费圈”等职能技术应用、“三双接线改造”等配用电网建设和嘉兴光伏高新技术园区光伏项目通信配套工程通信系统建设等。至年底，嘉兴市建成省内首个输电线路状态监测中心、首个变电设备状态管理中心、首个输变电设备远程化管控示范区和首座110千伏智能变电站，实现电网的信息化和精益化管理；建成用电信息采集系统，实现全地区电力用户“全采集、全覆盖”；建成省内首家自主开发应用智能总保系统,实现全地区对配变低压运行情况的在线实时监测和管理。

【建设智慧交通】 2014年，嘉兴市交通运输局牵头相关部门实施嘉兴智慧交通综合信息服务平台一期建设，推进数据中心系统集成、动态交通信息处理系统软件开发和数据中心硬件及网络通道建设。9月,物流公共信息服务平台项目一期建成并试运行;12月底,首个内河航道船联网示范工程进入项目验收阶段。年内,完成102个路口及24个路段的路口信号灯智能化改造，完成交通视频监控、中心管控平台建设,路口信号灯智能化改造进入试运行；启动市运政指挥中心信息系统建设。

【参加中欧绿色智慧城市交流会】 4月,嘉兴市组团参加中国和欧盟绿色智慧城市合作交流会。会上,嘉兴市介绍太阳能光伏产业发展情况,在节能环保方面与中欧伙伴城市开展经验交流与合作研究。会后,嘉兴市根据中欧伙伴城市智慧城市建设经验和嘉兴发展实际,探索研究“新型城镇化、综合规划、城市治理和城市文明”“基础设施升级和公共服务提供”“节能减排、低碳方式和环境保护”三个主题。

【嘉兴智慧健康建设】 4月,“嘉兴掌上医院”移动客户端程序正式上线运行。嘉兴市建成远程诊疗系统,实现远程会诊、远程医学视教、远程医学交流。市120急救指挥中心与嘉善、海盐、平湖、海宁、桐乡5个分中心实现视频、语音和数据联网。市属四家医院与支付宝(中国)网络技术有限公司签订合作协议,加入支付宝“未来医院”计划。建设“银医通”项目,实现住院缴费自助化。

【“一体化警务”建设】 2014年,嘉兴市公安局推进“一体化警务”建设,先后完成社区警务平台、移动警务应用平台、智能车控平台、智慧警务云平台等项目建设;升级改造警用地理信息系统，完成与嘉兴天地图系统对接，实现在公安网访问嘉兴天地图系统高质量地图数据；组织开发专业合成工作平台，整合破案资源，提升全警信息化运用能力；启动社会监控资源的接入工作,为民警使用视频侦查技术提供高效准确的支撑;启动全市警用数字集群PDT系统建设,提高公安机关统一调度指挥、协同作战、应急处置的通信保障能力。

【建设国家信息消费试点市】 2014年，嘉兴市建设国家信息消费试点市,重点抓好基础网络服务城乡均等化工程、智能信息产品制造业提升工程、信息服务城乡均等化工程、政府云平台工程、城市信息消费体验工程,电子商务示范试点、智慧城市示范试点五大工程两大试点,全年信息消费规模超过400亿元;初步建成电信、移动、联通三大运营商的数字体验中心;引导雅莹、卡森等嘉兴知名企业创建城市信息消费综合体验馆；建成“网上红船”红色中国体验馆及网上南湖革命纪念馆。

【启动智慧教育“在线课堂”项目】 2014年，嘉兴市教育局启动嘉兴智慧教育“在线课堂”项目。根据《嘉兴智慧教育“在线课堂”规划建设方案》,“在线课堂”将发挥网络优势,实现空中零距离,名师面对面,网络连城乡,资源齐共享，为学生搭建一个高效的学习互动平台,提升嘉兴教育质量。

【培育企业电商平台】 2014年,嘉兴市的“淘宝中国嘉兴特色馆”和“阿里巴巴嘉兴、海宁、桐乡、平湖产业带”项目列入省商务厅年度重点建设计划。100多家企业递交店铺入驻淘宝中国嘉兴特色馆意向书，与全市13个地理标识产品签订供销合同;100多家集成吊顶企业加入产业带。

（陈　洁　刘　鹏）

信息经济发展和两化深度融合

【信息经济工作会议】 10月31日，嘉兴市召开发展信息经济工作会议，专题部署全市信息经济发展工作任务。市委、市政府研究出台嘉兴市发展信息经济的若干意见，提出全市信息经济的发展目标。会上，嘉兴市政府与省电信、移动、联通三大运营商签订共同推进嘉兴市信息经济发展全面合作协议，市经信委、市商务局就推进嘉兴市信息经济发展工作作发言，南湖区、桐乡市以及嘉兴电信、移动、联通三家公司作表态发言。

（周晓燕）

【促进两化深度融合工作】 2014年，嘉兴市制定出台《嘉兴市信息化和工业化深度融合实施方案（五大专项行动计划）(2014～2017年)》，建立嘉兴市促进两化深度融合工作领导小组，召开全市促进两化深度融合工作会议。到年底，嘉兴市区域两化融合发展水平居全省第四位，其中基础环境列全省第一位。

【创建省两化深度融合国家示范区】 2014年，嘉兴市开展浙江省两化深度融合国家示范区区域创建工作。海宁市获得浙江省两化深度融合国家综合性示范区称号，南湖区获得浙江省两化深度融合国家示范区装备电子产业基地称号，桐乡市获得浙江省两化深度融合国家综合性试验区称号。海宁皮革城被列入国家互联网创新试点工程，巨石集团有限公司被列入国家两化深度融合贯标试点企业。

【加强两化融合技术服务工作】 2014年，嘉兴市确定首批39家两化深度融合第三方支撑机构，组建首批6个技术服务指导组，聘请54名专家指导员，指导全市重点企业开展两化深度融合工作，促进两化深度融合工作。全面推进企业信息化建设，制定《嘉兴市企业首席信息官暂行管理办法》，并在51家企业开展首批首席信息官制度示范试点。

（刘　鹏）

社区与农村信息化

【概况】 2014年，嘉兴市推进农民信箱万村联网工程。年内，95%以上的行政村完成村级网站建设。在全省率先建立市级“12316”农业综合信息服务平台，完成35个基层农业公共服务中心农业地理信息系统建设。实施农业物联网项目建设，推动信息技术在农业生产、经营、管理中的应用。

【建成“12316”农业综合信息平台】 2014年，嘉兴市南湖区、秀洲区启动“12316”农业综合信息平台建设。“12316”为农服务窗口统一热线号码，统一要素调配，开展涉农政策、农业技术、市场行情、专家服务、农技咨询等求助咨询服务，基本形成以市、县(市、区)、镇(街道)三级农技推广服务体系为依托，以社会化服务组织为补充，一站式、全程化的农业信息服务新模式。12月底，农业综合信息平台启动试运行。

【推进智慧农业试点建设】 2014年，嘉兴市以创建信息惠民国家示范城市为契机，推进统筹城乡和农业现代化发展；建立以嘉兴百玫生态农业科技有限公司、浙江虹越花卉有限公司、嘉兴华圣农业生物科技有限公司等智慧农业示范企业，利用多要素传感系统和控制系统，实现农业生产的机器换人和农业生产管理的精细化、远程化、虚拟化、自动化。

【加快智慧畜牧业建设】 2014年，嘉兴市推进智慧畜牧业建设，提升畜牧兽医管理工作水平；健全市、镇、村三级信息管理队伍，促进工作监管网格化、信息追溯实时化。南湖区开发生产数据实时监控预警的“智慧生猪”APP软件，平湖市开发动物标识及动物产品追溯系统。全年全市共注册使用识读器683台,录入各类数据38余万条,继续保持全省领先。

【平湖市被列入农业部信息进村入户试点县】 2014年,平湖市被列为农业部信息进村入户试点县。平湖市稳步推进村级信息服务站建设、规范信息员队伍建设、健全基层信息服务体系建设、拓展农业信息服务新渠道、提升为农服务中心建设。至年底,建立村级信息服务站130个以上。

(刘　鹏)

基础网络建设与运营

【概况】 2014年,嘉兴市基础网络建设稳步发展,通信服务业保持平稳。全年电信业务收入50.87亿元,比上年下降2.27%;固定电话用户130.48万户,下降11.24%;移动电话用户632.72万户,增长11.08%;互联网用户达到538.55万户。

【中国电信嘉兴分公司】 2014年,中国电信嘉兴分公司主营业务收入预算完成率列全省第一位,收入市场份额提升、移动用户市场份额提升两项指标列全省第一位。加快全市通信基础设施建设,全年投资4.7亿元,建成覆盖全市、先进高速的公用信息网络体系。年内,分公司加快4G网络建设,宽带全城大提速,4月底城区实现20兆光宽带接入全覆盖,农村实现6兆全覆盖。投入3000多万元进行机房改造和基础设施建设,初步建成四星级标准,面积2000余平方米、总容量800个机柜的云计算数据中心。整合调整在网运行的电子政务应用系统,完成专有云平台安装调试,并提供各电子政务系统运行所需的相关环境。为网上政务大厅及信息惠民等重点项目提供基础保障,逐步实现续建、已建信息化项目向云计算中心迁移。配合公安等部门推进社会治安监控项目新三年计划,相继完成近7000个点位的建设;组织多场次企业、行业信息化演示活动,为企业提供信息化服务。年内,新增合作营业厅197家。在全省率先打造装维第四渠道,开展装维人员上门办理业务。开展投诉案例大家谈、"总经理接待日"、客户感知体验、"3·15"曝光台、客服支撑行动等系列文化建设服务活动,全年,分公司组织"总经理接待日"活动6期,36人次参与中山路营业厅的客户接待。2014年,嘉兴分公司被工业和信息化部授予"2014通信行业用户满意企业"称号,并蝉联市消保委"消费者信得过单位"称号。

【中国移动嘉兴分公司】 2014年,中国移动嘉兴分公司加快4G发展步伐,上半年实现LTE二期1991个F频段、260个D频段宏站和658个E频段室分站点全部开通,下半年完成LTE二期三阶段和二期增补455个宏站、360个室分站点的建设任务。LTE现网规模达到宏站3476个、室分1018个,基本实现全地区乡镇以上区域室外连续覆盖和室内深度覆盖;网络质量持续提升,公交一号线、中山路下载速率超过36兆比特每秒,乌镇、西塘等7个示范点下载速率超过70兆比特每秒,嘉兴市区道路测试平均下载速率达到32.38兆比特每秒。年内,公司实现文化信息、移动工作机等平台功能的完善,完成智慧校园、视频监控等标准化产品平台建设;充分利用现有基站和传输资源,在农村及城乡接合部建设"城乡天眼",助推建立"五水共治""三改一拆""大气污染治理"等长效机制。年内,公司重视提升企业综合价值,开展第六届"星期六义务劳动",建成"红立方"党员志愿服务驿站;组织"浙江移动蓝"系列团建活动,推进党团员志愿服务工作。2014年,中国移动嘉兴分公司获得"浙江省五一劳动奖状",总经理张汉良获评"浙江省劳动模范"称号。

【中国联通嘉兴分公司】 2014年,中国联通嘉兴分公司通过市政府与浙江联通签署发展信息经济战略合作协议,助力建设嘉兴"智慧城市”;借助“两化融合、沃领创新”嘉兴友好企业信息化交流会加大应用类发展力度,推动信息经济发展;扩大与第三方合作的规模,加快光改步伐。2014年,新增移动网专业4G基站252个,4G室内分布系统9套,3G基站291个(含公安特殊站点),3G室内分布212个楼宇;新增分组设备179套,新建管道75沟公里,新建光缆987公里;全年完成新建小区58个,改造40个,扩容17个。开展“客户感知提升年”活动,持续推进号线资源、标准地址准确率管理提升工作,全市机线资源准确率提升至97%以上。全年加强故障控制工作,强化故障分析责任到人和现场,全网累计故障发生847起,较管控目标减少134起;固网申告故障率1.66%,比上年下降41.75%。开展薄弱区域支撑保障和省际边界专项优化工作,省际边界专项优化共完成平湖全塘、新仓、新埭、金桥,嘉善枫南5个区域边界覆盖优化,全年边界区域业务量上升40%,边界漫游投诉量下降55%,整体优化效果显著。通过开展QC质量活动,中国联通嘉兴分公司被中国通信行业评为2014年通信行业开展质量管理小组活动先进单位。

【中国铁塔嘉兴分公司】 12月27日,中国铁塔嘉兴分公司挂牌成立,经营范围主要从事移动通信铁塔、基站机房配套设施、室内分布系统的建设、维护和运营。三大电信企业从2015年1月1日起不再自行建设通信铁塔及相关附属设施,统一由铁塔公司统筹建设,再以合理的价格租赁给电信企业使用。中国铁塔嘉兴分公司于2014年年底形成对增量铁塔、站址资源及附属设施的新建能力,2015年8月底前完成对三家电信企业相关存量资产的注入和收购,三年内引入民间资本实现混合所有制并择机上市;按照集约化、规模化、专业化、高效化总体要求,全面构建以集约高效为核心的运营管理和支撑保障体系;实现体制好、机制好、服务好、成本低、竞争力强目标,成为通信基础设施综合服务商。

(刘　鹏)

电子信息产品制造业

【概况】 2014年,全市349家电子制造业规模以上企业完成工业总产值786.9亿元,比上年增长11.59%;完成工业销售产值760.7亿元,增长10.2%;完成出口交货值247.3亿元,增长5.6%;完成主营业务收入741.1亿元,增长9.7%;利润总额44.3亿元,增长25.5%;从业员工10.7万人,增长0.52%。电子信息产品制造业总产值占全市工业总产值的11%,利润占全市工业总利润的12%,分别提高0.4个百分点和1.8个百分点。全市电子信息产业规模以上企业工业总产值增长速度高于全市工业4.24个百分点,利润增长速度高于全市工业19个百分点。龙头企业规模进一步扩大,电子产品制造业工业总产值超50亿元以上企业3家,超20亿元企业6家,超10亿元企业16家,超5亿元企业26家,超1亿元企业135家。列入省电子信息产业行业重点监测企业38个,从业员工5.3万名,主营业务收入完成454.1亿元,增长16.4%;实现利润24.2亿元,增长29.4%。信息产业实现规模和效益同步增长,利润增幅较大。2014年,国家机电元件产业园完成主营业务收入503亿元,占全市电子信息产业的68%,增长8.1%。

【2家企业入围中国电子信息百强企业】 7月11日,工业和信息化部公布第28届中国电子信息百强企业名单,嘉兴市的浙江晶科能源有限公司、闻泰通讯股份有限公司入围百强,比上年增加1家,名次分别列第88名、第90名。浙江晶科能源有限公司第三次入围,名次比上年提升5位;闻泰通讯股份有限公司首次入围百强,列90位。

【4家企业入围中国电子元件百强企业】 2014年,工业和信息化部运行监测协调局、中国电子元件行业协会联合公布第27届中国电子元件百强企业,嘉兴市的天通控股股份有限公

司、海宁联丰磁业股份有限公司、浙江嘉康电子股份有限公司、嘉兴佳利电子股份有限公司4家企业榜上有名，综合排名分别为第50位、74位、96位、98位，数量与上年持平。

【17家企业入围省百家重点电子信息企业】 2014年，省经信委公布第14届100家浙江省电子信息产业重点企业，其中浙江省电子信息制造业重点企业30家、浙江省电子信息出口重点企业10家、浙江省软件业重点企业10家、浙江省电子信息成长性特色企业50家。嘉兴市入围浙江省电子信息制造业重点企业5家、比上年增加3家，入围浙江省电子信息出口重点企业2家、比上年增加1家，入围新设立的浙江省电子信息成长性特色企业10家，数量和名次都比往年有较大提高。

【天通公司15英寸蓝宝石晶体材料出炉】 3月18日，天通公司在上海新国际博览中心举行150公斤15英寸蓝宝石晶体发布会。天通公司150公斤晶体采用公司自主研发的第三代KY法蓝宝石长晶技术，既可以生长A向晶体，也可以生长C向晶体，突破了C向生长大尺寸蓝宝石的技术瓶颈，性能达到国际先进水平。公司实现4英寸、6英寸大尺寸LED衬底的量产，并进一步试生产8英寸衬底；引进国际先进切磨抛生产线，并配套行业内最先进的高精度检测设备，可以稳定生产高品质蓝宝石衬底，在各项技术指标TTV、BOW、SORI及LTV等的控制上达到国际先进水平。

（周晓燕）

【3家企业入省光伏建筑一体化产品推广目录】 2014年，省经信委公布《浙江省光伏建筑一体化产品推广目录(第一批)》，嘉兴市有三家企业进入首批推广目录，分别是浙江嘉科新能源科技有限公司的并网逆变器、浙江晶科能源有限公司和浙江昱辉阳光能源有限公司的晶硅组件。推广目录为企业和居民建设光伏电站提供优质光伏企业和产品采购“菜单”。金融机构采取灵活的信贷政策，加大对目录内产品应用推广和企业发展的支持力度。

【光伏产业“五位一体”试点经验在全省推广】 12月4~5日，省政府在嘉兴召开全省加快光伏应用促进产业健康发展现场交流会，省级相关部门、全省各地及产业园区、重点光伏企业负责人等参加会议。会议总结推广嘉兴市开展光伏产业“五位一体”创新综合试点经验，分析全省推进光伏发电应用情况，部署全省加快光伏应用促进产业健康发展工作任务。会上，副市长盛全生交流汇报嘉兴市光伏产业“五位一体”创新综合试点经验。2013年，嘉兴市试点光伏产业“五位一体”，至2014年11月底，全市累计受理光伏发电项目287个、装机容量368.8兆瓦，并网运行157个、并网容量187.7兆瓦，累计发电1.2亿千瓦时，涵盖工矿建筑、公共建筑、民用建筑等使用领域，提前完成2013年、2014年两年330兆瓦装机容量目标。

（李晓春）

【省电子信息产业示范园区规划通过评审】 11月27日，《浙江省电子信息产业(南湖)示范园区发展规划（2014~2016)》(以下简称《规划》)通过评审。根据《规划》，南湖区力争到2016年年末，电子信息产业形成规模经济显著、产业层级较高、创新能力强劲、竞争优势突出的现代产业集群，成为长三角地区乃至全国范围内的重要产业基地。《规划》确定“一心两翼”发展格局，“一心”即嘉兴科技城核心区，“两翼”即嘉兴工业园、嘉兴电子商务产业园(嘉兴科技城以科研为核心，嘉兴工业园以电子信息产品制造业为主，嘉兴电子商务生态示范区以软件和信息服务业为主)；确定重点发展“1+5”六大产业，即加快壮大一个支柱产业——以移动通信终端为重点的通讯电子产业，培育五大重点产业——电子装备制造产业、专业集成电路与新型元器件产业、软件和数据服务业、移动互联网和电子商务产业、物联网与关联产业；确定3个区域战略定位，即通信电子产业集聚新高地、信息消费产品供给引领区、应用创新驱动发展示范区。

（南湖区经信局）

【5 家企业入选《光伏制造行业规范条件》】 2014 年，经企业申报、省工业和信息化主管部门核实推荐、专家复核、网上公示及现场抽检，工业和信息化部发布符合《光伏制造行业规范条件》企业名单，嘉兴市 5 家企业入围。浙江昱辉阳光能源有限公司、百力达太阳能股份有限公司、浙江鸿禧光伏科技股份有限公司 3 家企业通过首批认定，浙江晶科能源有限公司第二批入选，浙江芯能光伏科技股份有限公司第三批入选。进入符合《光伏制造行业规范条件》名单的企业及项目的投资，可享受出口退税及国内应用政策等扶持。

【23 个项目列入省重点计划】 2014 年，嘉兴市列入省经信委电子信息产业重点项目 A 类 7 项、B 类 16 项，其中浙江昱能光伏科技集成有限公司的 YC1000 基于微逆的分布式三相光伏集成系统、浙江生辉照明有限公司的集成音频播放功能的无线智能 LED 灯及其控制系统、嘉兴北航卫星导航技术有限公司的航运北斗卫星电罗经仪产业化、天通吉成机器技术有限公司的 LED 全自动蓝宝石晶体生长炉开发等项目被列为 A 类重点项目。

（周晓燕）

软件业及技术服务业

【概况】 2014 年，嘉兴市信息服务业主营收入 78.5 亿元，比上年增长 2.7%。软件业实现业务收入 25.2 亿元，增长 11%；利润总额 4.9 亿元，增长 13%；税金 1.96 亿元，增长 11%。通信运营业主营收入完成 53.4 亿元，下降 2.9%。列入省经信委网上直报系统的软件企业 106 家，实现软件业务收入 23.8 亿元，增长 8.9%。软件业务收入超 500 万元以上的有 48 家，比上年增加 14 家；1000 万元以上的有 36 家，增加 11 家；5000 万元以上的有 11 家，增加 5 家；1 亿元以上的有 7 家，增加 3 家。随着信息技术应用的不断发展，两化深度融合的加速推进，嵌入式软件继续呈增长态势，中航信华东数据中心、浙江日立解决方案软件服务有限公司等近年新入户嘉兴的企业逐步形成规模，对软件产业的带动作用明显。

【9 个项目获省信息服务业发展专项资金】 2014 年，省财政厅、省经济和信息化委员会联合下达省信息服务业专项资金，嘉兴市共获专项资金 570 万元。省信息服务业专项资金是浙江省为加快软件和信息服务业发展，促进自主创新和产业结构调整而设立的，用于支持列入省信息服务业专项计划的项目。2014 年，嘉兴市被列入省信息服务业专项计划重点项目 9 个，一般项目 1 个，主要是嵌入式控制软件、集成电路芯片设计、电力物联网管理应用、金融系统移动终端管理系统、医疗仪器数据分析软件、电子商务平台等项目。

【新增认定软件企业 13 家】 2014 年，嘉兴市嘉善众智软件开发有限公司、嘉兴德瑞纳自动化技术有限公司、浙江海得新能源有限公司、嘉兴东芯兰电子科技有限公司、嘉兴市麦包包网络科技有限公司、嘉兴精创教育科技有限公司、万科思自控信息（中国）有限公司、嘉兴泰格数据管理有限公司、嘉兴浩成信息科技有限公司、浙江汉朔电子科技有限公司、嘉善佳通信息技术有限公司、海宁中盛软件科技有限公司、嘉兴博海信息科技有限公司 13 家企业通过软件企业认定，产品涉及工业控制、教育软件、物联网应用、电子商务应用等相关软件开发，是近年来软件企业认定数量最多的一年。

【新增软件产品登记 113 项】 2014 年，全市新增软件产品登记 113 项，比上年增长 39.5%。浙江恒业电子有限公司的单相电子式多费率电能表控制软件、浙江西谷数字技术有限公司的数字社区系统软件、浙江谱创仪器有限公司的红外分光测油仪数据处理系统软件、嘉兴凯实生物科技有限公司的全自动染色仪嵌入式软件、浙江昱能科技有限公司的光伏并网微型逆变控制软件、嘉兴嘉赛信息技术有限公司的多智能终端应用底层管理平台软件等113项软件产品，经浙江省经济和信息化委员会审核，报工业和信息化部备案，通过软件产品登记。113项产品涉及智慧城市应用、视频监控、物联网应用、工业自动化控制、数据挖掘等领域的应用软件，通过软件产品登记的企业将享受国家相关税收优惠政策。

（周晓燕）

无线电管理

【概况】 2014年，嘉兴市无线电管理局受理无线电行政审批240项，其中频率指配许可审批40项，指配频率67个/对；注销频率许可17项，收回频率18个/对；设台许可审批95项，新设电台597台；注销台站许可17项，注销台站179台；呼号指配许可105项，指配呼号105个；注销呼号许可2项，收回呼号2个；新发执照561张，换发执照26张；完成无线电设备型号核准初审现场检查4起。依法征收无线电频率占用费，征收率97%。全年利用嘉兴、海盐两个固定站及海宁、嘉善两个小型站实施固定监测7231小时、移动监测521小时，巡测里程9226公里。全年通过日常监测发现不明信号44个，查明44个。全年受理干扰申诉13起，全部查结；受理群众来电举报投诉9起，全部调查处理并回复；受理并完成市长电话交办事项2起。完成嘉兴辖区内16个台址的32个广播电视发射台站频谱监测、现场核查工作，牵头完成全省电视发射机电磁兼容分析工作。为中核核电运行管理有限公司、嘉兴市急救中心等20家单位开展频率预指配监测，确保用户用频安全；协助市经信委完成嘉兴公共场所无线WIFI覆盖工程验收测试，共完成10处、103个测试点的覆盖测试，为项目验收提供依据。开展高铁沿线GSM-R频率的电磁环境监测，全年巡测36小时，巡测里程2640公里，确保沪杭高铁嘉兴段用频安全。做好国家级考试反作弊监测保障工作，配合市教育考试院、市司法局、市人社局等单位保障各类考试13次，出动检查人员156人次、移动监测车39次，发现作弊信号7起，查获6起、阻断1起，查处作弊无线电设备10套。配合公安部门开展打击非法生产、销售、使用“伪基站”专项活动，组织开展打击“伪基站”“黑广播”和卫星电视干扰器非法设台专项治理活动，全年开展执法检查62次，办理行政处罚案件6件，罚没设备6台(套)，罚款3000元。开展无线电管理法律法规宣传，发放《漫画无线电管理》科普、法律法规手册等宣传资料各800余份，发放宣传纪念品500余份，接受群众咨询500余次；发放世界无线电日宣传彩页1万份；报送信息报道58条，被采用35条；在嘉兴主流新闻媒体、全国知名网站和平面媒体发布宣传报道48篇；打击“伪基站”“黑广播”等工作被嘉兴电视台、《南湖晚报》、嘉兴在线等媒体宣传报道5次。加强无线电管理基础技术设施建设，完成可搬移小型监测系统项目建设和验收；启动平湖、桐乡小型无线电监测站建设项目，完成“伪基站”侦测设备等项目的采购工作；开展无线电监测定位软件、“伪基站”侦测系统等新技术、新设备

嘉兴市无线电管理局夜查非法广播。

的调研、试用。

【业余无线电管理】 2014年,嘉兴市无线电管理局采取与院校合作方式开展业余无线电规范化管理的课题研究,召开业余无线电业务规范化管理座谈会,组织业余爱好者座谈学习交流;到上海市、江苏省实地学习先进管理措施和经验,并形成课题研究报告。推进400兆赫业余中继退频、拆除电台等清理工作,掌握各县(市)业余中继台架设使用情况;指导嘉兴、海宁两地业余无线电爱好者开展2米频段业余中继台的架设试验并获得成功。

【打击整治非法使用"伪基站"活动】 2014年,嘉兴市无线电管理局成立打击整治非法生产销售和使用"伪基站"违法犯罪活动专项行动领导小组和工作组,制定《嘉兴市打击整治非法生产销售和使用"伪基站"违法犯罪活动专项行动工作方案》,明确工作任务和要求,配备排查"伪基站"的侦测设备;加强与公安部门、移动通信运营商的联系,参加由公安网警牵头的专项行动协调会,建立健全协调机制。开展"伪基站"日常巡测40多次共140多小时,巡测里程2500多公里,巡测时段从工作日到周末。全年受理并参与查处"伪基站"案件5起,查获涉案人员9人,涉案设备7台(套),罚没"伪基站"设备3台(套),罚款3000元;协助公安部门开展调查取证,检测"伪基站"设备7台,出具检测报告6份。

【联合打击"黑广播"】 2014年,嘉兴市无线电管理局与市文广局、市公安局和五县(市)两区文广局、综合执法局等部门配合,形成由无线电管理局发现信号、查明电台位置和现场取证,公安局控制现场,文广局立案查处的联合执法机制。同时,使用固定监测系统加强调频广播频段的监测工作,加强夜间移动排查,对可疑信号进行录音监听,确定为"黑广播"后通过技术手段锁定信号发射源的区域位置。全年监测发现"黑广播"案件12起,开展联合执法行动5次,联合文广局取缔"黑广播"非法设台案10起,另有2起通报相关地市无线电管理部门。

【参与首届世界互联网大会保障】 2014年11月,首届世界互联网大会在桐乡乌镇召开,嘉兴市无线电管理局参与无线电保障方案的制定与完善、无线电监测站点设置、开展宣传整治活动、现场受理无线电业务申请、做好会议期间核心区域无线电设备管控以及无线电监测保障等工作。在乌镇区域专项无线电管理宣传与整治期间,出动执法人员132人次,检查宾馆、旅店、饭店、企业、商铺等610家,检测登记对讲机、无线话筒、无线报警器等无线电发射设备600多台(套),发出违章整改通知书30份,取缔"黑广播"案1起;固定监测站点累计监测800多小时,掌握空中频谱监测数据。会议保障期间现场登记指配频率620个(组),确定重点保护频率230个(组),制作执照、文书等780份(件);在各安检通道协助安保人员做好无线电发射设备甄别工作;参与处置违规用频、非法设台、干扰申诉等无线电应急事件8起,其中重大干扰事件3起。

(封海加)

邮　政

【概况】 2014年,浙江省邮政公司嘉兴市分公司累计完成邮政业务总收入4.58亿元,比上年增长8.68%。全市有邮政局(所)140个;邮路37条,总长度2233公里;城市投递路线202条、投递长度5057.08公里,农村投递路线274条、投递长度11763.43公里。全市累计投送机要件4.56万件、其中绝密件197件,进出口邮件总包量201.32万个。年内,嘉兴市以"向善利民""公共服务均等化"为切入点,构建城乡一体化邮政普遍服务体系,提升村邮站运行质量。全年全市884个村邮站投递报刊、邮件1224.84万件,日均投递3356件;便民服务系统提供服务69.27万笔,涉及服务金额4845.71万元,给农村居民带来极大实惠和方便。开展"村邮网购""惠民优选"下乡进村活动,依托省—市—县—支局—村邮站五级物流分销配送渠道,"浙乡邮礼"嘉善黄桃实现配送10024箱,起到了支持优质农产品进城的效果。全市加快推进城市快递智能投递平台"E邮站"建设,累计建设"E邮站"22个;综合拓展信息化报刊亭服务功能,累计建设邮政报刊亭网点261个,其中新型报刊亭214个。2014年,邮政嘉兴市分公司继续投资改造邮政网点环境,先后完成田乐、三水湾等邮政所的装修改造,提升网点窗口形象。全年全市机要通信质量无失密丢损现象,实现"三十九连冠"目标。

【开展真诚服务年活动】 4月1日至12月31日,邮政嘉兴市分公司开展"以信为本,韧者常青"真诚服务年活动,真诚、真心地为人民群众提供更多更好的服务。活动对所有对外营业网点、投递点、村邮站和报刊亭提出具体要求。一是要求营业窗口提升营业管理水平,加强营业管理系统应用,提升售后处理时效;加强业务操作规范,使用文明用语,提升邮政窗口形象。二是要求投递人员规范投递转退邮件处理手续,提高处理质量和效率;重点关注国内小包投递质量,规范操作流程;对投交单位的个人报刊批注收件人姓名,确保转投到人。三是要求村邮站运营建立村邮员培训管理机制,开展对村邮员的二轮培训,确保培训普及率达到100%,并且每项新叠加服务培训到位。四是要求报亭对外服务增强服务能力和守法经营的意识。活动以季度为单位,评选优秀达标单位及个人;通过真诚服务年活动简报、宣传橱窗等方式,树典型,立标杆,深化员工服务意识,强化窗口服务监督。同时,建立各项管理机制,完善企业制度体系建设,全力提升服务质量。

【创建E邮综合服务平台】 2014年,为有效解决政府所急、网商烦恼、网民担忧的城市电子商务最后100米投递问题,邮政嘉兴市分公司认真贯彻省公司信息转型发展思路,首创E邮综合服务平台,简称"E邮站",通过信息化智能"E邮柜"项目,提供24小时自助收取包裹服务。4月底,市本级完成首个E邮柜调试;6月16日,市政府大楼E邮站进入试运营状态。年内,嘉兴市建成E邮站22个,其中市本级6个,超额完成建设任务。各县(市)邮政局均建立样板示范站,并争取将E邮站项目纳入政府民生工作。

【开拓"村邮网购"农村电子商务市场】 8月25日起,邮政嘉兴市分公司启动全市范围内村邮网购代购点项目建设,提出"三个要求"加快项目落实。一是要求高效规范、协调推进。"村邮网购"项目涉及村邮站、便民服务站、支局(所)、普服办、电商分销局、市场部等多个部门以及基层网点,邮政嘉兴市分公司建立"村邮网购"领导小组和工作小组,协调全市"村邮项目"工作。二是要求高度负责、严格要求。以"示范点建设""每月特惠活动""邮掌柜系统"为契机,强化人员队伍建设;严格要求各级业务管理人员以及营销人员认真学习电商知识,切实掌握电商业务及软件操作,强化对村邮员、便民服务站经营户的培训工作。三是要求求真务实,紧跟进度。抓好综合调研,谨慎选址;抓好项目督察,力促项目落实;结合农产品进城、工业品下乡以及帮助青年创业等活动,积极争取政府支持,全面推进农村邮政电商业务发展。至年底,嘉兴市建成"村邮网购"示范点以及展示中心14个,建成"邮掌柜"系统193个,实现村邮网购营业额31.98万元,

【建设新型报刊亭】 9月29日,嘉兴邮政整改建成首个主题报刊亭——动漫亭,设置于南湖区中心医院(三水湾医院)门口。改造后的报刊亭外形整洁美观、服务质量提升,搭载LED屏传达信息资讯,更好地体现民生亭与文化亭的功能。一是提高便民服务系统安装率。安装便民系统的报刊亭搭载率为73%,有效运营率达80%,位于全省前列;具有通信放号和充值、汽

车票和公交卡销售、电动车便民充电、公共自行车卡销售、固话和水电费缴费等多项便民业务与功能。二是加大媒体广告发布量。每天实时发布新华快讯与公益宣传，全市报刊亭完成全省联网，联网率100%，成功发布率90%以上。三是做好与体彩中心的对接、沟通、申报工作。全年市本级成功经营福彩报刊亭10个。四是推广微信平台。举办扫描微信赠送奖品活动，邀请用户关注“浙里的报刊亭”微信平台。五是加强反馈机制。交流经验，相互推广，规范进货渠道，严厉查处非法销售。

【举办跨境电商推介会】 10月24日，由嘉兴市商务局、嘉兴市邮政管理局主办，邮政嘉兴市分公司、邮政速递物流嘉兴市分公司、阿里巴巴全球速卖通承办，嘉兴市秀洲区经济商务局、嘉兴市青年创业就业促进中心、嘉兴市快递行业协会协办，主题为“携手跨越，速通全球”2014嘉兴市跨境电商推介会在嘉兴市沙龙国际宾馆举行。嘉兴市外贸企业、电商客户约300人参加推介会。会上，市商务局局长张建生指出，以外贸型产业为主导的嘉兴，发展跨境电商、转变外贸发展方式是必然趋势，速卖通平台将为本市外向型企业及本土品牌进军海外市场提供新契机。邮政嘉兴市分公司副总经理乔建华表示跨境电商的发展离不开优质的物流服务，中国邮政作为跨境零售物流首选渠道，将一如既往地提供多元化的跨境电商物流解决方案。会议特邀阿里巴巴全球速卖通专家团队与嘉兴市跨境电商客户一同分享平台运作、选品要点、人才培训和成功经验；省邮政公司和省速递公司专家对跨境电商物流解决方案、电商仓配一体化综合解决方案进行了推介，并介绍邮政优势产品。

【共建校园智能投递中心】 12月18日，嘉兴技师学院智能投递中心暨青年邮局正式开业。青年邮局主要包含E邮站、邮件收发中转、报刊销售与订阅、集邮展示、金融自助终端、明信片自助DIY打印等服务板块，集服务与展示为一体，充分发挥技师学院作为校园集邮示范基地的作用。这是邮政嘉兴市分公司携手技师学院共同建设智能校园的一种新尝试，是对原先校园物流中心末端投递工作采取“自助+人工”系统的规范和提升，提高了校园电商包裹投递效率，是嘉兴E邮站项目首家校园示范点。

【为世界互联网大会提供服务】 11月19~21日，世界互联网大会在桐乡乌镇召开。省邮政公司联合邮政嘉兴市分公司、桐乡邮政局在大会展区、乌镇主题邮局以及乌镇支局三个区域为参会嘉宾提供现代邮政服务体验。浙江邮政在大会现场开设“信息引领、向善利民”邮政主题展厅，现场展示邮政服务电子商务新模式，包括浙江邮政跨境跨省电商大平台、“村邮网购”“海岛邮购”电商服务模式、城乡物流“最后100米”平台、邮政网购体验店等邮政服务电商四大平台，设立“打造信息城市名片”的DIY明信片体验区，为会议提供邮寄服务。乌镇主题邮局开设E邮柜及DIY明信片体验区，现场配备引导、翻译以及邮政服务人员，为参会嘉宾提供咨询、引导服务。两个区域共设置5台DIY明信片打印机，并特意设计5款模板，在会议期间共打印DIY明信片3800余张。同时，省公司在乌镇支局开设邮乐及惠民优选推介展区，嘉宾及游客可在展区体验邮政“线上+线下”的网购服务。

（吴天姮）

城乡建设

综　　述

2014年,嘉兴市城乡建设部门围绕建设现代化网络型田园城市和“两美”嘉兴的目标,抓住嘉兴市列入国家新型城镇化建设试点市的机遇,把握规划为要、建设为重、生态为先、民生为本、管理为基的理念,城乡规划建设管理各项工作取得新进展。全市城市建成区面积275.73平方公里,比上年增加29.81平方公里,其中市区建成区面积95.73平方公里,比上年增加2.31平方公里。

突出重点工作,着力提升城市功能。2014年,全市城乡建设部门实施“三改一拆”、“五水共治”、城市交通治堵、城市有机更新等重点工作,推动省、市中心任务与城乡建设统筹并进。以“无违建”创建和“截污清源”百日攻坚专项行动为载体,牵头和协调各级各有关部门在全市拆除违法建筑面积2013.76万平方米,拆违总量居全省第三位;实施旧住宅区、旧厂区和城中村改造面积1722.8万平方米,改造总量居全省第七位;协同有关部门完成46个镇(街道)的“无违建”创建市级验收工作。按照“优干网、增支路、连断点、疏瓶颈、建场站”工作要求,新建改建市区城市道路18.1公里,新增专用停车位8500个,打通断头路3条,完成省、市考核任务。加强城市有机更新工作宣传,强化征收搬迁、招商引资、项目推进等工作督察,全市启动有机更新671.93公顷,其中市区启动401.8公顷。市区城市有机更新博海路片区18个企业全部签约;湖滨片区完成1249户征收任务,其中完成上年遗留居民签约34户,实施征收补偿决定强制执行3户;火车站片区南北广场地块完成上年遗留居民签约59户,企业签约3个。全年新启动纺工路沿线地块、冶金厂地块一期项目2个,涉及住户43户、非住宅10户,土地面积115.93公顷,至年底居民签约率达100%。深化市区城市有机更新规划及子城片区等城市设计,加快重点地块的更新建设。市城乡规划建设管理委员会(简称市建委)被市委、市政府评为嘉兴市治理城市交通拥堵和城市有机更新先进单位。

完善规划体系,着力推进城乡统筹。2014年,市建委按照统筹城乡区域发展的要求,调整市本级规划管理体制,启动国家“多规合一”试点,发布《嘉兴市城乡规划管理办法》。制定出台一批城乡规划编制和管理方面的规范性文件,初步形成“规划一张图、建设一盘棋、管理一张网”的工作格局和重大项目前期协调、规划管理批后监管等一系列工作机制。以全省新一轮城镇体系规划编制为契机,启动嘉兴市域总体规划修编,推进市域一体化发展;加快嘉兴市城市总体规划修改,进一步优化完善规划方案;推进市区控制性详细规划编制,市区中心城区控制性详细规划覆盖率达到91%;完成嘉兴市产城融合战略及空间布局规划研究,开展嘉兴市历史文化名城保护规划和综合交通体系规划修编;深化完善现代新集镇和村庄布点规划,推进农房改造集聚,全市完成农房改造集聚13836户、完成率115.3%,完成农村困难群众危旧房改造527户、完成率117.4%。

推进生态建设，着力优化人居环境。2014年，全市城乡建设部门推进治水、兴绿等生态工程和建筑节能等工作。超额完成治污水、排涝水、保供水、抓节水各项任务。其中污水处理量(含乡镇，下同)3.76亿吨，COD去除量12.2万吨，氨氮去除量7418吨。提升城市绿化彩化，全市新建生态绿道108公里，实施市区6个公园、6条道路、6条绿道的彩化提升工程。加快建筑节能和绿色建筑发展，全市11项国家级光电建筑一体化项目全部通过验收，累计获得中央财政补助资金1.28亿元，2014年获得省级建筑节能专项资金239万元。市建委被市委、市政府评为嘉兴市水环境治理先进集体，被省住房和城乡建设厅评为浙江省建设系统城镇污水污泥处理处置设施建设先进单位。

抓好惠民工程，着力增进民生福祉。2014年，全市城乡建设部门围绕“抓安全、保住房、优环境”，切实改善城乡居民的居住条件和生活品质。大力推进公共租赁房与廉租住房并轨，加快建立以货币补贴为主的住房保障新模式，全市新开工保障房总量5485套，竣工22713套，分配保障性住房7708套，超额完成省下达考核任务。制定全市危旧房大排查方案，抽调220余名专业技术人员深入一线开展排查工作，全市共排查住宅房屋44193套、面积8073.1万平方米，排查出存在安全隐患的丙类房屋3596幢。制定创建文明城市市政设施管护行动专项方案，提升市政设施管护水平。改造老旧小区4个、面积20.6万平方米，完成市区老旧小区楼道亮灯工程。加强城市管理动态化、长效化监管，启动“智慧城管”建设，扩大城市管理的覆盖面和延伸度。市建委被市委、市政府评为全国城市文明程度指数测评工作先进集体。

促进转型升级，着力保持行业健康运行。2014年，全市城乡建设部门加强对建设行业的服务指导和质量安全监管，助推行业平稳运行和健康发展。全市落实建筑大企业倍增计划，加快结构调整，实施“走出去”发展，全年完成建筑业总产值1134.15亿元(含混凝土预制构件、商品混凝土、钢结构和门窗类工业企业，下同)，比上年增长6%；上缴税金31.4亿元，实现利润总额14.6亿元，分别比上年增长7%和2%。全市房地产业贯彻市政府《关于促进房地产市场平稳健康发展的意见》，实现总体平稳运行，全年完成房地产开发投资525.72亿元，比上年增长2.9%；完成商品房销售面积497.3万平方米，下降17.3%；实现房地产业入库税收67.44亿元，比上年下降0.7%。全市测绘与地理信息行业开展地理国情普查，加快推进县(市)级数字城市和天地图建设的全覆盖，完成共享平台专业版升级改造和“天地图·嘉兴”门户网站改版升级。

强化作风建设，着力提升履职能力。2014年，市建委推进简政放权，规范清理下放审批事项26项，其中行政许可19项、非行政许可7项；完成部门权力清单目录，在“中国·嘉兴”门户网站发布；开展系统行政处罚事项梳理，确定划转建筑业类和房地产业类行政处罚权241项；以“建设讲坛”为平台，邀请国内外专家举办专题讲座9期，参加人员1350人次；加强城建职工培训，全年组织职工技能培训31项、21109人次；组织和参加各类人才招聘会，有8名人员录取为事业单位在编工作人员；市建委党委领导班子人员分别与系统13名博士生、硕士生等高学历人才建立一对一联系制度；开展工程专业职称评审工作，参评初、中级专业职称人员547人，通过评审511人；参评高级专业职称人员288人，通过初评并推荐到省参评279人；为9个企业办理新技术、新材料申报推广工作，9个产品获得省级科技推广证书，嘉兴市新型城市化研究、“管梁”体系在地下车库的技术应用研究等7个科研项目被列为浙江省2014年度建设科研和推广项目。市城市建设档案工作取得新进展，市城建档案馆全年接收工程竣工档案204项，单体工程1034个，建筑面积729.4万平方米；接待查档人员777人次，利用档案3930卷；归档入库档案10730卷，房地产产权产籍档案26590卷；加快馆藏档案数字化管理，全年完成数字化归档28500卷,其中文字146.1万张、图纸12.3万张;市城建档案馆获浙江省“巾帼文明岗”称号。

（许鑫鸿）

规划　测绘

【概况】 2014年,市规划管理部门贯彻落实中央城镇化工作会议和全省新型城市化工作会议精神,推进市本级管理体制调整,市规划管理局3个分局成功组建并顺利运行;开展《嘉兴市城市总体规划》《嘉兴市域总体规划》《嘉兴市综合交通体系规划》《嘉兴市历史文化名城保护规划》等重大规划的修编工作;开展嘉兴科技城内5个单元控制性详细规划的编制工作。年内,受理建设规划许可项目748件,其中选址项目117件;用地项目267件,用地面积735.35万平方米(含市政道路);建筑工程项目364件,建筑面积806.52万平方米。竣工规划核实298件，建筑面积831.29万平方米;受理申请上报省住房和城乡建设厅规划选址项目13项。深化实施阳光规划工程,全年对121个项目进行建设项目的批前公示和批后公布。启动市区规划管理信息系统建设,加强对建设项目的批后监管,对市规划管理局3个分局的规划行政许可进行抽查。年内,嘉兴市城市发展研究中心完成《现代化网络型田园城市——嘉兴市可持续发展新战略》和《城市有机更新理论探索与规划实践——以浙江省嘉兴市为例》两本专著,分别由清华大学出版社和中国建工出版社出版。7月1日,市政府发文将嘉兴市城市规划委员会更名为嘉兴市城乡规划委员会(简称市城规委),并调整市城规委组成成员,市城规委下设办公室(市规划管理局),负责日常工作。市城规委和市城规委办公室先后制定出台《市城乡规划委员会议事规则》以及《关于规范重大建设项目专报内容的通知》等配套操作规则和规范。

2014年,市测绘与地理信息部门加大基础测绘项目的组织管理，推进地理国情普查工作,提升完善地理信息共享平台,加强测绘依法行政,保障测绘与地理信息工作规范有序开展。年内,办理行政审批事项110件,其中完成使用基础测绘成果审批98件，地图审核10件,丙、丁级测绘资质审核2件;完成测绘项目备案1531件；立案查处未取得相应测绘资质证书擅自从事互联网地图标注服务和地图编制的违法案件1件。嘉兴市测绘与地理信息局在浙江省2014年度市级测绘与地理信息局工作考核中被评为优秀等级。

【加强城乡规划管理】 4月25日,经市政府第27次常务会议审议通过，以市政府第47号令发布《嘉兴市城乡规划管理办法》,自6月1日起施行。5月13日,市委办公室、市政府办公室出台《关于进一步加强市本级城乡规划管理的意见》，在城乡规划管理的总体要求等方面作出具体规定。6月4日,市政府召开全市城乡规划工作会议,研究部署全市城乡规划工作。市建委制定出台《嘉兴市区城乡规划行政许可工作流程》《关于进一步加强市本级城乡规划公开公示工作的意见》《关于进一步加强市区控制性详细规划编制工作的通知》等配套操作规范,并修订完善《嘉兴市城市规划管理技术规定》,上报市政府审批。

6月4日,市政府召开全市城乡规划工作会议。

【市规划管理局3个分局成立】 7月1日,市规划管理局南湖区、秀洲区、嘉兴经济技术开发区(国际商务区)分局成立。3 个分局为市规划管理局的科级派出机构,实行市建委(市规划管理局)与各区双重管理体制,以市建委(市规划管理局)管理为主。通过完善市本级规划管理体制,从而进一步加强对城市空间布局、重大基础设施建设和重要资源的统筹调控。

【开展“多规合一”试点工作】 8 月 26 日,国家发展和改革委员会、国土资源部、环境保护部、住房和城乡建设部联合发布《关于开展市县“多规合一”试点工作的通知》,嘉兴市是浙江省列入试点中唯一一个设区的市。嘉兴市按照要求,成立嘉兴市“多规合一”试点工作领导小组,在市建委设办公室。市建委联合市国土资源局、市发展和改革委员会、市环境保护局,编制完成《嘉兴市“多规合一”综合试点方案》,经省住房和城乡建设厅上报住房和城乡建设部。组织编制《嘉兴市“多规合一”工作大纲》,明确嘉兴市“多规合一”试点工作的中心任务、目标、近期行动计划以及 4 部门的具体任务分工与时间节点。由市建委牵头,组织县(市、区)规划、设计相关部门参加技术培训,明确规划编制方法及成果要求。

【推进嘉兴市城市总体规划修改工作】 4 月,由市规划管理局委托中国城市规划设计研究院上海分院编制完成的城市总体规划实施评估报告、城市总体规划强制性条文修改论证报告上报省政府,并经省政府转报国务院。10 月 23 日,住房和城乡建设部牵头在北京召开城市总体规划部际联席会议第 58 次会议,会上嘉兴市以城市总体规划修改的必要性、可行性和规划修改基本思路为主题作汇报,部际联席会议原则同意嘉兴市开展城市总体规划的修改工作。

【启动嘉兴市域总体规划修编工作】 5 月,由市规划管理局委托浙江省规划设计研究院编制《嘉兴市域总体规划(2014 ~ 2030)》,规划嘉兴市域行政管理范围,包括南湖区、秀洲区、嘉善县、平湖市、海盐县、海宁市和桐乡市,规划面积 3915 平方公里。规划以“将全市域当作一个城市来规划”为主线,以“多规合一”为突破口,探究如何接轨沪杭,明确新背景下的区域功能定位;探究嘉兴可持续发展的区域发展动力,制定相应的产业发展战略及空间布局;确定市域总体空间布局及城镇体系、市域功能分区,提出综合交通、基础设施等方面的规划指引;研究划定建设用地增长边界线、独立建设用地控制线,提出嘉兴市域生态红线、永久基本农田红线划定建议,提出在市域层面“多规”融合指引;研究制定市域总体规划实施保障与机制等。

【开展嘉兴市综合交通体系规划编制工作】 2014 年,市规划管理局委托嘉兴市规划设计研究院、华中科技大学、上海市政工程研究总院、浦东建筑设计研究院开展《嘉兴市综合交通体系规划(2014 ~ 2020)》编制工作。规划包括市域、市区交通规划和两个专题研究(嘉兴市综合交通规划骨干路网研究、嘉兴市中心城区重点路段拓建方案研究)。在系统梳理嘉兴市区交通现状的基础上,从市域、市区、中心城区三个层次展开规划研究,重点研究市区骨干路网系统、快速路系统和公共交通系统规划。12 月 12 日,市建委组织召开嘉兴市综合交通体系规划专家会审会议,原则同意该规划报告和两个专题研究成果。

【完成产城融合战略及空间布局规划研究】 5 月 21 日,市规划管理局组织召开《嘉兴市产城融合战略及空间布局规划研究》评审会。该规划研究以嘉兴市的产业优势及特色为基础,兼顾平台内各功能区之间的产业关联性,将空间要素需求相似的产业链环节进行协同集聚,形成东部创新科技平台,北部旅游休闲平台,西部物流市场平台,南部现代生产服务平台。平台内部强调功能整合产城空间,明确不同产业类型需要的商业设施、配套设施的建设要求,实现职住(就业职业和住宅)平衡、产城融合的发展模式,并重点针对工业围城现象,提出“提、退、进”的产城融合策略。

【开展嘉兴科技创新平台规划研究】 2014年,市规划管理部门以嘉兴科技城为核心,联动东片楔形绿地、湘家荡旅游度假区、嘉善硅谷产业园等相关特色资源,形成“政、产、学、研、金、介、用”七位一体的大科技创新平台,开展嘉兴科技创新平台规划研究,6月底前完成《科技创新平台战略研究》,年底前编制《科技创新平台启动区规划研究、控制性详细规划及重点地段概念设计》,面积29平方公里。年内,由嘉兴市城市发展研究中心牵头,联合上海同济规划设计研究院共同编制《嘉兴科技城(先行启动区)规划》。

【推进地理国情普查工作】 2014年,嘉兴市根据国务院和省政府《关于开展第一次全国地理国情普查的通知》精神,建立普查机构,落实普查经费,研究制定《嘉兴市第一次地理国情普查领导小组成员单位职责》《嘉兴市第一次地理国情普查办公室职责和人员组成》及《嘉兴市第一次地理国情普查办公室工作制度》,并开展具体普查工作。至年底,嘉兴市及下辖5县(市)全面完成城市建成区普查工作,普查成果全部上报省地理国情普查办公室。2014年,嘉兴市被省普查办公室确定为城市建成区绿化覆盖率和绿地现状普查试点地市,普查试点工作于11月完成,试点成果于12月上交省普查办公室。

【完善地理信息共享平台】 2014年,嘉兴市进一步完善共享平台专业版(嘉兴市基础地理信息系统)和公众版(天地图·嘉兴)门户网站,开发多版本的天地图移动端。推进平台在嘉兴市信息惠民国家示范城市创建工作中的应用示范建设;做好与智慧交通建设的对接与服务;拓展应用模式,与市公安局部署前置应用服务,并建立共享交换合作关系;做好市财政局、社会保障事务局等部门的应用对接。至年底,共有27个单位基于平台搭建37个应用系统。11月,在2014年度全国天地图市县节点服务评估中,“天地图·嘉兴”被评为五星级。在第二届全国天地图应用开发大赛中,嘉兴智慧城管——渣土车综合执法管理系统获三等奖。12月,平台展示片在国家测绘地理信息局和中国测绘与地理信息学会评比中获一等奖。年内,嘉兴五个县(市)均完成数字城市和天地图建设。

【加强测绘与地理信息市场监管】 4月,市规划管理部门完成2013年度测绘信用平台信息审查上报工作,全市31个测绘单位信用等级为A级7个、B级22个、C级2个;6月,联合市保密局开展涉密测绘成果保密检查,实地抽查38个单位,发现问题并要求整改单位10个,销毁纸质1∶10000地形图212幅;委托省测绘质量监督检验站对全市12个测绘单位的测绘项目开展监督检查,对检查存在问题的4个单位负责人进行约谈,并要求限期整改;6~8月,市国家版图意识宣传教育和地图市场监管指导协调小组对互联网电子地图进行专项检查;11月,完成全市30个丙、丁级测绘与地理信息单位的资质复审换证工作,批准2个企业申请测绘资质证书。

【开展国家版图知识宣传活动】 10月,嘉兴市参加“美丽中国”浙江省国家版图知识竞赛团体选拔赛并获得省级第三名;组织全市中小学

10月,嘉兴市组织全市中小学生参加全国少儿手绘地图大赛浙江赛区主题活动。

生参加全国少儿手绘地图大赛浙江赛区主题活动，选送少儿手绘地图 215 幅，36 幅入围省级奖项，10 幅获得国家级一、二、三等奖；组织“美丽中国”第二届全国国家版图知识竞赛个人赛，全市近 6000 人参加活动，参赛人数列全省前三位。组织参加全国“帝测杯”测绘与地理信息法律知识微信有奖问答活动，嘉兴市 5 人获奖。

【提升基础测绘能力】 2014 年，全市基础测绘总投入 3984.7 万元，比上年增长 32.25%；嘉兴市域 1∶2000 地形图实现全覆盖，市本级 1∶2000 地形图完成全面更新；实现 1∶500 地形图市中心城区、镇区全覆盖，并建立定期与动态相结合的更新方式；拓展仿真三维数据、街景影像数据，编制《嘉兴市特色民生系列地图》；完善嘉兴市连续运行卫星定位综合服务系统维护更新及推广，为全市 41 个单位的 110 个注册账号提供实时、高精度、三维动态定位服务。

（吴其生）

勘察　设计

【概况】 2014 年，全市工程设计企业完成建筑设计面积 1248.32 万平方米，比上年下降 42%，设计产值 5.15 亿元（含建设系统外设计企业），比上年增长 17.6%，其中电力行业比上年增加产值 6000 万元、环境专业比上年增加产值 1200 万元；完成工程勘察产值 3716.26 万元，比上年下降 20.2%。

年内，全市 27 个企业申报资质核定、增项、延续申请，嘉兴市嘉设岩土工程勘察研究所有限公司晋升工程勘察专业类岩土工程（勘察）甲级资质，浙江创新建筑设计有限公司晋升建筑行业建筑工程专业资质，浙江恒欣建筑设计股份有限公司延续建筑行业建筑工程专业资质。新增建筑设计企业 1 个，资质延续企业 15 个。到年底，全市建设系统有工程勘察企业 8 个，其中 2 个甲级企业、5 个乙级企业、1 个劳务类企业；建筑设计企业 20 个，其中甲级资质企业 9 个、乙级资质企业 11 个。

年内，全市 4 个施工图审查机构按照《嘉兴市房屋建筑和市政基础设施工程施工图设计文件审图管理办法》，进一步提高施工图审查质量，全年审图单位审查项目 1575 项、建筑面积 2032 万平方米，提出违反强制性条文 627 条，提出违反“应”字条文 5916 条，对审查出的违反强制性条文和“应”字条文的图纸，均提出相应的意见建议。

年内，全市新增民用建筑节能评估企业 4 个，共有民用建筑节能评估企业 7 个，其中一类企业 1 个、二类 1 个、三类 5 个。2014 年共评估民用建筑节能项目 383个、总建筑面积 1776.9 万平方米、建筑总能耗 262713.15 吨标准煤，其中可再生能源建筑应用面积：集热器 8.05（光热）万平方米，年节约标准煤 16365.1吨。

【开展优秀勘察设计评选】 2014 年，嘉兴市开展建设工程“南湖杯”奖（优秀勘察设计）评选，共收到申报项目 34 项，评出一等奖 5 项（建筑设计 4 项、市政道路 1 项）、二等奖 9 项（建筑设计 5 项、建筑结构 1 项、给排水 1 项、节能评估 1 项、园林景观 1 项）、三等奖 16 项（建筑设计 8 项、建筑结构 1 项、建筑装饰 1 项、给排水 1 项、勘察测绘 2 项、节能评估 2 项、园林景观 1 项）、表扬奖 4 项。择优上报省勘察设计行业参加“钱江杯”评审，浙江宏正建筑设计有限

嘉兴市老年大学迁建工程项目被评为“钱江杯”优秀设计二等奖。

公司设计的嘉兴市老年大学迁建工程项目被评为“钱江杯”优秀设计二等奖、浙江南湖国际俱乐部二期项目被评为“钱江杯”优秀设计三等奖。

【开展“四库一平台”信息系统建设】 年内,市建委按照省住房和城乡建设厅关于开展浙江省勘察设计行业“四库一平台”(工程勘察设计企业库、技术人员库、工程业绩库、诚信库,施工图审查信息平台)信息系统建设的要求,组织全市勘察设计企业,将企业基本信息、注册人员信息和技术骨干信息入库。至年底,全市录入企业42个(含建设系统以外的勘察设计企业),录入注册人员265人,非注册技术人员717人。不断完善“浙江省房屋建筑与市政工程施工图设计文件审查信息系统”中嘉兴市的相关管理措施,至年底,全市38项施工图审查项目全部录入该系统。

(平惠英)

建筑业

【概况】 2014年,全市完成建筑业总产值1134.15亿元,比上年增长6%,其中市区291.7亿元,增长4%;完成省外建筑业产值281.54亿元,下降13%,其中市区50.58亿元,下降20%;房屋建筑施工面积8470.5万平方米,增长1%,其中市区2298万平方米,增长1%;实现利润总额14.6亿元,增长2%,其中市区3亿元,增长3%;上缴税金31.4亿元,增长7%,其中市区8亿元,与上年持平;从业人员31.1万人,下降4%,其中市区8.7万人,下降25%。

2014年,全市有国家一级注册建造师1830人、国家二级注册建造师6311人,注册造价工程师490人。全市7个建筑业企业取得一级资质(含主项总承包、专业承包、设计施工一体化),24个企业取得二级主项资质。至年底,全市有各类建筑业企业632个,其中一级资质企业68个、二级资质企业193个、三级资质企业300个、劳务分包企业71个;监理企业28个,其中甲级资质企业9个;建设工程检测机构24个;招投标代理机构21个,其中甲级资质9个;造价咨询机构21个,其中甲级资质16个。2014年,全市施工产值超亿元的175个企业中,超5亿元的有43个、超10亿元的有21个、超50亿元的有4个,其中巨匠建设集团有限公司的产值达到102亿元,获得嘉兴市首个“浙江省建筑强企”称号。浙江博元建设股份有限公司和浙江鸿翔建设集团有限公司成功创建省级建设企业技术中心。嘉兴市建设工程造价管理站被评为全省施工合同管理先进单位和全省工程造价市场管理工作先进单位。

4月,市建委印发《关于对我市国有投资项目实施新评标办法后强化标前、标中和标后管理的通知》,全市全年办理招标项目1312个、中标金额289.09亿元,其中市区办理招标项目22个、中标金额4.62亿元。继续保持应招标工程招标率和应公开招标工程公开招标率100%。市建筑业管理局办理市区施工许可项目23个,建筑面积42.3万平方米,造价7.5亿元;办理市外建筑施工企业进嘉兴备案71个、市外监理企业进嘉兴备案7个。全面推行建设工程合同网上备案制度,全市备案施工合同758个、监理合同334个,其中市区备案施工合同13个、监理合同3个。严格执行《建设工程工程量清单计价规范(2013版)》,实行工程量清单招标,对项目招标文件中的工程量清单进行符合性备案,全市备案工程量清单14个。5月,全市推行试用“嘉兴市建筑业行业信息动态监管系统”,填补嘉兴市建筑业行业基础性数据信息化空白。7月,市建委与市市场监督管理局联合印发《关于废止嘉兴市建设工程履约保证金管理办法(试行)的通知》。8月,市建委下发《关于废止嘉兴市建筑(市政)工程首席执业工程师管理办法(试行)的通知》。8月,组织召开2014年省外建筑业市场推介交流会。11月,对进嘉兴备案的施工、监理企业进行年检,40个企业被责成整改，38个不合格企业自2015年1月10日起被取消在嘉兴承接业务资格。12月，市建委、市商务局联合组织召开嘉兴市建筑企业境外施工“走出去”研讨会。

2014年，市建筑业管理部门完成市区工程质量监督21项，面积46.3万平方米；监督项目中间结构验收工程29个（含单体），面积53.5万平方米；监督项目竣工验收37个（含单体），面积56.2万平方米。实行监督性检测中建设工程材料（构配件）不合格情况月度与季度通报制度，至年底，全市检测房屋建筑和市政基础设施项目1562个，累计工程材料（构配件）监督检测4331批次、17737项参数，退场不合格材料103批次，其中市属项目86个，累计工程材料（构配件）监督检测203批次、423项参数，退场不合格材料7批次，并通过网站、短信、杂志等平台进行通报。年内共创嘉兴市“南湖杯”优质工程23项、浙江省“钱江杯”优质工程10项、浙江省安全文明施工标准化工地16项。

2014年，全市白蚁防治受理新建预防项目1257个、建筑面积2328.2万平方米，其中市白蚁防治所受理新建预防项目74个、建筑面积315.5万平方米。全市完成新建预防施工项目1195个、建筑面积2111.5万平方米，预防施工覆盖率达到100%，其中市白蚁防治所完成新建预防施工项目56个、建筑面积229.7万平方米。按照省住房和城乡建设厅《关于做好全省白蚁蚁情蚁害情况普查专项活动有关工作的通知》，开展白蚁蚁情蚁害情况普查专项活动，全市普查城镇小区103个，农村行政村80个，海塘调查点5个，园林绿化487.3公顷，古树名木598株，文物古建筑140处，山林果园20块。普查结果于10月上报省白蚁防治中心。推广绿色环保型的白蚁防治新技术，全市应用新技术项目13个，建筑面积108.7万平方米，分别比上年增长85.6%和81.2%；共埋设监测装置4004套。

【加强建筑施工安全生产监督】 2014年，全市建设工程安全监督项目1353项、受监面积2542万平方米，累计开展建设工程安全检查2826次，签发限期整改通知书2413份、停工整改通知书285份。完成季度性建设工程安全检查48项、建筑面积225万平方米，查出安全隐患370条。6月，市建委重新修订《嘉兴市建筑安全文明施工标准化工地管理办法》。6月26日，举办建筑工程突发事故应急演练暨绿色施工现场会。7月，市建委下发《关于印发嘉兴市建设工程文明施工管理规定的通知》。开展监理人员安全知识培训，全年经培训考核合格的监理人员达268人。组织三类人员（企业主要负责人、项目负责人、专职安全生产管理人员）继续教育培训并通过考核4583人。全年建筑施工安全生产事故数和死亡人数控制在省下达指标之内。围绕第十三个全国“安全生产月”等活动，在全市开展建设工程质量安全监督执法检查、建筑施工安全隐患排查治理和建筑市场、工程质量安全检查。

【加强施工现场关键岗位人员变更管理】 2月14日，市建委出台《嘉兴市建设工程施工现场关键岗位人员变更管理暂行办法》（以下简称《办法》）。《办法》规定，施工现场从事工程管理的施工项目部、现场监理部的主要管理人员，包括项目经理（含分包工程项目经理）、项目技术负责人、专职安全员，项目总监理工程师（总监代表）、专业监理工程师在内的关键岗位人员，招标工程自项目中标之日起（直接发包工程自施工合同签订之日起），至工程竣工验收合格之日止，应保持相对稳定，企业不得擅自变更。关键岗位人员离开本单位；非本单位原因导致工程停止（或暂停3个月以上）建设或领取中标通知书后未开工达3个月以上；关键岗位人员被建设行政主管部门责令停止（暂停）上岗资格、建议吊销或吊销相关证书，或被有关部门依法追究刑事责任；建设单位认为关键岗位人员履职不到位、工作存在严重失误，经整改后仍不能胜任施工现场管理工作；以及其他具有正当理由必须变更关键岗位人员时，可以提出变更申请。当关键岗位人员因患病或发生人身意外等原因导致暂时无法从事施工现场管理工作时,企业须增补相应的关键岗位人员。

【召开“树标杆、学标杆”活动现场会】 4月29日,市建委在市区“晶晖广场”项目施工工地召开全市建筑施工标准化管理“树标杆、学标杆”活动现场会。全市各级建设主管部门和施工、监理企业负责人360人现场观摩浙江博元建设股份有限公司“晶辉广场”项目建筑施工安全标准化管理工作,交流建筑施工安全标准化管理工作经验。通过标杆示范、学习观摩,进一步增强全行业“科学发展,安全发展”意识,进一步促进和提升全市建筑施工安全标准化管理工作。

4月29日,市建委召开全市建筑施工标准化管理“树标杆、学标杆”活动现场会。

【成立嘉兴市建筑业管理局驻贵州办事处】 6月29日,嘉兴市建筑业管理局驻贵州办事处成立座谈会在贵阳市召开。办事处代表市建筑业管理局加强与贵州省各级相关部门的联系、沟通、协调,处理涉及嘉兴市建筑企业在当地的相关事宜。至年底,市建筑业管理局已成立驻安徽、海南、贵州3个办事处。

【开展工程质量治理两年行动】 10月16日,市建委印发《嘉兴市工程质量治理两年行动实施方案》,确定海宁、桐乡为全市工程质量治理两年行动试点。两年治理行动分动员、实施、总结三个阶段,目标是进一步落实工程建设各方主体及项目负责人的质量终身责任,督促施工现场管理人员特别是关键岗位管理人员到位履职;规范建筑市场秩序,严厉打击建筑施工违法发包、转包、违法分包及挂靠等行为;抓好工程实体质量,防治工程质量通病,减少因质量问题引起的投诉;加强中介机构管理,发挥中介机构作用,保证工程质量;加快新型建筑工业化的探索实践步伐,促进建筑产业现代化快速发展;推进企业、人员、项目三大数据库的融合, 确定建筑市场不良行为量化记分标准;加强行业内的教育培训工作,提高从业人员素质;构建建设工程质量常见问题治理的长效机制,有效预防和治理质量问题。

【10项工程获浙江省“钱江杯”优质工程奖】 2014年,由省建筑业行业协会、省工程建设质量管理协会组织评选,经省住房和城乡建设厅审定,浙江海建建设股份有限公司承建的海盐县青少年妇儿活动中心;中元建设集团股份有限公司承建的科技创业服务中心二期1号楼、2号楼及裙房,3号楼、4号楼及地下室;巨匠建设集团有限公司承建的乌镇大剧院工程;巨匠建设集团有限公司承建的振石大酒店二期配套用房;浙江鸿翔建设集团有限公司承建的海宁市社会福利中心改扩建工程;浙江中海建设集团有限公司承建的易地迁建海宁市工人文化宫;中元建设集团股份有限公司承建的电力建设科研楼工程;恒基建设集团有限公司承建的桐乡市凤栖供水有限公司同福水厂供水工程;浙江鸿翔建设集团有限公司承建的阿克苏浙江产业园(南园)核心区标准厂房建设项目(生产研发楼);浙江鸿翔建设集团有限公司承建的沙雅县嘉兴第一实验学校10项工程获浙江省“钱江杯”优质工程奖。

【16项工程获评省安全文明施工标准化工地】 2014年,根据浙江省建筑业管理局《关于公布2014年度浙江省建筑安全文明施工标准化工地的通知》,嘉兴市秀洲新区46号地块住宅小区项目,桐乡市科技创业园区孵化大楼、研发

大楼及人才公寓、职工食堂、人防地下室主体工程,嘉兴市秀洲区洪合镇中心小学教学用房建设工程,同济大学浙江学院图书馆,振东新区建设投资文化中心一期文化馆区（文化馆、漫画馆、非物质遗产展览馆）、博物馆区（博物馆、摄影馆、钱币馆）,博洋服饰嘉善物流中心项目一期工程1~2号宿舍、食堂,海宁市人民检察院办公、办案及专业技术用房,嘉善县第一人民医院迁建工程后勤综合楼、病房楼、门急诊医技综合楼、传染楼,浙江华悦木业有限公司2号办公楼、3~4号车间,海盐县滨海住房保障建设有限公司住保港湾一标段,嘉兴市第二医院新建门诊急诊医技大楼,海宁市第二人民医院门诊综合楼,桐乡市市场投资金凤凰大厦,经投商务大厦,浙江省荣军医院迁建项目建安工程一标段,易地新建海宁市长安镇仰山小学工程16个项目被评为浙江省建筑安全文明施工标准化工地。

【市建筑企业获省级和国家级工法7项】 12月,浙江省建筑业管理局公布2013年度浙江省省级工法,振业建设集团有限公司、广西建工集团第一建筑工程有限责任公司的“多联机空调系统冷媒铜管安装施工工法”,振业建设集团有限公司、海南铭豪建筑工程有限公司的“页岩砖保温节能墙体砌筑施工工法”,海泰建设有限公司、浙江恒力建设有限公司的“沥青路面破坏全厚度再生复合多元组分重构修复施工工法”,巨匠建设集团有限公司、浙江嘉宇建设有限公司的“凹凸木纹面清水混凝土施工工法”,嘉兴市万盛建设股份有限公司、浙江康诚市政园林工程有限公司的“薄壁高墩无支架翻模施工工法”,鲲鹏建设集团有限公司、巨匠建设集团有限公司的“真空绝热板干挂系统施工工法”获得省级工法。新疆城建(集团)股份有限公司、浙江博元建设股份有限公司的“钢渣沥青混凝土路面施工工法”获得国家级工法。

【2个企业成为省级企业技术中心】 2014年,经省经济和信息化委员会、省住房和城乡建设厅、省财政厅、省国家税务局、省地税局、杭州海关6部门联合审定,认定嘉兴市浙江博元建设股份有限公司企业技术中心、浙江鸿翔建设集团有限公司企业技术中心为第21批省级（建设行业）企业技术中心。至年底,嘉兴市建成省级（建设行业）企业技术中心4个。

【国家可再生能源建筑应用示范城市建设】 2014年,嘉兴市推进国家可再生能源建筑应用示范城市建设,至年底,市区可再生能源建筑应用项目122个,85个项目完成安装并进入验收阶段。其中,太阳能光热建筑应用面积667万平方米、地源热泵系统建筑应用面积25万平方米,折算应用示范面积358.5万平方米（太阳能光热系统折算系数为0.5、地源热泵系统折算系数为1）,超额完成财政部、住房和城乡建设部下达345.85万平方米的目标任务。

【3个国家级光电建筑示范项目验收】 2014年,省住房和城乡建设厅对嘉兴市光电建筑一体化建筑示范项目进行验收,分别是嘉兴市禾平街工业园区1.95MWP平改坡光电建筑一体化应用、嘉兴经济技术开发区华云路园区1.9MWP平改坡光电建筑一体化应用、嘉兴市可持续发展公园210KWP太阳能光电建筑一体化应用示范项目。

（余女燕）

房地产业

【概况】 2014年,嘉兴市完成房地产开发投资525.72亿元,比上年增长2.9%,其中市本级完成投资191.49亿元,增长3%。全市房屋施工面积4548.48万平方米,增长5%,其中市本级房屋施工面积1775.81万平方米,增长3%。全市房屋新开工面积1021.84万平方米,下降12.8%,其中市本级新开工面积386.33万平方米,下降35.6%。全市房屋竣工面积631.93万平方米,下降7.1%,其中市本级房屋竣工面积250.35万平方米,增长3.1%。全市商品房销售面积497.34万平方米,下降17.3%,其中市本级商品房销售面积193.29万平方米,下降17.1%。全市新批准预售商品房887.15万平方米,增长6.8%,其中市本级新批准预售商品房338.69万平方米,增长8.1%。全市实现房地产业入库税收67.44亿元,下降0.7%,其中市本级房地产业入库税收26.04亿元,下降2.15%。全市城镇居民人均住房建筑面积38.19平方米,农村居民人均生活用房建筑面积72.46平方米。市本级商品房合同备案均价7622元/平方米,下降2.5%,其中商品住宅合同备案均价7212元/平方米,下降0.85%。年内,嘉兴市举办春、夏、秋三季房地产博览会,分别成交商品房187套、198套、406套,其中成交商品住宅187套、189套、401套。全市新成立房地产开发企业65个,其中市本级21个;新成立物业服务企业45个,三级(暂定)升为三级资质30个,三级升为二级资质5个。市区(包括嘉兴经济技术开发区)实施住宅小区竣工综合验收备案148.12万平方米。2014年,全市归集物业专项维修资金5.07亿元,使用维修资金0.22亿元,其中市本级归集2.2亿元,使用677.13万元;全市归集住宅物业保修金2.72亿元,返还保修金0.28亿元。

2014年,市建委加强市区住宅室内装饰装修管理工作,上门查勘并处理违章装修27起。继续加强商品房预售资金监管,市区(含嘉兴经济技术开发区)新申请商品房预售资金监管项目47个、建筑面积211.67万平方米、2.06万套,工程预算清册总额57.16亿元;撤销商品房预售资金监管项目7个、建筑面积26.61万平方米、3121套,工程预算清册总额5.97亿元。至年底,累计纳入商品房预售资金监管项目139个、建筑面积516.61万平方米、6.65万套,工程预算清册总额167.61亿元。组织开展市本级商品房预售资金监管专项检查,对市197个房地产预售项目进行检查。网上商品房合同备案撤销1282件、修改144件。

4月10日,嘉兴市春季房地产博览会开幕。

2014年,全市房地产管理部门推进房地产交易与权属登记规范化管理工作。全市办理国有土地范围内房屋登记254062件,13723.2万平方米。其中,初始登记25430件,2099.9万平方米;转移登记86608件,1680.3万平方米;变更登记4808件,374.4万平方米;产权注销登记4513件,103.3万平方米;抵押登记80845件,8928.1万平方米;预告登记50912件,529.9万平方米;更正登记885件,6.6万平方米;异议登记61件,0.7万平方米。市建委住房保障局办理国有土地范围内房屋登记49531件,1728.1万平方米。其中初始登记466件,292.2万平方米;转移登记21479件,251.5万平方米;变更登记599件,31.4万平方米;产权注销登记601件,28.4万平方米;抵押登记20138件,1061.4万平方米;预告登记5965件,59.9万平方米;更正登记281件,3.3万平方米;异议登记2件,193平方米。市建委住房保障局办理房屋交易转让5916件,68.1万平方米,成交金额33.1亿元。推进库藏产权产籍档案电子化工作,全年房产档案归档86754宗,完成房产档案数字影像56968宗、175.6万页。房产预测绘成果备案288.08万平方米,实测绘成果备案269.49万平方米。与市建委行政审批处联合审批发放商品房预售许可证42件,167.64万平方米。

2014年,市建委多次开展房地产市场调研工作,全面了解房地产市场运行现状及存在问题,完成《嘉兴市本级商业房地产市场分析和对策》,配合市咨询委完成《促进嘉兴市本级房地产市场发展研究课题调研》等调研材料。浙江佳源房地产集团有限公司被中国房地产业协会、中国房地产研究会、中国房地产测评中心评为“2014 中国房地产开发企业 50 强”“2014 中国房地产开发企业品牌价值 50 强”“2014 中国房地产开发企业发展潜力 10 强”。嘉兴东菱房地产开发有限公司被市委宣传部等 12 个部门评为“嘉兴最具社会责任感房产企业”。

【出台促进房地产市场平稳健康发展意见】 8 月 7 日,市政府印发《促进房地产市场平稳健康发展意见》,从加强房地产用地管理、吸引外来高素质人才、推动存量消化、改善住房金融服务、规范收费减轻企业负担、防范市场风险、加强市场舆论正面引导等方面提出 17 条意见。意见提出改进房地产开发项目土地履约保证金管理方式,对履约保证金实行 200 万元封顶控制,适当放宽建设项目开工、竣工期限,对按合同约定开工、竣工确有困难的企业,可申请办理期限最长不超过一年的开工、竣工延期手续;调整商品房保修金制度,房地产开发企业可提供同等价值的实物房源抵冲相应的保修金;推动地下空间开发投入的回收,加快开展地下车位办证工作;规范税费征收,适时调整企业所得税、土地增值税预征率;清理各类收费项目,各执收部门或行业主管部门按照“可取消的予以取消,可归并的进行归并,可优惠的给予优惠”的原则,研究提出相关处置意见。

【举办房地产业发展高峰论坛】 10 月 16 日,嘉兴市房地产业协会举办 2014 中国(嘉兴)房地产业发展高峰论坛,由住房和城乡建设部政策研究中心主任秦虹、中国城市规划设计研究院总规划师张兵作专题演讲。浙江省住房和城乡建设厅副厅长应柏平、嘉兴市副市长张仁贵等领导和嘉兴房产行业的专家、房企负责人参加论坛。高峰论坛研究探讨全国和嘉兴房地产市场形势,解析和把握国家的宏观政策走势,传播房地产操作的前沿理念,引导嘉兴房地产业平稳健康发展。

10 月 16 日,嘉兴市房地产业协会举办 2014 中国(嘉兴)房地产业发展高峰论坛。

【开展危旧房屋大排查】 4 月 24 日,市政府出台《全市危旧房屋大排查工作实施方案》,成立市危旧房屋排查工作领导小组,同时出台《关于印发既有住宅房屋“一楼一档”建档工作方案的通知》《关于组织开展丙类住宅房屋安全鉴定工作的通知》等配套政策文件。年内,组织技术总工程师就现场排查和如何填写“县(市、区)城镇既有住宅房屋调查登记表”作专题解释说明,将地形图做好保密处理后分送到街道(镇);从建设、勘察设计、施工、审图等单位抽调 220 多名专业技术人员,组成技术工作组,到各街道(镇)、社区开展排查工作。2014 年,全市排查住宅房屋 44193 幢,8073.19 万平方米。其中评定为甲类的住宅房屋 25666 幢,占总幢数的 58.1%,面积 6147.1 万平方米,占总面积的 76.1%;乙类的住宅房屋 14931 幢,占总幢数的 33.8%,面积 1766.78 万平方米,占总面积的 21.9%;丙类的住宅房屋 3596 幢,占总幢数的 8.1%,面积 159.31 万平方米,占总面积的 2%。全市排查公共建筑 6437 幢(处)、880.53 万平方米,其中存在安全隐患 251 幢(处)、20.8 万平方米。

【房地产经纪机构非法集资风险专项排查】 5 月,市建委对全市 100 余个房地产经纪机构开展非法集资风险专项排查工作,对企业是否存在未按规定进行企业登记、备案、出资,无办公场所、无办公人员或与注册登记不符,违规设立和使用账外账户,是否有违规、超范围开展吸收和发放资金业务等进行检查,未发现违法违规行为。

【实施老旧住宅危急维修资金制度】 自3月起,嘉兴市实施老旧住宅危急维修资金制度,由老旧住宅业主(或物业服务企业)向所在街道(社区)进行公共部位报修,经业委会或社区核实情况,维修工程竣工后向市建委申请使用危急维修资金,按照“政府财政资金补助80%”的原则安排使用。年内,市区安排使用危急维修资金534笔、98.05万元,涉及6个街道、27个社区。

【市区启动地下建筑物登记工作】 6月11日,市建委转发《省建设厅关于印发浙江省地下建筑物登记暂行办法的通知》,进一步对嘉兴市区启动地下建筑物登记工作作出明确规定。自7月中旬起,按照“先易后难,先简后繁”的原则,对符合规划条件,取得建设工程规划许可证(含附图附件)并经规划核实确认的地下建筑物,可申请办理地下建筑物所有权初始登记。属房地产开发项目的地下车库车位配套建筑首先满足本建筑区划内业主的需要,实行现房销售。开发企业不得通过出售、赠予等方式将地下车库车位随意处分给非本建筑区划内业主。地下建筑物分区分割基本单元须符合规划要求设置永久性固定四至界标,界址点坐标须为实测坐标。

【建立网络协助执行查控机制】 年内,市建委与市中级人民法院通过调研协商,决定自8月11日起在全市启动网上“点对点”协助执行查控机制,即采用封闭的专线网络,在全市两级法院和市建委网络终端上安装司法查控软件,形成相对封闭的司法查控专网。由省、市各级法院通过网络数据方式提出被执行人及其财产的查控要求,市建委指派专人定时接收查控信息,并将查询结果反馈查控法院。年内,通过网上“点对点”协助省内各级人民法院完成2092名涉案被执行人房产信息查询工作。

【房产办证推出四项预约服务】 4月1日,市建委推出房产办证四项预约便民服务举措:一是午休值班预约,服务时间为中午12点至下午2点,专门开设1至2个值班窗口,重点为确需本人到场签字的群众提供服务;二是周六全天预约,服务时间为每周六上午9点至下午4点,开设3个窗口,安排4名工作人员值班,为预约群众服务;三是工作日分时段预约,服务时间为正常工作日,指定专门窗口设置绿色通道为预约群众服务,预约预留时间为半小时;四是上门服务,将每周五上午定为指定上门服务日,主要为老人、残疾人、孕妇等特殊群体提供上门服务。年内,市建委为单位和个人办理预约服务859件。

(谢佳萍)

市政公用事业

【概况】 2014年,全市新增城市(县城)道路长度50.06公里、道路面积115.79万平方米,人均城市(县城)道路面积20.6平方米(含暂住人口,下同);其中市区新增城市道路长度18.19公里、道路面积48.64万平方米,人均城市道路面积15.5平方米。加强城市道路养护管理,市市政管理部门全年维修市区车行道4.33万平方米、人行道1.4万平方米、桥栏杆700米,并对嘉运桥、南郊河大桥等桥梁进行定期检测。加强对市政施工企业市场行为的监管,至年底,全市有市政总承包企业175个,其中一级资质企业15个、二级资质企业43个、三级资质企业117个;全年办理外地市政施工企业进嘉兴施工备案8个,完成对268个嘉兴市及进嘉兴施工备案市政施工企业的监管检查工作。2014年,市区完成公共自来水供水量12529万立方米(含10个建制镇供水量,下同),7月22

日最高供水量为39.1万立方米，售水量10092万立方米。全年管网水质综合合格率和管网压力合格率分别为99.8%和99.7%。三环南路、320国道机场线、新气象路、嘉铜公路和亚太路等给水工程累计完成投资1747万元，城乡一体化供水环网工程基本成型。

2014年，市市政管理部门推进节约用水工作，《嘉兴市市区城市节水中长期规划（修编）》于1月通过市级和省级专家评审，5月12日经市政府批准实施；开展形式多样的节水宣传活动，组织近200名节水志愿者在市区华庭街、梅湾街、汽车北站等发放节水宣传资料1500多份，营造节水社会舆论氛围；开展“五水共治”节水金点子大比拼活动，收到67人提出的188条金点子；举办“人·水·情”节水微电影创作大赛，9个作品在节水网站展映；根据《嘉兴市超计划（定额）用水累进加价费管理办法》，对市区800个单位用户实施计划用水管理，实行按年度下达计划，按月考核、收费，全年征收超计划用水单位298次，超计划用水量17.5万立方米，征收加价水费66.6万元。公共供水的非居民用水计划率从上年的50%提高到90%。

2014年，全市城市（县城）天然气供气总量36052.5万立方米，比上年增加6257.9万立方米，增长21%；天然气用户392636户，比上年增加55041户，增长16.3%。其中，市区天然气供气总量16108.1万立方米，比上年增加2542万立方米，增长18.7%；天然气用户232373户，比上年增加31059户，增长15.4%。全市供应液化石油气总量60118吨，比上年减少787吨；液化石油气用户324490户，比上年减少8968户。其中市区供应液化石油气总量26256吨，比上年增加1445吨；液化石油气用户137102户，比上年增加11462户。年初，市建委出台《关于加强嘉兴市区新建住宅燃气管道设计管理保障燃气安全的通知》，加强燃气安全管理。开展市区瓶装燃气星级供应站评比活动，29个供应站被评为星级瓶装燃气供应站。开展瓶装燃气安全治理工作，全年抽检瓶装燃气4批96次；对全市油气管线安全进行专项排查整治，查出22个违章占压，督促相关单位整改；组织市燃气集团有限公司、市加油加气和瓶装燃气供应企业举办6场燃气突发事故应急预案演练活动。修编市区燃气规划，指导市区燃气事业发展。推进天然气利用工作，年内市区完成管道燃气工程投资7967.9万元，建成道路中压管网52.22公里。

【新建改建市区城市道路】 2014年，市区城市建设单位加快新建改建城市道路，完成商务大道（长水路—三环南路）、双溪路（文贤路—长水路）、纺工路改造（长秦路—沪杭高速公路北）、槜李路（南湖大道—新气象路）、长滨路（黄杨路—长水路）、红松一路（新联路—新城南路）、红薇路（姚家荡路—红松二路）、天琴路（广穹路—嘉杭路）、天玑路（天琴路—天琴路）、金港路（亚太路—王庙塘）、泾水路（双溪路—施家浜）、向阳街（云东路—庆丰路）、中港路（溪港路—木桥港路）、瑞丰街（新农路—洪高路）、泾港路秀圣路延伸工程15条道路，共长18.19公里。其中，嘉兴经济技术开发区投资发展集团建设有限责任公司和嘉兴城市建设投资有限公司建设的商务大道为城市主干道，长2385米，宽60米，总投资3516.7万元；嘉兴经济技术开发区投资发展集团建设有限责任公司建设的长纤塘大桥为大型桥梁，长210米，宽42米，预应力混凝土连续梁结构，总投资3350万元。年内，市市政管理部门和嘉城集团分别对主城区的吉水路、越秀路和中山东路进行综合整治改造，其中吉水路投资218.9万元，越秀路投资753.2万元，分别于8月和9月竣工。

【优化路网和停车系统】 2014年，市建委按照嘉兴市城市道路交通治堵综合实施方案，开展交通“258”行动（2公里范围步行，5公里范围自行车出行，8公里范围公交车出行），引导市民绿色出行。完成打通商务大道、长水路、双溪路3条主次干路的断头路和府忠埭、中和街、县前街、砖桥弄、广穹路5条主城区支路断头路建设;对中山路与聚贤路、中山路与新秀路2处道路交叉口进行改造，增强路口通行能力;完成17个新建小区建设项目停车位配建,增加停车位7925个;建设塘汇街道停车场、泊金湾北侧地面停车场、物流园A区地面停车场、南湖大桥桥下停车场、禾兴南路原科协地面停车场等公共停车场，增加公共停车位575个;开展西马桥小区、清华小区、禾兴公寓、金湖花园4个老旧小区综合整治，新增停车位248个;清查市区华庭街、东南建科所综合楼、好得利商厦、中港商贸城、中港娱乐城、国际电气城二期地下空间停车设施挪用6处,实现地下空间停车功能归位。

【制定建设系统"五水共治"方案】 3月21日,市建委根据市委、市政府关于"五水共治"的总体部署,制定印发《嘉兴市建设系统"五水共治"工作实施方案》,明确城镇排涝水、治污水、保供水、抓节水的具体目标和主要任务,实施"畅管网、除涝点、强设施"三大排涝工程,至年底,全市新建排水管网131.9公里,完成进度的131%;提标改造管网73.9公里，完成进度的147.8%;雨污管网分流改造63.5公里,完成进度的158.5%;排水管网清淤1173.8公里,完成进度的167.7%;新增排涝应急设备11240立方米/小时,完成进度的112.4%;完成积水点改造120处,完成进度的300%。实施"管网配套、能力提升、提标改造、污泥处置"四大治污水工程,至年底,全市完成污水管网建设594公里(含集镇,下同),完成进度的148.5%;新增污水处理能力8万吨,完成3座污水处理厂提标改造工程;全市集中式污水处理厂日均产生污泥900吨，处置方式主要送热电厂焚烧及制砖等建材综合利用。实施"提能力、重改造、强监测"三大保供水工程，健全水质监测和公示制度，至年底，全市新建供水管网605.5公里(含乡镇,下同),完成进度的419.6%;改造供水管网425.9公里,完成进度的327.6%;2座水厂扩容新增供水能力9.7万立方米。实施"再生利用、雨水示范、改造器具"三大节水工程,至年底,全市完成雨水利用示范工程1项、完成屋顶雨水收集系统等雨水综合利用示范点建设565处,完成进度的108.6%;改造节水器具1200套,自来水一户一表改造3500户,完成进度的100%。

【国家"十二五"水专项课题通过中期评估】 12月27~28日,环境保护部、科学技术部、住房和城乡建设部组织20多名专家，对嘉兴市国家"十二五"水专项课题《河网城市雨水径流污染控制与生态利用关键技术与工程示范》进行中期评估。专家组视察课题示范工程——晴湾佳苑和殷家桥港、陆家桥港、竹桥港泵站调控工程，肯定嘉兴市在推动水专项示范工程,尤其在推动海绵城市建设取得的成果,通过课题的中期评估。课题研究取得2项关键技术突破并获得技术专利授权,编制《嘉兴市城市低影响开发规划设计导则》等3项技术导则并发文实施,建成晴湾佳苑、蒋水港绿道、湘家荡东外环绿道、嘉兴植物园和勺园生态停车场等低影响开发示范工程。6月27日,市建委召开嘉兴低影响开发(水专项)工作现场会,宣传推广低影响开发理念和技术。

12月27~28日,环境保护部、科学技术部、住房和城乡建设部对嘉兴市国家"十二五"水专项课题进行中期评估。

【编制市区城市排水防涝综合规划】 8月,市市政管理部门委托市规划设计研究院和市水利设计院启动编制《嘉兴市区城市排水(雨水)防涝综合规划》。规划提出城市排水防涝系统的完善和雨水径流的控制措施,为排水防涝设施建设提供指导意见。至年底,初步完成规划的编制和修改。

【修编市区燃气规划】 3月18日,市建委召开由有关设计院、管网燃气、瓶装燃气、汽车加气等企业负责人参加的修编《嘉兴市区燃气规划》专题会议。多次召集相关部门及单位讨论修编燃气规划。12月17日,市建委召开《嘉兴市区燃气规划》评审会,并通过评审。规划修编范围覆盖市本级包括南湖区、秀洲区、嘉兴经济技术开发区(国际商务区),面积968平方公里,近期规划至2017年,中远期规划至2020年,对嘉兴市区燃气资源和市场配置、车船加气站供应格局、液化石油气供应格局,提出指导性意见。

【启动排水设施工程质量专项整治行动】 10月,市市政公用事业管理部联合市“五水共治”办公室在全市启动排水设施质量专项整治行动。至年底,在已建设施排查中,排查市政道路污水管网2566.5公里,查出雨污串接、错接、混接及管道断头、破裂、中断和污水直排河道等问题10234处,改造完成8187处;排查污水检查井63098个,查出地下水渗漏、堵塞及掩埋等问题井2460个,改造完成2267个;排查小区、企业和其他单位等区块的室外排水工程2251个,发现未入网区块269个,完成改造入网区块213个。对137个在建设施开展排查,完成排查130个,发现问题629个,完成整改625个。

(市园林市政局)

【省荣军医院完成建设并搬迁】 2014年,省荣军医院迁建工程完成建设并搬迁。省荣军医院新址位于市区中环西路龙凤桥南堍,总占地面积6.78公顷,总建筑面积52000平方米,新建12层病房楼,设11个病区,对外开放病床500张,荣军休养康复及短期疗养病床100张。

【文生修道院修缮完成并移交】 2014年,文生修道院完成修缮并移交市文化局。文生修道院位于市区东北角,前临京杭大运河,占地面积3.17公顷,建筑面积5600多平方米,为西式建筑群,有教堂和欧式环楼。

【推进城市有机更新】 2014年,嘉城集团进一步推进城市有机更新,完成城北路片区渡船桥港北和三官塘以东地块、城东路片区凌塘路地块、城东路片区华梦纺织地块、热电厂地块的有机更新;启动城东路万众通讯地块、秀州路中百公司宿舍地块、中环西北路三官塘以西地块、钢铁厂地块、杉青闸地块的征收扫尾工作;南湖湖滨区块签约住户34户,拆除旧房34幢,拆除房屋建筑面积约5.39万平方米,拆除率约77%。

(薛蜜星 周 理)

园林绿化

【概况】 2014年,全市城市建成区园林绿地面积10503.8公顷,比上年增加809.4公顷,建成区绿化覆盖率、绿地率、人均公园绿地面积分别为42.1%、38%、14平方米。市区建成区园林绿地面积4018.6公顷,比上年增加90.7公顷,其中新增公园绿地51公顷、新增附属绿地104公顷、减少生产绿地20.1公顷、减少防护绿地44.2公顷。市区建成区绿化覆盖率、绿地率和人均公园绿地面积分别为43.8%、41.9%、13.8平方米。

2014年,全市完成园林项目主管培训260余人。至年底,全市有园林绿化企业176个,其中一级资质企业7个、二级资质企业14个、三级资质企业155个。办理市外园林绿化企业进嘉兴施工(养护)备案6个,至年底共有进嘉兴备案企业57个,备案企业通过年度检查考核46个,考核不合格退出嘉兴11个。开展2014年度嘉兴市“南湖杯”优质建设(养护)工程评选,对全市申报的53个项目进行综合考核,命名曼哈顿花园住宅小区景观工程等36个质量优良项目;参与申报省级各项优秀园林工程评选,公益性休闲设施二期(瓶山公园)工程等10个项目获得浙江省优秀园林工程金奖、10个项目获得银奖;御上江南瑞园景观工程等2个项目被评为"2014年度浙江省园林绿化安全文明施工标准化工地"。9月,在平湖市举办嘉兴市"景园杯"园林工人技能操作大赛,评出一等奖1个、二等奖2个、三等奖9个和最佳作品奖、最佳创意奖、最佳操作奖,4名参赛园林工人被授予嘉兴市技术操作能手,并破格晋升为技师。开展市区园林式单位和居住区评选,授予嘉兴科技京城壹号街坊一期单体项目为"园林式单位",金都夏宫花园等3个住宅区为"园林式住宅区"。

2014年年初,市生态绿道规划建设工作领导小组制定《2014年嘉兴市优化建设亲水绿道工作实施方案》,各县(市、区)政府和有关单位分别与市政府签订《2014年度嘉兴市生态绿道建设责任书》。加快推进市域范围内绿道网的互联互通,重点建设位于城区内、小区边、市民身边的亲水绿道,至年底,全市新建绿道108.76公里。加强城市公园、道路和绿道彩化提升建设。年内,南湖区、秀洲区、嘉兴经济技术开发区(国际商务区)分别完成2个不小于2公顷公园、2条不小于2公里道路、2条不小于2公里绿道的彩化提升工程建设。年内,新建姚家荡公园、天琴湖公园、莲馨公园,完成三塔路沿线景观提升改造工程。

2014年,嘉兴市完成市区城市绿线范围划定,编制《嘉兴市城市绿线图则》,并在市区范蠡湖公园、人民公园、三水湾公园等地设牌公布,接受社会监督。完善《嘉兴市区城市绿化养护标准》《嘉兴市区绿地养护管理考核办法》,推进园林绿化常态化、精细化养护管理。市园林管理部门全年支撑树木1533株,危树修剪65株,街边放置草花83.3万盆,应急抢险树木284株。推广城市绿地生物防治技术,在范蠡湖公园、人民公园等公园绿地安装人工鸟笼、诱杀灯,应用杨、柳絮抑制剂,控制行道树杨、柳飞絮。开展"3·12"义务植树系列活动,配合市、区政府组织机关事业单位和市民在嘉兴植物园和贯泾港湿地义务植树;联合《南湖晚报》、嘉兴电台发起"市花进社区进学校"宣传活动,向社区、学校和市民发放杜鹃、石榴、矮牵牛1万余株。年初,嘉兴市区创建国家园林城市领导小组印发《国家园林城市复查工作方案》,对照国家园林城市标准,组织协调各有关部门和单位做好市区园林、市政、市容市貌环境整治和提升工程。7月,嘉兴市国家园林城市通过省检查组复查。

【实施市区绿化彩化提升工程】 2014年,市区各建设部门按照"打造多彩园林、建设美丽嘉兴"的总体目标,根据《嘉兴中心城区特色园林规划》确定的特色植物品种,实施市区绿化彩化提升工程。至年底,完成6个公园彩化提升工程,面积60.3公顷;6条道路彩化提升工程,长12.5公里;6条绿道彩化提升工程,长11.1公里。其中,南湖区绿化彩化南江公园和余新镇市民公园,兴业路和永庆路,凌公塘绿道和由拳路南侧绿道;秀洲区绿化彩化春晓公园和秀清公园,中山西路和嘉创路,杭州塘绿道和新塍塘绿道(殷秀桥—秀园路);嘉兴经济技术开发区(国际商务区)绿化彩化姚家荡公园和长中港公园二期,商务大道和长水路,三环南路绿道和七一港东侧绿道。

【完成三塔路沿线景观提升改造工程】 9月28日,三塔路沿线景观提升改造工程开工,12月提升改造工程完工。工程以银杏为主要基调树种,从三塔路串联起三塔公园、范蠡湖公园,并沿着环城南路、禾兴南路、新气象路直至广场路绿地,在加强现有银杏种养的同时,增植红枫、鸡爪槭、青枫等秋色植物,增加节点花境布置,增强沿路围墙的立体绿化。工程投资306万元,移植大树9株,其他乔木110株,开挖清理并新砌树穴55个,新种银杏300余株,榉树、乌桕、枫香、朴树、樱花、鸡爪槭、红枫等乔灌木300余株,种植地被植物3000余平方米,草坪1.8万余平方米，置石180余吨，增加秋之炫、秋之舞、秋之境3块景石，新铺黄锈石250平方米、园路侧石500米。

【建成姚家荡、天琴湖、莲馨3个公园】 姚家荡公园位于长水路北侧，占地面积30公顷，其中水域面积18公顷。2013年12月开工，2014年11月竣工，总投资3900万元。该公园以大面积水面景观为特色，运用石滩、亲水步道、特色观景桥梁等元素，展示亲水特色；在植物布置中采用色叶、开花植物，展示不同季节的植物特色和美感；以奇幻景观、精品公园为主体，将多个富有个性的景观小品及构筑物融入公园景观。天琴湖公园位于昌盛南路西侧，占地面积5.4公顷，其中水域面积3.5公顷。2013年9月开工，2014年1月竣工，总投资260万元。该公园位于智慧产业创新园中心地带，设置较多的活动铺装和休憩设施；充分利用水面特色，建设亲水设施，展示江南水乡风貌；利用简洁的树林草坪特色，营造现代的植物造景风格。莲馨公园位于中环东路东侧，占地面积0.98公顷。2013年10月开工，2014年年底基本竣工，总投资290万元。该公园以廉政廉洁为主题，公园主干道通过设置刻有小故事的自然整石讲述嘉兴民俗中的廉政廉洁小知识，采用廊架、楼窗景墙、挂牌匾、挂字画等形式展示廉政廉洁的主题思想；在植物配置上主要选择松、竹、梅、白玉兰、荷花、睡莲等植物。

姚家荡公园

（市园林市政局）

环境卫生

【概况】 2014年，全市清运生活垃圾82.4万吨，其中市区25.9万吨，比上年分别增长12%和22.3%；生活垃圾无害化处理率100%，其中全市生活垃圾焚烧75.8万吨，卫生填埋6.6万吨，市区生活垃圾全部焚烧处理。全市清运粪便10.1万吨，其中市区4.7万吨，与上年持平。全市道路清扫保洁面积3847万平方米，其中机械化清扫面积2422万平方米，分别增长8%和22.4%。市区道路清扫保洁面积1496万平方米，其中机械化清扫面积1379万平方米，分别增长6.3%和19.4%。全市有市容环卫专用车辆设备458辆，其中市区186辆，分别增加9辆和29辆。年内，完成步云垃圾焚烧厂1台250吨生活垃圾焚烧炉处理能力的提升改造工作，缓解市区生活垃圾的处置压力。

8月，市建委与嘉兴市绿能环保科技有限公司签订《嘉兴市区餐厨废弃物收集、运输和处置委托经营框架协议》，明确委托期限、责任范围、餐厨废弃物处置数量、补贴价格以及双方的权利与义务，推进餐厨废弃物资源化利用工作。10月，嘉兴市、浙江省开展市容环境卫生工作先进集体和优秀城市美容师评选工作，嘉兴市环境卫生管理处等10个单位获评嘉兴市2014年度环境卫生工作先进集体，施建同等20人获得嘉兴市城市优秀美容师称号；平湖市环境卫生管理处被评为浙江省城市市容环境卫生工作先进集体，南湖区城乡环境卫生监督中心石岑被评为浙江省十佳城市美容师，张旭珍等10人被评为浙江省优秀城市美容师。

年内，社会各界继续开展关爱环卫工人捐助活动，其中宁波方太营销公司向市区环卫工人捐赠2000套保温饭盒，20个门店为环卫工人提供微波炉热饭服务；华之毅集团向环卫工人赠送价值26万元的保洁水杯。

【制定城市生活垃圾收运新体系实施方案】 7月，市建委制定《促进市区环卫事业转型升级建立生活垃圾收运新体系实施方案》。11月6日,市政府研究原则同意方案,并由市政府办公室抄告南湖区政府、秀洲区政府、嘉兴经济技术开发区(国际商务区)管委会和市相关部门实施。方案针对市区生活垃圾中转站存在数量不达标、设施差、标准低、中转能力不足、扰民情况严重等问题和生活垃圾收运存在机械水平低的现状,提出市区中型垃圾中转站布局模式调整,构建生活垃圾收运新体系的总体思路、基本原则、工作目标、具体任务和年度建设计划。通过垃圾中转站布点和规模调整,改造和建设11座中型中转站取代现有27座小型中转站,实现中转站合理布局和服务半径全覆盖;通过改变垃圾收集方式,设置标准收集桶,推广使用机械压缩收集车上门收集垃圾,取代现有1300多辆电瓶、人力三轮车收集垃圾,实施机器换人,建立与中型中转站相配套的新型垃圾收运体系。

【充实完善市容环卫工作专家库】 为满足市道路保洁作业等环卫招标需要,11月,市建委与市公共资源交易管理委员会办公室共同发文《关于充实完善城市市容环卫工作专家库成员的通知》,明确嘉兴市环卫清扫保洁专家库专家应具备的基本条件、推荐范围和要求,并对专家库进行充实和完善,检验复核原有专家31名,审核新增专家25名。市容环卫专家主要从事市容环卫管理、生活垃圾填埋、生活垃圾焚烧、环卫经营性服务市场化方面的管理。

(市园林市政局)

城市管理

【概况】 2014年,数字城管做好城管问题的发现、上报、受理、派发、处置和核查工作。全年在市区115平方公里72个万米责任网格覆盖范围内,收到信息采集员上报信息75697条,平均每天207条。经梳理,由城管信息指挥中心受理并以工作任务单形式派发案件69502件,其中事件类问题57572件、部件类问题11930件,各相关责任部门(单位)处置率99.5%,按期处置率88.8%。年内,完成市区卫生死角、绿化现状、社区内市容环境现状、市政道路现状、农贸市场周边现状、各类井盖状况6项调查、4次核查工作。2014年,市综合行政执法局被省住房和城乡建设厅评为2014年度全省住房和城乡建设系统目标责任制考核优秀单位,被市委、市政府评为创建文明城市突出贡献单位,被市政府评为市区“三小车”整治工作先进集体,被市政府办公室评为2014年度市长电话办理工作先进集体。

2014年,市综合行政执法局推进“无违建”创建,全市综合执法系统参与和配合拆除违法建筑1600余万平方米,其中拆除违建猪舍800余万平方米;制止各类新违建问题80余起,涉及违法建筑面积约2万平方米。推进市区有机更新,完成湖滨区块房屋强制征收25户,其中实施强制执行3户。推进“城市治堵”工作,劝离人行道违停车辆1.5万余辆次,处罚违停车辆3.5万辆次,取消停车泊位904个。推进“五水共治”工作,组织巡查排查污染源11次,督促海盐塘沿河占地1.2万平方米、年产15000羽的养鸭场整体搬迁;基本完成嘉兴酒厂的工业污水接入管网工程;开展“截污清源百日攻坚行动”和“清三河”工作,清理垃圾河道300多公里。

7月7日,嘉兴市综合行政执法局会同秀洲区综合行政执法局对新城街道九里村竹管泾港违法建筑进行拆除。

(陈　敏　马燕琴)

【曝光台和“啄木鸟”志愿者系统运行】 2014年，曝光台和“啄木鸟”志愿者系统收到志愿者问题举报近1万条，其中有效信息7620条，综合处置率达90%以上。至年底，“啄木鸟”志愿者人数达1000余人。3月24日，嘉兴市召开市区“啄木鸟”志愿者表彰大会，表彰奖励王德文等3名“啄木鸟”先进个人。年内，市城市管理办公室青年服务队到机关企事业单位、街道社区、高校以及房地产博览会等大型活动现场进行宣传，招募志愿者。在市区45个公交站亭设广告专位，在市区建成区275个在建工地制作“建筑工地违法违规行为社会监督举报奖励告示牌”。5月，由市城市管理办公室制定实施《“啄木鸟”行动志愿者激励办法》，确保“啄木鸟”志愿者活动正常有序开展。曝光台和“啄木鸟”志愿者系统运行模式得到全国文明委及中国志愿者协会的肯定和推广，被市委组织部列为“党员志愿者领办项目”。

【渣土运输管理平台试运行】 8月1日，渣土运输管理平台试运行。年内，市区城管信息监管指挥中心制定《嘉兴市本级建成区渣土管理平台建设方案》，经过充分论证后组建平台。同时，为保证平台顺利运行，由市建委、市城市管理办公室、市公安局、市综合行政执法局、市交通运输局联合制定《嘉兴市本级建成区散装建筑材料（渣土）运输管理暂行办法》《嘉兴市本级渣土运输管理相关部门（单位）具体分工》，并于8月15日正式发文实施。

（马燕琴）

【提升执法管理质量】 2014年，市综合行政执法局开展整治系列行动1100余次，查处各类城市管理违法行为2.9万余起，教育纠正违法行为12万余人次；整治店外出摊、占道经营、流动摊位、夜排档等5000余个，解决建国路“休闲夜市”退市和越秀南路乱设摊等问题；拆除清理违规广告灯箱、横幅和乱张贴1.8万余处。全市城管行政执法机关承办案件94803件，执法准确率100%。市、区两级受理各类信访投诉4.5万余件，办结率99.9%。市综合行政执法局办理人大代表、政协委员提案35件，办结率、面商率均为100%。同时，市综合行政执法局在市区25条路段开展市容市貌网格化管理模式，强化路长负责制、步行执法和路面管控、“门前三包”、文明劝导和绩效考核等措施，开展巡查督察1.6万余次。启动嘉兴市地面停车缴费银行卡发行使用，推进“智慧交通”建设，开展差别化停车收费服务工作。在市区设置19个本地农户瓜果自产自销点和45个早点摊，开展自产自销点“星级摊位”评选活动。建立“城管联络室”，开展城管进水务、进燃气等工作。

5月30日，嘉兴市综合行政执法系统组织开展封闭式集训。

（陈　敏）

小城镇建设

【概况】 2014年，嘉兴市市本级有10个建制镇，其中南湖区有大桥镇、余新镇、凤桥镇、新丰镇、七星镇5个建制镇；秀洲区有王店镇、洪合镇、新塍镇、王江泾镇、油车港镇5个建制镇。市本级建制镇有14.26万户、48.49万人，其中南湖区建制镇5.94万户、18.55万人；秀洲区建制镇8.32万户、29.94万人。10个建制镇建成区面积约72平方公里，其中南湖区建制镇约41平方公里、秀洲区建制镇约31平方公里。

2014年，新丰、凤桥、余新、七星、油车港5个建制镇完成总体规划修编；王江泾、王店、大桥、洪合、新塍5个建制镇总体规划通过专家论证,正在修改报批。10个建制镇建设总投资62.98亿元,用于房屋建设资金56.46亿元,新建住宅5175户、134.81万平方米;新建公共建筑23万平方米、生产性建筑76.8万平方米。建制镇市政公用设施建设投资6.52亿元,新增道路6.55公里、更新改造道路18.19公里,新建桥梁11座、更新改造桥梁7座,建制镇道路总长度444.11公里;新增供水管道44.63公里,供水管道总长度1408.61公里;新增排水(污水)管道35.7公里,排水(污水)管道总长度554.28公里;新增绿地面积184.95公顷,绿地总面积1303.69公顷。至年底,建制镇建有生活垃圾中转站79座、公共厕所215座。

2014年,10个建制镇所辖156个行政村,投入建设资金7.93亿元,其中房屋建设投资5.16亿元,新建住宅1284户、34万平方米;新建公共建筑7.5万平方米、生产性建筑0.5万平方米;新增道路47.93公里,道路总长度11599.9公里;新增供水管道337公里,供水管道总长度2937.33公里;新增排水(污水)管道沟渠59.67公里,排水(污水)管道总长度803.88公里。

【13个镇被列为国家重点镇】 7月21日,住房和城乡建设部、国家发展和改革委员会等7部委联合下发《关于公布全国重点镇名单的通知》,嘉兴市13个镇入选重点镇,分别是南湖区余新镇,秀洲区王江泾镇、油车港镇、王店镇,嘉善县西塘镇、姚庄镇,海盐县百步镇,海宁市长安镇,平湖市新埭镇、新仓镇,桐乡市濮院镇、洲泉镇、崇福镇。13个国家重点镇将作为各地各部门扶持小城镇发展的优先支持对象。

【推进小城市培育试点工作】 3月7~8日,市建委参与市级小城市培育试点镇三年行动计划评审会,会议原则同意各试点镇的三年行动计划。7月9日,市政府办公室发文《关于同意余新镇等11个镇市级小城市试点镇三年行动计划的批复》,正式确认各试点镇的三年行动计划。嘉兴市小城市培育试点工作领导小组出台《关于进一步支持小城市培育试点工作的政策意见》,提出从优化土地要素保障、加大金融政策扶持、完善行政管理体制、推动文化繁荣发展、加大改革创新力度5个方面、16条政策,支持小城市培育试点工作。年内,全市共有省级小城市培育试点镇4个,其中市本级为王江泾镇;有市级小城市培育试点镇13个,其中市本级为余新镇、大桥镇、王店镇。王江泾镇提前获得省政府小城市培育试点4000万元专项补助资金,用于补助王江泾集镇生活污水管网工程、王江泾镇沙河景园、王江泾镇节地型村庄整治启动区、王江泾镇生活污水治理和王江泾镇莲泗路道路工程(一期)。

【优化完善嘉兴市村庄布点规划】 2014年,市规划管理部门组成调研组,到镇、村征求村民和各级人大代表、政协委员对修改村庄布点规划的意见建议;市城市发展研究中心以海宁市为重点,对村庄布点状况进行调查剖析,形成《海宁市村庄布局调整调研报告》;结合各地发展实际,确定村庄布点规模,启动新一轮村庄布点规划的修编工作。至年底,全市村庄布点规划经过优化完善,新市镇社区从原来的298个调整为302个,城乡一体新社区从原来的391个调整为433个,传统自然村落为1102个。

(许海良)

新农村建设

【概况】 2014年,嘉兴市围绕城乡统筹发展、农业转型升级主线,推进农村治水和美丽乡村建设,优化农民收入结构。省发改委和省统计局发布的《浙江省2013年统筹城乡发展水平评价报告》显示:嘉兴市统筹城乡发展水平位居全省首位,下辖的五个县(市)全部进入全省前12位,其中海宁市、嘉善县、平湖市、桐乡市处于全面融合阶段,海盐县处于整体协调阶段。

【美丽乡村建设】 2014年,继平湖市、海宁市、桐乡市成功创建美丽乡村先进县(市)后,海盐县以全省第三的成绩成功创建美丽乡村先进县。各地继续开展美丽乡村先进镇创建,其中海宁市、平湖市所有镇(街道)创建先进镇,年内,15个镇(街道)通过市级考核验收;继续优化精品村建设,新增的21个村初显成效。同时,结合优美庭院创建活动,63个村建成优美庭院示范村,40%以上的农户达到优美庭院示范户标准。2014年,全市启动历史文化一般村落建设11个,累计25个。

【农村生活污水治理】 2014年,嘉兴市制定《农村生活污水处理技术指南》,出台《关于深化美丽乡村建设全面开展农村生活污水治理实施方案》。明确通过三年左右时间,全市基本实现农村生活污水规范化治理全覆盖,各县(市、区)根据区域实际制定治理模式和技术工艺。2014年,全市247个行政村开展农村生活污水治理,其中109个行政村实行纳管处理,138个行政村以自建终端处理设施为主。年内,全市新增污水治理受益农户102406户,完成省定任务的113.8%。

【农房改造集聚】 年内,全市推进江南水乡新农村建设,不断改善农村人居环境,将村庄布点规划纳入"多规合一"规划;初步形成44个新市镇、433个城乡一体新社区和1101个特色自然村落的新格局。全市完成农房改造集聚13836户,其中完成农村困难群众危旧房救助527户。全市启动示范性城乡一体新社区148个,其中竣工安置房超过500户的新社区45个,竣工安置房超过300户的新社区17个。

【加快新市镇建设】 2014年,海宁市长安镇(原市级小城市试点镇)获批第二批省级小城市培育试点镇,乍浦镇、袁花镇增列为市级小城市培育试点镇,嘉兴市共有省级小城市培育试点镇4个,市级小城市试点镇13个。2014年,4个省级和13个市级小城市试点镇规模以上工业企业总产值2856.3亿元,限额以上固定资产投资额633.5亿元,财政总收入109.3亿元,分别占全市44个新市镇的66.8%、60.1%、61.2%,44个新市镇的经济总量占全市生产总值的50.6%。

【出台低收入农户收入倍增计划】 8月,市政府出台《嘉兴市低收入农户收入倍增计划实施意见》,重点开展产业开发帮扶、培训就业帮扶、社会救助保障、公共服务提升帮扶、金融服务支持、社会帮扶关爱六大行动。嘉兴市成立扶贫开发领导小组及办公室,形成党委领导、政府主抓、扶贫开发领导小组组织协调、扶贫工作部门牵头实施、各相关部门共同参与的扶贫工作领导体制和工作机制,建立全市扶贫统计监测调查点。2014年,全市低收入农户人均纯收入9056元,比上年增长15.3%,完成省定目标任务。

(沈　浪)

环境保护　气象

环境管理

【概况】 2014年，嘉兴市环保局深入推进“节能减排”行动，强化排污权有偿使用和交易制度，实施“以减量定增量”，倒逼排污企业节能减排。嘉兴市化学需氧量、氨氮、二氧化硫和氮氧化物四项指标均完成省政府下达的减排任务。强化大气环境治理，开展重点企业废气治理，实施油品提升工程，建立健全空气污染预警机制。推进重点行业整治提升，对27个造纸印染企业实行停产治理，完成淘汰关停企业196个，取缔非法印染企业3个，354个原地整治提升企业通过验收。加快推进污水治理，完成4500多个企业污水入网。推进饮用水源地整治，拆除43个饮用水水源地环境隐患点，饮用水源地水质改善率44.2%，首次消除饮用水源地劣Ⅴ类水质。2014年，嘉兴市跨行政区域河流交接断面水质考核优秀。

【加强畜禽养殖污染治理】 2014年，嘉兴市制定《严格生猪养殖污染治理推进五水共治专项行动方案》，对生猪存栏50头以上养殖场开展贯穿全年的畜禽养殖污染治理专项行动。全市环保部门出动执法人员3500人次，检查养殖场近4000家次，立案查处违法行为272件，处罚金额914万元。市环保局组织督察巡视，出动人员178人次对海盐县沈荡镇、元通街道畜禽养殖污染治理情况进行明察暗访，检查村庄104个（次），检查河道525条（段），检查病死动物无害化处理设施128个（次），检查河道拦污设施262处（次），走访农户474户，发现各类问题64处（次），召开座谈协调会5次，提出合理化建议15个。按照《关于进一步深化生猪养殖业减量提质工作的通知》，将限养区内违建猪舍拆除等6项工作纳入年度生态市建设目标任务，实施差别化考核。南湖区大桥镇、新丰镇，平湖市曹桥街道，海盐县元通街道、西塘桥街道完成生猪养殖业污染整治，并获得省级生态镇命名。

【强化建设项目环评审批】 2014年，嘉兴市环保部门把好建设项目审批关，在项目环评审批中严格执行空间、总量、项目的环境准入制度和专家评价、公众评估的决策咨询体系，对选址不符合环境功能区规划、不符合产业政策、不符合清洁生产要求、不符合总量减排、不符合环境质量要求、不符合公众参与要求等项目，不予环评审批；对高污染、高能耗、“两高一资”等项目实行环保“一票”否决。在项目主要污染物总量准入审核中执行“减排、平衡、基数、交易”原则，对有新增主要污染物排放量的项目严格实行总量替代，对新增排污权指标，进行排污权交易，实行有偿获取。2014年，全市环保部门批准建设项目环评文件2299个，总投资额1495.72亿元，否决建设项目161个，否决金额46.67亿元；其中市环保局审批项目67个，投资额54.47亿元，否决建设项目3个，否决金额1亿元。

【推进危险废物全过程管理】 2014年，嘉兴市将固体废物管理工作渗透到建设项目审批、“三同时”验收和上市企业核查等各环节，按照源头管理精细化、贮存转运规范化、过程监控信息化、设施布局科学化和利用处置无害化的要求，加强危险废物管理，落实应知卡、信息公开、标准厂门口等管理制度，建立完善企业内部计量与视频监控体系，全面规范企业内部危险废物管理，达到可监控、可追溯的目标。南湖区试点全过程监管企业29个，其中处置企业1个、产废企业15个、印染污泥产生企业13个。

【推进环保体制机制改革创新】 2014年，嘉兴市深化环境资源市场化配置改革，出台环境资源市场化配置“1+5”系列文件，建立环境资源要素使用绩效评价制度，以“吨排污权指标税收贡献率”对不同行业企业的经济社会贡献与污染物排放进行综合评价和排序。深化行政审批制度改革，将11项行政许可事项和省环保厅委托执行的1项行政许可事项，以“调整审批权限”“委托下放”“延伸机构”的形式放权各县(市、区)环保局。加强事中事后监管，对检查中发现的问题，提出落实整改措施，规范行政审批行为。推进环境服务市场化改革，由“谁污染、谁治理”向“污染者付费，专业化治理”转变，通过市场机制引入专业化第三方治理机构，全市50多个企业开展环境第三方治理。

（徐　全）

环境监测与科研

【概况】 2014年，嘉兴市围绕生态建设、污染减排、五水共治等工作，不断提高环境监测水平和服务决策能力。全市编制监测报告12499份，取得水、大气、噪声、土壤、近海海域等手工监测数据34.3万个，比上年增长8.9%，水站有效数据44.8万个，气站数据市本级3063万个(分钟值)、县级城市2588万个。全市完成竣工验收监测797个、委托监测985厂次、环评监测47个，完成230个废水和46个废气省控以上重点监控企业、26个集中式污水处理厂、14个省控以上重金属重点监控企业和10个省“十二五”规划重金属重点企业等监督性监测，完成1100多套废水、废气污染源在线监控设备抽检和校验，协同公安、检察部门，加强涉及“两高”司法解释样品分析和报告认定工作。

【加强环境质量综合评价】 2014年，市环保局做好《环境监测月报》《环境监测简讯》《环境质量专题分析》等内参信息编制工作。编制污染源监督性监测、自动监测设备比对、重金属企业监督性监测等季报、年报，编制土壤环境监测专题分析、国控重金属企业周边土壤、底泥铬含量异常升高、农村环境质量、饮用水源地评估、交界断面水质分析等专题报告。加强空气质量指数预报工作，开展气象环保会商及全省环保系统会商，形成未来一日空气质量指数及未来三日空气质量潜势预报能力，为管理决策提供参考。

【加强环境监测能力建设】 2014年，太湖流域嘉兴地区环境监测监控中心大楼结顶，大楼实验室设计和招标工作进展顺利。嘉兴港区环境监测大楼投入使用，总建筑面积4300平方米。市环保局完成年度仪器政府采购及2015年选型调研工作，完成冷冻干燥器等仪器调试安装，购置更新FH40G便携式辐射剂量率检测仪、射频选频测量仪、个人剂量报警仪等辐射监测仪器，推进空气质量自动监测系统质量保证和系统支持实验室建设，具备细颗粒物手工采样比对能力。全市新购置仪器设备近1000万元。市本级3个环境空气自动监测站二期改造项目通过验收，空气质量指数新增挥发性有机物和灰霾因子监测指标。平湖市加快推进金家村大气特征污染因子自动监测站项目建设，嘉兴港区环境空气自动监测站完成招标，海盐县完成南北湖大气站搬迁工作。全市地表水交接断面水质自动监测站二期项目完成建设并通过整体验收,除海盐县2个新建站需延长试运行外,其他水站均完成运维移交并开展平台数据审核。平湖市完成古横桥饮用水水质自动监测站搬迁工作。市监测站完成水中10种多环芳烃、4种二硝基甲苯14个新项目,松节油、百菌清、溴氰菊酯、ICP-MS测定铅、镉、铜以及氯化物、二氧化氯、氨氮、硫化物等8个新方法开发工作。嘉善县、平湖市监测站顺利通过计量认证复审,检测项目分别增加到130项和132项。全市1个市级、5个县级监测站通过省环保厅标准化建设达标整体验收。

【加强环境监测科研】 2014年,市环保局加强与清华长三角研究院、上海交通大学、省环境监测中心等单位合作,完成《分散液液微萃取—超高效液相色谱/串联质谱法应用于环境样品中有机锡形态分析的方法研究》等2个省分析测试项目结题工作。省环保科技计划项目“自成型多孔碳基吸附剂的常温制备及其对富营养水体除磷研究与应用”按计划进行。成功申报市科技计划项目“嘉兴市大气细颗粒物(PM2.5)来源解析及控制技术研究”。完成嘉兴市细颗粒物源解析课题前期准备工作并启动。全市3篇环境监测专业论文被核心刊物录用。

(徐　全)

环境法制建设

【概况】 2014年,市环保局依法规范行政执法行为,开展“五水共治”法制宣传和新环保法培训,深化环保与司法部门联动执法机制。按照“铁腕治污、铁面执法、铁心减排”要求,围绕“五水共治”“三改一拆”等重点工作,开展一系列环保专项行动,严厉打击环境违法行为。2014年,全市5人在全省执法比武中获个人二等功,市环境监察支队获集体二等功。

【开展环保系列专项执法行动】 2月,市环保局开展石矿加工行业环保专项检查行动,检查石材加工企业71个,其中限期整改企业42个,立案查处企业17个;3月,针对市联合污水厂上游纳管污水中总磷浓度持续偏高、影响污水厂出水水质的问题,开展涉磷企业执法专项行动;5月,开展生猪养殖污染系列专项行动,重点检查位于饮用水源保护区内、十大河流两侧、交接断面附近的规模化养殖场,全市出动执法人员2411人次,检查养殖场1668家次,立案调查56家;7月,开展餐饮行业废气排放专项检查,抽查市区20个大中型餐饮企业,大部分餐饮企业的油烟管理较为规范,油烟净化处理设备运转正常,个别企业存在油烟净化器故障未及时修理、油烟直排等违法违规行为。10月,联合市治水办对嘉兴八大主要河道进行巡河检查,对全市大型热电联产、水泥、钢铁、建材等企业开展执法检查,组织开展边界环境联合执法行动,分五组对杭湖嘉绍边界的9个重点区域的环境污染问题进行现场检查。11月,对全市近200余个企业的335台小锅炉整治情况、重点公路沿线冒黑烟情况进行交叉检查。12月,开展重污染企业冬季环保执法大检查行动,对污水处理厂、联合污水厂入网浓度较高的泵站上游纳管企业、在线监控数据不能稳定达标企业进行检查,对环境违法行为依法从严处罚。

【深化部门联动执法机制】 5月,市环保局和政法委、公安局、检察院、农经局、法制办、“五水共治”领导小组办公室等10个单位联合发文《关于在“五水共治”工作中建立行政与司法联动执法机制的实施意见》,加强对污染企业的督察,及时将涉嫌环境污染刑事案件移送公安,强化调查取证过程。2014年,全市刑事立案59件,涉案159人;结案58件,涉案156人;生效48件,涉案118人,其中59人被判三年以下实刑,42人被判缓刑,6人被判1~6个月拘役,11人被判罚金,罚金最高为20万元。

(徐　全)

环境宣传教育

【概况】 2014年,市环保局围绕"五水共治"等中心工作、"世界环境日" 和浙江生态日主题,开展宣传活动;针对重点区域、重点行业、重点企业,组织环境宣传教育培训。年内,市环保局在《嘉兴日报》、嘉兴电视台和"嘉兴在线"等媒体开辟生态建设"五水共治"治污先行专栏。全市环保系统在《中国环境报》发表新闻报道41篇,在省级及以上新闻媒体发表报道20篇,在《嘉兴日报》等市级媒体发表新闻报道270余篇。开展由20余个中央及省级媒体组成的新闻采风活动2次,集中宣传嘉兴市水环境治理、重污染高耗能行业企业整治提升工作。开展"五水共治"治污先行宣传,利用街头电视滚动字幕播放环境保护教育片;组织各部门在办公楼前、城区主要街道、路口等悬挂宣传横幅或设置宣传栏,全市发放宣传册、海报2万余份。开展生态文明暨环境保护宣讲,由市环保联合会、环保专家服务团和社会志愿者16人组成宣讲团,进社区、进学校、进企业、进机关事业单位、进农村开展生态环保宣讲100余场。

【深化环保公众参与机制】 2014年,市环保局深化环保公众参与机制,配合省环保厅组织的中外专家开展公众参与嘉兴模式调研,走访企业、社区、社团组织,总结提炼嘉兴经验。组织市民环保检查团采取"点单式"执法参与环保行动,对申请污染"摘帽"企业开展现场核查。加强媒体与网络舆情调处工作,市环保局官方微博粉丝达到5.6万余名,20余名舆情观察员每日搜索嘉兴市县主要媒体、网站和微博,及时发现、调处、反馈环保咨询和投诉。年内,接受并处理微博网络投诉100余件(次),通过微博立案查处海盐县澉浦达虎毛纺厂等10余个环境违法企业。

【环保宣教活动】 2014年,市环保局开展第三届"十大风云人物"之环保风云人物评选,通过网络投票,评选出10名环保风云人物。6月,围绕"6·5世界环境日"中国主题和浙江生态日主题,举办2014年"五水共治"生态文明宣传月暨环保嘉年华启动仪式,宣传月共开展系列活动11项,参与人数达1.5万余人。举办第三届"绿色引领时尚"环保时装秀比赛,通过设计环保服饰和舞台展示,增强大、中、小学生环保意识。举办第二届"巧手变宝"环保制作比赛,由省、市级绿色学校利用日常生活中的可回收资源,现场设计并制作美观、实用的绿色环保作品。举办五水共治系列科普讲座、首届青少年科普剧创作大赛、青少年科学调查体验活动、环保知识网上竞赛、"美丽嘉兴亲水游" 等活动,开展文明出行、文明餐桌、文明旅游、文明用水等主题倡议行动及雾霾防治科普展,形成环境宣教良好氛围。

【开展"五水共治"专题研讨班】 5月18～24日,市环保局与市委组织部、市水利局、市建委联合举办"五水共治"专题研讨班,邀请中国科学院生态环境研究中心院士曲久辉等8名教授授课,提升一线领导干部"五水共治"科学决策能力。市"五水共治"和市生态市建设工作领导小组成员单位分管领导、各县(市、区)分管领导和环保、水利、建设部门分管领导,嘉兴经济技术开发区(国际商务区)、嘉兴港区管委会分管领导60人左右参加研讨班。

(徐　全)

环境质量状况

【概况】 2014年,嘉兴市区空气质量指数优良率上升,细颗粒物浓度下降,城市环境空气质量有所改善; 降水酸雨率略有下降,pH值上升,酸雨污染仍较严重;全市67个市控以上地表水断面劣Ⅴ类所占比例下降11.9个百分点,高锰酸盐指数、氨氮、总磷浓度分别下降0.2%、10.8%、24.9%,地表水环境质量有所改善;声环境质量状况总体与上年持平。

【城市大气环境质量状况】 2014年，嘉兴市区、海宁市、桐乡市、平湖市、海盐县、嘉善县大气功能区均属二类区，执行环境空气质量二级标准，按照新的环境空气质量标准(GB3095-2012)评价，各县(市、区)细颗粒物浓度均超过二级标准限值，可吸入颗粒物除嘉善县、海盐县外均超过二级标准限值，二氧化氮仅嘉兴市区和桐乡市超过二级标准限值，二氧化硫均达标，一氧化碳和臭氧无年均值评价标准。嘉兴市区空气质量指数优良率70.3%，比上年上升11.4个百分点，细颗粒物浓度0.057毫克/立方米，下降16.2%。嘉善县、平湖市、海宁市、海盐县、桐乡市空气质量指数优良率分别为76.7%、69.4%、74.4%、84.1%、71.1%，细颗粒物浓度分别为0.050毫克/立方米、0.047毫克/立方米、0.057毫克/立方米、0.047毫克/立方米、0.055毫克/立方米。全市酸雨率83%，比上年下降2.9个百分点；全市降水pH年均值4.83，上升0.05个单位，酸雨状况仍较严重。嘉善县、桐乡市酸雨率达到90%以上，嘉兴市区、海宁市、桐乡市酸雨率比上年上升，其他城市有所下降；嘉兴市区、嘉善县pH均值略有下降，其他城市有所上升。

【地表水环境质量状况】 2014年，嘉兴市地表水水质评价指标为《地表水环境质量标准(GB3838-2002)》。影响地表水水质的主要指标为溶解氧、高锰酸盐指数、化学需氧量、五日生化需氧量、氨氮、总磷和石油类。全市67个市控以上地表水水质监测断面中，Ⅲ类1个、Ⅳ类20个、Ⅴ类30个、劣Ⅴ类16个，分别占总监测断面的1.5%、29.8%、44.8%和23.9%。劣Ⅴ类所占比例比上年下降11.9个百分点，Ⅲ类、Ⅳ类和Ⅴ类分别上升1.5个百分点、5.9个百分点和4.5个百分点。67个断面主要污染物高锰酸盐指数、氨氮和总磷平均浓度6.18毫克/升、1.65毫克/升和0.262毫克/升，高锰酸盐指数、氨氮、总磷分别比上年下降0.2%、10.8%、24.9%。全市9个饮用水水源地水质中，嘉善县太浦河水厂水质达到Ⅲ类水质标准要求，嘉兴市区石臼漾水厂和贯泾港水厂、海盐县天仙河水厂和三地水厂水源地水质为Ⅳ类，平湖市广陈水厂、海宁市双喜桥水厂、桐乡市果园桥水厂水源地水质为Ⅴ类，海宁市泰山桥水厂水源地水质为劣Ⅴ类。太浦河水厂、广陈水厂、双喜桥水厂、天仙河水厂4个饮用水源地水质类别有所改善，泰山桥水厂水质类别有所下降，其他4个水源地水质类别无变化。

【近岸海域环境质量状况】 2014年，嘉兴市近岸海域水质污染严重，3个功能区的4个监测点位水质均为劣Ⅳ类，未达到相应功能类别要求；3个国控近岸海域环境质量监测点位的水质均为劣Ⅳ类，各监测点的主要污染物为无机氮和活性磷酸盐。

【声环境质量状况】 2014年，嘉兴市功能区昼间、夜间和昼夜噪声综合超标率分别为19.8%、24.8%和22.3%，其中嘉兴市区功能区达标率较低，11个监测点中，9个监测点的夜间噪声超标，6个监测点的昼间噪声超标。全市交通噪声超过70分贝的路段共57.8公里，占总路长12.8%，比上年上升4.5个百分点。嘉兴市区、嘉善县、平湖市、海宁市、海盐县和桐乡市的区域环境噪声平均值分别为53.3分贝、51.9分贝、52.6分贝、52.1分贝、51.5分贝和54.9分贝。

(徐 全)

气 象

【概况】 2014年，市气象局在全省气象部门综合考评中获优秀单位，在驻嘉兴省部属单位工作目标责任制暨“五型机关”创建考核中获二等奖、服务型机关创建中获优秀奖，《建立乡镇(街道)气象工作长效机制》获2014年度全省气象部门创新工作。2014年，市气象局在各类期刊发表论文24篇,1人获嘉兴市农业科技成果转化推广奖,1项成果获嘉兴市科技进步奖,5项新的科研项目在省科技厅、省气象局和市科技局立项;制定首席专家和优秀人才工程实施办法,开展首席专家和优秀人才的选拔聘任工作,1人入选浙江省气象局"气象百名优秀科技人才工程"。

年内,嘉兴市天气总体稳定,但也出现冷空气、雨雪冰冻、雾霾、强降水、台风等灾害性天气,市气象局严密监测、精心分析,及时向市委、市政府和市级各部门报送灾害性天气监测、预报、预警信息,提供科学防御工作建议。全年发布气象呈阅件2期、重要气象报告8期、气象信息内参65期、天气公报1期、重大社会活动气象专题23期、台风信息快报30期、霾监测报告3期、气象灾害评估1期。发布灾害性及异常突发天气预警35次,发送各类气象灾害预警短信4000多万条(次)。

【强化公共气象服务】 年内,市气象局制定《嘉兴市重大气象保障服务方案》,做好市两会、春运、中考、高考、南湖红船节等重大社会活动及元旦、春节、清明、"五一"、端午、中秋、国庆等法定节假日期间的气象服务工作,及时发布天气展望与跟踪预测、预报服务信息;完成首届世界互联网大会气象保障任务,受到活动主办方的肯定,其中1人被国家网信办和省政府授予首届世界互联网大会安保工作先进个人。年内,市气象局与市农科院签订合作备忘录,加强科研合作,共同推进农业气象服务;制定《嘉兴市"五水共治"气象服务保障方案》,与市建委等部门合作开展城市积涝气象服务,及时发布城市积涝预警信息;与市环境监测站联合开展雾霾天气成因、防护、治理等科学研究。

【推进基本实现气象现代化】 年内,市气象局完成公共气象业务平台改造,提高预报业务服务能力。建成便携式气象测风塔1套、交通气象站2套、船舶自动气象站2套、海流监测站2套、海岛自动气象站2套。同时,气象应急保障船、"卫星遥感多圈层数据处理平台"和"海上气象灾害预报预警系统"等项目进入建设阶段。

【加强气象防灾减灾社会管理】 年内,市气象局开展2014年度气象防灾减灾标准化创建工作,完成20个气象防灾减灾示范社区创建工作,指导相关单位开展气象灾害应急准备工作认证;实现全市乡镇气象视频会商系统全覆盖。年内,市气象局与市安监局联合公布防雷重点单位,开展防雷安全生产执法检查;出台《钱塘江观潮气象综合条件等级》地方标准,为观潮活动提供科学依据;深化气象行政审批制度改革,推行权力清单制度,梳理许可权、非许可权、处罚权、奖励权、管理权等100多项。年内,嘉善县姚庄镇被中国气象局授予第二批全国气象为农服务标准化镇。

(许华清)

名胜与旅游

综　述

2014 年，嘉兴市共接待海内外游客 5391.23 万人次，实现旅游总收入 565.03 亿元，比上年分别增长 14.09%和 16.36%。2014 年，嘉兴市进一步推进旅游业转型发展，正式出台《关于促进旅游业改革发展，加快打造运河国际旅游休闲城市的实施意见》（以下简称《意见》）。为了保障政策落实，《意见》在加强组织领导、全面推进依法治旅、加大财税政策支持、保障旅游要素供给、强化人才队伍建设等方面给予针对性扶持；《意见》详细制定了全市各级相关部门的重点任务及时间进度表，总体上目标更明确，可操作性更强，将成为未来一定时期内指导嘉兴市旅游业发展的纲领性文件。

（杨新宇　沈　宇）

南湖风景名胜区

【南湖景区获“全国最佳旅游目的地”称号】 2014 年 12 月，南湖景区在国际旅游学会、人民网、浙江省旅游局和舟山市人民政府联合主办的“国际旅游度假目的地论坛”中，获“2014 最佳文化旅游度假目的地”称号。“国际旅游度假目的地论坛”是中国旅游度假区领域最权威、最具影响力的品牌活动。

【组建成立嘉兴旅游发展有限公司】 2014 年 12 月，按照市委、市政府关于“促进旅游业改革发展，加快打造运河国际旅游休闲城市”的战略部署，嘉城集团整合下属南湖革命纪念馆、南湖景区、历史街区、宾馆酒店等旅游资源，组建成立嘉兴旅游发展有限公司，为市区旅游资源整合奠定基础。

（薛蜜星　周　理）

旅游市场开发

【创新旅游市场营销机制】 2014 年，市旅游局制定出台《嘉兴旅游“市场化拓市场”营销奖励办法（试行）》，通过调整完善三产奖励政策，鼓励具有较强市场拓展能力的旅行社自主开辟客源市场，并且尝试选取 13 家综合实力较强的旅行社（杭州国旅、宁波中青旅、苏州青旅、南京大华国旅、湖州新国旅、金华三清国旅、台州华夏国旅、无锡中旅、常州国旅、绍兴海外国旅、南通青旅、泰州凤城国旅、温州国旅），设立嘉兴旅游专卖店，建立“中介搭台、企业走台、政府站台”的营销新模式。年内，市本级申报三产发展专项资金补助的大型团队 297 个，新增商务团队游客 6.27 万人次，涉及奖励资金 192 万元。

【发布四季旅游主题】 2014 年，市旅游局发布“爱在嘉兴，江南花开”“爱在嘉兴，与子同游”

"爱在嘉兴，金秋寻梦""爱在嘉兴，暖心之旅"四季旅游主题，推出春季赏花踏春游、夏季戏水休闲游、秋季观潮采摘游、冬季温泉美食游等产品线路。各县(市、区)围绕主题，创新举办南湖桃花节、莲泗荡网船会、南北湖文化旅游节、平湖西瓜灯文化节、桐乡菊花节、湘家荡文化旅游节等传统节庆，使旅游市场更具活力和吸引力。

【实施接轨上海战略】 2014年，市旅游局实施接轨上海战略，提高旅游业对外开放水平。12月17日，在上海举办"运河与时尚——2015嘉兴商务旅游新品发布会"，邀请上海重点商务旅行社、世界500强企业代表等50多人参加。以体验嘉兴水乡特色文化、分享"世界互联网大会旅游服务案例"和企业互动交流合作方案等形式，深化交流与合作，策划推出"运河国际商务之旅"和"时尚江南商务之旅"两条新线路，并与上海《旅游时报》合作，从下半年开始，在上海大学城开展"嘉兴旅游攻略"体验活动和创作大赛，获奖作品在相关网站和微信平台上推广。同时，加快基础设施建设，树立品牌形象，嘉兴南湖环城河夜游和老木头音乐空间酒吧被评为长三角"心醉夜色体验之旅"示范点，海宁盐官景区被授予dd885自驾游服务中心。

【与全国晚报联盟合作开展主题推广活动】 2014年，市旅游局通过全省"看晚报·游浙江"活动平台，加强与全国晚报联盟的合作，面向北京、上海、广东等二十个省(市)主要城市开展主题推广活动，集中宣传推介嘉兴旅游资源和优惠政策。国庆节期间，在《齐鲁晚报》《钱江晚报》《辽沈晚报》推出"秋意江南、经典水乡"专题版面，使宣传更加直观有效。全年累计策划专栏专刊45期。

【嘉兴旅游咨询服务中心对外运行】 1月28日，嘉兴市首个旅游公共服务平台——嘉兴市旅游咨询服务中心对外运行，同时开通全国统一旅游服务热线"12301"服务平台。咨询服务中心设在中山东路922号第二行政中心，具有旅游咨询、旅游产品展示、信息资料服务、旅游延伸、旅游商品展示、旅游休闲、旅游图书、旅游投诉接待、自行车租赁等服务功能。2月11日，嘉兴旅游咨询服务中心正式通过浙江省旅游局考评，成为全省首批四星级旅游咨询服务中心。

【举办全国供应商采购大会】 3月13～15日，"2014嘉兴旅游市场全国供应商采购大会暨百名旅行社老总走进嘉兴活动"在南湖区梅花洲景区举行，全国20多个省、市、自治区的200多家客商共300多人参加大会。会上签订合同97份、合同金额7500余万元。市旅行社协会还分别与中国旅游合作联盟、长三角"16+2"旅游联盟、中国八方旅游联合体、中国万里行旅游联盟等单位签订多项合作协议。

【"红色旅游书屋"落户嘉兴】 5月19日，由全国红色旅游工作协调小组办公室支持的"红色旅游书屋"落户嘉兴，并赠送红色旅游图书4000余册，游客和市民可以在南湖景区游客接待中心和市旅游咨询服务中心两个地方免费借阅。嘉兴市是全省首个获得"红色旅游书屋"项目的城市。该项目由全国红办和中国旅游出版社联合开展，计划在全国创建"红色旅游书屋"100个；自2009年启动以来，全国各地20多个"红色旅游书屋"正式挂牌。嘉兴作为全国18个红色旅游重点城市之一，"红色旅游书屋"项目的正式落户，对于进一步弘扬"红船精神"，丰富红色旅游文化内涵，将起到积极的推动作用。

【首次发行嘉兴旅游护照】 5月19日中国旅游日，市旅游局与市邮政局联合开发制作的"嘉兴旅游护照"正式亮相。旅游护照是由浙江省邮票局发行的嘉兴市第一本附有景区个性化邮票的旅游优惠凭证，分为两个部分，第一部分为景区介绍、风景图片及相关信息，配有邮政部门正式发行的景区个性化邮票和纪念戳盖戳；第二部分为嘉兴旅游交通图，具有实用指引功能。旅游护照是一款供欣赏、收藏、交流的旅游纪念品，既能见证旅游者的游览足迹，又能满足集邮爱好者的收藏需求。

【参加京杭大运河城市旅游推广联盟】 6月24日，嘉兴市参加在杭州举行的“京杭大运河城市旅游推广联盟”成立大会。运河沿线18个城市共商大运河旅游项目推广大计，共同发表《京杭大运河城市旅游推广联盟杭州共识》，联盟将在未来3~5年内分阶段实施区域市场联合推广的“十个一”工程：一个联盟、一本画册、一组旅游线路、一组运河美食、一部形象片、一组旅游节庆、一个专题网站、一本通关文牒、一组特色纪念品、一名运河形象代言人。

【旅游电子杂志创刊】 8月8日，由市旅游局主办的旅游电子杂志——《iTravel@嘉兴》正式创刊。杂志以介绍嘉兴旅游特色资源、地方人文、美食攻略和推荐周边景点为主，设有每月资讯、当季热点、小城往事、最嘉兴、精明旅行家等版块。杂志以电子月刊的形式，通过移动终端、PC端以及二维码扫描等方式获取，是一部全面展示嘉兴旅游的地方特色文化杂志。

【旅游商务中介平台上线】 9月27日，由市旅游局主管，市形象旅游推广咨询中心承办的旅游商务中介平台——“巨蟹旅行网”(www.jx12301.cn)正式向公众推出。网站采用“商对客”模式，设置“走进嘉兴、国内游、出境游、自由行、景区门票、酒店住宿、旅游商品、旅游攻略”等栏目，游客不仅可以在线进行旅游咨询，还能以私人订制方式自行组合旅游产品。

【旅游商品获全国金奖】 2014年5月，在义乌举行的第六届中国国际旅游商品博览会上，嘉兴风雅陶笛的“造型陶笛”和“脸谱陶笛”组获得全省唯一的全国旅游商品金奖，这是继南湖船模、南湖菱画后嘉兴市第三个摘得全国金奖的旅游商品。

（钟晓燕）

旅游规划建设

【《嘉兴南湖景区改造提升规划》确定】 2012~2014年，南湖风景名胜区管委会及建委规划管理局、市文化局、市旅游局等单位对《南湖旅游区总体规划》进行修编，并于2014年2月17日通过市政府审核，出台《嘉兴南湖景区改造提升规划》。新规划为进一步完善南湖景区公共配套设施建设，促进景区新一轮发展提供依据。

（薛蜜星　周　理）

【旅游开发项目】 2014年，全市实施旅游开发项目99个，其中九龙山佳源·滨海湾等新开工项目21个、东湖景区形象提升工程等竣工项目14个、续建项目64个（列入省、市重点9个）。计划总投资676.15亿元、累计完成投资237.13亿元，2014年计划投资69.25亿元、实际完成投资84.39亿元。

【旅游招商】 2014年，市旅游局创新招商方式，与浙江在线新闻网站有限公司签订“嘉兴市旅游项目投融资服务合作协议”。年内，通过建立项目数据库、开展新媒体推广方式，完成海宁路仲、桐乡江南乌村、“中华文明印象之旅”等14个超过1亿元的项目签约，协议金额170.75亿元。

【新增A级旅游景区15家】 2014年，全市新增A级旅游景区15家，其中AAAA级景区1家(绮园景区)、AAA级景区2家(嘉善国际木雕文化园景区、桐乡世贸中心旅游综合体)、AA级景区12家(平湖金丝娘桥景区、平湖虫草博物馆、嘉兴清池温泉、海盐大横港祝家庄景区、濮院中国毛衫城、桐乡蚕桑产业观光园、桐乡坝桥景区、桐乡中山公园、大麻镇畅想园、乌镇镇太师山庄、河山镇东浜头村漫画文化园、屠甸镇菊博园)。至年底，全市共有A级景区60家，其中AAAAA级景区2家、AAAA级景区8

家、AAA 级景区 14 家、AA 级景区 36 家。

【大云温泉获批省级度假区】 7 月 18 日，嘉善大云温泉省级旅游度假区正式获省政府批复同意，成为嘉善县首家、全市第 3 家省级旅游度假区。大云温泉旅游度假区位于大云镇东部，规划面积 12.79 平方公里，由温泉康体度假区、十里水乡休闲区、生态农业体验区、综合接待服务区组成。2011 年，该度假区开始创建省级旅游度假区，经过 4 年多的建设发展，已形成温泉度假、水乡观光、花田景观、休闲农庄、特色村落五大核心产品。

【推进旅游产业融合发展】 2014 年，嘉兴市加快调整旅游产业结构，促进三次产业融合发展。嘉善斯麦乐巧克力乐园、桐乡港龙木屋博览园、嘉兴风雅陶笛文化休博园获批第三批省工业旅游示范基地，大麻镇畅想园农庄获批省运动休闲旅游优秀项目竞技垂钓竞技塘，嘉兴清池温泉获批省中医药养生文化旅游示范基地称号，南湖区梅花洲景区获批省级生态旅游区，梅花洲农业休闲园获批全国休闲农业与乡村旅游示范点。

（朱　岩　顾佳平）

【温泉小镇规划获批】 2014 年 1 月 20 日，由嘉通集团与市燃气集团合作建设的嘉兴“清池温泉”体验区项目投入运行。7 月 1 日，继“运热 1 号井”成功出水后，“运热 2 号井”顺利完井，水温 52℃，日出水量约 300 立方米。为保护温泉资源，嘉通集团对泉眼采取保护措施，建设“运热 1 号井”泉眼保护塔架，并建设完成温泉展示区和体验区。10 月 18 日，市政府、嘉通集团、天梦文化公司三方签署关于《嘉兴温泉文化旅游项目合作备忘录》，以“温泉旅游、文化创意、魔幻游乐、养生度假”为载体，着力打造国内著名的运河文化旅游休闲目的地。11 月 28 日，由嘉兴市城市发展研究中心制定的《温泉小镇概念规划及核心区 4 ~ 16 单元控制性详细规划》获市政府批复。温泉小镇规划面积 7 平方公里，其中运河农场区域约 4 平方公里。至年底，温泉小镇基础设施一期工程和温泉旅游综合体一期项目上报市重大建设储备类项目；申报省“十三五”规划重大项目工程，争取纳入省“十三五”规划项目库，为推进温泉小镇开发和长远发展创造有利条件。

“清池温泉”体验区投入运行。

（罗贝丽）

旅游行业监管

【概况】 2014 年，市旅游局落实旅游执法职责，加大市场监管力度，基本实现重点企业检查面、督促企业整改面、存在问题通报面“三个百分百”目标。全年开展执法检查 4 次，出动检查人员 98 人次，抽查旅游景区 18 家、旅行社 62 家、星级酒店 35 家、导游 28 人次。严肃查处各类违法违规行为，取缔无证经营 9 起，执行行政处罚 6 起，罚款 3.6 万元。完善旅游应急响应机制，全年处置突发事件 11 起，受理投诉案件 204 起（其中市长电话 11 起），受理数量列全省第二位；全部案件均在 7 天内结案，结案率 100%，结案时效位居全省第一。执行调解理赔 69 起，其中涉及国内旅游 53 起、出境旅游 16 起，涉及金额 449685 元。

【引导企业创品牌经营】 2014 年，市旅游局引导企业个性化、规模化发展，创品牌经营。年内新评定星级饭店 5 家，分别是桐乡振石大酒店、平湖圣雷克大酒店获批五星级，南湖区德亨酒店、平湖富丽雅大酒店、秀洲区礼顿酒店获批三星级；新评定绿色旅游饭店4家，分别是桐乡振石大酒店获批金叶级，平湖白金汉爵大酒店、杭州湾海景大酒店、海宁百合天地度假酒店获批银叶级；新增特色文化主题饭店2家，分别是乌镇景区西栅酒店获批金鼎级，桐乡东方大酒店获批银鼎级。至年底，全市有星级饭店63家，其中五星级7家、四星级13家、三星级35家、二星级8家；绿色饭店47家，其中金叶级8家、银叶级39家；特色文化主题饭店5家，其中金鼎级2家、银鼎级3家。年内新评定星级旅行社6家，分别是嘉兴假日国际旅行社获批嘉兴市首家五星级，海宁中青旅游有限公司、嘉兴南方旅行社获批四星级，海宁黄金假日旅行社、海盐辰信旅行社、海盐国贸旅行社获批三星级。至年底，全市有星级旅行社40家，其中五星级1家、四星级16家、三星级23家。此外，嘉善西塘国际旅行社、嘉兴假日国际旅行社、海宁天地旅游有限公司、嘉兴行游天下旅行社进入2013年度全省百强旅行社。

【举办全市导游大赛】 11月，市旅游局、市文明办、市人力资源和社会保障局、市总工会、共青团市委在嘉兴技师学院联合举办“2014年嘉兴市‘文明旅游’导游大赛”，大赛分初赛、决赛两个阶段。初赛由各县(市、区)旅游主管部门组织进行，选拔出56名导游参加全市导游大赛决赛；决赛项目分导游基础知识笔试、模拟导游讲解、导游知识问答、才艺表演四个部分。经过两天的比赛，嘉兴行游天下旅行社的戚俞丹夺得一等奖。

【推出市区首条旅游专线】 从7月下旬起，嘉兴市推出市区首条旅游专线，原K211路13辆公交车全部改为“嘉兴旅游梅花洲线”。K211路公交车是嘉兴火车站到凤桥镇的城乡公交线路，途经凤桥镇的梅花洲景区，班次间隔10分钟至20分钟，每天发出65个大巴班次，沿途停靠新湖绿都(原滨河路)、南溪花园(原景湖路)、梅花洲景区(石佛寺)、桃源小洲、文化体育公园、凤南小区等29个站点。旅游专线的推出，有利于进一步宣传梅花洲的旅游资源，提升梅花洲在旅游消费市场的知名度，扩大嘉兴旅游品牌的影响力。

【开展安全生产专项行动】 1月，市旅游局与市安监局、市公安消防支队联合举办第三届嘉兴市旅游行业消防业务竞赛活动；6月，围绕“坚守红线，从严执法”主题，组织旅游行业“安全生产月”系列活动；5~8月，开展道路交通旅游安全较大事故防控专项行动；8~12月，根据《关于深化安全生产领域“打非治违”集中开展“十打十治”专项行动的通知》要求，制定相应行动方案，全年排查旅游企业571家，发现整改隐患341处，整改率100%，全年未发生一起安全责任事故。

【游客满意度指数排名全省前列】 3月，省旅游局公布游客满意度指数年度排名，嘉兴市以综合指数78.20分，名列2013年度第二。在2014年前三个季度测评中，嘉兴市取得第一、第三和第二的成绩。2014年，市旅游局强化行业基础管理，牵头南湖风景名胜区管委会、南湖街道办事处对南湖景区周边有关企业下发“南湖景区周边环境存在问题告知书”，要求各企业对餐饮、住宿、购物、文化娱乐、景区环境五个方面游客满意度评价较低的问题进行自纠自查；实施全员培训计划，开展“新版旅游合同梳理”“旅游法执行中疑难问题分析”“旅游突发公共事件的防范与处置”等专题培训6场，培训旅游企业119家，从业人员1431名，不断提高服务质量。同时，定期在嘉兴旅游网上发布旅游投诉情况分析和具有较大负面社会影响的案件，进一步起到警示告诫作用。

【新批旅行社10家】 2014年，全市新批旅行社10家，分别是嘉兴市跟我游旅行社有限公司、桐乡市同行旅游有限公司、平湖市童临天下旅行社有限公司、嘉兴市玉皣旅行社有限公司、桐乡市天佳旅游有限公司、桐乡市妙途旅行社有限公司、嘉兴市达美旅行社有限公司、浙江乌镇中青旅旅游有限公司、嘉兴在路上旅行社有限公司、嘉兴逸林旅行社有限公司。嘉兴市中青旅旅游有限公司获批出境游组团资格。注销嘉兴市君悦旅游有限公司、嘉善江南旅游有限公司、海宁市天驰旅游有限公司3家旅行社。至年底,全市有旅行社132家,其中出境游组团社12家。

（赵旭光　朱宇红　费力红）

科学技术

综　　述

2014年,嘉兴市深入实施创新驱动发展战略,全面深化科技体制改革,提升区域自主创新能力,统筹推进城乡科技发展。嘉兴市被评为国家级和省级防震减灾工作先进单位、网上技术市场工作先进市。嘉兴市科技局被评为市级应急指挥系统全国先进单位。海宁市和桐乡市被评为全省县(市、区)党政领导科技进步目标责任制优秀单位。海宁市科技局获评2014年全国知识产权系统人才工作先进集体,海宁市和平湖市被评为全省知识产权工作先进集体。平湖市、海宁市、桐乡市获浙江省网上技术市场先进县(市、区)。平湖市被评为国家级和省级防震减灾工作先进单位,秀洲区被评为全省防震减灾工作先进单位。海宁科技要素市场化配置、平湖科技创新支撑产业结构调整工作,得到省科技厅的高度肯定。

(吴俊波)

科技环境、人才与项目

【概况】 2014年,全市科技系统受理科技计划项目383项,安排科技发展资金4268.1万元,主要用于支持科学技术研究、科技成果转化与产业化、科技创新环境与条件建设等;实施"创新嘉兴·精英引领计划",吸引海内外高层次人才932名,申报项目936个,引进领军人才134名,评定市重点科技创新团队15家。继续组织实施党政领导科技进步考核,完成2013年度各县(市、区)党政领导科技进步目标责任制考核,海宁市、桐乡市获2013年度浙江省党政领导科技进步目标责任制考核优秀。

【拓展科技型企业融资渠道】 2014年,市科技局牵头制定《嘉兴市科技支行支持科技型中小企业发展的实施办法(试行)》,筛选具有自主知识产权、较强创新能力和较高技术水平、较好市场前景和经济社会效益的科技型中小微企业入库,会同市委人才办、市经信委、市财政局、市金融办等单位成立嘉兴市科技金融支持企业认定小组,评审确定符合科技金融支持企业条件的科技型企业,推动建立科技创新创业企业数据库,全年全市科技银行入库企业1233家,其中市本级552家;参与制定《嘉兴市科技支行信贷风险补偿基金管理办法(试行)》,首期规模6000万元,79家受贷企业获融资总额近4.3亿元;参与起草《嘉兴市创建省科技金融改革创新试验区三年行动计划(2014~2016年)》。发挥创业风险投资母基金的引导作用,以参股方式投资的4家创业投资公司,累计出资5450万元。2014年,嘉兴市累计完成投资项目近70项,参股创投公司及相关投资近2.13亿元,为中小企业提供新增融资增信服务规模2150万元;提供现金流服务用款规模3.19亿元;向浙江股权交易中心推荐创新板挂牌企业8家、成长板挂牌1家。推进科技支行、科技保险、科技担保、科技小贷等科技专营机构建设，全市建立科技支行6家，风险补偿基金总规模1.6亿元。

【省级以上计划项目获补助资金8300万元】 2014年，全市获批国家高新技术研究发展计划3项，国家重点新产品计划项目2项，国家火炬计划17项，国家农业成果转化项目1项，国家创新基金项目15项，中欧国际合作项目2项，浙江网上技术市场建设和成果转化专项资金项目14项，省级重大专项13项，省级公益性项目15项，省农业科技成果转化资金项目12项，省科技型中小企业技术创新项目17项，工业设计项目3项，共获得补助资金近8300余万元。

【市级科技计划项目补助经费4268.1万元】 2014年，市级科技计划项目安排补助经费三批。第一批下达补助经费240万元，其中科技创新与环境条件建设2项，补助经费240万元。第二批下达补助经费1482.5万元，其中产业共性关键技术研究项目33项，补助经费195.5万元；社会发展领域研究与示范应用项目29项，补助经费271万元；高新技术产业化项目23项，补助经费284万元；科技型中小微企业创新孵化转化项目14项，补助经费144万元；农业科技成果转化项目23项，补助经费241万元；专利实施转化专项8项，补助经费96万元；软科学研究项目10项，补助经费43万元；结转项目32项，补助经费208万元。第三批下达补助经费2545.6万元，其中国家、省重大专项配套16项，补助经费348.5万元；新项目13项，补助经费114万元；科技创新环境与条件建设18项，补助经费1208万元；中科专项14项，补助经费875.1万元。

（甘人杰）

区域创新体系与高新技术产业

【概况】 2014年，嘉兴市新认定3家省级重点企业研究院、16家省级企业研究院、55家省级高新技术企业研究开发中心，新认定116家市级高新技术研究开发中心。全市累计拥有省级重点企业研究院10家、省级企业研究院26家、省级高新技术企业研究开发中心216家、市级高新技术研究开发中心520家。

【发展高新技术特色产业基地】 2014年，嘉兴市继续打造火炬计划高新技术特色产业基地。以嘉兴电子信息、无线通信，嘉善电子电声，平湖光机电，海宁磁性材料、纺织、包装材料、太阳能，海盐电子仪器仪表，桐乡特种纤维，秀洲新能源等为代表的高新技术特色产业集聚效应明显，产业集群发展加快。至年底，嘉兴市有省级以上高新技术产业基地14家，其中国家级特色产业基地9家。全年全市高新技术特色产业基地工业总产值1534.3亿元，比上年增长7.66%；产品销售收入1467.7亿元，增长10.6%；利税121.2亿元，增长36.95%；出口创汇87.5亿美元，下降5.91%。

【高新技术园区建设】 2014年，秀洲嘉兴高新技术产业园区（嘉兴光伏高新园区）成为浙江省太阳能光伏产业发展创新试点，嘉兴市以秀洲嘉兴高新技术产业园区为主体开展国家高新园区申报工作。同时，为发挥高新技术园区的产业引领和转型提升作用，开展高新技术园区的统计监测和考核工作。至年底，嘉兴经济技术开发区、海宁市、秀洲区3家省级高新技术园区实现工业总产值1617.29亿元，比上年增长7.05%；总收入1664.76亿元，增长7.03%；净利润85.09亿元，增长7.72%；上缴税费48.4亿元，增长13.84%；出口创汇66.4亿美元，增长25.28%。

【科技企业孵化器建设】 2014年，全市新认定嘉兴亚太孵化园、嘉兴国际创意文化产业园和嘉兴颐高广场3家市级孵化器，累计建成国家级孵化器6家、省级5家、市级5家；拥有孵化面积80余万平方米，累计投入资金24.1亿元，在孵企业1109家；孵化器内在孵企业实现总收入31.8余亿元,利税3.42亿元;孵化器累计毕业企业489家,其中2014年毕业66家。嘉兴市科技企业孵化器建设工作继续在全省保持领先水平。

【科技型企业培育】 2014年,市科技局加大科技企业培育力度,启动“115科技企业”培育工作,制定《嘉兴市创新型企业认定管理办法》。年内,组织高新技术企业申报培训会,开展高新技术企业申报组织工作,全市新认定高新技术企业89家、累计402家;根据《浙江省科学技术厅关于省科技型企业认定有关事项的通知》精神,将审核权限下放至经济强县,联动开展省科技型企业的培育工作，全市新认定省科技型企业311家、累计1304家。年内,新认定国家火炬计划高新技术企业4家、累计15家,新认定省级创新型试点(示范)企业11家(其中示范类5家)、累计48家(其中示范类25家)。2014年，嘉兴市高新技术企业实现工业总产值1604.16亿元,主营业务收入1624.56亿元,利税154.25亿元,出口创汇54.03亿美元,完成高新技术产业增加值508.03亿元,列全省第三。

(周　丰)

科技成果与科技合作交流

【科技成果申报评审】 2014年,嘉兴市有2人获自主创新重大贡献奖,8人获自主创新贡献奖,95个项目获市科学技术进步奖,其中一等奖5项、二等奖20项、三等奖70项。全市11个项目获省科学技术奖,其中进步二等奖3项、进步三等奖7项、发明三等奖1项。同时,嘉兴市企业参与项目获国家科学技术二等奖1项。

表3　　2014年嘉兴市获国家科学技术奖项目

项目名称	完成单位	奖励等级
污泥搅动型间接热干化和复合循环流化床清洁焚烧集成技术	浙江大学,天通吉成机器技术有限公司,嘉兴新嘉爱斯热电有限公司,天华化工机械及自动化研究设计院有限公司，南通万达锅炉有限公司,浙江物华天宝能源环保有限公司	二等奖(参与)

表4　　2014年嘉兴市获浙江省科学技术奖项目

项目名称	完成单位	奖励等级
高产抗条纹叶枯病晚粳稻品种的选育与推广	浙江省嘉兴市农业科学研究院(所)、中科院遗传所嘉兴农作物高新技术育种中心、嘉兴市种植技术推广总站、嘉兴市南湖区农作物管理站、秀洲区种子管理站、平湖市农业技术推广中心	二等奖
水性超支化环氧绝缘浸渍漆研究开发及产业化	浙江荣泰科技企业有限公司、嘉兴荣泰雷帕司绝缘材料有限公司、嘉兴学院、南昌航空大学	二等奖
优质鸡新配套系培育及健康养殖技术研究与示范	浙江光大种禽业有限公司、杭州市农业科学研究院、浙江大学	二等奖
布鲁塞尔单晶硅电池	浙江晶科能源有限公司	三等奖(发明)
数字农业环境信息智能测控关键技术与云服务管理系统	嘉兴学院、嘉兴市宏联电子科技有限公司	三等奖
CT引导下经皮穿刺胸交感阻滞技术及其在手汗症等治疗中的应用	嘉兴市第一医院	三等奖

续表 4

项目名称	完成单位	奖励等级
血吸虫病监测与方法研究	嘉兴市疾病预防控制中心、嘉兴市第一医院、嘉善县疾病预防控制中心、桐乡市疾病预防控制中心	三等奖
4-甲砜基甲苯新工艺技术	浙江嘉化能源化工股份有限公司、嘉兴学院	三等奖
汽车安全气囊用涤纶工业长丝关键技术集成开发	浙江海利得新材料股份有限公司、嘉兴学院	三等奖
包装用聚烯烃热收缩微膜	浙江众成包装股份有限公司	三等奖
节能型高耐磨橡胶输送带技术研究及应用	浙江双箭橡胶股份有限公司	三等奖

表 5

2014 年嘉兴市自主创新重大贡献奖获奖人员

姓　名	单　　　　位
杨小牛	中国电科三十六所
陈　强	浙江清华研究院

表 6

2014 年嘉兴市自主创新贡献奖获奖人员

姓　名	单　　　　位
王金良	海盐县农业技术推广中心
龚遂良	嘉兴市第二医院
蔡　强	浙江清华研究院
陆云峰	嘉兴市新大陆机电有限公司
张春华	浙江振申绝热科技有限公司
张瑞标	天通控股股份有限公司
陈子彦	恒锋工具股份有限公司
沈利民	浙江奥华电气有限公司

表 7

2014 年获嘉兴市科学技术进步一等奖项目

项目名称	主要完成单位	奖励等级
混合二元醇及第三单体 IPA 共聚聚酯树脂	浙江万凯新材料有限公司	一等奖
透明板材用短切毡	巨石集团有限公司	一等奖
2.0MW 全功率液冷风机变流器	浙江海得新能源有限公司	一等奖
长粒晚粳嘉禾 218 品种选育及产业化	浙江省嘉兴市农业科学研究院(所)、中国水稻研究所、嘉兴市种植技术推广总站、湖州市农作物技术推广站、桐乡市农业技术推广服务中心、浙江清溪鳖业有限公司、嘉善县种子公司、海盐县种子管理站	一等奖
CT 引导下经皮穿刺胸交感阻滞技术及其在手汗症治疗中的应用	嘉兴市第一医院	一等奖

【科技合作交流】 2014 年,市科技局深入开展国内外科技合作交流,推进与上海、杭州等地以及浙商的科技合作交流。市、县联动开展"百场科技对接"活动。全市组织科技对接活动 335 场次,邀请专家 2199 名,参加企业 4401 家,发布科技成果 927 项,解决技术难题 796 项,达成合作协议(意向)637 项,签约项目 252 项,签约金额 8.15 亿元。

【与沪杭签约项目 660 项】 2014 年,嘉兴市通过科技对接、联席会议、合作交流等形式推进"与沪杭同城"战略工作。参与杭州都市圈、浙东经济合作区科技专业组工作。开展与中科院上海分院合作,创新院地合作会商机制。全年先后与沪杭等地开展科技交流活动 300 余场次,签约项目 660 项,签约金额 384.71 亿元,比上年增长 48%;实际到位资金 163.72 亿元,增长 52%。

【与名校及科研院所共建创新载体 40 家】 2014 年,嘉兴市科技局及县(市、区)领导分别到清华大学长三角研究院、浙江大学、中科院上海分院、浙江中科院应用技术研究院、中科院物理所、中科院电子所、中科院微电子所等单位,进行沟通与洽谈,分别引进中国科学院嘉兴水环境技术和生态农业工程中心、同济大学科技园;与上海交通大学先进产业技术研究院联合共建"平湖市企业转型升级研究院",与东华大学共建"新型阻燃地板研发中心",桐乡市与上海理工大学技术转移中心共建"机器换人"技术研发服务工作站等;推动浙江海宁经编产业园与上海工程技术大学国家大学科技园,共建上海工程技术大学国家大学科技园海宁园区。2014 年,新引进大院名校共建创新载体 40 家。

【浙江清华长三角研究院】 2014 年,浙江清华长三角研究院有员工 300 余人,其中硕士、博士和副高级以上职称占比近 50%;海外归国人员 28 人("国家千人计划"2 人,"浙江省千人计划"8 人),外籍专家 8 人;中国科学院、中国工程院兼职院士 5 人;省、市重点科技创新团队 6 支。全年新获批纵向科技项目 38 项、合同金额 1183.5 万元,横向科技项目 65 项、合同金额 3653.5 万元;申请并获得授权实用新型专利 9 项,获得软件著作权 1 项;发表 SCI、EI、核心期刊收录论文 40 篇,出版专著 1 部。研究院所属浙华投资公司实现投资收益超过 2300 万元;红土创投累计投资 24 家企业,实现税后净利润 3000 余万元。2014 年,研究院在原硅谷基地基础上改组成立国际合作部,人才智库储备高科技项目、人才资源突破 10 万条,组织 3 次海外清华学子浙江行活动及 10 余场海内外对接活动。据不完全统计,全年征集各地、市项目需求 200 多个,组织推荐并成功申报创业扶持计划的海归高层次人才 49 人。

【浙江中科院应用技术研究院】 2014 年,浙江中科院应用技术研究院有在编全职科研人员 654 人,其中"国家千人计划"2 人,"浙江省千人计划"5 人,高级职称 130 人,博士 117 人(其中海归博士 25 人),硕士 129 人;入选嘉兴市"创新嘉兴·精英引领计划"领军人才 17 人(其中 A 类 5 人、B 类 4 人、C 类 8 人),入选浙江省青年科学家培养计划 1 人,入选嘉兴市重点科技创新团队 11 个。2014 年,研究院成功引进中国科学院亚热带农业生态研究所、中国科学院南京土壤研究所、中国科学院南京地理与湖泊研究所、中国科学院地球化学研究所、中国科学院城市环境研究所 5 家中科院研究所。至年底,引进的中科院 23 家研究所在嘉兴共建工程中心 24 家、专业研究所 3 个、公共测试平台 1 个和产业创新联盟 3 个。研究院建筑面积 15.5 万平方米,仪器设备 2.46 亿元,实验室 48 个,中试基地 36 个;完成研发成果 71 个,与企业合作转化项目 28 个。全年通过项目转化实现新增产值 116.2 亿元,实现税利 17.11 亿元;单个项目转化产值超亿元的项目 18 个(其中新能源项目 6 个、新材料项目 4 个、电子通信 4

个、绿色化工项目3个、农业新品种开发项目1个);研发产出项目113项,实现转化产业化项目18项,新增转移项目销售收入5.19亿元,新增利税9387万元。全年争取国家、省和总装重大立项项目9项,获国家和省级项目补助经费1826万元;通过成果交易对外输出项目28项,技术交易金额5369.2万元。

(田立武)

农业科技与科技新农村建设

【概况】 2014年,嘉兴市新增省级农业科技企业14家、累计138家,新增省级农业科技企业研发中心5家、累计73家;出台《嘉兴市本级现代种业发展项目与经费管理办法(试行)》,通过设立嘉兴市现代种业专项资金,构建"育繁推一体化"的现代种业体系,提升种子产业自主创新和市场竞争力,推动嘉兴现代农业的转型升级;制定《嘉兴国家农业科技园区核心区运行方案》,形成核心区建设新思路。秀洲区出台《嘉兴市秀洲区农业高科技园区专项资金管理办法》等文件,成立浙江秀洲省级农业高科技园区管理委员会工作推进小组,下达园区计划项目及相关经费,与园区承担主体签订项目任务合同书。

【农业科技研发成果转化及应用】 2014年,市农科院蔬菜新品种审定1个,水稻和油菜不育系省级鉴定4个。选育的水稻品种占全市晚稻面积的90%以上,并辐射到湖北、安徽、江西、湖南等地,推广面积60万公顷左右,其中晚粳稻占全省常规稻面积50%以上;常规晚粳品种"秀水134"继续成为嘉兴市当家品种,种植面积超过6.67万公顷。利用自育自交系配制育成的小黄瓜品种"越秀3号"通过省审定,"越秀5号"参加省新品种展示;开展法国甜瓜品种引种试验,利用其抗性进行杂交试验;自主选育的中型西瓜"佳美"参加浙江省区域试验。年内,市科技局牵线中科院亚热带农业生态研究所、南京土壤研究所等科研单位,开展规模养殖场废弃物资源化利用和污染减控试验示范、嘉兴市花家浜养殖污染控制与河道水质提升示范工程等科技治水示范工程,取得显著成效。

【获评省科技特派员工作先进市】 2014年,市科技局开展科技特派员考核工作,评选出2013年度市优秀科技特派员24名和省优秀科技特派员候选人9名。组织召开全市科技特派员工作会议暨第五批科技特派员培训会,完成第五批69名科技特派员选派工作,立项科技特派员项目12项;探索建立科技特派员工作新模式——科技特派员工作站,选定2015年在秀洲区王店镇、南湖区国家农业园区和嘉兴港区建立3个科技特派员工作站。2014年,嘉兴市获评"2013年度浙江省科技特派员工作先进市"。

(柳燕华)

专利、知识产权保护

【概况】 2014年,嘉兴市新增专利申请23818件,其中发明专利申请3908件、分别比上年增长7.3%和35.1%,新增专利授权17456件,其中发明专利授权546件、分别增长16.8%和34.2%,分别高出全省平均28.4个百分点、12.5个百分点、23.6个百分点、14.2个百分点。桐乡市新增专利申请5535件,专利申请量居嘉兴市各县(市、区)首位。

【推进知识产权试点示范工作】 2014年,嘉兴市制定《嘉兴市高标准建设国家知识产权示范城市工作方案》和《嘉兴市国家知识产权示范城市2014年工作计划》,将原嘉兴市国家知识产权示范城市创建工作领导小组调整为嘉兴市国家知识产权示范城市工作领导小组,进一步加强对全市知识产权工作的统筹协调。海宁市通过国家试点城市考核,秀洲区、桐乡市通过省知识产权示范创建区域验收考核,海宁经济开发区被认定为浙江省知识产权示范创建园区。2014 年,嘉兴市继续推进专利示范镇培育,南湖区凤桥镇、桐乡市河山镇以及嘉兴经济技术开发区塘汇街道 3 家单位通过专利示范镇(街道)创建验收,新增专利示范镇创建单位 3 家;强化企业知识产权试点示范工作,新增省级专利示范企业 10 家、市级专利示范企业 41 家;做好企业知识产权贯标工作,引导省级专利示范企业申报及复核单位贯彻实施企业知识产权管理规范,年内有 40 家企业参与贯标,培育新的贯标服务试点机构 1 家。

【举办专利培训 69 场】 2014 年,市科技局分别举办专利撰写和布局、专利分析利用实战培训班,共培训企业专利管理人员 150 余人次,增强企业专利挖掘、布局与专利申请文件处理能力,规避行业专利风险,提高企业核心竞争力。到农科院、医院等专利“零申请”单位开展专利申请普及培训,到高新园区内企业开展知识产权律师团巡回演讲;联合工商、质监等部门分别在嘉兴市本级、秀洲、海宁、平湖等高新园区举办知识产权保护专题培训班,320 余家企业参加,提升企业知识产权保护意识。举办电子商务领域知识产权保护培训班,提升嘉兴市电商企业知识产权纠纷的应对处置能力。2014 年,全市举办各类专利培训 69 场,参加培训人员 4900 余人次。

【查处假冒专利案件 83 件】 2014 年,嘉兴市以打击假冒专利等专利侵权行为为重点,对流通领域经营场所开展专项执法检查活动,共组织开展联合执法检查与专利权专项执法检查活动 9 次,出动执法人员 42 人次,检查商品 10000 余件,立案查处假冒专利案件 83 件。各县(市)科技局开展专利侵权纠纷调处,共调处各类专利侵权纠纷和案件 423 件。加强知识产权维权援助中心建设,2014 年接受电话咨询 217 件,受理投诉 2 起,并与嘉兴市中级人民法院签订专利民事纠纷诉调对接合作协议。

【专利管理和服务】 2014 年,嘉兴市本级调整完善专利补助奖励政策,出台《嘉兴市专利项目资金补助管理办法》,大幅降低实用新型和外观设计两种专利的补助额度,同时推出发明专利服务券抵用申请阶段费用的新模式;加强专利代理培育工作,对通过考试取得专利代理人资格且户籍在市本级的自然人给予 5000 元奖励;规范专利代理机构服务,对考核优秀的专利代理机构给予 5 万元奖励。2014 年,全市开展专利质押贷款工作,5 家知识产权质押融资机构累计为 22 家企业发放专利权质押贷款 25 笔、金额 10870 万元;建立专利示范企业银行融资数据库,由政府出资担保,嘉兴银行高新支行和农业银行嘉兴嘉科支行两家银行开展贷款业务;推进专利保险试点工作,在《嘉兴日报》、电台等媒体宣传专利保险工作政策和进展,提高科技企业对专利侵权风险的认识;依托嘉兴知识产权维权援助中心对拟投保专利进行前期评估筛选审核,对已投保专利建立专利数据库,对投保企业专利进行管理,年内,两批 26 家企业 129 件专利由人保公司进行专利侵权执行险保险;举办百名知识产权律师进千家企业活动,分别邀请省律协律师到南湖区、桐乡市、海宁市开展知识产权及法律事务咨询。

(付莹莹)

防震减灾

【概况】 2014 年,嘉兴市防震减灾工作,实施《浙江省防震减灾条例》《嘉兴市防震减灾“十二五”规划》,“平安市县”防震减灾考核连续第六年实现零扣分,嘉兴市获评全国防震减灾工作(地市级)综合评比先进单位,平湖市获评全国防震减灾工作(县级)综合评比先进单位,嘉兴市获评全省防震减灾工作综合评比第二名，平湖市和嘉善县获评全省防震减灾工作综合评比先进县市。

2014 年，嘉兴市做好地震台网的运维；参加全省年中与年度地震趋势会商会议，完成年度区域地震趋势会商报告。大桥测震台、南北湖测震台完成弱电防雷系统改造，重新浇筑仪器墩。年底，对全市地震监测台站进行实地检查。5 月，市地震局组织市政府应急办、民政局、科协有关人员，会同国家、省地震局相关部门，对平湖梅兰苑社区创建嘉兴市级防震减灾示范社区进行验收。在平湖经济开发区、独山港区等企业聚集的区域开展地震小区划工作试点。全年全市累计受理地震安全性评价项目 10 余个，为科学抗震设防提供依据。

【开展防震减灾宣传周活动】 2014 年，嘉兴市开展“5·12”防震减灾宣传周活动，宣传城镇化与减灾主题，在学校、社区、科技馆、商场等人口密集场所播放科教片《飞跃地心》9 场次，1 万多人次观看影片；市本级防震减灾教育基地特制家庭防震减灾知识宣传单页 6 万份，接待各防震减灾科普示范学校学生参观；市地震局、市本级防震减灾基地联合“第一民生”制作防震减灾专题科普节目二期，扩大防震减灾宣传的受众面。

【处置平湖地震事件】 7 月 7 日 14 时 9 分，平湖乍浦镇发生 2.4 级地震，嘉兴市局部有感。全市地震系统在震后第一时间通报地震信息，并向相关领导汇报震情；与省地震局建立热线，汇报震情、关注震情动态；联系媒体发布准确震情信息，解释震感原因。平湖地震事件因处置得当，民众反应平静。9 月，市政府印发《嘉兴市地震应急预案》。市本级组建 50 余人的地震应急救援志愿者队伍，进行应急装备配置、野外拉练等地震应急课目培训。

（钟　伟）

国内贸易

综　述

2014 年，全市社会消费品零售总额 1347.02 亿元，比上年增长 12.5%；扣除价格因素，实际增长 10.3%，增幅回落 2 个百分点。全年季度呈曲线增长态势，一季度增长 12.1%、二季度增长 11.87%、三季度增长 13.52%、四季度增长 12.55%。嘉兴经济技术开发区消费品零售额 82.24 亿元，增长 19%；南湖区 255.49 亿元，增长 12.8%；秀洲区 114.63 亿元，增长 12.5%；嘉善县 151.51 亿元，增长 12.5%；海盐县 103.05 亿元，增长 11.6%；海宁市 304.01 亿元，增长 12.9%；平湖市 149.66 亿元，增长 12%；桐乡市 268.66 亿元，增长 12.6%。全市批零贸易业 1215.35 亿元，增长 12.8%，增幅回落 0.7 个百分点；住宿餐饮业 131.67 亿元，增长 9.9%，增幅回落 0.1 个百分点。全市城乡消费品零售额分别增长 12.7%和 11.7%，城镇市场增速快于乡村市场 1 个百分点。

2014 年，居民消费价格温和上涨，工业生产者价格继续回落。全年市区居民消费价格比上年上涨 2%，涨幅扩大 0.3 个百分点。八大类商品和服务呈现六涨两跌态势。其中食品类价格上涨 3.1%，涨幅回落 1.5 个百分点，为近五年来最低，拉高 CPI 总指数 0.97 个百分点，对物价涨幅的贡献率 47.6%；烟酒价格下降 0.6%；衣着价格上涨 3.5%；家庭设备用品及维修服务价格上涨 1%；医疗保健和个人用品价格上涨 1.8%；交通和通信价格下降 0.1%；娱乐教育文化用品及服务价格上涨 2.2%；居住价格上涨 1.8%。嘉兴市进入经济增速趋向潜在水平、物价涨幅趋于适度、经济结构趋于优化的“新常态”。至年底，全市有省级重点流通企业 11 家；省级品牌专卖连锁试点企业 9 家；“浙江省老字号”企业 31 家，其中“中华老字号”企业 5 家；国家级达标百货店 4 家；省级特色商业示范街 3 条；嘉兴市级特色商业街 15 条；典当企业 39 家；拍卖企业 23 家；全市成品油批发（仓储）企业 16 家，加油站 464 家。

【推动商贸流通品牌建设】 2014 年，市商务局加快培育省级重点流通企业，嘉兴建材市场、浙江海宁杭东农副产品市场等申报第 4 批省级重点流通企业，年内，通过市级初审并上报省商务厅认定；嘉兴市省级重点流通企业占全省第二位。推动浙江商品国际采购中心创建，海宁皮革城被认定浙江商品国际采购中心，成为全省三家之一。推动商贸企业诚信建设，严格按照省政府关于加强信用浙江建设和商务部、商务厅对商务诚信体系建设要求，引导企业建立诚信长效机制，全市 7 家企业通过“浙江省商贸流通诚信示范企业”认定。加强对省级重点流通企业指导，引导重点企业加强精细化管理，确保重点企业在销售规模、盈利能力、管理水平方面处于领先地位。

【出台家禽集中屠宰管理办法】 2014 年年初，禽流感再次爆发，市政府多次召开禽流感防控工作会议，市商务局按照会议要求落实相关工作,多次到南湖区、秀洲区家禽屠宰企业进行调研,反复听取相关单位意见。3月初,市商务局上报《嘉兴主城区永久性关闭活禽交易市场工作方案》和《嘉兴市本级家禽集中屠宰实施意见》,得到市政府领导和相关部门的认可。7月1日,嘉兴主城区活禽交易市场永久性关闭,同时,在南湖区、秀洲区各建立1家家禽集中屠宰场。

【交接生猪屠宰监管职责】 6月30日,根据省政府、市政府有关文件精神,在充分沟通、协商的基础上,市农经局和市商务局联合召开生猪屠宰管理职责交接工作会议,会上市商务局向市农经局移交屠宰管理档案资料,同时将监管职责移交给市农经局,并根据会议精神形成移交工作会议纪要。

【创建生鲜农产品"放心柜"】 2014年,生鲜农产品"放心柜"建设被列入省、市十大民生工程,省政府确定嘉兴市2014年度创建任务26家。市政府办发布《嘉兴市城镇超市设立生鲜农产品"放心柜"实施方案》。年内,市商务局到重点超市调研指导,及时了解工作进展情况;组织召开由各县(市、区)商务部门和承担"放心柜"创建任务超市负责人参加的动员大会,会上,市商务局领导与各县(市、区)商务主管部门负责人签订责任状,分解工作任务。2014年,参与"放心柜"创建超市34家,12月初,经省商务厅验收组及第三方机构验收并整改后,有27家超市通过省级验收。

【推进农产品流通】 2014年,市商务局重点推动农产品批发市场、农贸市场改造交易和配套等设施建设,为消费者提供良好的消费环境;引导农产品连锁超市建立鲜活农产品配送中心,提高农产品的配送率;支持企业建设和改造冷链设施;鼓励大型连锁超市与鲜活农产品生产基地产销对接,减少中间环节;鼓励农产品电商企业加强物流配送中心建设,提高配送能力。2014年,农产品连片推进项目10个,计划总投资18982万元,总建筑面积122178平方米。举办第三届长三角地区农超对接洽谈会,与会人数超过600人,吸引省内外168家采购商和230家农产品供应商参会,其中嘉兴市15家采购商和33家农产品供应商参会。洽谈会签约项目及意向合同总数近300个,总金额2.55亿元,比上年增长33%。嘉兴市达成签约金额726万元。

【落实"大气污染防治"项目】 2014年,市商务局推进燃油品质提升工程,按照省商务厅、省环保厅、省工商局、省质监局、物价局5部门印发《浙江省车用汽柴油标准升级保供方案》的通知,嘉兴市各级商务主管部门提前安排部署,2014年11月1日起,嘉兴市加油站全面供应国Ⅴ标准汽油和国Ⅳ标准柴油。落实无绿色环保标志车辆禁止加油措施,禁止给未取得绿色环保标志的机动车辆加油,市商务局通知限行区域内加油站张贴书面通告并严格执行,禁止给无绿色环保标志车辆和黄标车加油。加快嘉兴市黄标车淘汰,减少机动车排气污染,改善嘉兴市空气质量,按照"鼓励尽早淘汰、实施分类补助"的原则,鼓励黄标车提前以报废方式淘汰,全年淘汰黄标车12573辆。

【加强特种行业监管】 2014年,市商务局行政许可审批13项,涉及典当企业变更及二手车鉴定评估设立等事项。市本级新增典当企业1家,新增海宁金鼎二手车鉴定评估公司,新增嘉兴冠农农产品拍卖有限公司(待省批准)。全年市本级11家典当企业典当总额15亿元,比上年增长7%;利息收入4842万元,增长14%;上缴税金758万元,增长17%。全年拍卖成交387场,成交总额14.6亿元,佣金总额1955万元,营业税金99万元,从业人员150人,比上年减少23人。

【强化商贸领域监督管理】 2014年,市商贸局规范单用途商业预付卡备案,多次到市区大型商场、超市备案企业对实名登记、限额发行、非现金购卡制度的落实情况进行检查,年内,全市有12家发卡企业通过市、县商务部门备案,其中规模企业9家。开展电视购物广告专项整治,根据商务部等七部局《关于开展电视购物专项整治工作的通知》要求,市商务局会同有关部门开展全市电视购物专项整治工作。4月下旬,在市广电中心调研督察并召开现场会,嘉兴市电视购物广告播放情况总体良好,节目中没有发现违反电视购物管理规定和违法的内容,在全省广告信用指数评定中列第三位。2014年初,开展"打假保知"行动,市商务局要求商场、超市、大型购物场所和专业市场开展"打假保知"宣传,严防侵权商品进入流通领域流向消费者,确保"打假保知"专项行动顺利开展,浙江江南大厦股份有限公司被认定为浙江省流通领域知识产权保护示范单位、嘉善东方商厦被认定为浙江省流通领域知识产权保护试点单位。

【举办2014嘉兴国际御厨争霸赛】 5月26～28日,2014嘉兴国际御厨争霸赛由中国烹饪协会、台湾烹饪协会、新加坡烹饪协会主办,嘉兴市南湖区政府承办。市商务局参与协调具体事务,负责邀请省商务厅作为支持单位。比赛由国内外37支团队、112名选手参加。嘉兴诺鲜酒店、禾城陆稿荐等4支团队获得团体赛金奖,嘉兴摩根大饭店等4支团队获得团体特金奖,严金浩等21名厨师获"最佳御厨奖"等奖项。通过举办国际御厨争霸赛,进一步提高嘉兴餐饮在国际上的知名度,为嘉兴餐饮企业提供学习、交流互动平台。

【落实散装销售汽油规定】 2014年,市商务局会同市公安局、市综治办、市安监局等部门印发《关于进一步建立完善严控严查散装购买销售汽油制度的通知》,要求各县(市、区)对辖区内加油站开展专项执法检查,重点检查加油站散装汽油购销制度落实情况,要求发现违规行为,第一时间报当地公安、主管部门。同时,市商务局组织人员,开展对加油站暗访,在暗访中发现的问题,要求加油站负责人第一时间整改。7月下旬,市商务局组织召开严控严查散装购销汽油制度推进会,邀请市公安局对落实做好加油站严控严查散装购销汽油制度进行详细讲解。各成品油企业加强对员工教育和培训,开展应急处置演练,确保国家规定落实到位。

【组织参加会展活动】 11月15～18日,2014第十届中国食品博览会在宁波国际会展中心举办,全市各级商务部门组织食品企业参展,嘉兴展区设立"五芳斋"等29家企业、38个展位,邀请8家采购商参加采购洽谈会,现场零售额150余万元。9月30日至10月30日,嘉兴市举办第六届休闲购物节活动,以"幸福乐活·品质生活"为主题,推出21项主题活动、100余项专题活动,覆盖商贸流通、商务会展、住宿餐饮、旅游观光、休闲娱乐等领域。购物节期间,商家实现社会消费品零售额35.4亿元,比上年增长15.4%。10月10～12日,市商务局联合多部门在嘉兴国际会展中心举办2014嘉兴第四届品牌网货交易会,展出面积9000多平方米,展位357个,全市165家企业参展,参观人数3万多人次,交易额200多万元。

【网络零售额678.89亿元】 2014年,嘉兴市"电商换市"工作取得较大进展,全年实现网络零售额678.89亿元,比上年增长37.44%,占全省网络零售额的12.03%,居全省第3位。至年底,全市开设淘宝商铺13.6万家、天猫店铺2150个,其中旗舰店1848个、专营店188个、专卖店114个,占全省店铺的9.35%,店铺数量居全省第4位。1～12月,全市监测的56家电子商务交易企业网络销售额500万～1000万元的有5家,1000万～5000万元的有23家,超过5000万元的有6家。近一半的企业销售比上年大幅增长,洁阳家居、五芳斋、成泰镜业、嘉欣丝绸等企业,在天猫平台上占据单品销售的龙头地位。监测的企业中依托天猫、淘宝和京东等第三方平台的销售额69946.03万元,占电子商务网络销售额的57%以上,其中淘宝销售额52386.95万元,占第三方平台销售的75%。随着网络零售市场的竞争加剧,企业的网络推广、技术服务成本提高,企业盈利能力总体偏弱。

【推进电商园区建设】 2014年,嘉兴市搭建电子商务产业集聚平台，促进电子商务产业集聚区的提升发展。嘉兴电子商务产业园引入电商企业98家，全年网络销售额10亿元，2014年，被评为浙江省电子商务十大产业基地、浙江省电子商务产业示范园区。海宁市皮革城网商大厦入驻企业72家，年度网上销售总额8亿元；盛天电子商务产业园以包装产业和传统服装企业作为支撑，吸引相关电商企业入住，发展电商生态园；总投资29亿元的阿里巴巴智能骨干物流网项目开工建设；普瑞美电子商务产业园和家纺城电商项目同步推进；嘉兴“电子商务名品城”上线交易。

（任伟杰）

专业市场

【中国茧丝绸交易市场】 2014年，由于茧丝主产区域西移，缫丝行业生产能力趋于集中，社会投资渠道多元化等因素的影响，中国茧丝绸交易市场网上交易有所下滑，全年市场交易额62.73亿元，其中网上交易额55.6亿元、客户传统现货交易额7.13亿元。市场有会员201家，驻场企业130多家，会员数量有所增加。市场多次召集业务部门讨论分析，及时对干茧交收规则进行修订，在兼顾工厂生产要求的基础上，广西、云南等中西部地区的干茧进入市场交收。市场扩宽融资渠道，帮助客户解决融资难的问题，推出市场供求信息发布系统、现货挂牌交易和网上商城等多样化的电子商务模式，满足消费群体日趋多样化、差别化、个性化的需求。市场完成“嘉兴指数”与行情分析系统的开发并投入使用，为丝绸行业提供专业的数据分析工具，市场网站信息发布量不断增加，网站日均点击浏览量1.6万人次，累计超过4000万人次。同时，市场注册微信和微博，在大数据体系方面进行初步探索，金蚕网成为中国茧丝绸行业中弘扬丝绸文化、了解丝绸产业、展示丝绸产品、发布丝绸信息、拓展丝绸市场的重要平台。

【嘉兴蔬菜批发市场】 2014年，嘉兴蔬菜批发市场实现交易总量115万吨，比上年增长5.78%，交易总额50亿元，增长8.56%。年内，市场推行客菜溯源系统，4月，组织经营户、溯源系统推进领导小组、行业协会理事24人到江山市考察交流，5月，组织2013年度市场十强十佳经营户等到以色列考察学习，10月，在安徽黄山召开市场行业协会扩大会议，至年底，客菜溯源系统分片分区试点运行。加强食品安全检测，市场检测蔬菜农药残留58142批次，合格率99.9%，其中不合格蔬菜7批次、2765公斤，均作退市处理；检测农产品添加剂2893批次，查出超标8批次，1250公斤作退市处理，部分没收销毁处理；加强对水产品质量和豆芽菜产品安全规范管理，对产品核准登记，实行市场准入备案，并做好日常抽检工作。年内，市场通过省级重点流通企业考核工作，获得浙江省农产品流通行业协会授予的2014年度农产品质量安全放心市场。

【嘉兴水果市场】 2014年，嘉兴水果市场交易量158.99万吨，交易额103.19亿元，比上年分别增长1.52%和14.73%。年内，市场探索经营模式、创新管理方式，有序推进规模布局、交易方式、服务功能、市场管理，初步形成嘉兴水果市场2014～2018年发展规划。全年新增1项注册商标，5人获得“浙江省百强农产品经纪人”称号，8人获得“嘉兴市优秀农产品经纪人”称号。年内，市场与嘉兴银行秀洲支行、农业银行合作为经营户提供担保，新增贷款47笔，新增贷款额近8400万元。2014年，市场投入355万元，推进水果连锁超市网点布局，在市本级及五县（市）新开设12家门店，以嘉兴市区为核心加快拓展、扩张连锁经营，23家门店总面积5739.23平方米，实现销售额近7465万元。推进“果农＋专业合作社＋基地＋市场”运作模式，举办“嘉兴秀洲·新塍镇第二届油桃节暨名特瓜果推荐会”“嘉兴市葡萄产销对接会”“嘉兴水果市场与姚庄精品黄桃产销对接会”，为嘉兴地产水果拓展销路，引导地产水果融入果市大流通,全年完成地产水果交易量179893吨,增长0.73%;交易额68359万元,增长3.57%。年内两次与山东济南堤口果品市场对接,促进两地果品的双向流通;11月,举办“江西新余蜜橘产销对接会”,将新余蜜橘引入嘉兴市场;与海南三亚天锋旺海实业有限公司签订8.2亿元的购销合同,促进热带水果销售。

【嘉兴汽车商贸园】 2014年,嘉兴汽车商贸园汽车销售保持良好的发展态势,市场交易额97.2亿元,比上年增长11.89%。其中新车销售44430辆,占全市总上牌量的47.78%,销售金额72.24亿元,增长11.09%;二手车销售30863辆,占全市总交易量的38.94%,占市本级交易量的64.9%,交易金额21.67亿元,增长12.61%。6月10日,园区重点招商项目保时捷4S店正式对外营业,12月27日,纳智捷裕大汽车生活馆正式开业,园区成为禾城高端汽车消费者的首选之地。通过公开竞拍租赁的模式,商贸园大厅南边区域转型为二手车精品馆,实现国有资产保值增值。园区推进基础建设和优化布局,完成基础建设投资额300余万元,完成汽车商贸园二期公共基础设施工程,启动商用车展示场地搬迁项目,新建展场23100平方米于10月交付使用。对8.53公顷回购地块进行调研和规划布局,提出将汽车商贸园后续发展定位于“汽车文化产业园”。园区加强规范化建设,根据四星级文明规范市场的要求加强管理,排摸明确园区的拆违重点,拆除园区违建1000多平方米。

【嘉兴中国纺织城】 2014年,嘉兴中国纺织城有经营户478家,实现纺织品交易额80.2亿元,比上年增长1.4%;上缴税收2245万元,增长4%。年内,纺织城管委会围绕“两个丰富、两个开拓、两个提升”发展目标,推进市场全面发展。一是丰富交易品种,6月13日,中国婚纱生产销售基地开业。二是丰富产业层次,利用“一馆三中心”平台资源,引进研发、设计、营销等生产性服务企业;建立健全与信息中心合作的自主运作项目,引入民间资本,建立公司化运营模式。三是开拓无形市场,召开电子商务座谈会,邀请知名纺织、食品、物流等行业的企业参加座谈,探讨传统业务在Internet上的延伸和提高,拓展交易方式和产品种类,建立不限行业的电子商务市场。四是开拓品牌建设,打好创建市场整体品牌的基础。五是提升市场主体,保障税源实施差别化政策,重点扶持公司型商户和引进新商贸公司。六是提升市场等级,成立安全工作指导小组,开展市场经营户安全隐患大排查等活动,为创建省级四星级规范市场做准备。

【海宁中国皮革城】 2014年,海宁中国皮革城总客流量1128.3万人次,再创历史新高,其中海宁总部客流量608.6万人次,成交额138.12亿元,比上年分别增长2%、10%。市场接待旅游大巴36667辆、游客135.19万人次,其中总部接待旅游大巴13405辆、游客46.5万人次,分别增长4%、21.3%。年内,皮革城举办浙货对接会等实体展会;2014时尚周首次引入服装品牌巡展、皮具箱包品牌和童装品牌走秀等内容,吸引90多名新闻记者和时尚潮人到场报道;2015流行趋势发布首次把发布会与微电影相结合,提升互动性、趣味性和可看性。2014年,皮革城稳步推进内增外拓,在建工程90多万平方米,完成投资14.16亿元;本部六期展馆、佟二堡三期、哈尔滨项目开业,济南和乌鲁木齐市场启动;天津、郑州项目完成前期团队组建和公司注册,其中郑州项目完成土地招拍挂程序。

【海宁中国家纺城】 2014年,海宁中国家纺城市场成交额超过64亿元,比上年增长10.9%。年内,家纺城国际贸易中心建设项目基本完成,家纺城科技产业园一期工程项目于11月正式启动。招商引资全方位推进,公司与广美玉兰软装艺术创意研究院等国内多家知名设计机构、院校达成市场进驻与合作协议;品牌总部展示区引进品牌企业106家,包括和心、凯达、金伯利、千百荟、雅艺、玉龙、金永和等知名企业,展区面积超过22000平方米。至年底,

80%以上的布展企业进场装修展位。年内，海宁中国家纺城品牌服务指导站与许村镇政府知识产权办、许村工商分局多次联合开展品牌指导服务和知识产权监督维护工作，先后21次对市场商户经营产品进行不定期抽检。至年底，对28家市场商户发出整改告知书，查处12家，查处侵权花样43个，有效维护知识产权权益，提升市场整体经营品质。

【濮院羊毛衫市场】 2014年，濮院羊毛衫市场实现成交额280亿元，比上年增长21.48%；实现物流货运量35.9万吨、增长3%，其中市场卸货量10.8万吨。完成重点工程投资1.7亿元，其中市场建设与改造工程1.1亿元、园区基础设施建设0.6亿元。建成市场"网格化管理、组团式服务"电子信息系统，市场分为3个网络块、18个网络组、82个网格点。出台《濮院羊毛衫市场推进社会治理"德治、法治、自治"建设工作方案》，加强和创新市场管理，促进市场转型升级。开展市场社会服务管理和"三治合一"进市场工作，市场纠纷调解率、治安案件下降，市场秩序与整体面貌得到改善。推动市场上市，开展股份公司资产清理，完成濮院物流园区发展公司等五家公司股权转让，初步搭建拟上市主体组织架构。2014年，濮院羊毛衫市场被评为中国优秀示范市场、嘉兴市干部教育培训优秀现场教学基地。5月16~18日，濮院成功举办2014中国·濮院国际毛针织服装博览会，进一步提升濮院羊毛衫市场和毛衫产业的知名度。

（任伟杰）

大型商场

【戴梦得购物中心】 2014年，戴梦得购物中心实现零售额9.13亿元，比上年增长126.5%。其中总店实现零售额5.66亿元，增长102.5%；体育场店实现零售额2.21亿元，下降28.47%；连锁门店实现零售额1.26亿元，下降5.62%。年内，戴梦得加强大型促销的策划和实施，全年开展各类促销活动38次；体育场店家电秒杀活动，8小时活动家电实现销售660万元；开展15周年店庆品牌年度促销活动，争取银行等外部资源，多家银行的赠礼抽奖活动为商场促销增加动力。培育和宣传企业微信公众号，微信公众号的粉丝超过1.2万人，更快捷地将商场、酒店的各类促销资讯传递给消费者；主动与电视台、电台、报社等媒体合作，开展多期"阳光家庭秀"栏目，"五一"节组织"快闪"活动，提升商场的影响力。提高生鲜产品的品质和销售，体育场店超市引进适合商场经营的"加蚕"蔬菜、新塍"普大猪"猪肉、"五行草"牛肉等，每天保持各时间段都有新鲜蔬菜，并推出"天天有低价"的营销策略，受到消费者的青睐。加强酒店经营管理，全年实现营业收入1969万元，完成年度指标的109.39%，其中客房占43.6%，餐饮占56.4%；加强招商工作，年内，先后调整、引进TSL谢瑞麟珠宝、欧舒丹、帝舵、恩曼琳、大嘴猴等知名品牌，巩固企业中高端定位。

【江南大厦】 2014年，江南大厦实现商品销售额8.65亿元(不含家电)，比上年下降6.8%；实现综合经济效益4653.22万元，增长3.91%，上缴国家税费3540.91万元，下降20.16%。2014年，江南大厦坚持以发展"一核两翼"为重点，努力拓展城镇综合体，并加强品牌建设、服务建设、团队建设。10月，总部南外立面改造装饰，租赁原科协大楼的闲置空地，改造成社会停车场。中港城购物中心根据消费特点调整品牌、品类，与总部错位经营，实现销售额11352万元。江南新天地店营业面积3.5万平方米，地面及地下约有800个停车位，年内，基本完成各业态的招商工作和内部基础装修，整个商场共有四层，一楼商场将打造国际名品街，融合百货、家电、餐饮等多种业态。江南超市以拓展社区店为目标，成功开设紫园店、科创园店两家便利店，至年底，直营店达到46家、村镇加盟店100多家。配送中心迁建项目占地1.67公顷，正在办理相关手续和项目设计。11月8日，面积1.2万多平方米集超市、百货、家电、餐饮为一体的王江泾购物中心开业,开业三天顾客超过5万人次,销售额突破188万元。面积达6万平方米的洪合江南大厦时代广场成立运营公司,注册资金2000万元,招商工作全面展开,将打造集百货、超市、餐饮、教育、娱乐和儿童城为一体的购物中心。嘉兴市淘江南电子商务有限公司于12月底上线运营,是集百货、食品、生鲜、团购一体的O2O互动模式,与100多家供应商签约。

【海宁华联大厦】 2014年,海宁华联大厦实现销售额11.93亿元,比上年下降5.81%。年内,海宁华联大厦完善和创新营销活动,精心策划每季的促销计划,组织8大传统节日的促销活动,66天累计实现销售额41724万元,比上年增加2242万元,增长6.49%,占公司总销售的34.97%。调整品牌结构,全年引进品牌157个,淘汰品牌129个,分别占品牌总数的9.38%(更新率)和7.7%(淘汰率)。调整供应商结构,全年引进供应商110家,淘汰供应商100家,分别占供应商总数的14.55%(更新率)和13.23%(淘汰率)。全年新开康乐店、文宗店、富兴店、洛溪店、龙城店五家连锁店,连锁店实现总销售额17578万元,增长37.89%。

【海宁大厦】 2014年,海宁大厦实现销售额4.61亿元,比上年下降13.6%,创利759万元,增长6.3%,实现综合效益916万元,增长8.8%。2014年,海宁大厦合理增加终端网点密度,向新型社区延伸;投入75万元改造26家经销商网点,统一标识,提升终端形象;建立分等定级制度,建成"城区专卖店+乡镇专营店+经销商"三级网络,开拓三、四级乡镇市场。优化产品销售结构,年内,中高档产品份额上升15个百分点,变频机比例提升至60%,晶弘300升以上大容量多门冰箱增长450%以上。海宁大厦以"强企工程"为载体,通过加强品牌建设、延伸产业链的方式,实施格力空调、晶弘冰箱、大松生活电器三个品牌的梯度布局,不断延伸主业产品链,持续提升主业的价值链。组织经销商开展产品知识、销售实务、售后服务等专题培训,共举办培训12场次、培训人员482人。全年代为经销商结算安装卡76300张,协助、指导经销商维修空调878台次,及时处理消费者报修223台次。

【桐乡东兴商厦】 2014年,桐乡东兴商厦商品总销售额11.56亿元,创税利3913万元。年内,桐乡东兴商厦发展假日经济、节庆经济,推出内购会、主题促销、文化促销等一系列措施,12月店庆五天,商品销售额1.05亿元。发展连锁经营,由东兴和国内著名品牌"美的"电器联合组建的东兴家电销售公司,在嘉兴市五县(市)二区建立"美的"旗舰店9家、专卖店70家、专营店86家,客户超过200家,年销售额3.15亿元;连锁超市新增6家,营业面积上万平方米的"金凤凰购物城"正在筹备中;东兴超市分公司年销售额2.2亿元,增长14%。投资10.6亿元的省级服务业重点项目东兴生活广场建设有序推进,至年底,基建工程完成90%。6月,完成影视城等大型项目入驻的洽谈和签约,工程建设进展顺利。2014年,东兴商厦被浙江省商务厅、省知识产权局授予浙江省重点流通企业、浙江省流通领域知识产权保护示范单位称号。

【平湖名媛百货】 2014年,平湖名媛百货实现销售额8287万元,比上年略有下降。年内,平湖名媛百货创新促销活动形式和内容,将活动内容及时用信息形式发给VIP顾客和新老客户,全年商场推出主题促销活动53期,举办"三彩"品牌等大型特卖活动,使单柜销售直线提升。利用电视、报纸、广播、横幅、LED大屏幕等媒体和平台,对城乡群众进行宣传,至年底,商场有VIP顾客24000余人,成为名媛百货比较固定的消费群体。提高员工的服务意识,增强顾客对商场的信任度。升级改造服装城,从9月开始,商场二楼专柜全部搬移至一楼,10月1日,搬迁品牌专柜开张。招商工作取得成效,"老凤祥"等知名品牌直营商先后入驻,提升商场的档次,为商场的可持续发展夯实基础。

(任伟杰)

粮　食

【概况】 2014年，嘉兴市粮食局履行抓收购、管储备、保供给、稳粮价的行业职责，补充粮食产需缺口。年内，为落实省、市、县三级储备粮订单，各级粮食部门认真开展调研，听取种粮大户、乡村干部、有关部门的意见建议，制定适应地方实际的订单政策，调整晚粳谷订单奖励，从每公斤0.24元增加到每公斤0.4元。全市落实小麦订单2200吨、晚粳谷订单9.8万吨，签约农户8541户，发放预购定金217.8万元，其中2200吨小麦订单和3万吨晚粳谷订单为首次新增的省级储备订单。对全市875户被评为2013年度粮食订单"守合同重信用"的农户(合作社)进行表彰，发放奖励资金191.26万元。为保障订单粮食顺利入库，全市国有粮食收储公司入市收购，落实收购仓容16万吨，其中租借仓容1.5万吨；投入烘干机171台，单批烘干能力2400吨左右，比上年提升20%。全年全市收购小麦17511吨，增加5490吨；油菜籽收购622吨，增加375吨；晚稻13.19万吨，增长30%；累计代农户烘干粮食13383吨，增加3106吨。

加大中心粮库新建、扩建步伐，桐乡市中心粮库3期、海宁市新建中心粮库2期、海盐县新建中心粮库1期、嘉善县粮食储备库1幢3间仓库全部完工，增加仓容12.61万吨、储油能力1500吨。同时，投入近300万元对基层粮食收纳库进行维修改造。市本级"一库三点"(一个中心库、三个收纳点)建设可行性分析得到市领导肯定，中心粮库整体搬迁前期工作有序开展；市本级、嘉善、平湖、桐乡的新建中心粮库均安装通风、熏蒸、控温、粮情测控、库区安防等集成控制系统，提升粮仓现代化管理水平；市本级在七星粮库完成的富氮低氧气调储粮项目，被市科技局列入2014年嘉兴市第一批产业共性关键技术研究项目。全市建立省外粮食生产基地3.58万公顷，比上年增长12.5%。

4月21日，市七星粮库氮气机组调试验收。

年内，市粮食局配合省粮油检测中心对全市储备粮食的卫生指标进行抽样检测，经省粮食局、省财政厅、省农发行联合组成的省级复查组复查，确认嘉兴市粮食库存数据真实、质量状况良好、库贷挂钩合理、仓储管理规范、资格检查到位。

年内，市粮食局加强粮油质量安全监管，对全市2013年收购的6.6万吨新产稻谷委托浙江省粮油产品质量检测中心进行卫生指标检测，镉、铅、无机砷、汞等各项指标均符合国家规定。全市梳理完善粮食经营企业质量监管信息档案，明确不同层级的监管范围，避免重复交叉监管，纳入各级监管的粮食经营企业134家；组织开展晚稻质量检验工作，对全市35个乡镇的175个质量调查样本和82个品质测报样本以及71个安全监测样本进行了检测；全市各县、市统一配备价值16万余元的粮食重金属快速检测仪，为加强粮食质量安全提供技术保障。2014年，桐乡市粮食收储公司被

10月16日，市粮食局开展爱粮节粮——科普知识进社区宣传活动。

人力资源和社会保障部及国家粮食局授予"全国粮食系统先进集体"称号;嘉兴市粮食局、嘉善县粮食局被省人力资源和社会保障厅、省粮食局授予"全省粮食系统先进集体"称号;平湖市粮食收储有限公司徐永良、海盐县粮食收储有限公司孙吴会、海宁市服务业发展与粮食局章吕华和嘉兴市粮食收储有限公司鲍春良被省人力资源和社会保障厅、省粮食局授予"全省粮食系统先进个人"称号。

【成立首个网上粮食交易中心】 5月27日,嘉兴市军粮供应站与杭州国家粮食交易中心合作,成立杭州市国家粮食交易中心嘉兴分中心。嘉兴分中心利用杭州交易中心是国家粮食交易中心成员单位的优势,实现"资源共享、优势互补、互惠互利"。年内,有7家省内粮食购销企业委托嘉兴分中心进行网上粮油销售挂拍,挂拍18笔,数量6.3万余吨,其中拍卖成功16笔,成交金额1.76亿余元。嘉兴分中心的成立,改变了以往嘉兴粮食收储企业粮油网上竞拍点分散,粮油交易信息收集整合难的局面,方便企业实时了解嘉兴地区粮油竞拍状况,为粮油市场的保供稳价和购销调控发挥积极作用。

【社会粮油供需平衡调查】 2014年,市粮食局开展社会粮油供需平衡调查,调查显示,嘉兴市粮食生产发展稳定、粮食消费继续下降、粮食市场购销活跃、供需矛盾依然存在。全市粮食供给416.55万吨,比上年减少37.29万吨,下降8.22%;市本级粮食供给131.12万吨,减少27.30万吨,下降17.23%。全市粮食需求量425.78万吨,减少16.56万吨,下降3.74%;粮食消费量285.95万吨,减少45.47万吨,下降13.72%。市本级粮食需求量130.52万吨,减少27.64万吨,下降17.48%;粮食消费量94.04万吨,减少22.81万吨,下降19.52%。2014年,全市粮食产需缺口163.62万吨,减少28.96万吨,粮食对外依存度57.22%,下降约1个百分点,其中玉米和大豆缺口141.66万吨,占总缺口量的86.58%;市本级粮食产需缺口63.75万吨,其中玉米和大豆缺口53.69万吨,占总缺口量的84.22%。嘉兴市油料品种单一且产量占比较小,食用植物油供应主要依靠外地购入,消费品种仍以豆油、调和油、菜籽油为主,约占总消费量的90%。

12月23日,市粮食局走访种粮大户。

(盛觉慧)

供　　销

【概况】 2014年,全市供销系统实现总经营收入294亿元,比上年增长15.5%,其中商品销售总额104.2亿元,增长20.8%,利润总额1.43亿元,增长12.7%。年内,市供销社推进基层农合联实体运作,组建以承接当地政府部分公共服务职能为主的经济实体,组建以缓解农村担保难、融资难为主要内容的金融服务实体,组建以开展农业社会化服务、产业化经营为主的经济实体,并在条件成熟的县(市)开展试点;搭建为农服务平台,开展技术咨询、品牌建设、资金互助、产品营销、人员培训等系列服务,全市开展农业技术指导、农产品市场营销等人才培训7期,培训人数575人。年内,市供销社推动家乐烟花公司、绿农农资公司、废旧商品回收公司等企业股权改制,探索建立社有企业增资扩股、股权流转办法;探索建立社有企业的运行监督和管理机制;加快推进社有企业投资主体多元化、日常运行市场化和监督管理实效化。年内,全市供销系统以"名企、名牌、名家"

培育为核心，推进经营业态和商业模式创新，加快培育经营规模大、市场竞争力强的龙头企业，全市供销系统有驰名商标1个，省著名商标14个，省名牌15个，国家级龙头企业2个，省级龙头企业16个，中华老字号1个，浙江省老字号1个，省知名商号2个。全市供销系统建成项目5个，总投资2000多万元；在建投资项目15个，总投资22.5亿元，总投资超亿元的项目5个，其中桐乡东兴商厦生活广场投资10亿元、江南大厦江南新天地投资5.5亿元；拟开工建设项目9个，总投资2.88亿元。

【市、县两级供销系统综合改革列省试点】 2014年，嘉兴市制定市、县两级供销系统综合改革试点“1+X”实施方案，以一个总方案为统领、若干个子方案为补充，探索集成、梯度、层级式改革模式。嘉兴市成为全省唯一一个市、县两级全部被省供销社列为试点的地市，浙江省又是全国四个试点省之一，嘉兴供销社综合改革试点具有双重示范作用。

【加强基层供销社建设】 2014年，全市重组改造基层供销社20家，新建和在建基层供销社2家，基层供销社达到70家，总资产6亿元，实现总经营收入54.6亿元。全市供销系统采取业务对接、服务对接、组织对接等多种形式，新参办、领办农民专业合作社69家，累计290家，建成合作社联合社6家，带动农户18.3万户，建设生产基地0.99万公顷，帮助农民实现收入32.1亿元，全市现有国家级示范社50家、省级33家、市级62家。建设以产权式为主的农村综合服务社，利用供销社资金、信息、管理优势与村委会土地、劳动力优势合作，累计创办农村（新社区）综合服务社371家，其中产权式137家，经营服务总面积30.4万平方米，实现商品销售额5.3亿元。建设农村经营服务综合体，以强化“项目、经营、服务”为重点，推进各类综合体建设，全年新建一类经营服务综合体10家、二类17家、三类13家，累计建成经营服务综合体66家，总投资2.9亿元，实现总经营收入64.5亿元。

【提升农业服务平台建设】 2014年，全市供销系统提升农资农产品流通等服务平台，8家农资企业建成配送中心16个、经营门店993个，农资超市51个，测土配方施肥1.03万公顷，统防统治0.61万公顷。全面实施农批市场规模扩容、平台升级、绩效管理、功能拓展、品牌营销计划；推广连锁经营，有农副产品连锁公司4家，发展连锁超市32家，建成“禾乡缘”“善绿汇”“餐餐乐”“菜乐士”等农副产品配送企业；探索开展特色农产品电子商务，建设淘宝特色中国·嘉兴馆和1号店特产中国·嘉兴馆。参与新社区便利店、集贸市场、农村综合体建设；恢复再生资源回收业务，嘉兴市废旧商品回收利用有限公司实现增资扩股。提升农村信用服务平台，加强合作组织信用体系建设，不断丰富涉农金融服务机构，拓展创新融资渠道；全市供销系统信用担保公司担保482笔，总金额3.2亿元，在保余额3.1亿元，平湖新当湖资金互助社吸收存款1329.7万元，发放贷款284笔，总金额2680万元；探索和组建农村资金互助会、小额贷款公司等新型供销合作金融服务主体，秀洲区供销社成立农业资金周转互助基金、桐乡市供销社组建石门惠农合作社资金互助会。

（凌小军）

烟　　草

【概况】 2014年年末，嘉兴市烟草系统有从业人员847人（其中嘉兴市本级378人），实行全员合同制。2014年，市烟草专卖局（公司）实现经济运行稳中有进、市场状态平稳健康。全年批发销售卷烟19.86万箱，比上年增长0.64%；实现销售额80.87亿元，增长5.85%；单箱销售额4.07万元，增长5.17%，继续保持全省第一位；实现税利19.74亿元，增长10.75%。贡献税收10.42亿元；全市卷烟零售户约2.2万户，平均盈利率保持在10%以上，解决就业人员约

2.5万人。年内,市烟草专卖局(公司)参与全市“五水共治”“三改一拆”重点工作,实地走访结对村委、村民家庭,开展“清三河”志愿活动;进一步落实扶贫帮困系列活动,敬老结对留守儿童走访服务、困难助学“精实”公益基金发放、“送温暖”慰问新居民子弟学校等;开展学雷锋、绿色出行、党员妈妈、志愿者服务等公益活动。全年开展各项社会公益、捐赠活动45次,750余人次参与,累计无偿献血28500毫升。年内,市烟草专卖局(公司)获得全国烟草行业第二十五届优秀QC小组成果发布会三等奖(“提高一号工程分拣线标准条烟打码精准率”)、浙江省第二批企业记忆之窗示范点、浙江省质量管理小组活动优秀企业、浙江省优秀质量信得过班组一等奖、浙江省优秀质量管理小组二等奖、浙江省烟草专卖局(公司)创新奖二等奖(“基层安全管理数字化工具箱”)等荣誉;通过省级文明单位复评;获得嘉兴市委、市政府颁发的2014年度驻嘉兴省部属单位目标责任制暨“五型机关”创建考核二等奖、创新型机关创建优秀奖,嘉兴市市长电话工作先进集体、嘉兴市依法行政工作先进单位、嘉兴市信息化建设工作先进单位等荣誉奖项。物流配送中心获评第六届全国烟草行业先进集体。

【强化市场监管力度】 2014年,市烟草专卖局(公司)强化市场日常监管,开展“亮剑1号”“蓝天1号”等专项行动,做好外打内管工作,发挥区域协作、部门协作和三员协同作用,建立“所(队)长示范一条街”管理标杆,加大市场监管力度。全年查获涉烟违法案件1533起,查获违法卷烟9.46万条,案值1805.16万元。破获国标网络案2起和省标网络案3起;移送司法追刑案件12起,判刑27人。查获5万元或20件以上真烟案件62起,涉案卷烟4.79万条,案值939.61万元。

【优化提升管理效能】 2014年,市烟草专卖局(公司)进一步增强规范意识,强化精准营销、精益物流、精简流程,优化提升管理效能,实现采购一体化、标准化、公开化。年内,嘉兴市新建现代零售终端500户、准现代终端460户,累计建成3264户,占全市卷烟零售户的14.75%;全市流程减少12.40%、优化22.60%;专卖管理员、客户经理、送货员协同事项处理平均时间由7天下降到3.04天;全年累计实施项目253个,涉及金额5508.36万元,公开招标率93.2%,公开招标节约资金247万元。加强财务管理和审计监督,三项费用率3.67%,比上年下降0.84个百分点;五项重点费用下降56.58%。配送中心实行非法人实体运作,强化重点费用和物流费用定额管理,多项费用指标保持全省行业前列,通报的18项指标有15项提升、3项超过行业平均水平。

【加强行政许可管理】 2014年,市烟草专卖局(公司)在修订实施《嘉兴市烟草专卖零售许可证合理布局规定》基础上,出台《烟草制品零售点合理布局实施细则》《卷烟违法零售户后续监管实施方案》等制度,突出抓好行政许可全过程,年内,全市烟草系统许可证数量基本保持稳定。

(徐小蓉)

盐　业

【概况】 2014年,全市盐业公司实现营业收入2.67亿元,比上年增长12.7%;利润总额1634万元,增长13.6%;上缴税金1463万元,增长30.2%;销售各类盐产品13.55万吨,下降10.6%,其中食用盐销量8.25万吨,增长4%;非盐商品销售额10523万元,增长29.3%;所有者权益9017万元,增长11.7%。市本级营业收入9381万元,下降2.3%;利润总额505万元,下降3.1%;上缴税金599万元,增长98%;所有者权益4269万元,增长64%,其中下属公司资产划入增加1297万元;净资产收益率10.8%。

2014年,根据省盐业集团公司(盐务局)党委关于做好党组织隶属关系调整工作的通知,

1月16日，嘉兴市盐业公司（盐务局）党组织关系从市直机关工委转出，隶属省盐业集团公司（盐务局）党委。1月17日，嘉兴市盐业公司（盐务局）党委成立，嘉善县、平湖市、海盐县、海宁市、桐乡市盐业公司（盐务局）党组织关系调整，隶属嘉兴市盐业公司（盐务局）党委。

【保障盐业市场供应】 2014年，市盐业公司完善市场保供机制，加强盐的调运和销售，合理安排购进计划与备库；引进推广菇盐、莫顿盐以及家用水处理盐等中高端盐，丰富盐品市场，满足不同消费需求。增强服务意识，在腌制用盐供应集中期，仓库人员延长发货时间，确保有效供应。10月1日起，对饲料用盐单位提供免费配送服务。全年市本级销售各类盐产品28766吨，其中食用盐销量15589吨。

【拓展非盐商品销售】 2014年，市盐业公司拓展非盐销售市场，针对印染企业开工不足，盐化工市场需求低迷的不利因素，加强客情维护，做好客户信息排查，筛选优质客户；利用资金、信誉上的优势，稳定客源，维护市场份额；规范合同管理，加快资金回笼，确保资金安全。加快新产品开发，12月，焦锑酸钠销售额300多万元。全年非盐商品销售额5339万元，其中盐化产品销量42200吨，销售额4915万元。

【加强盐业市场监管】 2014年，全市盐务局加强盐业市场的服务与监管，强化盐业政策法规宣传，确保盐业市场安全有序。全年全市出动盐政执法检查1825人次，检查生产经营单位7289家，纠正违法行为15起，查处违法案件5起，没收盐产品167.85吨。市本级出动盐政执法检查532人次，检查生产经营单位1038家，查处各类盐业违法行为6起，没收盐产品77.85吨。开展全市盐业专项检查，未发现工业盐和假冒食盐流入食用盐市场。加强与周边城市的合作关系，与江苏、湖州等地盐务局在江浙交界处的农贸市场、食品加工、小饭店、小超市等开展联合执法。

【完成股权划转工作】 2014年，嘉兴市根据浙江省盐业集团公司（盐务局）推进盐业体制机制深化改革实施方案的要求，以及无偿划转嘉兴市所属各县（市）盐业公司（盐务局）国有股权的通知，6月，嘉善县、平湖市、海盐县、海宁市、桐乡市盐业公司（盐务局）陆续实施股权变更。10月中旬，全市完成股权划转工作，市盐业公司（盐务局）承担投资主体责任，与各县（市）盐业公司（盐务局）形成新的产权关系和管理关系。

【盐业配送中心投入使用】 5月30日，嘉兴盐业配送中心投入营运；7月8日，市盐业公司（盐务局）整体搬迁新址办公。嘉兴盐业配送中心位于综合物流园区，占地面积3.19公顷，总建筑面积1.32万平方米，新建综合楼1幢、独立单体仓库4个、500吨码头1个。为做好仓库搬迁工作，公司提前规划备库，合理调度塘汇配送中心库存，降低搬运成本，确保市场供应平稳有序。

5月30日，嘉兴盐业配送中心投入使用。

【防治碘缺乏病日宣传】 5月15日，市盐务局联合卫生、疾控、教育等部门，在秀洲区高照街道高桥社区和南湖区七星江南新家园广场，以悬挂宣传横幅、展示宣传画板、发放宣传资料等形式，开展防治碘缺乏病日宣传，引导群众科学补碘，同时公布无碘盐销售网点，方便不宜食用碘盐的群众选购无碘食盐，活动取得较好的宣传效果。

（柯　青）

餐 饮 业

【概况】 2014年,在经济下行压力较大等多种因素的冲击下,餐饮行业发展面临严峻挑战,全市出现唐城御品、厦门渔港、连锁餐饮元一靓汤等餐饮企业歇业的情况。为加快餐饮行业转型升级步伐,嘉兴市餐饮企业拓展大众化餐饮商业模式,取得明显成效。全市实现住宿餐饮业零售总额131.67亿元,比上年增长9.9%,占全市社会消费品零售总额的9.8%。年内,市餐饮协会提出意见建议9件,协助行业各主管部门召开工作座谈会多次;市国资委专门下发《给予品牌企业房租优惠政策的协调会议纪要》。

2014年,市餐饮协会配合市政府开展餐饮食品安全、菜品明码标价、排烟排污等专项整治活动,减少企业违规罚款。承办2014嘉兴市职业技能竞赛暨第七届职工技能运动会——中式烹调师比赛,引导餐饮企业调整菜品结构,有3人获"嘉兴市技术操作能手"称号,16名选手晋升为"中式烹调技师高级工"。举办"嘉兴市餐饮业五常法管理"培训班,全市餐饮(食堂)的负责人、厨师长、食品卫生(安全)管理员等200余人参加培训。推行餐饮企业食品安全责任保险工作,15家门店参加食品安全责任保险试点工作,为食品安全责任保险引入餐饮行业起到示范引导作用。

2014年,市餐饮协会扩大协会间交流,先后到杭州、湖州等市餐饮协会学习取经,先后接待杭州市、温州市、宁波市餐饮协会以及苏州市大众餐协协会、湖南省湘菜产业促进会,开展交流活动。承办由10多家餐饮龙头企业参加的长三角地区农超对接洽谈会。

【餐饮住宿业税费降低】 2014年,市餐饮协会贯彻落实省政府办公室下发的《关于进一步促进餐饮住宿业持续稳定发展的若干意见》,向市政府及有关部门提出"关于要求协调落实《嘉政办发明电(〔2013〕134号)》政策的申请",促成市政府办公室出台"对降低市本级餐饮住宿业有关税费事项抄告单"优惠政策,使市本级符合条件的餐饮企业得到实惠。4月1日至12月30日,市本级34家餐饮住宿企业共减免水费53万多元、29家餐饮住宿企业减免燃气费用112万多元,这项政策在全省尚属首例。

【举办"爱心年夜饭"活动】 2014年,市餐饮协会连续十二年举办"爱心年夜饭"慈善献爱心活动。年内,全市餐饮企业虽然面临挑战和压力,但众多企业仍积极参与慈善献爱心活动。春节前夕,全市36家酒店酒家,同时举办87桌"爱心年夜饭",近千名孤寡老人和困难群众参加"爱心年夜饭"活动。

【开展《嘉兴菜谱》征集编写工作】 2014年,市餐饮协会开展《嘉兴菜谱》征集编写工作。在前期广泛征集的基础上,成立专家评审小组,对全市选报的近400道地方特色菜肴(热菜、冷菜、点心)进行初审,并在全市各地召开座谈会听取意见和建议,为菜谱的征集编写奠定基础。

【组建众美联餐饮产业联盟嘉兴区域平台】 众美联餐饮饭店产业联盟是中国烹饪协会、中国饭店协会牵头支持,由上海小南国与浙江向阳渔港集团发起投资创建,并由300多家中国最具品牌价值的龙头餐饮企业合资合作形成的战略联盟。嘉兴市隆聚餐饮集团和太阳城大酒店是该战略联盟的黑卡成员。2014年,市餐饮协会参与联盟建设,与众美联签约成为联盟的战略合作伙伴,并组建嘉兴地区众美联产业联盟区域平台,注册建立嘉兴市众源投资管理合伙企业,正在注册登记建立嘉兴市众敏供应链管理有限公司,为嘉兴市餐饮住宿企业提供参与平台。

(杨平杰)

外经贸　口岸

对外贸易

【概况】 2014年，嘉兴市外贸进出口总额337.34亿美元，比上年增长6.2%。其中出口总额236.51亿美元，增长10%；进口总额100.83亿美元，下降1.7%。全市进出口增速高于全省、全国平均，在全省进出口总额超过300亿美元的5个地市（宁波、杭州、金华、绍兴、嘉兴）中，总量排第五位，增速列第三位。其中出口总额超200亿美元的5个地市（宁波、杭州、金华、绍兴、嘉兴）中，总量排第五位，增速列第四位；进口总额超100亿美元的3个地市（宁波、杭州、嘉兴）中，总量排第三位，进口增速虽有所下降，但与传统外贸大市宁波、杭州相比，进口增速排第一位。

【新兴市场国家出口增速加快】 2014年，与嘉兴市有贸易往来的国家和地区210个，外贸市场结构进一步多元化，对新兴市场国家出口增速较快，新兴市场国家在嘉兴市贸易中的地位不断提高。全市对东盟、拉丁美洲、大洋洲的出口额分别为15.3亿美元、14亿美元、5.8亿美元，分别比上年增长10.6%、14.9%、17.2%，三大市场合计出口额占全市出口额的14.8%，提高0.4个百分点。嘉兴市对金砖国家的出口规模不断扩大，对俄罗斯、印度、巴西、南非的出口额分别为8.6亿美元、5.7亿美元、5.2亿美元和2.2亿美元，对金砖四国出口额占全市出口额的9.2%，提高0.4个百分点。在传统出口市场中，对美国出口56.3亿美元，增长12.4%，提高3.4个百分点，占全市出口额的23.8%，提高2.4个百分点；对欧盟出口呈稳定增长态势，全年出口额56.8亿美元，增长18.5%；对日本出口额21.5亿美元，下降6.3%，回落1.6个百分点。

【民营和小微企业出口增幅较大】 2014年，全市新增进出口权备案登记企业1081家，有出口实绩的企业4960家，比上年增加327家。民营企业出口增长较快，外资企业占比下降。民营企业出口额128亿美元，增长13.2%，高出全市出口平均增速3.2个百分点，占全市出口总额的54.1%，提高1.6个百分点；外商投资企业出口额94.2亿美元，增长6.8%，占全市出口总额的39.8%，下降1.2个百分点。一般贸易出口增速快于加工贸易11.5个百分点，一般贸易出口占出口总额的78.7%，比上年提高2.4个百分点。全年出口实绩在300万美元以下的小微企业3584家，增加221家，出口27.2亿美元，增长6.3%，小微企业出口额占全市出口总额的11.5%，与上年基本持平。排名前100个企业出口额94.1亿美元，增长6%，占全市出口总额的39.8%，回落9.5个百分点。

【机电产品出口稳定增长】2014年，全市机电产品出口额76.6亿美元，比上年增长14.7%，高出全市出口平均增速4.7个百分点，占出口总额的32.4%，比上年提高0.3个百分点。其中机械设备出口额19.9亿美元，增长18.6%;服装及附件产品出口额42.3亿美元,下降1.3%。嘉兴市其他传统劳动密集型行业产品出口增长明显,纺织品、家具、塑料制品、箱包出口额分别增长12.7%、12.5%、8.5%、18.1%。高新技术产品出口额9.3亿美元,增长4.2%,占全市出口总额的3.9%。

【进口增速下降】 2014年,全市进口增速有所下滑,比上年下降1.7个百分点,进口商品结构逐步改善。一是进口龙头企业拉动力有所减弱。全市有进口实绩企业2159家,比上年增加158家。排名前20个企业的进口总额40.8亿美元,下降7.1%,占全市进口总额的40.7%,下降1.2个百分点。二是内资企业进口下降明显。全市内资企业进口额48.6亿美元，下降5.6%。民营企业进口额44.8亿美元,下降6.5%。三是有机化学品进口增速大幅下降。全市进口比重最大的有机化学品进口额22.6亿美元,下降19.8%,增速下降50.6个百分点,比重由上年的27.4%下降至22.4%。其他资源类产品进口增长缓慢,塑料制品、生皮及皮革、钢铁的进口额分别增长5.1%、7.2%、2.3%。机械设备类产品进口占全市进口比重由上年的15.6%上升至17.5%。

(徐伟强)

利用外资

【概况】 2014年,全市新批外商投资项目246个，合同利用外资44.15亿美元，比上年增长30.2%；实际利用外资24.96亿美元，增长13.1%。合同利用外资和实际利用外资总量均列全省第三位。下辖9个县(市、区)实际利用外资均超过1亿美元,其中5个县(市、区)实际利用外资超过3亿美元、2个县(市、区)实际利用外资超过4亿美元。全市引进总投资超亿美元产业项目32个，总投资超20亿元、50亿元以上产业项目5个。总投资(净增资)3000万美元以上外资项目73个，总投资56.47亿美元,注册资本30.75亿美元。

2014年，嘉兴市高技术行业发展较快,合同利用外资2.92亿美元，比上年增长61%,实际利用外资2.91亿美元,增长29.6%。制造业实际利用外资16.63亿美元，其中装备制造业利用外资增长较快,通信设备制造业实际利用外资2.5亿美元,增长33%,交通运输设备制造业实际利用外资1.7亿美元,增长41%。房地产合同利用外资2.22亿美元,下降29%,占全市服务业合同利用外资总量的10.4%。

2014年，嘉兴市推进落户企业增资扩股,实现增资不增地。全年增资项目合同利用外资14.89亿美元，占全市合同利用外资总量的33.7%,比上年增长5.5%。盘活存量资源,以民引外项目实际利用外资4.85亿美元,占全市实际利用外资总量的19.4%,增长21.6%。外资并购项目12个，增加1个，合同利用外资5560万美元,增长7.9%。

【外商投资企业效益提升】 1～11月，全市外商投资企业规模以上工业增加值398.62亿元,比上年增长10.1%,高出全市2.5个百分点;外商投资企业主营业务收入2046.3亿元，增长7.7%,高出全市0.8个百分点;外商投资规模以上工业企业利税总额167.5亿元,增长5%。

(徐伟强)

对外经济技术合作

【概况】 2014年，全市新批境外投资项目41个,中方投资额24033万美元,占投资总额的77%;新批增资项目13个,中方增资额7141万美元,占增资总额的23%。全年实现中方投资额31174万美元,比上年增长23.3%。全年对外投资项目(含增资)中,制造业项目12个，占投资总额的28%;商务服务业项目9个,占投资总额的23%;批零业项目29个,占投资总额的26%;农业项目2个,占投资总额的13%;采矿业项目2个,占投资总额的10%。全市境外承包工程和劳务合作营业额1.23亿美元,增长32.4%。

【大项目投资总额2.9亿美元】 2014年,全市中方投资额500万美元以上的大项目18个(含增资),投资总额2.9亿美元,占投资总额的91%。浙江金元亚麻有限公司投资6600万美元在埃塞俄比亚设立生产公司;农发福地实业发展有限公司投资3000万美元在柬埔寨设立公司,经营农产品、粮食、大米的种植加工销售及大米进出口业务等;浙江圣邦实业集团有限公司投资3000万美元在英属维尔京岛设立中原投资有限公司,经营大豆国际贸易;振石控股集团有限公司为印度尼西亚的公司增资2400万美元(中方投资1680万美元)。

(徐伟强)

服务外包

【概况】 2014年,全市服务外包接包合同签约金额13.23亿元、比上年增长25.3%,其中信息技术外包(ITO)业务金额4亿元、占合同总额的30.2%,业务流程外包(BPO)业务金额5.06亿元、占合同总额的38.2%,知识流程外包(KPO)业务金额4.17亿元、占合同总额的31.5%。合同执行金额10.88亿元、增长34.2%,其中信息技术外包(ITO)业务金额2.99亿元、占合同总额的27.5%,业务流程外包(BPO)业务金额4.26亿元、占合同总额的39.2%,知识流程外包(KPO)业务金额3.63亿元、占合同总额的33.4%。2014年,全市服务外包重点业态、新型业务加速发展,物流管理、人力资源、工业设计等增幅超过45%,财务管理、数据处理、检验检测增幅超过100%。新增加采购服务、工程设计、环境监测、金额外包等新型业务。

【引进外商投资服务外包项目49个】 2014年,嘉兴市引进49个外商投资服务外包项目,总投资7.7亿美元,涉及采购服务、专业咨询、软件开发、技术开发和专业技术服务、供应链服务等领域。从事核电检测维修服务的世界500强企业阿海珐公司、世界知名检验检测机构天祥公司和开展网络金融服务的鸿窗哈特公司等专业服务外包企业落户嘉兴,为嘉兴市服务外包产业的快速发展打下基础。至年底,全市有业务实绩企业148家,比上年增加45家。营业额100万美元以上企业50家,增加12家,有离岸业务企业66家,增加14家。

【离岸外包业务】 2014年,全市承接47个国家和地区的离岸业务,主要集中在中国港台地区、日韩、欧洲和北美等国家及地区,离岸业务执行金额分别占21.6%、16%、39%和19.4%。2014年,欧洲离岸业务下降,从上年的53.7%下降到39%;港台地区业务有所增长,从上年的16.4%上升到21.6%。英国、中国香港地区、美国、日本、西班牙是前五大业务来源,五大来源地离岸业务金额6777万美元,占离岸业务总量的76.2%。

(徐伟强)

国际贸易促进工作

【概况】 2014年,中国国际贸易促进委员会嘉兴市支会(简称市贸促会)被省贸促会评为对外联络先进单位。2014年,市贸促会签发一般原产地证书50451份,比上年增长4%,其中电子原产地证书5880份,企业自主打印2936份,名列全省前茅,涉及162个国家和地区,出口FOB金额约25.5亿美元。签发优惠产地证2606份,增长50.4%,涉及8个国家,出口FOB金额约5505万美元,帮助出口企业的国外客户减免关税约900万美元。出具国际商事证明书4737份，增长10.6%，代办使馆认证1765份,增长18.5%。新注册会员企业193家,增长21.9%。签发ATA单证册7份。

2014年,市贸促会组织119家企业分别参加香港时装节、中东欧(波兰)、欧亚(土耳其)以及巴西家居博览会等，出展展位145个,企业参展人员190多人次,帮助企业签订订单额2000万美元,同时,帮助企业开拓中东欧等新兴市场。2014年，市贸促会推介嘉兴投资环境，组织嘉兴市相关企业随省贸促会代表团到波兰、捷克和俄罗斯开展对外交流活动,先后接待和访问香港贸发局、印度商务领事、台湾贸易中心上海代表处、乌克兰、韩国等有关机构和客商，宣传嘉兴投资环境、产业结构等。配合省贸促会开展省国际商会企业走进嘉兴活动以及“2014嘉兴—长三角投资贸易洽谈会”的组织接待工作,同时开展相关投资推介会,为企业搭建服务平台。2014年,市贸促会走访会员单位和理事单位150多家,举办各类推介会、培训会和讲座7场次,参与人数超过1000人次。

【举办商务人才选拔大赛】 11月1日,市商务局、市人力资源和社会保障局、市贸促会共同举办嘉兴市第四届商务人才选拔大赛。经过前期四个多月的初选、培训等准备工作,嘉兴学院、同济大学浙江学院、嘉兴职业技术学院、南洋职业技术学院和秀水经济专科学校的30名选手进入决赛。决赛由嘉兴市相关大专院校、专业外贸公司、外贸生产企业等7名专业人士组成评委，为选手进行现场点评和打分，选手们经过国际贸易知识、英语、时事、国学知识以及才艺展示等比赛,最后同济大学浙江学院和秀水经济专科学校的两名选手分别获得本科组和大专组一等奖。比赛结束后,举行现场签约仪式和现场招聘活动，有10家企业与部分获奖选手签订招聘协议,有数十名即将毕业的学生与相关单位达成初步招聘意向。

（毛旭东）

嘉兴(乍浦)港

【概况】 2014年,嘉兴港抓住滨海港产城统筹发展试验区建设的新契机,继续保持持续快速发展态势。加快构建海河联运体系,全年完成水运建设投资17.3亿元，比上年增长10.6%，投资额连续6年超10亿元。出台《嘉兴市海河联运发展三年行动计划（2014～2016年)》,启动嘉兴港总体规划修编,承办嘉兴市首届海河联运论坛。海河联运“最后一公里”建设加快推进,乍浦港区二期内河港池(一阶段)投入试运行，浙能独山煤炭中转项目内河港池交工验收。嘉兴电厂三期煤码头等5个泊位竣工验收,浙能独山煤炭中转码头等8个泊位交工验收，海盐港区C5、C6多用途泊位开工建设,至年底,全港拥有外海生产性泊位46个,其中万吨级以上泊位33个。完成集装箱115.6万标准箱,增长14.4%,增幅连续7年居全省沿海港口首位。嘉兴—洋山内支线发展为“天天班”;开通“乍浦—杭州东洲”“湖州长兴—乍浦—宁波”外贸集装箱航线,全港集装箱航线达到18条。港口货种结构优化步伐加快,全年累计完成货物吞吐量6880万吨,增长4.2%。平安港口建设稳步推进，出台安全生产目标管理考核细则,“一把手”与全港22家企事业单位签订责任书。创建一、二、三级达标港口企业分别有3家、6家、4家,开展安全生产督察50人次、督察港口经营单位198家次，发现并责令当场整改事故隐患224处,督促整改2起重大安全隐患。5家码头企业完成《港口设施保安符合证书》换证,全港无港口设施保安事件发生。依法治港有序落实,落实部门权力清单制度,经市政府审定部门权力清单56项。审批服务中心有序运作,基层站所标准化建设完成。共办理行政审批事项58起，受理率、按期完成率、正确率均为100%。启动智慧港口顶层设计和嘉兴港EDI数据中心建设。出台《嘉兴港口企业循环经济与节能减排考核办法》,全港单位吞吐量生产综合能耗下降2.5%。港口发展机制进一步健全,组建统筹开发平台，与地方政府国资合作建设的公共管廊一期建成、内河港池和码头项目启动。加快建立岸线资源统筹集约利用新机制，牵头制定《进一步优化沿海港口岸线管理的若干意见（送审稿）》，已上报市政府审核。

11 月 6 日，嘉兴市首届海河联运论坛举行。

【获评全省“十大最美港航品牌”】 1 月 26 日，嘉兴港工程质量安全监督站获评全省“十大最美港航品牌”。自 2012 年正式运行以来，该站共受理工程监督申请 15 个，港域内工程质量监督覆盖率 100%，其中在监重点水运工程浙能独山煤炭码头项目连续获评“平安工地”省级示范施工合同段、浙江省建筑安全文明标准化工地；同时，获得“全省交通运输行业百名最美团队”以及交通运输行政执法评议考核优秀基层站所等荣誉。

【嘉兴港通关服务中心项目开工建设】 3 月 31 日，嘉兴港通关服务中心项目开工建设，项目占地面积约 10000 平方米，总建筑面积约 21000 平方米，总投资预算 10143 万元。该中心建成后将集通关、航运服务、物流信息于一体，具有政府管理服务、港航企业集聚运营、信息高速集散等核心功能，提供便捷、高效的“一站式、一条龙”通关服务。

【内河外贸集装箱航线投入试运行】 5 月 12 日，装载着 29 个外贸集装箱的货船“浙钱江 00359”号从乍浦港区出发，成功抵达杭州东洲综合码头，标志着嘉兴港首条内河外贸集装箱航线投入试运行。该航线开创了“海口岸”转“河口岸”的通关先例，为嘉兴港进一步发挥“海河联运”优势，拓展浙北腹地的集装箱业务注入强有力后劲。

【奥地利驻沪总领事访问滨海新区】 5 月 27 日，奥地利驻沪总领事施丽伟（Frau.Neureiter）率奥地利希森（Siethom）公司总裁米特一行访问滨海新区，市外事办、环保局、滨海办相关负责人陪同考察。访问团一行先后考察嘉化集团、嘉兴港富春码头，施丽伟对嘉兴相关企业在粉尘治理方面所做出的努力和采取的措施表示赞赏，并希望双方有进一步合作的空间。

【大型机械防风应急演练在海盐港区举行】 6 月 11 日，嘉兴港港口大型机械防风应急演练在海盐港区举行。演练开始，值班调度员向总指挥报告今年第 7 号热带风暴即将来袭和要求立即进入三级防台应急响应的紧急通知。总指挥宣布启动公司防台防汛应急预案，各部门进入三级防台响应状态。值班调度员根据总指挥指令下达立即停止一切生产作业、人员疏散、大型机械设备进行防强风处置的命令。码头现场作业工人相继撤离，4 台大型门机移至锚定位置，堆场龙门吊进行防强风紧急处置，船舶驶向避风港。演练持续一小时，指令下达通畅，各部门响应迅速及时、现场处置措施快速有效。

11 月 17 日，嘉兴市港务管理局组织举行港口危险货物事故应急预案演习。

【内河外贸集装箱航线开通】 6 月 19 日，“长兴—乍浦—宁波”内河外贸集装箱航线开通，是嘉兴港第二条水运外贸集装箱航线，长兴地区集装箱依托该航线可直接通过嘉兴港乍浦港区、宁波港与国际航线连接,改变原来单一的内贸集装箱运输方式,增加海河多式联运通道,为地方企业外贸集装箱进出提供更多便利,大大降低企业成本。

【海盐港区多用途码头项目开工建设】 7月7日,嘉兴港海盐港区C区5号、6号多用途码头项目开工建设,新建2个1万吨级多用途泊位(水工结构按靠泊2万吨级船舶设计),年通过量166万吨,其中集装箱3.3万标准箱,项目总投资4.8亿元。

【粮食码头二期工程使用港口岸线获批】 7月25日,嘉兴港独山港区粮食码头二期工程使用港口岸线获交通运输部批复,同意建设1个3万吨级通用泊位(水工结构按靠泊5万吨级散货船设计和建设)和2个工作船泊位,设计年通过能力85万吨。

【海盐港区多用途码头工程获"钱江杯"奖】 9月23日,海盐港区C区1号、2号多用途码头工程获得2014年度浙江省建设工程"钱江杯"奖(优质工程)。该工程于1月20日通过专家评审,规模为新建1万吨级(水工结构按靠泊2万吨级船舶设计)多用途泊位2个,以及码头相应配套设施,设计年通过能力为165万吨(其中集装箱能力5万TEU),总投资4.35亿元,核定年通过能力170万吨(其中集装箱能力5万标准箱),该项目是海盐港区首个投入运行的万吨级码头。

【二期4号、5号泊位等工程通过竣工验收】 8月29日,嘉兴港乍浦港区二期4号、5号泊位以及三期一号泊位(富春)码头结构加固改造工程通过竣工验收。概算投资1346万元,工程于3月15日开工,6月20日完工。12月9日,嘉电三期码头工程("上大压小"扩建工程配套码头工程)、独山港区A区2号泊位工程通过竣工验收。规模为新建3.5万吨级煤炭接卸泊位1个(水工结构按靠泊5万吨级船舶设计)及相关配套设施,设计年通过能力498万吨,概算投资2.8亿元。

【多用途码头等工程通过交工验收】 12月12日,海盐港区C区3号、4号多用途码头工程(水工部分)通过交工验收。工程规模为新建1万吨级(水工结构按靠泊2万吨级船舶设计)多用途泊位2个,以及码头相应配套设施,设计吞吐能力160万吨/年(其中集装箱能力3万TEU),总投资4.1亿元。12月18日,浙能嘉兴港煤炭中转码头工程外海码头、栈桥、内河港池和内河泊位工程通过交工验收。工程规模为3个3.5万吨级外海卸煤泊位(水工结构按靠泊5万吨级船舶设计)和18个500吨级内河装船和待泊泊位(水工结构按靠泊1000吨级内河船设计)及相应的配套设施,设计年通过能力3100万吨(其中煤炭接卸能力1560万吨,装船能力1540万吨),总投资24.84亿元。

【浙江乍浦港口岸更名为嘉兴港口岸】 12月24日,国务院批复同意浙江乍浦港口岸更名为嘉兴港口岸并扩大开放,开放范围为嘉兴港独山港区、海盐港区34.2千米岸线、共25个泊位。

(王秋艳)

表8 2014年嘉兴港分货类吞吐量

单位:吨

货物分类	总计			出港			进港		
	合计	外贸	内贸	合计	外贸	内贸	合计	外贸	内贸
总计	68803540	9010642	59792898	17563898	2195657	15368241	51239642	6814985	44424657
其中:转口	23001180	277150	22724030	11500590	–	11500590	11500590	277150	11223440
内:船过船	–	–	–	–	–	–	–	–	–
1.煤炭及制品	37128296	131362	36996934	9596897	–	9596897	27531399	131362	27400037

续表 8

货物分类	总计			出港			进港		
	合计	外贸	内贸	合计	外贸	内贸	合计	外贸	内贸
其中:焦炭	-	-	-	-	-	-	-	-	-
2.石油、天然气及制品	5857146	1440992	4416154	2053383	-	2053383	3803763	1440992	2362771
其中:原油	-	-	-	-	-	-	-	-	-
成品油	4556417	267258	4289159	2023319	-	2023319	2533098	267258	2265840
液化气、天然气	817758	789619	28139	10424	-	10424	807334	789619	17715
3.金属矿石	301063	35292	265771	62934	-	62934	238129	35292	202837
其中:铁矿石	267400	27113	240287	62934	-	62934	204466	27113	177353
4.钢铁	3131860	7659	3124201	25745	-	25745	3106115	7659	3098456
其中:钢材	3123788	7659	3116129	25095	-	25095	3098693	7659	3091034
生铁	-	-	-	-	-	-	-	-	-
5.矿建材料	3139447	-	3139447	585968	-	585968	2553479	-	2553479
其中:砂	1505740	-	1505740	398123	-	398123	1107617	-	1107617
6.水泥	15934	-	15934	-	-	-	15934	-	15934
7.木材	93632	56435	37197	62754	54585	8169	30878	1850	29028
其中:原木	-	-	-	-	-	-	-	-	-
8.非金属矿石	248728	8265	240463	26642	-	26642	222086	8265	213821
其中:磷矿	-	-	-	-	-	-	-	-	-
9.化肥及农药	-	-	-	-	-	-	-	-	-
10.盐	363558	173961	189597	-	-	-	363558	173961	189597
11.粮食	388310	-	388310	-	-	-	388310	-	388310
其中:小麦	-	-	-	-	-	-	-	-	-
玉米	388310	-	388310	-	-	-	388310	-	388310
黄豆	-	-	-	-	-	-	-	-	-
大米	-	-	-	-	-	-	-	-	-
12.机械、设备、电器	4546	-	4546	-	-	-	4546	-	4546
13.化工原料及制品	5139684	2180895	2958789	346018	231836	114182	4793666	1949059	2844607
其中:橡胶	-	-	-	-	-	-	-	-	-
纯碱	-	-	-	-	-	-	-	-	-
14.有色金属	-	-	-	-	-	-	-	-	-
15.轻工、医药产品	9724629	3967585	5757044	3148942	1597230	1551712	6575687	2370355	4205332
其中:纸	-	-	-	-	-	-	-	-	-
日用工业品	-	-	-	-	-	-	-	-	-
糖	-	-	-	-	-	-	-	-	-
16.农、林、牧、渔业产品	294042	294042	-	-	-	-	294042	294042	-
其中:棉花	-	-	-	-	-	-	-	-	-
17.其他	2972665	714154	2258511	1654615	312006	1342609	1318050	402148	915902

（任　健）

海　事

【概况】 2014 年，嘉兴海事局办理船舶签证 44067 艘次，比上年增长 5.91%，国际航行船舶进出口查验 1908 艘次，比上年下降 1.95%，货物吞吐量 6880.35 万吨，集装箱吞吐量 115.6 万标准箱，分别比上年增长 4.17%、14.42%。办理危险品船舶申报审批6186艘次，污染危害性货物吞吐量3963.5万吨；完成海船安全检查383艘次，内河船舶安全检查274艘次，外国籍船舶安全检查53艘次；开展海区巡航504艘次，巡航时间807.4小时，巡航里程7025.98海里，出动执法人员773人次；办理船舶登记49件；发布航行通(警)告48次，审批水工项目24件，开展船舶审核17次，辖区公司审核7次；辖区发生水上交通事故1起，未发生沉船。辖区水上安全形势持续保持稳定。

2014年，嘉兴海事局推动嘉兴港航道、锚地建设和口岸开放，支持口岸大通关建设，12月，嘉兴港全港域开放获国务院批准；强化船籍港管理，优化船舶安检服务，发放海事船舶联系卡，优化船公司服务，全年嘉兴籍海船未发生重大事故。加强涉水工程管理和安全保障，助力企业防污能力建设。贯彻执行上级规定，取消相关涉企收费，切实减轻企业负担；做好服务民生实施意见落实，推进简政放权，加大船舶文书核发、定期签证等业务的海事处授权，保障浙沪集装箱班轮实现“天天班”；强化政务公开，做好法规宣传、在网服务和政府信息公开工作。推进船舶电子签证，完善海河联运“绿色通道”，保障民生物资安全、便捷运输。

2014年，嘉兴海事局通过“省级文明单位”复评，创作微电影《浪花上的桥》，展示嘉兴海事一线职工在艰苦环境下的敬业精神，获得浙江省“青年文明号”微电影大赛金奖。创建“大桥卫士”品牌影响力日益扩大，嘉兴“禾海”VTS品牌创建稳步推进。2014年，嘉兴海事局被市委、市政府评为廉洁型机关创建优秀奖。指挥中心被授予省级“青年文明号”，党群工作部获得“浙江海事局2014年度优秀公务员集体”，海巡执法支队获“共创共建‘平安大桥’先进单位”称号。嘉兴海事社会满意度达96.9%。

嘉兴海事局服务地方经济发展。

【加强应急搜救工作】 2014年，嘉兴海事局组织协调搜救行动3次，成功救助遇险人员10人、遇险船舶2艘，水上人命搜救成功率100%。年内，发挥嘉兴市搜救中心办公室职能，先后与嘉兴市气象局、嘉兴市海洋渔业局等单位签署联动机制备忘录，建立定期会商制度，同时与上海金山、杭州等海上搜救中心建立相邻水域应急联动机制，实现搜救责任区水域之间的无缝对接，形成海上搜救与突发事件处置合力；继续开展“科学搜救年”活动，完善搜救协作机制，开展码头溢油应急联合演习，检验嘉兴市海上突发事件应急预案和应急演练常态化机制的可操作性，提升辖区海上应急和救助能力；开展辖区防台工作，召开新闻发布会，严格落实防台预案，加强应急值班，成功防御“浣熊”“凤凰”等台风袭击，有效救助和化解风灾、走锚险情多起，成功制止险情扩大。

【加强水上安全监管】 2014年，嘉兴海事局制定《嘉兴港通航安全管理规定》，完善安全监管的制度保障；加强预警预控应对恶劣气象海况，启动微博、微信等预警预控28次；强化交管中心科学指挥和海巡执法支队、海事处应急“三位一体”执法联动，完成春运、国庆、上海亚信会、南京青奥会等重点时段，桥区、锚地等重点水域，危险品船等重点船舶监管任务；推进“打非治违”“两船”等专项整治，取缔辖区非法卸沙点2处；参与“五水共治”活动，推动《嘉兴市防治船舶及其有关作业活动污染海洋环境应急能力建设规划》通过评审；强化危险化学品运输船舶现场监管，完成危险化学品水上运输专项整治;加大开箱检查力度,打击危险货物集装箱运输瞒报谎报行为。年内,辖区没有发生重大以上事故和船舶污染事故。

嘉兴海事局加强水上安全监管。

(夏文建)

海 关

【概况】 2014 年,嘉兴海关全年征收两税 71.86 亿元;审核报关单 10.86 万份,监管进出口货物 923.16 万吨、进出口集装箱 37.73 万标准箱,分别比上年增长 5.66%、8.89%和 3.21%;审核设立加工贸易合同 5897 份、金额 35.31 亿美元;审批减免税货值 3.16 亿美元、减免两税 2.21 亿元;协调法院、地方政府妥善处理企业破产倒闭 5 起,追回国家税款 212 万元;刑事案件立案 4 起,案值 5.1 亿元,涉税 9440 万元,行政案件立案 42 起,案值 6887 万元,涉税 581 万元。

年内,嘉兴海关支持推动口岸开发开放,促成嘉兴港全域开放方案获国家批准,得到市委、市政府领导的高度肯定;全力助推滨海经济发展,支持嘉兴独山港务有限公司码头第九次临时开放;支持发展海河联运监管模式,嘉兴港发展不断提速,年集装箱吞吐量 115.61 万标准箱,比上年增长 14.42%;助推嘉兴内河集装箱港区快速发展,年集装箱吞吐量 16.32 万标准箱,创历史新高;全力助推嘉兴出口加工区向综合保税区整合优化;指导加工区管委会加快对监管设施和辅助系统的改造升级;主动对接地方招商引资工作,争取总署政策,促成总投资 6.4 亿美元的两个重大铜精矿项目进驻加工区;推进公用型保税仓库建设与保税物流业务发展,促成泰地石化公司、九龙山游艇湾公司设立公用型保税仓库获批。支持外贸稳定增长,推行加工贸易内销集中办理纳税手续和报核前申报单耗。协调解决太阳能、经编行业的归类通关难题,为乐高玩具、韩泰轮胎等大企业制定个性化服务。注重诚信企业培育,认证企业数位列杭州关区前列。发挥统计监测预警作用,编发统计分析 108 篇,编写工作专报 8 篇,获地方主要领导批示 6 人次。

6 月 20 日,海关总署副署长、政治部主任胡伟到嘉兴海关调研指导第二批党的群众路线教育实践活动。

【通关无纸化率 93.9%】 2014 年,嘉兴海关通关作业无纸化、“属地申报,口岸验放”、“属地申报、属地放行”等通关改革全面推进,全年通关无纸化率达 93.9%。一是参与长江经济带海关区域通关一体化改革,全年通过一体化通关模式申报进出口货物 900 多批次,货值超 1 亿美元。二是关检合作“三个一”试点顺利启动,5 个现场完成“一次申报”系统安装,年内,实现实单操作 117 票,票数列杭州关区第一。三是推进中国(上海)自由贸易试验区海关监管创新制度复制推广工作,顺利开展简化统一进出境备案清单、批次进出集中申报、简化无纸通关随附单证、境内外维修 4 项制度的复制推广。四是全面推广出口加工区“两单一审”业务,推进与松江出口加工区、昆山综合保税区转关“分送集报”业务。五是构建缉私、稽查、通关等多部门业务协调机制，加大规范性文件的审查清理力度，执法统一性建设进一步加强。

【实施燃料油政策性退税】 2014年，嘉兴海关开展燃料油政策性退税工作，一是成立政策性退税工作小组，并结合口岸实际情况制定具体业务操作细则，确定内部流转和审批程序；二是与国税部门开展业务合作，实现企业申报材料、数据共享，对企业生产、物流、财务等报表数据进行初复审，强化企业进口燃料油申报退税数量和价格的核定，严防企业骗取退税风险；三是约请申请企业负责人、经办人到海关现场进行指导交流，讲解业务办理流程及申请注意事项，解答企业疑难问题，提高企业办理实效。

【促成嘉兴港全域开放方案获国家批准】 2014年，嘉兴海关围绕海洋经济发展思路，强化口岸事务管理，支持口岸开发开放，全力助推滨海经济快速发展，促成嘉兴港全域开放方案获国家批准。一是抓“通关提速”，优化口岸通关环境。开通出口货物电子运抵报告，实现出口集装箱货物全程自动化放行作业；发挥H986机检系统在日常查验中的作用，推行H986查验卸船直接过机模式；推出“出口内支线虚拟船名航次”申报举措，企业无须申报实际船名、航次，仅凭“虚拟船名航次”就可以提前向海关申报出口。二是抓“服务提质”，优化企业经营环境。设立专项服务窗口，为港区内可享受进口特殊商品消费税退税政策企业提供咨询；到湖州市参加“宁波—乍浦进出口通道”推介会，吸引湖州市企业集聚到嘉兴港开展业务；创新企业监管模式，实行海关监管场所向企业内部场地延伸，破解码头场地承载能力、作业能力、内部物流运转能力等瓶颈。三是抓“改革提效”，优化口岸发展环境。开通“乍浦—富阳”“乍浦—长兴” 海河联运物流新模式；深化“杭州海关区域大通关平台”建设，推动嘉兴与其他地市间区域通关业务的开展；对出口加工区内企业全面推广“两单一审”业务，实行“一票货物、一次申报、一次审核”的便捷通关模式。四是抓“整合提优”，优化港区贸易环境。配合嘉兴出口加工区申报综合保税区工作，向海关总署上报材料、专题汇报，力促报批审核程序工作启动；发展港区保税物流，推动嘉兴港配套功能的进一步完善和提升。

【支持光伏行业健康发展】 2014年，嘉兴海关与市商务局、市发改委等部门开展座谈，了解辖区光伏行业的产能和规划，开展海关统计监测预警工作，防止企业因信息不对称造成盲目的行业转移和跟风投资；搭建辖区光伏行业联系服务平台，开展海关政策业务培训，走访调研3家大型光伏产品企业，做到先期介入、及时解决、跟踪反馈；建立光伏产品行业“双区”(反倾销、反补贴)保障措施的快速反应机制，配合做好应诉调查取证数据的收集整理，建立“双反”商品动态进出口数据库并定期更新。至年末，嘉兴企业出口太阳能电池3.7亿元，比上年增长5%。

【中国海关与FLECC执法研讨会在嘉兴召开】 6月19~20日，第十一届中国海关与FLECC(海外驻华联络官)执法专题研讨会在嘉兴召开，22个国家(地区)的37名驻华联络官代表，总署缉私局局长刘晓辉、副局长许文荣，杭州海关副关长兼缉私局局长陈保军以及上海、南京、杭州、厦门、广州、昆明6个直属海关缉私局代表参加会议。海关总署副署长、政治部主

6月19~20日，第十一届中国海关与FLECC(海外驻华联络官)执法专题研讨会在嘉兴召开。

任胡伟出席会议并讲话，希望各国（地区）在多年成功合作基础上继续精诚合作，全面提升海关执法合作效能，共同维护全球贸易秩序和边境安全。会上，中方通报了开展绿风行动的相关情况，各国（地区）执法机构代表分享了近年来与中国海关开展国际执法合作的突出成功案例，交流了各国（地区）执法机构在打击商业瞒骗和打击毒品、枪支弹药、濒危动植物、固体废物等违禁品走私的经验和做法。

【助力玻璃纤维行业发展】 2014年，嘉兴海关与市商务局、市发改委等部门开展座谈，了解玻璃纤维行业的产能和规划，做好海关统计监测预警工作；联合行业协会，开展应对反倾销等国际贸易壁垒问题调研，提出意见建议；走访重点玻璃纤维生产企业，详细了解工艺流程，及时掌握出口企业动态，结合企业经营特点，开展有针对性的指导帮扶。2014年，桐乡市企业出口玻璃纤维及其制品商品34.3万吨，比上年增长10%，价值22.5亿元，增长12.3%。

【启动海关特殊监管区域通关一体化改革】 9月22日，嘉兴海关启动长江经济带海关区域通关一体化改革，嘉善办事处顺利完成关区首票区域通关一体化报关单通关手续，该票货物为台升实业有限公司进口11274千克、价值52090美元的铁滑轨。12月1日，长江经济带海关特殊监管区域和保税监管场所通关一体化改革正式启动，出口加工区（B）区成功办理首票一体化报关单通关手续，该票货物为富鼎电子科技（嘉善）有限公司从台湾航空运输进口62720个自粘塑料贴片，货值9094.4美元。

【助推出口加工区转型升级】 2014年，嘉兴海关协调推动嘉兴出口加工区整合优化工作，实现嘉兴出口加工区向综合保税区整合优化方案获国家批准，并提前做好验收前监管设施和辅助系统的改造升级；组织起草《嘉兴海关关于报送设立浙江嘉兴综合保税区有关情况的报告》和《浙江嘉兴综合保税区监管实施方案》等总署研究审核需要的补充材料，组织召开出口加工区转型提升发展现场会；发挥出口加工区A区、B区各自区位、政策优势，加强与周边“区区”“区港”间的联动和协作，提升对周边经济产业的辐射带动作用，加快推动嘉兴出口加工区转型发展。

（严　红）

出入境检验检疫

【概况】 2014年，嘉兴检验检疫局检验检疫进出口货物14.09万批、71.27亿美元，其中出境12.27万批、30.65亿美元，入境1.82万批、40.62亿美元；检疫出入境船舶1713艘次，查验出入境集装箱31.17万标准箱，检出问题集装箱3175标准箱；查验出入境人员29940人次，健康检查1584人次；截获医学媒介生物1583批、52种，比上年分别增长11.24%、13.04%，其中浙江口岸首次截获2种；截获有害生物4621批、278种，分别增长47.21%、46.32%，其中检疫性有害生物981批、45种，分别增长122%、50%，其他有害生物3640批、233种，其中系全国首次截获检疫性有害生物9种，全省首次截获6种。2014年，嘉兴检验检疫局连续第5年获得嘉兴市接轨上海工作先进单位，连续第2年获得嘉兴市支持浙商创业创新发展工作先进单位，连续第3年获得嘉兴生态市建设工作优秀单位，连续第2年获得嘉兴市减轻企业负担工作先进单位。

【构建口岸工作新机制】 年内，嘉兴检验检疫局构建以“单元作业制度”为核心，以“视频监控、移动办公、单元作业”三位一体信息化平台为支撑的口岸工作新机制。新机制自9月试行后，取得良好成效：一是利用视频监控，有效规范口岸一线检验检疫人员执法行为；二是利用移动办公，实现口岸一线检验检疫人员现场业务办公，避免“企业人员来回跑”现象，切实解决口岸“放”的效率性问题,提升贸易便利化;三是利用单元组合作业,人员综合使用效率总体提高32%~35%。

【实施检验监管模式优化】 年内,嘉兴检验检疫局助力嘉善科学发展示范点建设,选取5家出口木制品企业试点“合格假定+符合性声明”的检验监管模式,重点监管企业质量体系管理和诚信建设,通过持续的质量控制,加快具体出口批次的放行。新的检验监管模式先后使20多家企业受惠,得到地方政府和企业的肯定。

【推进无纸化进程】 年内,嘉兴检验检疫局推广产地证无纸化签证政策,对近300家签证企业实行无纸化签证,辖区无纸化签证超过66.67%;加强无纸化通关政策落实,辖区内97%以上的出口批次均实现无纸化通关;正式启用自主研发的“嘉兴港检验检疫EDI系统”,将非法检货物申报纳入电子化管理,全面实现嘉兴港无纸化入境货物全申报。

【进境羊毛截获大量杂草疫情】 年内,嘉兴检验检疫局对进口原毛检验检疫开展杂草调查,对发现的2种外来杂草,联合羊毛加工企业进行铲除。同时,现场检疫与植检实验室对接,相互借鉴提升疫情检出能力,加强对进口原羊毛中携带的草屑、种子等植物疫情的检疫检测。全年截获羊毛杂草疫情2134种次,其中检疫性有害生物9种304种次,其他一般性有害生物42种1830种次,数量分别比上年增长200%和500%。检疫性杂草检出数量约占全部检疫性有害生物检出的三成,其中全国首次截获检疫性有害生物豚草叶苍耳,全省首次截获检疫性有害生物翅蒺藜,全国首次截获西澳大利亚检疫性杂草——芒刺果。

【做好口岸埃博拉防控】 2014年,非洲西部地区多个国家发生埃博拉病毒疫情,世界卫生组织于8月8日宣布本次埃博拉病毒疫情构成“国际关注的突发公共卫生事件”。嘉兴检验检疫局及时制定防控工作方案,加强业务培训与演练,强化口岸检疫查验与处置,开展旅行保健咨询,规范个人防护,巩固联防联控机制,保障防控物资储备,做好口岸埃博拉疫情的防控工作。同时,通过建设医学媒介实验室以及开展“口岸传染病排查技术”,发挥保健中心的技术支撑作用。年内,嘉兴口岸未发现输入性埃博拉疑似病例;累计鉴定媒介生物1583批、52种,其中南螯蝇等4种为浙江省首次截获;累计在出入境船员中发现各类症状31例,其中确诊传染病5例。

【加强进出口食品安全检测】 年内,嘉兴检验检疫局严把进出口食品安全关。5月,从印度尼西亚进口22.78吨、货值18万美元的可可浆,经抽样检测发现菌落总数分别为5700CFU/g和13000CFU/g,均超出中国GBT20705-2006标准要求,嘉兴检验检疫局对进口不合格食品进行销毁处理。同时,针对蜂蜜这一出口高风险产品,严格按照相关要求,帮扶企业备案养蜂基地5个,筹建自检自控体系,2014年,蜂蜜出口量位居全省前列,且无退货与通报现象发生。

【加强进口产品风险监测预警】 年内,嘉兴检验检疫局监测采集不合格进口机电产品信息49条,实施有效管控,阻止或限制危险产品的销售和使用。针对检验检疫总局关于奔驰“怀挡型”车安全隐患的风险警示通报,展开现场调查,敦促经销商采取措施,告知消费者。至年底,检出进口产品重大不合格8项,其中关于韩国进口危险化学品连续发生严重短重的信息被浙江检验检疫局采纳并对外警示通报。

【支持口岸开放】 年内,嘉兴检验检疫局支持口岸开放。一是前期介入口岸开放有关检验检疫设施建设,2月、5月,分别到海宁海泰港务有限公司和乍浦港码头三期,就码头开放事宜进行实地调研,并现场指导有关检验检疫设施建设要求，送政策、服务到企业，项目均获浙江检验检疫局批复。二是帮扶独山码头继续获得临时开放资格，新一轮临时开放时间为5月15日至11月14日。三是协助市政府口岸办，为嘉兴港全港口岸扩大开放事宜服务，年底，嘉兴港全港域口岸开放获国务院批准。

【开展CCC免办受理工作】 自11月1日起，嘉兴检验检疫局正式开展CCC免办受理工作。CCC免办工作下放以来，嘉兴检验检疫局做好政策宣讲，制定《免于办理强制性产品认证证明申办指南》，并在政务网站、微信和QQ等网络信息平台发布，方便企业实时下载、查阅、学习；做好审批服务，通过业务咨询电话和CCC免办QQ群，及时回答企业提出的问题，并实施CCC免办证明的快递送达。做好审批把关，建立"逐级把关，层层审核，人人负责"的三级审核制度，围绕审核要点，仔细审核申请信息的完整性、符合性和一致性。

【促进外贸服务措施】 4月，嘉兴检验检疫局出台《嘉兴检验检疫局关于促进外贸稳定增长的若干措施》，落实减免费政策，为企业减免各项费用2700多万元。签发各类原产地证书104676份，金额42亿美元，为企业获得近7000万美元税收优惠。服务"走出去"战略，为"巨石埃及项目" 自用物资出口争取到便利放行政策，累计放行20余批次。12月，制定《嘉兴检验检疫局企业自用物资出口检验监管办法》。推进吉安纸业等企业入境货物移位检疫监管试点，节约通关时间，降低企业成本。

【建设木材与种苗检疫中心实验室】 年初，经浙江检验检疫局批准，嘉兴检验检疫局启动浙江木材与种苗检疫中心实验室筹建工作，于年底通过CNAS认证考核，取得认证资格。同时，对辖区口岸一线现场简易实验室设备、场地面积、主要开展项目等进行统计，纳入该木材与种苗检疫中心实验室统一管理，实现检测资源的协调与统筹。

【深化对外检测合作】 年内，嘉兴检验检疫局充分发挥检科分院中心重点实验室的检测优势，与上海天祥公司共建箱包检测实验室，6月正式运作，实现检测能力全项目全标准覆盖。食品实验室提升食品检测能力，实现嘉兴市食品抽样检测业务全覆盖。

（朱其芳）

边防检查

【概况】 2014年，嘉兴边检站提升用警效能，建立站值班首长、指挥中心、执勤业务科"两级指挥、三级联动"的勤务模式；分别与口岸联检单位、码头企业和乍浦边防派出所等分层级建立联动协作机制，深化信息共享、联合行动、执法执勤等协作；组建以执勤业务科和监护中队为主的"机动处突分队"。提高部队正规化管理水平，推行"留营住宿日"制度，开展正规化管理集中整训、条令条例知识竞赛等活动，全面规范"四个秩序"（执勤秩序、训练秩序、工作秩序、生活秩序）；开展"学职责、定岗位、严管理、转作风"活动，编制"岗位职责清单"20余项；营造知兵爱兵、文明带兵的良好氛围，1人被省边防总队评为"十大带兵模范"；严格落实出入营门登记制度，配发防冲撞设施、防护装具等，建设内部监控、警报系统，消除隐患32个，部队连续8年安全无事故。加强科技强警工作，嘉兴边检

12月26日，嘉兴边检站政委赵志明考察临时开放码头。

站自主研发的二维码办证系统在嘉兴口岸投入使用;拓展边检QQ群和微博两大平台,实现制度网上查询、疑惑网上解答、警务网上公开、警民网上互动、民意网上征集的沟通反馈平台;完善"网上办事大厅",开通嘉兴边检微信订阅号,开展"边检警营开放日"活动,收集采纳意见建议40余条,帮扶企业解决问题22个。2014年,嘉兴边检站检查出入境(港)船舶1910艘次、出入境人员29477人次。嘉兴边检站执勤业务科连续3年被评为省级"青年文明号"、连续两年被评为省级"群众满意基层站所"。

【助推口岸对外开放】 2014年,嘉兴边检站根据嘉兴市滨海开发带动战略和海洋经济发展空间布局,不断创新服务举措,全方位服务嘉兴口岸的开发开放。年内,到码头调研10余次,拟定《口岸扩大开放边检机构建设方案》,提前为独山、海盐港区水域开放出谋划策;指导码头视频监控系统、港口边检设施、口岸限定区域等基础设施建设;根据临时开放码头企业的需求,创新推出"驻企检查员包干制",派遣执勤人员进驻码头,履行接送船、监护、执法办案等职责,连续9次为华宸码头临时开放提供服务和保障。

【完成重大安保任务】 2014年,嘉兴边检站完成全国"两会""南京青奥会""上海亚信峰会""北京APEC会议""世界互联网大会"等重大安保任务。2014年11月,世界互联网大会在乌镇召开,嘉兴边检站主动对接地方公安机关,开展情报会商8次,收集情报5份,出动警力88人次,检查出入境船舶23艘次、出入境人员369人次,排摸重点国家人员21人次,重点监护5艘风险等级较高的船舶,得到上级领导肯定。

10月21日,嘉兴边检站加强北京APEC会议期间安保工作。

【执法满意率98.8%】 2014年,嘉兴边检站以"法治边检"建设为目标,深入推进"又好又多"执法办案体系建设。建立实战轮训机制,落实评优必考、上岗必考、实战必考机制,全年开展各类法律学习培训36场次。推行执法办案积分制,以办案数量和质量进行综合评分,引导官兵多办案、办好案。全年查处违法违规案件25起、56人次,未发生行政复议、行政诉讼和涉法信访案件,行政案件优秀率100%,执法满意率98.8%。

【加强口岸管控力度】 2014年,嘉兴市政府专门发文明确口岸限定区域范围和监管措施,嘉兴边检站规范口岸限定区域管理,走在全省边检系统前列;依托船舶风险评估系统,及时比对出入境数据和历史动态轨迹,落实针对性管控措施;把诚信管理评比结果与执法执勤工作挂钩,进一步提升口岸单位自管能力;与国安、公安国保、出入境管理局等单位建立分类联勤机制,签订协作协议,在重大安保期间建立每日工作会商制度,实现信息合作共享、警力合成使用、口岸合力共管。

【二维码办证系统投入使用】 2014年,嘉兴边检站自主研发的二维码办证系统在嘉兴口岸投入使用。系统采取互联网申报、边检部门后台审核、数据自动转化为二维码的流程,实现纸质打印和手机发送双重功能。申报人员无须填写纸质资料,所有操作均在电脑上完成,检查员现场使用智能手机即可完成检查,达到办证领证快速、使用检查便捷、系统费用低廉的效果。

(朱斌斌)

财税　金融

财　　政

【概况】 2014年，嘉兴市实现财政总收入568.09亿元，比上年增长9.8%，占全市生产总值的16.9%。其中一般公共预算收入307.07亿元，增长8.8%，占财政总收入的54.1%。全市一般公共预算支出334.9亿元，增长10.4%。全市政府性基金收入331.49亿元，增长25.8%。政府性基金支出345.67亿元，增长25.8%。全年市本级实现财政总收入168.07亿元，增长8.5%。其中一般公共预算收入93.81亿元，增长6.1%，占财政总收入的55.8%。市本级一般公共预算支出108.88亿元，增长9.7%。市本级政府性基金收入98.38亿元，增长54.7%。政府性基金支出108.19亿元，增长62.4%。市财政局被市委、市政府评为"五型机关"创建考核一等奖，并获调查研究先进集体等称号。

【完善收入征管措施】 2014年，市财政局加强税收征管，依托《税友龙版》系统，开展房产税、城镇土地使用税、契税、耕地占用税等税源信息比对。加大重大税源监控，年内，市本级列入重点税源监控企业2312户，比上年增长9.6%。加强社会保险费征缴管理，全市入库社保费146.05亿元，增长12%。规范工会经费拨缴管理，出台《嘉兴市工会经费(筹备金)拨缴管理暂行办法》。坚持依法治税，强化部门协作，通过建立地方税收保障平台，补缴税费近1.5亿元；全市检查纳税户2106户，查补入库税款、滞纳金和罚款共2.4亿元。加强非税收入管理，探索网银、POS机刷卡缴费等新模式，推进政府非税收入电子化收缴改革，全市非税收入354.73亿元，增长23.1%。

【支持经济转型升级】 2014年，市财政局支持实施创新驱动战略，设立浙江中科院应用技术研究院专项资金，鼓励浙江中科院科技成果在嘉兴转化和产业化；设立现代种业发展专项资金，促进农业种子产业自主创新，全市科技支出14.09亿元，比上年增长16.8%。加强中小企业金融扶持，支持中小企业再担保有限公司提供再担保，全年累计担保6.98亿元，受益企业200家；引导银行业金融机构设立中小企业互助成长基金，全市累计发放贷款24.94亿元，受益企业949家；鼓励和引导信贷资金向中小企业倾斜，全年累计发放信用贷款6.3亿元。支持推进"产城融合"，制定市级小城市培育试点专项补助政策，自2013年起3年试点期内，为每个试点镇筹措不少于每年2000万元的专项补助资金。落实税费减免，继续实施结构性减税和清费减负政策，全市减免税费39.51亿元，增长37%。

【保障民生事业】 2014年，嘉兴市各级财政用于民生支出255.22亿元，比上年增长10.9%，占一般公共预算支出的76.2%。支持教育事业，制定《嘉兴市职业教育校企合作与集团化办学专项经费使用细则》，推进职业教育集团化办学，建立公办高职院校生均财政拨款制度，支持高等职业教育发展，全市教育支出75.66亿元,增长6.8%。支持文化事业,出台促进民办博物馆发展意见有关实施细则、"文化有约"项目资金补助办法等，鼓励社会力量兴办文化事业,全市文化支出7.96亿元,增长22.4%。支持医疗卫生事业,投入医改资金1.22亿元,推进公立医院改革,支持建设红十字会社区博爱超市,对社区内特困家庭、生活困难的烈军属、残疾人、孤寡老人等实施医疗无偿救助,全市医疗卫生支出22.35亿元,增长31.1%。完善社会保障,企业退休人员基本养老金待遇标准平均提高10%,城乡居民最低生活保障标准提高到每人每月588元,完成城乡居民合作医疗保险和城镇职工基本医疗保险整合工作,实现城乡居民合作医疗保险市级统筹，全市社保支出23.05亿元,增长6.7%。支持养老服务事业,出台《关于加快发展养老服务业的实施意见》,明确各级福彩公益金的50%以上用于发展养老服务业。

【助推生态文明建设】 2014年,市财政局加强"五水共治"资金保障,出台《嘉兴市关于财税支持"五水共治"工作的若干意见》《嘉兴市本级"五水共治"项目资金管理意见》等文件,提高财政补助标准,市本级农村河道清淤项目补助标准由原来的每公里2万元提高到3万元,其中对列入"清三河"计划的项目按每公里4万元实行以奖代补,市级财政累计筹措"五水共治"资金16.8亿元。建立农村环境治理考评机制,对农村环境保洁长效管理工作考核合格的村(社区),根据上年末各镇(街道)所属农村户籍人口和持有《浙江省居住证》的流动人口,按每人每年10元的标准给予补助。支持发展生态循环农业,市级财政每年安排5000万元,用于支持各区生猪养殖户转产转业、农村"三废"处理等项目及蔬菜、水果、花卉、食用菌等7大产业。推进大气污染整治,安排8000万元鼓励市本级1.2万辆黄标车提前淘汰。加大公交补助力度,核拨财政补贴资金8569万元,鼓励市民乘公交车出行。

【深化财政预算、支付改革】 2014年,市财政局推进全口径预算体系建设,2015年市级预算同步编制一般公共预算、政府性基金预算、国有资本经营预算和社会保险基金预算。推进部门预算信息公开,对部门预算信息公开进行统一规范管理,除涉密单位外,市级所有部门预算和"三公"经费预算实现向社会公开。推进国库集中支付改革和公务卡改革,选择3个市级预算单位的政府投资项目开展国库集中支付制度试点，全面推行公务卡强制结算制度,至年底,全市共办理公务卡7315张,累计刷卡消费1609万元,消费金额比上年增长17.9%。

【强化财政监管】 2014年,市财政局加强"三公"经费管理,组织开展全市"小金库"专项治理、超标配备公务用车专项整治等工作,制定规范差旅费、会议费等8个"三公"经费管理办法,全市"三公"经费下降39.8%。加强政府性债务管理,成立市财政局内设机构,嘉兴市政府性债务管理办公室,完成地方政府存量债务清理甄别工作。强化政府采购监管,全市完成政府采购预算78.04亿元，实际采购金额70.29亿元,资金节约率9.9%;推进"阳光采购",试行政府采购"网上超市",推行政府采购项目第三方质量检测制度。推进预算绩效管理,出台《嘉兴市预算绩效评价实施办法(试行)》,确定38个市级部门(单位)重点自评项目和7个财政部门重点评价项目,涉及财政资金2.49亿元。盘活财政存量资金，清理回收2013年年底前财政结余结转资金1.77亿元,实行财政间隙资金竞争性存放,共投放13亿元,累计收益1177万元。

（陆毓英）

国家税务

【概况】 2014年,全市国税部门组织税收收入356.71亿元,比上年增长10.66%,增速、收入规模分别列全省第二位、第三位。其中组织中央级收入 254.73 亿元，增长 9.89%；省级收入 2.01 亿元，增长 9.68%；市地县级收入 99.98 亿元，增长 12.71%。全市国税部门组织地方财政总收入 330.14 亿元；公共财政预算收入 99.98 亿元，贡献地方财力近百亿元，分别增长 10.44%、12.71%，分别占全市预算收入的 58.11%、32.56%，确保地方可用财力的稳定增长。2014 年，全市国税收入呈现三大特点：一是经济“新常态”引发税收增长构成要素变化，税收增长从主要依靠直接税收转向由直接税收与免抵调库共同支撑，直接税收占总增收额的 67.16%，下降 29.54 个百分点；免抵调库增收 11.29 亿元，占总增收额的 32.84%。二是新兴产业税收增速高于传统产业，全年入库高新技术和装备制造行业税收 87.61 亿元，增长 22.84%；入库传统行业税收 73.28 亿元，增长 7.2%。三是纳税大户户数有所增加，全市国税税务登记户数 27.01 万户，纳税户数 22.86 万户，其中 1 亿元以上纳税户 27 户，增加 8 户；100 万元以上纳税户 3705 户，增加 402 户。2014 年，市国税局分别获嘉兴市“五型机关”创建考核一等奖和浙江省国税系统绩效管理先进单位。

3 月 25 日，嘉兴国税“纳税服务能力提升年”活动暨“便民办税春风行动”推进会召开。

【落实结构性减税政策】 2014 年，全市国税系统稳步推进“营改增”试点，十大试点行业纳税人达到 2.58 万户，入库改征增值税 7.79 亿元，全市企业因“营改增”减负 9.27 亿元，试点行业税负平均下降 28.9%；累计落实各类税收优惠 17.75 亿元，减免高新技术企业所得税 7.3 亿元，落实研发费用加计扣除额 16.58 亿元，受理固定资产进项抵扣 39.4 亿元，创下 2009 年增值税转型以来固定资产抵扣新高；免征起征点以下小微企业增值税 3.86 亿元，减半征收小微企业所得税 0.84 亿元，惠及全市小微企业及个体工商户近 18 万户。全市系统税收分析调研信息获得上级领导批示 22 人次。

【推进出口退税简政放权】 2014 年，全市国税系统推进出口退税简政放权，1 月 1 日起外贸企业出口退税审批权下放至嘉善、平湖、海宁 3 个县（市）国税局，6 月 1 日起生产企业出口退（免）税管理权限下放至南湖区、秀洲区国税局，同时，出口退税认定管理、办理各类证明、申报退税等 15 项即办事项前移至办税大厅办理，平均退税时间缩短近 10 个工作日。全年办理出口退（免）税 172.5 亿元，其中直接退税 118.4 亿元、免抵调库 54.1 亿元，出口退（免）税总量列全省第三位。

【营造良好的税收法治环境】 2014 年，全市国税系统深化税务行政审批制度改革，全面清理税收职权行为，分类编制权力运行流程和权责清单，初步厘定职权目录 269 项，并对 2013 年底前制定的规范性文件进行清理。出台规范进户执法管理办法，发挥税源一体化管理作用，取消和规范进户执法 36 项，杜绝“重复检查”和“多头执法”。完善纳税信用等级评定，联合地税部门对市本级 19 个行业、1.94 万户纳税人开展税收遵从度评定，并公开 A 级以上纳税

税务人员参观高新技术企业研发中心。

信用企业名单，落实重大税收违法案件公告，推动纳税信用记录社会共享，营造良好的税收法治环境。

【强化税收风险管理】 2014年，全市国税系统坚持税收风险管理，深化税源专业化管理，落实税收保障办法，完善“统一分析、分类应对”的风险管理工作流程，加强信息管税，健全市、县两级风险管理团队，同步推进重点税源风险应对和一般税源风险应对。全市有年纳税200万元以上省国税局监控重点税源企业1818户、50万～200万元税源企业4216户，入库税款分别占全市国税收入的69.9%和11.5%。探索增值税管理风险防控体系建设；深化所得税分类管理；探索推进车购税社会化办税；强化跨境税源管理，反避税调查补税1941万元，创历史新高；推进大企业团队式服务，签订首个《税收遵从合作协议》。

【纳税人满意度列全国第二位】 2014年，全市国税系统以“纳税服务能力提升年”活动为载体，细化40项工作措施，全面推进“便民办税春风行动”和《纳税服务规范》，实现178个服务事项900个服务规范的统一，使纳税人报送资料减少30%，办税环节减少50%，当场办结事项增加35%。在2014年国家税务总局委托第三方开展的纳税人满意度调查中，嘉兴市纳税人满意度在全国27个被调查地市级中列第二位，其中秀洲区国税局列全国81个被调查区级单位的第五位。嘉兴市39个调查指标得分均高于全国平均水平，其中取消进户执法、税款征收、投诉举报、税务人员廉洁自律等9个指标得分居全国第一位。

市国税局开展“便民办税春风行动”。

表9 **2014年嘉兴市分税种国税收入完成情况**

单位:万元

税　种	2014年	2013年	增长(%)
税收收入合计	3567095	3223425	10.66
国内增值税	2474288	2259044	9.53
国内消费税	45691	46482	-1.70
企业所得税	862880	757996	13.84
储蓄利息个人所得税	10	90	-88.89
车辆购置税	184226	159813	15.28

表10 **2014年嘉兴市分县(市)国税收入完成情况**

单位:万元

单　位	2014年	2013年	增长(%)
全市合计	3567095	3223425	10.66
市本级	1131577	1032292	9.62
海宁市	590600	521838	13.18
桐乡市	488758	446482	9.47

续表 10

单　位	2014 年	2013 年	增长(%)
平湖市	534920	477053	12.13
嘉善县	374237	333447	12.23
海盐县	447003	412313	8.41
其中:海盐县域	215987	191681	12.68
秦山核电	231016	220632	4.71

（蔡黎明　温西湖）

地方税务

【概况】 2014 年,全市地税部门组织各项收入 411.15 亿元,比上年增长 10.8%。其中税收收入 235.57 亿元,增长 10.5%;非税收入 175.58 亿元，增长 11.2%。市本级组织各项收入 131.08 亿元,增长 11.9%。其中税收收入 75.78 亿元,增长 10.2%;非税收入 55.3 亿元,增长 14.5%。2014 年,全市地税收入呈现三大特点:一是全市经济总体平稳发展，地税收入保持较快增长，全市地税部门组织的各项收入首次突破 400 亿元,全市税收收入增速列全省第四位,市本级增速列全省第二位。二是地方财政贡献能力有所减弱，全市构成地方财政收入的税收 190.72 亿元,比上年增长 7.6%,低于税收增幅 2.9 个百分点,低于地方财政收入增幅 1.1 个百分点;占地税收入的 80.96%,下降 2.2 个百分点,造成收入结构下滑的主要原因是“营改增”的不断扩面造成营业税总量增长放缓。三是制造业、租赁商务服务业税收贡献增长较快,全市二、三产业中除居民服务业、住宿餐饮业和房地产业税收收入出现下降外,其他行业税收均增长。制造业税收增长 21.4%,增收 10.29 亿元,税收增收贡献 45.9%,是全市税收增收贡献最大行业。小额贷款公司和基金管理公司等租赁商务业企业发展较快,行业税收规模不断扩大,税收增长 30.4%,增收 5.16 亿元,税收增收贡献 23%,列各行业第二位。至年底,全市地税部门共检查纳税人 2106 户，查补入库金额 2.57 亿元;市本级检查纳税人 686 户,查补入库金额 0.87 亿元。年内,部署开展对房地产业、建筑安装业、餐饮业、多年未查的工业企业、商贸企业、非学历教育劳务等专项检查。

【支持企业转型升级】 2014 年,市地税局落实各项税费减免政策，全市办理各类减免税费 37.8 亿元,比上年增长 27.8%,其中市本级减免税费 9.71 亿元,增长 12.1%。强化小微企业优惠政策落实，全市小微企业优惠政策受惠面 100%。从 1 月 1 日起,铁路运输和邮政服务业纳入“营改增”试点范围,全市确认 321 户试点纳税人移交国税部门。从 6 月 1 日起,电信业服务纳入“营改增”试点范围,全市确认 189 户试点纳税人移交国税部门。从 10 月 1 日起,市本级房地产开发企业销售未完工开发产品应缴企业所得税的计税毛利率由 15%调整为 12%。同时,对销售别墅排屋、营业用房和商务(办公)用房的土地增值税预征率由 3%、2.5%统一调整为 2%,促进房地产业平稳健康发展。建立产业集聚区重点企业专属档案和享受税收优惠政策备忘录,支持产业集聚区发展。

【开展调整土地使用税政策试点工作】 2014 年，嘉兴市出台《关于深化市本级调整城镇土地使用税政策促进土地集约节约利用试点工作的通知》,明确在制造业试点的基础上,将市本级使用土地并应当缴纳城镇土地使用税的非制造业纳税人统划为“服务业”企业,并完善制造业评价体系。2014 年，市本级试点企业减免

1062户,减免城镇土地使用税1.1亿元。其中制造业企业减免846户,减免金额0.86亿元;服务业企业减免216户,减免金额0.24亿元。制造业A类企业减免金额0.65亿元,占制造业总减免金额的75.6%,发挥税收调节经济的杠杆作用,提高优势企业竞争力,加快低端低效产能的腾退与淘汰步伐,促进土地资源集约节约利用。市本级对首批320块无证土地面积进行实测,土地面积增加36.95万平方米,增长58.4%,土地使用税增加219万元,增长59%。

【加强税收法治】 2014年,市地税局清理规范涉税审批事项,推进行政审批制度改革,地税行政许可事项由3项减少为1项,非行政许可审批事项由20项减少为1项,并下放到分局。对区域性优惠政策重点加以清理,建设统一开放、竞争有序的市场体系。对地税规范性文件加强合法性审查,并在网站上公开征求意见、解读政策。运用《税友龙版》廉政效能风险防控模块,开展税收执法督察,全年全市产生风险点15050项,主要集中在登记管理类、文书管理类、税收法制类和稽查管理类,消除风险15045项,风险消除率99.9%。强化税务稽查内部制度建设,制定"工作目标责任制考核办法""绩效考评办法""部分工作定期通报制"等制度。加强欠税管理工作,规范欠税人阻止出境报备和布控程序,及时做好关停空壳企业欠税的确认工作。

【强化税源和税收管理】 2014年,市政府印发《关于切实抓好今年财政收入组织工作的通知》,明确收入目标任务和10条针对性措施,抓好分解落实。坚持市政府领导牵头的收入形势分析例会制度,共同研究收入措施。依托《税友龙版》,稳步扩大重点税源监控面,全年市本级列入重点税源监控企业2312户,比上年增长9.6%。开展"营业税零申报异常""房产出租税收申报差异""应使用而未使用项目管理软件进行纳税申报"等税收风险应对工作。加强企业所得税汇算清缴及后续管理工作,补缴入库12.37亿元。开展企业以盈余积累向个人投资者转增股本个人所得税征管情况核查工作,全市核查企业227户,补缴个人所得税4800万元。做好年收入12万元以上个人所得税自行申报工作,补缴个人所得税1269万元。建立土地增值税清算的动态管理模式,全市计划完成清算项目230个,其中市本级81个。深入实施《嘉兴市税收保障办法》,推进区、县建立税收保障工作机制和工作网络。优化税收风险专业化管理,成立税收风险管理专业化团队,通过保障平台推送26个风险指标、46批次、6770户次涉税风险,补缴税费1.35亿元,加收滞纳金0.15亿元。印发《嘉兴市地税系统培育涵养地方优质税源实施意见》,建立分级税源培育机制。完成社会保险费年度结算工作,补缴入库11.4亿元。经市政府同意,工会经费(筹备金)从10月1日起由财政地税部门划拨或代收。开展纳税人受票信息查验比对,将单张金额在1万元(含)以上的其他服务业通用机打发票纳入查验比对范围。印发《关于深入推进协税护税社会化管理工作的意见》,将部分企业非执法类税务管理事项交由街道(镇)协税护税组织(协助)完成。

【优化纳税服务】 2014年,市地税局开展便民办税春风行动,简化审批和工作流程,精简上报资料,落实46项涉税服务举措,梳理158项便民服务事项,并通过网上政务大厅公开对外发布,累计整合简化涉税流程事项18项,精简上报资料15项,基层窗口单位开设个性化服务受理专窗。推进办税服务厅规范化管理,组织窗口人员273人参加专题培训,开展整治窗口"办事难"集中行动和明察暗访工作,强化督察整改。创新纳税服务宣传,在《南湖晚报》"以事说税"专栏推出便民办税专季,推广"嘉兴地税纳税服务"微信公众号,举办嘉兴市地税公益创意大赛,开展"地税微心愿"宣传活动等。开展走访辅导活动,通过召开座谈会、电话询访和上门走访等形式征集意见建议并整改解决;加强对小微企业兼职财务人员的辅导。市本级成立纳税服务中心，整合优化"12366"纳税服务热线、"82512366"咨询维权热线、嘉兴财税门户网站、"嘉兴地税纳税服务"微信公众号等纳税服务资源，为纳税人提供全方位的个性化服务。贯彻落实《全国县级税务机关纳税服务规范》。推进纳税人诚信体系建设，制定诚信建设制度化工作实施方案，开发《税收遵从度评定管理应用软件》，联合市国税局完成2013年度市本级1.9万户纳税人的初评工作。开展个人纳税信息网上查询打印系统推广应用工作，全市发放注册码10.4万人，注册用户2.1万人，查询打印1.7万人次。

表11　**2014年全市地税收入情况**

单位：万元

项　　目	2014年入库金额	2013年入库金额	增长(%)
税务部门组织的收入	4111514	3710362	10.81
一、税收收入	2355668	2131517	10.52
1.营业税	707269	711861	-0.65
2.企业所得税	329379	237242	38.84
3.个人所得税	355040	305333	16.28
4.耕地占用税	53266	43795	21.63
5.契税	205980	175027	17.68
6.其他各税	704734	658259	7.06
(1)资源税	2225	1202	85.11
(2)城市维护建设税	195101	187175	4.23
(3)房产税	160653	141743	13.34
(4)印花税	54130	46748	15.79
(5)城镇土地使用税	113753	85995	32.28
(6)土地增值税	150987	171607	-12.02
(7)车船税	27801	23684	17.38
(8)其他税收		105	-100.00
二、非税收入	1755846	1578845	11.21
1.三项规费收入	273599	254658	7.44
(1)教育费附加	101603	96330	5.47
(2)地方教育费附加	67602	62230	8.63
(3)水利建设专项资金	104394	96098	8.63
2.社会保险基金收入	1460491	1304255	11.98
(1)养老保险基金	898967	823477	9.17
(2)基本医疗保险基金	388759	333102	16.71
(3)失业保险基金	85054	73846	15.18
(4)工伤保险基金	42177	34364	22.74
(5)生育保险基金	24096	20811	15.78
3.其他	21756	19932	9.15

（孙飞翔）

银 行 业

【概况】 2014年，嘉兴市金融运行总体平稳，金融总量不断扩大，信贷结构有所变化，资金价格下降趋势有所显现。年末，全市金融机构本外币各项存款余额5684.1亿元，比上年增加478.5亿元，少增129.8亿元，增长9.2%，回落4个百分点。全市金融机构本外币各项贷款余额4641.3亿元，比上年增加518.5亿元，多增71.6

亿元,占全省的8.9%,比上年提高1个百分点;余额增长12.6%,比上年提高0.3个百分点。年末,全市新增社会融资规模882.1亿元,多增7.2亿元,其中银行贷款新增518.5亿元,多增71.6亿元,占新增社会融资规模的58.8%;银行表外融资新增29.2亿元,少增185.7亿元,占新增社会融资规模的3.3%,回落21.3个百分点;直接融资新增291.8亿元,多增121.8亿元,占新增社会融资规模的33.1%,上升13.7个百分点;非银行融资机构新增42.5亿元,少增0.6亿元,占新增社会融资规模的4.8%,回落0.1个百分点。年末,全市新增制造业贷款21.8亿元,少增127.6亿元,占全部新增贷款的4.2%,回落29.2个百分点。全市新增小微企业贷款231.3亿元,多增77.4亿元,占全部新增企业贷款的57.7%,上升9.8个百分点。全市新增房地产贷款66.1亿元,少增19.9亿元。其中房地产开发贷款新增15.1亿元,少增9.3亿元;购房贷款新增51亿元,少增10.7亿元。全市新增水利、环境和公共设施管理业贷款235.5亿元,多增194亿元。年末,全市金融机构本外币不良贷款余额38.4亿元,下降12亿元;不良贷款率0.83%,下降0.4个百分点,银行资产质量居全省首位。全市跨境人民币结算量473亿元,增长13.7%;至年底,全市1064家企业参与跨境人民币结算,新增378家。全市保费收入96.7亿元,增长15%;赔款和给付支出37.6亿元,增长12.7%。全市证券交易额9318亿元,增长45.8%;全市证券保证金余额56.2亿元,增长110.2%。

2014年,人民银行嘉兴市中心支行获得"全国五一劳动奖状","全国金融系统职工代表大会制度建设示范单位",总行级"党员活动室建设示范单位"等荣誉;被上级行评为综合业务考核A等行;被市委、市政府授予"五型机关"考核一等奖。

3月15日,人民银行嘉兴市中心支行参加嘉兴市消费者权益日大型广场活动。

表12　**2014年嘉兴市银行业金融机构本外币存贷款情况**

单位:亿元

机　构	存　款			贷　款		
	余额	增加额	增长(%)	余额	增加额	增长(%)
合计	5535.36	432.99	19.53	4619.35	512.61	41.16
农发行嘉兴市分行	24.43	4.62	23.32	121.59	19.84	19.49
工商银行嘉兴市分行	749.29	57.30	8.28	617.26	49.67	8.75
农业银行嘉兴市分行	871.22	57.09	7.01	708.22	112.68	18.92
中国银行嘉兴市分行	398.33	48.81	13.96	418.69	28.44	7.29
建设银行嘉兴市分行	649.20	6.36	0.99	592.24	52.01	9.63
交通银行嘉兴分行	208.63	−5.94	−2.77	198.71	1.91	0.97
中信银行嘉兴分行	253.37	2.83	1.13	207.71	7.61	3.80
光大银行嘉兴分行	31.24	3.71	13.49	29.57	4.96	20.17
华夏银行嘉兴分行	38.97	12.13	45.17	46.38	20.49	79.17
平安银行嘉兴支行	79.23	8.09	11.37	66.27	15.55	30.67
招商银行嘉兴分行	62.88	7.52	13.59	53.70	3.14	6.22
浦发银行嘉兴分行	93.01	−13.21	−12.44	93.70	4.54	5.09
兴业银行嘉兴分行	113.35	10.52	10.23	131.92	59.84	83.03

续表 12

机　构	存　　款			贷　　款		
	余额	增加额	增长(%)	余额	增加额	增长(%)
民生银行嘉兴分行	53.76	15.99	42.34	71.24	-2.86	-3.86
浙商银行嘉兴分行	61.66	5.36	9.53	64.19	9.54	17.46
广发银行嘉兴分行	18.69	10.47	127.40	8.77	7.10	426.93
嘉兴银行	267.08	-7.75	-2.82	196.43	6.65	3.50
湖州银行嘉兴分行	37.10	3.09	9.10	32.22	4.29	15.34
绍兴银行嘉兴分行	30.41	5.45	21.85	21.49	4.01	22.91
民泰银行嘉兴分行	9.53	1.48	18.40	7.20	4.05	128.73
泰隆银行嘉兴分行	9.46	3.28	53.20	7.15	3.41	91.18
禾城农村商业银行	684.84	316.16	85.75	463.56	190.47	69.74
禾城农村合作银行	176.69	20.81	13.35	114.53	10.62	10.22
嘉兴市农村信用社	348.30	-182.65	-34.40	231.05	-119.59	-34.11
邮政储蓄银行嘉兴市分行	40.30	3.83	10.51	47.59	6.66	16.26
村镇银行	224.41	37.62	20.14	67.96	7.59	12.57

【探索普惠金融“嘉兴样本”】 2014年,人民银行嘉兴市中心支行围绕效率普惠、梯度普惠、渠道普惠、效用普惠四大目标,探索发达地区普惠金融的“嘉兴样本”,《金融时报》专题报道嘉兴普惠金融工作。在需求摸排方面,出台《关于加强改进调研作风建立健全中心支行大调研工作机制的意见》,建立“1+8”工作机制,依托金融系统“金融助理团”等载体,为企业和农户提供金融咨询服务100余次、帮助协调解决问题80余个。在规划引导方面,出台《普惠金融三年专项行动方案》,细化提出4个方面金融服务创新措施,联合媒体开设“普惠金融的嘉兴样本”专栏,开展系列宣传报道13篇次,形成“一行一品、一县一特色”的普惠金融推进格局。在窗口指导方面,在全省率先开展“五水共治金融在行动”系列活动,组织全市金融机构排摸“五水共治”项目509个、完成项目授信447.3亿元,贷款余额251.7亿元;组织召开各类政银企洽谈会10次、参会企业607家,签约金额超过600亿元;推动“区域集优”计划实施,全市发行债务融资112.5亿元,走在全省前列。在金融创新方面,引导金融机构推进不动产抵押余值贷款等九大类担保方式创新,推广年审制贷款等四大还款方式,惠及企业20370家;探索银企网络对接、微信对接新模式,“中小企业微信融资服务平台”注册用户超过4000户,103家企业通过微信平台融资超过2.1亿元,贷款时效提升两倍;深入推进土地承包权抵押、农房抵押,并在嘉善和海盐率先试点农村经济股权抵押,发放土地承包经营权抵押总额占全省总额74%。在优化环境方面,加大推广手机支付业务,创建“电子支付示范县”,全市农村地区网上银行用户数和交易金额分别居全省第一位和第二位;推进“人民币净化工

4月22日,人民银行嘉兴市中心支行组织召开“五水共治 金融在行动”系列活动——金融支持污水治理重点项目签约会。

程”,桐乡市获得“浙江省反假货币示范区”称号;率先试点国库电子化退更免业务,进一步优化退税服务、提高退税效率。

【优化金融生态环境】 2014 年,人民银行嘉兴市中心支行加大金融管理服务力度,加强区域金融风险监测,有效维护辖区金融稳定,全市不良贷款、不良率维持在全省最低水平区间,贷款质量位列浙江省首位。优化金融管理与服务,完成对辖内 19 家机构的年度综合评价,并先后受理 6 家机构结售汇业务市场准入,批准 5 家机构申请加入人民银行金融管理与服务体系;建立跨部门联动预警监测体系,深化“跨地域金融风险协调联动机制”,“海宁—桐乡—德清—余杭—安吉”五县市区联动机制的跨区域金融风险联动机制,处置近 3 亿元信贷风险。发挥嘉兴市小微企业和农村信用体系试验区的政策优势,不断加强信用体系建设,打造小微企业信用体系建设“海盐”模式,建设农村信用系统“嘉善”样本,征集中小企业信用档案 27739 户,贷款 8512 户,征集农户信用档案 45.5 万户,对建档农户发放贷款 558.9 亿元,满足小微企业和农户的金融需求。探索开展消费者权益保护工作,全省率先对银行信用卡专营机构和管理行同时开展执法检查,有效加强银行卡安全管理;加大金融知识普及力度,通过《金融时报》报道金融知识普及月活动。

11 月 21 日,人民银行嘉兴市中心支行召开嘉兴市社会信用体系建设成果展示会。

【推进利率市场化改革】 2014 年,人民银行嘉兴市中心支行开展缓解企业融资成本高专题活动,加快推进利率市场化改革,落实存款保险制度工作部署,出台再贷款“1+X”(再贷款 + 配套信贷 + 金融创新 + 重点支持 + 优惠利率)政策,引导全市金融机构降低企业融资成本。12 月,嘉兴市人民币一般贷款加权平均利率 6.91%,低于全省平均 0.1 个百分点,贷款利率优势较为明显。2014 年,全市银行本外币贷款年化收息率 6.46%,比上年下降 0.02 个百分点,银行本外币存款年化利息支出率 2.3%,提高 0.12 个百分点;企业银行贷款实际成本下降 0.08 个百分点,企业减少利息净支出 3 亿元左右。2014 年,嘉兴市规模以上工业贷款 2050.9 亿元,利息净支出减少 1.7 亿元,提升利润增速 0.5 个百分点。

【省级科技金融创新示范区建设】 2014 年,人民银行嘉兴市中心支行发展科技金融,推动省级科技金融创新示范区建设。出台科技金融创新结合三年专项行动实施方案,推动设立 6000 万元“科贷通”基金,专项用于科技型企业信贷风险补偿;培育 1300 家在录科技型企业名录库,组织全市金融机构开展科技金融“千企对接”活动,排摸近 400 家科技企业 88.3 亿元贷款需求,举办全市科技金融银企签约仪式暨政策产品宣讲会,现场授信金额 9.03 亿元;推广符合科技型企业生命周期的“一条龙”金融服

9 月 3 日,人民银行嘉兴市中心支行组织举办嘉兴市“央行票融通”业务签约仪式暨科技金融服务宣讲会。

务，出台《创新售电收益权质押贷款支持分布式光伏发电项目方案》，支持分布式光伏发电项目，并在全省率先创新“央行票融通”业务，加大对科技型小微企业定向支持。

【周小川联系指导群众路线教育实践活动】 2014年，人民银行嘉兴市中心支行作为总行行长周小川第二批党的群众路线教育实践活动的“联系点”，紧扣为民务实清廉主题，以严的标准、严的措施、严的纪律，深入推进教育实践活动。活动期间，周小川两次到嘉兴指导。活动开展以来，人民银行嘉兴市中心支行党委始终按照示范点的目标，学习总书记系列重要讲话精神，紧紧围绕为民务实清廉主题，高起点谋划、高标准推进，切实以焦裕禄精神、“三严三实”和“红船精神”为引领，既把规定动作做到位，又把自选动作做扎实，在广大党员干部中形成对践行群众路线、深化作风建设的道路认同、理念认同、情感认同，“四风”问题得到有效遏制、基层党建基础得到夯实、联系服务群众水平得到提高、服务发展履职能力得到提升。

4月8日，中国人民银行行长周小川到人民银行嘉兴市中心支行，调研指导党的群众路线教育实践活动。

（曹菱雁）

【深化金融服务主题活动】 2014年，嘉兴银监分局深化“提升信用品质，服务实体经济”主题活动，在全市银行业开展“普惠金融、平安金融、民本金融、绿色金融、科技金融”五大工程和“千名行长进万企”大走访大对接行动。出台《关于切实降低融资成本加强金融服务实体经济的意见》，举办宏观经济形势、工业经济形势报告会，引导银行机构进一步降低企业融资成本，提升服务实体经济力度。扩大金融宣传，组织开展“送金融知识下乡”“企业家风险教育”等活动，全市3500余名银行员工开展宣讲活动5053次，设立1382个现场宣教点，发放宣传资料10万余份，受众超过100万人次。开展送金融知识下乡“三千工程”，普及金融知识，服务城乡统筹。

【维护金融消费者权益】 2014年，嘉兴银监分局建立办公室接访、网上举报、金融消费者纠纷调解中心调解“三位一体”的信访投诉渠道，实施金融消费者权益保护“三包”制度，处理投诉信访126件次。试点与市消保委合作，在全市银行机构建立金融消费者权益保护联络分站，加强金融消费者权益保护工作。整治个别银行不规范收费行为，责令8家问题银行整改，清退违规收费366万元。督促银行机构落实“七不得”（不得以贷转存、不得存贷挂钩、不得以贷收费、不得浮利分费、不得借贷搭售、不得一浮到顶、不得转嫁成本）、“四公开”（收费项目公开、服务质价公开、效用功能公开、优惠政策公开）规定，对违规行为实施行政处罚10万元，并督促银行对5名责任人进行行政处分。

【提升银行信贷资产质量】 2014年，嘉兴银监分局防范和化解金融风险，牵头开展全市不良贷款“2014专项核销”行动，与司法部门联合出台《关于审理、执行涉金融案件若干问题的纪要》，提出优化司法程序、加快不良贷款处置的14条措施，引导辖内银行对不良贷款做到“应核尽核”，全年银行机构核销不良贷款20.88亿元。配合政府转贷基金为553家企业周转贷款近20亿元，同时为20家企业召开风险协调会80余次，涉及贷款68.55亿元。

【实行企业授信总额联合管理】 2014年，嘉兴银监分局在全辖银行机构实行企业授信总额联合管理。建立主办银行制度,由主办银行与借款人签订主办协议,制约借款人过度融资和对外担保;采取“整体接盘式”管理模式,鼓励银行机构通过适当增加授信置换企业在他行融资,减少参与银行的数量,合理规划单一企业授信银行家数。注重企业综合负债能力评估,通过对借款人综合负债能力的客观评估,敦促并帮助企业减少对外担保,降低担保链风险。至年底,全市银行业纳入授信总额联合管理模式的贷款1016亿元,占全部企业贷款余额的28.31%、切断复杂担保链1500余条,涉及担保金额逾180亿元。

(杨光耀)

【农发行嘉兴市分行】 2014年,农发行嘉兴市分行被评为总行信贷基础管理年活动先进单位,取得全省系统六个第一:全行综合绩效考核全省第一,比上年提升4位;年末贷款余额121.59亿元,净增19.84亿元,占全省增量的27.69%,增量全省第一;日均贷款余额112.94亿元,净增18.85亿元,占全省增量的23.74%,增量全省第一;存款余额24.43亿元,净增4.62亿元,日均存款余额25.41亿元,净增5.08亿元,增量全省第一;实现中间业务收入1123万元,增加397万元,列全省第一;全年经营利润2.63亿元,增长19.73%,列全省第一。年内,发放粮食储备及收购贷款5.15亿元,收购及调入稻谷14037万公斤、小麦2655万公斤、玉米5862万公斤、油脂143万公斤。支持“五水共治”、土地整治和农房改造等项目45个,贷款余额102.62亿元,增加20.34亿元。助推农业中小企业发展,发放农业产业化龙头企业、农业科技贷款、其他涉农企业贷款5.1亿元。加强全行风险管理,全年无新增不良贷款。对符合条件的1692万元呆账贷款进行认定和核销。开展信贷基础管理年活动,进一步深化信贷、财会、信息技术、内部控制等管理,夯实业务发展基础。

(郑健芬)

【工商银行嘉兴市分行】 2014年,工商银行嘉兴市分行深入开展金融服务实体经济专项活动,持续加大信贷投入,开展金融创新,合规经营水平不断提高。至年末,各项贷款余额617.26亿元,新增49.67亿元,新增贷款在全省工行系统列第四位,其中公司贷款新增52.36亿元,余额494.03亿元。重点保障全市“三个千亿”“五水共治”“四换三名”“三大倍增”、城市有机更新等重点建设领域的资金供应,发放项目贷款71.08亿,其中“五水共治”项目23个,发放贷款20.68亿元,表内外贷款余额39.67亿元。优先满足先进制造业、文化产业、战略性新兴产业等领域金融需求,其中制造业和现代服务业贷款余额297.43亿元,比上年增加44.36亿元,贷款余额占全部公司类贷款余额的60.21%,增量占比84.84%。做好小微企业创新融资方案的设计和申报工作,切实解决小微企业贷款难问题。至年底,小微企业户数3512户,比上年增加777户,小微企业贷款余额162.8亿元,增加16.8亿元。

(包　俊)

【农业银行嘉兴市分行】 2014年,农业银行嘉兴市分行加大信贷投放力度,支持实体经济发展。至年末,各项贷款余额708.22亿元,比上年增加112.68亿元,多增67.52亿元,增量列全省农行系统第一位。增加中小微企业金融产品,成功办理全省首单未来货权融资业务、首单入园企业前期贷、首单厂房贷,小微企业贷款增量24.55亿元。推进科技金融服务。农行嘉兴嘉科支行参与全市科技金融创新创业环境建设,扶持科技型中小企业发展,至年末,嘉科支行开户科技企业61户,授信34户、金额2.49亿元,发放贷款22户、金额1.13亿元。打通服务三农“最后一公里”,创建农村金融自治村15家、三农金融服务工作室188个,工作人员每周不少于一次,每次不少于半天开展驻村服务。8月,在海宁市丁桥镇海星村成功发放嘉兴首批农村住房抵押贷款2笔、金额40万元。10月,在嘉善县姚庄镇姚庄村发放首笔农村

“三权”抵押贷款30万元，破解农户贷款担保难，盘活农村资产。选拔37名干部到乡镇镇长助理岗位交流锻炼，走访企业1294家、农户4699户，参加“三改一拆”954次，协调相关银行项目贷款7个、金额15.1亿元，举办金融知识宣传198次。至年末，不良贷款余额4.76亿元，比上年下降1.37亿元，不良率0.67%，下降0.36个百分点。现金清收不良贷款4.07亿元，核销1.03亿元。

（张　炜）

【中国银行嘉兴市分行】 2014年，中国银行嘉兴市分行加大对“两化”融合、“四换三名”、光伏发电、信息经济等重点领域支持力度，优先保障“五水共治”“411”重点项目的资金需求。2014年，全行本外币贷款实际投放302亿元，贸易融资累计投放70.31亿元，80%以上本外币贷款投向实体企业，助推地方经济发展。推广“中银信贷工厂”服务模式，推出“中小企业循环贷”“网络通宝”“影视通宝”“网盛生意宝”“拍卖按揭”等贷款新产品，解决小微企业融资难题。2014年，小微企业授信客户1349户，比上年增长278户，授信余额47.12亿元，增长10.46亿元，增幅28.5%，高出全部公司贷款增幅21.5个百分点，小微贷款户数比上年多增26户，小微贷款增量比上年多增5159万元。根据嘉兴外向型经济特点，引入海外低成本资金帮助企业“走出去”，支持企业转型升级。通过海内外分行联动，为跨境企业叙做海外直贷业务15笔，金额5147万美元、15000万元。为舒福德电动床、振石控股集团叙做并购贷款2笔、金额1740万美元。推广协议融资业务，叙做41.4亿元，突破贷款规模制约，满足客户融资需求。关注民生需求，推广“兴农贷”“新城安置贷”“兴微贷”“网络快捷贷”等零售贷款新产品，搭建支持民生和个人创业服务平台。2014年，个人贷款累计投放34.1亿元，比上年增长5.31亿元，有效满足居民消费升级换代的信贷需求。

（鲍丹丹）

【建设银行嘉兴市分行】 2014年，建设银行嘉兴市分行加快金融创新，充分发挥服务地方实体经济、推进转型升级作用。至年底，全行一般性存款余额649.2亿元，各项贷款余额592.24亿元，分别比上年增加6.36亿元和52.01亿元；不良贷款余额35620万元，比上年下降17715万元，不良贷款率0.6%，下降0.39个百分点。2014年，投放城镇化项目与新农村贷款29.73亿元和7.35亿元，投放制造业企业贷款266亿元，全年新增小微企业贷款6.33亿元。推广跨境人民币结算新产品，推进供应链贷款和政府采购贷款，创新运用“供应贷”“助保贷”等新产品，解决小微企业融资难、担保难问题。同时，成功签约全国首个平台模式的集合年金计划，打破小微企业建立企业年金计划的政策门槛。开展“信贷风险防控年”活动，采取签订不良压降责任状，成立专业处置团队，加强对外司法联络，开展风险警示教育日活动等一系列措施，全年保持“零案件”记录，无各类重大违规违纪和重大责任事故发生。2014年，建设银行嘉兴市分行被评为“嘉兴市消费者信得过单位”，下辖桐乡支行与海宁支行分别被评为全国文明单位和浙江省文明单位。

（陈王普）

【交通银行嘉兴分行】 2014年，交通银行嘉兴分行扩大信贷投入，优化信贷结构，加大对实体经济的金融支持，发挥金融服务和信贷保障的主渠道作用。2014年度，交通银行嘉兴分行在嘉兴市银行业金融机构综合评价中被评为A等行，获得嘉兴市银行业“企业授信总额联合管理”二等奖，获得“嘉兴市消费者信得过单位”称号。年末，各项贷款余额198.71亿元，比上年增加1.91亿元；不良贷款比上年下降2.94亿元，不良率下降1.49个百分点。发展消费融资、小微金融业务、房贷业务，推出“e贷通2.0”“还款便利宝”“税融通”等新产品，成功签约44家楼盘项目，房贷余额28.6亿元，新增1.6亿元。财富管理特色业务，为客户提供优质服务方案，打造“公私财富管理、贸易金融、电子银行"等品牌。提升电子银行业务,电银业务分流率78.48%, 加快自助银行等电子渠道建设,优化用卡环境和网银业务环境,全年各项电子银行业务指标居全省前列,连续两年获得交通银行电子银行十佳省辖分行称号。落实"全覆盖、全流程、责任制、风险文化"为核心的风险管理要求,加强风险管控与不良清收工作,在全省风险绩效考核中排名第一。

(康　淋)

【中信银行嘉兴分行】 2014年,中信银行嘉兴分行本外币存款余额253.37亿元,比上年增加2.83亿元;各项贷款余额207.71亿元,增加7.61亿元。通过"商行+投行""表内+表外""境内+境外"等方式,中信银行嘉兴分行参与优质重点项目、大型城镇化建设等领域,投放政府平台类项目22个、金额43.1亿元。通过直接融资、信用证、票据等表外渠道,全年融资260亿元以上,有效缓解嘉兴企业融资难问题。2014年,中信银行嘉兴分行加快零售业务转型,不断提升对居民个人的金融服务,创新理财、出国金融、ETC等特色业务,至年底,个人理财销售突破300亿元;坚持审管并重,加快清收化解,实现"年末不良率控制在1%以内"目标。2014年,中信银行嘉兴分行获嘉兴品牌力量榜"中小企业最佳伙伴银行"、嘉兴市诚信经营·消费满意银行、嘉兴市执行外汇管理规定A类行、嘉兴市"创建和谐劳动关系先进单位"、浙江省级银行业金融机构"安全防范工作成绩突出集体"等荣誉。

(周　琦)

【浦发银行嘉兴分行】 2014年,浦发银行嘉兴分行围绕"稳健发展""风险防控"两大经营主题,持续优化资产质量,稳步提升经营利润。至年底,全行本外币存款余额93.01亿元,比上年下降13.21亿元;本外币贷款余额93.7亿元,比上年增加4.54亿元,其中零售贷款余额20.9亿元,增加4.6亿元;后三类不良贷款余额8925万元,增加963万元,不良贷款率0.95%;全年实现账面利润14719万元,增加16607万元,经营利润7703.24万元。2014年,浦发银行嘉兴分行开展投行业务拓展,综合运用投行、财富管理、支付结算、移动金融等产品,制定个性化配套服务方案,加大对实体经济的信贷支持力度。推进个人消费贷款和小微贷款,利用"和利贷""万用金"等新产品,提升零售信贷占比和个人财富管理业务发展。至年底,全行白金贵宾以上客户3480户,比上年增加1026户;个人金融资产余额33.6亿元,增加6.8亿元。统筹布置风险化解工作,严格授信客户准入,强化风险排查,至年底,化解不良贷款22016万元,其中现金清收7542万元,呆账核销14457万元。年末,海盐小微企业专营支行获准筹建,实现嘉兴辖内五县两区网点全覆盖。2014年,浦发银行嘉兴分行被评为嘉兴银行业监管统计工作先进集体,嘉兴市诚信经营·消费满意银行。

(裘冰洁)

【兴业银行嘉兴分行】 2014年,兴业银行嘉兴分行实现各项业务平稳较快发展。至年底,各项存款余额113.35亿元,比上年增加10.52亿元;各项贷款余额131.92亿元,增加59.84亿元,存款增量列兴业银行浙江省系统内第一。2014年,兴业银行嘉兴分行审批通过"五水共治"项目21个,金额80.24亿元;投放"五水共治"项目20个,投放金额61.25亿元。兴业银行嘉兴分行从制度体系、产品创新、交叉销售三方面扶持小微企业,实现小企业"三个不低于"监管目标,缓解小微企业"融资难""融资贵"问题。兴业银行嘉兴分行搭建"智慧医疗""智慧交通""智慧公安""智慧城管"四大平台,助推"智慧嘉兴"建设。

(黄　镠)

【招商银行嘉兴分行】 2014年,招商银行嘉兴分行资产总额67.31亿元,比上年增加5.91亿元,增幅9.63%;各项存款余额62.88亿元,增加7.52亿元,增幅13.59%;各项贷款余额53.7

亿元，增加3.14亿元，增幅6.21%。2014年，招商银行嘉兴分行加大金融产品创新力度，完善风险控制手段，加大国内、国际信用证等贸易融资投放力度，切实降低企业融资成本。至年底，“两小”企业贷款余额33.78亿元，占全行自营贷款余额的62.81%。招商银行嘉兴分行创新组织架构和运行模式，在王店镇凤珍村设点开展新农村市场的拓展试点工作，扩大服务辐射范围，建立零售直营中心，为小微客户提供快捷便利的服务。稳步推进风险管理体系和内控合规体系建设，深入推进案防长效机制建设，推进监保关口前移，通过制度建设、思想教育、合规宣导等措施，提高全行的诚信意识和合规操作水平。年内，招商银行嘉兴分行被评为全市金融系统优质服务文明示范窗口，通过“争创市级文明单位”检查组考核验收。

（金凌云）

【浙商银行嘉兴分行】 2014年，浙商银行嘉兴分行各项存款余额61.66亿元，比上年增加5.36亿元，增幅9.53%；各项贷款余额64.19亿元，增加9.54亿元，增幅17.46%；小企业贷款余额34.11亿元，占全部贷款余额的53.14%，上升9.86个百分点。创新运用票据池业务，开展票据池适用客户及合作模式研究，探索上下游客户票据池应用。全年完成票据池业务签约14户，入池票据393张，票据金额1.8亿元，发生融资业务9619万元。开展国内信用证业务，拓宽国内信用证福费廷转卖渠道，全年办理国内信用证福费廷业务2笔，节约贷款规模1.1亿元。开展低风险外币贷款等融资业务，全年发放外币贷款4277万美元；成功办理杭州分行系统内首笔“租融通”业务，创新企业融资结构。推动落实政府融资平台客户直接投资与融资性保函的结构化融资业务，全年发放3笔17亿元的直投业务，加强债务融资工具承销业务推动，成功发行桐乡城投2亿元短期融资券。

（张颖芳）

【平安银行嘉兴支行】 2014年，平安银行嘉兴支行加大对先进制造业、新能源、节能环保、新材料、新医药、信息产业等新兴产业的支持力度，授信投向以制造业为主的实体经济。至年底，各项存款余额79.23亿元，比上年增加8.09亿元，增长11.37%；各项贷款余额66.27亿元，增加15.55亿元，增长30.66%。2014年度，平安银行嘉兴支行获得平安银行杭州分行颁发的最佳经营单位奖、最佳公司业务表现奖、最佳零售业务表现奖、最佳同业业务表现奖、最佳小企业业务表现奖等6个奖项，被评为“嘉兴市消费者信得过单位”。2014年，平安银行嘉兴支行支持小微实体经济，至年底，零售贷款64718万元，其中短期贷款46239万元，其中个人经营性贷款新发放余额28169万元；小微客户114户（主要为个人经营性贷款），其中500万元以下的客户余额23669万元。推广以借记卡为载体，融合支付结算及保险、理财、增值服务等功能的“贷贷平安”商务卡。至年底，累计发卡6129张，授信44088万元，贷款户数1419户，贷款余额18266万元。新成立海宁皮革城小微企业专营支行，重点支持海宁皮革和经编行业小微企业。

（沈梦露）

【民生银行嘉兴分行】 2014年，民生银行嘉兴分行各项存款余额53.76亿元，比上年增加15.99亿元，增幅42.34%，各项贷款余额71.24亿元，减少2.86亿元，下降4.18%。注重公司业务与零售业务同步发展，公司票据业务、金融市场业务、贸金业务稳步发展；零售四大体系初步建成，资源整合略有成效。加快机构建设，桐乡支行、海盐小微企业专营支行、海宁支行开业，筹建长安支行、嘉善支行及嘉兴龙盛右岸社区支行、桐乡碧水云天社区支行。坚持合规经营理念，不断完善风险管理制度，开展“风险文化教育实践活动”，提高员工风险防控意识。

（董芳敏）

【光大银行嘉兴分行】 2014年，光大银行嘉兴分行负债和资产业务规模大幅增长：各项存款余额31.24亿元,增幅13.49%;各项贷款余额29.57亿元,增幅20.17%。光大银行嘉兴分行支持“五水共治”等项目,投放项目贷款总金额24.1亿元,投放总额在光大银行杭州分行系统中排名第一。国际业务发展良好,收付汇量在光大银行杭州分行系统内排名第一。实现短融业务零突破,嘉城集团16亿元短期融资券业务于6月成功发行首期3亿元短融。全年投放持有到期业务24.31亿元,位居光大银行杭州分行系统第一。机构建设取得进展,首家离行式自助银行正式运营,首家社区支行(海宁银泰城社区支行)正式筹建。开展不规范经营专项治理活动、整顿规范市场秩序专项活动、综合执法检查活动等。开展民主评议行风活动,制定完善各项服务规范,组织开展金融入企业、争创先进、技能比武、教育培训等活动。2014年,光大银行嘉兴分行获光大总行先进集体、光大总行公司业务经营管理十佳二级分行、杭州分行先进集体等称号。12月8日,中国光大集团股份有限公司正式成立,由国有独资企业改制为股份制公司。

(陈　玲)

【邮政储蓄银行嘉兴市分行】 2014年,邮政储蓄银行嘉兴市分行围绕“普之城乡、惠之于民”的服务策略,支持嘉兴地区经济社会发展。2014年,获得“嘉兴市消费者信得过单位”和“最具社会责任感金融企业”称号。邮政储蓄银行嘉兴市分行发展普惠金融,参与嘉兴社会保障市民卡项目,开展代发养老金,代缴公共事业费,服务百姓教育、医疗、就业等业务,年内,代收付资金49.46亿元。探索解决农户和小微企业融资难题,推出专业合作社贷款、家庭农场贷款、公司+农户贷款等7类创新产品,年内,为9000余户农户和小微企业提供贷款44.59亿元,占信贷资金发放量的79.94%。探索特色发展模式,市本级打造总行级科技金融特色支行,海宁支行成为国家级皮革皮具特色支行,嘉善支行成为省级木业、五金、电子特色支行。加大对基础设施建设项目和工业项目的金融支持,参与秦山核电站扩建工程,海宁安居房项目、海盐保障性住房项目等旧城改造和民生工程,年内,新增公司信贷授信5.5亿元,新增余额4.7亿元,占全部信贷增量的38.3%。构建风险管理体系,确定风险管理三年规划;加强各类风险专项排查,严格问题问责与整改。强化贷款全流程管理,实施不良贷款限额管理,2014年不良率0.48%,优于同业平均水平。

(娄勤超)

【嘉兴银行】 2014年,嘉兴银行支持“五水共治”、垃圾处理等环保项目20个,新发放贷款1.43亿元,债券余额1亿元;开发“社保银行数据平台”系统,养老金代发范围从原来的市本级扩大到嘉兴全辖,全年代发养老金16684户、金额3232万元。金融便利店扩展到4家,优化贴近社区、服务市民功能;推进科技金融“七专”“六单”模式,出台科技金融支持政策。年末,高新支行科技型企业开立账户198户,新增59户;新增授信客户23户,授信总额8.72亿元,贷款余额5.82亿元。推出农村土地流转经营权抵押贷款业务、小微企业专项信用贷款和无还本续贷业务。年末,小微企业贷款余额66.12亿元,比上年增加8.93亿元,增速15.62%,高于全部贷款增速11.42个百分点;小微贷款占比28.71%,上升2.84个百分点;小微企业贷款户数5587户,户均贷款余额118.35万元。2014年,嘉兴银行被评为“嘉兴市消费者信得过单位”“最具社会责任感金融企业”。

(顾晓光)

【禾城农村商业银行】 2014年,禾城农村商业银行围绕“创业普惠、便捷普惠、阳光普惠”三大项目,推进普惠金融工程,力争“基础金融不出村,综合金融不出镇”。2014年,开发“普惠金融客户信息管理系统”,对30万元以下信贷客户开展信息采集和录入,简化审批流程,提高放贷效率。各支行(营业部)按月制定走访目标任务及推进计划,扩大授信覆盖面。至年底,农户授信66763户,授信率覆盖率50.4%。加快打通农村金融服务“最后一公里”，年内，开设自助银行29个，ATM机83台，布设便民服务终端21台，全面开展3G终端等移动电子服务。派遣13名普惠金融特派员入驻市本级各镇及有关街道，各支行行长、客户经理加强与地方政府、行政村（社区）的联系，对市本级166个行政村农户进行宣传，发放宣传资料16000多份。开展市民卡绑定业务，至年底，绑定市民卡28.7万张，占市本级绑定量的73.4%，改善农村支付结算环境。

（沈丹园）

【湖州银行嘉兴分行】 2014年，湖州银行嘉兴分行获得“最具社会责任感金融企业”称号和“诚信先锋”3·15活动经营者贡献奖，被评为“嘉兴市消费者信得过单位”和嘉兴市银行业企业文化建设示范点，连续三年被评为“诚信经营·消费满意银行”和“市级安全单位”。至年底，在海宁市、桐乡市、平湖市、嘉善县设立支行，全辖各项存款余额37.1亿元，各项贷款余额32.22亿元。年内，湖州银行嘉兴分行开展“内控升级三年行动计划”，推进普惠金融工程和“提升信用品质，服务实体经济”专项活动。至年底，县域贷款余额20.87亿元，占全部贷款余额的64.77%；制造业贷款余额15.16亿元，占全部贷款余额的47%，新增贷款占全部新增贷款的28.16%；小微个人贷款户数956户，贷款余额24.6亿元，占全部贷款余额的76.33%。全年让利贷款648笔、金额828.2万元。推进合规经营，逐步完善制度建设，定期开展内控检查和飞行突击排查，全年开展各项结算业务、信贷业务、安防工作检查84次。

（翁　璐）

【绍兴银行嘉兴分行】 2014年，绍兴银行嘉兴分行各项存款余额30.41亿元；各项贷款余额21.49亿元，其中小微贷17.44亿元，占全部贷款余额的81.15%，高于全部贷款的增速。开展“年审工厂”“科技贷”“进出口行”合作贷款、履约保函和承兑汇票保贴、“易兴贷”业务，丰富服务内涵，拓展业务发展。年内，绍兴银行嘉兴分行为“五水共治”、红十字会捐款100万元，开展“普惠金融”、深入“提升信用品质，服务实体经济”“金融消费权益日”“小微宣传服务月”“千名行长进万企”走访对接活动、“2014嘉兴政银企项目对接月”等系列活动，宣传金融消费知识。

（曹　懿）

【华夏银行嘉兴分行】 2014年年初，华夏银行嘉兴分行正式对外营业。至年末，各项存款余额38.97亿元，比上年增加12.13亿元，增幅45.19%，超额完成上级行的经营目标；各项存款日均37.2亿元，增长16.65亿元，完成全年计划的106.6%；对公存款余额33.45亿元，完成计划的102.9%，对公存款日均33.01亿元，完成计划的113.05%。各项贷款余额46.38亿元，增加20.49亿元，增幅79.14%。国际结算量完成2.69亿美元，完成上级行优秀目标的104%。全年实现拨备前利润8719万元，超额完成上级行计划的153%；人均拨备前利润106万元。全年新增对公重点产品业务量35.68亿元，其中新增银证投融通业务量9.9亿元；新增总行专项委托贷款1.3亿元；新增债务融资工具承销20.8亿元；新增企业理财0.08亿元；新增他行出资存单收益权投资4.03亿元；日均定利保0.18亿元；招财宝业务0.2亿元。2014年，新增“五水共治”授信22.4亿元。年内，完成海宁市资产经营公司发行定向债和短融业务15亿元，完成嘉兴市高等级公路投资有限公司发行5亿元非公开定向债。

（陈天宇）

【秀洲德商村镇银行】 2014年，秀洲德商村镇银行各项存款余额35025万元，比上年增加16124万元，增幅85.31%；各项贷款余额50780万元，增加21297万元，增幅72.24%。年内，推进普惠金融增户扩面，在嘉兴市本级各镇农贸市场、行政村设摊宣传23次，发放各类宣传折页5000余份；组织相关人员到村、社区、校园，开展金融知识宣传活动10余次,走访15个行政村,开立村级账户13户,走访农户5279家,发放宣传资料近万份,填写农户信息表3361份,建立农户档案3361个,发放授信卡721张,授信总额31020万元。至年底,向嘉兴市本级15家电商企业发放贷款1910万余元,向9户中小企业发放信用贷款1415万元。加快重点乡镇开设支行,王江泾支行和王店支行先后对外营业。

(陈　瑛)

保 险 业

【概况】 2014年,嘉兴市实现保费96.67亿元,比上年增长14.99%,其中财产险保费44.62亿元、增长15.96%,人寿险保费52.05亿元、增长14.17%。财产险赔款24.9亿元、增长5.02%,其中机动车辆赔款20.48亿元、增长13.46%,企财险赔款2.95亿元、下降7.23%。寿险短险及死伤医疗给付金额2.28亿元、增长13.34%,满期、年金给付10.38亿元,增长36.4%。2014年,新增1家人寿保险公司(和谐健康保险股份有限公司嘉兴中心支公司)。全市实有保险公司50家,其中财产保险公司26家、人寿保险公司24家,保险销售从业人员8176人、下降0.69%,其中财产保险销售从业人员590人、下降51.8%,人寿保险销售从业人员7586人、增长18.25%。

2014年,保险行业协会充分利用保调委平台作用,高效处理信访投诉案件,及时化解保险纠纷。全年接收投诉咨询225件,其中投诉170件、办结165件,咨询55件。保调委调解受理19件,办结17件,其中保监局转办3件,办结3件。7月8日,《浙江保险电销禁拨平台》上线,《南湖晚报》、嘉兴交通广播、《第一楼市》《今朝多看点》等媒体、节目进行专题报道。9月30日,联合发布《嘉兴市本级交通事故自行协商快速处理办法(试行)》的通告,10月1日,嘉兴市交通事故保险快速理赔中心重启。10月22日,嘉兴市消保委在嘉兴市保险行业协会设立"保险维权联络总站",保险行业协会49家会员单位全部成立"保险维权联络分站",实现保险维权联络站全覆盖。

表13　**2014年财产保险公司业务情况**

单　　位	保费收入(万元)	市场份额(%)	赔款支出(万元)
人保产险嘉兴市分公司	167952.21	37.65	85007.92
太保产险嘉兴中心支公司	64578.09	14.47	40565.55
平安产险嘉兴中心支公司	41612.74	9.33	19085.44
天安保险嘉兴中心支公司	11233.72	2.52	5846.38
史带保险嘉兴中心支公司	5076.02	1.14	4238.79
中华联合嘉兴中心支公司	16424.51	3.68	10803.72
太平保险嘉兴中心支公司	4665.12	1.05	3455.56
华安财险嘉兴中心支公司	2639.06	0.59	1359.62
大地保险嘉兴中心支公司	12309.30	2.76	10271.38
永安保险嘉兴中心支公司	14223.06	3.19	7732.28
华泰产险嘉兴中心支公司	3587.61	0.80	1388.40
安邦产险嘉兴中心支公司	3686.03	0.83	1910.45
都邦产险嘉兴中心支公司	2414.72	0.54	1680.28
安盛天平嘉兴中心支公司	4552.29	1.02	2686.90
阳光产险嘉兴中心支公司	15535.80	3.48	8951.15
中银产险嘉兴中心支公司	2549.47	0.57	589.14
渤海产险嘉兴中心支公司	468.94	0.11	393.94
永诚产险嘉兴中心支公司	10659.30	2.39	6054.44

续表 13

单　　位	保费收入(万元)	市场份额(%)	赔款支出(万元)
国寿产险嘉兴中心支公司	28922.09	6.48	16107.19
民安产险嘉兴中心支公司	1399.32	0.31	879.24
长安责任保险嘉兴中心支公司	5565.91	1.25	3913.47
安诚产险嘉兴中心支公司	11042.65	2.48	7819.06
安信农业保险嘉兴中心支公司	680.34	0.15	872.49
浙商产险嘉兴中心支公司	8916.19	2.00	5591.82
英大财险嘉兴中心支公司	4852.65	1.09	1743.55
紫金财险嘉兴中心支公司	596.50	0.13	72.06
合计	446143.64	100.00	249020.22

表 14

2014 年人寿保险公司业务情况

单　　位	保费收入(万元)	市场份额(%)	赔款支出(万元)
中国人寿嘉兴市分公司	189474.21	36.40	67523.90
太保人寿嘉兴中心支公司	57600.73	11.07	7148.33
平安人寿嘉兴中心支公司	96961.66	18.63	10431.63
新华人寿嘉兴中心支公司	19412.26	3.73	4739.21
泰康人寿嘉兴中心支公司	20351.06	3.91	7431.11
太平人寿嘉兴中心支公司	18100.98	3.48	1200.21
民生人寿嘉兴中心支公司	13546.73	2.60	82.96
富德生命人寿嘉兴中心支公司	4929.08	0.95	193.01
中德安联人寿嘉兴营销服务部	2335.59	0.45	1356.39
中宏人寿嘉兴营销服务部	2003.14	0.38	150.68
光大永明人寿中心支公司	226.12	0.04	50.41
农银人寿嘉兴中心支公司	6735.28	1.29	1893.79
合众人寿嘉兴营销服务部	3387.52	0.65	587.99
陆家嘴国泰人寿嘉兴营销服务部	700.53	0.13	180.19
人民人寿嘉兴中心支公司	46171.34	8.87	17271.71
华泰人寿嘉兴中心支公司	1807.16	0.35	807.83
人民健康嘉兴中心支公司	8615.50	1.66	1508.47
信诚人寿嘉兴中心支公司	1333.91	0.26	77.99
正德人寿嘉兴中心支公司	21673.32	4.16	48.45
信泰人寿嘉兴中心支公司	1767.18	0.34	19.97
国华人寿嘉兴中心支公司	98.14	0.02	196.60
英大人寿嘉兴中心支公司	164.10	0.03	3.36
平安养老嘉兴中心支公司	3126.25	0.60	1834.01
合计	520521.80	100.00	124738.2

表 15

2014 年新增设市级保险机构

单　　位	保险监管部门批准开业日期
和谐健康保险股份有限公司嘉兴中心支公司	2014 年 11 月

（李　月）

【中国人寿嘉兴分公司】 2014年,中国人寿嘉兴分公司实现总保费收入18.95亿元,其中股份业务保费收入17.78亿元;市场份额36.4%,居市场主导地位。年内,公司围绕"稳中求进、转型发展、提高效益、防范风险"的工作思路,全面推进个险、团险、银保渠道的优化转型,着力提升公司核心竞争力;开展新型政保合作项目,在老年人公交车意外伤害保险、女性安康保险、残疾人保险、新居民保险和城乡居民大病保险等方面实现新突破;开展农村小额保险业务,坚持农民投保自愿,依法合规经营,切实维护群众合法权益,全年承保行政村498个,满足广大农民的保障需求;落实客户服务流程体验活动,查找并解决影响客户感受和效能的问题,优化实务规则、简化服务流程、完善系统功能、升级保单服务,大力开展客户节系列活动,推行全市柜面零现金收费和综合柜员制改革,提升服务质量与客户满意度,打造保险行业领先服务优势;完善风险预警指标体系等内控合规机制,通过"诚信我为先"等核心理念的宣传、教育、培训等,切实防范和化解公司销售风险,保障公司健康持续发展;常态化开展关爱活动,落实"贴心国寿·姐妹牵手"困难女职工帮扶工作和"职工在我心"慰问一线职工专项活动,切实体现公司人文关怀,增强员工归属感;扎实推进企业文化建设,建立员工集中学习制度,组织全市青年管理干部、青年员工的素质提升培训,打造学习型企业。年内,公司获评嘉兴市诚信经营·消费满意保险公司和嘉兴市第十一届"消费者信得过单位"。

(沈雨辰)

【人保产险嘉兴市分公司】 2014年,人保产险嘉兴市分公司实现保费收入16.8亿元,比上年增长18.14%,超额完成计划0.46亿元,超市场增速2.18个百分点,市场份额37.65%,上升0.7个百分点。实现报表利润1.38亿元,超额完成计划0.13亿元。报表综合成本率90.5%,低于全省平均3.8个百分点。车险实现保费收入12.94亿元,增长21.04%,超额完成计划0.82亿元,增速位列全省第一、高于全省平均3.62个百分点。商业非车险实现保费收入3.25亿元,规模列全省第一位,市场份额43.27%,上升0.31个百分点。政策性农险实现保费收入0.59亿元,上升13.21%。全年实现车险利润7351万元,实现商业非车险利润3306万元。年内,公司扩面发展种植业保险,创新推出秀洲大棚和大棚蔬菜保险、海盐农机具全县统保、平湖蘑菇大棚保险、海宁养蚕保险等区域特色农险创新品种,推动全市水稻统保业务;创新开发专利保险,承保极具市场潜力专利104件;率先推出国产首台套装备保险;开发"光伏产业"系列保险产品,成功签约嘉兴高新技术产业园区光伏发电应用保险项目;开拓学校机关企事业单位食堂、餐饮配送企业、酒店宴会、净菜配送企业等食品安全责任险,在海盐实现农村家宴食品安全责任保险全覆盖;开展环境污染责任保险试点,参保企业85家,保费收入259万元;"5173项目"获得文化部、中国人民银行、财政部联合颁发的"十大优秀文化金融合作创新成果"奖,至年底,累计签单165万张,保费突破1900万元。严控财务风险,加强应收管理,全年应收保费率0.27%,低于预算指标0.98个百分点。全年综合赔付率65.01%,低于全省平均1.03个百分点。完成反欺诈减损2199.98万元,完成全年任务目标的133.7%;代位追偿183.21万元,完成全年预算任务的123.34%。年内,公司加强数据研究分析,完善风险评估流程,建设企财险风险控制能力,全年开展客户防汛防火防灾检查服务,完成全市226家重点承保企业、492家次防灾检查,并推动企业开展风险隐患整改。应对车险费率市场化改革,建立车友俱乐部微信服务平台和会员积分制,巩固提升车险发展优势。打造"工银人保商友荟",联合外部优势资源,培育区域高端金融文化商业圈,辅助推进与"嘉兴经济走出去""浙商(禾商)回归"等投资项目的保险合作。融合人保健康、人保寿险服务能力,启动构建财险主导的保险综合服务能力,2014年,完成产代寿保费3380万元,产代健保费5351万元。

（金 峰）

【太保人寿嘉兴中心支公司】 2014年,太保人寿嘉兴中心支公司完成保费收入5.76亿元。年内，公司重点聚焦人力发展与基础管理工作，加强财富升级、安行宝新产品上市和PCAAS增员等核心工作，实现人力与保费的双丰收。贯彻落实分公司“遵循团险业务发展规律,实现业务利润协调增长”的发展思路和发展目标。逐步组建专业化的医疗保险审核及调查队伍,建立适合嘉兴实际的经办服务流程,大病保险业务取得初步成效。坚持营运内部培训制,保证营运各项政策和客户权益等工作的落实。建立三、四级机构综合柜员考核办法,与绩效挂钩,奖惩分明。做好上级公司“营运品质效率指标”“移动应用指标”的落实。推进“神行太保”电子签名、电子回执、实时代扣、移动理赔、移动保全等各项APP功能应用,大力推广“中国太保”微信公众平台。做好财务资金集中管理,严格执行资金收支两条线管理办法。做好“零现金”收付工作,提高零现金收付转账率,加强对POS机刷卡使用人员的核查。按照分公司统一部署,做好财务E化会计核算工作。公司在抓好业务发展的同时,要求全体干部员工牢固树立依法合规经营的理念。先后开展内审外查发现问题自查自纠专项行动、保险中介市场清理整顿、个险渠道资金案件风险排查、客户数据真实性排查,开展全员反洗钱基础知识培训，进一步提升各级人员的合规经营意识,强化风险的防范与控制,确保公司稳健运营。

（陶 佳）

【平安产险嘉兴中心支公司】 2014年,平安产险嘉兴中心支公司（以下简称“嘉兴平安产险”）实现保费收入4.16亿元，比上年增长32.6%,其中车险保费3.67亿元、增长35.4%,财产险保费3502万元、增长5.5%,意健险保费1380万元、增长44.2%，全年赔款支出1.9亿元、增长22.2%。嘉兴平安产险从业人员201人,营业网点遍布五县两区。嘉兴平安产险秉承“专业创造价值”理念,依法合规经营,进一步加强基础管理,建立健全各项规章制度。推进渠道深化工作,完成车行、银保、直销、新渠道、个人代理人、综拓全渠道业务覆盖。拓展目标车行,提升优质车商合作数量;推动个人代理人的乡镇铺设工作;开展产寿联动、车型推动、续保专项推动等活动,助推综拓业务发展。严格执行省公司内控管理实施方案,加强公司内部控制管理工作,防范合规风险。平安产险在业内首次推出赔款即时到账、零查勘简易理赔、微信实时查询理赔进度、APP客户自助免费救援四项创新服务,嘉兴平安产险做好“快易免”的服务升级。赔款即时到账服务,依托平安后台集中统一运营模式及强大IT系统支持的平安即时支付系统平台,实现单笔5万元以下赔款，保险公司结案发送支付指令,60秒内到达客户收款账户且不受节假日影响;全程无忧简易理赔服务，为个人VIP客户提供零查勘、零手续的一站式理赔体验:出现在平安产险合作厂维修的无人伤、纯车损万元以下单方事故,可享受报案后无须等待现场查勘,定损时理赔服务专员全程代办;微信实时查询和车险“快易免”APP客户自助道路救援服务,给客户带来极大便捷。公司客户服务人员操作标准、服务规范、礼貌用语、举止得体,赢得客户信任;通过技能比武、时效考核、服务暗访等考核方式，不断提升客户服务人员的服务意识、技能、时效;通过对理赔案件、上门客户的回访,了解客户的需要,不断改善公司的服务品质。2014年,平安产险推出“好车主”APP,将金融车险、移动互联网跨界融合,为私家车主带来最佳的创新体验服务,完成传统保险企业布局移动金融服务的一次跨越式探索,实现保险由线下渠道营销向线上电商营销的转变,是移动互联网与金融业务的一次创新性融合。

（王佳佳）

【太保产险嘉兴中心支公司】 2014年,太保产险嘉兴中心支公司实现保费收入6.46亿元,比上年增长27.21%,市场份额14.47%,提升1.28个百分点。年内,试行《非车险管理条线和部门负责人十大规定动作及考核办法》,逐步推行非车险的标准化、规范化思维和动作的体系建设。桐昆集团、秦山核电、平湖石化等重大项目落户太保,财富U保推进在总公司系统继续保持领先,小贷险、内贸险等创新保险稳步增长,并作为先行试点向保监会领导专题汇报。加快中心城区发展,南湖支公司作为新的业务增长点,加快团队建设、渠道建设。中心支公司本级、秀洲区和南湖区月保费分别实现2000万元、500万元和300万元。成立中心支公司"创亿元支公司领导小组"和"创亿办",在桐乡市、海宁市支公司上亿"保一争二"目标的引领下,规划和出台2015年嘉善县,2016年平湖市、海盐县上亿元的"固基强司转型升级"三年发展规划,加快县级支公司的整体发展水平。根据分公司的统一部署,中心支公司完成2015~2017三年发展规划的编制工作,从经营目标、队伍建设、机构建设、渠道建设和推进举措等方面规划公司的发展。强化核保政策的引领作用和执行力度,针对高风险业务坚持一单一议管理策略;落实车险客户分级服务管理和考核,有效提升前台承保客户信息真实性;围绕集团i02客户数据治理转型项目,落实各方职责、强化配合协调,按时保质完成客户数据治理工作。通过理赔检视承保漏洞,强化后端理赔对前端承保政策的反馈和修正。明确中心支公司属地管理的工作要求及责任,在查勘定损、人伤跟踪、人伤调解、大案管理、调查打假等环节提高服务能力。2014年,中心支公司总结"防渗漏,打假减损"实践和经验教训,主动加强与公检法力量的合作力度,在全省三级机构中率先与公安部门建立合作,挂牌设立公安局驻嘉兴中心支公司联络室。落实防台防汛、冬季防火工作预案和抗灾演练的实施,进一步树立"防重于赔"的工作理念,打造太保风险管理、防灾防损技术体系。中心支公司本级门店创建国家级五星级服务门店,深入落实"一心、二效、三节"为核心思想方法,将客户服务的有形化建设推进至县域四级机构,完成平湖支公司门店改建和海盐支公司门店扩建启动,基本完成桐乡乌镇营销部和海宁尖山营销部的迁址改造。

(薛 伟)

【天安保险嘉兴中心支公司】 2014年,天安保险嘉兴中心支公司完成保费1.12亿元,比上年增长8.04%。银保理财快速攀升,至年底,完成保费7744万元,业务达成率154%;签单1385件,件均保费5.6万元,网点活动率100%,网均产能970万元,二到三年期保费占65%,百万网点占50%。中心支公司各机构及本级业务部门开展劳动竞赛,一季度"开门红"、二季度"时间过半任务过半"、"8-9"联动、下半年非车竞赛、激活卡专项竞赛、国庆签单赛等各类销售推动,并通过每日战报形式,及时跟踪竞赛进展。2014年,车险费用采取分险种分渠道配置,同时对单一渠道考量其直接成本率高低,可分月动态调整,管控更趋细化。对超基础费用率的渠道采取报批制,一事一议,同时结合标保折算系数的运用,有效降低和节约高销售费用渠道的人力成本。每月对全市销售费用使用情况进行清算。对各机构销售费用的使用情况进行动态监控,确保机构销售费用在核定范围内使用。年内,公司清理整顿工作涵盖全市各机构,涉及专业中介10家、金融兼业中介11家、非金融兼业中介24家、个人代理人79人,共清理需挂个人代理人10人,并对代理自身业务等问题进行整改、上报。2014年,公司机构发展不平衡:下辖机构增长良莠不齐,个别机构增长率24%以上,而个别机构负增长严重。机构发展不稳定:业绩起伏较大,各机构、部门均有连续数月负增长的现象。车险业务结构中渠道占比较高,高成本业务较多。私家车续保率仅为43%,低于全省平均,优质业务续保率低于全省水平。新车续保率不足20%。针对上述问题,公司加强销售队伍建设,引进优秀的销售人才;做好销售方案推动,促进全市业务达成。

(杨礼娟)

【华泰产险嘉兴中心支公司】 2014年，华泰产险嘉兴中心支公司实现保费收入3587.61万元，完成全年预算的109.38%，比上年增长12.53%；实现净利润410万元。其中车险保费收入1552.14万元，完成全年预算的124.17%，增长17.61%；商险保费收入1849.77万元，完成全年预算的102.77%，增长11%；个险保费收入185.7万元，完成全年预算的80%，下降8%。至年底，公司整体赔付率42.05%，其中车险赔付率43.36%、商险赔付率29.16%、个险赔付率11.65%。年内，中心支公司新开EA门店9家，为中心支公司业务增长打好基础，确保年度目标任务的完成。坚持以集约化管理、专业化经营和差异化竞争为主要内涵的质量效益型发展战略，水险是嘉兴中心支公司的优势，险种连续多年在嘉兴保险市场上保费收入排名第二位，效益比较稳定。严格执行公司各项规章制度，加强制度执行力，重视对员工的诚信教育、合规经营意识的培养，提高员工防范和化解风险的能力。严格执行分公司的费用管理办法，有效控制费用支出，管控业务财务数据真实性、条款费率的执行和内控制度的落实情况，守住费率和手续费的底线。完成中介清理整顿工作，按要求严格落实整改工作，为企业持续健康发展打好基础。参与人民银行组织的反洗钱工作竞赛，有6人参与"我眼中的反洗钱"投稿，投稿员工比例列保险公司前茅。为切实提高理赔服务质量，年初，对公司所有理赔人员实施工作量考核，进一步掌握理赔人员的工作动态，促进工作责任性的提高，4月，分公司开展对各中心支公司的车险理赔关键绩效指标考核，华泰产险嘉兴中心支公司理赔人员表现突出，4月为第五名，5月、6月、7月为第一名，8月为第二名，9月、10月、11月为第一名，得到客户的好评。

（吴彩琴）

【阳光产险嘉兴中心支公司】 2014年，阳光产险嘉兴中心支公司实现保费收入1.55亿元，综合赔付率48.87%，全年计划达成率100.22%，比上年增长18.97%，高于嘉兴平均水平。年内，公司深入渠道改革，强化团队建设。坚持以"广泛渠道合作，追求价值业务"为出发点，加强核心团队建设，四级机构成立专属渠道团队或确定渠道专员，全力推动多元化的销售模式。配合总公司，对所有拨打成功的客户，在出单、送单、收费各个环节上服务到位，强化工作质量和效率。2014年，公司加大理赔人力投入，确保总公司推出的快赔工作落到实处，理赔快赔率、结案周期、结案率等理赔效率均处于全省系统前列。同时，公司利用理赔资源，加大与4S店的合作力度。年内，公司规范承保资料的管理，减少经营风险；严格人员录用程序和用工规范，确保队伍素质；规范报销流程和开支科目；强化初核管理，控制承保风险；强化大案管理和诉讼管理，挤压理赔水分。

（费　红）

【国寿产险嘉兴中心支公司】 2014年，国寿产险嘉兴中心支公司实现保费收入2.89亿元，完成全年预算的103.29%，超预算922万元，超挑战目标172万元，完成省公司下达的年度挑战目标；比上年增长27.24%，高于全行业平均增速11.28个百分点；市场份额6.48%，比上年提升0.57个百分点；市场排名稳居第四位，与第五位主体规模差距拉大1.25亿元。全年车险保费收入2.33亿元，增长24.7%，占全部保费的80.6%；非车险保费收入5603万元，增长38.88%，占全部保费的19.4%，比上年提升1.65个百分点，业务结构进一步优化。南湖区、平湖市、桐乡市、嘉善县完成挑战目标，中心支公司再次入选全国三级机构50强，南湖区、平湖市、桐乡市入选全国四级机构100强，营业一部被省公司评为基层标杆团队。年内，在省公司渠道考核办法的基础上，对基本法进行修订，在考核中细化指标，提高门槛和奖惩力度，确保对优秀销售人员形成选拔和激励作用；针对渠道和机构特点，制定灵活多样的阶段性激励方式，充分调动人员积极性，激发展业潜能。2014年，嘉兴中心支公司客户满意度99.41%，位列全省第一。公司连续第三年获得市消保委授予的“嘉兴市诚信经营、消费满意保险公司”称号。年内，中心支公司5家县级支公司营业窗口全部完成改造,三星级以上网点达标率100%。

（颜　涛）

【平安人寿嘉兴中心支公司】 2014年,平安人寿嘉兴中心支公司业务持续快速发展,全年实现保费收入9.7亿元,比上年增长13.64%。其中个人营销业务保费收入9.47亿元，增长13.59%;银行代理业务保费收入2286.27万元,增长15.94%。支付各项赔款、满期给付金和年金给付1.04亿元,缴纳地税1592.08万元(不含社保259.5万元)，先后获2013年度“嘉兴3·15诚信经营、消费满意保险公司”称号、嘉兴市第十一届“消费者信得过单位”称号、2013年度嘉兴社区“结对共建工作优秀单位”、2014嘉兴最具社会责任感企业、“2014年嘉兴市保险、证券(期货)反洗钱知识竞赛”三等奖等多项荣誉。年末，中心支公司保险代理人达到2128人。新单业务承保3.11万件,提供各类人身险保障额度101.84亿元;续期业务承保16.28万件，提供各类人身险保障额度273.04亿元。2014年，理赔4277件，理赔总额2829.35万元，其中医疗险赔付3807件，重疾赔付176件，身故残疾赔付93件；生存金给付金额7602.28万元。平安人寿致力多渠道服务创新举措,陆续开发银行转账、“95511”电话交费、APP客户端交费、二维码续费等6种E化交费方式,搭建电话、网络、手机WAP、手机APP、移动柜面等多种服务渠道,客户可随时随地办理生存金领取、交费账号变更等20余项服务;对资料齐全的标准案件，承诺两天内完成赔付;客户通过电话等形式预约,理赔人员将在一天内响应,上门进行理赔服务。客户足不出户就可以随时享受24小时不间断、零距离、零等待的服务。5月,平安人寿在业内首推客户服务账单。该账单整合投保人所有有效保单的保障、交费、领取、理赔等多项重要信息,客户通过直接登录一账通的“服务账单”菜单,查询所有保单的交费情况、权益变更等各项重要信息,同时,客户服务账单还将提醒客户关注保单异常情况,客户可利用账单及时掌握并维护保单权益。12月,平安人寿在业内首次推出柜面客户预约服务,客户只要登录平安人寿官网或平安集团一账通平台,找到“预约亲临柜面”选项,就可以轻松预约；也可拨打全国服务热线“95511”进行预约。

（吴慧蕙）

【太平人寿嘉兴中心支公司】 太平人寿嘉兴中心支公司自2004年进入嘉兴市场以来,一直以领先于行业的速度保持持续快速增长,实现由业务初创期到业务发展期的转变。2014年,实现保费收入1.81亿元,其中个险保费收入8245万元，银行保险保费收入9606万元。年内,推行全面预算管理,加大费用管理和考核力度,强化经营成本观念。不断强化投入产出比管理和百元标保人力费用率管理,优化和完善公司资源配置。在风险管理上,公司推行市场上较为先进的核心风险集中管控和财务业务信息集中处理的管理模式,集中统一的客户资料管理、影像基数高度参数化、有力的内控支持和强大的流程控制,将各种风险降到最低限度,全年风险管控到位,业务运营平稳。在客户服务上,坚持100%电话回访制度,让客户及时了解自己保单的相关信息;在理赔、保全等方面,推出一站式及无站式的服务,做到快速办理，使保户对公司的认同度不断提升;开拓电话、短信、邮件、电子信箱、客服节等各项服务手段,确保客户信息接收及时、服务快速办理。

（华静静）

【信泰人寿嘉兴中心支公司】 2014年,信泰人寿嘉兴中心支公司实现保费收入1767.18万元，市场份额0.34%。围绕分公司提出的建立“三高”团队的要求,加大组织发展精细化,从新人入职开始对营销人员进行系统培养,不断强化品质观念、行业观念、风险防范观念,丰富销售技巧、强化展业能力。转变各自为战的传统增员方式,不断扩大精英团队组织,促进公司业务的持续发展。同时,提升内勤员工的归属感,加强对内勤员工的培训、培养,提高员工的业务管理能力,在内部建立富有竞争力的薪酬机制和晋升机制,建立公平合理的绩效考核机制,调动全体内勤员工的工作积极性,在增资扩股期间,公司暂停各项寿险新单业务,为了增加外勤人员的收入,稳定团队,公司与产险公司合作,成功推动产险业务的发展。

（舒宝航）

【人民人寿嘉兴中心支公司】 2014 年,人民人寿嘉兴中心支公司实现保费收入 4.62 亿元,比上年增长 29.19%;实现首年期交保费 2223.87 万元,下降 13.82%;短期险保费 1203.49 万元,下降 30.35%。银保渠道实现保费收入 3.9 亿元,占全部保费的 84.5%,增长 78.9%;个险渠道实现保费收入 4736.97 万元,占全部保费的 10.26%,增长 11.92%;团险渠道实现保费收入 369.66 万元,占全部保费的 0.8%,下降 66.31%;互动渠道实现保费收入 2049.02 万元,占全部保费的 4.44%,下降 76.16%。公司有合同制员工 75 人,其中内勤 31 人,劳务派遣 17 人;销售人员 521 人,其中银保客户经理 40 人;个险人员 322 人;团互直销人员 15 人。年内,全省系统建立星级柜员评选制度,嘉兴中心支公司对柜面工作量大的服务人员严格考核,加强培训,同时,以津贴的形式提高星级柜员的收入,有效地调动柜面人员的工作积极性。加强理赔调查队伍和续期收展队伍建设,现有专兼职理赔调查人员 3 人、续收人员 14 人。进一步拓展效益类保费市场,银邮渠道沿谈期缴保费训练营、挖掘短期意外险等高费用险种,实行多元化销售,要求各基层公司搭建低成本小型产说会、沙龙等活动营销平台,鼓励和帮助队伍自主销售,提高综合拓展能力和收入,同时严格队伍基本法考核,管理干部绩效考核,激发销售员工的积极性,加强短期意外险的核保核赔管理,提升承保质量,严把核赔关,降低赔付率,逐步解决公司前期累积的问题。

（蒋利胜）

【信诚人寿嘉兴中心支公司】 2014 年,信诚人寿嘉兴中心支公司新业务快速成长的同时,续期业务质量也不断提升。全年实现保费收入 1333.91 万元,比上年增长 1.42%。年初,分公司成立续期管理专项小组,各机构对续期指标重视度有所提升。2014 年,全省 P1 达成率比上年提升 9%。年内,公司建立完善的会议体系,年度、半年度会议注重规划,确定节奏;季度、月度例会强化追踪,分析原因,同时强化配套激励措施,调动员工的积极性。

（谢雅芳）

【中国出口信用保险公司嘉兴办事处】 2014 年,中国出口信用保险公司嘉兴办事处通过履行政策性职能,全年拉动出口额 53.6 亿美元,占全市出口总额的 22.6%,承保覆盖面 33%。办事处连续第四年被评为“浙江分公司年度优秀经营机构”。出口信用保险在促进国际收支平衡、支持国家外交战略、支持企业走出去、扶持小微企业等领域发挥重要的政策性作用。办事处结合嘉兴块状经济特点,对箱包、紧固件、沙发等行业提供重点市场服务,纺织品和机电都保持 12.7%、14.7%的稳定增长。在全市开展客户满意度调查,了解企业最新需求动态,对调查中反映的具体意见、建议及需求,集中研究处理并反馈,进一步提升客户满意度。2014 年,办事处帮助企业保订单,拓市场,支持新兴市场 12.3 亿美元。同时,开展对企业在新兴市场开拓和风险防范等方面的培训,与市商务局、嘉兴市进出口商会联办“信保讲堂”两期,对俄罗斯、乌克兰及拉美风险,提出防范建议,组织市、县巡回宣讲,参加企业 800 多家。办事处结合转型升级及产业导向,对绿色环保企业,附加值较高的机电产品、高新技术产品、成套设备等的出口支持,通过“特定合同保险”将承保风险的责任起点提前至贸易合同生效之时;对科技金融支持企业,落实专业处室,归口管理与服务。结合海外风险特征,强化信息服务功能,增加预警信息发布平台,通过微信、信保通、涉外部门网站、出口预警点、商协会等渠道加大对典型案例、预警信息的发布,及时为企业提供风险信息;甄别买家风险,全年为辖区企业开展资信调查5860份。结合企业“走出去”新动向,支持外经带动外贸发展新模式,办事处全年为嘉兴市4家企业的6个海外投资项目提供风险保障支持,累计实现保险金额4.5亿美元,涉及境外工业园区入园投资、工业制造海外设厂、矿产资源开发及海外并购等行业,进一步加强与国家政策性银行合作,帮助企业获得海外投资项目融资约2.2亿美元。

(蒋　贞)

外汇管理

【概况】 2014年,国家外汇管理局嘉兴市中心支局(简称嘉兴市中心支局)稳步推进外汇管理改革,提升服务地方实体经济能力,加强跨境资金流动监测与分析水平,不断优化区域外汇金融环境。全市国际收支总额471.41亿美元,比上年增长6.27%,其中收入304.78亿美元、支出166.63亿美元,顺差138.15亿美元;结售汇总额282.48亿美元,增长4.94%,其中结汇203.96亿美元、售汇78.52亿美元,顺差125.44亿美元;外债余额31.23亿美元,增长3.83%;金融机构外汇存款余额27.82亿美元,增长27.57%,外汇贷款余额40.54亿美元,下降5.92%;跨境人民币总额401.88亿元,增长10.52%,其中收入189.78亿元、支出212.1亿元。

【推进地方经济发展】 2014年,嘉兴市中心支局深入企业调研,先后走访玛氏食品、东方钢帘线、禾欣实业等多家涉汇企业开展外贸转型发展“百日服务”活动,进行外贸供应链融资、科技金融等专题调研;深入了解涉汇企业对外汇政策的需求,分别为浙江海利得新材料股份有限公司、浙江万凯新材料有限公司争取1000万美元和2000万美元的短期外债指标,有效缓解嘉兴市企业境外融资难题;大力支持嘉兴市跨国企业走向国际市场,举办“嘉兴市跨国公司外汇资金集中运营管理业务推进会”,为全市40多家跨国公司搭建政策宣讲平台,协助桐昆集团股份有限公司完成集中运营试点申请,成为浙江省首批5家备案企业之一,桐昆集团共归集资金3.23亿美元,直接节约财务成本40余万元,有效发挥资金规模管理的优势;满足嘉兴市金融机构业务发展需求,先后完成民泰、华夏等5家银行分支机构结售汇业务市场准入及中国人寿、平安人寿等3家保险公司金融机构标识码的赋码申请,协调禾城农商行等2家地方法人机构对外金融资产负债及交易数据接口程序的联调事宜,帮助嘉兴银行成功申请1000万美元短期外债指标。

【创新推出套餐服务】 2014年,嘉兴市中心支局前移外汇服务窗口,在市本级南湖区5个乡镇、6个街道、1个工业园区建立外汇政策服务站,将外汇政策宣传和业务受理的窗口通过服务站前移至450家涉汇企业;建立分类服务库,针对不同类型企业先后建立成长型企业库、跨国公司企业库、转口贸易企业库、来料加工贸易企业库,入库企业总数达300余家,为不同群组定制个性化服务,使外汇政策服务更加符合企业需求;定期走访联系企业,建立“周周联企、月月访企”的重点企业联系制度,年内,共走访外贸企业69家;开展外汇政策培训,与商务中心嘉兴分部联合开展外汇政策培训会,为全市100多家涉汇企业近200人解读最新的外汇管理政策,为敏实集团、嘉化集团旗下17家子公司的100余名业务人员,举办货物贸易外汇管理政策培训,针对企业实际开展差别化政策培训;编制外汇宣传手册,针对企业办理外汇业务中的难点疑点,编制《2014外汇管理案例白皮书》及新版《国际收支申报办法》,向涉汇企业免费发放。

【强化履职监管】 2014年,嘉兴市中心支局开展虚假转口贸易专项外汇核查,组成省、市、县三级联查队伍,查处嘉兴市多家企业通过虚假转口贸易违规套利的行为,同时,对业务经办银行实施同步检查,查处银行未尽合理审查义务等违规问题。2014年度,立案并处罚虚假转口贸易14起,至年末,全市转口贸易收支规模大幅收窄,比上年下降22.24%,有效遏制虚假转口贸易的势头。同时,检查银企资本金非法结汇、程序类违规等问题,累计立案69起,切实维护外汇市场的健康运行。

【优化监管市场手段】 2014年,嘉兴市中心支局以"转型技能提升季"为主题,从转变理念、提升素质、强化监测等方面切实推动外汇管理方式转变和人员转型。制定《嘉兴市服务贸易外汇监测暂行办法》,确立按季度开展监测和核查的机制,进一步细化和明确嘉兴市服务贸易事后监测分析工作的步骤、方法与要求,为服务贸易外汇管理转型提供制度保障;推广资本项目事后监管"嘉兴模式",探索资本项目事后监管新模式;完善外汇信息交流制度,通过各类外汇信息交流会,沟通交流业务信息,加快人员转型,促进非现场监测工作水平;逐步建立外汇监测分析网络,建立银行跨境收支、转口贸易、外汇衍生产品、重点贸易融资产品等专项数据监测库,掌握银行最新的外汇资金运行情况,建立样本企业监测库,定期开展企业进出口、贸易融资、汇率承受力等分析,及时发现企业跨境资金摆布的苗头。

（柏　丽）

证券　期货

【概况】 2014年,嘉兴市不断提升资本市场融资能力,引导企业进入多层次资本市场。至年末,全市有上市企业35家,过会待发企业1家,报会在审企业7家,上市辅导期企业3家。建立挂牌、上市后备企业库和股改后备企业库,入库企业分别达到141家和231家,全年新增股份制企业59家。全市上市企业数量居全省第4位、全国地级以上城市第12名,总市值近2300亿元。全市证券和期货交易额分别为10142.2亿元和6053.3亿元。全市新增"新三板"和浙江省股权交易中心等场外交易市场挂牌企业5家和35家,浙江省股权交易中心挂牌企业总数112家。

直接债务融资进一步发展。年内,全市直接融资规模291.83亿元,创历史新高。全市12家企业通过IPO、定向增发等股权融资方式,累计募集资金106.57亿元,占直接融资总量的36.51%,比上年的13.2亿元增加7倍多;有27家企业通过发行企业债、中期票据、短期融资券、非公开定向债、私募债等直接债务融资工具,募集资金185.26亿元。

嘉兴"上市板块"进一步扩大。年内,全市新增上市公司5家(首发上市3家、借壳上市1家、迁入1家),首发上市占全省的20%。其中友邦吊顶成功在中小板挂牌上市,募集资金1.6亿元;莎普爱思成功在主板挂牌上市,募集资金3.07亿元;新澳股份成功在主板挂牌上市,募集资金4.31亿元;嘉化能源借壳华芳纺织上市;中国玻纤注册地迁至嘉兴市。浙江华友钴业股份有限公司过会待发。报会待审企业7家,分别是博创科技股份有限公司、浙江荣晟环保纸业股份有限公司、浙江嘉澳环保科技股份有限公司、生迪光电科技股份有限公司、安正时尚集团股份有限公司、田中精机股份有限公司、恒锋工具股份有限公司。上市辅导期企业3家,分别是浙江台华新材料股份有限公司、桐乡市永泰隆电子有限公司、浙江青莲食品股份有限公司。

【友邦吊顶在深交所上市】 1月28日,浙江友邦集成吊顶股份有限公司在深圳证券交易所中小板挂牌上市,股票代码002718。友邦吊顶此次上市发行1310万股股份,每股发行价28.02元,净融资约1.6亿元,总股本5160万股。浙江友邦集成吊顶股份有限公司专注以创新设计和卓越性能缔造一流的室内吊顶整体解决方案,应用MSO模块化技术原创发明集成吊顶,使厨卫吊顶实现装饰美学的升级和电器功能模块的优化。

【莎普爱思在上交所上市】 7月2日,浙江莎普爱思药业股份有限公司在上海证券交易所主板挂牌上市,股票代码603168。莎普爱思此次上市发行1635万股股份,每股发行价21.85元,净融资约3.07亿元,总股本6535万股。浙江莎普爱思药业股份有限公司是一家专业从事药品研发、生产、经营的综合性制药企业,拥有大容量注射剂、口服溶液剂、滴眼剂、片剂、硬胶囊剂、栓剂、颗粒剂、原料药、干混悬剂、冲洗剂10个剂型,近百种规格的产品批准文号。

【新澳股份在上交所上市】 12月31日,浙江新澳纺织股份有限公司在上海证券交易所主板挂牌上市,股票代码603889。新澳股份此次上市发行2668万股股份,每股发行价17.95元,净融资约4.31亿元,总股本1.07亿股。浙江新澳纺织股份有限公司是一家集针织绒线、羊毛条加工及染色的省级重点毛纺织企业,专业从事精纺羊毛纱线的生产和销售。

【嘉化能源借壳在上交所上市】 9月9日,浙江嘉化能源化工股份有限公司借壳华芳纺织股份有限公司在上海证券交易所主板挂牌上市,股票代码600273。嘉化能源此次通过资产置换及配套资金募集,净融资约54.35亿元。总股本13.06亿股。浙江嘉化能源化工股份有限公司以“高起点、环保型和循环经济”为核心理念,主营氯碱系列、热电联供、邻对位系列、硫酸系列和脂肪醇(酸)五大系列产品。

【中国玻纤注册地迁至嘉兴市】 9月4日,中国玻纤股份有限公司发布关于注册地变更公告。2014年1月13日,2014年度第一次临时股东大会审议通过《关于公司总部迁址的议案》和《关于修订〈公司章程〉部分条款的议案》,同意将公司注册地址由“北京市海淀区西三环10号(望海楼C座)”变更为“浙江省桐乡市梧桐街道文华南路669号”。中国玻纤股份有限公司是国内最大的玻璃纤维及制品的制造商,主要客户分布在能源、交通、石油和电子电力等产业,50%以上的玻璃纤维及其制品出口美国、日本等地。

【全年证券交易额10142.2亿元】 2014年,全市证券账户83.49万户。证券交易额10142.2亿元、比上年增长44.7%,其中股票交易额6992.5亿元、增长46.62%,基金交易额357.15亿元、增长201.34%。

【全年期货代理交易额6053.3亿元】 2014年,嘉兴市6家期货营业部,累计代理交易量1022.44万手、比上年增长52.02%,累计代理交易额6053.3亿元、下降11.36%。

表16 **2014年嘉兴市上市公司情况**

证券代码	股票名称	总股本(万股)	12月31日收盘价(元)	总市值(亿元)	上市时间	上市板块
600796	钱江生化	30140	7.24	21.82	1997.4.8	主板
600208	新湖中宝	803282	7.32	588.00	1999.6.23	主板
600235	民丰特纸	35130	6.69	23.50	2000.6.25	主板
600330	天通股份	64882	9.28	60.21	2001.1.18	主板
002067	景兴纸业	109395	3.71	40.59	2006.9.15	中小板
601002	晋亿实业	79269	19.41	153.86	2007.1.16	主板

续表 16

证券代码	股票名称	总股本（万股）	12 月 31 日收盘价(元)	总市值（亿元）	上市时间	上市板块
002144	宏达高科	17676	17.30	30.58	2007.8.3	中小板
002188	新嘉联	15600	11.20	17.47	2007.11.22	中小板
002206	海利得	44758	8.06	36.07	2008.1.23	中小板
002343	禾欣股份	19812	13.30	26.35	2010.1.26	中小板
002344	海宁皮城	112000	15.91	178.19	2010.1.26	中小板
002381	双箭股份	23400	12.57	29.41	2010.4.2	中小板
002404	嘉欣丝绸	26033	10.74	27.96	2010.5.11	中小板
002522	浙江众成	44164	19.18	84.71	2010.12.10	中小板
002562	兄弟科技	21340	12.26	26.16	2011.3.10	中小板
601233	桐昆股份	96360	10.60	102.14	2011.5.18	主板
002648	卫星石化	80509	12.10	97.42	2011.12.28	中小板
002677	浙江美大	20000	23.80	47.60	2012.5.25	中小板
002718	友邦吊顶	5160	70.56	36.41	2014.1.28	中小板
600176	中国玻纤	87263	15.47	135.00	1999.4.22（2014.9.4 迁入）	主板
603168	莎普爱思	6535	80.97	52.91	2014.7.2	主板
600273	嘉化能源	130629	8.94	116.78	2003.6.27（2014.9.9 借壳）	主板
603889	新澳股份	10668	25.85	27.58	2014.12.31	主板
	小计	1884005	18.37(平均)	1960.70		
00496	卡森国际	116232	0.83	9.65	2005.10.20	香港主板
SOL	昱辉阳光	10170	8.63	8.78	2008.1.3	纽交所
00528	金达控股	62250	0.93	5.87	2006.12.12	香港主板
BOY	博元建设	1619	5.18	0.84	2009.3.11	加拿大多交所
YAT	亚特电器	5588	2.70	1.51	2010.7.23	韩国科斯达克
02198	中国三江化工	99310	1.96	19.46	2010.9.16	香港主板
JKS	晶科能源	3088	120.61	37.24	2010.5.13	纽交所
KFG	康丰家纺	2500	1.10	0.28	2012.5.11	澳洲 ASX
08276	华章科技	27200	3.39	9.22	2013.5.16	香港创业板
5538	东明控股	16800	6.19	10.40	2013.12.16	台交所
	小计	345667	15.15(平均)	103.25		
600567	山鹰纸业	376694	2.89	108.86	2001.12.18（吉安集团 2013.6.14 借壳）	主板(注册在江西)
600555	九龙山	B 股 30350 A 股 30350	B 股 2.88 A 股 6.85	B 股 37.54 A 股 89.29	B 股 1999.1.18 A 股 2001.3.28	主板(注册在上海市)
	小计	637394	4.21(平均)	235.70		
	合计	2867066	16.29(平均)	2299.67		

（高舜阳）

经济管理与服务

计划管理

【启动“十三五”规划编制】 2014年,嘉兴市制定“十三五”规划编制工作计划,明确“十三五”规划前期研究和规划编制两个阶段主要任务及近期工作重点,先后召开嘉兴市“十三五”规划编制工作动员部署会议和“十三五”规划“三个重大”谋划工作会议。加强“十三五”前期重大课题研究,围绕“十三五”时期嘉兴市形势研判与发展方向、产业转型与创新发展、改革开放和基础性要素约束性问题、城乡统筹与社会治理体系、社会事业与人口发展、生态文明与可持续发展六大重点领域,通过社会公开征选,确定37个前期研究重点课题,并启动《嘉兴市“十三五”经济社会发展的基本思路研究》《嘉兴市“十三五”时期战略新兴产业与传统产业互动发展研究》《嘉兴“十三五”深化经济体制改革关键举措研究》《嘉兴“十三五”社会治理体系建设思路与重点研究》《“十三五”时期嘉兴生态环境建设的制度安排及重点举措研究》等首批27个课题研究。至年底,完成《基于长三角区域竞合背景下的嘉兴提升发展战略研究》《长三角城市群发展战略背景下嘉兴城市功能定位和战略导向研究》《基于互联网经济发展的嘉兴新业态发展研究》《基于嘉兴传统行业的品牌经济塑造与影响力提升发展研究》《“十三五”时期全面提高嘉兴对外开放水平再创开放新优势的思路对策研究》《嘉兴打造长三角高科技成果转化的重要基地研究》《嘉兴市“十三五”海陆统筹发展战略研究》等19个课题。对嘉兴市“十三五”时期阶段性发展目标进行研究,结合嘉兴实际从战略定位、平台建设、改革试点、重大项目等方面,提出要求纳入国家、省“十三五”规划的重大项目、重大工程和重大政策相关内容。编制完成嘉兴市“多规合一”试点总体方案,构建统一的发展目标、规划体系、规划蓝图、基础数据、技术标准、信息平台和管理机制,推进经济社会发展规划、城乡规划、土地利用规划、环境功能区划等有机“合一”,嘉兴市被列入国家“多规合一”试点市。

【制定实施国民经济和社会发展计划】 2014年,市发改委编制完成2014年嘉兴市国民经济和社会发展计划,经市七届人大第四次会议审议批准,由市政府下发执行。2014年,全市国民经济和社会发展主要调控目标为生产总值增长8.5%;公共财政预算收入增长8%;固定资产投资额增长13%;社会消费品零售总额增长12%;进出口总额、出口总额均增长6%;实际利用外资15亿美元;全社会研究与试验发展经费支出占生产总值的2.5%;城镇居民人均可支配收入增长9.5%,农村居民人均纯收入增长10%;居民消费价格总水平涨幅与省价格调控目标保持衔接;人口自然增长率控制在1.2‰;城镇登记失业率控制在4%以内;城镇新增就业人数6.5万人;职工基本养老保险参保人数212万人;职工基本医疗保险参保人数(含大病统筹)183万人;城乡居民合作医疗参保率达到

96%以上;职工失业保险参保人数109万人;万元生产总值综合能耗以及化学需氧量、二氧化硫、氨氮和氮氧化物排放量按省计划安排。为完成年度计划目标任务，全市推进转型升级、项目攻坚、深化改革、治水治气等各项工作,年内,除地区生产总值和城镇居民人均可支配收入未完成预期目标外,其余国民经济和社会发展主要指标均完成预期任务。其中,一般公共预算收入增长8.8%；固定资产投资额增长16.3%;社会消费品零售总额增长12.5%;进出口总额、出口总额分别增长6.2%、10%;实际利用外资24.96亿美元；全社会研究与试验发展经费支出占生产总值的2.65%；农村居民人均可支配收入增长10.2%；居民消费价格总水平涨幅控制在2%；人口自然增长率控制在3.1‰;城镇登记失业率控制在2.9%;城镇新增就业人数10.7万人;职工基本养老保险参保人数219.2万人;职工基本医疗保险参保人数(含大病统筹)193万人;城乡居民合作医疗参保率达到98%以上；职工失业保险参保人数110.4万人；万元生产总值综合能耗以及化学需氧量、二氧化硫、氨氮和氮氧化物等节能减排指标均完成省下达目标任务,提前一年实现“十二五”淘汰落后产能目标。

【推进重大项目建设】 2014年,市发改委编制下达全市“三个千亿”工程、重点建设项目、服务业“百项千亿”工程、海洋经济发展等重大建设项目计划。全市“三个千亿”工程安排重大项目488项,总投资3509.7亿元,年度计划投资530.8亿元。其中,基础设施完善千亿工程141项,年度计划投资167.9亿元;公共服务提升千亿工程101项,年度计划投资92.2亿元;产业转型升级千亿工程246项，年度计划投资270.7亿元。全市重点建设项目147项,总投资1760.4亿元,年度计划投资269.6亿元,列入考核的省重点建设项目104项，年度计划投资188.2亿元。全市服务业“百项千亿”工程安排重大项目166项,总投资1851.1亿元,年度计划投资269.9亿元。其中省、市级服务业集聚区基础设施投资类项目17项，总投资356.8亿元,年度计划投资39.6亿元;现代物流、专业市场、文化创意等产业类项目149项，总投资1494.3亿元,年度计划投资230.3亿元。海洋经济安排重大项目199项，总投资1411.8亿元，年度计划投资248.2亿元。为确保完成年度投资任务,嘉兴市建立完善市四套班子领导联系走访百个重大项目、联挂市区重大项目、重大项目呈报单、固定资产投资“月月通报排名、季季开会点评”、重大项目全程跟踪服务等项目推进机制，组织开展扩大有效投资比学赶超、重大项目集中开工、银项融资对接、重大项目招商推介、重点工程立功竞赛以及百日攻坚专项行动等系列活动,全面开展土地供而未用消化利用专项行动,破解土地、资金、环境等要素制约。全年消化利用供而未用土地约1266.67公顷,获省土地“点供”指标约611.07公顷,争取国家发改委批准发行企业债券38亿元,争取各类资金补助5亿元。至年底,全市“三个千亿”工程实际完成投资683.4亿元,完成年度投资计划的128.8%。其中,基础设施完善千亿工程实际完成投资188.9亿元，完成年度计划的112.6%;公共服务提升千亿工程实际完成投资124.6亿元,完成年度计划的135.1%;产业转型升级千亿工程实际完成投资369.9亿元，完成年度计划的136.6%。列入全省扩大有效投资“411”重大项目计划的75个项目实际完成投资339.6亿元，完成年度投资计划的121.9%。全市重点建设项目实际完成投资298.8亿元，完成年度投资计划的110.8%。其中,列入考核的省重点建设项目完成投资220.4亿元，完成年度投资计划的117.1%。服务业“百项千亿”工程实际完成投资290亿元,完成年度投资计划的107.3%。完成海洋经济有效投资226.7亿元,完成省下达目标任务的113.4%。758个政府投资项目完成竣工验收,超年度任务,其中市级完成182个。钱江通道北接线一期、湖嘉申线航道一期等工程建成,嘉兴军民合用机场改扩建工程前期工作取得阶段性成效。全市完成固定资产投资2221.2亿元，比上年增长

16.3%,完成年初确定的计划增长13%、力争增长16%的目标。服务业完成投资1194.6亿元,增长19.7%,其中生产性服务业投资增长36.3%,均快于全市投资增速。嘉兴市被省政府评为全省扩大有效投资先进单位。全市项目投资、民间投资占全部投资的比重分别提高至76.1%和66%,均提升3个百分点。

【深化重点领域改革】 2014年,嘉兴市深化行政审批层级一体化改革,大力推进政府职能转变,除法律规定不能再次委托、县市无承接机构、跨行政区域的59项市级行政审批事项不能下放外,其余428项全部下放,县级既能受理又能办理的审批事项比例均达到90%以上。制定出台《加强行政审批层级一体化改革事中事后监管的实施细则》,初步建立由审批为主转变为事中事后监管为主的新机制。实行政府权力清单和责任清单制度,市级部门行政权力从11552项减少到3875项,明确市级部门主要职责492项。在全省率先启动综合行政执法改革试点,组建市、县、镇三级综合行政执法机构。深入推进投融资体制改革,制定出台《嘉兴市鼓励和引导民间资本参与公共服务领域的实施意见》,重点鼓励民间资本以BOT(即建设—经营—转让)、TOT(即移交—经营—移交)以及委托管理、承包经营、合作经营等合作方式参与经营性及准经营性基础设施的建设运营。嘉兴老年医疗中心项目、平湖分布式发电示范项目、嘉善县生活垃圾焚烧发电项目等7个重大项目列入全省民间投资项目推介示范名单,总投资达到65亿元,涉及社会发展、能源、市政设施等多个领域。其中,3个项目列入国家PPP(政府和社会资本合作)项目库。2014年,全市民间投资完成1464.9亿元,比上年增长21.5%,高于全市投资增速5.2个百分点。全面推进要素市场化配置改革,总结海宁资源要素市场化配置改革试点经验,制定出台《嘉兴市关于加快推进要素市场化配置改革实施方案》,召开全市要素市场化配置改革推进大会,完善工业企业绩效评价机制,推行差别化的用地、用能、排污、税收等生产要素分配政策,全面构建"亩产论英雄"的标准化评价体系和差别化的要素配置机制。在全省率先实现资源要素市场化配置改革全市域覆盖,全省资源要素市场化配置改革扩面推广现场会在海宁举办。

【编制市本级产业发展规划】 2014年,嘉兴市落实促进市本级经济发展18条意见,制定出台《嘉兴市本级产业发展规划》,确定创新驱动发展、产业高端化发展、产业融合发展、集聚集群发展、绿色低碳发展五大战略方针,提出到2017年,力争市本级生产总值突破1150亿元,占全市生产总值的25.5%,服务业增加值占市本级生产总值的50.5%;到2020年,市本级生产总值达到1500亿元,占全市生产总值的26%,服务业增加值占比达53%,生产性服务业增加值占服务业增加值的65%,高新技术产业增加值占工业增加值的36%,规模以上工业增加值率达到22%,全社会劳动生产率达到18万元/人。突出产业结构优化,以先进制造业和现代服务业为发展导向,以技术创新、模式创新、体制创新为动力,重点突出信息经济"一个主导",明确"4+5"的主导产业(先进制造业:电子信息、先进装备制造、新能源、时尚产业;现代服务业:科技服务、现代物流、金融服务、电子商务和文化旅游与健康服务)及重点鼓励发展的产业导向目录,推进三次产业融合发展。优化产业空间布局,按照"做强中心,做特片区,做优生态"的思路,突出区域联动和产城融合,构建"一心、一带、两区、多点"的产业空间布局框架。"一心",即以发展服务业为主导的核心区,包括城市二环以内的老城区;"一带",即串联嘉兴市本级北部生态旅游带,规划远期北部生态旅游带将进一步向两端延伸,串联嘉兴市域范围内的乌镇、西塘等一批重点旅游景区;"两区",即西部产业功能区包括秀洲新区、秀洲工业园区、嘉兴经济技术开发区和省级现代服务业集聚区的部分区域,东部产业功能区包括南湖新区、嘉兴科技城、湘家荡区域、嘉兴工业园区以及省级现代服务业集聚区的部分区域;“多点”:即镇特色产业基地。集中力量建设嘉兴经济技术开发区(现代服务业集聚区)、嘉兴科技城、光伏高新技术产业园区、北部健康旅游区四大开发平台。整合优化各类资源,科学谋划发展抓手,着力实施创新推进、企业培育、项目引领、引才用才、循环经济、产业融合六大产业促进工程。明确项目准入标准,围绕“4+5”主导产业,根据不同产业类型和发展阶段及趋势,从投资、产出、资源消耗、环保等方面提出准入要求,设置不同的约束性指标和预期性指标,约束性指标主要包括投资强度和容积率,预期性指标主要包括单位用地销售收入、单位用地税收、单位增加值能耗和单位增加值水耗。

【加快滨海港产城统筹发展试验区建设】 2014 年,嘉兴市制定实施《嘉兴滨海港产城统筹发展试验区总体规划》《加快推进嘉兴滨海港产城统筹发展试验区建设若干意见》以及《嘉兴市海河联运发展三年行动计划(2014~2016 年)》,编制完成《省级嘉兴海河联运物流基地、嘉兴海盐核电及关联产业基地建设实施方案》《嘉兴海洋清洁能源发展改革试点工作方案》,建立完善海洋港口岸线、海域使用权市场配置机制和储备管理制度,推动杭嘉湖港航局和市港务局建立嘉兴港与杭嘉湖内河港口的战略联盟,组织举办嘉兴首届海河联运论坛,进一步强化规划统筹、完善开发机制、发挥产业特色,加快建设全省海河联运引领区、临港先进制造业示范区、滨海新城建设先行区。2014 年,嘉兴滨海港产城统筹发展试验区实现生产总值 227.9 亿元,比上年增长 4%;规模以上工业总产值 1002 亿元,增长 10.1%;完成固定资产投资 217 亿元,增长 16.6%,其中工业生产性投入 154.6 亿元,增长 16.3%,基础设施投资 51.7 亿元,增长 42.1%。初步形成以临港先进制造业为主导的特色产业集群,化工新材料、装备制造、电力三大临港产业实现规模以上工业总产值 681.1 亿元,占试验区工业总产值的 68%。嘉兴港累计建成生产性泊位 46 个,其中万吨级以上泊位 33 个,千吨级以上 13 个。湖嘉申线嘉兴段一期、浙能独山煤炭中转码头主体工程、海盐港区 C3、C4 多用途码头主体工程基本建成,杭平申航道改造、平湖塘延伸拓浚工程、独山港区 1 号、2 号、3 号及海盐港区海上风电项目、中电 36 所海洋电子项目、浙江核设备制造公司核岛模块产业化、江南总部基地、中国核电城科技馆、嘉兴通关服务中心等重大项目进展顺利。嘉兴港口岸扩大开放获得国务院批复,港口货物吞吐量、集装箱吞吐量分别达到 6880 万吨和 115.6 万标准箱,分别增长 4.2%和 14.4%。

(陈　超)

国有资产管理

【概况】 2014 年,市国资委扎实推进国有企业改革发展,不断提高国资监管和服务水平,全市国有经济总体保持平衡发展态势。年末,全市国有资产总量 4259.89 亿元,比上年增长 17.11%;所有者权益 1668.25 亿元,增长 9.29%。其中市级国资总量 1453.2 亿元,增长 12.15%;所有者权益 512.31 亿元,增长 12.74%。市级国有资产中基础设施占 81.98%,社会公益事业占 6.5%,工业占 5.73%,商业占 3.03%,金融业占 1.61%,交通运输业占 0.79%,服务业占 0.36%。

【出台国资国企改革意见】 2014 年 8 月,市委、市政府下发《关于推进市属国资国企改革发展的若干意见》。改革意见以规范经营决策、资产保值增值、公平参与竞争、提高企业效率、增强企业活力、承担社会责任为重点,按照现代企业制度的要求,深化国有企业改革,推进国有经济布局结构优化和持续健康发展,提升国有经济发展质量和效益。具体从明确企业的分类发展定位和产业布局,突出企业的市场主体功能,明确发展混合所有制经济的重点和方向,完善选人用人选拔机制,依法规范国资监管职责等5个方面提出20条改革意见。

【加强国有企业财务监督】 2014年,市国资委完成2013年度全市国有企业统计年报会审汇编工作,撰写《2013年嘉兴市国有经济运营分析报告》。2013年全市国有企业汇编户数639户,比上年增加51户。开展2013年度市级国资营运公司财务决算审计工作,对104户预算单位实施财务决算审计,出具各集团公司财务决算审计报告,并形成《2013年市级国资营运公司全面预(决)算总报告》。组织开展2014年度全面预算编制工作,于8月下达指标。开展2014年度市级国资营运公司公务支出公款消费专项审计工作,重点抽查中发现问题355项,涉及金额1614.81万元,出具国资整改意见书5份。启动建设"国资监管信息平台",筹划开展项目招投标工作。

【国有产权和经营性资产管理】 2014年,市国资委制定下发《关于规范市属国有企业投资项目管理工作的通知》,完成嘉城集团、嘉服集团、嘉实集团下属5家经营性企业的设立审核工作,全年累计审批对外投资(增资)项目10笔,金额2.85亿元;办理对外信用担保43笔,金额93.37亿元;资产抵押贷款21笔,金额22.69亿元。下发《关于继续推进国有存量资产盘活工作的通知》,至年底,纳入前三年盘活计划的国有存量房产盘活18.18万平方米,占计划盘活总量的77.86%。同时,启动新一轮国有存量资产"三年盘活计划",协调做好为南湖区、秀洲区国企提供融资担保工作。协调处理嘉湘集团与嘉城集团债务等问题。

【开展经营业绩考核】 2014年,市国资委通过委托中介机构专项审计、综合测评、现场抽查、审计报告复核、薪酬测算、考核情况汇总等程序,完成2013年经营业绩考核、考核结果公布和薪酬兑现相关工作。2013年度考核加强对安全性指标审核力度,五家公司因安全性指标中存在问题而全部扣减分值。考核设置效益、成本控制、浙商回归、竣工验收特别奖励项目,嘉实集团、嘉城集团因净利润超上年实绩10%以上获得奖励。与国资公司签订实施2014年度及第四任期经营目标责任书。修订完善《嘉兴市市级国资营运公司负责人经营业绩分类考核与薪酬管理办法(试行)》,提交第33次市长办公会议审议。

【加强人员和薪酬管控】 2014年,市国资委加强市级国资公司领导人员兼(任)职审核和所属承资企业"三定"工作。按照员工"总量控制,适当增补"的原则,做好市级国资公司员工招聘、选聘等审核、核准批复工作。对2013年度各国资公司员工薪酬总额执行情况进行专门审计,确定各国资公司2013年薪酬总额清算和2014年薪酬总额情况。2014年薪酬分配体现分类激励、"业绩上、薪酬上"的原则。

【加强风险监控】 2014年,市国资委严格控制市级国资营运公司债务规模,加强国资公司年度资金使用和债务控制计划编制审核、执行等工作,做好资金运行的动态监测和分析报告工作。审核国资公司融资方案,全年审核上报并经批准的重大融资项目11项,涉及融资金额78.5亿元。研究政府性债务控制事项,与相关集团公司签订政府性债务控制责任书。

(严 裔)

物价管理

【概况】 2014年,嘉兴市居民消费价格总水平上涨2%。上半年涨幅较高,3月同比上涨3.3%,涨幅为全年最高,下半年持续回落,12月回落至0.3个百分点,是5年来最低,全年小幅波动,总体较为稳定。8大类商品和服务价格同比6涨2跌。其中,全年食品价格上涨3.1%,影响价格总水平上升1个百分点,是推动价格上涨的重要因素。粮食、肉禽及其制品、蛋、水产品、干鲜瓜果等主要食品价格上涨,油脂、菜等价格回落。全年工业消费品价格转降为升,比上年上涨1.2%,影响消费价格总水平上升0.4个百分点。最低工资标准不断提高及劳动力市场供需不平衡,服务项目价格延续上涨态势,同比上涨2%,拉动消费价格总水平上升0.6个百分点,涨幅比上年提高0.3个百分点。2014年,受国内经济结构调整及国家经济走势影响,市场需求总体不足,全市工业品出厂价格和原材料购进价格持续下跌。工业品出厂价格下跌1.8%,33个行业中同比7涨23跌3平;原材料购进价格下跌1.7%,9大类原材料购进价格除建筑材料及非金属矿类、纺织原料类价格小幅上涨外,其余均不同程度下跌。工业品购销价格跌幅差为0.1个百分点,购销价格差距比上年缩小1.5个百分点。2014年,全市价格监督检查部门查处各类价格违法案件48件,实行经济制裁总金额10255780元,其中退款7283630元、没收278740元、罚款2693410元(市本级查处各类价格违法案件36件,实行经济制裁总金额9849530元,其中退款7159400元、没收89130元、罚款2601000元)。

【梳理行政审批前置所涉收费】 3月,市发改委依据《浙江省定价目录》及国家和省有关规定,对行政审批前置性、强制性服务收费项目进行整治,规范服务内容,降低偏高的收费标准。同时,会同行政审批服务中心对行政审批前置的中介服务收费进行清理,并向社会公布。

【加强社会价格监督工作】 2014年,市社会价格监督服务总站对市本级12家大型超市进行78次例行监督检查,出动社会价格监督员568人次,涉及范围包括商品明码标价的促销、海报及广告宣传单。整改超市价格违法违规行为48家次,接受超市价格咨询46次,协助处理价格投诉22起,暗检并规范超市价格行为8次,对超市进行价格法律、法规培训2次,200多人参加培训。4月22日,价格监督服务总站开通QQ群价格直通车咨询平台。

【调整市本级公办幼儿园保教费标准】 2014年,市发改委为规范幼儿园收费行为,通过召开座谈会、实地走访部分幼儿园等方式,了解和掌握市本级幼儿园收费政策的执行情况和存在的问题。6月9日,市发改委会同市教育局、市财政局制定出台新的收费标准:省一级由430元/生·月调整为500元/生·月、省二级由330元/生·月调整为450元/生·月、省三级由250元/生·月调整为350元/生·月、准办园由150元/生·月调整为250元/生·月,于2014年秋季起实行。

【梳理涉企经营服务性收费】 6月,市发改委为加强涉企收费管理,减轻企业负担,对省管涉企经营服务性收费项目和收费标准相关文件进行整理梳理,对嘉兴市物价部门制定出台的文件进行清理,汇总有效的涉企经营服务性收费项目相关文件,在相关网站上公布。

【落实封闭区域价格信息发布】 8月,嘉兴市物价局监督检查分局为进一步提高相对封闭区域价格的透明度,保护消费者和经营者的合法权益,部署落实辖区内六个高速公路服务区价格信息发布工作。价格信息发布的重点是消费量大且价格相对稳定的商品和服务项目,如在高速公路服务区应发布与司乘人员关系密切的商品(矿泉水、饮料、方便面等)、大众快餐中的主要品种、汽修服务项目价格和部分餐饮等价格。由相对封闭区域的业主或者管理单位,通过新闻媒体或网络向社会发布。

【开展商业银行专项检查】 8月,市发改委根据省物价局的统一部署和安排,开展商业银行专项检查。一是省、市联合检查组对平安银行嘉兴支行、浙农信嘉兴支行、浙农信海宁支行、上海农商行嘉善支行、温州银行开展检查,到杭州对省兴业银行、南京银行开展检查,配合温州对嘉兴银行自2012年以来收费执行情况开展检查。检查发现部分银行存在未经批准收取费用、搭车收取工本费、提高支票手续费、抵押登记费转嫁客户承担等问题。二是组织3个检查组,对全市15家市级商业银行分行进行督察,重点督察各商业银行服务价格信息公开工作,总体情况良好。

【出台生猪养殖污染收费管理办法】 10月1日,嘉兴市正式实施《嘉兴市生猪养殖污染处置收费管理办法》。嘉兴市根据县(市、区)生猪养殖污染处置服务收费具体执行情况,对服务收费标准进行调整:能繁母猪80元/头·年、过路猪30元/头(不作调整)、肉猪15元/头。

【优化城市停车服务收费】 2014年,市发改委按照"治堵"工作相关要求,研究市区停车服务收费政策的调整方案。12月,经市政府同意,在原《关于调整机动车停放服务收费标准的通知》和《嘉兴市本级物业服务收费管理实施办法》基础上,对市区局部区域停车服务相应的收费进行调整。

【调整嘉兴港区供水价格】 2014年,受太浦河引水工程投入运行和水资源费提高等因素影响,港区供水成本大幅增加。市发改委在成本监审和对居民生活用水价格召开听证会的基础上,对嘉兴港区供水价格进行调整,并同步实施居民阶梯式水价。

【加强网络商品价格监管】 2014年,市发改委加强对网络购物商品的价格检查,对消费者投诉的相关知名品牌商品进行重点查处。10月22日,针对网络购物商品投诉增多的情况,市发改委组织嘉兴市电商协会成员单位,邀请省物价局监督检查分局领导,对价格政策和电子商务的价格实践问题进行专题指导和培训。

(杨　丹)

统　计

【概况】 2014年,嘉兴市统计局编发统计分析信息文章358篇,获得市委、市政府领导批示11次,被"两办"采用101篇、国家统计局采用19篇,完成《从几组经济指标比较看嘉兴转型发展差距及对策》等7个重点研究课题。围绕市委、市政府中心工作,开展海洋经济、文化及相关产业、战略性新兴产业等增加值测算工作。改进能耗和水消耗统计,参与"五水共治"和大气防治工作。建立创新型城市评价体系,改进人口变动调查,实施高新技术产业新的统计制度。完善县(市、区)党政领导班子政绩考核评价指标体系,改进粮食监测指标体系,切实做好扶贫、浙商回归、民营经济、服务业发展等统计监测评价工作。2014年,市统计局在全市第三次经济普查中获得国家级先进称号,并作为全国十名先进集体代表之一进京领奖;被市委、市政府评为年度"五型机关"创建一等奖。

【统计制度方法改革创新】 2014年,市统计局加快统计制度方法改革。进一步完善嘉兴市GDP统一核算制度方法,开展民营经济、海洋经济、文化产业、体育产业、战略性新兴产业等增加值测算工作。推进服务业统计改革,探索研究电子商务统计改革,开展专业市场电子商务发展情况调研。改进能耗统计,运用第三次经济普查资料,做好2013年及以前年度全市及各县(市、区)数据的修正,进一步强化2014年规模以上工业能耗统计数据及季度全社会能耗数据的审核评估。改进城镇化统计,改进人口变动调查,建立创新调查制度,实施高新技术产业新的统计制度。优化统计监测评价项目。完善县(市、区)党政领导班子政绩考核评价指标体系,改进粮食监测指标体系,切实做好扶贫、浙商回归、民营经济、服务业发展等一系列统计监测评价工作。实施嘉善县域统计服务科学发展示范点建设,建立相配套的统计评价指标体系。深化全市镇街道统计中心规范化建设,重点抓好姚庄、当湖、盐官、洲泉等省级统计示范点建设。构建嘉兴统计手机 APP,开发统计报表智能催报系统,启动嘉兴电子版经济地理系统,利用电话调查系统开展社情民意调查。

【第三次经济普查工作获全国先进】 2014 年,全市第三次经济普查数据质量、工作成效走在全国前列,市统计局荣获全国先进称号。在普查数据采集阶段,全市登记上报普查对象 44 万个,其中法人单位近 8 万个,所属产业活动单位近 1 万个,个体户超过 35 万户。在普查数据审核阶段,创新网络实时联审、查错清单承包和专业审核联动等审核办法,保障普查数据质量。在质量抽查评估阶段,突出客观性、公正性、透明性和保密性。

【加强统计法制建设】 2014 年,市统计局将统计义务确认制实施范围延伸至“四上”单位以外的统计调查对象,企业统计信用认定纳入嘉兴市“诚信守法企业”评选范围。强化数据质量管理,组织开展“一套表”联网直报工作中违法违规和不规范报送行为专项整治活动,清理和废止违反统计法律、法规、制度的文件与规定,清查冒名报送和指令报送行为,进一步整顿规范统计代理行为。加强统计执法检查,制定并实施《嘉兴市统计局统计违法案件线索受理管理办法(试行)》,坚持有案必查、有假必惩。全年依法对 349 个单位开展统计执法检查,对 93 个统计违法单位进行立案查处。

(张　莉)

国土资源管理

【概况】 2014 年,全市报批建设用地总面积 2398.4 公顷,其中使用计划指标报批面积 1541 公顷、使用盘活指标报批面积 71.2 公顷、使用周转指标报批面积 786.2 公顷。土地供应总量 2037.71 公顷,其中供应工矿仓储用地 793.74 公顷,累计供应房地产用地 732.86 公顷。全市土地出让总面积 1499.61 公顷,土地出让总价 208.26 亿元。全市供应矿产品量 748.42 万吨,收取矿产资源补偿费 860.65 万元上交中央金库;土地卫片执法监督检查全市违法占用耕地比例 6.9%。2014 年,全市国土资源系统受理群众来信 287 件(重复信 60 件)、来访 46 批 72 人次(重复访 6 批 8 人次、集体访 2 批 10 人次),信访总量比上年下降 41.7%,其中来信下降 40.3%,来访批次下降 48.9%、人次下降 69.9%。2014 年,市国土资源局被省国土资源厅评为工作目标责任制和党风廉政建设责任制考核优秀单位,连续六年被市委、市政府评为工作目标责任制暨“五型机关”创建考核优秀部门。

【成为全省唯一享受省审批权限地市】 2014 年,市国土资源局对市级审批项目实行集中审批,全部项目由行政审批处统一审批办理;地籍管理处、土地调查登记中心整体进入市行政审批服务中心,与行政审批处合署办公。推进“三位一体”扩权强所建设,到位率 100%,群众满意度 94%;下发《关于贯彻落实扩权强镇指导意见深化国土资源扩权强所工作的通知》,进一步下放职能事权,小城市试点秀洲区王江泾镇、嘉善县姚庄镇、桐乡市崇福镇实施运转。推行省级市、县行政审批层级一体化改革试点,市国土资源局将采矿权许可等 16 项审批权限下放县(市、区),支持海宁要素市场化配置综合配套改革试点、嘉兴县域科学发展示范点建设,及时评估海宁、嘉善放权运行的经验成果,同时,向省国土资源厅争取到南湖区、秀洲区、平湖市、海盐县和桐乡市省审批权限,成为全省唯一全市享受省审批权限的地市。

【保障用地需求】 2014 年,嘉兴市推进“多规合一”试点,力争 3 年内解决农民建房难问题;报请市政府办公室印发《关于规范农村宅基地管理破解农民建房难的实施意见》,全市解决

“无房户、危房户”建房9243户,总面积18.64公顷;海盐县澉浦镇完成“多规融合视角的三生空间优化”专题研究,海宁市周王庙镇长春村形成村庄内部地类用途分区图。完善土地利用总体规划,初步拟定全市及市本级指标分配方案,各县(市、区)乡镇和中心城区调整进入用地布局阶段,其中桐乡完成用地布局方案,嘉善完成全面调整;出台《嘉兴市本级新增建设用地计划指标使用管理办法(试行)》,探索尝试用地计划指标“按产业项目竞争择优和区政府、市级部门协同共管”分配使用机制,分配省下达市区的155.13公顷计划指标,其中单列安排16个重大产业、市重点项目计划指标82公顷。强化重点重大项目用地保障服务,全市争取到省重大产业预支指标157.87公顷,杭平申线等15个省重点基础设施项目单列指标453.2公顷。强化浙商回归项目用地保障,全市引进浙商回归项目268个,用地总需求1198.83公顷,项目保障率95.52%,用地保障率80.4%。

【推进土地整治工程】 2014年,市国土资源局加快土地整治项目融资平台建设,与市农行签订农村土地整治融资战略合作协议,为秀洲区洪合镇争取到农行贷款1.1亿元,嘉善县以节余指标质押担保贷款方式取得农行贷款2500万元。报请市政府印发《嘉兴市农村土地整治增减挂钩节余指标交易管理办法(试行)》,嘉善县天凝镇6.67公顷节余指标通过市级交易平台完成跨县交易,成交价每公顷1500万元,总金额1亿元。2014年,新立项土地整治项目102个、面积786.2公顷,超额完成年度目标任务。完成复垦面积690.73公顷,其中通过市级验收面积536.93公顷,完成年度复垦目标任务的124.67%;全市垦造耕地通过市级核查项目62个,垦造耕地面积535.33公顷,其中水田489.4公顷。至年底,全市累计经省政府批准立项的农村土地整治项目339个,新增建设用地面积3791.27公顷,核拨周转指标3784.8公顷,整治复垦通过市级验收面积2560.47公顷,占核拨周转指标的67.65%,有141个项目通过整体验收。2014年,全市建成高标准基本农田2.57万公顷,完成年度任务的120.38%;2012年至2014年年底,累计建成高标准基本农田8.93万公顷。

【健全耕地保护责任机制】 2014年,市国土资源局完善耕地保护责任目标考核机制,争取市政府将耕地保护目标任务完成情况作为对县级政府责任制考核的否决性指标;落实耕地保护补偿激励机制,全市2013年度基本农田保护应补偿资金15921.43万元,落实到村到户总金额10456.63万元,其中海宁市补偿资金最多,为4353万元。同时,争取到省财政厅、省国土资源厅用于基本农田保护专项补助5141万元。年内,市国土资源局推进垦造耕地计划与财政资金预算同步编制,落实耕地保护补偿预算15921.43万元、垦造耕地预算29166万元、高标准基本农田建设预算19788.33万元。以项目管理整合涉农资金,会同市财政局、市农经局印发《以高标准基本农田建设为平台,协同推进农田基础设施建设的实施意见》。

【提升土地资源承载力】 2014年,市政府出台《关于加快推进城镇低效用地再开发工作的实施意见》,全市对可再开发的4266.67公顷各类低效用地,启动再开发改造482.13公顷,完成年度目标任务的131.49%;落实市政府《嘉兴市土地供应差别化管理实施意见》,推进土地供应差别化管理;开展供而未用土地消化利用专项行动,至年底,全市开工率90.04%、竣工率74.56%。同时,全面完成省级以上开发区节约集约评价。

【推进“三地一治”工作】 2014年,市国土资源局推进地质灾害综合防治,制定年度防治方案;开展地质灾害危险性分区评估,成果移交各县(市、区)。推进地热资源勘查开发利用,嘉兴市地热资源规划通过论证;拟订《嘉兴市地热资源管理办法(试行)》,完成嘉兴市桐乡—秀洲区地热资源勘查项目成果报告编写;通过浅层地热能调查评价野外验收,完成项目成果报告大纲编写。推进海洋经济发展示范区城市群(嘉兴)地质调查,完成6000余个钻孔基础数据库阶段性汇总、整理与检查,并提交专业库建设和分析利用报告;开展滨海新区三维工程地质结构建模初步研究;精选400余个代表性钻孔进行分析比对和综合研究,供嘉兴地质灾害危险性分区评估参考利用;通过中国地质调查局项目质量抽查,抽查结果为优秀级;完成海盐县土地质量地球化学调查,确定澉浦镇富硒土壤分布范围,其中平原区富硒土壤总面积约1200公顷。

【强化土地执法监察】 2014年,市国土资源局根据2013年度土地变更调查数据,对5个县(市、区)违法占用耕地占新增建设用地耕地比例超过8%的国土资源局主要领导预警约谈;同时,会同市监察局、市人力社保局对2014年土地卫片执法监督检查违法用地比例超过8%和土地管理秩序混乱的8个重点镇(街道)开展警示约谈。围绕"五水共治""三改一拆"工作,开展"一户多宅"和违法土地码头堆场两项专项整治;推进生猪养殖减量提质、扶持规模养殖、支持病死畜禽无害化处理设施建设。至年底,嘉兴市拆除(处置)"一户多宅"6831户、面积119.5万平方米,拆除(处置)户数完成率79.25%,拆除(处置)面积完成率85.97%。推进"非法占用土地、破坏耕地、非法转让集体土地、改变土地用途四大类15项执法事权实施的巡查、查处及执行"职能划转给综合执法机构,将国土资源执法监察"两网化"(网格化、网络化)管理信息系统延伸到基层综合执法分中心,并将执法监察"两网化"队伍交给综合执法机构。年内,嘉兴市发现违法用地267件,涉及土地面积107.26公顷、耕地60.35公顷。至年底,立案248件,结案244件,涉及土地面积80.2公顷、耕地44.95公顷;非立案处理19件;挽回经济损失905.12万元。

【土地确权登记发证】 2014年,嘉兴市推进土地登记标准化建设,各县(市、区)均通过达标考核;继续完善地籍管理信息系统升级改造,开展土地登记动态监管查询系统试运行;推进不动产统一登记,拟订《组建成立不动产登记局的请示》。加快推进"两新"工程确权登记发证,全市"两新"工程累计供地52412户、面积805.95公顷;发证50758户、面积600.43公顷。

【实施国土资源信息化三年行动计划】 2014年,嘉兴市出台《国土资源数据管理暂行办法》,市级核心数据库管理平台试运行;完成建设用地审批系统、土地开发整理系统与农村土地整治系统预验收,规划网上审批系统9月开始试运行;完成"同城备份"项目数据恢复市、县演练,市国土资源局、嘉善县国土资源局数据实现同步。

(孙玉林)

审　计

【概况】 2014年,全市审计机关审计或审计调查单位174个,查出违规金额1.45亿元,损失浪费945万元,管理不规范金额65.06亿元,损益(收支)不实6.05亿元,审计处理处罚56.44亿元(其中应上缴财政金额8821万元,应减少财政拨款或补贴323万元),增收节支5266万元,核减投资额5.16亿元,移送处理事项23件。审计提出建议698条,被采纳建议455条,促进被审计单位制定整改措施8项,建立健全规章制度26份,向社会公告审计结果30篇。全年上报信息被采用346条,其中审计署采用5条,省政府办采用1条,省审计厅采用45条,市委办、市政府办采用38条,审计信息、专报被市领导批示27篇次。

【土地出让和耕地保护情况审计】 2014年,根据审计署统一部署,全市审计机关抽调87名审计干部并由市审计局副局长蒋朝晖带队,到湖州参加为期两个半月的全国土地出让和耕地保护情况审计；配合审计署上海特派办对嘉兴市土地出让和耕地保护情况审计，由市审计局副局长王海荣牵头，并抽调5名审计干部组成保障组，协助审计署上海特派办开展审计工作。

【公务支出公款消费审计】 2014年，为贯彻落实省委、省政府《关于建立健全公务支出公款消费审计制度的意见》，全市审计机关开展公务支出公款消费审计，组织1288家单位开展自查，自查资金8.4亿元；审计机关抽查503家单位，审计资金2.81亿元。审计报告得到市政府主要领导批示，市、县相关部门修订完善差旅费、会议费、培训费和因公出国(境)经费等管理办法与制度，推动审计整改落实，建立长效机制。

【全部政府性资金审计】 2014年，全市审计机关大力推进全部政府性资金审计，以“横向到边、纵向到底”为目标，加大全部政府性资金审计力度。市审计局把嘉兴经济技术开发区和嘉兴港区财政纳入重点审计范围，把市级部门的关联单位纳入部门预算执行审计范围，基本实现审计全覆盖，进一步促进财政管理体制改革；2014年的《审计工作报告》从5个方面反映22类问题，重点反映财政预算执行、嘉兴经济技术开发区和嘉兴港区财政管理、“三公”经费管理和部门预算执行、政府投资项目管理、涉农资金管理、有机更新工作、公立医院综合改革等方面存在的问题和情况，得到市政府和市人大的充分肯定及高度重视，市政府以交办方式督促审计整改的落实，审计发现的问题基本得到整改。

【金融审计】 2014年，市审计局组织实施全市部分小额贷款公司审计调查，反映小额贷款公司6大类22个问题。组织实施禾城农村商业银行股份有限公司资产负债损益审计，发现3大类25个问题。市审计局针对问题，提出防范金融风险、改进经营管理等相关建议，落实审计整改。

【农业与资源环境审计】 2014年，全市审计机关组织开展涉农资金专项审计调查，重点对农业龙头企业、专业合作社财政补助政策和补助资金进行调查，揭示存在的突出问题，市领导对审计专题信息和审计报告先后3次作出重要批示。嘉兴市修订完善《市区支持现代都市型生态农业和农村发展若干财政政策意见》等3项制度；农经、财政等相关部门落实审计建议，完善5项制度。桐乡、海宁、嘉善等审计机关在涉农资金专项审计中，移送检察、公安、纪检等部门案件线索8件，涉案人数27人，13人受到刑事处罚。全市审计组织实施“五水共治”专项审计调查，市审计局揭示的5个问题，引起当地党委、政府的重视；南湖区开展河道清淤整治工程、6000头生猪养殖核心示范基地及配套设施等项目；海盐县实施农村生活污水治理项目等，进一步加大民生资金、民生项目审计力度，推动惠民富民强民政策落实到位。

【政府投资审计】 2014年，市审计局组织开展市级政府投资项目管理和监督情况的专项审计调查，重点反映和揭露项目前期工作不到位造成损失浪费、项目招投标审批不规范、擅自提高建设标准、招标后合同价严重超概算、部分业务资源分配缺少制度规范、工程结算审价单位选择不规范缺失复核机制等七大类问题，相关部门高度重视，根据审计建议出台多项规章制度，进一步规范管理和行政监督行为。全市审计机关做好政府投资项目组织审计工作，会同财政部门组织中介机构开展政府投资项目工程造价审计，共完成项目(标段)1058个，送审总金额62.22亿元，净核减金额5.16亿元，核减率8.29%；市审计局组织中介机构完成33个3000万元以上市级政府投资项目工程造价审计，送审造价8.07亿元，净核减金额1.04亿元，核减率12.88%。

【经济责任审计】 2014年，市审计局组织实施对9名领导干部经济责任审计，其中首次实施对市管的镇党委书记任期经济责任审计，采用交叉审计方式组织实施县(市、区)公安(分)局领导干部经济责任审计。进一步完善经济责任审计制度，市委办、市政府办印发《嘉兴市市级经济责任审计对象分类管理办法》《嘉兴市内管干部经济责任审计办法》，推进经济责任审计全覆盖；为推进内管干部经济责任审计工作开展，联席会议制定《内管干部经济责任审计操作指南》和《中介组织参与内管干部经济责任审计管理办法》，进一步规范内管干部经济责任审计行为。

【嘉兴经济技术开发区和嘉兴港区审计】 2014年，市审计局组织实施嘉兴港区(出口加工区)2013年度财政管理情况、嘉兴港区(出口加工区)2013年度国资公司营运管理情况、嘉兴经济技术开发区（国际商务区)2013年度国资公司营运管理情况3个审计项目，审计中发现的问题在《审计工作报告》中加以反映，促使被审计单位财政财务收支的规范管理。对国资公司营运管理中存在的债务管理、资产管理、投资项目管理及公务支出等问题，提出审计整改意见和建议。

【完善计算机审计应用】 2014年，市审计局继续深化应用政府资金综合监控平台和完善信息化基础建设。依托市级部门预算执行联网审计平台，市审计局成功开发公务支出公款消费联网审计系统，该系统根据省审计厅审计方案要求，结合市、县特点，逐一细化审计内容，审计范围覆盖到纳入统一核算的所有一级、二级部门预算单位，有力提升公务支出公款消费专项审计的工作效率，被省审计厅采纳并在全省推广。市审计局开展审计管理系统虚拟化应用，应用一台审计管理系统应用虚拟化服务器，解决不同计算机环境通过审计专网或移动办公访问审计管理系统问题，实现联网审计系统数据库服务器数据迁移、新旧平台数据模型迁移、数据维护等工作。

【加强内部审计工作】 2014年，市审计局和市内部审计协会贯彻落实《嘉兴市内部审计工作规定》，以市委办、市政府办出台《嘉兴市内管干部经济责任审计办法》为契机，推动机关行政事业单位建立内部审计机构；加强对内管干部经济责任审计的日常指导和不定期抽查，促进机关行政事业单位内部审计制度的落实。市审计局组织内部审计机构开展公务支出、公款消费同步审计，重点审计“三公”经费支出、内部控制制度、违规修建办公场所、违规发放资金福利等。

（吴国宗）

工商行政管理

【概况】 2014年1月，市政府印发《关于改革完善食品药品监管和工商质监行政管理体制的实施意见》，对进一步理顺嘉兴市食品药品和工商质监行政管理体制，推进市场监管体制改革，强化政府市场监管职责作出明确规定。3月4日，市政府召开全市改革完善食品药品监管和工商质监行政管理体制工作会议，原嘉兴市工商行政管理局、原嘉兴市食品药品监督管理局合并成立嘉兴市市场监督管理局。7月31日，嘉兴市政府办公室印发嘉兴市市场监督管理局“三定”方案，设内设机构、直属机构、派出机构等23个处室。年内，嘉兴市市场监督管理局深入推进食品药品、工商体制改革、企业登记制度改革、企业年检制度改革、企业监管模式改革。至年底，全市新设立非私营内资企业(含分支机构)609个、比上年增长18.95%，注册资本137.82亿元、增长28.24%；新设立私营企业15219个、比上年下降10.56%，注册资金830亿元、增长46.37%；新设立农民专业合作社290户，出资总额1.98亿元，分别下降31.44%和35.78%；新设立个体工商户41923

户，增长7.78%，注册资金44.54亿元，下降6.02%。全市实有非私营内资企业9834个,注册资本（金)1913.54亿元，分别增长3.4%和7.76%；实有私营企业86473个，注册资本(金)2977.04亿元，分别增长15.43%和35.15%;实有农民专业合作社2230户,成员出资总额16亿元，分别增长13.72%和13.27%；实有个体工商户213743户,资金158.15亿元,分别增长10.65%和19.84%。

【实施工商登记制度改革】 2014年3月1日，全市实施登记制度改革,出台支持浙商创业创新,服务扩大有效投资八项政策措施,激发社会创业活力。在全省率先推进企业名称网上自助查询,放宽企业住所和经营场所登记,允许企业办理“一址多照”“一照多址”登记,允许前置审批企业办理筹建登记，将市局登记权限100%下放到县(市、区)局。改革红利得到进一步释放,新设企业数量持续增加。

【“个转企”提质扩面】 年初,市政府召开全市“个转企”提质扩面工作会议,制定出台《关于推进嘉兴市“个转企”提质扩面暨长效机制建设的实施意见》,提升“个转企”工作质量,提高个体转为公司制企业比重。同时,市市场监管局牵头制定出台《2014年“个转企”工作考核办法》,明确考核评分细则,推进工作落实。年内,全市“个转企”3636户,其中2416户转为公司制企业,占全部“个转企”的66.45%。至年底,全市累计“个转企”10379户,完成省政府下达三年任务的173%。嘉兴市“个转企”工作综合考核列全省第三位，获评2014年度全省“个转企”工作优秀市。其中“个转企上规升级率”“累计完成公司制企业占比”“个转企统计目录率”考核指标分别居全省第一位、第二位、第四名。各县(市、区)政府出台扶持举措,推动个体工商户转型升级,海宁市、桐乡市分别获评2014年度“个转企”工作优秀县(市、区)和先进县(市、区)称号。同时,推进动产抵押登记,全力帮助小微企业融资,至年底,办理动产抵押登记2122份，比上年下降1%；主债权金额210亿元,下降1%。

【推进名品工程】 2014年,嘉兴市围绕“三名”(知名企业、知名品牌、知名企业家)工程工作,深入推进商标品牌战略。制定创品牌进度表,力争通过3年时间,培育50个知名产品品牌、10个区域品牌、180家品牌企业。至年底,全市申报注册商标7063件，核准8350件，累计62934件。其中新申报农产品商标258件,核准227件,累计3730件;新申报服务商标851件,核准715件,累计4936件;境外商标注册新申报317件,核准221件,累计3218件。加强驰(著)名商标培育力度,新增桐乡“华友”钴业、海宁“和心”纺织驰名商标2件,累计18件;新增浙江省著名商标22件,累计234件;新增嘉兴市著名商标57件,累计778件。加快电子商务企业品牌培育,麦包包等3家企业成为省级电子商务示范企业,海宁市成为全省首批电子商务示范县(市)。

【落实“两个两万亿”】 2014年,全市确定海宁市、桐乡市、南湖区等5个重点项目建设。推动濮院羊毛衫市场发展现代商品交易市场集群,发挥商品交易市场集聚效应。推进专业市场与工业化、信息化两化深度融合,促进海宁皮革城围绕要素市场化配置试点改革。围绕省政府提出的“两个两万亿”目标，对各县(市、区)商品交易市场和网上市场成交额进行年度任务分解,下达商品交易市场成交额总任务1432.2亿元,比上年增长8%;网上交易市场成交额增长30%。至年底,全市完成商品交易市场成交额1432.76亿元,网上交易市场成交额117.85亿元。

【加快农贸市场改造】 2014年，嘉兴市开展“放心市场”创建,确定19家农贸市场创建省级“放心市场”,其中市区5家农贸市场列入市政府民生实事项目。制定出台2014年市区省级“放心市场”创建工程实施方案和创建标准,全市投入改造资金4.8亿元。推动市场改造提升。嘉兴市财政每年安排1000万元,专项支持市本级市场建设。海宁市农贸市场改造提升补助从30%提高到50%;新建农贸市场补助从5%提高到10%,并且对新认定省文明示范市场奖励15万元。海盐县采取以奖代补的形式,对改造提升的农贸市场分别奖励70万元、50万元、25万元;对新认定省文明示范市场奖励10万元。加强禽流感防控,关闭全市活禽交易市场,市本级12个市场实行活禽“杀白”上市。推广使用全省农贸市场信息化管理平台,召开平台培训会,提高农贸市场信息化管理水平。加强农贸市场软件建设,探索专业管理公司托管模式,推进市场管理创新。

【创新维权方式】 2014年,嘉兴市整合原工商、食品药品投诉渠道,实施统一受理、统一流程,规范相应的文书格式,优化资源配置,提升举报投诉处置效能。至年底,全市受理消费投诉7486件,处理7371件,处理率98.46%;受理举报3280件,处理3177件,处理率96.86%,为消费者挽回经济损失946万元。开展流通领域商品质量监测,监测农资、电动车、燃气灶具、服装针织类等310批次,不合格85个批次,不合格率27.42%,不合格商品全部下架,立案查处73起,查处率100%,罚没款25.73万元。牵头完成市区四(三)轮电动车回购,监测并查扣13家经营者销售的16种不合格电动车,回购电动车313辆,其中生产企业回购215辆、销售商回购98辆,回购金额245万元。全市建立消费维权绿色通道企业56家,其中首批嘉兴市消费维权绿色通道企业10家,1家企业成为首批浙江省消费维权绿色通道企业。开展消费投诉回访,回访消费者5250人,回访率91.23%,满意率99.02%。建立“诉转案”渠道,立案查处100起,罚没款102万元。开展长三角消费维权协作,召开环太湖毗邻城市消费维权协作预备会议,上海青浦成为协作组织新成员,签订《建立协作关系嘉兴备忘录》。

【强化市场监管】 2014年,全市立案查处各类经济违法违章案件2009起,其中大要案777起,罚没款1908万元。加强知识产权保护,严厉打击假冒驰(著)名商标,仿冒知名商品特有的名称、包装、装潢以及仿冒知名企业名称的违法行为,立案查处案件201起,罚没款449.6万元,移送公安机关3起。联合公安部门查获一起特大非法销售注册商标标识案,现场查获假冒注册商标100万个。打击非法传销活动,制定《2014年打击整治传销集中行动工作方案》,组织开展两次“查禁”活动和“6·12”专案收网行动,取缔传销窝点655个,教育遣散遣返涉传人员4465人,录入系统“黑名单”465人,发布警示提示442条(次)。开展无传销县(市、区)及无传销乡镇创建,并纳入平安乡镇考核。加大无照经营查处力度,无照转有照4717户,查处无照案件459件,罚没款149.35万元。实施拍卖合同网上备案,全市拍卖备案828次,拍卖委托书724份,委托金额686.17亿元;拍卖确认书1462份,确认金额14.67亿元。开展高速公路沿线广告专项整治工作,立案查处66件,罚没款51.57万元。

(谭琪学)

质量技术监督管理

【概况】 2014年,嘉兴市质量技术监督局(简称市质监局)认真履行质量宏观管理和产品质量监督等法定职责,保障生产加工领域产品质量安全,服务经济转型和民生改善。全市国家级产品质量监督抽查153批次,合格139批次,合格率90.8%;省级产品质量监督抽查1591批次,合格1552批次,合格率97.5%。全市建立国家法定计量检定机构的社会公用计量标准206项,授权开展专项检定的计量标准12项,部门企事业单位的最高计量标准54项。全年强制检定计量工作器具21.81万台(件),强制检定计量标准器具2488台(件)。全市有各类在用特种设备9.7万台、压力管道4263公里、气瓶193万个。完成在用特种设备定期检验5045台,其中锅炉内部检验1675台、锅炉外部检验3370台，压力容器全面检验7327台,电梯定期检验2.04万台,起重机械定期检验7367台。完成特种设备安装监督（验收）7870台，其中工业锅炉安装监督检查248台，电站锅炉安装监督检查8台,压力容器安装监督检查214台,电梯验收检验5026台,起重机械安装(验收)检验2374台。完成压力管道安装监督检查429公里。完成特种设备产品安全质量监督检验1868批，其中工业锅炉55台；压力容器4858台(批)。完成监督检验封头产品3.74万个、气瓶产品1.79万个。

9月18日,市质监局党员干部到“南湖红廉馆”学习廉政知识。

【质监部门机构改革】 2014年,按照《嘉兴市人民政府印发关于改革完善食品药品监管和工商质监行政管理体制的实施意见的通知》文件要求,嘉兴市落实质监部门机构改革。完成5个县(市)质监局垂直管理体制调整,干部人事事项和档案移交;完成南湖区、秀洲区质监管理体制调整(两区质监分局由市质监局派驻机构调整为区政府市场监管工作部门，机构、编制人员成建制划转)；划出市质监局承担的食品和食品添加剂生产加工环节质量安全监管职责和执法职责;划出市质监局下属市质检所(市农监中心)涉及食品安全检验检测职责,机构和人员编制、装备及相关经费进行整合。完成市质监局属事业单位调整,撤销嘉兴市农产品监测中心,整合嘉兴市计量所与度量衡管理所。年内,市质监局设置派出机构2个,即嘉兴经济技术开发区(国际商务区)分局、港区分局;设置直属事业单位5个,即嘉兴市质量监督稽查支队(“12365”举报投诉中心)、嘉兴市产品质量检验检测院(国家服装辅料产品质量监督检验中心、市公共安全产品质量检测中心)、嘉兴市计量检定测试院、嘉兴市特种设备检验检测院、嘉兴市标准化促进中心。

【行政审批职能整合】 2014年,市质监局承接省质监局下放的13项行政审批事项，对该事项均能承担受理、审核、批准、发证工作。推进行政审批层级一体化改革,各县(市)质监局均能受理省质监局委托的10项行政许可和服务事项。按照行政审批“两集中、两到位”要求,组织开展行政审批职能整合，市质监局17项行政许可和审批服务事项,归口到行政审批窗口办理。五个县(市)组织机构代码证办理事项,下放到部分镇（街道）。质监部门开展权力清单、责任清单编制工作,涉及行政权力351项公开向社会发布。

【开展全国质量强市示范城市创建】 2014年,嘉兴市成立由市长肖培生任组长,副市长盛全生为副组长,市政府秘书长、分管副秘书长和市政府办公室等31个部门为成员的嘉兴市创建“全国质量强市示范城市”领导小组,出台《嘉兴市创建“全国质量强市示范城市”实施方案》,推进落实38项重点项目。2014年,省政府对嘉兴市质量工作考核得分94.2分,考核级别为A级。联动实施“标准强市、质量强市、品牌强市”战略,平湖市、嘉善县获评“省级农业标准化综合示范县”,至年底,全市有6个国家级农业标准化推广示范项目,省级无公害农产品基地7.33万公顷,参与制定625项国际、国家及行业标准,实施26个联盟标准,承担17项省级块状产业标准化重点项目,规模以上工业企业主导产品采标率58.2%；年内，全市争创“全国质量奖”1家、市长质量奖3家,嘉善县发布全省首个县级工业企业竞争力报告《质量发展嘉善指数》；制定出台《嘉兴市质量技术监督局关于全面实施“三名”工程的实施意见》，完善“三名”培育、发展和保护机制，新增浙江名牌32个，桐乡乌镇旅游区获批筹建“全国知名品牌创建示范区”，桐乡市、平湖市入选全省首批“浙江制造”培育试点县（市）。

8月8日，嘉兴市召开创建全国质量强市示范城市动员大会。

【加强特种设备与产品质量监管】 2014年，嘉兴市安委会印发《关于进一步提升特种设备安全工作的实施意见》，明确安全监管责任，强化特种设备安全监管体系建设。以电梯、液化石油气充装、氨制冷行业压力容器压力管道为重点，开展“打非治违”专项行动，累计出动检查人员4750余人次，检查企业2976家，发现并整改特种设备安全一般隐患1434起、重大隐患356起，立案查处83起。建立并落实超期未检按月通报制度，全市特种设备超期未检率由11.56%下降至5.49%。组织开展各县（市、区）特种设备应急救援演练，建立电梯应急公共救援平台，累计接到救援85起，解救被困人员226人，平均解救人员用时18.2分钟。编制发布《嘉兴市重点监管产品质量安全监管指南（2014年版）》，开展人造板、箱包、太阳能、蚕丝被、集成家居、输水管、千斤顶、防爆电器、小家电、浴霸十类重点产品质量安全提升活动，完善产品质量风险监控信息考核制度，实施县（市、区）监督抽查结果排名公开。组织开展“蓝剑”系列等9个专项执法行动，查处案件340起，其中大要案183起，涉刑移交案件7起。健全完善“12365”产品质量申诉举报平台，处理举报163起，申诉440起，咨询1388起，涉及汽车“三包”纠纷111起。以建筑、消防、职业安全卫生等领域为重点，对全市14家获证检验机构进行执法检查。

【围绕“五水共治”开展工作】 2014年，市质监局组织开展牛桥港河道综合治理实地调研、治理座谈，协调推进南湖区牛桥港断头浜河道清淤、嘉兴经济技术开发区小区居民用水雨污分流改造等重点工作。到王店、洪合等镇开展河道整治实地督察21次；落实《污水治理相关产品质量监督方案》，对涉及输水管、烧结砖、泵、低压电器等七类产品的全市209家生产企业，开展专项监督抽查，对全市15家水质监测机构开展监督检查；建设嘉兴市能源计量数据公共服务平台，对水质监测站、环境监测站等企事业单位1500多台件计量器具进行检定校准，开展供水单位专项计量监督检查，确保全市123万余只水表100%经过首次检定。

4月16日，市质监局到牛桥港河道开展水环境治理现场勘查。

【建立检验检测高技术服务业集聚区】 2014年，嘉兴市以嘉兴科技城为主体，以“一心两园”（南湖区科技城核心区，桐乡园区、海宁园区）为总体规划，建立浙江省（国家级）检验检测高技术服务业集聚区。嘉兴市政府、浙江省质监局、清华长三角研究院、中科院嘉兴应用技术研究所共同签订“中国检测科技城项目合作框架协议”，浙江省政府将项目上报国家发改委和国家质检总局。

【产品质量检验检测中心建设】 2014年，市质监局完善与产业配套的产品质量检验检测机构建设，国家服装辅料质检中心、国家纺织服装产品质量监督检验中心(浙江)毛针织品分中心通过国家质检总局考核验收，加快建设国家中低温太阳能光热利用产品质量检验中心(浙江)。全市建有省级质检中心8家。支持推动国家标准件检测中心“事改企、企改股、股上市、市带动”。连续7年开展“技术机构千家企业质量帮扶”活动，帮扶企业超过2000家(次)，解决企业技术难题1000余个。

【被国家质检总局评为依法行政示范单位】 2014年，市质监局开展局领导法制讲座，进行证据收集审查、行政调解(和解)、申诉举报处理等专项课题研讨。健全与公安合作机制，畅通行政执法与刑事司法的有效衔接。建立健全行政复议、行政诉讼与调解有效结合的行政争议解决机制，受理县(市)质监局行政复议案11起，达成和解并撤销复议申请1起，依法作出“维持”行政复议决定10起，未发生因行政诉讼、行政复议而导致败诉、被撤销或确认违法的情况。嘉兴市质监局被国家质检总局评为依法行政示范单位。

(毛海雁)

食品药品监督管理

【概况】 2014年，市政府出台《关于改革完善食品药品监管和工商质监行政管理体制的实施意见》，并召开全市改革完善食品药品监管和工商质监行政管理体制工作会议，整合市食品药品监管局(食品安全委员会办公室)、市工商行政管理局的职责和机构，并划入市质量技术监督局承担的食品和食品添加剂生产加工环节质量安全监管职责，组建嘉兴市市场监督管理局。

2014年，全市实施新版药品生产质量管理规范(新版GMP)、新版药品经营质量管理规范(新版GSP)和《医疗器械生产质量管理规范》。1家药品生产企业通过新版GMP认证，2家企业GMP延期认证；6家药品批发企业、540家药店(其中连锁药店337家、单体药店194家、零售连锁总部9家)通过新版GSP检查。规范资料申报和现场审核，新核发食品流通许可证9735户，婴幼儿配方乳粉和酒类经营户100%特别标注；完成3家药品企业4个品种的注册生产现场检查，6家药包材企业11个品种的注册现场核查及抽样，1家企业新增生产范围现场检查。提升食品药品信息化监管水平，对药品经营企业管理软件进行2次44项升级，1141户食品经营户安装电子监管平台(其中市场外977户、市场内164户)，电子化管理示范单位59家。完成国家级、省级、市级保健食品化妆品评价监督抽样任务，共抽检保健食品96批、化妆品58批。

【开展食品药品专项整治】 2014年，市市场监管局牵头开展食品安全“百日严打”行动，印发《嘉兴市食品安全百日严打行动方案》，明确工作目标、打击重点行为、打击重点场所及重点品种，全市出动执法人员48058人次，立案查处496起，涉及金额87.71万元，刑事立案16起，取缔“黑窝点”“黑作坊”47个，受理投诉举报111件，发放举报奖金2.28万元。开展医疗器械“五整治”专项行动，检查医疗器械生产企业96家次、经营企业324家次、使用单位256家次，立案查处23起。查获微整形美容药械经营使用系列违法案件，取缔“黑窝点”13个，移送公安机关11起，采取强制措施60人，涉案金额近亿元。配合市公安部门到14个省(市)、28个城市抓获犯罪嫌疑人103名，捣毁35个生产销售窝点（其中大型窝点18个)，查获假冒药械货值约1.1亿元，总案值超过3亿元。

【健全食品药品管理机制】 2014年,嘉兴市在全省率先建立餐饮食品安全管理人员职业资格制度,要求全市重点餐饮服务单位的专(兼)职食品安全管理员或法人代表、餐饮经理、厨房负责人应掌握食品安全法律法规、标准知识,具有食品安全风险控制、事故应急处置能力,通过培训考核合格获得人力社保部门颁发的“食品安全管理员专项能力证书”。全市665名A级餐饮服务单位专职食品安全管理员参加培训,557名餐饮服务管理人员考试合格取得《食品安全管理员专项能力证书》,成为嘉兴市首批餐饮食品安全管理员。加强农村食品安全管理,在全市镇、村建设食品安全示范店836家、农村消费维权联络站32个、行政村农村消费维权联络点817个,对183个农贸市场进行改造提升,建立标准化的食品安全检测室,2014年,安全检测合格率99.8%;对农村厨师进行调查摸底,并建立健康档案,50人以上聚餐活动由举办者或承办厨师申报登记。建立企业食堂提档升级机制,对50人以上的企业职工食堂(含建筑工地食堂),从餐饮服务许可证持证情况、企业职工食堂食品安全制度建立情况、食品原料采购索证索票情况、加工场所及加工过程卫生情况、从业人员个人卫生情况、食品添加剂和调味料使用情况6个方面进行整治,排查整治企业食堂4248家次,全市企业职工食堂的餐饮服务许可持证率从57.98%提升到94.02%,全市企业基本配备专职或兼职食品安全管理人员。

【推进食品药品诚信体系建设】 2014年,全市开展药品生产、药品零售连锁企业和医疗器械生产经营企业信用等级评定,参评的9家药品生产企业被评为AA级企业4家、A级企业4家、B级企业1家;参评的25家药品零售连锁企业被评为守信企业21家、警示企业4家;参评的38家医疗器械生产企业被评为诚信企业13家、守信企业20家、警示企业5家;参评的120家医疗器械经营企业被评为诚信企业22家、守信企业97家、警示企业1家。实施食品安全红黑榜制度,全市发布首批“黑名单”企业5家,约谈违规企业276家。全市297家餐饮服务单位被评定为食品安全监督量化分级A级单位,学校食堂实施“五常法”管理模式的比例达到85%以上。试行食品安全责任保险制度,南湖区、海盐县、桐乡市、市餐饮行业协会启动食品安全责任保险试点工作,参保单位涉及餐饮企业、学校食堂、集体用餐配送单位、农产品配送中心、农村家宴等领域。

【加强药品生产质量风险管理】 2014年,市市场监管局制定《嘉兴市药品生产质量风险管理办法(试行)》,加强重点企业、重点品种的风险防控力度,建立药品生产质量风险防控机制,年内,采集到3家药品生产企业6条质量风险信息,其中1条为严重缺陷,5条为一般缺陷,责令企业整改1家。组织全市开展药品流通领域风险排查工作,累计排摸风险项目11条。

【开展ADR和MDR工作】 2014年,市市场监管局开展ADR(药品不良反应监测)和MDR(医疗器械不良事件监测)工作。全市上报ADR报告4609份,其中新发生的严重不良反应1590份,占34.5%。督促企业按照《医疗器械不良事件监测和再评价管理办法》要求,配备不良事件上报专(兼)职人员,其中植入(介入)类、验配类、免费体验类经营企业必须落实专人负责医疗器械不良事件上报工作,对突发、群发医疗器械不良事件以及可能导致严重伤害的医疗器械不良事件,要及时开展调查、核实、处理工作。全市上报MDR事件502例,其中新发生的严重不良事件65例,占13%。

(顾海国)

行政审批及公共资源交易服务

【概况】 2014年,市行政审批服务中心办结各类行政审批服务事项141.93万件,比上年增长

11.54%,执收规费8552.53万元,下降1.9%,单个事项平均办理时间3.15个工作日,比承诺办理时限和法定办理时限分别提速62%和87%,实现窗口办件准确率、电子评价群众满意率、承诺事项按时办结率"三个百分百"。市公共资源交易中心举办各类公共资源交易活动1330场次,减少15场次;进场参与交易的单位(个人)达14846家;成交金额221.15亿元,为国家增收节支22.96亿元,分别下降16.19%、23.8%。其中工程建设招标939场次,中标金额151.23亿元,节约资金21.92亿元;政府采购(含其他方式采购)590场(批)次,采购金额3.96亿元,节约资金0.57亿元;土地交易72场次,交易土地106宗,成交金额36.5亿元,增值0.29亿元;产权交易72场次,成交金额2.87亿元,增值0.05亿元;其他产权类交易(小车号牌)27场次,挂牌价1082万元,成交价2327.35万元,增值率115.1%;药品及医疗耗材采购26.36亿元。

7月10日,省政府绩效评估考核专家组对嘉兴市行政审批层级一体化改革工作进行考核评估。

【行政审批层级一体化改革】 2014年,嘉兴市作为全省行政审批制度改革的试点,市行政审批制度改革领导小组办公室按照"审批事项和层级最少、审批集中度和效率最高、审批流程和服务最优"的改革目标,全面深化行政审批层级一体化改革,通过放权,减少一个审批层级共46家部门、近100个审批环节,涉及审批链上所有审批事项的项目都能在一个平面上进行协同办理,大幅缩短时间跨度,提高审批效率。企业投资项目从土地征转用到开工建设由344个工作日缩短为100个工作日,审批时间缩短70%以上。

【加强行政审批中介服务管理】 2014年,市行政审批服务中心探索建立网上中介超市为主、实体中介中心为辅,推动中介机构有序竞争和健康发展,助推行政审批提速。秀洲区建立中介机构管理服务中心,服务时间平均缩减50%,收费减少20%;平湖市建立涉企中介服务超市,实行"会员制管理、网上网下结合、淘宝店式经营"的新模式,全国各地的15类124家中介机构入驻,涉企收费降低30%左右,服务时间缩减50%以上。

【推行"三制联动"审批机制】 2014年,嘉兴市"三制联动"(模拟制、代办制、联审制)审批机制不断完善。年内,全市召开联审会议220次,联审项目626个、总投资528.93亿元,投资项目联审联办实际平均办理时间比法定和承诺时间分别提速60%、30%以上;全市代办投资项目和便民服务事项2803项,其中1301个投资项目开工建设,近82%的新建重大投资项目实行代办服务;重大项目"模拟制"实施以来,全市模拟审批132项,涉及项目资金481.12亿元,其中90个项目开工建设,平均提速80个工作日,提前4个月左右投产。

【加强行政审批电子监察绩效考评】 2014年,市行政审批服务中心按照《嘉兴市行政审批电子监察系统应用管理办法》和《嘉兴市行政审批过错责任追究办法(试行)》,对市级部门和县(市、区)行政审批行为加强电子监察和百分制量化考核。对部门和窗口审批服务实行红、黄牌警示,确保按照审批内容、申报材料、审批要件、审批流程、审批时间、审批收费"六统一"标准规范审批,全年无违法审批、越权审批、超期审批等行为发生。全市电子监察红、黄牌发生率为零,窗口服务满意率99.98%,全年无一例因审批部门延误审批导致的超期行为发生。全市行政审批效能在全省电子监察绩效考核中继续名列前茅,其中前三个季度取得6个第一名、3个第二名。

12月1~3日,中央文史研究馆馆员、国务院参事室顾问赵德润,国务院参事室参事胡本钢到嘉兴,对行政审批层级一体化改革进行调研。

【加快培育要素交易市场】 2014年,市公共资源交易办负责牵头搭建资源要素交易平台,加快培育要素交易市场。全市交易范围包括排污权、用能指标、国有产权、建设用地使用权、土地增减挂钩节余指标等内容,实现要素资源的市场化高效配置。同时,制定排污权交易、用能指标交易、土地交易等各项规则,确保统一进场交易的规范有序、阳光透明。嘉兴市本级由公共资源交易中心出资注册1500万元,组建资源要素交易中心有限公司。12月9日,开展全市首单跨县域农村土地节余指标交易,即嘉善县天凝镇6.67公顷城乡建设用地,每公顷1500万元,成交金额1亿元,为农村产权交易等公共资源交易服务工作奠定基础。

【加强公共资源交易综合监管】 2014年,市行政审批服务中心会同有关部门联合下发《嘉兴市国有投资项目建设工程招标评标办法(试行)》,引入信用评价制度和技术标实行暗标评审机制,编制技术标通用内容模块,规范中标公示工作,进一步加强建设工程招投标综合监管。同时,会同市财政局深入开展"阳光采购"活动,加强政府采购综合监管。制定《关于进一步规范嘉兴市镇(街道)小型工程建设项目招标投标活动的意见》,对县(市、区)和镇(街道)近200名公共资源交易平台的工作人员进行专题培训,进一步加强对小型工程建设项目招投标活动的指导、监督和管理,规范小型建设工程项目招投标活动。年内,由市公共资源交易中心牵头,整体推进全市交易平台信息化工作,开发相关清单计价系统,实现建设工程全过程电子化,推行投标企业CA登录管理系统,使用投标人CA身份论证系统,大幅提高投标人信息安全水平。

【加强公共资源交易规范管理考核】 2014年,全市加快推进建设工程评标办法和规则的统一、招标代理机构考核管理的统一、评标专家的使用和考核管理的统一、投标企业资信库使用管理的统一、全市投标企业信用记录的统一。根据《嘉兴市建设工程招标代理机构进场交易考核管理暂行办法》,对全市30家招标代理机构、330名招标代理专职人员加强动态考核。根据《嘉兴市建设工程评标专家考核管理暂行办法》,对评标专家加强日常管理和现场考核工作,累计实施"一标一评"207场次,考核专家1035人次。会同市检察院出台《关于建立嘉兴市评标专家违法记录检查机制的实施意见》,建立部门违法记录和管理长效机制,并与市检察院职务犯罪预防局对接,将工程建设领域涉及犯罪的10人名单提交省库管理部门处理。

【提升行政审批服务质量】 2014年,嘉兴市开展窗口"办事难"集中整治行动,制定16项专项整改措施,解决服务群众的"最后一公里"问题。从9月14日起,在实施错时服务、延时服务和预约服务基础上,建立健全错时服务、延时服务、预约服务、导办服务和周日轮值服务等机制,努力实现服务群众"零距离"。同时,通过"红旗"示范窗口和"服务明星"等评选活动,提升服务质量和水平,窗口服务工作得到企业、群众和媒体的认可和好评。2014年,在浙江省政府集中采购机构综合考核中被评为优胜单位,被省文明委命名为省级文明单位,获得市"五强"领导班子建设先进单位称号。

(刘泽军)

安全生产管理

【概况】 2014年,市安监局(市安委办)加强基层基础建设、事故预防控制、隐患排查治理等工作,全市安全生产形势基本平稳。全市发生各类事故1339起,死亡333人,比上年分别下降5.24%和9.02%,其中发生较大道路交通安全事故1起,下降75%,无重特大事故,连续第十一年安全生产事故三项指标“零增长”。

2014年,市安监局提请市委、市政府制定出台《关于加强安全生产促进安全发展的实施意见》,出台《嘉兴市安全生产“一票否决”实施办法》《嘉兴市安全生产网格化管理办法》《嘉兴市安全生产约谈制度》等5项制度。定期组织安全生产综合性大检查,市领导多次带队督察安全生产工作,对安全生产工作批示48次。市人大常委会对全市安全生产工作进行专题视察和督察,提出4个方面26条视察意见,把安全生产列入市委中心组理论学习会内容,邀请省安监局局长华宣奎作专题讲座。建立健全向市委组织部报告安全生产情况工作机制,探索建立标准化评审单位的考评制度和退出机制,全市发放安全生产标准化奖励3600多万元,3862家企业创建安全生产标准化,1360家企业创建安全生产规范化。完善诚信机制和标准化建设融合具体实施办法,采取一次考评两个结果的方式,对2584家企业进行诚信等级评价。加强安全生产宣传教育培训工作,充分利用电视、电台、报纸、网络等载体,组织和推动各行业主管部门开展安全生产法规、安全常识“五进”活动,广泛开展“安全生产月”活动。开展企业主要负责人、安全生产管理人员和特种作业人员培训工作,指导各培训机构举办各类培训班364期(农民工除外),培训人员30459人(次),企业“三级教育”和全员培训30余万人(次)。

【强化安全预防控制工作】 2014年,市安监局根据全市近年来较大事故和多人涉险事故发生的行业领域特点,切实增强事故防控能力。开展喷涂(喷漆、喷塑)企业事故防范创新体系建设,对机械、五金、木业家具、纺织涂层等行业领域涉及喷涂(喷漆、喷塑)企业进行排摸,共排查企业757家,组织专家编制《嘉兴市喷涂作业安全检查技术指导书(试行)》和《喷涂作业场所安全生产基本要求(试行)》,落实分类监管措施,集中治理突出问题,加快淘汰不安全工艺和落后产能。召开安全生产综合整治现场会,开展道路交通、消防、危险化学品等十大专项行动,推进秀洲区和桐乡市的省级综合整治试点工作。深化嘉兴市以13个区域性项目和11个行业性项目为重点的安全生产重点领域事故防范体系建设,开展大型市场、楼宇安全生产管理创新等课题研究。指导全国纺织行业产业集群安全管理提升试点地区海宁经编产业园区开展安全管理提升工作,推进园区安全生产标准化和隐患排查治理体系建设。同时,推进行政审批层级一体化改革,落实事中事后监管措施。

【加强安全隐患排查治理工作】 2014年,市安监局开展以“十打十治”为重点的“打非治违”专项行动,排摸出危险化学品企业2736家,化工管道105条、总长度214公里,可燃爆涉尘企业817家,喷涂企业756家,有限空间430个,船舶修造企业59家,液氨制冷企业41家,市长、分管副市长带队检查企业安全生产情况,市安监局成立6个督察组,对各县(市、区)进行两轮督察,全市出动检查组471组(次),执法人员4135人(次),检查企业5248家(次),查处十个大类非法违法行为5137条,关停企业14家。强化重点领域安全生产专项整治,进一步深化开展“三场所两企业”(有限空间作业场所、涉及可燃爆粉尘作业场所、喷涂作业场所、涉氨制冷企业、船舶修造企业)专项整治行动。开展输油气管道隐患整治,全市排摸出油气长输管线20条、总长度924公里,排查明确隐患点185处,市政府成立由分管副市长为组长的领导小组,建立协调联动机制,对重点隐患、长期占压等问题进行专项整治。加强危险化学品企业监管，出台《嘉兴市危险化学品重点县安全生产攻坚工作实施方案》，召开全市危险化学品重点县安全生产攻坚工作动员会，推进1家国家级、2家省级、1家市级危险化学品重点县以及3家涉化县的安全生产攻坚工作，在全省率先开展危险化学品罐区专项整治工作，举办危险化学品安全管理知识巡回宣讲，初步形成企业自查自纠自报、部门督察督办督导的危险化学品领域隐患排查治理机制。抓好重大隐患挂牌督办工作，对19个工矿商贸领域重大隐患进行市级挂牌督办，所有市级挂牌重大隐患点、段均完成整改。强化重点时段专项治理，抓好春节、首届世界互联网大会等期间的安全生产检查工作。

【强化安全生产监察执法】 2014年，市安监局探索建立安全生产巡回执法检查制度，采取市、县两级安监部门联动，邀请专家参与，坚持明察暗访与监督检查相结合，随机抽查涉危企业以及存在重大安全隐患单位。在检查中发现一般隐患的，责令限期整改；发现可能发生事故的隐患，立即责令停产整顿；发现存在安全生产非法生产经营建设的，予以立案查处。全年开展巡回检查31次，检查全市各县(市、区)及嘉兴经济技术开发区、嘉兴港区的63家企业，排查安全隐患317个，开具51份限期整改指令书、5份现场处理措施决定书，责令2家企业停产停业整顿，对4家企业违法行为立案查处，对18家存在安全隐患较多的企业在《嘉兴日报》上进行曝光。开展危险化学品生产单位安全生产专项执法行动和危险化学品经营储存单位安全生产专项执法行动，检查企业(含个体经营户)863家。规范事故调查及落实责任追究制度，全年全市安监系统立案223件，罚没款1043.39万元。

（冯丁希）

中共嘉兴市委

综　述

2014年，嘉兴市委全面贯彻中共十八大和十八届三中、四中全会精神，以邓小平理论、“三个代表”重要思想、科学发展观为指导，认真学习贯彻习近平总书记系列重要讲话精神，深入落实省委“八八战略”和“干好一三五、实现四翻番”的决策部署，以扎实开展党的群众路线教育实践活动为契机，以全面深化改革创新为动力，以深入实施推进重点工作、推动争先晋位“双推”活动为重要载体，协调推进经济社会发展，全面加强党的建设，全市各项事业稳步推进。

一、经济保持平稳健康运行

坚持量质并举，突出招大引强选优，实施浙商回归，推进大项目、好项目建设，着力扩大有效投入，全市固定资产投资增长16.3%，受到省委、省政府的通报表彰；进一步优化投资结构，列入省考核的项目投资比重、民间投资比重以及战略性新兴产业投资占工业投资比重、生产性服务业投资占服务业投资比重四项投资结构指标分别比上年提高3个百分点、3个百分点、4.1个百分点、2.8个百分点，明显好于往年；引进超亿美元、世界500强和国际行业领先企业项目25个，实际利用外资居全省第三，引进浙商回归省外到位资金264.5亿元。继续发挥14个省级以上开发区承载转型升级的主平台作用。注重以要素保障支撑有效投入，全市腾退低效用地808.67公顷，完成农村土地整治复垦536.87公顷，启动城市有机更新618.73公顷，争取到衢州代保土地400多公顷。

实施“四换三名”，调整产业结构，推进产业升级。在“腾笼换鸟”的基础上，深入实施服务业增加值、战略性新兴产业产值等倍增计划，发展高端新材料、高端装备制造、新一代电子信息、新型节能环保等产业，服务业增加值增长8%，占生产总值的41.6%，全市限额以上消费品零售总额增长10.8%；规模以上工业增加值增长7.7%，全年战略性新兴产业、高新技术产业和装备制造业增加值分别增长12.8%、11.7%和15.7%，均居全省前列。在“机器换人”的基础上，实施“机器换人”现代化技术改造三年行动计划，在全省成立首家“机器换人”推广服务中心，承办全省“机器换人”现场会，实施机器换人“888”专项行动（企业800家、技术改造项目800项和相对减少企业用工8万人），全市规模以上企业“机器换人”覆盖面达到52.7%，完成工业技改投入662.3亿元。在“空间换地”的基础上，联动推进开发区、工业园区等的平台整合、主业梳理和功能配套，促进集约发展、提质增效，新获批两个省级以上开发区，力争省级以上经济开发区建设成为高新技术园区。在“电商换市”的基础上，以创建国家电子商务示范城市为引领，推进五大“电商换市”工程，即龙头企业引进和培育工程、电子商务平台建设工程，电子商务应用拓市工程、电商人才引进和培育工程、电子商务基础管理工程，全市限额以上消费品零售总额增长10.8%，网络销售零售额678.9亿元、增长37.4%,位列全省第三,所辖5县(市)全部成为全国"电商百强"县(市),成功承办首届世界互联网大会。在培育"名品、名企、名家"的基础上,实施民营经济二次创业,深化质量强市建设,推进企业向价值链、产业链高端提升。抓好农业"两区"建设,荣获省第一届"河姆渡杯"粮食生产先进单位称号,农业现代化发展水平居全省第二。发展海洋经济,推进滨海港产城统筹发展试验区建设,嘉兴港全域口岸开放正式获批,嘉兴港集装箱吞吐量增幅连续7年居全省沿海港口首位,总量稳居全省沿海港口第二位,进入全国沿海集装箱运输二十强港口行列。同时,做好援疆、援藏、援青和对口帮扶等工作。

贯彻习近平总书记关于深化校企合作、加强科技创新的批示精神,实施创新驱动发展战略,研究推动嘉兴科技城扩容升级,深化院地合作,培育科技金融,全省区域创新体系副中心建设扎实推进。全年全社会研究与试验发展经费投入增长2.5%。启动浙江大学国际联合学院海宁国际校区建设。新建创新载体40个、院士专家工作站10家,新引进国家和省"千人计划"人才37名,新增专利授权1.7万件。

二、发展活力进一步激发

深化统筹城乡综合配套改革,对历史经验、现实难题进行认真总结与客观分析,统筹谋划部署了优化"1+X"布点、节余土地指标使用和交易、资金平衡、保障农民建房等工作,推动城乡一体化发展步入良性轨道。以实施国家"多规合一"试点为契机,以土地整治复垦为突破口加快推进新型城镇化。推进行政审批层级一体化改革,除法律规定不能再次委托、县市无承接机构、跨行政区域的59项市级行政审批事项不能下放外,其余428项全部下放,县级既能受理又能办理的审批事项比例达到90%以上,工业项目投资审批提速61.4%。同时,开展综合行政执法改革试点,主动对接上海自贸区。

推动和指导各县(市、区)深化改革攻坚、及时复制推广经验,承办全国分布式光伏发电、全省资源要素市场化配置改革等多个工作推广现场会。全市以海宁为试点,逐步建立以亩产论英雄的低效用地退出机制,差别化调节税收和水电价格,分类别核定企业排污权、用能量并推进节余指标上市交易,推动要素合理配、优质配、高效配。海盐县坚持以人的城镇化为核心,以农村产权制度改革为突破口,以保障农民权益、均等公共服务为根本,做大做强县城、做精做细集镇、做优做美农村,形成就地城镇化的海盐样本。秀洲区深化光伏产业"五位一体"创新综合试点,打好以技术研发推动产业迈向中高端的创新牌、统一规划与一体化建设运行维护同步的开发牌、就地消纳与分布式利用协同的管理牌。嘉善县域科学发展示范点、平湖产业结构调整机制创新试点、桐乡旅游综合改革试点、南湖区金融创新示范区建设等,各具特色、初见成效。

三、生态文明建设成效明显

推进王江泾和天凝喷水织机等"八大区域"的治水攻坚,河长治水公里数、水质改善幅度等居全省前列。完成垃圾河清理1806条、1066.2公里,黑臭河治理1338条、847.8公里、完成三年任务的95%以上。整治标准化圩区22600公顷,新建污水收集管网567公里,市域外引水工作取得重大进展。通过"五水共治",全市交界断面Ⅲ类水从无到有,Ⅳ类水占比提高5.9个百分点,劣Ⅴ类水减少11.9个百分点,首次实现出境水好于入境水、现在好于以往"两个好于"和全省"五水共治"、交接断面水质考核"两个优秀";破获水污染环境案件75起、实行刑事强制措施216人,涉水举报和投诉下降50%以上。

攻坚生猪养殖减量提质,拆除违建猪舍,帮扶养殖户转产转业,推动品牌化、生态化、规模化养殖。至年底,累计拆除违建猪舍面积938.8万平方米,生猪存栏量减少到80万头,各地死亡动物无害化处理中心项目基本建成并投入使用。

深化"三改一拆",既看数字又看现场,抓好城市规划区内、道路河道沿线、工业园区等重点区域的成片拆违及拆后成片利用。全年改造旧住宅区、旧厂区、城中村1722.8万平方米,拆除违法建筑面积2013.8万平方米、超额完成省下达的任务数,各县(市、区)全部申报省级无违建创建县(市、区)。

坚持"治堵"与"治气"相同步,加大燃煤企业脱硫脱硝改造、黄标车专项整治等力度,营造禁止秸秆焚烧的强大声势,加快实施"四边"绿化;多措并举推进节能减排,每个县(市、区)都出台用能交易办法,交易量居全国前列。全市万元GDP能耗大幅下降,新建改造绿化面积3066.67公顷,新建绿道108公里。市区空气质量优良天数253天,比上年多41天,整体优良率70.3%。

四、社会保持和谐稳定

坚持新增财力的七成以上用于民生支出,各级财政用于民生支出255.2亿元,占一般公共预算支出的76.2%。加强就业增收和全民社保体系建设,新增城镇就业人员10.7万人,城乡居民社会养老保险覆盖率97.5%,城乡居民医疗保险覆盖率超过98%,城乡居民最低生活保障标准统一提高到588元/月、实现提标并轨;居家养老服务照料中心城市社区、农村社区覆盖率分别达到89.2%和75.2%,新开工建设保障性安居工程超额完成省下达的年度目标任务。

把意识形态工作摆上重要位置,增强政治敏锐性和鉴别力,落实谁主管谁负责和属地化管理原则,切实管好宣传思想文化阵地。弘扬社会主义核心价值观,开展市民素质提升、城市形象提升"两大工程",全国城市文明程度指数测评连续两年居全省第一。完善图书馆和文化馆总分馆建设等服务体系,以全国排名居首的优异成绩获得第二批国家公共文化服务体系示范区创建资格,大运河成功列入世界遗产名录。

坚持教育优先发展,推进义务教育"轻负高质"、师资区域流动等六大工程,成为全省唯一实现义务教育发展均衡"满堂红"的地级市。深化公立医院改革,完成荣军医院搬迁,促进基层医疗机构健康运行,实现国家卫生城市创建县(市、区)"满堂红"。推动竞技体育、群众体育和体育产业互促共进。民政、人口计生、养老、慈善、残疾人、档案史志等工作进一步加强。

深化"平安嘉兴"建设,推进基层法治、德治、自治同步试点,成为全省唯一获评全国社会工作服务示范地区;坚持民意主导警务的理念,推进"一体化警务",全市接报刑事警情数下降7.48%,完成上海亚信峰会"护城河"、首届世界互联网大会等的安保任务;推进社会稳定风险评估规范化建设,深化安全生产和食品药品风险大排查大整治专项行动,强化矛盾纠纷排查调处,改进涉法涉诉信访工作,完善和创新新居民管理服务,实现省级平安市、县(市、区)创建"满堂红""九连冠""夺银鼎"。

五、民主政治与党的建设得到加强

坚持以入心入脑的要求,组织学习习近平总书记系列重要讲话精神,深刻理解"红船精神"蕴含的风雨同舟、载舟覆舟、逆水行舟的道理,打扫思想之尘、补足精神之钙。开展"走村不漏户、户户见干部"大走访活动,紧贴群众诉求实施十二项惠民行动,突出抓好薄弱基层党组织和集体经济薄弱村"两薄弱"转化工作,提升"96345"党员志愿服务功能,整合资源打造"红色志愿之城",努力打通联系服务群众的"最后一公里"。以"零容忍"的常态高压开展正风肃纪,强化刚性约束,共发现问题342个、问责追究96人。以"钉钉子"的精神开展突出问题的整改落实,整治"文山会海"、考核评比达标表彰多、"三公"经费管理不规范等"八大顽症"。加强"三型五强"领导班子建设,开展干部选拔任用专项整治,探索实施领导干部勤政风险预警机制、优秀年轻干部"试岗制"培养等改革,干部队伍活力进一步激发。

召开市委七届九次全会,专题研究部署全面深化"法治嘉兴"建设、推动法治建设走在前列工作。纪念人民代表大会制度建立60周年,支持和保证人大及其常委会依法履行职能。加大简政放权力度,服务型政府建设迈出新步伐。庆祝人民政协成立65周年,稳步推进社会主义协商民主建设。密切与民主党派、工商联、无党派人士的团结合作,指导完成市妇联换届,工青妇科协等人民团体联系服务群众作用进一步加强。加强法制宣传教育,被评为全国“六五”普法中期先进城市。

市委、市政府领导班子坚持以建设政治坚定、思想解放、求真务实、开拓进取、勤政廉政、团结协调的坚强领导集体为目标,带头严格贯彻中央八项规定和省、市“28条办法”,始终聚焦“四风”问题,加强自身建设,提高领导科学发展的能力和水平。坚持把对党忠诚放在首位,强化守纪律讲规矩,组织开展政治纪律教育和党性党史教育,不断增强政治定力,始终站稳党的立场,坚决维护中央权威,确保政令畅通。着眼补足精神之“钙”,通过领学、导学、自学等,领会习近平总书记系列重要讲话精神,切实在思想上明辨方向、正本清源。严格执行民主集中制,开展批评与自我批评,开好班子专题民主生活会并以普通党员身份参加所在支部组织生活会,撰写对照检查材料和整改报告;坚持集体领导与分工负责相结合,健全完善市委常委会、市委书记专题会议、市委专题会议、市政府常务会议等多种形式的工作机制,重大决策前广泛征求和听取意见,实行民主通报协商,努力提高决策的科学化水平。配合省委巡视组开展巡视工作,切实把落实整改的过程作为深入剖析问题、加强自身建设、提高工作水平的过程。市委、市政府领导带头开展大走访等活动,带头担任“河长”,深入联系点摸实情、解难题,并做好下访和接访工作,倾听基层和群众意见建议。

(姚沈敏)

重要党务与决策

【全市三级干部大会】 2月12日,全市三级干部大会在嘉兴大剧院举行。此次会议既是一年一度的总结部署会,也是“五水共治”的动员大会。会议要求,全市要进一步统一思想、凝心聚力,大力推进“五水共治”,共同谱写美好中国梦的嘉兴篇章。市委书记鲁俊在会上讲话,市长肖培生主持会议,市领导刘冬生、高玲慧、胡海峰等出席会议。会上,南湖区等13个单位作表态发言。市、县(市、区)、镇(街道)1000多名干部参加会议。

【市委七届八次全会】 7月25日,市委召开七届八次全体(扩大)会议,认真贯彻落实中共十八大、十八届三中全会和省委十三届五次全会精神,着眼更高质量的经济建设、更高层次的竞争优势、更高水平的民生工程,研究部署建设美丽嘉兴、创造美好生活工作,审议通过《中共嘉兴市委关于深入贯彻省委“两美”建设决定、打造江南水乡典范的实施意见》。会议强调,要坚定不移地高举生态旗、坚持不懈地铸就田园梦、与时俱进地打好特色牌,突出产业升级、城乡统筹、人文生态“三大引领”,强化源头严控、过程严管、恶果严惩“三项机制”,促进生产、生活、生态“三生融合”,打造“水清岸绿天蓝、宜业宜居宜游、富饶和谐幸福”的江南水乡典范。市委书记鲁俊代表市委常委会作报告。48名市委委员、9名候补委员出席会议。

【市委七届九次全会】 12月29日,市委召开七届九次全体(扩大)会议,深入学习贯彻党的十八届三中、四中全会,中央经济工作会议和省委十三届六次全会精神,总结年度工作,研究部署2015年工作任务,审议并通过《中共嘉兴市委关于全面深化法治嘉兴建设推动法治建设走在前列的实施意见》。会议指出,2015年全市要牢牢把握稳中求进的工作总基调,主动适应经济发展的新常态,着力提升改革创新的新动力,扎实推进依法治理的新实践,持续增进民生幸福的新福祉,全力担当从严治党的新使命,加快推进“三城一市”和“两美”嘉兴建设,努力实现“十二五”规划圆满收官,为“十三五”发展奠定更加坚实的基础。市委书记鲁俊代表市委常委会作报告。47 名市委委员、9 名候补委员出席会议。

【首届世界互联网大会】 11 月 19 日，由国家互联网信息办公室、浙江省政府共同主办，以"互联互通，共享共治"为主题的首届世界互联网大会在桐乡乌镇开幕，这是中国迄今举办的规模最大、层次最高的互联网大会，也是世界互联网领域一次盛况空前的高峰会议。中共中央总书记、国家主席、中共中央军委主席习近平发来贺词。中央政治局委员、国务院副总理马凯宣读贺词并作主旨演讲。省委书记、省人大常委会主任夏宝龙致欢迎辞。中宣部副部长、国家互联网信息办公室主任、大会组委会主任鲁炜，爱尔兰前总理伯蒂·艾亨，俄罗斯总统助理伊戈尔·肖格列夫，坦桑尼亚通信、科学和技术部部长马卡梅·姆巴拉瓦，阿里巴巴董事局主席马云，互联网名称与数字地址分配机构总裁法迪·切哈德分别致辞。省委副书记、省长、大会组委会主任李强主持开幕式。国家有关部委负责人和省领导葛慧君、赵一德、毛光烈，嘉兴市领导鲁俊、胡海峰、陈越强等出席开幕式。11 月 21 日，首届世界互联网大会在乌镇落幕。闭幕式上，大会正式授予乌镇世界互联网大会永久会址称号，世界互联网大会组委会主任鲁炜将牌匾交给乌镇镇长朱学龙。国家互联网信息办公室副主任任贤良，浙江省委常委、宣传部部长、世界互联网大会组委会副主任葛慧君，工业和信息化部副部长金炯昨等分别致辞，副省长毛光烈主持闭幕式。市领导鲁俊、胡海峰、梁群、陈越强等出席闭幕式。

【"推进重点工作、推动争先晋位"活动】 7 月 14 日、7 月 16～19 日，全市开展 2014 年第一次"双推"(推进重点工作、推动争先晋位)活动，市领导鲁俊、肖培生、刘冬生、高玲慧、胡海峰等率领各县(市、区)党政"一把手"、市级有关部门主要负责人等，到各县(市、区)及嘉兴经济技术开发区(国际商务区)、嘉兴港区集中实地查看、现场点评重点工作推进情况。在观摩结束后召开总评会和半年度经济形势分析会，强调要坚持重点工作一鼓作气抓到底的韧劲不动摇，坚持重点工作集团作战的氛围不动摇，坚持学先进、找差距的力度不动摇，坚持"狮子型"干部的用人导向不动摇。11 月 11～12 日、11 月 24～26 日，嘉兴市启动第二次"双推"活动，市领导鲁俊、刘冬生、高玲慧、胡海峰等再次集中实地观摩、现场点评重点工作推进情况。11 月 27 日，嘉兴市召开"双推"工作总评会。会议强调，各级各部门要认真对照年度目标，全力冲锋冲刺、决战决胜，确保全面完成各项目标任务；要统筹兼顾，科学安排各项工作；要未雨绸缪，认真谋划下一年工作。

【推进"五水共治"工作】 2014 年，嘉兴市推进王江泾和天凝喷水织机等"八大区域"的治水攻坚，首次实现出境水好于入境水、现在好于以往"两个好于"，全省"五水共治"和交接断面水质考核"两个优秀"。2 月 12 日，全市三级干部大会在嘉兴大剧院召开，此次会议也是"五水共治"的动员大会。同日，嘉兴市举行"五水共治"捐款，四套班子领导先后捐款。2 月 28 日，嘉兴市召开"清三河"行动现场会，贯彻落实省"五水共治"现场会和市三级干部大会精神，加快推进全市"清三河"行动，并对农村污水治理工作进行动员部署。4 月 28 日，由中科院科技促进发展局、中科院上海分院、省科技厅和市政府联合主办的"2014 嘉兴市强化科技支撑推进'五水共治'专场对接活动"举行。5 月 4 日，市委书记鲁俊到平湖市曹桥街道，深入"五水共治"、生猪养殖减量提质、"三改一拆"等重点工作推进一线，查看实际进展情况，了解存在的问题，开展"基层走亲连心"活动暨暗访式问题调研。5 月 28 日，嘉兴市召开"五水共治""三改一拆"和生猪养殖业转型发展督察汇报会，听取各督察组前期围绕各地三项重点工作推进情况的督察汇报，并对下一步工作提出要求。6 月 27 日，市委举办以"五水共治"为主题的红船论坛报告会，听取水利部太湖流域管理局副局长朱威作的"太湖流域水资源问题及其对策措施”专题辅导报告。9月11日,全市“五水共治”工作现场推进会在秀洲区王江泾镇召开。会议传达省委、省政府有关会议精神,对近几年“五水共治”工作进行认真总结,对下一步工作任务进行研究部署。

【深化“三改一拆”工作】 2014年,嘉兴市着力抓好违建猪棚、城市规划区内、道路河道沿线、工业园区等重点区域的成片拆违及拆后成片利用。2月8日,市委副书记、市长肖培生主持召开市“三改一拆”行动领导小组第三次全体会议,总结回顾2013年“三改一拆”工作,研究2013年度工作目标责任制考核及2014年工作意见。2月19日,嘉兴市召开全市“三改一拆”暨“无违建县(市、区)”创建工作动员视频会议。9月3日,全市“三改一拆”行动暨“无违建”创建现场推进会在平湖召开。12月10日,市委书记鲁俊主持召开深化“三改一拆”、加快旅游发展、做好多规合一、推进新型城镇化座谈会。

【生猪养殖业转型升级】 2014年,嘉兴市继续攻坚生猪养殖减量提质,大力拆除违建猪舍,帮扶养殖户转产转业,推动品牌化、生态化、规模化养殖。1月29日,市委书记鲁俊到南湖区新丰镇动物固弃物无害化处理中心和生态农场,围绕生猪养殖业转型升级等重点工作进行实地调研。3月5日,市委副书记胡海峰到南湖区凤桥镇三星村、新丰镇竹林村“基层走亲连心”蹲点调研,实地查看河道整治情况与生猪养殖转型升级情况。3月21日,嘉兴市召开生猪养殖转型发展暨拆违治污百日攻坚行动视频会议。4月17日,市委书记鲁俊,市委副书记、市长肖培生代表市委、市政府与各县(市、区)党政“一把手”签订2014年度深化生猪养殖业减量提质工作目标责任状,对各地拆除违建猪舍、实现生猪减量等目标提出要求。6月4日,嘉兴市召开生猪养殖转型发展暨拆违治污百日攻坚工作汇报会。

【群众路线教育实践活动】 2014年,嘉兴市高标准高质量开展党的群众路线教育实践活动,民主政治与党的建设得到加强。1月22日,市委书记鲁俊主持召开市委常委(扩大)会议,学习贯彻十八届中央纪委三次全会和省纪委十三届三次全会精神,以及中央党的群众路线教育实践活动第一批总结暨第二批部署会议精神。1月28日,市委书记、市委党的群众路线教育实践活动领导小组组长鲁俊主持召开市委常委会暨教育实践活动领导小组第二次会议,学习贯彻中央和省委教育实践活动第一批总结暨第二批部署会议精神,研究嘉兴市全面开展教育实践活动的总体安排。2月8日,市委召开常委(扩大)会议,以省人大常委会原副主任徐宏俊为组长的省委督导组一行进驻嘉兴市,开始全程指导嘉兴市党的群众路线教育实践活动。2月10日,嘉兴市召开党的群众路线教育实践活动部署会议,深入学习贯彻中央和省委教育实践活动第一批总结和第二批部署会议精神,对嘉兴市扎实开展教育实践活动进行全面动员部署。市委发出《市委常委会带头扎实开展党的群众路线教育实践活动的实施方案》。2月17日晚,市委召开常委会议,市委常委带头集中学习党的群众观点和群众路线重要论述,进一步增强市委常委带头参加教育实践活动的自觉性和主动性。3月27日,市委常委会召开党的群众路线专题学习会,以常委领学的形式学习习近平总书记在兰考县调研指导党的群众路线教育实践活动时的重要讲话精神。4月4日,市委召开常委“思差距,找不足,固三观”学习交流会,深入学习习近平总书记在河南兰考的重要讲话,弘扬焦裕禄精神,对照群众观点和群众路线思差距,对照“三型”好干部的标准找不足,牢固树立人民创造历史的唯物史观,以人为本、人民至上的价值观,立党为公、执政为民的执政观。4月4日,市级党员领导干部集中在南湖红船旁接受主题为“红船精神与群众路线”的特殊党课学习,并在南湖革命纪念馆重温入党誓词、重温党的历史。4月22日,市委书记鲁俊主持召开群众路线教育实践活动座谈会,听取老干部对市委、市政府工作以及领导班子“四风”等方面的意见建议。4月24～26日,市委常委会开展集中学习活动,通过专题领学、专题辅导、视频教育、讨论交流等形式,研读习近平总书记系列重要讲话精神及《习近平关于党的群众路线教育实践活动论述摘编》,系统掌握关于群众工作的重要论述,开展组织纪律专题学习,自觉加强党性修养,切实增强党的意识、宗旨意识、执政意识、大局意识和责任意识。5月9日,市委召开红船论坛报告会,市委书记鲁俊在会上作“弘扬红船精神,践行群众路线,打造‘三型’干部”的专题学习报告。6月24～25日,市委常委会召开专题民主生活会,常委班子及其成员严格按照“照镜子、正衣冠、洗洗澡、治治病”的总要求,以为民务实清廉为主题,聚焦“四风”问题,坚持实事求是,开展批评与自我批评。7月25日,嘉兴市召开市四套班子专题民主生活会情况通报会,重点通报市委常委班子及成员听取意见、查找问题、开展批评与自我批评的情况及整改落实措施,并就下一步党的群众路线教育实践活动作出部署。8月22日,市委书记鲁俊主持召开市委常委会议,传达中央、省委有关会议精神,听取“八大顽症”集中整治行动和信访积案化解专项行动的情况汇报。10月11日,市委召开常委会议暨教育实践活动领导小组第四次会议,学习贯彻中央和省委党的群众路线教育实践活动总结大会精神,总结全市教育实践活动,贯彻落实“从严治党”要求,研究部署巩固拓展教育实践活动成果及活动后续相关工作。10月11日,市委召开全市党的群众路线教育实践活动总结大会,学习贯彻中央和省委教育实践活动总结大会精神,全面总结嘉兴市教育实践活动,部署巩固发展教育实践活动成果、建立长效机制等工作。

【重点领域改革工作】 2014年,嘉兴市以全面深化改革创新为动力,推动统筹城乡综合配套、“多规合一”试点、行政审批层级一体化改革等工作,并大力支持嘉善县域科学发展示范点等县(市、区)各项改革试点,发展活力进一步激发。4月30日,市委全面深化改革领导小组第一次会议召开,就《市委全面深化改革领导小组工作规则》《市委全面深化改革领导小组专项小组工作规则》《市委全面深化改革领导小组办公室细则》《市委七届七次全会〈实施意见〉重点改革任务分工方案》等进行审议讨论,研究部署当前和今后一个时期的改革任务与目标要求。5月8日,嘉兴市召开视频会议,部署开展全市扩大有效投资比学赶超竞赛活动,动员全市加快推进要素市场化配置改革。7月11日,全市农业农村工作会议暨深化统筹城乡综合配套改革现场会在海盐县召开,深入贯彻落实中共十八届三中全会和中央、全省农村工作会议精神,回顾总结十年来嘉兴市统筹城乡发展的成效和经验,研究部署当前和今后一个时期农村改革与发展工作。8月20日,全市综合行政执法工作会议召开,市委副书记、市长肖培生强调,要全面组织开展综合行政执法试点工作,深化行政执法体制改革,在建立完善权责统一、权威高效的行政执法体制方面先行先试。10月15日,市委书记鲁俊到桐乡市调研旅游综合改革试点工作。鲁俊对桐乡市旅游改革试点成绩给予肯定,并强调要全力推进旅游业健康快速发展提升旅游品牌和城市经济竞争力。

【全国文明城市创建工作】 2014年,嘉兴市将创建全国文明城市作为推动科学发展的强大动力、打造城市形象的良好载体、提升市民素质的重要途径和造福百姓群众的具体实事来抓,顺利蝉联“全国文明城市”称号。6月17日,嘉兴市召开全国文明城市创建工作部署会议,回顾总结上年全国、全省城市文明程度指数测评情况,研究部署2014年全国文明城市创建工作。6月19日,由中央文明办、民政部、中央党的群众路线教育实践活动领导小组办公室、中国志愿服务联合会共同召开的共产党员志愿服务工作座谈会在贵州省贵阳市召开,市委常委、宣传部部长陈越强代表嘉兴市委以“扎根红船起航之地,共建红色志愿之城”为题作典型经验交流。8月上中旬，市领导鲁俊、肖培生、刘冬生、高玲慧、胡海峰等分组带领嘉兴市相关部门负责人到市区各街道，通过实地走访和现场考察，对全国文明城市创建工作进行专题督察。8月13日，嘉兴市召开创建全国文明城市推进会，研究分析当前文明创建工作面临的形势和存在的薄弱环节，安排部署下一阶段工作任务。12月12日，嘉兴市召开全国文明城市复查反馈会，由省文明办副主任徐晓率领的全国文明城市复查组对嘉兴市创建工作给予肯定。

【平安嘉兴和法治嘉兴建设】 2014年，嘉兴市在平安建设取得“九连冠”“满堂红”，率先夺银鼎的基础上，继续深化“平安嘉兴”“法治嘉兴”建设各项举措，推进基层法治、德治、自治“三治”同步试点。2月20日，市委召开全市政法工作会议。市委书记鲁俊在会上强调，全市政法机关要始终做到政治清醒和政治自觉，全面提升平安嘉兴、法治嘉兴建设水平，为深化改革发展、维护和谐稳定提供强有力的政法保障。3月3日，嘉兴市平安建设工作汇报会在市行政中心举行。由省委常委、宣传部部长、省委建设平安浙江领导小组成员葛慧君带队的省平安建设考核组，听取市委副书记、市长肖培生就全市2013年平安建设情况的工作汇报。4月30日，嘉兴市召开全市法治嘉兴、平安嘉兴工作会议暨建设平安嘉兴10周年纪念大会，贯彻落实省委建设法治浙江工作领导小组会议和全省建设平安浙江视频会议暨建设平安浙江10周年纪念大会精神，回顾总结法治嘉兴、平安嘉兴建设，研究部署下阶段工作任务。12月4日，市委、市政府召开专题民主协商会，就推进法治政府和服务型政府建设，深化行政审批层级一体化改革，与嘉兴市各民主党派进行专题协商。12月11日，市委召开常委(扩大)会议，传达贯彻省委十三届六次全会精神，强调要把省委全会的精神学习好、领会好，迅速把全市的思想和行动统一到省委全面深化法治浙江建设的决策部署上来，着力把深化法治建设贯穿于推进经济、政治、文化、社会、生态建设中，扎实推动法治浙江在党的诞生地的生动实践。12月29日，市委召开七届九次全体(扩大)会议，审议并通过《中共嘉兴市委关于全面深化法治嘉兴建设推动法治建设走在前列的实施意见》。

【“两美”嘉兴建设】 2014年，嘉兴市深入贯彻省委“两美”建设决定，从产业升级、城乡统筹、人文生态等方面努力建设美丽嘉兴、创造美好生活，打造“水清岸绿天蓝、宜业宜居宜游、富饶和谐幸福”的江南水乡典范。5月26日，市委召开常委(扩大)会议，传达贯彻省委十三届五次全会精神，要求迅速把思想和行动统一到省委建设“两美”的决策部署上来，强化一个自觉，协调两对关系，叠加三重力量，提升四个维度，治理五大元素，努力建设美丽嘉兴、创造美好生活。7月24日，市委书记鲁俊到南湖区的社区、企业，就推进“两美”建设工作进行调研。鲁俊一行先后到新嘉街道清河小区、浙江森创服装有限公司、七星镇湘南社区、湘家荡管委会等地走访。7月25日，市委召开七届八次全体(扩大)会议，研究部署“两美”建设工作，并发出《中共嘉兴市委关于深入贯彻省委“两美”建设决定打造江南水乡典范的实施意见》。

【创新驱动发展战略】 2014年，嘉兴市贯彻习近平总书记关于深化校企合作、加强科技创新的批示精神，深入实施创新驱动发展战略，研究推动嘉兴科技城扩容升级，进一步深化院地合作，大力培育科技金融，全省区域创新体系副中心建设扎实推进。4月21日，嘉兴市举行2014嘉兴国际人才交流与合作大会，市委、市政府就嘉兴创业创新环境、高层次人才政策等进行推介。4月29日，市委人才工作领导小组召开第十八次会议，听取并讨论审议有关政策制度起草情况汇报、市创业创新领军人才企业评估情况和市重点企业技术创新团队绩效评估情况汇报、市重点科技创新团队绩效评估情况汇报。9月19日，在浙江清华长三角研究院成立十周年之际,浙江省与清华大学在嘉兴市举行座谈会,学习贯彻习近平总书记重要批示精神,共商深化省校合作,推动长三角研究院加快发展。省委书记、省人大常委会主任夏宝龙,清华大学校长陈吉宁出席座谈会并讲话。市委书记鲁俊、浙江清华长三角研究院负责人等发言。10月29日,市委书记鲁俊实地考察南湖区"基金小镇"现场,并召开座谈会,听取嘉兴科技城等情况汇报。鲁俊强调,嘉兴发展要始终坚持创新驱动这一战略不动摇,牢牢抓住嘉兴科技城扩容提升和浙大国际联合学院海宁校区建设两大引擎不松手,协同增强政府主导、企业主体、人才主力三重力量不偏废。10月30日,市委书记鲁俊到秀洲区,实地考察光伏科创园重点投资项目、中国光伏科技城展厅等,并召开座谈会。鲁俊强调,要高标准、高起点做好各项改革试点工作,加快建设示范园区,强化创新驱动,增强改革引领,着力提升嘉兴市本级的首位度和城市竞争力。12月14日,2014"星耀南湖"精英峰会在嘉兴国际会展中心开幕。峰会秉承"融合人才智力、汇聚科技成果、服务创新发展"主题,举办领军人才企业、高校科研院所科技成果展示洽谈会,国际人才合作交流大会等十大活动。12月16日,嘉兴市举行2014"星耀南湖"精英峰会暨"南湖百杰"优秀人才表彰会,宣布第三批"南湖百杰"优秀人才名单,并总结交流人才工作经验,营造良好社会氛围,努力打造创业创新环境。

(姚沈敏)

纪检监察工作

【概况】 2014年,全市各级纪检监察机关聚焦中心任务、强化监督执纪问责,严明纪律、严纠"四风"、严惩腐败,深化纪律检查体制改革,坚持转职能、转方式、转作风,各项工作取得新的进展,"四风"问题和腐败蔓延势头得到有力遏制。开展党的群众路线教育实践活动,实施思想凝聚、组织强体、作风标兵、能力提升、干部严管"五大工程"建设,认真查摆"四风"问题,开好专题民主生活会,狠抓整改落实,建立健全28项改进作风相关制度。高度重视队伍建设,连续三年召开队伍建设大会,大力实施青年干部成长计划,通过"三转"研讨班、"纪检讲坛"等载体,开展业务培训和岗位练兵,全面提升监督执纪能力。专门设立纪检监察干部监督室,强化内部监督。

7月22日,党的群众路线教育实践活动省委督导组组长徐宏俊参观嘉兴市反"四风"图片展。

【落实党风廉政建设主体责任和监督责任】 2014年,全市各级党委(党组)全面履行党风廉政建设主体责任,不断健全主抓直管工作机制。党委(党组)主要负责人带头履行"第一责任人"的职责,坚持重要工作亲自部署、重大问题亲自过问、重点环节亲自协调、重要案件亲自督办。全市各级纪委(纪检组)认真履行监督责任,建立主体责任履行情况报告制度,7个县(市、区)、96个市级机关部门、73个镇(街道)党组织全部向上一级党委、纪委提交书面报告,市纪委常委会听取各县(市、区)委、市级有关部门党委(党组)主要负责人的口头汇报;对报告中发现的问题,各级党委(党组)作专题研究,并认真加以整改。建立责任清单制度,制定党委(党组)履行主体责任、主要负责人履行第一责任人责任、纪委履行监督责任"三份责任清单"。

【开展整风肃纪行动】 2014年,嘉兴市贯彻落实中央八项规定精神和省市有关规定,开展正风肃纪专项行动，在春节、中秋、国庆等重要时间节点，开展高密度检查，做到月月有计划、周周有检查，发现问题及时查处、通报和曝光，全市开展正风肃纪检查579次，查纠问题405个，问责追究105人，实名通报“四风”典型案例81起，媒体曝光46起，关停私人会所3家。出台领导班子和领导干部作风状况评价办法，召开市直机关党员干部作风建设大会，组织开展机关“中梗阻”、权力不透明、干部庸懒散慢等突出问题整治。通过公开权力清单、再造业务流程、优化考核管理、探索公述民评等措施，提高机关执行力。在25家市级部门中推出50个重点岗位，通过媒体公开岗位负责人、岗位职责、服务承诺，开展作风建设满意度测评。

【查办违纪违法案件】 2014年，全市各级纪检监察机关受理信访举报3228件，比上年增长69%；立案424件，给予党政纪处分402人，其中涉及县处级7件，乡科级42件，分别上升75%和100%，移送司法机关处理66人，为国家和集体挽回直接经济损失2556万元。重点查办平湖市人大常委会原副主任陈某某、市建委原调研员姚某某、市民政局原副局长金某、嘉兴经济技术开发区管委会原副主任张某某、市农经局原副局长周某某等受贿案。在全省率先组建公安特勤看护队伍，专门用于办案期间的看护工作。严明办案纪律，修订完善18项安全文明办案制度，组织开展案件质量检查，连续12年保持案件“零申诉”。

【探索查办腐败案件体制机制改革】 2014年，嘉兴市开展查办腐败案件体制、机制改革试点工作，探索实施案件线索管理上收一级、“两规”措施使用审批下管一级、县级纪委“两规”案件统一集中到市纪委办案点查办、市县两级纪委单独设立案管室、组织第三方监控队伍、建立办案人员库等一系列举措。加强问题线索的统一管理，对240多条问题线索，按照拟立案、初核、谈话函询、暂存、了结五类标准，进行重新梳理和分类处置，并明确下级纪委在向同级党委报告线索处置和案件查办的同时必须向市纪委报告。

【强化政治纪律和组织纪律监督检查】 2014年，全市各级纪检监察机关切实加强对党员干部执行政治纪律和组织纪律情况的监督检查。围绕重点领域改革、“五水共治”“三改一拆”、政府权力清单等中心工作，明确纪律要求，强化跟踪督察，对推进不力的单位进行约谈督办，确保政令畅通。调查处理平湖“8·30”事故、桐乡“4·7”交通事故，对16名责任人员进行问责，其中处级干部1名，科级干部4名。

9月3日，市委常委、市纪委书记陈刚调研督察三店塘水环境治理工作。

【有效预防腐败】 2014年，嘉兴市制定出台《嘉兴市建立健全惩治和预防腐败体系2013～2017年实施细则》，加强权力运行监督和廉政风险防控。开展廉情约谈，市纪委领导班子分别约谈县（市、区）和市级机关部门主要负责人与纪委书记（纪检组长），及时掌握党员干部廉情信息，全年共函询30人（次），对17件反映市管干部的信访问题进行约谈提醒，澄清问题32个。专门成立巡视工作联络办公室，全力配合中央巡视组、省委巡视组做好信访接待、联络对接、资料报送和服务保障工作，配合巡视组对有关信访件和问题线索展开调查核实，做到件件有着落、事事有回音。借鉴巡视经验，对市农经局、市人力社保局、市水利局、嘉兴银行4个单位开展党风廉政建设巡察。

【纪检体制改革】 2014年，嘉兴市设立纪律检查体制改革专项小组，开展议事协调机构二轮清理，市纪委监察局参与的议事协调机构从137个减少到18个，县(市、区)纪委削减幅度均在90%以上。完成市、县两级纪检监察机关内设机构调整工作，市纪委监察局内设机构从12个增加到14个，其中纪检监察室从2个增加到5个，从事执纪监督的机构达到9个，监督执纪部门数量和人员力量分别占机构数的64%和人员编制数的74%，把主要工作力量集中到监督执纪一线。出台镇(街道)纪检组织规范化建设十条意见，确保镇(街道)纪委书记和专职纪检干部把主要精力放在纪检监察工作上。

(崔加晶)

组织工作

【概况】 2014年，全市组织系统围绕服务全面深化改革、助力转型发展这一主线，突出开展党的群众路线教育实践活动这一重点，抓好领导班子和干部队伍建设、基层服务型党组织建设、创新驱动人才强市建设和组织部门自身建设，提升组织工作科学化水平，为深化改革再创体制机制新优势、推动“三城一市”和“两富”现代化建设提供坚强的组织保证。

深化干部人事制度改革。2014年，市委组织部围绕“好班长、好班子、好干部、好梯队”的目标要求，健全领导班子和干部队伍季度分析和专题分析机制，开展对结构性干部、市管后备干部、交流干部、不适宜担任现职领导干部、超职数配备干部等分析累计12次，任免县处级干部217人次，其中提拔52人、轮岗交流43人。开展市级机关与南湖区、秀洲区的互派任职，市级机关间跨部门双向选择以及机关内部轮岗交流和竞争上岗，共交流市级机关中层干部33名和两区科级领导干部10名。开展八大专项整治，清理企业兼职(任职)226人次、县处级以上领导干部社团兼职255人次，整改符合“裸官”标准的科级领导干部2名，调整处理不适宜担任现职领导干部6名，整改参加社会化培训的市管干部13名。制定出台以《嘉兴市干部教育培训工作规程(试行)》为主体，8项配套制度为辅助的“1+8”制度体系，继续实施干部多向挂职锻炼计划。

推进基层服务型党组织建设。2014年，嘉兴市深化“96345”党员志愿服务工作，建立“红立方”党员志愿服务驿站40个，10.2万名在职党员到社区报到，认领“微心愿”2.2万个。先后开展“青春公益·治水先行”“点亮微心愿、共筑中国梦”“希望书库”“公益创投”等主题志愿活动。在全市42个村、5个社区软弱涣散基层党组织建立领导联系帮扶机制，调整村(社区)党组织书记9名，跨村任职6名，落实帮扶项目42个、资金1240余万元。制定《关于进一步加强基层服务型党组织建设的实施意见》，开展“五好”服务型镇(街道)创建，深化镇(街道)为民服务“五承办”、村(社区)“一联三会”、两新组织“三联三会”等制度。推行街道“大工委制”和社区“大党委制”，推进基层党建网、民生服务网、治安管理网“三网融合”，深化“1+X”组团帮困机制，为全市2.2万多户低保户、困难残疾家庭提供结对式服务。

推进人才强市战略。2014年，嘉兴市创新建立县(市、区)委书记和部门党委(党组)书记履行人才工作责任述职制度，将“一把手”人才工作述职工作制度化。创新设立浙江省星耀南湖创新发展院，核定专项编制100个，用于引进高层次人才。连续5年实施“创新嘉兴·精英引领计划”，遴选第五批“创新嘉兴·精英引领计划”项目134个。实施院士智力回归工程，建立院士专家工作站27家，其中省级8家。开展高层次人才挂职工作，清华大学、北京大学等高校到嘉兴市挂职硕士、博士近100人。在全球设立海外人才工作站(点)和海外人才孵化器，构筑“两站十二点”引才网络。建立领军人才服务中心、评估中心、转化中心，完善中国归谷嘉善“千人计划”科技园、经济技术开发区“千人计划”项目转化中心的运行机制，重点推进人才改革试验区建设。

【助推服务“五水共治”】 2014年,市委组织部以“三轮驱动·聚力五水共治”为载体,助推和服务中心工作。实施千名干部联千河,市、县(市、区)两级选派63名干部到中央和省级发改、水利等部门挂职,选调11名处级干部、近100名科级及以下干部组建“五水共治”“三改一拆”等中心工作办公室。先后举办领军人才聚智“五水共治”专项对接会、海外人才聚智“五水共治”研讨会和观摩会等活动,促成中国工程院环境与轻纺工程学部与嘉兴签订科技合作框架协议,梳理“创新嘉兴·精英引领计划”相关产业项目133个,推动项目与政府、民企合作参与“五水共治”。开展“青春公益·治水先行”活动,组织发动青年党员、团员志愿者参与春季水环境整治、节水宣传。开展“千企联千村、党建助治水”行动,动员广大非公企业党组织结对村、社区联合治水,全市企业为“五水共治”捐款1.3亿元。

【举办“星耀南湖”精英峰会】 12月14～22日,2014年“星耀南湖”精英峰会在嘉兴市国际会展中心举行。峰会邀请中国人才研究会常务副会长、中国人事科学研究院原院长吴江等国内高端学府、科研院所的领导与专家,开展领军人才企业、高校科研院所科技成果展示洽谈会,国际人才合作交流大会,重点产业人才专场招聘会,中国县域人才发展论坛,人力资源服务产业暨嘉兴国际人才城洽谈对接会,浙江省侨联省外浙籍侨商联谊会成立大会,“南湖百杰”优秀人才表彰会,院士专家嘉兴行,人才工作成果展等十大主题活动。峰会上52名海外高层次人才与创业创新平台达成合作意向,67名海外高层次人才、嘉兴市领军人才与民营企业达成技术合作意向。

【开展中层干部跨部门交流】 2014年,嘉兴市市县(市、区)联动开展中层干部跨部门交流工作。交流工作坚持以增强执行力、破解中梗阻、提振精气神、形成常态化为基本要求,市县(市、区)有序联动、创新交流方式,构建以跨区域、跨部门的外部交流倒逼撬动内部交流、以中层干部交流倒逼带动一般干部交流、以干部交流倒逼促动从严管理干部制度落实的工作格局,取得市县(市、区)中层大交流的整体效应和良好氛围。市、县(市、区)两级共集中交流中层干部583名,其中市级机关各部门跨单位交流中层干部43名。

【推进党员志愿服务】 2014年,市委组织部以“党在我心中、我在群众中”为主题,全面推进红色志愿行动,深化党员志愿服务。统一全市“党员志愿服务”主题标识,进一步健全组织架构,完善“市—县(市、区)—镇(街道)—村(社区)”四级党员志愿服务网络,建立各类直属专业党员志愿服务队伍。培育孵化社会公益组织和项目,围绕关爱特殊群体、倡导志愿文化、开展公共服务等领域,推出一批党员志愿服务项目,全年共发动各级党组织领办红色义工项目3.06万个。建立各类网络志愿服务队,搭建网络志愿服务平台,开设“啄木鸟”志愿者系统平台,进一步完善“掌上志愿”服务功能。坚持每月25日联动开展“党员志愿服务日”活动和党团员“星期六义务劳动”,深入开展“点亮微心愿·共筑中国梦”活动,发动在职党员认领“微心愿”3.21万个。至年底,全市招募党团员志愿者5.47万名,组建党团员志愿专业服务队3210支。

【构建干部教育培训“1+8”制度体系】 2014年,嘉兴市构建以《嘉兴市干部教育培训工作规程(试行)》(以下简称《规程》)为主体,《关于建立健全全市干部教育培训工作联席会议制度的若干规定(试行)》等8项制度为配套的“1+8”制度体系。《规程》对干部教育培训工作管理体制、职责分工、培训对象、内容方式、组织实施、考核保障等方面进行梳理、明确和规范;8项配套制度从学员管理、学风建设、培训项目招投标、现场教学基地建设、领导干部网络学习管理考核等方面对干部教育培训的具体操作作出明确规定,形成覆盖各领域、内容较翔实的“1+8”制度体系,实现对干部教育培训工作全过程的整体性规范、统筹、提升和创新。

(陈　裕)

宣传工作

【概况】 2014年,全市宣传思想战线以邓小平理论、“三个代表”重要思想、科学发展观为指导,深入贯彻习近平总书记系列重要讲话精神,加强思想理论建设,提高舆论引导能力,培育和践行社会主义核心价值观,推动文化强市建设,为推进“三城一市”和“两富”“两美”嘉兴建设提供思想保证、精神动力、舆论支持和文化条件。

理论武装工作。年内,全市各级党组织把学习习近平总书记系列讲话精神作为一项重大政治任务。制定出台《关于2014年全市党委(党组)中心组理论学习的意见》,采取市委常委会扩大会议、红船论坛报告会等形式,强化对各级领导干部的理论武装,全年共举办红船论坛11场,全市县(处)党委(党组)中心组专题学习1780次。7月11日,《浙江日报》第14版刊登嘉兴市委理论学习中心组成员学习体会文章《努力把党的诞生地建得更美——学习习近平总书记系列重要讲话的认识和体会》。围绕“中国梦·红船行”、“中国梦想·美丽嘉兴”、“弘扬最美精神·共筑中国梦”、十八届四中全会等主题,开展全市性主题教育,推动中国特色社会主义理论大众化,全年共举办南湖讲坛讲座23场,各级道德讲堂近万场,直接受众65万人次。组建“中国梦”宣讲团110个,广泛开展宣讲活动。开展“社科普及月”“社科专家基层行”等活动;举办市社科界第五届学术年会。全年市社科规划立项课题119项,评选社科优秀成果45项;做好《中国共产党早期组织及其成员研究》成果发布推广工作,该成果获省社科联第五届研究优秀成果奖一等奖和全国优秀科普作品。县级社科联机构实现全覆盖。

舆论引导工作。年内,重点突出经济宣传,全年推出24个专题专栏,累计报道6000多篇。开展党的群众路线教育实践活动宣传工作,开设专题专栏11个,累计刊发稿件2000余篇;市级新闻媒体统一开设“最美党员”栏目,推出近60个(次)“最美党员”先进事迹;强化评论言论和理论宣传,推出系列评论35篇、理论专版10期、理论文章49篇。做好“五水共治”“三改一拆”“养殖业转型升级”三项重点工作宣传报道,共开设专题专栏6个,发稿600多篇。组织《人民日报》、新华社、中央电视台等17家中央、省级主流媒体到嘉兴开展集中采访活动,共刊(播)发稿件35篇。做好端午群众性民俗文化体育活动宣传工作,累计发稿500多篇、图片1500多幅,央视综合频道《新闻联播》和体育频道《体育新闻》在端午播出嘉兴市端午活动相关内容;央视大型纪录片《稻之道》栏目组、人民网浙江频道专题拍摄龙舟赛、裹粽子等传统嘉兴端午民俗。完成首届浙(禾)商大会、全国分布式光伏发电示范应用现场会、省第五届对外传播易地采访活动等重大活动的对外宣传工作。调整充实市广播电视安全播出协调领导小组成员,开展全市广播电视安全播出大检查;召开全市新闻工作者队伍建设工作会议,制定出台《关于进一步加强全市新闻工作者队伍建设的意见》,深入开展“马克思主义新闻观和社会主义核心价值观”教育实践活动。加强媒体监督管理,全年编发《阅评动态》14期、《情况反映》12期、《报纸审读通报》33期、《内部资料审读与管理》12期,完成全市774名采编记者培训考核和换发新闻记者证审核工作。

互联网宣传管理工作。年内,全力助推首届世界互联网大会召开,召开全市动员会、网络安全与信息工作等会议,强化与经信、公安、安全等部门的通力协作,实现信息共享互通。制定下发《世界互联网大会特别保障期舆情管理工作方案》,全天候开展网络舆情信息巡查,确保大会期间良好的网络舆论环境。组织策划“美丽嘉兴·五水共治”随手拍摄影作品网络征集活动、“锦绣嘉禾·美丽镇村”主题宣传活动、“健行—感受美丽嘉兴”网友互动活动，推出一系列践行“勤善和美”当代嘉兴人价值观网络专题。开展“‘浙商创业创新’全国网络媒体嘉兴行”采访活动，刊发报道296篇，全方位展示嘉兴市支持浙商创业创新取得的成绩。实时掌控舆情动态，全年编发《网络舆情》24期，《网络舆情(专报)》14期，《网上舆情交办单》208期，办结答复网民意见226件；平稳处置“海宁楼市库存压顶”等突发舆情事件。开展互联网整治专项行动，开展“让网络空间清朗起来”学习实践讨论活动。定期开展互联网自律合作联盟活动，团结引导网上“意见领袖”，发挥其在舆论引导中的积极作用。加快推进传统媒体与新兴媒体融合发展，形成以嘉兴在线新闻网站为龙头，县(市、区)新闻网站为骨干的全市网络新闻传播格局。“嘉兴发布”政务微博微信平台、嘉兴手机电视正式上线运行。

精神文明建设工作。年内，开展社会主义核心价值观主题宣传，全年开设专题专栏7个，刊登公益广告版面134个，制作发放宣挂画25万张，创作连环画作品144幅、微电影3部；市区300座微电脑阅报栏、1000多个路名灯箱和2万余平方米的建筑围挡用于“图说我们的价值观”主题宣传。嘉兴市的经验做法得到中宣部的肯定，并在天津现场会上作典型交流。11月，中宣部部分省市社会主义核心价值观建设工作座谈会在嘉兴市举行，“嘉兴经验”在全国推广。健全完善市领导联系街道等文明创建工作机制，首次邀请人大代表和政协委员参与测评工作；实施“市民素质提升”和“城市形象提升”两大工程和“八八”行动，城市文明指数测评连续两年蝉联全省第一。坚持“建、管、用”一体化推进农村文化礼堂建设，新建农村文化礼堂136家，累计建成268家，覆盖全市30%以上的行政村。制定《嘉兴市推进诚信建设制度化工作实施方案》，市级19个部门的个人和企业信用信息接入共享数据库。发挥道德典型示范，全年评选出嘉兴好人52名，其中入选浙江好人20名、中国好人5名，开展道德模范事迹巡讲巡演活动17场。开展核心价值观“八个一”、“爱学习、爱劳动、爱祖国”等系列主题活动，推进乡村学校少年宫建设和“春泥计划”，组织实施“十件实事”，为未成年人健康成长营造良好环境。推进志愿服务制度建设，至年底全市共有各级志愿者管理员1300多名；打造嘉兴特色志愿服务品牌，“保护母亲河志愿者行动”、“邻里守望”志愿服务、党员志愿服务等活动受到中国志愿服务联合会的肯定，特别是嘉兴市打造嘉兴党员志愿者品牌，通过实行“1+X”组团帮困，建立“红立方”党员志愿服务驿站的经验做法，先后在全国共产党员志愿服务工作座谈会、全省志愿服务制度化推进会上进行典型交流。

文化强市建设工作。年内，加大国家公共文化服务体系示范区创建力度，成立市创建国家公共文化服务体系示范区领导小组，投入专项资金1600多万元，在2013年度浙江省基层公共文化服务评估地市级总排名中居全省第一。加大文艺精品创作生产力度，文化纪录片《查良镛》、动画片《汉语岛》入选浙江省文化精品工程第九批项目，电影《美丽心愿》等9部作品列入市级文化精品工程扶持；电视纪录片《红船驶进中国梦》、电视连续剧《妈妈的花样年华》、歌曲《今夜运河最美》3件作品入选第十二届浙江省精神文明建设“五个一工程”。开展第十二届全国美展嘉兴展区活动，大运河申遗工作取得成功。推进由办文化向管文化转变，制定出台《嘉兴市深化文化体制改革实施方案》和《2014年嘉兴市深化文化体制改革工作计划》；开展市文化馆、博物馆理事会试点工作，出台《〈嘉兴市促进民办博物馆发展的意见〉实施细则》，鼓励社会力量、社会资本捐助和兴办公益性文化事业。推广文化员下派和村(社区)专职文化管理员制度，全市村级文化专职管理员配备率达86%以上，文化馆向镇(街道)下派文化员全市完成率68%。组建嘉兴电影集团，市本级15个镇(街道)广电站完成“一省一网”整合工作。举办“双百双千双万”系列基层文化服务活动,全市举办广场演出、戏曲下乡、电影放映等活动16000多场次,下发农村(社区)图书551340册,举办队伍培训2051次,讲座展览1605场,文化走亲828次。南湖合唱团获“我和我的祖国”——2014年浙江省群众合唱大赛最高荣誉特别奖。文化服务业投资保持高速增长,2014年实现投资64.9亿元,比上年增长53.5%,完成年度任务125.5%。全年引进文化产业项目402个,注册资金62.8亿元,其中2014年投资亿元以上文化产业项目17个。申报省级文化产业扶持资金,共争取扶持资金600万元,列全省第二位;加大市级文化产业扶持力度,全年扶持金额771.31万元。“江南乌村”项目、依爱夫开心梦工厂、斯麦乐巧克力乐园等文化产业项目相继开张。组织文化企业参加第十届深圳文博会和第九届义乌文交会。

【举办首届世界互联网大会】 11月19～21日,首届世界互联网大会在嘉兴市举行。大会由国家互联网信息办公室和浙江省人民政府联合主办,来自近100个国家和地区的1000余名全球互联网领军人物参加,是中国迄今为止举办的规模最大、层次最高的互联网大会。嘉兴市高度重视,召开全市动员会、网络安全与信息工作等会议,精心谋划涉及会务接待、对接安排新闻宣传等,加强部门沟通协调,实现信息共享互通。加强会议期间舆论引导,制定下发《世界互联网大会特别保障期舆情管理工作方案》,全天候开展网络舆情信息巡查,积极处置突发事件网络舆情,大会期间编发舆情信息50余条,营造良好的网络舆论环境。

【“南湖讲坛”获评“嘉兴市机关服务品牌”】 2014年,市委宣传部探索“南湖讲坛”品牌创新机制,在保持原来的良好运行机制基础上,通过在文化有约发布讲座信息、建立南湖讲坛QQ群、设计精美的入场券等办法,向市民预告讲座信息。全年举办南湖讲坛讲座23场,直接受众2000余人次。举办“南湖讲坛”10周年纪念会,总结提升建设经验,进一步推动中国特色社会主义理论大众化。年内在市委党的群众路线教育实践活动开展过程中,“南湖讲坛”被评为“嘉兴市机关服务品牌”。

【农村文化礼堂建设】 2014年,市委宣传部结合党的群众路线教育实践活动,将农村文化礼堂建设工程列为嘉兴市重点破解的民生实事项目,坚持“建、管、用”一体化稳步推进。按照农村文化礼堂内容建设“七个一”(一首村歌、一则村训或村规、一支以上宣传文体队伍、每年一台村晚、设置一个“善行义举”榜、每年开展一次以上文化走亲活动、张贴一幅“村民全家福”或“村民笑脸集成照”)标准,开展建立农村文化礼堂理事会制度试点工作,推广文化员下派和村(社区)专职文化管理员制度,开展宣讲服务进礼堂,举办全市农村文化礼堂管理员培训班3期,组织宣讲5137次,受众达11.2万人次,全市村级文化专职管理员配备率达86%,文化馆向镇(街道)下派文化员完成率68%。制定实施“农村文化礼堂建设奖补办法”,从2014年至2017年,市财政每年安排一定资金,扶持市本级重点村的文化礼堂建设,2014年度共奖补220万元,着力把文化礼堂打造成为农村思想文化阵地的综合体、升级版。至年底,嘉兴市文化礼堂建成总数达到268家,覆盖30%的行政村。

【“中国梦”主题文艺宣传活动】 2014年,全市以“践行群众路线,放飞中国梦想,建设美丽嘉兴”为基调,围绕“勤善和美”当代嘉兴人共同价值观,结合嘉兴“五水共治”工作,开展“中国梦·万家乐”百场展演进基层、“中国梦·嘉兴情”全市散文诗歌征文、“中国梦·秀水赋”全市诗词辞赋比赛、“中国梦·水之韵”嘉兴市西泠印社社员暨全市优秀篆刻作品展、“中国梦·非遗韵”文化遗产日等系列活动,深入基层开展宣传活动,丰富基层群众文化生活。

(朱振宇)

统一战线工作

【概况】 2014年,嘉兴市委统战部深化"同心·建功"品牌,开展"五水共治·同心行动"主题活动。完善海外人才站(点)布局,建立市侨商服务联盟,依托市侨商会组建侨界名媛会、侨界青年会等引资引智新平台,加速助推侨商侨智的回流回归。年内,组织近20个团组500余名侨商和高层次人才到嘉兴,考察对接电子信息、生物医药、新能源等400余个项目,泰信医疗、安宁生物等四个项目先后入驻嘉兴国际生物科技园;参与"精英引领"工作,海外人才站(点)推荐600余名高层次人才申报项目,超过半数的项目正式入围。

2014年,市委统战部围绕"行政审批层级一体化改革"专题,组织各民主党派与市委开展民主协商,并以各民主党派联合形式,向市委提交协商建议书和调研报告,中央统战部《中国统一战线》杂志专门介绍嘉兴市的做法。会同市委组织部做好各民主党派届中述职评议工作,研究解决民主党派组织发展中面临的实际问题,协助民主党派加强自身建设。年内,以宗教活动场所"和谐寺观教堂"建设为契机,参与"平安嘉兴"创建,被市委、市政府评为2004~2013年度平安创建工作先进单位。会同南湖区做好回民代表和穆斯林群众思想工作,如期完成由拳路主干道墓穴迁移工作,召开市党外知识分子联谊会换届大会,成立海外留学回国创业人员、新的社会阶层、网络界人士联谊分会。根据市"三名"工程建设总目标,以新生代企业家为主要对象,开展针对性的教育培训工作,并依托新联会组织,推动非公有制企业代际传承顺利进行。组织中阿文化艺术交流、新春音乐会、中外儿童大联合等活动,举办寻根之旅海外青少年夏令营,开展海内外民间交往交流;运用侨情调查成果,深入分析海外侨情发展趋势,搭建有效联系与服务平台。年内,完成市留学人员和家属联谊会换届,举办"侨智聚禾"海创精英论坛系列。

2014年,市委统战部坚持建章立制,共制定14个专项制度,下放8项行政许可和行政确认事项。年内,深入联系村(社区)、农户(居民)开展"三联三解"活动,重点督察春季水环境整治、禁止露天焚烧秸秆等行为;协调省级农房改造示范村、圩岸硬化工程建设项目,提前一年帮助经济薄弱村完成脱贫工作;走访统一战线各基层团体、组织和场所,深入协会商会和企业,"走亲连心"累计达1000余家(次)。同时,梳理权利和责任清单,方便基层和群众办事。指导市各民主党派、工商联和无党派人士深入开展坚持与发展中国特色社会主义学习实践活动,牵头在南湖革命纪念馆举办"中国民主党派历史暨嘉兴多党合作事业发展回顾展"。

【开展"五水共治·同心行动"主题活动】 2014年,市委统战部深化"同心·建功"品牌,以"五水共治·同心行动"为主题,发动统一战线各方面力量,开展治污水、防洪水、排涝水、保供水、抓节水行动。年内,全市统一战线累计捐款、投入治水资金2亿多元,与323个行政村"一对一"结对,联挂、包干河道120多条,收集和反映意见建议200余条,并邀请海外治水专家团到嘉兴"行医问诊"。

【指导市知联会组织换届】 12月5日,嘉兴市党外知识分子联谊会(简称市知联会)召开二届一次会员大会,听取并审议市知联会第一届理事会所作的工作报告,选举产生市知联会新一届理事会及领导班子。成立海外留学回国创业人员、新的社会阶层、网络界人士联谊分会,向精细化、专业化推进党外知识分子工作。

【开展专题民主协商】 2014年,市委统战部以协商议题项目化、协商过程程序化、协商形式常态化为原则,围绕"行政审批层级一体化改革"专题,把依法治国作为统一战线议政建言的重要内容,组织各民主党派与市委开展民主协商,并以各民主党派联合形式,向市委提交协商建议书和调研报告。专题民主协商制度在嘉兴市已形成规范科学的运作程序和完善的制度保障,成为嘉兴市推进社会主义协商民主和深化政党协商的重要平台。

(莫　凡)

对台工作

【概况】 2014年,全市对台工作以两岸关系和平发展为主题,贯彻落实中央对台方针政策和省、市委对台工作决策部署,服务嘉兴经济社会发展。3月18日,市委常委会专题听取市台办主任张形芳关于嘉兴市对台工作情况的汇报。4月11日,市委召开全市对台工作会议,传达贯彻中央和全省对台工作会议精神,回顾总结近年来嘉兴市对台工作情况,研究部署对台工作。5月和9月,市台办分别开展"服务台商转型升级、深化嘉台产业合作"和"稳增长、调结构、优服务、促转型"的台资企业服务月活动;先后举办"台商新春酒会""台商恳谈会""台商沙龙"等系列活动,为台资企业在嘉兴投资创业提供有效途径;拓展台湾农博士平台服务,扩大嘉兴国际电子商务应用平台"台商专区";完善法律服务平台,推进台企转型升级服务,继续完善"台商就医绿色通道"等服务措施。市、县两级台办建立台资企业重点联系制度,得到台商们的一致好评。

2014年,全市新批台资项目43个,总投资9.45亿美元,合同台资6.37亿美元,实到台资4.11亿美元(占全省实到台资的49.4%),居全省第一位。浙江东明不锈钢制品股份有限公司(台资企业)、恒锋工具股份有限公司(台属企业)获2014年度市长质量奖。年内,市台办做好台升国际广场、世合国际新农村建设等一批重大台资项目的跟踪服务和协调工作;促进嘉善经济开发区与台湾内湖科技园对接合作签约;参与招商引资,组织参加各类经贸活动,做好市洽会台商的组织和活动,举办"浙江台湾合作周嘉兴专场"活动;组织40多名台商到嘉兴投资考察,台湾青商会与市青年企业家协会签订合作备忘录。

2014年,全市组织台湾交流团组170批、722人次,接待台胞入境旅游208859人次;先后成功举办海峡两岸同胞端午裹粽友谊赛、第四届"嘉兴·南投两岸邻里节"、嘉兴籍大陆配偶故乡行、跨越海峡——第二届嘉兴·台湾摄影作品交流展等重大涉台交流活动。市直机关工会组织12批、442人次机关干部到台湾疗休养,感受宝岛台湾的风土人情。同时,做好嘉台两地在教育、医疗、交通、科技、旅游等领域的交流。

8月22~25日,市台办举办"嘉兴籍大陆配偶故乡行"活动。

3月17日,市委召开对台宣传协调小组各成员会议,研究部署2014年全市对台宣传和涉台教育工作。5月8~9日,市台办举行列入市委组织部、市委党校主题培训的全市涉台干部培训班;6月21日,以"南湖讲坛"形式举办"台湾政治与两岸关系发展的基本态势"专题报告会;12月6日,举办市级机关服务部门窗口行业涉台教育专题讲座,邀请省台办副主任陈正仁主讲"从刚刚结束的台湾九合一选举看两岸关系和对台工作"。年内,市台办领导到基层单位、学校、企业、社区、部队开展涉台教育"五进"工程,做好各到台湾团组的行前教育;邀请央视四套海峡两岸栏目组记者到嘉兴采访报道海峡两岸同胞端午包粽友谊赛情况,并在央视四套黄金时间播出。此外,充分利用《对台工作简报》《台情专报》和市台办网站等载体，加强涉台工作信息交流，扩大嘉兴市对台工作的影响力。

【推动嘉台两地高层交流互访】 2014年，中国国民党副主席、嘉义市市长黄敏惠，国民党副主席洪秀柱，国民党大陆事务部主任桂宏诚，国民党“总统府”国策顾问颜文熙，新党秘书长李胜峰，台湾南投县代理县长陈志清等台湾高层人士分别带队到嘉兴参观访问，得到嘉兴市领导的热情接待。同时，嘉兴市政府常务副市长梁群、市政协副主席金锦根等领导分别带队到台湾参观访问，促进嘉台两地的交流。

【协调处理台商投诉求助案件】 2014年，嘉兴市台办重视做好台商投诉和求助工作，共受理台商投诉和求助31起，办结29起，妥善处置涉台突发事件1起，切实维护台商的合法权益。其中对上级台办督办的涉台案件，集中精力限时予以调处；对各类涉台投诉求助案件进行全面梳理，推动一批涉台重大案件的协调解决。

【服务台资企业“二次创业”】 2014年，国台办主任张志军、省委副书记王辉忠等领导先后到嘉兴市考察台资项目，勉励台商要坚定发展和转型升级的信心。5月14日，市政协主席会议专题研究嘉兴市台资企业“二次创业”情况。副市长盛全生多次召开座谈会并指示，要加大对台资企业“二次创业”的支持和指导。年内，市台办与相关顾问单位合作，为嘉兴市10多家台资企业经营、发展提供诊断服务，并提出有针对性的框架性意见建议。同时，邀请2名台湾“中国生产力中心”资深讲师到嘉兴为台资企业开设“生产管理实务讲座”“新环保法政策咨询讲座”等专题讲座，助推台资企业转型发展和“二次创业”。

【加强对台招商引资工作】 2014年，市台办把直接招商引资作为部门工作重点，除继续推进台升国际广场、世合国际新农村建设等重大台资项目的跟踪服务工作外，主动收集台商投资意向信息，邀请台商到嘉兴投资考察，并做好项目的协调工作。年内，总投资6亿元（其中5000万美元）的湘家荡“爱之湖”项目顺利签约落户，将打造长三角最具特色的爱情主题公园；广东今日景艺生物科技有限公司（台资企业）与桐乡市石门镇签订总投资4亿元的百花欢乐大世界项目；桐乡石门湾现代农业示范区与台商合作项目“蓬莱仙岛科技农场”正式签约。

【举办第四届“嘉兴·南投两岸邻里节”】 6月28日至7月1日，市台办为进一步拉近两岸民众距离，营造“两岸一家亲”氛围，举办第四届“嘉兴·南投两岸邻里节”活动。台湾南投县鹿谷乡的25位台湾乡亲，在团长林茂延的带领下到嘉兴市参观交流。其间，鹿谷乡秀峰村与秀洲区新塍镇沙家浜村、鹿谷乡竹丰村与平湖市钟埭街道新群村、鹿谷乡竹林村与桐乡市龙翔街道元丰村分别签订两岸邻里友好结对交流意向书。

6月28日至7月1日，台湾南投县鹿谷乡代表团参加第四届“嘉兴·南投两岸邻里节”。

【举办嘉兴籍大陆配偶故乡行】 8月22～25日，市台办举办以“情牵大陆配偶，共睹家乡发展”为主题的“嘉兴籍大陆配偶故乡行”活动。两岸10对家庭共31人以“回娘家”的形式，通过参加两岸故事会、政策宣介会、慰问社会福利院、参观嘉兴市容市貌，了解经济社会发展等活动，进一步深化大陆配偶对家乡的感情和认同。

【举办第二届嘉兴·台湾摄影作品交流展】 9～11月，“跨越海峡——第二届嘉兴·台湾摄影作品交流展”分别在嘉兴市和高雄市举办。

交流展评选出 80 幅优秀作品，全面展示两地自然风光和风土人情,促进台湾民众对嘉兴的了解,提升嘉兴在台湾的知名度。同时,邀请以张简于颂为团长的台湾高青摄影学会一行 7 人到嘉兴市参观访问,与嘉兴市摄影家协会进行交流座谈。

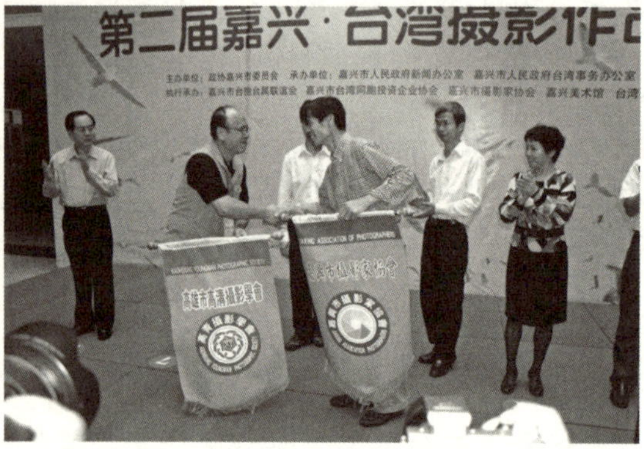

9～11 月,“跨越海峡——第二届嘉兴·台湾摄影作品交流展”分别在嘉兴市和高雄市举办。

【推进嘉台两地教育交流】 4 月中旬，应台湾嘉义高中邀请，嘉兴市组织教育团组到台湾，参加该校 90 周年校庆典礼，加深嘉兴一中和嘉义高中之间的感情。2014 年,嘉兴有 40 名学子被台湾各类高校录取,市台办组织召开行前辅导会,介绍有关情况,做好服务工作。暑假期间，市台办安排 18 名台湾大学生到嘉兴图书馆、嘉兴博物馆、嘉兴美术馆等 6 家单位,参加为期一个月的实习,并与嘉兴学院和同济大学浙江学院的 18 名大学生结对；实习期间举办嘉台两地大学生交流联谊会,加深两地青年学生之间的了解和友谊。

（欧　宇）

政策研究工作

【概况】 2014 年,市委政策研究室开展重大课题研究 7 个,牵头起草市委、市政府重要文件 9 个,形成重点调研和专题调研报告 23 个,起草重要文稿 10 个，多项调研成果获得领导批示肯定,市委机关刊物《新嘉兴》办刊质量显著提高,4 月获得全国“双十佳城市党刊”称号。

【履行调查研究职能】 2014 年,市委政策研究室围绕市委、市政府中心工作开展调查研究,谋划《嘉兴科学治水的实践与探索》等 18 个市级领导年度重点调研课题,承担市委书记鲁俊牵头的《嘉兴科学治水的实践与探索》和市委秘书长孙贤龙牵头的《全面深化考核机制改革研究》课题的调研和起草工作;开展“文山会海”的专题调研,形成《“文山会海”问题成因分析及对策建议——基于部分市级部门参加会议情况的典型分析》课题。围绕综合性、战略性问题开展调查研究,起草《中共嘉兴市委关于深入贯彻省委“两美”建设决定打造江南水乡典范的实施意见》《关于进一步理顺市、区部分事项管理权限的通知》,牵头起草《关于加强安全生产促进安全发展的实施意见》《全面深化法治嘉兴建设推动法治建设走在前列的实施意见》《关于印发〈嘉兴市深化接轨上海三年行动计划(2014～2016 年)〉的通知》,参与起草市政府《关于印发 2014 年嘉兴接轨上海工作实施方案的通知》《关于进一步加强科学民主依法决策的实施意见》；开展新居民管理服务的专题调研,形成新时期新居民管理服务的相关实施意见；开展对接上海自由贸易区课题研究,形成《对接上海自由贸易区的思考与研究》课题报告;完成《长三角相关城市发展态势比较分析》《实体市场与网上市场互动模式研究》等课题研究。围绕经济社会发展难点、热点问题开展调查研究,开展限养区生猪养殖减量提质工作的调研,形成《完善推行“三个一”制度加快推进限养区生猪养殖减量提质的建议》课题报告,得到市长的批示肯定;与咨询委共同完成社科联课题《推动县域经济向城市经济转型研究》；会同市滨海办到宁波杭州湾新区开展调研,形成《宁波杭州湾新区快速发展的做法及借鉴》的调研报告;完成《服务经济:未来的发展战略——兼论“十三五”时期推动嘉兴市服务经济发展的思路研究》《基层社会治理模式的创新与思考》等调研报告。

【整合力量提升研究水平】 2014年，嘉兴市调动市治水办、市发改委、市水利局、市环保局、市建委、市文化局等10多个部门的力量，协调开展“五水共治”课题研究；整合市商务局、市经信委、市合作交流办等部门，开展对接上海自贸区课题研究；整合市发改委、市经信委、市建委等部门，协同开展县域经济向城市经济转型的课题研究。借助部门、大专院校、科研机构及社会各方面的专业研究力量，聘请涵盖经济、文化、社会、生态和党建五个领域的24名专家、学者，组建特邀研究员（改革政策咨询员）队伍。与省委政研室在嘉善建立“县域科学发展”示范点研究平台，共同开展嘉善县域科学发展评价指标体系研究。

（徐振波）

档案、党史、地方志工作

【概况】 2014年，嘉兴市档案局创新档案服务民生模式，接待档案资料利用者1925人次，提供档案资料9767卷（册）、113件，出具档案证明1945份，查档接待窗口服务满意率达到99%以上。对列入2014年竣工验收计划的229个项目档案情况进行调研，完成182个竣工验收的市级政府投资项目档案的专项验收。继续开展“档案助推民营企业二次创业”专项活动，推出16家以“名企、名品、名家”行业龙头企业为代表的档案规范化企业。协同有关单位建立“嘉兴市支持浙商创业创新”专题档案187件，浙禾商大会文件和宣传材料13件、视频3小时、照片64张。与有关单位联合印发“五水共治”、党的群众路线教育实践活动档案管理办法，召开“五水共治”档案工作协调会，举办“五水共治”项目档案管理培训班。数字档案馆（室）建设纳入市委《全面深化改革再创体制机制新优势的实施意见》，新增省级示范数字档案室29家、市级规范化数字档案室69家。全年登记备份数据容量约4589GB，16家省级重点建设项目档案登记率100%。对市级机关部门单位开展年度归档集中评查、网上普查和实地抽查。推进档案行政审批层级一体化改革，全面推行权力清单制度，形成权责清晰、公开透明的职责体系。推进市档案馆二期工程建设，年内土建工程结顶，室内装修和专业基础设施设备安装工程全面开展。

2014年，嘉兴市委党史研究室启动嘉兴市改革开放新时期党史专题征编工作，确定改革开放新时期党史专题183个。编辑出版《嘉兴民营经济发展回眸》，展示全市民营经济的发展历程和成就；编写《牢记宗旨、执政为民——历届嘉兴市委践行党的群众路线纪事》，为全市开展党的群众路线教育实践活动提供参考资料；启动《中共嘉兴市委文件（1994年4月至2003年4月）》编辑工作，共整理文件217份、50多万字；编写《2014嘉兴“五水共治”大事记》，为嘉兴市“五水共治”工作提供决策参考；启动《嘉兴抗战纪实》编写工作，纪念抗日战争胜利70周年。2014年，嘉兴市地方志办公室加强年鉴编纂工作，《嘉兴年鉴（2014）》如期出版；推进市志续修工作，完成年初确定的工作任务；开展《光绪嘉兴府志》点校工作，出版发行《嘉禾宋文钞》；组织召开《嘉善县志》复审会议。办好档案史志内刊、简报，全年在市级以上新闻媒体、报刊和网站上发表信息报道等50余篇。嘉兴市档案史志网站累计点击率531万人次。市档案局爱国主义教育基地接待社会各界和机关团体参观30批次、3000人次。启动市档案馆二期爱国主义教育基地布展工作，多次论证展陈方案，并做好立项前期工作。

【创新档案服务民生模式】 2014年，市档案局深化民生档案远程利用服务工作，加大民生档案资源整合力度，远程利用平台新增民生档案8类，远程利用平台民生档案达到12类，扩增共享目录280万条、电子全文870余万页。探索馆室联动、横向到边服务机制，开发馆室出证应用平台,试点开通与市社保事务局、市人力社保局和市人口计生委档案查询试运行通道,全市通过远程利用平台受理查档申请 6455 人次、出具证明 4902 份、复制档案 8475 页。改进档案利用服务方式,推出“局长接待日”“全员参与档案利用窗口接待服务” 和档案利用“工作日全天候服务”“双休日预约服务” 等便民服务措施,进一步提高档案利用服务水平。

【开展卫生档案工作专项执法检查】 6 月 24 日至 7 月 1 日,市档案局联合市卫生局开展卫生档案工作专项执法检查,检查组通过听取各县(市、区)卫生局、有关医疗卫生单位档案工作自查情况汇报,实地查看档案室、档案实体管理情况,现场反馈意见的形式,对全市卫生档案分级管理原则执行情况、档案资源建设、信息安全保障、档案有效保管以及出生医学证明档案管理等工作开展专项执法检查。检查组肯定各单位在档案管理中取得的成效,并对卫生档案工作提出要求: 切实加强对档案工作的组织领导,加大对所属医疗机构的监督指导力度;保障档案工作经费,完善档案管理设施设备,配备档案管理人员;加快档案信息化建设,确保数字档案、电子文件、业务数据和档案实体的安全管理;修订完善档案分类方案、归档范围和保管期限,加强档案的集中统一管理。

【档案登记备份中心达到省级规范化创建标准】 2014 年, 嘉兴市档案登记备份工作纳入各县(市、区)档案工作目标责任制考核内容,举行全市档案登记备份专题性会议,举办全市数据恢复演练观摩会,全市档案登记备份工作水平得到提高。12 月 15 ~ 16 日,市档案局组成规范化档案登记备份中心考核小组,先后对南湖区和秀洲区档案局创建省级规范化档案登记备份中心进行测评认定。考核小组通过听取创建汇报、观看软件演示、实地查看和专家评议等程序,认定南湖区和秀洲区档案登记备份中心达到省级规范化标准,嘉兴市 8 家档案登记备份中心全部达到省级规范化标准。

【举行灾备中心数据恢复演练观摩会】 6 月 11 日,嘉兴市灾备中心数据恢复演练观摩会在嘉善县档案局举行。数据恢复演练通过模拟嘉善县民政局民政服务对象医疗结报系统发生数据损毁,系统无法正常运行提供服务的情况下,通过嘉善县档案登记备份中心提供备份数据导入业务系统全过程。演练分为准备阶段、演练阶段和评估阶段。准备阶段主要是嘉善县档案局技术人员准备软硬件设备、操作系统等;演练阶段主要是迁移备份数据、配置数据环境、部署业务系统;评估阶段主要是查看是否能正常登录业务系统、系统内用户数据是否完整、系统的功能模块是否能正常使用、系统导入日志是否有错误。这次数据恢复演练工作取得预期效果,数据成功恢复,业务系统恢复正常运行,登记备份中心和备份单位数据恢复的业务能力、协作能力和应急水平得到提高。

6 月 11 日,嘉兴市灾备中心数据恢复演练观摩会在嘉善县档案局举行。

【召开民生档案资源建设会议】 5 月 22 日,市档案局召开民生档案资源建设会议。各县(市、区)档案局分管领导及相关科室负责人参加会议。与会人员就民生档案接收与资源整合、馆藏档案信息化建设、民生档案远程利用等工作进行讨论,认为档案部门要加大民生档案接收整合力度, 加快馆藏民生档案的数字化转化,加强与涉民部门的沟通,探索馆室联动、共建共享的远程利用新模式,为群众提供更加方便快捷的服务。同时,会议还商讨远程利用平台新增内容, 同意远程利用平台新增劳模档案、再生育审批档案、移民档案、收养档案、村民建房档案、计生奖励扶持档案、学籍档案、病残儿童鉴定档案8类民生档案，嘉兴市远程利用平台民生档案达到12类。

【改革开放新时期党史专题资料征编】 2014年，嘉兴市改革开放新时期党史专题资料征编工作正式启动。上半年，市委党史研究室根据中央和省委党史研究室的部署要求及《嘉兴市2011～2015年党史工作规划》，起草《嘉兴市改革开放新时期党史专题征编规划》。9月，专题征编规划发到各部门征求意见，各相关部门就专题的标题、内容、承编单位等提出修改意见。10月30日，《嘉兴市改革开放新时期党史专题征编规划》修改完善后，由市委办转发各部门。规划确定改革开放新时期嘉兴政治、经济、社会、文化、生态、党的建设和军事方面的党史专题183个，计划于2016年年底前完成编写工作。

【《嘉兴民营经济发展回眸》出版】 2014年，市委党史研究室编纂的《嘉兴民营经济发展回眸》由中共党史出版社出版。该书全面展示嘉兴民营经济的发展历程和巨大成就，回顾总结嘉兴民营经济的发展经验，科学揭示民营经济的发展规律，为嘉兴经济转型升级和民营企业二次创业提供借鉴。全书由图片、综述、县（市、区）篇、文献资料、典型案例、大事记等部分组成，约30万字。综述主要反映嘉兴民营经济的起步、发展、壮大的历史过程及其地位、作用与经验启示；县（市、区）篇主要反映各地发展民营经济的历程、特点和经验；档案文献资料主要是市委、市政府关于民营经济的决策和相关部门关于民营经济的重要文件；典型案例主要选取20个在全国、全省、全市有影响力、有代表性的案例，概述发展历程、分析发展特点、探索发展经验；大事记主要记述十一届三中全会至2013年与民营经济发展紧密相关的重要史实。

【《嘉禾宋文钞》出版】 2014年12月，市地方志办公室编辑的《嘉禾宋文钞》由上海古籍出版社出版。2010年起，从四川大学古籍研究所编纂，上海辞书出版社、安徽教育出版社出版的《全宋文》中逐件辑出嘉兴府属的有关文章，增入历代嘉兴府、县地方志及其他资料中有关嘉兴的宋文，并录入电脑。2012年，《嘉禾宋文钞》初稿形成后，参考文渊阁《四库全书》、府县地方志和其他典籍进行校核。2014年7月，完成书稿的校核和内部审稿，送上海古籍出版社审查，并根据出版社意见进行修改和校对。该书收录宋代360多名作者的700余篇文章，53万字。

【《嘉兴年鉴（2014）》出版】 2014年，市地方志办公室征求各方面意见，及时修改制定《〈嘉兴年鉴（2014）〉框架及编纂分工意见》，由市委办公室、市政府办公室印发各部门各单位。年内多次召开年鉴编务会，研究年鉴编纂工作，明确任务要求和质量要求，并做好年鉴稿件的审校工作。10月，《嘉兴年鉴（2014）》完成三审三校工作，送市地方志编纂委员会和方志出版社审查。12月，《嘉兴年鉴（2014）》通过审查正式出版。全书共113.4万字，设36个篇目、248个分目、1627个条目，有82个表格、56页彩页。

【推进市志续修工作】 2014年，市地方志办公室按照基本完成市志初稿审核和70%合编任务的工作要求，制定工作方案，倒排工作计划，实现初稿征集向稿件审核、编辑阶段转变。加强与市志供稿单位的联系，落实市志供稿、审稿、意见反馈等各项任务；加强审稿和编辑工作，多次召开市志编务会议，商讨修改和合编意见，有序推进合编工作。至年底，完成初稿审核191章和专记5篇、755.4万字，分别占总篇章和总字数的97.98%、125.9%；合编初稿258章和专记4篇、449.73万字，分别占总篇章和总字数的86.87%、74.96%；形成基础稿97章、119.52万字，基本完成年初确定的工作任务。

【举办首届民间档案文献史料收藏晒宝活动】 6月9日，市档案局举办以“走近历史、走进档案"为主题的第三届"档案馆日"活动暨首届民间档案文献史料收藏晒宝活动,25名民间收藏爱好者的130余件藏品参加晒宝活动,有8名收藏者向市档案馆捐赠藏品。市档案局按照藏品年代、史料价值、艺术价值、经济价值、珍稀程度、藏品品相等要素,评出吴刚等10人的藏品为嘉兴市首届民间档案文献史料收藏晒宝活动入围奖,徐祖福等10人为嘉兴市首届民间档案文献史料收藏晒宝活动"档案文献史料收藏家",130余件藏品评出特等奖、一等奖、二等奖、三等奖和优秀奖20件,有中华闽西苏维埃政府执行委员会印,淮海战役农民支前车队"金牌",东北解放区发行纸币及样板,20世纪30年代、40年代外国记者采访红色延安文献,晋察冀画报4本(含1942年创刊号),明代姚绶狂草《赵人》长卷,弘一法师手迹,1941年海宁风光被印入中国农民银行纸币原件,清代家谱,张元济照片及相关材料,民国海宁观潮老照片等。嘉兴电视台《小新说事》、《嘉兴日报》、《南湖晚报》、嘉兴在线等媒体宣传报道晒宝活动,进一步扩大了档案工作的社会影响力和社会公众参与度。

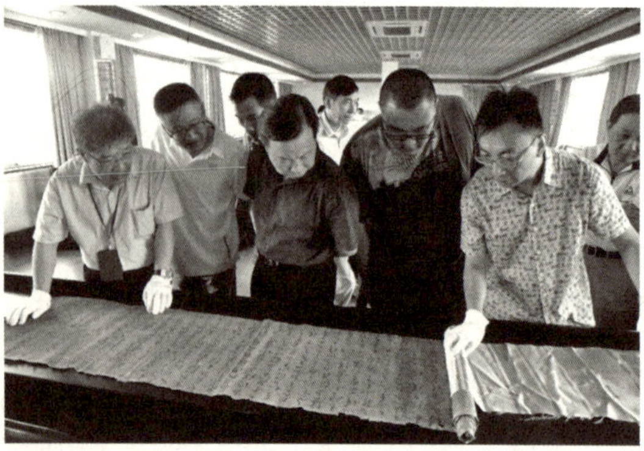

6月9日,嘉兴市档案局举办首届民间档案文献史料收藏晒宝活动。

【嘉兴市"掌上档案"应用平台试运行】 5月,市档案局开通微信公众号,嘉兴市"掌上档案"应用平台投入试运行。嘉兴市"掌上档案"应用平台设置"嘉兴记忆""网友晒宝""微服务"3个主栏目。"嘉兴记忆"主要介绍嘉兴的历史文化、档案文化等,设"史话嘉兴""老照片""嘉兴方言"3个子栏目;"网友晒宝"设"我要晒宝""宝贝秀"2个子栏目;"微服务"设"查档须知""自主查档""就近查档""预约查档""档案讲堂"5个子栏目。至年底,微信平台推送图文消息130次,建立名人、民俗、民情等资料库30余个,关注人数1300余人,13.3万人次共享利用相关数据。"掌上档案"应用平台成为档案史志编研成果社会共享互动的新平台,被群众誉为"百姓口袋里的档案馆"。

【国家档案局行政执法检查组到嘉兴检查】 11月4~5日,由国家档案局、全国人大教科文卫委员会以及国务院法制办组成的档案行政执法检查组,在国家档案局局长杨冬权带领下,对嘉兴市2011年至2013年贯彻实施《中华人民共和国档案法》情况进行执法检查。检查组先后检查嘉兴市市场监管局、嘉善县姚庄镇桃源社区、嘉善县罗星街道和合社区的档案工作,并对嘉兴市档案局、嘉善县档案局查档利用中心、电子阅览室、计算机中心机房、爱国主义教育基地等进行实地走访和现场查看。通过实地检查和听取情况汇报,检查组对嘉兴市档案局在全省率先推出"就近查询、跨馆出证"的民生档案远程利用服务,打造"百姓家门口的档案馆""百姓口袋里的档案馆"等服务品牌,嘉兴市市场监管局企业登记数字档案为民营企业二次创业提供高效服务等给予高度肯定和评价。

(吴勤勤)

老干部工作

【概况】 2014年年底,全市有离休干部1110名,其中享受厅(局)级待遇29名,享受县(处)级待遇537名,享受科级及科级以下待遇544名;抗日战争时期参加革命工作的195名,解放战争时期参加革命工作的915名;属行政编制320名,属事业编制341名,属企业编制449名。

2014年，市委老干部局举办离退休干部读书会，召开老干部形势报告会，组织老干部开展主题系列活动。《嘉兴老干部工作信息》全年编印10期，编发全市来稿200余篇，被《浙江老干部工作》录用信息20篇。根据省委老干部局调研课题和老干部工作的重点，全年开展调研和指导工作20余人次。健全居家养老日常服务平台和社区“四就近”（就近学习、就近活动、就近得到关心照顾、就近发挥作用）服务平台，为老干部日常生活和应急安全提供服务。市老干部活动中心坚持“主动沟通、主动服务”理念，巩固和提升老干部“满意家园”和“敬老文明号”创建成果，为老干部提供细微、精细化服务。1月，老年大学成功创建省级“敬老文明号”。市老年大学贯彻“教、学、乐、为”的教学方针，深化老年教育研究，新开设围棋、化妆、历史等课程，现设科目51个，基本涵盖老年人精神文化和晚年生活的需要，现有班级134个、注册学员4341人；为方便老干部就近就地学习，3月，南湖区、秀洲区校外教学点正式开学。各级关工委充分发挥“五老”（老干部、老战士、老专家、老教师、老模范）的独特优势和重要作用，开展“践行核心价值观，携手共筑中国梦”主题教育活动；努力开展帮困助学、帮教归正、关爱特殊群体等工作；积极创建课外学习、社会实践场所，开展网吧义务监督工作，为青少年营造良好的健康成长环境。

【举办离退休干部读书会】 10月22～24日，市委老干部局组织35名厅（局）级老干部到丽水参观考察；11月24～28日，市委老干部局组织64名厅（局）级老干部集中学习。读书会期间，市委书记鲁俊介绍嘉兴市经济社会发展情况；市委副书记胡海峰，市委常委、秘书长孙贤龙，市政府副市长祝亚伟等市领导看望老干部；市委常委、组织部部长连小敏主持召开各小组长座谈会，听取老干部的意见建议，通报嘉兴市组织工作情况并作读书会小结；市纪委副书记、监察局局长沈秋明向老干部通报全市纪检监察工作。老干部们还听取了省委党校法学部主任林学飞和上海市委党校教授王公龙作的辅导报告，并参观考察浙江清华长三角研究院、浙江中科院应用技术研究院、加西贝拉压缩机有限公司、浙江电腾光伏云科技服务有限公司和福莱特光伏玻璃集团股份有限公司。

【开展“共促五水共治”主题实践活动】 4月开始，全市老干部工作部门认真贯彻落实省、市一系列重要会议精神，组织全市广大离退休干部开展“共促五水共治”主题实践活动，通过发倡议书、“走基层、看变化、促发展”就近就地参观考察、召开专题通报会、开展专题调研、召开老干部代表座谈会等活动，把老干部的智慧和力量凝聚到重点工作上来，为推进“五水共治”献计出力。市委老干部局对老干部的意见建议汇总整理，向市委、市政府上报《我市老干部开展“走看促”活动为“五水共治”献计出力》的专报信息，得到领导的肯定。

【沈如淙被评为全国离退休干部先进个人】 2014年，市委老干部局按照《关于做好全省（全国）离退休干部先进集体和先进个人推荐工作的通知》精神，在全市范围内开展老干部先进推荐评选工作。全市共推荐离退休干部先进集体4个，离退休干部先进个人4名，离休干部沈如淙被评为全国离退休干部先进个人。

【落实老干部生活待遇】 2014年，为进一步提高离休干部无固定收入配偶的医疗保障水平，市委老干部局与市委组织部、市财政局、市人力资源和社会保障局等部门，联合下发《关于调整市本级离休干部无固定收入配偶（遗孀）医疗保障办法的通知》，自2014年4月1日起，直接过渡为职工基本医疗保险统账二，并建立离休干部无固定收入配偶医疗补助制度。2014年，市本级25名离休干部遗属享受遗属生活困难补助费。34名离休干部无固定收入配偶（遗孀）的医疗费用得到保障。

【建立多层次医疗保健服务平台】 2014年，市委老干部局建立"情暖老干部"医疗保健综合服务平台,编印"情暖老干部"联系手册,开展离休干部医疗保健服务结对活动,制定"老干部特约就诊制度",发放"嘉兴市老干部特约就诊联系卡", 聘请 "老干部医疗保健特约联络员",为老干部就诊提供特约服务,2014 年服务老干部近 1000 人次; 与嘉兴第二医院党组织合作,在老干部活动中心医务室建立"党员医务志愿者服务基地", 每周六安排名医专家开展常态化医疗保健咨询服务,年内为老干部解惑释疑、心理疏导 800 余人次。

(崔伏良 冯道宇)

机关党建工作

【概况】 2014 年,中共嘉兴市委直属机关工作委员会(简称市委直属机关工委)突出机关作风建设、基层组织建设、思想政治建设和机关党组织凝聚力建设, 发挥机关党组织推动发展、服务群众、凝聚人心、促进和谐的重要作用。组织开展党的群众路线教育实践活动,下发"工委领导联系县(市、区)工委安排表""工委领导联系机关党组织片组安排表"等五项工作制度,走访市直部门(单位)32 家、县(市、区)机关工委 7 家,召开片组座谈会 6 个、专题座谈会 2 个,走访结对村(社区)3 个,征求意见建议 78 条。探索机关党组织联动工作机制,出台《关于加强"系统联动"进一步建设服务型机关党组织的通知》, 组织省市县机关党组织系统联动服务嘉善县域科学发展示范点建设和本级经济发展。整合市本级机关党建资源,建立市区机关党组织联动服务机制,开展"我为嘉兴改革发展献一计" 活动、"和群众一起做决策"十佳典型案例征集评选活动。加强基层组织建设,提高机关党建规范化水平,对机关党组织书记、专职副书记、党务干部进行业务知识培训,健全机关党组织专职副书记年度述职制度。制定《市直机关发展党员工作实施办法》,严格按照计划发展党员。通过参观一次南湖革命纪念馆,重温一次入党誓词,聆听一次中国革命从南湖启航光辉历程的党课、撰写一句对党祝福心语、 观看一部革命历史短片、撰写一篇活动心得体会、开展一场党的优良传统讨论活动,丰富"红船组织生活"。指导市直部门(单位)基层党组织专题组织生活会和"党性体检、民主评议"工作,对 84 个基层党组织进行具体指导, 直接参加 6 个机关党委、10 个机关党总支、6 个机关党支部、5 个机关下属党支部及党小组的专题组织生活会。探索"知行论坛"创办模式,与市财税局联合举办以"同心汇聚"为主题的第六期"知行论坛";与海宁市联合举办以"有一种美叫忠诚"为主题的嘉兴市最美党员先进事迹宣讲暨第八期"知行论坛"。每月举办一期"红船旁的道德讲堂"总堂机关专场,累计已举办 27 期、8000 多人次参加总堂活动。举办机关读书月活动,以"读好书、提素质、促发展"为主题开展系列活动,会同市新华书店设立机关干部好书推荐专柜。开展群众路线千字笔谈征文,收到征文 67 篇;开展原创勤政廉政格言警句征集评选活动,收到格言警句 560 条。开展南湖妈妈为蓝天学校的结对学生捐书助读活动,举办"美丽中国行"摄影大赛。探索青年干部培养机制,出台《关于实施青年干部成长助推工程的意见》。举办"带一本书来赴约"活动,为机关单身青年搭建交流联谊平台。2014 年,市委直属机关工委被市委、市政府评为"五型机关"创建一等奖,被市委评为"五强"领导班子建设先进单位,被市委、市政府评为创建全国文明城市工作特别贡献奖,被市政府评为"五水共治"先进单位。

【开展市直机关第二届文化节活动】 3 月 7 日,嘉兴市直机关第二届文化节启动仪式暨第五期机关干部"知行论坛"活动在中国人民银行嘉兴市中心支行举行。市直基层党组织、妇女组织负责人和 "两代表一委员"、 市民群众共 200 余人参加活动。省直机关工委副书记张小勇,市委副书记、市政协主席高慧玲,市委常委、市委秘书长孙贤龙出席活动。本届文化节以“凝心助改革、聚力促发展”为主题，举行机关干部“知行论坛”、开展“和群众一起做决策”优秀案例征集评选、“机关读书月”、机关文化建设研讨、廉政文化进机关、道德模范巡演、青年原创微博大赛及摄影、书法培训比赛等一系列活动。

【开展条例贯彻情况督察】 2014 年，嘉兴市将《中国共产党党和国家机关基层组织工作条例》《中共嘉兴市委关于贯彻〈中国共产党党和国家机关基层组织工作条例〉实施办法》的贯彻落实情况纳入对县（市、区）、市级部门专项督察。坚持市直机关工委与部门党委（党组）和机关基层党组织三方签订联手共建责任书，明确工作职责。在县处级领导班子年度考核工作中，明确部门（单位）党委（党组）书记、机关党组织书记就抓党建主体责任进行述职。下发《关于做好机关党组织书记述职评议考核工作的通知》，开展机关基层党组织书记逐级述职评议，其中 24 家单位的党组织书记进行口头述职。开展《中国共产党章程》《中国共产党党和国家机关基层组织工作条例》知识竞赛和“一把手讲党课”课件展评，加强党性修养和锻炼。

【健全党内关爱机制】 2014 年，嘉兴市健全党内关爱机制，组建乒乓球、羽毛球、网球、台球、摄影、书法、绘画 7 个业余文体团队，1600 多人参加兴趣小组。组织 100 多名机关干部参加台球、太极拳、民族乐器等培训班。举办乒乓球、羽毛球、网球等 6 项比赛，600 多人次参加比赛。邀请专家教授作“机关干部心理健康讲座”，370 余人参加活动。安排 3 条线路、23 批次、700 多名机关干部职工参加疗休养活动。春节、七一期间，工委领导带队慰问 166 名机关党员，发放慰问费 15.69 万元。

【“践行群众路线、奏响青春之歌”团日活动】 3～9 月，嘉兴市直机关工委开展“践行群众路线、奏响青春之歌”主题团日活动，内容包括开展主题微博赛、演讲比赛、青年共话群众路线座谈会、青年志愿服务活动等。通过活动，进一步激发机关青年服务社会、服务群众的热情。

【开展农村结对共建活动】 2014 年，市委直属机关工委组织开展新农村结对共建走访调研专项行动，听取基层干部群众对市级机关部门（单位）作风建设的意见和对第二批党的群众路线教育实践活动的建议。全市 99 家机关基层党组织和有关文明单位共结对 89 个村，全年开展共建活动 671 次，为基层办理实事 199 件，投入资金 491.16 万元，结对农村困难家庭 269 户，资助困难家庭 37.39 万元，得到市委副书记、市长肖培生的批示肯定。

（庄正祥）

党校工作

【概况】 2014 年，中共嘉兴市委党校（简称市委党校）以建校 30 周年为契机，深入实施“教学提升·科研提质·管理提效”三项工程，突出教学中心，夯实科研基础，强化服务保障，营造和谐文化，党校工作科学化水平进一步提升。全年举办各类干部培训班 253 期 22118 人次，主体班优秀课率保持在 95%以上。立项省、市各类课题 42 项，公开出版研究著作 3 部；理论研讨会、调研报告、青年学者学术研讨会均获全省党校系统一等奖。连续九年获“嘉兴市调查研究工作先进集体”称号；获“西南大学优秀

10 月 17 日，市委党校推出创新学习平台“求是讲堂”。

校外学习中心”和“浙江省委党校在职研究生教育优秀教学点”;连续五年被评为“浙江省党校系统信息资源建设先进单位”,连续四年被评为“嘉兴市信息化建设工作先进单位”。在2014年度市级机关部门、单位工作目标责任制暨“五型机关”创建考核中获一等奖。

【省委党校南湖分校成立】 10月15日,中共浙江省委党校南湖分校在市委党校挂牌成立。南湖分校依托市委党校办学,实行省委党校、嘉兴市委双重领导体制。分校主要承担省委党校主体班次党性教育和有关专题现场教学任务、对外培训有关班次的培训任务。为推动南湖分校工作,市委党校在原学员工作处基础上增设“南湖分校工作处”,负责联系协调、课程开发、教学组织、学员管理、后勤保障等;同时,突出党性教育特色,深入开发《红船精神的深刻内涵与时代价值》等系列特色教学专题和南湖革命纪念馆、南湖红廉馆等系列特色现场教学点,探索开展“重走一大路,再现1921嘉兴故事”体验式教学。南湖分校立足依托嘉兴南湖党的诞生地红色资源和嘉善全国县域科学发展示范点实践资源,充分发挥省委党校与市委党校联合办学优势,着力打造成为主题突出、特色鲜明、辐射全国的党性教育基地。

10月15日,中共浙江省委党校南湖分校挂牌成立。

【开展纪念建校30周年系列活动】 2014年是市委党校建校30周年。市委党校以“传承精神、凝心聚力、再创辉煌”为主题,通过人文校庆、学术校庆、师生同庆等形式,开展纪念建校30周年系列活动。建设完成校史陈列室,对建校30年的发展历程和取得成绩进行全面回顾总结。通过拍摄录制党校视频宣传片、设计制作党校Logo、开展道德讲堂教师节专场、组织“我与党校”主题征文评选等一系列校庆活动,弘扬“忠诚、求实、创新、卓越”党校人核心理念,增强全校教职工的凝聚力。30年来,市委党校围绕市委、市政府中心工作,坚持“从严治校、品牌立校、创新强校、开放兴校”办学方针,推进各项事业发展,发挥干部教育培训主渠道、决策咨询思想库、理论宣讲主阵地、红船精神传播主平台作用。至年底,共举办市内外各类培训、进修、轮训班次1400期,培训干部104448人次;招收在职研究生568人、网络教育学员1009人;培养函授本科生4262人、函授大专生4251人;在国内各级各类报刊书籍公开发表理论文章1000余篇,独著、合著、参编著作47部,完成各级各类课题268项,在全国、省、市级评选中获奖论文(著作)230余篇(部)。

【服务全市党的群众路线教育实践活动】 2014年,市委党校主动服务全市党的群众路线教育实践活动。一是发挥理论优势,为领导干部补好精神之“钙”。选派教师为市委常委会、市政府党组、市政协及各县(市、区)委常委会作党章、“红船精神”等专题报告。分3期对全市924名县处级干部进行习近平总书记系列重要讲话精神全员集中轮训。二是发挥宣讲优势,为全市教育实践活动搞好思想引导。参与“党的革命精神大联讲”和人民网视频访谈、群众路线电视访谈等活动。成立“红船精神与群众路线”宣讲团,为全市提供学习辅导200多场次,受众1.8万余人次。三是发挥研究优势,为全市教育实践活动提供智力支持。通过“红船精神与科学发展”研究中心、党建研究会等平台,围绕嘉兴市开展教育实践活动的经验启示和健全改进作风常态化制度等重点课题开展调研,形成研究报告288篇,增强资政效能。

【实施“教学提升”工程】 2014年,市委党校实施“教学提升”工程。全年举办主体班45期3295人次，部门联合办班166期16962人次，外省市培训班42期1861人次，培养在职研究生(硕士)235名。一是凸显“红色熔炉”作用。更加突出理论武装和党性教育，印发在干部教育培训中加强理想信念和道德品行教育的实施意见；深化“红色线路·精品课程·经典案例”课程体系建设，新开发群众路线、社会治理、红色旅游3套课程；启动中国特色社会主义理论体系课程体系建设。党性教育工作受到中央党校副校长黄浩涛肯定，获《学习时报》宣传推介。二是增强服务大局功能。聚焦嘉兴市全面深化改革、“五水共治”等中心工作，开设新专题课程31门；推出既作为高端师资集聚平台，又作为干部自主选学平台的“求是讲堂”，获市委常委、组织部部长连小敏批示；参与智力援疆、智力援藏工作，承办新疆沙雅、西藏那曲干部培训班5期；指导主体班学员完成调研报告22篇，获市领导批示18次。三是彰显办学特色。综合运用授课式、启发式、讨论式、互动式、开放式、研究式、现场式、模拟式等现代教学手段。坚持开放办学，连续三年与南通联合举办中青年干部培训班，首次与常州合作举办县处级领导干部培训班。《嘉兴日报》、嘉兴电视台、嘉兴在线等先后20多次对市委党校工作进行宣传报道。

11月4日，市委党校与南通联合举办中青年干部培训班。

【实施“科研提质”工程】 2014年，市委党校实施“科研提质”工程。一是立足思想库建设，推进科研转型。突出科研成果进决策为党委政府中心工作服务的导向，围绕“五水共治”、群众路线教育等全市中心工作开展课题研究。组织教师参加市委主要领导重大课题调研，完成各级各类调研报告40余篇。出刊《决策参阅》5期，获市政府主要领导批示。连续三年出版嘉兴经济社会发展蓝皮书。二是加强科研基础建设，着力提升资政服务能力水平。首次完成国家行政学院课题；连续两年完成中国浦东干部学院案例研究课题。承担省委党校“习近平主政浙江区域发展思想研究”子课题。三是强化平台建设，促进学术交流研讨。承办省科学社会主义学会2014年年会、环太湖发展研究中心2014年年会等学术交流研讨活动，提升在社科研究领域的影响力。

【承办“红船精神与科学发展”理论研讨会】 12月6日，第二届“红船精神与科学发展”理论研讨会在市委党校召开。中央党校、全国党建研究会、省委党史研究室、省社科联、省委党校等相关负责人，全国各地“红地标”党校及相关专家学者等280多人参加会议。市委副书记、市委党校校长胡海峰，市委常委、组织部部长连小敏出席会议。研讨会以“弘扬红船精神、践行群众路线”为主题，围绕红船精神及其所代表红色文化的现实价值、如何深入学习习近平系列重要讲话精神、如何巩固和践行群众路线进行研讨。研讨会成果在《学习时报》整版刊发，并被光明网、中国社会科学网等转载。会议期间，市委党校联合上海黄浦、吉安、赣州、龙岩、延安、石家庄等7所党校召开“红地标”党

12月6日，第二届“红船精神与科学发展”理论研讨会在市委党校召开。

校中国革命精神研究与教学交流会,强化红船精神作为中国革命精神之源和党的先进性之源的地位。

【“红色讲坛”入选首批机关服务品牌】 2014 年,市委党校把“红色讲坛”作为开展社会宣讲的特色载体,加强规范化建设,进一步扩大“红色讲坛”的社会效应。组建特色宣讲团队,开展“红色讲坛”进机关、进企业、进镇街、进农村、进社区、进校园、进军营、进网络活动,全年开展社会宣讲 260 多场次,受众 2.5万多人次。“红色讲坛”连续五年被列入全市“七一”红船节系列活动内容,入选嘉兴市首批 22 个机关服务品牌,并成为市委宣传部“红船宣讲团”成员。

【加强党校系统建设】 2014 年,市委党校加强全市党校系统建设,取得成效。以深化网络型党校体系建设为契机,提出“六个一”(开展一次调研、合作一项课题、讲授一堂公开课、带授 1～2 名青年教师、帮助解决一个实际问题、推荐一个典型)工作机制。发挥自身引领带动作用,加强对县级党校业务指导,强化考核促动、教学带动、科研联动、人才互动,深化涵盖市、县两级党校所有教研人员的四大学科组建设。首次举办全市党校系统中层骨干培训班,省、市、县三级党校联合开展课题攻关,全年开展全市党校系统集体备课会、大教研活动、学科组活动等 43 次,467 人次参加,促进教学、科研、师资、信息等资源的整合、集聚和优化,提高全市党校系统整体办学水平。市委党校综合办学水平进入全省党校系统前列,市及各县(市、区)委党校科研成绩均创历史新高。在 2014 年度全省党校系统互学互比工作中,嘉善县委党校、海盐县委党校获先进单位称号,嘉兴市委党校、平湖市委党校获工作创新奖,海宁市委党校获工作进步奖。

(彭世杰　周　舜)

嘉兴市人民代表大会

综　　述

2014年,嘉兴市人民代表大会及其常务委员会把握全市工作大局,切实履行宪法和法律赋予的职责,为推进"三城一市"、"两富"现代化和"两美"嘉兴建设作出努力。年内,市人大常委会作出《关于全面深化改革再创体制机制新优势的决定》,明确全市人大、"一府两院"在全面深化改革中的重要职责,营造有利于全面深化改革再创体制机制新优势的制度环境和社会氛围;作出《关于推进"两美"建设,打造江南水乡典范的决定》,有力促进市委决策部署的贯彻实施。

加强经济工作监督,促进经济转型发展。市人大常委会听取和审议市政府关于2014年计划、预算、审计工作报告,审查和批准决算。推进全口径预决算和部门预决算监督。深化政府投资项目审查监督,审议8个拟新建市级政府重大投资项目,提出意见建议。支持和督促审计部门依法开展"财政同级审"工作,发挥审计监督职能作用。听取和审议市政府关于贯彻实施省科学技术进步条例情况的报告,提出审议意见。

助推法治嘉兴建设,促进法律法规的贯彻实施。市人大常委会分别听取和审议"一府两院"关于修改后刑事诉讼法贯彻执行审议意见办理落实情况的报告,并开展满意度测评。听取和审议市中级人民法院关于嘉兴市贯彻实施修改后民事诉讼法情况的报告,提出意见建议。专题调研全市基层检察室建设情况。听取市政府关于贯彻执行新颁布的旅游法的情况汇报。贯彻监督法的规定,对44件规范性文件进行备案审查。受理群众来信来访224件次,及时转交"一府两院"及有关单位研究处理。

维护群众切身利益,推进民生改善。市人大常委会专题视察嘉兴市创建国家公共文化服务体系示范区工作、校园及周边食品安全工作、市本级社会养老服务工作、工业固体废物处置工作,听取市政府关于"三改一拆"工作进展情况的专题汇报。有关专委会对促进民办教育健康发展、推进无偿献血、和谐宗教场所建设和学校体育设施开放等工作开展监督。

改进监督方式,提高监督工作实效。市人大常委会运用审议政府专项工作报告与开展专题询问相结合的方式,加强对市级国资公司运行管理情况的监督,提升审议监督的质量。首次组织开展对市市场监管局、市交通运输局部门工作评议。对市政府落实2013年常委会关于饮用水水源保护执法检查和水环境综合治理"河长制"审议意见情况,常委会首次采用总体满意度与分项满意度相结合的方式进行测评。

深化代表工作,提升代表履职能力。市人大常委会组织代表约见市政府领导;举办全市人大代表工作培训班、基层女代表培训班,提高代表履职能力;组织代表小组跨区域定向调研,扩大代表参与概率。坚持常委会领导接待、走访代表制度,进一步密切常委会与人大代表的联系。坚持重点建议办理、常委会领导牵头督办建议等制度,加大跟踪督办力度。市七届人大四次会议期间,代表提出的334件建议,均在规定期限内办理,建议所提问题的解决率和基本解决率为48.51%。

坚持党管干部,依法做好人事任免工作。年内,市人大常委会依法任免国家机关工作人员49人次。继续坚持任前法律知识考试、任职表态发言、颁发任命书、递交年度履职报告等制度,增强任命干部的法治意识、公仆意识和责任意识。授予7位人士“嘉兴市荣誉市民”称号。

(杨　勇)

重要会议

【市七届人大四次会议】 1月21～26日,嘉兴市第七届人民代表大会举行第四次会议。会议应到代表395名,实到代表382名。会议举行3次全体会议,4次主席团会议。会议听取和审查政府工作报告;审查批准计划、预算报告;听取和审查市人大常委会、市中级人民法院、市人民检察院工作报告。会议期间,10人以上代表联名提出的议案80件,其中经济建设方面20件、政治建设方面1件、文化建设方面8件、社会建设方面38件、生态文明建设方面13件。根据地方组织法、代表法的有关规定,经大会议案审查委员会审查,并征求有关方面的意见,大会主席团表决通过,将80件议案转为建议、批评和意见处理。此外,大会还收到代表提出的建议、批评和意见185件。

【市委人大工作会议】 12月29日,市委召开人大工作会议。市委书记鲁俊和市人大常委会主任刘冬生分别讲话,市委副书记胡海峰主持会议,市领导高玲慧、梁群、孙贤龙、何炳荣、陈越强、连小敏、夏忠平、金成胜、俞四兴、周楚兴、邵建华、沈利农,市中级人民法院院长、市检察院检察长,市人大常委会秘书长、市人大常委会委员,各县(市、区)委书记、县(市、区)长、人大常委会主任,市级机关有关部门、市直属有关单位主要负责人等参加会议,市各民主党派、工商联负责人等应邀参加会议。会后,市委出台《中共嘉兴市委关于进一步加强人大工作发挥人大作用的意见》,市委批转市人大常委会党组《关于进一步加强和改进镇人大工作的指导意见(试行)》《关于进一步加强和规范街道人大工作的指导意见(试行)》,市人大常委会出台《嘉兴市人大常委会关于贯彻落实中共嘉兴市委人大工作会议精神的意见》。

【市七届人大常委会会议】 1～12月,嘉兴市七届人大常委会举行会议8次,审议“一府两院”专项工作报告28个,作出决议决定7项,任免国家机关工作人员49人次。

1月9～10日,嘉兴市七届人大常委会举行第十六次会议。会议听取和审议市政府关于嘉兴市2013年国民经济和社会发展计划执行情况及2014年国民经济和社会发展计划草案的报告、关于嘉兴市2013年全市和市本级预算执行情况及2014年全市和市本级预算草案的报告;听取、审议并通过嘉兴市七届人大常委会代表资格审查委员会关于补选的市七届人大代表的代表资格审查报告;听取市七届人大四次会议有关名单草案和事项的报告;表决通过有关人事事项,任命易太贤为嘉兴市人大常委会办公室副主任;会议还书面讨论政府工作报告、市中级人民法院工作报告、市检察院工作报告。

3月27～28日,嘉兴市七届人大常委会举行第十七次会议。会议听取和审议市政府关于嘉兴市贯彻实施《浙江省科学技术进步条例》情况的报告;听取和审议市政府关于嘉兴市环卫基地建设工程等6个政府投资项目情况的报告,同意将嘉兴市环卫基地建设工程、嘉兴市反腐败教育基地工程、中山东路桥改造工程、嘉兴市南湖区乡镇(农村)供水管网改造工程、嘉兴市秀洲区乡镇(农村)供水管网改造工程、嘉兴市区城市防洪扩展工程(二期)6个项目纳入 2014 年度市级政府重大投资项目范围；市政府有关领导就相关工作作表态发言；表决通过《嘉兴市第七届人民代表大会常务委员会关于促进全面深化改革再创体制机制新优势的决定》；表决通过市政府、市中级人民法院、市检察院提请的有关人事事项。

5 月 21 ~ 22 日，嘉兴市七届人大常委会举行第十八次会议。会议听取和审议市政府关于市级国资公司运行管理情况的报告；对市级国资公司管理运营情况进行专题询问；审议市政府关于浙江省嘉兴市钱塘江海塘南排南台头闸维修加固工程项目情况的报告（书面）；市政府有关领导就相关工作作表态发言。

6 月 30 日，嘉兴市七届人大常委会举行第十九次会议。会议听取和审议市政府关于建议将市水务集团财政补贴资金列入 2014 年预算安排的议案，表决通过《嘉兴市第七届人民代表大会常务委员会关于同意市政府将市水务集团财政补贴资金列入 2014 年预算安排的决议》。

7 月 30 ~ 31 日，嘉兴市七届人大常委会举行第二十次会议。会议听取和审议市政府关于 2014 年上半年全市经济社会发展情况和下阶段主要工作安排的报告，审议市政府关于 2014 年上半年嘉兴市国民经济和社会发展计划执行情况及下半年主要工作的报告（书面）；听取和审议市政府关于 2012 年以来市级政府重大投资项目建设情况的报告、关于新增扩大杭嘉湖南排工程项目情况的报告，同意将扩大杭嘉湖南排工程项目纳入 2014 年度市级政府重大投资项目范围；审议市政府关于 2014 年上半年嘉兴市本级财政预算执行情况的报告（书面）；听取和审议市政府关于嘉兴市本级 2013 年度财政决算的报告，表决通过《嘉兴市第七届人民代表大会常务委员会关于批准嘉兴市本级 2013 年度财政决算的决议》；听取和审议市政府关于嘉兴市市本级 2013 年度预算执行和其他财政收支的审计工作报告；听取和审议市政府关于嘉兴市防洪排涝工作情况的报告；会议表决通过市政府、市检察院提请的有关人事事项。

9 月 23 ~ 24 日，嘉兴市七届人大常委会举行第二十一次会议。会议听取和审议市政府关于饮用水水源保护执法检查和水环境综合治理“河长制”落实审议意见办理情况的报告，并进行满意度测评，饮用水水源保护和水环境综合治理“河长制”审议意见办理工作总体评价均为基本满意。其中关于饮用水水源保护执法检查审议意见办理工作满意度分项测评结果是加强饮用水水源地规划和建设：基本满意，完成一级保护区整治：满意，深化二级和准保护区环境综合整治：基本满意，提高饮用水水源地监控应急能力：基本满意，健全跨地区保护协调合作机制：基本满意。关于水环境综合治理“河长制”落实情况审议意见办理工作满意度分项测评结果是加大治水力度：满意，抓好农业面源污染治理：基本满意，健全拆违控违长效机制：基本满意，提高污水收集处理率：基本满意，完善环保体制机制：基本满意。会议听取和审议市中级人民法院关于全市法院贯彻实施修改后民事诉讼法情况的报告；表决通过《嘉兴市第七届人民代表大会常务委员会关于授予陈勇等七位人士“嘉兴市荣誉市民”称号的决定》和《嘉兴市第七届人民代表大会常务委员会关于推进“两美”建设、打造江南水乡典范的决定》；对 2012 年以来市交通运输局、市市场监管局依法行政和履行职责情况等工作开展评议，并进行满意度测评，测评结果：市交通运输局为满意、市市场监管局为基本满意。

11 月 28 ~ 29 日，嘉兴市七届人大常委会举行第二十二次会议。会议听取和审议市政府关于市七届人大四次会议上代表提出的建议、批评和意见办理情况的报告；听取和审议市政府、市中级人民法院、市检察院分别关于落实修改后刑事诉讼法贯彻执行情况审议意见的报告，并进行满意度测评，测评结果均为通过；决定接受陈兴隆辞去嘉兴市七届人大常委会委员和嘉兴市七届人大教育科学文化卫生民族华侨委员会委员职务的请求，并报嘉兴市第七届人民代表大会第五次会议备案;表决通过市政府、市检察院提请的有关人事事项。

12月31日,嘉兴市七届人大常委会举行第二十三次会议。会议表决通过《嘉兴市第七届人民代表大会常务委员会关于将省财政厅下达的地方政府债券资金纳入地方政府财政预算的决议》《嘉兴市第七届人民代表大会常务委员会关于召开嘉兴市第七届人民代表大会第五次会议的决定》《市人大常委会2015年工作要点》;听取和审议市政府关于2013年度市本级预算执行和其他财政收支审计整改情况的报告,并进行满意度测评,测评结果为通过;听取和审议市财政局、市民政局分别关于2014年审计工作报告反映问题整改落实情况的报告;书面讨论市人大常委会工作报告、2014年嘉兴市人大常委会规范性文件备案审查工作报告;市政府有关领导就相关工作作表态发言。

【市七届人大常委会主任会议】 1~12月,市七届人大常委会举行主任会议20次,听取"一府两院"及有关部门专题工作汇报37项。

1月7日,市七届人大常委会举行第33次主任会议。会议听取市委组织部有关人事事项通报;听取和讨论市政府关于2013年国民经济和社会发展计划执行情况及2014年国民经济和社会发展计划草案的报告、市政府关于2014年市级财政预安排1000万元及拟新建总投资3000万元以上政府投资项目情况的报告、市人大财经委关于2014年市级财政预安排1000万元以上项目及拟新建总投资3000万元以上政府投资项目的审查意见(讨论稿);听取市政府关于嘉兴市2013年全市和市本级预算执行情况及2014年全市和市本级预算草案的报告、市人大财经委关于嘉兴市2013年全市和市本级预算执行情况及2014年全市和市本级预算草案的初审意见(讨论稿);听取市七届人大四次会议有关名单草案和事项的报告;听取市七届人大常委会代表资格审查委员会关于补选的市七届人大代表的代表资格审查报告,市人大常委会代表工委关于市七届人大代表活动先进小组、代表履职先进个人和市七届人大三次会议代表优秀建议推荐情况的报告;讨论确定市七届人大常委会第十六次会议的召开时间和主要建议议题;书面讨论政府工作报告、市中级人民法院工作报告、市检察院工作报告、市人大常委会2013年信访工作总结和2014年信访工作思路。

3月6日,市七届人大常委会举行第34次主任会议。会议听取市委组织部有关人事事项通报;讨论确定市人大常委会主任、有关副主任分工调整;讨论关于举办《浙江省科学技术进步条例》知识讲座的建议方案;讨论市人大常委会主任联系嘉兴军分区和市人大代表的建议方案和新当选的市人大常委会委员联系市人大代表的建议方案;讨论关于纪念人民代表大会成立六十周年系列活动总体方案;书面讨论市七届人大四次会议旁听公民座谈会意见建议汇总。

3月17日,市七届人大常委会举行第35次主任会议。会议听取和讨论"两院"提请的有关人事事项的汇报;听取和讨论市人大教科文卫民侨委关于嘉兴市贯彻实施省科技进步条例情况的调查报告;听取和讨论市政府关于嘉兴市外向型经济发展工作情况的汇报、市人大财经委关于嘉兴市外向型经济发展工作情况的调查报告;听取和讨论市人大常委会关于对市交通运输局、市市场监管局开展工作评议的实施意见;听取和讨论市政府关于贯彻"五水共治"战略决策推进防洪排涝工作专项报告的实施方案;讨论确定市七届人大四次会议重点代表建议;听取和讨论《嘉兴市第七届人民代表大会常务委员会关于促进全面深化改革再创体制机制新优势的决定(草案)》;讨论确定市七届人大常委会第十七次会议的召开时间和主要建议议题。

4月3日,市七届人大常委会举行第36次主任会议。会议听取和讨论市政府关于完善市本级城乡规划管理体制工作情况的汇报;听取和讨论市人大常委会关于嘉兴市贯彻实施《浙江省科学技术进步条例》情况、关于嘉兴市环卫基地建设工程等6个政府投资项目情况的审议意见；听取和讨论2014年市人大常委会领导接待代表日安排；书面讨论关于2014年一季度全市人大宣传信息用稿计分情况通报。

4月18日，市七届人大常委会举行第37次主任会议。会议听取和讨论市检察院关于全市检察机关基层检察室建设情况的汇报和市人大内司委关于全市基层检察室建设情况的调查报告；听取和讨论市政府关于钱塘江海塘南排南台头闸维修加固工程项目情况的汇报。

5月13日，市七届人大常委会举行第38次主任会议。会议听取和讨论市政府关于市级国资公司运行管理情况的汇报和市人大财经委关于市级国资公司运行管理情况的调查报告；听取和讨论市人大常委会关于嘉兴市校园及周边食品安全工作的视察方案；讨论确定市七届人大常委会第十八次会议的召开时间和主要建议议题。

5月30日，市七届人大常委会举行第39次主任会议。会议听取和讨论市人大常委会关于市级国资公司运行管理情况的审议意见、关于校园及周边食品安全工作的视察意见；听取和讨论关于2013年度市本级财政决算草案及市级部门决算草案审查工作方案；听取和讨论市人大常委会关于嘉兴市安全生产工作的视察方案、关于全市社会养老服务工作的视察方案；听取和讨论关于防洪排涝集中调研的人员构成、调研时间和内容等有关事项的汇报；书面讨论对张京生代表在市七届人大四次会议上提出的关于提高人大常委会监督实效的建议的答复。

6月26日，市七届人大常委会举行第40次主任会议。会议听取和讨论市政府关于建议将市水务集团财政补贴资金列入2014年预算安排的报告和市人大常委会关于同意市政府将市水务集团财政补贴资金列入2014年预算安排的决议（草案）；讨论确定市七届人大常委会第十九次会议的召开时间和主要建议议题。

7月4日，市七届人大常委会举行第41次主任会议。会议听取市委组织部有关人事事项汇报；听取和讨论市人大常委会关于市本级社会养老服务工作的视察意见、关于嘉兴市安全生产工作的视察意见；书面讨论关于2014年上半年全市人大宣传信息用稿计分情况通报。

7月23日，市七届人大常委会举行第42次主任会议。会议听取和讨论市政府关于2014年上半年嘉兴市国民经济和社会发展计划执行情况及下半年主要工作的报告、关于2012年以来市级政府重大投资项目建设情况的报告、关于新增扩大杭嘉湖南排工程政府投资项目情况的报告，市人大财经委关于2014年上半年全市经济社会发展情况的调查及下半年工作的建议、关于2012年以来市级政府重大投资项目建设情况的调查报告；听取和讨论市政府关于2014年上半年嘉兴市本级财政预算执行情况的报告、关于嘉兴市本级2013年财政决算的报告、关于2013年度嘉兴市本级预算执行和其他财政收支的审计工作的报告，市人大财经委关于2013年市本级财政决算的审查报告（草案）、嘉兴市第七届人民代表大会常务委员会关于批准嘉兴市本级2013年财政决算的决议（草案）；听取和讨论市政府关于嘉兴市贯彻落实旅游法情况的汇报和市人大教科文卫民侨委关于嘉兴市贯彻实施旅游法情况的调查报告；听取和讨论市人大城建农经委关于嘉兴市防洪排涝工作情况的调查报告；讨论市七届人大常委会第二十次会议的召开时间和主要建议议题；书面讨论市政府关于2014年上半年全市经济社会发展情况和下阶段主要工作安排的报告、关于嘉兴市防洪排涝工作情况的报告。

7月28日，市七届人大常委会举行第43次主任会议。会议听取市委组织部有关人事事项的汇报。

8月8日，市七届人大常委会举行第44次主任会议。会议听取和讨论市七届人大常委会第二十次会议关于2014年上半年全市经济社会发展情况、关于市级政府重大投资项目、关于2013年上半年嘉兴市本级财政预算执行情况、关于嘉兴市本级2012年度预算执行和其他财政收支审计工作情况、关于嘉兴市防洪排涝工作情况的审议意见。

8月27日，市七届人大常委会举行第45次主任会议。会议听取和讨论市政府关于饮用水水源保护执法检查和水环境综合治理"河长制"落实审议意见办理的情况汇报，市人大城建农经委关于对《饮用水水源保护执法检查和水环境综合治理'河长制'落实情况审议意见》办理工作的跟踪检查报告、关于饮用水水源保护执法检查和水环境综合治理"河长制"落实情况审议意见办理工作满意度测评的实施方案(讨论稿)；听取和讨论市人大城建农经委关于对市交通运输局工作情况评议的调查报告；书面讨论关于2012年以来市交通运输局行政执法和履行职责情况的报告。

9月15日，市七届人大常委会举行第46次主任会议。会议听取和讨论市政府关于2014年政府债务收支计划情况的汇报；听取和讨论市政府关于2014年度"嘉兴市荣誉市民"评审工作情况的汇报、《嘉兴市第七届人民代表大会常务委员会关于授予陈勇等七位人士"嘉兴市荣誉市民"称号的决定(草案)》；听取和讨论市政府关于新增新嘉兴高级中学建设工程等2个政府投资项目情况的报告；听取和讨论市人大内司委关于全市法院贯彻实施修改后民事诉讼法情况的调查报告；听取和讨论市人大常委会关于对2012年以来市市场监管局行政执法和履行职责情况的调查报告；听取和讨论市人大常委会关于畜禽养殖污染治理情况的视察方案；听取和讨论《嘉兴市第七届人民代表大会常务委员会关于推进"两美"建设打造江南水乡典范的决定(草案)》；听取和讨论市七届人大常委会第二十一次会议的召开时间和主要建议议题；书面讨论市中级人民法院关于全市法院贯彻实施修改后民事诉讼法情况的报告、2012年以来市市场监管局行政执法和履行职责情况的报告。

9月29日，市七届人大常委会举行第47次主任会议。会议听取和讨论市人大常委会关于修改后民事诉讼法贯彻执行情况的审议意见、关于对《饮用水水源保护执法检查和水环境综合治理"河长制"落实情况的审议意见》办理工作的审议意见、关于嘉兴市生猪养殖业减量提质污染治理工作的视察意见；听取和讨论市人大常委会关于市交通运输局依法行政和履行职责情况的评议意见、关于市市场监管局依法行政和履行职责情况的评议意见；听取和讨论市人大常委会关于修改后刑事诉讼法贯彻执行情况报告审议意见办理落实情况的跟踪督察方案；听取和讨论市人大常委会关于嘉兴市创建国家公共文化服务体系示范区工作情况的视察方案。

10月20日，市七届人大常委会举行第48次主任会议。会议听取和讨论市政府关于"三改一拆"工作进展情况的汇报；听取和讨论市政府关于市七届人大四次会议上代表提出的重点建议办理情况的汇报；讨论市人大常委会关于创建国家公共文化服务体系示范区工作的视察意见(讨论稿)；书面讨论2014年1～9月全市人大宣传信息用稿计分情况。

11月13日，市七届人大常委会举行第49次主任会议。会议听取市委组织部有关人事事项通报；听取和讨论市人大内司委关于市检察院有关人事事项的说明；听取和讨论关于修改后刑事诉讼法审议意见办理落实情况的调查报告和关于修改后刑事诉讼法审议意见办理落实情况的满意度测评方案；听取和讨论关于市人大常委会视察工业固体废物污染防治情况工作方案；书面讨论市政府、市中级人民法院、市检察院分别关于落实修改后刑事诉讼法审议意见情况的报告。

11月17日，市七届人大常委会举行第50次主任会议。会议听取和讨论市人大常委会关于2015年财政预算和市级政府投资项目的两个审查工作方案；听取和讨论关于市七届人大常委会第二十二次会议召开时间和主要建议议题的说明。

11月27日，市七届人大常委会举行第51

次主任会议。会议听取和讨论市委组织部通报有关人事事项和嘉兴市及县(市、区)城市管理行政执法局更名为综合行政执法局事项的说明。

12月19日,市七届人大常委会举行第52次主任会议。会议听取和讨论市政府关于将省财政厅下达的地方政府债券资金纳入地方政府财政预算的汇报和市人大常委会关于将省财政厅下达的地方政府债券资金纳入地方政府财政预算的决议草案;听取和讨论市政府关于2013年度市本级预算执行和其他财政收支审计整改情况的报告、市人大财经委相关调查报告;听取和讨论市政府关于嘉兴市轨道交通规划情况的汇报;听取和讨论市政府关于国资工作情况的汇报和市人大财经委的相关意见;听取和讨论关于嘉兴市工业固体废物处置工作的视察意见;听取和讨论市人大常委会关于进一步加强人大调查研究工作的意见(讨论稿);听取和讨论关于召开市七届人大五次会议的决定草案;听取和讨论关于市七届人大常委会第二十三次会议召开时间和主要建议议题的说明;书面讨论市人大常委会工作报告(讨论稿)、市人大常委会关于2014年规范性文件备案审查工作情况的报告(讨论稿)、2015年嘉兴市人大常委会领导信访接待日值班安排表。

(杨　勇)

主要工作

【推进“五水共治”工作】 2014年4月,市人大常委会对市政府关于嘉兴市防洪排涝工作情况开展专项审议,通过集中调研、明察暗访、常委会会议专题审议,督促市政府修改完善城乡防洪体系规划,加快“十百千万治水大行动”建设,落实防洪排涝责任制;组织开展饮用水水源保护和水环境综合治理“河长制”落实情况跟踪检查,共召开7次督办会、2次协调会和代表小组会议,邀请代表参与43人次,检查或暗访企业72个,并首次采取对市政府这项工作的审议意见办理情况开展满意度表决;专题视察生猪养殖业减量提质、污染治理工作,贯彻落实省人大常委会关于加强畜禽养殖污染防治促进畜牧业转型升级决定。

【加强人大法制环境建设】 2014年,市七届人大常委会第十七次会议作出《嘉兴市第七届人民代表大会常务委员会关于促进全面深化改革再创体制机制新优势的决定》,明确全市人大、“一府两院”在全面深化改革中的重要职责,营造有利于全面深化改革再创体制机制新优势的制度环境和社会氛围。组织开展全市“查找不适应全面深化改革要求的法律法规条文”主题活动,至年底,全市各地、各单位上报不适应全面深化改革要求的法律法规条文、事项780余条(次),涉及法律法规或司法解释等200多部。

【监督科技进步条例实施】 2014年,市人大常委会加强《浙江省科学技术进步条例》贯彻实施工作。常委会有关领导带队到各县(市、区)对科技进步条例落实情况开展调查研究,并起草形成调查报告;为提高审议质量,增强监督实效,3月11日,市人大常委会组织举办《浙江省科学技术进步条例》专题讲座;3月27~28日,市七届人大常委会会议听取和审议市政府关于嘉兴市贯彻实施《浙江省科学技术进步条例》情况的报告,并提出相关审议意见。

【推进基层人大工作】 年内,市人大常委会贯彻落实中共十八大提出的“在人大设立代表联络机构、完善代表联系群众制度”的要求,加强对人大代表联络站建设的指导。全市44个镇、29个街道实现镇(街道)一级人大代表联络站全覆盖,各镇(街道)辖区内全国、省、市、县、镇五级人大代表全覆盖,在全省率先实现人大代表联络站建设“双覆盖”目标。推动镇(街道)人大工作规范化建设,开展基层人大工作专题调研,研究制定并提请市委批转关于进一步加强和改进镇人大工作、关于加强和规范街道人大工作的两个指导意见,提高基层人大工作制度化、规范化水平。加强基层人大工作交流与培训,通过制作电视专题片、编印工作经验汇编、编发信息专报等,挖掘嘉兴市基层人大工作的先进典型,展示基层人大创新实践,交流基层人大工作经验;举办全市镇人大主席、人大街道工委主任培训班,学习相关法律法规,交流探讨新形势下镇、街道人大工作。

表 17　　**嘉兴市七届人大四次会议优秀建议名单**

提出单位或代表	建议名称
朱照明代表	关于进一步加强对国企监管力度,促进持续健康发展的建议
刘健代表	关于改善拥堵问题,优化城市交通的建议
沈培代表	关于建立和完善"失独"家庭关爱机制的建议
肖根华代表	关于要求加强村邮站运行管理工作的建议
徐新泉等代表	关于加快启动《嘉兴市城市综合交通规划》修编的建议
孙莹莹等代表	关于在我市城市有机更新中植入文化旅游要素的建议
何雪根等代表	关于要求有效解决秸秆焚烧和综合利用问题,保护生态环境的建议
乐小平代表	关于建立与完善社区矫正管理工作的建议
俞晓叶代表	关于以"五水共治"为契机,全面提升防洪排涝能力的建议
凌吴松等代表	关于嘉兴市本级污水治理一体化管理的建议
郑安政等代表	关于积极支持企业自主创新推进品牌建设的建议
冯震远代表	关于推进创新型政府建设的建议
邱顺林代表	关于统一完善全市职工基本医疗保险个人账户有关政策的建议

(杨　勇)

优秀议案(建议)选录

【关于加快启动《嘉兴市城市综合交通规划》修编的议案】 市七届人大四次会议第 3 号议案转建议

城市综合交通规划是城市总体规划的重要补充,是指导城市交通发展的战略性规划,旨在科学配置交通资源,平衡交通发展模式,合理安排城市交通各子系统关系,统筹城市内外、客货、近远期交通发展,形成支撑城市可持续发展的综合交通体系。据了解,现版《嘉兴市城市综合交通规划》已实施近十年,该规划是在 2004 年嘉兴市启动第三轮城市总体规划编制的同时,委托南京市交通规划研究所编制完成。在编制城市综合交通规划过程中,同时完成《嘉兴市中心区交通综合改善对策研究》。该规划成果于 2006 年 3 月 28 日经市政府批复后实施至今,有力地指导嘉兴市城市道路、公共交通及公路、航道、铁路等综合交通的建设和管理。但是,随着嘉兴市城市规模的快速扩张和交通车辆的急剧增长,现版《嘉兴市城市综合交通规划》已难以适应嘉兴市城市建设发展的需要,规划修编工作十分急迫。

为适应新形势、新环境下的社会经济发展要求,嘉兴市于 2012 年启动城市总体规划的修改工作,同年提出在二环以内进行城市有机更新的重大战略。为改善交通状况,指导交通设施建设,确保城市交通的可持续发展,应及时抓住本轮城市总体规划修改和城市有机更新的契机,启动《嘉兴市城市综合交通规划》的修编工作。

2013 年,根据浙江省委省政府开展为期五年的全省城市交通拥堵治理的工作部署,为进一步完善嘉兴市城市道路交通基础设施建设和运行，缓解市区行车难、停车难问题，市委市政府将交通治堵纳入近几年的工作重点，并出台《嘉兴市城市道路交通治堵综合实施方案》，其中明确要求尽快启动《嘉兴市城市综合交通规划》的修编工作。

因此，建议加快启动修编《嘉兴市城市综合交通规划》，重点研究区域间交通走廊、对外交通网络规划、轨道交通规划、公共交通发展规划、城市主次干道网布局、跨障碍通道规划和停车场布局等，对各种交通运输方式进行多层次的整合和结构性的调整，构建与新一轮城市总体规划相适应的城市综合交通体系和交通发展模式。

附：

市建委对市七届人大四次会议第3号议案转建议的答复

现行《嘉兴市城市综合交通规划》于2006年批复实施，该规划对于嘉兴市的社会经济发展，特别是交通基础设施的建设起到举足轻重的作用。但是，近几年随着沪杭高铁的建成通车、军民两用机场的批准建设以及轨道线网规划的编制等交通格局的调整，对城市综合交通体系产生重大的影响。新一轮市域总体规划、城市总体规划的修编和有机更新工作的开展，对嘉兴市城市用地布局进行优化调整，城市交通格局随之变化。此外，随着机动车保有量的迅猛增加，市区行车难、停车难的问题也逐步显现。该规划已难以适应城市建设发展的需要，规划修编工作迫在眉睫。因此，为进一步指导交通设施建设，确保城市交通的可持续发展，市建委于2013年年初就向市政府提出修编城市综合交通规划的报告，以期对各种交通运输方式进行多层次的整合和结构性的调整，构建与新一轮城市总体规划相适应的城市综合交通体系和交通发展模式。

同时，对规划编制单位进行考察甄选。综合交通规划是城市交通基础设施规划建设管理的重要公共政策，专业性较强，要求规划编制单位的综合实力较高，因此，市建委委托华中科技大学，并联合上海市政设计院、上海浦东建筑院、市规划院、市城市发展研究中心等单位组成联合体的方式来共同承担本次任务。此次规划研究范围分作市域、市区、中心城区三个层次：一是市域层次，面积约3915平方公里，重点研究市域客货运交通枢纽规划、市域交通走廊规划、轨道交通和大运量公共交通系统规划；二是市区层次，面积约968平方公里，重点研究市区交通体系构成，包括骨干交通网络系统、公共交通系统、停车系统、慢行交通系统、物流货运系统、对外交通系统、交通管理系统等；三是中心城区层次，以新一轮城市总体规划所划定的中心城区范围为准，重点研究近期建设内容和建设时序等。

年初，市委市政府已批准同意将《嘉兴市城市综合交通规划》列入2014年编制计划。市政府于3月11日召开该规划编制的动员大会，相关工作已实质性启动。目前，规划编制单位在完成交通调查现状分析报告的基础上，已完成初步方案的编制，并于7月17日组织召开内部讨论会议。此次会议通过对一些主要规划方案的沟通与探讨初步形成完整一致的综合交通规划初步方案。根据规划编制单位的进度计划安排，该规划于9月向各县（市、区）、市级各部门及社会各界征求意见，计划于年底前提交专家评审会审查。

嘉兴市人民政府

综　　述

2014年，嘉兴市把握稳中求进的工作总基调，统筹做好稳增长、促改革、调结构、优环境、惠民生等各项工作，经济保持平稳健康增长，社会保持和谐稳定。全市实现地区生产总值3352.6亿元，比上年增长7.5%；完成财政总收入568.1亿元，其中一般公共预算收入307.1亿元，分别增长9.8%和8.8%；城镇居民人均可支配收入、农村居民人均纯收入分别为42143元和24676元，分别增长9%和10.2%。

2014年，全市实现农业增加值145.1亿元，比上年下降0.2%。农作物播种面积31.28万公顷，下降0.7%，其中粮食播种面积18.33万公顷，增长0.7%。建成粮食生产功能区1.01万公顷，省级现代农业示范园区19个。粮食总产量122.3万吨，增长0.8%；年末生猪存栏82.2万头，下降71.6%，生猪出栏374.8万头，下降10.7%；肉类产量32.3万吨，下降10.9%；蚕茧产量2万吨，下降11.9%。全市共有农民规范化合作社947家、市级示范性家庭农场31个、市级农业龙头企业239家、省级农业龙头企业21家。

2014年，全市实现工业增加值1633.8亿元，比上年增长7.9%，规模以上工业增加值1328.26亿元，增长7.7%。其中实现规模以上高新技术产业、装备制造业增加值508亿元、322.2亿元，分别增长11.7%和15.7%，占规模以上工业增加值的38.2%和24.3%。新能源、新材料、节能环保、生物、核电关联、物联网及相关六大战略性新兴产业实现产值3020.9亿元，增长15.7%。规模以上工业企业主营业务收入6862.2亿元，增长6.2%，实现利润366.2亿元、利税598.5亿元，分别增长6.5%和5.8%。

2014年，全市实现服务业增加值1396.4亿元，比上年增长8%，服务业对全市经济增长的贡献率为40.3%，拉动GDP增长3个百分点。全社会消费品零售总额1347.02亿元，增长12.5%。全市批零贸易业、住宿餐饮业分别实现产值1215.4亿元和131.7亿元，分别增长12.8%和9.9%。全市房地产业实现增加值155.9亿元，下降1.5%，商品房销售面积497.3万平方米，下降17.3%。全市实现旅游总收入565亿元，增长16.4%，接待国内外游客5320.6万人次，增长14.2%。嘉兴港完成货物吞吐量6880万吨、集装箱115.6万标准箱，分别增长4.2%和14.4%。全市人民币存、贷款余额分别达到5684.1亿元、4641.3亿元，分别增长9.2%和13.8%。

2014年，全市实现固定资产投资2221.2亿元，比上年增长16.3%，其中投资项目(单位)投资1695.5亿元，增长21.2%。全市基础设施投资434.4亿元，增长51.1%；工业投资1000.8亿元，增长12%；服务业投资1194.6亿元，增长19.7%；房地产投资525.72亿元，增长2.9%。全市国有投资545.3亿元，增长23.2%；民间投资1464.9亿元，增长21.5%，民间投资占全部固定资产投资的比重达到65.9%，比上年提高3个百分点。

2014年，全市实现进出口总额337.34亿美元，比上年增长6.2%，其中进口100.83亿美元，比上年下降1.7%，出口236.51亿美元，增长10%。全市新批外商投资项目246个，比上年减少2个；合同利用外资44.2亿美元，增长30.2%；实际利用外资24.96亿美元，增长13.1%。完成境外投资3.12亿美元，增长23.3%。服务外包合同签约金额13.23亿元，增长25.3%。引进市外内资287.9亿元，增长16.54%，"浙商回归"到位资金264.5亿元。

2014年，嘉兴市深化行政审批层级一体化改革，428项省、市行政审批事项下放至县一级。实行政府权力清单和责任清单制度，市级部门行政权力从11552项减少到3875项，明确市级部门主要职责492项。在全省率先启动综合行政执法改革试点，各县(市、区)全部列入省要素市场化配置改革试点。深化统筹城乡综合配套改革，新增流转土地面积12.1万亩，统筹城乡发展水平列全省第一。获批国家"多规合一"试点和国家新型城镇化综合试点，全市正在实施的国家、省级改革试点达到80多项。

2014年，全市各级财政用于科技方面支出14.09亿元，比上年增长16.8%。规模以上工业企业科技活动经费支出130.7亿元，研究与试验发展经费支出占生产总值比重达到2.5%。规模以上工业新产品产值2668.2亿元，增长12.3%，新产品产值率36.2%，比上年提高1.7个百分点。新建创新载体40个、院士专家工作站10家，新增专利授权量1.7万件。新引进各类高层次人才3276名，国家和省"千人计划"人才37名。

2014年，嘉兴市强化水环境整治，全市跨行政区域河流交接断面水质考核首次获得优秀。全面完成垃圾河清理1066.2公里，整治黑河、臭河847.8公里；新建污水管网594公里，新增污水达标入网企业4152家，新增农村生活污水治理受益农户10.2万户；整治标准化圩区33.9万亩，加固海塘6.8公里。深入实施大气污染整治，淘汰高污染小锅炉小炉窑665台、黄标车2.5万辆，市区空气质量优良率70.3%。做好城乡绿化，新增改造绿化面积4.6万亩，新建生态绿道108公里。

2014年，嘉兴市推进新型城镇化和城乡一体化，开展新一轮市域总体规划修编，完成市本级规划管理体制调整，国际商务区、湘家荡区域、温泉新城等重点区块开发建设步伐加快。全市启动城市有机更新10097亩，改造旧住宅区、旧厂区、城中村1722.8万平方米，拆除违法建筑2013.8万平方米。深入实施城市交通治堵，全市新增专用和公共停车位7925个，开发利用地下空间145.9万平方米，中心城市新建公交场站40个，优化公交线路51条。实施农村土地综合整治，改造集聚农户1.4万户，复垦土地1.1万亩。推进4个省级和13个市级小城市培育试点工作，新增市级美丽乡村先进镇15个。

2014年，全市各级财政用于民生支出248.6亿元，占公共财政预算支出的74.2%。全市新增城镇就业10.7万人，帮助城镇失业人员再就业4.4万人，就业困难人员再就业1.45万人，城镇登记失业率为2.9%。全市职工基本养老、基本医疗、工伤、生育、失业保险参保人数分别净增9.8万人、10.1万人、5.3万人、6.4万人和6.3万人，全市社会养老保险、社会医疗保险覆盖率均达到98%以上。全市企业职工最低月工资标准调整为1470元，全年支出低保金1.02亿元，开工建设保障性住房5485套。

2014年，全市新建改建幼儿园46所，新增义务教育标准化学校34所、省级职业教育实训基地3个，浙江大学国际联合学院(海宁国际校区)开工建设。深入开展全国文明城市创建，城市文明程度指数测评连续两年居全省第一。启动国家公共文化服务体系示范区建设，大运河嘉兴段6段河道和2个遗产点列入世界文化遗产名录。深化公立医院改革和基层卫生综合改革，推进优质医疗资源"双下沉、两提升"，实现国家卫生城市创建县(市、区)"满堂红"。加强"体育强市"建设，嘉兴体育代表团在第十五届省运会上取得144枚金牌的好成绩。

(冯执一)

重要政务与决策

【七届市政府第二十六次常务会议】 1月27日，七届市政府举行第二十六次常务会议。会议讨论桐乡市政府提交的《关于要求给予侦破桐乡“12·30”特大持枪抢劫案有关单位和个人记功的情况汇报》，同意给予桐乡市公安局记集体二等功一次，方雪祥、沈剑记个人二等功一次，并给予相应的物质奖励。原则同意《2013年度嘉兴市市长质量奖评审工作情况汇报》中关于市长质量奖的有关事宜。原则同意《关于改革完善食品药品监管和工商质量行政管理体制的实施意见》，要求市编委办修改完善后，提请市委常委会审议。原则同意《关于2014年扩大有效投资工作情况的汇报》，要求市发展改革委进一步修改完善。原则同意《关于生猪养殖管理工作的情况汇报》《关于“五水共治”工作情况汇报》。会议对贯彻落实市“两会”精神进行部署。

【七届市政府第二十七次常务会议】 3月19日，七届市政府举行第二十七次常务会议。会议原则同意《嘉兴市大气污染防治实施细则(2014~2017)》。原则同意《关于进一步加强市本级城乡规划管理的实施意见》和《嘉兴市城乡规划管理办法》，要求市建委修改完善后，报市委常委会讨论批准，并向市人大常委会报告，向市政协通报。原则同意《2014年嘉兴市市级政府投资项目计划》《嘉兴市“五水共治治治污先行”三年行动计划(2014~2016年)》《关于推行政府部门权力清单制度的意见》《深化全市行政审批层级一体化改革工作的汇报》《关于加快推进法治政府建设工作汇报》《嘉兴市财政资金安排建设项目情况汇报》中嘉兴市人民检察院专网信息系统分级保护工程、嘉兴市区城市防洪扩展工程(二期)、南洋职业技术学院迁建工程(一期)调整概算、嘉兴市第二医院住院楼大厅及停车设施改扩建工程、中山东路桥改造工程等内容，请市发展改革委将《项目情况汇报》作进一步修改完善。会议听取《嘉兴市饮用水源地整治情况及整改要求》。

【七届市政府第二十八次常务会议】 4月28日，七届市政府举行第二十八次常务会议。会议原则同意《关于加快推进要素市场化配置改革的实施方案》《关于开展“无违建镇(街道)”创建活动的实施意见》《关于嘉兴市〈2014年市级政府投资项目财政性资金收支计划〉编制说明的汇报》，原则同意《嘉兴市区财政资金安排建设项目情况汇报》中关于嘉兴陆军预备役防化团营房扩建工程和嘉兴市钱塘江海塘南台头闸维修加固工程有关事宜。原则同意《嘉兴市本级新增建设用地计划指标使用管理办法(试行)》《市本级2014年度供地计划情况通报》《嘉兴市低效用地再开发有关情况汇报》《全市危旧房屋大排查工作实施方案》。

【七届市政府第二十九次常务会议】 5月28日，七届市政府举行第二十九次常务会议。会议讨论《关于调整市、区事权划分的意见》，要求市委政研室修改完善。原则同意《嘉兴滨海港产城统筹发展试验区规划》和《加快推进嘉兴滨海港产城统筹发展试验区建设的若干意见》《平湖申平塑胶有限公司“8·30”较大事故有关调查情况汇报》《市区支持现代都市型生态农业和农村发展若干财政政策意见》《嘉兴市本级深化调整城镇土地使用税政策促进土地集约节约利用试点工作实施方案》《嘉兴市本级企业迁移财政收入预算管理暂行办法》《重点领域改革情况汇报(关于要素市场化配置工作进展情况的汇报、全市行政审批层级一体化改革运行情况汇报)》《关于加强社会保险基金管理的实施意见》《关于深化财政改革的若干意见》《关于进一步规范嘉兴市级国资营运公司领导人员职务消费管理暂行办法》《嘉兴市2014年度市级国有资本经营预算》。会议书面传达学习省委十三届五次全体(扩大)会议精神。

【七届市政府第三十次常务会议】 6月23日，

七届市政府举行第三十次常务会议。会议原则同意《嘉兴市全面开展综合行政执法试点方案》,要求市编委办修改完善后,向省编委办报批,并适时提交市委常委会审议。原则同意《关于嘉兴市本级政府性债务2014年收支计划安排情况的说明》《关于加强安全生产促进安全发展的实施意见》《关于进一步加强行政审批层级一体化改革事中事后监管的实施办法》《今年以来全市经济发展形势和下半年主要工作的汇报》,原则同意《嘉兴市区财政资金安排建设项目情况汇报》中嘉兴市南湖高级中学学生宿舍楼重建工程有关事项。

【七届市政府第三十一次常务会议】 7月21日,七届市政府举行第三十一次常务会议。会议原则同意《关于2014年上半年全市经济社会发展情况和下阶段主要工作安排的报告》《2014年上半年嘉兴市国民经济和社会发展计划执行情况及下半年主要工作的报告》《关于2013年度嘉兴市本级预算执行和其他收支审计的结果报告》《关于2014年上半年嘉兴市本级财政预算执行情况的报告》《关于嘉兴市本级2013年度财政决算情况的报告》《关于2012年以来市级政府重大投资项目建设情况的报告》,要求修改完善后,提交市人大常委会审议。原则同意《嘉兴市2013年市级"七项发展资金"执行情况和2014年安排情况》《嘉兴市2013年市级财政退库资金执行情况和2014年安排计划》《关于〈嘉兴市进一步加强企业上市工作和支持上市公司发展的若干意见〉的补充意见》《嘉兴市违法建筑认定与处置办法》《关于调整嘉兴市本级2014年度残疾人就业保障金征收标准的情况汇报》《关于建议市本级税务代收工会经费(筹备金)的情况汇报》,原则同意《嘉兴市区财政资金安排建设项目情况汇报》中关于扩大杭嘉湖南排工程、嘉兴市水文水质实验室改造项目、嘉兴市南湖大道(三环南路~长水路)给水管道改建工程、嘉兴市中级人民法院综合楼外墙窗及幕墙维修工程等相关事宜。会议听取《嘉兴市石臼漾水源地新塍塘综合整治工程情况汇报》。

【七届市政府第三十二次常务会议】 8月14日,七届市政府举行第三十二次常务会议。会议讨论《全市土地出让金和耕地保护审计准备工作情况汇报》。原则同意《嘉兴市地名管理办法》《嘉兴市政府核准的投资项目目录(2014年本)》《关于市就业局出借资金呆账处理的建议》,原则同意《嘉兴市区财政资金安排建设项目情况汇报》中关于嘉兴市国有资产监督管理信息系统项目和市区城市防洪工程"菲特"台风水毁修复工程有关内容。原则同意《关于加快全市现代农业发展和促进农民增收的情况汇报》。

【七届市政府第三十三次常务会议】 9月3日,七届市政府举行第三十三次常务会议。会议传达学习夏宝龙书记在省委理论学习中心组专题学习会上的讲话精神。会议听取《全市招商引资、浙商回归工作汇报》并书面交流《促进工业经济平稳增长的情况汇报》。会议原则同意《关于支持企业"走出去"发展的若干意见》《嘉兴市奖励和保障见义勇为人员办法》《关于进一步优化完善村庄布点规划的指导意见》《嘉兴市水环境治理综合规划》《关于要求追认葛启鑑同志为烈士的情况汇报》。原则同意《关于完善和创新新居民管理服务的实施意见》《关于2014年度"嘉兴市荣誉市民"评审工作情况的汇报》,要求修改完善后,提交市委常委会讨论。原则同意《关于部分竣工验收超概项目调整概算的汇报》中嘉兴市第二医院改造原妇保住院大楼项目、嘉兴市长水路3号污水泵站工程、市区府南公园项目、公益性群众休闲设施建设项目纺工路与鸳湖路交叉口西北角地块景观绿化工程、南湖革命纪念馆新馆周边路桥改造工程调整项目概算。原则同意《嘉兴市区财政资金安排建设项目情况汇报》中市政协会议室会议、扩声系统改造,市公安局交警支队互联网交通安全综合服务平台(一期),市公安局交警支队直属一大队视频监控系统项目。

【七届市政府第三十四次常务会议】 10月20日,七届市政府举行第三十四次常务会议。会议原则同意《当前经济形势分析和冲刺四季度工作建议、今年政府实事工程进展情况》《关于加快发展信息经济的若干意见》和《嘉兴市信息化和工业化深度融合实施方案(五大专项行动计划)(2014~2017)》《关于推行政府部门权力清单制度工作情况汇报》《嘉兴市综合行政执法实施办法》《关于环境资源要素市场化配置改革政策意见》《嘉兴市大气重污染应急预案(试行)》《2014年度嘉兴市外国专家“南湖友谊奖”评审情况汇报》中关于推荐格拉亚诺·威尼亚等4名外国专家作为2014年度嘉兴市“南湖友谊奖”候选人有关事项。会议原则同意《嘉兴市区财政资金安排建设项目情况汇报》中关于新嘉兴高级中学工程、干戈弄公厕等环卫设施改造工程、秀州北路鈕家桥大修工程等事宜。

【七届市政府第三十五次常务会议】 11月13日,七届市政府举行第三十五次常务会议。会议原则同意《2014年嘉兴市人民政府行政规范性文件清理情况的汇报》《关于进一步加快发展分布式光伏发电的意见》《嘉兴市区创建全省公交优先示范城市实施意见》《关于调整市本级2014年最低生活保障标准及实行城乡统筹的通知》《南湖区七星镇撤镇设街道的请示》《嘉兴市市级农业发展资金管理办法》《嘉兴市科技发展资金管理办法》《嘉兴市级服务业发展资金管理办法(修订)》《嘉兴市土地供应差别化管理实施意见》《2014年度嘉兴市市长质量奖评审工作情况汇报》。原则同意《关于促进旅游业改革发展加快打造运河国际旅游休闲城市的实施意见》《嘉兴市本级产业发展规划》,要求修改完善后,提交市委常委会讨论。原则同意《嘉兴市区财政资金安排建设项目情况汇报》中关于市运政指挥中心(两客一危)信息系统、市国土资源数字档案建设、嘉兴市电子政务云计算中心项目、中环南路段(新气象路—中环东路)公交专用道工程事宜。

【七届市政府第三十六次常务会议】 12月12日,七届市政府举行第三十六次常务会议。会议学习《行政诉讼法重要修改的十大亮点》。会议原则同意《嘉兴市推进城镇低效用地再开发工作实施意见》《嘉兴市农村住房抵押贷款实施办法》《嘉兴市水生态文明城市建设试点实施方案》《嘉兴市高污染燃料禁燃区建设和集中供热实施方案(2014~2017)》《嘉兴市本级废旧商品回收行业专项整治工作情况汇报》《嘉兴市职工基本医疗保险暂行办法》《关于将省财政厅下达的地方政府债券资金纳入地方政府财政预算的报告》《支持浙江清华长三角研究院发展若干意见》和《关于嘉兴市政府投资设立浙华紫荆母基金的相关事宜》《金融支持新型城镇化建设的实施意见》《关于加快发展养老服务业的实施意见》《嘉兴市军人随军家属就业安置实施细则》《嘉兴市电子政务项目预审暂行办法》《关于公布政府部门责任清单的情况汇报》和《嘉兴市政府职能转变和机构改革方案情况汇报》。

【七届市政府第三十七次常务会议】 12月17日,七届市政府举行第三十七次常务会议。会议原则同意《2015年政府工作报告(讨论稿)》《关于嘉城集团拟收购民丰集团民营方股权有关情况的汇报》。

【推行政府部门权力清单、责任清单制度】 2014年,嘉兴市推行政府部门权力清单、责任清单制度。按照“全面清权、简政放权、科学确权、规范用权、严格控权”的工作思路,对市政府部门上报的11552项行政职权进行全面梳理。纳入行政权力公布范围的40个市政府部门保留权力总数3875项,总体精简66.5%,并单独编制行政强制权力清单,于10月底向社会公布。在此基础上,按照“职责法定、权责一致”的原则,开展市政府部门责任清单编制工作。列入编制范围的42个市政府部门(单位)共明确主要职责492项,涉及具体工作事项3208项;划分部门(单位)间职责边界事项92

项、履职案例92个；建立健全事中事后监管制度517项，其中直接监管制度403项、间接监管制度114项；公共服务事项302项，于12月底向社会公布。

【开展综合行政执法改革试点】 2014年，嘉兴市承担省政府确定的改革试点任务，深入调研并制定印发《嘉兴市全面开展综合行政执法试点工作方案》，在全省率先开展综合行政执法改革，为全省工作提供可借鉴、可复制的样本。统筹城乡综合行政执法，确定"横向分步扩大综合执法领域，纵向一步到位延伸到乡镇"的工作思路，着力构建市、县（市、区）、镇（街道）三级综合行政执法体系，从体制机制方面解决基层执法存在的"看得见的管不着""管得着的看不到"等问题。突出服务"五水共治""三改一拆"等重点工作，协调并明确先行划转386项处罚权，强化业务主管部门"源头监管"和综合行政部门"后续监管"的有机衔接。

【嘉兴市获批国家新型城镇化综合试点】 12月29日，《国家新型城镇化综合试点方案》公布，江苏、安徽两省和宁波等62个城市（镇）被列为国家新型城镇化综合试点地区，嘉兴市作为全省唯一开展试点的地级市列入其中。根据国家发改委等11部委的批复内容，嘉兴市主要开展深化完善城乡一体化发展机制、创新社会治理体制、推进创新型城市建设、建立"多规合一"机制、建立健全新型城镇化标准体系等五大内容共计17项试点任务。试点时间从2014年底开始，要求到2017年试点任务取得阶段性成果，形成可复制、可推广的经验，到2020年新型城镇化的制度体系更加完善、更加成熟、更加定型。

【"电商换市"快速发展】 2014年，全市实现网络零售额678.89亿元，总量居全省第三，比上年增长37.4%。一是政策引领，加大扶持力度。出台《关于加快电子商务（电商换市）发展的实施意见》，加大对电商企业在土地、资金、人才、税收等方面的支持。二是立足产业，加快培育电子商务主体。依托嘉兴市服装、皮革、箱包等终端消费品产业优势，鼓励企业通过天猫、淘宝和京东等第三方平台，加快发展电子商务，加大市场开拓力度。与阿里巴巴合作建设"阿里巴巴产业带"和"淘宝中国嘉兴特色馆"项目。三是搭建平台，实现集聚发展。加快电子商务产业园与特色楼宇的培育，嘉兴电子商务产业园被评为"浙江省电子商务十大产业基地"；海宁皮革城网商大厦、桐乡电商园、海盐秦山富民基地、嘉善华夏跨境电商园等正不断推进中。四是加强协作，构筑支撑体系。依托院校、培训机构与电商企业合作，开展电商人才培训工作。桐乡市引进"淘宝大学"专业培训机构，海宁市以"电商大讲堂"为载体开展系列培训活动。各级商务主管部门、电商企业和电商协会等举办电商峰会、电商创业大赛等活动。

【推动开发区转型发展】 2014年，嘉兴市大力推动开发区转型发展。一是加强政策引领。出台《关于加快新经济园建设和发展的若干意见》，推动各开发区转变供地模式和发展方式，加快平台"二次创业"转型发展步伐。二是推动平台创牌升级。嘉善姚庄工业园区和平湖独山港区升级为省级经济开发区，秀洲工业园区获批成为国家低碳工业园区试点，平湖经济技术开发区生物技术产业园等2个园区被评为第二批"浙江省外商投资新兴产业示范基地"，嘉兴经济技术开发区智创园等4个园区被评为第二批"浙江省开发区特色品牌园区"。三是加强开发区与上海相关平台的合作。在2013年嘉兴市开发区（园区）接轨上海合作交流会成果基础上，各开发区务实推进与上海重点平台的合作，2014年嘉洽会上，又有4个接轨上海平台项目签约。四是推动出口加工区转型升级为国家级综合保税区。市政府召开嘉兴出口加工区转型提升发展现场会，进一步完善规划、提升功能、夯实基础，推进海关特殊监管区转型提升发展。

【加快光伏“五位一体”创新试点工作】 2014年，嘉兴市加快光伏产业“五位一体”(光伏装备产业基地建设、光伏产业技术创新体系建设与体制创新、光伏发电集中连片开发的商业模式创新、适应分布式能源的区域智慧电网建设、政策集成支持体系创新)创新综合试点。推广光伏高新园区“统一规划、统一收储、统一标准、统一管理”的“四统一”分布式光伏发电模式，推进秀洲嘉兴光伏高新区、平湖等分布式光伏发电示范区建设。全市累计受理光伏发电项目装机总容量524兆瓦，完成并网容量219兆瓦，各占全省的40%以上，提前完成2013年市政府确定的“到2015年完成500兆瓦分布式光伏发电”的目标任务。嘉兴市光伏发电工作走在全国前列，得到国家能源局肯定，并于8月4日在嘉兴市召开全国分布式光伏发电现场交流会。

【“机器换人”专项行动获省考核一等奖】 2014年，嘉兴市开展“机器换人”“888”专项行动，加大各级财政专项资金支持力度，设备投资补助起点从原先的500万元降到50万元，补助金额为投资额的4%~20%。组建67个“机器换人”专家库和15个行业专家指导组，成立上海交通大学浙江“机器换人”研究院，并发挥市“机器换人”推广服务中心的指导作用，全面推进“机器换人”工作。全年全市共实施“机器换人”企业1400家，实施“机器换人”项目1550项，完成投资430亿元，万元工业增加值从业人数比上年下降8%，2013年、2014年两年共减少用工18万人，其中2014年为12万人；完成以“机器换人”为主的现代化技改投资661.6亿元，占工业投资的66.1%，增长16.7%。2014年度嘉兴市“机器换人”和工业投资工作获得省政府考核一等奖。

【嘉兴市入选全国水生态文明城市建设试点】 2月，嘉兴市向水利部申报全国水生态文明城市建设试点。5月，水利部发布《关于开展第二批全国水生态文明城市建设试点工作的通知》，嘉兴被正式确定为第二批全国水生态文明城市建设试点。12月，嘉兴市编制完成《嘉兴市水生态文明城市建设试点实施方案》并上报水利部。方案明确，2015~2017年三年间，嘉兴市将推进最严格水资源管理体系建设、水环境综合治理建设、水生态系统保护与修复体系建设等7项重点任务，逐步营造“水清河畅、水活鱼游、水安城兴、水美人怡”的江南水乡环境，实现从“江南水乡特色”到“江南水乡典范”的跨越，为“建设美丽嘉兴、创造美好生活”奠定坚实基础，为全国水生态文明建设提供实践经验和典型样本。

【两年完成生猪养殖减量三年目标任务】 2013年4月，嘉兴市全面启动实施以拆违减量为核心的生猪养殖业转型发展三年行动计划，明确到2015年年底全市拆除违建猪舍370万平方米，生猪存栏量确保控制在150万头以内、力争控制在120万头以内。随后，市委、市政府相继出台《关于扎实推进生猪养殖业转型发展的意见》《关于进一步促进生猪养殖业持续健康发展的指导意见》《关于进一步深化生猪养殖业减量提质工作的通知》等一系列政策文件，明确目标，细化措施，结合“三改一拆”和“五水共治”等重点工作，举全市之力推进生猪养殖业转型发展，并将生猪养殖业转型发展工作列入嘉兴市对县(市、区)目标责任制考核内容和“双推”督察重点，开展督促检查。经过2013年、2014年的持续攻坚，至2014年年底，全市累计拆除违建猪舍面积1500余万平方米，各县(市、区)均超额完成生猪减量任务，全市生猪存栏量压缩至120万头以内，两年内全面完成生猪养殖减量三年目标任务。同时，通过免费培训、项目推介、政策扶持等方式，千方百计帮助退养农民转产转业。至年底，全市累计投入帮扶资金约30亿元，帮助8万余名退养农户实现转产转业。

【嘉兴市运河申遗工作获得成功】 6月22日，在卡塔尔首都多哈召开的第38届世界遗产委员会会议，同意将中国大运河列入《世界遗产名录》。嘉兴市运河申遗工作历经八年努力，终获成功。大运河（嘉兴段）作为中国大运河的重要组成部分，历史悠久，部分水利水运工程设施代表了当时世界水利水运工程的先进水平，对历史上江南运河的航运贯通和杭嘉湖平原地区的水利防洪起到了极为重要的作用。嘉兴段河道及长虹桥、长安闸两处遗产点入选其中。嘉兴市自此成为拥有世界文化遗产的城市，对扩大嘉兴城市文化影响具有深远意义，嘉兴市将打造运河国际旅游休闲城市品牌。

【单独两孩政策稳妥实施】 2014年，根据省人大常委会《关于修改〈浙江省人口与计划生育条例〉第十九条的决定》和省政府《关于启动实施一方是独生子女夫妇可生育两个孩子政策的通知》精神，嘉兴市启动实施单独两孩生育政策。具体做到“三个抓”：一抓预测分析。在全市开展“单独”夫妇人数摸底调查，并抽取15个镇（街道）进行生育意愿调查，在此基础上，对实施单独两孩政策对嘉兴市人口发展的影响进行预测分析。二抓政策落地。市、县政府先后召开单独两孩政策实施专题部署会，及时把工作要求传达到基层。逐级分层强化培训，重点加强对镇（街道）、村（社区）计生工作人员的统一培训。制定单独两孩生育政策宣传方案，依托广播、电视、报刊、网络等媒体进行广泛宣传。三抓政策衔接。严格贯彻省有关要求，结合嘉兴实际，明确单独两孩政策与再生育审批、社会抚养费征收、利益导向制度、优生促进工作等方面的衔接措施。年内，全市共受理单独两孩夫妇再生育申请7441对，年底前批准7116对。

【启动居住证制度改革试点工作】 5月28日，省人大常委会审议通过《关于授权省人民政府在部分市县暂时停止施行〈浙江省流动人口居住登记条例〉有关规定的决定》，嘉兴市作为全省唯一地级市列入试点。9月9日，省政府办公厅印发《关于在嘉兴等地开展居住证制度改革试点工作的通知》。10月27日，市政府办公室印发《关于开展居住证制度改革试点工作的指导意见》。10月31日起，全市范围内暂时停止施行《浙江省流动人口居住登记条例》第十五条、第十七条，期限为一年。试点工作以合法稳定住所和合法稳定职业为基本条件，有序发放居住证；以“权责对等、积分服务”为基本原则，以居住证为载体，以居住证持有人积分管理为基本内容，建立健全与居住年限等条件相挂钩的基本公共服务提供机制。

【嘉兴市获批开展“多规合一”试点工作】 8月26日，国家发改委等4部委联合发布《关于开展市县“多规合一”试点工作的通知》，嘉兴市成为浙江省列入试点唯一一个设区的市。根据通知要求，嘉兴市成立“多规合一”试点工作领导小组，下设办公室（设在市建委）。按照市政府的统一部署，市建委会同市发展改革委、市国土资源局、市环保局编制完成《嘉兴市“多规合一”综合试点方案》，并经省住房和城乡建设厅上报住房和城乡建设部。在此基础上，组织编制《嘉兴市“多规合一”工作大纲》，大纲明确嘉兴市“多规合一”试点工作的中心任务、目标、近期行动计划以及4部门的具体任务分工与时间节点。同时，由市建委牵头，组织县（市、区）规划、设计相关部门参加的技术培训，明确规划编制方法及成果要求。至年底，市区、5县（市）的“多规合一”试点工作正在按大纲要求有序推进。

国民经济和社会发展规划、城乡规划、土地利用总体规划、环境保护规划等对一座城市而言是事关地方经济社会发展大局的四个最重要的规划，但由于历史、体制等因素，各类规划主管部门“条块分割”，各地规划内容存在空间交叉、实施分割、沟通不畅等“失衡”或“打架”现象，缺乏有效约束框架和统筹指导，因此需要开展“多规”衔接、“多规”融合。

【开展全省公交优先示范城市创建活动】 2014

年,嘉兴市开展全省公交优先示范城市创建活动。4月成立《嘉兴市区创建全省公交优先示范城市实施意见》起草小组,5月实施意见完成初稿,10月通过省交通运输厅评审,11月经七届市政府第35次常务会议审议通过并于12月9日正式印发。市区全年共建成第一医院等3个公交枢纽站、8个公交首末站、28个港湾式停靠站、316个候车亭、450个站牌设施;建成10.45公里公交专用道;新增公交车辆61辆,新增公交站点21个,优化公交线路51条;开通王店、油车港夜班公交线路,市区乡镇夜班公交开通率达90%;配置新丰、王江泾等7条学生保障线路,主要线路运行速度提升12.6%,公交满意度提高2.3个百分点;推广交通“258行动”(2公里范围步行、5公里范围自行车出行、8公里范围公交车出行),开展现场宣传、乘公交抽奖、公交进校园等活动,引导广大市民积极参与,促进公众“绿色出行”理念的形成。

【2014年度民生实事工程完成】 2014年,嘉兴市推进市区民生实事项目,年度目标任务全部顺利完成。一是强化污水治理。全市共清理垃圾河1806条、1066.2公里,治理黑臭河道1338条、847.8公里,新建污水管网594公里。13家污水处理企业的提标改造工程均启动实施,其中3家进入设备调试阶段。二是整治大气污染。锦江热电、禾欣实业、嘉欣丝绸自备电厂均关停,秀舟纸业自备电厂、台华纺织自备热电厂锅炉改造项目均完工投产,步云热电厂锅炉改造项目完成主体设备安装,中华热电自备电厂改造投入试运行。全市全面供应国Ⅴ标准汽油和国Ⅳ标准柴油。加强车辆环保标志管理,将限行区域扩大到所有建制镇,淘汰黄标车2.5万辆。三是打通市区断头路。加快贯通主次道路,长水路、商务大道完成建设,由拳路正在筑基施工。市区府忠埭、广穹路等5条主城区支路完成建设。纺工路北延工程等9条道路启动建设。四是优化建设亲水绿道。全市新建生态绿道108公里,其中续建省域绿道1号线(滨海绿道)30.4公里。三塔路沿线和南湖周边等区域的绿化、彩化和美化工作全部完成。南湖区、秀洲区、嘉兴经济技术开发区分别实施完成3个特色公园和3条特色路的增绿添彩任务。五是推进市区公交优先发展。城乡公交西北停保场开工建设。秀洲区政府、第一医院、运河新区3个枢纽站全部建成。油车港老镇等8个镇村公交首末站完工并启用。建成港湾式停靠站28个、候车亭316个及站牌设施450个。新购置到位61辆公交车,新增公交站点21个,优化公交线路51条次。在新丰等地陆续配置7条学生保障线路,并新建、改建一批公交站点。中山路公交专用道开始施工,中环南路、西北路公交专用道建成启用。六是建设城乡社区居家养老服务照料中心。市本级新建城乡社区居家养老服务照料中心69家,为社区老年人提供生活照料、配餐就餐、康复保健、文化体育等服务。培育孝慈为老服务中心和康乐敬老服务中心两家较大的养老服务社会组织。依托96345平台,南湖区为老服务信息平台建设项目投入运行。七是创建市区“放心农贸市场”。荷花堤等5个农贸市场全部完成改造,并通过省级“放心市场”创建考核组验收,农贸市场经营业态、管理方式进一步创新。八是扩建城市防洪防涝工程。全面查清城市排水系统现状,编制《嘉兴市区城市排水(雨水)防涝综合规划》。完成85处积水点改造和8座下穿立交积水警示标线设置工作。嘉兴市城市防洪大包围拓展(二期)工程完成项目初步设计批复。九是拓展“文化有约”平台建设。图书馆、文化馆、博物馆等场馆全部纳入“文化有约”平台,共推出活动项目85个,培育活动品牌50余个。全年共向社会推出培训、展览、演出等公益性文化活动项目1178个。在市区主要街道人行道建立并全面启用微电脑阅报栏300座。十是建设死亡动物无害化集中处理中心。各县(市、区)死亡动物无害化集中处理中心全部建成投运,死亡动物收集县、镇、村三级体系基本实现全覆盖。

(糜克明　陈锡乐)

信访工作

【概况】 2014年,全市各级信访部门办理群众信访事项7992件(批)次,比上年减少16.89%。其中办理来信2721件次,减少8.13%;接待来访5271批次、20299人次,分别减少20.78%和23.91%;集体访725批次、13243人次,分别减少22.7%、19.07%。办理网上信访1183件,比上年增加152.53%。

2014年,全市信访形势呈现三个特点:一是信访形势总体平稳有序,信访总量稳中有降。二是越级赴京上访增幅较大,形势不容乐观,主要表现为重复上访和非正常上访比较明显,择机性上访突出。三是新情况新问题不断出现,社会矛盾呈多发态势。

【加强信访工作制度建设】 2014年,嘉兴市加强信访工作制度建设。一是强化信访工作目标责任制。层层签订年度信访工作目标管理责任书,形成一级抓一级、层层抓落实的领导责任体系。市委常委会专题听取全市信访工作情况汇报,研究部署信访工作任务。二是坚持执行领导干部调处信访矛盾制度。党政领导干部阅批群众来信、定期接待群众来访、领导包案等活动扎实开展,成效明显。排查出18件重点信访积案实行领导包案。领导到实地察看,约谈信访人,亲自研究调处方案、抓调处进度,18件信访包案件得到有效化解稳控。三是坚持党政领导阅批群众来信制度。全年市领导阅批群众来信434件次,占来信总数的50%,其中市委、市政府主要领导阅批424件。四是坚持领导干部联合接待日制度。参加联合接待日的市及县(市、区)、嘉兴经济技术开发区、嘉兴港区的领导干部有516人次,市级机关部门(单位)负责人144人次,市联合接待组共接待群众来访659批1715人次。五是完善和改进信访考核机制。科学修订信访工作目标管理考核评分办法,做好每个月的考核检查,及时通报反馈,传导责任,有效发挥考核“指挥棒”的督促、激励和推动作用。

【调处突出群体信访事项】 2014年,全市信访部门妥善调处突出群体信访事项。一是维护重要时段的信访稳定。确保全国和省、市两会,上海“亚信峰会”,南京“青奥会”,四中全会,北京APEC峰会,乌镇世界互联网大会等重要时段信访稳定。完善驻京信访工作,较好地完成驻京信访劝返的各项任务。2014年,赴京非正常上访被通报数25批次26人次,仅占全年指标33.70%(嘉兴市2014年省下达非访指标为77人次),被通报数占指标率在全省最低。嘉兴市在重点时段驻京劝返工作实行全市一盘棋的做法在全省信访会议上得到推广。二是保障重点工作的有序推进。高度关注“五水共治”“三改一拆”、城市有机更新、城市治堵等重点工作推进中的信访矛盾,加强排查,提前介入,主动协调,认真劝导和接待来访群众,做好思想疏导和教育说服工作,确保重点工作平稳进行。全市深入开展党的群众路线教育实践活动和省委巡视组进驻嘉兴期间,做好信访接待、交办和督办工作。三是推进难点问题的破解。年内,群众到市大规模聚集上访增多,市信访局积极发挥职能作用,做好政策解释和协调工作,并开展深入调研,落实责任部门调处,确保大局稳定。

【推行阳光信访】 2014年,嘉兴市畅通和拓宽信访渠道,加强网上信访工作,推进“阳光信访”信息系统建设。把办信、接访、网上投诉、督察督办、复查复核等信访事项实行“网下办理、网上流转”,实现与网上信访系统的无缝对接,打造受理诉求、方便查询、主动反馈、跟踪督办、监督管理、接受评价“六位一体”信访工作平台,将于2015年1月1日正式运行。建立完善“嘉兴市重要网站网民留言”“市信访局实名邮箱”和“网上视频接待”等工作平台,拓宽信访渠道,通过嘉兴信访门户网站和“嘉兴信访”网络发布平台,加强法规政策和重点工作宣传。国家网上投诉自7月1日全面开放后,群众通过这种“便民、快捷、高效、节俭”形式表达诉求的趋势更为明显。除了“嘉兴市网上信访受理中心”之外,办理各种渠道的网上投诉533件,比上年增长163.86%。

【规范信访秩序】 2014年,嘉兴市推进信访制度改革,着力规范信访秩序。一是引导群众依法逐级反映诉求。开展以“依法信访、理性维权”为主题的“依法信访”宣传月活动,出台《关于进一步畅通信访渠道规范信访受理办理程序引导来访人依法逐级走访实施细则》,进一步规范信访工作行为,引导群众逐级上访。二是支持涉诉信访工作改革。严格实行信访与诉讼分离,1月1日起,公检法司“四长”定期接待活动从每月15日市党政领导联合接待日中有序剥离,信访部门不再受理属于法律调整范围的信访事项,配合政法部门,及时将已终结涉法涉诉案件移交地方稳控。三是依法处理违法信访行为。配合公安部门对违法信访行为进行依法处置。综治、维稳、信访和公安四部门联合下发《关于切实解决进京非正常上访突出问题的通知》,建立非访处置会商研判机制,对非访重点人员实行领导包案。

【创新基层信访机制】 2014年,嘉兴市以特色载体为抓手,推进基层信访机制创新。在“六六群众工作制”“民情工作室”“老娘舅”“和阿姨”等载体的基础上,平湖市推出“百信事马上办”、海宁市推出“百人信访评议团”等工作机制,构建起与群众在聊家常式“零距离”、面对面沟通交流中调处矛盾纠纷的良好局面,有效帮助信访人打开“心结”,解决最后一公里问题。海盐县实现全省唯一的“零进京”县。

(刘章根)

法制工作

【概况】 2014年,嘉兴市按照全面深化改革再创体制机制新优势的要求,研究制定《加快推进法治政府建设的工作意见》,推进全市依法行政工作,法治政府建设与经济社会发展实现良性互动。完善政府法律顾问制度,修订《嘉兴市人民政府法律顾问工作规则》,发挥政府法律顾问在政府依法行政、建设法治政府中的重要作用。建立并完善行政执法与刑事司法衔接工作机制,市委、市政府联合制定嘉兴市行政执法与刑事司法衔接工作办法,明确规定行政执法机关、公安机关、法院、检察机关、监察机关的职责,并根据要求,建立联席会议制度。经省政府批准,在全市范围内开展综合行政执法改革,市法制办组织起草《嘉兴市综合行政执法实施办法》,对8个部门拟划转的行政处罚职能进行审核,把首批国土资源、安全生产、环境保护、水利4个部门的176项行政处罚权,公告划转给综合行政执法局。开展行政执法案卷评查,组织对160多个行政许可、行政处罚、行政复议和行政强制案卷进行评查,对评查中发现的问题和不足,督促指导有关部门及时整改。开展综合法律知识培训,对尚未领取《浙江省行政执法证》的行政执法人员近400人进行综合法律知识培训考试,合格率达到80%。加强各县(市、区)政府、市级各部门法制信息的交流,向省法制办报送信息1000余条。制定《嘉兴市2014年度依法行政考核评价办法》,考核评价采取数字量化的形式,按照制度质量、行政行为规范、执行力、透明度、公众参与、矛盾纠纷化解、公务员法律意识和素养、廉洁从政8个方面的内容,并征求市人大、市纪委(监察局)、市“三改一拆”办、市治水办、市检察院、市法院等部门对被考评单位的意见,对考核项目一一进行量化评分。

【规范性文件备案、审查和清理】 2014年,市法制办抓好行政规范性文件备案工作,深化行政规范性文件备案信息化建设,市政府向省政府和市人大常委会报备并在门户网站上公布的行政规范性文件44件,所属各县(市、区)政府向市政府报备154件,市级部门编号并报备

53件，确保行政规范性文件应审尽审、应报尽报。结合党委政府的重点工作，深化规范性文件的合法性审查工作，提高政府行政决策的合法性，市法制办全年共审核行政规范性文件63件，提出合法性审查意见82条，在审核中，注重公众参与，重大行政规范性文件征求意见稿在网站上向社会公开征求意见。清理不符合全面深化改革要求的市政府行政规范性文件，市法制办组织市级61个部门和单位对以市政府和市政府办公室名义颁布的480件行政规范性文件进行全面清理，经市政府第35次常务会议审议通过，废止27件，宣布失效21件，对其中47件行政规范性文件进行修改，拟重新公布。

【行政合同合法性审查】 2014年，嘉兴市贯彻落实《浙江省政府办公厅关于规范行政机关合同管理工作的意见》精神，对行政机关签订的涉及国有资产、财政资金使用和自然资源、公共资源利用的行政合同(包括国有资产出让合同、招商引资合同、合作开发合同、拆迁改造合同、政府投融资合同、政府借款合同等)，坚持由本级政府或本部门法制机构进行合法性审查，以防范合同风险，减少合同纠纷。市法制办全年共审核以市政府名义对外签署的各类框架协议、招商协议等9件，提出合法性审查意见15条，无因行政机关合同引起的诉讼或仲裁案件，切实保障市政府对外签署各类合同的合法性和有效性。

【“三改一拆”和“五水共治”法制保障工作】 2014年，嘉兴市制定出台《嘉兴市违法建筑认定与处置办法》，为“三改一拆”工作有效实施提供法律保障。市法制办与市法院及市政府各有关部门加强沟通交流，将规范性文件审核、行政复议案件办理、行政调解职责落实等工作贯穿于“三改一拆”行动的始终，解决“三改一拆”行动中的法律难题，促进“三改一拆”行动各项政策制度的规范、合法。组织召开行政复议与行政审判联席会议，专题讨论“三改一拆”工作中房屋征收等法律事务和政策操作的相关问题。为“五水共治”提供法制保障，组织召开“五水共治”行政复议专题研讨会，对在“五水共治”工作中存在的法律适用问题达成共识。举办杭州都市圈政府法制办公室第三次主任联席会议，围绕“五水共治”法制保障这个共同的主题，交流工作经验，相互启发依法治水工作思路。

【行政复议应诉和行政调解】 2014年，市法制办共收到行政复议申请72件，审结55件。在案件的审理过程中，在涉及重点领域、房屋征收拆迁、工伤认定、信息公开等案件中组织公开听证，全年共组织公开听证36件，公开听证率65.5%。完善行政调解工作协调机制，摸清行政机关开展行政调解工作的基本情况，与有关部门共同研究部署行政调解工作，定期汇总、分析相关数据信息，及时总结行政调解工作存在的问题，把握好行政调解与人民调解之间的关系，发挥行政复议在化解社会矛盾中的主渠道作用，并在行政复议中运用调解方式解决争议，在办结的55件行政复议案件中运用调解方式结案的16件，调解率达29.1%。组织全市法制干部旁听公积金行政诉讼案件，提高全市法制系统工作人员的法律意识、程序意识和证据意识。探索行政复议决定网上公开，在嘉兴市政府法制门户网站上，分期分批公开行政复议决定书，接受社会监督，全年公开行政复议决定书10件。深化建立行政复议与信访衔接机制，互通信息，及时沟通，审核市政府信访复查复核40余件。

【受理仲裁案件331件】 2014年，嘉兴仲裁委员会共办理各类仲裁案件331件，其中建设工程施工合同纠纷21件，商品房、房屋买卖合同纠纷182件，买卖合同纠纷16件，其他纠纷112件。涉案标的额44687万元。争议双方事先选择仲裁方式解决纠纷的案件331件，占总受理数的100%。

附:仲裁案例

申请人×××公司与被申请人×××责任保险合同纠纷一案，申请人根据合同中的仲裁约定,于2014年7月21日向本委申请仲裁。

根据《仲裁规则》规定,在规定的期限内,申请人和被申请人均未选定仲裁员,故由本委指定×××仲裁员组成独任仲裁庭,适用简易程序对本案进行审理。

本案于2014年9月9日进行开庭审理。申请人×××公司的委托代理人×××到庭参加仲裁活动，被申请人×××经书面通知，无正当理由,未到庭参加仲裁活动。

申请人称:2012年12月7日,被申请人为其名下车牌号为浙×××号小型轿车向申请人处投保了机动车交通事故责任强制险（以下简称交强险),保险期从2012年10月10日起至2013年10月9日。2012年12月3日,被申请人在醉酒后驾驶涉案保险车辆与案外人×××所驾驶的电动三轮车发生碰撞,造成案外人受伤的交通事故。交警部门认定被申请人负事故主要责任。事后,案外人×××向××市人民法院提起刑事附带民事诉讼,××市人民法院经审理作出(2013)嘉×××初字第140-1号刑事附带民事调解书。根据调解书,申请人在交强险限额内支付了案外人赔偿款120990元。

申请人请求裁决:1.被申请人偿还申请人垫付的赔偿款120990元。2.本案仲裁费用由被申请人承担。

根据申请人的陈述、举证,仲裁庭认定本案事实如下:

2012年12月7日,被申请人为其名下车牌号为浙×××号小型轿车向申请人处投保了机动车交通事故责任强制险,保险期从2012年10月10日起至2013年10月9日。2012年12月3日，被申请人在醉酒后驾驶涉案保险车辆与案外人×××所驾驶的电动三轮车发生碰撞,造成案外人受伤的交通事故。交警部门认定被申请人负事故主要责任。事后,案外人×××向××市人民法院提起刑事附带民事诉讼,××市人民法院经审理作出(2013)嘉×××初字第140-1号刑事附带民事调解书。根据调解书,申请人在交强险限额内支付了案外人赔偿款120990元。

仲裁庭认为:被申请人×××无正当理由拒不到庭,本案依法缺席审理。根据已生效的民事判决书认定的事实,以及申请人与被申请人签订的《机动车交通事故责任强制保险条款》第九条以及国务院《机动车交通事故责任强制保险条例》第二十二条的规定:“有下列情形之一的，保险公司在机动车交通事故责任强制保险责任限额范围内垫付抢救费用,并有权向致害人追偿:(一)驾驶人未取得驾驶资格或者醉酒的;(二)被保险机动车被盗抢期间肇事的;(三)被保险人故意制造道路交通事故的。有前款所列情形之一,发生道路交通事故的,造成受害人的财产损失,保险公司不承担赔偿责任”。本案中,被申请人在醉酒后驾驶涉案保险车辆与案外人×××所驾驶的电动三轮车发生碰撞，造成案外人受伤的交通事故,对于已经垫付的保险赔偿款,申请人依法取得追偿权。被申请人×××作为侵权人应返还申请人代为垫付的保险赔偿款120990元。

被申请人经书面通知，无正当理由不到庭,系放弃其自身的抗辩权利,可以缺席裁决。

基于上述理由,依据《中华人民共和国仲裁法》第四十二条、第五十七条、国务院《机动车交通事故责任强制保险条例》第二十二条以及申请人与被申请人签订的《机动车交通事故责任强制保险条款》第九条的规定裁决如下:

一、被申请人×××于本裁决送达之日起十日内支付申请人×××公司垫付的赔偿款120990元;

二、本案案件受理费4580元、处理费458元,合计5038元(已由申请人预交),由被申请人×××承担,于本裁决送达之日起十日内支付申请人×××公司。

本裁决为终局裁决。

（王立权）

体改工作

【开展资源要素市场化配置改革】 2014年,嘉兴市在全省地市级层面率先出台《关于加快推进要素市场化配置改革实施方案》文件,明确工作目标,提出4个方面20项重点工作任务,将海宁可复制、可推广经验在全市面上推开。市政府出台《嘉兴市土地供应差别化管理实施意见》《嘉兴市深化环境资源要素市场化配置改革的若干意见》《嘉兴市本级产业发展规划》等配套政策文件,通过开展企业绩效评价、实施差别化要素政策、建立健全要素交易机制以及相关配套措施,推进存量提质、增量选优。5月,省政府出台《关于推广海宁经验加快推进资源要素市场化配置改革的指导意见》以后,南湖区、秀洲区、平湖市、海盐县、桐乡市均出台方案,按照省里要求时间节点进行申报。9月,省政府下发《关于在杭州市萧山区等24个县(市、区)推广开展资源要素市场化配置综合配套改革的复函》,嘉兴市成为全省首个要素市场化配置改革全覆盖的地市,被授予"城镇土地使用税政策调整、扩大差别化电价实施范围"等6大政策权限,其中"土地管理相关审批权限"省里只委托下放给13个县(市、区),嘉兴市所辖县(市、区)均被列入其中。12月底,国家发展改革委、国土资源部出台《关于开展深化工业用地市场化配置改革试点工作的通知》,嘉兴市成为全国4个试点城市之一。

【开展行政审批层级一体化改革】 2014年,嘉兴市在全省率先开展行政审批层级一体化改革。一是加强扁平化改革,实行审批事项"目录化"管理,把原来由市级部门实施的行政审批事项,依法依规采取直接下放、委托下放、调整审批权限、延伸机构、初审权下放等方式全面下放给县(市、区)实施。全年全市共下放行政审批事项428项,涉及46家部门,减少审批环节近100个。二是推进集成化运行,实现行政审批"高效化"服务,加强县(市、区)承接能力建设,开展审批流程再造和审批方式创新,完善审批服务机制,推进市、县(市)两级审批扁平化、一体化。全市既受理又能办理审批事项比例均达到90%以上,"一审一核" 率均达到85%以上。重大项目通过模拟审批、代办服务、联审联办的平均办理时间分别比法定时间和承诺时间提速60%和30%以上,工业投资项目审批环节从35个减少为14个,审批时间从一年缩短为3个月左右,当年立项、当年开工比例明显提高。三是构建立体化网络,实现事中事后"常态化"监管。按照建设服务型政府的要求,推进全市政府职能转变和事中事后监管改革,协同构建与简政放权要求相适应的立体化监管网络,在简政放权的同时强化事中事后监管,防止监管缺位和监管薄弱。出台《嘉兴市加强行政审批层级一体化改革事中事后监管实施意见》,先行在发改、经信、国土、环保、住建、安监、市场监管、城管执法、消防等10家单位开展试点的基础上,在全市范围内试行推开。

【推进新型城镇化进程】 2014年,嘉兴市深入推进新型城镇化进程。一是开展国家新型城镇化综合试点申报工作。向国家发改委上报申请开展新型城镇化综合试点的工作方案要点,于12月29日获批,成为全国62个试点城市之一。开展《新型城镇化条件下的产城融合研究》等7个方面课题研究。二是健全新市镇分层分类发展机制,提升发展中心镇,加快推进省、市小城市培育试点。海宁长安镇顺利申报列为第二批省级小城市培育试点镇;嘉兴港区乍浦镇、海宁市袁花镇增列为市级小城市培育试点镇。至年底,嘉兴市有省级小城市培育试点镇4个,市级小城市试点镇13个,分层分类、梯度培育、特色发展的小城市培育格局基本形成。出台《2014年嘉兴市小城市培育和新市镇建设工作要点》《关于进一步支持小城市培育试点工作的政策意见》等文件,明确培育目标、工作任务和配套支持举措。

【开展"多规合一"试点】 2014年,嘉兴市被国家发改委等四部委确定为“多规合一”试点城市。着手建立统一的发展目标、规划体系、规划蓝图、基础数据、技术标准、信息平台和管理机制,推进“多规”在技术层面和体制机制层面有机“合一”,形成以嘉兴市域发展总体战略为引领,经济社会发展规划、城乡规划、土地利用规划、环境功能区划、农业两区规划等“多规”联动互补格局。

【建立政府权力清单制度】 2014年,嘉兴市开展政府部门职责清理,经过“三报三回”程序,听取人大、政协及社会各界意见后,于10月公布市政府部门权力清单,使行政权力更加公开透明。通过改革进一步实现简政放权,纳入行政权力公布范围的40个市政府部门共保留行政权力3875项,另有部门共性权力36项,总体精简63.62%。通过绘制权力运行流程图,建立并完善以行政随机抽查、主动查处为主要内容的全过程事中事后监管制度。

【建立健全政府性债务风险管控体制机制】 2014年,成立嘉兴市政府性债务管理委员会,统筹推进改革。分年度设定预警指标,向各债务单位的主管部门和各区分解下达2014年债务规模控制目标,控制市本级债务规模,充实政府债务管理力量,规范债务举借、审批等流程,有效遏制政府债务增长较快的势头。抓好存量债务清理甄别,重新划分企业债务和政府债务,为下一步争取一般债券和专项债券做好基础工作。锁定在建项目,为政府投资的在建项目的后续资金规范化取得、使用奠定基础。锁定融资平台公司名单,进一步清理融资平台公司,为下一步剥离融资平台公司政府融资职能做好准备。

【推进滨海港产城统筹发展试验区建设】 2014年,嘉兴市制定实施滨海港产城统筹发展试验区总体规划、加快试验区建设若干意见及海河联运三年行动计划,推动海洋经济发展和海洋资源开发政策创新。海河联运“最后一公里”建设启动;加快接轨上海,至洋山港的“独山快航”实现“天天班”;嘉兴港口岸扩大开放获国务院批复,2014年完成水运投资17.3亿元、货物吞吐量达6880万吨、集装箱吞吐量达115.6万标准箱;滨海新区规模以上工业产值突破1000亿元。

【鼓励民间资本进入公共领域】 2014年,《嘉兴市鼓励和引导民间资本参与公共服务领域的实施意见》出台,重点鼓励民间资本以BOT、TOT以及委托管理、承包经营、合作经营等合作方式参与经营性及准经营性基础设施的建设运营。通过改革拓宽民间投资领域,为民间投资进入公共服务领域创造良好的体制条件和政策环境。至年底,有7个重大项目被列入浙江省民间投资项目推介示范名单,总投资达到65亿元,包括嘉兴老年医疗中心项目、平湖分布式发电示范项目、嘉善县生活垃圾焚烧发电项目等。其中3个项目列入国家PPP项目库。

【统筹推进县(市、区)重点改革试点】 2014年,嘉兴市县(市、区)改革试点工作全面启动和深化。开展南湖区省级金融创新示范区建设,在企业注册、备案以及招商等方面进行制度创新,“基金小镇”成效明显,2014年累计引进投资类企业654户,全年基金税收超1.5亿元。开展秀洲区光伏产业“五位一体”创新综合试点,走出光伏产业转型升级的示范新路径。深化嘉善县域科学发展示范点建设,《嘉善县域科学发展综合配套改革总体方案》获省政府批复,示范点建设取得进展。推进平湖市省级产业结构调整机制创新试点,形成以企业综合绩效评价办法为基础,5个专项实施方案为主体,“四换三名”综合扶持政策为保障的“5+1”的政策体系。开展海盐县全国农村综合改革示范试点,农村集体资产产权改革、农村产权确权和流转等体制机制创新不断深入。深化海宁要素市场化配置改革试点,试点经验在省级层面全面推广。深化完善桐乡市全国旅游综合改革试点和省级旅游试验区建设的体制机制,走出一条经济发达地区以旅游业带动经济转型升级的特色之路。

（王　赟）

人事工作

【概况】 2014年，全市人事人才工作在推进“创新嘉兴·精英引领计划”的同时，加强专业技术人员管理服务和高层次人才队伍建设。年内，推荐政府特殊津贴人选5人、国家百千万人才工程人选4人；推荐省“151人才工程”培养人员31人，1人入选一层次，3人入选二层次；评选第三批“南湖百杰”专业技术带头人奖人选10人。核准公布各类专业技术资格21699人、执业（职业）资格1280人。2名在站博士后获得省博士后科研项目择优资助，获得经费6万元。11名高层次海外归国人员申报的课题入选“留学回国人员科研活动择优资助项目”，获得经费11万元。1名海外优秀留学人才获得省“钱江人才计划”D类项目择优资助，获得经费5万元。全市完成国家级和省级引进国外技术、管理人才项目39项，获得经费129万元。1名外国专家获得国家友谊奖，2名外国专家获得省“西湖友谊奖”。基础性人才集聚力度加大，全市举办各类人才招聘活动516场次，其中大型、专业型招聘活动69场次，跨地区招聘113场次，提供就业岗位54万余个。引进各类人才45266名（含高层次人才3975人）。在2014年“星耀南湖”暨浙江省嘉兴市赴东北人才交流洽谈会上，全市80个单位推出1200个岗位，吸引4781名人才进场交流洽谈；网上人才市场建设不断加强，嘉兴人事人才网共有注册会员单位41093个，登记简历47万余份，发布职位信息12万余条，日均点击率维持在9万人次。深化收入分配制度改革。机关工作人员津补贴制度继续规范，其他事业单位绩效工资全面实施并逐步到位，退休人员生活补贴按规定兑现。加强企业工资收入分配的指导，对410个样本企业的46000多名职工进行抽样调查，完成全市220个职业（工种）、12种不同技能等级、3种不同学历的人力资源市场指导价位调查发布和企业薪酬调查试点工作；深化职称制度改革，全市组织实施各类人事考试15项，参考人数5.38万人次。开展高校教师专业技术职务评聘制度改革工作，出台《嘉兴市创业创新人才职称认定管理办法》，对从事工程、研究系列专业技术工作的创业创新领军人才和重点创新团队的核心成员开通职称申报“直通车”。出台《嘉兴市技能职业资格与工程专业技术资格互评认定管理办法（试行）》，贯通专业技术人员和技能人才评价体系。开通“职称网上申报系统”，启动初定专业技术资格网上申报工作。全年核准公布各类专业技术资格21699人，执业（职业）资格1280人。做好军人随军家属就业安置工作，出台《嘉兴市军人随军家属就业安置实施细则》。全市接收安置军转干部79名，随调家属6名，其中安置在事业单位4名，安置在各级机关及参公事业单位73名。加强退休干部的管理服务，组织开展书画展、摄影展等活动，退休干部精神文化生活日益丰富。

2014年，全市各级机关计划招录公务员677名，实际开考660名，最终录用653名，全过程实现“零差错”“零投诉”，并首次实行所有面试考官全部异地交流。完成15名警察学员和10名特警招录工作。开展2013年度考核工作，全市实际参加考核15639人，其中优秀等次2979人，连续三年考核优秀被授予三等功477人。完成全市公务员信息采集、校核、录入和汇总建库工作，促进公务员日常管理信息化和规范化水平。

【开展公务员“日志式管理”平时考核】 2014年，市委组织部、市人力社保局出台《嘉兴市部分市级机关开展公务员“日志式管理”平时考核试点工作指导意见（试行）》，在市级机关选取10个部门进行“日志式”管理平时考核工作试点，全市人力社保系统全面开展“日志式”管理平时考核工作。“日志式”平时考核以出勤、工作业绩为主要内容,以季度为记分周期,以处室(单位)为基本单元分级开展,包括每日工作考勤、每周工作纪实和季度工作实绩考评等。平时考核作为年度考核的重要基础,所占权重不低于60%。

【开展事业单位第二轮岗位聘用工作】 2014年,嘉兴市出台《关于开展嘉兴市属事业单位第二轮岗位聘用工作的通知》。市属158个事业单位办理第二轮岗位聘任,其中晋升1335人,转岗16人,降低聘任岗位3人。开展专业技术二级岗位聘任人选申报和工勤技能一级岗位核准工作,聘任专业技术二级岗位5人,聘任工勤技能一级岗位6人。新核准单位数8个,核准岗位总数增加360个,专业技术正高岗位增加20个,副高岗位增加70个,中级岗位增加93个。

【推进“创新嘉兴·精英引领计划”】 2014年,嘉兴市全面推进“创新嘉兴·精英引领计划”,共吸引932名海内外高层次人才,申报936个项目。通过产业化导向评估、技术评审和产业化评审、综合答辩等程序,最终入选创业创新领军人才项目134个,其中创业类122个,创新类11个,外专类1个。在“创新嘉兴·精英引领计划”的带动下,全市引育国家“千人计划”专家86名、省“千人计划”专家88名,实现县(市、区)国家“千人计划”专家全覆盖。

【实施“高技能人才振兴”工程】 2014年,嘉兴市出台《关于印发〈嘉兴市本级职业培训补贴实施办法(试行)〉的通知》。组织14个职业工种的技师(含高级技师)参加培训考核,共计1898人;组织12个职业工种的技师参加全国(省)统考,共计4944人。推进企业技能人才评价标准化体系建设,完成评价认定企业306个。会同市总工会等部门举办18个职业工种的职业技能竞赛活动,参加人数达2.5万人。建设技能大师工作室,2个入选省级技能大师工作室,认定市技能大师工作室10个。向省厅推荐申报享受政府特殊津贴的高技能人才人选1名,选派省“金蓝领”国外培训4人。姚红飞等10名高技能人才被评选为“南湖百杰”高技能人才。海宁、桐乡高级技工学校成功申报筹建技师学院。嘉兴技师学院成功申报省级高技能人才公共实训基地扩建项目。全市完成高技能人才培训24293人,均创历史新高。

(吕　臻)

机构编制工作

【推行政府部门权力清单和责任清单制度】 2014年,嘉兴市按照“全面清权、简政放权、科学确权、规范用权、严格控权”的工作思路,对市政府部门上报的11552项行政职权进行全面梳理。纳入行政权力公布范围的40个市政府部门保留权力总数3875项,总体精简66.5%,并单独编制行政强制权力清单,于10月底前向社会公布。在此基础上,按照职责法定、权责一致的原则,组织开展市政府部门责任清单编制工作。列入编制范围的42个市政府部门(单位)共明确主要职责492项,涉及具体工作事项3208项;划分部门(单位)间职责边界事项92项、履职案例92个;建立健全事中事后监管制度517项,其中直接监管制度403项、间接监管制度114项;公共服务事项302项,于12月底前向社会公布。通过推行权责清单,加快推进政府职能转变,实现“法无授权不可为”“法定职责必须为”,有效防止行政管理不作为和乱作为,为构建权界清晰、分工合理、权责一致、运转高效的部门权责体系打下坚实基础。

【开展综合行政执法试点工作】 2014年,嘉兴市切实承担好省政府确定的改革试点任务,制定印发《嘉兴市全面开展综合行政执法试点工作方案》,做好综合行政执法试点推进工作。统筹城乡综合行政执法，确定横向分步扩大综合执法领域，纵向一步到位延伸到乡镇的工作思路，构建市、县（市、区）、镇（街道）三级综合行政执法体系，从体制机制方面较好地解决基层执法存在的“看得见的管不着”“管得着的看不到”等问题。突出服务“五水共治”“三改一拆”等重点工作，协调并明确先行划转386项处罚权，强化业务主管部门“源头监管”和综合行政部门“后续监管”的有机衔接。制定机构编制优化配置方案，调整充实基层执法力量，完善相关配套制度。

【推进政府职能转变和机构改革】 2014年，嘉兴市制定市政府职能转变和机构改革方案，提出职能转变的重点和优化组织机构、党政群机构人员编制的意见。改革完善食品药品监管体制，市政府印发《关于改革完善食品药品监管和工商质监行政管理体制的实施意见》，抓好组织实施和指导推进，组建市市场监管局，制定市市场监管局、市质监局“三定”规定，调整完善市市场监管局、市质监局事业单位机构设置，协调理顺市与区相关编制和人员划转等事项。调整理顺职业卫生监管职责，完成食品和食品添加剂生产加工环节质量安全监管职责及生猪定点屠宰监管职责划转中涉及的机构编制及人员调整事项。

【加强机构编制动态管理】 2014年，嘉兴市在严守机构编制总量“两个不突破”红线基础上，调整市纪委、市法院内设机构设置、强制隔离戒毒所和社区矫正工作机构编制。组建市公安局食品药品环境犯罪侦查支队。设立市财政局政府性债务和投资基金管理机构。研究提出加快推进要素市场化配置改革、加强食品安全基层责任网络建设、深化平安嘉兴建设等涉及机构编制的意见建议，并做好相关工作。配合做好推进行政审批层级一体化改革、加强事中事后监管、有关国资公司“三定”方案和员工数额调整审核等工作。研究制定全市控编减编的方案，优化机构编制资源配置，努力实现机构编制资源使用效益最大化。全面建成覆盖全市机构编制实名制库，基本形成机构编制实名制管理的数据动态更新、交换、共享和汇总机制。

【强化机构编制监督检查】 2014年，嘉兴市加快构建事中事后全方位、立体化机构编制监督检查网络，进一步完善《机构编制监督检查实施办法》，开展全市机构编制核查，会同组织、财政、人力社保等部门组成联合检查组，共审核在编行政事业9.5万余人，编外聘用人员3.9万余人，完善人员信息55.8万余条。牵头组织开展全市机关事业单位“吃空饷”问题专项整治工作，清理规范“在编不在岗”人员114人。研究制定《嘉兴市机构编制违纪违规问题整改方案》，进一步规范机构编制监督检查执行。

（王文晖）

合作交流工作

【概况】 2014年，全市深入实施《嘉兴市“十二五”国内合作与交流发展规划》和《嘉兴市支持浙商创业创新促进嘉兴发展三年规划（2013～2015）》，推进支持浙商创业创新工作，实施“与沪杭同城”战略，开展区域合作、对口支援、对口帮扶和山海协作工作。年内，市委书记鲁俊，市委常委、常务副市长梁群，先后到上海、广东，拜访两地浙江商会，向浙商介绍嘉兴重大产业布局及可以重点投资的领域。全年引进浙商回归项目321个，协议总投资1643.16亿元，省外到位资金264.5亿元，其中回归引进项目到位资金211.34亿元，回归资本53.16亿元，完成市定年度目标任务240亿元的110.2%。支持浙商创业创新工作获全省目标责任制综合考核同档城市第一。获省新增建设用地指标奖励20公顷，引进功能性机构考核获2000万元奖励资金。全市筹集财政专项资金1960万元，主要用于重庆市涪陵区、四川省阿坝州和省内丽水市山海协作工程，重点帮助对口地区改善生产、生活和基础设施建设,不断提升群众增收致富能力。2014年,嘉兴市加强与浙东区城市的合作共建,推动嘉兴港与宁波港合作,开发建设港航物流服务体系浙北中心。嘉兴市以嘉兴农展会为平台,组织浙东区兄弟城市农企参展,近三年超过300个农企、2000多种产品到嘉兴市参展,成交总金额超过2000万元。年内,全市以对接活动为载体全面推进接轨上海和区域合作。全年引进以上海为龙头的长三角地区企业1450个,其中来自上海的企业410个、项目到位资金164亿元,杭州都市圈项目246个、计划总投资310亿元。配合制定《嘉兴市深化接轨上海三年行动计划(2014~2016年)》,开展自贸区政策研究,参与《对接上海自由贸易区的对策与建议》课题的调研及撰写。1月8日,嘉善县与上海自贸区外高桥保税区联合发展有限公司签订全省首个战略合作备忘录,决定在嘉善设立上海自贸区嘉善项目协作区。在招商、产业、贸易、金融、财政、改革、管理7个领域进行合作。5月23~26日,第十八届中国东西部合作与投资贸易洽谈会暨丝绸之路国际博览会在陕西西安举行。嘉兴市2个企业参加会展。2个企业现场销售额14万元,签订合同订单345万元。6月30日,浙江大学国际联合学院(海宁国际校区)桩基工程开工,规划总占地80公顷。10月23日,第十五届西部博览会在四川成都举行。嘉兴市9个企业分别展示旅游业、家纺、毛衫、皮毛等一批支柱型产业的产品。9个企业现场成交金额53万元,达成合作意向12个,协议资金260万元。10月20~26日,阿坝州东西扶贫协作干部培训班在嘉兴市委党校举办,嘉兴市对口地区的州、县36名干部参加培训。12月17日,《浙江省都市圈城际铁路近期建设规划》获国家发改委批复同意。杭州至海宁城际铁路项目作为杭州都市圈近期规划建设四条线之一,总投资约145亿元。全长约47公里,站点共12座。

【支持浙商创业创新工作】 2014年,全市深入贯彻省委、省政府支持浙商创业创新战略部署,稳步推进浙商回归工作。先后出台《关于印发2014年市级有关部门支持浙商创业创新促进嘉兴发展工作目标任务的通知》《关于印发2014年嘉兴市支持浙商创业创新促进嘉兴发展工作要点和市领导小组办公室重点工作安排的通知》《关于印发嘉兴市支持浙商创业创新促进嘉兴发展目标责任制考核实施办法的通知》《关于印发嘉兴市支持浙商创业创新促进嘉兴发展工作统计制度的通知》《关于加强浙商回归引进项目管理工作的通知》和《2014年加强全市浙商服务中心建设工作指导意见》等文件,规范和指导全市支持浙商创业创新工作。针对统计制度调整,多次组织业务培训,开展"一对一"辅导,指导基层规范项目报送工作。组织"百千招引"及"双盯"等重大项目招引活动,紧盯省外、海外浙江商会的100名会长(副会长)和1000个浙商重点企业;开展"六批六百"重大项目推介,组织举办项目集中开工活动。全年开展招商推介活动235场,签约项目391个,协议总投资986.5亿元。举办嘉兴市第一届浙(禾)商大会,组织"浙商创业创新全国网络媒体嘉兴行"专项采访、"浙商风云人物""浙商创业创新奖"系列评奖和宣传活动。

【举办第一届浙(禾)商大会】 6月27~28日,以"幸福回嘉、共筑梦想"为主题的嘉兴市第一届浙(禾)商大会成功举办。海外浙(禾)籍侨商、港澳台地区浙(禾)籍客商、国家和省级"千人计划"专家及领军人才、部分异地浙江商会

6月27~28日,嘉兴市召开第一届浙(禾)商大会。

会长，在外创业嘉兴籍企业家、回归创业的浙(禾)籍企业家等近400人应邀参加会议。副省长熊建平应邀出席并讲话，市委书记鲁俊致辞，市委副书记、市长肖培生主持会议，市领导刘冬生、高玲慧、胡海峰、梁群等出席会议，省市有关部门负责人参加会议。大会集中展示嘉兴市支持浙商创业创新工作取得的成果，表彰嘉兴市浙（禾）商创业创新奖的20名优秀浙(禾)商。举行浙商回归重点投资项目集中签约仪式，签约26个项目，协议总投资144.2亿元。

【出席长三角城市经济协调会市长联席会议】 3月29～30日，长江三角洲城市经济协调会第十四次市长联席会议在江苏省盐城市举行。嘉兴市副市长盛全生出席会议。会议批准成立长三角协调会新型城镇化建设专业委员会、长三角协调会品牌建设专业委员会、长三角协调会旅游专业委员会和长三角协调会会展专业委员会。会议通过《长江三角洲地区城市合作(盐城)协议》。

【融入杭州都市圈转型升级综合改革试点】 3月，杭州都市圈经国家发改委批复，成为全国首个以都市圈经济转型升级的综合改革试点。市合作交流办与市发改委共同起草《杭州都市经济圈转型升级综合改革试点三年实施计划(2014～2016年)(嘉兴篇)》和《杭州都市经济圈转型升级综合改革试点三年实施计划(2014～2016年)(嘉兴合作推进篇)》，为嘉兴共同打造杭州都市圈品牌、进一步融入都市圈夯实合作基础。

8月8日，杭州都市圈第七次市长联席会议在桐乡召开。

【开展对口支援和对口帮扶工作】 11月12日和9月22日，市人大常委会主任刘冬生，市政府副秘书长沈建华分别率代表团到阿坝州及对口县开展考察，实地检查嘉兴对口帮扶项目的实施情况。5月17日，市合作交流办副主任俞红平到涪陵区开展对口支援交流活动，商讨对口支援项目，实地察看石沱镇、新妙镇对口支援项目。

【参加第十七届中国国际投资暨全球采购会】 5月15～18日，第十七届中国(重庆)国际投资暨全球采购会在重庆举行。嘉兴海宁市、南湖区2个企业分别展示美大集成灶产品和再生PET瓶片、再生PETQ包装带等特色产品。2个企业签订订单2个，协议金额2300万元，意向订单206万元。

（韦　勇）

外事工作

【概况】 2014年，嘉兴外事工作先后接待丹麦女王玛格丽特二世、德国经济部部长格尔德·穆勒、新西兰毛利事务部部长皮塔·莎普尔斯、突尼斯加贝斯省省长胡赛因·杰拉德、欧洲货币集团执行总裁尼尔·奥斯本、柬埔寨人民党中央外委会副主席兼国会外交委员会副主席索斯亚拉，印尼东爪哇省政府考察团，以及德国、法国、荷兰、韩国、奥地利、丹麦、印度、英国、荷兰、埃塞俄比亚、南非、芬兰、瑞典驻沪总领事等54批382人次的高级别外宾团组来访。完成省领导会见驻嘉兴外企高管的有关工作，包括省委书记夏宝龙在杭州会见雅培总部高管；省长李强在陪同丹麦女王玛格丽特二世参加乐高项目奠基仪式后，会见乐高总部及项目的高管；副省长梁黎明出席雅培(嘉兴)营养品有限公司的开业典礼。11月,市外办派遣6名业务骨干驻会具体参与在乌镇举行的首届世界互联网大会有关工作,分别从国(境)外要员接待、国(境)外记者服务、翻译等方面为大会提供服务。

因公出国(境)管理。市外办获评浙江省"因公出国(境)管理先进集体"。年初拟定嘉兴市县处级及以下国家工作人员因公临时出国管理有关实施细则,完成对相关"新规"的学习、培训和执行情况的检(自)查;落实因公出国(境)因事定人、个人限次、人事相符、经费先行审核的措施;完善因公出国(境)任务的前置审核(审批)机制和行前教育、公开公示、证照管理等制度;建立由市外办牵头,市纪委、市委组织部、市财政局等部门参加的因公出国境管理联席会议制度;会同市委组织部、市纪委(监察局)和市财政局等部门进行2次新规定、新制度落实情况的检查。全年经审批审核获批准的因公出国(境)团组207批464人次,分别比上年下降44.4%和55.2%,其中党政机关和参公管理事业单位出国(境)223人次,下降66.9%。因公出国(境)证照和"因公临时出国情况报告表"收缴率均达到100%。外事服务窗口推出"错时服务、预约服务、上门服务、互动服务"等特色服务,形成务实管用的便民服务工作机制。如期完成全省电子护照二期项目试点工作和信息采集软件安装与调试;代办因私签证1208批2027人次。累计受理APEC商务旅行卡347份,2014年受理134份。邀请外国人来华1235批1541人次来嘉工作和开展商务活动。商业认证112批170份,民事认证120批245份。

服务发展成为外事新常态。全市外事系统落实事前主动参谋、事中视情介入、事后适时跟踪,通过牵线搭桥和提供相关信息和团组服务保障等具体措施,服务于全市各级平台招大引强选优。参与"五水共治"、"三改一拆"、交通治堵、生猪养殖业转型升级等重点工作,服务美丽嘉兴建设。10月,市外事办与澳大利亚驻沪总领事馆商务处联合举办"2014中澳(嘉兴)'五水共治'研讨会"。5月,在奥地利驻沪总领事的率领下,奥地利环保企业到嘉兴港区实地考察,探讨在煤炭码头粉尘处理领域的技术交流与合作。

国际友城结好工作。11月,召开嘉兴市国际友城经济合作关系推进会,为实现传统友好城市关系向经济合作伙伴关系城市转型进行总体部署。参与2014长三角·嘉兴投资贸易洽谈会。与丹麦里比市续签两市友好交流关系协议书;德国联邦经济合作与发展部部长格尔德·米勒率团考察嘉兴市与德国企业有经贸关系的纺织企业,并出席中国纺织业企业社会责任圆桌论坛。凭借德国的友城资源,下半年派出专项工作组到德国等国落实相关工作,推动相关城市和机构与嘉兴市建立经济合作伙伴关系。年内,国际友城英国普利茅斯市与嘉兴市互访,共同探讨将教育方面的成功合作经验延伸到商务领域事宜;桐乡乌镇和法国黎塞留市在中法建交50周年之际,两地分别举办文化展览并进行旅游推介;巴西友城康塔根市的企业家代表团访问嘉兴,经济交流加快;嘉善县与立陶宛共和国考纳斯市正式签订友好合作备忘录,海宁市与澳大利亚玛格丽特河郡签署两地建立友好交流关系协议书。2014年是嘉兴市和日本富士市结好25周年,市政府派团出席庆祝活动;在与韩国江陵结好15周年之际,完成友好园的提升改造,并派团出席友城媒体交流活动,促进友城间的媒体合作和旅游推介。11月,嘉兴市推荐的国际友好城市——澳大利亚班布里市荣获中国人民对外友好协会、中国国际友城联合会颁发的"对华友好城市交流合作奖"。

涉外维稳。全省涉外专题会议召开后,第一时间向市委书记办公会作专题汇报,召开全市涉外专题会议,调整充实在嘉境外非政府组织管理工作联席会议成员。修改印发《关于加强境外非政府组织在嘉管理工作联席会议实施方案》,全面布置在嘉境外非政府组织和活动调查摸底工作,并于6月底前摸清"家底",强化境外非政府组织在嘉活动的协同管理;完成《在嘉外籍人士生活、工作环境问卷调查》,

基本掌握国外与境外企业人士在嘉生活及企业经营活动中面临的主要问题和困难；协助妥善处理桐乡香港居民扰民、南湖区教育培训机构爱尔兰籍外教意外死亡、德籍企业高管游泳溺水突发脑溢血导致昏迷等突发事件5起；协助处理俄罗斯、日本、韩国等3起外籍人员涉酒后危险驾驶案件；协助处理留学生因非法居留日本事件1起；完成境外记者来嘉采访的管理和指导工作；配合市政府埃博拉疫情联防联控办公室做好全市外事系统埃博拉疫情防控工作。5月中旬，越南发生针对嘉兴企业和人员的严重暴力事件，会同有关部门展开嘉兴公民在越人员的排摸。摸清“底数”后密切关注，并保持紧密联系。

民间对外交往。一是“请进来”。欧美同学会与嘉善县建立合作机制，成立全省首个欧美同学会人才顾问团；新西兰毛利事务部部长皮塔·沙普尔斯率团考察嘉兴并与嘉兴市就文化合作、开发体现双方文化特色的舞台剧进行交流；作为2014年印中友好交流年“印度掠影”系列活动之一，印度印第安纳宝莱坞艺术团来嘉兴演出；南湖区举办“国际大厨争霸赛”；参加浙江省与比利时、荷兰友好校级交流会暨结好签约仪式，促成嘉兴市三所学校对外结好意向；接待韩国江陵市青年联合会访问团与嘉兴市青年联合会交流；在嘉兴的“韩国太太合唱团”参与市外事办共建社区广场文艺演出；驻嘉外国友人裹粽子比赛在“端午”节期间热闹登场；美国奥斯汀市安德森学生画展在海宁举行；嘉善国际木雕城邀请数十个国家56位民间木雕大师开展文化交流活动；每两年一届的第16届亚洲轮滑锦标赛在海宁举办；“2014美国青少年汉语语言学习项目”在秀洲现代实验学校举办；海盐中韩美术家作品联展在海盐举办。二是“走出去”。嘉兴秀洲农民画在第三届中东欧(波兰)、欧亚(土耳其)中国家居品牌博览会上被组委会选为赠送国外友人的纪念礼品；嘉兴实验小学10名“小外交官”在蒙台梭利模拟联合国(MMUN)会议上“首秀”；秀洲现代实验学校“乐之韵”民乐团到德国参加为期12天的交流演出，并全程参与第17届巴登符腾堡州国际青少年学生音乐节活动；《中国日报(美国版周末刊)》刊登嘉兴市美国友城洛克维尔市展开的一场特别的品酒会暨艺术品拍卖会，对友好城市——中国浙江嘉兴市进行专题介绍；平湖市新仓民间艺术团参加韩国首尔亚洲音乐舞蹈艺术节；桐乡市组团出席法国黎塞留市交流会，进行现场产品展示与座谈交流。

2月27日，新西兰毛利事务部部长皮塔·沙普尔斯到嘉兴访问。

【嘉兴市国际友城经济合作推进会】 11月7日，由嘉兴市政府主办，市外办、市商务局承办的2014嘉兴市国际友城经济合作推进会议举行。嘉兴市副市长盛全生就如何深化友城关系，加强经贸合作进行主旨演讲。澳大利亚西澳州西南区发展委员会首席执行官唐·庞奇交流与嘉兴市开展经贸合作的成功经验。巨石集团有限公司战略部副总经理沈国明交流“走出去”投资的成功经验。德国哈勒市、埃塞俄比亚赛贝塔市、意大利蒂沃利市、澳大利亚玛格丽特河郡代表分别作城市推介。会上嘉兴市与埃塞俄比亚赛贝塔市签署两市建立友好城市意向书。海宁市与澳大利亚玛格丽特河郡签署两地友好交流关系协议书。至此，嘉兴市已与近30个国家的88个城市(地区)开展对外友好交流，其中国际友好城市7个。

【荷兰驻沪总领事访问嘉兴】 3月20日，荷兰驻沪总领事鄱佩德到访嘉兴，这是他任期内的首次访问嘉兴。此行他主要参加荷兰喜力啤酒嘉善工厂的奠基庆典,并实地考察嘉兴经济技术开发区的多家外资企业。市长肖培生在市行政中心会见郗佩德并与其交流。在简要介绍嘉兴的区位优势和经济概况后,肖培生指出,除了现有的嘉善阿克苏诺贝尔涂料(嘉兴)有限公司和嘉兴港区的荷兰皇家壳牌石油集团,荷兰和嘉兴在现代农产品开发及生猪养殖技术、水环境治理技术方面仍有巨大合作空间,而郗佩德则表示愿意一如既往为优质荷兰企业入驻嘉兴提供支持。在嘉兴期间,郗佩德参观万达广场、台升国际广场、智慧产业创新园等几个综合体,之后又实地了解德国海拉灯具集团车间现场及雅培(嘉兴)营养品有限公司的运作情况。他表示嘉兴是一个正处于经济高速发展阶段的城市,拥有和荷兰开展多领域合作的巨大潜力。

【丹麦女王出席乐高首个亚洲工厂奠基仪式】
4月27日,乐高玩具制造(嘉兴)项目举行开工奠基典礼。丹麦女王玛格丽特二世,丹麦亲王亨里克,丹麦食品、农业与渔业部部长丹·乔金森,丹麦驻华大使裴德盛,省长李强、中国驻丹麦大使刘碧伟、省政府秘书长李卫宁,市领导鲁俊、肖培生、孙贤龙、何炳荣、盛全生及省、市、区相关部门负责人等出席开工仪式。市长肖培生在典礼上致辞。丹麦女王玛格丽特二世,省长李强,丹麦乐高集团首席执行官乔根·克努德斯托普共同为工厂奠基石揭幕;市委书记鲁俊,乐高嘉兴公司总经理迈克尔共同为由乐高玩具拼装的工厂模型揭幕。在随后举行的领导会见活动中,省长李强会见丹麦乐高集团首席执行官乔根·克努德斯托普等乐高高层。乐高集团成立于1932年,总部位于丹麦比伦德,主要从事塑料智力玩具的研发和生产,其品牌在2011年《世界品牌500强》排行榜中名列第113位。乐高(嘉兴)项目是乐高集团继丹麦、匈牙利、捷克、墨西哥4家工厂之外的全球新成员,也是乐高在亚洲设立的第一家工厂,该项目总投资将达10亿美元,分期实施,其中一期用地31.47公顷,投资2.9亿美元,预计将在2017年全面投产。

4月27日,丹麦女王玛格丽特二世出席乐高玩具制造(嘉兴)项目开工奠基典礼。

【雅培(嘉兴)营养品有限公司举行投产典礼】
6月6日,雅培(嘉兴)营养品有限公司开幕典礼在嘉兴经济技术开发区举行。副省长梁黎明,市领导鲁俊、肖培生、刘冬生、高玲慧、何炳荣、盛全生参加投产仪式。市长肖培生致辞。美国雅培是世界500强企业之一,业务遍及全球150多个国家和地区。2011年7月,美国雅培公司经过严格的比较和认真的考察,最终选择在嘉兴经济技术开发区投资设立外商独资企业——雅培(嘉兴)营养品有限公司,项目一期投资2.3亿美元,占地12公顷。作为美国雅培在中国的最大投资项目,雅培(嘉兴)营养品项目从洽谈、签约、核准到开工建设,受到两国政府和社会各界的广泛关注。雅培公司全球执行副总裁、营养品总裁约翰·兰格拉夫介绍,在雅培嘉兴工厂,启用了全球独一无二的全新包

6月6日,雅培(嘉兴)营养品有限公司举行投产典礼。

装，且会在全中国范围进行销售。

【皇家飞利浦项目落户嘉兴】 7月7日，飞利浦（中国）投资有限公司与嘉兴经济技术开发区签订合作协议，标志着飞利浦优质生活家居业务（中国）创新园项目正式落户嘉兴。飞利浦优质生活家居业务（中国）创新园将成为飞利浦家居业务领域电饭煲、电压力锅、电磁炉、榨汁机、蒸汽衣物护理等产品的综合研发和制造基地，并有望在未来被打造成该业务领域的全球研发基地。副省长梁黎明和市领导鲁俊、肖培生、何炳荣、盛全生等出席签约仪式并会见飞利浦项目主要负责人。荷兰驻沪副总领事那德飞应邀出席签约活动。

表18　**2014年嘉兴市部分出访团组情况一览**

出访时间	团长职务、姓名	人数	出访地点	出访事由
9月22～29日	政协副主席邢海华	6	墨西哥、美国	友好访问
10月24日至11月2日	政协副主席李水根	5	德国、丹麦、法国	友好访问
11月13～21日	市人大常委会副主任沈利农	6	巴西、美国	经贸活动
11月14～23日	政协副主席朱静琦	5	日本、美国、韩国	招才引智
12月15～19日	副市长盛全生	4	韩国	经贸活动
12月15～24日	副市长张仁贵	5	希腊、匈牙利、捷克	经贸活动

表19　**2014年嘉兴市部分团组接待情况一览**

到访时间	团组名称（团长职务）	团长姓名	人数	出席领导
1月7日	加拿大达蒙维市市长	亚历山大·屈松	2	梁　群
2月19日	墨西哥阿瓜斯卡连特斯州州长	卡洛斯·罗扎诺	9	肖培生
2月27日	新西兰毛利事务部长	皮塔·沙普尔斯	11	肖培生
3月19日	南非驻沪总领事	陶博闻	6	肖培生
3月20日	荷兰驻沪总领事	鄱佩德	2	肖培生
3月28日	印度驻沪商务领事	雷亮	2	
3月31日	英国驻沪副总领事	傅伯诗	4	
4月2日	芬兰驻沪总领事	龙玛丽	2	
4月2日	瑞典驻沪总领事	贝琳达	3	
4月27日	丹麦乐高奠基典礼	丹麦女王	40	
4月28日	巴西中国交流和外贸发展协会主席	毛莱氏	4	
5月6日	欧洲货币集团执行总裁	尼尔·奥斯本	2	柴永强
5月27日	奥地利驻沪总领事	施丽伟	4	祝亚伟
6月6日	美国雅培公司全球副总裁	约翰·兰格拉夫	7	鲁　俊
6月11日	德中友协主席团	拉特	1	
6月16～19日	突尼斯加贝斯省省长	胡塞因·杰拉德	26	肖培生
6月29日	韩国驻沪总领事	具相灿	7	
7月7日	荷兰驻沪领馆副总领事来禾参加飞利浦签约仪式	那德飞	2	
7月23日	埃塞俄比亚驻沪总领事	由哈纳·方达·沃尔德·乔治斯	2	肖培生
7月31日	荷兰驻沪总领事	鄱佩德	2	
8月20日	德国尼特瑙市长	卡尔·贝利	5	
8月25日	日本坂井市长	坂本宪男	10	沈利农
8月28日	中国－保加利亚联合商会会长	卡西尔·格雷	2	
9月17日	法国驻沪总领事馆总领事团	卢力捷	2	鲁　俊

续表 19

到访时间	团组名称(团长职务)	团长姓名	人数	出席领导
10月12日	印尼东爪哇省省长助理	伊德鲁斯	21	盛全生
10月19日	丹麦里比市市长	利昂·赛贝林	8	盛全生
10月24日	德国联邦经济合作与发展部部长	格尔德·米勒	10	盛全生
11月6~8日	澳大利亚西澳州西南区发展委员会主席	斯图尔特·席格斯	4	
11月17日	德国弗莱堡经济投资促进署署长	达勒曼	3	盛全生
11月29日	韩国前总理	韩晟洙	12	梁　群

（许　叶）

侨务工作

【概况】 2014年,嘉兴市人民政府侨务办公室(简称市侨办),开展基本侨情调查工作,在调查的基础上,对数据进行分析研究,撰写《我市基本侨情调查工作报告》提交党委、政府。嘉兴市调查工作得到省外侨办、省统计局、省侨联的联合通报表彰,市侨办、海盐县侨办获评先进单位,12名侨务干部获评先进个人。年内,市侨办先后接待上级侨务部门引荐的海外代表人士国情研修班学员、2014海外红烛故乡行"完美"浙江之旅代表团、法国华人经贸协会会长团、意大利北部华侨华人社团等到嘉兴市参观考察;推广平湖、桐乡"侨法宣传角"经验,建立覆盖全市的社区侨务工作站;10月底,秀洲区新城街道亚都社区和嘉善县西塘社区成功创建国侨办"侨法宣传角",平湖市当湖街道朝阳路社区获国侨办全国"明星社区"称号。年内,嘉兴市、县侨务干部深入基层一线走访侨界群众,宣传涉侨法律法规,听侨情、解侨忧、济侨困,成功协调华侨子女上学事5例,规范办理华侨回国定居5例;成功审核嘉兴市"三侨生"政策加分3名,解决20多起侨界群众生产生活难事。年内,市侨办与市工商联合作举办"侨企"与"民企"对接恳谈会,共商合作;组织市侨商会会长团到宁波、绍兴两地侨商会交流取经;组织嘉兴市7家重点侨商企业到杭州参加"牵手侨企·相约高校"毕业生就业招聘会。年内,市侨办上门对接市级相关部门争取服务侨商的政策支持,建立部门联动的全市侨商服务联盟体系;年底,由市委办、市政府办联合下发《关于建立我市侨商服务联盟的通知》的规范性文件。

【推行行政审批制度改革】 2014年,市侨办开展行政审批制度改革,对照相应法律法规和上级文件要求梳理本部门权力事项。年内,下放行政权力1项,市级保留行政确认1项,非行政许可1项,审核转报2项,并依照规范行政权力运行和便民高效要求,绘制运行流程图,优化运行程序;结合事中事后监管职责,制定《嘉兴市侨办关于加强行政审批层级一体化改革事中事后监管的实施细则(试行)》,下发各县(市、区)侨办。

（张晓栋）

政协嘉兴市委员会

综　述

2014年，市政协牢牢把握团结、民主两大主题，紧紧围绕市委、市政府的决策部署，紧扣改革发展大局协商议政，以协商建诤言献良策。全年召开政协常委会议4次，主席会议13次，专题协商会议5次，进行对口协商10次，界别协商37次，提案办理协商32次。常委会议、专题协商会议围绕全面深化法治嘉兴建设，“接轨上海、创新发展，推进科技城建设”“推进统筹城乡发展，建设新型城镇化，促进城乡一体化”和加快发展嘉兴市养老服务业等重大议题，与党委政府领导及相关部门进行协商，提出的许多建议被吸收采纳。主席会议广泛关注经济社会发展各个方面，围绕台资企业“二次创业”、创建全国公共文化服务示范区、城乡公共交通事业发展、市本级城乡规划管理体制调整等议题进行协商讨论，为推进嘉兴市经济社会发展建言出力。各专委会围绕党政中心工作和群众关心的热点难点问题，先后就传统集群产业转型升级、子城保护与历史文化挖掘、农村土地制度改革、农村新社区的服务与管理、轨道交通网线规划等议题以及政府规范性文件，组织委员与相关部门开展对口协商，并通过调研报告、社情民意、专题建议案等形式提出意见建议，推进协商成果转化应用。各界别开展各类界别协商，提出建设性的意见建议。提案办理增设“委员建议承办单位”环节，提高交办准确性；健全提案协商机制，通过上门协商、约请座谈、参与调研等协商方式，变直接答复为协商办理；强化“不满意”提案的二次办理，以再协商促实效。首次实行市委常委领办重点提案。全年立案交办的421件提案，解决或基本解决的171件，正在解决或列入计划解决的238件，尚未解决的12件，委员对办理工作满意和基本满意的达100%，对落实情况满意和基本满意的达92%。各基层政协委员联络室先后开展民主协商活动186次，并形成“一四五”民主协商工作机制、“三类五步工作法”、民主恳谈协商会等新做法、新经验。

10月29日，全市政协主席读书会视察海利循环产业园。

2014年，市政协开展专项集体民主监督，组织专题民主评议，助推“五水共治”等重大决策贯彻落实，推动民生问题有效解决。首次开展专项民主评议部门工作，常委会议对嘉兴市“河岸绿化”工作进行民主评议。创新开展提案办理工作民主评议，制定评议办法和实施方案，提升提案办理工作的制度化、规范化水平。发挥民主监督员的积极作用。各民主监督小组围绕各部门的重点工作，通过专题调研督察、明察暗访等一系列深度调研和民主监督，提出了许多富有建设性和操作性的意见建议。以联组监督为举措，形成监督合力，先后围绕养老事业政策机制、内河码头规范化整治、法院案件"执行难"等内容开展联组监督和专题民主监督20余次。做好社情民意工作。在"搜、访、找、挖"上做文章，全年共收到社情民意615条，编发15期，转送部门98条，上报省政协76条。

2014年，市政协强化与各民主党派、工商联、无党派人士、人民团体的联系，深化与港澳台侨的联系，加强与市侨商会等社团的交流，组织港澳委员与市政府、市政协主要领导座谈对话，主办"跨越海峡"第二届嘉兴·台湾摄影作品交流展。加强与宗教人士的联系，专题视察宗教场所，促进民族团结宗教和睦。加强与特邀委员的联系，发挥其在经济社会发展中的优势和作用，不断增强政协履职合力。发挥文史工作特色优势。深化文史资料征编，与全国政协文史和学习委联合编辑出版《运河名城嘉兴》，编辑出版《嘉兴古桥撷英》《嘉禾文史掇英》，推进《嘉兴文史汇编》续册、《顾惠人传》和《嘉兴文史》杂志征编工作，发挥文史资料资政育人作用。加强政协宣传工作。发挥《政协之窗》《嘉兴政协》等栏目和平台的宣传功能，制作的12期"政协话题""委员之声"始终关注民众热点，增强社会各界的关注度，扩大政协影响力。

9月19日，第二届嘉兴·台湾摄影作品交流展在市图书馆开幕。

深化市政协领导联系常委、走访委员和市政协机关干部联系界别活动组等制度，加强联络联系，听取委员意见建议，许多意见建议得到市委、市政府主要领导的重视，相关部门的办理落实并及时答复。组织委员开展送医送药送文化到农村社区企业等惠民活动。加强委员履职管理，通过统计数据反映委员履职实效，提高委员履职自觉性。通过政情通报、专题讲座、典型报告、视察学习等，提升委员履职水平。贯彻新时期关于政协履职能力要求，以"发挥委员主体作用"为主题开展理论研讨，形成一批高质量研究成果。发挥政协经济研究会、社会发展研究会、文化发展研究会、文史研究会、书画联谊会等社团作用，围绕集群产业转型升级、深化行政审批制度改革、旅游业大发展等热点难点进行研讨交流，有效服务发展大局。以开展党的群众路线教育实践活动为抓手，扎实推进机关党建，健全党风廉政机制，深化"五型三化"机关建设，提升机关干部队伍素质，切实转文风、改会风、强作风，深入基层开展履职为民活动，委员服务、人事管理、公务接待等工作制度不断完善，提高办文、办会、办事的综合能力和水平。

（胡　翚）

重要会议

【市政协七届三次会议】 2014年1月21～25日，政协嘉兴市第七届委员会第三次会议在嘉兴举行。会议审议通过刘冬生同志代表政协嘉兴市第七届委员会常务委员会所作的工作报告和李水根代表政协嘉兴市第七届委员会常务委员会所作的提案工作情况的报告。会议同意刘冬生因工作需要辞去政协嘉兴市第七届委员会主席职务。会议在广泛民主协商的基础上，选举高玲慧为政协嘉兴市第七届委员会主席，选举李跃为副主席。会议认为，过去的一年，市七届政协坚持以邓小平理论、"三个代表”重要思想、科学发展观为指导，认真贯彻落实中共中央和省委、市委的一系列决策部署，坚持履职为民，坚持创新实践，充分发挥协调关系、汇聚力量、建言献策、服务大局的独特作用，顺利完成市政协七届二次会议确定的各项任务，为全面建成惠及全市人民的小康社会作出了积极贡献。大会共收到32篇大会发言材料，10名委员代表各党派团体、界别活动组在大会上作了发言。会议收到委员以提案形式提出的意见建议435件，编写提案摘报16期。大会编发会议简报9期。会议期间，委员们列席嘉兴市第七届人民代表大会第四次会议，听取并讨论嘉兴市市长肖培生代表嘉兴市人民政府所作的《政府工作报告》和其他有关报告，围绕全面深化改革、推动经济持续健康发展与社会和谐稳定，积极协商议政、建言献策。会议作出决议强调，2014年是全面贯彻落实中共十八届三中全会精神、全面深化改革的开局之年，也是落实“十二五”规划的关键之年。为开创全市政协工作新局面，为实现“中国梦”的嘉兴篇章作出新的贡献。中共嘉兴市委书记鲁俊在闭幕大会上作重要讲话。

【市政协七届九次至十三次常委会议】 1月6日，市七届政协举行第九次常委会议。会议学习中共十八届三中全会精神；审议通过关于召开政协嘉兴市第七届委员会第三次会议的决定，审议通过政协嘉兴市第七届委员会第三次会议议程（草案）、日程（草案）、大会分组办法和小组召集人名单以及政协嘉兴市委员会2014年工作要点。审议通过市七届政协常委会工作报告，推定刘冬生主席为报告人，审议通过关于市政协七届二次会议以来提案工作情况的报告，推定李水根副主席为报告人；协商讨论嘉兴市政府工作报告（征求意见稿），分别听取市政府关于市政协七届二次会议以来提案办理情况的通报，市政府关于市政协七届七次常委会议意见建议办理情况的通报，市政府关于市政协七届八次常委会议意见建议办理情况的通报，市纪委关于反腐倡廉情况的通报，市财政局关于嘉兴市2013年全市和市本级预算执行情况及2014年全市和市本级预算（草案）的通报；审议通过关于撤销俞天明政协嘉兴市第七届委员会常委、委员资格的决定。同意李瑞明、陈海鸣辞去政协嘉兴市第七届委员会委员职务。增补史丹夫、许红莲（女）、李跃、沈晓琴（女）、高玲慧（女）、彭文利六人为政协嘉兴市第七届委员会委员。

1月23日，市七届政协举行第十次常委会议。会议听取市政协七届三次会议分组讨论情况的汇报。审议市政协七届三次会议选举办法（草案），市七届政协主席、副主席候选人名单，市政协七届三次会议总监票人、总计票人、监票人名单（草案）。审议通过市政协七届三次会议提案审查情况的报告（草案）和市政协七届三次会议决议（草案）。

5月22～23日，市七届政协举行第十一次常委会议，学习夏宝龙书记、李强省长在全省新型城市化工作会议上的讲话；围绕推进统筹城乡发展，建设新型城镇化，促进城乡一体化问题进行协商讨论。市民革、市民盟、市民建、市民进、市致公党、市九三学社、市工商联，市侨联、市台联和市政协经科委、文教卫体委分别围绕议题在会上作了发言。市政府副市长赵树梅到会通报情况，市委、市政府有关部门的负责人到会听取发言。市政协主席高玲慧就会议情况进行总结，并就如何履职提出了要求。会议审议通过《政协嘉兴市委员会关于政协委员密切联系群众的意见》。会议审议通过有关人事事项，同意单胜道辞去政协嘉兴市第七届委员会委员职务，增补顾太文、徐正方为政协嘉兴市第七届委员会委员。

8月26～27日，市七届政协举行第十二次常委会议，学习贯彻市委七届八次全体（扩大）会议精神；学习《浙江省人民政府关于加快发展养老服务业的实施意见》，围绕加快发展养老服务业，推进社会养老事业发展问题进行协商讨论。市民革、市民盟、市民建、市民进、市农工党、市致公党、市九三学社、市妇联、市残联以及市政协无党派界别、第九界别活动组（共青团、青联)和市政协文教卫体委、社法委分别围绕议题在会前进行调查研究,形成9篇调研报告,并在会上发言,市人大常委会副主任金成胜、市政府副市长祝亚伟应邀参加会议。就推进嘉兴市养老事业发展,会议建议:一是养老事业建设与推进迫在眉睫,必须进一步提高认识,增进共识。面对严峻的老龄化现状和发展趋势,发展养老服务业是嘉兴现实的一项紧迫任务。需要全市各级各部门和社会各界进一步提高认识,增进共识,群策群力,共同推进。二是重视和推进养老事业发展,必须进一步突出重点,主攻薄弱环节。要进一步加快推进市区养老机构规划布局与建设,进一步关注农村养老事业,进一步重视养老专业服务队伍建设。要加强体制机制的探索,加强政策支持的探索,加强服务规范的探索。

11月18日,市政协举行七届十三次常委会议,学习习近平总书记在庆祝人民政协成立65周年大会上的重要讲话和《中共中央关于全面推进依法治国若干重大问题的决定》,民主评议环境(河道沿岸)绿化工作,审议通过《政协嘉兴市委员会提案办理工作民主评议办法(试行)》,审议有关人事事项。委员们先后到秀洲区北区生态园、北科建生态绿地、北水亩港和假泾港,实地视察嘉兴市"河岸绿化"工作。听取市"关注森林"执委会关于嘉兴市"河岸绿化"工作情况的介绍、秀洲区和桐乡市关于"河岸绿化"工作情况的交流介绍。委员们就"河岸绿化"工作进行民主评议发言,提出建设性的意见建议。会议建议,嘉兴市河岸绿化工作提出要在以下方面下功夫:加强协调落实绿化任务,探索方法解决相关问题,运用政策引导资金投入,强化督察推动实际工作,着力推进河岸绿化的加快实施。

【市七届政协第二十四至第三十七次主席会议】 2014年,市七届政协共召开主席会议14次。

1月3日,市七届政协举行第24次主席会议。审议市政协七届九次常委会议议程(草案)、日程(草案)。审议有关人事事项。听取市政协七届三次会议其他筹备情况的汇报。审议市七届政协常委会工作报告,推举报告人。审议市七届政协提案工作情况的报告,推举报告人。审议通过市政协各专门委员会2013年工作总结。审议市政协2014年工作要点。

1月22日,市七届政协举行第25次主席会议,审议市政协七届十次常委会议议程(草案),审议市政协七届三次会议选举办法(草案),市七届政协主席、副主席候选人名单(草案),市政协七届三次会议总监票人、总计票人、监票人名单(草案)。审议市政协七届三次会议提案审查情况的报告(草案)和市政协七届三次会议决议(草案)。

3月7日,市七届政协举行第26次主席会议,审议通过市政协2014年重点工作安排、市七届政协主席会议成员分工、市政协各专门委员会2014年工作计划、市七届政协第十一次常委会议调研子课题、市政协2014年委员约谈会议题和计划安排以及关于调整市七届政协第十一界别活动组组长的决定。会议听取2013年度委员履职情况汇报。

3月25日,市七届政协举行第27次主席会议。会议协商讨论马家浜文化博物馆和遗址公园建设问题。与会人员听取市文化局关于马家浜遗址公园保护与建设工作情况的通报。市政府副市长柴永强到会听取意见建议。与会人员认为马家浜文化与"红船文化"、运河文化一样,是嘉兴文化的灵魂,是嘉兴的文化生命基因,因此,必须要齐心合力、加快推进。一是要高度重视,摆上日程。要仔细分析、深入研究、统筹谋划、稳步推进,加快推动遗址公园和博物馆建设取得实质性进展。二是要建立机构,专门协调项目建设中出现的有关问题,合力推动项目实施。三是要评审项目,做好详规。要进一步加强研究,充分挖掘马家浜文化的重要内涵、文化意义、旅游价值、经济效益以及社会效果。要对项目进行规划再梳理、理念再提升,做到高起点规划,高标准建设。四是要健全机制,建管并重。要建立健全领导协调、建设推进、后续管理等方面的相关机制,详细制定运作方案，配备专业管理人员，保证项目的顺利实施和今后的运作管理。五是要向上争取，借力而为。要认真做好第三批国家考古遗址公园的申请准备工作，争取列入国家级遗址公园。尽快启动马家浜文化文物捐赠活动，让全社会共同关心和推动这项工作。会议协商讨论市本级城乡规划管理体制调整工作。会议听取市建委关于完善市本级城乡规划管理体制工作情况的通报。就如何进一步做好这项工作，与会人员提出几点意见建议：一是要强化认同，注重衔接。在市本级城乡规划管理体制调整过程中，要加强市、区两级的协同协调，确保区块主体具有足够的话语权。充分发挥规划在城市空间布局和经济社会发展等方面的生产力、指挥棒的作用，使规划能够真正促进市本级发展。二是要强化职责，注重可操作性。要进一步强化规划管理的分工，明确相关职责。同时，做到规划的编制要规范、求实，规划编制的过程要民主、科学，健全完善重大规划公众参与机制，规划编制的实施要刚性、严肃。三是要抓紧成文，科学实施。要充分吸收各方意见建议，尽快出台相关政策文件。要制定相关管理制度，抓紧组织实施。同时，做好管理体制调整后的科学评估工作。四是要加强队伍和机构建设。借鉴江苏经验，建设嘉兴的规划展示馆，展示嘉兴城市规划建设成果，展望城市未来发展蓝图。会议审议通过市政协七届三次会议重点提案目录。

4 月 24 日，市七届政协举行第 28 次主席会议，视察工业化、信息化深度融合工作。与会人员视察加西贝拉压缩机有限公司自动化生产线和移动公司信息消费展示厅，听取市经信委关于加快信息消费国家试点城市建设，促进信息化和工业化深度融合情况的通报。市政府副市长盛全生陪同视察并到会听取意见建议。为进一步推进嘉兴市信息消费和“两化融合”信息消费再上新台阶，与会人员提出三点建议：一是认识要更到位。信息化是嘉兴经济转型发展的新引擎，是决定嘉兴未来发展能否站上制高点的重要元素。促进两化的深度融合，嘉兴有着独特的区位优势，是嘉兴开放发展的现实需求。当前嘉兴正处于转型升级的重要时期。嘉兴应以试点城市为契机，用足用好政策资源优势，大胆尝试、大胆探索，努力推动嘉兴市在国家信息消费试点城市建设和“两化融合”上取得新突破。二是推进要更有力。充分利用信息消费国家试点的两年时间，重点把握好“立足当前”和“着眼长远”的关系，把握好“点上试”和“面上推”的关系，把握好“政府引导”和“市场主体”的关系，把试点做深做细做实。三是重点要更突出。要加强顶层设计整体推进，把信息消费和“两化融合”工作纳入嘉兴市市域总体规划等各类规划中，摆上重要工作日程。要突出重点抓好推进。注重结合嘉兴实际，发挥自身优势，创新工作举措，提高工作实效。要加大宣传力度，大力营造信息消费和“两化融合”的市场环境、法制环境和舆论环境，让更多的政府部门和企业进一步认识到信息消费和“两化融合”的重要性，自觉增强推动工作的积极性和主动性，形成强大的工作合力。

4 月 24 日，市七届政协第 28 次主席会议与会人员视察加西贝拉压缩机有限公司自动化生产线。

5 月 14 日，市七届政协举行第 29 次主席会议，协商讨论嘉兴市台资企业“二次创业”情况。市台办通报嘉兴市台资企业“二次创业”情况，市政协社法委汇报了嘉兴市台资企业“二次创业”调研情况。就如何进一步助推嘉兴市台资企业“二次创业”，会议建议，一要充分认识台资企业“二次创业”对嘉兴发展的意义，进一步激发台资企业创业创新的动力与活力。二要清醒面对客观看待台资企业“二次创业”面临经营模式固化、创新资源匮乏、要素保障弱化、优惠政策虚化、推进氛围淡化等问题,提升台资企业“二次创业”的主体意识,夯实台资企业“二次创业”的根基。三要进一步营造氛围,合力助推台资企业“二次创业”。摆进格局抓统筹,优化服务出政策,关心关爱聚人心,促进台资企业为嘉兴市经济发展作出新的更大贡献。会议审议市政协七届十一次常委会议议程(草案)、日程(草案),研究关于开展“接轨上海、创新发展”专题协商活动方案,审议通过政协嘉兴市委员会《关于加强与市各民主党派、工商联、人民团体和各界政协委员联系的意见》和《优秀界别活动组和优秀委员评选表彰办法》,审议《政协嘉兴市委员会关于政协委员密切联系群众的意见》和有关人事事项。

6月12日,市七届政协举行第30次主席会议,协商讨论嘉兴市“五水共治”工作。与会人员实地视察塘汇街道茶园港河道整治现场和大桥镇由桥村方升桥港“三河”整治现场,听取市治水办关于嘉兴市“五水共治”暨“清三河”工作情况的通报,听取市政协人口资源环境委员会关于嘉兴市“五水共治”暨“清三河”情况调研的汇报。市政府副市长祝亚伟到会听取意见建议。与会人员认为,水环境的治理是一项长期的艰巨任务和系统工程,需要不断努力,继续推进,为此建议:一是要保持力度不松劲,一以贯之抓落实。要处理好突击治水和长效治水的关系,从源头上减少和控制污染源入手,针对工业污染、农业面源污染和农村生活污水三个方面,加快推进“两覆盖”“两转型”工作,进一步建立健全常态化治水的体制机制。要探索建立多元化资金筹集机制,进一步拓宽融资渠道,积极引导民间资本、社会资本积极投入“五水共治”。二是要统筹安排抓推进,科学治水求实效。要坚持规划为先,抓紧制定嘉兴水系规划,综合研究嘉兴水系情况。要讲究统筹为要,处理好“五水”之间的关系,做到相互统筹,以治污为先。要注意程序得当,防止治了又污、污了又治的循环。要讲究经济,做好治水成本的核算和控制,农村河道治理要因地制宜,实施生态化治理。注重科学治水,注重新技术、新工艺的运用,加强对淤泥安全处置技术的研究和利用。三是要协调各方重联动,齐心协力强作为。加强市域外上下游间的协作,重视市域内跨区域交界河道的协调,积极探索创新执法治理新模式,消除工作盲区。要进一步加强宣传,营造浓厚氛围,使得推进“五水共治”工作的力量、保障和公众参与热情的长期可持续。会议审议通过市政协七届十二次常委会议调研课题。

7月21日,市七届政协举行第31次主席会议,协商讨论嘉兴市创建国家公共文化服务示范区工作。与会人员实地视察秀洲区洪合镇新王桥村文化活动中心及洪合镇综合文化站建设现场,了解嘉兴市创建国家公共文化服务体系示范区镇村文化服务场所建设和服务状况,听取市文化局关于嘉兴市创建国家公共文化服务体系示范区工作情况的通报,听取市政协文教卫体委员会有关加快推进嘉兴市国家公共文化服务体系示范区创建工作的意见建议。市政府副市长柴永强到会听取意见建议。会议认为,公共文化服务体系建设是一项惠民利民的实事好事。但目前的创建工作还存在一些薄弱环节,为此,与会人员建议:一是要抢抓机遇乘势而上,形成创建合力共同助推,把创建工作做到位,促进和助推嘉兴文化的大发展大繁荣。二是要把握标准加快推进。做好创建工作的关键是要问需于民,以群众的需求为导向来铺垫、推动、落实各项创建工作。具体工作上要抓工作进度,抓面上平衡,抓氛围营造,抓特色创新,创造有生命力、可持续性的公共文化服务体系建设。三是要密切配合强化保障。以大嘉兴“一盘棋”的荣誉感,用心、用力做好创建工作。要加大资金支持力度,发挥财政资金的导向作用,整合各方资源,参与公共文化服务体系建设。要注重基层文化团体的培育和基层文化骨干的培养,加强基层专职文化力量建设,提高文化队伍的职业化、专职化水平。要加快推进公共文化服务体系的制度设计,不断提炼、不断巩固，形成东部地区示范、具有嘉兴特色的经验。

7月21日，市七届政协第31次主席会议与会人员到洪合镇视察公共文化服务体系示范区建设情况。

8月14日，市七届政协举行第32次主席会议。会议视察嘉兴市社会养老事业发展情况，督办重点提案《关于进一步推动我市居家养老事业发展的几点建议》。与会人员实地视察城南街道长新社区夕阳红居家养老服务中心、嘉兴市老年公寓以及新嘉街道清河社区居家养老服务照料中心，听取市民政局关于嘉兴市社会养老服务工作及重点提案办理情况的通报。市政府副市长祝亚伟到会听取意见建议。与会人员就推进嘉兴市社会养老事业发展提出三点意见建议：一是要充分认识发展养老服务业的重大意义。必须从经济社会发展的全局、从建设“两美”嘉兴的高度来谋划和推进养老服务业。二是要注重规划，加强统筹协调。要从区域整体规划考虑，明晰区域养老机构的布局图、路线图。养老机构建设的理念和设计要有适度的超前性。要针对不同层次、不同需求的老年人，倡导提供不同的服务。三要注重实效，加强探索创新。要加强体制机制的探索。整合利用好各方资源，推进养老服务信息平台建设，加强政策支持的探索，注重医养结合，加强服务规范的探索。要不断总结一批新的经验和做法，努力形成具有嘉兴特色的养老模式。会议审议市政协七届十二次常委会议议程（草案）、日程(草案)。

9月15日，市七届政协举行第33次主席会议，视察嘉兴市终身教育问题。与会人员实地视察嘉兴广播电视大学、嘉兴老年大学和南湖区解放街道社区教育中心，听取市教育局关于嘉兴市终身教育体系建设与发展情况的通报。与会人员围绕推进嘉兴市终身教育体系建设提出三点意见建议：一是要健全机制，增强工作推动力。建议成立嘉兴市终身教育发展和学习型城市建设指导委员会或领导小组，形成政府主导、教育部门牵头、有关部门协同配合、社会各界广泛参与的终身教育工作机制。在出台进一步推进社区教育工作意见的基础上，抓紧制定出台《嘉兴市关于加快完善终身教育体系，建设学习型城市的实施意见》。二是建议统筹整合市内各类教育资源，建立嘉兴市终身教育发展的服务支持体系，做到互通有无，共享共用。加快建设一支专兼职结合、高素质的教师队伍。加强社区教育基础能力建设，综合建立一个终身学习的网络，为全民的终身学习提供基础和便利。三是要多元投入，强化经费保障。要在教育经费中安排一定比例作为终身教育专项经费。通过多种途径，拓宽经费筹措渠道，全力保障终身教育经费需求。

10月23日下午、24日上午，市七届政协举行第34次主席会议，协商讨论城乡公共交通事业发展。与会人员实地视察秀洲区公交停车西场建设现场和嘉兴经济技术开发区西南公交枢纽站，听取市交通局关于嘉兴市区公共交通发展情况的通报以及市政协经科委调研嘉兴市市区公共交通发展情况的汇报。市政府副市长张仁贵陪同视察并到会听取意见建议。就如何进一步加强和完善嘉兴市公共交通事业工作，与会人员提出五个方面的意见建议：一是公交的优先地位要更凸显。二是公交的规划建设要更科学。要以“多规合一”试点为契机，把综合交通规划特别是公共交通规划纳入多轨合一统一规划的范畴，实现公共交通更高层面、更大范围的统筹。要利用好快速公交系统的规划成果，大力建设公交专用道，扩大公交优先信号灯适用区域。扩大公共自行车服务范围，增加服务网点设置，逐步推动向中心城区周边的中心镇拓展。三是公交的管理投入要更合理。要加强对公交司机的管理,制定完善相应的考核奖励机制,确保队伍健康良性发展。稳步推进停保场、枢纽站、中途站建设,加快智慧交通建设,更加重视农村低等级公路的改造,为城乡百姓提供更加优质的公交服务。四是公交IC卡的互联互通要更广泛。要抓紧与周边城市交通部门对接,争取嘉兴市的公交IC卡早日与上海、苏州、宁波实现互联互通。五是经营管理水平要再提升。要提升公交线路布局、密度设置的科学性,提高公交准点率,加强夜间公交的服务能力。进一步研究多元投入和多元经营,全面深化改革,形成政府主导、企业运营、群众满意的高效高质公交。会议审议《提案办理工作民主评议办法(试行)》,审议通过《2014年度提案办理工作民主评议实施方案》。

10月24日,市七届政协第34次主席会议与会人员视察嘉兴经济技术开发区西南公交枢纽站。

11月8日,市七届政协举行第35次主席会议,学习中共十八届四中全会精神,审议通过市政协七届十三次常委会议议程(草案)、日程(草案),审议了有关人事事项。

12月18日,市七届政协举行第36次主席会议,视察平安嘉兴建设工作。与会人员视察嘉兴市看守所和南湖区大桥镇江南村,听取市委政法委关于2014年度全市平安建设工作情况的通报。市委副书记、政法委书记胡海峰到会听取意见建议。对做好嘉兴平安建设下一阶段工作,与会人员提出五点意见建议:一是要咬定目标,扎实工作,从细节抓起,从小处着手,齐心合力争取“十连冠”“满堂红”目标的实现。二是要更加注重基层基础建设,加强源头治理、源头管控,主攻平安建设的薄弱环节和盲区。要加大对农村的扶持力度,着力选择培养一批能力强、情况熟,责任心、事业心强的村级组织领头人,把村级集体经济发展好,把农村管理好。要充分发挥社会组织在平安建设中的作用,通过组织活动、搭建平台等方式途径,让他们在行业监管、服务新居民、“三治”建设等方面作出更大的贡献。三是要注重平安建设工作的体系机制建设,进一步朝着规范化、体系化方向发展。四是要运用法治的思维和理念抓好平安建设,谋划好平安建设的各项工作,解决好平安建设中的重点难点问题,推进多层次多领域的依法治理工作,确保平安建设依法依规推进。要进一步抓好政法队伍的思想、组织、作风建设,着力打造一支忠于党、忠于国家、忠于人民、忠于法律的过硬政法队伍。五是要不断创新工作方法,创造特色亮点,保持平安嘉兴建设品牌,提高人民群众的满意度和幸福感。重点要在“三治”建设上下功夫,进一步界定“三治”的理念内涵,建立健全“三治”整合互动的工作机制,打响“三治”工作品牌。会议审议通过《关于组织开展市政协七届四次会议前界别调研视察活动的方案》《关于开展民主监督员工作的实施办法》《市七届政协优秀界别活动组和优秀委员评选的情况说明》《市政协七届三次会议以来优秀提案推荐表》《嘉兴市政协七届四次会议撰写提案选题参考目录》《2014年度社情民意工作先进集体名单》以及《关于加强和改进调查研究工作的意见》等相关文件。

12月31日,市七届政协举行第37次主席会议,审议有关人事事项,审议市政协七届十四次常委会议议程(草案)、日程(草案)。会议审议关于召开市政协七届四次会议的决定(草案),市政协七届四次会议议程(草案)、日程(草案),市政协七届四次会议分组办法和小组召集人名单(草案),审议市政协2015年工作要点。会议审议通过市政协七届四次会议邀请列席人员范围、各次大会执行主席及主持人名单，联组座谈会安排和市政协各专门委员会2014年工作总结。会议审议市七届政协常委会工作报告和提案工作情况的报告。

（胡　翚）

主要工作

【召开纪念人民政协成立65周年座谈会】 10月16日，嘉兴市召开纪念人民政协成立65周年座谈会。中共嘉兴市委书记鲁俊出席会议并讲话。市政协主席高玲慧主持会议。市政协副主席金锦根、王淳、李水根、薛佳平、马邦伟、朱静绮、邢海华，历届市政协老领导沈如淙、徐良骥，市各民主党派、工商联、人民团体主要负责人，无党派人士代表，省、市政协委员代表，市政协机关副处级以上干部，各县（市、区）政协主席、统战部长等参加会议，市政府以及市级有关部门主要负责人应邀出席会议。会议学习贯彻习近平总书记在庆祝人民政协成立65周年大会上的重要讲话精神，回顾总结嘉兴市政协事业取得的成绩，展望推进协商民主的广阔未来，为开创嘉兴市政协工作新局面、推进全市在新常态中实现更好发展汇聚智慧和力量。鲁俊代表中共嘉兴市委对65年来，嘉兴市人民政协事业所取得的成绩给予充分肯定，并指出全市上下要认真学习贯彻习近平总书记和夏宝龙的讲话精神，特别是在当前“三期叠加”的历史背景下，应对经济新常态、探寻发展新动力、谋求民生新福祉的任务艰巨而繁重，需要继承发扬优良传统和宝贵经验，始终做到讲政治、促发展、聚合力，不断开创新时期政协工作的新局面。鲁俊强调，加强和改善对人民政协的领导，是中国共产党加强和改善党的领导的重要内容。全市各级党委要从坚持和发展中国特色社会主义，推进国家治理体系和治理能力现代化的战略高度，进一步加强和改善对人民政协的领导。要坚持把人民政协工作摆上全局重要位置，谱写嘉兴市人民政协事业发展的新篇章，共同把党的诞生地建设得更加美好。座谈会上，徐良骥、李水根、薛佳平、张炜芬、赵群乐、赵如英、李轩渠等分别代表市政协老领导，市政协参加单位负责人，县（市、区）政协主席，省、市政协委员就围绕服务中心、履行职能主题，结合自身体会作了发言。

10月16日，嘉兴市召开纪念人民政协成立65周年座谈会。

【围绕重点课题进行专题协商】 2014年，市政协组织围绕重点课题进行专题协商。12月17日，在中共嘉兴市委七届九次全会召开前，围绕全面深化法治嘉兴建设，举行专题政治协商会议，中共嘉兴市委书记和市委常委、秘书长到会听取委员意见建议，各民主党派、工商联和界别代表就法治嘉兴建设的各个方面，发表协商意见，为市委科学民主决策提供支持。围绕市委、市政府关于接轨上海、创新驱动的战略部署，成立3个课题组进行深入调研，8月6日，召开“接轨上海、创新发展，推进科技城建设”专题协商会，市长和分管副市长到会听取委员意见建议。《深化接轨上海工作，推动嘉兴更好发展》《抢抓机遇，加大创新，着力推进嘉兴新一轮改革发展走在前列》以及《发挥转型升级驱动引领作用，着力打造嘉兴科技城》3个调研报告以及相关意见建议为市委、市政府完善决策部署提供参考。常委会议、主席会议分别围绕“推进统筹城乡发展，建设新型城镇化，促进城乡一体化”“加快发展我市养老服务业”、终身教育、平安嘉兴建设、城乡公共交通事业发展、市本级城乡规划管理体制调整等议题进行协商讨论,为推进嘉兴市经济社会发展建言出力。

【助推"五水共治"专项民主监督活动】 2014年,市政协组织开展"政协上下联动、千名委员同行,助推'五水共治'"专项民主监督。与省政协、各县(市、区)政协三级联动,全市各级2026名委员参与,跑田间到河边进企业,收集情况、反映民意,提出意见建议。主席会议协商讨论"清三河"工作,市政府市政协联席会议协商问效"五水共治"工作,全力助推"五水共治"。全年共开展视察调研527次,实地查看河道1825条,发现问题837个,已整改717个,提出意见建议946条,党政部门采纳729条,关于建立市域内交界区域水环境联动整治机制等建议得到有效落实。全市各级政协委员和政协机关干部"五水共治"捐款3859.11万元。

5月8日,市政协主席高玲慧视察市域交界河道。

【尝试开展民主评议工作】 2014年,市政协把"河岸绿化"工作和提案办理工作的民主评议列入政协年度工作计划,作为民主评议的重要尝试。在深入了解嘉兴市河岸绿化工作情况的基础上,11月18日,十三次常委会议对嘉兴市"河岸绿化"工作进行民主评议。委员们结合前期调研,着重针对规划、设计、管护等方面的不足,提出要完善河岸绿化整体规划、健全工作机制、加强养护管理等意见建议。会后形成《关于民主评议"河岸绿化"工作的意见》,送市政府及相关部门办理参考。2014年,市政协创新开展提案办理工作民主评议,制定评议办法和实施方案,提升提案办理工作的制度化、规范化水平。

(胡　犟)

优秀提案选录

【建立农药废弃包装物回收机制、保护农村生态环境安全】 市政协七届三次会议第40号提案

一、基本情况

农药使用后,其包装物绝大多数被丢弃在田边、池塘、河沟,严重影响农村生态环境,威胁农产品质量安全和水质安全。

二、主要问题

目前,我市农药废弃物主要有过期农药、农药包装物二类。销售环节库存的过期农药最多;农药废弃包装物与农药直接接触的农药包装容器,包括塑料(桶、壶、瓶、袋)、玻璃瓶、铝箔袋等材料制作的农药包装物。近年来,由于化学农药的大量使用,农药包装物任意丢放在田间地头、池塘、河沟等,这些残留着有毒有害物质的废弃物成为造成农业面源污染和水体污染的源头之一。

三、意见建议

我市应积极探索建立农药废弃包装物集中回收处理机制,通过开展农药废弃包装物回收试点,建立废弃包装物管理模式。出台相应的经济补偿措施,扶持农资生产、经营单位或专门的服务公司开展废弃包装物集中回收,科学处置。一是铺设网点。合理选址,在农药经销店、蔬菜基地、水源地、人口密集村等地投放农药专用回收桶,定期清理并集中存放。二是有偿回收。安排回收专项资金,采取"以物换物"、以钱换物等形式,将农药废弃物按每只(件)0.08~0.25元折算,调动村民参与废弃物回收的积极性。三是集中管理。农药废弃物的集中管理和科学处置是农药废弃物回收工作的关

键环节,可在较大规模的农资公司或合作社设置农药废弃物集中存放点，安排专人登记造册,并负责安全管理。

附:

市农经局对市政协七届三次会议
第40号提案的答复

一、我市废旧农药包装的现状

嘉兴是一个农业大市,是浙江粮、油、畜、茧、鱼的重要产区。全市常年农作物播种总面积500多万亩，其中粮食播种面积约312万亩;各类经济作物面积近200多万亩,其中油料面积75万亩,蔬菜面积约120万亩,果园面积约20万亩。

适宜的气候条件有利于各种植农作物的生长，也十分有利于各种病虫害的发生与为害。据统计,全市每年各种农作物病虫草鼠发生量在3500万亩次左右,防治约5000万亩次。为确保广大人民群众的生产生活需求,以目前的科技水平,各地防治各种病虫害的主要手段仍是依赖施用各种化学农药。

据初步估算,在现阶段我市使用的农药种类中,杀虫剂约占45%,杀菌剂约占20%,除草剂约占34%,其他约占1%;按毒性来分,高毒农药中除极个别残效期短的速效农药外,“两高”(高毒、高残留)农药在我市已基本绝迹,现在生产上使用的农药种类中,绝大部分为中低毒农药。

目前，我市的农业生产大部分还是家庭式生产,每户人家的种植面积较小,家庭施药工具仍以手动喷雾器为主，客户需要上也要求应用小包装农药。按每年每亩种植农作物需要多次防治推算,所产生的废弃农药包装物数量巨大。

所有的这些包装物,在每次施药后,大部分都被随意丢弃在田间地头或河边水沟里。由于农药自身对包装质量的要求,这些包装物自然降解慢,对农村环境、畜禽养殖和居民身体健康造成了较大威胁,广大人民群众对如何解决由此产生的环境污染也有较大的呼声。

二、各地处理废旧农药包装物的做法

自20世纪五六十年代化学农药大量使用以来，废弃农药包装物造成污染逐年加重,如何有效处理的问题已越来越突出。国际上对农药包装物的处置也是个头痛的问题,巴西等少数国家已立法规定处置办法，而我国2001年颁布的首部农药管理法——《中华人民共和国农药管理条例》及后来的《农药管理条例实施办法》中均无农药包装废弃的处理条文。仅1982年6月卫生部发布的《农药安全使用规定》中提到“装过农药的空箱、瓶、袋要集中处理”，但由谁处理、如何处理没有具体规定。1998年7月1日颁布的《国家危险废物目录》中,农药包装废物被列入,编号为HW04,但具体如何处理仍无明确的规定。到目前为止,也无成熟有效办法，就连2010年11月1日开始实施的《浙江省农业废弃物处理与利用促进办法》,也没包含农药包装废弃物的内容。

各地针对这个问题进行了各种尝试和探索。湖南省和广东省在一些地方农业项目示范区内,开展了农药瓶回收集中处理试点,在村庄和田间地头设置一些集中投放点,让农民在施药后将废弃包装物投放到这些收集箱内,再由有关部门集中处理,但目前还没有大面积推开。湖北省开展了中德合作进行农药包装物收集处置项目,投入十分巨大。北京也在进行类似的摸索,都需大量的公共资源投入。我省杭州市余杭区仰仗雄厚的财政实力,从2009年开始试点由政府部门主导对农药废弃包装物进行回收集中处置,2011年出台了回收处置补贴政策,据说每年仅回收费用就要花费三五百万,取得了一定的成效。

据了解,国家和省目前也正在对如何从根本上解决农药废弃包装物问题进行专题研究,相信在不久的将来,政府应有相关的政策和规定出台,各地也可参照执行。

三、对我市废旧农药包装物处理的工作设想

随着“两高”农药的全面禁用,我市农业生产所使用农药品种结构已发生了显著变化,高毒农药使用比例已降到较低水平。但农药毕竟是一种有毒物品,其包装瓶、袋,不但由于其数量庞大影响着农村的优美环境,农药残留物对农村生态环境、家畜禽养殖和人民身体健康安全有一定影响,群众反映较大。也正由于其面广量大,单靠政府或某几个部门,无法彻底解决这个问题,必须由全社会、特别是广大农民来重视和关注它。

前几年,我市结合对农作物病虫害绿色防控特别是农药减量工程实施,一定程度上减少了废弃农药包装物,但当前农业生产上病虫害防治依然少不了农药使用。各级政府也对解决这一问题采取了一些措施,部分县(市)已出台了针对解决废弃农药包装物的收集和处理的财政支持政策。如海宁市去年出台《海宁市基本农药集中配送零差价销售和废弃农药包装物回收处理工作实施意见(试行)》(海政办发〔2013〕168号),着手解决废弃农药包装物问题。平湖市于今年5月份出台专门针对废弃农药包装物的政策《农药包装物回收处理试点工作实施方案》(平政办发〔2014〕44号)。嘉善、海盐等地也将出台类似的实施办法和支持政策。从海宁市实施情况看,试点效果良好。至2013年底,共回收废弃农药包装物275万只(瓶)。

接下来,政府还将从以下几个方面着手做好相关工作:

一是进一步加强宣传引导,使广大农民牢固树立环保和安全意识。从事田间农事操作的广大农民,是农药这一特殊商品的直接使用者,也是这些农药包装废弃物的第一个处理者,更是农药包装抛弃物污染的第一受害者。作为政府有关部门,在今后的工作中,要通过各种渠道(新闻媒体、农资经营商以及病虫防治技术指导部门等),利用各种方式加强宣传,让施药者提高环保和安全意识,自觉把好这第一道关,不随意丢弃,应该集中放置到指定(或相对集中)地点,再由专人收集处理,共同保护好农村的优美环境和属于大家的美好家园。

二是根据具体情况,部分地方设立专用回收箱(筒),专人回收,集中统一处理。近年,我市根据省委省政府统一部署,如火如荼地开展美丽乡村建设,并已取得了显著成效,目前绝大多数农村村庄和农户屋边设有垃圾收集箱。我们建议,在原来的生活垃圾收集箱边和一些田间地头,设置专门收集有毒固废的箱筒,方便农民施药后投放,安排专人定期回收,运送到指定地点进行集中处理。财政部门对农村垃圾回收人员进行补贴时适当增加补贴数量,让这些人员兼顾此项收集工作任务。对此项工作的完成好坏,也应纳入美丽乡村建设的考核内容。

三是部分地区由农资经销商负责集中收集。如海宁市开展的农药零差价销售补贴政策中规定一样,由财政提供资金支持,各级农药经销商开展农药包装物收集工作。省内余杭等地也普遍采用这样的方式,各级农业行政执法等对农药经销单位有约束力的部门对具体操作过程进行监督。

四是对回收集中后的废弃农药包装物过期农药,定期统一安排车辆运输,送到有毒废弃物处理中心集中处理(处理能力还需进一步加大),处理费用由政府财政负担。

四、理想愿景

1. 解决农药废弃包装物的最终途经,我们认为是农业生产规模化或农作物病虫害防治专业化社会化服务(即“统防统治”),以及高效大容量施药器械的应用。在规模化农业生产或严格意义上的农作物病虫害专业统防统治大面积推广、大容量高效施药器械得到较大比例应用后,可以大量减少废弃农药包装数量,有效减轻污染。另一方面,大包装也更方便收集甚至可以回收重复利用。

2. 加强研究和开发,尽量选用可回收重复利用的包装材料或可降解的材料。要实现这个目的,一方面需要科技进步,因为农药是一种化学物品,其中部分农药有一定的腐蚀性,绝大部分需要防湿防潮,对包装物要求比较高,希望有关研究机构加强这方面研究,早日开发出可回收重复利用的包装材料或可降解材料,以解决生产上的实际问题。另一方面,还需要国家政策扶持,前面提到,国家有关部门正在研究和制定相关的规定，相信在不久的将来，较为完善的农药废旧包装物等有害固废的处理解决办法就会出台。

【关于进一步推动我市居家养老事业发展的几点建议】 市政协七届三次会议第55号提案

一、基本情况

截至2012年底，我市60周岁以上户籍老年人达73.24万，占比21.27%，是全省老龄化程度最高的地市。面对老龄化进程日益加快，传统的中国式"家庭养老"辅以"机构养老"的模式正面临着难以为继的窘境，而居家养老则由于兼具家庭养老和社会机构养老的优点，同时又能不同程度避免两者的缺陷，故备受政府和社会各界推崇。因此，构建以"居家养老社会化服务"为核心的养老服务新格局，已成为市委、市政府致力发展的目标。随着政府投入力度加大，以政府主导、社会参与、中介组织运作的居家养老服务工作机制已经初步建立。然而，目前我市养老服务体系建设，特别是城市居家养老，尚存在规划重点错位、政府管理缺位、服务资源缺乏整合等问题，急需从顶层设计入手，明确政府、社会、家庭各方职责，优化运作模式，使居家养老在实践中真正体现出优势。

二、主要问题

1.现有规划重目标，缺乏实施指导性。近年来，我市先后出台了养老服务规划，如《嘉兴市老龄事业发展"十二五"规划》《嘉兴市加快完善社会养老服务体系建设的意见》《嘉兴市居家养老服务规范(试行)》等，为我市养老事业发展提供了规划引导。然而，居家养老属于服务类产品，其服务对象极为分散，服务产品提供形式基本为"点对点"，要实现市场化运作，需要政府将这些"碎片化"需求进行聚集，为实现企业化运作提供平台与空间。而当前出台的规划基本上属于"目标性"规划，对通过何种途径实现规划目标缺乏指导价值，操作性不强。

2.政府管理重事务性工作，部分职能出现缺位。在居家养老服务问题上，政府部门普遍存在着大包大揽的思想，介入过多。在宏观管理层面，政府要求每个社区建立各种官办或半官办的居家养老服务中心，其结果是加剧了居家养老服务机构的微型化、碎片化与行政化。在具体实施过程中，基层政府管得过多、过细，既挤占了民间社会服务机构和组织的发展空间，使社会服务的规模效应与专业分工协作等无从谈起，也造成人们对政府的全面依赖，导致某些社区及其工作人员出现了无法承受之重。并且，由于政府承担了过多事务性工作，导致在政策、规划、监督等方面出现缺位，制约了居家养老服务事业规范长期可持续发展。

3.资源缺少有效整合，运行效率不高。一方面，养老公共资源分配不合理。公办养老机构的发展方向和定位应该是国家必须要保障的人群；而高端养老服务，则应推向市场，交给民营机构。但目前不少家庭条件较好的老年人享受和挤占了优质公共养老资源，影响到了困难老年群体的养老需求和民办养老机构的有序发展。另一方面，目前居家养老服务的工作机制是政府主导、部门协同、社会参与，形成了市(县)、街道、社区三级组织架构，分工负责居家养老服务的各项工作，由于缺乏有效的沟通、协调、配合，政府、部门、社会之间，市(县)、街道、社区之间，尚未形成真正的合力。

三、意见建议

1.明确政府职责。居家养老作为一项社会工作，要体现政府倡导的社会价值观。因此，在工作开展初期，政府的推动和引导是这项工作的初始动力。一要对当前老年人群从收入结构、需求结构等方面进行分类分析，并以此为依据，认真研究、科学划定政府供给的居家养老基本服务范围。二要加快研究居家养老服务产品需求的信息集成机制，借鉴外地的"虚拟养老院"模式，设计养老服务项目的供给系统。

2.强化资源整合。碎片化的服务需求只有集成为整体，才有利于居家养老企业化运作。因此，需要重点研究解决以下几方面的问题：一要解决目前居家养老服务机构的微型化、碎片化与行政化，以及由此导致的民间社会服务组织的发展空间受挤压等问题；二要解决居家养老服务管理职能的统筹问题，整合行政资源,合力推进居家养老服务工作;三要解决养老服务设施资源分割和闲置等问题，有效整合现有养老设施资源；四要构建有效的养老服务需求信息集成平台，为居家养老服务的企业化运作提供支撑；五要完善居家养老服务政策体系,实现政府、社会和市场三者之间互联、互补、互动,培育扶植居家养老服务企业健康成长。

3.重视队伍建设。围绕提升社会治理和服务能力，进一步强化居家养老事业队伍建设。一要加快转变政府职能,扎实推进政府部门机构改革、职能转变和服务管理队伍建设,强化对居家养老工作的规划、指导、服务和监督。二要强化居家养老服务专业人才队伍建设,科学界定专业人员工作的性质、内容和标准,注重吸收优秀人才充实到养老服务队伍,进一步提高管理和服务人员的专业化水平，使之发展成为明显区别于普通家政服务员的专业队伍。三要高度重视社会化养老服务机构队伍建设，加强对社会养老机构工作人员和社区养老场所服务人员进行有计划的培训，确保养老服务人员掌握专业知识和技能，进一步提升队伍整体素质。四要努力整合利用“三社”(社区、社团、社工)工作资源,大力发展居家养老社会服务组织,提高社工、志愿者队伍数量和服务质量。

附：

市民政局对市政协七届三次会议第55号提案的答复

近年来，我市从积极应对人口老龄化、推进“三城一市”的高度出发,认真贯彻落实省委、省政府有关会议精神和文件要求,全面推进社会养老服务体系建设,加快发展养老服务业,为建设“两美”嘉兴作出了重要贡献。

一、我市老龄化形势及养老服务业发展现状

我市是全省老龄化程度最高的地区。1988年,我市已提前全国12年进入老龄化社会。截至2013年底，全市60周岁以上老年人77.07万人,占户籍总人口22.28%。其中80周岁以上的高龄老人11.08万人,占老年人口的14.3%;失能、半失能老人5.38万人，占老年人口的6.98%;农村老年人49.01万人,占老年人口的63.6%。我市人口老龄化呈现出老年人口基数大、增速快以及高龄化、家庭小型化和空巢化加速发展等特点。为应对严峻的老龄化形势,我市大力推进“以居家为基础、社区为依托、机构为支撑”的社会养老服务体系建设,养老服务事业快速发展,取得了明显成效。

(一)养老服务事业促进机制基本形成。养老服务事业是一项民生工程、爱心工程,需要全社会齐心协力、共同促进。首先,强化党政主导机制。市委、市政府把养老事业作为重大民生工程和发展工程来抓,纳入国民经济和社会发展总体规划及新型社会福利体系建设等专项规划，列入公共服务均等化建设项目中,并将社区居家养老、养老服务基础设施建设等项目列入政府民生实事工程。2013年3月,嘉兴市与省民政厅签署了共建“嘉善社会养老服务示范区”的合作协议。2013年9月,市委、市政府召开全市社会养老服务体系建设推进会。2014年5月,又召开全市养老服务体系建设现场会;其次,优化部门协调机制。成立市、县两级养老服务体系建设领导小组，健全市、县(市、区)养老服务指导中心,市、县、镇、社区四级组织管理系统和服务网络不断健全；第三,发挥社会参与机制。通过加大宣传、出台优惠和扶持政策等有效措施,引导个人、家庭主动承担养老责任,鼓励社会各界积极参与,共同推进养老服务工作。各级人大、政协对养老工作给予了高度关注和监督指导,市人大、市政协将养老服务工作列入今年重点调研课题。同时,养老已成为社会捐赠等慈善公益活动的重点领域之一,比如秀洲区的南洋集团、海盐县的浙江荣亿精密机械有限公司等专门捐赠建立养老服务基金,定向用于资助、救助困难老人居家养老服务。此外,鼓励企业开发生产老年健康产品,全市已有15家相关企业,如嘉兴世道进出口有限公司是著名的英国世道公司的亚洲区总代理，其生产的产品远销欧洲。海盐利泰纺织原料有限公司生产的“伊利泰”内衣成为中国老龄事业发展基金会和中国老年健康基金管理委员会的特选产品。

（二）养老服务业发展的要素保障日趋增强。坚持责任共担、多元投入，加大资金投入，实行税费减免，加强用地保障，不断加大养老服务业发展保障力度。第一，完善政策体系。相继出台《关于进一步加快养老服务事业发展的意见》《嘉兴市老龄事业发展“十二五”规划》等文件。2012年11月，出台深化养老服务体系建设的纲领性文件——《嘉兴市加快完善社会养老服务体系建设的意见》，并配套制定、完善养老服务需求评估制度、养老服务补贴制度、社区居家养老服务照料中心等级评定和补助制度、民办养老机构扶持政策等，形成“1+X”的政策体系，养老服务体系建设实现“有章可循”。目前，根据国务院、省政府最新要求，正在起草我市加快发展养老服务业的意见；第二，加大财政投入。强化政府在养老服务体系建设中的支出责任，市本级设立社会养老服务体系建设专项资金，重点用于养老服务补贴、社区居家养老照料中心建设和运行补助、民办养老机构建设和运行补助等方面支出，所需资金由市、区两级财政按照6：4比例承担；第三，落实税费优惠。福利性、非营利性老年服务机构的税费减免政策逐步落实，养老机构用水、用电、用热实行与居民同价，免收养老机构电话、电视、宽带一次性接入费，有效降低了养老机构的经营成本；第四，加强用地保障。制定出台《嘉兴市养老服务设施建设三年推进计划》，要求各地按照到2015年养老床位占老年人口总数5%以上的要求，合理规划布局养老服务机构。要求按照每百户20平方米以上的标准，将居家养老服务设施列入城市社区配套用房，新建小区实现同步规划、同步设计、同步验收、同步使用，老社区要通过租赁、置换等方式合理布局居家养老服务设施，确保“新社区不欠账，老社区还旧账”。

（三）统筹城乡的居家养老服务体系逐步建立。大力发展社区居家养老服务，初步形成覆盖城乡的居家养老服务体系，居家养老服务的基础性地位得到体现。首先，推进社区专享平台建设。围绕城乡20分钟左右养老服务圈布局，按照资源整合、就近就便、功能配套、方便实用的要求，推进城乡社区居家养老服务照料中心建设，为居家老年人提供生活服务、保健康复、休闲娱乐等服务。目前，全市已建成社区居家养老服务照料中心509家，其中城市215家、农村294家，社区覆盖率分别达到59.6%和35.7%；其次，推进社区共享设施建设。加强社区建设，大力发展社区服务，为养老服务事业发展提供重要依托。全市已建立73个镇（街道）社区服务中心、1156个村（社区）服务中心，覆盖率均达到100%，在社区营造良好的居家养老服务环境；第三，推进为老社会组织发展。通过本地培育和外地引进，采取养老服务补贴、购买服务、项目委托、以奖代补等形式，培育能为老年人提供优质服务，并能长效运作的连锁化、专业化、规模化的为老服务企业。目前，全市已有为老服务社会组织和企业43家，以“嘉兴管佳”为代表的一批社会组织全面参与养老服务，业务涵盖居家养老上门服务、社区居家养老服务照料中心的运行托管、养老机构中的劳务派遣、人才培训等方面；第四，推进为老信息平台建设。依托96345社区服务平台，打造以“管理、服务和紧急救助”为主要内容的养老服务信息平台，构建没有围墙的敬老院。目前，市本级的信息平台建设已进入攻坚阶段，整体框架将在年底之前建成。

（四）多层次的机构养老模式初具规模。坚持公办、民办并举，以保障型和护理型机构为重点，构建多层次、立体式的机构养老服务体系框架，发挥养老机构在整个体系中的支撑作用。目前，全市有养老机构106家，总床位24356张，每百名老年人拥有床位数3.16张。一是建好公办保障型和示范性机构。全市投入近亿元实施镇（街道）敬老院转型升级工程，使其成为区域性养老服务中心。目前，全市集中供养2826名三无五保老人,集中供养率100%,公办机构的托底保障作用得到充分体现。投入近3亿元新(改、扩)建9家老年公寓和福利院,嘉善县老年公寓等一批公办机构成为养老机构的示范典型;二是扶持民办养老机构发展。通过公建民营、民办公助等形式,引导社会资本参与养老机构建设。2014年底,市本级在民办机构建设补助的基础上,又制定民办机构运营补助政策。目前,全市共有民办机构25家、床位5314张,湘家荡颐养中心、金夕阳颐养中心、康鑫老年公寓等一批民办机构成为市本级机构养老主力军;三是推进"医养结合"机构建设。推进专业的护理型机构建设,满足失能、半失能老年人养老和护理需求。从市本级来看,3月1日,南湖区湘家荡护理院正式开业,并于近期获批医保定点试运行,使湘家荡颐养中心成为全市首家配备专业医疗机构的民办养老机构。市老年公寓大桥分院与省荣军医院合作进行护理型改造,即将正式投入使用。此外,还有嘉兴市常春藤老年颐养中心、秀洲区新安老年护理之家等民办护理型机构即将开工建设。从各县(市)来看,平湖市、海盐县、海宁市和桐乡市等地,利用人民医院或中医院搬迁后的房产引进社会力量举办护理型养老机构,其中海宁颐康养护院已投入试营业;四是高档养老地产项目发展迅速。有嘉善县"保利·西塘安平老年健康生活社区"、海宁市"琳轩养生源"、桐乡市"乌镇国际健康生态休闲产业园暨雅达国际医疗公园"和高桥"中国平安养生综合服务社区"等多个定位高档的养老项目开工在建,将满足我市及周边地区的部分高端养老需求。"乌镇国际健康生态休闲产业园"总投资超百亿,是中国首个国家社保基金参与投资的综合性健康养老产业园区,是2012年浙江省重点建设项目和服务业重大项目。

(五)专业化的养老服务人才队伍逐渐壮大。做好养老服务工作,关键是建设一支高素质的养老服务队伍。一是制定总体规划。制定出台《嘉兴市社会养老服务人才队伍素质提升工程三年实施计划》,明确各地培训计划和培训率;二是强化培训能力。认定一批养老护理员培训基地,建立以职业技能教育为主、专业理论教育为辅、岗位培训与普及辅导相结合的培训体系。2013~2014年,全市累计培训养老护理人员(含居家服务)2700余人次、失能半失能老人家庭护理人员2.2万人次。全市获得国家初级以上职业资格证的人员有1675名;三是举办技能比武。每年举办养老护理员大赛,2013年在全省比赛中获得团体第1名的历史最好成绩,并有2名队员代表省队参加全国比赛,分别获得一等奖和二等奖;四是推进社工融入。探索社会工作融入养老服务,提升服务的专业化和人性化水平。海盐县乐龄社工事务所实施的《养老机构老年人健康社会工作服务项目》被民政部授予首届全国优秀社工服务项目,该机构还荣膺"首批全国社会工作服务示范单位"称号;五是倡导志愿服务。全市仅参与居家养老服务的志愿服务队伍就有1496支,志愿者人数6.7万人。如秀洲区依托"银龄互助"开展居家养老服务,引导低龄健康老人为高龄老人服务,社会反响较好。

尽管我市养老服务工作取得了一定成效,但与经济社会发展的要求相比,尤其是与快速增长的老龄化、高龄化和失能半失能老人增多的趋势相比,仍面临着很多困难和问题。主要表现在以下几个方面:

一是社会认识有待提高。一方面,社会重视程度不高。相关职能部门配合不够,各县(市、区)推进工作有差异、进度不一。社会力量参与不足,缺乏足够多的社会组织和企业;另一方面,老年人观念转变慢。相对于迅速来临的老龄化社会,一些老年人未能及时转变"养儿防老"的传统观念,尚未形成"花钱购买服务"的意识。

二是居家养老发展不够均衡。一方面,城市特别是市中心、老城区社区居家养老服务照料中心建设面临用房难的困境。而农村由于地域广,老年人居住分散,服务需求难以集中,专业的社会组织和企业难以扎根,居家养老服务较难实施。另一方面,居家养老服务功能不够完善，大多偏重文体娱乐功能。缺乏足够多的为老服务社会组织，康复护理、精神慰藉和临终关怀等专业性较高的服务难以找到合适的服务供给主体。

三是养老机构发展瓶颈较多。一是在土地供应紧张的背景下，省、市政府文件要求的按照老年人一定比例预留和落实养老机构建设用地指标的规定难以落实。特别是民办机构用地落实难，影响了一些优质项目的及时落地。二是医疗资源没有有效整合，养老机构内老人存在看病难的问题。养老机构的内设医疗机构，存在投资较大、门槛较高等问题。医疗机构成立后，申请纳入医保定点还需要符合相关条件，经历较长的期限和程序。三是养老机构布局不够科学、结构不够合理，缺乏专业的护理型机构，难以满足失能、失智老人的机构服务需求。四是由于养老服务行业收入待遇差、工作压力大、社会认同感和职业成就感缺失，导致护理员总量不足和素质不高的问题并存。

二、加快推进我市养老服务业发展打算

下一步，我市将认真贯彻落实省政府加快发展养老服务业的文件和电视电话会议精神，进一步强化政府责任，激发市场活力，全力构建“9643”的养老服务总体格局（即96%的老年人居家接受服务，4%的老年人在养老机构接受服务，不少于3%的老年人享有养老服务补贴），确保托底型养老、扩大普惠型养老、支持社会化养老，努力使养老服务业成为保障和改善民生、促进社会和谐的重要举措，成为拉动消费、扩大就业、促进服务业发展、推动经济转型升级的重要力量。

（一）进一步推进“社会养老服务示范县（市、区）”建设。创建社会养老服务示范县（市、区），打造具有嘉兴特色的养老服务模式，是我市推进老年福利社会化、积极应对老龄化的重要举措。嘉善县要充分发挥“县域经济科学发展示范点”的优势，积极探索，率先突破，早日建成“嘉善社会养老服务示范区”，实现“养老服务基础设施建设、养老服务内容多元供给、养老服务补贴规范实施、养老服务队伍专业培养、养老服务体制机制创新”等5个可示范。其他县（市、区）要结合实际，发挥各自优势，主动作为，争取出经验、出典型、出形象。

（二）进一步完善社会养老服务体系。一是实现社区居家养老服务设施全覆盖。大力推进社区居家养老服务照料中心建设，确保2015年底城市全覆盖，2017年底农村全覆盖。当前，要尽快将市军供站紫阳街旧址改扩建为居家养老服务设施，突破中心城区居家养老服务瓶颈制约。二是健全社区居家养老服务长效机制。开展社区居家养老服务照料中心5A评定，落实建设和运行补助经费，健全长效运行机制。通过政府补贴、购买服务等形式，大力培育、发展为老服务社会组织，丰富养老服务市场供给主体。继续完善养老服务信息平台，全面开展养老服务需求评估工作，提升养老服务信息化水平。三是办好公办保障型养老机构。加快推进现有城市社会福利机构、农村敬老院发展为护理型养老机构，重点为三无五保老人、经济困难的失能、半失能老人提供无偿或低收费的供养、护理服务。市区要重点推进市老年公寓（东升路部）改扩建项目，使其成为保障型、护理型、公益性和示范性的养老机构，补足市区机构养老服务体系建设的短板。同时，促进公办养老机构资源阳光分配，积极稳妥推进公办养老机构改革。四是支持社会力量举办养老机构。引导各类所有制投资主体进入养老服务领域，推动形成一批具有知名品牌和较强竞争力的养老机构。进一步降低准入门槛、简化手续，并在土地保障、规费减免、购买服务等方面给予优惠，加大对护理型床位建设的补助力度，采取发放日常运营补贴等方式，支持社会办和公建民营的养老机构提高服务质量。

（三）进一步提升养老服务人才队伍综合素质。第一，全面建立“培训＋培养”的“双培”模式。一方面，加强专业培训机构建设，市、各县（市）建立不少于2家的高质量养老护理员培训基地。依托培训基地，对在岗的护理人员进行专业培训，提升现有人员的综合素质。另一方面，扶持1所高职院校和3所中职学校开设养老护理或相关专业,培养管理与服务的专业技能型人才,为养老服务行业储备和输送人才;第二,探索建立“精神＋物质”的“双励”机制。一方面,加大对养老护理行业的宣传报道和表彰奖励,弘扬正能量,提高社会认同感,增强护理人员的荣誉感、归属感和职业成就感。另一方面,通过定期发布养老护理员工资指导价位,建立养老服务岗位就业补贴、养老护理员特殊岗位津贴和大中专学生入职奖补制度,对养老服务机构和组织中取得职业资格证书并从事养老护理岗位工作的护理人员给予技术等级津贴,提高养老护理员工资福利待遇。

(四)进一步推进“养医融合”。一是发挥好社区卫生服务机构在居家养老中的作用。推动社区居家养老服务照料中心与社区卫生服务机构合作,实现资源共享。社区卫生服务机构要为老年人建立健康档案,建立与老年人家庭医疗契约服务关系,开展上门诊视、健康体检、保健咨询等服务。二是发挥好镇(街道)卫生院在机构养老中的作用。鼓励镇(街道)卫生院等医疗机构利用空置病床探索开展养老服务,为失能半失能老人提供专业的养老和医疗服务。三是推进专业的护理型养老机构建设。市区要重点加快推进市老年公寓改扩建、市军供站紫阳街旧址改扩建为居家养老服务中心、常春藤老年颐养中心和秀洲区老年护理之家等“四个项目”的开工建设。四是健全医疗保险制度。养老机构内设医疗机构,符合医保定点的条件,要简化审批手续、缩短审批时间,纳入定点范围。鼓励老年人投保健康保险、长期护理保险、意外伤害保险等人身保险产品。

(五)进一步培育养老服务消费市场。一是加强宣传引导,转变社会养老观念,促进养老与家政、保险、教育、健身、旅游等相关领域互动发展。二是加大政策支持力度,培育发展一批专业化的养老服务社会组织和企业,形成一批养老服务集团或连锁服务机构。三是支持企业积极开发安全有效的康复辅具、食品药品、服装服饰等老年用品用具和服务产品,引导商场、超市、批发市场设立老年用品专区专柜,探索在有条件的地区建立老年用品或为老服务一条街。四是开发老年住宅、老年公寓等老年生活设施,推进老年宜居社区和老年友好型城市建设,提高老年人生活质量。五是引导和规范商业银行、保险公司、证券公司等金融机构开发适合老年人的理财、信贷、保险等产品。

民主党派和工商联

民革嘉兴市委会

【概况】 2014 年，中国国民党革命委员会嘉兴市委员会（简称民革嘉兴市委会）发展新党员 9 人，平均年龄 36 岁，其中研究生以上学历 3 人，中高级以上职称 5 人，逝世 1 人。至年底，共有党员 200 人，下设 2 个总支，13 个支部。重视培养后备干部，选送王晓涛等 6 名党员参加 2014 全省民革春季、秋季基层骨干培训班，选送 4 名党员参加全市各民主党派"行政审批制度改革"专题培训班。为庆祝中国共产党领导的多党合作和政治协商制度确立 65 周年，12 月，市委会精心制作 2 块嘉兴民革自成立以来履职建功内容的展板，参加"光辉历程"——中国民主党派历史陈列暨嘉兴多党合作事业发展回顾展览。年内，阳季春发明的"多功能太阳能热水系统"获得国家专利；项捷撰写的《依托职教集团高职国际贸易实务特色专业建设研究与实践》获得第十五届全国职业教育优秀论文二等奖；仰金贤被评为 2014 年度全省司法行政系统执法工作先进个人；李利书法作品入展第二届"赵孟頫奖"全国书法作品展；王丽珍、金颖英、姜东、袁献民 4 人被评为嘉兴市七届政协优秀委员；李晶参加浙江省妇幼健康技能竞赛获得儿童保健组个人二等奖，被评为卫生系统"青年优秀人才"并成功申请省计生委课题。嘉善县支部和市属四支部被表彰为嘉兴市统一战线"同心·建功"先进集体；龚尚猛《党外知识分子参与社会管理创新研究》获全市统战理论研究成果二等奖。

【履行参政党职能】 2014 年，民革嘉兴市委会领导参加中共嘉兴市委、市政府召开的各类通报会、民主协商会、约谈会、征求意见会和民主评议会 12 次，就《政府工作报告》、法治政府、服务型政府等问题进行协商、讨论，提出意见、建议，党派参政议政能力得到有效体现。年内，党员中市人大代表 4 名、政协委员 20 名共提交建议 5 件、个人提案 24 件；在市政协全会和常委会上作大会发言 4 次，提交政协集体提案 4 件，民革界别提案 1 件。各县（市、区）民革组织作大会发言 3 次，累计提交集体提案 8 件、个人提案 24 件。市"两会"期间，沈晓琴就做好农村养老工作、社区去行改化回归服务居民职能接受嘉兴市电视台和电台的采访，王丽珍参加嘉兴电视台"农村电力表后服务"为主题的"政协话题"节目等。民革嘉兴市委会集体提案《实施地理空间信息资源交换共享，促进"智慧嘉兴"建设》被列为市政协 7 件重点提案之一，得到嘉兴市委书记鲁俊的批示肯定，由副市长盛全生领办、市经信委主办，市国土资源局、市建委、市城管执法局会办；此提案以及殷慧雯的《大力发展服务外包、助推产业转型升级》被评为嘉兴市政协七届三次会议以来优秀提案。民革嘉兴市委会第七年被市政协评为"政协工作创新进步奖"，连续八年获市政协反映社情民意工作先进单位称号。年内，民革嘉兴市委会围绕群众关心的热点、难点、重点问题，开展调研，先后撰写《关于农业经营组织化服务社会化的建议》和《对我市养老机构建设的建议》2 篇调研报告，在市政协七届十一次、十二次常委会上作大会发言;完成市委统战部“深化行政审批一体化改革”子课题《扶持社会中介组织发展,积极推进政府职能转变》;组织政协民革界别党员开展“五水共治”主题调研3次,通过“嘉兴民革党员建言身边事”活动,征集“五水共治”建议17条。引导民革党员开展民主监督活动,沈晓琴参加市人力资源和社会保障局的述职述廉评议、市中级人民法院的执行难课题调研;李开土、王丽珍暗访国土局办证窗口,专题督察行政审批层级一体化改革落实情况;殷慧雯参与市食品安全监督检查、市公安局的防爆演习;袁献民就市人力资源和社会保障局的公务员招生面试工作进行民主监督;王丽珍参加“抓节水”民主监督小组调研活动和节水宣传周活动,以及“加强农村电力表后服务”“加强城乡一体新社区的管理和服务”为主题的政协视察、座谈活动;李利参与视察文物保护点和河面整治督察活动。

【开展社会主义学习实践活动】 3月,民革嘉兴市委会下发《民革嘉兴市委会开展坚持和发展中国特色社会主义学习实践活动工作方案》,成立领导小组,出台活动方案,在年内开展“六个一”学习实践活动。5月,组织支委以上党员参加嘉兴市统一战线集中学习会,听取省委党校副校长郑仓元作《坚持和发展中国特色社会主义,坚定三大自信》的主题报告。6月,召开坚持和发展中国特色社会主义学习实践活动推进会暨嘉兴民革党员“同心·建功”先进事迹宣传会,首发并播放“学习十八大精神,嘉兴民革党员‘同心·建功’风采录”宣传片,表彰“开启中国梦的新征程”主题征文获奖作者。10月,开展民革党章、党史知识培训与竞赛活动,民革浙江省委会副主委俞建民讲解民革的诞生和成长历程,全市近65名党员参加活动。11月,开展新党员主题政治教育活动,参观全国民革教育基地之一——朱学范故居,缅怀革命先驱,接受多党合作传统教育。12月,召开学习实践活动工作座谈会,从思想提升、参政议政、社会服务、祖国统一、岗位建功立业等方面作总结,并提出意见、建议。

【嘉善县法律援助中心民革工作站成立】 7月28日,嘉善县法律援助中心民革工作站成立仪式在嘉善县法律援助中心举行。该工作站为全省民革组织中首个县级法律援助工作站,也是民革浙江省委会助推嘉善县域科学发展示范点建设的又一重要举措。工作站成立后,严格按照《浙江省行业部门法律援助工作站管理办法》进行管理、运作,有效发挥民革在法律服务方面的社会功能,开展一系列相应的法律服务活动,为嘉善群众、企业提供一个无偿法律咨询、宣传、援助的服务平台。

【成立民革文艺界党员联谊会】 6月16日,嘉兴民革文艺界党员联谊会成立大会召开。会议通过联谊会章程,选举产生联谊会领导班子,聘请顾问、秘书长;16名党员成为首批联谊会会员。7月,会员创作的廉政主题书法、漫画、油画10余幅送展浙江省统战系统廉政故事书画作品展。12月,联谊会召开2014年度工作年会,并与民革桐乡市总支进行文化交流活动。

【开展社会服务】 2014年,民革嘉兴市委会引导党员立足本职,服务社会。围绕“五水共治”中心工作,市委会发出《同心共襄五水共治》倡议书,据不完全统计,全市民革基层组织及党员个人累计为“五水共治”捐款40.61万元;参与违建猪舍调查丈量400多户,计9万多平方米;拆除猪舍183户,拆除猪棚等52155.03平方米;清理河道4.34公里,打捞河道浮萍3吨;淘汰喷水织机57台;对14.16公里河道整治工作开展民主监督;化解“五水共治”等涉水案件7件,为“五水共治”项目建设单位提供法律服务17件,解决相关纠纷50件,为各级政府、村(社区)提供涉及“五水共治”规范性文件合法性审查2件,为2项涉水重大项目提供法律服务,为46家涉水涉污企业开展“法律体检”,解决实际问题45个。妇女工作委员会春节、儿童节到嘉兴市福利院看望结对孤女,党员律师吕慧到市福利院宣讲未成年人保护法。在全市民革党员中发起为党员姚玉祥患病的女儿慈善捐款活动,筹集捐款5.6万余元。

【继续做好祖国统一工作】 2014年,民革嘉兴市委会共计开展对台交流80多人次,党员引进台资3.72亿元。组织党员听取浙江大学城市学院教授潘雨“台湾政治与两岸关系发展的基本态势”专题讲座以及市级机关服务部门窗口行业涉台教育报告会。3月,与嘉兴市台联组成调研组,到嘉兴市农经局调研推进统筹城乡发展有关课题,形成调研报告,在市政协常委会作大会发言。11月,民革嘉兴市委会与嘉兴市台办联合走访调研两家台资企业——海盐县特种纤维织造厂和浙江溢闳光电科技有限公司,与企业负责人进行座谈,了解企业生产经营情况、存在问题和困难,鼓励企业创新生产方式,更好地发展。

【民革嘉兴市委第一届主任委员刘先正逝世】 7月22日,民革嘉兴市委会第一届主任委员,嘉兴市政协第一、第二、第三届常委刘先正逝世,享年98岁。刘先正曾参加由中共地下党领导的武装斗争,先后任湖嘉吴独立团团长、中国人民解放军湖嘉吴独立大队大队长等职。

（徐　臻）

民盟嘉兴市委会

【概况】 2014年,中国民主同盟嘉兴市委会(简称民盟市委会)发展新盟员43名,中高级职称38名,平均年龄37.8岁,其中“80后”13名,“90”后1名,省“千人计划”1名,博士2名,硕士6名,盟员总数734名,年净增4.7%。2014年,民盟市委会获得全国民盟思想宣传工作先进集体称号和全省“基层组织建设年”活动最佳组织奖,桐乡市总支、嘉善县基层委员会被授予民盟中央“先进基层组织”称号,嘉兴学院总支、海宁市总支被授予民盟省委会2013~2014年度先进民盟组织称号,盟员张菊华被民盟中央授予全国社会服务工作先进个人称号,李伟等14名盟员被授予民盟省委会2013~2014年度先进盟员称号。嘉善县基层委员会、南湖区总支、秀洲区总支获得嘉兴市统一战线“同心·建功”先进集体称号。

【开展中国特色社会主义学习实践活动】 年初,按照上级民盟组织的部署要求,民盟市委会成立由主委任组长、副主委任组员的学习实践活动领导小组,建立领导班子成员联系点制度,制定并印发学习实践活动实施方案,确定活动目标、要求和分阶段的具体内容,并召开专题会议进行动员和部署。全年民盟市委会和各基层组织先后组织召开各类学习会、报告会、讲堂40余次;在市社会主义学院开办以学习中国特色社会主义理论和习近平总书记治国理政思想为主题的基层负责人培训班。年内,民盟市委会部署开展“学盟章、读盟史”活动,通过建立“学盟章、读盟史”学习题库,制作《光辉的历程》宣传片和《盟史天地》课件,利用网站、微信、QQ群等新媒体,引导广大盟员深入开展学习盟章和盟史;组织“学盟章、读盟史”知识竞赛和征文活动,选拔3名盟员代表嘉兴参加全省知识竞赛,获得三等奖;全市29名盟员撰写盟史盟章学习体会,其中两篇获得民盟省委会征文活动二等奖;先后组织盟员到重庆、吴江、无锡、上虞等省内外民盟教育基地和民盟先贤纪念馆参观学习,接受民盟光荣传统教育。民盟市委会还联合兄弟党派,以学习实践活动为主题,在嘉兴市图书馆成功举办“同心之路”——美术书法作品联展。

【履行参政党职能】 2014年,民盟市委会领导班子成员参与党际协商、政协专题协商、提案办理协商等协商会7次,围绕深化行政审批制度改革、加快发展养老服务业、新型城镇化发展等重大议题协商建言。在嘉兴市七届人大四次会议和市政协七届三次会议期间(以下简称两会），民盟市委会和政协民盟界别组向政协大会提交大会发言2篇、集体提案5件，盟员人大代表和政协委员提交人大建议17件、政协提案46件，内容涉及教育、文化、科技、经济和社会养老等领域，其中民盟市委会《加快规划引导，加大政策扶持，进一步推进嘉兴市科技中介服务体系建设》和《关于进一步推动我市居家养老失业发展的几点建议》两件提案分别得到市委书记鲁俊和市长肖培生的重要批示，《关于进一步推动我市居家养老失业发展的几点建议》的提案被列为2014年市政协主席会议督办的重点提案。另外，有13件民盟的集体提案和个人提案被列为市政协重要提案。2014年，1件建议被评为优秀建议，1人被评为人大代表履职先进个人，民盟市委会获得“政协工作创新进步奖”和社情民意工作先进集体二等奖，3件提案被评为优秀提案，市政协民盟界别组被评为优秀界别活动组。全市各基层民盟组织在县(市、区)两会上共提交建议10件，集体提案28件，个人提案98件，其中1件议案被评为优秀议案，9件提案被评为优秀提案，10人被授予优秀政协委员、优秀民主监督员、社情民意工作先进等称号。陈昕提交的《关于推进人民政协民主监督工作的一点思考》获浙江省人民政协理论研究会第五次理论研讨会优秀奖以及嘉兴市政协理论研究会2013年度理论研讨优胜奖；民盟海宁总支的民盟界别组被评为海宁市政协“优秀界别”；由蒋跃先、徐丹青任组长的民政局和住建局的民主监督小组被评为海宁市政协“优秀民主监督小组”。年内，民盟市委会继续实施课题项目制，确立完成2014年度15个重点、重要调研课题，领导班子领衔重点课题、基层组织调研课题的参与面达到100%；探索建立《建言专报》机制，围绕“五水共治”工作重点，民盟市委会邀请民盟省委会参政议政指导委员会，会同县(市、区)民盟组织就嘉兴“五水共治”情况进行实地考察调研，形成《关于科学有序推进“五水共治”工作的几点建议》的《建言专报》，报送市委、市政府领导，得到分管副市长祝亚伟批示；参与“盟声·议政”——构建浙江现代职业教育体系论坛和“自媒体时代参政党民主监督专题研讨会”，6篇盟员的论文入选；加强民主监督工作，在市直属经科总支建立“特约人员工作室”；强化参政议政工作评优考核，制定出台《民盟嘉兴市委会参政议政工作年度评选表彰办法(试行)》；推进参政党理论研究，形成3篇参政党履职案例和2篇以“发挥政协委员主体作用，创新民主协商工作”为主题的研讨文章；继续抓好嘉兴第五高级中学参政议政联系点工作，结合五水共治，组织学生实地考察检测河水水质并撰写提案、为新农村建设进行治水宣传墙绘等。年内，民盟市委会制定出台《民盟嘉兴市委会关于反映社情民意工作的暂行规定》，建立社情民意信息员队伍，在民盟嘉兴网站上设立社情民意报送系统；向民盟省委会、市政协、市委统战部等部门报送社情民意信息95篇，其中被全国政协采用1篇，民盟中央采用7篇，中央统战部《零讯》采用1篇，省政协采用2篇，省委统战部采用12篇，盟省委采用65篇，市政协转送编报13篇。

【树立社会服务品牌】 2014年，民盟嘉兴市委会发挥教育优势，会同南湖区总支继续做好南湖创业学校的支教帮学；利用华夏书画分会的文化资源，推进菜花泾社区的文化共建；在继续做好志愿者扶残助残的基础上，积极争取民盟省委会和盟内专家支持，为脑瘫儿童康复基地提供专业辅导和技术援助；民盟嘉兴市直属教育基层委员会在嘉兴市特殊教育学校建立社会服务联系点，定期组织盟员老师为特教学生进行技能培训；协调做好民盟省委会示范点工作，助推民盟省委会与民盟上海市委会签订《助推嘉善县域科学发展示范点建设合作协议书》；利用省民盟资源，在嘉善柳州学校、民办嘉善新世纪学校和嘉善第二高级中学成立民盟浙江省委会“教育帮扶基地”。据不完全统计，全年嘉兴民盟为“五水共治”捐款20余万元。

（韩　璐）

民建嘉兴市委会

【概况】 2014年,中国民主建国会嘉兴市委员会(简称民建嘉兴市委会)下属嘉善、财经总支升格为基层委员会,至年底共有市区直属基层委员会1个(下设支部4个),总支2个(下设支部4个),市区直属支部6个;县(市、区)区域性基层委员会2个(下设支部6个),总支2个(下设支部7个),区域性支部1个。增强主动发展意识,会员发展速度明显加快,全年发展新会员34名,净增6.86%,平均年龄36.6岁,中级以上职称19名,本科以上学历28名。至年底,全市民建会员总数为467名,其中经济界人士431名,占会员总数92.29%;新社会阶层会员214名,占会员总数45.82%。会员平均年龄、文化程度、职称水平等整体结构得到进一步改善。

【开展中国特色社会主义学习实践活动】 2014年,民建嘉兴市委会对照民建中央及省委会的要求,结合市委统战部部署和嘉兴民建实际,就开展坚持和发展中国特色社会主义学习实践活动制定为期三年、四个阶段的实施方案。一是成立领导小组,明确学习材料与学习重点,主副委多次动员及深入基层带头宣讲,并邀省委会副主委郑亚莉到嘉兴宣讲;二是组织会员参加统一战线集中学习会,听取省委党校副校长作“坚持和发展中国特色社会主义,坚定道路自信、理论自信、制度自信”专题辅导报告;召开推进会,邀请嘉兴学院教授作《红船精神和中国梦》报告,启发会员思想;三是通过各基层组织及会员个人学习参考书目和影像资料等,加深对中国特色社会主义理论体系、多党合作理论政策等的了解。

【提升组织建设水平】 2014年,民建嘉兴市委会在全委会上表彰先进基层组织8个、优秀会员42名。首次建立5个考评小组,对基层组织的工作情况进行考核;举办新会员培训班,培训40多名新会员,组织骨干会员15名到延安举办培训班,邀请延安干部学校的教授为会员们讲授窑洞对、抗大精神等。

【履行参政议政职能】 2014年,民建嘉兴市委会完善参政议政工作机制,确定“五水共治”等5个重点调研课题和8个立项课题,以课题组为主体,开展调查研究,及时完成调研报告。年内,戴铭、郭峰参与的调研提案被省委会评为参政议政二等奖,王卫彬、章纯主笔的调研材料被评为三等奖。民建嘉兴市委会委员在省两会上,提交个人提案7件,其中郭峰委员的合并提案《关于加强水环境常态化监管系统建设的建议》被确立为省政协重点提案;在市政协七届三次和市七届人大四次会议上,分别提交大会发言2件、集体提案5件、个人提案27件、社情民意1件、建议10件,其中由市委会提交的《加快产业、人口集聚,推进嘉兴市新型城镇化建设》被确立为重点提案,其他4件集体提案和7件个人提案被确立为重要提案;由市委会提交的《构建统一医疗保险制度,增强医疗保障的公平性》被评为嘉兴市政协七届二次会议以来优秀提案。年内,市委会认领市政协常委会课题《嘉兴“两新工程”建设推进机制研究》与《关于统筹城乡促进我市农村养老服务业发展的对策研究》,完成调研报告,并分别在市政协七届十一、十二次常委会上进行发言;向省委会申报理论研究课题《反映会员思想动态的渠道方法》,撰写调研报告并在全省范围内进行交流;选派会员骨干参与市委统战部组织的调研培训,形成《加强事中事后监管,推进行政审批制度改革》的建议意见,并由主委在专题协商会上提交市委市政府作参考;全年向省民建、市政协、市委统战部报送社情民意信息28篇次。

【拓展社会服务渠道】 2014年,市委会向全市民建企业家发出“五水共治”倡议,号召大家敢当“五水共治”的践行者、宣传员和监督员,民建各级组织尤其是企业家通过多种渠道捐资139万元助力“五水共治”。会员企业家参与省委会的“浙江民建思源帮扶资金”,捐助善款近10

万元，并为施复亮故居修复工程捐款5.5万元，为丽水青田县贫困村捐款5万元。年内，市委会推动广大会员特别是企业家回馈社会、奉献爱心，全市民建会员通过各种途径捐赠慈善款项11万元，捐资建校、结对助学43万元，开展“三下乡”活动19次；会员企业新吸纳劳动力854人，为社会提供各类专业知识培训近5567人次。

【嘉兴建华企业家协会成立】 经过一年多的筹备，6月，嘉兴建华企业家协会成立并举行第一次会员大会。大会听取协会筹备报告，审议并通过协会章程，选举产生25人组成的第一届理事会，选举会长1名、副会长6名，任命秘书长1名、副秘书长3名。

（吴　云）

民进嘉兴市委会

【概况】 2014年，民进嘉兴市委会以开展坚持和发展中国特色社会主义学习实践活动（以下简称“学习实践活动”）为主线，以“基层组织建设年”活动为重点，加强自身建设，认真履行参政议政、民主监督、服务社会等职能。年内，市委会组织开展领导班子届中评议工作以及直属嘉兴学院支部、职业教育支部领导班子的增选、改选工作；完成《嘉兴民进》改版，改版后每季度一期。市委会利用内部资源，建成1300平方米的嘉兴民进会员之家，将“浙江民进自身建设学习培训现场教学点”“嘉兴民进企业家联谊会”“嘉兴开明画院”融为一体，并在嘉兴民进会员之家制作支部墙和会员墙，将全市民进组织以及557名会员的简介和照片张贴上墙，增强会员的归属感、荣誉感。2014年，民进嘉兴市委会首次被民进中央授予“全国先进地方组织”称号，2个基层支部、2名骨干会员分别被民进中央授予“全国先进基层组织”和“全国优秀基层组织负责人”称号。全年发展会员29人，大学（含大专）以上学历24人，占82.8%，其中硕士学历3人，博士学历1人，平均年龄34岁。

【开展中国特色社会主义学习实践活动】 2014年，根据民进中央和省委会的要求，民进嘉兴市委会总体谋划，开展学习实践活动，提出“将学习实践活动与群众路线教育活动同步部署，同步推进”的要求。3月1日，市委会召开坚持和发展中国特色社会主义学习实践活动动员大会，提出加强领导、明确责任、加强交流、加强宣传四点要求，营造良好氛围。并召开市委全会，制定出台《民进嘉兴市委会开展坚持和发展中国特色社会主义学习实践活动实施方案》，对学习实践活动做出具体部署。

【民进嘉兴市委会成立30周年系列活动】 2014年，市委会以民进嘉兴市委会成立30周年纪念活动为契机，开展系列活动：召开老龄会员恳谈会，走访市、县（市、区）民进老领导、老会员，听取他们对民进建设的意见建议；举办嘉兴开明画院成立仪式暨纪念嘉兴民进成立30周年书画展；开展“我与民进”征文活动，编印《我与民进》征文集和《嘉兴开明画院作品集》；召开纪念民进嘉兴市委会成立30周年大会，总结和宣传嘉兴民进30年中取得的成就，并举行“嘉兴民进之家、企业家联谊会、开明画院”挂牌仪式。

【参政议政工作】 2014年，民进嘉兴市委会在政协七届三次会议上提交《创新养老新模式，建设“虚拟养老院”》《关于加快嘉兴市金融服务业发展的建议》《切实发挥文化产业专项扶持资金作用，撬动社会和民间资本投资发展我市文化产业》《优化整合公共服务资源，打造统一便民的阳光政务平台》4篇集体提案，会员提交人大建议案8件，个人提案24件，其中《切实发挥文化产业专项扶持资金作用，撬动社会和民间资本投资发展我市文化产业》作为市政协重点提案得到市委书记鲁俊的批示，并首次由党委部门承办；首次试行课题申领制度，发挥基层组织和专委会在课题研究中的主力军作用，全年申领课题13个；协助省委会开展

《推进我省现代职业教育改革》子课题调研，协助市委统战部提出并做好2014年各民主党派民主协商和民主监督课题《以行政审批制度改革为抓手，切实推进政府职能转变》的选题、调研、改稿等工作。全年收集、上报各类会务信息108篇，社情民意71条，被市政协采用24条，信息工作获得市政协三等奖。10月，民进嘉兴市委会承办杭嘉湖绍民进“杭州都市圈”论坛，为环杭州湾区域经济社会发展和民进自身建设广开言论、献计出力。2014年，民进嘉兴市委会被省委会评为“参政议政先进单位”，班子成员中有2人获得参政议政三等奖。

【社会服务工作】 2014年，民进嘉兴市委会创新社会服务工作，发挥企业家联谊会和开明画院力量，多渠道服务社会。企业家联谊会先后组织两家医药公司进社区开展安全用药宣传活动，并到市福利院开展送医送药活动。年内，联谊会组织会员企业到贫困山区温州文成县、云南贡山县希望小学、贵州贫困山区希望小学等，开展公益活动。参加嘉兴学院应届毕业生现场招聘会，共推出招聘岗位108个；与青鸟社工一起，赞助两名嘉兴学院的贫困大学生；参加海盐县益智托管所开展的“残健同行、共享蓝天”义卖活动。全年嘉兴民进企业家会员共向市、区两级红十字会、慈善总会及其他渠道捐助110多万元，民进企业家联谊会获得全市统战系统“同心·建功”活动先进集体称号。年内，开明画院分别到嘉兴军分区、海盐文化馆、七星镇三家浜社区，以及对口联系单位开展文化共建活动6场次；10月24日，会同民盟嘉兴市委会、农工党嘉兴市委会，举办“同心之路——美术书法作品联展”，并在嘉兴军分区建立“嘉兴民进开明画院军营文化共建点”，为驻嘉兴部队的军营文化建设贡献力量。年内，民进嘉兴市委会组织教育界会员参加市委统战部“同心·建功”活动，坚持为“同心·名师工作室”(王江泾精英学校)的师生授示范公开课；组织医卫界会员，27年坚持每月一次到嘉兴社会福利院送医问诊。

（朱黎佳）

农工民主党嘉兴市委会

【概况】 2014年，农工民主党嘉兴市委会共召开4次市委会扩大会议、6次主委办公会议。全年围绕中共十八大和十八届三中、四中全会精神先后下发《开展坚持和发展中国特色社会主义学习实践活动的通知》《关于学习贯彻中国共产党十八届四中全会精神的通知》；在各类会议上学习《中国特色社会主义学习读本》《习近平系列重要讲话读本》等资料；组织骨干党员及全体机关干部听取省委党校副校长郑仓元作“坚持和发展中国特色社会主义，坚定道路自信、理论自信、制度自信”的辅导报告；举办坚持和发展中国特色社会主义学习实践活动暨骨干党员读书会；与民盟、民进联合在嘉兴图书馆举办“同心之路”——美术书法作品联展，讴歌在中国共产党领导下所取得的新成就，反映各参展党派的历史功绩。组织党员撰写政协理论和统战理论报告《实现民主监督由人格化向制度化的转变》，其中《整合政协两类界别之优势，改善委员主体作用》在市政协年度理论研讨会上被评为优秀论文二等奖，《论实现党派团体类与界别类政协委员主体作用的良性互动》被省政协评为优秀奖。6件提案被评为重点、重要提案，2件提案被评为优秀提案；1件提案获得市长批示，并由副市长督办；重点、优秀提案《完善社会资本办医扶持政策加快推进我市民营医院发展》由副市长柴永强领办，市政协副主席王淳督办。市委会连续12年被农工党中央评为《前进论坛》发行先进集体，被省委会评为反映社情民意信息工作先进集体和宣传工作先进集体，被市政协评为社情民意工作三等奖，被市委统战部评为宣传信息工作先进集体。1篇关于“五水共治”信息获副省长批示，2篇信息被农工党中央录用并转报全国政协；多名党员被省、市各级评为信息工作先进个人。党员美术作品《吉祥钱塘》获美术界全国最高奖——“第十二届全国美术作品展览”优秀奖；一名党员参加省委会组织的“中国梦·农工情"演讲比赛并获三等奖。出刊机关刊物《嘉兴农工》3期;新建"嘉兴农工"网站和嘉兴农工党工作QQ群。办好常规的"三八"节、重阳节、年终走访慰问老党员活动。

8月6日,农工民主党嘉兴市委会举办坚持和发展中国特色社会主义学习实践活动暨骨干党员读书会。

2014年,市委会发展新党员24名,至年底共有党员692名;新增2名专职干部,进一步提高机关工作效率和工作质量;选派骨干党员13人次参加各层次培训班,选派一名专职副主委参加为期二个月的全市处级干部进修班;召开届中述职评议大会,对七届全会以来的工作进行总结与民主评议。年内,市委会对全市各基层组织进行了一次大规模考核,全部组织均上星级,其中五星级组织达到47%;加大参政议政考核分数在星级支部中的比重,新设重点课题招投标制度,通过基层组织年初课题认领、招标、调研经费预付等方式,明确课题任务,结题给予奖励,有效调动基层组织开展课题调研的积极性。

【履行参政议政民主监督职能】 2014年两会期间,市委会共提交集体提案5件,个人提案26件,人大建议案12件,其中6件提案被评为重点、重要提案,2件提案被评为优秀提案。重点提案《完善社会资本办医扶持政策加快推进我市民营医院发展》的办理协商座谈会在市政府会议室举行,该提案由市政府副市长柴永强领办,市政协副主席王淳督办,为嘉兴市出台《关于进一步鼓励和引导社会资本举办医疗机构的实施意见》奠定了基础,也为嘉兴即将开办民营骨伤科医院提供了参考。在市政协第十二次常委会上,市委会与政协文教卫体委员会联合对嘉兴市养老事业进行调研,撰写《关于加快推进我市医疗卫生与养老服务相结合的建议》,并在会上进行发言;参加市委统战部牵头各党派联合开展的"行政审批制度改革"调研活动,围绕行政审批权限的"放""接""管"等主要环节,开展调查研究并将"行政审批制度改革"调研成果,与市委进行专题民主协商,助推市委更好地深化和推进行政审批层级一体化改革;开展物流与运河文化等方面的课题调研,调研成果获市委书记批示。广大农工党界别组的政协委员们还就嘉兴现代农业建设、"五水共治"、公立医院改革和生猪养殖业转型升级等问题开展专题视察调研;协助省委会完成"银加善"品牌建设的调研工作,促进嘉善县域科学发展示范点建设。市委会主要领导积极参加市委和市政府召开的各类协商会、座谈会、情况通报会、交友会及不定期的高层次谈心活动等,为嘉兴市发展中的重大问题,建言献策,献智出力;参加市里重大项目的建设、联系、协调工作和重大内、外事活动考察、督察活动,切实履行参政议政、民主监督的职能;主委作为人大常委会副主任,联系人大教科文卫民侨委,年内明察暗访三次,对校园食品安全问题提出批评意见和建议,受到党委政府和教育部门的重视,促进校园食品安全的改善;加强与市卫生局、市水利局、市交通局的对口联系,并形成制度,年内多次开展联络活动。其中上半年与市卫生局开展对口联系,交流情况,共同探讨如何避免医疗纠纷引发对医务人员人身伤害的问题,提出从《医疗事故处理条例》角度出发开展调研的相关建议,促进市公安局、市卫生局出台《关于加强我市医疗机构安全保卫工作的意见》。全市农工党员中有70余人次被聘为各类特约监督员,参与行风监督,为嘉兴市党风廉政建设和机关效能建设作贡献;主委及各基层组织积极开展"五水共治"民主监督活动,如农工党嘉善总支、平湖总支分别对魏塘街道等6条区域内河道治理工作进行现场督察,桐乡总支党员参加市

"亮剑行动Ⅱ"环保专项行动,夜里督察企业污水排放,促进嘉兴市美丽乡村建设。

【服务社会助力实现"中国梦"】 2014年,市委会开展医疗义诊咨询服务、科普知识讲座、法律援助等活动,市本级共组织开展大型义诊4次,受益人数2000余人次,并赠送药品1万多元,发放宣传资料2000余份;在"国际科学与和平周""环境与健康宣传周"期间,与嘉善总支联合到嘉善姚庄丁栅社区开展"走基层,农工情"系列为民服务活动,现场开展内科、外科、妇科、皮肤科、烧伤整形外科、公共卫生、测血压等服务,并进行环保知识与公共卫生知识宣传,当天还在丁栅社区卫生服务站内开设中医内科、中医妇科的专家坐诊活动;继续资助结对的2名贫困大学生,为每人每年提供3000元助学金,帮助其完成大学学业。各基层支部、总支,分别组织党员下乡镇、下社区、下农村,进学校、进工厂、进福利院,开展医疗义诊、送医送药、健康咨询、科技扶贫、法律援助等,并形成各自特色。如嘉善总支的"冬病夏治"工作连续开展20多年,每年诊疗人数达10000余人次,受到广大患者的好评;海宁总支进一步拓宽社会服务模式,新成立海宁市法律援助中心暨农工党海宁总支法律援助工作站;海盐总支连续10余年为企业人员开展健康体检,建立健康档案;桐乡总支多年来坚持为敬老院老人免费体检服务;平湖总支每年义诊10多次,还为社区中共老党员送医、送药、送温暖;秀洲区支部每年开展服务周活动;南湖区支部确定了对口联系服务社区,定时定点对社区居民进行健康辅导;市妇保院支部农工党员继续与内蒙古自治区通辽、科尔沁、奈曼旗三家妇保院手拉手开展医疗支援活动。许多退休老党员凭借高超的专业特长,著书立学、出版专著、舞台献艺等,奉献自己的聪明才智和技术才能。

【创办姚庄社会服务联系点】 年内,市委会与嘉善农工党总支联合,整合市、县二级农工党医卫资源,创办以嘉善姚庄镇卫生院为载体的社会服务联系点。3月,在姚庄卫生院举办启动仪式,并开展大型义诊活动,免费送医送药到镇和社区。义诊活动后,在姚庄服务联系点开展结对帮扶工作:选派6个科室的农工党医卫专家每月定期到镇卫生院坐诊,与卫生院相关科室骨干医生进行一对一业务指导,为当地群众服务;协助卫生院选派骨干医生、管理人员到上级市、县级医院进修学习;选派骨干党员挂职姚庄镇卫生院,协助相关工作;定期开展大型义诊、健康大讲堂、中药贴敷等活动。年内,市委会每月派2名高级职称医疗专家到姚庄卫生院进行技术指导与诊疗,开设的"常见慢性病预防与治疗""魅力女性健康讲座"2场健康讲座,受到当地政府和群众好评。

3月29日,农工民主党嘉兴市委会举行社会服务联系点授牌仪式。

(姜燕凤)

九三学社嘉兴市委会

【概况】 2014年,九三学社嘉兴市委会(简称社市委)有4个基层委员会(内设12个支社)、12个直属支社,共有社员529名。全年全市发展新社员23名,其中博士1名,硕士2名,平均年龄38岁,单位中层职称以上10名,高级职称12名 。11月,社市委开展领导班子及成员述职评议工作。根据后备干部培养要求,对6个基层组织领导班子成员进行届中调整充实,有9名骨干社员增补到基层组织领导班子;根据机关人员增补情况,对领导班子及机关人员联系基层组织制度进行完善。同时,完善工作人员岗位职责和分工、公文处理办法、网站管理办法、财务管理制度、保密制度、档案管理制度、公车管理办法七项社市委机关内部制度。

全年,社市委召开主委会议 6 次、社市委(扩大)会议 4 次,组织社市委中心组学习 6 次、骨干社员集中学习 4 次,选送 36 名骨干社员参加社省委和中共嘉兴市委统战部组织的培训班和专题辅导学习。年内,社市委加强宣传工作,先后在《浙江日报》《嘉兴日报》等多家媒体及网络媒体发表社市委的工作、活动、人物专访等宣传报道 25 篇;出刊《嘉兴九三》社讯 4 期,在社市委网站上发布信息 198 篇、学习材料 23 篇;加强宣传信息报送工作,全年被社省委、社中央网站录用宣传信息 72 篇;褚辅成史料陈列室被省委统战部命名为浙江省统战系统廉政文化教育基地。2014 年,社市委先后获评"九三学社中央组织建设先进集体",社省委"2014 年度参政议政先进集体",社省委"2014 年新闻宣传先进集体",市政协"2014 年社情民意工作先进集体",市政协"优秀界别组"等称号。

【中国特色社会主义学习实践活动】 年内,社市委根据社中央要求,结合嘉兴市实际,开展坚持和发展中国特色社会主义学习实践活动,成立由主委马玉华任组长的活动领导小组,制定实施方案,召开专题动员大会,组织开展坚持和发展中国特色社会主义学习实践活动。通过社会主义理论学习,提高政治共识,并在学习基础上,组织开展学习中国特色社会主义理论征文活动,举办"同心共筑中国梦"演讲比赛,在社市委网站开辟学习实践活动专栏等,将学习不断引向深入。

九三学社嘉兴市委会举办"同心共筑中国梦"演讲比赛。

【纪念九三学社嘉兴市委会成立三十周年】 2014 年,为纪念九三学社嘉兴市地方组织成立三十周年,传承优良传统,社市委结合学习实践活动,组织开展"五个一"系列活动。一是组织开展"我与九三暨纪念社市委成立三十年"征文活动,收到征文 48 篇,其中 32 篇收录在《嘉兴九三》纪念九三学社嘉兴市委会成立三十周年专刊。二是编辑和印发纪念社市委成立三十周年"同心同行"纪念图册。三是召开九三学社嘉兴市委会成立三十周年纪念大会,中共嘉兴市委、市人大、市政府、市政协领导出席会议,中共嘉兴市委副书记胡海峰、社省委专职副主委叶烈窑到会讲话;会议回顾嘉兴九三学社三十年的发展历程,表彰一批多年热心社务工作和积极参政议政的优秀社员。四是进行传统教育,组织骨干社员参观褚辅成史料陈列室、向"辅成奖学金"募捐等活动,参与中共嘉兴市委统战部组织的"光辉历程——中国民主党派历史陈列暨嘉兴多党合作历史回顾展"。五是组织骨干社员下基层开展大型为民咨询服务和"五水共治"宣传活动。

8 月 25 日,九三学社嘉兴市委会成立三十周年纪念大会召开。

【参政议政、民主监督】 2014 年,社市委主要领导通过参加中共嘉兴市委、市政府各类征求意见会、通报会、座谈会、专题民主协商会,分别就嘉兴市七届三次人代会政府工作报告、行政审批改革方案等提出意见建议。在市政协七届三次全会上，社市委就《关于大力发展和规范我市家庭农场的调查和建议》等提交大会发言2篇；在市政协七届十一次、十二次常委会议上，分别就《科学规划、综合治理，着力推进我市新市镇生态建设》《我市民资进入养老服务业的现状与对策建议》等作专题发言，为市委、市政府科学决策提供参考。在市“两会”期间，社市委提交团体提案4件，九三界别组集体提案1件，代表委员个人提交人大意见建议7件、提案26件，内容涉及经济转型升级、旅游业发展、现代农业发展、生态环境建设等。团体提案《发挥优势、完善功能，着力推进嘉兴市区旅游业大发展》和严强个人提案《建立农药废弃包装物回收机制，保护农村生态环境安全》被列为重点提案，其中《发挥优势、完善功能，着力推进嘉兴市区旅游业大发展》受到中共嘉兴市委书记鲁俊和市长肖培生的批示。同时，县(市、区)基层组织也分别向当地人大、政协提交团体提案16件，人大意见建议1件，个人提案63件。2014年，社市委共收到信息74件，编报56件，内容涉及环境保护、“五水共治”、经济转型、旅游发展、社会安全、法律完善等方面。在市政协七届三次会议上，团体提案《突出重点，科学治理，进一步提高水环境综合治理实效》，个人提案政协委员叶朝霞的《城镇污水处理消毒灭菌措施亟待加强》、辅浩生的《关于要求加大对嘉兴市本级水源地保护工程建设投入及生态补偿的建议》等3个提案被评为市政协七届二次会议优秀提案。

【社会服务】 2014年，社市委组织社内15名农业、医疗卫生、环境保护等方面专家，到余新镇黎明村通过科普展板宣传、科普知识有奖竞猜、现场义务咨询等形式开展义务咨询服务和“五水共治”宣传，前来参加咨询和有奖竞猜群众500余名；继续为该村“爱心援助基金”捐款，上门慰问2名贫困家庭结对学生等。继续将“九三科普巡回讲座”与社省委“九三科技服务月”结合起来，组织讲师团专家开展“五水共治”、医疗保健等方面讲座5场，宣传科普知识，倡导科学生活，受益学生、群众近500人。组织骨干社员开展“辅成奖学金”募集活动，收到募款近5万元。同时，向辅成教育集团20名优秀毕业生颁发第四届“辅成奖学金”。年内，社市委动员广大社员积极响应“同心建功”活动，立足本职，建功立业，服务于“三城一市”和“两美”嘉兴建设，涌现出许多先进典型：社员曹万荣获市委、市政府颁发的第三批“南湖百杰”优秀人才专业技术带头人奖，曹万荣等7名社员主持或主要参与的项目获市科学技术奖；高荣村获嘉兴市人民政府颁发的2013年度嘉兴市农业科技成果转化推广奖；周拯晔获中国科协颁发的全国优秀科技工作者称号；申海良被省政府评为工业设计先进个人；李殷获浙江省优秀农村指导员称号；周晓黎获2014浙江省“千名群众文艺骨干”称号；王丽萍等8名社员获嘉兴市第六批新世纪专业技术带头人称号，吕升等12名社员入选后备人才；在嘉兴市第三届“十大风云人物”评选活动中，朱建章获评“十大城建行业风云企业家”，卢月红获评“十大女性创业新秀风云人物”。社市委吴燕获评社中央组织部颁发的“全国九三学社先进组工干部”，社员沈在林、贾鸣、楼志勇获评社省委颁发的“2012~2013年度社会服务先进个人”，马玉华、佘明龙获评社省委颁发的“2014年度参政议政先进个人”。

（连育彬）

致公党嘉兴市委会

【概况】 2014年，致公党嘉兴市委会发展新党员7名，平均年龄35岁，其中海外留学归国人员和有海外关系的6名、占86%，县(市、区)政协委员1名。至年底，共有党员87名，下设6个支部。年内，致公党嘉兴市委会被致公党浙江省委会评为助推“五水共治”工作先进集体，被嘉兴市政协评为2014年度社情民意先进集体三等奖，获嘉兴市政协优秀提案1件，嘉兴市政协致公党界别被评为嘉兴市七届政协优秀界别活动组。陆毓英获致公党中央颁发的“优秀党员”荣誉称号，陈卫红、陈坚、杨叶军、赵如英、葛莉、裘越青获致公党省委会先进个人称号，廖晓被市政协评为嘉兴市优秀政协委员，葛莉、杨叶军被评为嘉兴市统战系统同心建功先进个人，李斌获南湖百杰嘉兴市青年科技奖，陈卫红、徐珍获嘉兴市“三八红旗手”荣誉称号。

年内，嘉兴市委会组织召开全委扩大会议、专委会会议，举办全体党员培训班、专题座谈会，集中学习贯彻中共十八大、十八届三中和四中全会精神以及习近平总书记系列重要讲话精神；邀请致公党浙江省委副主委杜时贵为全体党员作《坚持中国特色政党制度，努力建设中国特色社会主义参政党》辅导报告，中共市委党校副校长徐连林为党员们作“全面深化改革——改变中国命运的战略抉择”辅导讲座，中共嘉兴市委统战部副部长陈兴隆作有关统战理论及多党合作的学习辅导。参加嘉兴市各民主党派联合举办的“光辉历程——中国民主党派历史陈列暨嘉兴多党合作事业发展回顾展”，提高党员的理论素养和政治把握能力。推进组织工作规范化建设，建立党员履职和支部工作登记制度，实时填报年度支部工作和党员参与党派工作等情况，并作为对支部工作、党员履职进行考核评价的重要依据；为每位党员建立个人电子档案，对党员履职等个人信息实行动态管理。成立坚持和发展中国特色社会主义学习实践活动领导小组，制定活动方案和计划，于2月16日召开动员大会；建立市委会领导对口联系支部制度，指导学习实践活动。全年共组织培训或选送党员250多人次参加各级各类专题学习培训18场次；先后组织开展如何提高参政议政能力做一个合格的参政党党员的大讨论、美丽乡村建设学习调研活动、为七星镇做好“三改一拆”等工作建言献策、“党派联社区”送温暖专项活动、道德讲堂廉政知识专题讲座、请老党员为年轻党员作中国致公党优良传统宣讲辅导等活动。年内，嘉兴市委会结对生猪养殖户，开展转产转业帮扶工作；组织党员中的农业专家，到南湖区大桥镇由桥村益民西红花专业合作社，对如何运作农业合作社给予专业指导；到解放街道航明社区开展“学雷锋，社区科普益民行”活动；到新塍镇开展送医下乡专项活动，为全区村(居)委会主任开展残疾人保障与服务专题培训。同时，关注侨商发展，服务引智引资工作，组织人员到平湖国际进口商品城等涉侨企业，为侨资企业提供维权服务；为王江泾镇精英民工子弟学校开展“同心·名师工作室”支教活动，赠送电脑用于多媒体教学；为患白血病的学生捐款；结对孤寡老人、失独家庭、贫困学生，为他们送去爱心。

【开展届中述职述廉评议】 11月6日，市委会组织委员、各基层组织负责人、党员代表等22人，召开第一届领导班子及成员届中述职述廉评议会。致公党浙江省委会组织处副处长陈海祥、市委统战部常务副部长张颖杰和由市委组织部、统战部组成的评议组成员出席会议。赵如英主委代表市委会领导，作届中述职报告；市委会领导班子成员分别进行个人届中口头和书面述职。与会人员对领导班子及班子成员述职进行民主测评。会后，评议组与市委委员、各基层组织负责人、党员代表进行个别谈话，了解他们对市委会工作情况和领导班子成员的意见建议。

【履行参政党职能】 年内，市委会履行参政党职能，在嘉兴市政协七届三次全会上，提交大会发言2篇，分别是《关于完善农村土地承包经营权流转的建议》《关于加快推进我市政府向社会力量购买公共服务的建议》；团体提案7件，分别是《关于完善农村土地承包经营权流转的建议》《关于加快推进我市政府向社会力量购买公共服务的建议》《关于共同推进我市餐饮业健康发展的几点建议》《关于进一步完善我市水环境监管体系的几点建议》《关于加强对整治后老旧小区管理服务的几点建议》

《关于进一步加强对来禾投资兴业侨商服务和权益保护的几点建议》《关于加快推进我市残疾人文化体育事业发展的建议》。市委会在市政协七届三次全会上的大会发言集体提案《关于加快推进我市政府向社会力量购买公共服务的建议》分别得到市委书记鲁俊和市委副书记、市长肖培生的批示,并获得市政协优秀提案;《关于共同推进我市餐饮业健康发展的几点建议》助推市府办《对降低市本级餐饮住宿业有关税费事项抄告单》的出台,使嘉兴市率先在全省就落实省政府109号文件优惠政策提出了具体扶持措施;《关于进一步加强对来禾投资兴业侨商服务和权益保护的几点建议》助推嘉委办《关于建立我市侨商服务联盟的通知》出台,使嘉兴市率先在全省成立由23个部门组成、服务侨商的嘉兴市侨商服务联盟。《加强水环境常态化监管系统建设》调研报告被选为致公党省委会在省政协十一届二次会议集体提案,并被省政协列为重点提案,得到黄旭明副省长批示;《深化农村集体资产产权制度改革的意见建议》等2件建议被用于市政协常委会大会发言;《以行政审批制度改革为抓手,切实推进政府职能转变》调研报告被作为中共嘉兴市委与各民主党派民主协商会的主报告;上报的《治理污水要"控、减、净"三措并举》的社情民意信息得到省委书记夏宝龙等省领导的重要批示;《关于将河道监管权分段承包给属地村民参与管理的建议》得到省委副书记王辉忠的重要批示;《深化农村土地使用制度改革》的调研信息,被中央统战部录用。

【号召党员参与"五水共治"】 2014年,嘉兴市委会下发《关于积极参与"五水共治"行动的通知》,号召全体党员积极投身"五水共治"各项实践,争当"五水共治"的宣传员、战斗员、监督员;组织开展为"五水共治"献良策金点子征集活动,收到了如"清三河"行动要以群众利益为出发点建立长效机制等"治水"建议20条,有三条建议分别得到省委书记夏宝龙等省领导的批示,其中省政协提案"关于推进杭嘉湖东北部湖荡整治,增强洪水调蓄能力的建议",争取将杭嘉湖东北部湖荡整治列入全省治涝规划;组织党员中的农业专家,开展"五水共治·科技支农"服务活动,到养猪大镇海盐县元通镇开展"五水共治"和"三改一拆"联村联场调研走访,为相关单位提供政策及业务指导服务;党员中每位政协委员认领一条河道,对河道治理工作进行实时监督。同时,发动党员就近对所居住社区周边的河道进行巡查,将有关情况作为社情民意上报,被有关部门采纳。

(廖　晓)

嘉兴市工商联

【概况】 2014年,市工商联、市总商会履行参政议政职能,向市政协七届三次会议提交《关于进一步扶持嘉兴电子商务业发展的建议》《关于引导、整合社会资源构建我市中小企业"走出去、引进来"服务平台的建议》等集体提案5件,市工商联届别政协委员个人提案19件,其中《关于进一步加快推进民营企业技术创新的建议》被列为重点提案,《关于发挥物联网产业资源优势促进嘉兴智慧城市建议》被评为优秀提案。参与市政协有关推进统筹城乡发展,建设新型城镇化,促进城乡一体化课题的调研,并在政协七届十一次常委会上作《关于加快推进我市新型工业化与新型城镇化互动发展的建议》的大会发言;开展日常的参政议政工作,以社情民意形式反映行业协会商会承接政府职能和推进"两化"深度融合建议2篇。全市工商联及工商联届别委员在各级两会上共提交提案670多件。

【人才服务取得新进展】 2月28日,市工商联与市人力资源和社会保障局共同举办助推民企"二次创业"专场人力资源招聘会。市工商联副主席顾小萍、市人力社保局副局长应志敏等有关领导到现场指导。本次招聘会吸引145家民营企业报名参加,提供就业岗位5289个,行业涵盖大、中、小微企业,涉及食品、电子、机械等制造业,电子商务、餐饮服务以及战略性新兴产业等,提供多个层面就业岗位。市工商联与市人力资源和社会保障局连续7年联合举办民营企业专场招聘会,参与招聘的1000多家民营企业,提供就业岗位4万多个,有3万多人达成求职意向。

【组织非公有制经济人士参加培训】 5月4~8日,由46名民企高管人士组成的嘉兴市第十二期非公有制经济人士培训班到北京中央社会主义学院参加培训。此次培训课程围绕非公有制企业需求,培训了十八届三中全会精神与当前宏观经济形势、企业管理中的沟通与协调、如何处理突发事件和应对媒体、全面深化改革与民营企业转型、科技创新、国防现代化建设与中国周边安全环境、民营企业家应该处理好的几大关系、中华传统文化与企业家的修养等内容。

【加强协会商会党建工作】 2014年,市工商联党委制定《协会商会党支部开展党的群众路线教育实践活动的指导方案》,建立工商联机关党员领导干部联系协会商会党支部制度,印发《党建工作手册》,对新《党章》进行辅导讲座;指导食品工业协会党支部等4个基层党组织按期换届改选,发展预备党员11人,组织22名入党积极分子参加市直机关培训班。同时,重视团建工作的开展,开展团员青年创业投资沙龙、倡议公益爱心、走进企业团支部等活动,行业协会商会团工委《激扬青春正能量,行业团建展风采》项目受到团市委肯定。

【实现"五好"县级工商联建设"满堂红"】 2014年,市工商联贯彻《浙江省工商联关于"五好"县级工商联建设工作实施方案》文件精神,制定和下发嘉兴市的实施方案。各县(市、区)工商联以深入开展党的群众路线教育实践活动、开展理想信念教育实践活动为契机,对照"领导班子好、会员发展好、商会建设好、作用发挥好、工作保障好"的建设标准,推进"五好"县级工商联创建工作,并在考评中全部达标,实现五县(市)两区工商联都达到"五好"县级工商联的"满堂红"。2014年年底,嘉兴市工商联会员数由2013年年底的15337家发展到16948家,净增1611家,年递增10.5%。

【加强行业协会商会的培育发展】 2014年,市工商联加强对行业协会商会组建的调研和指导,成立毛纺原辅料、二手车、羊毛衫等行业协会,至年底,市级经济类行业协会商会达到78家;成立嘉兴市绍兴商会,至年底,市内异地商会达到13家;为加快推进和完善市外嘉兴商会建设,全年到深圳、南京、兰州、郑州等地调研考察,成立南京、兰州、郑州市嘉兴商会,至年底,市外嘉兴商会达到9家。市工商联对初建协会商会如何开展工作进行指导,帮助联系和协调解决协会商会工作中出现的困难和问题,保障协会商会工作的顺利进行。此外,在全省首家制定出台《嘉兴市市外嘉兴商会考核办法》。同时,根据《嘉兴市行业协会商会换届工作规程》,加强对医药行业协会、金华商会等协会商会的换届工作进行指导。

【助推行业协会商会承接政府职能转移】 2014年,市委办、市府办出台《关于加快政府部分职能向行业协会商会转移的实施意见(试行)》,明确政府职能转移内容、转移方式、承接条件及各有关职能部门工作职责。市工商联为推动文件的贯彻落实,在市两会期间,递交团体提案《关于推进政府部分职能向行业协会商会转移的建议》;通过调查研究,撰写《行业协会商会承接政府职能转移的实践与思考》,在有关省市媒体上发表;主要领导带领有关协会负责人到温州市学习取经,向市政协递交社情民意,就加快行业协会商会承接政府职能、购买政府职能提出建议;召开行业协会商会大会和秘书长会议,强调行业协会商会承接政府职能的意义和重要性,并请有关协会商会代表作经验交流。至年底,有22家市级行业协会商会承接了政府相关部门78项职能。

【首次发布嘉兴民营经济发展报告】 1月3日，市工商联发布2013年《嘉兴民营经济发展报告》，这是嘉兴市首次发布民营经济发展报告。报告阐述制约民营经济转型升级的关键因素、提升民营经济发展综合竞争力和发展后劲的策略和路径，对促进嘉兴市民营经济转型发展具有重要意义。30年中，全市民营经济从无到有，从小到大，总量不断壮大，至2012年年底，嘉兴市民营经济占全市经济总量的一半以上，对GDP的贡献率达73.7%，成为推动嘉兴市市场经济体系构建和完善的核心力量。

【四家民营企业入围“中国民企500强”】 8月18日，在北京发布的“2014中国民营企业500强”榜单上，嘉兴市有4家民营企业入围，分别为浙江桐昆控股集团有限公司、新凤鸣集团股份有限公司、振石控股集团有限公司、浙江鸿翔控股集团有限公司。2014年中国民营企业500强入围门槛进一步提高，年营业收入从上年的77.72亿元提升至91.22亿元，增幅达17.37%。从嘉兴入围民营企业排名来看，较上年相比有升有降，桐昆集团从上年109位升至2014年65位，新凤鸣集团从上年325位升至2014年297位，振石集团从上年408位降至2014年425位，鸿翔集团从上年450位降至2014年489位；从数量来看，入围总数为4家，与2013年持平。

【开展“百企联百村，合力治污水”专项行动】 2014年，市工商联落实市政府“五水共治”要求，制定《“百企联百村，合力治污水”专项行动实施方案》，召开全市工商联系统动员会，以村企结对为主渠道开展活动；在市级协会商会工作会议上发出“投身农村治水，共建美丽乡村”的倡议，动员市级协会商会、基层商会，以组织会员企业积极认领河道(段)、担任“河长”等形式，参与“清三河”专项整治行动。全市323家民营企业与323个行政村结对治污，参与认领治理河道2925条(段)，万余家民营企业捐助、投资“五水共治”总额3.1亿元。嘉兴市民营企业及其人士参与“五水共治”专项行动受到到禾实地调研的省工商联领导充分肯定，被《中华工商时报》《浙江工商》《嘉兴日报》及嘉兴电视台等媒体分别进行报道达60余条。

【举办中国·嘉兴商会发展高端论坛】 6月27日，由市工商联承办的中国·嘉兴商会发展高峰论坛在嘉兴举行，省工商联副主席李任治，市领导梁群、薛佳平，市工商联、市合作交流办等市相关部门的领导以及60多名协会商会会长、秘书长、代表参加会议。会上，浙江大学公共管理学院常务副院长、浙江商会发展研究院院长郁建兴作《全面深化改革时代的行业协会商会发展》主题演讲，并举行“浙商回归投资联络站”授牌仪式，嘉兴温州商会、嘉兴湖北商会、嘉兴江西商会、宁波嘉兴商会的会长就如何提升商会活力等话题进行交流互动。

【行业协会会长参加APEC会议】 11月9～10日，作为亚太经合组织系列会议之一的APEC工商领导人峰会在国家会议中心召开，21个经济体以及其他国家和地区的1500名工商界人士参加会议，嘉兴市箱包行业协会会长、新秀集团创始人施纪鸿，嘉兴市防水保温行业协会会长陈家标，嘉兴市羊毛衫行业协会会长汪昌斌，参加了这届亚太地区最具影响力的工商界活动。

【徐云明获“全国优秀建设者”称号】 11月25日，第四届全国非公有制经济人士优秀中国特色社会主义事业建设者表彰大会在北京举行，全国共有100名非公有制经济人士和其他社会阶层人士获得殊荣。嘉兴蓝驰光电科技有限公司董事长徐云明榜上有名。徐云明是嘉兴市首位被授予“全国优秀中国特色社会主义事业建设者”荣誉称号的非公有制经济人士代表。

（王国荣）

群众团体

嘉兴市总工会

【概况】 2014年,全市各级工会围绕全面深化改革、推进企业转型升级、实现经济稳中求进的中心工作,服务嘉兴经济社会发展大局,维护职工合法权益,在助推"两美"嘉兴建设,打造江南水乡典范进程中发挥作用。市总工会获全国"安康杯"竞赛安全文化宣传工作先进单位、全国总工会基层工会组织建设创新成果二等奖,工会干部"上挂、下联"工作经验在全省基层工会建设会议上交流、推广。全省工会劳动保护工作现场会在嘉兴市召开。全市18个单位受到全国总工会表彰,75个单位受到省总工会表彰。市总工会组织开展的"争当好职工,奉献中国梦"主题活动和"镇(街道)工会创示范,基层工会增活力"专项活动受到省总工会肯定,《浙江工人日报》均在头版头条进行报道和宣传。

开展以"五水共治、岗位创新"为主要内容,以治污水、防洪水为重点,层层联动、点线面结合的专项劳动竞赛。与市发改委联合开展"五水共治"重点工程立功竞赛,联合市水利局以项目部、工段、班组为单位,开展水利重点建设项目立功竞赛;发挥示范引领作用,在全市"五水共治"重点工程中选树"五水共治"竞赛活动示范点10家。组织动员121项市级及以上重点工程和241项水利工程项目开展立功竞赛活动,市级以上重点建设项目立功竞赛基本实现全覆盖。嘉兴市应急备用水源(秀湖水库)工程被命名为浙江省重点建设立功竞赛示范工程。联合嘉兴日报报业传媒集团开展"我为治水献一计"金点子征集活动,共收到建议1100余条,由专家评选出金点子10条。开展职工(劳模)技术服务队"双进双帮"(进中小微企业、进"五水共治"项目工地,帮解技术难题、帮播科普知识)活动,全市各级工会组建"五水共治"职工志愿服务队47支,开展服务项目72项。

在全市企事业单位中开展"工人先锋号"创建活动,重点向窗口服务行业、重点工程、重点项目和非公企业拓展,全市创建全国工人先锋号12个,省级26个。表彰嘉兴市工人先锋号50个,各县(市、区)总工会也分别评选命名一批县级工人先锋号。联合市委宣传部开展"最美嘉兴人·杰出职工"评选宣传活动,评选表彰10名嘉兴市"杰出职工"、10名嘉兴市"优秀职工"。通过召开推进会,动员和组织广大职工投身"争当工人发明家,创新逐梦促发展"主题活动,同时,联合市科技局开展"工人发明家"评选活动,推进劳模创新工作室、高技能人才创新工作室创建,全市评创国家级创新工作室1个、省级创新工作室12个,市级69个,年度完成创新项目528个,创新成果获专利1146个,创造经济效益4.9亿元。

分级分类举办技能比武活动,县(市、区)举办77场次,镇(街道)119场次,全市共有3.6万余家企业开展职工岗位练兵、技能比武活动,参与职工达90万余人,一大批优秀技术工人脱颖而出,有力推动职工技能素质的提升。

联合市人力社保局等部门开展2014年嘉兴市职业技能竞赛暨第七届职工技能运动会，开展市级技能竞赛25项，通过竞赛55名职工获得技师资质证书，259名职工获高级工资质证书，2367名职工实现技能晋升，79名职工获得技术操作能手称号。

在非公有制企业、中小企业和各类工业园区、村中开展以“五个有”（有组织、有标准、有考评、有激励、有实效）为标准的和谐劳动关系创建活动，培育、评创53家市级和谐劳动关系先进企业，4个和谐劳动关系先进园区，32名和谐劳动关系工作先进个人。市和县（市、区）全面实行工资集体协商专职指导员选聘工作，全市共聘请专兼职指导员262人。开展工资集体协商要约行动推进月活动，通过召开全市工资集体协商规范化建设典型案例现场会，总结推广嘉善县礼庙村村级区域化协商、南北署村行业协商和平湖市广陈镇小微企业工资精细化协商，推进集体协商提质增效。贯彻《浙江省企业民主管理条例》，开展“公开解难题、民主促发展”主题活动，普遍推行企事业单位民主评议制度，通过会议、栏目、报刊、网络等形式，丰富厂务公开民主管理工作形式和内涵，全市职代会和厂务公开建制率分别为94%和92%。海盐县水务集团厂务公开工作受到全国总工会厂务公开督察组肯定。以“安康杯”竞赛为载体，劳动保护分级管理为抓手，开展劳动保护宣传和培训，培育、总结和推广“企业安全生产评估分级亮牌工作”模式，探索实现安全生产“分级抓、分层管、分类查”机制，创新工会劳动保护监督机制，平湖经验受到省总工会领导重视和肯定，省总工会在嘉兴市召开全省劳动保护工作现场会，推广工会劳动保护分级管理工作的成功经验。2014年，全市开展“安康杯”竞赛企业10330家，参赛职工66万多人；主动联合市安监局开展安全生产合理化建议征集活动，参与企业2072家，参与职工8万多人次，提出合理化建议5155件，被单位采纳1688件。

深化工会组织体系建设。在纵向上，以镇（街道）总工会为龙头，推进村（社区）工会和非公企业工会组织建设；在横向上，按照便于服务、便于管理和产业相似的原则，推进行业工会建设；在区域上，以经济开发区和工业园区为重点，推进外资企业工会建设，初步形成条块结合的统筹城乡基层工会组织体系。到2014年底，全市73个镇（街道）全部建立总工会，建立村（社区）等区域性、行业性工会2000多个，基层工会13500家，覆盖单位近6万个。全市工会会员180万人。开展“镇（街道）工会创示范，基层工会增活力”活动，制定下发实施细则，以镇（街道）总工会创“六好”、区域（行业）工会创“五好”、基层工会增活力、入会窗口“七有”为标准，选树、培育不同层面的典型。配齐配强工会干部，全市73个镇（街道）总工会主席中，由副书记兼任51个，设专职主席22个。与镇（街道）分设的5个开发区都建立总工会，由副书记兼任工会主席；加强基层工会干部培训力度，组织48名镇（街道）、产业（系统）工会干部参加省总工会培训，市总工会和各县（市、区）、产业（系统）工会组织培训61批次，培训基层工会干部3040人，落实新任工会主席当年培训，其他工会干部三年一轮训的工作计划；平湖、海盐探索工会干部资质认证制度，嘉兴港区通过开办QQ学校，加强工作交流，提升工会工作专业化水平。市总工会女职委探索和推动女职工（女劳模）创新工作室创建，建立“妈咪暖心小屋”，提升女职工创新能力，为女职工提供暖心服务。推进工会经费税务代收工作。

开展工会“四季送”、结对助学、“心连心”大病救助、爱心透析专项救助、“平安返乡”等活动。全年全市各级工会共筹集送温暖慰问金474.16万元，走访一线职工7303户，慰问困难企业151家，慰问困难家庭2467户。“春风行动”期间，发放宣传材料4.26万份，举办免费专场招聘洽谈会48场，提供免费就业服务8434人次。“金秋助学”活动期间，发放助学款172.62万元。“心连心”大病救助130人次，发放救助款60.7万元。“爱心透析”专项救助64人，发放救助金28.8万元。帮助8205名外来农民工平安返乡。夏季高温期间,各级工会组织慰问企事业单位 1955 家,慰问职工 26.1 万人次,发放慰问款 2543.8 万元,慰问品 993.9 万元。在做好做强传统项目的同时,各级工会探索推出一些具有地方特色和品牌效应的帮扶项目,如县(市、区)工会开展的"虚拟岗位"、四季"文化餐"、"走基层、惠员工"和向社会心理培训中心购买服务等。"虚拟岗位"活动作为浙江省送温暖活动的典型案例,由全国总工会推荐给中央媒体宣传报道。

【深化企业职工文化建设】 2014 年,市总工会在推进企业职工文化"八个有"建设的基础上,联合市委宣传部等七部门深化企业职工文化建设"三十佳"创评活动,推进全市"职工文化家园"建设,建成一批以南湖区敏实集团、秀洲区雅莹公司和桐乡市铭龙公司为代表的具有较高水平的职工文化阵地。扩大创建面,提升创建层级,创建全国教育培训示范点 4 个,全国职工书屋 5 个,省级 50 个,省级职工文化家园 6 个。发挥各级工人文化宫、职工学校的辐射作用,形成一批具有较高文化素养的职工艺术团队,通过举办专业培训班等途径,加大培育职工文艺骨干力度,不断提升基层职工文化活动水平,扩大受众面。通过举办企业职工讲堂、女职工素质提升大小课堂和劳模先进宣讲,开展"送演出、送电影、送培训"等"送文化、种文化"活动,深化核心价值观教育;全市各级工会组织送电影 1388 场次,送演出 469 场次。发动广大职工参与全民健身活动,举办全市职工气排球比赛,选拔参加全省比赛。

【开展"争当好职工,奉献中国梦"活动】 年内,市总工会开展"争当好职工,奉献中国梦"活动。组织劳动模范评选,评选出省级劳模 38 名,省级模范集体 8 个,全国五一劳动奖状 1 个,全国五一劳动奖章 4 名。开展先进事迹宣传活动,通过在《嘉兴日报》开设"劳模座右铭"专栏,在嘉兴电视台新闻频道开设访谈,在嘉兴电台新闻频率开设"劳动者之声",开展"朵朵鲜花送劳模"走访慰问和劳模"微心愿"征集活动,弘扬时代精神。关心关爱劳模,出台提高市级劳模荣誉津贴标准的文件,组织劳模体检、疗休养 165 人次,走访慰问劳模 167 人次,为 74 名市级以上劳模发放困难补助 63 万元。开展职工征文、演讲以及"圆梦有我"实践活动,教育引导广大职工和工会干部自觉把思想和行动统一到中共十八大精神上来,把智慧和力量凝聚到实现党中央的决策部署上来。选送的征文《冲过生命的画线》获全省一等奖。

(王春勤　李建红)

共青团嘉兴市委

【概况】 截至 2014 年年底,嘉兴市有 28 周岁以下青年 527421 人,共青团员 178846 人。全市有县(市、区)团委 7 个,基层团委 383 个,团工委 35 个,镇团委 44 个,街道团(工)委 29 个。有团总支 322 个,团支部 8257 个。共青团嘉兴市委(团市委)有直属团委 40 个,团总支 4 个。全市共有专职团干部 178 人。

强化青少年思想教育。2014 年,团市委以纪念"五四运动"95 周年为契机,集中开展"我的中国梦"主题教育活动;开展"红领巾相约中国梦,争做美德少年""与人生对话——我的中国梦""我的青春我的团" 等主题教育活动;在建党节、成人节举行"与信仰对话"十八岁成人礼。开展"社会主义核心价值观"大讨论、"奋斗的青春最美丽"系列故事分享会等活动。开展嘉兴市"十大杰出青年""十大青年创业风云人物""乡村好青年""美德少年" 等评选活动,挖掘选树一批来自各条战线、可学可比可亲的优秀青少年典型,同时组织"十大杰出青年"进高校、"乡村好青年"创业分享会等活动,提升社会影响力。推进网络宣传阵地建设,组建网宣员、网评员队伍,推进"青年好声音"网络文化行动,先后开展"奋斗的青春最美丽""我为核心价值观代言"等主题宣传引导活动。5 月,团中央书记处第一书记秦宜智到嘉兴专题调研，肯定嘉兴市共青团组织舆论引导方面的实践探索。

深化青少年岗位建功。围绕市委“五水共治”重大决策部署，实施青春助力“五水共治”行动，开展“清三河”青年志愿者统一大行动、“百团添万绿——保护母亲河植树行动”、“以鱼洁水——保护母亲河”志愿者行动、“文明交通我先行，传递环保绿能量”低碳骑行等一系列活动。围绕全国文明城市复评等中心工作，启动实施“学雷锋、讲文明、树新风”志愿者行动，开展“3·5”和“12·5”志愿服务主题活动，开展“文明出行、我在行动”、准大学生社会实践体验周、医务志愿者体验月等系列活动。开展2014年“学雷锋公益成长计划”项目资助和首届“益满禾城”公益创投活动，扶持培育社会公益组织。举办全市志愿服务制度化建设工作推进会和培训班，升级改版志愿者注册管理系统，出台实施志愿服务记录和激励回馈办法，建立市本级志愿者保险制度。助推“电商换市”，成立嘉兴市青年创业就业促进中心，筹建6000平方米青年创业园，重点发展电子商务、生态环保等产业项目，为青年创业提供孵化实践平台。开展“华隆广场杯”青年电商创业大赛，成立青年电商创业联盟，以创业论坛、政策解读、银企对接会等活动，吸引创业青年投身电商。

改善青少年民生。通过举办青年才艺星大赛、大学生电影节、青年文化沙龙等活动搭建风采展示平台；通过举办“禾城佳缘”青年交友联谊、“非诚勿扰”单身青年相亲会等活动搭建交友联谊平台；通过举办青年置业节、大学生旅游节等活动搭建生活服务平台。推进五类重点青少年群体服务管理和预防犯罪工作，开展“共青团与人大代表、政协委员面对面”活动。发挥“12355”青少年服务台与拾星者青少年社工事务所专业化服务功能，举办“轻松备考·阳光行动”“心灵花园”体验等活动，提升青少年事务社会工作水平。深化关爱新居民子女志愿服务行动，开展“微心愿”征集和免费体检活动，开展“流动青少年宫”活动102场，实施第二届“万封家书传亲情”活动，该项目获得首届中国青年志愿服务项目大赛金奖。开展阳光助残行动，动员社会各界加强对残疾青少年的帮扶关爱。与沙雅团县委签订共青团工作交流协议书，开展两地“民族团结手拉手”活动，共6700对少先队员结成“手拉手”小伙伴，互通书信，交流学习。参与“红船关爱”温暖群众心活动，资助新疆沙雅、青海都兰的青少年事业工作。同时，与青年报社和台湾青商总会签订合作备忘录，在青年创业、交友联谊、生活服务等诸方面搭建共享互惠平台。

年内，团市委深化“双网互动”工作，着力构建“网络+网格”的组织覆盖格局。承办全省“双网互动”现场推进会，编印下发《嘉兴共青团“双网互动”工作指南》，举办专题培训班，优化全市网格划分，推动学校、企事业单位融入所在网格，激发网格活力；推动各地“双网互动”工作重点镇(街道)培育和建设工作，为全市提供鲜活经验。逐步完善“双网互动”信息平台，拓宽对外服务功能。开展以“我们的青年群众观”为主题的反对“四风”专题讨论、“做青年友，不做青年官”主题演讲比赛、大学生村官“践行群众路线，争当‘泥腿子’村官”主题实践活动暨“民情擂台赛”等活动。开展“百名团干进基层，真情服务联帮促”活动，倾听青年心声，征求群众意见。成立市学生联合会。完成市青联换届工作。以市青企协换届为契机，与农行嘉兴分行建立战略合作关系，农行授信10亿元用于扶持青年企业家创业发展。组织开展沪嘉两地青联委员、青企协会员座谈会和“走进SMG”、“走进上海自贸区”等交流活动，同时，推进北京嘉兴青年联谊会筹备工作。

年内，团市委获得首届中国青年志愿服务项目大赛金奖、2014年度浙江省共青团系统信息工作先进单位称号、2014年度浙江省共青团调研工作组织奖、2014年度全国文明城市工作突出贡献奖等多项荣誉。嘉兴市少工委、嘉兴市志愿者协会和嘉兴市青年企业家协会分别被评为浙江省先进市级少工委、浙江省志愿服务优秀集体和浙江省青年企业家协会工作先进单位。

【开展青春助力"五水共治"行动】 2014年,团市委围绕市委市政府"五水共治"工作的总体部署,以青春助力"五水共治"为主题,以争创"共青示范河"活动为载体,对重点河道实行共青团治水护水段长负责制,共发动各级团组织认领拟创建"共青示范河"173段,总计182.7公里。组建"五水共治"青年志愿者服务总团和各县(市、区)总队,组建常态化护水志愿者队伍138支、2000余人,定期开展清理整治保洁700余次。创设"以鱼洁水——保护母亲河志愿者行动""百团添万绿——保护母亲河植树行动"等品牌项目,开展活动300余场,带动近4万人次参与。发挥农村青年致富带头人作用,引导青年带头拆除违章猪舍,走无公害有机化生态农业之路。以"青年文明号""青年岗位能手"创建为载体,开展"节能减排技能竞赛""青春献计助力治水"等活动。开展"五水共治"公益广告大赛、治水节水"金点子"征集等活动,征集金点子30000余个。打造团属绿色传播平台,以"五水共治随手拍"为载体,利用新媒体引导青少年强化护水、节水意识。在少先队员中开展"红领巾生态环保"行动和"小手拉大手,保护母亲河"等活动,参与"生态文明行"网上争章1073人。

【第十届"嘉兴市十大杰出青年"评选】 2014年,团市委组织开展第十届"嘉兴市十大杰出青年"评选活动。前期在《嘉兴日报》宣传发动,整版宣传二十位候选人相关事迹,录制颁奖典礼实况电视节目,通过"十杰"自我介绍、VCR事迹及评委点评等形式,使广大的电视观众全面了解其成长轨迹。依托嘉兴青少年网、嘉兴人网、嘉兴共青团微博等新媒体,通过网络投票,号召网民参评,提高知晓率;开展微博互动,以转发、评论促进先进事迹传播率。活动吸引各行各业各类杰出青年候选人50名参评。经过报纸、网络和组委会综合评价,评选出第十届"嘉兴市十大杰出青年"十名,"嘉兴市优秀青年"十名。团市委创设各类平台,在暑期邀请历届杰出青年走进大学校园为大学生作事迹宣讲报告;邀请杰出青年从不同的角度为青年群众解读十八届四中全会精神等,让杰出青年走进普通青年中去,带领广大青年创业创新。

【成立嘉兴市青年创业就业促进中心】 年内,团市委成立市青年创业就业促进中心,主要围绕青年创业就业,重点打造服务、资金、实践、交流四大平台。通过整合高校、协会、企业三方资源,搭建培训服务平台。与在嘉兴高校合作,携手淘宝大学嘉兴分校举办青年电商创业大讲堂;与市商务局等部门合作开展青年创业沙龙,组织青年电商参加电商政策培训;邀请优秀企业家举办青年创业培训进校园及"与优秀企业家面对面"活动。全年累计参加活动人数5000余人。通过融合银行、政府、社会三股力量,搭建资金扶持平台。联合市银监局开展青年电商创业银企对接会,全市11家银行参与对接,成功争取贷款1800万元;与浙商创投合作举办专题天使投资分享会,成立浙商嘉兴青创天使基金;做好"青年创业小额贷款"工作,全年累计发放创业贷款项目1484个,贷款金额2.4亿元。举办全市青年电子商务创业大赛,共收到创业企划书84份,聘任一批风投专家、企业家、高校教授为创业导师,举办大赛辅导和专题培训。赛后,帮助获奖者协调贷款申请、落户、贴息、创业指导等事宜,给予获奖者入驻正在筹建的6000平方米嘉兴市青年(大学生)创业园的政策,搭建项目实践平台。

【开展志愿服务主题活动】 2014年,团市委深入开展"学雷锋、讲文明、树新风"志愿服务主题活动,其中"万封家书传亲情"活动被团中央等部门评选为首届中国青年志愿服务项目大赛金奖。开展志愿者统一大行动,在"3·5"志愿服务主题日开展广场便民利民集中志愿服务,开展电器维修、保健义诊等志愿服务项目。组织团员青年通过无偿献血奉献爱心；在“12·5”志愿服务主题日举办志愿服务座谈会，组织志愿者种植“志愿十年纪念林”。开展“邻里守望”志愿服务活动，推进第二届“万封家书传亲情”活动、医疗志愿者免费体检、青联委员“微心愿”认领、“流动青少年宫”等活动；向中国光华科技基金会申请价值200多万元的“敬老保健礼包”500份和1800个茶饼，免费赠予社区困难老人；联合市残联成立助残志愿者“阳光行动”工作领导小组，开展残疾青少年排查摸底和结对帮扶工作。开展“文明出行，我在行动”志愿服务活动，围绕市区交通文明劝导，开展准大学生社会实践体验周活动，以及组织大学生志愿者走上街头参与文明劝导；联合市治堵办、市交通局、市嘉通公司开展“文明交通我先行，传递环保绿能量”低碳骑行活动。

（高祥慧）

嘉兴市妇女联合会

【概况】 2014年，嘉兴市有镇（街道）妇联组织73个，村妇代会792个，社区妇联335个，村妇联98个，“两新”组织（新经济组织、新社会组织）妇联（妇委会）4247个，系统妇委会（妇工委）207个（不含乡镇所属），民主党派妇委会9个，家庭教育学会、女企业家协会等妇女团体7个，未建妇女组织设妇女工作联络员的有3367个。

2014年，嘉兴市妇女联合会（市妇联）推进城乡妇女创富建功，支持、助推女性创业就业。年内为31名妇女提供小额贴息贷款566万元，全市共为128名妇女发放小额贴息贷款2617万元，向112名妇女发放创业担保贷款2707万元。举办农产品女经纪人“畅通销售渠道·促进农业转型”交流活动和电子商务培训。举办第十一届“架金桥促发展”女性就业促进会，全市共举办专场招聘会55场。依托女企业家协会平台，以举办政策对接会、交流洽谈会、外出参观考察等形式，引导女企业家投身“四换三名”（腾笼换鸟、机器换人、空间换地、电商换市；名企、名品、名家）转型发展实践。开展“乡情暖心”走访慰问活动，共走访慰问女企业家和“浙商”家属23名。加强巾帼文明岗创建和检查评审，2014年全市创建全国岗5个、省级岗23个、市级岗62个。

围绕“两美”嘉兴建设，参与和谐社会构建。2014年，市妇联以“清河治水·巾帼在行动”五先行活动为载体，深化优美庭院创建活动，动员广大妇女和家庭参与“五水共治”。开展寻找“嘉禾最美家庭”系列活动，评选表彰“百户文明家庭”。抓实家长学校建设，评定市级家长示范学校23家，推荐申报省级示范家长学校19家。在社区家长学校中，探索和推广以亲子阅读为切入点的家庭教育工作模式。开展“科学家教城乡行”活动，举办讲座229场。加强家庭教育宣传，在主流媒体设置家庭教育专栏（节目）。指导嘉善县推进全国家庭教育指导服务体系示范点建设，承办召开全国家庭教育指导服务体系工作现场会。联合市教育局、市文明办举办“嘉兴记忆·亲子穿越——嘉善行”系列活动。市妇儿活动中心借助市“文化有约”网络平台推送20多个项目，组织648次培训（活动），为近万人次市民提供各类公益文化服务。参与全国儿童生态道德教育和少年儿童“五水共治”寻访实践活动，共有600多名小学生参与。

维护妇女儿童合法权益。加强维权机制建设，年内，市妇联联合市法制办建立政策法规性别平等咨询评估机制，实现各县（市、区）的全覆盖；联合公安等四部门出台《嘉兴市家庭暴力告诫制度实施办法（试行）》，减少家庭暴力的发生；联合司法行政部门成立嘉兴市婚姻家庭纠纷人民调解工作协调小组，参与“大调解”机制建设；联合民政部门完善家庭暴力庇护所工作制度。深化“平安家庭”创建，开展“法律进家庭”活动，开展以“法律温暖·家庭幸福”为主题的“三八”维权周、“拒绝家庭暴力·创建平安家庭”国际除暴日主题活动。完善“12338”

热线与县(市、区)的联网运作,全市妇联系统共收到来信来访来电630件。实施妇儿发展规划实事项目,开展全市城乡妇女"两癌"检查项目,启动第二轮市本级"两癌"困难妇女专项救助,全市共组织48.03万名妇女开展"两癌"检查,救助困难"两癌"妇女81名,发放救助资金32.45万元。开展爱心助学项目,为53名学生发放爱心助学金5.3万元。

【开展清河治水五先行活动】 2014年,市妇联以"节水宣传我先行、护水志愿服务我先行、治水公益实践我先行、转型发展我先行、美化家园我先行"等"清河治水·巾帼在行动"五先行活动为载体,以"优美庭院"创建为重点,动员广大妇女和家庭参与"五水共治"。3月,成立"五水共治"巾帼宣传队、监督队、护水队、节水队四支志愿者队伍,开展认领河段,沿河植绿护绿、清理漂浮物、清扫垃圾等志愿服务活动。4月,开展巾帼文明岗志愿服务"进社区、进校园、进广场"的"三进"活动。在4月22日地球日举办巾帼文明岗"五水共治"宣传服务进社区、广场和校园活动。5月,开展"我为治水献一计"金点子征集活动,共收到意见建议200多条。开展"小鱼治水"亲子放生活动、"播种绿色·扮靓家园""生活像花儿一样" 家庭祈愿送绿等活动。开展一村一品"微田园"创建,9月召开"优美庭院"创建工作推进会,推广秀洲区王江泾镇古塘村"五水共治"家庭治污"责任田"制度,评审前期开展的"我心中的优美庭院"绘画大赛的参赛作品,共评出获奖作品50件。全市完成63个优美庭院示范村创建目标。市妇联组织治水工作督导22次,督察河道50条。

【开展寻找"最美家庭"活动】 3月,市妇联在全市开展寻找"嘉禾最美家庭"系列活动。整个活动分"寻、评、展"三个环节。通过指导城乡社区"妇女之家"开设"最美家庭"专栏,发布公益广告和活动资讯,引导群众发现自己和身边家庭的"最美元素"。依托"妇女之家"、农村文化大礼堂等平台,开展道德文明故事会、文明家风交流会、家训家规评议等活动1117次,组织广大妇女和家庭评议身边的"最美家庭"。7月,经综合评审,市文明办、市妇联授予南湖区东栅街道格林小镇范永刚等10户家庭为嘉兴市2014年"十佳嘉禾最美家庭"称号,授予南湖区大桥镇云东村姚永才等100户家庭为嘉兴市2014年"百户文明家庭"称号。7月31日,市妇联与市委直属机关工委举办"嘉禾最美家庭"事迹报告会。9月28日,承办浙江省"最美家庭"揭晓、文明家庭表彰暨家庭道德建设推进会。

【建立政策法规性别平等咨询评估机制】 4月,市政府法制办、市妇联联合下发《关于建立嘉兴市政策法规性别平等咨询评估机制的通知》。该机制包括政策法规性别平等咨询评估工作联席会议、政策法规性别平等咨询评估工作专家组、政策法规性别平等咨询评估工作办法,专家组由市人大内务司法、市法院、市检察院、嘉兴学院、律师事务所等从事法学、妇女理论研究和相关实务工作的领导、专家和学者组成。5月6日,启动嘉兴市政策法规性别平等咨询评估机制暨召开第一次联席会议,这标志着嘉兴市进一步将性别平等纳入决策主流,对维护妇女合法权益、促进妇女平等参与发展、推动两性和谐发展具有重大意义。

【出台《嘉兴市家庭暴力告诫制度实施办法》】 9月,市公安局、市中级人民法院、市人民检察院、市司法局、市妇联五部门联合出台《嘉兴市家庭暴力告诫制度实施办法(试行)》。本办法所称的"告诫",是指公安机关对违反法律、法规的轻微家庭暴力行为或无须直接作出行政处罚的家庭暴力行为,督促行为人改正而作出的行政指导行为。办法重点厘清公检法等部门在预防和制止家庭暴力中的职责,对家庭暴力行为的界定、接处警的流程、排查预警的机制、调查取证和告诫环节等逐一细化。公安机关作出的家庭暴力告诫书在人民法院依法受理的涉及家庭暴力民事案件中,可以作为认定实施家庭暴力的证据。至年底,全市发出告诫书 15 份。

【承接政府妇女儿童社工服务】 市妇联依托社工机构,承接政府有关妇女、儿童及家庭的社工服务。2014 年,全市共开展专业社工服务个案 293 个,提供专业服务 8515 人次。市阳光家庭社工所单亲妈妈家庭社工服务获中央财政 50 万元的示范项目,经济就业困难妇女和平湖和谐家庭社工所婚姻危机调适项目获民政部、李嘉诚基金会大爱之行——全国贫困人群社工服务及能力建设合作项目。全市妇联系统主办的 7 家社工机构实施单亲妈妈家庭社工服务、婚姻关系危机干预、流动儿童家庭教育等 14 个社工服务项目。12 月,市阳光家庭社工所举办"爱在阳光下,携手社工梦"五周年汇报会,展示工作成效,进一步扩大社会影响力。

【首次举办社会女性 SYB 创业培训班】 7 月 21~25 日,由市妇联、市女子创业学院主办,嘉兴职业技术学院承办的嘉兴市社会女性 SYB(创办你的企业)暨嘉兴市女子创业学院第七期 SYB 创业培训班在市委党校举办。全市五县两区的 30 名学员参加培训。学员以初创业女性经营者、有创业意向的女大学生为主,突破以往只在大学生中开展此类培训的状况。培训课程中安排学习制作创业计划书的内容,计划书制作合格者获得国家就业培训技术指导中心发放的 SYB 创业培训合格证书,增强了培训的资质性。年内,全市共举办 3 期此类培训班。

【召开市第七次妇女代表大会】 11 月 3~5 日,嘉兴市第七次妇女代表大会在嘉兴大剧院举行。参加会议的代表 443 名,其中,正式代表 377 名,特邀代表 38 名,列席代表 28 名。市领导高玲慧、胡海峰、梁群、孙贤龙、陈越强、连小敏、邵建华、祝亚伟、王淳,省妇联党组书记、主席劳红武出席开幕式。劳红武、胡海峰分别代表省妇联和市四套班子在开幕式上讲话。市妇联主席陆英作题为《凝聚妇女力量、勇担巾帼使命,为建设"两美"嘉兴打造江南水乡典范而努力奋斗》的工作报告。大会选举产生市妇联新一届执委会执委、常委、主席、副主席,通过市妇联第六届执行委员会工作报告,表彰 40 名嘉兴市"三八"红旗手以及 20 个"三八"红旗集体,并向全市广大妇女发出《争做美丽女性·共建美丽家园·创造美好生活》的倡议。

(吴　敏)

嘉兴市科学技术协会

【概况】 2014 年年底,嘉兴市科协所属市级学会(协会、研究会)60 个,县级学会(协会)155 个,企事业科协 62 个,高校科协 1 个。2014 年,市科协被评为浙江省科协系统先进单位。

年内,市科协积极搭建招才引智平台,拓展科技合作新渠道,促成市政府与中国工程院环境与轻纺工程学部签约科技合作框架协议,达成首批十大类合作项目;联合浙江清华长三角研究院成功申报中国科协"海外智力为国服务行动计划工作基地"(简称海智基地)。继续推进院士专家工作站建设,加西贝拉压缩机有限公司院士专家工作站被评为全省典型院士专家工作站,浙江朝晖过滤技术股份有限公司、嘉兴学院 2 家院士专家工作站被认定为省级工作站。嘉兴市华特机电有限公司、浙江浦江缆索有限公司、浙江泛亚生物医药股份有限公司、浙江青莲食品股份有限公司、海宁国美园艺有限公司、海宁皮意纺织有限公司、浙江米赛丝绸有限公司、海宁市人民医院、浙江海得新能源有限公司、浙江华赢板业科技有限公司 10 家企业被认定为第六批嘉兴市院士专家工作站建站单位。

年内,市科协围绕"五水共治"方面遇到的难点问题,邀请孟伟等 10 名院士、专家开展对策咨询,为嘉兴市水环境治理献计献策。开展"五水共治"科普宣传,举办各类科普讲座 242 场,科普巡展 205 场,发放宣传资料 11

万多份,开展志愿者活动196次,1.1万多名科技工作者和科普志愿者参加,受益群众65万多人次。

协调组织、宣传、经信、农经、教育五个牵头部门及成员单位,实施"五大人群"科学素质行动计划,开展各类活动417项;嘉兴市首届青少年"五水共治"科普剧比赛、平湖市科协"全民科普知识网络竞赛"分别被评为全国科普日活动优秀特色活动和优秀网络在线活动,海宁市科协被评为浙江省全国科普日活动优秀组织单位。加强科普示范创建,嘉善县罗星街道等3家单位成功创建浙江省第八批基层科普示范单位,26家单位被命名为第九批嘉兴市基层科普示范单位。

年内,市科协实施"社区科普益民计划"和"科普惠农兴村计划",组建科普讲师团,深入农村、社区、学校巡讲100多场次;连续第七年邀请中国科学院老科学家科普演讲团到嘉兴,巡回宣讲74场次,听众3万多人;推进基层科普场馆建设,新建小场馆5家;召开全市科普惠农服务站工作经验交流会,评选优秀典型案例12个;加强农村转产转业实用技术培训,开展农函大一年制以上培训253班次、短期培训833班次;引导农村科技示范户、专业户推广先进实用技术,新建农村专业技术协会5家。桐乡杭白菊产业协会、联丰养羊专业技术协会、海盐武原街道宜家社区、海宁海洲街道海洲社区获得全国基层科普行动计划先进单位称号,海宁盐官镇郭溪行道树苗木协会等3家单位获得省基层科普行动计划先进单位称号,嘉善西塘镇兴建村王志康被评为省级农村科普带头人。

年内,在全市学会中启动实施"学会服务能力提升计划",确定质量、公路与港口、纺织工程、土木建筑、农机、植保、中医药、营养8个学会为首批"提能"试点学会,启动实施"提能三年工作计划",为全市学会新一轮发展作出示范。实施"育才工程",资助5名青年科技人才出国(境)参加国际学术交流和出版学术专著,推荐53篇论文参加"浙江省自然科学学术奖"评选;举荐优秀科技工作者,赵浩被评为全国优秀科技工作者;组织开展第三届"南湖百杰"暨嘉兴市第六届青年科技奖评选活动,王文智等10名青年科技工作者受到表彰。

【与中国工程院环境与轻纺工程学部签约】 5月16日,副市长柴永强和中国工程院院士郝吉明代表双方正式签约,达成首批十大类的合作项目。中国工程院三局副巡视员高战军,中国工程院院士蒋士成、周翔、孟伟、郁铭芳、姚穆、孙晋良、段宁、俞建勇等,及省、市相关领导与专家出席签约仪式。该协议是环境与轻纺工程学部与地市级政府签署的第一份科技合作协议,标志着嘉兴市与该学部的合作实现了由点到面的突破,是嘉兴市科技创新、项目合作、学术交流、人才培养的又一重要平台。

【海智计划浙江工作基地】 2014年,市科协联合浙江清华长三角研究院积极申报中国科协"海外智力为国服务行动计划工作基地"。9月18日,在长三角研究院建院十周年之际,中国科协副主席张勤授牌"海智计划浙江(嘉兴·长三角)工作基地"。该基地的建立,将为嘉兴市更加有效地引进海外人才,推动国际科技合作交流发挥积极作用。

【中国工程科技论坛在嘉兴召开】 5月17日,中国工程院第180场中国工程科技论坛在嘉兴召开,中国工程院党组成员、秘书长白玉良,中国工程院院士蒋士成、周翔、孙晋良、郁铭芳、姚穆、俞建勇、丁传贤等出席。副市长祝亚伟出席论坛开幕式并致词。国家有关部委、全国性纺织协(学)会、高校、科研院所、大型纺织企业和嘉兴市纺织企业代表等150余人出席会议。论坛主题"我国纺织产业科技创新发展战略(2016~2030年)",属2013~2014年中国工程院咨询研究项目,旨在对当今纺织产业科技创新开展咨询研究,为中国纺织产业到2020年实现由纺织大国向纺织强国的转变。

【科普讲师团】 2014年,为进一步发挥市级学

(协)会、相关院校科技人才的资源优势,有计划、有针对性地为基层提供高质量、多学科的科普宣传服务，市科协重新组建科普讲师团。全市各行各业80名热心科普事业的专家学者成为讲师团成员,市科协科普部副部长刘大明担任团长。同时,围绕经济转型升级、创新驱动发展、生态环保建设、农业新技术推广应用、健康生活理念等主题,设计了200多项“菜单”,方便各类群体根据实际需要，有选择地进行“点菜”。

(闻泉新)

嘉兴市社会科学界联合会

【《中国共产党早期组织及其成员研究》成果发布】 6月20日,市社科联与省委党史研究室、省社科联、市委宣传部、嘉兴学院红船精神研究中心联合举办《中国共产党早期组织及其成员研究》成果发布会,中央党史研究室副主任李忠杰、省委党史研究室主任金延锋、省社科联副主席邵清、市委书记鲁俊等领导以及解放军后勤指挥学院教授邵维正等10多位国内党史专家参加会议。李忠杰给予“成果可喜、精神可嘉,框架独特、内容集成、考证细腻、评述客观,对于推进和深化中共创建史研究、宣传党的创建历史具有重要作用”的高度评价。党史专家、《求是》杂志社社长李捷为本书撰写序言,高度评价:“这是一部填补中共党史研究重要空白之作。”北京师范大学教授张静如专门索要该书,并撰写读后感,刊登于中央党史研究室《科研学术动态》。《人民日报》《光明日报》等10多家中央和省、市媒体对课题成果作了宣传报道,凤凰网、中国网等40多家媒体相继转载报道,其中,《光明日报》《今日浙江》等还对课题成果作了重点介绍。该成果被列为嘉兴市五型机关考核的创新课题，荣获省社科联第五届社科研究优秀成果奖一等奖和全国优秀科普作品。

【嘉兴社科工作得到省委肯定】 8月27~28日,省委督察调研组对嘉兴市贯彻落实中央和省委《关于进一步繁荣发展哲学社会科学的意见》情况进行督察调研,认为嘉兴市的社科工作扎实有特色,主要表现在“组织建设有力度、理论武装有深度、社科研究有特色、社科普及有抓手、管理机制有创新”。在此之前,8月20~22日,省社科联党组书记郑新浦到嘉兴专题蹲点调研指导,推动嘉兴市社科工作。

【县级社科联组织建设全覆盖】 2014年,全市社科系统贯彻落实市委《关于深入推进中国特色社会主义理论学习研究宣传工作的意见》,推进县级社科联建设,实现全覆盖的工作目标任务。其中,嘉善县、平湖市、海盐县、海宁市社科联均为公益一类事业单位，分别核定编制3名、2名、3名、2名。

【开展党的群众路线教育理论研讨】 年内,市社科联与市委教育实践活动办等单位联合召开党的群众路线教育实践活动理论座谈会,围绕“从历史维度谈群众路线是我党的法宝”等15个主题进行交流。参与市委党的群众路线理论研究文章征集活动,围绕弘扬“‘红船精神’、践行群众路线”主题,从坚定理想信念的角度,组织撰写4篇征文。相关发言及理论文章在《嘉兴日报》理论与实践专版上刊发。

【应用对策研究】 2014年,市社科联将社科研究课题除自选类课题以外,设置了“红船精神”研究、嘉兴水文化研究等5个专项类和深化重点领域改革研究、增强嘉兴特色发展新优势研究等18个指南类选题方向。为规范申报工作,对课题组负责人及成员的申报数额、成果复制检测标准等进行严格控制。共收到申报课题389项,入围332项,对符合条件的227项成果分9个专业组进行2轮评审,评选出市社科规划立项课题68项、市社科联重点课题29项,并择优公开出版《2014年嘉兴市社会科学优秀课题成果汇编》。

【《中共一大南湖会议相关历史问题考证》研究】 2014年,市社科联组织开展《中共一大南湖会议相关历史问题考证》课题研究。在大量前期研究基础上,召开论证会,邀请国内研究专家对课题研究方案进行充分论证,修改完善研究方案。到台湾、上海、南京、杭州、宁波、绍兴和嘉兴及所辖县(市)查阅史料,并邀请气象专家对南湖会议召开期间的天气状况进行论证。召开中共一大南湖会议必然性学术研讨会,邀请省委党史研究室、绍兴文理学院等有关专家学者进行研讨。

【第十九届社科优秀成果评选】 2014年,开展嘉兴市第十九届社会科学优秀成果评选,共收到申报成果115项,按历史文化类、当代发展类、教育教学类分别评审,评出45项优秀成果,其中著作12项、论文33项。

表20 嘉兴市第十九届社会科学优秀成果(著作类)

等级	题　　目	作　者	单　位
一等奖	嘉兴蚕桑史	刘文、凌冬梅	嘉兴学院
	幸福感培养与德育和谐化结合论——以高校德育为研究视域	冯光	嘉兴学院
	产品内分工与贸易的动因及收益——理论与中国制造业的实证	唐铁球	嘉兴学院
二等奖	百年传唱《五姑娘》——民歌《五姑娘》研究	金天麟	嘉善县文化馆
	嘉兴人文精神的历史记忆——100个嘉兴历史文化遗珠拾粹	袁锦贵	嘉兴职业技术学院
	潮声远落星月现——关于盐邑的阅读札记	朱逸平	海盐县社科联
	水浒论议	杨大忠	桐乡市高级中学
三等奖	咬文嚼课	徐如松	秀洲区教育研究和培训中心
	一百个民间说唱	胡连英、胡金凤	南湖区档案局、区文化馆
	江南水乡最后一个渔村——嘉善县姚庄镇渔民村文化记忆	徐顺甫、苏丽君	嘉善县姚庄镇文化站
	海盐骚子·文书选集	胡永良	海盐县文化局
	渟溪日记(外三种)	虞坤林	海宁市史志办

表21 嘉兴市第十九届社会科学优秀成果(论文类)

等级	题　　目	作　者	单　位
一等奖	农村土地制度创新的成本收益分析——以浙江省嘉兴市“两分两换”为例	佘明龙、翁胜斌、李勇	嘉兴学院
	关于中共一大会议闭幕日期的再论证	陈伟平	嘉兴南湖革命纪念馆
	破解城乡“双二元结构”:基于浙江嘉兴的经验研究	顾骅珊	嘉兴学院
	嘉兴市常住人口动态监测研究	张永红、李蒙、钱红玉、王丽佳	嘉兴市人口计生委
	中小学生自主学习的现状、问题与对策——以浙江省嘉兴市为例	王羽左	嘉兴教育学院
二等奖	传统和嬗变:城镇化视角下的古镇(街)保护——海盐县古镇(街)保护探讨	顾宪法	海盐县委党校
	嘉兴市“与沪杭同城”战略实现路径研究——基于沪杭两市城市化水平视阈	何明星、王泉	海盐县委党校、县社科联
	时代·徐志摩诗·悲剧	王学海	海宁市张宗祥书画院
	丰子恺散文作品中的江南水乡民俗文化研究	唐惠华	嘉兴职业技术学院
	创有品质的新闻,做负责任的媒体——嘉广集团推进新闻创优的实践与思考	马雪腾	嘉兴市广播电视集团

续表 21

等级	题目	作者	单位
二等奖	嘉兴人对《四库全书》的贡献	王火红	嘉兴学院
	全球价值链视角下我国外贸企业转型升级的障碍分析——以嘉兴外贸企业的调查为例	王晓辉	嘉兴学院
	李叔同为白毓崐烈士碑所书铭文之发现与考证	王维军	平湖市李叔同纪念馆
	忽视"证伪"教学的原因及对策——基于小学数学课堂教学实践的思考	费岭峰	南湖区教育研究培训中心
	主体论视域下高职院校兼职教师队伍建设研究	刘桂林	嘉兴职业技术学院
三等奖	关于沈荡镇渔文化的保护与开发	祝旭虹、林天仁	海盐县沈荡镇党委、镇文化站
	城乡发展一体化视阈下嘉兴"农转非"人员就业影响因素与社会政策研究	胡平	嘉兴学院
	"平湖九彩龙"的历史传承与创新发展	刘平	嘉兴职业技术学院
	南湖区网络舆论特点、应对实践及发展方向探索	张洁	南湖区委宣传部
	贷款边际效率问题研究——以嘉兴为例	汤钟尧、张月	中国人民银行嘉兴市中心支行
	海盐县家庭农场培育发展现状的调查与思考	吴国生	海盐县社科联
	培育现代农业发展的新经营主体——家庭农场——以海盐县为例	吴亮、华涛	海盐县委党校、县农经局
	进入新世纪以来嘉兴市区经济转型发展主要特征与问题研究	李国明、蒋明祥	嘉兴市统计局
	中小城市政府购买民办社工机构服务:现状、问题与对策——基于海盐的调研分析	张文学	海盐县委党校
	基于农户效用的农地承包经营权流转意愿研究——以嘉兴市"两分两换"为例	杨卫忠、李勇	嘉兴学院
	河长制推进嘉兴水环境治理研究	佟树成、杜辉	嘉兴职业技术学院
	城市化进程中失地农民角色转换研究——以浙江嘉兴为例	余剑	嘉兴市委党校
	2012 嘉兴市流动人口生存发展情况调查报告	郑新娣、毛永煜	嘉兴市人口计生委
	后绩效工资时期学校管理的问题及对策	熊伟荣	平湖市教师进修学校
	巧用课堂中的典型错误提升课堂效率的若干策略	周立志	东北师范大学南湖实验学校
	我国小学数学纸笔测试题存在的问题及对策研究	刘佳、孔凡哲	东北师范大学南湖实验学校
	还孩子一个天真的梦想——关于幼儿收集行为的思考	应湘红	海宁市实验幼儿园教育集团中心园
	目标导向的心理活动课课型设计	屈丹、纪中华	嘉兴市第一中学、嘉兴教育学院

（胡勤芳）

嘉兴市文学艺术界联合会

【概况】 2014 年，嘉兴市文学艺术界联合会(简称市文联)以"中国梦"为主题,围绕"勤善和美"当代嘉兴人共同价值观,结合嘉兴"五水共治"工作,与市文化局联合举办"中国梦·吴越风"嘉兴市独、双、三原创舞蹈大赛;举办"中国梦·嘉兴情"全市散文诗歌征文、"中国梦·家乡美" 庆祝建国 65 周年嘉兴市美术作品展、"中国梦·秀水赋"全市诗词辞赋比赛;与市治水办联合举办"中国梦·水之韵"嘉兴市西泠印社社员暨全市优秀篆刻作品展;与市文明办联合举办嘉兴市"讲文明树新风"公益广告创作征集活动。市作协举办中国著名作家和评论家嘉兴采风交流活动,市美协举办第四届嘉兴市中国画作品展和“寻梦五月·自然之诗”四人油画展,市书协举办“道在通会”嘉禾八老书法篆刻精品展,市摄协举办第二届“跨越海峡”嘉兴·台湾摄影交流展和镜界·袁培德从事摄影创作33周年作品展,市电视艺术家协会承办中国梦·嘉兴市微电影大赛,市音协举办嘉兴市青年才艺星大赛,市民协联合市非遗保护中心完成《嘉兴运河船民口述史》书稿撰写,市电力文联开展“以文化人、以美联心”嘉电书画笔会等四十余项活动,市烟草文联开展“中国梦”“五水共治”系列主题征文活动,市公安文联举办“追梦青春”摄影比赛等。

2014年,市文联推出一批文艺精品力作和文艺新人。文学创作及文艺研究方面,张界愚小说《新记》获2014年度人民文学奖中篇小说奖;朱个短篇小说《秘密》发表于《收获》杂志,后被《小说选刊》转载;李森祥编剧的电影短片《雕》进入柏林电影节短片竞赛单元;金天麟专著《百年传唱〈五姑娘〉——民歌〈五姑娘〉研究》获第九届中国文联文艺评论奖著作类一等奖等。视觉艺术方面,朱松的年画《吉祥钱塘》获第十二届全国美展优秀奖;费胤斌创作的书法获全国书法兰亭奖三等奖;冯晓晓获“美丽浙江、秀水之韵”浙江书法大展金奖;赵建平摄影作品《惊》获全国摄影艺术大展银奖;盛建生新闻摄影《狂风暴雨中抗洪勇士》获2014中国地市报新闻摄影学会金奖;市视协拍摄的电视纪录片《张乐平和他的三毛》入围第20届中国电视纪录片短片十佳作品等。表演艺术方面,傅尔宁的音乐作品《今夜运河最美》获浙江省第十二届精神文明建设“五个一工程”入选作品奖;平湖民间舞蹈《着癞子》获2014韩国·亚洲音乐舞蹈艺术节舞蹈大赛金奖;桐乡市文化艺术服务中心戏曲队在央视戏曲频道《一鸣惊人》栏目年度总决赛中位列全国六强;张毅强创作的相声《马年说马》、张惠烈创作的上海说唱《嘉兴情》获“中华颂”全国小戏小品曲艺大展银奖。人才培养方面,金弋入选浙江省视觉艺术青年人才培养“新峰计划”;李利入选省书协青年人才培养“新峰计划”;严旻操、吴国祥、张敏华、杨斌、鲁恒心5人推荐入选第三批嘉兴市“南湖百杰”优秀人才;王辉等10人入选第五届嘉兴市十佳文艺工作者。实施2014年度嘉兴市文化发展工程重点特色扶持项目,重点扶持市本级文化单位、市文联所属协会及社会有关人士组织承办的特色文化活动项目和文艺精品创作、文艺表演项目、编辑出版项目,助推一批有望在全国产生较大影响、具有引导和示范作用的文艺精品创作。《嘉兴历代书法名人研究》《嘉兴运河船民口述史》等8个项目得到扶持。

2014年,市文联开展文艺志愿服务和文化惠民活动。开展“中国梦·社区行”书法家写福送春联活动、校园诗教等学雷锋文化志愿者进乡村学校少年宫活动;参与“五水共治”行动,引导文艺工作者自觉宣传治水工作、普及治水知识,创作表演“五水共治”主题性文艺作品;结合全国文明城市创建,和市文明办联合举办全市道德模范、身边好人故事汇基层巡演活动,共举办5场专场演出。推进文艺志愿服务制度化建设。加强对文化志愿服务工作的领导、指导和日常管理;重视培养文艺志愿者骨干,使他们成为志愿服务的中坚力量;加强文艺志愿服务基地建设,培育文艺志愿服务日常活动平台。7月,中国文艺志愿服务制度化研究课题组到嘉兴作专题调研,重点调研文艺志愿服务的队伍建设机制、活动运行机制、激励表彰机制、保障机制等,评价嘉兴文艺志愿服务工作起步高、规范化,为中国文艺志愿服务制度化建设积累了好的经验和做法。11月,市文联相关领导参加中国文艺志愿服务制度化专题研修班,向全国兄弟文联介绍交流嘉兴文艺志愿服务情况,进一步提升文艺志愿服务制度化建设理论水平。

【全国美展综合画种·动漫展区展览】 2013年11月,嘉兴市在全国申办第十二届全国美术作品展览综合画种·动漫展区城市中胜出,这是国家级最高规格美术展览首次落户嘉兴市。2014年9月18日,由文化部、中国文联、中国美协主办,省文化厅、省文联、省美协和嘉兴市政府承办的第十二届全国美展综合画种·动漫展区作品展览在秀洲·中国农民画艺术中心开幕。"'道贯以一'城市发展与学术史视角下的美学缔造"论坛、历届中国·嘉兴国际漫画展优秀作品展、钱君匋书籍装帧作品展等七项配套美术展览活动同期推出,并举行包括外出观摩、观展交流、现场互动三项内容的"共享美展大餐、共创美好生活、共建美丽嘉兴"成果共享系列活动。据统计,包括配套展览,总观展人数达8万多人次。本届美展,嘉兴市24件作品入展,其中1件获优秀奖、2件为获奖提名,入选作品占嘉兴历届入选作品总数的69%。本届美展还首次将农民画作为年画纳入国展体系,嘉兴8件作品入选,展现出强劲的创作实力和优势。嘉兴展区因策展和组织工作成效显著,被评为第十二届全国美展组织工作奖;金琴龙、张觉民获先进个人奖。

【第九届"南湖奖"评选】 2014年,开展第九届嘉兴市文学艺术"南湖奖"评选,这是嘉兴市文学艺术成果奖更名后的首次评奖。"南湖奖"涵盖各文艺门类,每两年评选一次,不再分类别分年度进行交叉评选。本次评选活动共收到文学、文艺理论、戏剧、影视、美术、书法、摄影、音乐、舞蹈、曲艺、民间文艺等各个门类的申报材料156件,评出获奖作品34件。

【乡镇文联建设】 2014年,嘉兴市各县(市、区)文联加强乡镇文联建设工作,新成立南湖区新兴街道文联、秀洲区王江泾镇文联、嘉善县陶庄镇文联、海盐县于城镇文联、海宁市丁桥镇文联等15个基层文联组织,全市累计建成镇(街道)文联40个,共吸纳会员3302名,实现全市乡镇文联过半的建设目标。其中,桐乡市实现基层文联全覆盖;海宁市新组建镇(街道)文联8个;平湖新埭镇文联被省文联评为全省基层文联建设发展典型示范点。

【文艺交流】 2014年,嘉兴市深入开展结对帮扶丽水地区的"山海协作"工作。10月,市文联组织部分文艺工作者赴丽水开展山海协作文艺交流活动,两地签订《嘉兴支持丽水农村文化礼堂建设协议书》,嘉兴市向丽水市农村文化礼堂赠送200套文房四宝。嘉兴·丽水山海协作文化交流戏剧专场在丽水市遂昌县云峰街道湖边村农村文化礼堂举行。嘉兴市美术、摄影艺术家还深入丽水市松阳县古村落、茶园、古街创作采风。12月,丽水市松阳县文联组织文艺骨干来禾进行文艺创作采风交流活动。

9月19日和11月1日,"跨越海峡——第二届嘉兴·台湾摄影作品交流展"先后在嘉兴市图书馆和台湾高雄国际会议中心揭幕。展览由嘉兴市政协主办,市台办、市文联等单位承办,市台联、市摄影家协会和台湾高雄市高青摄影学会等单位执行承办。共征集作品600多幅,展出优秀作品80幅,其中嘉兴方作品44幅,台湾方36幅,分成"嘉兴人拍嘉兴""嘉兴人拍台湾""台湾人拍台湾""台湾人拍嘉兴"4个部分。

(沈　蕾)

嘉兴市台胞台属联谊会

【概况】 2014年,嘉兴市台联围绕中央对台工作大局,充分发挥人民团体特点和亲情乡情优势,加强台联组织建设,各项工作取得显著成效。

加强学习增强自身能力。5月8~9日,市台联组织人员参加全市涉台干部培训班。6月21日,市台联全体理事听取《台湾政治与两岸关系发展的基本态势》专题报告会。12月6日,市台联组织人员参加市级机关服务部门窗口行业涉台教育报告会,听取省台办副主任陈正仁作"从刚刚结束的台湾九合一选举看两岸关系和对台工作"专题讲座。

助推嘉台经贸交流工作。年内,市台联配合市台办及有关部门大力宣传嘉兴良好的投资环境和区位优势，利用在台亲友的关系，邀请台商来嘉兴参加各类经贸交流活动，为引进台资项目牵线搭桥，鼓励和吸引在台亲朋好友来嘉兴投资兴业。同时，为台资企业转型升级出谋划策，对企业并购重组、深化改革、科技创新等方面存在的问题，提出意见建议。

维护台胞台属合法权益。台联领导亲自协调，帮助台胞台属寻找亲友、争取困难补助、办理两岸婚姻中出现的咨询求助等问题。在为台属企业服务方面，市台联协助企业解决生产经营中遇到的难题，使企业进一步发展壮大；海盐恒锋工具股份有限公司(台属企业)获2014年度嘉兴市市长质量奖。同时，配合市台办较好地解决投诉求助案件10多起。

推进涉台交流活动。2014年，市台联协助配合市台办举办各类涉台交流活动。端午期间，协助举办海峡两岸同胞端午裹粽友谊赛，组织台胞台属和本地居民通过裹粽比赛一起共度端午佳节，加深双方友谊。先后协助举办第四届“嘉兴·南投两岸邻里节”“嘉兴籍大陆配偶故乡行”、第二届“跨越海峡——嘉兴·台湾摄影作品交流展”等涉台交流活动。

5月23日，海峡两岸同胞端午裹粽友谊赛举行。

热心接待台胞回乡探亲。5月29~30日，台北海盐同乡会会长张邦兴回海盐祭祖，得到海盐县台联的热情接待；祖籍海盐的已故台胞、著名工程专家郁森的后人郁静芳回大陆探亲，在海盐县台联的帮助下，找到了相隔数十年的侄子郁起浩、郁起真兄弟，并相约回到故里寻根问祖。

开展多形式对台宣传工作。市台联向《全国台联通讯》《浙江台谊》《浙江对台工作》、中国台湾网等涉台刊物及涉台媒体报送稿件，加强宣传工作；利用台北浙江同乡会的《浙江月刊》、浙江省旅台湾同乡联谊总会的《台浙天地》等刊物，提供大陆和嘉兴经济社会发展的建设成就、投资环境、信息和资料，让在台湾的乡亲及时了解大陆、了解嘉兴的发展变化。2014年第6期《浙江月刊》专门就嘉兴有关情况刊登一期专刊。

【完成换届选举】 根据市台联章程的规定，市台联第五届理事会于2014年11月届满。12月11日，市台联召开嘉兴市第六次台胞台属代表大会，省台办副主任张正镛、联络处处长姜志芳，省台谊会秘书长王森康，市领导胡海峰、张志伟、马邦伟等出席会议。市委副书记胡海峰代表市四套班子祝贺大会召开并作重要讲话。大会听取并审议通过市台联第五届理事会工作报告，表彰嘉兴市台联工作先进集体、先进个人和十佳台属企业，选举产生市台联第六届理事会；选举马邦伟为市台联第六届理事会会长，选举章建琴、章留明等14人为市台联六届理事会副会长，成云章为秘书长。年内，海宁市台联、平湖市台联顺利换届。

12月11日，嘉兴市召开第六次台胞台属代表大会。

【参政议政】 两会期间，市台联界别12名政协委员积极参加会议，围绕全市工作中心和群众普遍关注的热点难点问题，提交各类提案10多件，内容涉及城市建设、企业发展、社区管理、环境保护、交通安全等方面。同时,市政协台联界别组织委员们到基层考察调研,了解社情民意,提高参政能力。完成《关于促进我市农业经营组织化、服务社会化的建议》《在浙就读台湾中小学生学校适应问题研究》等课题。2014年,市台联编辑印发《嘉兴市台联界别政协委员发言材料及提案汇编》以及《我们一起走过的十年》画册。

【做好旅台同胞教育奖励基金发放工作】 9月10日,在市台联协调和推动下,嘉兴市实验小学第九届"陆廷贤园丁奖"举办颁奖仪式。有31名优秀教师受到表彰,市台联副会长章建琴出席仪式并讲话。

(欧 宇)

嘉兴市归国华侨联合会

【概况】 2014年,嘉兴市侨联围绕市委、市政府重要决策部署,认真履行参政议政、维护侨益、海外联谊、群众工作职能。年内,开展"浙商回归"工程,邀请海外重点侨商、重点侨团来禾考察,组织华人华侨、侨资企业家和侨眷侨属参加由"回归"侨商举办的各类活动,为回归侨商搭建合作发展平台。开展"招才引智"工程,建立的海外人才工作1站8点组织近20个团组500余名海外高层次人才,携带电子信息、生物医药、新能源等400余个项目来嘉兴市考察对接;在参与"精英引领"工作中,海外人才工作站点推荐600余名高层次人才申报项目,成为吸引海外英才来嘉兴创业创新的一个重要渠道。完善海外人才站(点)布局,在第七届"星耀南湖"精英峰会上,举行第二批海外站点签约授牌仪式,自此已有2站11点,分布在美国、英国、加拿大、法国、瑞典、日本等国家。开展走访慰问、捐资助学、热心公益等活动,发放慰问金、慰问品计10余万元。解决海外侨胞、港澳同胞和归侨侨眷来信来访、来电诉求15件(次)。专题调研海外高层次创业企业30多家,形成的《嘉兴市海外留学归国创业人员统战工作研究》调研报告,被评为2014年度全省统战理论政策研究创新成果一等奖。

年内,相继成立嘉兴市侨苑书画社、嘉兴市侨界名媛会、嘉兴市侨界青年会等侨界社团。至年底,嘉兴市侨联拥有"嘉兴市侨商会""嘉兴市留联会""嘉兴长三角海创俱乐部"等六个侨界社团,在全省率先形成独具侨务工作特色的"侨家大院"。2014年,举办四期"侨智聚禾"海创精英论坛,为不同领域搭建学术、创业、交流平台;举办2014"寻根之旅"夏令营,30多位海外华裔青少年在嘉兴度过了快乐的12天;继续在《嘉兴日报》刊登"嘉兴人在海外"专栏,连续登载9名海外学子的精彩人生,受到侨界和社会各界人士的广泛关注。

2014年,嘉兴市在全省率先形成独具侨务工作特色的"侨家大院"。

【助推"五水共治"工程】 2014年,市侨联发挥侨资、海智力量,全力助推"五水共治"工程。向海内外侨胞、留学人员和家属、侨资侨属企业发起倡议,引导组织他们以捐款、包干河道等形式参与"五水共治"。全市侨界人士、侨商企业累计捐、投资金1400多万元。先后邀请5名海外治水专家和美国佐治亚理工学院、北京大学等组成的中美水环境治理专家团到嘉兴市调研,为"五水共治"献计出力。协助省侨联做好农村污水治理示范点项目的选点、建设,落实一套价值30万元的污水管网处理设备和50万元配套资金,使嘉善县干窑镇范东村成为全县美丽乡村建设示范点。

【建立回国留学人员创业创新基地】 2014年，市侨联在浙江汇信实业有限公司、浙江依爱夫游戏装文化产业有限公司建立嘉兴市海外留学人员归国创业创新基地，这是嘉兴市侨联为海外留学人员服务、推动侨商企业发展的创新举措，为广大回国留学人员实现自身创业与企业发展提供平台。

【举办侨界艺术家书画展】 2014年，市侨联举办澳籍华人、著名画家姚迪雄和著名书法家童亚辉书画展。省政协副主席、省侨联主席吴晶，嘉兴市人大常委会主任刘冬生，市政协主席高玲慧，省侨联副主席、嘉兴市委常委、市委组织部部长连小敏出席开幕式。此次书画展是两位侨界艺术家向省侨联成立50周年献礼之后巡展的第一站，吸引500多人参观，得到广大爱好书画的侨界人士一致好评。

2014年，市侨联举办澳籍华人、著名画家姚迪雄和著名书法家童亚辉书画展。

【召开嘉兴市留联会第三届会员代表大会】 11月25日，嘉兴市留学人员和家属联谊会第三次会员代表大会召开。浙江省侨联副主席、嘉兴市委常委、组织部部长连小敏，嘉兴市政协副主席、嘉兴市委统战部部长朱静绮到会祝贺并致辞。大会审议通过《嘉兴市留学人员和家属联谊会章程(修正案)》、嘉兴市留学人员和家属联谊会第二届理事会工作报告的决议，选举产生第三届理事会理事及会长、副会长、秘书长，浦金英当选会长。市级有关部门领导，各县(市、区)委统战部、嘉兴学院统战部，嘉兴经济技术开发区、嘉兴港区分管领导及嘉兴市侨商会、嘉兴海创俱乐部、嘉兴侨苑书画社相关社团负责人参加会议。

11月25日，嘉兴市留学人员和家属联谊会第三次会员代表大会召开。

(李勇军)

嘉兴市残疾人联合会

【概况】 2014年，全市残疾人工作围绕“十二五”规划、省残联要求和市委、市政府中心工作，以群众路线教育实践活动为契机，不断完善残疾人社会保障和服务体系，推进残疾人事业再上新台阶，各项工作取得明显成效。

年内，市残联落实残疾人社会保障工程，为4575名残疾人单独施保、全额享受最低生活保障金，5815名就业年龄段残疾人享受无固定收入生活补贴；707名重度残疾人享受集中托养，5391名残疾人得到居家安养和日间照料；继续实施残疾人养老、医疗保险扶持政策，扩大政府为残疾人购买意外伤害保险覆盖面；实施残疾人“安居宜居工程”，全年改造危旧房95户，改造家居环境660户，合计投入资金469万元。年内，加大残疾人教育扶持力度，资助残疾人大学生学费、住宿费，对贫困残疾人学生和困难残疾人家庭子女开展助学，1858名残疾学生或残疾人家庭子女得到补助，补助金额213.5万多元；做好就业工作，全市按比例就业13158人，其中新增270人，分别完成省任务的102%和108%；做好残保金征收工作，全市征收残保金2亿元，其中市本级6870万元，比上年分别增长10.04%、14.28%；规范精神、智障残疾人工疗庇护工作，全市现有残疾人小康·阳光庇护中心63个，安置1260人；实施"人人享有培训、个个有一技之长"培训项目，共举办各类培训135期，4230名残疾人得到免费培训。配合市委组织部开展基层党组织、党员干部帮扶结对工作，已结对帮扶残疾人13980人，完成省下达任务的105%。年内，配合做好嘉兴市基本医疗报销系统残疾人特惠政策落实工作，市本级残疾人住院报销比例提高20%并实时即报；实施残疾人康复工程，1686名残疾人享受"助明、助行、助听"服务，113名残疾人享受抢救性康复服务；开展省残疾人社区康复示范站复检审查、省精神病二代药服药救助试点迎检、省级残疾人大病医疗商业保险试点、政府购买服务试点等工作；加强康复机构规范化建设和管理，提升市残疾人教育工疗康复中心服务能力，建立市特殊幼儿教育康复园，新增编制人员8人；开展"爱耳日""爱眼日"等主题活动，向1100人次残疾人赠送各类适配辅助器具。

年内，嘉兴市创建全国残疾人文化体育建设示范市，并通过中国残联实地验收；命名市级残疾人文化艺术示范基地6个和市级残疾人体育示范基地3个。举办全国残疾人文化体育建设示范市创建成果和残疾人优秀文化作品展示活动，开展残疾人事业好新闻评选、选送优秀作品参加全省评选，举办嘉兴市第二届残疾人摄影比赛，举行第六届残疾人运动会，开展残疾人文艺"五进"活动、展示残疾人精神风貌；做好宣传报道工作，全年市级以上主流媒体报道残疾人工作100多次。

年内，市残联围绕"关心帮助残疾人，实现美好中国梦"主题，开展第24次全国助残日系列活动，市四套班子领导出席活动开幕式；开展嘉兴市自强模范和扶残助残先进评选表彰活动，评选出嘉兴市自强模范10名、扶残助残先进集体20个、扶残助残先进个人20名，残联系统先进工作者17名；盲人朱丽华获全国自强模范，秀洲区肢残人陈建国被授予省自强模范，海盐县秦万芦荟专业合作社等被授予省助残先进集体，海宁市退休教师钱如桂等被授予省助残先进个人。联合市委党的群众路线教育实践活动领导小组办公室，举办全国自强模范与助残先进事迹嘉兴报告会，300多名机关干部和近200名残疾人代表、残疾人工作者聆听了报告。开展走访慰问困难残疾人、慈善爱心助残、残疾人就业专场招聘会等活动；组织开展"邻里守望——关爱残疾人"学雷锋志愿服务活动，成立"狮子会"嘉兴义务服务队。规范残疾人免费乘坐公交政策，全年全市办理爱心公交卡59808张，占持证残疾人数的70.3%，累计乘车刷卡1200多万人次，其中市本级11650张，免费乘坐公交（包括城乡公交）350多万人次。妥善解决市区39名残疾人持有无编号代步车置换工作。做好残疾人法律救助工作，受理残疾人法律援助（咨询）案件313件，做到件件有回音。

【承办全国残疾人职业技能竞赛】 10月，嘉兴市成功承办由中国残联就业服务指导中心、中国就业培训技术指导中心主办的2014年中国技能大赛——2014年全国残疾人岗位精英职业技能竞赛、全国残疾人就业服务机构工作人员职业指导竞赛。全国各省、自治区、直辖市的29支代表队154名选手参加精细木工（木雕）、陶瓷产品设计师（陶艺）比赛，35支代表队108名选手参加全国残疾人就业服务机构工作人员职业指导竞赛。市残联做好筹备和保障工作，得到中残联、省残联领导和各参赛代表队的充分肯定，中国残联专门向嘉兴市委市政府发来感谢信。2014年，市残联获评全国残疾人就业服务工作突出贡献单位。

【举办嘉兴市第六届残疾人运动会】 2014年9月19～21日，嘉兴市第六届残疾人运动会在市区文华园宾馆举行。省残联向运动会发来贺信,省残联党组副书记、巡视员、副理事长陈玉国到会指导并观看乒乓球比赛,副市长祝亚伟出席开幕式并宣布运动会开幕,市残联理事长闻人庆致开幕词。全市五县二区及嘉兴经济技术开发区(国际商务区)、嘉兴港区9支代表团177名运动员,参加田径、游泳、乒乓球、羽毛球、中国象棋和飞镖等6大项、438个小项的比赛。桐乡市、海宁市和嘉善县代表团分别获得团体总分一、二、三名,9支代表团分别获得运动会体育道德风尚奖和组织奖。

【完善残疾人事业经费保障机制】 2014年,经市政府第31次常务会议讨论通过,市本级提高残保金征收标准,建立残保金征收标准长效增长机制。市人大七届四次会议专题审议《市残联2014年度经费预算报告》,市人大领导三次调研残疾人事业经费保障工作。年内,市政府领导协调完善残保金、福彩金使用管理规定;起草《嘉兴市残疾人事业项目经费管理办法(试行)》,制定并实施2014年度市本级残保金预算方案。

(史宝芳)

嘉兴市红十字会

【概况】 2014年,市红十字会被评为浙江省人道传播工作先进单位,桐乡市成功创建为首批省级红十字工作示范县(市)。

4月,嘉兴市两办出台《关于加快发展红十字事业的实施意见》,要求县级以上红十字会参照同级群团规格,配强领导班子。南湖、海宁、桐乡新增一批红十字专职工作人员;各地基层组织继续增加,全市镇(街道)红十字会建会率达68.1%,其中,南湖、平湖、桐乡镇(街道)红十字会实现全覆盖;全市建立学校红十字会216个,建会率达74.7%,比上年提高10.9%;全市现有较为固定的红十字志愿者1339人,团体会员171个,个人会员39323人。

2014年,市红十字会继续加强传统媒体和新媒体的宣传力量,在嘉兴电视台播出红十字新闻68分12秒;在市级以上重要报纸报道市红十字会工作149篇,其中包括图片报道71张,头版31条,整版11个,计121732字;在主流网站上报道548条,在本会门户网站上报道149条80809字,无论报道的频度、数量还是质量,均创历年之最。此外,市红十字会注重创新宣传形式,出品全市首部诠释造血干细胞捐献的公益微电影《奔跑》。在省以上刊物发表《借势·推动·引发》等5篇理论文章。

2014年,全市募集各类救助款1516.61万元,其中市红十字会237.32万元。拓展救助新领域,开设社区红十字博爱超市3家,对社区高龄贫困老人、志愿服务者和红十字事业参与者给予救助和回馈。"红十字助成才、爱心代代传"持续开展,5年来累计募集资金165.05万元,发放133.50万元,资助贫困学子267人次。"红十字博爱送万家"慰问困难群众1347户,发放慰问款物130.85万元。省红十字会重点项目"朝聚光明"启动实施进展顺利,眼疾筛查36056人次,眼疾救助1365人次,救助资金274.32万元。

8月15日,"红十字助成才、爱心代代传"项目受助学生表演"感恩的心"。

2014年,嘉兴市红十字会结合世界红十字日,在南湖开展"五水共治·水上应急救援演练",摄制"暑期中小学生防溺水施救与救援宣传片"。加大师资培养力度,组织参加总会、省会救护师资培训5人次。市本级现有救护培训师资 25 人，其中 4 人获得“嘉兴市优秀宣讲员”称号。在规范教学和提高质量上下功夫，严格按照省红十字会统一标准规范教学，举办全市救护师资公开课，市红十字现场救护培训师资团连续 3 年获评“嘉兴市特色宣讲团队”。2014 年，全市培训救护员 9386 人次，其中市本级 1856 人次；全市普及救护知识 37620 人次，其中市本级 8436 人次。

2014 年，全市无偿献血普及 82148 人次，新增造血干细胞捐献志愿者 432 人，累计达 5095 人，新实现造血干细胞捐献 5 例，累计达 25 例。进一步规范造血干细胞捐献工作流程，加强对造血干细胞志愿捐献者的回访服务，做好政策保障、权益保护和激励表彰等工作。造血干细胞捐献者毛建飞获评“嘉兴市十大杰出青年”。遗体器官捐献态势良好。唐盛银“最美决定”（愿意捐献自己孩子的器官）激发社会各界真情，全市新增遗体捐献志愿者 44 名，实现捐献 10 例；累计捐献志愿者198 名，实现捐献 31 例。全市新增器官捐献志愿者 20 名，实现捐献 7 例；累计捐献志愿者 115 名，实现捐献 12 例。

2014 年，嘉兴市新设立“红十字志愿服务专项经费”，为所有志愿者提供人身意外保险。5 月 8 日，市红十字会联合市委宣传部、市治水办，依托红十字水上应急救援志愿者，在南湖开展“水上应急救援演练”活动。以创建工作为抓手，扎实推进红十字青少年工作，嘉兴技师学院、嘉兴市秀城实验教育集团、嘉兴市秀洲区高照实验学校、桐乡市高级中学、桐乡市凤鸣高级中学 5 所学校被认定为“浙江省红十字达标校”。

【举办“清明追思，向无语良师致敬”活动】 4 月 2 日，“清明追思，向无语良师致敬”活动在嘉兴学院无语良师碑前举办，遗体和器官捐献者家属代表、嘉兴学院教师、学生代表 100 余人参加活动。活动通过集体默哀、学生代表朗诵缅怀诗歌、遗体捐献志愿者家属代表发言、宣读捐献倡议书等向无语良师致敬。

4 月 2 日，市红十字会举办“清明追思，向无语良师致敬”活动。

【“嘉兴经验”亮相“两论一动”研讨会】 5 月 15 日，中国红十字总会“两论一动”（“两论”即舆论和理论，“一动”即行动）与红十字事业发展座谈会在上海嘉定召开，嘉兴市红十字会在大会上作“借、推、引——基层红十字行动的软实力”的专题发言。作为基层红十字会，嘉兴市红十字会通过“在营造红十字发展环境上善于借势、在发展红十字核心业务上善于推动、在激起红十字博爱情怀上善于引发”等方面的工作，努力打造红十字行动的软实力。红十字行动的“嘉兴经验”受到中国红十字总会副会长郭长江等领导的充分肯定。

【出品公益微电影《奔跑》】 5 月 10 日，由嘉兴市红十字会出品的全市首部诠释造血干细胞捐献的公益微电影《奔跑》在嘉兴大剧院首映。这部微电影全长 8 分钟，取材于市第二例造血干细胞捐献者张钱华的真实事迹。2009 年，为了完成捐献心愿，张钱华主动控制饮食、戒烟戒酒，坚持锻炼 3 个月，奔跑近 650 公里，终于通过体检。9 月 28 日，《奔跑》在“2014 中国梦”嘉兴市首届微电影大赛中获得提名奖。

【创办嘉图红十字学校】 4 月 23 日，由嘉兴市红十字会与市图书馆合作办学的公益培训平台——嘉图红十字学校正式揭牌。嘉图红十字学校通过“红十字生命 E 课堂”“红十字急救沙龙”“红十字急救训练营”“红十字流动学堂”四个板块,为市民提供红十字学习内容。

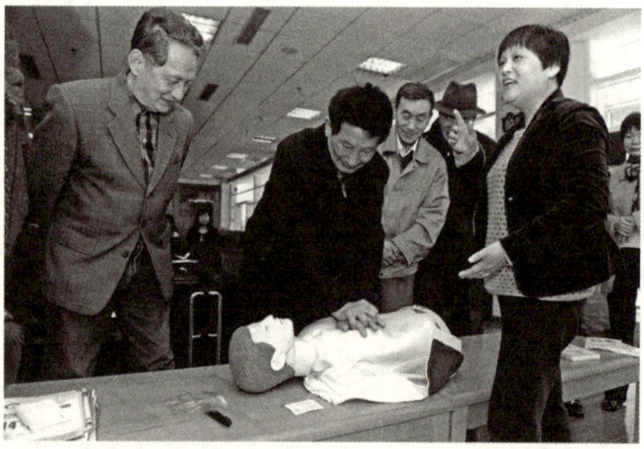

4月23日,嘉图红十字学校在嘉兴市图书馆揭牌,同时举办首堂救护培训课。

【器官捐献感动嘉兴】 2月18日,嘉善小孟雄捐献器官,《南湖晚报》就此连续刊发报道23篇,《嘉兴日报》《钱江晚报》《杭州日报》和国内各大门户网站均进行跟踪和报道。5月13日,28岁的郑关菊捐献器官为5个家庭带去希望。5月18日,蒙古族教师巴格那捐献遗体和眼角膜,使两名汉族同胞重获光明。8月,嘉兴市造血干细胞捐献者张钱华和爱心捐赠者倪雍厅获评“最美浙江人——红十字感动人物”提名奖(全省共10名)。在省委宣传部、省文明办“浙江好人”评选中,嘉兴市器官捐献者小孟雄的父亲唐盛银、器官捐献者郑关菊、遗体器官捐献者巴格那分别入评3月、8月、9月的“浙江好人榜”。

【寻人访亲搭桥两岸】 2014年中秋前夕,市红十字会经过多次专题讨论,反复联系沟通、熟人走访及各种信息比对,为台胞梅德春找到失散几十年的兄长梅根生。

(严明强)

法　治

综　述

2014年，全市政法机关服务中心工作，推进平安嘉兴、法治嘉兴、过硬队伍和基层基础建设，完成上海亚信峰会、首届世界互联网大会等安保任务，为服务保障全市经济社会发展作出贡献。嘉兴市及七个县(市、区)实现全省平安建设“十连冠”“满堂红”，连续第九年获得全省综合治理优秀市。

制定政法系统服务“五水共治”指导意见，建立行政与司法联动执法机制，加强法律法规宣传、化解矛盾纠纷、打击违法犯罪、探索法制“副河(道)长”等举措，为“五水共治”营造良好环境，得到市委书记鲁俊和市长肖培生批示肯定。制定出台《关于全市政法系统服务保障“两美”建设打造江南水乡典范的意见》，开展进村入户、排查调处和联合执法等活动，助推“三改一拆”“五水共治”等中心工作。

开展矛盾纠纷排查化解工作，全市共排查各类矛盾纠纷60887起，化解成功率98.32%。完善维稳情况周报、月报、季报制度，加强值班备勤、八部门联合研判等，严厉打击敌对势力捣乱、破坏活动，挂牌督办化解27件重大不稳定案件，确保敏感时期社会稳定。全面排查处置聚集访、群体性事件苗头，实现“五个不发生”的目标。

牵头市社会体制改革专项小组14项改革项目，推进基层“法治、德治和自治”建设，着力创新社会治理方式、提升社会治理能力。稳步推进司法体制改革工作，开展涉法涉诉信访改革，建立涉法涉诉信访改革例会制度，实行诉访分离，围绕涉法涉诉信访事项的入口、办理、出口三个环节，细化具体的处置办法，形成依法、按程序办理涉法涉诉信访问题的路线图。探索开展轻微刑事案件快速办理机制试点工作。

【重大决策社会稳定风险评估规范化建设】 2014年，全市共开展419件重大决策稳评，暂缓实施25件，否决存在较大稳定风险的33件。一是明确责任主体。召开稳评工作推进会，落实“应评尽评”的工作要求。由市发改委发文，分解8个市重点建设项目稳评任务，指定评估责任主体。二是引入第三方评估。出台《嘉兴市加强对第三方社会稳定风险评估机构培育管理实施细则(试行)》，明确工作标准和流程。培育达到规模，具有相应资质、技术力量和管理水平，符合评估要求的第三方评估机构，提升稳评工作的公信力和客观性。三是统一管理平台。市、县两级全部启用稳评信息化管理系统，各稳评重点主体单位在管理平台上设有端口，重大决策、措施、工程建设项目等，都要作为稳评项目在平台上报备，实现评估过程和评估结果的动态化监督管理。

【社会治理“网格化管理、组团式服务”】 2014年，嘉兴市推进社会治理“网格化管理、组团式服务”。一是推动管理队伍专职化。各县(市、区)及经开、港区均确定一个以上镇(街道)作为试点，通过整合基层综治管理员、城市协管员、保安员、新居民协管员等,组建专职网格管理服务队伍。至年底,全市专职网格管理人员有611名。同时,开展"网格民情大比武",提升网格员的业务能力。二是推动信息排摸科技化。在全市建立"平安通"电脑终端1620个,"平安通"手机终端643个。"平安通"手机终端,可以让网格员在采集信息中随采随录,第一时间以文字、图片、语音等形式反映群众诉求和矛盾纠纷等。三是推动工作运行规范化。将"网格化管理、组团式服务"纳入市委办《关于深化平安嘉兴建设、维护社会和谐稳定工作的意见》,明确工作任务,加大在平安综治考核中的分值,推动工作规范有序开展。年内,嘉兴市的网格管理"濮院模式"得到中央综治办肯定,中央综治委副主任陈训秋专门进行视频调研和座谈调研,反映嘉兴市网格化管理的专题片在全国深化平安建设会议上播放。

【"三治"建设纳入全省社会治理创新机制】 2014年,嘉兴市首创的"法治、德治、自治"建设被纳入2014年全省六项社会治理创新机制之一,承担着为全省率先探路、积累经验、作出示范的重要责任。通过强化整体规划、大力推动试点、丰富"三治"实践等,嘉兴市形成具有嘉兴特色的基层"三治"模式。一是完善顶层设计。成立"三治"建设领导小组,市委副书记、政法委书记胡海峰任组长,召开市委政法委全体(扩大)会议,统一全市对"三治"建设的思想认识。出台关于创新基层社会治理方式,推进基层德治、法治、自治建设的指导意见和工作方案,全面部署"三治"建设3个大类、6个子项、18个载体的目标任务,形成可操作、可推广的工作模式。二是加大推进力度。联合宣传部、民政局等部门实地调研各镇(街道)、村(社区)试点情况,多次召开部署会、座谈会、现场会,举办研讨班、培训班,采取直接对接、一对一跟踪指导等各种措施,大力推进"三治"建设出亮点、出成绩。对市本级"三治"建设试点镇(街道)、村(社区)补助工作经费90万元。三是注重破解难题。把"三治"建设与治水、治违、治堵、治"访"等重点工作相结合,在各镇(街道)普遍建立百姓参政团、道德评议团和法律服务团等,在解决具体问题过程中,法律服务团上门提供法律帮助,依法说理、定纷止争,让群众真服气;由道德评判团开展道德点评,以德治"春风化雨"、浸润心灵,让群众真舒心;由百姓参政团自我议事、内消矛盾,以自治让群众真满意。"三治"建设治出平安、治出和谐,省委副书记王辉忠先后2次对嘉兴"三治"工作予以批示肯定。

【开展涉法涉诉信访工作改革试点】 根据浙江省《关于依法处理涉法涉诉信访问题的实施意见》和省委政法委对涉法涉诉信访改革试点工作的部署要求,嘉兴市于2013年年底部署开展全市涉法涉诉信访工作改革试点,具体试点工作在2014年全面展开,并取得实效。一是建立领导小组。成立"涉法涉诉信访工作改革"试点工作领导小组。组长由市委政法委副书记担任,成员由市委政法委、市法院、市检察院、市公安局、市司法局分管领导组成,负责组织、协调、指导试点工作,下设试点工作领导小组办公室。二是开展全员培训。由市委政法委牵头举办全市涉法涉诉信访工作改革培训班,各单位结合本部门实际组织相应的培训,重点是学习贯彻浙江省《关于依法处理涉法涉诉信访问题的实施意见》和修改后的刑事诉讼法、民事诉讼法的规定,统一思想、理清思路、明确任务。三是制定工作机制。政法各机关研究制定本单位试点实施方案,重点明确实行诉讼与信访分离制度、建立涉法涉诉信访事项导入司法程序机制、完善依法按程序办理制度、完善涉法涉诉信访事项终结制度、健全司法救助体系等机制建设任务。四是加强协作配合。政法各部门加强与党委、人大、政府信访工作机制的协调配合,形成依法处理涉法涉诉信访问题的合力,推动建立协作配合机制,为顺利开展涉法涉诉信访改革试点工作创造良好环境。五是注重解决问题。针对法律程序内"空转"、特殊疑难信访、终结退出难等突出问题,高度重视、大力攻坚，2014 年嘉兴市涉法涉诉信访量大幅下降，进京非访比例为全省最低。

（俞民译）

公　安

【概况】 2014 年，嘉兴市公安机关深化平安建设、执法规范化建设和过硬公安队伍建设，全年，共接报刑事警情 77205 起、刑事立案 34067 起，比上年分别下降 7.6%、2.1%；侦破刑事案件 19639 起，上升 3.26%；道路交通、火灾事故形势总体平稳，未发生影响社会稳定的重大案（事）件。年内，市公安局被公安部命名为全国十大市级公安机关执法示范单位，被全国扫黄打非办评为 2014 年全国“扫黄打非”先进集体，市公安局打击“伪基站”专项行动办公室被省公安厅评为全省打击“伪基站”违法犯罪专项行动成绩突出集体。全市公安机关共立集体一等功 1 个、集体二等功 17 个、集体三等功 40 个、集体嘉奖 123 个，立个人二等功 9 人、个人三等功 95 人、个人嘉奖 818 人。

3 月 21 日，嘉兴市公安局增设食品药品环境犯罪侦查支队。至年底，全局设 29 个职能处室（队、所）和政治部，下属事业单位 4 个，下辖南湖区、秀洲区、嘉兴经济技术开发区（国际商务区）、嘉兴港区公安分局和嘉善县、海盐县公安局及平湖市、海宁市、桐乡市公安局。全市有派出所 86 个（含水上、边防派出所），实有民警 5052 名，其中大专以上文化程度占 98.3%。

【推进“一体化警务”建设】 2014 年，嘉兴市公安局抓住机制创新、科技应用、基础支撑、能力提升 4 个关键点，以项目化方式纵深推进“一体化警务”建设。建成并投入运行公安大数据智能分析平台、视频一体化平台、嘉兴智慧警务云等一批情报专业平台、专题数据库和个性化智能研判工具；提请市政府、市综治委分别印发《嘉兴市部分单位行业反恐怖安全防范规范》《全市社会治安防控体系建设标准》，形成党委政府主导下的“七张网”（街面巡逻防控网、城乡社区村庄防控网、单位和行业场所防控网、技术视频防控网、网络社会防控网、区域警务协作网、个体心理防控网）建设格局；在全省首创“统一接警、一级指令、分类指挥”的接警指挥新模式，构建环嘉、环本级封控堵截圈，并落实“巡处合一、全员处警”勤务机制，完善一体化指挥平台。年内，整合数据信息 221 类 19.4 亿条，收集情报线索 12167 条，通过分析研判落实管控措施打处 3295 人次，抓获网上逃犯 536 名；全市新增 15833 个监控点，总数达 3 万余个；以省、市、县三级卡点为依托，完成 142 个环嘉卡点和 113 个环本级卡点建设；组建 16 支常态应急处突武装小分队，全市专职巡逻力量达 7271 人，社区民警、专职社区民警分别占派出所警力和社区民警数的 34.4%、53.5%；全市命案、“两抢”、盗窃案件比上年分别下降 6.4%、10.3%、3%；通过视频协助破案比例达 34%，超出全省平均水平 7 个百分点，成功侦破“1·23”特大绑架案、秀洲“7·3”特大金店被盗案、“部目标 2014-277 号”毒品案等一批大要案。10 月，省委常委、省公安厅厅长刘力伟批示要求全省公安机关学习借鉴嘉兴“一体化警务”建设的经验做法。

【完成世界互联网大会安保工作】 11 月 19～21 日，首届世界互联网大会在嘉兴乌镇召开。嘉兴市公安局按照“统一指挥、属地为主、区域协作、以面保点”的工作要求，运用“一体化警务”理念和建设成果，全力确保该大会安全。大

首届世界互联网大会安保桐乡现场指挥部

会期间，每日投入警力3000余人次，完成中央、省级及外宾警卫任务8批次，安检排爆28000余平方米，审查制证10466人次，设置各类卡点108个；成功堵截、处置企图进入乌镇景区滋事人员7批次14人，抓获违法犯罪嫌疑人员200余人。年内，市公安局被省政府和国家互联网信息办公室授予首届互联网大会安保工作先进集体，受到省公安厅通令嘉奖。

【深化执法规范化建设】 2014年，嘉兴市公安局制定深化执法规范化建设三年规划，以执法主体能力为核心，以执法标准化、“又好又多”执法办案、执法管理、“阳光执法”和执法质量评估“五大体系”为支撑，以办案、物证、案管“三个中心”为基础，加强执法规范化建设。通过开设微课程、开展庭审旁听、送法下基层、落实“班组化”培训等形式，加强队伍法治教育；每半年开展一次执法能力测试，并将测试成绩列入执法质量考评；推进业务部门直接办案和领导干部带头办案，落实执法办案积分制；市、县两级公安机关成立执法管理委员会，集体审议重大、疑难案事件。年内，市公安局先后印发《办理伤害案件规定(试行)》《电子物证检验工作规范》《刑事案件统勘工作机制》《常见及疑难警情接处警规范》等规范性文件；全市公安机关有1750名民警参加执法资格考试，通过司法考试的民警达59名；发放执法办案奖金156万元，公开处理案件621起；追究执法过错8人次，21起行政诉讼案件无一败诉。

【实现命案全破】 2014年，嘉兴市公安机关落实《嘉兴市公安机关侦破命案工作机制》《嘉兴市公安机关疑难命案防控工作规范》等要求，快侦快破现行命案，积极开展命案侦防，命案发44起、破44起，实现命案连续第7年全破。

【严打食品药品环境领域犯罪】 2014年，嘉兴市公安机关共侦破食品药品犯罪刑事案件108起，摧毁犯罪团伙32个，采取刑事强制措施284人；侦办污染环境犯罪案件77起，采取刑事强制措施221人，查处涉案企业、黑作坊64家，对85名相关负责人依法采取刑事强制措施。

【开展打防侵财犯罪专项行动】 1～12月，嘉兴市公安机关开展打防侵财犯罪专项行动。其间，共打掉成员5人以上、案件10起以上的侵财犯罪团伙62个，通信(网络)诈骗犯罪团伙19个，指纹、DNA比对认定人员归案率89.7%，核查率99.8%。突破市局挂牌督办侵财案件39起(串)，突破率75%，先后突破“经开特大系列支付宝电信诈骗案件”等一批重大侵财案件。

【开展“两打两保”春季行动】 2月1日至5月31日，嘉兴市公安机关开展以“打盗抢保民生、打黄赌保民安”为主要内容的“两打两保”春季行动。其间，共查处侵财类犯罪嫌疑人1680人，破“两抢”案件76起，打掉3人作案10起以上团伙32个，5人作案20起以上团伙14个，追回赃款916万元。

【开展打击整治“伪基站”专项行动】 2月20日至12月20日，嘉兴市公安局会同市委宣传部、市无线电管理局等相关职能部门先后制定《应急响应联动机制》《线索收集移交反馈机制》等工作规范，开展打击整治“伪基站”专项行动。其间，共清理网络违法信息1395条，侦破“伪基站”刑事案件6起，采取刑事强制措施30人，收缴“伪基站”设备18台。

【开展净网专项行动】 4～11月，嘉兴市公安机关开展“扫黄打非·净网2014”专项行动。其间，共清理网上违法有害信息23700余条，其中淫秽色情信息3500余条、涉代办证件等有害信息5200余条；处置涉黄的舆情事件1起，查处60余人；侦破淫秽色情类案件15起，抓获犯罪嫌疑人79人；检查提供交互式服务网站、网上交易类网站28家，处罚、关闭违法的网站、栏目、网店60余家。

【开展“大排查、大管控”专项工作】 3～6月，嘉兴市公安机关开展以"'毒驾'、贩毒前科、吸毒引发精神病、病残吸贩毒、戒断满三年"等五类人员为重点的"大排查、大管控"专项工作。其间,开展路面查控、查处"毒驾"行动14次,查处"毒驾"引发的交通肇事肇祸案件1起;移交交警部门应注销而未注销的吸毒人员驾驶证88本;核实录入病残人员信息4769条,排查涉毒人员78人;查处吸毒人员859人,强制隔离戒毒202人,找回脱失人员33人。全市"大排查、大管控"专项工作成效位居全省第三。

【打击非法集资经济犯罪】 2014年,嘉兴市公安机关立非法集资犯罪案件6起,其中嘉善县公安局侦破全市首例利用P2P网络借贷平台的集资诈骗案和妨害信用卡管理案,涉案资金1亿余元;南湖区公安分局侦破嘉兴某置业有限公司朱某某非法吸收公众存款案,涉案资金1.4亿元。此外,还协办非法集资案件12起60人,涉案价值503.5万元。

【打击传销犯罪】 2014年,嘉兴市公安机关严厉打击传销犯罪活动。侦破组织、领导传销活动案8起、因传销引发的非法拘禁案12起,采取强制措施93人,录入传销黑名单库5681人。全年全市涉传报警总量比上年下降21%。

【打击重特大经济犯罪】 2014年,嘉兴市公安机关打击重特大经济犯罪,侦破公安部督办案件7起、省公安厅督办案件3起。嘉兴市、海盐县2级公安机关侦破全市首例伪造货币案,抓获犯罪嫌疑人4人,查获制售设备10余台,缴获假币成品、半成品23万余元;平湖市公安局侦破两起伪造货币案,抓获犯罪嫌疑人3人,缴获假人民币40万元;经济开发区公安分局侦破公安部督办的嘉兴返现商贸有限公司网络传销案,涉案金额逾3000万元,涉及全国7省(自治区、直辖市)1万余人;南湖区公安分局侦破陶某某假冒"欧普""飞利浦"等注册商标案,涉案金额293万余元;海宁市公安局侦破海宁某公司虚开抵扣税款发票案,涉案金额1510万余元、税款256万余元。

【开展缉枪治爆专项行动】 3~11月,嘉兴市公安机关开展缉枪治爆专项行动。其间,共收缴枪支63支、子弹12057发、管制刀具558把、易制爆化学品3822公斤;立案查处涉枪案件43起,采取刑事强制措施27人,治安处罚21人。市公安局缉枪治爆专项行动领导小组办公室被省公安厅评为成效突出单位。

【加强矛盾纠纷"联排联调联处"工作】 2014年,嘉兴市公安机关治安部门完善"警调对接"机制建设,加强矛盾纠纷"联排联调联处"工作。按照"情报先行、预知预防、稳控为主"要求,每月开展不安定因素常态排查、重点排查、部门联排、重大安保期间专项排查。年内,共排查不安定因素287条,化解200条,化解率69.7%;全市派出所和重点警务室设立驻所(室)调解室,设驻所专兼职调解人员549名,调解纠纷10961起。全市未发生影响社会稳定的群体性事件。

【打击涉黄涉赌违法犯罪】 2014年,嘉兴市公安机关以"打四黑除四害"活动为抓手,开展打黄赌保民安、"打黄赌铲源头"等专项行动。共侦破涉赌刑事案件336起,采取刑事强制措施1345人,查处涉赌治安案件1430起,行政处罚6561人,捣毁黄赌团伙413个、涉赌窝点259个;侦破涉黄刑事案件106起,采取刑事强制措施232人,查处涉黄治安案件632起,行政处罚1577人,整顿取缔涉黄场所114个;侦破涉黄涉赌公安部督办案件2起、省公安厅督办案件8起。

【开展户口登记管理专项清理整顿工作】 2014年起,嘉兴市公安机关开展为期三年的深入推进户口登记管理专项清理整顿工作。年内,通过人像比对技术发现清理重复户口15个;清理应销未销户口114个,其中死亡未注销户口107个、服现役未注销户口5个,出国

(境)定居或入籍未注销户口2个;清理纠正户口登记项目差错961个，其中姓名107个、公民身份号码25个、出生日期182个、相片6个、其他项目641个。

【推进社会治安防控体系建设】 2014年,嘉兴市公安机关推进社会治安防控体系建设。共配备专职巡防力量6998人；建成环嘉卡点142个、环本级卡点113个;全市监控点总数33672个,安装摄录一体机15156台、封闭小区视频104个。年内,医院、学校(幼儿园)、客运车站、公交车辆、县级以上治安重点保卫单位的安全防范建设全部达标。

【加强社区警务工作】 2014年,嘉兴市公安机关加强社区警务工作。配备社区民警664人，占派出所总警力的34.4%，其中355名社区民警不参加派出所值班,有社区辅警2721人、新居民协管员3985人。年内,市公安局汇编《全市社区警务工作手册》;开发、应用社区警务工作平台(二期),采集基础信息103余万条;配备协警版警务通2513台;在旅馆、娱乐场所、危化单位等公安列管单位及出租房屋张贴二维码323584张用于智能化管理。

【做好“护校安园”工作】 2014年,嘉兴市公安机关做好“护校安园”工作。共设立校园警务室26个、治安岗亭15个，出动警力值勤守护17927人次，出动警车在重要时段加强学校及周边巡逻8133台次;配备专职保安人员2150名,配备各类防护装备3166件,安装技防设备1374套，实现592家学校与公安机关联网;排查整改涉校内部安全隐患280余处,整治学校周边治安乱点79处，排查化解涉校纠纷52起,排查稳控人员291人;选派法制辅导员639人,开展法制教育942次,指导开展应急演练795次。

【开展打击涉医违法犯罪专项行动】 1~12月，嘉兴市公安机关开展维护医疗秩序打击涉医违法犯罪专项行动。其间,出动9700余人次警力开展医疗机构周边巡逻防控,开展安全检查1573次，排查整改各类安全隐患298处，协助排查化解医疗纠纷77起，查处涉医治安案件8起,处罚19人,侦破刑事案件9起,刑事拘留8人。

【加大交通违法管理力度】 3~9月,嘉兴市公安机关在市区开展“南湖”系列交通违法行为集中整治行动。其间,共查处重点交通违法行为85475起，处置各类不配合执法的案件12起,刑拘3人;自测机动车、非机动车、行人守法率分别为99.18%、96.75%、90%;市区增加9条道路的循环交通组织;清理路内停车位1953个。年内,嘉兴市通过全省治堵考核验收。

【开展“三小车”退运整治联合执法】 2013年12月15日至2014年3月31日，嘉兴市公安局开展市区“三小车”退运整治联合执法工作。其间,共出动联合执法力量1600余人次,查处“三小车” 违法行为89起，查扣机动三轮车9辆、电动(四)三轮车31辆、无证无牌人力客运三轮车46辆,行政拘留3人,市区740辆人力客运三轮车全部退运。

【加强黄标车违法查处力度】 2014年,嘉兴市公安机关加强对黄标车等高污染排放车辆上路违法行为的查处力度，做好淘汰黄标车工作。共查处“闯禁”车辆交通违法25686起,查处黄标车交通违法5179起；全市累计淘汰黄标车25887辆。

【加强巡特警能力建设】 2014年,嘉兴市公安机关加强巡特警能力建设。围绕“练铁拳、铸铁军”能力建设,组建18支巡特警应急处突小分队,落实常态化特警“屯警街面、动中备勤、武装处突”工作;在火车站、汽车站、物流园等反恐重点目标、区域开展常态化特警武警“动中备勤”联合武装巡逻工作;市公安局印发《关于进一步加强公安特警装备配备工作的通知》,

投入资金2000余万元，购置一系列高精尖作战武器和装备；以全省“千案竞赛”，全市“百案竞赛”“三十佳”评选活动、技战法评选、挂牌督巡等为载体，开展治安巡防工作督察指导。年内，完成全省“特警3号”、全市“金盾2号”、全市“固边工程”岗卡包围圈建设、“世互会”机动应急安保和“动中备勤”等各项工作任务。

【开展“创人民满意消防队伍”活动】 2014年，嘉兴市公安消防支队开展“创人民满意消防队伍”活动。走访地方党委、政府和人大、政协，征求“创满意”活动建议，设立民意“直通车”，向社会单位和群众寄发“创满意”征求意见表，向社会各界公开“十项承诺”；设立“金点子”专栏，通过邮件、座谈和电话沟通等方式，征求基层官兵意见、建议；开通“96119”栏目电话热线，在主流网站设立“畅通民意直通车”，及时受理群众意见和诉求；开展“阳光执法”体系建设，规范窗口设置标准；建立“每案一评”机制，开展公述民评和民意调查活动；制定《改进警政警民关系八项措施》，参与社会公益事业。年内，共征求意见建议27条，排查窗口问题20个；消防支队被省政府评为拥政爱民模范单位，获得省政府消防工作考核第一。

【提升消防安全事故防控能力】 2014年，嘉兴市公安消防支队着力提升消防安全事故防控能力。召开专项整治推进会5次，组织系统培训14300余人；核查历史遗留重大火灾隐患单位27家，排查重大隐患单位44家，区域性火灾隐患21处。年内，在全省率先编制区域性火灾隐患整治规划并在全国做经验交流，在省公安厅组织的重大隐患整治工作第一、二阶段性考核中名列第一。

【实施接警指挥新模式】 2014年，嘉兴市公安机关实施“统一接警、一级指令、分类指挥”接警指挥新模式，市本级处警单位1分钟响应派单率保持在99%以上、2分钟响应派单率接近100%，报警电话早释率逐月下降，比上年下降20.14%。

【开展“我最喜爱的十大人民警察”评选】 10月14日，嘉兴市公安局印发《嘉兴市第三届“我最喜爱的十大人民警察”评选活动实施方案》，并启动该评选活动。通过组织、群众和媒体推荐，经嘉兴广电新闻综合频道、《南湖晚报》、《公安周刊》等媒体宣传推介，民意评选团评议，产生20位候选人。12月12～21日，通过网络、报纸开展投票，易琦森等10人被评为嘉兴市第三届“我最喜爱的十大人民警察”，王伟等10人被授予嘉兴市第三届“我最喜爱的十大人民警察”提名奖。

【嘉兴市看守所迁建项目投入使用】 2014年2月21日，嘉兴市看守所迁建项目投入使用。该所位于南湖区大桥镇胥山村，占地面积10公顷，总建筑面积44483.75平方米，于2010年12月6日开工建设，2013年12月30日竣工。

（陈小全）

检　察

【概况】 2014年，全市检察机关依法履行监督职责。共依法批捕刑事犯罪嫌疑人5795人，起诉10044人。着力整治“两抢一盗”等多发性侵财犯罪，依法批捕2670人，起诉3354人。认真落实轻缓刑事政策，从严把握逮捕、起诉条件，减少社会对立面，共依法不捕739人，不诉525人。坚持有腐必反、有案必查，“打虎拍蝇”成效显著。全年共立案侦查贪污贿赂犯罪案件94件110人，立案人数比上年上升14.6%。立案侦查渎职侵权犯罪案件36件42人，立案人数上升61.5%。加大对领导干部腐败案件的查处力度，查处处级领导干部5件5人，科级领导干部13件13人。推进职务犯罪预防工作，加强同步预防和典型案件剖析，立项开展预防调查10件，开展职务犯罪案件同步预防11件，提供行贿犯罪档案查询2372次。加强纠错纠违执法监督。全年共监督刑事立案183人，监督撤销刑事案件28件。对认为确有错误的刑事判决依法提出抗诉,法院审理后改判16件。加强民事行政诉讼监督,所监督案件经法院审理后改变原裁判16件,以调处方式结案37件。办理民事督促起诉案件28件,支持起诉案件8件,挽回国有资产损失3.2亿元。加强监管执法和刑罚执行监督,向监管场所提出书面检查建议36份,均被采纳。开展减刑、假释、暂予监外执行专项检察活动,监督收监执行罪犯13人,纠正减刑呈报不当16人。全市有2个派驻看守所检察室被最高人民检察院评定为一级规范化检察室。

助推经济社会发展。制定《全市检察机关运用法治思维和法治方式服务保障全面深化改革若干意见》,服务全市发展大局。制定出台《坚持和发展"枫桥经验"服务推进基层"法治、德治、自治"建设工作的实施意见》,促进基层社会依法治理。全力推进涉法涉诉信访工作改革,建立涉法涉诉信访事项导入和退出司法程序机制,畅通民众诉求表达渠道。出台《民生检察三年规划》,部署推进"六大民生行动"和"三项检察"。构建基层检察室"室、站、点、员"四级工作网络,延伸检察工作触角。海盐县检察院沈荡检察室被评为全省首批示范基层检察室。依法推进"五水共治""三改一拆"工作,在专题调研基础上提出建立行政、民事、刑事"三位一体"联动执法机制的建议,已转化为十一个部门的联合文件在全市推广。加大对"五水共治"领域相关犯罪的惩治力度,共依法批准逮捕、起诉污染环境犯罪46件80人、57件154人,人数分别是上年同期的3.6倍和31倍。立案查处环保监管领域职务犯罪案件17件17人。围绕"亚信峰会""首届世界互联网大会"等重大活动,加强信息研判、矛盾化解,全力做好维稳安保工作。

年内,全市有3名干警分别被最高人民检察院荣记个人一等功、被省委政法委评为全省政法系统先进个人、被浙江省人民检察院评为第四届全省优秀检察官,有6名干警在各业务条线竞赛中获得全省"十佳"称号。市检察院在全省检察业务考评中位居第三名。

【强化人权司法保障】 2014年,全市检察机关健全落实罪刑法定、疑罪从无、非法证据排除等制度,依法保障当事人和其他诉讼参与人的合法权利。高度重视未成年人保护工作,完善落实未成年人犯罪记录封存、分案办理以及合适成年人到场制度。规范审查逮捕工作,严格执行审查逮捕案件每案提审制度,全面推行社会危险性说明制度,开展审查逮捕听证工作。开展羁押必要性审查工作,对81件93人发出羁押必要性审查建议书,建议变更强制措施,均被采纳。加强对律师执业权利的保障,认真落实省公检法司《关于刑事诉讼中充分保障律师执业权利的若干规定》,开通"律师网上预约"平台,设立专门的律师阅卷区、接待区,依法保障律师的会见权、阅卷权等权利。

【健全监督制约机制】 2014年,全市检察机关以规范和约束公权力为重点,加大监督力度,完善监督措施,提升监督实效。加强对刑事司法活动的监督,坚持全市刑事执法问题季度通报制度,对存在侦查活动不规范情况的案件,分类梳理,分析原因,提出建议。联合市公安局、市中级人民法院出台《关于规范刑事案件中视听资料证据的若干意见》,编印《办理刑事公诉案件引导取证及审证规范》,统一规范类案的证据标准。深入推进客观性证据审查工作,落实客观性证据跟踪制度,健全冤假错案有效防范、及时纠正机制。加强对民事行政审判人员司法行为的监督,出台《关于建立全市民行审判人员违法行为监督一体化机制的意见》,整合监督资源。加强对行政执法活动的监督,联合市政府法制办制定《关于加强行政执法监督的若干规定》,助推法治政府建设。

【被评为全省检察机关规范化办案工作区】 2014年,全市检察机关坚持把自身监督放到与法律监督同等重要的位置来抓,确保严格公正司法。规范案件管理工作,正式启用案件管理平台,出台《案件管理实施办法》,分离案件办理职能和案件管理职能,实现办案活动的过程性控制和监督。规范职务犯罪案件办理工作，严格落实立案报备、撤案报批等各项制度。严格规范取证程序，建立办案规范化台账，出台以证据合法性、犯罪事实认定准确性为核心的职务犯罪案件质量内审办法。严明办案规范要求，完善专门办案工作区建设，严格执行审录分离、工作区管理和使用分离，确保侦查部门的讯问、询问工作在内部全程公开透明。全市8个办案工作区均被评为全省检察机关规范化办案工作区。

【研发“检务通”综合管理平台】 年内，市检察院以务实、管用、易操作为原则，着手研发“检务通”综合管理平台，综合利用一卡通、智能手机、检务通智能终端等科技手段，以现代信息技术，实现管权、管事、管人，提升检察综合管理规范化。“检务通”综合管理平台依托检务信息网，利用“一机一卡十系统”，实现出入管理、访客管理、考勤管理、会议管理、公车管理等综合管理“九大功能”。该项工作得到省检察院多位领导的批示肯定。

（李晓光）

法　院

【概况】 2014年，全市法院共受理各类案件80716件，办结80179件，比上年分别上升2.5%和2%（不含减刑假释案件343件），其中市中级人民法院受理3333件，办结3301件，分别上升24.6%和24.7%。全市一线法官人均结案198.6件，分别高出全国、全省平均数113.6件和11.6件，生效裁判息诉率99.5%，办案质量、效率和效果总体水平居全省前列。

2014年，全市法院共新收一审刑事案件7072件，审结7117件（含旧存），比上年分别上升2.3%和1.4%；判处被告人10409人。从严打击破坏社会安全的各类犯罪，审结“涉暴涉恐”“涉黑涉毒”“两抢一盗”等案件4524件，审结危害食品药品安全等案件63件，审结集资诈骗、非法吸收公众存款等案件10件；对其中497名被告人判处五年以上有期徒刑直至死刑。保持反腐高压态势，审结贪污、贿赂、渎职等职务犯罪案件103件，判处130人，其中处级6人、科级16人，为国家挽回损失1000多万元；从严控制缓刑适用，实刑率达72.2%。审结全国首例兽药非法添加瘦肉精、全省首例网络买卖自考答案等一批新型案件，并推进轻微刑事案件快速办理。严格规范减刑、假释、暂予监外执行工作，裁定减刑、假释343人，比上年下降56.9%，裁定暂予监外执行犯重新收监5人。加强人权司法保障，为915名可能被判处三年以上有期徒刑的被告人，通知法律援助律师出庭，辩护率达84.5%。

5月22日，全国首例兽药非法添加瘦肉精案件，在市中级人民法院公开开庭审理。

2014年，全市法院共新收一审民商事案件49067件，审结48809件，比上年分别上升4.3%和3.7%；案件调解撤诉率73.3%，位列全省第一。引导当事人通过人民调解组织化解纠纷6764起。民事案件上诉率3.6%、申诉率0.5%，均处于全省最低之列。依法保障民生权益，审结劳动报酬、社会保险等案件2621件；审结人身损害、婚姻家庭等案件21353件，并与市妇联等部门建立家庭暴力告诫机制。依法维护经济秩序，审结买卖、承揽等案件14820件。依法保护创新驱动，审结知识产权案件983件，开展农村超市商标侵权案件专项审判；“团购式”调解KTV音像制品著作权侵权案件589件，促成93.5%的业主与中国音像著作权集体管理协会签订协议,签约率位列全省第一。平等保护中外市场主体,审结涉外、涉港澳台商事案件143件,市中院两件案件入选全省法院十大典型案例。加强涉军审判工作,维护国防利益和军人军属合法权益。

2014年,全市法院新收一审行政案件185件,审结167件,比上年分别上升101.1%和75.8%,其中新收涉城建、资源、公安、劳动社会保障等案件111件,占收案总量的60%。裁判行政机关败诉20件,占审结案件的12%;经协调促成原告与行政机关和解撤诉43件,占25.7%。行政机关负责人出庭应诉率保持100%。依法审查行政非诉执行案件1003件,准予执行829件,分别上升9.8%和0.7%。加强司法建议工作,先后就规范婚姻登记、法律服务市场、融资性担保机构运营等发送司法建议149件,均得到相关部门单位的回应。加强司法与行政的良性互动,与政府召开多层级年度联席会议,并发送行政审判白皮书,助推依法行政和法治政府建设。

2014年,全市法院共新收各类执行案件20810件,执结20512件,执行到位金额52亿多元;实际执行率65%、民商事案件实际履行率86%,均位列全省第一。加强与公安、银行、房管、社保等部门的协作,健全网上"点对点"查控被执行人及其财产机制。出台加大执行强制力的十条措施,曝光、限制高消费、限制出境等6216人次,比上年上升5倍多;司法拘留714人次,上升60.4%;在公安机关协助下,异地查控308人次。联合公安、检察机关制定严厉打击"拒不履行生效裁判罪"的实施意见,将6人移交公安机关立案侦查。开展涉民生案件专项执行活动,执结欠薪、赔偿、抚养费等案件3740件,执行到位金额7120万元,市中院执行局被评为全国法院涉民生案件专项集中执行工作先进集体。

2014年,全市法院贯彻落实人民陪审员"倍增计划",全市法院人民陪审员从238名增至535名;保障人民陪审员依法履职,共陪审各类案件8929件,陪审率92.6%。

12月4日,市中级人民法院首次开展青年法官向宪法宣誓活动。

【助推党委政府中心工作】 2014年,全市法院系统依法助推党委政府中心工作。市中院出台司法保障"五水共治"的十条意见,编发法律实务参考4000多册。严厉打击环境污染犯罪,审结案件58件,判处156人;2件案件分别入选全国、全省法院典型案例。落实环保司法与行政执法联动机制,开展环保非诉案件集中执行行动,审查并准予执行186件。审结涉"三改一拆"、重点工程的案件154件,保障湖滨二期房屋征收、桐乡濮院旧镇改建等重点项目顺利推进。审查并准予行政机关执行强制搬迁、拆除违法建筑等非诉案件354件,并对集中整治高速公路沿线广告牌提出法律建议。依法打击非法占用农用地犯罪,涉案6.93公顷农地全部得到复垦。妥善调处涉人力客运三轮车、电动三轮车、残疾车等"三小车"案件,保障市区顺利推进专项整治工作。

【助推经济转型升级】 2014年,全市法院助推经济转型升级。坚持涉诉企业差异化处置原则,依法帮扶有发展前景的困难企业,依法淘汰无力维系的落后产能。审结涉企案件22416件,标的额达138.3亿元,比上年分别上升10%和13.3%。审理破产案件35件,其中尖山光电公司破产裁定成为全省首个被外国法院承认的跨境破产裁定。妥善解决明效丰汇、大连实德关联公司等一批重大案件,盘活近千亩存量土地。加强金融债权司法保障,在全省率先出台审理执行金融案件的专项纪要，办结借贷、担保等案件2814件,保护金融债权52.7亿元,有效防范化解企业和金融机构风险;并联合相关部门举办“2014浙江企业金融债务治理的协同与创新”论坛,改善金融投资环境。

【促进社会综合治理】 2014年,全市法院依法保障全市各项深化改革试点，发挥基层法院、人民法庭在“三治”(治懒、治散、治庸)建设中的重要作用，指导培训人民调解员700多人次,5个法庭被评为省级“模范五好法庭”。专题调研涉全市11个专业市场的群体性系列商铺纠纷,向市委、市政府提出针对性法律建议,并审结案件2100多件。开展面向基层、服务群众的法制宣传,采取街头普法、上门送法、以案说法等形式,利用广播电视、网络手机、村居墙报等载体,组织新闻发布会、法庭开放日、法律宣传周等活动,进村入企普法讲课80多次,在主流媒体刊发稿件3200多篇,社会各界4300多人受邀参加各类活动。推进涉诉信访法治化改革,妥善办理来信来访949件,依法受理申诉、申请再审192件，市中院被授予2004～2013年度平安创建工作先进单位称号。

【不断完善便民措施】 2014年,全市法院系统不断完善便民举措。加强诉讼服务中心建设,开通“12368”司法服务热线,设立文明导诉岗,编发宣传手册,为当事人依法参与诉讼、理性维护权益提供便利。开设涉民生案件“绿色通道”,完善道路交通事故纠纷联合调处机制,实行事故处理、调解、诉讼“一站式”服务,有效整治“司法黄牛”。实行“假日法庭”“午间法庭”等审判方式,开展就地、巡回审理案件10912件次,简易程序适用率达83.14%,并积极适用小额速裁程序和简化裁判文书,降低当事人和社会的诉讼成本。加大对经济困难当事人的司法救助力度,发放司法救助金108.3万元,依法准予缓、减、免交诉讼费212万元。

【加强法院信息化建设】 年内,全市法院加大信息化硬件和软件建设投入,在全省率先采用新的诉讼费管理系统、档案电子标签智能管理系统及档案卷宗封皮自动打印软件，推进高清数字法庭改造、远程接访系统建设,为当事人参与诉讼提供高效、便捷的信息化服务。继续推进“零佣金”的网络司法拍卖,共完成网拍939件，成交率91%，总成交额19.7亿元,累计为当事人节省佣金4068.3万元;建立网拍房产产权和抵押预登记制度，搭建网拍房产按揭贷款平台,有效破解房产网拍一次性付款难题。

【推进司法公开】 年内，全市法院系统坚持“以公开为原则,不公开为例外”,细化司法公开32项举措,构建开放、动态、透明、便民的阳光司法机制。利用传统媒体和新兴媒介,推进审判流程公开、裁判文书公开和执行信息公开,上网裁判文书64000多份,并将6167人纳入全国法院失信被执行人曝光平台。调整优化官方网站功能设计,方便当事人和社会各界查询信息、参与诉讼、监督司法。开展以同步录音录像、框架记录及庭后誊录为主的庭审记录改革试点工作,并组织网络庭审直播案件26次。

（孙　军）

司法行政

【概况】 2014年,全市有司法所75个,工作人员471名；人民调解委员会2371个，调解员8737名;律师事务所81家,律师772名;公证处6个,公证员32名;基层法律服务所28家,基层法律服务工作者174名；司法鉴定所3个,鉴定人34名。2014年,国家司法考试嘉兴考区共报名1060人,通过158人。

2014年,嘉兴市被评为全国“六五”普法中期先进城市。市司法局先后被评为“全国文明单位”“浙江省社区矫正工作先进集体”“浙江省依法行政示范单位”。

表 22

2014 年嘉兴市律师业务数据

内　　容	数　据	内　　容	数　据
律师事务所(家)	81	办理行政案件(件)	193
律师(名)	772	办理非诉讼案件(件)	3212
担任法律顾问(家)	3927	解答法律咨询(次)	11028
办理刑事案件(件)	2557	代写法律文书(份)	1203
办理民、商事诉讼辩护代理(件)	17743		

表 23

2014 年嘉兴市公证业务数据

内　　容	数　据	内　　容	数　据
公证处(个)	6	国内经济公证(件)	9943
公证员(名)	32	国内民事公证(件)	21412
办证(件)	40801	涉外公证(件)	8858
国内公证合计(件)	31355	涉台港澳公证(件)	588

表 24

2014 年嘉兴市基层法律服务业数据

内　　容	数　据	内　　容	数　据
基层法律服务所(家)	28	代理非诉讼(件)	271
基层法律工作者(名)	174	解答法律咨询(件)	14688
担任法律顾问(家)	487	办理法律援助(件)	191
代理诉讼(件)	3261	避免挽回经济损失(万元)	35824.98

【公共法律服务体系建设工作】 2014 年,嘉兴市出台《加快推进覆盖城乡的公共法律服务体系建设三年行动计划(2014～2016 年)》,推进全市公共法律服务体系建设。在县级司法行政法律服务中心全覆盖的基础上,建立镇(街道)公共法律服务中心(站)66 个,建成率 90.4%;建立村(社区)公共法律服务点(窗口)1056 个,建成率 89.7%。设计开发公共法律服务专网,为群众提供“指尖上”+“面对面”的网络服务。搭建专业性群众自治组织、专业法律服务团队以及“法治阳光”服务志愿者组成的社会协同平台,并制作《公共法律服务便民手册》,为群众提供优质高效的法律服务。

【法律服务中心工作】 2014 年,市司法局出台《关于司法行政保障“五水共治”工作的通知》《关于进一步深化法律服务 “三改一拆”“五水共治”工作的通知》和《关于积极发挥司法行政职能服务“两美”建设的实施意见》,挑选有经验的优秀政法干警担任法制副河(道)长,服务“五水共治”工作。出台《嘉兴市司法行政服务企业发展的若干举措》,开展“百场法律宣讲、百家企业体检、百家民企结对”主题活动,组建领军人才企业、双强联盟企业、台资企业、禾商企业、防范金融风险、股改挂牌上市、外贸发展、浙商回归八个法律服务团,对接民营企业“二次创业”、浙商回归、精英引领计划、金融风险防范等经济领域发展问题。全年全市法律服务机构代理相关诉讼及非诉讼代理 20955 件,办理涉及企业的民间借贷公证事项、办理商标转让等声明书公证 2500 多件, 挽回经济损失 19.15 亿元;为 1546 家企业化解法律风险 7423 个,参与调处劳动纠纷 1062 件,避免经济损失 7.52 亿元。

【法律援助工作】 2014年,市司法局依托公共法律服务平台,规范全市镇(街道)、村(社区)、企业、劳动仲裁院、看守所等区域(行业)的2283个法律援助站(点)。与市财政局联合出台《嘉兴市法律援助经费使用管理办法》。推行法律援助"点援制"和窗口首问责任制,开展市、县援助案件互查、倒查的评查活动,不断提升法律援助质量,做到"应援尽援""应援优援"。全年全市法律援助机构接听来电法律咨询12455人次,接待来访7195人次,受理法律援助案件3347件,为群众挽回各类损失7635.6万元。

【法治宣传教育工作】 2014年,嘉兴市深化"法律八进"活动,通过法治宣讲、法律知识竞赛、法治论坛、法治文化演出、送法下乡等形式开展法制宣传。深化规范领导干部和公务员学法用法,近5000名市本级领导干部和公务员参加网上法律知识考试,开展非人大常委会任命领导干部法律知识考试试点工作。全年全市共开展理论中心组学习、政府常务会议学法53次。完善"大普法"机制,加强法治文化建设,加大平台载体、场馆阵地建设力度,全市建有法制宣传户外广告牌137个,法治文化公园27个,法治文化广场7个,法制宣传电子显示屏583个,村、社区、企业建有法制学校829所,新建法治长廊33个,并在全市中心路段的190余个传媒高清LED联播屏和电子显示屏开展公益法制宣传。开展法治创建活动,全市新建市级"民主法治村(社区)"50个,省级"民主法治村(社区)"22个,全国"民主法治示范村"4个。修订出台《嘉兴市诚信守法企业管理办法》,新增市级"诚信守法企业"12家。

【人民调解工作】 2014年,全市共建有医患纠纷、交通事故、劳资纠纷、保险等行业性专业调委会113个。强化星级规范化司法所创建工作,全市69个司法所被命名为星级规范化司法所,占全市司法所89.3%,创建比例居全省第一位,嘉兴市规范化司法所创建工作在全省作经验交流。出台《关于深入开展"五水共治"矛盾纠纷专项排查调处工作的通知》,开展矛盾纠纷"大排查、大调处"活动。年内,共调处矛盾纠纷33375件,调解成功率99.1%,其中调处死亡纠纷671起,防止群体性上访115件。

【社区矫正工作】 2014年,市司法局成立社区矫正执法支队,在嘉兴经济技术开发区(国际商务区)成立直属执法大队,7个县(市、区)全部成立社区矫正执法大队,嘉兴市在全省率先实现市、县社区矫正执法机构全覆盖。8月,全省社区矫正执法机构队伍建设工作现场会在嘉兴市召开。至年底,全市社区服刑人员脱漏管、再犯罪率分别为0和0.06%,远低于省控指标。构建与各监狱(所)的协作机制,提升刑释人员帮教安置工作水平。至年底,全市刑释人员安置率99%,帮教率99%,重新犯罪率0.46%。

【强制隔离戒毒工作】 2014年8月,嘉兴市强制隔离戒毒所通过检查验收,并于9月9日正式收治戒毒人员。对戒毒人员实行分类分区管理,初步形成嘉兴"四四五"戒毒矫治模式。至年底,共收治戒毒人员126名,戒毒人员无重大安全事故发生,实现"安全有序,开局良好"工作目标。年底,通过全省司法行政强制隔离戒毒场所"四区分离"工作达标验收,成为全省首家达标验收的地市级戒毒所。

(石泳卫)

武　装

综　述

2014年，嘉兴军分区在省军区党委和嘉兴市委的领导下，以学习贯彻中共十八大和十八届三中、四中全会精神为主线，以强军目标为统领，大力弘扬“红船精神”，突出政治建设、强化实战准备、从严整顿作风、注重厉行法治，各项建设有序推进，全面发展势头稳健。始终突出思想政治引领，官兵精神支柱更加坚定牢固。坚持创新理论武装，着力抓好习近平总书记系列讲话精神学习，组织参加“红船大讲堂”，开展讨论交流和思想辨析。参加省军区人武部、预备役团主官集训考核，获得军事、政工2项冠军，有7人进入前十名。军分区机关参加省军区8个师级单位“红红对抗”，获得团体总分第二的成绩。开展党的群众路线教育实践活动，坚持红船旁军分区的高标准，每个环节抓得紧、每个步骤踩得实、每个关口把得严。清房清人清车在规定时间内保质保量完成。军分区党委制定出台持续推进作风建设的若干措施，作风建设步入制度化规范化。始终突出严把标准真情服务，后装保障工作得力有效。全面推开人武部“小食堂”保障社会化运行。军分区机关食堂接待费较上年同期下降41.6%。落实经费管理五分开和“三人联签”制度，公务卡强制结算有序推行。

（何先锋）

国防教育与政治动员

【概况】 2014年，嘉兴市全民国防教育工作坚持以中共十八大和十八届三中、四中全会精神为指导，以《浙江省国防教育条例》为依据，认真贯彻《关于加强新形势下全省国防教育工作的若干意见》精神，开展各项国防教育活动，不断增强广大干部群众的国防观念。

加强国防教育组织领导。为认真贯彻省委、省政府、省军区《关于加强新形势下全省国防教育工作的若干意见》，市国教办协调相关部门，提出贯彻落实具体方案，印发《关于加强新形势下嘉兴市全民国防教育工作的通知》，将国防教育工作列入党委政府工作计划，列入党管武装、双拥模范城创建等内容，并赋予一定分值，推动嘉兴市国防教育长效发展。协调驻嘉兴部队发挥自身优势，参与双拥共建、文明创建，开展国防教育活动。各县(市、区)相继出台有关文件和具体措施，推进国防教育工作。

突出重点对象国防教育。抓好领导干部的国防教育。各县(市、区)采取形势报告、知识讲座、过军事日、军事演练等形式，抓好领导干部国防教育活动。5月7日，市委召开党管武装工作会议暨军事日活动，参会人员现场观摩抗洪抢险、山林灭火、化学救援等科目演示。10月31日，市国教办组织市委党校县处级培训班56人，在平湖民兵训练基地进行轻武器实弹体验活动。各级党政机关结合党委中心组理论学习,开展国防形势宣讲活动。秀洲区邀请国防大学战略研究部教授刘静波作“我国国家安全形势分析及其应对之策”讲座。海宁市组织市委中心组理论学习扩大会,邀请海军指挥学院军事战略学教授、博士生导师张晓林作“我国海上战略环境”专题理论学习活动。推进青少年国防教育。各大中小学校结合学生军训和德育教育,开展主题演讲、国防知识竞赛、国防形势宣讲等活动。其中桐乡市濮院小学开展“国防教育周”活动,并在《中国青年报》头版、《人民日报》二版及嘉兴电视台少儿栏目,进行宣传报道。着力推进“少年军校”建设,命名表彰海盐县三毛小学等10所“少年军校”示范学校,并举办青少年国防教育论坛活动。做好征兵动员电视讲话、征兵工作答记者问、播放征兵公益广告、开设征兵专版专栏等活动,及时宣传征兵最新政策。嘉兴电视台累计播放相关新闻12条次,《嘉兴日报》发稿20多篇,张挂横幅100多条,播放公益广告2000多次,编印《征兵工作简报》8期。抓好民兵整组训练和国防教育,开展“中国梦、强军梦”主题教育活动,强化民兵预备役人员的使命意识和责任意识。加强大学生国防教育。结合征兵重要时机,加大对大学生的国防教育,分别到嘉兴学院、嘉兴学院平湖校区、浙江财经学院东方学院等高校开展政策宣讲、主题报告会及大学生国防教育活动。

平师附小推进少年军校建设。

结合重大节日开展教育。围绕“关心国家安全、维护海洋权益”主题,各县(市、区)开展第14个全民国防教育日和第3个全省国防教育宣传周活动。南湖革命纪念馆先后举办“纪念甲午海战120周年展”“抗日战争展”“雷锋事迹展”“党和国家领导人与党的诞生地嘉兴”等主题展览。市县两级党校结合干部培训,开展国防形势宣讲、国防知识讲座、观看爱国主义影片等活动。各县(市、区)发挥国防教育宣讲团作用,开展国防教育宣讲活动。国防教育宣讲团共7个,累计宣讲员136名,全市年底评出国防教育优秀宣讲员20名。组织五县两区的分管领导参与全省党政领导“走进海防线”活动。市本级组织开展“中安杯”党史军史知识竞赛活动,评出一、二、三等奖和参与奖若干名。结合纪念“九一八”事变、中国人民抗日战争胜利纪念日等重要时机,精心策划国防教育宣传周活动。市本级举办甲午海战史实展,开展向革命烈士敬献花篮等活动。

培育宣传国防先进典型。大力培育挖掘“优秀红船民兵”“优秀双拥企业”“情系国防”好家庭等先进典型,并及时做好宣传表彰,引导全社会崇军尚武、拥军支前的价值导向。市本级开展国防教育先进单位和先进个人评选表彰活动,宣传报道中俄联合演习副指挥长沈煜的先进事迹和老兵爱心车队队长周勇“彰显老兵风采、传递社会正能量”的先进事迹。《解放军报》《中国国防报》《人民前线报》刊登题为《桐乡市发挥民兵优势有力巩固基层政权》的文章。开设“八一光荣榜”,在各级新闻媒体张榜公布59名荣立三等功以上嘉兴籍现役军人名单和主要事迹,并对部分先进典型代表进行宣传报道。

做好国防教育氛围营造。协调嘉报集团、嘉广集团、市交通运输局等单位,在电视台、嘉兴汽车北站、部分公交车等地方,分时段播出“维护海洋权益,建设海洋强国”国防教育公益广告。推进国防教育网站建设,做好信息上传工作,建成网站4个(海宁市、桐乡市、嘉善县大云镇和嘉兴国防教育网站)。结合国际国内形势情况和国防教育工作情况,编印《嘉兴国防教育参考》12 期,发送到市级机关各部门(单位)和市本级大中小学校。

嘉兴市实验小学利用墙报开展国防教育活动。

【开展国防教育宣传周活动】 9 月 15～21 日,嘉兴市开展主题为"关心国家安全、维护海洋权益"的国防教育宣传周活动。各级党政机关结合党委中心组理论学习,开展国防形势宣讲活动。各大中小学校结合学生军训和德育教育,开展主题演讲、国防知识竞赛等活动,参加学生达 1 万多人。市本级通过《南湖晚报》开展"中安杯"党史军史知识竞赛活动,引导 11 万名读者参与。市委宣传部、市人防办、市委党校等国教委成员单位,开展"最美嘉兴人"走进军营巡讲,组织"浙江金盾—1406"人民防空演练,举办国防形势宣讲等活动。各县(市、区)结合纪念"九一八"事变及中国人民抗日战争胜利纪念日等重要时机,精心策划活动方案,通过形势宣传、主题演讲、专题讲座、知识竞赛、图片巡展等形式,开展国防教育活动。南湖区开展参观"红船先锋连"、科级干部国防知识培训、主题征文等活动。秀洲区开展践行社会主义核心价值观"八个一"系列活动,各中小学校开展《把爱国放在做人的第一位》主题报告、"九一八"事变 83 周年图片展、"国防体验"等活动。嘉善县开展《中华人民共和国兵役法》《中华人民共和国国防法》《中华人民共和国国防教育法》"三法"进万家,国防教育巡展,主题演讲等活动。平湖市开展国防教育法律咨询、"我爱国防"绘画大赛、"国际军事与海洋权益"讲座等活动。海盐县开展国防教育主题摄影比赛、征集转业复员退伍军人老照片等活动。海宁市开展"我国海上战略环境"专题理论学习、"军事开放日"、老兵座谈会、建立"国防教育馆"等活动。桐乡市开展"系情国防好家庭"评选等活动。结合征兵宣传、"八一光荣榜",做好国防教育公益广告、先进典型宣传等工作。

中小学校开展国防教育和军训活动。

【开展纪念中日甲午战争 120 周年活动】 2014 年,嘉兴各地开展纪念中日甲午战争 120 周年活动。嘉兴南湖革命纪念馆开展"国殇之醒——甲午战争史实展",分"近代海防,时局艰险""日本启衅,战火遍燃""民族屈辱,抗争云涌"三个部分再现甲午战争历史。在第一个"烈士纪念日",嘉兴市各界向革命烈士敬献花篮。市本级结合党管武装工作会议暨军事日活动,组织领导干部观看《甲午·甲午》电视影片。各县(市、区)采取形势报告、知识讲座、过军事日、军事演练等形式,开展纪念活动。

驻嘉兴部队参观"国殇之醒——甲午战争史实展"。

(任晓根)

【嘉兴国防动员工作综合排名全省第四】 10月22日，省国动委联合考评组对嘉兴市国防动员工作进行综合考评。考评组由省国动委副主任李大清带队。嘉兴市国动委副主任梁群向考评组汇报近三年来全市国防动员工作的开展情况。省国动委对照《国防动员工作综合考评细则》，采取听取汇报与实地察看、实际抽点与静态检查、常识测试与问卷调查、面上普查与重点核查相结合的方法，开展对口检查。嘉兴军分区政委王会能、嘉兴军分区参谋长卞云坚陪同检查。此次考评，嘉兴取得综合排名全省第四的成绩。嘉兴市委书记、市国动委第一主任鲁俊作出“工作富有成效，值得充分肯定”的批示。

【承办全国国防交通储备物资规范化管理观摩会】 4月17～18日，嘉兴市交战办承办全国国防交通储备物资规范化管理现场观摩会。国家有关部委、直属企业，全军各大军区、相关军事院校及全国各省、自治区、直辖市有关单位共237名代表参加此次观摩会。会议期间，组织观看浙江省和上海铁路局国防交通储备物资规范化管理工作成果介绍片，现场观摩嘉兴和杭州笕桥两个国防交通储备物资仓库；浙江省国动委交通战备办公室、上海铁路局、福建省公路管理局、河北省邢台市交通运输局、中铁十三局集团公司介绍国防交通储备物资规范化管理经验做法；铁道战备舟桥处、北京铁路局、交通战备中山训练基地分别交流国防交通储备物资管理系统、铁路战备抢修器材模拟拼装系统、装配式公路钢桥拼装架设模拟训练系统研发成果。会议下发《加强国防交通物资储备仓库建设的指导意见》，通报表彰国防交通物资储备13个红旗仓库和75个优秀仓库，嘉兴国防交通储备物资仓库被评为“全国红旗仓库”。总后军交运输部副部长孙凤乐、南京军区联勤部副部长曹文献出席会议并发表讲话。浙江省副省长黄旭明、嘉兴市市长肖培生到会致辞。

（史高翔）

【完成民兵预备役部队组织整顿】 2014年，全市民兵预备役组织整顿工作按照筹划设计、部署任务、全面展开、巩固提高四个步骤组织实施。3月上旬，军分区司令部与市政府办公室联合下发《2014年度嘉兴市民兵预备役整组工作方案》，成立由市长肖培生为组长，常务副市长梁群、军分区司令员夏忠平为副组长，军地相关领导参加的全市民兵预备役部队组织整顿领导小组。4月上旬，军分区集中利用3天时间，在平湖市民兵训练基地组织民兵预备役部队整组工作业务培训，各县（市、区）人武部、预备役防化团主官和分管参谋以及全市镇（街道）专武部长共89人参加。军分区机关军动负责人史高翔作专题业务辅导，组织整组工作案例分析训练。通过整组，全市共落实基干民兵17800人（其中应急队伍90支4972人、支援队伍169支9140人、储备队伍67支3688人），预备役防化团预编兵员834人。5月14～15日，军分区组成检查组，采取查看资料、拉动队伍、逐人验证、抽查询问、现场检查和电话抽查等方法，对7个县（市、区）和预备役防化团22支重点分队共990人进行拉动点验，平均到点率96.1%，点到率100%。

（苏学成）

【开展后备力量基层规范化建设达标活动】 2014年，嘉兴军分区持续开展后备力量基层规范化建设“评星挂牌、动态保鲜、全面达标”活动。活动得到地方各级党委、政府在财力、物力、场所上的大力支持。11月，各县（市、区）人武部和预备役防化团按照检查验收评分标准展开自评。12月22～30日，军分区成立由参谋长卞云坚任组长，各人武部副部长、预备役防化团参谋长，军分区军动办2名参谋为组员的考评组，采取单位推荐和现场抽点相结合的方式实施，共检查34个镇（街道）和3个预备役营连，其中各县（市、区）人武部和预备役防化团推荐基层单位20个，检查组现场随机抽点已评为“三星”级达标的基层单位17个（镇级武装部14个、预备役营连3个）。经考核，有29

个镇(街道)武装部和 3 个预备役营(连)被评为“三星”级达标单位。

(徐明华)

军民共建

【开展“春节”军地走访慰问活动】 1 月 10～12 日,军分区本级和所属 7 个县(市、区)人武部协调地方民政部门,组成拥军慰问小组,对辖区内嘉兴籍的 22 户基层营连主官和 1 户特困官兵家庭进行走访慰问。1 月 13～26 日,军分区司令员夏忠平、政委王会能分别对辖区内嘉兴籍师职干部家庭进行走访慰问,各人武部会同乡镇基层武装部对嘉兴籍团以下干部家庭进行走访慰问,共计慰问嘉兴籍军人家庭 879 户,辖区内非浙江籍军人家庭 22 户,寄出慰问信 1000 多封,挂送“光荣之家”牌匾 901 块,发放慰问金近 27 万元,发送慰问品价值 20 余万元。

【出台军人随军家属就业安置实施细则】 12 月 22 日,嘉兴军分区政治部与嘉兴市人力社保局联合制定下发《嘉兴市军人随军家属就业安置实施细则》。文件指出:嘉兴市区驻军的随军家属就业安置任务,由市级机关各部门、南湖区、秀洲区及在嘉兴中央和省垂直管理单位共同承担。按照属地管理、专业对口、单位职级、岗位相近的原则,根据人员编制情况决定安置地;各县(市)的驻军,根据属地管理原则承担相应的安置任务等。

(杨　剑)

民兵　预备役　兵役

【省军区司令员检查征兵工作】 8 月 20～21 日,省军区司令员王海涛带领司令部动员处副处长王兵、秘书潘华强到嘉兴检查指导征兵工作。在听取军分区全面建设情况和征兵工作开展情况汇报后,王海涛对嘉兴军分区工作给予充分肯定,并就抓好下一步征兵工作作了三点指示:一要提高大学生征集比例,争取兵员质量有新提高。二要把握关键环节,抓牢体检、政治考核、初定兵和定兵等关口,严格制度规定,严格标准条件,严格公开公示。三要高度重视廉洁征兵,加强廉政教育,加大督导力度,确保不出问题,不走弯路,为部队输送更多高质量兵员。8 月 21 日,王海涛在军分区司令员夏忠平陪同下,分别到嘉善县人武部、南湖区人武部和秀洲区人武部,听取人武部征兵工作开展情况汇报,并实地检查相关场所,对相关单位做好征兵工作提出具体要求。

【完成夏秋季兵员征集任务】 2014 年,嘉兴市认真贯彻执行省政府、省军区征兵命令,按照“提高大学生征集比例,降低退兵率,使征兵工作做到风清气正”的目标要求,在市委、市政府、军分区的领导下和上级兵役机关的具体指导下,加强领导求合力,科学筹划求规范,严控标准求质量,创新举措求突破,坚持创新征兵、规范征兵、安全征兵和廉洁征兵,圆满完成上级赋予的 1547 名(女兵 49 名)新兵征集任务。新兵中高中以上学历 1523 名,占 98.4%,大学生学历 848 名(大学毕业生 228 名,大学在校生 268 名,大学新生 352 名),占 54.8%,党团员 1392 名,占 90%,兵员总体质量较高。坚持军地合力抓好征兵工作,市委、市政府、军分区主要领导对完成征兵工作任务提出明确要求,四套班子主要领导多次视察指导征兵工作。建立义务兵家庭优待金自然增长机制,2014 年全市义务兵家属优待金由 2013 年的 15530 元增长到 17483 元。注重立体宣传造势,充分调动适龄青年参军入伍热情。给全市每名大学生发放公开信,重点帮助每名应征青年和家长们算清政治账、经济账、前途账、恩情账、素质账和友情账,让群众弄清从军报国的重大意义和价值。通过设立咨询站、张挂征兵宣传图片横幅、发放大学生参军入伍宣传手册、高校网链接全国征兵网、组织典型报告会、群发征兵短信等活动，宣传党和政府的征兵政策法规。利用“全国征兵网”受理答复应征青年网上咨询645次，及时为应征青年答疑解惑。注重科学筹划，扎实做好各项基础工作。6月前，采取设站集中登、上门现地登、网上全时登相结合的方法，全市共兵役登记87285人，登记率达98.1%。2014年全市大学生征集工作的经验做法被总参谋部动员工作简报（2014年第12期）和省军区工作简报（2015年第1期）刊载。

【省市领导检查海宁市征兵体检工作】 8月1日，省军区副司令员徐云法率动员处副处长王兵等一行五人到海宁市巡查征兵体检工作。嘉兴市委副书记胡海峰，军分区司令员夏忠平、参谋长卞云坚，嘉兴市政府副秘书长仲旭东，海宁市委书记林毅，海宁市常务副市长姚敏忠等军地领导陪同。徐云法一行逐一检查体检站每个科室，巡查组对海宁市征兵体检站的规范设置、操作流程和医务人员的工作态度给予肯定。

（陈　军）

【组织“百名优秀红船民兵连长”大比武】 11月27日，为深化落实军区《关于加强战区后备力量实战化军事训练的意见》指示精神，军分区在平湖市民兵训练基地集中组织全市“红船民兵连长”大比武活动，全市7个县（市、区）共112名民兵连长参加。比武以自动步枪射击、手榴弹投掷、3000米跑等7项基础军事技能和体能内容为主，共消耗弹药1500余发。通过比武考核，评选出桐乡市人武部、海宁市人武部和嘉善县人武部3个比武优胜团体单位，50名比武优胜个人，经验做法在中央电视台军事频道等播出，《国防报》《人民前线报》予以报道。

（帅奇星）

【开展民兵“红旗党支部”创建活动】 2014年，嘉兴市认真学习贯彻省军区党委首长有关指示要求，把抓好民兵“红旗党支部”创建活动作为年度重要工作。通过组织开展调查研究、剖析当前存在问题、因地制宜提出针对性解决办法，推动创建活动各项工作落实。军分区党委常委专题组织学习省军区指示精神，8月，召开党委扩大会，把这项工作作为重点内容，进行再强调、再部署、再推动，明确要求各人武部在抓好民兵应急分队党支部的同时，重点抓1～2个民兵预建党支部，先行探索经验路子，待成熟完善再予以面上推广。10月，政治部派出工作组对各单位开展情况进行检查指导，推动工作落实。南湖区“红船民兵先锋连党支部”建成“四个阵地”（宣传红船精神、传播创新理论、培育红船传人、遂行应急应战），先后投入20多万元，建起红船民兵先锋连党支部、连部、荣誉室等设施场所，开展“红船精神”教育。平湖市人武部结合青年民兵之家和党员活动室建设，完善党旗、党刊、制度牌等内容。桐乡市、海宁市人武部提供学习培训载体，对各基层民兵连下发学习资料、完善学习场所器材等。

【组织党管武装工作综合考评】 12月底，嘉兴军分区成立机关综合考评组，利用7天时间，对各县（市、区）党管武装工作进行全面考评。按照现行的《嘉兴市武装工作目标管理责任制考评细则》，考评组采取查阅台账资料、随机抽查核对、现场点验查证等方式，对各单位的政治建设、国防动员、战备训练、征兵工作、人防工作、基层建设、自身建设7个方面，进行逐条细化考评打分。其中基层建设的得分取自基层规范化建设“评星挂牌”综合检查折算后的分值。第一名（3分，并列）：海宁、桐乡，第三名（2.82分）：平湖，第四名（2.71分）：海盐，第五名（2.66分）：南湖，第六名（2.63分）：秀洲，第七名（2.61分）：嘉善。具体得分情况告知市委、市政府相关部门。机关工作组还对检查中发现的矛盾问题以书面形式向军分区党委首长作了专题汇报，提出若干解决问题的思路办法。

（何先锋）

武装警察部队

【概况】 2014年,武警嘉兴市支队组织“牢记强军目标,献身强军实践”主题教育,开展战斗力标准大讨论活动。研究制定《支队党委加强作风建设措施三十条》等11项制度措施,做好各类勤务,实现连续31年执勤安全无事故。完成“卫士－14”演习、“金盾2号”反恐演练、一级加强警卫备勤1次、武装押解246批次、核燃料押运5批次、春运执勤26天等任务,固化反恐重点地区常态化武装巡逻。做好亚信峰会、青奥会护城河和世界互联网大会安保勤务,受到上级党委首长和地方党委政府领导高度肯定。2014年,武警嘉兴市支队被总部评为“连续19年预防事故案件工作先进单位”,被总队评为“基层建设先进支队”“党风廉政建设先进单位”“信息化工作先进单位”“密码工作先进单位”“装备管理先进单位”“新闻报道先进单位”,支队纪委被总队表彰为“先进纪委”,司令部被总队表彰为“先进司令部”,政治处被总队表彰为“先进政治机关”,后勤处被总队表彰为“先进后勤机关”。支队直属大队被总队评为“基层建设先进大队”,支队直属大队第二中队、桐乡中队、嘉兴中队、平湖中队被总队评为“基层建设先进中队”。在总队“四会”政治教员比武中获得团体第一名,二中队指导员张海波被总部评为“优秀政治教员”。

【完成“卫士－14”演习】 5月27～29日,支队投入368名兵力参加武警部队“卫士－14”演习,其中27人全程参加指挥所演习,350人参加实兵拉动演练。演习期间,完成各类作业文书48份,标图12份,动用车辆26台,警用器材300余件(套)。

【完成上海“亚信峰会”大云卡点安保任务】 5月7～28日,支队开展上海“亚信峰会”环沪“护城河”大云卡点安保任务。此次任务历时22天,动用兵力1567人次,车辆100余台次,协助公安干警检查车辆52001辆,人员125028人次,查获违法犯罪分子134人(吸毒人员124人,在逃犯10人);收缴毒品6997.45克,非法出版物111件,管制刀具108把,有效建立环沪“护城河”绿色屏障。

【完成南京青奥会环苏“护城河”安保任务】 8月9～31日,支队开展南京青奥会环苏“护城河”安保任务。此次任务历时23天,动用兵力1000余人次,车辆50余台次,协助公安干警检查车辆12706辆,人员35190人次,查获违法犯罪分子45人(吸毒人员30人,在逃犯6人,其他9人);收缴毒品222克,非法出版物23件,管制刀具25把,盗窃走私香烟1552条。8月19日18时53分,任务分队执勤官兵协同民警成功控制3名涉嫌故意杀人案网上在逃犯,有力打击违法犯罪行为。

【完成“世界互联网大会”安全保卫任务】 11月19～21日,支队动用180名兵力,完成首届“世界互联网大会”期间机动备勤和社会面武装巡逻任务。期间,每日落实两个中队在营区担负机动增援任务,每日派出侦察组搜集情报。加强与公安、警卫、安全等部门联系,实时通报每日关注重点和涉稳形势分析,联合警卫部门制定反袭击和处置群体性事件联合预案,提前在会场布设拦堵设备。支队协助公安干警查获匕首、管制刀具等违禁物品22件,截获信访人员3名。

【组织秋季新兵野营拉练】 12月10～12日,支队组织187名新战士进行野营拉练。拉练历时3天,徒步行军约75公里,先后开展紧急出动、徒步行军、急行军、紧急避险、通信联络、口令传递、紧急疏散、队形变换、战地救护等12个课目训练,进一步提高首长机关组织指挥、协调控制和部队“走、打、吃、教、管、训、保”能力。

(龚大威)

人民防空

【概况】 2014年,市人防办被国家人防办评为《中国人民防空》杂志宣传报道先进单位,被省人防指挥部评为"浙江金盾-14演习"先进单位,被省人防办评为2014年度人民防空工作先进单位,被市国动委评为国防动员工作先进单位。

2014年,市人防办在成功组织"浙江金盾-1406"人民防空检验性演习基础上,接受上级军事斗争准备检验评估和国防动员工作综合考评,应急应战建设得到充分肯定。在全省率先开展重要经济目标单位设立人防机构工作,海宁市和桐乡市在全市所有重要经济目标单位建立人防机构。指挥场所和疏散基地建设进展顺利,镇级民防应急指挥中心已经建成×个,在建×个,总数位居全省前列。人防专业队建设按计划实施,建立全市人防专业队信息档案,并积极探索信息防护、伪装防护和心理防护专业队建设。结合"5·12"防空防灾警报和"9·18"防空警报试鸣,开展演练和宣传活动。组织县(市)人防办到江苏省泰州市等地开展"民防应急指挥车野外拉练"活动,开展一系列基本操作与技能演训,为开设机动指挥所,实施应急指挥通信保障奠定基础。

9月5日,市人防办组织开展"浙江金盾-1406"人民防空检验性演习。

2014年,人防"结建"工程快速增长,人防办突出结建审批把关,确保结建政策落地。人防工程服务民生作用发挥明显。利用人防专项资金,加强自建工程建设,全市13个自建工程按计划实施,工程施工优质高效,人防指挥所建设率先在全省取得满堂红。年内,市本级引进社会资金投资望吴门广场地下停车场项目,并签订合作框架协议;平湖市当湖街道启元路社区人防工程开工建设;海宁市工人路城市有机更新项目完成初步设计。地下空间开发利用工作有新突破,市政府明确由市人防办会同市规划部门牵头启动地下空间规划的修编,推进人防专项规划与市域地下空间规划同步修编。人防工程建设质量监督进一步加强,举办各类岗位人员培训,抓好对三类企业的监管工作,同时进一步强化县(市、区)人防工程质量监督职能,在海宁市成立质监站。镇(街道)、社区基层人防规范化建设有序开展,将社区人防工作纳入到防灾减灾和平安、文明社区创建的工作范畴。化学事故处置工作卓有成效。全年,共处置化学事故11起,其中厂级事故2起,道路事故9起,挽回直接经济损失300余万元。

(曹开锋　黎毅鹏)

【举行"浙江金盾-1406"演习】 9月5日,市人防办成功组织代号为"浙江金盾—1406"的嘉兴市人民防空检验性演习。演习以战争灾害和突发公共事件为背景,由嘉兴市人民防空指挥部依托市、县、镇三级人防指挥信息系统,采取网上同步、异地同演、随机导演与实兵演练相结合的方式进行。副市长张仁贵、市政府副秘书长蔡山林和军分区参谋长卞云坚,市人民防空指挥部各组组长及5县(市)、20个镇(街道)人民防空指挥部,部分人防专业队、民防应急救援队及民防志愿者队伍共约300人参加演习。

【国防动员工作考评获全省第一】 10月22日,省国防动员工作考评组对嘉兴进行考评,对照人防指挥场所、指挥部编组落实,人民防空预案齐全、修订及时、科学合理,人防专业队组织落实、人册相符和人防教育年度任务完成等六大内容进行逐一检查和测评,在百分制考核中获得98.6分,名列全省人防系统第一名。

（张　灵）

【推进基层人防建设】 2014年,全市有7个镇(街道)和68个城市社区分别参加镇(街道)人防示范单位创建和社区人防规范化建设工作。通过启动部署、调研指导、学习考察、会议推进等步骤,75个单位全部达到标准要求。

【参与乌镇世界互联网大会安保工作】 11月19～21日，世界互联网大会在桐乡乌镇召开，市民防局作为社会应急一级联动单位,参与互联网大会的安保工作,主要承担道路危险化学品的应急救援任务。一是布置民防特救队应急值班和应急处置准备工作;二是指导桐乡市民防局参与安保工作；三是做好救援人员的整组、训练和拉练。

【组织民防救援队伍培训和演练】 9月12日，市民防局在浙江嘉化物流有限公司组织化学事故应急救援培训，开展道路化学事故应急救援演示性演练,各县(市、区)人防办分管领导、救援队伍骨干等30余人参加培训,并观摩演练。

9月12日，市民防局组织开展道路化学事故应急救援演练。

【处理沪杭高速液氧槽罐车侧翻事故】 4月25日晚上12点左右,沪杭高速杭州方向132K处发生一起液氧槽罐车侧翻事故,现场一辆装载10余吨液氧的危险品车辆侧翻在三、四车道,没有发生泄漏,驾驶员受伤,送往医院进行救治。市民防局联系运输单位技术人员,并与高速交警及高速施救单位展开协同救援。一是疏散封闭三、四车道,引导过往车辆减速慢行;二是对侧翻车辆直接起吊,并拖运下高速;三是联系事故单位到事故现场参与后续救援工作。

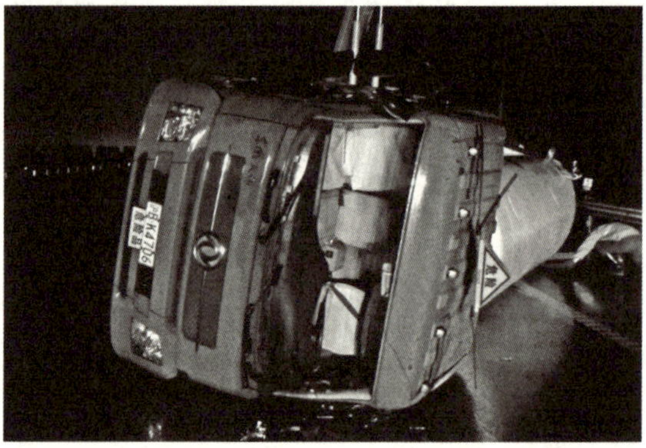

4月25日,沪杭高速杭州方向132K处发生液氧槽罐车侧翻事故。

（徐朱连）

教　育

综　述

2014 年，嘉兴市共有各级各类学校 698 所，毕业生 18.3 万人，招生 19.1 万人，在校学生 68.65 万人。

新一轮省义务教育标准化学校创建工作取得成效。全市标准化学校创建率达 86.17%，居全省第二位。市教育局印发《关于进一步规范中小学校办学行为的意见》，促进教育公平，突出整治乱补课、乱招生、乱收费等行为，为推进教育治理体系和治理能力现代化提供保障。

加强教师队伍建设。启动实施主题为“明德修身师表”的“师德建设年”活动，市教育局出台《嘉兴市教育系统“师德建设年”活动实施方案》《嘉兴市教育局关于进一步建立和完善中小学教师师德建设长效机制的意见》和《嘉兴市教育局关于中小学教师从事有偿补课等行为的处理办法》，创建师德师风建设网页专栏，开展专项整治在职中小学教师有偿补课活动。名师工程成效明显，全市 2 所学校获“全国教育系统先进集体”，1 名教师获“全国教育系统先进工作者”，5 名教师获“全国优秀教师”和“全国优秀教育工作者”，17 名教师被评为省“第十一批特级教师”，21 名教师获“浙江省第二十五届春蚕奖”，10 名教师获“浙江省师德楷模”，400 名教师被评为“第十一批市学科带头人”。

教育改革试点工作全覆盖。推进义务教育段校长教师轮岗交流，全年参与轮岗交流人员数量达到 1013 名，参与流动的教师占符合流动教师总数的 17.2%，其中骨干教师流动 260 人，占符合流动骨干教师数的 18.98%。深化教师资格定期注册制度改革试点，扩大试点工作至全市中小学校、中职学校和幼儿园教师，全市 9338 名教师通过注册。

启动实施第二轮学前教育三年行动计划。出台《关于进一步加强我市幼儿园年审工作的意见》，规范年审内容和程序，开展全市无证幼儿园整治工作，共整治无证幼儿园 24 所。启动《3～6 岁儿童学习与发展指南》实验区创建工作，举办主题为“与儿童对话，用智慧办园”的“嘉兴市第十一届幼儿园园长论坛”，启动以“《3～6 岁儿童学习与发展指南》——让科学育儿知识进入千家万户”为主题的 2014 年学前教育宣传月活动，开展“男教师走进幼儿园”现场观摩会，举行幼儿园教师自制教玩具选拔活动。

义务教育。省教育厅对嘉兴市义务教育阶段学校“减负”工作和责任督学工作进行专项督察，抽查南湖区 8 所学校和嘉善县 8 所中小学及幼儿园。举办以“基于学生学习与成长的评价”为主题的第十六届“南湖之春”教育教学改革展示活动，探索基于学习与成长的中小学课堂教学转型与变革，关注学生学习的良好发展和健康成长，转变人才培养模式。调整市本级义务教育学区划分责任主体，由各区按行政区划承担辖区内义务教育阶段学校的管理责任，市教育局不再统一公布学区。市属民办学校招生仍实行“学生自主报名，学校自主录取”方式，严格执行初升高保送生制度、加分项目申报管理、特长生招生管理、新居民子女入学等各项制度,确保教育招生公平公正。制定实施《嘉兴市特殊教育发展三年(2014～2016年)提升计划》。教育部基教二司对市特殊教育进行专题调研,肯定嘉兴市特殊教育政府重视、设施领先、观念创新、队伍稳定,为保障残疾儿童少年就学权利做出努力。

普通高中教育。推进普通高中课程改革,召开全市普通高中课程建设研讨会,全市36所普通高中课程改革方案日趋完善,选修体系普遍建立。在浙江省首批特色示范高中创建活动中,嘉兴市有5所高中成功创建省一级特色示范学校,7所高中成功创建省二级特色示范学校,创建数量和通过率居全省前列。召开普通高中德育工作会议,开展全市中小学德育基地学校创建评比活动,全市11所学校被评为"嘉兴市中小学德育基地学校",3所学校被评为"浙江省中小学德育基地学校"。2014年高考,全市上一本人数达到3630人。

中等职业教育。实施省改革发展示范校、实训基地、产学研联合体以及专业建设等13个省级项目推荐申报工作,获评省改革发展示范校2所、省级实训基地3个、省级产学研联合体2个。市本级、平湖市获浙江省"2014年职业教育绩效考核优秀县(市)"称号。开展全市中职学校新设专业设置评估,新增古建筑修缮与仿建等4个专业。推进校企合作与职教集团化办学工作,制定出台《嘉兴市欣禾职业教育集团产学研共同体建设行动计划》,召开全市"中等职业教育校企合作现场推进会"和"2014年度职业教育集团产学研共同体建设研讨会",建立校企共建产学研共同体8个。2014年省普通高职考试,嘉兴市上线2730人,上线率95.6%,高出全省平均21.4个百分点,其中275名学生上本科线,比上年增加160人,占全省单考单招本科人数的27.2%。2014年,全省中职学生技能大赛嘉兴市获金牌19枚、银牌41枚、铜牌43枚,全国职业院校技能大赛嘉兴市获金牌3枚、银牌15枚、铜牌3枚,总成绩均位居全省前列。

高等教育、成人社区教育。高水平大学引进有新成果,浙江大学国际联合学院(海宁国际校区)正式破土动工。嘉兴市教育系统国家安全领导小组办公室正式成立,高校学生思想政治教育工作有了新抓手。"嘉兴学习网"正式启用,终身学习体系进一步完善。2所成校申报成功标准化成校,实现全市乡镇(街道)成校标准化全覆盖。扫盲教育和家政服务人才培养培训工作进展顺利,全市正在接受扫盲教育培训2.5万人,已完成扫盲教育培训1.4万人,基本完成同期扫盲工作任务。

和谐平安校园建设。深入推进农村小学生上下学交通安全保障工程,市本级乡镇交通保障工程实施率达到80%。推进新一轮平安校园建设,全市创建平安校园等级学校298所,占比达到70%。开展第五届预防溺水专项主题教育,承办全省"5·12"防灾减灾日校园应急疏散演练暨防范中小学生溺水工作现场会,海宁市潮乡习泳暨乡镇建设拆装式游泳项目得到省教育厅的肯定。依托公安机关"治安防控一体化建设"载体,开展校园警务室试点工作。推进校园安全调解机制建设。全市各地成立校园安全人民调解委员会,帮助指导学校处理各种校园非正常事件。

(钟长明)

基础教育

【概况】 2014年,全市有幼儿园312所,在园幼儿11.44万人。有等级幼儿园280所,占幼儿园总数的89.7%。等级幼儿园儿童入园比例达93.74%。67个镇(街道)建中心幼儿园73个,中心幼儿园建成率达100%,公办中心幼儿园比例达100%。全市学前教育园长及专任教师6987人,教师资格持证率达91.2%。全市有普通中小学351所,在校生41.56万人。其中,小学170所,在校生24.54万人;初中139所,在校生11.03万人;高中36所,在校生5.99万人;特殊学校6所,在校生1107人。全市义务教育入学率和巩固率均为100%，初升高比例达99.0%，初升高普职比为1.19∶1。

（熊国红）

【第六届“阅读伴我成长”系列读书活动】 2014年，市文明办、市教育局、市文化局、团市委、市妇联联合开展嘉兴市第六届“阅读伴我成长”系列读书活动。包括暑期读好书活动、“少儿故事大王”讲故事比赛、优秀童谣征集传唱、暑期阅读实践活动、“书香飘万家，亲子共成长”社区读书活动五个大项，共举行“故事大王”“读好书写感想”征文和“读书小报”编写比赛，“手拉手读好书共成长”赠书，“幼儿绘本阅读”推广，嘉兴市第二十届“少儿故事大王”讲故事比赛等一系列读书活动。

【举办嘉兴市科学家教城乡行】 2014年，市文明办、市教育局、市妇联联合开展全市“科学家教城乡行”暨“送百场惠万家”家长教子巡回辅导服务活动。活动主要面向全市中小学（含幼儿园），向广大家长宣传“为国教子，以德育人”的家庭教育责任、适应时代发展的家庭教育先进理念、符合孩子身心发展规律的科学方法，营造家庭教育的浓厚氛围，提高家长家庭教育水平，推进家校共育，城乡教育共同发展，促进学生健康成长。活动招募50名家庭教育辅导服务志愿者，安排100场巡回辅导服务活动供学校选择。

【举办班主任基本功大赛】 9月24日，举办全市班主任基本功大赛，来自全市的46名班主任分成小学、初中和高中组比赛，每组遴选出2名班主任参加10月18～19日在浙江省委党校举办的浙江省班主任基本功大赛，获得4个一等奖、2个三等奖，一等奖获奖人数排全省第二，其中4名教师代表浙江省参加第三届长三角地区中小学班主任基本功大赛，获得1个一等奖、1个二等奖、2个三等奖。

【推动社会主义核心价值观进学校】 2014年，市教育局印发《关于培育和践行社会主义核心价值观进一步加强中小学德育工作的意见》，通过上好“开学第一课”“优质班会课”“主题微型课”；开展“高中生演讲大赛”“主题墙设计大赛”“未成年人公益广告大赛”“经典诵读”“书信文化”等活动，着力推动社会主义核心价值观进教材、进课堂、进头脑，取得较好成效。11月，中宣部副部长王世明在考察市实验小学时对嘉兴市入情入景把核心价值观送到学校表示肯定，嘉兴市在未成年人中培育和践行社会主义核心价值观的经验在浙江省宣传系统网络交流平台上发表。

【举办首届汉字听写大会】 2月，“嘉兴市首届汉字听写大会”举行，市级比赛胜出的嘉兴一中实验学校代表队代表嘉兴市参加“浙江省首届汉字听写大会”，获全省第一名，并代表浙江省参加全国汉字听写大会，获优秀成绩。

（陈春燕）

【两名教师入选浙江省班主任工作室领衔人】 2014年，嘉兴辅成教育集团方丽萍、南湖国际实验中学许波入选浙江省首批班主任工作室领衔人，1月8日赴杭州参加由省教育厅基础教育处和省教育学会德育分会组织的浙江省首批班主任工作室授牌仪式。

（姜　惠）

【嘉善县教师流动国家级试点获刘延东批示】 1月24日，中共中央政治局委员、国务院副总理刘延东批示肯定嘉善县教师流动国家级试点工作。至2014年，全县义务教育学校参与流动的教师181人，占适流教师总数22.5%。年内，全国义务教育学校校长教师交流轮岗工作经验交流视频会召开，向全国推广嘉善教师流动试点工作经验。

（屠亚玲）

【华东师范大学附属海宁市高级中学揭牌】 12月21日，海宁市与华东师范大学签订《关于进一步深化双方教育合作的补充协议》和《补充协议备忘录》，原华东师范大学海宁实验高级中学升格为华东师范大学附属海宁市高级中学并揭牌，同时成立华东师范大学海宁教育集团，华东师范大学为海宁市高级中学、海宁市第一初级中学、海宁市实验小学3家成员学校授牌。华东师范大学党委副书记、副校长任友群和海宁市领导出席签约仪式。

（孙　潇）

中等职业教育

【概况】 2014年，全市有各类中等职业学校25所。其中，普通中等专业学校8所，在校生22837人；职业高中8所，在校生22179人；技工学校3所，在校生6011人；成人中等专业学校6所，在校生1720人。2014年，全市各类中等职业学校在校生52747人，毕业生20207人，招生数16696人。当年全市初中毕业生34470人，升入高中段34124人，职业教育与普通高中的招生比例大体相当。全市从事中等职业教育的专任教师2964人，"双师型"教师1461人，占专业课和实习指导教师比例达83.97%，聘请兼职教师717人。全市中职学校共占地面积189.2公顷，共有图书118.03万册，教学用计算机14840台，教学实习仪器设备总值35908.94万元。

【中职学生技能比赛创佳绩】 2014年，在浙江省中等职业学校学生技能大赛暨全国职业院校技能大赛选拔赛上，嘉兴市中职学校共获得19枚金牌、41枚银牌、43枚铜牌，金牌数与绍兴市并列全省第二。在2014年全国职业院校技能大赛上，嘉兴市37名选手再获佳绩，20个项目19个获奖，共获得3枚金牌、15枚银牌、3枚铜牌，总成绩位居全省前列。

【中职学校项目创建成绩显著】 2014年，嘉兴市本级和平湖市被评为浙江省职业教育绩效挂钩考核优秀市县；嘉善信息技术工程学校被确定为省级改革发展示范学校；2014年全市中职学校新增省级骨干专业2个、省级实训基地3个、省级产学研联合体2个、省级德育工作实验基地2个、省级开放实训中心1个、省中职学生创业教育基地1个、省级校外实习实训基地2个、特色(新兴)专业2个、省级企业职工培训示范基地2个。

【产生市第四批中职教育专业创新基地】 2014年，经市教育局和市教育学院评选，产生嘉兴市第四批中等职业教育专业创新基地，分别为：嘉兴技师学院加工制造类电气运行与控制(电气设备安装与维护)专业、海宁市职业高级中学财经商贸类电子商务专业、文化艺术类工艺美术专业、嘉兴市秀水中等专业学校文化艺术类动漫游戏专业、海盐县理工学校教育类学前教育专业。至此嘉兴市中职专业创新基地达20个。

【市第九届中等职业学校技能节】 10月25日至12月18日，市教育局和市人力社保局联合举办嘉兴市第九届中等职业学校技能节。全市17所职业学校的556名选手参加比赛，50个竞赛项目共产生金牌63枚、银牌89枚、铜牌140枚，参赛选手有355人次分获一、二、三等奖，有292名教师获得优秀指导教师奖，12所职业学校获得优秀组织奖。有36个竞赛项目的获奖选手获得由市人力资源和社会保障局颁发的相应工种的中级职业资格证书，其中获得第一名的选手还获得高级职业资格证书。

【启动产学研共同体建设行动计划】 2014年，嘉兴欣禾职业教育集团启动"产学研共同体建设三年行动计划"。年内建成8个"产、学、研"共同体，分别是碧云农学院、正原电气学院、创正工商学院、隆聚酒店管理学院、澳杰联盟外贸学院、瑞宏机器人学院、禾城建筑工程管理学院、嘉禾船舶工程学院。

【新疆阿克苏15名中职教师挂职】 4月，新疆阿克苏地区中职学校骨干教师和管理干部共15名到嘉兴市挂职培训。被安排的学校均为国家改革发展示范校，其中嘉兴技师学院4名、平湖市职业中专6名、桐乡市职教中心5名。挂职期至2015年1月。

（龚　磊）

【平湖成为国家级农村职业教育示范县】 5月，平湖市被教育部确立为首批国家级农村职业教育和成人教育示范县。该项创建活动由教育部于2013年3月启动，全国共有28个省（自治区、直辖市）的98个县（市、区）参与申报，经过专家评审，最终确立59个地区为首批国家级农村职业教育和成人教育示范县，平湖市成为浙江省入选的三个县（市）之一。

（姚云云）

高等教育

【概况】 2014年，全市有高等学校10所，在校生10.27万人，教职工4355人，专任教师3324人。其中，普通高校4所，在校生5.27万人，教职工3191人，专任教师2424人；高职学院2所，在校生1.3万人，教职工727人，专任教师565人；成人高校4所，在校生3.7万人，教职工437人，专任教师335人。

【嘉兴学院】 2014年，嘉兴学院有越秀、梁林和平湖3个校区，校园总面积120公顷。设有16个教学单位、51个本科专业，涉及9个学科门类。有全日制在校生2.4万余人，教职工1600余人，其中专任教师1100余人，高级职称教师近500人，博士学历教师320人。有国家“千人计划”人才1名，省级有突出贡献中青年专家2人，省“钱江高级人才”特聘教授4名，省重点创新团队2个。

学校与国内11所高校联合开展硕士研究生培养工作，与20多所国（境）外高校签订合作协议。完成《嘉兴学院2015～2020年专业发展规划》的编制工作，启动校内专业评估工作和专业动态调整与退出机制，会计学专业进入第一批高考招生，纺织工程、金融学等6个专业成为浙江省新兴特色专业。学校与中国铝业公司、喜力酿酒（浙江）有限公司联合开办校企合作特色班。召开国际化教育工作会议，出台《嘉兴学院2014～2020国际化教育事业发展规划》。承办3项省级大学生学科竞赛。2014年招生录取6344人，实际报到6144人。完成“三位一体”综合评价招生试点工作，首批招生30人。2014届毕业生初次就业率94.64%，专科生初次就业率96.26%，南湖学院初次就业率96.52%，222人被录取为硕士研究生。

2014年，学校共获各类纵向科研课题立项210项，其中省部级及以上课题83项。全年学校科研到账总经费3581.07万元（含附属医院249.75万元），其中纵向经费2107.44万元，纵向经费占比58.85%。全年新立项横向课题205项，获得授权专利39项。学校与嘉兴银行合作共建地方金融发展研究院。学校牵头的“嘉兴地区高校图书馆联盟”正式成立。学校全年派出15名干部赴地方挂职服务，1名教师作为治水专家服务地方“五水共治”。召开第四次师资工作会议，出台《嘉兴学院领军人才“尖峰计划”实施办法》。学校全年共引进各类人才71人；全年入选省“钱江高级人才”特聘教授1人、省151人才工程“第一层次”人选1人、省高校优秀教师2人、省“钱江人才计划”2人；新增攻读博士学位教师14人。完成第二轮事业单位岗位设置与聘用工作，全校共聘任岗位人数1563人，其中专业技术岗1271人，职员岗282人，工勤技能岗102人。

2014年，学校完成学生宿舍楼、学生食堂、南湖学院教师办公楼等一批工程建设和改造项目，越秀校区西大门正式开通。一大批宿舍和阅览室新安装空调。图书馆新增纸质图书5万多册，新增阅览座位1000余个。全年向上级财政争取到专项经费3529万元，并向市政府争取到因受机场建设带来的基础设施维修改造补助经费1770万元和连续五年、每年500

万元的市财政教科研平台专项经费。

10月18日,学校举办百年校庆庆典活动。原中央政治局常委、国务院副总理李岚清,著名国学大师、西泠印社社长饶宗颐,省委书记夏宝龙,省长李强等专门题词和发来贺信。世界物理学家朱经武院士夫妇、中国有色金属工业协会会长陈全训,中国人民银行副行长潘功胜校友、中国铝业公司副总经理刘才明校友及浙江省、嘉兴市等地方领导出席庆典大会,40多所国内外高校领导到会。海内外3000余名校友回校参加各类活动。

(陈红新)

【同济大学浙江学院】 2014年,学校占地55.33公顷,有校舍建筑面积29.3万平方米,其中教学科研行政用房14.55万平方米,教学仪器设备5405万元,图书63.5万册。学校设有土木工程、交通工程、交通运输、建筑环境与能源应用工程、环境工程、给排水科学与工程、建筑学、材料科学与工程、机械设计制造及其自动化、轨道交通信号与控制、医学影像技术、汽车、电气工程及其自动化、计算机科学与技术、自动化、电子信息工程、通信工程、工商管理、市场营销、会计学、财务管理、审计学、国际经济与贸易、金融学、行政管理、英语、德语27个专业(方向)。有在校生9555名,专任教师525人,外聘教师50人,专任教师中教授95人、副教授171人。

(徐涓涓)

【嘉兴职业技术学院】 2014年,学院占地55.33余公顷,校舍总面积23万平方米,图书馆藏书246万余册(其中纸质图书52.45万册)。有教职工446人,其中专任教师362人,正高级14人,副高级105人,博士研究生14人,硕士研究生148人。2014年,录取新生2670人,有全日制在校生9200余名。设有生物与环境、机电与汽车、信息技术、工商与旅游、外语与贸易、纺织与艺术设计、社科部体军艺部、继续教育分院8个二级分院。有商品花卉、动物防疫与检疫、机电一体化技术、报关与国际货运等37个专业,其中,国家支持发展专业2个,省优势专业2个,省示范重点建设专业3个,省特色专业8个。建有省级精品课程11门,省级教学改革项目10项,国家和省部级规划(重点建设)教材25部,获得全国农业职业教育等教学成果奖24项,其中一等奖8项。

扩大集团化办学影响力。探索和实践专业群与行业企业“集群对接”,推进校行企合作育人。制定《集团产学研共同体建设项目管理办法》,启动碧云农学院、创正工商学院等首批8个“产、学、研”共同体建设,拉动企业投入2300多万元。加强集团化办学理论研究和实践探索,课题《集团纽带、四方联动:区域职业教育产学合作长效机制的探索与实践》获得省教学成果二等奖。

继续教育发展迅速。嘉兴农民学院在嘉兴职业技术学院正式挂牌成立,教学管理中心开始运作,招收第七届农民大学生89名。依托2个培训基地,完成省基层农技人员知识更新、市新农村建设人才“五个一批”等培训项目150多项,培训人员11032人次,技能鉴定和认证9460人次,招收成人学历教育学生1927名,继续教育注册招生规模超过5200人。

2014年,全院共立项市厅级及以上科研项目81项,其中国家支撑计划子课题1项、教育部人文社科项目1项,省哲学规划、省自然基金、省公益性项目各1项。依托嘉兴市相关农投企业,联合省内本科院校,申报省重点创新团队4个。推荐申报嘉兴市自然科学进步奖、农业成果转化奖和浙江省农业成果转化奖各1项,省第五届社科研究优秀成果奖4项、省第八届青年社科研究优秀成果奖3项。教师公开发表论文332篇,其中核心及以上论文80篇,申请专利214项,授权专利151项,其中发明专利3项。学生有9个科技创新项目获得省科技厅立项资助,学生申请各类专利1084项,已授权520项、软件著作41项,公开发表论文69篇。参加2014年全国首届职业学校“挑战杯”创新创效创业大赛,获得特等奖的好成绩。由嘉兴职业技术学院葛胜娟教授指导的商品花卉 11-1 班学生谢燕飞、庄晓虹，在 2014 年全国职业院校技能大赛植物组织培养赛项中荣获团体一等奖，实现嘉兴职业技术学院在国家级大赛中获一等奖记录零的突破；葛胜娟教授获该项比赛优秀指导教师称号。

（俞乔筠）

【嘉兴南洋职业技术学院】 2014 年，学院有教职工 281 人，硕士以上学位教师 121 人，其中博士及在读博士 11 人，全日制在校学生 4450 人。学院在现有的机电、经管、财信、船建 4 个系部中开设工学、文学、管理学 3 个学科门类的 16 个专业及方向，建有电气自动化技术、模具设计与制造 2 个省级特色专业。2014 年学院招生总录取 1605 人，其中，浙江省录取 1521 人、省外录取 18 人，“3+2”转入 66 人。

学院加强教学管理与监控，2014 年累计听课 400 余节，平均每位教师被听 1.5 节课。强化师资队伍建设，全年共引进教师 25 人，其中硕士以上学历 14 人，有企业经历 13 人，11 名教师参加国内高校培训（国培），1 名教师参加省培，6 名教师参加企业顶岗培训。机电系教师徐意参加省教育厅高职高专院校专业带头人赴台湾学习考察，财信系教师沈根海参加省教育厅赴澳大利亚布里斯班学习高职教育创新教学方法。7 名专业骨干教师被省教育厅作为访问工程师培养，其中 6 名教师申报访问工程师校企合作项目。经过评选，梁勇、袁宏伟 2 名教师作为嘉兴市第六批新世纪专业技术带头人，徐意等 18 名教师作为专业带头人后备人选。2014 年，学院学子获得全国职业院校技能大赛、浙江省职业院校科技技能大赛、职业教育创新大赛及英语、数学、人文知识等学科竞赛各类奖项达 150 余人次。获得国家级技能竞赛奖项 34 人次，其中参加全国大学生会计信息化技能大赛、全国职业院校创业大赛以及全国大学生市场调查分析大赛分别获得团体二等奖 3 项、团体三等奖 2 项和个人总决赛二等奖 2 项；获得省级技能竞赛奖项 122 人次，其中获得省大学生科技创新项目——省新苗人才计划项目 3 项，参加浙江省大学生结构设计竞赛、工程造价基本技能竞赛、测绘大赛以及力学竞赛等省一类竞赛分别获得团体二等奖 2 项、个人一等奖 1 项、二等奖 16 项、三等奖 22 项。2014 年，学院共立项市级以上课题 18 项，校级课题 28 项，实用新型专利 1 项，编写或参编教材 27 本，各级刊物发表论文 54 篇，获奖论文 2 篇，获奖教材 1 本。

（章　静）

【嘉兴广播电视大学】 2014 年，嘉兴广播电视大学（嘉兴城市大学、嘉兴市现代远程教育中心）在市本级共招收学历教育新生 2602 名，在校生约 6000 名，毕业生 2103 名，各类非学历教育培训约 2.2 万人次；全市电大系统共招收学历开放教育新生 9699 名，在校生约 23000 名，毕业学生 8617 名。12 月 25 日，由市社区教育领导小组办公室主办、嘉兴城市大学承办的“嘉兴学习网”开通。年内学校被省电大评为全省电大系统先进办学单位。

（王艳华）

【嘉兴教育学院】 2014 年，学院设有 10 个党政综合机构和业务部门，即党委、纪委、办公室、教务处、高中教学研究处、职业教育研究处、义教教学研究处、师资培训处、教育科研与信息处、监察室。主要承担全市中小学教师和教育行政干部的培训、培养，负责教育教学业务的指导与管理，开展教育教学研究，检查督促教育方针和有关教育教学政策法规的落实情况，承担教育系统有关学术团体的日常管理。学院有教职工 79 名，其中正高级教师 1 人，副教授 6 人，高级讲师 1 人，高级教师 44 人，教师 63 人，行政工作人员 17 人。2014 年，学院举办培训班 293 期，培训学员 1.4 万人，比上年增长 44.4%。学历教育注册学员突破 1000 人，普通话测试达到 5200 人。高中教研指导到位，全市高考一本上线 3600 多人，重点率比上年提升 5.3%。中等职业教育研究稳步发展，普通高职（单考单招）上线 2730 人，上线率高出全省平均水平 21.4

个百分点;本科上线率比上年增加139.1%,占全省本科人数的27.2%。省赛获奖牌103块,国赛获奖牌19块。科研管理成效显著,著书41本,省级以上刊物发表论文72篇,省级以上课题立项23项,省级以上科研成果2项。

(黄东有)

民办教育

【概况】 2014年,全市有民办高校5所,民办中小学33所(不含新居民子女学校),民办幼儿园130所。其中,民办高校在校生2.49万人,占全市高校在校生总数的24.2%;民办普通高中11所,在校生1.45万人,占全市普通高中在校生总数的24.2%;民办初中12所,在校生1.34万人,占全市初中在校生总数的12.15%;民办中等职业学校3所,在校生8790人,占全市中等职业学校在校生总数的16.68%;民办小学7所,在校生5889人,占全市小学在校生总数的2.4%;民办幼儿园在园幼儿3.93万人,占全市幼儿园在园幼儿总数的34.95%。

【新居民子女教育】 2014年,全市有新居民子女学校33所。全市新居民子女在校生13.58万名(其中小学10.9万名、初中2.67万名),市本级义务教育阶段新居民子女在校生4.41万名(其中小学3.51万名、初中0.9万名)。全市在公办学校就读的义务教育阶段新居民子女有10.99万名(其中小学8.79万名,初中2.2万名),全市公办学校吸纳新居民子女入学的比例为80.96%。

(李中华)

成人教育

【概况】 2014年,全市有成人高等教育学校4所,招生17451人,毕业生14737人,在校生36960人,专任教师335人;成人中等专业学校6所,招生759人,毕业生928人,在校生1720人,专任教师144人。全市有乡镇成人文化技术学校63所,全部为省级标准化乡镇成校。全市农村成人文化技术学校有专职教师329人,兼职教师2151人。

【实现省级以上社区教育实验区全覆盖】 平湖市于2007年创建国家级社区教育实验区,2010年又成功创建国家级社区教育示范区;南湖区、海盐县、秀洲区和海宁市分别在前几年创建为省级社区教育实验区;嘉善县和桐乡市分别在2013年及2014年创建为省级社区教育示范区,至此,全市县(市、区)实现省级以上社区教育实验区全覆盖。

【开展社区教育实验项目和特色课程评审】 年内,经社区教育专家对全市社区教育实验项目和特色课程进行研究评估,确定南湖区新丰镇社区教育中心的"乡镇成校助推农民'转产转业'实践研究"等19个项目为2014年度嘉兴全市社区教育实验项目,海盐社区教育学院的"海盐农村大学生就业'引航'培训课程"等20门课程为2014年度嘉兴市社区教育特色课程。

【扫盲教育培训工作】 2014年,全市计划扫盲63340人,其中16~55岁为15866人。实际脱盲71211人,其中16~55岁12535人,56岁以上58676人;正在接受扫盲教育9850人,其中16~55岁1088人,56岁以上8762人。

(殳松堂)

【三地合作论坛评为"终身学习活动品牌"】 2014年,在国家全民终身学习活动周工作小组、中国成人教育协会举办的"终身学习活动品牌"评选活动中,"金山、嘉善、吴江三地社区教育合作论坛"被评为"终身学习活动品牌"。浙江嘉善、上海金山、江苏吴江三地地域相邻,2013年三地组成终身教育联盟。以三地社区学院协作发展共同体、三地社区教育中心联动发展共同体、三地社区学校共同体为合作框架，以项目实验、活动开展、合作交流为平台，共同推动三地社区教育的发展。2012年浙江嘉善社区学院成功申报省社区教育指导中心重点课题。在此基础上，2013年上海金山社区学院成功申报中国成人教育协会重点课题。2014年江苏吴江成功申报全国社区教育品牌。

（屠亚玲）

教育督导

【概况】 2014年，嘉兴市教育督导部门坚持督政与督学并重、监督与指导并重的方针，围绕完善教育督导机制、有效开展教育督导这条主线，重点做好教育现代化争创、督导评估认定和督学责任区建设三大任务，促进教育质量提高和教育内涵发展、科学发展。一是落实创建工作方案和分年度实施计划，建立创建工作定期通报制度，稳步推进基本实现教育现代化县（市、区）创建工作。二是开展省义务教育标准化学校创建工作。根据省教育厅统计反馈的数据，至2014年12月，嘉兴市共有义务教育学校308所，有247所通过标准化学校要求，达标率80. 19%，高于全省平均达标率72. 3%。三是特色示范高中创建工作卓有成效。通过深化普通高中课程改革，嘉兴市普通高中特色日趋鲜明，逐步为学生健康成长提供多样化选择。四是中等职业学校等级评估、市“学前教育示范和先进镇（街道）”评比工作顺利推进。五是督学责任区工作稳步推进。嘉兴市人民政府教育督导室和嘉兴市教育局印发《关于增补张锦荣等7位同志为市第五届兼职督学的通知》《关于聘任周亚宁等13位同志为市属学校责任区督学的通知》和《关于聘任嘉兴市第六届责任区督学的通知》等文件，进一步健全督学责任区制度，行施督学职能，发挥督学作用。

【学前教育示范、先进县（镇）】 11～12月，经嘉兴市人民政府教育督导室、嘉兴市教育局现场督导评估，先后有16家申报单位通过学前教育达标。获得示范县（市）1家：海宁市，获得先进县（市）1家：平湖市，获得示范镇（街道）8家：秀洲区新塍镇、秀洲区油车港镇、平湖市林埭镇、海宁市硖石街道、海宁市海昌街道、海宁市长安镇、海宁市黄湾镇（尖山新区）、桐乡市乌镇镇，获得先进镇（街道）6家：南湖区新丰镇、南湖区余新镇、嘉善县天凝镇、嘉善县大云镇、平湖市独山港镇、海盐县澉浦镇。

（邱晓冬）

【省等级中职学校创建】 根据《浙江省教育厅关于印发〈浙江省等级中等职业学校标准（试行）〉的通知》文件精神和浙江省教育厅省一级中等职业学校的认定通知，嘉兴市建筑工业学校、浙江科技工程学校和嘉善县信息技术工程学校先后于2014年6月30日和2015年2月12日被浙江省教育厅认定为浙江省一级中等职业学校。

【国务院教育督导委员会到南湖区督导检查】 12月27日，国务院教育督导委员会办公室副主任周坚一行到南湖区专项督导检查教育信息化工作。督导组就教育信息化工作体制建设、经费保障、基础设施建设、教育资源覆盖、教师培训等方面听取区政府工作汇报，还实地检查市实验小学、余新镇中学等五所学校。

（汪伟成）

教师队伍建设

【概况】 2014年，全市有教职工49169名，其中专任教师41193名。高等教育（包括普通高校、高职学院和成人高等教育）教职工4355名，其中专任教师3324名；中等职业教育（包括普通中专、成人中专、职业高中、技工学校、其他机构和附设中职班)教职工3145名,其中专任教师2816名;普通中学教职工18280名,其中专任教师16686名;小学(含特殊教育和一贯制学校小学部分)教职工12303名,其中专任教师11620名;幼儿园教职工11106名,其中专任教师6747名。全市幼教、小学、初中、普通高中专任教师的学历合格率分别达99.91%、100%、99.87%和99.74%;其中小学、普通高中专任教师的学历合格率分别高出省平均0.02和0.60个百分点。幼儿园教师专科及以上学历者达91.08%,比上年提高3.0个百分点,小学教师专科及以上学历者达95.04%,比上年提高0.88个百分点;高中教师研究生学历(学位)者达7.68%,比上年提高0.15个百分点。

【教师职称评审】 2014年,全市评审各类教师职称2964名,其中高校副教授1名,中专高级讲师19名,副研究员11名,高级实验师3名,中小学(幼儿园)高级教师576名,高校讲师5名,中专讲师26名,助理研究员31名,中小学(幼儿园)一级教师820名,中专初级教师46名,中小学(幼儿园)二级教师1102名,中小学(幼儿园)三级教师406名,研究实习员9名。

【教师资格认定】 2014年,全市共认定各类教师资格人数1378人,其中高级中学教师216人,中等职业学校教师72人,中等职业学校实习教师13人,初级中学教师222人,小学教师434人,幼儿园教师421人。

【教师资格定期注册】 4月,根据教育部教师资格认定指导中心与省教育厅的统一安排,嘉兴市教师资格定期注册制度实施范围从原有的中小学校扩大到中职学校和幼儿园,实现从幼儿园到高级中学、中等职业学校的全覆盖。经网上申报、现场确认、资格初审、资格复审、资格终审5个阶段,全市共有9338人通过注册,注册通过率为99.91%。其中,高中326人,中职学校2306人,初级中学433人,小学952人,幼儿园5321人。

【中小学教师专业发展培训】 2014年,嘉兴市继续实施中小学教师专业发展培训制度,9341名教师以自主选课形式完成90个学时集中培训,全市中小学教师全年总计完成3474126个学时的培训量,其中自主选课2508320个学时,全面完成省教育厅和市教育局的培训目标任务。此外,2014年全市共有6人参加浙派名师名校长培养工程名校(园)长培训,23人参加浙派名师名校长培养工程名师培训,160人参加中小学教师国家级培训,633人参加中小学教师省级培训。

【义务教育学校教师校长轮岗交流】 2014年,全市义务教育学校共有符合轮岗交流人数5890人,实际参与交流1013人,占符合交流条件教师总数的17.20%。其中符合交流条件的骨干教师797人,交流260人,占符合交流条件骨干教师总数的32.62%;符合交流条件的校长166人,交流88人,占符合交流条件校长总数的53.01%。全市共有499人在交流过程中随迁人事关系,占交流教师总数的49.26%。

(郭保林)

【师德建设年】 2014年为全市教育系统"师德建设年"。市教育局出台《嘉兴市师德建设年活动实施方案》《嘉兴市教育局关于进一步建立和完善中小学教师师德建设长效机制的意见》,并举行全市教育系统"师德建设年"活动启动仪式。建立"师德师风建设网",实行动态管理,将社会普遍关心的师德师风有关文件、优秀教师事迹及各校师德建设情况等共享,尤其突出对有偿补课整治等社会热点的宣传。制定印发《嘉兴市教育局关于中小学教师从事有偿补课等行为的处理办法》,并召开全市教育系统专项整治工作会议,解读处理办法,有关代表作表态发言和经验介绍。开展2014学年中小学师德建设工作专项检查,分别对市属各校和有关培训机构开展有偿补课专项检查工作。

(蒋培丽)

【优秀教师表彰】 2014年,全市共评选出全国教育系统先进工作者1名,全国优秀教育工作者1名,全国中小学优秀德育工作者1名,全国优秀教师4名,全国教育系统先进集体2名;浙江省第十一批“浙江省特级教师”17名,浙江省优秀教师中小学师德楷模10名,浙江省第二十五届“春蚕奖”21名,浙江省第二十三届“绿叶奖”8名;首届嘉兴市“最美教师”10名,首届嘉兴市“最美教师”提名奖10名,第十一批嘉兴市学科教学带头人400名,2013年度市属级优秀教师和优秀教育工作者62名,嘉兴市市属级学科教学带头人140名。

【市直属学校教师公开招聘工作】 2014年,市教育局开展高层次紧缺人才提前批招聘工作,并面向社会公布提前招聘专业。嘉兴市第一中学、嘉兴市秀州中学、嘉兴市特殊教育学校先后赴华东师范大学、华中科技大学、重庆师范大学等高校开展招聘工作,共有4名高层次紧缺人才加入到嘉兴市高中教育和特殊教育事业。年内通过公开招聘后实际聘用人数41人,其中应届毕业生23人,在职教师7人,社会人员11人。实际聘用的41人中,硕士研究生11人,本科30人;高级职称1人,中级职称4人,初级职称13人。

(吴娟民)

教育科研

【概况】 2014年,全市教育科研立项课题960项,其中省级课题92项,包括省教育科学规划课题50项,省教育厅教研室教研类课题42项。嘉兴市级各类课题立项868项,包括教育科研规划课题270项,微型课题271项,名师培养工程第四轮研究课题113项,现代教育技术专项课题40项,教研员专项课题17项,教改专项课题59项,“促进学生有效学习与健康成长的综合评价研究”教改专项课题98项。全市教育科研结题课题629项,其中省教科规划课题结题42项,省教研课题结题36项,嘉兴市教育科学规划各类课题结题551项。

加强教育科研骨干队伍建设,提升科研专业素养,促进教师的专业发展从经验型向研究型教师的转型。2014年完成嘉兴市教育科研骨干教师高级研修班和嘉兴市中小学教师论文写作辅导班各两期。采取集中研修和个别辅导相结合,省教科院院长方展画等专家做专题讲座,培训班教师的满意率均为100%。9月,嘉兴市教育学会与嘉兴教育学院联合举办嘉兴市第六轮教育科研基地学校教科室主任研训活动,活动主题是“抓实科研管理,抓好科研创新”,全市150多名教科室主任参加。倡导叙事研究,举办“我们的评价”教育征文评选活动,共有150篇征文获奖,其中一等奖25篇,二等奖49篇,三等奖76篇。20篇优秀征文参加2014年“黄浦杯”长三角城市群“我们的评价”教育征文评选活动。

加强课题管理,改进科研管理和指导工作,实现科研工作转型,提高教育科研工作水平和成效。开展浙江省教科规划立项课题和省教研立项课题负责人培训,开展嘉兴市2014年度教科研规划立项课题和微型立项课题负责人培训,开展2014年度省、市各级各类课题的结题培训活动等。举行嘉兴市2013年度立项的教育教学规划微型课题中期研讨活动。创新课题研究,深化基础教育改革研究,特别是创新科研项目,开展2014年度嘉兴市教改专项课题和嘉兴市“促进学生有效学习与健康成长的综合评价研究”教改专项课题的申报工作。

强化科研指导,实施科研引领。坚持开展科研下乡,提升农村教师的科研水平。5月赴平湖钟埭中心小学,11月深入嘉善县陶庄中学,开展“科研下乡”活动。通过深入课堂听课并分析课例,对学校的课题进行现场指导,为学校教师举行专题讲座等,对学校教育科研工作进行指导,扶持农村学校和相对薄弱学校的教育科研工作。开展嘉兴市教育科研基地科研调研工作,强化科研基地的检查与指导工作,完善教育科研基地考核机制,2014年上半年开展嘉兴市16所教育科研基地学校的中期检查与调研指导工作,以“教育科研创新与管理机制建设”为主题,通过听、查、问、看等形式,对调研学校主导性课题、骨干教师课题等进行实地指导,努力把嘉兴市教育科研基地学校打造成为教育科研工作高地和重要科研孵化平台,发挥科研基地学校的辐射作用、引领作用、示范作用。开展嘉兴教育学院五所实验学校的科研指导和帮助工作,分组下校,责任到人,落实指导,全面帮助各实验学校科研工作水平的提升。举办嘉兴市属学校教科室主任论坛活动,引领教科室主任如何为教师的教育科研导航,组织市属学校科研片组活动。

加强教育科研成果在教育实践中的转化和应用,着力提高教育科研在嘉兴市教育改革和发展中的贡献率,实现教育科研成果推广的多元化、常态化。4月,在桐乡市第六中学举行“五点同步”双主体课堂教学改革课题研究成果的推广活动,对桐乡六中获得的嘉兴市第八届教科研成果一等奖《高品质初中高质轻负课堂教学特征研究》进行推广活动。6月,在嘉兴市实验小学举行优秀课题成果展示观摩活动,择优选取部分优秀课题成果进行集中展示观摩,实践“科研为教学服务”的理念。11月,在海宁市斜桥镇庆云中心小学举办嘉兴市国家基础教育科研成果“农村小学一主两翼劳动技术教育新模式研究”推广活动,该成果2014年荣获首届国家基础教育成果二等奖,以国家课程调整和乡土劳动资源开发为课程新主体,以校内外新型劳动小基地建设为两个实践活动平台,形成“一主两翼”的教育新模式,从课程改革的新视角,解答如何开展国家课程、乡土课程两条腿走路,如何为学生开辟校内校外便捷、安全的劳动实践小基地等劳动技术教育中的普遍问题。

创优刊物编辑。进一步提高《嘉兴教育》《嘉兴教育学院学报》和《教育信息资料》的办刊质量,拓展办刊思路,提高编辑业务水平,做实传统栏目,办好新辟栏目,刊载教研科研人员撰写的各类对教育教学改革具有指导意义的专业文章,刊载特级教师、名优教师的学术文章,发挥学术杂志的引领作用。2014年共出刊《嘉兴教育》12期、《嘉兴教育学院学报》4期和《教育信息资料》4期。加强教育学院图书馆建设、管理工作。继续采购一批对教育教学研究培训具有较大参考价值的业务书籍,升级蓝博图书管理系统软件,完善图书阅览对本院教职工和培训学员的服务功能。

拓展心育路径,提升心理教育水平。加强心理健康教育组织建设,推进浙江省中小学心理辅导一级站创建工作,至年底,嘉兴市有10所学校成为省一级心理辅导站,嘉兴四高作为嘉兴市第17个高中心理辅导学科基地,还成为浙江省14所中小学心理健康教育特色培育学校之一。加强中小学心理健康教育教师队伍建设,举行嘉兴市中学青年心理专职教师专业技能大赛,开展各类心理教师心理健康教育专题教育暨C级证书培训10场,培训教师3100多名。开展各类心理专题研修活动,举办第十六届“南湖之春”小学心理健康教育专场,心理教师专业知识说课比赛、心理咨询个案的同伴督导、个案咨询技术模拟演练、高考备考心理辅导的专题教研活动,高中心理选修课程的研发培训活动和心理微型课堂教学展示与研讨活动等。举办嘉兴市中学校园心理剧大赛评比活动。参与组织心理健康与家庭教育的社会公益活动,举行青少年心理及家庭教育下校(下乡)活动和大型咨询活动6场,为广大青少年学生提供心理咨询。

【获国家级教学成果奖3项】 2014年,嘉兴市3项成果在国家级教学成果奖评选活动中获奖。其中,嘉兴市教育局、嘉兴市教育研究院、嘉兴教育学院开展的《区域推进“个人教学问题研究”的嘉兴经验》(课题组成员王幸平、吴丽萍、陆福根、王羽左、纪忠华等),海宁市斜桥镇庆云中心小学、海宁市石路中心小学开展的《农村小学“一主两翼”劳动技术教育新模式研究》(课题组成员杨霄松、冯建强、茅月清、钱韶宾、糜建强、邓月强等)获得国家级教学成果奖基教类二等奖；海宁市职业高级中学开展的《基于“66670”校企合作联盟的中职人才培养模式创新实践》(课题组成员李建军、林霞琴、张韩良、苏海亚、王小林)获得国家级教学成果奖职教类二等奖。

【获省教育科研优秀成果奖 4 项】 年内，在2013 年度浙江省教育科学研究优秀成果奖评选活动中，嘉兴市 4 项成果获三等奖，分别是金晓岚(嘉兴市艺术小学)主持的《小学“浸润式”美育课程的实践研究》、李芳(嘉兴市艺术幼儿园)主持的《“生活·艺术”园本课程开发与实践研究》、石明生(平湖市广陈中学)主持的《农村初中“参悟式”课堂教学模式的实践与研究》和姚明利(海盐县三毛小学)主持的《儿童“日记式”漫画创作研究》。

【获省教学研究成果奖 10 项】 2014 年，在浙江省教学研究成果奖评选活动中，嘉兴市 10 项成果获奖。其中，费志明(海宁市教师进修学校)主持的《“自主三人行·幸福课堂”在初中课堂中的实践研究》获一等奖，谢芳(嘉善县杜鹃幼儿园)主持的《以“玩”为中心的幼儿美术课程建设研究》、黎向红(嘉兴市阳光小学)主持的《科学探究视角下小学美术“太空画”教学的实践研究》获二等奖，沈坤林(桐乡市第一中学)主持的《“写为先导”的高中语文探究性学习指导研究》、潘新华(嘉兴高级中学)主持的《生态教育视阈下高中政治微课建设的实践与研究》、陈炳玉(桐乡市实验幼儿园)主持的《大班幼儿“创意纸工”活动的实践研究》、金中(平湖中学)主持的《依托“红学馆”开发高中红楼课程链的实践研究》、刘中瑛(海盐高级中学)主持的《普通高中选修课程〈带你走进音乐剧〉的开发与研究》、沈晓强(嘉兴市秀洲区王店镇建设中心小学)主持的《小学语文“鉴赏—批注”式阅读的策略研究》、沈玉林(桐乡市茅盾中学)主持的《高中历史教学中“历史想象”培育方法研究》获三等奖。

【2 人获省心理健康教育教师专业技能奖】 11 月24～25 日，在金华举行的浙江省第二届学校心理健康教育教师专业技能大赛(小学组)中，沈硕文(嘉兴市实验小学)、闻吉惠(海宁市南苑小学)获得二等奖，沈硕文还获得最佳人气奖。

(纪忠华)

教育投入与装备

【概况】 2014 年，全市投入教育装备经费 1.51 亿元，累计全市教育技术装备资产总金额达 13.64 亿元，比上年度增长 9.9%。全市中小学生均拥有教育技术装备资产 3253 元，其中，小学生均拥有教育技术装备资产 2895 元，中学生均拥有教育技术装备资产 3611 元。至年底，全市小学计算机装备累计总金额 1.78 亿元，占全市小学教育技术装备总量的 32%；全市中学计算机装备累计总金额 2.41 亿元，占全市中学教育技术装备总量的 30%。全市小学已装备计算机 46007 台，生机比为 4.3 人 / 台；全市中学已装备计算机 61756 台，生机比为 3.8 人 / 台。全市中小学多媒体教学设备的班套比达 100%。全市小学实验室数量合计 1441 个，其中，科学实验室 378 个，综合实践教室 129 个，体艺室 934 个，计算机教室 383 个。全市中学常规实验室数量合计 2167 个，其中，物理实验室 440 个，化学实验室 315 个，生物实验室 250 个，计算机教室 491 个。全市小学理科教学仪器达标学校 163 所，占学校总数的 94%。全市中学理科教学仪器达标学校 186 所，占学校总数的 97%。2014 年度，全市小学图书购置经费总计 695.4 万元，小学图书室(馆)纸质藏书总金额累计 8506 万元；全市中学图书购置经费总计 981.9 万元，中学图书室(馆)纸质藏书总金额累计 11960 万元。小学图书室(馆)纸质图书藏书合计 747 万册，生均图书为 38.9 册；中学图书室(馆)纸质图书藏书合计约 911 万册，生均图书为 40.3 册。年内，嘉兴教育 30 年网站建成并上网。师德建设专网建成并上网,完成首届嘉兴市“最美教师”网络投票评选活动。完成名师工程网站的改版。完成省和谐考核二项指标:民办民工子弟学校班级多媒体班配套比达1∶1,学习网络宽间开通率达94.4%,二项考核指标均为优秀。2014年嘉兴市在省中小学教师现代教育技术能力大赛中获优秀组织奖、省网络征文获省优秀组织奖;由中国教育电视台等多家媒体联合举办的“开学第一讲”活动,嘉兴市报送的二个视频获“最受欢迎奖”。

【完成智慧教育“在线课堂”项目前期建设】 为进一步推进嘉兴市智慧教育,扩大优质教育资源的辐射面,突破课堂教学形式对学生个性化学习的限制,实现区域教育的均衡和公平,有效遏制择校和有偿补课,采取“政府主导、社会参与、按需购买服务”的运作机制,2014年年底前正式启动嘉兴智慧教育“在线课堂”项目。

【中小学数字校园示范校建设】 2014年,嘉兴市有国家“百所数字校园示范校建设项目学校”1所,省数字校园示范建设学校15所,嘉兴市数字校园示范学校25所;嘉兴市数字校园学校72所。

（张新良）

文　化

综　述

2014年，嘉兴市在文化惠民服务、文艺创作生产、文化遗产保护、文化产业发展等领域取得新进展：国家公共文化服务体系示范区创建全面推进并以优异成绩通过文化部中期督察；“文化有约”民生工程深入人心；大运河成功申遗，嘉兴实现世界遗产零的突破；成功举办第十二届全国美展综合画种·动漫展区作品展览；率先在全国构建文化馆总分馆服务体系等。2014年，嘉兴市基层公共文化服务评估名列全省第一，嘉兴市文化广电新闻出版局获全国文化系统先进集体称号、第十二届全国美展组织工作奖等荣誉。

加大创建国家示范区力度，全面提升公共文化服务体系建设水平。成立创建领导小组及办公室，把创建工作纳入市委、市政府对各地、各有关部门年度工作目标责任制考核的重要内容，层层分解落实责任。加快项目建设，着力推进“四馆一中心”、公共图书馆指标达标、农村文化活动“158”计划等17个重点项目，嘉兴博物馆二期项目开工建设；嘉兴市图书馆二期项目完成立项、可研批复等前期工作；市非遗展示馆完成布展；嘉兴市文化艺术中心加紧规划立项。年内，嘉兴市公共文化工作被《中国文化报》、《浙江日报》、人民网、光明网等国内主流媒体报道20多次。在文化部中期督察的25个指标中，嘉兴市有22项达到优秀。

深化文化体制改革。一是率先在全国构建城乡一体化文化馆总分馆服务体系。8月，在《上海文化》发表《嘉兴市文化馆总分馆服务体系研究》阶段性研究成果。11月，在海盐县率先开展试点工作，以县级文化馆为总馆，镇（街道）综合文化站为分馆，村（社区）文化活动中心（文化礼堂）为支馆，形成“设施成网、资源共享、人员互通、服务联动”的服务体系。试点经验将在全市推广，并以市文化馆为中心馆在全市范围建立中心馆—总分馆服务体系，促进全市文化馆服务的标准化、均等化。二是开展文化单位理事会试点工作。探索建立以理事会为决策层，以监事会为监督层，以馆领导班子为管理层的文化单位理事会制度和法人治理结构，吸纳专业人士、社会各界代表参与公共文化机构的运行和管理。11月15日，召开市文化馆、嘉兴博物馆理事会成立大会，超过半数理事面向社会公开招募，体现利益相关方共同协商管理的现代治理理念。创新体制机制，激发文化事业单位的生机与活力，推动政府部门由办文化向管文化转变，实现政事分开、管办分离。三是推进“两员”全覆盖工作。全面加强基层文化工作力量，提升专业化水平，全市村级文化专职管理员配备率达86%，文化馆向镇（街道）下派文化员完成率达68%，有效解决基层公共文化服务“最后一公里”问题。

打造文化服务品牌“升级版”。一是扩大“文化有约”品牌效应。制定出台《嘉兴市全面推进“文化有约”项目实施意见》《嘉兴市“文化有约”项目资金补助暂行办法》，对社会力量承接公益性文化活动予以适当补助。2014年，“文化有约”列入市政府“十大民生实事项目”,除原有市属文化系统的公益性场馆外,新增工人文化宫、青少年宫、妇儿活动中心、科技馆4家公益场馆以及9家民营机构,充分整合文化资源,将平台建设推向新高度。全年共推出培训、展览、演出等各类公益性文化活动1178个(共计4987场次),翻两番完成市政府下达的目标任务;网站总点击量130多万人次,直接参与群众突破58万人次,“文化有约”成为嘉兴公共文化服务的“民心工程”。二是深化城乡一体化公共图书馆服务体系建设,发挥图书馆总分馆、数字图书馆、移动图书馆和24小时自助图书馆的服务效能,让老百姓在“家门口”就能享受普遍均等、优质高效的公共图书馆服务。三是丰富农村文化礼堂文化内涵,发布《2014年度嘉兴市文化文联系统农村文化礼堂建设服务菜单》,全市共推出238项服务内容供各地选择,并建立评价反馈机制,以确保供需对接、配送有序。四是深化全民阅读活动,开展形式多样、内容丰富的主题活动,发挥“农家书屋”的作用,推动“书香嘉兴”建设。五是举办第六届嘉兴大学生电影节。通过开展“电影好声音”演唱会、电影配音大赛等系列活动,发挥“大学生办、大学生看、大学生评”这一特色,使大学生电影节成为嘉兴高校的电影艺术盛会。

加强历史文化遗产保护与传承弘扬。一是大运河成功列入《世界遗产名录》,嘉兴实现世界遗产零的突破。2014年6月,联合国教科文组织第38届世界遗产委员会会议,审议通过中国大运河项目列入《世界遗产名录》,8年申遗终获成果。嘉兴有110公里6段河道和长虹桥、长安闸2个遗产点名列其中。大运河世界遗产品牌将对扩大嘉兴城市文化影响产生深远的意义。二是推进第一次全国可移动文物普查工作。开展文物认定、影像采集及数据录入等工作,举办文物普查业务培训,组织专家对市本级文物系统外6家单位收藏的文物进行认定。至2014年12月底,已完成50%国有可移动文物信息采集的目标任务。三是提升文物保护与博物馆工作水平。夯实文物保护工作基础。完成马家浜遗址公园申报国家考古遗址公园材料,完善并编制《马家浜遗址保护规划》和《嘉兴子城保护规划》。实施文物保护工程,文生修道院、汪胡桢故居等文保单位及秀城桥等10多座古桥修缮竣工,并加强城市建设中的地下文物保护。着力提升博物馆社会服务能力。制定出台《〈嘉兴市促进民办博物馆发展的意见〉实施细则》,鼓励和引导民办博物馆向规范化和专业化的方向健康发展,年内,由民营企业投资的嘉兴五四文化博物馆开馆。完成嘉兴血防史料陈列馆布展工作。嘉兴博物馆“禾兴之源——嘉兴的史前文化”基本陈列修改完成并对外开放,增设“模拟考古”等互动参与项目,受到公众好评。四是加强非物质文化遗产保护和活态传承工作。开展第七个“服务传承人月”“文化遗产日”等主题活动,累计参与人数达3000人次。在全省率先探索的首家“嘉兴市非遗文化客厅”正式投入使用,嘉兴市新增两项国家级非遗项目。深入开展《运河船民口述史》调查、编纂工作,《嘉兴民俗》《嘉兴传统音乐》等非遗丛书正式出版。

推动文化产业发展转型升级。一是搭建平台,推动文化产业对外交流和对内发展。组织嘉兴市30家文化企业参展第9届义乌文博会,展会期间实现洽谈交易额300余万元,参展的企业获得1项工艺美术奖、4项优秀展示奖,嘉兴展团获展会优秀组织二等奖。开展浙商回归招商活动,与国内知名文化企业建立信息互通网络。二是加强基础调研,强化产业发展引导和企业服务。开展全市小微文化企业发展和动漫产业发展情况调研。参与市委宣传部、市文产办开展的全市文化产业发展调研,分析研究推进嘉兴市文化产业发展的对策。推荐嘉兴市文化企业申报2014年国家文化产业发展专项资金扶持项目,做好国家级“文化产业示范基地”和“文化产业示范园区”推荐申报工作。三是组建电影集团,着力培育文化产业龙头企业。在前期深入调研的基础上,拟定电影集团组建方案，经部门座谈会论证并上报，得到市文化体制改革领导小组和市国资委的批复，嘉兴电影集团于7月16日正式揭牌，今后将致力发展成为嘉兴市文化产业的龙头企业。2014年，嘉兴电影产业保持良好的发展势头，全市票房收入同比增长超过30%。

加强文化品牌建设，扩大嘉兴文化对外影响力。一是承办第十二届全国美展综合画种·动漫展区作品展览。9月18日至10月18日，由文化部、中国文联、中国美协主办，省文化厅、省文联、省美协和嘉兴市政府承办的第十二届全国美展综合画种·动漫展区作品展览在秀洲·中国农民画艺术中心展出，这是国家级最高规格美术展览首次落户嘉兴市。期间，举行“道贯以一”城市发展与学术史视角下的美学缔造论坛，推出历届中国·嘉兴国际漫画展优秀作品展等七项配套美术展览活动，开展以“共享美展大餐、共创美好生活、共建美丽嘉兴”为主题的成果共享系列活动，观展人数达8万多人次。在第十二届全国美展中，嘉兴市共有24件作品入展，其中1件获优秀奖、2件获奖提名，入选作品占嘉兴历届入选作品总数的69%，农民画作为年画首次被纳入国展体系。嘉兴展区因策展和组织工作成效显著，被评为第十二届全国美展组织工作奖。二是引导扶持文艺精品创作。开展第九届嘉兴市文学艺术“南湖奖”评选和年度文化发展工程重点特色扶持项目评审工作，奖励和扶持一批文艺精品与文化活动项目。开展“中国梦想·美丽嘉兴”“五水共治”等主题系列文艺创作活动，助推市委市府中心工作。开展文化志愿服务活动，推动嘉兴市文化志愿服务制度化建设走在全省前列。完成市作家协会等9个市级文艺家协会的换届工作。据不完全统计，年内，嘉兴文艺作者获国家级奖项近百件。三是深入开展各类文化活动。联合中国民俗学会举办2014端午民俗文化的当代传承学术研讨会。开展“中信杯”迎春广场文艺演出、“文化大篷车”送戏下乡、“社区之声”、乡村文化艺术周、“石榴奖”校园文化艺术节等特色文化活动，丰富和活跃城乡居民文化生活。举办嘉兴—无锡区域文化联动、“文化援疆”等活动，开展对外文化交流与合作，打造嘉兴“国际漫画名城”特色文化品牌。

（王春燕）

专业文化

【嘉兴大剧院承接专业演出73场】 2014年，嘉兴大剧院共承接专业演出73场，其中国外团队11场，国内团队62场。演出的剧目有交响乐、芭蕾舞剧、话剧、越剧、京剧、儿童剧、歌舞等，先后有8万多名市民走进大剧院，尽享文化大餐。元旦夜，法国女子爱乐乐团带来振奋人心的新年音乐会，为嘉兴市民奏响新年和谐的新乐章；“三八”妇女节来临之际，葡萄牙国家交响管乐团音乐会震撼全场，演出票务全线售罄，现场座无虚席；上海芭蕾舞团带来经典巨作民族芭蕾舞剧《白毛女》，现场演员精湛的舞姿赢得台下观众如雷般的掌声；孟庭苇带来的台北爱情故事演唱会，在寒冬里带来温暖的回忆；儿童剧《蓝精灵》和《小猪麦兜与魔法师》《七彩葫芦》让孩子们感受经典和快乐。2014年，大剧院还通过“相约大剧院——高雅艺术进校园”活动，在文化有约网上进行免费预约，为高校学生的艺术培养搭建平台，1000多名师生相继走进剧院，观看《炫舞蜻蜓》《富春山居图》《荷兰超级探戈音乐会》等剧目，丰富高校师生的文化文艺生活，获得师生们的好评。

【嘉兴市歌舞团】 2014年，嘉兴市歌舞团完成“中国梦·万家乐”百场展演进基层活动、杭嘉湖绍四场文化走亲活动。10月，赴新疆与沙雅进行文化交流，参与2014年“情系塔河·相约沙雅”胡杨金秋游系列活动的启动仪式。歌手陈圣豪演唱的歌曲《共和国之恋》，在5月25日嘉兴市青年才艺星大赛决赛暨颁奖典礼中获银奖。总监孙玲编创的三人舞《菱花结》(中国舞),在6月举办的"中国梦·吴越风"嘉兴市独、双、三原创舞蹈大赛中获金奖。排舞《当他在的时候》在9月浙江省文化厅举办的排舞大赛中获青年组银奖。2014年年底,嘉兴市歌舞团共有演员20名,其中男舞蹈演员2名,女舞蹈演员10名,歌手2名,戏曲演员3名,器乐演奏3名。

(吴美莲 秦 怡)

社会文化

【承办春节元宵文化活动】 由市节庆活动组委会主办,市委宣传部、市文化广电新闻出版局、市文学艺术界联合会承办,中信银行嘉兴分行、《南湖晚报》、市文化馆协办的"中信闹新春"2014年嘉兴市"金马贺岁、福满禾城"春节元宵文化活动于1月15日至2月14日举行。本次活动由新春祝福语征集评选、大红灯笼我来送、名家春联进社区、市区迎春广场文艺演出、万盏红灯映禾城等活动组成。遵循突出公益、强化安全、厉行节俭等原则,把春节文化活动办得简朴隆重、群众满意。

【2014嘉兴端午群众性民俗文化体育活动】 由浙江省文化厅、中共嘉兴市委、嘉兴市人民政府主办的2014嘉兴端午群众性民俗文化体育活动自4月拉开帷幕,于5月31日~6月2日端午假期达到高潮。先后举办南湖龙舟竞渡、香囊制作大赛、南湖踏白船表演赛、全国端午裹粽大赛、第三届"中国掼牛"争霸赛、梅花洲端午民俗展示等12项活动,并融合第十届中国粽子文化节系列活动。活动以新颖多样的形式、精彩丰富的内容,演绎嘉兴端午的中国味道,展示独特的民俗魅力,不仅推动端午民俗回归百姓生活,更为节日增添现代气息。

【"端午民俗文化的当代传承"研讨会】 6月2日,"端午民俗文化的当代传承"中期学术研讨会在嘉兴举行。这是继《中国端午节》研究项目问世后,嘉兴市与中国民俗学会的又一项文化研究三年(2013~2015)合作项目,来自海内外的近40位专家、学者出席研讨会。本次研讨会在嘉兴前期成果基础上,以端午节俗为切入点,重点关注传统节日的当代传承、传统节日保护与政府职能、传统节日与旅游资源的开发利用等问题,深入探讨传统节俗与新兴节会更好地融合模式,为传统文化在当代社会的复兴与再造提供重要的理论架构和资料参考。

【市第七届"石榴奖"校园文化艺术节】 5月15日至9月22日,市文明办、市文化广电新闻出版局、市教育局、共青团嘉兴市委员会联合主办嘉兴市第七届"石榴奖"校园文化艺术节。本届艺术节以"民族魂·中国梦——阳光下成长"为主题,分为艺术表演类、经典诵读比赛和美术作品类三大部分。其中,艺术表演类由舞蹈和儿童歌舞剧组成;美术作品类设书法篆刻、绘画、平面设计、立体造型、动漫、摄影6个项目。经艺术节评奖委员会评选,共评出奖项309个,其中"石榴奖"279个,优秀辅导奖27个,优秀组织奖3个。艺术表演类中舞蹈比赛共有参赛节目30个,评出"石榴奖"金奖11个、银奖19个,优秀辅导奖11名。儿童歌舞剧比赛共有参赛节目13个,评出"石榴奖"金奖4个、银奖9个,优秀辅导奖4名。青少年中华经典诵读比赛中共有参赛节目28个,评出"石榴奖"金奖12个、银奖16个,优秀辅导奖12名。美术作品类比赛共收到绘画、书法、平面设计、立体造型、动漫、摄影作品367幅,评出"石榴奖"金奖39幅、银奖68幅、铜奖101幅。南湖区教育文化体育局、桐乡市教育局、海宁市教育局3个单位被评为第七届"石榴奖"校园文化艺术节优秀组织奖。9月22日在嘉兴大剧院星光小剧场举行颁奖仪式暨文艺演出。

【第十二届嘉兴市"社区之声"文艺调演】 10月

17 日，第十二届嘉兴市“社区之声”文艺调演——优秀节目展演活动在海宁市文化馆广场举办。本次活动由嘉兴市文明办、市文化广电新闻出版局、市委社工办联合主办，嘉兴市文化馆、海宁市文化广电新闻出版局承办，海宁市文化馆执行承办。经大赛评委会评选，共评出 15 个奖项，其中海宁市硖石街道南关厢社区表演的舞蹈《醉美夕阳梦》等 3 个节目获得金奖，海宁市盐官镇郭溪社区表演的小品《老少邻里》等 5 个节目获得银奖，嘉善县魏塘街道小东门社区表演的舞蹈《美丽家园》等 7 个节目获得铜奖。

【第八届嘉兴市乡村文化艺术周】 11 月 17～23 日，由市委宣传部、市文化广电新闻出版局主办的第八届嘉兴市乡村文化艺术周活动举行。本届乡村文化艺术周以“文化礼堂·精神家园”为主题，由 2014 嘉兴农村文化礼堂文艺演出暨第八届嘉兴市乡村文化艺术周开幕式、“田园放歌”乡村歌曲演唱大赛、农村文化礼堂风采摄影展、第八届嘉兴市乡村文化艺术周闭幕式暨首届“文化礼堂杯”乡村排舞大赛 4 项活动组成。最终评出，2014 嘉兴农村文化礼堂文艺演出金奖 3 个、银奖 6 个、优秀奖 7 个；嘉兴市“田园放歌”乡村歌曲演唱大赛金奖 3 个、银奖 5 个、优秀奖 8 个；“美丽乡村”嘉兴市农村文化礼堂风采摄影展金奖 5 个、银奖 10 个、优秀奖 20 个；2014 嘉兴市“文化礼堂杯”乡村排舞大赛金奖 6 个、银奖 8 个。

【实施“双百、双千、双万”工程】 2014 年，嘉兴市继续实施“双百、双千、双万”工程。全市广场文艺演出 1610 场次，观众 1404773 人次；广场电影放映 861 场次，观众 262700 人次；歌舞戏曲下乡演出 2451 场次，观众 1898717 人次；电影下乡 12236 场次，观众 1697098 人次；图书下农村进社区 138630 册；举行公益培训 2051 场次，参加人数 82355 人次；举办讲座展览 1605 场、文化走亲 828 场次。

（秦　怡　吴美莲）

文物　博物

【抢救性清理洪合大桥村明代古墓】 3 月 5 日，在省考古所指导下，市文物部门对洪合大桥村周家浜因平整土地而发现的明代古墓进行抢救性清理。共出土铜镜 2 面、拐杖 1 根、珠子若干颗、木漆碗 3 个、梳妆盒 2 个以及发簪、粉盒等 10 余件文物。两具墓葬尸体已腐烂，只剩部分遗骨。现场发现墓志铭盖和底一合。根据墓主生卒年断定此墓葬属于明景泰年间，从嘉兴目前发现的明墓中，此时期的墓葬比较少见，此墓葬的发现对于研究明早中期的社会生活以及葬俗等提供新的珍贵资料。

【《嘉兴历代才女诗文徵略》出版】 3 月，《嘉兴历代才女诗文徵略》正式出版。《嘉兴历代才女诗文徵略》分嘉兴、嘉善、平湖、海盐、海宁及桐乡六个区域著录，书中收集的才女有诗人、作家、戏曲家等，上至三国，下至民国时期，收录人数达 1000 多人，字数 140 多万字。该书由赵青撰写，嘉兴市文化广电新闻出版局（市文物局）编审，浙江大学出版社出版。

【嘉兴五四文化博物馆开馆】 5 月 6 日，嘉兴五四文化博物馆开馆仪式在嘉兴市区文昌路运河新区新文化广场举行，市领导高玲慧、陈越强、柴永强、王淳出席，毛泽东、周恩来、李大钊、陈独秀等后代亲属参加。嘉兴五四文化博物馆由嘉兴香榭园实业投资有限公司出资兴建。博物馆建成面积约 1 万平方米，其中展厅 6000 余平方米，内设五四新文化史料陈列馆、嘉兴百年风云人物展示馆、千家楹联展示馆、华夏查氏文史资料陈列馆、南湖画院及巡回书画展览馆。

【不可移动文物数据库及管理系统通过验收】 2014 年 7 月 30 日，由市文化局、市统计局、市执法局、市文保所等单位专家组成的验收组，对“嘉兴市不可移动文物数据库及管理系统”

项目进行验收。在听取项目组汇报、查看系统演示、审阅资料,并就有关问题进行质询后,验收组一致同意通过验收。2011年嘉兴市第三次全国文物普查验收结束后,相关的成果转化提上日程,大量新增的不可移动文物急需加强管理,在这个背景下,嘉兴市不可移动文物数据库及管理系统开始进入理论酝酿和项目策划。2012年初完成项目的最初需求设计,年底完成招标。2013年,项目正式进入应用实现阶段。经过一年半的努力,系统最终于2014年5月底完成初建,并进入内部试用调整,7月,各项应用内容经过反复调试已满足不可移动文物管理的基本需求,验收完成后即向互联网公众全面开放。

【嘉兴博物馆二期工程开工】 9月28日,嘉兴博物馆二期工程正式开工建设。嘉兴博物馆二期工程位于现博物馆西北侧,与现博物馆相连,占地12.2亩,建筑面积7321平方米,总投资2646.61万元。主要建设内容包括门厅、4个专题陈列馆、办公与技术用房、辅助用房及室外配套工程等。嘉兴博物馆在当前的馆藏文物中,除了基本陈列中长期展出近900件文物外,仍有相当数量的史前陶器、明清书画、民俗文物、佛教文物等文物存放库内,未能展示。这些器物数量多,质量精,大多为嘉兴遗址出土及民间征集或乡贤友人捐赠,具有很好的教育意义和地方特色,是一份宝贵的地方文化遗产,值得展示、宣传、继承和发扬。

【文生修道院竣工验收】 嘉兴文生修道院修缮工程于2012年9月正式进场,2014年8月,该工程整体修缮完成,10月通过竣工验收。该工程由浙江省古建筑设计研究院负责,设计方案经浙江省文物考古研究所(浙文考〔2010〕36号)、浙江省文物局(浙江文物函〔2010〕45号、浙文物发〔2010〕56号、浙文物函〔2013〕234号)发文批复同意,浙江省古典建筑工程监理有限公司监理,通过邀请招标方式确定古今集团有限公司为施工单位。嘉兴文生修道院为全国重点文物保护单位,也是大运河遗产,位于嘉兴市南湖区解放街道航明社区光明街153号,西临京杭大运河。由于年久失修,建筑部分砌体结构出现风化、木结构出现腐烂现象,故对其进行修缮。下一步,将拟定文生修道院的利用方案,明确其功能定位,让运河文化资源发挥出社会和经济的双重效益,使这座百年宗教文化场所焕发新生机。

【完成汪胡桢故居修缮工程】 汪胡桢是中国近现代著名的水利专家,其故居2012年由嘉兴市财政出资征购。经过一年多的维修方案编制、专家论证,2014年2月底完成工程招标。12月,完成文物本体修缮,并通过省文物局初验收。12月,汪胡桢故居启动陈列装修,预计2015年春节后完成全部装修布展工作,并向嘉兴市民试开放。

(李晓明　吴美莲)

非物质文化遗产

【开展第七个"服务传承人月"活动】 在元旦、春节、元宵节期间,嘉兴市开展第七个"服务传承人月"活动。通过组织市本级部分传承人体检、走访慰问传承人、召开传承人座谈会、进行传承人技艺展示、发放传承人政府补助等一系列服务,进一步推动全市传承人保护与服务工作。至年底,嘉兴市共有国家级非遗代表性传承人5人(2008年国家公布时为8人,3名传承人离世);省级代表性传承人47人(2008年浙江省公布时为51人,4名传承人离世);市级代表性传承人二批共99人。

【嘉兴灶头画2014年系列活动】 4月10日,由市文化广电新闻出版局主办,市文化馆、市非物质文化遗产保护中心、秀洲区教育文化体育局、秀洲区王店镇人民政府承办的国家级非物质文化遗产代表性项目名录——嘉兴灶头画 2014 年系列活动在嘉兴市秀洲区王店镇建林村聚宝湾广场举行。本次活动以“中国梦·非遗韵”为主题，通过举办 2014 年嘉兴灶头画邀请赛、嘉兴传统风俗民间故事演讲比赛，吸引 40 余名灶头画艺人和演讲参赛选手。同时引起多家市级媒体的关注，嘉兴市广播电视集团新闻综合频道、文化影视频道、《今朝多看点》等栏目，《嘉兴日报》《南湖晚报》等纸媒，《南湖晚报》小记者以及部分地方媒体均对此次活动进行深入的报道。通过活动的举办，给嘉兴灶头画提供一个更加广阔的展示平台和发展空间，也使更多的群众认识、了解并喜爱非物质文化遗产。

【举办“非遗文化客厅”启动仪式】 5 月 28 日，由嘉兴市文化广电新闻出版局主办，南湖区教育文化体育局、嘉兴市非物质文化遗产保护中心、嘉兴市秀城实验教育集团执行承办的嘉兴市“非遗文化客厅”启动仪式暨端午民俗文化体验系列活动在吉水小学拉开帷幕。这是嘉兴市启动的首家“非遗文化客厅”，也是非遗传承教学基地的重要形式之一。仪式活动后，该校 1300 多名小学生参加各项端午体验活动，包括点雄黄、戴虎头帽、包香囊、佩香囊、裹粽子、辨识粽叶（艾草）、估粽子的重量、估米粒（赤豆）多少、猜端午谜、参观书画展、参观“非遗文化客厅”、欣赏传承人表演、喝午时茶、吃“蚕花饭”、吃“五黄”、吃“五白”。此次活动以端午节为契机，启动嘉兴市“非遗文化客厅”，全方位展现嘉兴市非遗保护的丰硕成果，并通过开展形式多样的端午民俗文化体验活动，搭建非遗项目进校园的平台，使人们在娱乐休闲的同时，体验中国味道的嘉兴端午，取得较好的效果。

【文化遗产保护宣传系列活动】 2014 年 6 月 14 日是中国第九个“文化遗产日”。5 月中旬至 7 月底，嘉兴市举办 2014 年“文化遗产日”文化遗产保护宣传系列活动。本次活动主要内容有 2014 嘉兴端午群众性民俗文化体育活动、非遗欢乐园、非遗红地毯、“炊烟的故事”微电影创作大赛展播颁奖等。6 月 13 日晚上，“非遗传承人走红地毯”活动在吉水小学举行，来自五县两区的 17 位非遗项目代表性传承人，走过红地毯，走上舞台展示技艺。同时，还举行“炊烟的故事”微电影创作大赛展播和颁奖，以及非遗丛书《嘉兴民俗》首发式。

【16 名非遗传承人获市政府补贴】 2014 年，按照《嘉兴市人民政府办公室关于印发嘉兴市非物质文化遗产代表性传承人（民间老艺人）补贴暂行办法的通知》要求，经各地申报推荐、市文化局审核和社会公示，报市政府同意，吴菊生（嘉善田歌）、潘培江（马灯舞）、朱松观（五梅花）、浦源峰（做小唱）、陈松泉（舞方天戟）、顾去宝（余新蚕猫）、冯嘉生（凤桥竹刻）、仲福生（糖糕板雕刻技艺）、朱文宝（洪合刺绣）、方美荣（乌镇三白酒酿造技艺）、吴彩英（历本袋制作技艺）、徐春乔（三珍斋卤制作技艺）、周小妹（杜布织造技艺）、陈明观（风筝制作技艺）、李同章（七月七香桥会）、陈阿三（嘉善淡水捕捞习俗）16 名传承人（民间老艺人）为嘉兴市第二批享受市政府补贴非物质文化遗产项目代表性传承人（民间老艺人）。2010 年市政府公布嘉兴市第一批享受市政府补贴非物质文化遗产项目代表性传承人（民间老艺人）16 名，至 2014 年去世 5 名，年内共有 27 名传承人享受市政府补贴。

【2 个项目进入国家级非遗名录】 11 月 11 日，国务院发文公布第四批国家级非物质文化遗产名录，桐乡市“蓝印花布印染技艺”，海宁市“民间信俗（潮神祭祀）”2 个项目名列其中。至年底，嘉兴市有国家级非物质文化遗产项目共计 15 项，其中列入联合国教科文组织人类非物质文化遗产代表作项目 2 项。国遗以批次分，第一、第二、第三批国家级非物质文化遗产名录、扩展项目名录分别为 2 项、5 项、6 项和 2 项；以门类分，民俗 4 项，传统音乐 2 项，传统体育、游艺与杂技 2 项，传统手工技艺 3 项，传

统舞蹈、传统戏剧、曲艺、传统美术各1项;以地区分,市属3项,平湖市2项,海宁市、桐乡市各3项,南湖区、秀洲区、嘉善县、海盐县各1项。

(秦 怡)

图书事业

【概况】 至年底,嘉兴市本级图书馆总分馆服务体系建成包括1个总馆、2个区分馆、11个乡镇(街道)分馆、31个村(社区)分馆及287个流通站的服务网络。全年接待读者303.4万人次[其中乡镇分馆119.6万人次,含村(社区)分馆、流通站等];办理新借书证29486张,有效借书证总计15万余张;文献外借202.7万余册次。新增文献21.7万册(件),其中新增印刷型图书15.3万册,数字图书6万种,VCD等电子读物3789张;累计全馆总藏量约256.5万册(件)。嘉兴数字图书馆读者有效访问72万人次,数据库访问794万次,文献传递35.9万次。总分馆共举办各类报告、讲座108场(其中"南湖讲坛"24场),各类展览128场(总馆50场,送展览到基层78场次),举办各类读者活动3828次。至年底,嘉兴达到人均藏书1.69册次,人均年到馆2.52人次,人均外借图书1.69册次,年文献流通率100%。

2014年,嘉兴市新华书店实现销售金额15383万元,比上年增加295万元,增长2%;实现利润1173万元,较上年增加172万元,增长17.2%。农村"小连锁"工程新建社区连锁书店2家、校园连锁书店5家,全年实现销售额460万元。

【推进总分馆体系标准化建设】 2014年,嘉兴市图书馆启动开展嘉兴"中心馆—总分馆服务体系"标准化课题研究,制定嘉兴市城乡一体化公共图书馆服务体系地方标准,理清中心馆、总馆、分馆的职责定位,从制度层面制约和推进嘉兴市"中心馆—总分馆服务体系"可持续发展,以标准化促均等化,构建现代公共文化服务体系。此外,嘉兴市图书馆以参与由文化部委托国家图书馆研究院牵头的《市级公共图书馆业务规范》课题研究为契机,加强馆内业务规范、业务标准建设,由内及外,全面、科学的打造总分馆体系标准化。

【推进乡镇分馆提档升级"2.0代"】 2014年,嘉兴市图书馆总分馆服务体系实现新发展,乡镇分馆通过多途径、多元化的手段逐渐将传统服务向现代数字化服务、个性化服务延伸,全面提档升级成为"2.0代"。一是打造多元公共文化空间。嘉兴市乡镇分馆以容纳多元化文化服务为建设理念,通过空间设计、功能布局等方面的调整、融合,努力打造学习交流空间、休闲阅读空间、信息阅读体验空间等多元化的公共文化空间,满足、引导城乡居民的多元文化需求。二是创新服务载体,完善功能布局。打造数字阅读体验中心,在多个乡镇分馆开设信息阅读体验区,提供掌上阅读器、移动图书馆、电子借阅机等信息化数字阅读体验,通过直接下载图书到手机或pad端,享受实时、便捷的数字阅读体验;配置电子宣传屏,搭建完整的宣传平台;新增阿法迪自助借还、无线上网等服务功能,并利用社交媒体等开展图书馆服务。打造"亲子阅读乐园",新增亲子悦读天地,配备绘本、少儿活动功能区等功能区块,倡导亲子阅读。三是优化阅读环境。通过统一标设、空间改造维修等在软硬件环境的打造上下功夫,为读者提供安静、舒适的阅读环境。四是以洪合分馆搬迁为契机,全力打造乡镇分馆示范点,为全市乡镇分馆的改造升级提供现实、可供参考的"模板"。

【启动24小时自助图书馆建设】 2014年,嘉兴市图书馆以提供便捷、均等服务为目的,启动24小时自助图书馆建设项目。年内完成市政府、运河社区、新嘉街道3个24小时自助图书馆建设。24小时自助图书馆与全市各公共图书馆总分馆实行"一卡通行、通借通还",读者只需凭市民卡，就可在自助借阅机上完成图书借阅，进一步把服务触角延伸至街道社区、深入到百姓生活，打通公共图书馆服务的“神经末梢”，是嘉兴市公共图书馆服务体系建设的又一次探索和实践。

【推动社会力量参与图书馆事业】 2014年，嘉兴市图书馆运用社会力量开展形式多样的阅读推广活动，针对4~7岁儿童、青少年、成年人、老年人、特殊群体等不同群体，打造体系化公共阅读；推动社会力量参与服务体系和资源建设，与街道、社区、企事业单位合作开设3个24小时自助图书馆及百花育才、河西幼儿园等61个流通站等；接受社会各类捐赠或无偿提供；构建推动社会力量参与图书馆建设的各项机制，完善志愿者队伍，打造志愿者实践基地；探索以社会效益为导向的社会服务外包模式等多种社会力量参与图书馆服务的形式，拓展公共图书馆的服务范畴与平台，这是实行更高意义的“普遍均等”的成功尝试。

【打造图书馆“微平台”】 2014年，嘉兴市图书馆在开通QQ、微博的基础上，于8月开通嘉兴市图书馆微信公众号，在微信公众平台嵌入图书馆服务应用，实现馆藏图书续借、借阅查询、图书检索、活动信息查询、移动图书馆等功能。通过微信、微博等新媒体、自媒体平台推广图书馆的资源与服务，实现在线互动交流。

【读者服务活动特色化、多元化】 2014年，嘉兴市图书馆以“特色”活动聚“人气”，在持续开展“全民数字阅读”“帮兄弟回家”“夕阳红e族”“禾禾”系列少儿活动等常规活动品牌的基础上，服务阅读障碍读者，开展“快乐读写直通车”体验营活动，家长公益讲座与现场游戏读写训练，双管齐下，寓教于乐。首期体验营开展培训活动8场，受训近30人，首开全国公共图书馆阅读障碍培训的先河；服务市民读者，建立嘉兴市首个公益培训平台——嘉图红十字学校，总分馆联动，视频播放与现场授课相结合，培训200余场，为城乡居民提供丰富实用的红十字知识；服务少儿读者，借助嘉兴数字图书馆优质的少儿学习资源，开展贝贝国学营、3D立体书体验、经典著作E阅读等数字阅读体验活动等。

【古籍保护创全国先进】 2014年，嘉兴市图书馆加大古籍普查力度，开展珍贵古籍深入挖掘、整理、补缺工作：购买《四库全书存目丛书》，四库全书系列丛书基本配齐，增加古籍藏量；对馆藏《乾隆大藏经》(《龙藏》)的目录仔细核对，整理出缺藏目录，落实补配资金；全面启动馆藏古籍的整理、清点工作，摸清家底，推动古籍保护工作的规范、纵深发展。嘉兴市古籍普查工作走在全省前列，古籍保护工作稳健有序推进，嘉兴市图书馆被文化部评为全国古籍保护先进工作单位。

【“好书有约”项目获嘉兴市十佳文化品牌】 4月起，嘉兴市图书馆联合《嘉兴日报》、嘉兴市新华书店在全市开展“好书有约”活动。通过实体网点、纸媒、手机APP和网络，同步发动全市读者阅读、推荐好书、撰写书评，每月推出一期月度好书，并通过三方的微博、微信、网站等互动平台进行推荐及与读者进行互动。年内“好书有约”活动共举办8期，每期推出好书4种，在嘉兴市总馆和13个区、乡镇分馆联合推荐。自开展以来受到读者的欢迎，全年共收到书评1200多篇，评选出获奖读者80余人。“好书有约”被评为嘉兴市十佳文化品牌。

【推进文化传媒广场项目】 嘉兴市文化传媒广场项目位于嘉兴运河新区核心商务区，由嘉兴市新华书店有限公司投资兴建，项目占地1.58公顷，总建筑面积86954平方米，总投资5.5亿元，是浙江省重点建设项目。项目于2014年6月正式进入施工建设期，至12月底地下车库施工基本完成，计划2015年12月项目完成土建结顶，2016年竣工投入使用，文化产业业态主要有书城、影城、教育培训、文化创意设计等,目标打造为嘉兴新的城市文化地标。

(宋一江　秦　怡)

文化市场管理

【概况】 至2014年年底,全市共有文化经营单位1195家,其中网吧577家,歌舞娱乐场所409家,游艺娱乐场所142家,文艺表演团体16家,演出场所经营单位29家,演出经纪机构22家。全年全市各级文化部门共出动检查人员6780人次,检查经营单位11917家次,受理举报71件,取缔无证摊点58处,收缴盗版音像制品26783盘、非法图书4217册、假冒伪劣教辅教材252本、非法报纸期刊519份、侵权花样布料42匹,行政立案调查170件,办结案件169件,罚款820808元,没收非法所得24771元,停业整顿3家次。2014年,嘉兴市文化市场行政执法支队获得"全国打击侵权盗版有功集体二等奖""全省理论研讨组织一等奖"等荣誉。

【取消网吧总量控制】 1月3日,市文化广电新闻出版局制定并下发《嘉兴市网吧总量和布局规划实施方案》。方案规定,从2014年开始,网吧审批不设数量限制。单体网吧的审批,城区(街道范围)不少于60台电脑、120平方米经营使用面积,农村(乡镇范围)不少于30台电脑、60平方米经营使用面积。连锁网吧直营门店的审批,不少于30台电脑、60平方米经营使用面积。积极扶持网吧连锁,取消网吧连锁企业认定的注册资金规定,市域连锁网吧直营门店不少于5家,县域连锁网吧直营门店不少于3家。

【开展文化市场执法检查】 5月12~23日,全市文化市场以大队为单位,开展交叉对口执法检查。采取随机抽查方式进行,检查区域覆盖城区和乡镇。检查范围涵盖网吧、电子游戏厅、歌舞娱乐场所、音像店、书报刊店、印刷企业等,检查场所总数量不少于12家。以繁华街区、校园周边、城郊接合部、汽车站(火车站)等地段为重点检查区域。按照2014年"扫黄打非""清源、秋风、净网"集中行动工作要求,严查音像店(书报刊店)出售非法出版物、印刷企业未落实承印五项制度等行为。同时重点检查网吧、量贩式KTV接纳未成年人,电子游戏厅设置禁止机型机种,歌舞娱乐场所曲库含有禁止内容等违法违规行为。

【开展文物消防安全检查】 8月7日,组织市文物监察支队、市消防支队对嘉兴市文保单位消防安全工作落实情况进行检查。对重点文保单位和宗教场所的消防安全,特别对省文保单位曝书亭、天主教堂和市文保单位高家洋房、冷仙亭等以木质结构为主的不可移动文物重点进行检查。在检查内容上突出建筑消防设施、器材和安全标志是否符合标准并完好有效;疏散通道、安全出口和消防车通道是否畅通,防火分区是否改变、防火间距是否被占用;单位是否制定消防安全制度、灭火和应急预案并组织演练;是否存在违规使用燃气或明火作业等四个方面。通过检查,发现各文物保护单位安全情况总体良好,均配备消防器材,管理人员比较重视消防安全问题。但是检查中也发现不少问题,如高家洋房电线老化、布线杂乱,冷仙亭部分灭火器材过期,部分古建筑类文保单位年久失修、建筑破损、消防通道蜿蜒曲折等安全隐患。检查人员对此均提出整改意见。

【开展案卷纠错研讨会】 9月11日,嘉兴市文化市场执法人员开展全市案卷纠错研讨会。以抽签的形式,采取交叉互评的方式进行案卷纠错。参会的执法队员对照执法案件的规范标准,查找有错误的地方及对错误有争议的地方,然后对照自己在实际办案中可能存在类似或可能还没有注意到的情况,进行探索性讨论,集思广益,查找问题,避免今后在工作中或在案卷中出现相同的错误。通过研讨会，执法队员对现场笔录、调查取证与文书制作进行交流查阅，有助于提升执法人员案卷制作水平，促进执法文书的规范化建设。

【举办文化市场综合执法案卷评析会】 9月12日，举办2014年度全市文化市场综合执法案卷评析会。各个县(市、区)执法大队派出3名业务骨干与市文化市场行政执法支队全体执法人员近40人参加。根据点评的案卷提出看法，就一些普遍的现象及有争议的问题进行探讨。一天时间，共点评8个案卷。通过评析案卷，相互学习，相互借鉴，集思广益，针对有争议的方面达成共识。

【国家督察组检查“扫黄打非”工作】 9月24~25日，全国“扫黄打非”办公室督察专员李宝柱一行到嘉兴督察“扫黄打非”三大专项行动开展情况。省新闻出版广电局副局长黄柏青，市委常委、宣传部长陈越强等陪同检查。督察组听取嘉兴市“扫黄”办及各成员单位“扫黄打非”工作汇报，实地调研公安网监支队、电信公司、论坛网站相关工作和制度落实情况，并着重对火车站、繁华街区等出版物零售点及印刷企业进行督察，检查情况总体良好。

【召开文化市场依法行政培训会】 10月28日，嘉兴市召开全市文化市场依法行政培训会。各县(市、区)审批许可、法制科以及全体文化市场行政执法人员，近70人参加培训会。培训会邀请嘉兴市中级人民法院行政庭副庭长陈启清就“行政诉讼”进行专题讲座。陈启清结合近年嘉兴市中级人民法院受理的行政案件和行政执行案件，就行政诉讼和行政非诉执行的审查等进行调查分析。还结合行政执法过程中存在的问题，有针对性地提出改进措施和建议，并就执法实践中的一些疑难问题进行探讨。

【取缔非法大棚演出】 11月10日，接到110应急联动转来举报，嘉兴市经济技术开发区由拳路久久小区江南超市门口的广场上有非法大棚演出活动。嘉兴市文化市场行政执法支队迅速与公安、城管部门联合进行执法检查。经调查，这是以少林寺武术团名义进行武术表演的演出团体，从事推销药品，但未取得任何演出许可文件。现场群众反映这些人阻拦行人，强行推销膏药，群众意见很大。执法人员当即对此武术班负责人进行法律法规宣传，并责令立即停止违法行为，成功取缔这一非法演出活动。

【开展部门权力清单梳理工作】 根据嘉兴市七届市政府第27次常务会议通过的《关于推行政府部门权力清单制度的意见》精神，从4月开始，嘉兴市文化广电新闻出版局着手开展本部门权责清理工作。经过半年多的清理，最终清理上报事项225项，其中行政许可37项，行政处罚124项，行政确认6项，行政奖励1项，其他57项。

【开展文化市场综合行政执法工作评查活动】 11月26日，开展2014年度全市文化市场综合行政执法工作评查活动。在前期要求各地按照《嘉兴市2014年县(市、区)文化市场综合行政执法考评细则》内容，对本地区文化市场行政执法年度工作任务进行梳理和自查的基础上，采取循环互查的方式，对全市各地文化市场良好率、OA相关数据、案卷质量、台账资料等内容进行全面评查。从评查情况看，各地规范日常检查，均完成或超额完成全年日常巡查的数量要求，并加强重大节庆、重大活动和敏感时段的错时检查。畅通举报渠道，专人负责，受理、处理、反馈及时。依法行政，规范执法，全市行政处罚立案调查185件，办结案件193件，警告120家次，罚款889058元，停业整顿4家次，没收非法所得29771元。各地成立案审委员会或安排专门的案审员把关案卷质量。建立信息通报机制，编发简报，互通信息，加强部门沟通。全年报送OA系统信息604篇，录用493篇。

（何静华　董燕燕）

文化交流

【硖石灯彩“走进美国过大年”】 1月18~27日,海宁硖石灯彩作为浙江省精品“非遗”代表参加美国加州帕萨迪纳市“2014年欢乐春节·中国浙江文化节”暨“浙江传统手工艺走进美国过大年”活动。共展出《球形宫灯》《花瓶灯》等20件硖石灯彩作品,海宁市硖石灯彩省级传承人胡金龙为美国市民现场表演硖石灯彩制作工艺。中国驻洛杉矶总领事馆文化参赞车兆和、洛杉矶帕萨迪纳市长比尔·博佳特等出席开幕式并参观民间手工艺展,对精巧细美、玲珑剔透的硖石灯彩赞赏有加。

【平湖西瓜灯参加台湾元宵灯会】 2014年元宵节期间,平湖西瓜灯到台湾参加“马耀南投”台湾元宵灯会。共雕刻瓜灯40只,含台湾风光、台湾各少数民族、台湾风物、家乡风景等内容,同时进行现场雕刻表演和装配,与台湾民众进行互动交流,介绍西瓜灯的由来、发展和制作过程。西瓜灯玲珑剔透如翠玉悬浮于夜空中,得到观众的一致好评。

【海宁皮影戏等在台中参加浙江非遗展】 5月23日至6月15日,海宁皮影戏和硖石灯彩参加在台中文化创意产业园区举行的“忆江南——浙江非物质文化遗产展”。共展出《青莲舟灯》《球形宫灯》《花瓶灯》《壁灯》等硖石灯彩7组,《锁阳城》《唐伯虎点秋香》《闹龙宫》海宁皮影戏影偶作品3组。硖石灯彩省级传承人、浙江工艺美术大师胡金龙还为台湾市民进行硖石灯彩技艺活态展演。

【海宁皮影戏参加德黑兰届国际木偶节】 9月12~20日,海宁皮影戏到伊朗德黑兰参加第十五届国际木偶节。此次德黑兰国际皮影木偶文化交流活动,共有来自10多个国家和地区的30多个剧团参加,海宁皮影艺术团经中国国际木联中心推荐,作为中国木偶皮影戏的代表参加该艺术节,在德黑兰剧场内表演童话剧《小花猫钓鱼》、中国传统神话剧《水漫金山》。

【第二届嘉兴·台湾摄影作品交流展】 9月19日至11月1日,“跨越海峡——第二届嘉兴·台湾摄影作品交流展”先后在嘉兴市图书馆和台湾高雄国际会议中心揭幕。展览由嘉兴市政协主办,市台办、市文联等单位承办,市台联、市摄影家协会和台湾高雄市高青摄影学会等单位执行承办。此次以摄影艺术作为两地文化交流主题,通过摄影家手中的镜头反映嘉兴与台湾两地的自然风光、风土人情和民众生活。此次展览共征集作品600多幅,展出优秀作品80幅,其中嘉兴作品44幅、台湾作品36幅,分成“嘉兴人拍嘉兴”“嘉兴人拍台湾”“台湾人拍台湾”“台湾人拍嘉兴”4个部分。

【硖石灯彩参加第十届海峡两岸图书交易会】 10月17~23日,硖石灯彩参加在台北举行的第十届海峡两岸图书交易会。共展出硖石灯彩作品20件,硖石灯彩嘉兴市级传承人王文权和学徒缪冬雅进行现场技艺表演。

【嘉兴·丽水山海协作文化交流】 2014年,嘉兴市深入开展结对帮扶丽水地区的“山海协作”工作。10月,市文联组织部分文艺工作者赴丽水开展山海协作文艺交流活动。期间,两地签订《嘉兴支持丽水农村文化礼堂建设协议书》,嘉兴向丽水市农村文化礼堂赠送200套文房四宝;在丽水市遂昌县云峰街道湖边村农村文化礼堂举行嘉兴·丽水山海协作文化交流戏剧专场;嘉兴市美术、摄影艺术家还深入丽水市松阳县古村落、茶园、古街创作采风。12月,丽水市松阳县文联组织文艺骨干来禾进行文艺创作采风交流活动。

【与保加利亚漫画友城开展文化交流活动】 应保加利亚加布罗沃市讽刺与幽默艺术馆的邀请,11月6~10日,嘉兴市组织交流团赴加布罗沃市讽刺与幽默艺术馆进行文化交流活动。邀请加布罗沃市参加“第七届中国·嘉兴国际漫画作品展”，双方开展深层次交流合作商讨，并在当地举办丰子恺、张乐平、米谷等漫画家的作品专题展览，展出作品42件。本次赴保加利亚文化交流在增进嘉兴与保加利亚加布罗沃市之间的友好往来，巩固“国际漫画友城”关系，加强双方政府及文化艺术界、友好馆的交流与合作，拓展嘉兴市国际漫画展的办展思路和办展成果，铸造“嘉兴国际漫画之城”和作为中国漫画创作基地的特色文化品牌上起到积极的作用。

【秀洲农民画加强对外交流与合作】 2014年，秀洲农民画加强对外宣传、交流与合作。参加第九届中国文化产品交易会，向来自美国、德国、俄罗斯、法国、澳大利亚、加拿大、乌克兰等22个国家和地区的50名境外买家进行推荐洽谈。参加在波兰波兹南和土耳其伊斯坦布尔举行的2014年第三届中东欧(波兰)、欧亚(土耳其)中国家居品牌博览会，秀洲农民画及其衍生产品深受客商和当地民众的喜爱。在土耳其伊斯坦布尔展区，农民画丝巾被组委会选为赠送国外友人的纪念礼品，秀洲农民画作品《好朋友》作为纪念品赠送给前来观摩的土耳其首都安卡拉市市长。此外，秀洲农民画还参加2014中东（迪拜）中国HOMELIFE品牌博览会、2014年浙江出口商品(吉隆坡)交易会等展会，寻找契机开拓海外市场。

（张盎轶　沈　蕾）

传　　媒

综　　述

2014年,嘉兴市新闻宣传工作以中共十八大、十八届三中、四中全会精神为指导,围绕中心,坚持团结、稳定、鼓劲和正面宣传为主的方针,牢牢把握舆论导向。做强和做精重大主题报道,加强和改进突发事件与社会热点舆论引导,坚持新闻例会、新闻通气会等新闻管理制度,在全市新闻战线开展马克思主义新闻观和社会主义核心价值观教育实践活动,加强新闻工作者队伍建设,完善落实各项考评体系,注重发挥新闻内参作用,不断提升新闻舆论工作的整体水平,推动新闻事业健康发展。

中共十八届四中全会精神宣传。年内,市委宣传部制定《"法治嘉兴"专题宣传报道方案》,确定重要领域案件办理、为推进中心工作提供司法保障、执法规范化建设和阳光执法工作等16个报道专题,确保宣传报道重点突出、特色鲜明。市级新闻媒体精心策划,共推出"法治嘉兴"专题专栏3个,全面反映近年来,特别是中共十八大以来"法治嘉兴"建设取得的阶段性成就。市级新闻媒体在报道过程中,一方面把展示辉煌成就与揭示根本原因结合起来,使报道在见人见事中,见内涵见精神;另一方面深入城乡基层,运用身边事例展示成就,结合实际需求解读政策,使宣传报道热在基层、热在群众,全力营造党的十八届四中全会宣传的良好氛围。年底,市委宣传部组织市级新闻媒体开展学习四中全会精神大型采访活动,通过采访各地"一把手",报道各地工作特色、形象特色、精神特色,反映各地认真学习贯彻四中全会精神,以更加良好的精神状态和更加坚定的发展信心,实现经济持续健康发展和社会和谐稳定。

第二批党的群众路线教育实践活动宣传。市级新闻媒体共开设相关专栏11个,累计刊发稿件2000余篇,上级媒体共刊(播)发有关嘉兴教育实践活动的报道308篇(次),其中央媒刊(播)发24篇(次)。市级新闻媒体均推出"最美党员"栏目,先后刊播近60个(次)"最美党员"先进事迹,并报省级以上媒体推出12个典型。强化评论言论和理论宣传,特别是《嘉兴日报》共推出系列评论35篇,理论专版10期49篇理论文章。

经济建设宣传。坚持经济宣传是"中心宣传重中之重""媒体头版、头条主角"的理念,市委宣传部连续第二年在年初制定年度《经济建设宣传报道意见》,印发至市级新闻单位所有新闻采编人员及各县(市、区)和市级各部门,明确全年宣传重点;年内,多次召开碰头会、协调会,就阶段性经济报道进行研商落实。市级新闻媒体围绕经济增长数据、有效投入、浙商回归、产业升级、深化改革、创新驱动等重点工作,切准时间节点,开展浓墨重彩地宣传。推出"2013经济锐数据""直击一季度经济发展""真抓实干开新局""财经大数据""关注市本级经济发展""解读政策服务发展""蹲点转型企业""二次创业""对话禾商""浙商回归新动力""幸福回嘉、共筑梦想""看亮点、强信心、增实力"

“改革2014”等24个专题专栏，盘点各项重点经济工作，报道全市改革创新举措和生动实践，全年累计报道6000多篇。

“美丽嘉兴”建设宣传。贯彻落实省委、市委“两美”建设决定，围绕“五水共治”和“三改一拆”两项重点工作，造声势、强监督，为城乡环境持续改善营造浓厚的舆论氛围。市级新闻媒体在“五水共治”宣传中，共开设专题专栏6个，发稿600多篇。其中《嘉兴日报》头版刊发评论15篇；《南湖晚报》策划开展“我家门前那条河——秀水对照记”专题深度报道；嘉广集团新闻频道推出“我是河长”大型新闻行动。在“三改一拆”宣传中，围绕“拆违”，重点做好“无违建”县（市、区）、镇（街道）创建和拆除违章猪舍2项报道工作。8月底，市级新闻媒体开展“生猪养殖转型发展”专项新闻行动，共推出报道40篇（次），全方位、多角度呈现嘉兴市一年多来生猪养殖转型发展的显著成效。同时，通过“党报热线”“阿德对你讲”“小新说事”等品牌栏目，加强舆论监督，注重反馈落实，切实推动工作。

“双推”工作宣传。“双推”（推进重点工作、推动争先晋位）作为嘉兴市委市政府从2013年起创设的一项狠抓落实的长效工作机制，市委宣传部和市级新闻单位高度重视，科学谋划，确保整体报道声势大、容量多、强度高。在年内开展的两次“双推”工作报道中，市级新闻媒体均开设专版专栏并组建精干报道队伍全程参与，利用动态、评论、综述等形式，全方位展示九个经济主体工作进展和工作亮点。各新闻媒体根据自身特色优势，开展差异化报道，《南湖晚报》开设“双推大擂台”，每天2版，配以现场漫画、数据图表和评论，全面生动；电视新闻运用数据分析、动画演示，使各地工作成绩一目了然。

端午民俗文化节宣传。年内，市级新闻媒体加大“嘉兴端午”省级扶持重点文化品牌宣传。活动前，针对端午民俗文化节的各项活动进行预热报道；活动期间，推出“我们的节日·端午”“端午来了”等专栏专版，全方位展现端午节的绚丽场景。另外，邀请市外多家媒体聚焦嘉兴。活动开展前，在《浙江日报》《解放日报》推出端午专版进行宣传。活动期间，邀请《人民日报》、新华社、中央电视台、《浙江日报》等30多家媒体50多人开展采访报道活动，共推出各类报道419篇，在推广力度、媒体数量、报道层次、宣传效果上都明显提高。

社会主义核心价值观宣传。市级新闻媒体将“最美”系列、文明系列报道纳入社会主义核心价值观宣传，开设“践行核心价值观、争做最美嘉兴人”“践行核心价值观、共建文明嘉兴城”“我助人、我快乐”等7个专题专栏，发稿170余篇。同时，刊播大量社会主义核心价值观主题公益广告。4月底，市委宣传部组织市级媒体到海南陵水，对“南繁精神”进行集中采访报道。6月8日，《光明日报》头版刊发长达万余字的长篇通讯《一群皮肤黝黑的农业科学家——记浙江嘉兴农科院南繁育种团队的五十年、四代人》。

（张巍卿）

报　纸

【概况】 2014年，嘉兴日报报业传媒集团（简称嘉报集团）有各类从业人员325名，其中采编人员225名；具有中级职称以上的187名，其中有高级职称的50名。全年编印《嘉兴日报》361期4430版，《南湖晚报》361期8060版，日报、晚报发行量分别为6.11万份、10.89万份。2014年，《嘉兴日报》《南湖晚报》共有280件作品获市级以上各类新闻奖，其中全国、省级各类新闻奖160件。嘉报集团荣膺“2013～2014中国地市党报品牌10强”、第三届中国地市报经营创新十强、中国品牌榜样企业等称号。《嘉兴日报》获得“金长城传媒奖·2013中国十大地市党报”、影响中国2014年度党报优秀品牌称号。《南湖晚报》获得第三届中国地方都市类报纸最具品牌价值十强、影响中国2014年度最具广告传播价值城市报称号。2014年,嘉报集团摄影作品《我的护工母亲》获中国新闻奖三等奖,这是嘉报集团第三次获得中国新闻奖。《财富二人转》获浙江新闻名专栏,一等奖作品3件,二等奖作品6件,在全省地市报中名列前茅。另有4件作品获中国地市报新闻奖一等奖,2件作品分获全国晚报系统赵超构新闻奖特等奖和一等奖。

5月28日,嘉报集团举行嘉兴首届社会责任感企业(家)报告会,最具社会责任感企业(家)颁奖座谈会。

2014年,嘉报集团围绕市委、市政府中心工作,推出“走群众路线、树清风正气”“五水共治、美丽嘉兴”“三改一拆”“践行核心价值观,争做最美嘉兴人”“嘉兴工业转型升级之路”等新闻专栏,为市委、市政府重点工作的推进提供舆论支撑。围绕转型升级、加快发展这一主线,对嘉兴市经济领域有效投入、浙商回归、重点项目推进、转型发展、电商发展等工作进行全方位宣传报道,用具体实在的工作成果提振社会信心。

【开展社会主义核心价值观宣传】 2014年,嘉报集团开展社会主义核心价值观和文明城市创建宣传,形成全方位、高频度的宣传声势。围绕桐乡特大抢劫案五名市民见义勇为、眼癌女童小洛含、小孟熊捐献器官、安玉斌勇救触电女子等社会热点,浓墨重彩推出一系列典型报道,以生动的笔触还原一个个社会热点背后一座城市的正义力量。嘉兴在线还搭建相关网络专题和聚合阅读专题,形成网上“最美”宣传专题“矩阵”。以“社会主义核心价值观”为重点,开展“图说我们的价值观”宣传活动,长时间、不间断推出公益广告作品。

8月29日,嘉报集团举办“好记者讲好故事”演讲比赛。

【增强服务民生报道】 2014年,嘉报集团加强服务民生报道。《嘉兴日报》“党报热线”进行转型改版,先后开设“市民问政”“记者包打听”等栏目,推出一批引发社会各界关注的报道。《南湖晚报》举办的大型公益性活动嘉兴绿荫行动迈入第十年,开展五大爱心活动。嘉兴在线重点打造“十大风云人物”评选活动,举行第三届“十大风云人物”颁奖典礼暨第四届评选活动启动仪式。

【联办的《秀洲新闻》实行扩版】 2014年1月1日,《嘉兴日报》与秀洲区委联办的《秀洲新闻》实行扩版,这是嘉报集团拓展县(市、区)办报的新举措。至此,《嘉兴日报》初步完成媒体的战略性布局,“一主报带四分社”的联办效应日益显现,扩大党报的覆盖面,提升区域影响力。

【推进媒体融合】 2014年,嘉报集团在媒体融合背景下,力求重大主题报道通过报纸、微博、微信、在线网站等实现内容多维传播互动。分批为采编人员配备4G手机,并实行全媒体供稿考核。

7月1日,由嘉报集团出品、嘉兴在线打造的“掌上嘉兴”APP手机应用软件和嘉兴在线微信“微官网”正式上线。嘉报集团完善“掌上嘉兴”APP 和微信微官网等多媒体平台建设，通过活动推广，人气得到提升，下载和阅读量稳步提高。在线全媒体手机视频报道工作同样获得稳步推进。《南湖晚报》则成立新媒体部，加快新媒体融合发展，各新媒体平台得到长足发展，目前已形成以晚报官方微信和 99 号网站官方微信为龙头的微信矩阵。

【党报阅报栏民生项目建设】 2014 年年初，嘉报集团牵头建设 300 座微电脑党报阅报栏项目被列入 2014 年嘉兴市区十大民生工程。至年底，阅报栏项目按期完成，准时投入使用。300 座党报阅报栏作为正确引导社会舆论、传递正能量的宣传窗口，在全面、准确宣传党的路线、方针、政策，贯彻市委要求和市政府中心工作部署方面，起到互联网、手机等新媒体不可替代的作用。

【推进文化产业园招商引资】 2014 年，嘉报集团推进文化产业园招商引资工作。年内确定与一家公司的合作意向。产业园将以报业文化产业为核心，致力于成为嘉兴市文化产业的集中孵化器和重要研发基地。

11 月 23 日，中华优秀传统文化传播使者大赛在嘉报集团举行。

【出版电子读物四十余种】 2014 年，嘉报集团出版各种电子读物四十余种，内容涵盖文化、教育、社科等多方面。其中电视纪实片《红船驶进中国梦》荣获 12 届浙江省“五个一”工程奖，并成功获得第 23 届浙江树人出版奖，由此实现浙江树人出版奖“三连冠”。

（陈振巨）

广播　电视

【概况】 2014 年，嘉兴市广播电视集团（嘉广集团）获“2014 传媒中国年度十大城市广播电视台”称号。至年底，嘉广集团有各类从业人员 668 名[其中，集团在编 242 名，台聘 231 名；集团有限公司 8 名；市本级镇（街道）站在编 56 名，站聘 85 名；广电报 46 名]，其中，具有高级职称 45 名，中级职称 141 名。

深化主题报道。一是围绕“五水共治”等中心工作，嘉广集团“声、屏、报、网”开设《五水共治·美丽嘉兴》《治水第一线》《五水共治——治污在行动》《“五水共治” 党员在行动》《两区治水》等专题专栏；推出“河长系列访谈”、“五水共治在行动” 系列访谈、“五水共治曝光台”节目以及“我是河长”大型新闻行动，播出相关稿件逾 850 篇。其中，《我是河长》新闻行动得到省委宣传部领导和市委书记鲁俊的批示肯定，并获浙江省新闻奖重大主题报道策划创新奖，被《浙江新闻阅评》作为先进典型在全省推广。聚焦“生猪养殖”，推出《生猪养殖·转型一年间》《生猪养殖转型之路》系列报道。二是围绕市委市政府的年度经济工作重点，集团抓好日常动态报道，同时开设《改革最前沿》《改革 2014》《看亮点、强信心、增实力》《真抓实干开新局》《经济年中报》等专题，重点关注“扩大有效投资”“机器换人”“电商换市”“营改增”试点以及浙洽会、消博会等，展示改革创新举措和生动实践，累计播出相关报道千余篇。特别是围绕 6 月底召开的首届浙（禾）商大会，开设《浙商回归新动力》《幸福回“嘉”共筑梦想》专栏，为浙（禾）商回归嘉兴营造氛围、鼓足信心。9 月起特别关注转型升级中的禾商成功样本，推出《赢在弯道》《企业转型领导者》专题，从企业实例中总结转型发展经验，在嘉兴社会各界特别是中小企业家群体中引起强烈反响。三是深化社会主义核心价值观宣传。突出“中国梦”，聚焦“勤善和美”，抓好“最美嘉兴人”主题宣传报道和文明文化公益广告宣传，办好《文明岗》《身边的雷锋》《小城大爱》《我助人、我快乐》等专题专栏，挖掘身边典型，播出“身边的活雷锋”“三八红旗手”“最美劳动者”“劳动最光荣”“我的自强之路”“红船卫士”“再访南繁育种人”等一批先进人物典型报道。开展各类公益宣传，传递社会正能量，举办“文明出行”“万朵鲜花送雷锋”“寻找微心愿”新闻行动、“爱心六月”系列活动、“温暖城市·用爱点亮心愿”“微心愿亮起来”“寒窗故事”等媒体公益活动。其中，“寒窗故事”举办十年来募集到“爱心助学金”120多万元，共资助250多位贫困学生。

巩固“弘扬主旋律，做一个有社会责任感的媒体人”大讨论活动成果，增强责任担当，严守新闻纪律，客观报道、正面引导突发事件和社会热点。发挥《小新说事》《今朝多看点》民生新闻的社会影响力和舆论引导力，加强新闻评论。年内，妥善处置诸如病毒感染、雨雪灾害、台风“凤凰”等突发事件和市公交线路改革、中山路改造等社会热点舆论引导。对不适合公开报道的重要、敏感新闻信息，撰写内参信息，有5篇内参获得市委市政府主要领导的批示。

开展媒体公益活动。以嘉兴广电建台30周年为契机，集团策划组织系列新闻活动和纪念庆祝活动。先后举办“媒体走亲、服务连心”广场系列活动、第二届和第三届现代生活博览会、嘉兴市首届微电影大赛、第三届观众听众节、《嘉兴好声音》等活动(赛事)。开展“少儿故事大王比赛”、“走到一起来”、“阿德邀你看电影”、“的士节”、“家有好声音钢琴大赛”、“882梅湾音乐节”、“快乐882唱响好生活”社区文艺巡演、“我的青春我来唱”校园K歌大赛、“我和春天有个约会”、“生活像花儿一样”系列活动、“寻花问柳赏春光”微电影系列、“最美童声”少儿歌唱大赛、“欢乐红十群英会”、“湘家荡全民健身群英会”、“秀秀农博会、绿色进社区”社区公益活动、“嘉兴市举行首届青少年科普比赛”、“国庆重阳喜相逢我陪老人过重阳”等各类媒体公益活动，在社会传播格局日益多元化的时代，继续保持传统媒体的影响力。

2014年，嘉广集团开展纪念嘉兴广电建台30周年暨“媒体走亲、服务连心”主题活动。

强化新闻策划与评论。集团层面在各频道频率开展新闻报道（栏目节目）“自主策划竞赛”；各频道频率自主在新闻报道中加强策划意识，推出组合式报道，做强社会影响。如《今朝多看点》策划推出“暖冬”之“幸福回家路”“坚强母亲爱传家”“感恩我的父亲母亲”等系列报道，关注留守儿童、新居民、贫困母亲等弱势群体，为他们送上温暖和关爱。公共频道《勤善和美嘉兴人》专栏发起“你的心愿我来帮”活动，为环卫工人、困难群众圆梦，每周完成一个心愿、并发布一个心愿，让嘉兴成为一座有爱的城市。加强新闻节目言论引导，对重要报道撰写“本台短评”，同时借用“外脑”，利用新建立的新闻评论员队伍进行点评解析。新闻综合频道在党的群众路线教育实践活动、“五水共治”等重点报道中，都采取在时政新闻之后配发“本台短评”、连线本台特约评论员等形式，形成组合报道，丰富背景内容，深化内涵，加强舆论引导力。

外宣报道展示“两美”嘉兴建设新成就。年内，集团在央视和央广用稿89篇，其中央视《新闻联播》和央广《全国新闻联播》用稿11篇，在浙江之声和浙江卫视累计用稿480篇，列全省城市台前列。5月底至6月初，承办主题为“美丽嘉兴”的浙江省第五届对外传播“易地采访·走进嘉兴”活动，邀请央视中文国际频道和省内外15家主流媒体走进嘉兴，用镜头讲述嘉兴故事，记录和传播嘉兴声音。此外，在浙江国际频道向境外播出《蚕舞》《朱克峰和他的铁哥们》《抖空竹的百岁老人》《网船会》《老韩做船》5部专题片。

推进技术创新。一是抓安全播出。出台2014年版《嘉广集团安全播出应急预案》，加强对广播电视各技术系统安全巡查与监测、播出流程规范化管理、技术岗位业务培训及操作技能、应急预案演练。增强防范意识，开展广播电视安全播出大检查，完成广播电视主要技术系统的安全运行技术等级评估。全年三个电视频道累计播出时间19567个小时，发射转播中央一台5750个小时，转播浙江一台5500个小时，实现广播电视节目"零停播""零插播"。二是加快技术设备更新。全面系统维护采编播设备，确保正常运行。完成调频同频广播覆盖项目技术验收、电视新闻互动平台建设、非编网络与媒资系统UPS设备更新调试、市区范围内4G网络覆盖情况测试等工作；组织4G传输技术在新闻直播中的应用；实施媒资系统在线存储和数据流带库的软件升级方案以及非编网络在线存储扩容方案。三是创新管理模式。完善网络运行安全机制，建立系统设备日常维护日志和定期维护计划，确保各制作系统运行平稳，保障集团节目的后期制作任务。加强摄录设备间计算机流程化管理，提高现有摄录设备的完好率和使用效能。加强技术队伍建设和技术创优工作，组织高清技术和全台网络技术的交流。5件作品获全省电视节目技术质量奖(其中，一等奖2件，二等奖2件)。

提升产业发展水平。一是转变经营理念，创新经营模式。立足"重策划、攻大户、提品质、促双赢"，增强策划意识与市场意识，着力推进重大客户合作，增强客户服务，重点打造"现代生活博览会""嘉兴好声音"等活动营销平台。年内，新增百万以上客户6家，其中楼市经营额提升80%以上，广播电视广告经营收入同比增长7.57%。二是推进产业园区建设。坚持产业链招商、阶段性发展、打造平台型园区的定位及发展思路，加快项目建设推进力度。年初经秀洲区同意，园区最终调整为总占地面积7.03公顷，总建筑面积103644平方米，建筑形态包括9个园林式办公院落、39个小型办公庭院、2幢高层商务楼和1幢三层商业办公楼；至年底，园区累计投资2.92亿元，完成工程建设量70%。立足于园区建设与招商并重的工作目标，多方接触文化创意企业，营销园区发展平台，2014年，园区新增企业10家，新增注册资本1300万元，园区产值超过2400万元。三是拓展广电传媒和其他业务。办好嘉兴广电报和嘉兴人网传媒平台，全面推行报纸、网站联动运营模式，成立中国广电出版社嘉兴图书出版中心，开展报媒衍生业务等。成立文化影视公司培训中心，在广电关联产业上进行有效尝试。做好数字电视器材经营业务。开展数字电视增值业务营销工作。

【丰富和创新节目形态】 2014年，嘉广集团丰富和创新节目形态，满足受众多样化需求。新闻综合频道推出编辑类新闻栏目《新闻天天汇》；《嘉兴新闻》推出"本台短评"，加强评论力度；《第1民生》淡化新闻性，强化服务性。文化影视频道推出《今朝多看点》方言版，定位"帮忙维权温暖温情"，合作开设《律师帮维权》《民生问题马上办》等子栏目；推出全新综艺节目《全民健身群英会》，在丰富周末节目内容方面作积极探索。公共频道加大新闻评论力度，在《新闻一线》中配发"主播有话"短评论；在《秀秀在一线》中继续发挥"秀秀行动"新闻组团报道模式，对同一"话题"进行深度开挖。广播方面，新闻综合频率在主要新闻节目中加强评论，《阿代快评》获省级奖项。交通经济频率《行风热线》节目创新思路同步进行网络直播，成为全省第一个网络直播的行风类栏目，同时与电视合作举办电视问效活动等；《出行早高峰》节目更注重运用网络素材，充分利用微电台、微信等新媒体工具。城乡生活频率明确自身定位，突出音乐特色，创办《墨菲时间》《麦子乐坊》等音乐类节目，以及《活力早班车》《下班快乐》等服务类节目。2014年，集团自办节目总体收听收视率和市场占有率继续保持区域强势地位，电视频道市场份额为29.1%，广播频率收听份额为72.9%。100多件新闻作品获得省市级以上奖项(其中，省级一等奖以上11件次)，连续三年列全省城市台第一。《嘉兴新闻》获全省市级广播电视台新闻栏目抽查评比电视新闻栏目一等奖,《小新说事》在全省同类节目的收视份额占有率上继续领跑,《新闻一线》获"浙江省首届创新创优栏目"称号,城乡生活频率、公共频道再次双双进入全省对农服务工程考核优秀行列。

【党的群众路线教育实践活动报道】 2014 年,嘉广集团所属"声、屏、报、网"多媒体联动,开设《走群众路线、树清风正气》《走群众路线、当百姓公仆》《践行群众路线,为民务实清廉》《最美党员》《民生问题马上办》等专题专栏,全方位报道全市各地践行群众路线的做法和成效,深化机关服务品牌建设,助推党的群众路线教育实践活动,累计播出稿件 600 多篇。《行风热线》栏目聚焦百姓民生热点和政府作风效能,年内共播出节目 323 期,其中上线单位参与 56 期,"一把手"上线率近 75%,接听群众来电 921 个,处理答复率 94%,栏目不仅被市纪委、市机关党工委评为全市机关服务品牌,还被市委活动办纳入《市直部门(单位)50 项民生实事项目》之一。创新"电视问政"节目形态。上半年,联合市纪委监察局、市委活动办等部门,开设电视版《行风热线》即《民生问题马上办》专栏,3 月起每周六在文化影视频道品牌栏目《今朝多看点》中播出。举办"电视问政"专题活动,5 月 25 日、9 月 14 日,与市委活动办联合举办"千人正衣冠、万人来点评——开门整风亮底子""让权力更透明、让执行更有力、让服务更到位"2 场电视问效活动。市委《新嘉兴》第 5 期专题刊发嘉广集团推进全市教育实践活动的经验做法。

5 月 25 日,嘉广集团开展"千人正衣冠、万人来点评——开门整风亮底子"电视问效活动。

【举办《我是河长》大型新闻行动】 2014 年,是嘉兴市全面启动"五水共治"工作的开局之年。嘉广集团新闻综合频道 4 月 2 日启动、推出大型新闻行动《我是河长》,借助航拍、水下拍摄等多种表现手法,全程跟踪记录 9 位河长治理王江泾镇肖家港河等 9 条河的治水实践过程,先后播发稿件 180 多篇(次),受到社会各界关注。12 月 25 日,嘉广集团邀请 9 位河长、市级各职能部门和市民代表举办《我是河长》大型新闻行动总评会,全面展示治水经验及成效。市委常委宣传部部长陈越强作出肯定批示:嘉广集团助推"五水共治"的报道"生动、有力、实效"。同时,嘉广集团还将治水报道与"生猪养殖转型"有机结合,推出系列报道《生猪养殖·转型一年间》《生猪养殖转型之路》,全面、客观地反映生猪养殖转型减量提质一年来的新变化、新突破。市委书记鲁俊作出肯定批示:关于生猪养殖业转型升级的系列报道,深入一线,精心策划,重点突出,发挥正能量,值得肯定。

12 月 25 日,《我是河长》大型新闻行动总评会在嘉广集团举行。

【加快传统媒体与新媒体融合步伐】 2014 年,嘉广集团主动适应新信息技术和新兴媒体发展态势,在巩固发展广播电视传统业务和传播渠道基础上,加快数字化、网络化、移动化转型步伐,推进传统媒体与新兴媒体融合发展;同时,加强自媒体平台监管,制定出台《关于员工职务行为信息的管理办法(试行)》,在集团内部开展新闻从业者实名微博、微信等社交平台普查,并落实专人对实名微博、微信等社交平台进行日常监察。一是把推动传统媒体与新兴媒体融合发展纳入集团工作大局,加强媒体融合发展学习研究,强化互联网思维,开展《全媒体背景下地方广电的融合路径与创新发展研究》《关于城市台电视节目创新的实践和思考》等课题研究,带动宣传、经营、技术等部门进行理论和实践探索。二是推进多媒体聚合互动,在融合发展中打造广电媒体新优势。办好嘉兴人网,实现广播、电视、报纸等传统媒体的网络化传播。嘉兴人网经过八年多的发展,汇集嘉兴广播电视各频率频道的所有自办节目,支持直播和点播,日均独立 IP 超过 1 万个,其中日均点击率超过 5 万人次;旗下嘉兴人网论坛拥有会员总数 30 多万人, 日均独立 IP 超过 1 万个,是嘉兴最大的网络社区之一、嘉兴唯一一家拥有网络视听许可证的网站。微信、微博等传播手段在节目中广泛运用,媒体融合初露端倪,如交通经济频率公众微信平台通过日趋专业性的运营,微友达 10 万多名,成为全市最有影响力的微信平台; 交通经济频率率先开通“香樟树”微电台,进军互联网,与国内最大在线收听平台“蜻蜓 FM”和国内最大音频分享平台“喜马拉雅”合作,成为省内唯一一家拥有较高收听群体的地市级微广播。推动手机移动传播,广播上线国内知名网络平台,扩大在移动互联网领域的传播力;自主研发“嘉兴手机电视”和“嘉兴人网”手机客户端并成功上线,提高集团视频节目在移动互联网的分众传播力。三是加强技术改造升级,推进技术融合。自“嘉视航拍摄影队”成立后,航拍技术实现日常化、直播化。10 月 8 日,在对市区中山路改造的新闻直播中,首次在电视新闻直播中成功引入实时航拍画面。《嘉兴新闻》尝试利用 4G 手机技术,在新闻中首次实现“手机快直播”,目前有 5 个直播接入站点,可供 5 部手机直播信号进入直播室。

5 月 29 日至 6 月 2 日,嘉广集团承办的浙江省第五届对外传播易地采访活动走进嘉兴。

【第三届观众听众节】 10 月 25 日, 嘉广集团主办的 2014 嘉兴第三届观众听众节在秀洲区政府广场开幕。在继续办好“广场嘉年华”“广电进社区”两个主打活动基础上,重点开展“广电走亲听民声”入户收视调查活动。作为党的群众路线教育实践活动的延伸, 及新闻战线“走转改”活动的深化,集团领导带领百名一线采编播人员,走进千户家庭,直接与观众面对面交流,掌握收视收听习惯,了解收视需求,为提升节目品质提供参考,并建立起一批“点对点”式的观众听众联系点。“嘉兴观众听众节”历经三年打造, 品牌日臻成熟,“走到一起来,有你更精彩”成为嘉兴观众听众耳熟能详的标语,“嘉兴观众听众节”成为广大市民喜爱的文化节日。

10 月 25 日,2014 嘉兴第三届观众听众节开幕。

【提升广电惠农服务实效】 2014 年,嘉广集团加强广电惠农工作,提升服务实效。一是广播宣传增量提质。市本级各镇(街道)广电站围绕“五水共治”等主题,开办“五水共治”“走基层、听民声"等广播专题类节目。在2014年嘉兴市镇(街道)广播电视站广播自办节目抽评中,王店镇、新丰镇、油车港镇广电站广播自办节目入选"十佳"广播自办节目,其中,王店镇广电站广播自办节目获全市第一名。二是推进市本级镇(街道)广电有线网络"一省一网"整合发展工作,全面完成市本级农村153个行政村应急广播体系建设任务。三是深入开展第二轮市本级镇(街道)广播电视公共服务示范站建设。乡镇管理中心与华数整合,注重业务培训,规范服务。各镇(街道)站还推广使用业务办理免填单系统,简化、方便用户办理手续。

【举办"嘉兴好声音"选秀活动】 2014年,嘉兴市文化广电新闻出版局、嘉广集团主办,嘉广集团文化影视频道、嘉广集团传媒发展公司承办"嘉兴好声音"大型歌唱选秀活动。活动从10月开始在全市海选,历时两个多月,经过五县(市)两区共7场海选赛、3场晋级赛,最终9名选手从1100多名参赛选手中脱颖而出,分别由嘉兴市音协著名音乐人姜枫、沈冠群及嘉广集团著名节目主持人麦子担任导师,分带3名选手,入围总决赛,问鼎冠亚季军。该活动自启动以来得到嘉兴市社会各界的广泛关注,是全市近年来参与人数最多、社会影响最大的文化娱乐活动。

(胡宏宾)

新闻网站

【概况】 嘉兴在线(www.cnjxol.com)于2006年9月6日正式运行,是嘉兴唯一的地市级新闻网站。2014年,嘉兴在线日点击量超过125万次,日均发稿3000条左右;创收突破700万元;互动社区总注册用户60万,日均发帖量3000条。年内,嘉兴在线1万余篇新闻稿件被人民网、新华网、浙江在线等转载。2014年,嘉兴在线多篇新闻作品在全国和省、市级新闻评奖中获奖,先后获得中国地市新闻网站联盟"2014年度最具影响力品牌奖"、中国报业协会2014年"中国报业新媒体项目创新50强"提名奖;由嘉兴在线承办的嘉兴文明网在全国文明网站联盟各季度排名中稳居全国前列。

2014年,嘉兴在线围绕"新媒体建设年"的目标任务,在原有的手机报、官方微博移动平台基础上,集中推出苹果和安卓系统的"掌上嘉兴"APP客户端、官方微信和微网站等系列移动新媒体平台,推出新华嘉兴APP、嘉兴发布和嘉兴民情直通三大平台,通过使用网站、微博微信、官方APP等媒介,发挥新媒体的互动传播特色。这些平台分别由市委、市政府和市委宣传部主办,嘉兴在线承办,它们将进一步夯实嘉兴在线作为本地主流新媒体的社会地位和群众基础,助力嘉兴在线走好网上群众路线。

【做好党的群众路线教育实践活动专题报道】 2014年,嘉兴市全面开展党的群众路线教育实践活动,嘉兴在线推出"嘉兴群众路线网"成为嘉兴市教育实践活动的新闻、信息发布主平台。"嘉兴群众路线网"设置各类栏目20余个,系统报道嘉兴市教育实践活动的开展情况,传达上级的指示精神,策划开展最美党员、优秀基层党组织书记等专栏,放置群众路线教育实践活动官方公众微信二维码,广大群众能在手机等移动终端也能实时关注教育实践活动。

【加大文明嘉兴宣传力度】 2014年,嘉兴在线围绕核心价值观建设工作,加大文明嘉兴网络宣传报道力度。除了已经搭建的《培养和践行社会主义核心价值观》《最美浙江人》《谢谢你,小孟熊》《寻找最美医务工作者》等专题并持续维护外,还从网络互动角度搭建《为"触电女孩"祈福,给大叔点赞》专题,并且结合公益广告传播工作推出《图说我们的价值观》网络专题。文明城市创建方面重新整合推出《全国文明城市嘉兴》网络专题。此外,嘉兴在线还配合上级单位，重点链接推荐《大美永恒，最美人物》《问道——我有问题问孔子》《绝对忠诚》等涉及核心价值观方面的专题宣传工作。

【“五水共治”和美丽嘉兴宣传】 2014年，嘉兴在线在原有治水专题基础上进行整合、完善，推出“五水共治，建设美丽嘉兴”专题。在市网信办指导下，策划开展“美丽嘉兴，五水共治”随手拍网络摄影活动，搭建活动专题，开设互动专栏，通过《嘉兴日报》、嘉兴手机报、嘉兴在线微信公众平台、嘉兴在线新浪官方微博等平台进行广泛推广。推出《锦绣嘉禾·美丽镇村》主题宣传活动和《健行——感受美丽嘉兴》网友互动活动，以原创采访、专题宣传、网友互动等方式，充分宣传家乡美。

【报道首届世界互联网大会】 首届世界互联网大会11月19~21日在乌镇举行。大会前后和大会期间，嘉兴在线新闻网和嘉兴发布平台，采访、编辑、技术三部门联动，从时效、综合、多媒体三大传播特色入手，对大会进行全程多方位报道。搭建网络专题，开设十大栏目，重点突出原创快报和要闻整合栏目，以图片、文字、视频等形式，全方位报道大会情况。专题搭建参考类似新闻网站首页的搭建方式，以提升专题的重要性和可读性。该专题各栏目共发稿件485条，其中大会期间发布各类原创快报稿件40多条。同时，对所有快报稿件统一署名“嘉报集团记者某某某”，在内容和形式上进一步体现融合报道的思路。

【推出《法治嘉兴》网络专题】 10月，党的十八届四中全会召开，专题研究部署全面推进依法治国这一基本治国方略。嘉兴在线集合近年来法治嘉兴建设工作探索和成就，在全会召开前推出《法治嘉兴》网络专题。专题设置高层动态、最新报道、法治动态、视频新闻、法治嘉兴、法治评说、法在身边和微博互动等栏目，梳理报道嘉兴市在法治建设工作方面的探索和成就；既有新闻又结合新闻评论，既有报道又展示微博和互动活动，既重点介绍面上的工作又注重老百姓日常生活法治服务信息方面的宣传，兼顾多方诉求。

【做好双推工作网络报道】 7月，作为全市年中的一项重要工作，“双推”活动再次举行。嘉兴在线高度重视，继续推出“推动重点工作，推动争先晋位”新闻报道专题，全面展示嘉兴市重点工作的进展、成效和亮点，并在网站首页首屏显著位置进行重点推荐。2014年“双推”专题增加“五水共治”、亮点频闪等栏目，以文字、图片、视频新闻等方式，对“双推”工作进行全方位报道。据统计，7月15日以来半个月时间，嘉兴在线共发布双推相关新闻113条，其中视频新闻25条。网络点击量（7月15~30日）达到10万人次。

（陈振巨）

新闻出版和广播影视管理

【新闻出版（版权）管理】 2014年，嘉兴市文化广电新闻出版局加强新闻出版（版权）管理。

报刊管理。一是做好全市公开出版的5种报纸、1种期刊的年度核验工作。二是做好驻嘉兴的4家记者站和嘉报集团派驻县（市、区）的7家记者站的年度核验及综合评估工作。三是做好27种企业报年度核验和换发新的“浙江省内部资料准印证”。四是做好报刊审读工作。2014年共编发《报纸审读通报》33期，内部料审读与管理12期。五是做好2014年新闻采编人员培训考核和换发新闻记者证的材料审核工作。1月12日、18日，对持新闻记者证的采编人员进行考试。本次考试共774名新闻采编记者（持证）参加，25人缺考，参考率为96.77%。对全市3家报纸出版单位、6家广播电视播出机构800多名记者换发新闻记者证申请资料进行审核。

版权管理。以巩固市县党委、人大、政府、

政协等机关使用正版软件工作成果为重点,开展对市级机关部门单位和县级政府机关软件正版化工作进行再检查工作。按照中央检查组模式,做好相关文件、工作记录、合同文本、软件资产等台账资料的准备工作,检查海盐县、平湖市、秀洲区及市级相关部门的软件正版化工作情况,并对全市机关单位计算机操作系统使用情况进行问卷调查。

行业管理。对2013年印刷企业开展年度核验换证工作,全市1432家印刷企业通过年度核验,并对全市印刷业发展数据进行全面详细分类统计汇总。做好2013年出版物发行单位年度核验换证工作,全市525家出版物发行单位参加年检,469家通过年度核验,排出嘉兴市2013年销售总额前20名的单位和年销售数量前20名的图书。做好新闻出版业调查统计工作,全市230多家企业、单位完成在线填报工作。做好新闻出版权力清单、责任清单的梳理及政务公开工作。

新闻出版公共服务。推进全民阅读活动,下发《关于深入开展全民阅读活动建设书香嘉兴的意见》,明确嘉兴市全民阅读的指导思想和目标任务,并制定《2014年嘉兴市全民阅读活动安排》。发挥"农家书屋"功能作用,5月,开展"农家书屋"调查摸底工作,对"农家书屋"的资金落实与使用、出版物采购与配送以及书屋的管理、使用等情况进行调研,利用"农家书屋"平台开展"我的书屋、我的梦"农村少年儿童阅读征文比赛、农民读书演讲比赛、全民阅读巡展巡讲活动等。

【广播影视管理】 2014年,嘉兴市文化广电新闻出版局围绕"行业监管、产业发展、公共服务"三大基本任务,加强广播影视管理。

加强广播影视安全播映管理。抓好重要保障期广播电视安全播出协调管理工作,严格执行重点时段值守和每日"零报告"制度,确保全市广播电视安全运行。结合"安全生产月"及温州事件,在全市范围开展两次安全播出大检查。推进市广电监测中心建设,已报市发改委立项。筹备视听评议工作,在全市组建一支由14名专家、热心人士组成的社会监督评议员队伍,为视听评议工作提供线索。加强安全播出的组织协调工作。根据广电网络安全新形势,及时调整领导小组成员单位,增补市网信办、嘉兴华数及电信、移动、联通等运营商为成员单位,同时对安全播出应急预案进行修订,于11月在全市广电系统组织开展针对网络攻击的应急演练,并开展安全播出管理培训,提升广电部门的应急防范和管理能力。加强影院安全生产监管工作,在元旦、春节、国庆等重要节假日前夕,组织人员对市本级各影城开展安全生产抽查。加强广电社会化管理工作,联合市公安局、市无线电管理局等部门,成功取缔两处非法广播;联合市综治委等近10个部门,开展为期3个月的打击非法境外地面卫星接收设施专项整治行动。

做大文化产业。一是组建嘉兴电影集团。在前期深入调研的基础上,拟定电影集团组建方案,经部门座谈会论证并上报,得到市文化体制改革领导小组和市国资委的批复,嘉兴电影集团于7月16日正式挂牌,今后将致力发展成为嘉兴市文化产业的龙头企业。2014年嘉兴电影市场保持较好的发展势头,全市票房收入超1.54亿元,市电影集团旗下各电影院全年放映电影4.5万场,总票房达5640万元,实现利润1428万元。二是举办2014"中国梦"嘉兴市微电影大赛。自5月启动到9月颁奖,共持续5个月时间。期间,召开以"新媒体时代下社会主流思想的创新传播"为主题的全市微电影发展座谈会,推动优秀微电影创作与交流。至8月底截稿,共收到来自全国各地微电影创作团队、个人以及嘉兴各行业系统、单位报送的参赛作品共71件。经网络投票、组委会专家评定,共评选出最佳微电影等6个奖项,另有6件作品获得优秀奖、14件作品获得提名奖,并于9月底举行颁奖典礼,10月优秀作品在嘉兴文化影视频道进行展播。三是举办第六届嘉兴大学生电影节。9月28日,电影节拉开帷幕。本届大学生电影节继续发挥"大学生办、大学生看、大学生评”这一特色，通过举办“电影好声音”演唱会、电影配音大赛等系列活动，以及贯穿全年的优秀影片展映、高校电影社团辅导等常规活动，调动大学生对电影艺术执着的热情，丰富大学生的精神文化生活，为文化强市建设和校园文化建设增添活力。

巩固广播影视惠民工程。以浙江省列入“深化农村电影发行放映体制改革试点省”为契机，深入推进嘉兴市农村电影放映工程。3月初，制定并下发2014年全市农村电影场次任务和工作重点，着力推进农村电影放映工程提质增效。3月底，召开市本级农村电影放映工作会议，对农村电影GPS监管等方面的工作进行专门部署。7月下旬，举办市本级农村电影放映员培训班，从政策法规、业务技能、服务意识三方面对放映员作辅导和要求。根据省新闻出版广电局和省财政厅联合下发的《关于深化农村电影发行放映体制改革的通知》精神，结合实际研究落实改革精神的具体措施，制定改革方案，并于7月上旬召开全市深化农村电影发行放映体制改革工作座谈会，要求各地强化问题导向、需求导向意识，因地制宜探索适合本地实际的可操作性办法，推动农村电影新一轮的转型升级。

开展农村应急广播体系建设。2014年，农村应急广播体系建设被浙江省人民政府列入民生实事项目。根据省政府下达的指标和任务，结合嘉兴实际情况，对建设任务进行分解。市文广新局、市财政局、市发改委、市应急办拟定《嘉兴市本级农村应急广播体系建设实施办法》，经市政府同意后正式印发。期间，副市长柴永强对应急广播体系建设推进情况进行实地调研。8月，组织全市广电行政管理部门负责人和播出机构技术人员参加省新广局组织的应急广播体系建设培训班。至年底，全市各县(市、区)均完成年度工作目标任务。

年内，开展2013年度嘉兴市广播影视政府奖评选工作。嘉兴市广电系统共获省级政府奖75个(获省“广播电视新闻奖”的节目同时获同级别省记协“浙江新闻奖”)，其中，一等奖17个，二等奖27个，三等奖31个。获2014年度全省广播电视对农节目服务建设工程考核优秀奖6个，鼓励奖4个。此外，嘉兴市广播电视台公共频道《新闻一线》获2013年度广播电视创新创优电视栏目。

开展全市乡镇(街道)广电站自办广播节目抽评和扶持工作。9～10月，经抽查，全市共有47个站办有广播自办节目，其中42个站的广播自办节目达到每周3档以上。10月下旬，组织评委会对自办节目进行评审，评出“十佳”节目和鼓励奖，分别给予经费扶持奖励。开展乡镇广电站宣传工作调研，通过召开座谈会，总结、交流经验和做法，提升自办节目水平，巩固农村广播电视宣传舆论阵地。

以市广电学会为平台，开展培训辅导活动。加强广电栏目创新创优培育，7月中旬，举办全市广播电视节目创新创优专题辅导讲座，特邀省局、省广电学会有关专家分别作广播、电视节目(栏目)点评辅导。加强全市广播电视播音主持队伍建设，5月22～24日，组织全市播音主持骨干赴宁波开展主题实践活动，通过跟班业务学习等方式学习宁波市广电集团的播音主持先进典型、经验做法；11月3日，组织全市播音主持人参加央视著名主持人敬一丹在嘉兴所作的“媒体变局中的话筒前空间”专题辅导讲座，着力提高播音主持人的业务素质和工作水平。

做好推行权力清单制度相关工作。根据省新闻出版广电局及市编委办有关要求，完成广电管理权责清理工作，并多次进行调整、补充和完善。做好年鉴、史志等材料编纂工作。完成《浙江广播电影电视年鉴》嘉兴部分供稿工作。开展《浙江通志·广播电视电影卷》嘉兴部分资料搜集工作。编撰《嘉兴电影志·1984～2013》，经过两年多的工作，电影志进入最后统稿阶段。

(孙文波　王春燕)

体　　育

综　　述

2014年，嘉兴市以创建省体育强市为目标，以备战十五届省运会为重点，努力提升全市体育公共服务水平，促进群众体育、竞技体育、体育产业的创新与可持续发展。市体育局获“浙江省群众体育先进单位”和“浙江省竞技体育贡献奖”称号。

提升体育公共服务水平。推进公共体育设施开放。修订完善《市区学校体育场地设施向社会开放管理办法》，全市共有108所学校实现体育场地设施向社会开放，市区57所公办学校开放率达92%。探索以政府购买服务的方式引导市体育中心体育场内场于7月21日起正式对外开放，至年底免费服务健身人群超7万人次。规范健身路径管理，制定《嘉兴市市区室外公共室外全民健身设施建设管理办法》，采取统一维护的模式，确保各类健身设施的及时维护和更新，提高利用效率。拟定《嘉兴市市级体育社团社会化、实体化建设实施方案》。全年指导完成信鸽协会等5个协会的换届工作，新建市自行车运动协会等8个市级单项体育协会。全年开展各类活动150余项次，组织参加上级体育部门赛事60余项次。开展2014年全民健身公益大培训“第四季”，推行“点单式”全民健身培训服务，根据市民需求设置培训项目、安排培训内容、拓宽培训形式。全年培训各类社会体育指导员、体育骨干1000余人，向社会公开征召34个市区首批全民健身公益培训站(点)，开展太极拳、排舞等5个项目公益培训班，培训一级社会体育指导员152人、非奥项目教练员364人、市级培训巾帼健身骨干志愿者40名。成立嘉兴市社会体育指导员协会，健全社会体育指导员注册、年审制度，编印赠送《嘉兴市民健身手册》，开设“全民健身大讲坛”，努力提升全民健身活动的科学化水平。开展特色群众体育活动。将市第四届老年运动会纳入整体赛事，与嘉兴电视台文化影视频道合作新设“全民健身群英会”，市民运动会共设45个大项、1245个小项，4月至8月间共举办各类各级赛事活动近2000场，参与人数达10万人次以上。开展全国第四次国民体质监测工作，完成3700余个样本量的监测任务。参加省第二届全民体育节、杭州都市圈等全省群众体育活动，先后组队参加健美操等比赛，全市参与人数近45万人次。

体育创强工作。年内指导帮助桐乡市创建省级体育强县(市、区)，在全市范围组织开展3个体育强镇复评、2个城市体育先进街道复评和27个先进社区、23个社区体育健身俱乐部、20个村级体育俱乐部、3个中心村全民健身广场、2个中心村休闲体育公园、9个体育特色乡镇、6个省现代化体育乡镇街道、2个省级青少年体育俱乐部、1个省级青少年户外体育活动营地的创评工作。新建体育小康村25个，全省率先实现体育强镇和小康体育村建设全覆盖。推进体育强市创建。召开各县(市、区)和市全民健身领导小组成员单位创强工作推进会议。做好数据统计和台账整理工作，制作创强宣传片，对照《浙江省体育强市评分考核细则》中7大块

51个条款164项考评指标，进行逐项自查自评，基本达到省级体育强市评分标准，将于2015年接受省体育局统评。

推进“体教结合”。市少体校小学阶段运动员文化教育从9月秋季学期开始由吉水小学整体托管，在保障运动员文化教育方面取得进展。会同市教育局、市财政局联合印发《嘉兴市“市队联办”体育后备人才基地管理办法》，为促进市县联办项目可持续发展提供政策依据。统筹指导省运会各项备战工作。由972名领队、教练员、运动员组成的嘉兴体育代表团于7月至10月参加省运会全部21个大项的比赛，共获得金牌144枚、银牌100.5枚、铜牌139枚，超额完成市政府下达的目标任务，并荣获“竞技体育贡献奖”和“体育道德风尚奖代表团”。抓好竞技体育人才队伍建设，与教育部门共同下发年度竞赛计划和培训计划，全年安排市青少年儿童锦标赛13项，市第二届青少年阳光运动会比赛10项，市民运动会幼儿趣味比赛6项，市青少年校园足球市、县、校三级联赛196场。全年向省输送运动员40余人。全年举办各类教练员、裁判员、管理干部培训班13项次、市高级教练“月月讲堂”6项次，审批国家二级裁判员146人，42人晋升为国家一级裁判员，审批国家二级运动员15人，发展国家一级运动员10人、国家级运动健将4人。

加快体育产业发展。出台《嘉兴市加快发展体育产业实施意见》。成立嘉兴市体育产业联合会。做好体育法规和产业基础工作，完成浙江省行政权力事项、体育部门行政许可和非行政许可审批事项的整理和申报工作。落实权力清单制度，梳理上报市体育局权力清单，编制部门权力清单和权力运行流程图并建立健全事中事后监管制度。与市统计局等部门联合开展全国第六次体育场地普查工作，嘉兴市人均体育场地面积为1.84平方米，位居全省第一。做好地理国情普查工作，收集市本级区域内1516家场所信息资料交市普查办。与市旅游局联合开展嘉兴市运动休闲旅游示范基地、精品线路和优秀项目评定工作。指导平湖九龙山旅游度假区承办2014首届长三角运动休闲体验季平湖站活动，申报5个项目纳入2014年度浙江省体育产业发展资金项目库，争取省拨资金294万元。体彩销售保持稳步增长态势，全年销量达6.3亿元。承办2014浙江九龙山全国速度赛马骑师邀请赛暨驭马文化节、361°中国女排联赛（2014～2015）、第十六届亚洲轮滑锦标赛等品牌赛事。全年全市体育产业呈现较快增长态势，增加值占GDP比重高于全省平均水平。

（李　平）

竞技体育

【概况】 2014年，全市竞技体育工作以备战十五届省运会为主线，实施奥运争光计划，坚持“突出重点、发展优势、扶持弱项、适度增项”的方针，完善体育后备人才训练布局，积极输送优秀体育后备人才。年内向省输送57名优秀运动员，组织田径、游泳、体操等21个项目运动员参加浙江省奥林匹克重点体育后备人才（奥基）集训，60名运动员被列为奥基后备人才。全年审批国家二级运动员65名，发展一级运动员46名，健将级运动员1名，审批二级裁判员146人。推荐36名国家一级以上裁判员参加第十五届省运会足球、田径、游泳等项目的裁判员工作，安排各类教练员、裁判员、管理干部培训班13项，市高级教练“月月讲堂”6项次。年内，举办市第二届青少年学生阳光体育运动会等29项次中小学生体育竞赛。

【备战十五届省运会】 2014年，全市体育系统严格执行《嘉兴市参加第十五届省运会蹲点领导、领队、主教练、联络员名单和工作职责》和《嘉兴市参加浙江省第十五届运动会比赛工作流程》，全力备战第十五届省运会。核对省注册、省骨龄检测及2011～2013省常规比赛参赛情况，对855名运动员进行省运会预报名。抓好2014年夏训，组队参加2014年省青少年

(儿童)锦标赛,及时召开省赛总结分会会议,发现问题解决问题。召开水上、体操等项目备战省运会现场会,查找存在困难和问题,提出解决方案,做好应对措施。参赛期间,严格运动队的赛风赛纪和杜绝兴奋剂事件。827名体育健儿组成的嘉兴体育代表团于7月至10月参加十五届省运会全部21个大项的比赛,共获金牌144枚、奖牌383.5枚、总分3974分,其中奖牌数和总分两项指标排名全省第四,金牌数排名全省第六,运动员文化测试全省排名第四,超额完成市委、市政府下达的"保六争五"的目标任务。

【嘉兴籍运动员取得好成绩】 2014年,嘉兴籍运动员在田径、游泳、体操、排球等项目的国内外大赛中获得97枚奖牌。其中王凡、徐慧琴、高海燕分获十七届亚运会(韩国仁川)沙滩排球、田径、帆船项目的第三、第四、第七名;汪慧敏获第17届世界女排锦标赛亚军、世界女排大奖赛香港站、中国国际女排精英赛北仑站和郴州站冠军;李超群获亚洲青年田径锦标赛、青奥会亚洲区田径选拔赛撑竿跳高冠军;冯吕栋获亚洲杯暨亚洲俱乐部赛举重69公斤级抓举、挺举、总成绩第一。

【体育人才基地建设】 年内,嘉兴市光明小学、平湖市东湖小学、海宁市南苑中学、桐乡市第六中学四所学校被评为"2015~2018"周期浙江省"阳光体育后备人才基地"。创建市游泳、跆拳道、水上奥运单项运动协会,吸收社会办会的力量,促进项目可持续发展。巩固水上项目市县联办新成果,嘉善汾湖水上运动中心创建国家级水上运动高水平体育后备人才基地。2014年,市体育局会同市教育局和市财政局联合印发《嘉兴市"市队联办"体育后备人才基地管理办法》,为完善全市业训布局,促进市县联办项目可持续发展提供政策依据。贯彻落实国务院、省政府《关于进一步加强运动员文化教育和运动员保障工作的实施意见》精神,将市少体校小学阶段文化课教学向吉水小学实现整体托管,整合普通学校的优质教育资源和体育学校的师资优势,解决运动员初升高就读安排、重点项目省队运动员训练就读问题、优秀退役运动员担任教练员等工作。将游泳项目正式列入中考体育选考类自选项目。组建全市皮划赛艇一线队伍,移师嘉善汾湖水上运动中心进行训练,运动员就近就读嘉善县陶庄镇中学和陶庄镇小学;市跆拳道项目落户秀洲区油车港中学,开展市队校办,运动员文化学习、住宿训练一条龙管理。

(申 超 李 平)

群众体育

【第二届市民运动会暨第四届老年人运动会】 5~8月,嘉兴市第二届市民运动会举行。共设45个大项,1245个小项,举办各类各级赛事活动近2000场。其中第四届老年人运动会共完成18个大项的赛事活动,参赛人数达5000人以上。与嘉兴电视台文化影视频道合作的"全民健身群英会"、青少年阳光体育运动会以及大众竞赛项目累计参与人数近10万人。

【参加省二届全民体育节】 年内,结合市第二届市民运动会大众竞赛项目,嘉兴组队参加省全民体育节的健美操、舞龙、青少年门球、四棋、健身排舞、广播操等12个大项的比赛活动。各县(市、区)也组织机关、企事业单位、学校、体育协会、俱乐部、乡镇、街道参与各项赛事活动。据统计,全市参与省二届全民体育节人数近45万人次。

【全国健身舞大赛暨全国健身交谊舞锦标赛】 10月25~26日,2014年"体彩杯"全国健身舞大赛暨第十一届全国健身交谊舞锦标赛在嘉兴市体育馆举行。大赛设有广场舞、健身排舞、单项团体舞(吉特巴、三步踩)交谊舞团体舞五大类共95个小项,来自全国各地的66个代表队的1700余人参赛。

【开展非奥运动项目基地认定】 年内,市体育局会同市教育局联合出台《嘉兴市非奥运动项目基地认定和管理办法(暂行)》,对非奥项目进行基地式帮扶发展，力争到2017年全市非奥运动项目基地达15个以上。经过自行申报、严格筛选，认定并命名首批6个非奥运动项目基地,涉及的运动项目包括健美操、舞龙、拔河、台球、轮滑、地掷球等传统项目。非奥运动项目基地将实行考评管理,年考评合格的,给予一定经费资助。对于考评不合格的基地,要求限期整改。限期整改仍不合格的,将正式取消对该训练基地的命名，并取消当年度的经费资助,暂停该基地4年以内再申请命名的资格。

【规范全民健身设施管理】 2014年,市体育局推行落实《室外健身器材的安全通用要求》国家新标准，指导做好全市室外健身器材招标采购及配建管理工作。制定实施《嘉兴市区公共室外健身设施建设管理办法》,按照因地制宜、分类指导的原则,推进全民健身设施提档升级。全市新建1个省级体育主题公园、4个省级中心村全民健身广场、1个省级中心村休闲体育公园、1个省级青少年户外体育活动营地、1个省级笼式足球场地和8个全民健身拆装式游泳池。

【开展市级体育社团考核评估】 年内,修订出台《嘉兴市市级体育社团考评补助办法》,对全市体育社团进行考核评估。通过初评、复评，2014年度市级体育社团共有7家获AAA等级、7家获AA等级、2家获A等级。

（何东鹏　项志萍）

体育产业

【完成体育产业增加值核算】 2014年,市体育局与市统计局联合开展2013年全市体育产业增加值核算工作。2013年全市体育产业总量达80.88亿元，比2012年增加2.84亿元，增长0.04个百分点,体育产业增加值占GDP比重为0.85%,高于全省平均水平。

【深化体育旅游融合发展】 年内,全市开展嘉兴市运动休闲旅游示范基地、精品线路和优秀项目评定工作。参加省级运动休闲旅游示范基地、精品线路和优秀项目创评活动,桐乡市畅想园农业开发有限公司竞技垂钓项目获得2014年浙江省运动休闲旅游优秀项目称号。指导平湖九龙山旅游度假区承办2014首届长三角运动休闲体验季活动,并成功创建浙江省运动休闲基地。

【加强游泳市场监管服务】 2014年,全市取得经营高危险性体育项目许可证(游泳)的共有82家,其中市本级36家,嘉善7家,平湖14家,海盐4家,海宁18家,桐乡3家。全年新培训初级救生员182名,教练员68名,对取得上岗证的256名救生员进行统一复训。与市教育局联合开展游泳知识教育进校园“六个一”系列活动。向游泳场所赠送游泳安全教育展板和救生器材。继续聘请游泳安全技术专家和义务监督员，邀请新闻媒体共同参与游泳场所检查。

【体育产业自主品牌创建】 年内,市体育局指导平湖伊斯佳服饰有限公司和嘉善双云体育用品厂分别创建“伊斯佳”“傲搏”产品商标。相继举行2014浙江九龙山全国速度赛马骑师邀请赛暨驭马文化节、361°中国女排联赛(2014~2015)、第十六届亚洲轮滑锦标赛等一系列品牌赛事。

【争取体育产业发展资金】 年内,嘉兴市组织10个项目参加2014年度浙江省体育产业发展资金项目库项目申报。经过材料审查、专家评审和实地考察,海宁市第十六届亚洲轮滑锦标赛、嘉善县361°中国女排联赛(2014~2015)、浙江伊斯佳服饰户外运动品牌建设、浙江鸿翔文化产业有限公司体育场馆经营与健身服务类项目、浙江九龙山国际高尔夫俱乐部有限公司中巡赛—美巡赛中国系列赛九龙山站5个项目申报成功,获得专项资助294万元。

【完成第六次全国体育场地普查】 2014年,市体育局与教育、统计、旅游部门联合开展嘉兴市第六次全国体育场地普查工作。数据显示,截至2013年12月31日,嘉兴市共有体育场地9594个,用地面积1219.66公顷,建筑面积103.63万平方米,场地面积840.01万平方米。以2013年年末全市常住人口455.8万人计算,平均每万人拥有体育场地21.05个,人均体育场地面积1.84平方米,列全省第一。

(叶丹薇)

卫　生

综　述

2014年,嘉兴市有各级各类医疗卫生服务机构1374个。其中,医院49所,妇保院(所)7所,社区卫生服务中心(卫生院)81所,社区卫生服务站780个,卫生监督所8所,疾病预防控制中心7个。全市卫生机构从业人员总人数3.24万人,其中,卫生技术人员2.8万人,占86.58%,平均每千人拥有医生数2.67人、护士3.27人。全市有病床2.1万张,平均每千人拥有医院床位6.04张。

2014年,嘉兴市深化医药卫生体制改革,推进公立医院改革和基层卫生综合改革。四所市属医院全面开展以构建事业单位法人治理结构为主要内容的现代事业制度改革,规范权力运行。深入实施"两下沉、双提升"工程,市第一医院托管秀洲区王江泾医院、南湖区七星卫生院,市第二医院托管桐乡市第四人民医院,市妇幼保健院托管秀洲区妇保院,市中医院托管秀洲区新塍医院。各县(市)开展基层医疗机构与县级医院的资源整合与协作,探索区域内龙头公立医院和基层医疗机构组成医疗联合体。至年底,全市共有27家基层医疗机构与上级医院开展合作。推进全科医生签约服务,实行居民健康管理服务"1+X"工作。推进乡镇卫生院等级评审和基层特色专病(专科)创建工作。全年全市9家单位通过浙江省乡镇卫生院等级评审,3家社区卫生服务中心成功创建省级示范中心,10家基层医疗机构专科(专病)通过市级基层特色专科(专病)评审。海盐县作为浙江省第一批开展分级诊疗试点县,于10月在全市率先推进分级诊疗工作。全市各级政府对公立医院基本建设投入10187万元、重点学科投入480万元、公共卫生服务投入3705万元。至年底,全市社会办医总床位数占医疗机构总床位数的24.05%,达到省政府要求"十二五"期末20%的指标。

深入开展"三好一满意"活动,出台《深化"三好一满意"活动、实行优化医疗服务流程八项举措》,优化医疗服务流程,缩短就医排队等候时间。引入智慧门诊,"嘉兴掌上医院"移动客户端于4月正式上线运行,为市民提供"预约挂号"、检验报告单和专家出诊情况查询服务。建设智慧病房,医生通过医疗专用平板电脑开展移动查房。7月1日起,在市级医院试行"实名制"诊疗。银医合作稳步推进,银行在市级医院门诊、住院部投放154台银医一体化自助机,实现自助挂号、自助缴费、自助诊间结算等便捷服务。签约阿里巴巴支付宝"未来医院"嘉兴合作项目,推进"区域医疗服务协作信息系统(嘉兴市远程医疗平台)"项目建设,开通支付宝支付医疗费用功能。市卫生局与市公安局联合下发《关于切实加强维护医疗机构治安秩序的意见》,加强卫生系统医患纠纷防范处置工作。

加强卫生监督执法、疾病预防、妇幼保健工作。2014年,全市开展各类专项整治和卫生监督层级稽查,共受理办结投诉举报229件,处罚各类卫生违法案件434件,罚没款165.05万元。因非法行医被移送司法机关处理32件;因当事人拒不履行行政处罚决定,申请法院强制执行28件。开展“依法执业守护健康”和“打击非法行医”专项行动,加强对医疗服务市场的监督检查。加强传染病防治和职业病防护监管,继续推行公共场所卫生监督量化分级管理,推进生活饮用水在线监测。2014年全市无公共场所、饮用水卫生等方面重大突发公共卫生事件发生。加强疾病预防控制工作,加强H7N9禽流感联防联控,深化疾控管理、医院救治、社区随访的“三位一体”诊治管理模式。全市共报告甲乙类传染病8723例,报告发病率为190.61/10万人,比上年上升2.55%。推进社区慢性病的防治工作,南湖区和嘉善县成功创建国家级慢性病综合防控示范区,秀洲区和海盐县成功创建省级慢性病综合防控示范区,海宁市和桐乡市作为国家级慢性病综合防控示范区继续巩固创建成果。落实重大公共卫生服务项目,婚前医学检查、住院分娩补助、育龄妇女增补叶酸、“两癌”筛查及艾梅乙项目较好完成各项指标任务,2014年1月1日开始使用“新版医学证明”。2014年,剖宫产率(含新居民)41.91%,本地孕产妇死亡率3.58/10万,5岁以下儿童死亡率4.11‰。

2014年,全市爱国卫生工作、无偿献血和医疗急救等工作进一步加强。围绕巩固文明卫生城市、创建卫生城市(县城)和城乡环境卫生整治目标,开展卫生创建、健康教育与健康素养促进、病媒生物防治、改水改厕等城乡爱国卫生运动。加强市容环境卫生的长效管理,全面推进城乡环境卫生整洁行动,开展“五水共治”“三改一拆”等专项整治行动。嘉兴市区顺利通过省灭蚊蝇先进城区复查。平湖市成功创建国家卫生城市,实现全市国家卫生城市(县城)“满堂红”。全市5个省级卫生镇(街道)不断完善创卫长效管理机制,全市3个街道创建成为省级卫生街道。根据《中华人民共和国献血法》制定全市的实施细则,确定南湖风景名胜区等45个实施“三免”场所。从4月1日起,全市国家无偿献血奉献奖获得者可享受“三免”政策。11月,位于建国路的市区首座“献血屋”正式投入使用。2014年,嘉兴市圆满完成无偿献血各项工作指标,血液供需稳定、有序,全市无偿献血量占临床用血量的比例达100%,志愿无偿献血比例达100%。完善急救体系建设,促进城乡院前急救服务均等化。推进卫生应急示范创建工作,海宁市、桐乡市被列入省卫生应急示范创建试点县。市急救中心共出动救护车24809次,抢救各种危重病人19183人次。

(陈贵聪)

卫生监督

【概况】 10月,市本级职业卫生现场监管职能正式移交市安监局。年内,对全市各级各类医疗卫生机构1314家进行监督检查,监督检查覆盖率达到100%。全年查处无证行医184户次,查处医疗卫生机构案件33件。对重点公共场所开展卫生监测,全市共抽检各类公共场所207家,合格182家,合格率为87.92%。全年全市监测水样1237份,合格率为95.88%。全市有卫生监督协管员248名,37家社区卫生服务中心(卫生院)通过省级卫生监督协管服务示范点验收,占总数的47.4%。

【医疗服务市场监管】 2014年,全市共查处无证行医184户次,其中西医98户次、中医25户次、医疗美容8户次、口腔44户次、其他9户次。行政处罚非法行医144户次,其中罚款140户次,罚款金额77.68万元,没收违法所得17.95万元;移送食药部门案件1件;移送公安部门案件32件。推进“依法执业守护健康”行动,全年查处医疗卫生机构案件33件,其中超范围开展诊疗活动4件、发布违法医疗广告5件、使用非卫生技术人员10件、其他违法行为14件,海盐县1家医疗机构吊销一项诊疗科目。

【传染病防治监管】 2014年,全市以人感染H7N9禽流感和肠道传染病疫情防控为重点开展传染病疫情控制督察,市级医院传染病报告质量(完整率、准确率、二卡符合率)较上年大幅度上升。开展医疗机构消毒隔离监测，共抽检各类医疗机构29家，检测10类项目553份样品，合格率为90.96%。嘉兴市级6家医疗机构的空气、物表、使用中的消毒液、内镜、口腔用水等监测总合格率为97.8%，总体呈逐年增高趋势。全市二级以上医疗机构的医疗废物实现实时远程在线监控全覆盖，并加强基层医疗机构医疗废物处置管理，各类医疗废物专用收集容器均配置到位。

【职业与放射卫生监管】 2014年，嘉兴市做好职业健康检查报告书和职业卫生检测评价报告监控处置工作，及时督促用人单位调离职业禁忌人员，安排疑似职业病人进行职业病诊断，督促对检测超标的工作岗位进行职业病防护设施整改。全市共开展建设项目职业病危害预评审查15起，建设项目竣工验收164起。开展职业病诊断鉴定7起。对全市职业健康检查机构和职业病诊断机构进行考核评估，实施职业病诊断机构例会制度和职业病网络信息季度分析制度。召开专题研讨会规范噪声作业人员健康检查，组织粉尘作业人员DR胸片摄片技术培训和放射工作人员上岗前培训。每个县(市、区)创建一家以上“放射防护管理规范化医院”。

【公共场所卫生监管】 2014年，嘉兴市继续开展公共场所卫生监督量化分级管理工作，确定全市A级单位79家，B级单位530家，评定C级单位7021家。对重点公共场所开展卫生监测，全市共抽检各类公共场所207家，合格182家，合格

2014年7月，嘉兴市卫生监督员在游泳场所监测水样。

率为87.92%。继续在全市公共场所实施卫生管理员制度，在省系统信息平台录入辖区公共卫生管理员基本信息等数据，实行动态管理和即时查询。开展婴儿洗浴场所卫生规范执行情况“回头看”工作和旅游风景区住宿场所“333”专项整治，对足浴场所、经济型快捷酒店、游泳场所卫生“333”治理专项行动进行成果验收。

【生活饮用水在线监测】 2014年，嘉兴市对18家集中式供水单位、28家涉水产品生产企业和90家二次供水单位进行监督检查，监督检查覆盖率100%。全市共监测水样1237份，合格率为95.88%，其中，出厂水监测93份，合格率100%；管网末梢水监测892份，合格率97.64%；二次供水监测252份，合格率88.10%。市区3台饮用水在线监测设备分别设置在城南、城北和城东区域，对石臼漾水厂和贯泾港水厂2个市区供水单位的末梢水进行实时在线监控，初步建立市政供水的水质预警体系及异常数据的调查和处理程序。

【消毒产品监管】 2014年，嘉兴市取得有效“消毒产品生产企业卫生许可证”的生产企业共50家，抽检各类卫生用品、消毒剂等70个产品，合格率100%。全市取得“餐饮具集中消毒卫生监督合格证”的餐饮具清洗消毒单位为35家，其中有24家企业对生产管理关键环节实现电子实时监控，有6家被评为“浙江省餐饮具集中消毒示范单位”，共抽检集中消毒餐饮具1545份，合格1506份，合格率为97.48%，较上年提高近5个百分点。

【开展校园卫生安全健康监督】 2014年，嘉兴市卫生监督部门对全市342所中小学校和普通高校进行卫生安全健康监督检查，覆盖率为100%，对180所中小学校的教学卫生健康环境进行现场监测，对129所学校进行病媒生物预防控制工作专项检查。全市51所学校医务室取得医疗机构执业许可证，配备有资质的专业卫生技人员204名；设立保健室的学校有242

所;320所学校建立学生健康档案及制定突发公共卫生事件应急预案,占学校总数的93.6%;全市学校日常用水均为市政供水,建有二次供水的学校12所,无自建设施集中式供水和其他自备水源学校。

(陈贵聪)

疾病控制

【概况】 2014年,全市共报告发现甲乙丙类传染病26种34344例,报告发病率750.46/10万,比上年上升23.39%;报告死亡32例,报告死亡率0.70/10万人,上升51.57%。2014年,县级以上综合性医院常年开设肠道门诊,重点地区乡镇级以上医疗机构开设肠道门诊,全市肠道门诊累计接诊腹泻病人20043人次,采样送检率达98.49%。全市处置1起在海宁市、海盐县发生的因桶装水污染导致多所学校学生诺如病毒肠胃炎暴发疫情,处置3起输入性登革热疫情和1例南湖区报告的O139霍乱病例,均无二代病例发生。处置狂犬病暴露人群54523人次,未报告发现狂犬病病例。

加强常规免疫接种管理和监测,保持高水平接种率。加强接种门诊建设,全市89家预防接种门诊有数字化门诊61家(68.54%),星级规范门诊42家(47.19%),日接种门诊36家(40.45%),双休日服务门诊70家(78.65%)。全市无重大预防接种异常反应和影响面广的预防接种纠纷发生。启用国家免疫规划信息管理系统,2014年以县、乡镇、接种门诊为单位常规免疫数据报告完整率均达到100%。开展全市社区慢性病综合防治规范化试点,推进慢性病综合防控示范区创建工作。完善三级健康教育网络体系,利用新媒体拓宽健康教育传播面,3月,“嘉兴健康教育”官方微信和新浪微博上线,结合热点发布疾病防控和健康生活方式科普知识。

【人感染禽流感、流感防控】 2014年,全市共报告4例人感染H7N9禽流感病例,痊愈1例,死亡3例,其中1例死于非传染性疾病。在以市一院作为哨点医院、市疾控中心流感实验室为国家网络实验室的基础上,将每周采样数量提高至20份,并将H7N9禽流感纳入到常规检测中,网络实验室全年共接收流感样病例标本1096份,核酸检测共检出阳性标本213份,阳性检出率为19.43%,其中H3型85份、乙型85份和新甲H1型43份;病毒分离鉴定共分离出阳性标本84份,阳性分离率为7.66%,其中乙型40份、新甲H1型24份和季H3型20份。

【埃博拉出血热防控】 从2014年2月起,西非四国几内亚、利比里亚、尼日利亚和塞拉利昂暴发埃博拉疫情,世界卫生组织于8月8日宣布,西非地区埃博拉疫情已构成国际关注的突发公共卫生事件。为防止疫情输入嘉兴市,市疾控中心积极开展人员、技术和物质储备,根据国家防控方案版本更新,制定埃博拉防控流程,对应急人员开展多次业务培训和应急演练。多部门合作加强输入病例监控,全年对来自疫区22例入境人员进行健康监护,未发现病例。

【手足口病防治】 2014年,嘉兴市加强以幼托机构为重点的手足口病防控工作。全年手足口病报告发病16773例,报告发病率为366.51/10万人,较上年上升106.26%,重症病例26例,其中痊愈25例,死亡病例1例。全市共报告3起手足口病突发公共卫生事件(秀洲区2起、南湖区1起),共发病62人,涉及总人数587人,无重症病例和死亡病例。

【结核病防治】 2014年,全市共报告登记活动性肺结核患者1899例,其中新涂阳肺结核795例。开展全球基金耐多药肺结核防治工作,全市各定点医院共对182例可疑耐多药肺结核患者进行筛查,筛查率91.21%,共发现18例耐多药肺结核患者,12例患者纳入规范化治疗,纳入率66.67%。五县二区所属学校均未发生结核病聚集性疫情。

【艾滋病、性病防治】 2014年，嘉兴市在全市建立并全面推广“三位一体”的治疗管理模式，加强基层艾滋病实验室建设，将高危干预和快速检测工作结合起来，以社区为基础，扩大检测范围，全市社区HIV快速检测覆盖率达到100%。全市共进行HIV抗体检测859882份，发现阳性感染者和病人257例，较上年增长27.9%；全市累计纳入国家免费抗病毒治疗病人651例，至年底，在治559例；对各类高危人群干预月均覆盖率达到80%以上；完成自愿咨询检测8222例。全市网络直报性病病例5种7437例，较上年下降0.4%。梅毒下降0.07%，淋病上升2.25%。其中发病例数最多的病种为梅毒，报告3002例，占总报告病例的40.37%。

【寄生虫病防治】 2014年，嘉兴市67个乡镇802个村开展春季查螺，查螺面积9834057平方米，在平湖市广陈镇发现2个残存螺点，有钉螺总面积250平方米。全市完成药物灭螺面积784420平方米，对全市727例晚血病人进行内科治疗救助，全年新增晚血病人45人，死亡59人，年底遗留晚血病人668人。实施消除疟疾行动计划，12月南湖区和海宁市通过考核，全市共有5家包括秀洲区、海盐县、平湖市、南湖区和海宁市完成消除疟疾考核。从5月起开展“三热”病人血检工作，全市共开展血检10407例，检出恶性外来疟疾病例5例（海宁2例、海盐2例、桐乡1例）。开展布病相关职业人群监测，共采集重点人员血清893份，查出本地布病病人10例（桐乡6例、南湖2例、秀洲2例）。

【碘缺乏病防治】 2014年，全市五县两区完成碘盐监测各300户，共抽检居民用户碘盐监测2100份，其中碘盐2023份，合格碘盐1859份，碘盐合格率91.89%；碘盐中位数22.90毫克/千克。完成全市各县市区10%~20%碘盐复核工作，碘盐监测数据上报全国碘盐监测平台。全市各县（市、区）完成碘缺乏病病情监测，包括甲状腺触诊检查各小学8~10岁学生200名和尿碘采送样检测200名，全市共调查8~10岁儿童1430人，甲状腺肿26人，平均甲肿率1.82%；尿碘监测1402人，尿碘中位数值186.50微克/升。

【实施国家免疫规划】 2014年，全市0~6岁儿童基础免疫887617人次，加强免疫374003剂次，其中流动儿童基础免疫473353人次，加强免疫200715人次，儿童基础免疫“五苗”全程接种率98.98%。2014年秋季入托入学查验预防接种证，共查验464家托幼机构和259所小学，查验率100%。查验新入托（入园）幼儿50045人，小学入学新生42461人。补证908人，补证率100%。应补种疫苗34398人次，实际补种33411人次，补种率97.13%。按发病日期，现住址统计，2014年报告病毒性肝炎1372例、麻疹54例、乙脑1例、百日咳1例，风疹32例、流行性腮腺炎519例，水痘485例，无脊灰、白喉、流脑报告。保证AFP监测系统的高质量运转，保持高水平脊灰疫苗接种率，巩固和维持无脊灰状态。启动浙江省物资（疫苗）调拨管理系统试运行，新建112立方米冷库提高冷链运转能力，全年入库疫苗172.39万支，出库184.71万支。

【慢性非传染性疾病防控】 2014年，嘉兴市开展死因、慢性病、出生和医院急诊伤害监测，推进县级区域卫生平台及县以上医疗机构和省慢性病信息系统的数据对接工作。全市全年报告户籍人口死亡23202例，年报告死亡率6.71‰；报告户籍人口肿瘤12939例、脑卒中12847例，冠心病急性事件1571例，糖尿病15630例，4类慢性病报告及时率99.41%；6家哨点医院报告伤害病例30177例。2014年全市累计登记高血压患者474883人，发现率为13.73%（按户籍人口）、血压控制率65.13%、规范管理率75.77%；累计登记糖尿病患者113212人，发现率为3.27%、空腹血糖控制率62.17%、规范管理率73.81%；累计登记重性精神病患者16012例（省系统数据），发现率为4.63‰，规范管理率90.88%。

【加强健康教育工作】 2014年，全市深入社区、学校等开展“五进”健康巡讲5502场,受益388816人次;全市开展各大卫生日宣传活动1096次,累计受益1311321人次,开展健康咨询1070次,累计受益174585人次,开展健康义诊1074次,累计受益67356人次。全市共有健康促进学校152所,健康促进医院14所,申报建设健康步道、健康小屋、健康主题公园、健康社区11个健康阵地示范点。加强学校、公共场所等应急健康教育,开展诺如病毒及H7N9人感染禽流感等健康教育快速评估。开展未成年人心理健康教育,全年开展心理健康讲座170场,受益人数近4万人。在全省率先开展健康素养监测入户调查,全市共调查5292人,基本卫生防病知识知晓率为87.47%,其中城市居民为88.98%,农村居民为86.01%。

【规范学校卫生工作】 2014年,嘉兴市进一步规范学校卫生工作。编发《嘉兴市学校卫生工作操作手册》,加强学校卫生业务督察工作。2013学年全市学生健康综合状况与常见病防治工作共监测学生127761人,其中营养不良率为14.09%,肥胖率11.38%,视力不良率56.86%,恒牙龋齿率22.89%,沙眼率0.43%。因病缺课共监测学生159265人,平均因病缺课天数为1.26天,因病休退学179人,因疾病死亡2人,意外死亡9人。监测学校生活饮用水68份,其中54份各项指标达标,合格率为79.41%。对9所学校进行教学环境监测。

(陈贵聪)

医 疗

【概况】 2014年,全市政府办医疗机构门急诊病人2972.97万人次,住院人数54.33万人次,分别比上一年增加4.86%和9.14%。县级以上医院病床使用率为103.39%,基层医疗机构病床使用率为46.43%。市急救中心出动救护车2.48万次,抢救各种危重病人1.92万人次。

【强化医疗质量安全管理】 2014年,嘉兴市强化医疗质量、医疗安全的制度管理。下发《关于进一步加强医疗机构依法执业管理的意见》《关于进一步加强医疗安全管理、严格落实责任追究的通知》,将医疗纠纷数量、医疗事故赔款两个指标作为衡量医院医疗质量和医疗安全是否有效管理的刚性指标之一。对全市二甲及以上医院开展三级查房和医院核心制度落实情况专项检查,对全市17家医院开展血液透析安全管理专项检查。建立健全市、县二级联动的医疗质量控制组织体系,通过举办各种形式的专题培训班、继教班、讲座等,解读规范、标准,推动临床质量控制的规范化、标准化建设。推行PDCA和QCC等质量管理工具应用,市属4所医院先后成立专职管理的质量考核办公室。

【提升医疗服务质量】 2014年,嘉兴市以卫生信息化建设为依托,推进医疗服务流程重塑。与阿里巴巴、移动公司合作,先后建设“嘉兴掌上医院”“嘉兴阿里未来医院”一期工程,实现手机可预约挂号、查询医院信息、医疗费用结算手机在线支付等。推进银医合作,银行在市级医院门诊、住院部投放154台银医一体化自助机,实行就诊卡、社会保障卡与银行卡绑定,实现自助挂号、自助缴费、自助诊间结算等便捷服务。出台《关于深化“三好一满意”活动,实行优化医疗服务流程八项举措的实施意见》,八项举措是“倡导院前导医服务”“提供多渠道挂号服务”“开设专科、专病、专区域服务”“实行专家(专科)分时段服务”“深化医务社工志愿者服务”“推行手机支付宝结算医疗费用服务”“完善掌上医院和实名诊疗”“开展双向转诊医疗服务”。进一步优化医疗服务流程,提高群众的满意度。

【推进中医药事业发展】 2014年,嘉兴市继续开展中医非药物治疗手段服务项目补助工作,推进基层中医药服务能力提升工程,引导市级中医优势资源下沉。由市中医院牵头,联合各县(市、区)中医院或县级医院,设立浙江省基层中医药适宜技术示范基地,推广中医药新技术、新疗法,分层分类开展基层中医药适宜技术培训。市中医院钱静华、市第一医院陈锋被评为第六批省级名中医。推进中医药“三进”(进乡村、进社区、进家庭)工作。通过制播科普录像、开展科普讲座、赠送科普读物等方式,在682个行政村、160个社区、84.5万户家庭中开展中医药科学文化普及教育,行政村中医药文化知识普及率达91.2%,社区达94.1%。

【无偿献血工作】 2014年,全市无偿献血4.55万人次,比上年增长1.12%;其中全血4.25万人次,增长1.04%;血量14.46吨,增长2.01%;机采血小板3036人次,增长2.29%;机采血小板量3875.4单位,增长8.77%。一次献血300毫升和400毫升的比例达91.66%;成分输血率99.9%;临床用血和机采成分血100%来自无偿献血;血液检测率、血检测准确率达到100%。日均库存水平全省最优(10天以上),报废率全省最低。启动核酸检测项目,全年无血液安全事故发生。

【医务社工工作】 2014年,市属4所三甲医院均建立社工部,配备专(兼)职工作人员13名,推进“志愿服务在医院”工作,进一步完善志愿服务管理制度和工作机制。12月,市卫生局与共青团嘉兴市委、市志愿者协会联合开展嘉兴市医务志愿者体验月活动,并授予市属四所医院为“嘉兴市志愿者服务基地”。市属4所医院共招募志愿者4636人,全年累计为病人提供21282小时的服务。

(陈贵聪)

妇幼保健

【概况】 2014年,全市有妇幼保健机构7个,其中三级甲等妇幼保健院1所,三级乙等妇幼保健院1所,二级乙等妇幼保健院3所,妇幼保健所2所。2014年度嘉兴市活产总数为58413例,其中本地活产数27972例。1例本地户籍孕产妇死亡,死亡率3.58/10万;3例非本地户籍孕产妇死亡,死亡率为9.86/10万。剖宫产率(含新居民)41.91%。2014年新生儿死亡率1.78‰,婴儿死亡率是2.82‰,5岁以下儿童死亡率是4.11‰。各项指标均位列全省前列。

【加强产科能力建设】 2014年,嘉兴市针对“单独两孩”政策实施后,进行摸底调研,预测分娩数,合理设置产科床位,完善市、县(市、区)两级危重症孕产妇救治网络体系,发挥嘉兴市妇幼保健院产科区域专病中心的作用,开展各级医务人员救治应急能力培训,着力提升危急重症孕产妇的抢救能力。出台《嘉兴市高危妊娠管理办法》,完善高危妊娠管理组织体系,加强对高危孕妇早期干预与分级管理。

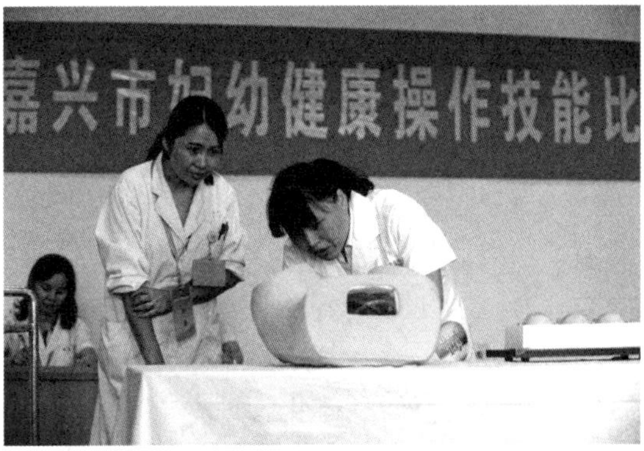

7月30日,嘉兴市举行妇幼健康操作技能比赛。

【开展爱婴医院复核】 2014年,嘉兴市启动市级爱婴医院复核工作。全市共有26所爱婴医院,2014年新申报2所,28家单位将接受爱婴医院复核。通过对照爱婴医院各项标准全面梳理、规范相关工作,旨在加强医院管理,提高母乳喂养率,逐步降低非医学指征剖宫产率,规范产科、儿科服务,强化质量安全,促进母婴健康。

【落实妇幼重大公共卫生服务项目】 2014年,嘉兴市落实婚前医学检查、住院分娩补助、育龄妇女增补叶酸、“两癌”筛查及艾梅乙母婴阻断等重大妇幼公共卫生项目。2014年嘉兴市婚检率93.57%,比上年上升0.76%;住院分娩补助12477人,补助率100%,共补助资金623.85万元;全市叶酸服药人数21204人,服用率为98.07%,服用依从人数18462人,服用依从率87.07%,叶酸知识知晓率98.89%;完成宫颈癌国家任务数15780例、结案10464例,筛查出癌前病变33例,浸润癌1例,均已接受治疗;完成乳腺癌国家任务数2400例,筛查出癌前病变3例,浸润癌2例,全部接受治疗;全市孕期妇女HIV抗体检测率99.82%,孕期新发HIV感染者选择继续妊娠已服药实施干预。

【全市妇幼保健信息实现共享】 2014年,嘉兴市实现卫生专网互联、五县二区妇幼保健数据实时共享,信息系统采用市、县(区)、乡镇(社区)三级管理模式进行分级管理。

(陈贵聪)

基层卫生

【概况】 2014年,嘉兴市有81家社区卫生服务中心(乡镇卫生院),780家社区卫生服务站,实现基本医疗20分钟服务圈,中心和站实行紧密型一体化管理,一体化管理率100%。至年底,全市有全国示范社区卫生服务中心1家、省级示范社区卫生服务中心6家,甲等乡镇卫生院29家。全市基层医疗机构核定床位3042张,实际开放床位2980张;核定人员编制6255人,实际在岗7725人。2014年基层医疗门急诊人次1510.06万人次,占全市门急诊服务总量的50.65%,住院人次64046人次,占全市住院总人次的11.78%。

【开展乡镇卫生院等级评审】 在2013年20家乡镇卫生院率先通过省级乡镇卫生院等级评审预评审的基础上,2014年继续开展乡镇卫生院等级评审工作。9家乡镇卫生院顺利通过省级甲等乡镇卫生院验收,至年底,全市47家乡镇卫生院中有29家被评为甲等乡镇卫生院。

【抓好基层特色专科建设】 2014年,对首批命名为嘉兴市基层特色专病(专科)单位的10家基层专科(专病),加大人才培养、技术扶持和专科宣传力度,各特色专科合理诊疗、规范操作,新技术应用、科研水平等明显提升,平湖市当湖社区卫生服务中心口腔科、海宁市周王庙镇卫生院中医骨伤科等专科2014年业务收入比上年增长一倍以上。年内,基层特色专科评选工作在全省推开,嘉兴市共有嘉兴市基层医疗特色专科(专病)20个。

【推进全科医生签约服务】 2014年,嘉兴市提升全科医生签约工作内涵,实行居民健康管理服务“1+X”工作,即基本服务+特殊服务,通过签订一定期限的服务协议,建立相对稳定的契约服务关系,全科医生以团队的形式,向居民提供集预防、保健、康复、健康管理为一体的综合性、连续性服务。至年底,全市签约率43.63%,其中60岁以上老年人54.01万人。

【完善区域中心建设】 2014年,嘉兴市各县(市、区)相继搭建医疗卫生资源信息共享平台。海盐县成立临床医学检验、消毒供应、临床病理会诊、放射远程会诊、心电会诊、临床技能培训和慢病管理七大资源共享中心。至年底,全市共建成县域内临床检验中心4个,影像诊断中心3个,心电诊断中心2个,消毒供应中心3个,病理诊断中心3个。基层医疗机构的基本医疗服务水平、服务能力和运行效率进一步提升。

(陈贵聪)

医教科研

【概况】 2014年,全市卫生系统吴阶平医学基金立项1项;浙江省省级公益性技术应用研究计划立项6项,浙江省医药卫生平台骨干人才计划立项1项、一般研究计划项目11项、适宜技术成果转化计划项目3项,浙江省中医药重点研究项目1项、中医药科学研究基金项目9项、中医药适宜技术培育和推广项目6项,浙江省人口计划生育科研项目立项2项,卫生部医药卫生科技发展研究中心"椎体成形术临床应用研究"课题立项1项;市级立项42项。获得2014年浙江省科学技术奖三等奖1项;浙江省卫生创新奖三等奖2项;浙江省医药卫生科技奖4项,其中二等奖2项、三等奖2项;浙江省中医药科学技术创新奖三等奖3项,浙江省中医药科学技术奖三等奖3项。

【继续医学教育工作】 2014年,嘉兴市举办国家级继教项目26项,参加培训3334人次。承办省级继教项目44项,参加培训5075人次。全市公布审核市级二类继教项目311项。全年组织各类市级继教班、讲座和培训班700余场次,培训5万余人次。全市医疗机构继教覆盖率100%,2014年继续医学教育对象(中级及以上)达标6351人,达标率93.8%。加强继续医学教育管理,各医疗卫生单位修订和完善继续医学教育奖惩条例,各医疗单位均实行继续医学教育网络化管理。

【市医学重点学科建设】 2014年,制定《嘉兴市医学重点学科年度考核办法(试行)》,客观评估医学重点学科的建设水平,加强日常监督和动态管理,促进学科健康发展。经评审,全市确定48个嘉兴市医学重点学科,其中包括26个支撑学科和22个扶持学科。市医学重点学科坚持"创优扶强、分类指导、学科交融、区域均衡"的管理原则,每3年进行重新评审。

【基层卫生人员培养培训】 2014年,全市完成基层卫技人员培训385人,其中公共卫生人才培训22人、检验专业岗位培训58人、心电专业岗位培训48人、基层复合型公卫骨干22人、社区护士培训235人。开展定向培养基层卫生人才工作,全年全市招录、招聘定向培养农村卫生人员198人,较好完成175名毕业生的就业安置工作。

【住院医师规范化培训工作】 2014年,全市有临床住院医师规范化培训临床培训基地19个、中医住院医师规范化临床培训基地6个、社区实践基地23个、公共卫生实践基地4个、助理全科基地5个。年内,市第一医院和市第二医院通过国家级住院医师规范化培训基地认定。各专业在培规培学员1116人,其中2014年招录486人。

(陈贵聪)

医疗卫生体制改革

【控制医疗费用不合理增长】 2014年,嘉兴市推进"阳光用药工程",推进公立医院优先配备和使用基本药物,以合理用药、合理检查为抓手,开展"二甲及以上综合医院大型医疗设备检查阳性率专项检查"、委托市药事质控中心进行"抗菌药物专项检查"。2014年县级以上医院每门诊人次收费水平为184.65元,比上年增长4.72%,其中药品费86.83元,增长2.81%;基层医疗机构每门诊人次收费水平为81.28元,增长12.16%,其中药品费48.27元,增加4.2元,增长9.53%。全市县级以上医院每出院病人负担医药费用7742.81元,增长6.71%,其中药品费2316.50元,增长1.89%;基层医疗机构每出院病人负担医药费用3015.91元,增长16.92%,其中药品费1209.14元,增长11.73%。

【开启市级医院托管式办医模式】 2014年,嘉兴市市级医院与下级及基层医疗机构开启全面托管式的合作办医模式。市第一医院托管秀洲区王江泾医院和南湖区七星镇卫生院,市第二医院托管桐乡市第四人民医院,市妇幼保健院托管秀洲区妇幼保健院,市中医医院托管秀洲区新塍医院。市级医院全面托管后,各基层医疗机构服务能力提升明显,秀洲区王江泾医院 2014 年门诊人次比上年增长 10.43%，住院总床日增长 15.48%,手术例数增长 12.37%,全院业务收入增长 34.16%;桐乡市第四人民医院(濮院镇卫生院)2014 年出院病人数比上年增长 48.08%,开展二类以上手术增长 600%,全院业务收入增长 30.29%。

9 月 29 日，嘉兴市第一医院托管南湖区七星镇卫生院,挂牌嘉兴市第一医院湘家荡分院。

【开展县域内区域医联体协作】 2014 年,嘉兴市各县(市)开展基层医疗机构与县级医院的资源整合与协作,探索区域内龙头公立医院和基层医疗机构组成医疗联合体,全面提升基层医疗机构服务能力。至年底,全市共有 27 家基层医疗机构与上级医院开展合作,其中与市级医院建立合作 4 家，与县级医院建立合作 23 家;27 家基层医疗机构中全面托管 6 家，重点托管 21 家。

【推进社会资本办医】 2014 年,《嘉兴市 2014～2015 年新增社会资本举办医疗机构设置规划》发布,进一步明确鼓励、引导、支持社会资本建立老年病、康复、护理、儿童、肿瘤专科医院等嘉兴市医疗资源短缺的医疗机构。探索公立医院在不涉及民办医院产权、股权前提下的“民办公助”办医模式。至 2014 年年底，全市社会办医总床位数占医疗机构总床位数的 24.05%,达到省政府要求“十二五”期末 20%的指标。

(陈贵聪)

爱国卫生

【概况】 2014 年,嘉兴市强化爱卫会办事机构建设,调整充实“五城联创”领导组织及创建办,做好市区文明、卫生城市巩固,做好三年一轮全国文明城市的复评。修订卫生创强考核相关指标要求,改革完善市属医疗卫生单位爱卫考核办法。加强市容环境卫生的长效管理,全市各地围绕文明卫生城市(县城)创建巩固工作,建立完善约谈制、督察公示制、路长制、河长制等工作机制。完善道路保洁和养护管理、卫生设施的保洁管理、公共环境除四害、卫生改厕等市场化运作。

加强水环境治理工作,推进“五水共治”,“河长制”由城市向农村扩展,全市城乡主要河道均有“河长”负责清理和整治,市区采用中科院养殖狐尾草新技术改善水质。推进城市污水处理管网逐步向农村延伸工作，实施城乡供水、城乡垃圾收集处理、城乡道路建设、城乡污水处理一体化建设。推进健康素养提升工程,举办“中国嘉兴端午文化节”,开展中医养生、健康饮食等知识讲座。开展全国第二十六个爱国卫生月活动，全方位开展清洁环境工作,做好禽流感等重点传染病防控工作,嘉兴主城区农贸市场全部关闭活禽交易。开展控烟系列宣传和控烟活动,市卫生局被评为省卫生计生系统控烟工作一等奖。

【城乡卫生创建活动】 2014 年,平湖市成功创建国家卫生城市,实现全市国家卫生城市(县城)“满堂红”;桐乡市推进健康城市建设;海宁市国卫办完善创卫目标责任考核机制。全市 5 个省级卫生镇(街道)不断完善创卫长效管理机制,巩固发展创建成果。全市 3 个街道创建成为省级卫生街道。城南街道创建成为市级卫生街道,实现市区市级卫生街道的“满堂红”。

【除四害工作】 2014 年,全市完善市区以区为主,条块结合,以奖代补,科学防治,全社会参与的除“四害”工作机制。市爱卫办召开市区除“四害”专题会议，制定下发新的四害密度监测方案，建立12个监测点，全面推进重点单位场所除四害工作，完善防害设施建设。全力开展市区除四害复查迎检工作，10月，灭蚊蝇先进城区通过省级复查。各县(市、区)全面开展城乡春秋季灭鼠活动，海盐县开展病媒生物防制效果现场评估。海宁市、嘉善县、海盐县、桐乡市、平湖市分别开展省、市除四害先进城(镇)区的创建巩固工作。

【推进城乡环境卫生整洁工作】 2014年，嘉兴市加强农村改水改厕工作，推进城乡供水一体化，加强县级以上水厂管网的延伸，推进家庭卫生厕所建设。桐乡、海宁、平湖完成农村改厕项目。海盐县、海宁市开展农村水质卫生示范县的创建工作。全面开展“五水共治”“清三河”“三改一拆”和“四边三化”专项行动，建立“目标考核制”和“问责制”，每月在《嘉兴日报》公布进展状况，有力改善了城乡环境卫生面貌。

【推进健康素养提升工程】 2014年，嘉兴市命名表彰第二批6家健康单位，创建首批9家省级健康促进医院。开展全市健康教育技能比武活动，组织市、县讲师团开展基层宣讲活动。启动全市中医健康素养促进行动，建立嘉兴市中医健康教育与促进中心，开设嘉兴市中医健康大讲堂，开展中医健康素养和中医药防治知识“进农村、进社区、进学校、进企事业单位、进家庭”活动，各级中医医疗机构创建糖尿病、高血压、肾病、哮喘等健康促进俱乐部，对群众提供个体自我保健指导和健康干预措施，被市科协列入重点科普项目推行。

(陈贵聪)

社会生活

人口与计划生育

【概况】 2014年，全市户籍人口上报出生人口33842人(其中单独两孩出生2437人)，计划生育率98.89%；2013年10月至2014年9月，全市免费婚前医学检测和孕前优生健康检测目标人群覆盖率分别为96.06%和90.10%，常住人口出生人口性别比为108.21，达到省考核指标。

【人口计生工作五件实事】 1月28日，市委、市政府召开人口与计划生育领导小组会议，确定2014年人口计生工作抓好五件实事，并以市长办公会议纪要形式下发各级、各部门执行。一是根据《浙江省人民代表大会常务委员会关于修改〈浙江省人口与计划生育条例〉第十九条的决定》和《浙江省人民政府关于启动实施一方是独生子女夫妇可生育两个孩子政策的通知》精神，做好单独两孩生育政策贯彻实施工作。二是做好计划生育特殊家庭关爱帮扶工作，全面落实嘉兴市《计划生育特殊家庭关爱帮扶办法》，深入实施中国计生协会计生特殊家庭帮扶模式探索项目。三是进一步完善出生人口性别比综合治理长效机制。四是进一步深化拓展幸福家庭关爱工程重点项目。五是进一步加强基层人口计生干部队伍建设。

【单独两孩政策稳妥实施】 2014年，全市人口计生部门稳妥实施单独两孩政策。具体做好“三个抓”：一抓预测分析。在全市开展“单独”夫妇人数摸底和生育意愿的调查，并抽取15个镇(街道)进行生育意愿调查，在此基础上，预测分析单独两孩政策对嘉兴市人口发展的影响。二抓政策落地。市、县政府先后召开单独两孩政策实施专题部署会，及时把工作要求传达到最基层。逐级分层强化培训，重点加强镇(街道)、村(社区)计生工作人员的统一培训，对政策进行精读深学。制定单独两孩生育政策宣传方案，依托广播、电视、报刊、网络等媒体进行宣传。组织开展全市计生知识竞赛，13万余人参加。三抓政策衔接。严格贯彻省有关要求，结合嘉兴实际，市人口计生委明确单独两孩政策与再生育审批、社会抚养费征收、利益导向制度、优生促进工作等方面的衔接措施。做好政策实施信访维稳工作，成立信访维稳应急工作领导小组，制定单独两孩政策信访维稳应急预案，妥善处置各类信访问题。2014年，全市共受理单独两孩夫妇再生育申请7441对，其中已批准7116对，政策实施工作总体平稳有序。

【深化计划生育特殊家庭帮扶工作】 2014年，人口计生部门强化与民政、卫生、人力社保、财政等部门的配合协作，全面落实《关于进一步做好计划生育特殊困难家庭扶助工作的意见》和嘉兴市《计划生育特殊家庭关爱帮扶办法》文件精神。提高失独家庭特别扶助标准，将独生子女死亡家庭的特扶金标准由每人每月250元提高到750元，独生子女伤病残家庭的特扶金标准由每人每月200元提高到700元。启动独生子女死亡家庭辅助生育服务工作，建立服务联系制度，设立服务联系办公室，在相关医疗机构建立"预约服务通道"，对诊疗服务费用自付部分，在计划生育公益金中予以补助。深化独生子女家庭意外保险投保工作，共为48万名独生子女投保，财政投入430.4万元。海宁、嘉善、海盐等地开始探索为计生特殊家庭成员提供意外保险。继续深入实施中国计生协会"计划生育特殊家庭帮扶模式探索项目"，积极尝试政府购买服务方式，通过专业社工师、心理咨询师为失独家庭提供心理疏导、情感关怀等专业服务。组织开展"三叶草"爱心助成长行动，市计生协会理事单位与市本级留有第三代失独家庭开展助学结对、就业帮助、情感关怀、物资捐助、学业辅导五大系列活动，帮助第三代孩子健康成长。积极探索"N+1"(即1名社工、1名心理专家、1名医务人员、1名计生联络员、1名生活照料志愿者+1户失独家庭)的结对帮扶模式，为失独家庭成员提供生活、生产、就医、陪护等服务。

【幸福家庭关爱工程】 2014年，市人口计生委将"家庭健康、生育关怀、青春健康、美丽家园"作为年度幸福家庭关爱工程专项行动，认真实施国家孕前优生健康检查项目，为全市符合条件的计划怀孕夫妇，免费提供19项孕前优生健康检查服务，重点抓好孕前优生高风险对象服务，加强病残儿夫妇再生育的优生指导，提高全社会优生意识，降低出生缺陷发生率。全市全年共服务50259人，参检率达99.45%。积极抓好妇女生殖健康服务，全年为38万名育龄妇女免费开展体检，全市共投入894.67万元为育龄夫妻免费提供避孕等服务。严格落实计划生育奖励扶助、特别扶助和计划生育公益金制度，全市全年共发放计生奖扶、特扶金9395.14万元，惠及62355人。2014年市县两级新增计生公益金417.68万元，发放289.78万元，受益4827人。在中小学广泛开展人口与青春期性健康教育和人口文化进校园活动，把"参与式、启发式、互动式、情景式"教育方法引入青少年生殖健康教育中。市计生协会举办青春健康教育师资培训班。南湖区在嘉兴学院开展青春健康同伴教育活动，被中国计生协会列为重点课题推广。全市全年为6万余名青少年开展青春期生殖健康教育。全面启动"人口文化进家园"试点工作，培育千余示范户，覆盖全市60%以上农村社区。

【加强非法胎儿性别鉴定治理】 2014年，人口计生目标管理责任制考核进一步加大对出生性别比治理相关基础管理质量考核分量。各级依托电台、电视台、报纸、互联网、宣传橱窗等宣传媒体和远程教育平台，开展社会宣传。针对流动人口集聚区域，通过发放宣传资料，张贴宣传海报，公布有奖举报电话等方式加大宣传力度。市人口计生委在市区316辆公交车车载电视上连续播放《禁止非法胎儿性别鉴定》宣传片；平湖市、秀洲区开展集中宣传月活动，联合主流媒体曝光典型案例，制作视频微电影，在农村电影放映前播放。各县(市、区)通过建立打击"两非"(非医学需要的胎儿性别鉴定、非医学需要的人工终止妊娠)专案组，健全举报线索排查、专项执法清查、区域合作联查工作机制，加大"两非"打击力度。提高有奖举报金额，掌握案源线索，各地举报奖励金额普遍提高到1万元，平湖市提高到3万元。各级人口计生、卫生部门每月对接出生人口性别比业务数，及时掌握出生人口性别比动态情况。加强对重点人群跟踪管理，村(社区)计生服务员和新居民协管员每月上门随访服务一次。

【新居民计划生育管理服务不断加强】 2014年，市人口计生委联合卫生、教育、公安、人社、建设、新居民事务等部门出台《关于进一步加强流动人口计划生育工作的实施意见》，进一步规范和强化新居民计划生育统筹管理、日常管理、信息管理和均等服务。根据国家卫生计生委要求，认真推进新居民卫生和计划生育基本公共服务均等化试点工作，人口计生、卫生、新居民事务等相关部门研究制定试点工作方案，对试点工作落实情况加强督察。实施新居民育龄妇女计划生育服务管理卡制度,持卡人凭卡享受计划生育相关公共服务。把计划生育政策要求和均等化服务纳入新居民积分制管理内容,合理量化赋分,着力引导新居民接受现居地的管理服务,增强新居民依法生育意识。各镇(街道)广泛开展新居民计划生育服务中心创建,新居民集聚的镇(街道)积极创建规范化服务中心,为新居民提供证件办理、政策咨询、药具发放、宣传教育、信息浏览、“新居民计划生育服务管理卡”发放等服务。19个镇、街道的服务中心达到省级规范化服务中心标准。

(周国光)

新居民事务

【概况】 2014年,嘉兴市新居民事务局以道德讲堂为依托,构建新居民道德教育网络;以集聚区和规模企业为基础,建立一批新居民法制教育阵地;以“新二代”为重点,形成公益组织服务、家庭教育工程和“社工+义工”双工联动的工作机制。开展新居民理想信念、文明礼仪、知法守法、心理健康四项系列教育和育才助学、就业促进、幸福家庭、环境净化、关爱帮扶五大专项行动。加强新居民文化建设,举办新居民乒乓球赛、“中安市场杯”新居民征文比赛、“美丽嘉兴·五水共治”新居民摄影比赛、新居民读书月等活动。推动新居民文体活动示范点创建工作,全市成功创建9个新居民文体活动示范点。

【嘉兴市列入省居住证制度改革试点】 2014年,嘉兴市被列入省居住证制度改革试点的地级市。6月,嘉兴市深入基层开展调研,开展相关准备工作。9月,省政府办公厅下发《关于在嘉兴等地开展居住证制度改革试点工作的通知》。10月27日,市政府办公室下发《关于开展居住证制度改革试点工作的指导意见》,明确试点工作以合法稳定住所和合法稳定职业为基本条件,有序发放居住证;以“权责对等、积分服务”为基本原则,以居住证为载体,以居住证持有人积分管理为基本内容,建立健全与居住年限等条件相挂钩的基本公共服务提供机制。10月31日起,嘉兴市全面启动居住证制度改革试点工作,全市范围内暂时停止施行《浙江省流动人口居住登记条例》第十五条、第十七条,期限为一年。

【新居民积分入学公办学校8317人】 2014年,全市新居民积分制管理信息系统建设完成并投入使用。嘉兴市推出积分入学作为全市范围内的积分制管理项目,实施新居民积分入读义务教育段公办学校工作。全市共受理积分入读公办中小学申请11796人,经资料审核符合积分申请入读公办学校8317人。

(张　捷)

民政工作

【概况】 2014年,全市民政工作在市委、市政府的正确领导下,始终坚持“以民为本、为民解困、为民服务”宗旨,着力基层、勇于探索,民政工作有序推进。全力推进社会福利体系建设,探索养老需求评估,打造以“管理、服务和紧急救助”为主要内容的“智慧养老综合服务网”,并在南湖区进行试点。推进老旧小区设施适老化改造,安装楼道凳300套,安装扶手2000根。推进儿童福利事业,加强困境儿童生活保障,出台困境儿童分类保障制度,推进适度普惠型儿童福利体系建设。完成市慈善总会换届工作,全市村(社区)慈善帮扶基金建设实现全覆盖。福利彩票发行工作再上新台阶,全年发行福利彩票12.8亿元,筹集公益金3.37亿元。做好福利企业审批权下放工作,全市现有福利企业261个,安置残疾职工10628人。完善新型社会救助体系,提高最低生活保障标准并实现城乡一体。修订完善医疗救助制度,降低救助门槛、提高救助比例。健全流浪乞讨人员救助收容车日常巡查和人性化主动救助制度，探索和规范生活无着流浪乞讨人员医疗救治办法。加强避灾安置场所规范化建设，全面完成标志牌和指示牌设置工作。深化社区、社会组织、社会工作建设，社区服务网络进一步完善。加强双拥优抚安置工作，做好退役士兵服务工作。组织开展“沪浙线”“苏浙线”等界线联检工作，推进平安边界建设。推进婚姻信息化和标准化建设，完成1990年以来历史数据补录和核对工作。落实惠民殡葬政策，推进殡葬改革。加强安息堂建设规划，安息堂和公益性墓地镇（街道）覆盖率达99%以上。

【低保标准提高到每人每月588元】 2014年，嘉兴市进一步提高社会救助水平，市本级及各县（市）先后提高最低生活保障标准并实现城乡一体，低保标准均提高到每人每月588元。至年底，全市共有低保对象15692户、24678人（其中城镇3524户5041人，农村12168户19637人），全年共支出低保金约1.02亿元（其中城镇2593.46万元，农村7600.8万元）。城镇、农村低保的月平均补助水平分别达到391.13元/人、287.21元/人，均超过低保标准的50%。

【嘉兴市8人被评为“全国孝亲敬老之星”】 2014年，全国老龄办、民政部、教育部、国家新闻出版广电总局、团中央、全国妇联和中国关心下一代工作委员会七个部门联合开展全国敬老爱老助老主题教育活动，评选出第六届全国敬老模范人物和模范单位，南湖区万明其、经济技术开发区朱佩安、嘉善县陈冈、平湖市殳跃飞、海盐县邹林根、海宁市张建章、桐乡市张晓芳、武警浙江总医院邓德勇8人被评为“全国孝亲敬老之星”。

【开展首届城乡社区社会组织公益创投大赛】 2014年，市本级开展首届城乡社区社会组织公益创投大赛，共收到50个公益服务项目申报。11月12日，市本级首届城乡社区社会组织公益创投大赛决赛举行，22个城乡社区的社会组织公益项目进行现场展示，经过专家评委和公众评委现场投票，南湖区民北社区雷锋角工作室的雷锋志愿服务便民服务项目、经济技术开发区天河社区嘉泰社工站的“生命阳光”助残服务项目等15个项目胜出，获1万~3万元不等的资金支持。

【4个项目被确定为大爱之行拟立项项目】 2014年，由民政部和李嘉诚基金会合作的“大爱之行——全国贫困人群社工服务及能力建设项目”确定110个拟立项项目。嘉兴市4个小额创新项目被确定为拟立项项目，分别为嘉兴市阳光家庭社工事务所的“经济就业困难妇女”专业社工服务项目，嘉兴市秀洲区芯悦社工事务所的智障青少年支持性就业辅导和培训项目，海盐县乐龄社工事务所的大爱之行—关爱沈荡社区空巢、独居老人社会工作服务项目，平湖市和谐家庭社工事务所的平湖市和谐家庭社工事务所婚姻危机调试专业社工服务项目。每个小额创新示范项目获得李嘉诚基金会10万元左右的项目资助金额。

【启动涉老场所饮水健康公益助老工程】 4月17日，嘉兴市涉老场所饮水健康公益助老工程在秀洲区老年活动中心礼堂启动。秀洲区老年活动中心的5个老人饮水点全部安装由爱心企业捐助的净水设备。此次活动旨在让养老机构、居家养老服务照料中心、老年活动中心（室）等涉老场所的老年人用上健康、放心、安全的饮用水。首期工程将在市本级各大涉老场所安装80台净水设备，共计50万元，所有设备维修、滤芯更换等后期服务由爱心企业免费公益支持。

【完善社会救助制度】 2014年，嘉兴市修订完善医疗救助制度，降低救助门槛、扩大救助范围、提高救助比例。全市全年按照人均不低于13元标准筹集医疗救助资金4636.39万元，救助困难群众9.9万人次，发放医疗救助资金4564.36万元。加大临时救助力度，全年支出临时救助资金1073.96万元，救助困难群众

2.7万人次。落实社会救助和保障标准与物价上涨挂钩的联动机制,发放物价补贴589.49万元。落实社会救助“救急难”工作要求,平湖市、嘉善县和海盐县被确定为省“救急难”试点单位。

【承办全国乡镇服务型政府建设示范培训班】10月18日,由中共中央组织部、民政部联合主办的全国乡镇服务型政府建设示范培训班在嘉兴市开班。全国22个省(自治区)的100多名乡镇党政负责人参加培训。开班仪式上,市委书记鲁俊致辞,市委常委、秘书长、市委社工委书记孙贤龙作经验介绍。民政部副部长窦玉沛充分肯定嘉兴市在推进乡镇服务型政府建设过程中所取得的成绩。

【创建首批全国社会工作服务示范地区】2014年,嘉兴市加强社工培训和人才培养,开展社会工作培训64场3392人次。组织开展全国社工职业水平考试和嘉兴市社工职业资格评审工作,全市有持证社工3166人(其中全国证919人,嘉兴证2247人)。10名优秀社会工作人才被评为“南湖百杰”。加强社工机构的扶持培育,全市有社工协会5家,专业社工服务机构398家,数量居全省首位。全年社会工作政府购买服务资金达607.4万元。开展专业社工服务案例2863个,提供专业服务7.4万人次,同比增长54%,社会工作涵盖社会福利、社会救助、慈善事业、社区建设和婚姻家庭、戒毒、信访、司法矫治等领域。2014年,嘉兴市被民政部确定为首批全国社会工作服务示范地区。

【首次实现省级双拥模范城创建“满堂红”】2014年,嘉兴市深入开展省级双拥模范城创建活动。提高优抚保障水平,按照自然增长机制调整重点优抚对象抚恤补助标准。做好带病回乡退伍军人病情鉴定,完成1216份“烈士证明书”“残疾军人证”换(补)发工作。推进烈士褒扬工作,举行首个烈士纪念日纪念活动,完成零散烈士纪念设施管理保护。实施“关爱功臣”活动,分期分批组织重点优抚对象体检和短期疗休养。开展重点优抚对象门诊医疗救助、困难慰问及现役义务兵父母亲免费体检工作。做好退役士兵安置工作,通过职业技能培训、发放地方经济补助、政府安排工作等方式,全市1509名城乡退役士兵得到安置,全国退役士兵安置工作督察组对嘉兴市工作给予肯定。落实军休干部政治生活待遇,完成无军籍职工房改补助补差和参照地方事业单位职工绩效工资改革工作。2014年,嘉兴市实现省级双拥模范城“六连冠”,并首次实现县(市、区)省级双拥模范城(区)创建“满堂红”。

【加强地名管理工作】2014年,嘉兴市加强地名法制化建设,新修订的《嘉兴市地名管理办法》正式施行。推进地名信息化建设,“嘉兴市地名管理信息系统”启用,地名命名网上审批、地名标志动态管理工作取得实质性进展。全面启动第二次全国地名普查工作,与市规划院联合编制完成全省首个“中心城区路名指示牌专项规划”。平湖市成功创建“全国地名公共服务示范县”。

(钱　熠)

社区、社团、社工建设

【城乡社区设置】2014年,全市共有城市社区380个(含城镇社区125个)。其中,南湖区72个(含城镇社区19个)、秀洲区29个(含城镇社区22个)、嘉兴经济技术开发区24个、嘉兴港区11个(城镇社区)、嘉善县50个(含城镇社区15个)、平湖市47个(含城镇社区9个)、海盐县49个(含城镇社区9个)、海宁市63个(含城镇社区23个)、桐乡市35个(含城镇社区17个)。全市共有行政村797个。其中南湖区54个、秀洲区113个、嘉兴经济技术开发区8个、嘉兴港区9个、嘉善县104个、平湖市87个、海盐县85个、海宁市161个、桐乡市176个。至年底,全市城乡社区专职工作者总数为6900人,其中城市(含城镇)社区2335人、农村社区4565人。

【推进新塍镇国家实验区创建】 2014年,嘉兴市推进新塍镇创建“全国社区治理和服务创新实验区”建设,探索政府、社会组织、社会企业共同参与社区治理和服务的新途径。市、区、镇三级建立领导机构,抽调人员设立办公室,并召开授牌仪式暨动员部署会。成立嘉兴市秀洲区新塍社区发展基金会,作为社区发展创新实验的核心社会组织和主导力量,通过基金会资助,挖掘、组建、引进大量的社会组织承接政府服务职能,实现政府主导到社会力量主导的转变。筹备成立“社区学院”“互助资金会”“家庭社会工作服务中心”“环境保护促进会”等一批社区治理服务类的社会组织,启动示范型镇级社区服务中心和镇级居家养老日间照料中心建设,总建筑面积4500平方米。探索创新社会组织、社会企业参与老城区百年建筑活化保护机制,对历史文化街区进行修复。

【加强城乡社区服务中心建设】 2014年,全市推进示范型镇(街道)社区服务中心建设,提供残疾预防、残疾人康复训练、心理干预等专业性强、社区层面难以普遍开展的服务。2014年,全市建成面积在2000平方米以上的示范型镇(街道)社区服务中心8个,争取省级财政资金资助355万元。加快推进城乡社区服务中心改造提升,2014年,全市共有140个城乡社区服务中心实施改造提升,投入资金1.94亿元,城乡社区服务能力得到提升。

【换届选举呈现“六高三低三全”特征】 2014年,嘉兴市开展第十届村民委员会和第三届社区居民委员会换届选举工作。至2月底,全市44个镇、29个街道的792个村和348个社区全部选出新一届的村(居)委会班子。本次全市村(居)委会换届选举工作呈现“六高三低三全”的新特征。“六高”即参选率高(村委会97.98%、居委会85.1%)、选举成功率高(100%)、学历高(大专以上学历为72.2%)、妇女成员比例高(47.44%,其中村委会为40.5%)、党员比例高(82.3%)、主任书记一肩挑比例高(村委会16.8%、居委会45.4%);“三低”即村委会成员年龄低(平均为35.5岁),委托投票率低(0.52%)、信访量低;“三全”即村(居)委会全部采用自荐直选、流动票箱全部取消、村妇女委员全部专职专选。换届选举后,市民政局分批分期对全市新一届村(居)委会主任进行集中岗位培训。

【开展村(社区)机关化整治行动】 2014年,嘉兴市开展以“三清理四规范一提升”为主要内容的村(社区)“机关化”集中整治行动,成立由分管市长为领衔领导,市纪委、市委组织部、市民政局等部门(单位)负责人组成的工作小组。至7月20日,除海盐县5个核电社区外,全市1153个村(社区)全部完成牌子、上墙制度和工作用房的清理,累计清理牌子26740块、上墙制度34535项,腾出工作用房2.31万平方米。出台《关于深化“三清理四规范一提升”行动切实增强村(社区)服务能力的意见》,对村(社区)创建评比、工作事项、台账和公款消费等项目进行规范,并在全省率先明确基层群众自治性组织37项依法履行事项、40项依法协助党委政府工作事项进入村(社区)的“准入目录”;规范市级层面涉及村(社区)的各类创建评比项目,促进政府职能转变,推进村(社区)职能归位。7月23日,副省长熊建平在嘉兴调研时,对嘉兴市的村(社区)“机关化”整治工作表示肯定。

【和谐社区创建位居全省第三】 2014年,嘉兴市全面开展和谐社区建设示范单位创建,嘉兴市南湖区东栅街道,南湖区南湖街道桂苑社区、秀洲区新城街道亚都社区、桐乡市梧桐街道庆丰社区分别被民政部确定为“全国和谐社区建设示范街道”和“全国和谐社区建设示范社区”,上榜数量列杭州、宁波之后,位居全省第三。开展市级“五星级”和谐示范社区创建工作,全市199个城市社区和272个农村社区达到市级“五星级”和谐示范社区建设标准,覆盖率分别为52.3%和34.1%。

(江茂宏)

【推动社会组织登记管理改革】 2014年,嘉兴市制定出台《关于开展四大类社会组织直接登记的实施意见》,全面开展行业协会商会类、科技类、公益慈善类、城乡社区服务类"四大类"社会组织直接登记工作,全年直接登记社会组织82家。出台《关于进一步加强城乡社区社会组织培育发展工作的实施意见》,全市登记和备案社区社会组织9119家。社会组织培育发展中心实现市、县全覆盖,累计成功孵化培育出壳社会组织50多家。加强社会组织年检和监督管理,建立社会组织信息公开制度,探索社会组织信用体系建设,继续对10%的社会组织进行财务审计。推动登记管理权限下放,基金会、异地商会登记管理权限下放至各县(市、区)。

【加强社会组织自身建设】 2014年,市民政局加强社会组织年度检查和财务审计工作,对市级少数不按期参加年检的单位,在《嘉兴日报》上发表责令限期年检公告。会同相关部门和会计师事务所抽取10%的社会组织进行财务审计,对问题比较严重的16家社会组织下发整改通知,责令在规定期限内整改,引导督促社会组织规范运作、诚信自律。探索社会组织信用体系建设,组织召开社会组织信用体系建设工作研讨会。规范社会组织会计工作和财务管理,举办社会团体和民办非企业单位会计从业人员两期业务培训班。组织开展社会组织"公益讲坛"、公益服务进社区、公益服务进军营等活动。

(郑希羚)

【专业社工服务机构数量位居全省首位】 2014年,嘉兴市认真落实《民政部关于促进民办社会工作机构发展的意见》,全市成立各类专业社工服务机构457个,数量在全省地级市中居于首位。在体制外,以免注册费、财政补助开办费等措施,成立55个民办社工机构;在体制内,以整合资源、项目补贴等方式,在民政、教育、卫生等系统成立单位内设社工部门33个,并以奖励、资助的形式,成立社区社工机构369个。全市成立7个社会工作(者)协会,市社会工作协会有单位会员13个,个人会员60人。

【加强社会工作人才队伍建设】 2014年,列入市委干部教育培训进修安排的"嘉兴市深化三社建设与创新社会治理专题研讨班"在复旦大学举行,市委社工委成员单位委员和各县(市、区)社工委书记(或副书记)、社工办主任(或副主任)共37名学员参加培训。全年开展各类社会工作培训56场次,培训3577人次。组织开展全国社工职业水平考试和嘉兴市社工职业资格评审工作,全市有持证社工3166人(其中:全国证919人,嘉兴证2247人)。2014年全国社会工作职业水平者考试现场资格审核由人事考试部门调整至各级民政部门,嘉兴市在五县两区包括市级设置8个审核点,756名考生通过审核,新报名数比上年增长68%。举办考前免费辅导班,助理级培训32课时,中级培训48课时,600人次参加培训。2014年,通过全国社会工作者职业水平考试223人,其中助理社会工作师165人,社会工作师58人。仇宇斐、仲守春、张奇、张雪华、李锋、沈建良、沈逸君、费慧、徐建国、魏亚平10人入选全市第三批"南湖百杰"暨社会工作优秀人才。姚建光被评为"2014年度中国优秀社工人物",丁梅芳、张奇、何维群被评为"2014年度中国最美社工"。完成与浙江工商大学联会举办的首届社会工作专升本学历教学,首批共有44人毕业,取得社会工作本科学历。

【实施政府购买社会工作服务】 2014年,嘉兴市建立以政府购买社会工作服务项目为主要形式的财政支持机制,通过项目购买、项目补贴、项目奖励等形式开展政府购买社会工作服务,推动各级财政加大投入力度。年内,嘉兴市向社会公开征集需要政府购买的项目85个,经专家评估和市评审委员会审定,40个项目获得政府购买资格。全市各级财政和福利彩票公益金安排社会工作和政府购买社会工作服务经费1112万元,增幅达31%。市阳光家庭社工事务所申报“守望相助，绽放人生——单亲妈妈家庭专业社工服务项目”，获50万中央财政购买服务资金支持；4个小额创新项目入选民政部李嘉诚基金会大爱之行项目。

（余先保）

老龄工作

【概况】 2014年末，全市60周岁以上老年人口81.26万人，占户籍总人口的23.34%，城镇老年人口28.39万人、农村老年人口52.87万人；其中80周岁以上老年人口11.59万人、90周岁以上为1.13万人、100周岁以上有111人。海宁市、桐乡市、平湖市的老年人口数位列前三，老龄化系数位居前三：嘉善县25.64%、平湖市24.38%、南湖区和海宁市23.31%；海宁市、平湖市、南湖区的城镇老年人口数列前三位，农村老年人口占比最高为桐乡市82.30%、秀洲区81.26%列第二，最低为南湖区56.85%。2014年农村老年人口继续减少，向城市集居的趋势愈发明显。

【出台《关于加快发展养老服务业的实施意见》】 2014年末，市政府印发《关于加快发展养老服务业的实施意见》，提出到2020年全面建成以居家为基础、社区为依托、机构为支撑、信息为辅助，功能完善、布局合理、规模适度、覆盖城乡的社会养老服务体系，基本形成“9643”（即96%的老年人居家接受服务，4%的老年人在养老机构接受服务；不少于3%的老年人享有养老服务补贴）的养老服务总体格局，养老服务产品更加丰富，市场机制不断健全，养老服务业持续健康发展。启动《嘉兴市养老服务业发展规划》和“十三五”老龄事业发展规划编制工作，推动养老服务体系全面发展。

【顺利完成民生实事项目】 2014年，全市推进2014年民生实事项目（建设城乡社区居家养老服务照料中心），市本级新建社区居家养老服务照料中心69家，累计建成172家，其中城市社区（含城镇社区）96家、农村社区76家，城乡社区覆盖率分别达到90.98%和58.33%，超额完成民生实事项目。全市累计建成831家社区居家养老服务照料中心，其中城市311家，农村520家，覆盖率分别达到89.2%和75.2%。同时，全面开展社区居家养老服务照料中心等级评定工作，落实建设和运行补助政策，健全社区居家养老服务长效运行机制。市、区两级民政、财政部门对市本级已建成的近100家社区居家养老服务照料中心进行等级评定和验收，并落实兑现相关补助政策。

【创新为老服务载体】 2014年，嘉兴市采取养老服务补贴、购买服务、项目委托、以奖代补等形式，培育发展为老服务组织，全市现有为老服务社会组织和企业43家，业务涵盖居家养老上门服务、社区居家养老服务照料中心的运行托管、养老机构中的劳务派遣、人才培训等方面。推进以“管理、服务和紧急救助”为主要内容的养老服务信息平台建设，构建没有围墙的敬老院，在南湖区试点建设“智慧养老综合服务网”，依托“96345”社区服务中心开始试运行。在南湖区清河社区试点建设“为老服务一条街”，通过签署爱心协议，商家为社区老年人提供优惠和便利，形成尊老爱老的社会氛围。推进老旧小区适老化改造，在清河社区、南杨社区等老城区为老年人安装楼道凳近300套，入户安装扶手近2000根。

【推进养老机构均衡发展】 2014年，嘉兴市推进以敬老院转型升级为主的公办保障型机构建设，全市新开工改扩建的敬老院4家，另有海宁市社会福利中心、海盐县老年公寓三期等城市国办机构在建。扶持民办机构发展，嘉兴市常春藤老年颐养中心、秀洲区秀湖恩慈护理院等一批民办养老机构开工建设投入运行。加大护理型养老机构推进建设，市老年公寓大桥分院联合省荣军医院，推进养医融合试点。市湘家荡颐养中心成立“嘉兴逸和源湘家荡护理院”，成为全市首家配备专业医疗机构的民办养老机构。平湖市、海盐县、海宁市和桐乡市等地，利用搬迁后的医院旧址，引进社会力量举办护理型养老机构。

【加强养老服务人才队伍建设】 2014年，嘉兴市认真贯彻《嘉兴市社会养老服务人才队伍素质提升工程三年实施计划》，启动市本级养老护理人员培训和失能半失能老人上门培训两个项目，通过委托培训的形式对全市养老护理人员、涉老工作人员进行专业培训。加强养老护理员学历教育，建立养老服务人才定向培训机制，嘉善县探索养老服务人才定向培训机制，出台免费就读、生活补贴等政策，毕业后优先推荐到该县养老机构工作。

【老年电大实体化运作】 2014年，“嘉兴市老年电视大学”按民办非企业的性质注册，实体化运作。县(市、区)老年电大分校实体化建设稳步推进，所有县级老年电大分校均已完成登记注册，整体工作走在全省前列。强化老年电大师资队伍建设，在全省率先举办全市老年电大业务骨干轮训班，组织老年电大讲师团下基层巡回授课。全市现有老年电大教学点（班）1155个，在册老年学员83652人。2014年，全市老年电大春季招生10.7万人、秋季招生11万人，入学比例超过14%。

（徐国娇）

劳动就业

【概况】 2014年，全市城镇新增就业10.72万人，帮助城镇失业人员再就业4.37万人、就业困难人员再就业1.45万人，城镇登记失业率2.92%，社会就业率90%，农村公益性岗位进村达标率100%。

2014年，全市举办各类招聘会552场，提供岗位81.1万个次，求职人数62.2万人次，达成就业意向25.4万人次。组织开展第十一届“架金桥促发展”妇女就业招聘洽谈会等公共就业专项服务活动，全市组织专场招聘会134场，为238031人次提供职业介绍服务，吸纳农村劳动者就业22777人，为289人提供创业服务。办理外国人就业许可证493人、台港澳人员就业证43人，办理外国人就业证延期1198人、台港澳人员就业证延期25人。加强“企业、市场、失业”监测，对全市938个企业实行企业生产经营和用工情况监测，对463个企业实行块状经济监测。落实企业用工需求调查、人力资源市场供求分析、企业用工与经济状况联动分析等制度。加强技能人才工作交流，组织企业参加“2014浙江省技能人才校企合作洽谈会”，与省内外技工(职业)院校达成合作意向85项，与市内外企业达成合作意向65项，与各职业（技工）学校签订技能人才校企合作协议书360份。召开嘉兴—桂林人力资源暨校企合作交流会，签订人力资源长期合作协议。加强与广西、青海等地职业院校的联系沟通，强化双方技能人才供需信息的共享。开展与新疆沙雅县、建设兵团十团、十二团创业带动就业合作交流活动。围绕全市淘汰落后产能工作，建立健全淘汰落后产能企业职工安置工作协调机制，多途径、多渠道安置职工。淘汰落后产能企业32个，涉及企业职工2982人，实现转岗再就业809人，其他单位就业1812人，自谋职业自主创业194人，退休59人，外地人员不在嘉兴就业108人。

2014年，嘉兴市编制家庭服务业发展中期规划，推进家庭服务体系建设，嘉兴市被列为浙江省中心城市家庭服务体系建设联系城市。出台《关于做好生猪养殖退养人员就业和社会保障工作的通知》，促进生猪养殖人员转产转业，实现生猪退养人员转移就业41106人，转移就业率达77.36%，完成培训5772人，符合条件的退养人员社会保障参保率达100%。配合市区人力客运三轮车退运工作，完成526名退运车主的就业安置服务工作。实施就业困难人员就业援助，推行就业困难人员实名制管理，走访就业困难人员和零就业家庭 468 户，登记认定未就业困难人员 722 人，帮助 401 名就业困难人员实现就业。制定高校毕业生见(实)习基地认定管理办法，推行高校毕业生就业实名制管理，制定公益性岗位开发管理办法，开展示范性农村劳务合作社认定工作，高校毕业生、城乡登记失业人员、农村转移劳动力和就业困难人员等重点群体的就业工作统筹推进。全市已建见(实)习基地 217 个，其中国家级 1 个、省级 4 个、市级 30 个，安排大学生参加见习 1429 人，见习单位留用 628 人。

【推进创业型城市创建】 2014 年，嘉兴市推进创业型城市创建，出台《嘉兴市创建国家级创业型城市工作领导小组成员单位职责》，调整相关单位职责。开展创业型镇(街道)、创业基地和创业典型评选活动，新命名嘉兴市充分就业镇(街道)39 个；认定第二批创业型镇(街道)17 个、创业基地 34 个和创业典型 50 人；复审首批创业基地 58 个，其中 57 个基地通过审验。落实各项创业补贴共计 31.2 万元，其中创业基地补助 11 万元、创业型镇(街道)补助 10 万元、创业典型补助 10.2 万元。完善小额创业贷款政策，与人民银行嘉兴支行、市财政局联合出台《嘉兴市本级小额创业贷款管理办法》，调整提高贷款额度，加大贷款贴息力度。出台《嘉兴市本级创业扶持政策申报操作办法》，规范市本级创业扶持政策。全市联动开展“创业季”系列活动，会同团市委、市商务局举办青年电子商务大赛，与广电集团联合推出《就业之声》栏目，营造良好创业氛围。

【深入开展“双爱”活动】 2014 年，嘉兴市深入开展“双爱(企业关爱职工，职工热爱企业)”活动，出台《嘉兴市深入开展“双爱”活动计划(2014～2017 年)》，启动十二项重点工作。7 月 17 日，全市“双爱”活动现场推进会在海盐召开。全市建立“双爱”活动企业联系点 400 余个，全市规模以上企业“双爱”活动参与率 100%，劳动合同签订率 98%以上，已建工会企业集体合同签订率 94.5%。广泛宣传报道“双爱”活动，市、县两级评选 100 多个“双爱”活动示范企业，表彰市级“双爱”活动优秀示范企业 20 个、优秀企业家 30 名、优秀职工 48 名，表彰第四批全市创建和谐劳动关系先进企业 53 个、先进工业园区 4 个、先进个人 32 名。加强劳动保障监察执法，巩固“不欠薪嘉兴”城市品牌。组织开展农民工工资支付专项检查等五大专项行动，建立企业劳动保障信用等级评价制度，健全劳动执法监管机制，全市主动监察用人单位 15697 个，开展劳动保障书面审查 5.4 万个，完善企业欠薪治理机制，为 2.14 万名劳动者追回被拖欠工资和赔偿金 2.26 亿元。向公安机关移送涉嫌拒不支付劳动报酬案件 44 件，公安机关立案 33 件，判结 12 件。强化劳动人事争议预防和调处工作，全市各级劳动人事仲裁机构全年立案受理案件 2248 件，涉及劳动者 7431 人，结案率达 97.2%，总调撤率达 76.7%，结案经济标的 14914.25 万元。全年基层劳动争议调解机构受理劳动争议 6721 件，调解率达 93.1%，争议源头化解成效显著。市仲裁委探索建立兼职仲裁员办案制度，聘任兼职仲裁员 9 名。规范信访办理程序，全市人力社保系统共处理群众来信 461 件次 929 人次，接待群众来访 1024 批次 3277 人次。完成市 12333 人力社保咨询服务平台改建升级，实现政策咨询、办事指南、信息查询、举报投诉等一站式综合服务。全年受理群众电话咨询总量 307031 个。

(吕　臻)

社会保障

【概况】 2014 年，根据省人力社保厅部署，嘉兴市制定全民参保登记三年行动计划，全市统一启动市民社保参保信息与公安户籍人口数据库比对工作，并上传省厅进行数据校验，全市核准户籍人口社保参保信息 70%。继续执行省、市养老保障历史遗留问题相关政策，实施省内社保关系转移接续新政,全市共办理转移接续4.5万人次。平湖实行工伤保险缴费浮动费率。海盐全面实行城乡居民基本养老保险费银行代扣代缴。海宁、桐乡将机关事业单位和民办非企业单位在职人员、自谋职业人员、被征地农民生活保障人员、参保男职工未就业配偶纳入生育保险范畴。

2014年,全市实现50.2万名(市本级15.1万名)企事业离退休、43.9万名(市本级8.1万名)城乡居保等人员养老待遇的按时足额发放。为43万名(市本级13.1万名)企事业退休、离休干部、事改企退休"中人"、离退休劳模、被征地居民、农婚知青、"双低"人员、遗属等各类人员及时调整计发养老保障待遇。为44万名城乡居保人员调整基础养老金,城乡居保社会化发放率达到100%。助推经济转型发展,落实工业企业社保费减征政策,配合地税部门减征社保费8.95亿元(市本级2.2亿元),惠及企业3.78万家(市本级9435家)。

年内,全年市本级结算职工医保门诊622.9万人次,住院12.6万人次,拨付基金15亿元;结算工伤保险3334人次,拨付基金7398万元;结算生育保险7075人次,拨付基金8286万元;省内异地就医30.1万人次,结算医疗费2.95亿元;市域异地就医101.1万人次,结算医疗费5.13亿元;上海医保代办累计签约380人,全年累计受理委托代办服务540人次,结算医疗费3600笔、金额304万元。进一步拓展参保人员就诊购药的便利渠道,满足群众多元化医疗需求,新增定点医疗机构7家、零售药店69家。

【居民医保经办职能整合】 2014年,市本级率先在全市启动居民医保与职工医保经办职能整合工作,年初完成居民医保和职工医保信息系统整合并上线运行,实现居民医保和职工医保操作平台、数据库、业务规则"三统一"。39万名居民医保参保人员市民卡全部发放到位,全面实现居民医保参保人员就医持卡实时结算,全年刷卡率达99.4%。通过政府购买服务开展"政保合作",由商业保险公司设立居民医保业务管理中心,建立镇(街道)窗口受理、业务管理中心审核、社保核定、财政拨付的"分段把关、分人负责、分岗制衡"的管理模式。全年市本级居民医保门诊结算181万人次、住院5.8万人次,结算医疗费用6.7亿元,基金支付2.9亿元。

【公共信息与32个部门共享交换】 2014年,嘉兴市贯彻落实《嘉兴市公共事务信息系统信息资源共享管理办法》,推动部门间信息资源交换共享。市公共事务信息平台与公检法和民政、市场监管、公积金、质监、住房保障以及电信三大运营商、水务、燃气、广电等32个部门和公用事业单位实现数据实时或定时共享交换。基于共享数据库,与嘉兴市领军人才企业彼艾公司合作开发"公民个人信用评价系统"1.0版并于12月开通运行。该系统基于多个行业的数据,运用大数据挖掘分析技术,对个人信用进行多维度评价,在国内尚属首创。

12月12日,嘉兴市举行公民个人信用评价系统开通仪式。

【拓展市民卡功能应用】 2014年,嘉兴市以市民卡为载体,建成"乐惠民"药品网上调配服务平台,在全国首创慢性病处方类药品登记备案、线上订购、线下配送、一卡结算的服务模式,系统于12月底正式上线。在加快服务体系一体化建设上,随着嘉善市民卡分中心的成立,全面形成市域市民卡服务"四统一"(统一系统、统一制发卡、统一运行机制、统一服务规范)格局。全市累计制发市民卡229万张,完成省年度任务的111%;市民卡合作银行达到10家、银行代理服务网点352家。拓展金融应用,力推银行卡绑定业务，市本级实施参保人员社保待遇“零现金”支付和年度居民医保费征缴银行批扣。“一卡通用”不断拓展。桐乡在全市率先实行市民卡诊间结算；海宁、桐乡、平湖（港区）先后开通公共自行车租借功能；海宁实现公交乘车、城市停车刷卡缴费服务；海盐持市民卡图书借阅已全县覆盖；市委党校实现市民卡校园“一卡通”；南湖区将市民卡应用于志愿者的服务记录。

12月31日，嘉兴市举行“乐惠民”药品网上调配服务平台启用仪式。

【开拓职工医保异地就医业务】 2014年，市域异地联网结算医院由12所增至33所，省内异地联网结算医院由128所增至151所。市本级实现离休干部省内异地就医的联网结算。异地就医信息系统运行平稳，结算费用对账拨付准确及时，全年结算人次、结算金额均创历史新高。其中省内异地就医30万人次，结算医疗费近3亿元，同比分别增长211%和156%；市域异地就医突破百万人次，结算医疗费5亿元，同比分别增长123%和120%。

【完善社保“上网下乡”经办服务体系】 2014年，全市加快推进社保业务“上网下乡”，开通网上申报参保企业超过3万家，其中市本级和桐乡市企业网上办理的人员增减业务超过总量的80%。市本级在22个镇（街道）启动新一轮社保“全业务”下沉，将基层服务事项从21项增加到80项，同时下派业务骨干实行驻点指导。在行政审批中心等12个公共场所增设市民卡自助终端，为群众查询、打印社保证明提供便利。海宁完善自助服务设备，实现自谋职业人员参保登记、办卡签约等“一条龙”自助服务。

【加大社保基金监管力度】 2014年，市本级采用市民卡绑定银行卡、业务办理短信触发等措施，从10月1日起全面实行社保待遇支付“零现金”制度。完善业务审核机制，建立健全社保待遇分级审核和大额支付会审制度，进一步严格医保、工伤、生育等社保待遇人工结算业务的审核程序。贯彻《加强社会保险基金管理的意见》，加大对职工基本养老保险缴费基数的稽核审查力度，市本级对近800家未主动申报年度缴费基数的企业进行重点稽核，并加强基数调整核对、异议申报审核和实地稽核工作，同时对未申报基数的8300余家企业、8.4万名参保人员统一按上月缴费额的110%征收社保费，全年实现增收5000多万元。联合公安、人社、市场监管等6个部门，集中开展医保反欺诈“亮剑”专项行动。舆论开道、措施跟进，嘉善率先建成并应用智能审核监管平台。全市累计复查5万元以上住院结算1353人次，比对分析中药饮片结算记录近75万条，实地巡查“两定”单位近500家，查处“涉违”医保基金520余万元、追回120余万元。同时，联合商业保险公司开展外伤调查共计954人次，拒付178人次，多方联动监管初见成效。

（金天国）

住房保障

【概况】 2014年，嘉兴市新增公共租赁住房（含廉租住房）租赁补贴保障家庭422户，新开工建设各类新建和改造项目5485套，包括新开工建设公共租赁住房1263套，新开工建设经济适用住房1076套，启动城市旧住宅区（危旧房、城中村）改造2444套，完成征收货币补偿安置702户。其中，市本级新增公共租赁住房（含廉租住房）租赁补贴保障家庭168户，新开工建设各类新建和改造项目1079套，包括新开工建设公共租赁住房36套，新开工建设经济适用住房405套,启动城市旧住宅区(危旧房、城中村)改造500套,完成征收货币补偿安置138户。公共租赁住房保障户数和各类保障性住房建设量、竣工量均超过省政府目标任务要求。

2014年，嘉兴市坚持住房保障透明化、阳光化，实现城镇中低收入家庭住房保障公平化、普及化。年内,市住房委员会出台《2014年度嘉兴市区经济适用住房管理实施细则》,市本级申请经济适用住房的人均收入审核标准从2013年的26900元提高到2014年的29394元,将原规定2008年1月1日之后转让的房屋纳入核定住房面积,调整到2009年1月1日之后转让的房屋纳入核定住房面积。2014年,市本级共受理经济适用住房申请887户，经审核和公示,有733户符合申请条件。11月29日,符合条件的经济适用住房申请家庭在嘉兴市国际会展中心参加电脑摇号,12月9~25日进行选房,共有714户符合选房资格,其中375户选择实物房源,250户选择货币补贴,89户未参加选房。市本级共受理311户公共租赁住房申请家庭,经审核和公示,270户家庭符合申请条件。

2014年,市本级经济适用住房住宅中心售价为2400元/平方米，自行车库售价为1200元/平方米，超出本次可享受的经济适用住房建筑面积部分中心售价为4200元/平方米。2014年,市本级经济适用住房货币补贴标准为购买建成区范围内经济适用住房1650元/平方米，购买各建制镇经济适用住房1320元/平方米。2014年,市本级公共租赁住房租金补贴标准为低收入有证困难家庭每月15元/平方米，低收入无证困难家庭每月13元/平方米,中等偏下收入住房困难家庭每月10元/平方米。

2014年，全市发放职工一次性住房补贴4136人、5253.5万元,出售公房1280套、建筑面积66946平方米，回收售房资金2883.4万元。其中市本级发放一次性住房补贴892人、766.7万元,出售公房120套、建筑面积6229.6平方米,回收售房资金164.74万元。市本级发放经济适用住房货币补贴327户、3580万元,发放公共租赁住房租金补贴204户、86.9万元，发放廉租住房租金补贴302户,202.1万元。完成房改房及经济适用住房上市审核891户。完成直管成套公房按评估价出售117套,建筑面积6301平方米。

年内,市区危旧直管公房异地新建项目乌桥公寓完成竣工预验收,1号楼共计11层,2号楼共计17层，建成后主要用于安置市区危旧直管公房住户。对市区国有直管公房进行实地摸底勘察、建档,进一步细化排危方案,确保资金落实,对危旧国有直管公房采用三种方式排危,即针对居住集中且不具有维修价值的公房,采用落地翻建的方式;针对居住分散、房屋破损严重维修困难的公房,采用公房调换的方式;针对居住相对集中,房屋状况不适于落地翻建但又存在一定危险的房屋,采用原房大修的方式。共查出急需排危的直管公房257户,面积10462.17平方米。其中118户将采用公房调换的方式排危,34户将采用落地大修的方式排危,105户将采用大修的方式排危。

9月，市区推出住房公积金支持房地产市场平稳健康发展五项配套措施,包括设定保底贷款,上浮最高贷款额度,调高精装修住房的贷款比例,简化认房认贷手续,加快楼盘审批、贷款发放速度;为购买第二套改善型普通自住住房家庭提供住房公积金贷款优惠、支持省内异地就业的本市户籍人员在嘉兴置业。各项新政共惠及市区1100户家庭，涉及金额2.5亿元。7月1日起,正式实施《嘉兴职工家庭人员患重大疾病提取住房公积金暂行办法》，此项举措被列入市政府50件民生实事项目之一。至年底,全市有75人享受该政策,提取金额308万元;其中市本级22人,提取金额83.4万元。

至2014年年底，市区累计归集住房公积金128.61亿元,归集余额52.39亿元。新增开户缴存单位576个，新增缴存职工33995人,净增缴存职工9803人，实缴职工人数达到156957人,制度保障覆盖率达到统计部门公布的上年在岗职工人数的 73.73%，比年初提高 4.18 个百分点。累计向 4.64 万户工薪家庭发放公积金个人贷款 89.55 亿元，个人住房公积金贷款余额为 49.71 亿元。在个人贷款快速发展、高比例运用情况下，住房公积金继续保持资产优质、低逾期率运作，年末个人贷款逾期率为 0.009‰。全年实现住房公积金增值收益 1.05 亿元，当年提取廉租住房补充资金 0.27 亿元，为政府对社会廉租住房保障家庭实行“应保尽保”提供坚实基础。

年内，市住房保障局被省城乡住房工作协调委员会办公室评为“2014 年度浙江省城镇保障性安居工程建设实绩突出集体”。殷慧雯被省城乡住房工作协调委员会办公室评为“2014 年度浙江省城镇保障性安居工程建设实绩突出个人”。

【嘉兴市区公共租赁住房与廉租住房并轨运行】 7 月 28 日，市政府办公室根据《国务院办公厅关于保障性安居工程建设和管理的指导意见》《浙江省住房和城乡建设厅 浙江省发展和改革委员会 浙江省财政厅转发关于公共租赁住房和廉租住房并轨运行的通知》等文件精神，结合本市实际，出台《嘉兴市人民政府办公室关于进一步加强住房保障工作的通知》，明确嘉兴市从 2014 年开始将转变保障方式，逐步停止建设经济适用住房实物房源，取消经济适用住房分配制度，并向公共租赁住房或住房补贴转变；重点发展公共租赁住房并推动公共租赁住房和廉租住房并轨运行。12 月 4 日，市建委、市民政局、市财政局、市发展和改革委员会、市物价局、市地方税务局联合出台《关于全面推进廉租住房和公共租赁住房并轨运行的实施意见》，对嘉兴市廉租住房和公共租赁住房并轨运行作了相关规定，同时要求各地在 2014 年年底前实现廉租住房和公共租赁住房的统一建设、统一分配、统一管理。

【住房公积金业务指标稳中有升】 2014 年，市区共归集住房公积金 20.70 亿元，完成年度预算的 106.16%，比上年增长 14.92%。提取住房公积金 12.53 亿元，完成年度预算的 96.42%，同比增长 1.85%。其中职工购房提取住房公积金 4.18 亿元，同比减少 11%。归还个人住房贷款本息提取 5.63 亿元，同比增长 6%。离退休提取 2.72 亿元，同比增长 16%。全年新发放住房公积金贷款 4544 笔，贷款金额 12.51 亿元，完成年度预算的 113.72%，同比减少 18.21%。全年用于职工住房消费的购房提取与发放贷款的住房公积金资金达到 16.69 亿元。2014 年住房公积金的运行特点：一是归集、提取持续双增长；二是个人房贷业务平稳发展，贷款规模首次突破百亿；三是个人房贷风险控制良好，资金运用率处合理区间；四是增值收益稳步增长，社会效益愈加明显。

（谢佳萍　刘　剑）

消费者权益保护

【概况】 2014 年，全市各级消费者权益保护委员会共受理消费者投诉 5565 件，比上年上升 11.34%，其中涉及商品类投诉 4063 件，上升 10.80%；服务类投诉 1502 件，上升 12.85%；为消费者挽回经济损失 961.57 万元，维护消费者的合法权益。

2014 年，市消保委关注民生，不断提高消费救助服务。一是畅通信息化投诉处理渠道。继续加强嘉兴“3·15”消费维权网、嘉兴电子商务“3·15”消费维权网的建设，通过两个平台，为消费者解决消费纠纷 244 起，为消费者挽回直接经济损失 44.49 万元。同时，嘉兴市、海宁市消保委分别开通微博、微信公共平台，向不特定的消费者提供有关消费维权的多项服务帮助。二是妥善处理群体性消费投诉。平湖市消保委争取公安部门及时介入，成功调处一起老年人群体性消费投诉，涉及当地消费者 136 人，追回被骗款 54 万余元，并由司法机关对侵权人追究刑事责任。三是认真解决重大疑难消费投诉。市消保委调处一起房产消费纠纷，投诉金额985.6万元，并实现消费者退房诉求；调处一起使用保健品导致脸部毁容的消费纠纷，经营者作出一次性赔偿25万元，在全市消费维权个案中投诉和赔偿金额为“最高”的。

2014年，市消保委抓好维权组织队伍建设。9月，市消保委下发文件，部署开展对全市消费维权联络机构的清理工作，对名存实亡的予以撤销，保留行业协会消费维权联络站8家，企业消费维权联络站287家。对南湖区、秀洲区消保委进行相关联络机构设置的事权调整。进一步完善联络站设置，市消保委在市银行业协会、市保险行业协会分别建立消费维权联络总站，在23家市级银行、49家市级保险公司建立消费维权联络分站，使消费维权联络站点在金融主要行业率先实现市级层面的全覆盖。

2014年，市消保委多措并举，全面构筑消费监督新防线。一是认真组织开展消费评议活动。1月，市消保委通过餐饮投诉调查，召开餐饮企业春节安全消费会议，发布2013年餐饮业消费者投诉报告，推出春节餐饮消费者投诉企业“黑榜”名单。市消保委港区分会组织对辖区范围内的供水、电力、移动、天然气等7个公用企业的消费者消费账单进行抽查，并进行消费者满意度问卷调查，帮助广大消费者提出意见。二是重点领域进行百姓消费调查。7月，市消保委联合嘉兴广电报、嘉兴生活广播等多家媒体，走进社区，面向居民，通过问卷调查形式组织开展对保健产品的消费调查，对参与者抽奖赠送广电报，吸引众多老年人参加。三是集中约谈避免发生消费新投诉。市消保委集中约谈全市十多家保健品会销经营单位，联合保健行业协会开展“反欺诈、反误导、反忽悠”专项行动。嘉善县消保委集中约谈世纪联华、景文百货、苏宁电器等37家大、中型商贸流通企业，防止产生新的“王海式”消费投诉。四是保健行业实行持证上岗制度。针对保健品经营中存在的消费侵权突出问题，市消保委联合市保健行业协会对会销经营者建立保健品行业的持证上岗制度，发布《嘉兴市保健品行业相关单位和从业人员持证上岗实施管理办法》，由协会采取登记、管理的相关措施，对会员单位的从业人员进行上岗前的职业道德和法律、法规培训，经营者实行七天内无理由退货制度，由消保委及媒体实行全面的社会监督，保障中老年消费者的合法权益。有11家经营单位试点进行，经营者主动接受市消保委监督。

2014年，市消保委防范前置，推动消费教育纵深发展，按照“建阵地、拓载体、强师资、推重点”的思路，着力推动消费教育和引导工作走向社会化、常态化和普及化。市消保委根据不同行业的特点，选择一些骨干企业，建立消费教育维权基地，年内，市消保委在保健行业的浙江长红大药房有限公司和银行业的中国建设银行股份有限公司嘉兴分行建立消费教育基地。同时，市消保委多渠道扩大教育受众面。年内，与《嘉兴广电报》继续合作，开办每星期1~2版的《消费维权》专栏，至年底，全市各级消保委在广播电视报上刊登文章124篇。联合嘉兴城乡生活广播频率共同开设服务于民生的“消费大军”电台直播栏目，从1月1日开始，在每个工作日的16时至16时30分，电台主持人、消费者进行互动，结合消费投诉热点、案例的讲解，现场接受消费者的咨询和投诉，解答消费者所关心的民生问题，并与商家直接对话，促使消费纠纷的解决，全年接听咨询投诉等近700个，投诉解决率90%以上。7月，在全市开展“消费教育万里行”活动，走进西马桥、电子、阳光等市区大型社区开展消费维权宣传教育活动。8月，市消保委以嘉兴市“玫琳凯”杯消费及消费维权知识竞赛为载体，面向全市广大市民开展新消法知识的社会测评活动，有478位消费者参加活动，测评显示，消费者对新消法许多新知识点缺乏了解，对此，市消保委通过媒体发布测评报告，动员广大消费者加强对新消法的学习。9月11日，市消保委在市中心旭辉广场举行“消费教育万里行”公益宣传活动，倡导市民节俭节约消费，动员广大市民参与签名，并在活动中向市民发放《嘉兴市市民消费与维权》教育读本。9月29日，在嘉兴率先建立国民消费教育分中心。

2014 年,市消保委办好“3·15”,消费维权网,扩大消费维权社会影响力。在“3·15”期间,全市各级消保委围绕年主题,创新载体,丰富内容,通过多种形式开展宣传纪念活动,提升全社会对消费维权工作的关注度和参与性。市消保委组织对各个商业银行、证券、期货、保险机构分管领导和嘉兴食品流通商会、海宁汽车行业商会成员单位以及嘉兴建设银行、嘉兴电信公司员工进行新消法培训教育。海宁市、桐乡市、嘉善县等消保委通过送消法进社区、进学校、进商超、进企业、进农村等活动,广泛开展新消法的宣传教育活动。3 月 12 日下午,市消保委秘书长金建德带领市保健行业协会会长等骨干成员走进嘉兴生活广播电台,与广大市民就保健品行业自律等消费保护问题进行交流。3 月 14 日上午,市消保委与嘉兴日报在当地联合举办“3·15”消费维权状况权威发布会, 市消保委公布 2013 年消费维权各类数据以及商品、服务类消费投诉“双十”典型案例,并进行相关点评,全市金融、保险、房产、汽车、大型商超、通信、家装等 150 多家企业的负责人参加活动,嘉兴市人民政府副市长盛全生到会并作了讲话。3 月 15 日上午,市消保委联合市市场监管局在嘉兴嘉地家居广场举行“新消法、新权益、新责任”为主题的大型广场宣传咨询纪念活动,嘉兴市近 20 家职能部门、与消费者生活密切相关的 12 个行业协会以及律师义工团、新闻媒体、众多企业参加活动。3 月 16 日上午,市市场监管局长王根良带领市局有关职能处室负责人和消保委秘书长走进嘉兴交通之声电台,与广大市民就消费维权等民生问题进行交流。

【商品类消费投诉情况】 2014 年,全市商品类消费投诉 4063 件,占总投诉的 73.01%。其中家用电子电器类 1104 件,日用百货类 859 件,烟、酒、饮料、食品类 824 件,家用机械类 552 件,其他类 426 件,建材类 252 件,农用生产资料类 28 件,医药及医疗用品类 18 件。从单一商品来看,首位是通信器材投诉,共有 703 件,占商品类投诉的 17.3%;其次是服装、鞋类投诉,共有 501 件,占商品类投诉的 12.33%;第三是汽车投诉,共有 479 件,占商品类投诉的 11.79%。

表 25 **2014 年嘉兴市商品类投诉情况** 单位:件

商品类别	2014 年	2013 年	比上年增长(%)
家用电子电器类	1104	1124	-1.78
日用百货类	859	652	31.75
烟、酒、饮料、食品类	824	629	31.00
家用机械类	552	575	-4.00
其他	426	464	-8.19
建材类	252	173	45.66
农用生产资料类	28	19	47.37
医药及医疗用品类	18	31	-41.94

【服务类消费投诉情况】 2014 年,全市服务类消费投诉 1502 件,占总投诉的 26.99%;其中其他服务类 408 件,居民服务类 343 件,餐饮服务类 173 件,电信服务类 104 件,修理维护服务类 90 件,文化娱乐服务类 76 件,互联网服务类 62 件,快递服务类 60 件,旅馆服务类 58 件,装饰装修服务类 29 件,金融服务类 26 件,培训服务类 22 件, 保险服务类 17 件, 公共设施服务类 11 件,中介服务类 10 件,旅游服务类 8 件,医疗服务类 5 件。从单一服务来看,首位是美容美发服务投诉, 共有 229 件, 占服务类投诉的 15.25%;其次是餐饮服务投诉,共有 173 件,占服务类投诉的 11.52%; 第三是电信服务投诉,共有 104 件,占服务类投诉的 6.92%。

表 26

2014 年嘉兴市服务类投诉情况

单位:件

服务类别	2014 年	2013 年	比上年增长(%)
其他	408	345	18.26
居民服务	343	413	-16.95
餐饮服务	173	113	53.09
电讯服务	104	79	31.65
修理维修服务	90	116	-22.41
文化娱乐服务	76	42	80.95
互联网服务	62	35	77.14
邮政、快递服务	60	67	-10.45
旅馆服务	58	27	114.81
装修装饰服务	29	13	123.08
金融服务	26	8	225.00
培训服务	22	38	-42.11
保险服务	17	5	240.00
公共设施服务	11	10	10.00
中介服务	10	11	-9.09
旅游服务	8	3	166.67
医疗服务	5	6	-16.67

【助推房企率先探索“后悔期”】 2014 年 3 月,市消保委针对房产企业预售的商品房大部分是期房,具有非现场购物特征,联合《南湖晚报》向嘉兴的房产企业发出倡议,号召嘉兴各房产开发企业在全国率先推行消费者购房“后悔期”,围绕“新消法、新消费、新责任”年主题,增加企业的社会责任感,使消费者能够在房屋预售期内安心订购。有 10 家房产企业积极响应,并向市消保委作出承诺,在一定的期限内,消费者在嘉兴购房,无论是交付定金还是支付预付款,有反悔的,经营者全额退还所收款项。

【督促完成四(三)轮电动车回购】 2014 年 4 月,市消保委接到上百名购买四(三)电动车消费者的消费投诉,为了避免消费矛盾转化为社会矛盾,从 4 月 10 日到 5 月 16 日,先后为消费者所购的 320 辆四(三)轮电动车办理回购登记手续,督促 1 家生产企业和 9 家销售商对 313 辆四(三)轮电动车进行回购,计 245 万元左右。其中生产企业回购 215 辆,占回购车辆 68.69%;销售商回购 98 辆,占回购车辆 31.31%。工作的规范性、服务性、灵活性得到市委常委、常务副市长梁群的充分肯定。

【建立快递投诉处理平台】 2014 年 5 月 22 日,为了顺应消费维权一体化模式,市消保委牵头召开环太湖毗邻城市消费维权协作预备会议,在嘉兴市消保委的倡议下,苏州、无锡、常州、湖州、宣城等环太湖毗邻五个城市消保委(消委会、消协)一致同意,接纳上海青浦消保委为消费维权协作组织的新成员。10 月 16 日,由嘉兴市消保委发起,上海市青浦区、江苏省苏州市和浙江省湖州市等四个毗邻城市消保委在上海市青浦区举行关于加强毗邻城市快递消费维权合作和支持电子商务发展商谈会议。会议对支持电子商务和快递发展以及认真做好消费者投诉处理进行讨论,达成共识。主要有四个城市消保委共同建立两大快递投诉处理平台,一是以当地快递行业协会为依托的快递消费投诉处理和解平台;二是建立以青浦区快递总部经济为依托的快递消费投诉处理和解平台。

【规范行业经营行为】 2014 年,市消保委针对不同行业存在的问题,分别向 4 个行业协会发放建议书。向市家居装饰装修协会发出《尽快制定和使用嘉兴市住宅装饰装修施工规范合同的建议书》，由此推动家居装饰装修行业协会统一出台《嘉兴市住宅装饰装修施工合同》，9家骨干家装企业率先将一定数量的保证金交第三方——银行保管，由消保委对消费者的投诉实行先行预赔制度。向嘉兴市餐饮行业协会发出《加强对餐饮业行业自律和消费监督建议书》。同时，市消保委针对新消法实施过程中，金融服务将面临被消费者投诉的“五大”风险，向银行、保险两大行业协会发放《关于提升金融服务质量建议书》，引起两大行业协会高度重视，转发各会员单位要求制定具体防范措施。

（沈佳丽）

民族　宗教

【概况】 2014年底，嘉兴全市有登记开放宗教活动场所172处，其中佛教场所76处，道教场所2处，伊斯兰教场所1处，天主教场所15处，基督教场所78处。年内，登记开放3处佛教场所，分别是南湖区普光禅寺、秀洲区永昌寺，嘉善县朝尊寺，其他宗教活动场所数量不变。教职人员596人，其中佛教277人，道教16人，伊斯兰教1人，天主教7人，基督教295人。

2014年，嘉兴市的民族宗教工作以回民墓地迁建工作为重点，深入贯彻落实《城市民族工作条例》《宗教事务条例》，各项工作取得新进展，市民宗局被评为2004～2013年度平安创建工作先进单位。年内，和谐寺观教堂创建活动进一步深化，第四届汉传佛教讲经交流会，基督教、天主教圣诞庆祝活动，伊斯兰教开斋节等大型宗教活动依法合规，天主教佘山朝圣平稳有序。年内，市、县两级民宗部门对全市172处登记开放宗教活动场所的登记证进行全面检查，为115处场所换发登记证；组织宗教界代表人士培训班12期，参训人员896人次；各县（市、区）组织基层干部民宗工作培训班9期，参训人员432人次。

【下放行政许可权】 2014年，市民宗局根据市委、市政府要求，实施行政审批改革下放行政许可权，把法规、条例赋予设区市行政许可的7项权限，全部直接下放到各县（市、区）民宗部门，减少审批的层次和环节，缩短审批时间，为推进机关职能转变，加快服务型机关迈出了关键一步。对于许可最终权限在省级层面的或者国家级层面的，如设区市一级民宗局承担的许可类工作事项有3项（设立寺观教堂、宗教场所外修建制作大型露天宗教景观、扩建迁建寺观教堂的审查），依据方便场所和信众办事原则，尽可能进行联合审查，减少中间环节。

【“三改一拆”涉及宗教违法建筑处置】 2014年，根据全省“三改一拆”涉及宗教违法建筑处置工作会议精神和市委、市政府《关于嘉兴市“三改一拆”三年行动计划的通知》要求，市民宗局制定《嘉兴市“三改一拆”涉及宗教违法建筑处置行动实施方案》，召开市“三改一拆”办、民宗、建委、国土等相关部门参加的专题协调会，建立“块抓条保、分级负责、综合执法、合力推进”的工作机制。各级民宗部门组织力量，成功处置宗教场所违法建筑27处，其中拆除5处共2623平方米；处置民间信仰场所违法建筑174处，占民间信仰场所总数的23.1%。

【完成由拳路建设用地内回民墓迁移】 为实施贯通由拳路民生实事工程，市政府于2014年5月正式启动回民墓迁移工作。至2015年1月13日上午10时，共迁移约1200穴（含无主坟）。民宗、公安、信访、政法和街道各司其职，切实落实责任，工作人员严格按照党和国家的民族政策，尊重少数民族的风俗习惯，不厌其烦地一遍又一遍地进行解释，赢得了广大回民群众的理解和支持，绝大多数回民按照市政府的公告要求，自主做好回民墓迁移工作。

【开展和谐寺观教堂创建活动】 2014年，根据省民宗委工作部署,全市继续开展以“教风”为主题的和谐寺观教堂创建活动,嘉兴市福严禅寺被评为省“四星级”宗教活动场所,11处场所通过市“三星级”宗教活动场所检查验收,并被评为2014年度浙江省和谐寺观教堂。

【参加省第五届少数民族传统体育运动会】 11月13~16日,浙江省第五届少数民族传统体育运动会在温州召开。全省共设11个比赛和表演项目。嘉兴代表团参加了珍珠球、高脚竞速、板鞋竞速、押加4个项目的比赛,参赛运动员43名,教练员、领队5人。作为非少数民族地区,嘉兴依托嘉兴学院的训练力量加强对少数民族运动员的训练,提高运动员的技战术水平,为取得良好成绩打下基础。经过4天的拼搏,嘉兴代表团取得2个第一名、3个第二名、3个第三名的良好成绩。

（范建华）

人民生活

【城镇居民人均可支配收入首次突破4万元】 据国家统计局嘉兴调查队对全市1880宅住户抽样调查,2014年嘉兴市城镇居民人均可支配收入42143元,首次突破4万元大关,比上年增长9%,剔除价格因素影响,实际增长6.9%。从收入结构看,四大类收入呈现全面增长的态势。其中,工资性收入依然是嘉兴城镇居民收入的主要来源,其次是转移净收入和经营净收入,财产净收入占比最低,对增收的贡献最小。

【工资性收入保持主体地位】 2014年,嘉兴城镇居民人均工资性收入27341元,增长8.3%。城镇居民可支配收入中工资性收入占比为64.9%,占比较上年下降0.4个百分点,但主体地位仍然不变。工资性收入对可支配收入增长的贡献率高达60.6%,拉动可支配收入增长5.4个百分点。工资性收入的稳定增长,主要受市场劳动力价格逐年增长和上调最低月工资标准的双重影响。一方面企业上调职工工资,1~11月全市规模以上和规模以下工业企业职工平均工资增幅均在8.0%以上;另一方面嘉兴市上调最低月工资标准,从上年的1310元调整到1470元,非全日制工作的最低小时工资标准从上年的10.7元调整到12元,增幅均在12.0%以上。

【经营净收入增幅持续回落】 受全市经济增速减缓的影响,嘉兴市城镇居民经营净收入增幅持续回落。2014年,嘉兴城镇居民人均经营净收入5393元,增长10.0%。其中,第一产业经营净收入274元,下降2.9%;第二产业经营净收入1856元,增长12.4%;第三产业经营净收入3263元,增长9.8%。

【财产净收入增速加快】 2014年,余额宝、理财通等各类理财产品上市,理财方式从单一的银行理财转向多样化平台,财产净收入增速加快。嘉兴城镇居民人均财产净收入3429元,增长9.2%,增幅分别比上半年和前三季度提高3.4和2.8个百分点。其中,出租房屋财产性收入1393元,占财产净收入的40.6%,增长25.9%。

【转移净收入占比提高】 2014年,嘉兴市调整城乡居民社会养老保险基础养老金标准,从原来的每人每月100元提高到每人每月125元。嘉兴城镇居民人均转移净收入5979元,增长11.0%,占可支配收入的比重为14.2%,较上年提高0.3个百分点。转移净收入可支配收入增长的贡献率为17.1%,拉动可支配收入增长1.5个百分点,是城镇居民增收的第二大主力。

【城镇居民收入高于全省平均水平】 2014年,嘉兴市城镇居民人均可支配收入42143元,较上年增长9.0%。收入水平比全省平均(40393元)高1750元,位居全省第四位;增速比全省平均(8.9%)高0.1个百分点,与湖州市、台州市并列居于全省第七位,增速排位较上年提升1

位。从收入绝对值来看,收入绝对值排在嘉兴前面的分别是:杭州44632元、宁波44155元、绍兴43167元;排在嘉兴后面的依次是:舟山41466元、温州40510元、金华39807元、台州39763元、湖州38959元、衢州30583元、丽水30413元。从收入增长速度来看,增速排在嘉兴前面的分别是:舟山9.7%、金华9.4%、衢州9.3%、宁波9.2%、杭州9.1%、绍兴9.1%;排在嘉兴后面的是:温州8.7%、丽水8.6%。

【城镇居民消费支出与收入同步增长】 2014年,嘉兴市城镇居民人均生活消费支出23032元,较上年增长9.1%,剔除价格因素影响,实际增长7.0%,与可支配收入基本保持同步增长。八大类生活消费支出呈全面增长态势。其中,增速位于前三的分别是教育文化娱乐支出12.6%、其他用品和服务11.4%、食品烟酒10.3%。其余五类消费支出增速依次为:医疗保健9.2%、生活用品及服务9.0%、交通通信7.8%、居住7.4%、衣着6.3%。

【"吃、住、行"支出占比超六成】 2014年,嘉兴城镇居民人均食品烟酒支出7001元,增长10.3%;人均居住支出4434元,增长7.4%;人均交通通信支出3991元,增长7.8%。"吃、住、行"三项支出占生活消费总支出的67.0%,是城镇居民生活消费支出的主体。

【教育文化娱乐和生活用品及服务支出增幅提高】 2014年,嘉兴城镇居民人均教育文化娱乐支出2394元,增长12.6%,增幅比上半年和前三季度分别提高10和2个百分点;人均生活用品及服务支出1469元,增长9.0%,增幅比上半年和前三季度分别提高3.9和1个百分点。其中,教育文化娱乐支出增幅居八大类消费支出之首,从内部结构看,人均教育支出1200元,增长18.2%,人均文化娱乐支出1194元,增长7.6%。

【医疗保健、衣着、其他用品支出增速回落】 2014年,嘉兴城镇居民人均医疗保健支出1587元,增长9.2%,增速比前三季度回落3.7个百分点;人均衣着支出1547元,增长6.3%,增速比前三季度回落2.6个百分点;人均其他用品和服务支出608元,增长11.4%,增速比前三季度回落0.6个百分点。

（王晓燕）

【农村居民人均可支配收入增长10.2%】 2014年,嘉兴全市农村居民人均可支配收入24676元,同比增长10.2%,剔除价格上涨因素,实际增长8%。从嘉兴农民收入的内部结构看,2014年农民可支配收入的四大组成部分全面增长,但增量有较大差异,呈现出自主经营占比下降,外出就业增长加快和投资、保障增收占比提高的态势。农村居民人均可支配收入中工资性收入18648元,增长10.5%;经营净收入4151元,增长7.4%;财产净收入867元,增长12.9%;转移净收入1010元,增长13.4%。

【农村居民人均可支配收入全省领先】 从全省收入水平看,嘉兴农村居民人均可支配收入继续在省内各地市名列前茅,人均可支配收入高出全省5303元(全省19373元),收入水平依次排名:嘉兴24676元、宁波24283元、舟山23783元、杭州23555元、绍兴23539元、湖州22404元、温州19394元、台州19362元、金华18544元、衢州15354元、丽水13625元。从收入增幅看,嘉兴以10.2%排在全省十一地市第十一位,比全省的10.7%低0.5个百分点,增长速度依次排名为丽水12%、金华11.3%、衢州11.2%、舟山11.1%、杭州11.1%、宁波11%、湖州10.6%、温州10.5%、台州10.5%、绍兴10.5%、嘉兴10.2%。

【农村居民工资性收入占比再提高】 2014年,农村居民工资性收入18648元,增长10.5%。农村居民收入中工资性收入占比为75.6%,比上年同期提升0.3个百分点。工资性收入对可支配收入增长的贡献率达78%,拉动农村居民可支配收入增长7.8个百分点,是拉动农村居民可支配收入增长的最主要因素。

【农村家庭经营净收入态势】 2014年,农村居民家庭经营净收入4151元,增长7.4%。年内,全市“三改一拆”和畜牧业“减量提质”工程等政策力度加大,嘉兴农村居民的家庭第一产业经营盈利能力有所下降。2014年,嘉兴农村居民家庭第一产业经营净收入1939元,增长0.7%。与此同时,农村第二产业、第三产业发展迅速,第二产业经营净收入1001元,同比增长15.5%;第三产业经营净收入1212元,同比增长12.7%。农村居民收入中经营净收入占比为16.8%,比上年同期回落0.5个百分点。

【农村居民财产净收入逐步提高】 2014年,农村居民财产净收入867元,同比增长12.9%,财产性收入占农村居民可支配收入的比重为3.5%,比上年提高0.1个百分点。主要增长因素是嘉兴区域经济快速发展,外来人口流入较多,使农村居民闲置的住房出租比例和出租效益有较大提升,加之进行多渠道投资,股息、红利等额外收入增加。2014年,农村居民财产净收入中出租房屋收入423元,同比增长13.7%,占财产净收入的比重达48.8%。

【转移净收入增长较快】 2014年,嘉兴市分别上调职工基本养老保险、被征地居民养老保险、城乡居民养老保险标准,此外,报销医疗费、家庭外出从业人员寄回带回收入的增加,带动转移性收入的增加。2014年,农村居民人均转移净收入1010元,同比增长13.4%,其中农村居民人均转移性收入为2346元,同比增长12.6%;人均转移性支出为1336元,同比增长12.1%。

【农村居民生活消费支出增长20.2%】 2014年,全市农村居民人均生活消费支出16163元,同比增长20.2%,扣除价格因素影响,实际增长17.8%。从农民人均生活消费构成看,八大类生活消费支出呈全面高增长的态势,反映出嘉兴农民的生活消费由量的扩张转变为量、质齐升。从支出结构来看,交通通信、医疗保健、生活用品及服务和教育文化娱乐增长较快,当年增幅均超20%。支出分别为3571元、887元、855元和1527元,增速为27.4%、22.6%、22.5%和20.6%。其他用品及服务、居住、食品烟酒和衣着支出增速略慢，分别为352元、2694元、4822元和933元,增速为19.8%、19.3%、16.6%和12.8%。

【农村居民食品消费多样化】 2014年,农村居民人均食品烟酒支出4822元，同比增长16.6%，其中食品消费3036元，同比增长14.5%。农村居民家庭消费观念转变,生活品质提高,在外用餐次数增多,食品支出结构更趋合理。谷物、肉类消费仍为主体,分别为415元和627元，占食品消费的13.7%和20.7%;水产、奶类和瓜果增长快,分别增长28.2%、34.7%和26.2%;烟酒消费和在外饮食稳步提高,分别增长12.4%和10.8%。农村居民食品烟酒支出仍居八大类消费的首位,但占比下降。2014年度农村居民恩格尔系数为29.8%。

【交通通信和居住占比两成左右】 2014年,农村居民交通通信和居住消费，分别为3571元和3215元，占生活消费支出的22.1%和19.9%，分别比上年同期增长27.4%和19.3%。交通通信也是增速较快的一个项目。

【医疗保健和教育文化娱乐支出增长较快】随着经济发展,各项保障制度的完善,农村居民的健康意识和下一代教育意识不断增强。2014年，农村居民人均医疗保健支出887元,同比增长22.6%;生活用品及服务支出855元,同比增长22.5%；教育文化娱乐支出1527元,同比增长20.6%,其中教育支出1010元,同比增长21.1%。

（李霞萍）

人　　物

新任市领导人简介

李　跃　1960年2月生，江西波阳人，大学学历，1977年7月参加工作，1985年6月入党。1977年7月至1978年10月，嘉兴县田乐公社永红一队下乡知青；1978年10月至1982年7月，浙江师范学院中文系汉语言文学专业学习；1982年7月至1985年8月任嘉兴一中教师、团委书记、市教委团委副书记；1985年8月至1990年8月任嘉兴六中副校长、市教委团委书记；1990年8月至1993年10月嘉兴市教委党办主任（1993年8月至1993年10月在嘉兴市第四期中青年干部培训班学习）；1993年10月至1997年5月任嘉兴电大副校长；1997年5月至2001年7月任嘉兴电大副校长、党委委员；2001年7月至2004年4月任嘉兴教育学院副院长；2004年4月至2006年12月任嘉兴市委宣传部副部长；2006年12月至2007年5月任嘉兴市委宣传部副部长，市社科联主席；2007年5月至2008年11月任嘉兴市委宣传部常务副部长，市社科联主席；2008年11月至2009年1月任嘉兴市委副秘书长、市委办公室主任，市应急办副主任（兼），市社科联主席；2009年1月至2009年4月嘉兴市委副秘书长、市委办公室主任，市应急办副主任（兼）；2009年4月至2010年11月任嘉兴市委副秘书长、市委办公室主任；2010年11月至2014年1月任嘉兴市委副秘书长、市委办公室主任、室务会议召集人；2014年1月至2014年2月任嘉兴市政协副主席；2014年2月至今任嘉兴市政协副主席、党组成员。

（屠群贤）

英模人物

唐爱英　女，1966年出生，现任嘉兴嘉诚动能设备有限公司焊接组组长。曾获嘉善县劳动模范荣誉称号、浙江省五一劳动奖章。她是一名普通的女电焊工，14年来，她把自己最美好的青春年华奉献给这个艰苦而平凡的岗位。在这个以男同志为主的工段里，唐爱英没有因为自己是女同志而要求照顾，无论分配她干什么，她从不推诿，大家都了解她要干就干得最好。自她担任焊接组组长后，精心管理、团结协作，带领的20多名组员成为一支技能娴熟、积极进取、勇挑重担的强势队伍。几年来通过专业技术培训与勤学苦练，掌握了手工电弧焊、埋弧自动焊、手工钨极氩弧焊、二氧化碳气体保护焊、压力容器焊接资格等高科技新技术,并在生产中得以充分的应用,为施工生产发挥了极大的作用,在利用手工电弧焊焊接压力容器时,唐爱英充分考虑到压力容器内装某种介质,承受一定的工作压力,材料是低碳钢,普通低合金高强使用以及奥氏体不锈钢等特点,在焊接过程中,为防止冷裂纹的产生,焊前她严格地将焊条烘干,坡口清理干净,并进行焊前预热,焊后保温,运用缓冷及热处理等措施防止产生冷裂纹。焊接过程中控制焊缝成形,尽量采用小的焊接线能量进行焊接。运用冷、热处理工艺保证低合金高强钢的焊接质量。通过实践掌握此方法,用手工电弧焊灵活操作,焊接压力容器,开拓焊接新工艺。2009 年 8 月在嘉善县首届电焊工技能比赛中,唐爱英以优异的成绩荣获第一。2014 年 4 月获全国五一劳动奖章。

张　虹　女,1966 年出生,中共党员,现任海宁市华联大厦有限公司食品二部粮油柜柜长。曾获海宁市劳动模范、嘉兴市劳动模范等称号。张虹 1982 年 9 月进海宁布厂工作,在挡车工岗位上一干就是 18 年,凭着她那高度的工作责任心、强烈的工作热情、勤奋踏实的工作态度和优秀的工作业绩,1997 年被授予海宁市劳动模范称号。然而,2000 年 10 月,因海宁布厂实行改革后而下岗。在痛苦中挣扎多天,她走出家门去找工作。一个月后,她到私营企业老地方超市做一名营业员,并全身心地投入到工作中去。但是由于这家超市管理不善,2002 年 8 月破产了,张虹又一次失业。这次张虹没再过度沮丧,马上到海宁市华联大厦应聘当上营业员。华联诚信经营的理念、严格规范的管理制度使她深受感动,她暗暗下定决心,一定要好好干,做一个合格的营业员。当时她已超过 35 周岁企业录用员工的年龄,华联根据她的实际情况破格录用她。她被分配到食品部,面对上千几万种的商品,成天络绎不绝的顾客,为了尽快胜任这份工作,她下班后把商品的资料带回家,把各种商品的产地、成分、生产日期、保质期一一记在心里;在店里,她虚心向老员工学习、请教,做到心到手到,不停地理货、加货、卸货,很快就熟悉商品的摆放位置,商品的一般知识,能够自如地回答顾客的提问。她勤奋和踏实得到部门员工的一致好评,在 2003 年企业进行“星级员工”考评活动时,经过民主评议、应知应会考核及工作业绩考核,被评为一星级员工。商场二期扩建,需要招聘一批柜组长,她报名并通过测试,被聘任为食品一部滋补柜的柜组长。柜组长作为商场的基层管理者,销售要管,进货要管,员工的劳动纪律要管,场地的卫生、物价、安全也要管,可谓是“官不大管得还挺宽”。但她以“一切干在前”的行动,在长达半个多月的连班倒里,每天提前一个小时到店里,卸货、出摊,做好营业前的准备工作。到晚上近十时打烊,她又忙收摊、整理,最后一个离开。超市商品吞吐量大,每天要卸好几卡车的货,一有送货车来,她总是冲在最前头,卸完自己柜组的货后还要帮助别的柜组卸货。在她的带动和努力下,销售业绩蒸蒸日上。2006 年,领导让她兼管大药房的工作。初中文化的她,虽然经过考试拿到了“药物医用商品”的资格证书,但从没直接接触过药品,连一些药名还认不全。面对新的挑战,心里只有一个字“学”。参加培训班学习,向药师学习,再向书本学,在实践中学,不放过每一个学习锻炼的机会。短短时间里,熟悉了解了药房里的商品和一般常用药的知识。她在领导和员工的共同协助下,每月都能按要求完成所有的台账记录,报送相关报表。一年多下来,药房管理工作井井有条,销售不断上升。2008 年因工作需要,调任粮油柜柜长,这一部门是一个干活最累的部门,连有些男同志也吃不消这样的体力活。她不怕苦不怕累一边熟悉柜组的商品,一边与柜组员工沟通交流，很快进入到新的角色。速冻柜在她的带领下，销售业绩连年以25%以上的速度递升，排列部门第一。爱店如家，敬业奉献。她像爱自己的家一样热爱着华联。姐姐要她去自家店里帮忙，她婉谢；小姐妹向她打听商场的一些经营策略，她断然拒绝；供应商给她送东西，她严肃谢绝！有一年，她的丈夫出车祸，在市人民医院住院期间，张虹白天照常上班，晚上才去医院护理。由于病情危重，要送上海做手术，她不得已才请假。但人在上海，心还记挂着店里，眼看中秋将临，店里有好多事要做。丈夫手术一做完，她马上回到海宁，顾不上喘口气就到店里上班。进入华联工作十年多来，张虹以她朴实、诚恳、勤劳赢得领导和同事的赞赏与肯定，多次被公司评为先进柜长，她所带领的柜组多次被评为先进集体。2011 年被海宁市实业投资集团有限公司授予优秀共产党员称号，2014 年 4 月，获全国五一劳动奖章。

周　勇　1965 年 7 月出生，中共党员，现任嘉兴振禾出租汽车有限公司老兵爱心车队队长。曾获嘉兴市十佳“的士之星”，嘉兴市十佳“见义勇为”司机，嘉兴市十佳文明司机，省级“服务明星”，省十四届运动会组委会先进个人，浙江省第五届“金锤奖”，浙江省五一劳动奖章等荣誉。他从 1999 年跨入出租车行业以来，恪守“安全常绷紧，服务无止境”的经营理念，怀着一颗“让自己多一点辛苦，乘客少一点遗憾”的心，真诚为广大群众提供优质服务。2003 年加入“爱心车队”后，自觉以“红船精神”为激励，发扬老兵的优良作风，坚持爱岗敬业、服务至上，带领全队人员，凭借过硬技术、优质服务，把“爱心车队”打造成出租车行业的“窗口”、宣传嘉兴市名片；助人为乐、热心公益，无论是扶贫帮困、救危解难，还是志愿者等各种公益活动都有他的身影，尤其是 2002 年以来，连续 11 年参加“省 93 交通之声”组织的高考志愿服务；倡导文明、见义勇为，每次遇到外地来禾旅客，都会积极向乘客介绍嘉兴、介绍红船、介绍红船精神，介绍嘉兴人民在红船精神的激励下，不断创新、不断发展的故事，在服务的同时传播嘉兴形象。特别是在营运过程中遇到不法分子，他觉着冷静，斗智斗勇，及时报警，多次为警方提供破案的线索。他是行业中的标兵，他是一面旗帜。在建党 90 周年前夕，他的感人事迹在 6 月 21 日《光明日报》上予以刊登。2014 年 4 月获全国五一劳动奖章。

顾旭东　1965 年出生，中共党员，嘉兴市第二医院康复医学中心主任、主任医师、教授、博士生导师。是浙江省首位留学归国的康复医学专家，中国医师协会康复医师分会全国常委、中华物理医学与康复学会全国青年理事、中国康复医学会脑血管病康复专业委员会全国常委、浙江省医师协会康复医师分会副会长、浙江省物理医学与康复学会副会长等。擅长神经肌肉骨骼系统的功能康复评定与治疗，所开展的 Bobath，Rood，PNF 等多项康复技术填补了嘉兴市及浙江省的空白，肌电假肢及 ARGO 矫形器的安装与训练技术处于全国先进水平，主要参与研发的中国首台下肢机器人康复训练系统填补国内空白。在省内外学术界享有颇高的知名度，曾屡次应邀在全国及国际会议平台上进行讲学与交流，曾获省市级多项荣誉。他和他的团队，从 6 个医护人员、22 张病床的浙北地区第一家康复医学专科病区起家，经过 13 年的不懈努力和奋斗，使嘉兴地区的康复医学由无到有，由小到大，由弱到强，得到长足的发展，使两万多名省内外患者功能得到恢复,重返社会。开展的康复运动治疗(PT)、作业治疗(OT)、言语治疗(ST)、物理因子治疗、传统康复治疗及假肢安装和矫形器的制作与训练等等新技术新项目填补嘉兴地区的空白,成为该领域的学科带头人。为让更多的市民和患者提高康复意识,他积极在各家电视台、电台作康复讲座,在各家报纸上撰写康复文章来推广康复理念,还多次参加市健康教育讲师团义务下各个社区和街道为广大市民作康复讲座。2004年,留学澳大利亚回国后,在医院领导的扶持下,成立康复医学中心,他运用国外学习的先进管理模式和康复治疗技术,在嘉兴地区率先开展澳大利亚运动再学习术(MRP),神经促通技术(Bobath、Rood等),间歇性导尿IC技术,下腰痛的"麦肯基疗法"等,填补嘉兴市乃至浙江省的众多项空白。肌电假肢及ARGO矫形器的安装与训练处于全国先进水平。使大量中风偏瘫患者重新行走起来,有的甚至从返工作岗位;截瘫患者拔掉长期依赖的导尿管,独立或在轮椅上独立的生活;脑外伤术后患者通过认知和言语康复训练又能开口交流;从而吸引嘉兴市周边及以及省内外许多患者,甚至不乏在华工作的外籍患者;同时也吸引来自浙江省内及全国其他地区的同行前来参观、进修、学习。在5·12地震后,他连夜组织省内专家仅用四天时间主编《让生命创造奇迹——地震伤残人员康复读本》发行5万册,免费在灾区赠阅,得到当地医护人员与患者好评。对在嘉兴分布于3个医院的60名地震伤员实行康复查房制度,进行早期康复指导与干预,使在嘉兴的地震伤员得到了最大限度的功能恢复。繁忙的临床、教育、管理工作之余,顾旭东主任还积极投身到科研工作中去,到目前为止,在国内外发表论文30余篇,主持的厅局级课题4项,已出版专著2本,参编的大型参考书2本;正在撰写的专著《关节功能的康复流程》等2本;曾屡次应邀在全国甚至国际会议上进行讲座与交流,深得同行的肯定与好评。在他的带领下,目前康复医学科已成为在省内外有较高声誉的、集临床、科研、教学、培训为一体的综合性康复医疗机构之一,也是浙江省内唯一一家中、西医"双料"的医学重点学科,从而改变嘉兴地区只有临床医疗没有康复医学的历史,同时也为康复医学在浙江省的建立和发展、为扩大浙江康复医学在世界康复学术界的影响,作出应有贡献。2014年4月,获全国五一劳动奖章。

(陈云建)

知名专业人士

曹雪波 1974年12月生,安徽桐城人,博士研究生,教授。2004年6月,中国科技大学无机化学专业毕业,取得理学博士学位。2010年7月,晋升教授职称。2013年3月起,在嘉兴学院生物与化学工程学院从事教学与科研工作,主讲"无机及分析化学"等课程。研究方向主要是具有开放、介孔特征的纳米宏观材料的设计与组装:用于纳流、选择性分离,水处理与环境修复等研究;高吸光性、高比表面金属/半导体及半导体/半导体复合纳米结构的设计合成:用于光催化、二氧化碳的固定与转化、水的光解等研究;生物膜的形态模拟与人工多孔超薄膜的设计与组装:用于高性能纳滤与超滤研究。曹雪波先后主持国家自然科学基金1项、江苏省自然科学基金1项,参与国家自然科学基金、浙江省自然科学基金多项。发表研究论文45篇,其中SCI收录1区13篇。申请美国发明专利1项,中国发明专利4项。2013年,获嘉兴市科技论文一等奖,入选浙江省"钱江学者"特聘教授和浙江省中青年学科带头人;2014年,获嘉兴市"南湖百杰"青年科技进步奖,入选浙江省151人才工程第一层次培养人员。

姚红飞　1973年2月生，浙江海盐人，中共党员，本科学历，高级技师,现任浙江欣兴工具有限公司生产技术副总、总工程师。先后主持60多项国家专利产品的研制工作，其中申请发明专利6项；主持30多项省级新产品的研制与开发工作;针对核岛高标号混凝土钻孔所需的钻头,研发“金刚石钢筋混凝土薄壁钻”，获得核工业合格承包商的资质证书,企业正式进入核电供应商名录,该项目被列入“省重大科技专项”;主导起草行业标准钢板钻的制定,于2013年发布并实施;受中国刀具标准化委员会邀请为副主编,参加《现代金属切削刀具实用技术》系列丛书、《常用孔加工刀具》部分章节的编写。2014年,由姚红飞领衔创办的姚红飞劳模创新工作室被命名为全国示范性劳模创新工作室。姚红飞先后被授予“全国劳动模范”“全国机械工业劳动模范”“浙江省首席技师”“浙江省职业技能带头人”“市十佳高技能人才”等荣誉称号。

欧文斌　1970年9月生,甘肃人,博士研究生,研究员。2011年7月至今,任浙江清华长三角研究院研究员,博士生导师。2006年8月至2011年6月,哈佛医学院,病理系 ,Sr. Scientist;2003年9月至2006年7月,哈佛医学院,病理系,Research Fellow;2002年9月至2003年8月，麻省理工学院，生物系,博士后;1996年7月至1999年8月,中国科学院微生物研究所,酶学研究室,助理研究员。欧文斌长期致力于癌症分子治疗标靶与标志物的鉴定和功能分析及靶向治疗耐药机制的研究，发表30多篇SCI收录的学术论文和30多篇会议论文。研究成果发表在PNAS, Cancer Research, Journal of Clinical Oncology, Oncogene, JBC, Journal of Pathology等国际著名学术期刊上，累积影响因子超过190，他引1000多次。申请受理国家发明专利6项,授权1项,是美国癌症研究协会会员,世界转化医学杂志编委,浙江省特聘专家,浙江省细胞生物学学会理事,浙江省生物化学与分子生物学学会理事,浙江省自然科学基金评审专家,浙江清华长三角研究院学术委员会委员。先后入选浙江省海外高层次人才千人计划长期创新项目与钱江人才计划、浙江省151人才工程第二层次培养人员,嘉兴市第六批专业技术带头人培养人员。多次受邀为生化与肿瘤学领域的SCI国际学术期刊如Oncogene, PLoS ONE, FEBS Letters, Biophysical Journal, BBA等进行审稿。荣获包括“美国癌症研究协会学者培训奖(2011年)”“教育部自然科学奖一等奖(2007)”“第五届谈家桢基金生命科学九源一等奖(2002)”等在内的多项学术、科技奖励。

陆炳荣　1960年12月生,浙江桐乡人，中共党员，研究生学历,教育领导学硕士学位。1981年8月参加工作,1989年起先后担任乌镇中学教导处副主任、主任、副校长等职务,1995年6月调入桐乡市高级中学任副校长,2006年8月兼任桐乡市高级中学党总支书记,2008年7月担任桐乡市高级中学校长兼党委书记，是浙江省中学语文特级教师，浙江省首批正高级教师,浙江省首批“5522”名

师班班长,浙江省首批中小学名师高级访问学者。现为浙江师范大学兼职硕士生导师,全国陶行知研究学会理事,浙江省中小学名师导师,嘉兴市中语会副会长,是国务院政府特殊津贴获得者,全国中学生文学社团百佳校长,浙江省人民政府颁发的“春蚕奖”获得者,嘉兴市人大代表,嘉兴市优秀共产党员,桐乡市功勋教师,获桐乡市英才奖。教学上强调“民本”思想,注重学生主体作用发挥和整体素质提高,致力于课堂教学改革和新课堂构建。注重教育科研,在报刊发表论文30多篇,担任《蚕乡雏菊》《创新的尝试》《凤栖梧桐》《教坛撷英》等书籍的主编,撰写论文和编著一百多万字,先后主持国家级课题一项、省级课题五项、嘉兴市级课题多项,并有多个课题在省市获奖。

陈吕军 1965年7月生,浙江上虞人,中共党员,工学博士,清华大学环境学院教授、博士生导师。曾任浙江清华长三角研究院副院长,现任浙江清华长三角研究院生态环境研究所所长,浙江省水质科学与技术重点实验室主任,清华大学环境学院清洁生产与生态工业研究中心主任,世界低碳城市联盟副秘书长,是中华全国青年联合会第十届委员会委员,嘉兴市政协委员。享受政府特殊津贴,入选国家百千万人才工程,被授予“国家有突出贡献中青年专家”“浙江省有突出贡献的中青年专家”称号,是浙江省151人才工程第一层次培养人员。陈吕军主要从事产业生态学与生态工业园区和水处理新工艺新技术研究。曾获国家发明三等奖1项,省部级科技进步一等奖1项,金奖1项,二等奖5项,三等奖4项,取得国家专利20余项,发表近百篇学术论文。承担和参与多项科研项目,组织近百项环保工程项目,是第一届和第三届中国环境科学学会青年科技奖获得者,也是首届全国优秀环境科技实业家奖获得者。2008年获嘉兴市劳动模范称号。

蔡　强 1972年8月生,浙江杭州人,民盟,博士研究生,研究员,浙江清华长三角研究院分析测试中心主任。1991~2002年就读于浙江大学生物医学工程专业,先后获得学士、硕士、博士学位。2003~2004年为清华大学环境科学与工程系博士后,2005年起进入浙江清华长三角研究院,历任生态环境研究所筹建负责人、副所长,科学仪器研究室主任,浙江省科学仪器产业技术创新服务平台主任,浙江省水质科学与技术重点实验室副主任、国家食品安全风险评估中心应用技术合作中心副主任、长三角科学仪器设备产业技术创新战略联盟副秘书长。主要研究开发环境、食品等领域的风险监测与控制技术和仪器设备,重点联合攻关应用技术与成果转化。在相关领域主持十余项国家级、省部级科研项目,发表学术论文100余篇,获得发明专利、软件著作权十余项。2008年获嘉兴市创业新苗奖,2010年获南湖区先进工作者称号。2014年入选浙江省151人才工程第一层次培养人员,获得嘉兴市自主创新贡献奖,以主要完成人身份获市科技进步二等奖、嘉兴市自然科学论文奖。

(吕　臻)

县(市、区)

南湖区

【概况】 南湖区为嘉兴市人民政府驻地和全市政治、经济、文化中心。位于杭嘉湖平原腹心地带,沪杭、乍嘉苏、杭州湾跨海大桥北岸连接线等高速公路以及沪杭铁路、京杭大运河贯穿境内,交通便利,区域位置优势明显。周边与秀洲区、嘉善县、平湖市、海盐县接壤。辖5个镇、8个街道,60个行政村、82个社区(居民委员会),总面积438.99平方公里。2014年年末,总人口48.79万人,其中非农人口34.45万人,年人口自然增长率4.06‰。

全年,实现地区生产总值406.15亿元(小口径,下同),比上年增长7%。其中第一产业增加值14.12亿元,与上年持平;第二产业增加值171.18亿元,增长6.5%;第三产业增加值220.85亿元,增长7.9%。人均生产总值93763元,增长5.33%。公共财政预算收入50.55亿元,增长8%,其中区级地方财政收入18.23亿元,比上年下降6.4%;固定资产投资235.03亿元,增长10.6%;社会消费品零售总额215.1亿元,增长10.8%;城镇居民可支配收入37711元,农村居民可支配收入23724元,分别增长9%和9.6%。

农业产业转型发展。实现农业总产值34.01亿元,比上年下降1.2%。粮食生产保持稳定,全区农作物播种面积3.69万公顷(55.34万亩),比上年增长1.1%,粮经比由上年的58.1∶41.9调整为60.7∶39.3。新建粮食生产功能区966.67公顷(1.45万亩),新增现代农业园区2个,推广"万元千斤"模式2400公顷(3.6万亩)。推进生猪养殖业减量转型发展,年末生猪存栏量20.23万头,比年初下降77%。强化生猪退养扶持,落实养殖户转产转业专项资金500万元,农民收入持续稳定增长。实施新一轮村级集体经济壮大计划,完成9个经济薄弱村帮扶转化。

工业经济提质增效。实现销售收入2000万元规模以上工业总产值852.8亿元,比上年增长3.3%;规模以上工业增加值120.27亿元,增长4.8%。产业结构稳步调整,五大集群产业实现产值451.33亿元,增长3.7%,占规模以上工业总产值的55.6%,比上年上升2.2个百分点;特钢制品、机电装备产业产值均突破百亿,分别为110.54亿元和112.42亿元,其中东方特钢有限公司年产值100.86亿元,占特钢制品产值的91%;战略性新兴产业实现产值409.45亿元,增长14.9%;高新技术产业产值410.85亿元,增长8.5%,占规模以上工业总产值的48.2%,做大做强龙头企业,年产值超10亿元企业达14个。进出口总额34.59亿美元,增长8%,其中出口总额25.99亿美元,增长12.9%。

现代服务业加速壮大。继续实施服务业优先发展战略,实现服务业增加值220.85亿元,比上年增长7.9%,占GDP比重54.4%。生产性服务业投资占比19%,比上年上升5个百分点。繁荣商贸流通市场,举办2014中国·嘉兴国际御厨争霸赛、第六届嘉兴休闲购物节等节庆活动。推进"电商换市",成功创建省级电子商务示范区。楼宇经济快速发展,千万元税收楼宇8幢,温州商会花园广场、徽商大厦、东方大厦等项目稳步推进,新增利用楼宇面积50万平方米。开展服务业集聚区创建,新增市级集聚区2个。推进旅游营销,旅游总收入82.43亿元,增长18%。文化产业综合实力增强,完成文化服务业投资7.5亿元。

科技创新步伐加快。推进国家可持续发展实验区建设,实现高新技术产业产值410.85亿元,比上年增长8.5%;全社会研究与试验发展经费支出占生产总值的3%,列全市第一。发挥科技创新引领优势,推动成果转化52项,新增国家级科技项目14项、省级科技项目202项。培育壮大创新主体,新增国家高新技术企业11个。推进质量强区建设,加西贝拉获评全国质量奖。深化省级知识产权示范区建设,授权专利2200件。

有效投入持续增量。完成工业投资79.5亿元,比上年增长18.2%,服务业投资146.81亿元,增长5.1%。抓重点项目推进,实现"三个千亿"(全市计划投资额分别达到千亿的工程,即基础设施完善、公共服务提升、产业转型升级三个千亿工程)工程投资40.1亿元、110个重大产业项目投资95.26亿元、"五个一批"(一批新兴产业培育项目、一批优势产业壮大项目、一批传统产业提升项目、一批退低进高转型项目和一批创新成果产业化项目)重点项目投资29亿元、"百项百亿"(服务业重大项目数达100个以上,计划投资额达一百亿以上)服务业项目投入94亿元。狠抓基础设施和民生领域投入,82个区重大政府投资项目完成投资26.15亿元。抓"机器换人"激发投资热点,实施"机器换人"项目108项,完成投资24.3亿元。2013年年底已供地尚未开工项目的开工率91.7%,2011年年底前供地已开工尚未竣工项目的竣工率84%。

招商选资扎实推进。突出"一把手"招商,利用第十二届"南湖之春"文化经贸活动和北京、成都等地专项招商会等招商载体,通过驻点招商、产业招商、以商招商等多种形式,不断提高招商实效。合同利用外资3.8亿美元,实际利用外资1.9亿美元,引进区外内资注册资金47亿元,分别比上年增长51.2%、45.7%、3.1%。引进宇培仓储、新展电力2个合同利用外资超5000万美元项目。引进总投资亿元以上项目17个。浙商回归到位资金31亿元。

平台能级不断提升。学习贯彻习近平总书记对浙江清华长三角研究院建院十周年的批示精神,抓住省、市加强支持浙江清华长三角研究院发展的契机,在嘉兴科技城被列为省四大创新平台之一的基础上,着力开展"大科技城"规划与产业定位研究,即以现有3.65平方公里的嘉兴科技城为基础,整合周边资源,规划建设范围约31.5平方公里的大科技城,提升嘉兴科技城建设水平与规模,计划通过20年努力,建成战略性新兴产业的引领区,国际一流、国内领先的现代化智慧新区和生态美丽、宜居宜业的网络型田园城市的科技新城,省政府给予每年5000万元的资金支持。推进浙江省(国家级)检验检测高技术服务集聚区创建工作,深化院地合作,新引进中科院亚热带所共建嘉兴水环境技术和生态农业工程中心。嘉兴科技城先后被认定为浙江省电子信息产业(南湖)园区、浙江省两化融合(信息化和工业化深度结合)示范园区,并在省级服务业集聚示范区考核中获综合评定第一名。推进嘉兴国际创意文化产业园(电商产业园)建设,加快电力、仓储等配套设施建设和外观改造,招商形象进一步优化。推进湘家荡区域基础设施配套和核心景点开发,亚太路实现通车,甪里街延伸段竣工,"湘湖八景""五大园林"建设全面提速。省级金融创新示范区建设加快推进,"基金小镇"奠基启动,已累计引进投资类企业654个,认缴、实缴资金分别达到714.75亿元和367.55亿元,全年实现税收1.5亿元。世合项目加快建设,完成世合大厦、有机农业示范园区一期等工程建设。

要素资源优化配置。推进土地节约集约利用,消化批而未供土地104.2公顷(1563亩),盘活存量土地49.2公顷(738亩),利用闲置厂房13万平方米,腾退低效用地86.67公顷

(1300 亩)。加快农村土地综合整治,新增复垦面积 126.67 公顷(1900 亩)。加强银企对接,全区新增贷款 31.96 亿元。推进企业直接融资,6 个企业签订“新三板”(全国中小企业股份转让系统,与沪、深交易所一样,是由国务院批准设立的,纳入证监会统一监管的全国性证券交易场所)挂牌协议,短期融资券等债券融资 23 亿元。推进人才改革试验区建设,引进国家“千人计划”4 人,入选省“千人计划”1 人、领军人才项目 21 个。探索企业技能人才自主评价体系,完成 7 个企业试点工作。

“五水共治”成效显著。深化“河长制”管理,统筹推进治污水、防洪水、排涝水、保供水、抓节水,出境断面高锰酸盐指数、氨氮、总磷 3 项指标分别比上年下降 1.47%、23.83%、21.55%,跨行政区域交接断面水质考核合格。重点推进“清三河”,整治垃圾河 216 公里、黑臭河 183 公里,实现三年任务一年完成。推进截污纳管工程,新建污水管网 26 公里,新增农村生活污水治理受益农户 4957 户,企事业单位污水入网 287 个。启动水利建设三年行动计划,完成陈良等 6 个圩区建设提升工程、伍子塘等 3 条骨干河道综合整治工程。新增高效节水灌溉农田 113.33 公顷(1700 亩),改造提升农村供水管网 50.8 公里。

生态环境持续改善。深入开展城乡环境综合整治,推进“四边三化”(公路边、铁路边、河边、山边;洁化、绿化、美化)行动,新增绿化造林 137.33 公顷(2060 亩)、绿道 10 公里。加强大气污染防治,淘汰黄标车 3926 辆、燃煤小锅炉 115 台,关停石料加工企业 14 个,收储秸秆 2 万吨。全省首个完成化工、印染、造纸、制革四大行业专项整治,关停企业 18 个,兼并重组企业 2 个,整治提升企业 37 个。严格实施能源“双控”,万元 GDP 能耗下降 3%以上,全社会能耗总量增长控制在市下达的 5.73%以内。

城乡建设不断加强。做好全国城市文明程度指数测评工作,通过国家卫生城市相关检查。以农村土地整治为切入点,优化完善全区村庄布点规划,全年新增集聚农户 1148 户。“四位一体”城乡环境卫生保洁长效工作机制全面推广。推进城市交通治堵,完成“三小车”整治,退运、回购车辆 755 辆。取缔文经路、泾水路、创业路等多个马路市场,完成嘉兴学院马路市场引摊入市和嘉兴休闲夜市退市工作。新建泾水路(双溪路—施家浜)等城市道路,加快明新路延伸段建设,完成广益路维修,乡村公路大中修 11.96 公里。完成市政雨污水管道检测 100 公里、城镇排水管网清淤 50 公里和城区积水点改造 16 处。

社会保障进一步完善。新增城镇就业 17003 人,城镇登记失业率 2.96%,完成生猪退养户转产转业培训 5000 余人次,举办专场招聘会 20 期,推荐提供就业岗位 1000 个。城乡居民最低生活保障标准统一提高到月人均 588 元。推进住房保障工程,完成住房保障和补贴发放 1514 户。开展基层负担重集中整治及“清三多”[对村(社区)机构牌子多、考核评比多、创建达标多进行清理整改]行动,共清理机构牌子 3300 余块、考核评比 22 项、创建达标 81 项。加强社会组织培育扶持,举办全区首届社会组织公益项目创投大赛。完成智慧养老综合服务网系统建设,新增 28 个社区居家养老服务照料中心,湘家荡颐养中心成为全市首个配备专业医疗机构的民办养老机构。成功创建省级双拥模范城区。完善残疾人社会保障和服务体系。财政用于民生各类支出 12.97 亿元,占总支出的 85%。

社会事业进一步发展。推进教育优质均衡发展,义务教育实现零择校,城乡骨干教师交流比例达 20.5%。嘉兴市第一幼儿园(新园)开工建设。加大文化基础设施和专业队伍建设,启动国家公共文化服务体系示范区创建工作。推进农村文化礼堂建设,累计建成 26 个。举办浙江省第二届合唱节暨第十二届南湖合唱节,开展“365 天天欢乐大舞台”活动 381 场次。倡导全民健身运动,举办区第七届运动会、第四届残疾人运动会、第三届老年人运动会。探索与市优质医疗资源合作,嘉兴市第一医院湘家荡分院正式成立。成功创建国家慢病综合防控示范区。实施“单独两孩”生育政策,严格控制出生人口性别比,促进人口长期均衡发展。完成第三次经济普查各项工作。

各项改革全面推进。加快“四张清单一张网”建设,完成各部门权力清单的编制和公布,建立部门责任清单,企业投资负面清单初步成型,梳理部门专项资金管理清单,整合优化产业发展专项资金,推进政务服务网建设。抓好资源要素市场化配置改革,列入省首批要素市场化配置改革扩面地区,健全工业企业绩效评价体系,完善城镇土地使用税差别化减免评价办法,实施差别化用电改革。推进行政审批层级一体化改革,加强事中事后监管,承接省市下放行政许可事项234项、非行政许可事项79项,向镇(街道)下放各类权限106项,成为省土地管理相关审批权限先行下放区。推进执法及监管体制改革,扩大原区城管执法局职能范围,成立综合行政执法局;整合食药(食安办)、工商、质监职能,成立市场监管局,建立健全基层市场监管体系。

【南湖区位列中国市辖区百强第76位】 10月,中小城市经济发展委员会发布《中小城市绿皮书:中国中小城市发展报告(2014)》,公布2014年度中国市辖区综合实力百强区排行榜,南湖区名列市辖区综合实力第76位。绿皮书选择经济发展和民生改善两个方面的4个指标评价市辖区的综合实力:人均GDP、地方财政总收入、城镇居民可支配收入、农民人均纯收入;从规模效应和市场需求两个方面5个指标评价市辖区的投资潜力:常住人口数、地区生产总值、全社会固定资产投资额、社会消费品零售总额、居民人均消费支出。2013年,南湖区实现地区生产总值425.37亿元,按可比价格计算,比上年增长10.5%;按户籍人口计算,人均生产总值88438万元,增长9.6%。公共财政预算收入46.83亿元,增长1.8%,其中区级预算收入19.47亿元,增长0.9%;地方财政总支出16亿元,增长1.3%。固定资产投资327.68亿元,增长15.8%。社会消费品零售总额226.45亿元,增长11.7%。城镇居民人均可支配收入3.68万元、农民人均纯收入2.01万元,分别增长9.3%和10.2%。至2013年底,南湖区城市化率达73%。

【贯彻习总书记清华长三角研究院批示精神】 5月11日,习近平总书记对浙江清华长三角研究院作出重要批示,指出:浙江清华长三角研究院10年来的探索实践证明,省校合作是优化科技资源配置、促进科技成果转化、实现科技与经济融合的有效模式。希望总结经验,再接再厉,不断巩固省校合作成果,全面深化科技体制改革,努力把长三角研究院建设成为具有先进水平的新型创新载体,为推动区域创新载体建设作出更大的贡献。9月19日,贯彻落实习近平总书记重要批示精神,推动浙江清华长三角研究院加快发展座谈会(10周年纪念活动)在嘉兴科技城举行,省委书记夏宝龙、清华大学校长陈吉宁等相关领导及专家学者出席会议。会后,举行近30个项目的签约仪式,涉及推进战略合作、共建研发中心、海外团队落户等各个方面。浙江清华长三角研究院成立于2003年12月31日,是由清华大学与浙江省人民政府共同创建的新型创新载体。十年来,该院总资产从2000多万元增长到8亿多元,年收入从70万元增长到近2亿元;主持承担国家和省、市重大科技项目500余项,获得国家及省、市各类科技奖励100余项;引进孵化高科技企业138个,累计注册资本近40亿元。省委书记夏宝龙指出,习近平总书记的重要批示,对加快实施创新驱动发展战略具有重要指导意义,一定要深刻领会,进一步增强实施创新驱动发展战略的使命感和自觉性。要深处着力,完善省校合作体制,夯实长三角研究院发展的基石;精准发力,坚持需求导向和产业化方向,为长三角研究院发展提供更有针对性的服务保障;持续给力,发扬钉钉子精神,建立健全支持长三角研究院发展的长效机制,把长三角研究院加快建设成为具有先进水平的新型创新载体。

【基金小镇项目获全国人居经典规划金奖】 10月,南湖区基金小镇项目在全国人居经典建筑规划设计方案竞赛中获“2014年全国人居经典规划金奖”。全国人居经典方案竞赛被誉为国内房产界“奥斯卡奖”,由中国建筑协会主办。基金小镇项目凭借精准的专属人群定位,定制化的私有空间规划,吸引多位专家的眼球。南湖区自2010年12月成功申报浙江省级金融创新示范区以来,秉承“敢为人先”的精神,规划2.04平方公里的土地,打造专属服务于基金从业人员的基金小镇,是南湖区为基金从业人员打造专属的高端工作生活圈的中国首个基金小镇。2014年7月4日,基金小镇项目奠基,同时成功举办2014南湖私募投资国际峰会,标志着在经过近四年运作后步入实体建设阶段。

【入选省第一批两化深度融合国家示范试点】 9月1日,浙江省经济和信息化委员会、浙江省信息化工作领导小组办公室公布第一批两化深度融合国家示范点区域名单,南湖区被列入浙江省装备电子(软件)产业基地。近年来,南湖区先后引进和培育中航信、闻泰通讯、昱能科技、斯达半导体、天通精电、谱创仪器、万科思、和达科技等一批电子信息制造和服务企业。现有省级两化融合示范企业1个、市级两化融合示范企业3个,市首席信息官制度试点企业6个。落实“机器换人”专项行动,2014年,实施机器换人项目107项,累计完成投资21.83亿元。5个项目被列入省电子信息产业重点项目计划,4个企业被列入全省百家重点企业名单,1个企业被列入全国电子信息产业百强,获批省级重点企业研究院1个。累计引进博士263人,海归240人,国家千人计划11人,省千人计划20人。高端人才数量居全市前列。目前,南湖区信息化总指数0.999,位列全市第一,在全省二类地区中位列第三。2014年,全区电子信息制造业实现规模以上工业产值138.5亿元,占全市电子信息产业工业总产值的17.6%;完成软件营业收入7.04亿元,占全市规模的30%。

【被确定为省级电子商务示范县(市)创建单位】 12月15日,南湖区被省商务厅等7部门确定为第二批省级电子商务示范县(市)创建单位。南湖区的经济基础以民营、民资为主,受上海经济圈、环太湖经济圈和环杭州湾经济圈的影响,经济开放兼容、活而有序。随着推进力度的不断增强以及全社会范围内的广泛应用,电子商务在南湖区经济发展、公共服务、百姓生活等方面的渗透力日益增强,电子商务产业在南湖区得到蓬勃发展,市场规模不断扩大。全年,嘉兴市实现网络零售额678.89亿元,比上年增长37.44%,位居全省第三。居民网络消费总额266.18亿元,增长55.98%,在全省占比12.03%。南湖区作为嘉兴主城区,集聚主城区特有资源要素,电子商务发展尤为迅速。全年实现网络零售额110亿元,居民网商消费额78亿元。南湖区电子商务网站上传信息1164条,在阿里巴巴中文站注册会员2600余家,有天猫、淘宝网店3.4万余家;培育了麦包包、健一网、加捷网络等一批电子商务龙头企业。

【4个企业进入省高新技术企业百强榜】 3月,2014年浙江省高新技术企业协会理事会会议在宁波举行,会议通报2013年全省高新技术企业百强评价结果。南湖区振石集团东方特钢股份有限公司、加西贝拉压缩机有限公司、浙江卫星石化股份有限公司、闻泰通讯股份有限公司4个企业进入榜单(嘉兴市共有11个企业获列)。这4个企业还分别进入相关行业十强,东方特钢在“新材料产业——金属材料产业”中排名第一。为引导企业提高自主创新能力、增强核心竞争力,力促一批市场前景好、发展潜力大的高新技术企业做大做强,省高企协会于2013年在全省5000余个国家高新技术企业中启动省百强高企评价工作。评价指标分经济指标和创新指标。经济指标包括主营业务收入、利税总额、高新产品(服务)收入;创新指标包括研发经费支出、研发人员数、拥有有效

发明专利数三个指标。评价体系客观全面,入选企业具有很强的公信力。加西贝拉压缩机有限公司是冰箱压缩机国家标准修订组长单位,全国家用电器标准化技术委员会冰箱压缩机工作组秘书处承担单位。公司生产的“jiaxipera”牌压缩机以卓越的品质和优良的服务,畅销海内外,是德国博世—西门子、瑞典伊莱克斯、意大利伊黛喜、西班牙法格以及海尔、海信、美的、美菱等国内外著名冰箱品牌的“优秀供应商”,压缩机出口位居国内行业首位,企业综合竞争力保持行业领先。成为国内行业的引领者,全球行业前三强。浙江卫星石化股份有限公司成立于2005年,公司主要从事丙烯、丙烯酸及酯以及功能性高分子材料的研发、生产和销售,产品覆盖至航天科技、汽车制造、医疗、农林、建筑、电子及日用品等领域,是国内少数具备全产业链的丙烯酸及酯和功能性高分子材料的规模化生产商之一。其中,丙烯酸及酯产能跻身国内第一;高分子乳液及颜料中间体市场占有率均居行业第一。闻泰集团作为一个提供手机整机方案设计服务、制造服务以及基于无线终端系列增值服务的高新技术企业集团,主要致力于无线终端产品的定制、研发、生产、销售、售后等综合业务。闻泰集团成立于2006年,由上海研发中心、西安研发中心、深圳运营中心、嘉兴生产中心组成。目前闻泰拥有员工4000多人,产品涵盖从2G到4G的GSM、CDMA、TD-SCDMA、EVDO等全系列手持设备,年产值数亿美元。

【举办第十二届“南湖之春”文化经贸活动】 第十二届“南湖之春”活动从年初持续至4月底,其中主体日活动时间为4月25日至4月26日。活动围绕“走进南湖·共创辉煌”主题,以深化城市副中心建设、提升平台能级为抓手,通过主体活动与平台展示联动推出系列活动,南湖新区、嘉兴工业园区、嘉兴科技城、湘家荡管委会四大平台的特色展示活动与选商聚智、项目推进、文化宣传三大专项活动相辅相成、互为补充,为全区扩大有效投入,加快经济转型升级,全面实现经济持续健康较快发展提供强有力的平台支撑。本届“南湖之春”活动集中签约内外资项目64个,总投资147.2亿元(人民币与美元兑换以6.2汇率计算),其中内资项目53个,总投资127.1668亿元,内外资项目总投资和内资项目总投资均创历届活动之最。签约项目中,涉及日本伊藤忠公司、中国华润集团等3个世界500强企业。参加本届“南湖之春”主体日活动嘉宾480人,应邀参加活动客商175人,其中外商46人,新客商166人,新客商占比94.9%,为历年最高。大会签约的项目质量不断提升,外资注册资本3000万美元以上重大签约项目3个,内资注册资本2亿元或总投资10亿元以上的重大签约项目5个,8个重大签约项目投资77.74亿元。

【东方特钢公司成为区首个“百亿企业”】 2014年,振石集团东方特钢股份有限公司实现工业产值100.86亿元,比上年增长14%,成为南湖区首个“百亿企业”。东方特钢股份有限公司是一个国内知名的专业生产不锈钢热轧板卷的黑色金属冶炼及其压延加工制造企业。该公司2007年开始建设,2010年4月正式投产,注册资本15亿元,投资总额30亿元,占地面积53.93公顷(809亩)。拥有年产量50万吨不锈钢产品的规模生产线,年销售收入70亿元以上。东方特钢股份有限公司成立以来,加快特色园区建设。狠抓工业有效投入,强化科技创新,坚持招大引强,注重引进世界500强相关企业的投资与合作。2011年,“特殊不锈钢中宽板卷关键生产技术创新团队”被列为嘉兴市重点企业技术创新团队,并且与浙江大学共建产学研中试基地和新材料研发中心。2012年公司被评为国家级高新技术企业。2014年,东方特钢跻身浙江省技术创新能力百强企业,两个科技项目在嘉兴市立项,创建南湖区技能大师工作室,2014年上报专利20项。公司主营产品为各种规格的板卷和中厚板,产品国内市场占有率达到25%,其中工业板带产品国内市场占有率达到40%。

【中兴创投签署《合作框架协议》】 6月12日，嘉兴市人民政府与深圳市中兴创业投资基金管理有限公司在市行政中心签署《合作框架协议》。市长肖培生、副市长柴永强，南湖区区长吴健，副区长、科技城管委会主任孙旭阳等领导，中兴创投资董事长、总经理殷一民等出席签约仪式。中兴创投将在嘉兴科技城设立规模约5亿元的产业投资基金及基金管理公司，重点投资新一代通信电子技术和无线终端、物联网、集成电路、软件、数据服务和电子商务，新能源、生物医药、先进制造、新材料等战略性新兴产业。中兴通讯股份有限公司是中国最大的通信设备上市公司，全球领先的国际化综合通信解决方案提供商，深圳市中兴创业投资基金管理有限公司是该上市公司控股的专业基金管理机构。该基金管理团队具有特殊的产业和技术背景，尤其在IT和先进制造领域具有很强的专业投资能力。

【一项工程入选中科院STS项目】 10月23日，中国科学院科技促进发展局科技服务网络计划(STS计划)"浙江省控污减排"项目群论证会议(Science Technology Service中科院科技服务行动计划，简称STS)在中国科学院化学研究所100会议室召开，浙江中科院应用技术研究院牵头承担的《嘉兴市水环境治理与生态修复示范工程》项目作为论证会的三个项目之一人选中国科学院STS项目论证会答辩。项目主持人浙江中科院应用技术研究院院长陈秋荣、项目技术总负责人中国科学院亚热带农业生态研究所副所长吴金水(主持工作)、项目总协调浙江中科院应用技术研究院综合部部长尤建宏向项目专家组作项目汇报和参加答辩。最终，该项目成为中科院设在全国60多个平台中心中第一个牵头承担中科院STS重大项目的平台中心。

【国家食品安全风险评估应用技术中心成立】 6月25日，国家食品安全风险评估中心应用技术合作中心签约授牌仪式在浙江清华长三角研究院总部创新大厦举行。国家食品风险评估中心与浙江清华长三角研究院签约共建应用技术合作中心，是探索创新工作模式、构建资源共享机制的有益尝试。双方将以应用技术合作中心为载体，聚集清华大学等知名高校、国内科研机构、政府部门、企业等在食品安全相关技术领域的技术优势和创新要素，培养创新性、实用型、科研型的高层次食品安全专业人才，推动资源共享，共同建设食品安全风险监测与评估数据库，使应用技术合作中心成为食品风险评估中心与地方、高校开展合作共建的典范。

【市主城区永久性关闭活禽交易市场】 2014年年初，浙江省多地确诊人感染H7N9禽流感病例。研究显示，活禽市场暴露是人感染H7N9禽流感发病的危险因素。1月27日，浙江省召开全省人感染H7N9禽流感防控工作电视电话会议，要求从7月1日起，设区市主城区关闭活禽交易市场，限制活禽交易区域内不得设置活禽交易市场，不得从事活禽交易活动。7月底，嘉兴市政府根据省政府令，发文决定在嘉兴市主城区实行家禽定点屠宰"杀白"上市，确定嘉兴市主城区限制活禽交易区域为三环东路以西、三环南路以北、三环北路以南、乍嘉苏高速公路以东。限制活禽交易区域不得设置活禽交易市场，不得从事活禽交易活动，禽类产品供应实行定点屠宰，2014年将余新镇金星村嘉兴舜荣农产品开发有限公司作为南湖区临时过渡定点屠宰场。对检疫合格的"杀白"家禽加挂检疫标识后上市销售。

【农业种养结构从28∶72调整到60∶40】 南湖区生猪产业发展起始较早，从20世纪90年代开始，作为"供港猪"基地逐步发展，至2000年已成为南湖区的农业支柱产业和农业增效、农民增收的主导产业。2012年，生猪产值19.56亿元，占农业总产值的53.66%。加上渔业养殖，畜牧业加渔业总产值26.82亿元，占全区农业产值的71.54%。高密度的养殖，使养殖废弃物远远超过环境承载能力。2013年,南湖区借助省、市推进“三改一拆”,推进违章猪舍拆除专项行动。2013年、2014年两年,拆除违章猪舍近490万平方米,生猪存栏量从最高峰时期超过100万头削减到18.35万头,农村生态环境显著改善。农业种养结构也逐步调整到60∶40,农业产业结构更趋合理。

【组建南湖区市场监督管理局】 4月2日,南湖区新组建市场监督管理局,核定人员编制157名,岗位合同工编制44名。机构整合后,区市场监督管理局科室从22个精简到15个,缩减31%,人员力量向基层倾斜,一线干部从64名增加到85名,增加32%。8月9日,各职能科室(队)、基层所(分局)、人员全部调整到位,内设机构14个科室、1个直属稽查大队、11个派出机构(镇、街道市场监督管理所、分局)、3个直属事业单位(区消保委秘书处、区个私协会秘书处、区食品药品检验检测中心)。原南湖工商行政管理分局、南湖质量技术监督分局从省下以垂直管理转为区政府管理,南湖区市场监督管理局统一整合原南湖区食品药品监管局、工商分局、质监分局的职责和机构,作为南湖区政府工作部门,挂区工商局、区食品药品监管局、区质监局牌子,统一行使食品药品监督管理、工商行政管理、质量技术监督职能,同时承担食品安全委员会的具体工作,挂食安办牌子。在业务上接受上级主管部门指导,人员管理实行以地方管理为主的双重管理模式。南湖区市场监督管理局职责,主要涉及工商行政管理、食品药品监督管理、质量技术监督方面的行政许可审批、市场监督管理和行政执法、消费者投诉举报、合同、商标、广告监管、特种设备安全监察、计量标准、食品药品和医疗器械监督等职能。

【完成“三小车”整治退运工作】 2014年,南湖区完成195辆残疾人营运车和470辆人力客运三轮车的退运整治工作,并配合工商部门全部回收市区四(三)轮电动车。此次“三小车”整治退运时间紧、任务重,要求高,工作面广量大,区“三小车”整治办通过广泛宣传,摸清底数,及时制定下发《一户一方案情况表》,对每名残疾车主、人力客运车主的基本情况(年龄、养老保险、医疗保险)、个人诉求、签约意向及镇、街道提供的优惠措施、办法做认真仔细的梳理和分类。针对45名特困人员,镇、街道结合实际,给予特殊对待和照顾,推出一系列对特困家庭生活的优惠措施。并为残疾车主、人力客运车主提供民政低保、结对帮扶,体现政府的关心关爱。共安置劳动段人员129名残疾车主和33名人力客运三轮车主基本安置岗位和推荐就业工作落实到位。据统计,残疾车退运共支付经费补贴378万元(包括残疾车退运交通费和新车置换补助48万元);人力客运三轮车退运共发放经费补助1177.8万元(其中南湖区财政承担423.9万元);发放自谋职业基本医疗保险补贴51236元。100辆分五批次全程陪同残疾车主领取新车。

【省第二届合唱节暨第十二届南湖合唱节】 11月28～30日,第二届浙江省合唱节暨第十二届南湖合唱节在南湖区举行。本次合唱节以“和谐的浙江,人民的节日,合唱的盛会”为主题,共有来自浙江省的42支合唱团队2500余人参赛,比赛分童声组、大学生组、成人组和老年组,共诞生金奖队伍17个、银奖队伍25个、优秀指挥奖4个、优秀钢琴伴奏奖4个、优秀组织奖6个。合唱节期间,还举行合唱交流展演及合唱讲座;安排两场展演活动,一场在市区广场,另一场在农村文化礼堂。

【“红立方”党员志愿者服务驿站启用】 3月6日起,南湖区在原有96345党员志愿服务主平台的基础上,在居民群众身边创新建立“红立方”党员志愿服务平台。“红立方”是一座面积约5平方米的岗亭,在人流集聚的区域设点,为群众提供即时服务。在外观设计上,注重与周边环境相适应。在服务内容上,注重与群众实际需求相结合。月河景区“红立方”为过往游客提供免费 WIFI、食宿咨询、协助摄像等服务。外籍人士较多的穆河社区“红立方”推出翻译服务。目前，全区各街道共有红立方岗亭 52 个。“红立方”志愿者采取“坐堂 + 轮值”的服务模式。工作日由“红立方”所在街道选派 2 名具有一定服务水平的专职志愿者开展“坐堂”服务。休息日由机关、事业单位的党员志愿者开展“轮值”服务。服务时统一着装、标识，展现党员志愿者良好形象。“红立方”党员志愿服务实行“奉献积分卡”制度，将党员志愿者服务的时间记录在案，累积到一定积分可折算相应的服务回报。

【东栅街道获评全国和谐社区建设示范街道】10 月 31 日，民政部公布《关于确定全国和谐社区建设示范单位的通知》，南湖区东栅街道获评全国和谐社区建设示范街道。随着经济实力逐步增强，东栅街道加大社会事业建设的投入。所辖社区全部统一使用就业信息管理系统，进行电子化办公，下岗失业人员登记率 100%，控制失业率达 1.9%，无“零就业”家庭。进一步建立健全困难群众动态档案，实现为老服务全面覆盖，各社区都建起了平均面积超过 500 平方米的居家养老服务中心。街道拥有全市首个省示范社区卫生服务中心，形成上级专科医生、社区全科医生、社区患者“三点一线”无缝隙医疗服务，打造“10 分钟”卫生服务圈。在各社区建立专兼职巡防队伍，充分发挥专兼职巡逻队作用，强化社会面巡防管控，提高社会治安整体防控效能。各社区成立人民调解委员会，建立专兼结合的调解员队伍，辖区内的各类矛盾纠纷均得到有效化解。近年来，街道投入近 5000 万元用于社会规范化建设，用于完善文体方面设施年均投入经费上千元，2014 年又投资约 300 万元对凌公塘生态绿道进行提升改造。目前，街道建有社区文化广场 33 个，每个社区均安装体育健身器材，人均体育场地面积达到 5 平方米以上，已有 7 个社区建有文化活动中心，平均面积约为 500 平方米。丰富居民文体生活，做到大型文化活动月月有，小型文化活动周周有，娱乐健身活动天天有。

【南杨社区获列全国社会工作服务示范社区】12 月 23 日，民政部公布首批全国社会工作服务示范地区、社区和单位候选名单，南湖区建设街道南杨社区名列其中。南杨社区位于市中心区，面积 0.75 平方公里，常住人口 1.522 万人，60 岁以上老年人 2996 人，社区老年人口占整个街道老年人口的 30.86%，是建设街道老龄化程度最高的一个社区，同时也是全市居家养老服务最早的试点社区。街道立足社区实际，整合社区资源，将专业社会工作融入传统养老服务中，成立了乐龄社会工作室。工作室以“助人自助”为服务宗旨，以“以人为本，服务为先”为服务理念，通过“社区 + 社会组织 + 社工”“三社”联动模式，为老年人提供专业的社工服务，调适心理，挖掘潜能，恢复和增强老年人的社会功能，构建良好的社会支持系统。该社区成立以社区书记为负责人，社区持证社工、社会组织为业务骨干的服务团队，通过整合社区资源，将热心于社区公益，有专业特长的社区志愿者充实到社会工作义工(志愿者)队伍中，形成“社工引导义工、义工协助社工”的联动工作机制。依托社区自我管理服务，导入社工队伍和社区社会组织，健全工作机制，建立“三社互动”例会交流制度、工作培训制度、工作职业守则等；健全信息沟通与协作机制，及时掌握和化解苗头性、倾向性问题，防止矛盾积累激化。该社区通过重点培育腰鼓队、文艺宣传队、残疾人协会、乐龄工作室等 11 个与居民生活息息相关的慈善类、公益类及文体活动等社区社会组织，推动社区的项目化运作。该社区还以社工为人才支撑，加快实务进程，助推“三社互动”。社区的 9 名社工中具有全国社会工作师职称的 4 人，全国助理社会工作师职称的 2 人，嘉兴市级社会工作师 1 人。有专业特长的义工 48 人。成员大多数都是社区的专职工作者，在日常工作中，打破传统单一的社区行政管理模式，将社会工作专业理念和技巧融入社区建设中,推动社区服务专业化。社区乐龄工作室成立至今,共为老年人提供专业化服务500多人次,完成个案服务34个、小组服务11个。

【余新镇入选全国重点镇】 7月21日,住房和城乡建设部等部门联合发文,余新镇入围全国重点镇。余新镇位于嘉兴市区东南,距市区7公里,镇内拥有沪杭、乍嘉苏两条高速公路入口,沪杭高铁嘉兴南站临近余新。全镇总面积59.72平方公里,辖9个行政村、4个社区,2014年年底,建成区常住人口4.2万人。全镇拥有各类企业近1000个,规模以上企业80个,拥有大华控股有限公司、亚特电器有限公司、良友木业有限公司等行业龙头企业,拥有上市企业1个,亿元企业14个,10亿元企业1个。形成纺织服装、五金塑料、造纸包装、电动工具等一批区域特色经济板块,培育了新材料、生物医药、电子光电等新兴产业。是全国最大的白玉蜗牛生产基地,华东地区最大的五金塑料配件集散地,浙北最大的纸箱包装生产基地。近年来,经济社会始终保持健康快速的增长态势,先后跻身国家级生态乡镇、国家园林城镇、国家级生态文明示范乡镇、全国小城镇综合改革试点镇、全国文明镇、全国新农村建设明星镇、全国企业投资环境最佳乡镇等行列,共获得二十多项国家级、省级荣誉,并被列入嘉兴市小城市试点镇。2014年实现工农业总产值106.4亿元;进出口总额5.77亿美元,完成固定资产投入29.83亿元;税收入库4.86亿元,地方财政收入首次突破亿元,农民人均纯收入24593元。

【区司法局获评全国"六五"普法中期先进】 3月,全国普法办通报全国"六五"普法中期先进集体和先进个人,南湖区司法局获全国"六五"普法中期先进单位称号。"六五"启动以来,南湖区司法局充分依靠125名"老娘舅"普法宣传队伍,通过"以调促宣"的方式,助推法治宣传教育。三年多来,"老娘舅"共接受各类咨询23919人次,成功调解各类矛盾纠纷14525起,调处成功率达99%。培育特色,着力打造"两屏两报"宣传品牌。以流动平台公交电视普法、立体平台电视"老娘舅"调解普法、平面平台日报和晚报普法园地"三位一体",以"群众法律所需"为出发点,有重点、有针对性地开展普法活动,提高南湖区法治宣传工作实效。全区涌现出1个全国"民主法治示范村",10个省级"民主法治村(社区)",43个市级"民主法治村(社区)",3个市级"诚信守法企业",2个省级"依法行政示范单位"。

【市生态文化旅游节暨南湖桃花节开幕】 3月30日,嘉兴市生态文化旅游节暨南湖桃花节在梅花洲开幕。本次桃花节以"生态桃源,智游乐居"为主题,纵贯3月至8月,推出以生态、文化、艺术、体验、美食为主题的五大旅途。生态之旅,伴随着桃花的绽放,举行趣味骑行大赛和"绿道骑士"环保骑行活动,还有船游亲子自驾露营游、桃园农耕体验等。文化之旅,举办昆盧茶"中国名茶展",寂静法师"禅与养生"专题课程讲解等。艺术之旅,陶笛节在活动期间举行,设有陶笛展示、陶笛手工、陶笛音乐会。暑假期间,景区举办"仲夏夜露天电影节"。体验之旅,除常规的千人养生禅修班外,逐步推出针对寻求内外兼修的都市人的禅修二日体验游。美食之旅,景区内的江南民俗美食一条街,有从台湾学习并引进的新品黄金QQ蛋、冰糖草莓,还有传统小食梅洲三绝、话梅花生、石佛素饼等特色的江南民俗小吃。六月举行"水乡百灶宴"千人野餐会,七月开展"凤桃会"。

【2014凤雅国际陶笛节在凤桥镇举行】 4月11~13日,由南湖区文化产业协会和嘉兴凤雅乐器制造有限公司主办的"2014凤雅国际陶笛节"在凤桥镇举办。来自上海、江苏、广州、中国香港、中国台湾、比利时、奥地利等国家和地区的陶笛表演家和爱好者齐聚一堂,交流陶笛演绎技能,发展陶笛教育事业,提升陶笛团队意识,营造陶笛健康市场。

【明星牧业公司获评省劳动模范先进集体】 4月，省人民政府公布2014年浙江省劳动模范和模范集体的名单，嘉兴市明星牧业公司获评省劳动模范先进集体。明星牧业有限公司位于南湖区余新镇金星村，2005年4月成立，注册资金450万元，占地面积近百亩。2014年拥有总资产2000余万元，牧业园区建设标准化猪舍面积1万余平方米，年出栏商品猪万余头，年销售收入近1500万元。公司推动本地畜牧业的产业化发展，以提供系列化服务的方式带动周边万头生猪养殖基地可持续发展，形成种养结合、农牧结合的新型养殖理念，为周边地区发展生态农业提供模板。公司在建立之初便严格按照国家和行业有关标准，建立健全各项管理体系，使生产的产品从养殖环境、养殖过程到疫病防治、操作规程，完全按照无公害标准和相应的规章制度进行。

【省首个老年护理院建立】 3月1日，嘉兴逸和源湘家荡护理院正式开业。这是一所集医疗护理、康复、老年关怀等服务于一身的老年护理医院，是浙江省首个老年护理院。护理院是在原天声产业园的框架房产基础上改造的。医院占地面积6600平方米，建筑面积11000平方米，总投资3000万元，总床位设计450张。护理院严格按照卫生部标准规定配备专业医护人员和医疗设备，实现养生养老的医养高度结合，重点接收失能老人、高龄老人和需要专业医疗护理的老人进行医疗康复和护理。

（董　雄　汤明康）

秀洲区

【概况】 秀洲区东临南湖区、嘉善县，南连海盐县、海宁市，西接桐乡市，北靠江苏省苏州市吴江区。总面积542平方公里，下辖5个镇、4个街道、118个村民委员会、43个居民委员会。2014年底，户籍总人口37.57万人，其中非农业人口11.45万人，人口自然增长率3.45‰。

2014年，全区实现地区生产总值270.7亿元（不包含划归嘉兴经济技术开发区管理的嘉北、塘汇两街道，下同），比上年增长8.1%。完成公共财政预算总收入40.5亿元，增长13%，其中区级公共财政预算收入14.3亿元，增长11.8%。城镇居民人均可支配收入37613元，农村居民人均可支配收入23674元，分别增长9.1%和10%。

有效投入稳步增长。建立项目推进“五定”（定期走访、定期协调、定期督察、定期通报、定期开竣工）机制，开展重大项目集中开竣工活动，加快项目推进步伐，全区完成固定资产投资169.3亿元，比上年增长16.3%。东升西路道路桥梁工程开工建设，舒福德、上物金属等项目加快推进。列入嘉兴市“三个千亿”的52个项目完成投资46.8亿元，完成年度目标任务的108.3%。全区被列入省重大产业项目10项、省“411”重大项目10项、省重点建设项目17项，数量分别居全市第一、二、三位。加强政府投资项目竣工验收工作，全年完成竣工验收项目62个，完成率居全市第二。

产业结构持续优化。推进工业强区建设，全年实现工业增加值133.5亿元，比上年增长10.9%。制定全区工业发展指导目录，实施工业企业绩效综合评价。培育光伏新能源、装备制造等新兴产业，被列入国家新能源示范城市创建单位，高新技术行业、战略性新兴产业实现产值194.4亿元和133.4亿元，分别增长11%和24.6%。实施“四换三名”（腾笼换鸟、空间换地、机器换人、电商换市；名企、名品、名家）工程，完成工业生产性投入79.5亿元，增长15.2%，其中“机器换人”技改投入57.3亿元，淘汰落后设备2238台（套），获得省工业投资和“机器换人”技术改造考核一等奖。实现服务业增加值109.4亿元，增长6.9%，占地区生产总值的40.4%。实现社会消费品零售总额72.8亿元，增长11.8%。嘉兴现代物流园实现税收1.1亿元，增长34.1%，获评2014年度全国优秀物流园区。秀洲莲泗荡省级湿地公园被省政府列为首批32个重要湿地之一。秀洲新区培育税收超千万元楼宇5幢。嘉兴国际人才城挂牌运作。接待国内外游客156.6万人次,实现旅游收入19.5亿元。

全年,实现农业增加值16.1亿元。新建粮食功能区1600公顷(2.4万亩),被省政府授予首届"河姆渡杯"粮食生产先进区金奖。王店—洪合省级现代农业综合园区通过验收,建成省级农业主导示范区1个、精品园3个。新增家庭农场58个、国家级农民合作社示范社2个,土地流转率59.7%。

招商选资取得实效。坚持招大引强选优,完善招商地图,突出"一镇一品",开展招商选资"四百行动"(百天时间集中抓招商、百批小分队外出抓招商、百家区外企业定向定点拜访抓招商、百家区内"浙商之春"企业走访抓招商),积极对接上海平台。全年,合同利用外资4.3亿美元、实际利用外资2.25亿美元。完成市外内资注册资金24亿元、市外内资实到资金57.3亿元,分别比上年增长27.6%和21.9%。完成总投资5000万美元以上项目3个、5亿元人民币以上项目9个、1亿美元以上项目1个。引进浙商回归项目37个,省外到位资金27亿元。完成进出口总额23.7亿美元,其中出口19亿美元,分别增长14.4%和15%,均列全市第一。

科技创新不断强化。嘉兴光伏高新区建设步伐加快,光伏科创园、中节能二期等项目快速推进,国家"863"分布式光伏发电项目进展顺利,创建省级重点企业研究院5个,总量居全市第一。实施加快创新驱动发展三年行动计

2月27日,嘉兴光伏高新技术产业园区承担申报的国家"863"课题——"基于分布式能源的智能微电网关键技术研究与集成示范"获科技部正式立项批文。

划,研究与试验发展经费支出占地区生产总值比重超过2.4%。引导企业加强自主创新,实施市级以上科技项目超百项,浙江雅莹服装有限公司入选省创新能力百强企业。新增国家重点扶持高新技术企业11个、省级科技型中小企业24个。申请专利2478项,授权专利2099项,成功创建省知识产权工作示范区。新增省著名商标3件、省名牌产品4个。新入选省"千人计划"3人,建成院士专家工作站1个。

经济领域改革有序开展。光伏产业"五位一体"(即低碳产业集聚区、低碳能源示范区、低碳技术先导区、低碳管理试验区、低碳基础设施典范区)创新综合试点工作快速推进,分布式光伏应用项目完成并网50兆瓦,分布式光伏发电"秀洲模式"在全国推广,嘉兴光伏高新区列入全国分布式光伏发电应用示范区。秀洲工业园区列入首批国家低碳工业园区试点。开展城镇土地使用税政策调整试点,列入省要素市场化配置综合配套改革首批扩面地区。王江泾镇新一轮省级小城市培育试点顺利实施,镇行政审批服务、综合执法、应急维稳、劳动就业保障四大中心基本建成运行。推进王店镇市级小城市培育试点,完成总体规划编制。

行政体制改革成效明显。推进行政审批层级一体化改革,加强事中事后监管。深入实施模拟制、联审制、代办制"三制联动"的审批模式,行政审批中介机构改革在全市推广。实行政府权力清单和责任清单制度,27个区级政府部门的行政权力从8968项减少到4137项。开展地方政府性债务清理甄别,防范政府债务风险。推进财政预算绩效管理改革,确保财政资金用在实处。开展综合行政执法试点,加快区、镇两级综合行政执法体系建设。完成工商、质监管理体制调整和食品药品监管职能整合,组建区市场监管局。

社会治理改革持续推进。加强基层法治、德治、自治建设,建立社会稳定风险评估目录化管理机制,在全市率先推出社会稳定指数评价体系。推进新塍镇"全国社区治理和服务创新实验区"建设,启动镇级示范型社区服务中

心建设，成立社区发展基金会、社区学院等社会组织。深化城乡社区建设，打造城乡社区服务中心示范点5个。加强社会组织培育发展，启用社会组织培育发展中心。

"三改一拆"强势推进。建立违法建筑信息"一户一档"，开展"无违建区"创建"百日攻坚行动"，完成"三改一拆"面积289.2万平方米，其中，"三改"161.2万平方米，拆除违法建筑128万平方米，复垦复绿80.3万平方米。新城街道、高照街道"无违建"创建通过市级验收。开展"一户多宅"专项整治，完成清理1644户。洪合镇综合整治提升行动取得阶段性成效，高照街道陶泾、象贤村综合整治全面完成，南陶浜村二期综合整治顺利推进。完成高速公路沿线212块违法广告牌拆除任务。

生猪养殖减量提质持续推进。拆除违建猪舍4699户、64.8万平方米，生猪存栏量由18.2万头减少至8.2万头。规范生猪养殖管理和排污治理机制，推行"两分离五配套"治污模式。建立健全死亡动物统一收运工厂化集中处理机制，统一收处病死猪4.2万头。全面开展"过路猪"和生猪产地检疫专项整治，严厉打击违法处置病死动物和违法排污行为。新增农牧对接333.33公顷(5000亩)，帮扶养殖户实现转产转业4018人。

城市形象不断提升。编制完成中部创新平台规划，完成秀洲新区、秀洲工业园区城市建设三年行动计划，城市建设投入40.2亿元。开工建设浙师大附属秀洲实验学校、南洋职业技术学院等公建配套设施，秀湖工程完成土方开挖，秀清公园、新区北区生态园、新塍塘绿地等投入使用。绿道建设有序推进，联网成景。推进城市治堵工作，完成瑞丰街、木桥港路等道路建设，开工建设秀园北路等7条道路，新建停车位1800个，开发地下空间8万平方米。

镇村建设不断深化。加快新市镇有机更新，洪合国贸中心、新塍江南新天地等项目顺利推进。启用王江泾镇村公交枢纽站，乡镇夜班公交实现全覆盖。完善新一轮村庄布点规划，出台农村居民建房管理办法，逐步解决农民建房难问题。推进农村土地综合整治，完成土地复垦81.33公顷(1220亩)。加快"美丽乡村"建设，市级"美丽乡村"先进镇实现全覆盖，编制完成4个省级美丽宜居示范村规划，完成3条精品线路项目建设。启动建设省级保护利用历史文化村4个。投资2600万元，实施"一事一议"项目29个，村集体经济股份改革实现全覆盖。王店镇、王江泾镇、油车港镇入选2014年全国重点镇。

基础设施不断完善。完成交通基础设施投入4.8亿元，推进东方路延伸段等项目建设，湖嘉申航道秀洲段一期通过验收。启动农村公路改造提升三年行动计划，完成农村联网公路建设9.7公里，农村公路大中修38公里。完成区公交停车西场建设，开工建设嘉兴市城乡公交西北停保场。新建第四代移动通信网络基站72个，建成区基本实现全覆盖。新增绿化面积376.67公顷(5653亩)，林木绿化覆盖率20.2%。油车港镇成功创建国家级生态镇，洪合镇创建省级森林城镇。

社会保障全面加强。落实就业政策，新增就业岗位9985个，城镇登记失业率3%。社会养老保险覆盖率98%，城乡居民医疗保险覆盖率98.5%。加快保障房建设，九里花园等拆迁安置房基本完成。推进养老机构建设，建成村(社区)居家养老服务照料中心29个，成立首个民办养老机构，王江泾镇在全市率先探索公建民营运作模式。加强社会救助和慈善帮扶，发放各类救助、补贴4230万元，募集慈善资金905万元，村级慈善帮扶基金实现全覆盖。残疾人工作稳步推进，成功创建全市首个省级残疾人文化示范基地。新塍菜场成功创建省级放心农贸市场。

社会事业协调发展。全区学校基础设施建设总投入1.3亿元，王店镇中心小学、洪合镇实验学校等工程有序推进，完成学校危旧房改造29处，实现农村小学生上下学交通公交化保障全覆盖。实施新一轮教育质量提升年活动，全区中考创历史最佳成绩。成功创建省级社区教育实验区。承办第十二届全国美展和全省书法大展,获评 2014～2016 年度“中国民间文化艺术之乡”。秀洲体育健儿在第十五届省运会上获得 16 枚金牌,位列全市首位。成功创建省级慢病综合防控示范区。合作办医取得突破,成立市第一医院王江泾分院、市妇幼保健院秀洲分院和市中医医院新塍分院。启用区康安医院。统筹推进人口均衡发展,加强出生人口性别比综合治理,推进计划生育基本公共服务均等化。圆满完成全国文明城市复查迎检各项工作。

社会大局和谐稳定。完善全员平安责任制,推进公共法律服务体系建设,加强矛盾纠纷化解,平安建设实现九连冠、夺银鼎。加大劳动保障监察和争议调处力度,切实维护劳动者合法权益。严厉打击各类违法犯罪行为,刑事警情数比上年下降 5.4%。强化社会应急联动,妥善应对突发性事件。加强食品药品市场监管,深化安全生产综合整治试点工作,落实道路交通、校园安全、疫病防控、消防等工作责任,安全生产事故和死亡人数实现“双下降”。

全面开展党的群众路线教育实践活动,扎实推进 10 件“民生实事”办理,顺利完成 8 件政府民生工程,着力解决涉及群众切身利益的突出问题。自觉接受人大依法监督和政协民主监督,办理人大代表议案建议 86 件,政协提案 221 件,办结率 100%,满意率 100%。

【获列国家新能源示范城市创建单位】 1 月,秀洲区被国家能源局列入国家新能源示范城市创建单位。该区积极探索新能源技术在城市供电、供热、供暖和建筑节能中的应用,重点发展太阳能、生物质能、地热能等新能源利用形式,扎实推进“五位一体”光伏科技城项目、光伏微网示范项目、绿色循环集中供热示范区项目、餐厨废弃物综合项目及可再生能源建筑绿色供热(冷)项目等建设。分布式光伏发电“秀洲模式” 在 2014 年全国分布式光伏发电现场会、2014 年浙江省加快光伏应用促进产业健康发展现场交流会上得到肯定。至年底,秀洲区建成新能源利用项目年替代能源达到 10.72 万吨标准煤,可再生能源占秀洲区能源消费总量的比重由 2011 年的 3.11%提高到 2014 年的 3.74%。

8 月 4 日,全国分布式光伏发电现场会在嘉兴召开。

【嘉兴现代物流园获评全国优秀物流园】 8 月 9 日,在山西大同召开的全国物流园区工作年会上,嘉兴现代物流园荣膺“2014 年度全国优秀物流园区”称号,成为全省唯一一个全国优秀物流园区。嘉兴现代物流园自 2007 年起启动建设,高起点规划建设、高质量招大引强、高速度快步前行,着力打造由政府主导、专业物流机构参与、市场化运营的国家级现代综合物流园区。7 年内,嘉兴现代物流园累计投入资金近 37 亿元,集聚各类物流企业 100 多个,其中 3A 级物流企业 3 个,2A 级物流企业 1 个,形成较为完整的物流产业链,物流产业初具规模。

【获省技术改造考核一等奖】 2014 年,在省工业有效投资考核评价工作联席会议办公室公布的 2014 年度浙江省工业投资和“机器换人”技术改造考核评价结果和奖励名单中,秀洲区获得省工业投资和“机器换人”技术改造考核一等奖。年内,该区全面推进“机器换人”技术改造工作,完成“机器换人”技术改造投资 53 亿元,占全部工业投资的 65%,规模以上工业企业全员劳动生产率提高 17 个百分点,规模以上工业企业“机器换人”技术改造面达 30%,围绕新能源新材料、装备制造、现代纺织、新型家电等主导产业,组织实施了一批具有较大投资额、成效较明显的“机器换人”技术改造引领示范项目。全年,入选省、市级重点“机器换人”

技术改造示范项目122项,区级引领示范工程项目50项,其中,2014年省“机器换人”百项示范项目2项。

【成功创建省知识产权工作示范区】 7月,秀洲区被省知识产权局认定为浙江省知识产权工作示范区,示范期为2015年1月至2016年12月。该区自2011年12月被列为省级知识产权示范创建区以来,通过实施创新引领战略,知识产权创造能力显著提高。创建期内,区财政兑现知识产权政策资金631.5万元。2013年,秀洲专利申请量与创建前相比,增幅达61.8%,专利申请中发明专利占比由2011年的11.9%提高到2013年的13.6%。2013年年末,全区万人占有专利申请量和专利授权量分别达31.8件和25.6件,万人发明专利拥有量增幅28.7%。创建期内,秀洲专利示范企业年平均专利产值68.1亿元,年平均利税1.2亿元,累计拥有专利3158件,自主实施专利技术转化2259件,专利技术实施率71.5%。

【成功创建省级慢病综合防控示范区】 12月,省卫计委、教育厅、民政厅和体育局联合公布秀洲区成功创建省级慢病综合防治示范区。2013年,该区提出创建省级慢病综合防治示范区工作目标,建立起政府主导、多部门合作、专业机构支持、全社会参与的慢性病综合防控工作体制与机制,通过围绕“全民健康生活方式倡导、完善慢性病防治政策与支持环境、强化人群健康管理”为主的慢病综合防治管理策略,卫生服务逐步形成从“疾病管理”转向“健康管理”,从三级预防的“疾病康复”为主转向疾病“早发现、早诊断、早治疗”二级预防和健康生活方式倡导的“病因”预防并重的模式,努力落实好百姓“健康守门人”职责,切实提高居民健康意识和健康水平。

【成功创建省级社区教育实验区】 1月16日,秀洲区被省教育厅命名为省级社区教育实验区。近年来,该区着力构建完善以区社区教育学院为龙头,以镇、街道社区教育中心为骨干,以行政村(社区居委会)社区教育教学点为基础的三级社区教育管理体制;充分利用网络和简报开展全方位宣传,在全区逐步营造出一种人人学习、时时学习、处处学习的良好的学习、舆论氛围;整合全区办学、信息、场馆三类资源,构建共同参与、资源共享、开放式的社区教育办学格局;积极抓好制度、基地、队伍、示范等“四大建设”,注重社区教育开拓创新,倡导教育活动社区化、社区教育活动化;大力推进以素质提升、知识更新、阳光成长、弱势帮扶、健康关爱等“五大工程”为核心的社区教育实践活动,面向广大社区居民,积极开展多类型、多形式、多规格、多层次、个性化的教育培训活动,成效显著。

【“五水共治”取得成效】 2014年,秀洲区推进“五水共治”(治污水、防洪水、排涝水、保供水、抓节水)工作,围绕“三河”整治、散户喷水织机整治、畜禽养殖减量提质、工业污水全入网、农村生活污水治理等方面,取得跨行政区域交接河流断面水质考核合格,石臼漾水厂取水口三项指标总体水质首次达到Ⅲ类水标准,王江泾镇入选2014“治水美镇·浙江样本”50强等成效。全年,整治垃圾河176条,超额完成年度任务的50%,黑臭河整治完成三年任务的94%。完成污水入网工作880家,其中,工业企业污水全入网780家,新增入网污水总量超3.3万吨/日。洪合、王江泾印染集聚区建设加快推进,基本完成喷水织机污水整治,淘汰散户喷水织机935户8387台。新建城镇生活污水管网34.8公里,农村生活污水治理全面铺开,宇四浜村生活污水处理站出水实现全回用。完成河道综合整治22公里,清淤疏浚182公里。

【王江泾入选“治水美镇·浙江样本”50强】 11月,浙江省网信办、浙江在线新闻网站、浙江城镇网联合推出“治水美镇·浙江样本”大型网络互动活动,结合省委、省政府中心工作,通过网络和移动端互动,产生50个“治水美镇·浙江样本”,分为工业治污、环境改造、人水和谐、管水护水、秀水魅力5类。王江泾镇作为“工业治污”10强样本美镇入选其中。该镇是江南织造名镇,织造工业繁荣,但喷水织机对水质带来污染。该镇建造喷水织机污水处理站,对喷水织机污水进行纳管处理,有效消除了工业废水引起河道变成乳白色的现象,地表水主要污染物指标大幅度下降,整体环境治理明显提升。

【王店—洪合省级现代农业综合区通过验收】 7月,王店—洪合省级现代农业综合区通过省级验收。王店—洪合省级现代农业综合区位于秀洲区南部,涉及王店和洪合两镇9个行政村,总面积1654公顷(24810亩)。该综合区自2011年9月列入省级创建点以来,按照“二轴、二区、六园、一配套”的总体布局,累计投入1.9亿元,建成南北向的洪硖线和东西向的王建线主轴线2条,建成水果产业、设施蔬菜等主导产业示范区2个,建成苗木、虾蟹混养、葡萄、特种动物(蛇)养殖、湖羊养殖、生猪养殖等特色农业精品园6个,以及配套建成以粮食生产为主的稻菜(瓜)轮作区1个。综合区土地流转面积1047.33公顷(15710亩),流转率63.3%,入驻农业产业主体19个,通过“三品”认证农产品23个,培育农产品品牌12个。2014年,该综合区实现总收入2.77亿元。

【雅莹服装有限公司入选省创新能力百强】 2013年、2014年,浙江雅莹服装有限公司两次入选省创新能力百强企业。近年来,该公司在着力提升产品设计创新能力、供应链管理能力、销售服务能力等企业核心竞争力的同时,加大信息化建设步伐,把产品设计创新系统、采购生产供应链系统作为信息化长期建设的重中之重,并围绕设计信息化、生产信息化、营销信息化和管理信息化等,投入大量资金,全面提升企业的创新能力。2014年,企业研发费6660万元,占销售收入的5.5%,利税1.2亿元,占营业收入的9.9%。企业科技研发人员348人。拥有授权专利160项。企业还获得国家高新技术企业、省级企业研究院、省级专利示范企业等科技创新方面的荣誉。

【新塍菜场成功创建省级放心农贸市场】 经省商品交易市场及农贸市场提升发展工作领导小组考核评审并报请省政府同意,秀洲区新塍菜场被评定为2014年度省放心农贸市场示范单位,成为市本级首个农村放心市场。自启动省级放心农贸市场创建工作以来,新塍菜场加大责任考核引导力度,大力推进市场软件管理“制度化”,对硬件设施进行4次大规模改造,已拥有摊位209个,营业用房75间,囊括蔬菜、家禽、淡水产、鲜猪肉等14个行业,经营门类齐全、划行规市、分区管理,成为秀洲区规模最大、设施最完善的农村农贸市场之一。

【开展涉批中介机构改革】 4月,秀洲区从打破市场垄断、统一服务标准、强化考核管理入手,在市本级率先推行涉批中介服务机构改革。自实行改革以来,共有项目申请报告(可行性研究报告)、初步设计方案、环评、能评、地质勘查、建筑方案设计、施工图设计、测量、建筑项目竣工测绘、安评10大类事项67个中介机构入驻,全年开展业务952例,收费2425.92万元。通过统一承诺时间、统一收费依据、统一服务流程,入驻涉批中介机构服务时间平均缩减50%,收费减少20%,整体审批效率进一步提高。

【推出社会稳定指数评价体系】 2014年,秀洲区整合涉及40余个部门的480余项平安建设数据,形成直观可操作的平安指数。为了既高效反映基层矛盾纠纷隐患态势,又真实呈现主要职能部门平安建设履职情况,该区将社会治安、矛盾纠纷、公共安全、公众参与4个方面设为主要指标,4项指标下设14个二级指标,按照百分制合理确定权重,每月以图表形式发布区、镇两级平安(社会稳定)指数。配套建立分析研判、点数计算、预警通报等工作机制,明确一票否决事项,并实行三色预警,有效提高平安指数评价体系的标准化、客观化和可操作性。

【嘉兴国际人才城挂牌运作】 12月,位于秀洲区新平路299号中禾广场的嘉兴国际人才城正式挂牌成立。嘉兴国际人才城以"扎根嘉兴,接轨沪杭,辐射华东,走向全国"为目标,致力于从世界范围内引进国际知名人才机构,聚焦国际尖端人才、外国专家,通过政府服务资源集聚、人才服务机构集聚、人才与产业对接集聚、金融服务机构集聚等,将其打造成一个集人才成果展示、人才服务、创业支持和活动交流等功能于一体,吸引海内外人才、打造人才高地的综合性平台,为服务地方经济转型发展提供人才支撑和智力保障。嘉兴国际人才城计划在五年内引进10~15个国际及国内知名人才服务机构,并通过人才服务机构引进100名左右国际高端人才。目前已引进美南中国专家协会联合会嘉兴联络站、昆士兰华人科学家工程师协会嘉兴联络站、日中管理学院株式会社嘉兴工作站等3个机构入驻。

【王江泾镇村公交枢纽站启用】 7月28日,嘉兴市本级首个镇村公交枢纽站在王江泾镇正式启用。该公交枢纽站是全省首个镇村公交标准化示范点,位于王江泾客运站东侧,木林森国际商务区北侧,占地面积3780平方米,内设乘客候车室、调度指挥中心、驾驶员休息室等。2013年1月16日,该示范点首条试点线路——375路公交车正式开通,标志着全省首个镇村公交标准化示范点正式开工建设。该枢纽站现有5条公交线路,包括1条王江泾至嘉兴线路,4条镇村公交线路,日发近90个班次,日均发送客流量近900人次。

【成功创建省级残疾人文化示范基地】 1月7日,秀洲区残疾人文化艺术体育示范基地通过省残联创建工作考核组的考核验收,成为嘉兴市唯一一个创建省级示范基地的单位。秀洲区残疾人文化教育基地创建于2012年,设有艺术展示厅、摄友之家、农民画培训创作室、文化技术培训室、乒乓活动室等多个文体功能设施。该基地坚持以残疾人为本,以保障残疾人基本文化艺术、体育权益,提高残疾人平等参与社会生活的能力,建团队、抓培训、育人才、创特色,让残疾人在丰富多彩的文化体育活动中重拾自信,实现不一样的人生。

【嘉兴市第一医院王江泾分院举行揭牌仪式】 2月28日,嘉兴市第一医院王江泾分院举行揭牌仪式。自3月1日起,托管后的王江泾医院更名为嘉兴市第一医院王江泾分院、秀洲区第一人民医院,成为市本级首所与市级医院合作办医的乡镇医院。作为嘉兴市目前规模最大、学科最全、技术实力最雄厚的三级甲等医院,嘉兴市第一医院与该院签署为期三年的合作协议。三年内,市第一医院将实现人才和医疗技术资源"双下沉",帮助托管的王江泾分院建设人才队伍,并接受托管医院各类技术人员进修培训、住院医师规范化培训和医务人员参加相关医、教、研活动。

【嘉逸礼顿商务酒店获评三星级旅游饭店】 2014年年底,嘉兴嘉逸礼顿商务酒店顺利通过三星级旅游饭店的评定,成为秀洲区第四家三星级旅游饭店。嘉逸礼顿商务酒店位于嘉兴市秀洲区新秀路江南摩尔东区高层,是广州嘉裕集团向广州以外拓展的第一间精品商务型酒店。酒店依托江南摩尔商圈,主打精品商务客房,高品质会议。酒店按四星级标准配置设计,拥有客房127间,并配有豪华会议厅、餐厅、商务中心等配套设施,是嘉兴首家精品商务酒店。嘉逸礼顿商务酒店通过评星,完善酒店内部管理,提升酒店服务品质,进一步促进秀洲区旅游业健康稳定发展。

【新塍镇被授予省中小企业健康养生基地】 3月6日,浙江省中小企业协会第一届会员代表大会第四次会议暨中小企业金融论坛峰会在杭州举行,会上,新塍镇被授予"浙江省中小企业健康养生基地”称号。经浙江省中小企业协会、秀洲区新塍镇人民政府、杭州艾博健康管理有限公司三方签订协议，计划在秀洲新塍镇合力打造浙江省中小企业健康产业基地。规划用地53.33公顷(800亩)，计划总投资30亿元，汇聚健康养老、健康养生、生物制药等健康产业项目。

【新塍镇成为全国社区治理和服务创新实验区】 1月，秀洲区新塍镇被民政部批准确认为第二批“全国社区治理和服务创新实验区”，并于2014年4月1日正式授牌。实验时间从2014年1月至2016年12月，为期三年。作为全国31个实验区中唯一的镇级单位，也是全省唯一入选的单位，新塍镇将在未来三年的实验区打造过程中，坚持“以社会机制主导，政府、社会与市场良性互动合作”的实验主题，实验探索政府、社会、市场力量在城乡社区建设中形成良性互动合作的体制机制以及分阶段推进方案，形成破解社区建设中政府、社会、市场等主体权责不明晰难题的思路与措施。通过“优化环境、搭建平台、三社联动”三大举措不断推进社区服务创新发展。到2016年，初步建成社区治理体制先进、公共服务完善、市容卫生优良、老城活化出彩、城乡一体发展、社会文明和谐的现代社区。

【全国美展综合画种·动漫作品展开幕】 9月18日，第十二届全国美术作品展览综合画种·动漫展区作品展览在秀洲·中国农民画艺术中心开幕。此次展览由文化部、中国文联、中国美协主办，省文化厅、省文联、省美协和嘉兴市政府承办，作品展览为期一个月。共分13个展区，有动漫、连环画·插图、漫画、年画·书籍装帧等四大展厅，展线长2200多米。其中综合画种·动漫展区的参展作品汇聚了全国经层层评选入选的347件美术作品，展厅还配备了作品放映厅，配置了17台30英寸电视机和3个大屏，供观众欣赏获奖动漫作品。同时，本届全国美展还首次将农民画作为年画纳入美展体系，其中秀洲入选作品9件（农民画8件、动漫1件）。此次美展，是嘉兴市迄今为止承办的规格最高、影响力最大的一次美术盛会。始于1950年的全国美术作品展览是中国规模最大、参与范围最广、作品种类最多、最具影响力和权威性的国家级综合性美术大展，每5年举办一次，也是中国连续举办时间最长的国家级文艺活动之一。

【秀洲区农民画公司首次参加海外会展】 5月26日至6月10日，第三届中东欧(波兰)、欧亚(土耳其)中国家居品牌博览会在波兰西部城市波兹南和土耳其海港城市伊斯坦布尔举行。嘉兴秀洲农民画艺术创意有限公司受主办单位邀请，参加了本次会展，这也是农民画公司首次参加的海外会展。会展上，秀洲农民画及其衍生产品深受参展客商和当地民众的喜爱。在土耳其伊斯坦布尔展区，农民画丝巾被组委会选为赠送国外友人的纪念礼品，农民画作品《好朋友》被赠送给了前来观摩的土耳其首都安卡拉市市长。秀洲农民画始于1983年，发展至今已有30个年头，现已成为秀洲区对外文化交流的一个新平台。秀洲农民画从单纯的精品创作到对外交流和合作，走出了积极探索市场化运作模式，实现农民画产业化的发展路径。

【获评年度“中国民间文化艺术之乡”】 12月16日，国家文化部命名秀洲区为2014～2016年度“中国民间文化艺术之乡”。多年来，该区将画乡建设工作纳入文化建设总体规划，推动农民画艺术的发展和繁荣，传承和弘扬优秀传统文化。已成功举办5届秀洲·中国农民画艺术节；3次易地新建农民画艺术中心；创建农民画创作基地6个，农民画后备人才基地26个，农民画个人画室8个，区农民画特色村3个，市级农民画特色镇1个(油车港镇)。逐步形成区、镇(街道)、村(社区)、个人四级梯队的画乡建设，成为秀洲区的一张文化金名片，成为秀洲区的文化标识。

（吴海红）

嘉善县

【概况】 嘉善县地处太湖流域杭嘉湖平原,位于浙江省东北部,东邻上海市青浦、金山两区,南连平湖市、嘉兴市南湖区,西接嘉兴市秀洲区,北靠江苏省苏州市吴江区和上海市青浦区。全县总面积506.6平方公里,下辖3个街道、6个镇,有104个村、50个城市社区。2014年年末,全县有户籍人口387538人,比上年末增加1174人,其中非农人口184033人。全县户籍人口出生率8.68‰,死亡率7.29‰,自然增长率1.39‰。全年迁入人口3604人,迁出人口2970人,人口机械增长率1.63‰。

2014年,嘉善县经济保持持续健康发展。实现地区生产总值402.39亿元,可比增长9%,增幅与上年持平。其中第一产业增加值23.29亿元,可比下降1.8%;第二产业增加值232.17亿元,可比增长10.5%;第三产业增加值146.93亿元,可比增长8.2%。三次产业结构由上年的6.4∶57.1∶36.5调整为5.8∶57.7∶36.5。按户籍人口计算,人均生产总值103989元(按每年平均汇率折算为16929美元),比上年增长8.8%。财政总收入60.06亿元,增长9.7%,其中公共财政预算收入31.33亿元,增长8%。全年公共财政预算支出39.6亿元,增长7%。其中教育支出8.57亿元,增长8.4%;社会保障和就业支出2.31亿元,比上年下降2%;医疗卫生与计划生育支出3.32亿元,增长22.7%;城乡社区事务支出4.13亿元,增长31.2%;农林水事务支出5.16亿元,增长13.8%。固定资产投资257.63亿元,增长6.5%,其中投资项目投资193.81亿元,增长4.1%;房地产开发投资63.83亿元,增长14.7%。在固定资产投资中,第二产业投资120.88亿元,下降4.1%;第三产业投资136.75亿元,增长18.2%。基础设施投资32.77亿元,增长28.4亿元。全县城镇居民人均可支配收入43126元,增长9.2%;农村居民人均可支配收入25048元,增长10.4%。

精品农业发展巩固提升。全年,实现农业总产值47.74亿元,按可比价格计算,比上年下降2.7%。粮食播种面积2.23万公顷(33.5万亩),比上年减少413.33公顷(0.62万亩)(注:粮食生产统计监测数据,与2013年及以前年份口径不同);油菜籽播种面积726.67公顷(1.09万亩),减少20公顷(0.03万亩);蔬菜播种面积14953.33公顷(22.43万亩),减少280公顷(0.42万亩);果用瓜播种面积2073.33公顷(3.11万亩),比上年增加106.67公顷(0.16万亩);花卉苗木播种面积1080公顷(1.62万亩),增加66.67公顷(0.10万亩)。全年粮食总产量15万吨,比上年下降2.3%(注:粮食生产统计监测数据,与2013年及以前年份口径不同);蔬菜总产量56.06万吨,比上年增长0.6%。农业现代化发展水平列全省第四、全市第一,农业劳动生产率居全省第十。成功创建省级生态循环农业示范县,被评为省级农业"两区"十佳示范区,省农业标准化综合示范县创建通过验收。全县有种子种苗基地5个,农业地方标准17项,有91个农产品通过国家级无公害农产品认证。全县有各类休闲农业园区13个,农民专业合作社196个。

工业转型升级步伐加快。全年,工业增加值212.31亿元,可比增长11.4%,占全县生产总值的比重为52.8%。规模以上(年主营业务收入2000万元以上)工业企业626个,工业总产值911.98亿元,比上年增长11.8%,其中重工业总产值617.16亿元,增长10.2%;轻工业总产值294.82亿元,增长15.3%。规模以上工业企业全年主营业务收入823.94亿元,增长10.4%;利税总额57.44亿元,增长10.1%,其中利润总额36.35亿元,增长12.9%。全面实施"亩产倍增"行动计划,完成工业企业绩效综合评价,实行差别化税收政策、资源价格、信贷支持。电子信息、高端装备制造、新能源等新兴产业集群效应明显,以喷水织机"零点行动"为突破口的低端行业整治成效显著,"机器换人"项目减少直接用工9978人,规模以上工业企业劳动生产率提高18.9%,淘汰落后低效产能项目135个,被列为全省"腾笼换鸟"综合试点县。新增规模以上企业80个、产值超亿元企业20个。

现代服务业快速发展。全年新引进亿元以上服务业项目11个，全年完成服务业增加值145亿元,可比增长8.5%。全县旅游发展总体规划通过评审，西塘景区通过国家AAAAA级景区景观质量评审,大云温泉获批省级旅游度假区,康辉旅游综合体、云澜湾温泉等项目加速推进,斯麦乐巧克力乐园成为省级工业旅游示范基地,获中国电子商务百佳县称号。全年接待海内外游客1066.28万人次，旅游总收入107.2亿元,分别比上年增长13.8%和15.1%。

创新活力显著增强。深化创新驱动发展战略，全年研究与试验发展经费支出占比2.6%,成功列入国家可持续发展实验区创建名单。推进创新主平台建设,县科创中心新引进孵化企业40个,国泰安协同创新科技园、中以高科技(嘉善)创新中心等创新平台投入运作。高铁新城被工信部确定为跨境电商共建试验区,电商产业园一期开工建设,IBM电商创新中心投入运营。归谷科技园100公顷(1500亩)拓展区启动建设,新开工、新投产企业各11个,“千人计划”项目嘉善转化中心成功创建省级“千人计划”产业园,获批全省首个县级“欧美同学会·中国留学人员联谊会留学报国基地”，创建成为省开发区特色品牌园区。增强创新主体实力,新增高新技术企业10个、省级科技型中小企业31个、省级企业研发中心5个。出台高层次引进服务管理办法,实施技能型人才“金蓝领”计划,新增国家“千人计划”专家4人、省级“千人计划” 专家6人、“创新嘉善·精英引领”计划领军人才项目11个。实施专利、质量、标准和品牌战略,全年专利申请量和专利授权量分别为3855件和2289件,其中发明专利授权53件。参与制(修)订国际标准4项、国家标准5项、行业标准5项,培育上报浙江名片15个、省著名商标5件。全年通过鉴定或验收的科技成果(新产品)377个,其中国家级5个。

对外开放再创佳绩。建立示范点建设沪浙合作机制，设立上海自贸区嘉善项目协作区，成为全省首个实质性对接上海自贸区的县。签约上海交大技术转移中心嘉善分中心等一批平台合作项目。全年供沪农产品45万吨,销售额30亿元。上海都市卡(嘉善旅游主题卡)正式发行。上海移动通讯在嘉善经济技术开发区漫游资费取消。引进台湾生产力中心,设立海峡两岸(嘉善)生产力促进中心。举办浙江省企业领袖峰会暨全球首届光荣浙商论坛、2014善洽会暨首届善商大会等活动,引进富通、恒天2个总投资均超50亿元和新格有色金属、盛威安防、百诺装饰等4个总投资超亿美元的大项目。获评省2013年度利用外资成绩显著县、“浙商回归”实际到位资金列全市第一。全年完成平台基础设施建设投入7亿元,新增可开发面积126.67公顷(1900亩)。启动实施资源要素配置市场化改革,土地利用总体规划中期评估修改方案通过省级评审。制定出台小额贷款公司新三年扶持政策,设立2家科技银行,组建民间投融资服务中心。加强能源环境要素配置量化管理，制定实施企业用能总量指标交易办法,出台促进分布式光伏发电健康发展若干意见。2014年,全县进出口总值36.15亿美元，比上年增长9.1%，其中出口总值27.11亿美元,增长6.9%。进出口总值占全县生产总值的比例为55.2%(按当年汇率计算)，其中出口值占比为41.4%。新批外资项目97个(其中新设项目32个),比上年增加2个。合同利用外资6.46亿美元，增长7.4%；实际利用外资4.18亿美元,比上年下降8%。全县新批线外内资项目156个,实际到位县外内资76.61亿元,增长17.2%。

产业平台提档升级。推进工业园区“二次创业”，全年完成平台基础设施建设投入7亿元,新增可开发面积126.67公顷(1900亩)。嘉善经济技术开发区获省“四换三名”示范开发区称号，连续12年获利用外资全省十强开发区,东区“三纵四横”道路框架实现贯通。嘉兴出口加工区B区申报综合保税区取得实质性进展,启动建设“无水港”和“虚拟空港”。姚庄工业园升级为省级经济开发区,设定为海峡两岸(嘉善)经贸合作平台,与全国台企联签订合作共建协议,与台北内湖科技园区、台中工业区签订合作框架协议。完善专业特色园区功能配套,魏塘浙商工业园、大舜服装辅料创业园、干窑工业园、天凝现代装备制造产业园、大云科技创新产业园等关联产业实现集聚发展。

要素配置灵活。启动实施资源要素配置市场化改革,出台城乡建设用地增减挂钩节余指标交易暂行办法,推进城镇低效用地再开发等升级试点,深化落实耕地保护共同责任机制,垦造耕地 103.19 公顷(1547.9 亩),争取重大产业项目点供指标 89.53 公顷(1343 亩),通过 2013 年度土地卫片执法检查验收。土地利用总体规划中期评估修改方案通过省级评审。制定出台小额贷款公司新三年扶持政策,设立 2 家科技银行,组建民间投融资服务中心。加强能源环境要素配置量化管理,制定实施企业用能总量指标交易办法。出台促进分布式光伏发电健康发展若干意见,新增 110 千伏以上变电容量 15 万千伏安。

城乡统筹发展。编制完成高铁新城、归谷二期控制性详细规划,实施城市有机更新等专项规划。实行县、镇(街道)、社区三级物业管理机制。实施中心城区停车收费管理,大力发展低碳交通,新增、优化公交线路 14 条;出台规范地下空间开发利用实施意见;编制实施“智慧嘉善”建设总体规划,“数字嘉善”地理空间框架通过省级验收。姚庄镇在 2013 年度小城市培育试点考核中获“考核优秀单位”称号,西塘镇列 2013 年度全市小城市培育试点考核第一。制定实施农房建设管理办法、指导意见,基本形成中心集聚点、一般集聚点、保留拓展点、特色自然村落保留点构成的村庄规划布局,完成农房集聚改造 1236 户。推进省级美丽宜居示范村试点建设、“美丽乡村”建设,启动改造 12 个特色自然村落和 12 个城乡一体新社区;市级“美丽乡村”先进镇实现全覆盖,创建市级“优美庭院”示范村 13 个。深入实施“强村计划”,全年村均常规稳定性收入突破 140 万元。着力提升县域交通建设水平,项目建设投入 2.7 亿元,正式启用综合交通信息平台。制定实施“美丽航道”建设三年行动计划。

社会建设持续进步。全年新增就业岗位 11000 个,实现城镇失业人员再就业 4740 人,净增五大类社会保险 33305 人,城乡居民合作医疗人均筹资提高到 740 元,财政补助资金 1.46 亿元,统一城乡居民最低生活保障并提高至每人每月 588 元,社会养老保险、医疗保险覆盖率分别为 99.89%和 99.53%。职工基本医疗、城乡居民合作医疗保险实现并轨。开展残疾人大病医疗保险省级试点,全面实施在职职工住院医疗互助保障工作。全面建设省级社会养老服务示范区,建成村(社区)居家养老服务照料中心 76 个。全面落实住房保障任务,新开工建设各类保障房 560 套、竣工 868 套。实行实物配售(租)与货币补贴并行的住房保障新模式,启动中心城区直管公房危房解危,完成农村困难群众危(旧)房改造 100 户。

社会事业蓬勃发展。成功举办第三届“善文化、微散文”大赛、第二届“善文化、微电影”大赛和 2014 感动嘉善——十大善人善事暨第四届道德模范评选等活动,“善文化”建设被中央文明办列入培育和践行社会主义核心价值观重点工程。全面推进国家级、省级公共文化服务体系示范区联创工作,获浙江省文化礼堂建设先进县;开展周末大舞台、“十万农民种文化”活动,吴镇书画院建筑主体结顶,浙北民间收藏博物馆建成启用。承办全国家庭教育现场推进会,嘉善高级中学等 7 所学校分别与杭州学军中学等学校进行合作办学,总投资 2.49 亿元的嘉善信息技术工程学校(县第二职业学校)投入使用,获评全国首批义务教育发展基本均衡县、省社区教育示范区。全面启动县镇村卫生一体化管理省级试点,总投资 4.98 亿元的县第一人民医院迁入新址并正式启用。推进省级养老服务示范区建设,基本实现城乡社区照料中心全覆盖。举办全国青年赛艇锦标赛、全国女排联赛等高水平赛事,浙江嘉善农商银行女排获首个全国女排联赛冠军,姚庄体育馆正式落成。全面落实“单独二孩”政策,获浙江省双拥模范县。

平安法治建设推进。巩固社会稳定风险评估工作规范化试点经验,健全完善平安建设重点部门履责保证金制度和“七张网”社会化治安防控体系,推进镇级安全保障中心建设,开展领导干部大接访活动和“五访联动”,完善县领导包案积案化解等制度,成立全省首个环境保护纠纷人民调解委员会,强化网络舆情、安全生产和食品药品安全管理,成为省级流动人口结构优化工作示范县,圆满完成亚信峰会、首届世界互联网大会等重要节点安保任务,实现省平安县创建九连冠。年内,全县刑事立案4334起,破案2362起,立案数比上年下降2.3%,破案绝对数比上年上升1.5%。做好命案及七类严重刑事犯罪案件的侦防工作,破获现行命案1起,七类严重刑事犯罪发案7起,下降41.7%,破案率100%。加强对“法制嘉善”领导,常态化推进县委权力公开透明运行,深化行政权力清单制度、行政审批制度和执法体制改革,实施“阳光司法”,开展“法律八进”等法制宣传教育活动,获评全省创建法治县(市、区)工作先进单位。举行大面积停电事件应急联合演练。全面实施新居民积分制管理办法,获批省流动人口结构优化工作示范县。成立县社会组织培育发展中心,完成全国企业社会工作试点任务。深化食品药品监管体制改革,组建市场监督管理局,成功创建省餐饮服务食品安全示范县。永久性关闭主城区活禽交易市场。

环境生态有效整治。全面开展“清三河”行动,完成229条垃圾河打捞清理和111条黑臭河综合治理,全年交接断面水质考核优秀。全面实施水利“五大工程”,加快推进全国中小河流治理重点县综合整治及水系连通试点工程、全国第四批小农水重点县等项目建设,完成河道综合整治64.5公里,疏浚河道203.5公里,实施水系连通工程5处。太浦河、长白荡饮用水水源地成为全市唯一达标的饮用水水源地。全面启动“无违建”创建,开展“一户多宅”专项整治、主要道路及两侧环境治理攻坚战和违章猪舍拆违治污集中攻坚行动,全年拆除各类违法建筑200.1万平方米,14条主要道路沿线环境得到有效治理,拆除违章猪舍131.4万平方米。国家生态镇(街道)实现全覆盖,市级生态村覆盖率96.2%,获国家生态文明建设示范区称号,被正式命名为国家生态县。完成电镀、印染、造纸等行业整治任务。全面启动大气污染防治工作,实施环境保护联动执法。出台治理淘汰黄标车实施方案,淘汰老旧车、黄标车4000辆。提前完成化学需氧量、氨氮、二氧化硫等3项指标“十二五”规划减排任务,“能源双控”2项指标下降率列全市第一。

【示范点建设全面深化】 1月30日,浙江省人民政府正式批复实施《嘉善县域科学发展综合配套改革总体方案》,嘉善成为全省唯一实施县域综合配套改革的县。年内76项年度改革任务进展顺利,核准目录外企业投资项目不再审批(零审批)等7项改革成为省(部)级试点工作,土地管理制度综合改革等12项改革获省级部门试点,其中义务教育学校教师流动试点经验再次获刘延东副总理批示肯定,“零审批”中“五个零”做法被中宣部收录《改革热点面对面》典型改革案例。国家建设方案110项核心任务完成68项,42项正在推进;年度重点任务154项373条以及50个示范点重大项目投资计划基本完成,全面启动“十三五”规划编制。形成示范点建设经验55条,确定示范点建设展示点培育目录5大类255个,培育形成县级展示点46个。省委书记夏宝龙4次到嘉善视察指导,省长李强到嘉善进行专题调研视察,省委常委、常务副省长袁家军牵头在嘉善县召开省示范点建设协调小组第二次会议,县域科学发展主题馆和示范点门户网站启用,中央及省市共120个主流媒体走进嘉善,《人民日报》头版显要位置专门介绍嘉善县域善治的成功经验。嘉善县域科学发展示范点建设是2013年2月28日经国务院同意,由国家发改委批复实施的。

【全国首个县级留学报国基地落户嘉善】 12月14日,在2014年“星耀南湖”精英峰会活动之一的中国县域人才发展论坛上，举行“欧美同学会·中国留学人员联谊会留学报国浙江嘉善基地”授牌仪式。该基地是全国第8个，也是省内首个留学报国基地和目前全国唯一设在县一级的基地。该基地由欧美同学会与嘉兴市人民政府合作共建，挂牌在“千人计划”项目嘉善转化中心。近年，嘉善县与欧美同学会·中国留学人员联谊会的合作与交流日益深化，中央统战部、欧美同学会·中国留学人员联谊会多次到嘉善考察指导。2013年，嘉善县选派1名干部到同学会挂职，2014年3月，浙江省首个欧美同学会人才顾问团在嘉善县成立，并与嘉善县签订合作协议。年内，嘉善县通过欧美同学会引进的“千人计划”人才项目3个。

【西塘获评最佳古镇旅游度假目的地】 12月，西塘古镇在“2014国际旅游度假目的地论坛”上被评为“2014最佳古镇旅游度假目的地”称号。该论坛由国际旅游学会、人民网、浙江省旅游局和舟山市人民政府联合主办，200多个旅游目的地参加。活动通过网络展示、媒体采风、专家评定等方式，从旅游度假产品开发、旅游度假配套设施建设、旅游度假服务提升、旅游度假市场营销、生态环境协调发展、智能信息化技术应用等方面进行考量，推出2014最佳国际旅游度假目的地、最佳山地旅游度假目的地、最佳文化旅游度假目的地、最佳生态旅游度假目的地、最佳古镇旅游度假目的地等11个项目，86个城市和景区入选。

【实现国家级生态镇(街道)全覆盖】 10月，惠民街道被环保部命名为国家级生态街道，嘉善成为全省首个实现国家级生态镇(街道)全覆盖的县(市)。该县于2004年正式启动全国环境优美乡镇创建工作，2005年，大云镇率先被命名为全县首个全国环境优美镇。2010年，实现省级生态镇(街道)全覆盖。5月，嘉善县被授予“国家生态文明建设示范区”称号，并获国家生态县命名，成为嘉兴市首个，也是浙北平原地区第一个国家生态县。

【大云温泉获批省级旅游度假区】 8月，嘉善大云温泉省级旅游度假区获省政府批复同意，成为全县首个、嘉兴市第三个省级旅游度假区。嘉善大云温泉旅游度假区位于大云镇东部，规划面积12.79平方公里，由温泉康体度假区、十里水乡休闲区、生态农业体验区、综合接待服务区四大块组成。2011年，该度假区提出创建省级旅游度假区口号，经过4年多的建设发展，形成温泉度假、水乡观光、花田景观、休闲农庄、特色村落五大核心产品，区内有云澜湾温泉国际和斯麦乐巧克力乐园在建项目。上半年，度假区接待国内外游客60万人次，旅游总收入2490万元。

【农村义务教育学校名师全覆盖】 2014年，嘉善县作为全国唯一独立承担国家教育体制改革试点项目——义务教育学校教师流动试点县，全年参与流动教师196人，首次实现城乡教师双向流动和农村义务教育学校名师全覆盖，完成年度试点工作。首次实施以学科教师为单位抱团流动，在幼小、小初、初高之间开展学段衔接流动，流动期满教师回流时错位流动等新型流动方式，普通教师服务型流动主要流入偏远农村学校。推出城区(农村)或城乡学校间学科教师对等团队流动新模式。与此同时，出台教师流动后续管理的相关实施意见，建立专业成长、业绩展示、交流融合、动态评价和关爱服务五大平台，并在深化义务教育教师流动的基础上，创新设立名师工作室，并对实施教师人事管理制度进行综合改革。2014年，嘉善县初升高录取分数线与嘉兴其他县(市、区)持平甚至略高，嘉善高级中学录取新生中，农村初中的录取比例由原来的15%提高到20%。全县市级名师人数比上年翻一番，省市课题、论文立项及获奖比上年增长75%以上。

【县综合交通信息服务平台投入试运行】 7月，嘉善县综合交通信息服务平台投入试运行。嘉善县综合交通信息服务平台示范工程(以下简称示范工程)是交通运输部目前全国唯一的县域综合智慧交通示范工程,同时是嘉兴市智慧交通试点项目的组成部分,也是嘉善县智慧城市建设的重要组成部分,是嘉善县政府实事工程项目之一,总投资5370.81万元。该工程除运载工具智能监控平台和基础设施智能监控平台外,还包括智能公交调度管理系统、长途联网售票系统、区域停车诱导系统、交通综合管理系统、枢纽综合管理系统以及物流子系统,基本形成县域智慧交通建设模式。市民可在电子设备上登陆“e路嘉善”软件,实现公交线路查询、公共自行车查询、出租车查询、长途客运联网购票、火车民航购票、城乡公交查询等内容。

【“零审批”试点】 1月17日,嘉善县启动核准目录外企业投资项目不再审批(即“零审批”)改革试点。以双清单制、承诺合同制、备案制和事后监管制为主要内容,开展“项目设立零审批、建设许可零障碍、指导服务零距离、竣工验收零时差、政府监管零容忍”五方面改革探索。简化项目立项审批手续,优化审批流程,缩短审批时间,使政府部门从“重审批、轻监管”向“轻审批、严监管”转变。年内,15个企业与相关审批部门和项目主体签订《嘉善县核准目录外企业投资项目不再审批服务管理合同》,项目总投资147.72亿元,注册资本金35.51亿元,建设用地218.47公顷(3277.12亩)。其中,9个项目顺利完成备案手续,项目总投资63.56亿元;12个项目的企业通过“一次办”运作方式,取得相关证照;喜力啤酒等4个项目正式开工。

【上海自由贸易试验区嘉善协作区成立】 1月,嘉善县与上海外高桥保税区联合发展有限公司签订《战略合作备忘录》,成立中国(上海)自由贸易试验区嘉善项目协作区(以下简称嘉善协作区)。嘉善协作区的成立是嘉善县融入上海的合作模式由政府合作、区域合作、平台合作为重点转向以上海为窗口的国际合作模式深化拓展。按照《战略合作备忘录》要求,嘉善协作区既要承担拓展上海自贸区战略空间的任务,也要承担挖掘“县域科学发展示范点”战略价值的历史使命。成立后,嘉善县和上海外高桥保税区联合发展有限公司将重点在招商、产业、贸易、金融、财政、改革、管理7个方面进行协作,其重点既包含建立招商客户网络和项目信息互通共享机制这样的传统合作内容,更涉及长三角金融一体化、虚拟空港和无水港项目建设等改革内容。协作覆盖区域涉及浙江嘉善经济技术开发区、嘉兴出口加工区B区、姚庄工业园、魏塘工业园、中国归谷嘉善科技园、浙江嘉善长三角科技商务区等多个重量级产业平台。

【村(社区)慈善帮扶基金实现全覆盖】 4月,嘉善县获评浙江省“村(社区)慈善帮扶基金工程”竞赛活动组织奖。全县151个村(社区)全部建立慈善工作站和帮扶基金,共募集村(社区)慈善资金887.7万元,实现“慈善全覆盖、救助不出村”的目标。嘉善县自2013年开始,将村(社区)慈善帮扶基金全覆盖工程建设列为民生的重点工程和创新举措,出台实施意见,制定《村(社区)慈善帮扶基金资金募集使用管理办法》《慈善工作站守则》等制度,并加强扶持推动,对经济薄弱村帮助创造条件设立村级慈善帮扶基金,由县和镇(街道)给予5万元的一次性补助。全县26个经济薄弱村(社区)都募得10万元以上的帮扶基金。帮扶基金按照自募自用原则,全额归村(社区)所有,村(社区)工作站按照专款专用、量入为出和公开透明的原则,确定具体工作计划、救助力度、受惠对象,2000元以内的救助实行村申报、镇审批、县备案,进一步缩短救助时间,提高救助实效。2013年,全县各村(社区)救助困难对象5000多人次,发放救助资金146.5万元。

【大舜服装辅料创业园成为省创业示范基地】 10月,嘉善大舜服装辅料创业园入围省经信委公布的第三批省级小企业创业示范基地名单。该次评选全省共认定20个,嘉善大舜服装辅料创业园是县内唯一上榜单位。嘉善大舜服装辅料创业园坐落于西塘镇大舜村,2008年规划设计,2009年开始大规模建设，是嘉善县最具特色的专业产业园区之一。创业园的建成为西塘镇纽扣企业搭建起新的发展平台,加快实现“放大纽扣特色优势,完成由‘纽扣之乡’向‘服装辅料生产基地’的转变”。2014年,园区共入驻企业50余个，拥有专业市场商铺300余个,2013年实现工业产值3.73亿元,利税6450万元。

【实施“三大养老工程”建设】 年初,嘉善县公布《2014年度十大实事惠民工程行动实施方案》,实施县社会福利中心工程、区域性养老中心工程、县老年活动中心工程“三大养老工程”建设,新增养老机构床位1498张,加快实现全县机构养老规模化。社会福利中心工程为省级社会养老服务示范区重点项目,规划占地2.31公顷(34.6亩),建筑面积4万平方米,设计床位800张,总投资约2.15亿元。区域性养老中心工程建设包括在各镇(街道)公办养老机构提升改造的基础上,实施大云镇、罗星街道养老中心新建和天凝镇、陶庄镇养老中心改扩建工程,总建筑面积1.49亿平方米,设计新增床位698张,总投资约8473万元。县老年活动中心工程规划建造面积约5000平方米，总投资约1800万元，突出以老年文化活动、教育培训、指导服务等功能为主。

(沈路婧)

平 湖 市

【概况】 平湖市位于浙江东北边沿,南临杭州湾,东、北与上海市金山区交界,西与嘉兴市南湖区接壤,西北与嘉善县相连,西南与海盐县相接,总面积537平方公里。2014年,有6个镇、3个街道,56个居民委员会、106个村。全年,出生人口4584人,死亡人口3422人,人口自然增长率0.24‰。年末户籍总人口491379人，其中非农业人口240435人，农业人口250944人。计划生育率99.44%。

2014年,平湖市经济运行总体平稳,社会各项事业取得新的进步。全年实现生产总值485.3亿元,按可比价格计算,比上年增长6.5%。不含嘉兴港区和嘉兴电厂,增长10.1%。按户籍人口计算,人均生产总值98922元,比上年增加4640元,按年平均汇率计算折合16104美元(按常住人口计算，人均生产总值71021元，增加3440元,折合11562美元)。其中第一产业增加值16.8亿元,比上年下降1.9%;第二产业增加值301亿元,增长6.4%,其中工业287.8亿元,增长6.4%；第三产业增加值167.5亿元，增长7.7%。三次产业结构比为3.5∶62∶34.5,三产占比比上年提升0.6个百分点。2014年,实现财政总收入90.4亿元,增长6.8%,其中一般公共预算收入45.7亿元,增长8.2%,增幅分别比上年回落7.8个百分点和2.9个百分点。

2014年,全年农业实现增加值17.7亿元,比上年下降1.5%(实现产值26.5亿元,可比下降1.3%)。全年农作物播种面积5.03万公顷(75.5万亩),下降5.6%。粮食播种面积3.76万公顷(56.5万亩),下降5.2%,粮食总产量24.67万吨,下降3%,产量连续9年超过22万吨。油菜籽播种面积3066.67公顷（4.6万亩），下降21.8%;蔬菜播种面积7800公顷(11.7万亩),下降1.2%。粮经面积比为74.8∶25.2。全年生猪饲养量43.5万头,下降39.7%,年末生猪存栏8.6万头,下降75.8%,肉类总产量2.3万吨,下降7.9%，家禽饲养量115.7万羽，下降32.4%,年末家禽存栏42.2万羽,下降17.7%。水产品产量2.5万吨,下降17.1%。

年末拥有省级无公害农产品基地137个,全国无公害农产品144个,绿色食品17个。其中,年内新增省级无公害农产品基地8个,全国无公害农产品19个,绿色食品2个。全年完成城乡绿化造林面积571.2公顷(8568亩),新增土地流转面积806.67公顷(1.21万亩)。农业“两区”建设全面推进,年内建成粮食生产功能区21个、面积1553.33公顷(2.33万亩),累计建成粮食生产功能区129个、面积8260公顷(12.39万亩);现代农业园区完成投资1.26亿元。水稻机械育插秧面积5733.33公顷(8.6万亩)。

新型农业经营主体加快成长，年末平湖市培育工商登记家庭农场90个、农民专业合作社390个，农业龙头企业44个。深化“12316”为农服务中心建设，建成“12316”农业智能诊断系统。优化农业公共服务能力，进一步健全农技推广体系，推进农业科技进村入户。加快产业技术集成和成果应用，组建6个平湖市农业产业技术创新与推广团队。全面推进现代生态循环农业发展，获得“省级生态循环农业示范县”认定。农业保障体系不断完善，政策性农业保险深入实施，全年政策性农业保险参保户8.72万户，保费收入1169.1万元；全年理赔467户，赔付金额165.6万元。

2014年，农田水利建设完成土石方508.4万立方米，累计出动机械台班10.1万个，投入资金4亿元。全年河道疏浚305公里，长效保洁2311公里。年末拥有农业机械总动力22.63万千瓦，全年化肥施用量(折纯)2.3万吨。农业招商引资成效显著，全年“新三资”投资农业2.1亿元。

全年，597个销售收入2000万元规模以上工业企业实现增加值250.4亿元，比上年增长5.8%，不含嘉兴港区和嘉兴电厂，实现增加值153.1亿元，增长12.6%。实现总产值1285.8亿元，增长8.2%，不含嘉兴港区和嘉兴电厂，实现产值753.2亿元，增长15.3%。规模以上工业中，装备制造业实现产值267.2亿元，增长14.7%；高新技术产业实现产值687.2亿元，增长15.8%，占规模以上工业总产值的比重53.4%；战略性新兴产业产值545.7亿元，增长11.3%；全年实现新产品产值422.7亿元，增长4.1%，新产品产值率32.9%，比上年回落1.3个百分点；规模以上工业销售产值1257.8亿元，增长6.6%，其中出口交货值284.3亿元，增长1.8%。从工业总产值分经济类型看，占规模以上工业总产值34.2%的外商投资企业增长14.9%；占比25.5%的私营企业增长12.6%；占比19.9%的有限责任公司比上年下降8.7%。分轻、重工业看，重工业实现产值868.1亿元，增长7.5%，轻工业实现产值417.7亿元，增长9.8%。轻、重工业比为32.5：67.5。分行业看，19个行业中有16个行业实现增长，其中超过平湖市平均增幅的8个行业，印刷行业为增幅之最，达48.9%。分行业产值列前三位的分别是，临港产业实现产值592.1亿元，增长7%，其中石油化工行业实现产值414.1亿元，增长15.2%，造纸行业实现产值66.7亿元，增长8.7%，电力行业实现产值111.4亿元，下降15.9%；光机电行业实现产值256.6亿元，增长14.5%；服装行业实现产值150亿元，增长2.7%。光机电、临港和生物医药三大主动力产业实现产值867.9亿元，增长9.4%。新能源、新材料和节能环保三大新兴产业实现产值80.1亿元，增长11.4%。服装、箱包、童车、洁具和纸制品五大传统行业实现产值229.8亿元，增长3.1%。分区域看，9个镇(街道)均实现增长，其中浙江独山港经济开发区、新仓镇、林埭镇、曹桥街道、平湖经济技术开发区增幅超过平湖市平均值，分别为32.4%、20.1%、14.3%、13.2%和12.2%。工业产销衔接状况良好，全年工业产品销售率97.8%。

全年规模以上工业实现主营业务收入1275.8亿元，比上年增长6.4%；实现利税总额96.4亿元，比上年下降2.3%；实现利润总额58.3亿元，下降7.7%。其中，不含嘉兴港区和嘉兴电厂，实现主营业务收入727.8亿元，增长15.1%；利税总额51.1亿元，增长25.1%；利润总额29亿元，增长42.2%。12月末，亏损企业140个，亏损面23.5%，比上年上升1.1个百分点，亏损企业亏损额11.7亿元，增长17.3%。分行业看，19大行业中11大行业利润总额增长或盈利，8大行业下降或亏损。其中，三大主动力行业实现主营业务收入848.8亿元，增长5.7%，实现利润总额46.9亿元，下降11.6%；三大新兴产业行业实现主营业务收入93.9亿元，增长18.4%，实现利润总额0.8亿元，下降58.5%；五大传统行业实现主营业务收入222.5亿元，增长2.8%，实现利润总额4.3亿元，下降9.3%。

2014年，规模以上工业综合能耗278.7万吨标准煤，比上年增长6.5%。不含嘉兴电厂，规模以上工业综合能耗243.9万吨标准煤，增长

9.6%,单位增加值能耗比上年下降1.4%。不含嘉兴港区和嘉兴电厂,规模以上工业综合能耗125.7万吨标准煤,增长7.7%,单位增加值能耗比上年下降4.4%。

年末具有建筑资质等级的独立核算建筑企业57个,全年施工面积1237.7万平方米,比上年下降9.4%,实现建筑业总产值121.8亿元。

2014年,完成固定资产投资297.3亿元,比上年增长17.5%。其中不含嘉兴港区和嘉兴电厂,完成投资223.7亿元,增长16.9%。全年完成工业生产性投资161.9亿元,增长17.1%,不含嘉兴港区和嘉兴电厂,完成投资118.6亿元,增长21.9%。第三产业完成投资132.6亿元,增长17.4%,不含嘉兴港区,完成投资102.4亿元,增长11.1%。

全年计划总投资亿元以上在建项目150个,共完成投资140.4亿元,占总投资的47.2%。计划总投资3000万元以上亿元以下在建项目220个,完成投资61.3亿元,占全社会总投资的20.6%。

2014年,房地产开发完成投资61.2亿元,比上年增长20.2%,其中计划总投资亿元以上在建项目58个,全年完成投资56.6亿元,占全部房地产开发投资的92.5%。全年竣工房屋面积74.3万平方米,比上年下降21.7%,其中住宅竣工46.7万平方米,下降32.3%。全年商品房销售面积60.7万平方米,下降21.7%,其中预售占88.9%。其中住宅52.6万平方米,下降25.1%;商业营业用房6万平方米,增长69%。商品房销售额43.2亿元,下降16%,其中住宅36.7亿元,下降22%。

2014年,各种运输方式完成货物周转量42.1亿吨公里,比上年增长7%。其中:公路运输27.2亿吨公里,增长12.5%。水路运输14.9亿吨公里,比上年下降1.9%。全年旅客周转量完成4.4亿人公里,下降4.6%。嘉兴港货物吞吐量6880万吨,增长4.2%,集装箱116万标准箱,增长14.4%。年末拥有营业性载客汽车542辆、15104个客位。班线客车239辆,出租车辆226辆,旅游包车车辆77辆。城乡公交线路34条,里程数689.5公里,城乡公交汽车132辆。城市公交(含嘉兴港区公交)线路27条,里程数316.2公里,城市公交汽车177辆。年末公共自行车服务系统网点70个,投放自行车2000辆,其中年内新增服务网点40个,新增自行车1000辆。

2014年,实现社会消费品零售总额149.7亿元,比上年增长12%(同口径比较)。其中,批发和零售业零售额132.6亿元,增长11.9%,住宿餐饮业零售额17亿元,增长12.7%。其中,城镇和乡村消费品零售额均增长12%。

2014年,外贸进出口总额82.1亿美元,比上年增长3.8%,出口总额40.7亿美元,增长6.3%。全年外贸和出口依存度分别为104%和51.6%。全年出口服装及衣着附件11.6亿美元,比上年下降12.9%,出口机电产品11.7亿美元,增长16.7%,出口旅行用品及箱包5.4亿美元,增长19.7%。在出口总额中,高新技术产品出口2.1亿美元,增长18.8%。

全年新批、增资三资企业72个,比上年下降6.5%,合同利用外资7.2亿美元,比上年增长26.2%,实际利用外资4.5亿美元,增长7.3%。其中,不含嘉兴港区,全年新批、增资三资企业53个,下降11.7%,合同利用外资5亿美元,下降0.9%,实际利用外资3.4亿美元,增长9.7%。

2014年新增绍兴银行嘉兴平湖支行1家金融机构。年末金融机构各项人民币存款余额695.6亿元,比年初增加54.2亿元。其中:城乡居民储蓄存款余额336.5亿元,增加30.6亿元;外汇存款余额5.1亿美元,比年初增加0.5亿美元。各项人民币贷款余额494.8亿元,比年初增加46亿元;外汇贷款余额8.9亿美元,比年初减少1.2亿美元。

2014年中信证券、银河证券和年内新增的杭州财通证券三个营业部证券交易新开户数2525户,累计账户达5.46万户,全年证券交易额833.6亿元,比上年增加276.4亿元,年末股东交易保证金余额5.7亿元,增加3.6亿元,证券市值40.2亿元,增加17.2亿元。全年保险业实现保费收入10.6亿元,其中寿险保费收入5.9亿元,财险保费收入4.7亿元。全年给付赔款6.4亿元,其中财险赔款支出2.4亿元,寿险赔款支出0.2亿元,给付退保支出3.8亿元。

2014年,财政用于科学技术经费支出1.7亿元,比上年增长13.3%,教育经费支出10.2亿元,增长5.3%。企业研发经费(R&D)投入12.3亿元,增长13.8%。全年组织实施各级各类科技计划项目377项。年末有国家级高新技术企业45个。区域科技创新机构(企业技术研发中心)共167个。全年专利申请量3543件,比上年下降1.6%,其中发明专利718件,增长5.6%;专利授权2626件,增长3.8%,其中发明专利授权48件,增长71.4%,再创新高。全年获得嘉兴科技进步奖10项。技术市场发展较快,全年技术交易金额达1.9亿元,合同数125项。

年末拥有幼儿园45所,在园幼儿1.35万人;小学21所,在校学生2.74万人;普通中学17所,在校学生2.13万人。学前三年入园率99%。九年义务教育学龄人口入学率100%。小学、初中在校生巩固率均为100%。初中毕业生升入高中段学校比例达99%。有中等职业类学校3所,在校学生0.57万人;各类职业技术培训机构23个,注册学生10.31万人,全年结业12.11万人。

年末已创建省级文化示范村(社区)10个,嘉兴市级文化示范村(社区)22个。全年共组织广场文艺演出85场次,送戏下乡247场;送电影1652场次,观众24.95万人次,放映广场数字电影67场,观众2.64万人次,影院电影放映1.73万场次,观众53.33万人次,票房收入1986万元。万册图书下农村进社区,在8个镇(街道)图书分馆及50个馆外服务点送书157次、6.56万册。年末不可移动文物修缮完成4处,有各级文保单位53处,平湖市级文物保护点76处,5个文博场馆全年接待观众41万余人次。

至2014年年底,共创建省级小康体育村103个、村级体育俱乐部43个、城市体育先进社区17个、社区体育健身俱乐部15个、中心村全民健身广场1个、青少年体育俱乐部3个、体育特色乡镇1个、国民体质监测与健身指导中心1个、四星级职工体育俱乐部1个、老年体育活动中心(俱乐部)4个,嘉兴市级美丽乡村·健身广场3个。其中,2014年新创建省级国民体质监测与健身指导中心1个、体育特色乡镇1个、省级小康体育村1个、村级体育俱乐部5个、体育先进社区2个、社区体育健身俱乐部3个、四星级职工体育俱乐部1个、老年体育活动中心(俱乐部)1个,以及嘉兴市美丽乡村·健身广场2个等;新成立体育类社会团体1个、民办非企业单位5个。

年末有医疗卫生机构171个,其中民营医疗机构42个,新增民营医院2所;开放床位2484张,其中民营医院380张。有卫生技术人员3164人,其中执业医师1013人、执业助理医师132人、注册护士1204人。平湖市7所卫生院全部成功创建浙江省甲等卫生院。城乡居民合作医疗保险参保人数22.32万人,参保率99.72%,全年社会保险基金支出29亿元。

2014年,平湖市全年空气污染指数(AQI),“优”的天数占10.74%,“良”的天数占58.68%。“轻度污染”的天数占23.42%,“中度污染”的天数占5.79%,“重度污染” 的天数占1.38%,“严重污染”的天数占0%。8个平湖市控以上断面全年高锰酸盐指数、氨氮、总磷浓度分别为7.78gm/l、2.22mg/l和0.368mg/l,分别比2013年下降4.77%、26.5%和33.8%;其中,广陈塘广陈水厂和小新村、黄姑塘金桥3个断面全年水质达到五类;跨行政区域河流交接断面水质考核优秀。城市生活垃圾处理率100%。

2014年,平湖市创建成为浙江省环境保护模范城市,3个镇(街道)被命名为国家级生态乡镇,创建省级生态环境教育示范基地1个,省级绿色家庭3户,省级绿色学校2所,嘉兴市级生态村2个,嘉兴市级绿色社区1个。

全年编制完成中心城区70平方公里13个控规单元,完成《平湖市绿地系统规划》等6个专项规划编制,完成南河头(老市府)地块业态规划等6个城市设计。完成人民西路(新华路—三号桥段)大修改造等7个交通畅通工程建设。全年新建城市绿地127万平方米,完成嘉兴塘万孚尊园等3段以及各镇绿道共40公里,其中城区绿道10公里,平湖市域绿道30

公里。铺设污水管网 151.1 公里,新建和改造提升供水管网 225.7 公里。阳光嘉苑二期 1077 套保障房项目竣工。

2014 年,城镇居民人均可支配收入 43192 元,比上年增长 8.9%;农村居民人均可支配收入 24758 元,增长 10.1%。城镇和农村居民恩格尔系数分别为 33.8%和 29.1%。

2014 年,新增城镇就业 13750 人,帮助 4620 名城镇失业人员实现再就业,其中就业困难人员 1770 人,“零就业家庭”动态归零。城镇登记失业率 2.9%。42 个社区、89 个行政村全部创建成充分就业村(社区)。新开发公益性岗位 109 个,公益性岗位进村率 100%。优化公共就业服务,举办各类招聘会 56 场次,进场招聘单位 3574 个次,推出就业岗位 4.24 万个次。新增农村劳务合作社 8 个,新建创业基地 12 个,对 144 个企业用工情况进行动态监测。坚持扩面提标,年末,职工基本养老、基本医疗、失业、工伤、生育保险参保人数分别达到 38.4 万人、30.5 万人、18.8 万人、28.6 万人和 21.9 万人,城乡居民社会养老保险参保 11.7 万人。

2014 年,发放城乡居民最低生活保障金 2344.3 万元,其中城镇低保支出 786.3 万元,农村低保支出 1558 万元;年末低保人数 5076 人,其中城镇 1456 人,农村 3620 人;实施农村医疗救助 10102 人次(其中大病救助 1399 次),救助金额 498.94 万元;城镇医疗救助 9145 人次(其中大病救助 905 人次),救助金额 349.5 万元。年末持有第二代残疾人证 12333 人,共有 7252 人次残疾人享受残疾人基本生活保障工程;为 1173 名残疾人提供托(安)养服务;为 1783 人开展了助听、助行、助明、精防工程及残疾儿童抢救性康复;对 233 户符合条件的残疾人家庭进行宜居工程改造。全面实施残疾人共享小康工程,共计发放各类补助 1386.2 万元。年末拥有收养性单位(敬老院)14 个,床位 3583 张,收养人数 1118 人。

【独山港区升级成为省级经济开发区】 8 月 8 日,根据《浙江省人民政府办公厅关于设立浙江独山港经济开发区的复函》,省人民政府同意设立浙江独山港经济开发区,实行现行省级经济开发区的政策。9 月 26 日,浙江独山港经济开发区揭牌。独山港经济开发区规划面积 7.1 平方公里,东至汇港路,南至一线海堤,西至独山港排涝应急河,北至海河路。

2003 年 7 月,杭州湾滨海开发区(即独山港区)成立,规划总面积为 50 平方公里;2009 年 12 月,平湖市全塘镇和黄姑镇整体合并,成立独山港镇,与独山港区全面合一,实行“两镇合并、区镇合一、以区为主”,独山港区规划总面积增至 111.9 平方公里。成立后的独山港区充分发挥特有的区位交通和港口岸线优势,推进开发建设、发展海洋经济,加快转型升级,优化产业结构,完善基础配套,平台形象日渐显现,生态环境明显改善,社会保持和谐稳定。2013 年,该区 104 个规模以上企业工业总产值 126.3 亿元,产值超亿元的企业 22 个。截至 2014 年,独山港区 12.6 公里的深水岸线资源建成码头泊位 14 个,拥有万吨级泊位 9 个,在建和在批码头泊位 8 个,2014 年上半年码头吞吐量累计完成 662 万多吨。美国 ADM 果葡糖浆等世界 500 强企业、行业龙头企业和国内知名企业相继签约落户。

【曹桥供销社获列国家农民专业合作示范社】 11 月 22 日,全国农民合作社发展部际联席会议公布国家农民合作社示范社名单,曹桥供销专业合作社成为平湖市供销系统首个国家级农民专业合作社示范社单位。曹桥供销专业合作社是一个由供销社与农技部门联手,通过资源整合,吸收平湖市供销社、种养大户、农技人员入股等方式,于 2008 年 9 月 1 日组建的注册资本为 100 万元的农业社会化服务型合作组织。合作社主要通过“合作社 + 基地 + 农户”的运作模式,为全体社员和全街道农户全面推行农业社会化服务作出示范。同时积极参与土地流转和现代农业产业化建设,成为街道土地流转储备中心,直接参与街道粮食功能区和现代农业园区“两区”基地建设,建成 33.33 多公顷(500多亩)的粮食、葡萄、芦笋和食用菌等多个农业生产基地,开发了“金平曹桥”品牌的无公害稻米、杜瓜子和西甜瓜等优质农产品。曹桥供销专业合作社成立以来,先后获得“农业社会化服务先进集体”“平湖市示范性农民专业合作社”“嘉兴市规范化农民专业合作社”“浙江省示范性农民专业合作社”及“中国50佳合作社”等称号。2013年,曹桥供销专业合作社实现销售收入567万元,为农户提供化肥1500多吨,农药农资70多吨,水稻机插秧面积106.6公顷(1599亩),统防统治面积274.31公顷(4114.7亩)。

【钟埭水利服务社获列全国合作示范组织】 12月11日,全国农村合作社发展部联席会议公布一批国家级示范社,平湖经济技术开发区钟埭村水利服务专业合作社获“全国农民用水示范组织”称号。钟埭村水利服务合作社共有社员8名,水利专职维修员5人,日常工作主要包括机泵日常维护、排水渠道清理、阀门、窨井等小型水利设施维修。2014年,共维修出勤1520工,完成泵站养护25座、维修8座,其中大修2座;地下灌溉渠道清淤0.52公里、渗漏修复38处;排水沟清理56公里、修复43处;维修窨井40只(套)、阀门558只。

【通界村被授予全国人口和计生自治示范村】 12月,当湖街道通界村获中国计划生育协会授予的“第五批全国人口和计划生育基层群众自治示范村”称号,成为平湖市唯一获此殊荣的村(社区)。通界村有女性1369人,其中育龄妇女664人,已婚育龄妇女513人,独生子女领证人数353人,流动人口1000余人,连续5年计划生育率100%。通界村规范村人口学校、会员之家、村计生服务室建设,落实包片联干制度和联席会议制度,经常性开展上门随访服务,了解婚孕育情况,主动争取上级共建单位、社会志愿团体、村内中小企业等的惠民资源,开展“人口文化进家园”示范工作、“爱心家园”关爱工程等活动,传递健康计生、文明共建的理念。先后获浙江省人口和计划生育基层群众自治示范村,计划生育示范协会等称号。

【试点改革出入境管理“县市同权”】 2014年,经公安部批准,平湖市公安局出入境管理大队成为全国首个“县市同权”改革试点单位。改革试点工作涉及三方面:一、出国境业务审批权限下放。按照《中华人民共和国普通护照和出入境通行证签发管理办法》等相关法律法规,中国公民申请因私出入境证件的流程是受理、审批签发、制证三个关键环节。原县级出入境管理部门只有受理权限,审批签发在地市级。此次改革的重点是县级出入境受理后,即自行开展审批签发工作,无须经过市级流程直接进入省厅制证环节。普通护照、内地居民往来港澳地区通行证和大陆居民往来台湾地区通行证原去除路途时间是15个自然日签发,县级直接审批签发可缩短到10个自然日,提速三分之一。港澳通行证和大陆证证件在有效状态,再次赴港澳台续签,可直接受理,审批、打印签证注等,所有程序均在平湖就能完成,没有中间流转环节,一般3个工作日就能办结。二、境外人员签证(注)审批权限下放。经浙江省级公安机关出入境管理局请示公安部出入境管理局公安部同意委托平湖市公安局出入境管理大队受理签发外国人签证证件,台胞签注签发权限同时下放。三、签证(注)证件的打印、制作。港澳台签注再申请的签注贴页,境外人员签证(注)贴页的打印制作权限原来都在地级市,审批权限下放,上述几类证件的打印、制作权限也随之下放。

【第三次经济普查工作获全国先进】 12月23日,平湖市第三次经济普查领导小组办公室被国务院第三次全国经济普查领导小组授予“第三次全国经济普查先进集体”称号,成为嘉兴市县(市、区)乡(镇、街道)两级唯一的全国先进集体。平湖市第三次经济普查工作按照突出重点,优化方式,统一组织,创新手段的基本原则,对市境内从事第二、三产业活动的全部法人单位、产业活动单位和个体经营户进行全面普查。2013年6月,平湖市与全国同步启动第三次全国经济普查工作的单位清查摸底工作。7月底,全面完成市、镇(街道)两级普查机构组建,8月下旬布置普查区边界标绘和小区划分工作,9月上旬进行边界核实标绘会审确认工作,通过共同核对、现场确认、市办验收的方式,确保普查区边界100%准确,并在9月10日全面完成小区划分。9月底采用试点与实战相结合的方法完成单位核查和综合试点培训,各镇街道于10月中旬全面启动上门核查工作,并在10月底全面完成"地毯式"入户调查工作。11月1日至7日,在嘉兴市率先完成规范单位基础信息录入工作。在省通报差错记录数汇总的20个项目中,14个项目审核结果为零差错。2014年1月1日开始,普查正式进入入户登记阶段,至春节前基本完成个体户登记。春节上班至3月底完成非联网直报单位的登记工作。联网直报单位按照统计专业要求开展登记。对于普查重点和难点的非联网直报单位,在1月25日前基本收齐告知书、纸质普查表、三证复印件、财务报表。2月1日至14日由镇街道组织人员进行审核,15日至20日由市、镇(街道)两级进行专业会审。在整个普查登记阶段,由市、镇街道经普办专业人员采取分级分专业的方式,通过数据处理平台,实时掌握登记进度,及时审核改错,发现问题及时反馈普查员逐一核对,以期达到普查数据真实准确的最终要求。

【景兴纸业成国家首批节水标杆企业】 12月19日,工信部根据《工业和信息化部、水利部、全国节约用水办公室关于深入推进节水型企业建设工作的通知》,公布第一批国家节水标杆企业和标杆指标,共筛选钢铁、纺织、造纸、饮料行业的12个企业及主要用水指标,有效期为2014~2016年,其中造纸企业占4个,参评企业由各省工业和信息化部门推荐,进行专家评审及现场核验,由国家工信部筛选确定。平湖市浙江景兴纸业股份有限公司以箱板纸6.38t/t、瓦楞原纸6.28t/t的指标成为标杆指标。景兴纸业通过建立节水合理化建议采集和应用体系、优化节水考核及数据分析管理措施以及采用深度双膜法处理废水等,促进节水效能的持续提升。其最主要的中水回用项目是获中央投资计划补助的节水项目,该项目是国内箱板纸行业投运的第一套采用超滤反渗透膜处理工艺的造纸废水回用工程,总投资5435万元,总处理规模为1.8万立方米/天(回用水量1万立方米/天,产水率56%),主要包括改建现有污水处理设施、新建废水深度处理及回用设施、完善污水处理及回用设施的废气治理系统等。设计采用了混凝沉淀+多介质+超滤+反渗透的处理工艺,有效降低COD及水中离子杂质,处理后的出水COD浓度在5mg/L左右,基本能够回用于造纸生产的任何环节,回用能力为5000吨/日,回收率达到65%。工程投运后,企业吨纸废水排放量降至4吨左右,每年节水340万立方米。

【朝阳路社区获评全国社区侨务工作明星社区】 12月19日,平湖市当湖街道朝阳路社区获得国务院侨务办公室评选的2014年度"全国社区侨务工作明星社区"称号,成为全省两个获此殊荣的基层居委会之一。朝阳路社区于2004年11月成立"三胞"联谊小组,2007年年底成立侨联小组,2012年9月成立社区侨务工作站。社区内有归侨1户,侨眷40户,留学生家属13户。社区以"服务侨眷,服务居民"为原则,开展侨眷服务工作。社区基层侨务工作站和侨联小组成立10余年,每月组织侨眷交流学习,积极参与社区各项文明创建活动。侨联小组人员多次代表社区参加社区文化艺术节、邻居节及城乡结对送戏下乡等文娱演出。2011年朝阳路社区获评浙江省"五星级侨界之家"。2013年,朝阳路社区获评国侨办"全国侨法宣传角",成为嘉兴首批获此殊荣的社区。

【李叔同纪念馆成为中国博物馆协会会员】 10月17日,经中国博物馆协会第五届第十六次理事长会议通过,批准平湖市李叔同纪念馆成为中国博物馆协会团体会员单位,李叔同纪念馆成为浙江省近二十个会员单位中唯一一个县级单位。平湖市李叔同纪念馆2004年开馆,10年共接待游客160万余人次;每年编辑刊行李叔同研究专刊《莲馆弘谭》,同时发表大量有关李叔同的最新研究成果;挖掘、研究、整理出版《李叔同手书嘉言集》《弘一大师格言别录》《弘一大师手书佛说阿弥陀佛经三种》《弘一大师墨迹》等十余种弘一大师手稿及著述。

【"微博平湖"评为"中国优秀政务微博"】 12月19日,中央人民政府门户网站发布信息,中国信息化研究与促进网等第三方机构出台《2014年度全国优秀政务平台推荐及综合影响力评估结果》,平湖市委宣传部主管、平湖新闻门户网站"平湖网"承办的"微博平湖"名列50个"中国优秀政务微博"之一。"微博平湖"2011年上线,定位落在"亲民"二字,改变了原来政务平台比较拘谨的沟通方式,通过活泼的网络语言和服务网民的态度,将"微博平湖"打造成权威信息发布和民生服务平台。截至2014年年底,累计发布微博55000多条,有效粉丝38000多人,成为省内外较有影响力的政务微博。

【阿里巴巴·平湖产业带上线】 11月28日,由平湖市人民政府主办,平湖市经济和信息化局承办的阿里巴巴·平湖产业带上线运行。首批30个入驻企业均为平湖服装、箱包、童车、洁具四大传统产业中的优质企业,其中伊思佳服饰、新秀集团、银座箱包、依爱夫服装等均拥有自主品牌,为阿里巴巴·平湖产业带以质取胜,打造优质货源地品牌打下良好基础。阿里巴巴·平湖产业带是平湖市贯彻落实省委、省政府"四换三名"的一项重要举措,旨在利用阿里巴巴独有的电子商务资源优势,为企业搭建现代化电子商务交易平台,提升企业市场竞争力,带动经济转型升级。为鼓励企业入驻,平湖市出台多项扶持政策,包括每年每新增一个入驻企业给予运营商3000元的一次性补助,总额不超过30万元;对工业企业在产业带运营1年以上,给予1.5万元补助等。

【莎普爱思药业在上交所上市】 7月2日,浙江莎普爱思药业股份有限公司A股股票在上海证交所上市,证券简称为"莎普爱思",证券代码为"603168"。该公司此次发行总数为1633万股,发行市盈率14.05倍,将募集资金3.6亿元,当日发行价为每股21.85元。浙江莎普爱思药业股份有限公司1969年建厂,在40年的发展过程中,从"国营浙江平湖制药厂"转制成"浙江平湖制药厂(股份合作)",到"浙江平湖莎普爱思制药有限公司",再到"浙江莎普爱思制药有限公司",于2008年12月15日更名为"浙江莎普爱思药业股份有限公司",注册资金4900万元。浙江莎普爱思药业股份有限公司是专业从事药品研发、生产、经营的综合性制药企业,主要产品包括滴眼液等系列眼科药品,乳酸左氧氟沙星注射液、甲磺酸帕珠沙星注射液等。企业先后被列为"国家高新技术企业""浙江省百家最具投资价值企业""浙江省千家成长之星企业""浙江省级企业技术中心""省级高新技术研究开发中心"。

【茉织华获国家印刷示范企业称号】 10月16日,国家新闻出版广电总局公布"2014年国家印刷示范企业"名单,平湖市浙江茉织华印刷有限公司成为嘉兴市唯一入选的企业。申报企业的主要经济效益指标是否居国内同行前列是入选的首要条件,同时评比对企业的技术装备、创新研发、管理体系、绿色环保和人才队伍等8个方面进行综合考量。浙江茉织华印刷有限公司以3.09亿元资产总额、2.48亿元销售收入排名第14位位列其中(本批示范企业共30个)。浙江茉织华印刷有限公司为中外合资企业,成立于1992年9月22日,注册资本920万美元。茉织华印刷有限公司立足防伪票据特种印刷,形成金融票据、财政税务票据、物流运单票据、数据打印、航空凭证、出口业务及其他商业票据等千余种产品的印刷规模。

【汽车客运中心启用】 12月28日,平湖市汽车客运中心投入使用。平湖汽车客运中心位于新华南路延伸段与南环路交叉口西北侧地块,西临新07省道,与杭浦、杭州湾跨海大桥、乍嘉苏三条高速公路连接。平湖市客运中心按一级客运站标准建设,概算总投入16878万元,总用地面积8万平方米,总建筑面积25013平方米,设计日发旅客1万人次至2.5万人次。同时具备客运中转、公交换乘、快递配送、商业服务、出租车服务、工作办公、辅助配套、生活后勤保障8个功能。

【首所非公综合性医院正式开业】 6月28日,平湖市首所非公综合性医院新华医院开业。该医院位于平湖经济技术开发区,占地2.1万平方米,建筑面积1.85万平方米,由嘉兴三羊绒业有限公司等社会资本投资运营,是一所按二级医院标准设置的集医疗、康复、保健、急救和科研教学功能于一体的综合性医院。医院有职工160多人,其中女职工90多人,设置内科、外科、骨科、中医科、妇科、儿科、耳鼻咽喉科、口腔科、急诊科、麻醉科、体检中心、医学检验科、医学影像科(放射、超声、心电等)、内窥镜室、中、西药药房等20多个科室。规划床位600张,一期开放100张。医院引进和配有德国西门子64排CT、DR机,C形臂光机,日本全自动生化仪、意大利多普勒彩超、中央监护仪系统、奥林巴斯胃肠镜、美国雅培全自动发光免疫分析仪、美国史赛克腹腔镜、美国通用GE1.5T核磁共振等一大批高、精、尖的先进医疗仪器。

【首个民间应急救援中心成立】 5月11日,平湖市曙光应急救援中心(简称曙光救援队)在独山港镇韩庙村村部举行挂牌仪式,标志着平湖市首个民间公益应急救援中心成立。该救援队为嘉兴市范围内县(市、区)中合法注册的第二个民间公益救援机构。平湖市曙光应急救援中心前身是“平湖市志愿者救援队”,成立于2013年7月16日,2014年4月申请注册,4月22日注册成功。曙光救援队拥有一套完整的组织体系,上设决策机构理事会,下设搜救、医疗、后勤、培训、宣传5个行动组。拥有平湖市8个镇(街道)的队员143名,包括随时能出动的常备队员27人,常备队员来自社会各行各业的志愿者,有退伍军人、医生、教师、个体业主等,平均年龄30多岁,主要开展免费户外救援以及协助有关部门开展灾难救助等志愿服务。

【首个民办养老机构正式营业】 4月16日,平湖市首个民办养老机构兴平颐养园揭牌开业。该颐养园是经市民政部门注册成立的民办养老机构,集老年人颐养、休闲、娱乐保健为一体,总投资2200万元,占地面积2670平方米,建筑面积4845平方米。园内分为失能(残疾)老人护理、健康老人护理两大区域,可提供全天候看护。内部设有单人间、双人间、夫妻间、4人间、10人间,养老床位总计215张,其中:基本床位费每月500元,普通护理费每月300元,首批入住老人16人。

【承办重大围棋赛事古李十番棋】 2月23日,被誉为世纪之战的重大围棋赛事——古李十番棋第二局(平湖专场)在平湖市圣雷克大酒店进行。该项比赛由中国围棋协会、江苏恒康家居科技股份有限公司主办,北京清兰弈通文化传播有限公司协办,是史上首次两位不同国籍顶尖棋手即中国围棋手古力九段与韩国围棋手李世石九段参与的十番棋。从2014年1月起,古力和李世石在北京、平湖、上海、成都、韩国、香格里拉(云南)、拉萨(西藏自治区)、重庆、中国香港和芜湖(安徽)进行十番对决。比赛每盘对局每方基本用时4个小时,先胜6盘者为最终胜者,收获全部的500万元奖金,如最终5比5打平,不再进行加赛,双方平分全部奖金。平湖专场比赛经过9个多小时287手的艰苦鏖战,李世石九段执白以1/4子的微弱优势战胜古力九段。中央电视台对赛事挂盘讲解环节进行一个半小时的现场直播。

【平湖籍华人张益唐获美国麦克阿瑟奖】 9月,美国麦克阿瑟基金会(John D. and Catherine T.

MacArthur Foundation)公布2014年度麦克阿瑟奖(MacArthur Fellows)21位获奖者名单,平湖籍华人数学家张益唐因在孪生素数猜想方面有突出贡献而获奖。另外20位获奖者包括科学家、律师、作曲家、诗人、历史学家等,每人将在未来5年获得62.5万美元的资助,且没有任何附加条件。张益唐,祖籍平湖,1955年出生于上海。1978年考入北京大学数学系,1982年攻读硕士学位。1985年赴美入读普渡大学,并于1992年获博士学位。后在美国新罕布什尔大学任教。2013年5月,张益唐在孪生素数研究方面取得突破性进展,轰动数学界并成名,2014年荣获科尔数论奖。

【欧尚超市签约入驻瑞丰国际商业广场】 9月6日,全球十大零售商之一——法国欧尚集团与瑞丰集团正式签约,将以2.5万平方米的超级市场入驻东湖新区瑞丰国际商业广场,成为平湖市规模最大的旗舰超市。瑞丰国际商业广场位于三港路和东方路交会处,涵盖大型超市、国际影城、时尚百货、星级酒店、美食天地、儿童玩国等十大主题业态,是平湖市规模最大、业态最全的地标级商业综合体。

(黄　艳)

海盐县

【概况】 海盐县位于浙江省北部杭嘉湖平原,东濒杭州湾,西南与海宁市相邻,北与南湖区、秀洲区接壤,东北与平湖市相连。陆域总面积584.96平方公里,海域面积487.67平方公里。海岸线全长53.48公里,是浙北海岸线最长的县(市),其中可供建设万吨级以上深水岸线约10公里。海盐港区东临上海港、乍浦港,南依宁波、舟山港,其独特的区位优势对发展区域性物流中心十分有利。连接乍嘉苏高速、杭浦高速、杭州湾大桥北岸连接线3条高速公路的海盐互通枢纽为亚洲最大的交通枢纽。2014年年底,县城建成区面积17平方公里。全县辖5个镇、4个街道,85个村民委,50个社区居民委员会(包括撤村建居的20个农村社区居委会)。有1个省级经济开发区,2个国家AAAA级风景旅游区。年末,全县户籍人口378263人,比上年增加1517人,人口自然增长率3.2‰。

全年实现生产总值350.7亿元,按可比价格计算,比上年增长7%。第一产业增加值21.06亿元,比上年下降0.3%;第二产业增加值204.5亿元,增长7.3%;第三产业增加值125.14亿元,增长7.8%。第二产业中工业增加值192.57亿元,增长7%。扣除核电工业,县内生产总值264.1亿元,增长8%,县内工业增加值108.66亿元,增长9.1%。核电工业增加值76.65亿元,增长4.2%。三次产业结构比由上年的6.43∶58.53∶35.04调整为6.01∶58.31∶35.68。按户籍人口计算,人均生产总值92899元(折合15123美元)。

实现农业总产值31.8亿元,比上年下降0.9%。其中,农、林、牧、渔业和农林牧渔服务业分别增长3.2%、增长32.8%、下降9.2%、增长4.4%、增长11.1%。全县总播种面积43085公顷,其中粮食播种面积31745公顷。蔬菜种植(含菜用瓜)面积7041公顷,油菜种植面积2140公顷,棉花种植面积657公顷。粮食产量20.51万吨,下降0.9%。棉花产量823吨,下降12.4%。油菜籽产量5736吨,下降12.5%。蔬菜(含菜用瓜)产量245175吨,增长5.9%。果用瓜产量27080吨,增长4.6%。茶叶产量93吨,下降3.9%。蚕茧产量1910吨,增长5.6%。水产品产量13645吨,增长1.4%。全县森林面积7800公顷,当年造林面积390公顷,分别增长1.9%、9.9%,全县森林覆盖率13.3%。年末,全县耕地总资源26522公顷,常用耕地面积26223公顷,年内增加常用耕地1.06公顷。全年生猪出栏56.17万头,下降19.4%;存栏20.04万头,下降36%。全年家禽出栏759.58万羽,增长23.8%;存栏265.5万羽,增长82.8%。全年肉类总产量48240吨,下降12%,其中猪肉35108吨,下降20.1%。

全年工业企业实现总产值846.12亿元,比上年增长7.7%,其中核电工业122.9亿元,增长3%。467个规模以上工业企业实现总产值738.63亿元,增长7.9%,其中,县内工业企业实现总产值600.24亿元,增长9%。五大新兴行业实现产值335.34亿元,增长14.8%,四大传统产业实现产值234.57亿元,增长2.1%。在规模以上工业中,分经济类型看,国有及国有控股企业工业总产值增长2.9%;集体企业下降14.6%,股份制企业增长5.4%,外商及港澳台商投资企业增长9.2%;私营企业增长9.6%。分门类看,采矿业增长14.6%,制造业增长9.3%,电力、热力、燃气及水的生产和供应业增长2.5%。

规模以上工业企业实现主营业务收入707.72亿元,比上年增长6.7%;不含核电的县内工业主营业务收入569.67亿元,增长7.9%。实现利税总额104.82亿元,增长6.2%;实现利润总额65.88亿元,增长12.9%。其中,县内工业实现利税总额42.8亿元,增长17.1%;实现利润总额25.6亿元,增长16.8%。县内规模以上工业企业能源消费量135万吨标准煤,增长4.6%;万元工业增加值能耗下降4.2%。全社会用电量410863万千瓦时,增长3.7%。

全年固定资产投资261.04亿元,比上年增长15.9%。其中,县内(扣除核电、兴兴新能源,下同)固定资产投资完成212.81亿元,增长18.7%;核电投资30.45亿元,增长0.2%。县内第一产业投资3.38亿元,增长16.8%;第二产业投资129.39亿元,增长19.5%;第三产业投资97.82亿元,增长16.5%。全年建筑业增加值12.27亿元,增长12.3%。完成建筑业总产值52.87亿元,增长4%,实现利润4810万元,增长26.9%。全年房地产开发投资45.88亿元,增长4.7%。其中,住宅投资32.34亿元,增长0.2%;办公楼投资1.09亿元,增长18.9%;商业营业用房投资7.97亿元,增长35%。

全年实现社会消费品零售总额103.05亿元,比上年增长11.6%。其中,批发业、零售业、餐饮业分别为3.29亿元、81.56亿元、11.41亿元,分别增长3%、12.5%、12.1%。住宿业0.85亿元,比上年下降1.5%;城镇和乡村消费品零售额均比上年增长11.6%。全年批零贸易业销售额301.02亿元,增长10.1%,其中限额以上84.12亿元,下降10.4%。全年住宿餐饮业营业收入18.01亿元,比上年增长14.9%,其中限额以上1.97亿元,下降5%。在限额以上企业商品零售额中,食品、饮料、烟酒类零售额下降7%,服装、鞋帽、针纺织品类下降24.7%,化妆品类下降10.3%,金银珠宝类下降53.9%,日用品类下降5.9%,家用电器和音像器材类下降27.4%,中西药品类增长6.1%,文化办公用品类增长3.9%,家具类增长1.5%,通信器材类下降11%,石油及制品类下降5.9%,建筑及装潢材料类下降36.3%,汽车类下降30.8%。

全年货物进出口总额20.87亿美元,比上年增长10.5%。其中,出口16.56亿美元,增长10.7%;进口4.31亿美元,增长9.6%。全年实际利用外资1.09亿美元,比上年下降1.4%;合同利用外资5.54亿元,增长138.4%。

交通运输、仓储和邮政业实现增加值10.59亿元,比上年增长9.5%。境内等级公路里程943公里,比上年下降0.3%,其中一级以上公路里程116公里,高速公路里程41公里,均与上年相同。全年公路客运量677万人次,下降13.7%;水陆货运量2005万吨,增长4.7%。内河港口货物吞吐量1599万吨,下降9.3%。年末实有公共汽车营运车辆216辆,减少18辆;公共汽车客运总量1928万人次,增长6.1%。年末邮电所17处,全年报刊发行量1058.7万份,增长4.4%。全年邮电业务收入6.45亿元,下降5.1%,年末固定电话用户13.69万户、下降11.5%;移动电话用户46.16万户、增长0.3%;拥有互联网用户11.19万户、增长12%。

全年接待国内外游客501万人次,比上年增长15.1%。其中,国内游客500万人次,增长15.2%;境外入境人数6951人次,比上年下降29.1%。全年旅游总收入44.69亿元,增长15.4%。其中,国内旅游收入44.37亿元,增长17.3%;旅游外汇收入534万美元,下降62.9%。

全县公共财政总收入52.01亿元，比上年增长9.8%，公共财政预算收入27.02亿元，增长9.8%。其中，税收收入25.6亿元，增长8%；非税收入1.42亿元，增长56.8%。公共财政预算支出28.4亿元，比上年增长10.5%。年末全部金融机构本外币各项存款余额455.17亿元，比年初增加44.57亿元，其中人民币各项存款余额450.89亿元，增加44.27亿元。全部金融机构本外币各项贷款余额508.64亿元，增加53.2亿元，其中人民币各项贷款余额470.84亿元，增加57.84亿元。个人储蓄存款中本外币247.13亿元，比年初增加23.25亿元；人民币246.08亿元，比年初增加23.13亿元。县内财产、人寿保险公司保费收入72609万元，增长10.9%；赔款支出25550万元，增长21.3%。全县研究与试验发展经费90206万元，增长18.6%，占GDP的比重2.64%。全县地方财政一般预算支出中科技支出16340万元，增长19.4%。全县有高新技术企业36个，增加5个；省科技型中小企业170个，增加30个。全县专利申请受理量1848件，授权量1439件，分别增长24.9%和13.8%；授权量中发明专利64件，增加27件。

全县有小学21所，在校学生23067人，教师1442人；普通中学16所，在校学生17270人，教师1527人。九年义务教育对象入学率100%。初中、高中毕业生升学率分别为99.2%、70.4%。有职业中学2所，在校学生5305人，教师339人。全县向普通高校输送新生2649人，输送高职(单考单招)592人。全县有6765人参加各类学历教育和非学历教育证书的自学考试。

年末，全县有文化馆1个，镇(街道)文化站9个，公共图书馆18个，比上年增加2个，全县公共图书馆藏书量93.4万册，比上年增长15.5%；有“农家书屋”105个，藏书量2.25万册。博物馆1个，剧场、影剧院4个。广播电台1座，广播节目综合人口覆盖率100%；电视台1座，电视节目综合人口覆盖率100%。全县有体育场(馆)数11个，增加2个。全县体育健儿在市以上体育比赛中获奖牌194枚，其中金牌42枚。全县举办县级运动会45次，共有6160人次参赛。年末，全县有医院、卫生院(社区卫生服务中心)18个，卫生监督、疾病预防控制中心各1个，妇保院1个。医院、卫生院(社区卫生服务中心)病床数共1541张，比上年下降0.6%；卫生机构技术人员2286人，增长5.2%，其中执业医生812人，注册护士873人，分别增长4.5%、9%。全县农村自来水普及率100%，卫生厕所覆盖率99.9%。

环境污染治理完成投资17865万元，比上年增长7.3%。武原街道环境空气优良天数307天，城市空气综合污染指数4.82；烟尘控制区面积45.3平方公里，高污染燃料焚烧区总面积14.02平方公里，环境噪声达标区总面积8.11平方公里。生活污水集中处理率91.19%，生活垃圾无害化处理率100%。

城市建设加快推进。全县城市基础设施建设完成投资42767万元，比上年下降14.9%。县城建成区面积17平方公里，比上年扩大1.2%，建成区人口12.34万人，比上年增长1.3%。年末实有道路面积350万平方米，增长2.1%；排水管道长度378公里，增长9.1%。建成区绿地面积794公顷，增长0.7%，人均公共绿地面积15.4平方米，增长4.2%。

全年城镇居民人均可支配收入43618元，比上年增长8.9%；农村居民人均可支配收入25101元，增长10%。城乡居民人均生活消费性支出分别为23936元和17238元，分别增长14.8%和15.6%。城乡居民家庭恩格尔系数分别为26%和26.8%。住房条件保持上年水平，城镇家庭人均住房建筑面积38.5平方米，农村家庭人均住房建筑面积64.3平方米。

城镇就业岗位稳定增长。城镇及规模以上私营企业从业人员6.2万人，比上年减少0.06万人。城镇登记失业率2.92%，比上年增长0.07%。新增城镇就业岗位11631人，增长11.8%，安置失业人员4138人，增长68.1%。基本养老保险参保人数21.16万人，增长3.8%。基本医疗、失业、工伤、生育保险参保人数分别为17.1万人、10.9万人、16.8万人和11.8万人,分别增长5%、6.4%、2.5%和3.5%。农村新型合作医疗参保率100%。全县低保对象2118人,减少546人;低保对象中城镇264人,农村1854人,共享受最低生活保障补贴807万元,比上年下降2.4%。全县有社会福利收养性单位10个,床位2763张,安置852人。社区服务设施649个,增长10%,社区服务中心覆盖率100%。

【沈晓红在高层论坛上阐释海盐城镇化做法】 2月22日,中央电视台财经频道举办第四届中国县域经济发展高层论坛,全国近百位县委书记、县长齐聚北京,与来自国家有关部委领导、著名企业家共同“问计新型城镇化”。3月3~6日,央视财经频道播出该论坛精彩内容。3月6日,海盐县委书记沈晓红在论坛上阐释海盐就地城镇化做法。海盐的城镇化强调以解决人的城镇化为核心,针对不同人群设计提供进城和留村两条市民化路径,实施“小县大城”战略。

【县长在全球绿色增长论坛上作主题发言】 10月20~21日,海盐县作为全国中欧城镇化伙伴关系12个签约城市中唯一县级城市,参加在丹麦哥本哈根举行的2014全球绿色增长论坛,近300位来自全球政界、商界及国际组织负责人与会。海盐县县长章剑在论坛上作主题发言,介绍近年海盐坚持绿色低碳可持续发展之路,加快建设“产业优质、环境优美、生活优雅”的绿色生态之城。

【被命名为“浙江省美丽乡村创建先进县”】 8月14~15日,海盐县创建“美丽乡村先进县”工作通过省政府核准组核准。11月13日,省政府正式命名。近年来,海盐县围绕“四美三宜两园”(科学规划布局美、村容整洁环境美、创业增收生活美、乡风文明身心美,宜居、宜业、宜游,农民幸福生活家园、市民休闲旅游乐园)具体要求,结合“五水共治”“三改一拆”等重点工作,推进“美丽乡村·乐活海盐”建设,形成“一带两区三线”(滨海休闲带,凤凰省级现代农业综合区、湖山省级现代农业综合区,水乡风情线、农耕文明线、生态农业线)县域美丽乡村空间规划。全县形成1个现代化的滨海宜居县城、9个功能齐全的集镇、54个优美的城乡新社区、307个具有江南水乡特色自然村保留点的空间布局。

【滨海新城列入国家级绿色生态示范城区】 3月,海盐滨海新城被住房和城乡建设部列入第三批国家级绿色生态示范城区名单,是全省唯一通过住建部评审的绿色生态示范城区。海盐滨海新城总面积12.4平方公里,其中紧临滨海的旅游板块3.5平方公里,该板块将成为整个滨海新城建设发展特色引擎。海盐县将以“绿色低碳”为滨海新城建设核心,引导和控制绿色生态示范城区建设。2014年,海盐县与相关规划研究机构开展课题研究,拟充分利用滨海生态环境资源,以绿色运动、健身休闲为主题,打造长三角地区最大的滨海自行车绿道健身运动旅游中心,开发滨海沙滩游泳运动场、滨海温泉休闲中心等。

【绮园景区列入国家AAAA级景区名单】 5月,海盐县绮园景区被全国旅游景区评定委员会列入新一批国家AAAA级旅游景区名单。绮园景区建设于2007年4月启动,2012年9月全面竣工;总投资10多亿元,占地面积14.13公顷。该景区位于武原街道核心区域,以全国十大名园之一的绮园为主要载体,包括绮园、张乐平纪念馆、张元济图书馆(张元济纪念馆)、博物馆、独寤园、文化广场等十大景点,是集游览观光、休闲娱乐、文化展示、旅游购物于一体的新型城市文化旅游综合体。海盐将进一步研究绮园景区二期发展方案,努力将绮园景区建设成为长三角地区知名的以地方民俗文化为特色的精品旅游景区。

【国家级集成吊顶行业检测中心成立】 10月24日,海盐县集成吊顶协会成立,是日,全国首个国家级集成吊顶行业检测中心挂牌成立。该中心位于百步镇中国集成家居产业园,由国家装饰装修协会、集成吊顶原材料国家检测中心，以及百步相关集成吊顶企业三方合作建设，将开展产品研发、成果转化、质量检测、知识产权保护等服务。海盐将以集成吊顶协会和国家级集成吊顶行业检测中心成立为契机，积极创建省级特色园区，争创国家级行业特色平台，将百步镇打造成中国集成吊顶第一镇。

【省级生活饮用水水质卫生管理示范县】 10月21日，海盐县创建省级生活饮用水水质卫生管理示范县工作通过省爱卫办考核组考核。12月16日，省卫生计生委办公室正式命名。创建工作启动于2013年。2014年，海盐县围绕“五水共治”(治污水、防洪水、排涝水、保供水、抓节水)、“三改一拆”等中心工作，全面实施“清三河”(垃圾河、黑河、臭河)，强化“四位一体”河道保洁，加快工业企业截污纳管工作，推进农村生活污水治理，同步推动生活污水管网和污水处理设施建设。全县有集中式制供水单位8个，集中式自来水普及率100%，集中式供水收益率100%。2014年城乡生活饮用水水质卫生合格率提高至98.9%。

【被命名为省级药品安全示范县】 1月26～28日，海盐县创建省级药品安全示范县工作通过省食品药品监管局考核组验收。12月26日，省药品安全示范创建领导小组办公室正式命名。2008年，海盐县成功创建省级农村药品“两网一规范”建设示范县。2011年、2012年荣获嘉兴市政府药品安全目标责任制考核一等奖。建立县、镇(街道)、村(社区)三级药品安全监管网络，对全县药品零售企业实行数字化监管，实现4个县级医疗机构和13所镇(街道)卫生院药品进、销、存等数据在线监管。全县建立覆盖县、镇(街道)、村(社区)药品不良反应监测网络。

【被命名慢性非传染性疾病综合防控示范区】 10月18日，海盐县创建省级慢性非传染性疾病综合防控示范区工作通过省评估组(以台州市卫生局监督与疾控处处长何林军为组长)评估。12月15日，省卫生计生委办公室正式命名。创建工作启动于2013年。两年来，海盐县从构建防控平台，健全群防群控工作机制；坚持监管并重，落实慢病管理具体措施；丰富服务内涵，推出系列健康服务工程；实施关口前移，促进全民享有健康生活等五大方面，实施慢性非传染性疾病综合防控工作。评估组专家在对县人民医院、县疾控中心，以及示范食堂、示范餐厅、社区卫生服务中心、示范社区、中小学校等单位核查中，肯定了海盐县慢病防控成果。

【获全国“平安农机”示范县称号】 4月4日，海盐县被农业部、国家安全生产监督管理总局认定为全国“平安农机”示范县。海盐县于2011年成功创建浙江省“平安农机”示范县。近年来，全县创建6个省级“平安农机示范镇(街道)”、89个“平安农机示范村”。海盐县连续10年实现全县农机田间场院作业零事故，农机道路交通甲方死亡事故控制在安全生产目标管理指标内，杜绝群死群伤重特大恶性事故发生。

【实现省级双拥模范县“两连冠”】 8月1日，海盐县被省委、省政府、省军区命名为新一轮省级双拥模范城(县)，实现省级双拥模范县“两连冠”。新一轮创建工作启动于2010年。近年来，县政府投入1.5亿元，新建张元济图书馆、张乐平纪念馆、县博物馆等一批爱国主义教育基地；整修烈士纪念设施，挖掘和提炼“澉浦战斗”红色文化资源和核电科普宣教资源；逐步建立健全重点优抚对象“普惠”加“优待”、物价补贴和重特大疾病医疗救助机制；在全省率先推出阳光安置退役士兵新政，提供就业创业服务；建立100多个城乡社区“双拥”工作站(点)和10多个“两新”组织双拥服务站。海盐县先后获得全国和全省“征兵工作先进单位”、全省“退役士兵安置工作”和“维护国防利益法律保障工作”先进单位，以及“民兵工作先进单位”“双拥宣传工作先进单位”“抗洪抢险先进单位”等称号。

【获省首届“河姆渡杯”粮食生产先进县】 2月13日,海盐县获得浙江省第一届“河姆渡杯”粮食生产先进县称号(获得铜奖)。这是海盐县继2010年、2011年获评全省粮食生产先进县、2012年获评全国粮食生产先进县后,第四年获评全国或省级粮食生产先进县。近年来,海盐通过加大政策扶持和惠农补贴,提高农民种粮积极性;完善农田和社会化基础设施,增强粮食生产抗灾救灾能力;加强新品种推广和高产技术服务,保障粮食连年增产等措施,粮食生产实现九连增。2013年,经受高温、涝灾等自然灾害考验,海盐依然实现丰产丰收,全县全年种粮面积32000公顷,总产量20.6万吨,晚稻单产579公斤。

【被列入全国“美丽乡村建设标准化”试点】 4月,海盐县被国家标准化管理委员会和财政部列入农村综合改革标准化试点项目中的“美丽乡村建设标准化试点”项目。是全省3个首批试点县之一。6月,海盐县有序开展试点工作。近年来,海盐县以农村产权制度改革为切入点,开展农村土地经营权流转和村庄集聚,通过环境综合整治和公共服务延伸,扎实推进美丽乡村建设,探索出一条绿色化、人本化与现代农业协同推进的“就地城镇化”新农村改革道路。该试点项目的实施将进一步形成美丽乡村建设长效机制,建成现代化社会主义新农村“海盐样本”,为全国各地,特别是经济发达的平原地区开展美丽乡村建设提供借鉴和参考。

【开发区获列国家级分布式光伏发电示范区】 11月,海盐经济开发区“120MWp”分布式光伏发电示范区项目被国家能源局列入2014年国家级分布式光伏发电示范区名单。2014年上半年,县开发区引进浙江正泰新能源有限公司(国内最大民营光伏发电企业),设立海盐正泰光伏发电有限公司,实施“120MWp”分布式光伏发电项目。项目总投资10.8亿元,分三年实施建设。县开发区内规模以上企业可供建设光伏屋顶发电站面积270万平方米。9月,正泰光伏发电有限公司代表县开发区向国家发改委能源局申报“120MWp”分布式光伏发电示范区项目实施方案及建设计划。2014年,县开发区完成30兆瓦装机容量的安装,实现并网发电20兆瓦以上。

【行政审批服务省级标准化试点项目通过考核】 5月,海盐县行政审批服务中心承担的“行政审批服务省级标准化试点项目”通过省质量技术监督局验收组评估考核。该项目是全省14个服务类“技术标准战略试点”项目中唯一行政审批服务标准化试点项目。自2012年10月启动以来,海盐县按照《浙江省级服务业标准化试点项目管理办法(试行)》要求,建立健全审批服务标准体系,坚持“以标准化引领行政审批服务”工作理念,共制定标准292项,其中采用国家标准47项、行业标准3项、地方标准4项、自制标准238项。于2013年8月正式实施。经一年多试点,项目成效显著,行政审批服务事项办理平均提速率从原78%提高至82%。11月,行政审批服务标准化试点项目被省质监局认定为优秀项目。

【溯源公司在中国创新创业大赛中获奖】 10月15日,嘉兴溯源生物科技有限公司(位于海盐县经济开发区)在第三届中国创新创业大赛新能源及节能环保行业总决赛中,荣获创新创业大赛“优秀企业”奖。其产业是把以餐厨废弃物为主的城市各类有机垃圾资源化利用后转化为昆虫蛋白,并进一步深加工成高附加值的饲料、保健品、医药用品、化妆品原材料,已获得系列国家专利。该公司在8月浙江省“火炬杯”创新创业大赛暨国家创新创业大赛地方选拔赛中获得全国总决赛权。中国创新创业大赛由科技部、教育部、财政部、全国工商联共同发起举办,是国内最高规格的创新创业赛事。

【海利循环产业园一期投产】 9月,年产20万吨再生长丝项目在浙江海利控股集团公司的海利循环产业园投产。至此,海利循环产业园一期项目全面投产。该产业园一期项目建有世界规模最大、智能化程度最高的整瓶清洗生产线和再生 FDY、复合丝生产线。生产出可用于纺长丝的深度净化、高纯度的瓶片,生产的差别化再生长丝具有鲜艳光泽和良好的导汗吸湿功能,可完全替代原生纺长丝,大量用于纺织厂织造服装面料和高档装饰布料。海利集团成为国内唯一用再生聚酯瓶片直纺异截面全牵伸 FDY 丝、复合丝的企业。8 月,浙江海利控股集团有限公司入选浙江省第一批"三名"培育试点企业名单。10 月,海盐海利环保纤维有限公司被列入全省第二批"双百工程"骨干企业名单。

【何家桥线内河航道改造工程竣工】 1 月 22 日,何家桥线内河航道改造工程竣工投入试运行。该工程起自杭平申线支线官堂线,终于杭州湾北岸内侧白洋河,与海盐港区相连,全长 5.11 公里。全线按双向六级航道标准建设,总投资 1.2 亿元。该航道打通海盐港区外海和内河之间天然屏障,有利于发挥海盐"前海后河"区位优势和外海码头货源优势,使海盐水运从以往主要依赖传统矿山资源,转向煤炭、粮食、铁矿砂、建材、工业原料等海河中转新货种,大大提升内河航运附加值,成为地方经济发展新的增长点。何家桥线内河航道改造工程是全省经济工作会议提出的构筑大宗商品交易平台、海陆联动,集疏运网络、金融和信息支撑系统"三位一体"港航物流服务体系重要组成部分,是最低碳的港口集疏运方式。

【湖山省级现代农业综合区通过验收】 7 月 16 日,海盐县湖山省级现代农业综合区通过省农业综合区专家组验收。该农业综合区实施面积 1687.07 公顷,于 2011 年被列为第四批省级现代农业综合创建点。近年,综合区以提高资源综合利用与生态循环为核心,大力推进农业产业集聚和整合,打造现代农业升级版。综合区拥有蔬菜主导产业、蚕桑主导产业、水果(柑橘)主导产业等 3 个主导产业示范区,有芦荟、文溪坞猕猴桃、生猪生态养殖、湖羊养殖等 4 个特色农业精品园,形成"三区四园"整体布局。综合区推广产业循环"有机耦合",推进秸秆、废弃菜叶、废弃农药包装物回收处理和循环利用,生态循环模式达到省级生态循环农业示范区建设标准。

【芦荟源公司获评"全国科技创新示范基地"】 8 月 20 日,嘉兴市芦荟源生物科技有限公司被中国民营科技促进会认定为"全国芦荟产业科技创新示范基地"。该公司成立于 2000 年,是国内芦荟饮料主要生产厂家之一。创建了'味之园'品牌,带领周边农民实现增收致富。"味之园"品牌被认证为全国驰名商标,生产的芦荟饮品被评为浙江省农业博览会金奖、嘉兴市名牌产品,并通过 ISO9000/ 国家食品生产 QS 质量安全及 HACCP 出口认证。"味之园"芦荟饮品拥有三大系列近 70 个品种,畅销浙江、江苏、上海等地区,远销东南亚。随着芦荟产业发展和芦荟饮品开发,该公司被评为浙江省农业龙头企业,秦万芦荟专业合作社被评为浙江省示范性农民专业合作社。

【县水生动物防疫检疫中心项目通过验收】 3 月 3 日,"海盐县水生动物防疫检疫中心"建设项目通过省海洋与渔业局专家组验收,该项目系 2009 年中央第三批扩大内需资金项目。检疫中心面积 300 平方米,具备多功能荧光显微镜、生物凝胶成像系统、高速冷冻离心机等 46 台(套)仪器设备,为海盐县水产种苗检测、水生动物疫病监测与分析诊断、渔业水质环境监测等提供硬件基础。

【病死动物无害化处理中心投运】 8 月,海盐县病死动物无害化处理中心正式运行。该中心总投资 3682 万元,占地 0.65 公顷。依靠热电厂蒸汽供能,采用高温灭菌无害化处理工艺,年处理能力 3000 吨,是全省规模最大的病死动物无害化处理中心。处理中心配套建设一套废水处理系统、一套废气处理系统,以及 4 公里长的污水管线。整套设施对保护环境、防御病菌和食品安全有促进作用。海盐县对病死动物(主要是生猪)基本形成"村收、镇聚、县处理"无害化收集处理机制。

【澉浦镇入选"治水美镇·浙江样本"】 11月,由浙江省互联网信息办公室、浙江新闻在线网站、浙江城镇网联合推出的"治水美镇·浙江样本"大型网络评选活动50强名单揭晓,50个治水美镇分为工业治污、环境改造、人水和谐、管水护水、秀水魅力5类,海盐县澉浦镇作为"工业治污"10强样本美镇入选。2014年年初以来,澉浦镇通过工业点源污染治理等工作,全方位改善水质。10月,在全县99个村(社区)水质排名中,澉浦镇13个村(社区)水质全部保持在Ⅳ类水及以上,其中11个村(社区)为Ⅲ类水。

【全国首个商务印书馆版本图书馆开馆】 8月16日,商务印书馆版本图书馆(在张元济图书馆)开馆,这是全国首个专门收藏商务印书馆版本图书馆。使用面积287平方米,设2个商务版本室。共收藏图书1.6万种2.4万册,其中新中国成立前商务老版本文献4785册。这些书主要来源于商务印书馆、商务印书馆(香港)有限公司、台湾商务印书馆的捐赠,以及张树年(张元济之子)、张人凤(张元济之孙)、商务印书馆老员工、辞书出版社图书馆、新加坡国家图书馆等单位和个人热心捐献。商务老版本文献记载了民国时期社会、政治、经济、文化等方面变迁,具有史料价值与历史文物性。

(周　敏)

海　宁　市

【概况】 海宁市位于浙江省东北部,杭嘉湖平原南端,东连海盐县,西接杭州市余杭区,南濒钱塘江,北与桐乡市和嘉兴市秀洲区接壤。面积668平方公里(海宁市报内陆面积700.5平方公里)。辖4个街道、8个镇,161个行政村、63个社区(居委会)。年末,总户数185510户,户籍总人口673782人,其中男性330708人、女性343074人。全年人口出生率10.32‰,人口死亡率7.58‰,人口自然增长率3.59‰,计划生育率98.76%。

2014年,海宁市实现地区生产总值668.48亿元,比上年增长7.2%。其中第一产业增加值24.93亿元,增长1.3%;第二产业增加值383.38亿元,增长7.3%;第三产业增加值260.17亿元,增长7.5%。三次产业结构比为3.7∶57.4∶38.9。按户籍人口计算,全年人均生产总值99556元,增长6.6%,按平均汇率计算为16207美元。实现财政总收入108.49亿元,其中一般公共预算收入60.03亿元,分别增长15.1%和14.4%。城镇居民人均可支配收入44887元,农村居民可支配收入25786元,分别增长9.1%和10.5%。海宁市综合实力列福布斯2014中国大陆最佳县级市第八名。1月18日,被浙江省精神文明建设委员会命名为浙江省文明市。

农业经济稳步发展。全年实现农业总产值38.93亿元,比上年增长0.8%。农作物总播种面积4.99万公顷,其中粮食播种面积2.73万公顷,经济作物种植面积2.25万公顷。全年粮食总产量18.05万吨,比上年下降1.2%;蔬菜总产量31.15万吨,下降1.9%;油菜籽总产量1.14万吨,下降7%;蚕茧总产量0.51万吨,下降19.5%。全年生猪饲养量32.86万头,下降28.8%;家禽饲养量1430.62万羽,下降31.4%。肉类总产量3.9万吨,下降17.6%;水产品总产量2.99万吨,下降29.9%。造林面积不断扩大,全年完成造林面积1731.38公顷,增长59%。高效生态都市型现代农业加快发展,有国家级无公害农产品66个,绿色食品30个,有机食品1个,省级无公害农产品基地67个。农产品品牌建设加速推进,有嘉兴市级以上著名商标24个,名牌产品15个,中国驰名商标3个。深化农业"两区"建设,新增粮食生产功能区1300公顷,长安省级现代农业综合区全面建成,农业现代化发展指数列全省十强。农业龙头企业不断壮大，有农业龙头企业48个，实现产值46.85亿元;有各类农民专业合作社155个,工商登记的家庭农场351个。新组建12个土地股份合作社,新增土地流转面积1200公顷,土地流转率51.3%。加大土地整治复垦和开发垦造力度,完成新增耕地335.2公顷。全年农田基本建设完成土石方562万立方米,其中水利建设完成土石方542.49万立方米,水利建设总投入53976万元。农田有效灌溉面积3.33万公顷,旱涝保收面积2.93万公顷。年末拥有农业机械总动力26.77万千瓦。

实施有效投资,经济转型发展。年内成功引进世界500强、行业龙头企业、总投资超亿美元和总投资20亿元以上项目10个。全年合同利用外资7.64亿美元,实际利用外资4.4亿美元,实到市外内资133.1亿元,浙商回归到位资金39.2亿元。狠抓项目开竣工，纪鸿包装、港龙新材料、浙大国际联合学院、阿里巴巴中国智能骨干网海宁节点项目等一批重大项目开工。完成固定资产投资448.2亿元,比上年增长21.7%，其中工业生产性投资完成200.36亿元,增长16.3%。出台工业经济强投入稳增长“27条”,实现销售收入2000万元规模以上工业总产值1385.61亿元,增长4.8%。战略性新兴产业、高新技术产业、装备制造业增加值增速分别为7.3%、26.8%和11.4%。在新一轮工业强县综合评价中列全省第十二位、嘉兴市首位，成为全省5个特色时尚产业基地之一。全年规模以上工业企业实现新产品产值536.24亿元、出口交货值366.52亿元、产品销售收入1350.79亿元、利税110.82亿元、利润58.79亿元。主导产业中,规模以上皮革工业实现产值164.18亿元,规模以上纺织工业实现产值415.91亿元,两大主导产业占规模以上工业总量的41.9%。电气机械制造业、电子工业、橡塑制品业等行业快速发展，分别增长24.6%、14.2%和11%。发展平台建设加快推进,经济开发区获批国家分布光伏发电应用示范区。经编纺织品基地成为国家级外贸转型示范基地。家纺城国际贸易中心顺利建成。全年建筑业实现增加值49.97亿元,增长8.6%。建筑业施工产值213.26亿元,增长4.6%。房屋建筑施工面积1523.87万平方米,增长2.8%。全年投资项目1377个，其中当年新开工项目903个，计划总投资648.55亿元；建成投产项目865个,新增固定资产245.52亿元。全年完成房地产开发投资90.87亿元,增长8.7%。全年商品房销售面积54.39万平方米，比上年下降37%;商品房销售额46.93亿元,下降41.4%。全年完成自营进出口总额60.33亿美元，增长4.8%，其中出口总额50.85亿美元，进口总额9.48亿美元。全年新批“三资”企业40个,新批外商投资项目70个。

国内贸易继续繁荣。全年实现社会消费品零售总额304.01亿元,比上年增长12.9%。其中，城镇消费品零售额284.99亿元，增长12.9%,拉动整个消费品市场12.1个百分点;乡村消费品零售额19.02亿元,增长13%,拉动整个消费品市场0.8个百分点。分行业看,批发和零售贸易业零售额279.84亿元，增长13.6%;住宿餐饮业零售额24.18亿元,增长4.3%。年末海宁市有各类商品交易市场58个，其中成交额超亿元的市场12个。全年城乡集市贸易成交额285.6亿元。在限额以上批发和零售贸易业零售额中,五金、电科类增长180%,家具类增长36.5%,中西药品类增长14.4%,食品、饮料、烟酒类增长13%,服装、鞋帽、针纺织品类增长12.1%。电子商务迅速发展,从事电子商务的相关企业1500余个，全年实现网络零售额111亿元。

交通邮电平稳运行,金融增势向好。全年,交通设施不断完善,公路(乡道以上)通车里程898公里。客货运输总量保持较快增长。全年货物运输量1742万吨,货物周转量199830万吨公里。全年客运量2541万人，客运周转量71097万人公里。钱江通道、08省道南延、硖崇公路等工程建成,新改建公路64.2公里。杭平申航道海宁段开工建设,杭州至海宁城际铁路规划获批。全年邮电业务收入9.25亿元。年末,固定电话用户26.97万户，比上年下降9.7%;

移动电话用户97.42万户，比上年增长1.6%；互联网用户23.62万户，增长11.4%。全年公共财政预算支出60.68亿元，增长18.6%，其中，教育支出15.16亿元，农业支出5.84亿元。年末，金融机构人民币各项存款余额1038.85亿元，增长4.8%，其中城乡居民储蓄存款余额535.01亿元，增长10.2%。金融机构人民币各项贷款余额793.17亿元，增长12.2%。

城市建设和环境保护不断优化。2014年城市建城区面积46.57平方公里，海宁市区绿化覆盖率46.02%。全年实施城市污水管网工程37.04公里，新增供水管17.93公里。天然气利用工程全年完成管网铺设19.73公里。城区路网更趋完善，海宁市区新建道路13.56公里，面积21.67万平方米。城建重点建设项目投资额10.39亿元，完成11个老旧小区综合改造工程。打通断头路9条，改造瓶颈路8条。全力创建“无违建”市，开展拆违百日攻坚等专项活动，“三改”开工341万平方米，拆除各类违建604万平方米，其中非农违建189万平方米，拆违总量列嘉兴第一、全省第三。11个镇(街道)、158个村(社区)接受嘉兴“无违建”创建考核。完成高速公路两侧违法广告牌的拆除任务。引入民间资本建设蔡家埭、人民里旧区改建项目，工人路商业中心开工建设。启动长安镇省级小城市培育试点建设，袁花镇列入嘉兴市小城市培育试点，启动新一轮村庄布点规划，24个村(农村社区)通过一星级美丽乡村创建，成为全省首批“美丽县城”创建试点。全面实施“五水共治”战略。环境保护力度继续加大，全年共审批新、改、扩建工业性建设项目339个，计划环保投资2.38亿元，建设项目环境影响评价制度执行率100%。环卫维护中心、黄湾卫生填埋场一期提升工程建成，丁桥污水处理厂三期工程投入运营，盐仓污水处理厂污泥处置项目调试运行。至年底，建立起9个国家级生态镇(街道)、12个省级生态镇(街道)；有省级绿色医院3家，绿色社区52个(省级13个)，绿色学校74所(国家级1所、省级19所)；金叶级绿色旅游饭店1家，银叶级绿色旅游饭店9家；嘉兴市级生态村142个，浙江省生态文明教育基地、省级生态环境教育示范基地各1个。全年绿化造林1986.67公顷(2.98万亩)。成功创建为“浙江省森林城市”。

科技和教育事业不断推进。至2014年年底，有国家重点扶持的高新技术企业85个，其中年内新增国家高新技术企业20个。全年财政科技投入2.9亿元，增长19.2%。经省科技厅认定的成果106项，其中获省科技进步奖3项，嘉兴市级科技进步奖11项。列为国家级新产品1个，省级新产品827个。2014年申请专利4089件，授权专利3159件。技术市场活跃，全年经认定登记和网上技术市场签约的技术合同59项，合同金额9771.6万元。“淘科技”平台实现上线运行，服务企业2583个。沪浙人力资源服务产业园正式运营，实现产值2211.36万元。新增“千人计划”专家15人。国家知识产权试点城市创建通过考核验收。年末，海宁市拥有小学29所、普通中学32所、中职类学校4所、幼儿园66所。高中段教育得到加强，初中毕业生升入高中段比例达99.36%。海宁全市普通中学在校学生28400人，初中学龄人口入学率100%；小学在校学生44039人，小学学龄人口入学率100%。职业高中在校学生4788人，技工学校在校学生2601人，普通中专在校学生3438人。学龄前儿童三年净入园率99.2%。参加普通高校升学考试报名3764人，上线3610人，上线率95.91%，其中重点大学上线率15.83%，比上年提高3.07个百分点。参加高职单考单招报名471人，录取407人，录取率86.41%。年末电视大学在校学生6432人。高等学历教育自学考试全年报考2836人次。全年农村共有8.38万人次接受各类文化技术培训。成功创建全国首批义务教育发展基本均衡市，启动实施第二轮学前教育三年行动计划。成立华师海宁教育集团，海宁市高级中学成为华东师范大学附属学校。

文化和旅游业继续兴旺。海宁市共有文化馆(站)13个。全年“美丽大舞台”演出场次65场，艺术表演团体公益性演出2052场次，开展文化下乡208场。公共图书馆总藏量110万册

(件)，比上年增长 11.8%。流通书库送书 337 次，流通图书 5.72 万册。文体系统举办各类培训班 87 期，培训人员 1450 人次；举办各类文化展览活动 64 次、讲座 68 次。海宁市博物馆基本陈列 4 个，举办各类展览 12 个。有电影放映单位 15 个，全年电影观众 84.48 万人次。农村电影“2131”工程(21 世纪，1 个村 1 个月 1 场电影)放映电影 2353 场，观众 36.82 万人次。广播、电视人口覆盖率均为 100%。全年出版《海宁日报》360 期，发行量 35700 份。《海宁年鉴(2014)》《海宁潮志》《硖川志集成(点校本)》公开出版。推进国家级公共文化服务体系示范区创建，建成农村文化礼堂 27 家，海宁市图书馆获“全国最美基层图书馆”称号。举办第三届潮博会，会展中心建成启用。大运河(海宁段)成为世界文化遗产，“潮神祭祀”成为海宁市第三件国家级非物质文化遗产，南关厢历史文化街区试开街。全年旅游总收入 143.75 亿元，增长 10.9%。接待国内外游客 1379.19 万人次。全年推出“观潮览胜品时尚休闲自驾在海宁”四季主题旅游活动共 26 项。成功创建为省级旅游度假区。

卫生和体育事业继续发展。医疗卫生条件不断改善，年末有医院、卫生院 21 所，医疗床位 3370 张。有卫生技术人员 5194 人，其中执业医师及执业助理医师 1612 人，注册护士 2027 人。农村自来水普及率 100%，卫生厕所普及率 99.24%。省级卫生强市通过复评，海宁市级健康镇（街道）、村（社区）创建率分别为 58.3%和 67%。深化与沪杭合作办医，提升医疗服务水平，参合群众本地就诊率 86.3%。上海长海医院海宁分院 6 个学科技术达“三甲”水平。成功创建为省级“药品安全示范市”。体育设施建设进程加快，新增居民健身苑(点)32 个、健身器材 395 件。城市社区健身器材有机更新 917 件。全年在省内外重大体育比赛中，海宁市运动员获得国际级金牌 5 枚、国家级金牌 41 枚、省级金牌 20 枚、嘉兴市级金牌 176 枚、群众性赛事金牌 79 枚。全年共组织全市性群众体育活动 43 次，参加比赛运动员 10376 人次。镇(街道)组织群众性体育活动 74 次，体育社团群众性体育活动 167 次。年内，成功承办第十六届亚洲轮滑锦标赛、2014 世界斯诺克巡回赛海宁公开赛 2 项国际级体育赛事，2014 中国青年斯诺克系列赛海宁公开赛 1 项国家级体育赛事。举办海宁市第十四届运动会。成功创建“全国游泳之乡”，潮乡少儿习泳计划在全省推广，年内实现未成年人暑期“零溺水”目标。

居民生活和社会保障水平继续提高。城镇常住居民人均消费支出 23759 元，农村常住居民人均生活消费支出 15938 元，分别比上年增长 4.4%和 27.2%。坚持民生优先，78.4%的一般公共预算支出用于民生事业，年初确定的 6 项政府民生实事工程基本完成。深化统筹城乡就业，全年举办各种劳务招聘会 94 期、再就业培训班 75 期。全年新增就业岗位 16132 个，安置城镇失业人员 7203 人，海宁市登记失业人数 3308 人，城镇登记失业率 2.91%。推进基本养老保险全覆盖，全年基本养老保险参保人数 38.8 万人，增加 2.7 万人，收缴基本养老保险基金 17.21 亿元。稳步推进城镇职工基本医疗保险制度改革，医疗保险参保人数 37.4 万人，其中大病统筹 7.4 万人。年末有社会福利事业单位 20 个，床位 4958 张，收养 1708 人。社会救济总人数(包括低保人数)14897 人。年末有最低生活保障对象 4918 人，其中城镇居民和农村居民最低生活保障人数分别为 688 人和 4230 人，全年共发放低保金额 1949 万元。城乡居民最低生活保障标准提高到每人每月 588 元。推进幸福养老“十养”工程，新增机构养老床位 1716 张。全年城乡社区居家养老服务照料中心建成 188 个，其中城市社区养老服务中心建成 56 个，覆盖率 89%，农村社区养老服务中心建成 132 个，覆盖率 82%。年末拥有社区服务中心 12 个，提供服务项目 271 个。农村社会保障网络覆盖 12 个镇(街道)。推行“两富同行”温暖工程，开展造血式帮扶，年内有 820 户贫困家庭收入超过低保或困难保障线。海宁市级残疾人扶贫基地和阳光庇护中心实现镇(街道)全覆盖。廉租房和公租房并轨运行。保障房新开工 1500 套、竣工 904 套。

深入实施党的群众路线教育实践活动,社会和谐稳定。开展干部作风建设,紧扣“四风”问题,以整改开局,海宁市级部门办公用房规模压缩17.82%,“三公”经费比上年下降36.3%,市级层面文件和会议分别比上年下降14.6%、13%,表彰和考核项目分别减少85%、61%,清理村、社区牌子7173块。高质量开好民主生活会,市委常委会制定实施18个项目42项长效制度,制定出台党风廉政建设“4+1”责任落实制度。深化党员干部“五带头”,选派百名“第一书记”和百名农村工作指导员,认领“担当型项目”1449个。“三类五步”民主办事机制入选全国“党的群众路线工作法100例”,海宁市被评为全省首批“五好”服务型镇(街道)创建先进县市。深化城乡社会治安防控,刑事警情下降9.5%,平安建设实现“九连冠”。推进生产安全、食品药品安全等专项整治,建设省级放心农贸市场3个,安全生产事故起数、死亡人数分别下降6.5%和13.1%。全省首创“信访评议团”,信访积案得到有效化解,信访规范化办理在全省推广。

【海宁要素改革试点经验全省推广】 4月25日,省政府第26次常务会议审议并通过《关于推广海宁试点经验加快推进资源要素市场化配置改革的指导意见》。省委副书记、省长李强作“改革力度大、实施进度快、叠加效应好”的批示,并明确要求“推广海宁试点经验、扩大试点效应”。5月15日,经省政府批准发文,海宁市的要素配置市场化改革经验在全省扩面试验。随后,嘉兴在全省率先推广海宁改革经验。10月30日,全省资源要素市场化配置改革推广工作现场会在海宁召开,市委书记林毅在会上发言介绍。3月3日,《海宁市人力资源要素市场化配置改革实施方案》通过省人力资源和社会保障厅批复,海宁市成为全省首个人力资源要素市场化配置改革试验区。全力推进人力市场建设、人才评价制度、人才流动机制、人才培训方式、人才服务保障五大领域24项改革。4月,沪浙人力资源服务业集聚区正式挂牌,该平台大力引进和培育人力资源服务企业,提供全方位人力资源服务。制定出台《海宁市各类企业人才集合年金实施办法》,为中小微企业留住人才提供制度保障。

【实施“五水共治”战略】 2014年,海宁市成立“五水共治”指挥部,全面开展清理“三河”(黑河、臭河、垃圾河)专项行动。推进生猪减量提质和违法养殖设施拆除,生猪存栏从年初的30.8万头减至4万头以下;温室甲鱼养殖拆除368.6万平方米。腾退市级河道两侧15米范围内工业企业94个,完成工业企业生活污水全入网624个。饮用水源一、二级保护区内企业关停搬迁31个。推进农村生活污水处理,完成试点建设126个。至年底,完成治理并通过验收“三河”280条,基本消灭劣Ⅴ类水,海宁市在省跨行政区域河流交接断面水质考核为“良好”。构建防洪体系,完成新一轮《城市防洪工程规划》修编;完成杭平申航道工程土方、护岸、桥梁建设投资2.53亿元,完成宁袁塘工程治理22.65公里;改造阻水瓶颈208处,打通断头浜42条。突出排涝节点,完成《城市排水(雨水)防涝综合规划》编制,实施住宅小区雨污分流工程22项;完成江南大道客运中心段、海州路海洲大饭店段等低洼积水区域的排涝改造;完成雨水管网疏浚清淤252公里、圩区整治2780公顷(4.17万亩),疏浚镇村级河道484公里。保障供水,编制实施《海宁市饮用水源地保护规划》,规定第三水厂饮用水水源保护区生态红线,确保水源安全。完成小区二次供水改造和新建项目6个。完成鹃湖应急备用水源蓄水,建成运行长水塘生态湿地。抓好节水,实施最严格水资源管理制度,实施企业河道取水自备水资源累计加价制度。对落后淘汰类企业执行差别化水价政策,累计执收加价费用194.58万元。安装节水龙头1200户,完成高效节水项目24.53公顷(368亩)。

【新浪(浙江)产业园落户海宁】 6月6日,“2014中国十大经济潮流人物·新浪潮沙龙——睿见潮城”在海宁经编产业园区举行。海宁市人民政府、新浪浙江、浙江海宁经编产业园区共同签订新浪(浙江)产业园战略合作协议,该产业园正式落户海宁市。活动由中国·海宁潮国际博览会组委会、新浪网、微博主办,新浪网副总编辑邓庆旭、新浪浙江总经理田芳艳等出席沙龙,市委书记林毅在沙龙上致辞。项目双方将在招商、旅游、科技、互联网宣传等方面开展合作,引入以现代服务业、先进制造业项目为主的企业,建设集网络经济产业、新兴技术研发和制造业、高端信息中介服务业于一体的网络科技经济园区。

【浙大国际联合学院(海宁国际校区)开建】 6月30日,浙江大学国际联合学院(海宁国际校区)破土动工。项目选址海宁市区鹃湖附近,总投资32亿元,规划总占地80公顷。设计学生规模8000人,其中国际学生不少于30%,国内外专职教师和科研人员规模400人左右,国际双聘教师和科研人员规模400人左右,浙江大学双聘教师和科研人员规模400人。这是浙江省最大的国际联合办学项目,计划于2017年8月竣工交付使用。

【江南总部基地项目开工】 3月20日,嘉兴市浙商回归项目集中开工暨海宁江南总部基地奠基仪式在海宁尖山新区举行。省政协副主席、省委统战部部长孙文友宣布项目开工。总部基地控股集团董事局主席许为平,嘉兴市领导肖培生、梁群,海宁市领导林毅、戴锋等出席开工仪式。该项目总投资150亿元,规划用地333.33公顷,力争在5~8年内建成以总部经济为核心兼具旅游、休闲、生活等功能的环杭州湾江南生态新城。年内启动建设的一期项目总投资20亿元,计划建设400栋左右的总部大楼。

【海宁电子商务产业园成立】 9月25日,位于丁桥镇的海宁首个电商集聚孵化器——海宁电子商务产业园成立。该园占地面积2.27公顷,建筑面积6万平方米,分三期规划发展。一期为电商创意城,功能定位为园区管理公司驻地,公共服务、管理运营总部、代运营公司、配套服务等;二期为跨境电子商务园区,是以跨境电商为主的综合园区;三期为高端电子商务总部园区,将引进国内外商端电商企业总部或大区总部入驻。产业园与杭州电子商务产业园开展合作,成为其分园,共享优质的平台资源;与阿里巴巴商学院合作,培养电商人才。至年底,园内共有电子商务经营主体71家,其中规模以上工业企业11个,农业个体工商户1家,专业网络电商个体交易企业37个,传统商贸个体企业22个。另有从事跨境电商企业16个。年内,海宁市被浙江省人民政府授予“浙江省电子商务示范市”称号。

【杭州至海宁城际铁路建设规划获批】 12月16日,国家发展和改革委员会批复同意建设杭州至海宁城际铁路规划。该工程总投资136.11亿元,线路总长47.7公里,线路走向自杭州余杭高铁站经海宁中国皮革城后沿海州东路至08省道,终至碧云路。沿线设站12座(余杭高铁站、许村镇站、海宁高铁站、长安镇站、周王庙镇站、盐官镇站、桐九公路站、斜桥镇站、中国皮革城站、海昌路站、浙大国际联合学院站、碧云路站),平均站间距约4.28公里,速度目标值为120公里/小时,采用B型车4辆编组、直流1500伏架空接触网受电。工程计划于2015年开工。

【长安镇入选省小城市培育试点】 3月28日,长安镇被省政府列入省级小城市培育试点扩围名单。长安镇作为海宁市副中心,于2007年列入省级中心镇,先后获得全国环境优美乡镇、省文明镇、省教育强镇、省体育强镇、省东海文化明珠镇、省级生态镇、省卫生镇等称号。2013年,长安镇被列入嘉兴市级首批小城市培育试点镇。2014年1月申报创建省级小城市培育试点镇。以“融杭高端产业聚集区、海宁西部副中心、现代化小城市”为发展定位,明确以城市化为引领,形成以长安新城为主中心,高新区为副中心,涵盖运河古镇、科教新区、特色农业区、回头潮景区、融杭商贸区“一主一副五支撑”格局,着力推进人口的城市化、产业的城市化、空间的城市化和文化的城市化。

【改制成立海宁农村商业银行股份有限公司】 2014年,海宁市农村信用合作联社改制为海宁农村商业银行股份有限公司。2013年12月31日,海宁市农村信用合作联社被确定为全省第四批农村合作金融机构股份制改革试点单位之一。2014年3月29日、4月29日、5月29日,海宁市农村信用合作联社先后召开第三届社员代表大会第四次、第五次、第六次会议,审议通过《组建浙江海宁农村商业银行股份有限公司可行性研究报告》《关于浙江海宁农村商业银行股份有限公司(筹)市场定位、经营方针和管理体制的报告》《浙江海宁农村商业银行股份有限公司筹建工作方案》等文件。5月6日,成立浙江海宁农村商业银行股份有限公司(简称海宁农商银行)筹建工作小组。5月30日至6月30日,委托浙江天平会计师事务所有限公司组织清产核资小组和资产评估小组,现场对海宁农村信用合作联社进行全面清产核资和整体资产评估。7月,海宁市人民政府制定《海宁市农村信用合作联社股份制改革试点总体方案》。8月13日,省政府批复同意该试点方案。10月13日,中国银监会批复同意筹建浙江海宁农村商业银行股份有限公司。11月13日,海宁农商银行创立大会暨第一次股东大会召开,选举产生董事长,聘任行长、副行长。12月28日,举行开业仪式。海宁农商银行下辖1个营业部和11个支行,共有69个网点,在城乡社区、村口、商场等布放ATM、POS机等1275台。

【海宁太阳能(热水器)被认定为省区域名牌】 12月29日,海宁太阳能(热水器)被浙江名牌战略推进委员会确定为省区域名牌。海宁太阳能(热水器)生产基地是继山东、江苏之后的国内第三大太阳能热水器生产基地,产销量约占全国的七分之一,产品出口韩国、东欧、非洲等国家和地区。至2013年年底,共有太阳能热水器生产企业及各类配件企业285个,形成从毛坯管、真空集热管、支架、水箱等各类配件到成品整机生产的完整产业链。海宁市太阳能热水器企业共拥有中国驰名商标38个、浙江省著名商标1个、嘉兴市著名商标8个、海宁市著名商标11个,浙江名牌产品1个、嘉兴名牌产品5个、海宁名牌产品6个。

【2014中国·海宁潮国际博览会】 8月14日,2014中国·海宁潮国际博览会新闻发布会在省人民大会堂举行。9月20日,博览会在海宁市行政中心开幕。该博览会由浙江省人民政府、中国国际贸易促进会、中国轻工业联合会、中华全国体育总会共同主办,海宁市人民政府承办。浙江省副省长熊建平、中国轻工业联合会常务副会长钱桂敬、中国纺织工业联合会副会长杨纪朝等出席开幕式。潮博会各项活动贯穿全年,立项项目36个,其中市场化或半市场化运作项目20个。举办重要展会和活动12项,分别为浙江省首届省外浙商市场采购浙货对接会、第二十一届海宁·中国皮革博览会、2014海宁·中国家用纺织品博览会、首届海宁·韩国时尚商品交易会、海宁市第十一届汽车亘会、2014中国·海宁潮国际博览会投资说明会、新浪潮论坛、第十六届亚洲轮滑锦标赛、第二十一届中国国际钱江(海宁)观潮节、2014中国十大经济潮流人物评选发布、2014CBSA世界斯诺克巡回赛海宁公开赛、2014中国(海宁)·徐志摩诗歌节。潮博会以“潮动海宁,博览天下”为主题,最大亮点是将经济活动往会展经济发展,依托展会经济的创新活力,促进传统产业转型升级。

【第二十一届中国国际钱江(海宁)观潮节】 9月6~15日,第二十一届中国国际钱江(海宁)观潮节暨2014海宁观潮露营节启动仪式在海宁盐官百里钱塘观潮景区举行。观潮节由国家旅游局推介,浙江省旅游局、嘉兴市人民政府主办,海宁市人民政府承办。活动以“潮涌钱塘、魅力海宁”为主题,主要活动包括:2014 海宁观潮露营节开幕式及系列主题推广活动、全国网络媒体海宁旅游体验推介活动、“自驾海宁,钱塘观潮”万车自驾游海宁首发团活动、在线旅游企业专家海宁旅游考察交流会、央视直播海宁潮、祭祀潮神民俗表演、第二届夜潮音乐派对。观潮节期间,观潮游客 93 万人次,实现旅游收入 9.11 亿元。

【第二十一届海宁·中国皮革博览会】 6~10 月,第二十一届海宁·中国皮革博览会在海宁举办,9 月 20 日举行开幕式。此届皮革博览会由浙江省人民政府、中国国际贸易促进委员会、中国轻工业联合会、中国皮革协会主办,中国国际贸易促进委员会浙江省分会、嘉兴市人民政府、海宁市人民政府承办,省皮革行业协会、海宁市会展业发展办公室协办。主要活动有 7 项:开幕式暨 2015 中国国际皮革和裘皮服装流行趋势发布、2014 中国皮革时尚周、浙江省首届省外浙商市场采购浙货对接会、“海宁中国皮革城杯”第六届中国皮革行业品牌高峰论坛、2014 中国皮革行业年度十佳评选颁奖盛典、第十七届“真皮标志杯”中国国际皮革和裘皮服装设计大奖赛、海宁皮革博物馆开馆仪式暨浙江省企业文化示范基地(海宁中国皮革城)现场会。

【被认定全国义务教育发展基本均衡市】 2 月 21 日,海宁市被国务院教育督导委员会认定为 2013 年全国义务教育发展基本均衡市。2009 年起,海宁市重点实施三大工程:一是实施中小学布局调整。二是开展标准化学校建设。三是实施中小学校舍安全工程。先后出台《关于海宁市新居民子女接受义务教育的实施意见》《关于进一步推进我市新居民子女学校建设和管理工作办法的通知》,保障弱势群体受教育的权利。加强教师队伍建设。2011 年 12 月,开展评估自查,经查,海宁市所有公办义务教育学校均达到省定办学基本标准,小学、初中综合差异系数为 0.3847、0.357,达到义务教育学校校际差异指标要求。2013 年 6 月 25 日,通过国务院教育督导委员会的现场督导评估。

【海宁市被命名为“全国游泳之乡”】 2011 年,海宁市启动创建“全国游泳之乡”工作。2013 年 10 月,向国家体育总局游泳运动管理中心提出创建申报。2014 年 12 月 19 日,海宁市被国家体育总局游泳运动管理中心命名为“全国游泳之乡”,是浙江省唯一获此殊荣的县级市,海宁市五环投资开发有限公司游泳馆和海宁市长安镇(高新区)社会事业服务中心拆装泳池获“全国群众游泳健身活动模范池馆”称号。实施“潮乡少儿习泳项目”,先后出台《关于开展潮乡少儿习泳项目的实施意见》和《关于深入开展潮乡少儿习泳项目,扎实推进镇(街道)游泳设施建设的意见》。总投资 600 多万元,建成 9 个拆装式游泳池,在全省率先实现农村拆装式游泳池全覆盖。强化培训。至 2014 年年底,共培训游泳教练员、救生员 251 人,培训青少年近 2 万人次。将 4 名优秀苗子输送到省体育职业技术学院接受专业训练,每年有 30 多名运动员代表嘉兴市参加省级比赛,海宁市青少年游泳竞技水平名列嘉兴市首位。

【第十六届亚洲轮滑锦标赛在海宁举行】 9 月 19~29 日,第十六届亚洲轮滑锦标赛在海宁举行。比赛由亚洲轮滑联合会主办,国家体育总局、中国轮滑协会、浙江省体育局、嘉兴市人民政府、海宁市人民政府承办。来自 14 个国家和地区的 600 余名运动员参赛,比赛设速度轮滑、花样轮滑、自由式轮滑、单(双)排轮滑球 5 个大项 92 个单项比赛。中华台北队获金牌 32 枚、银牌 33 枚、铜牌 29 枚,位列第一名;中国队获第二名,韩国队获第三名。比赛期间还召开了亚洲轮滑联合会中央委员会会议和亚洲轮滑联合会代表大会,选举 2015~2018 年亚轮联中央委员会,并组织轮滑冠军进校园活动。

【“三类五步”办事机制受中央表彰】 12 月,海宁市“村级事务‘三类五步’办事机制”入选全国“党的群众路线工作法 100 例”,成为全国党的群众路线教育实践活动优秀推广案例,受到中央组织部、中央党的群众路线教育实践活动领导小组表彰。3 月 26 日,海宁市委组织部印发《关于推行村级事务“三类五步”民主办事制的意见》,要求各镇(街道)党委要把推行村级事务“三类五步”民主办事制作为加强基层服务型党组织建设、践行群众路线的重要载体和有力抓手,确保有效落实。“三类”即村级党组织根据政策、法规及事务的性质内容、难易程度等,对群众所提意见建议和村级事务分成通报类、恳谈类和表决类三种类型。“五步”即按照党员群众提事、民主协商议事、审议表决定事、定人定责办事、党员群众评事五个步骤进行民主规范办理。同时,制作“村级事务分类一览表”,保障“三类五步”办事机制顺利运作。至年底,海宁市村(社区)党员群众提事 4300 多件,民主协商议事 3000 多次,开展审议表决定事 2500 件,办结 1869 件,为困难群众出致富“点子”200 多条。

【海宁信访工作规范化办理在全省推广】 7 月 16 日,海宁信访工作规范化作为先进典型在全省信访规范化建设现场会上作交流发言。推进信访制度规范化,落实“四项告知”制度,即:每件信访件做到信访事项去向告知、受理告知、不服之救济途径告知和违法信访训诫告知。让信访人在最短的时间内,知晓自己的信访诉求是否被受理,由哪个部门办理,何时办结,避免重复信访。在嘉兴地区率先实现全国信访信息系统联网,并启用至所有镇(街道)和重点部门,在中国海宁门户网站可查询办理进度和处理意见。推进信访办理实体规范化,坚持“四不报结”,即:没有具体调查结论的不报结、没有明确处理意见的不报结、没有送达回执的不报结、上级交办要信没有落实“三见面”的不报结。每件信访件按期处理率 100%。推进信访诉求表达渠道规范化,海宁市将领导干部接访工作常态化、制度化、规范化,每月 15 日市委书记、市长同时到信访局接待群众来访,其他市领导轮流参与接访。推进穷尽信访程序规范化。制定出台信访事项复查(复核)工作规程和办法。实施初次信访复查复核主动对接机制,对办理结果不服或可能越级上访者进行沟通,实现引导进入复查程序 100%。

【破获特大利用赌博机犯罪案】 4 月 25 日,海宁市公安局对经过 4 个多月侦查掌握的特大赌博机案件开展收网行动。民警在马桥街道、许村镇及海盐、平湖、桐乡等地,共查处赌博机摆放场所 53 个,抓获犯罪嫌疑人 117 人(其中 33 人被采取刑事强制措施),收缴赌博机 47 台。该案是最高人民法院、最高人民检察院、公安部联合出台《关于办理利用赌博机开设赌场案件适用法律若干问题的意见》后,浙江省内破获的首起特大利用赌博机犯罪案件。

【大运河(海宁段)申遗成功】 6 月 22 日,在联合国教科文组织第 38 届世界遗产大会上,大运河项目通过审核,被列为世界文化遗产。长安大运河作为中国大运河的一部分成功入选《世界遗产名录》。2007 年,海宁市成立大运河(海宁段)遗产保护与申遗工作领导小组。多次邀请省古建院、考古所等专家对长安老坝、王相公堂、中闸、下闸等长安闸“一坝三闸”遗址本体开展考古发掘工作,明确长安闸的历史和文化价值。制定下发《大运河(海宁段)遗产保护和申遗工作方案》和《大运河(海宁段)申遗点、段二期整治工作方案》,推进环境整治工作。启动沿河立面建筑修缮、河道清淤、污水管网铺设等各项工程,拆除沿河违章建筑。对虹桥闸进行改造,打通虹桥至老坝的视线廊道,展示长安“一坝三闸”整体历史风貌。

【图书馆获“2014 最美基层图书馆”称号】 10 月,海宁市图书馆荣获文化部“2014 最美基层图书馆”称号,全国仅 10 个图书馆获此殊荣。海宁市图书馆创办于清光绪三十年(1904 年),是全国最早以“图书馆”命名的县市级公共图书馆。1988 年,3229 平方米的馆舍在海宁市区海马路落成,拥有阅览席位268座,馆藏图书90余万册次。1994年被文化部授予首批县市级“全国一级图书馆”称号。2009年,海宁市图书馆全面实施免费办证、免费阅览。至年底,建成城乡一体化公共图书馆服务体系,下设11个乡镇分馆、1个专题馆、6个村级分馆、60个流通点及190个共享工程点。

【大脚板乐园开业】 6月1日,位于市区文宗路的海宁市第一个政府性游乐园——大脚板乐园对外营业。大脚板乐园呈脚板形,寓意少年儿童一步一个脚印,脚踏实地地快乐成长。该园于2013年6月4日开工建设,总投资1.2亿元,占地11公顷,是一个集游乐、体验、科普、展示于一体,兼具海宁特色和时代理念的公益性儿童乐园。乐园分三个部分,分别是西侧的广场与足迹小镇、中间的游乐设施区域和东侧的绿化区域。园内设自控飞机、摩天轮、森林小火车等15个机械类收费项目,另设迷雾园、趣味听筒、滑梯等免费项目。营业首日,乐园接待游客1万余人次。

(邱　洧)

桐乡市

【概况】 桐乡市地处浙北杭嘉湖平原,长江三角洲东南部。东连秀洲区,南邻海宁市,西毗湖州市德清县和杭州市余杭区,西北接湖州市南浔区,北界江苏省吴江市。东西宽约36公里,南北长约34公里,总面积727平方公里。沪杭高速公路(沪昆高速)、申嘉湖高速公路、申嘉杭高速公路、320国道、沪杭铁路客运专线、京杭大运河等水陆交通要道贯穿境内。2014年,辖9个镇、3个街道、35个社区、176个村。年末,户籍总人口68.68万人(男性33.98万人,女性34.7万人),比上年增加4006人,其中非农业人口27.18万人,占总人口的39.6%;暂住人口39.61万人,比上年减少20.9%。全年出生人口7021人,出生率10.12‰,死亡人口4963人,死亡率7.25‰,自然增长率3‰。

2014年,实现地区生产总值610.7亿元,按可比价格计算,比上年增长8.1%,其中:第一产业增加值29.3亿元,增长1.9%;第二产业增加值318.9亿元,增长8.5%;第三产业增加值262.5亿元,增长8.4%。三次产业结构比为4.8∶52.2∶43。按户籍人口计算,人均生产总值8.92万元,增长7.6%。全年实现财政总收入89.1亿元,增长9.3%;公共财政预算收入49.2亿元,增长8%;金融机构本外币贷款余额740.8亿元,存款余额886.8亿元,分别比年初增长13.8%和7.2%。

农业经济平稳发展。扎实推进农业“两区”(现代农业园区和粮食生产功能区)建设,新增粮食生产功能区1600公顷(2.4万亩)。全年农作物播种面积5.769万公顷(86.54万亩),比上年减少1026.67公顷(1.54万亩),其中粮食播种面积2.586万公顷(38.79万亩),比上年增加2626.67公顷(3.94万亩)。继续推进农村土地综合整治,新增土地流转1866.67公顷(2.8万亩)。培育现代农业庄园等新型农业经营主体,新增农业庄园建设点23个、家庭农场158个、省级示范性家庭农场5个。全年饲养生猪70.7万头、湖羊52万头、家禽1285.1万羽。新增国家认证无公害农产品8个、绿色食品4个、国家认证有机食品2个。建成省、市各级生态循环农业示范区1个,示范项目10个,示范企业1个。

工业强市建设深入开展。全年,新增销售收入2000万元以上规模企业138个。规模以上工业企业总产值1345亿元,比上年增长7.2%;实现主营业务收入1291.8亿元,增长6.8%;实现利税118亿元,增长18%;工业新产品产值573.2亿元,增长14.5%。新能源、新特材料、机械制造、电子信息等四大新兴产业产值406.4亿元,增长12.4%;规模以上高新技术产业增加值75.5亿元,占规模以上工业增加值的比重为34.1%。“四换三名”(“四换”即腾笼换鸟、机器换人、空间换地、电商换市,“三名”即大力培育名企、名品、名家)工程稳步推进,“两退两进”腾退低效用地113.71公顷(1705.7亩),淘汰落后产能项目32个;盘活存量建设用地236.67公顷(3553亩),农村土地综合整治复垦205.2公顷(3078亩);211个企业入驻“阿里巴巴·桐乡产业带”;浙江新澳纺织股份有限公司在上海证券交易所挂牌上市。

服务业实现全面发展。全年实现社会消费品零售总额268.7亿元,比上年增长12.6%,批发零售业、住宿餐饮业实现平稳发展;汽车销售实现零售额25.4亿元,增长26.8%,占全部限额以上企业的36.2%。市场成交额450.6亿元,增长18.4%,其中濮院羊毛衫市场成交额280亿元,增长21.5%。旅游业持续繁荣,全年接待境内外游客1627.3万人次,增长17.9%;实现旅游总收入164.5亿元,增长28.5%。乌镇景区接待游客692.4万人次,增长21.7%,实现门票收入4.78亿元,增长28%。承办首届世界互联网大会乌镇峰会。

投资保持较快增长。全年完成固定资产投资372.3亿元,比上年增长20.2%,其中工业生产性投入174.8亿元、服务业投资193.6亿元,分别增长20.3%和20.7%;民间投资285.5亿元,增长18.2%;基础设施投资68.7亿元,增长79.6%;房地产开发投资72.5亿元,比上年下降20.3%。工业生产性投入中,工业技改投入和设备投入占比分别为75.8%和64.1%;实现生产性服务业投资34.9亿元,占服务业投资的比重为18%。9个省“411”(万亿产业转型升级工程、万亿基础设施完善工程、万亿统筹城乡建设工程、万亿公共服务提升工程,建设1000个以上省重大项目,带动全社会固定资产投资超10万亿元)重大项目、18个省重点建设项目、7个省重大产业项目以及60个嘉兴“三个千亿”(基础设施千亿工程、社会事业千亿工程和产业升级千亿工程)项目进展顺利;261项市重大建设项目完成投资201.7亿元,开工率95%;55项政府投资重大建设项目完成投资20亿元,项目开工率90.9%,其中38项续建项目完成投资15.5亿元,17项新建项目完成投资4.5亿元。

开放合作巩固发展。全年实现进出口总值42.9亿美元,比上年增长3.5%。其中出口总值30.6亿美元,增长13.7%;进口总值12.2亿美元,比上年下降15.6%。全年新批三资企业33个,比上年增加4个,增资项目25个。全年合同利用外资4.7亿美元,增长21.8%,新批总投资1000万美元以上项目12个;实际利用外资3.3亿美元,增长38.4%。引进“浙商回归”项目61个,到位资金37.4亿元。引进总投资1亿美元以上项目3个,20亿元以上内资项目1个。新设境外企业(机构)6个,增资项目8个,累计中方投资额9829万美元,境外承包工程营业额10649万美元;境外企业带动出口36095万美元,增长12.5%。

改革攻坚全面深化。稳步推进要素市场化改革,出台要素市场化配置综合配套改革总体方案和10项配套政策。开展工业企业绩效综合评价,在用地、用能、用水、排污、信贷等资源要素配置上实施差别化政策,桐乡市被列入浙江省资源要素市场化配置综合配套改革试点首批扩面地区。行政审批制度改革全面深化,开展审批层级一体化承接工作,推行政府权力清单、责任清单、企业投资项目正向(负面)清单,强化事中事后监管力度,实施强镇扩权改革,三级便民服务网上办事大厅实现全覆盖,审批效率有效提升。小城市培育试点建设深入推进,开展崇福镇新一轮省级小城市培育试点,濮院镇、洲泉镇嘉兴市级小城市培育试点工作。医药卫生体制改革持续深入,推进公立医院综合改革,优化基层医疗机构运行机制。

城乡面貌持续改善。推进城市建设三年行动计划,桐乡市区环城东路综合改造工程竣工,建成生态绿道13.7公里,开展“城中村”改造、濮院旧镇改建项目房屋征收等工作,完善城乡公交、公共自行车等公共交通建设。“美丽乡村”建设深入开展,新增农房改造集聚3174户。创建“无违建县(市)”,完成“三改一拆”总面积474万平方米,其中拆除违章猪舍70.9万平方米;取缔沿河非法砂石料加工场22个。洲甸公路(洲泉至屠甸)新农村至史桥段建成通车,桐九公路(桐乡至海宁九里松)客运中心至高铁桐乡站段,桐乡至莲都公路桐乡市区至乌镇段等工程进展顺利,临杭大道开工建设;开展圩区整治、河道综合治理等工程,桐乡市获浙江省第二十届水利“大禹杯”金杯奖。

生态环境持续改善。继续开展“五水共治”,桐乡市首创全省跨地市交界区域水环境联防联治机制,新建污水管网165.6公里,新增入网企业737个,城镇生活污水入网改造1.6万户,农村生活污水治理2.3万户,市级骨干河道从Ⅴ类、劣Ⅴ类水质改善为以Ⅲ类、Ⅳ类水为主,全省跨行政区域河流交接断面水质考核首次获优秀;“4+X”(在印染、制革、化工、造纸四大重污染高耗能行业整治的基础上,开展榨菜、机制丝绵、涉汞、小精炼作坊等行业专项整治)行业整治全面推进,关停淘汰重污染高耗能企业199个,死亡动物无害化处理中心及收运体系建成投入运行;严厉查处环境违法行为,刑事打击环境犯罪涉案人员62人。开展大气污染防控整治,淘汰燃煤小锅炉,划定禁燃区,推广使用太阳能、天然气等清洁能源,浙江桐乡经济开发区(核心片区、临杭片区)被列为浙江省首批循环化改造示范试点园区,整治淘汰黄标车4734辆,新增绿化造林面积784.2公顷(11763亩),成功创建省级森林城市。桐乡市化学需氧量、二氧化硫、氨氮、氮氧化物排放量和万元生产总值综合能耗均完成年度削减目标。

民生保障稳步提升。城乡居民收入稳定增长,新增城镇就业人员14810人,城镇登记失业率2.9%,城镇居民和农村居民人均可支配收入分别达41438元和25195元,分别比上年增长9%和10.1%。开展合作医疗大病保险,职工养老保险和基本医疗保险参保人数分别净增27450人和18070人,养老保险、医疗保险覆盖率分别达到98%和99%;政策性农业保险扩面工作稳步推进;建成村(社区)居家养老服务照料中心118个;启动残疾人托养庇护中心建设,低保、医疗救助等社会救助不断增强;新开工建设保障性住房348套,农村危房改造159户。文化中心建成开馆,成功创建省级体育强市;教育资源配置不断优化,高考本科一类上线806人,技师学院获批筹建,整治非法托幼机构;医疗机构推行“诊间结算”,启动桐乡市域医联体建设。

【承办首届世界互联网大会】 11月19～21日,以“互联互通、共享共治”为主题的首届世界互联网大会·乌镇峰会在桐乡市举行。大会由国家互联网信息办公室、浙江省政府联合主办,浙江省互联网信息办公室、浙江省经济和信息化委员会、桐乡市政府、中国互联网络信息中心承办。这是中国迄今为止举办的规模最大、层次最高的互联网大会。大会开幕之际,国家主席习近平发来贺词,代表中国政府和人民,并以个人名义,向会议的召开致以热烈祝贺;20日,国务院总理李克强在杭州会见出席大会的70名中外代表并座谈;国务院副总理马凯出席开幕式并讲话。会议云集近百个国家和地区的1000多名政要、互联网精英、学者。大会设置8大板块、13个分论坛,内容涵盖互联网治理、网络安全、互联网经济与文化、互联网科技等方面。《华尔街日报》、BBC、法新社等617名记者参与报道,中国网络电视台对大会进行全程直播报道。在浙江省承办的分论坛“透过浙江看中国——信息经济论坛”,桐乡市市长盛勇军作“畅想智慧乌镇”主题发言。闭幕式上,中共中央宣传部部长、国家网信办主任鲁炜宣布乌镇为“世界互联网大会永久会址”。

【创建省级示范文明城市通过验收】 10月,桐乡市创建省级示范文明城市通过省文明办组织的考核验收。年初,桐乡市委、市政府提出创建浙江省示范文明城市工作。3月,召开创建省级示范文明城市工作推进会,对创建工作进行再动员再部署。4月16～18日,省文明办实地调研省级示范文明城市创建情况,召开问题反馈会,提出建议。根据调研反馈情况,制定《桐乡市全面推进省级示范文明城市创建工作方案》《创建省级示范文明城市责任分解表(2014)》。组织城市环境综合整治行动、文明创建主题实践行动、城市文明集中宣传行动,在建筑工地、农贸市场、网吧等开展六大专项整治,开设“创建省级示范文明城市”“小细节大文明”“最美桐乡人”等专题专栏,在市政广场等人口集聚区制作“社会主义核心价值观”公益广告。建成区修补破旧围墙108处,新建公益广告2.8万平方米。举办创建省级示范文明城市专场文艺晚会、书画比赛、知识竞赛、邻里节等系列主题活动。向市民分发文明餐桌、文明交通、文明旅行、文明上网等各类宣传品3万余份,编印《最美桐乡人》丛书、《文明礼仪伴我行》口袋本各5000本,印制核心价值观系列书签5万套。组织人大代表、政协委员、部门领导和媒体记者进行监督检查,在市级媒体设立曝光台,曝光各种不文明行为。10月20～22日,省文明办组织考核组检查验收桐乡市创建省级示范文明城市工作。2015年1月9日,浙江省精神文明委员会发文命名桐乡市为第五批浙江省示范文明城市。

【桐乡市成功创建省级森林城市】 12月30日,由全国政协文史和学习委员会副主任周国富带队的省森林城市检查验收组一行,检查验收桐乡市创建省级森林城市工作。经过实地检查、听取工作汇报,验收组一致同意桐乡市通过省级森林城市创建考核验收。近年来,桐乡市委、市政府提出打造宜居水乡、建设森林桐乡的发展目标。2012～2014年,围绕《桐乡市森林城市建设总体规划》要求,围绕“四绿”工程(绿色城市、绿色屏障、绿色村镇、绿色通道),投入绿化资金10.58亿元,新增绿化面积2450.6公顷(36759亩),平均每年新增造林面积占区域面积的1.1%。其中,新增城市绿化面积466.87公顷(9673亩),绿化覆盖率44.62%,城区人均公共绿地面积14.78平方米,城市道路绿化普及率99.8%;新增农田防护林面积303.27公顷(4549亩)[其中河岸绿化188.07公顷(2821亩)],通道绿化面积275.73公顷(4136亩),生态片林面积1226.73公顷(18401亩),桐乡市68%的村庄达到三级森林村庄(绿化示范村)建设要求。林木面积17560公顷(26.34万亩),林木覆盖率24.1%,位列全省平原县(市、区)前列。2015年1月9日,浙江省关注森林组织委员会、浙江省绿化与湿地保护委员会联合发文,公布浙江省森林城市名单,桐乡市名列其中。

【桐乡市获列首批省“红十字工作示范县”】 12月4日,浙江省红十字会公布首批省级“红十字工作示范县(市、区)”名单,桐乡市名列其中,成为嘉兴地区唯一的省级红十字工作示范县(市)。近年来,桐乡市重视红十字工作,在全省率先开展“助力五水共治·河道保洁员救援救护”行动,现场救护培训近700名河道保洁员。在河山镇启动组建红十字“五水共治”志愿队,各镇(街道)红十字会结合实际,开展河道保洁、垃圾清除、河道巡查、现场救护培训等治水志愿服务活动。在公安、旅游、安监、供电、治水等领域开展现场救护培训。每年开展“红十字博爱送万家”活动,救助覆盖桐乡市各村(社区)。先后开展“情暖老人”“情暖特殊家庭”“情暖环卫工人”“情暖寒门学子”“情暖麻风病人”“情暖白血病儿童”等六大救助活动,累计发放慰问金及物品约194.2万元。5月13日,张剑成为首例桐乡籍成功捐献造血干细胞的红十字志愿者,同时也是嘉兴市机关系统首例。年内,遗体捐献2例,红十字会单独设立以来实现遗体捐献3例。

【桐乡市首次获浙江省水利“大禹杯”金奖】 11月26日,桐乡市在浙江省第二十届水利“大禹杯”竞赛活动中获金杯奖,这是桐乡市在水利改革与发展史上首次获此奖项。“大禹杯”是浙江省政府设立的全省水利工作最高成就奖。近年来,桐乡市大力推进河道综合整治、农田水利建设、农村饮水安全等各项重点水利工程建设,取得显著成效。自2011年以来,桐乡市先后成功申报全国重点地区中小河流治理项目、全国河道综合整治试点县项目、全国小型农田水利重点县项目、中央财政乌镇灌区改造项目等一大批水利建设项目。桐乡市的防汛防台、水土保持、水政执法等工作先后被评为省级优秀，农田水利标准化建设考核连续三年获全省优秀单位称号，河道保洁长效管理工作在2013年和2014年均被评为全省一等奖，是嘉兴地区唯一连续两年获此殊荣的县(市、区)。

【首届“伯鸿书香奖”颁奖典礼在桐乡举行】 4月20日，全国首届“伯鸿书香奖”颁奖典礼暨伯鸿书香论坛在桐乡市举行。“伯鸿书香奖”由中华书局、光明日报社、桐乡市政府、中国阅读学研究会共同主办，旨在奖励在“全民阅读推广”方面作出特殊贡献并产生一定社会影响力的民间团体(组织)和个人。光明日报社总编辑何东平、伯鸿书香奖评委会主任杨牧之、光明日报社副总编辑李春林、中国出版集团公司副总裁李岩、省委宣传部副部长鲍洪俊、中华书局总经理徐俊以及嘉兴市、桐乡市有关领导出席颁奖典礼。首届“伯鸿书香奖”于2013年7月启动，收到参评组织奖材料23份、个人奖材料22份，征文208篇。经过专家评审，“伯鸿书香人物奖”由史航获得，“伯鸿书香组织奖”由豆瓣网获得，“伯鸿书香阅读奖”由徐玲芬、杨早等16人获得，获“伯鸿书香人物奖提名奖”4人、“伯鸿书香组织奖提名奖”4个。颁奖典礼后，著名作家、文化学者苏叔阳作题为“阅读与人生”的讲座。

【桐乡市漫画艺术馆开馆】 9月15日，桐乡市文化中心漫画艺术馆开馆仪式举行。艺术馆内总面积1837平方米，内设公益漫画宣传区、漫画名家展示区、历届“子恺杯”全国漫画大展精品陈列区、漫画名家工作室、漫画报刊编辑室、漫画教学培训室等。开馆首日，举办桐乡市第三届丰子恺漫画艺术节开幕式。漫画艺术节至9月底结束，分别展出“全国水墨漫画名家邀请展”“讽刺与幽默——浙江省漫画展”“惟妙惟肖——落子漫像写生展”。10月23日，“子恺杯”第十届全国漫画大展开幕式暨子恺画院揭牌仪式在漫画艺术馆举行。“子恺画院”是中国美术家协会在漫画艺术馆成立的全国首个以丰子恺命名的画院，是培养中国漫画人才的重要基地。“子恺杯”全国漫画大展每两年在桐乡举办一次，由中国美术家协会、桐乡市政府主办。本届漫画大展共展出100件代表全国漫画最高水平的漫画作品。同时，举办“湖北安陆、河北邱县、浙江桐乡三地漫画联展”“于保勋漫画作品展”“蒋文兵水墨肖像展”，召开全国水墨漫画高峰论坛暨中国美协漫艺会年会。

【徐肖冰·侯波纪念馆开馆】 12月16日，徐肖冰·侯波纪念馆开馆。中国摄影家协会副主席索久林，中国摄影家协会分党组成员、副秘书长顾立群，省文联书记处书记柳国平，省委组织部副部长庄跃成，嘉兴市委常委、宣传部部长陈越强，桐乡市领导卢跃东、盛勇军、池晓明、蒋惠玲、吴炳泉、沈建坤、朱红等出席开馆仪式。徐肖冰·侯波纪念馆原名侯波·徐肖冰摄影艺术馆，位于庆丰南路，1993年12月对外开放。新落成的纪念馆建筑面积2391平方米，位于植物园北区环圆路。纪念馆分“路——徐肖冰·侯波摄影艺术品展”“凝固瞬间、成就永恒——徐肖冰·侯波生平展”“徐肖冰新闻纪录电影成就展”三个部分，全方位展现徐肖冰与侯波这对著名摄影家伉俪的艺术创作历程。1991年，两位老人将一生创作的2700多件电影、摄影作品捐献给家乡，2013年其子女又捐献7000多件摄影、图书、资料等。开馆当日，举行第三届“徐肖冰杯”全国摄影大展、首届“徐肖冰杯”中国大学生摄影双年展。第三届“徐肖冰杯”全国摄影大展以“在路上”为主题，4月启动作品征集，收到1614人的2062组有效参评作品，经过专家评选，入展作品18组。首届“徐肖冰杯”中国大学生摄影双年展是面向大学生群体的摄影学术活动，收到全国各地高校706

名大学生的1066组参评作品。

【中国玻纤总部迁址桐乡市】 10月8日,在中国巨石第二十届国际玻纤年会上,举行中国玻纤总部迁址巨石集团桐乡本部的仪式。中国玻纤为注册在北京的上市公司,控股股东为中国建材股份有限公司,全资子公司是巨石集团有限公司。中国玻纤95%以上的收入和利润来自巨石集团。巨石集团在新加坡、加拿大、法国等建有14个海外控股子公司及两家海外独家经销商。5月,巨石埃及公司年产8万吨池窑拉丝生产线全线投产,产销率100%。中国玻纤迁址桐乡经济开发区,对桐乡发展总部经济起到积极引导作用,有利于巨石做强做大玻纤产业,吸引上下游相关产业进驻;有利于桐乡建设以风力发电、汽车、船用复合材料为主的玻纤复合材料产业基地。

【浙江新澳纺织股份有限公司公开发行A股】 12月31日,浙江新澳纺织股份有限公司在上海证券交易所举行首次公开发行A股上市仪式。股票简称“新澳股份”,股票代码603889,发行价每股17.95元,12月23日实施网上、网下申购。此次公开发行股份2668万股,全部为新股。网下初始发行1650万股,占发行总量的61.8%;网上初始发行1018万股,占发行总量的38.2%。开盘当日涨幅为44.01%。新澳股份公司主营业务为毛精纺纱线的研发、生产和销售,主要产品为毛精纺纱线以及中间产品羊毛毛条,主要应用于下游纺织服装领域。公司该次发行的募投项目计划所需资金4.31亿元,首次公开发行募集资金4.79亿元。

【浙江股权交易中心桐乡运营中心成立】 10月19日,浙江股权交易中心桐乡运营中心举行揭牌仪式。桐乡运营中心主要代理浙江股权交易中心的非上市公司股权托管、交易业务;为投资者提供开(销)立账户,办理股权交易、清算、交割等服务;指导投资者参与股权、债权投资;直接推荐企业在浙江股权交易中心挂牌。成立仪式上,浙江股权交易中心对在创新板挂牌的两个桐乡企业进行授牌。至此,桐乡市有16个企业在浙江股权交易中心挂牌,其中成长板挂牌6个,创新板挂牌10个。近年来,桐乡积极鼓励和扶持企业对接多层次资本市场,专门出台鼓励企业股改的政策。授牌仪式后,桐乡市政府对在浙江股权交易中心进行股改的5个企业,分别给予40万~50万元的奖励。

【开发区入选省级循环化改造示范试点园区】 2014年,浙江省发改委、省财政厅联合公布全省循环化改造示范试点园区名单,由桐乡经济开发区和临杭经济区联合申报的桐乡经济开发区(核心片区、临杭片区)被确定为省级循环化改造示范试点园区,成为全省首批开展循环化改造的7个园区之一,也是嘉兴唯一入选园区。桐乡经济开发区(核心片区、临杭片区)已形成“化纤纺织、新特材料、机械装备、电子电气”四大支柱产业,规模以上工业产值占桐乡市60%以上,产业集聚度高,开展规模较大的循环化改造条件成熟。2008年以来,桐乡市先后在促进循环经济工作方面出台一系列政策措施,逐步建立起对循环经济的推进、考核机制,每年推进一批重点循环经济项目。桐乡经济开发区(核心片区)实现蒸汽管网、污水管网、天然气管网全覆盖,无燃煤锅炉,配套建热电厂、污水处理厂和天然气公司。园区围绕化纤、新材料两大主导产业及其产业链实施循环化改造,通过废料回收、节能改造、中水回用等项目,大幅降低污染物排放,提高了资源利用效率。同时,推进天然气热电联产、非电区域能源中心等项目建设,实现园区能源集约利用和梯级利用。计划至2018年,园区有39个项目纳入省级循环化改造,总投资约76亿元,主要包括资源综合利用、节能减排技改、重点产业提升、能源资源共享设施、污染集中防治以及生产型服务业提升等六大类项目,项目有机会享受国家开发银行10亿元左右的贴息贷款政策,优先推荐申报中央预算内投资项目。至年底,29个项目被拟定为省财政支持重点项目。

【阿里巴巴·桐乡产业带上线】 11月5日,桐乡市政府与阿里巴巴合作的阿里巴巴·桐乡产业带上线,网址“www.tongxiang.1688.com”,首批入驻企业超150个。市长盛勇军等出席上线仪式。产业带是阿里巴巴推出的以推动当地特色产业为核心的项目。作为全国最大的第三方平台,阿里巴巴拥有全国最好的B2B平台资源支持,对企业开拓网络市场有着巨大的吸引力。经过多年发展,桐乡特色产业中毛衫、皮草、蚕丝被、家纺和皮鞋等五大特色产业适合网络销售。桐乡市有个体店在内的电商企业超1.5万个,首批入驻的企业为五大行业中的优质企业。借着世界互联网大会永久落户乌镇的契机,桐乡规划建设12平方公里的互联网产业基地,包括引进电子商务投资项目和建设主题公园、互联网小镇、博物馆等。

【首届工业设计大赛】 12月17日,2014桐乡市首届“凤凰杯”工业设计大赛结果揭晓。大赛由桐乡市政府主办,桐乡市经济和信息化局、濮院320创意广场共同承办,各镇、街道、经济开发区、浙江传媒学院桐乡校区和相关市级部门协办。大赛是桐乡市首次举办的工业设计类赛事活动,以“设计引领制造”为主题,分产品类作品和概念类作品两个组别,面向桐乡市范围内的制造企业、设计机构、相关院校及个人征集作品。5月,启动征集工作,收到作品78件,其中产品55件、概念类作品23件,涉及行业有机械装备、电子信息、家用电器、皮革皮草、床上用品、针织毛衫、家居用品、运动休闲用品和其他类共9个。本届大赛邀请国内工业设计行业知名人士、专家学者、制造企业和工业设计机构负责人等,组建参赛资料审核小组和评审委员会。经过初审、终审等环节,从创新性、实用性、经济性、工艺性、环保性、美学性等方面,专家评审委员会评出各类奖项21个,同时评出优秀设计师6名。其中,飞虎激光科技有限公司设计的高速控光纤激光切割机3015系列获金奖。

【环城东路综合整治工程主车道通车】 11月1日,环城东路南段(振兴东路—梧振东路)实现主车道通车,这是继8月3日环城东路北段(振兴东路—金马转盘)通车后的全线通车。4月8日,环城东路综合整治工程开工建设,改造后的环城东路由过境公路转变为城市道路,禁止过境大货车驶入;路幅由26米拓宽至38米,车道从双向四车道改为双向六车道,并设置人行道与非机动车道;渠化改造与振兴东路、茅盾路、逾桥东路交叉的3个路口。至年底,道路、绿化、亮化、综合管线、交通设施建设基本完工,完成投资1.56亿元。工程绿地总面积11.5万平方米,其中新建区域2.4万平方米,改造区域9.1万平方米。道路两侧种植早樱、玉兰等树种,背景林带下部片植兰花三七、花叶蔓、吉祥草等,营造出疏林草地空间、特色组景空间、缓坡草地空间及竹林幽径空间。环城东路两侧建有适合散步健身的城市绿道,及供市民休息的绿道驿站。

【开展城乡生活垃圾分类收集试点】 12月26日,桐乡市在嘉兴地区率先实施城市和农村生活垃圾分类收集试点工作,安排资金500万元。试点分别选取市区封闭式小区(世纪花苑小区)、开放式小区(振东小区)各1个,石门镇、屠甸镇各1个村。桐乡市区实行以可回收垃圾、不可回收垃圾、有害垃圾及其他垃圾的“四分法”。农村实行“二分法”,即可堆肥垃圾和不可堆肥垃圾。可堆肥垃圾包括剩菜剩饭、菜叶果皮、腐烂瓜果、零食碎末、死亡动物粪便等;不可堆肥垃圾包括塑料包装壳、废橡胶制品、泡沫制品等。桐乡市区通过可回收垃圾“以物换物”并再生利用,有害垃圾分类收集并无害化处理,不可回收垃圾及其他垃圾统一回收并填埋焚烧等方式;农村通过专业回收机器对可堆肥垃圾再生利用,不可堆肥垃圾填埋焚烧等方式,实现生活垃圾减量化、资源化、无害化目标。

【法国黎塞留展馆在乌镇开幕】 5月20日,法国黎塞留展馆在乌镇西栅景区原世博馆举行开幕仪式。法国驻上海总领事馆副总领事狄若翰,法国黎塞留市市长、法国前工商旅游部部长诺维利,桐乡市市长盛勇军,桐乡市人大常委会主任张林洪等出席开幕式。展览时间一个月,以图片与文字相结合的形式,介绍法国小镇——黎塞留的历史发展进程、文化生活和17世纪巴洛克建筑风格。黎塞留市与乌镇均是历史文化底蕴深厚、旅游资源丰富的古镇,有着众多的共同点,2012年12月两镇缔结为友好城市。开幕式上举行《乌镇历史文化丛书》首发式,并赠送给诺维利一行,向黎塞留市展示乌镇历史渊源、名人文化、建筑风貌、风土人情和旅游发展的独特魅力。7月,乌镇在黎塞留市举办文化展览,并进行旅游推介。

【石门镇获"中国女鞋名镇"称号】 9月2日,石门镇被中国轻工业联合会、中国皮革协会授予"中国女鞋名镇"的称号。2013年年底,石门镇启动争创"女鞋名镇"计划。石门镇政府从研发、企业管理、销售渠道、品牌建设等方面引导企业发展。石门镇制鞋企业从自身出发,引进高端设备,实现"机器换人";在广州等地设立研发中心,克服设计软肋;投入大量资金,做好品牌包装推广。鞋业是石门镇的支柱产业,女鞋制造经过30多年的发展,有鞋业企业680个,年产女鞋3000多万双,产值40多亿元。石门镇的女鞋制造产业基地在全国排名第四,且以每年20%以上的速度递增。在产业快速发展的同时,企业的品牌意识不断增强,石门鞋业有中国驰名商标4件,浙江省著名商标2件,中国真皮名鞋1件。

【大麻镇获"中国沙发布生产基地"称号】 7月,大麻镇被中国家用纺织品行业协会授予"中国沙发布生产基地"称号。近年来,大麻镇围绕家纺布艺产业的转型升级,坚持"以小企业打造大集群"的发展思路,强化平台建设,培育出浙江飞帆纺织有限公司、桐乡市鑫宝莱纺织有限公司等为代表的龙头企业,专注于沙发布的生产与销售。全镇有各类家纺企业290多个,规模以上家纺企业50多个,家纺从业人员超1.6万人,年产沙发布4.4亿米,产品销售覆盖全国,远销美国、日本、德国等30多个国家和地区。

【振石大酒店被认定为国家五星级旅游饭店】 12月21日,振石大酒店举行国家五星级旅游饭店挂牌仪式。振石大酒店位于桐乡市区振兴东路,主楼38层,高160米,为浙北第一高楼。酒店有各类客房565间(套),35~37层专设行政楼层;配有大型多功能宴会厅3个,其中1个1300平方米、2个1000平方米,大小各异的会议室20个,配备魅力金座KTV、足疗、水疗、室内恒温游泳池、健身房、台球房和棋牌中心等娱乐综合服务设施。餐饮区设有中餐厅、西餐厅、火锅餐厅、日本料理、红酒吧、大堂吧等,提供各式精致美食。

【第二届乌镇国际戏剧节】 10月30至11月9日,第二届乌镇国际戏剧节在乌镇举办。戏剧节荣誉主席欧丁剧场著名导演尤金尼奥·巴尔巴、主席陈向宏、艺术总监赖声川、总监制黄磊、艺术顾问孟京辉、总策划丁乃竺、总执行陈瑜。戏剧节以"化"为主题,由"国际邀请单元""青年竞演单元""古镇嘉年华"三个各具特色的单元构成。戏剧节的开幕戏为中国国家话剧院的话剧《青蛇》,闭幕戏是美国顾德曼剧场的舞台剧《白蛇》。"国际邀请单元"分别邀请美国、英国、荷兰、印度、意大利、丹麦的戏剧作品参加演出;"青年竞演单元"面向全球接受报名,旨在培养年轻戏剧人;"古镇嘉年华"邀请全球各地超300组表演团体和街头艺术家走进乌镇,演出场次达1500场。

【桐乡技师学院(筹)揭牌】 9月30日,桐乡技师学院(筹)揭牌仪式在原职业教育中心学校举行,标志着桐乡市高级技工学校和桐乡市职业教育中心学校两校实质性合并、整合资源筹建桐乡技师学院迈入新阶段。桐乡市领导盛勇军、朱红、费玉林、周国强、陈英出席揭牌仪式。桐乡技师学院(筹)是由原桐乡市高级技工学校和原桐乡市职业教育中心学校资源整合后申办的。2014年8月,浙江省政府批准筹建桐乡技师学院。桐乡技师学院(筹)有南北两个校区,总占地面积22.67公顷(340亩),注册学生5998人,在编教职工435人,其中高级职称119人,技师及以上95人。学院设有八大类20个专业,分别为机械制造类、电子电工类、交通运输类、信息技术类、纺织服装类、商贸财经类、旅游服务类、文化艺术类等八大专业群。各专业实现多层次、全方位的发展,其中机电一体化、服装设计与工艺、商务外语专业是浙江省示范专业,旅游服务与管理专业是浙江省骨干专业,机械设备装配与自动控制、数控加工和电气自动化设备安装与维修专业是浙江省品牌专业,数控技术应用、财会、旅游、动漫、烹饪、计算机专业是嘉兴市示范专业。两校合并后,根据技师学院设置标准,制定发展规划,加大财政投入,改善实训条件,优化教师结构,提升办学水平,争取三年内技师学院筹建成功。学院建成后,将面向全省招生,办学规模力争达到8000人,其中高级技工和预备技师在校学生5000人以上;每年开展企业在职职工技能培训1万人次以上,其中高级技工及技师等职业技能培训3500人次以上。

【桐乡市获评省农村生活污水治理工作优胜市】2014年,桐乡市出台《桐乡市农村生活污水治理实施意见》,明确农村生活污水治理工作的治理建设时序和责任落实,成立由市委书记、市长任组长的桐乡市农村生活污水治理工作领导小组。市农办全面开展农村生活污水治理的调查摸底工作,在各镇(街道)、村广泛动员,听取意见,最终探索出适合桐乡市生活污水治理的模式——无动力生态处理模式。农村生活污水纳管网治理工程建设资金按市财政、水务集团、镇(街道)各承担三分之一执行。梧桐街道桃园村、屠甸镇荣星村、凤鸣街道路家园村等17个村率先试行农村生活污水治理,经污水处理后出水水质达到国家污水处理二级排放标准。在此基础上在12个镇(街道)71个村推广,受益农户19924户。12月,桐乡市农村生活污水治理项目通过省检查组验收。2015年1月5日,浙江省“千村示范万村整治”工作协调小组发文表彰桐乡市为2014年度浙江省农村生活污水治理工作优胜市。

(谭晓杰)

国家级及省级开发区

综　　述

2014年，全市国家级、省级开发区（以下简称“开发区”）深入贯彻全省开发区工作会议精神和市政府《关于加快新经济园建设发展的若干意见》，开展平台转型升级、招大引强选优、扩大有效投入、推进退低进高、提升亩产效益、深化接轨上海、推进生态建设等重点工作，为确保全市经济稳中求进提供有力支撑。

2014年，全市开发区建设发展成效显著。一是对全市经济贡献度进一步上升。全市14个国家级、省级开发区（园区）实现规模以上工业增加值637.1亿元，占全市规模以上工业增加值的48%；限上服务业增加值114.4亿元，占全市限上服务业增加值的46%；税收收入163.1亿元，占全市税收收入的28%；规模以上利润总额180.5亿元，占全市规模以上利润总额的49%；固定资产投资额935.1亿元，占全市固定资产投资额的42%；进出口总额210亿美元，占全市进出口总额的62%。二是招大引强选优成效显著。合同利用外资28.96亿美元，实际利用外资17.3亿美元，分别占全市合同利用外资和实际利用外资的66%与69%，引进市外内资249.9亿元，占全市引进市外内资的87%。引进世界500强公司投资项目4个，占全市引进世界500强公司投资项目总数的57%；国际行业领先企业投资项目4个，占全市国际行业领先企业投资项目总数的57%；总投资超亿美元生产性项目13个，占全市总投资超亿美元生产性项目总数的62%；总投资超20亿元生产性项目2个。三是产业集群和创新发展加快推进。开发区现有十亿产值工业企业74家，百亿产业集群1个，新增省级以上研发中心和技术中心38家，引进国家和省“千人”计划31人，新增省级以上高新技术企业39家。

2014年，全市开发区主要工作和特点。一是实施招大引强。根据主导产业和发展定位，瞄准世界500强、全球行业龙头企业开展定向招商，建立世界500强和全球龙头企业信息库、重点对外招商项目库、重点在谈项目库等，有的放矢地招大引强选优，引进一批科技含量高、产业带动强的高端产业项目和有利于培育形成上下游产业链的旗舰型、龙头型企业。开发区坚持招商引资“一号工程”“一把手工程”地位，坚持产业招商、以商引商、以外引外、以民引外、蹲点招商、中介招商、网络招商、节会招商、服务招商、敲门招商多措并举、主动出击。二是加快推进转型升级。启动新经济园建设，市政府出台《关于加快新经济园建设发展的若干意见》，制定《嘉兴市新经济园认定和管理办法（试行）》，转变开发区的供地方式和运作模式，引入多元化投资，推进国资、民资、外资融会贯通、合作共赢，依靠有限的空间实现无限的发展。4个开发区进入全省开发区深化重点领域改革试点名单，海宁经济开发区为资源要素市场化配置改革试点，平湖经济技术开发区为产业结构调整改革试点，桐乡经济开发区为国际化发展改革试点，嘉兴经济技术开发区为推动产城融合改革试点。三是着力提升功能品牌。持续推进开发区提档升级。新增独山港经济开发区和姚庄经济开发区2个省级开发区。进一步提升平台能级和品牌影响力。平湖经济技术开发区生物技术产业基地、桐乡经济开发区休闲房车产业基地成为全省外商投资新兴产业示范基地,海盐经济开发区核电关联产业园、嘉兴经济技术开发区智慧产业园、嘉善经济技术开发区中国硅谷嘉善科技园、海宁经济开发区漕河泾科技绿洲成为全省开发区特色品牌园区。嘉兴经济技术开发区和平湖经济技术开发区整合提升工作方案经省政府批准,将形成核心区块与辐射带动区的共建共享、联动发展,进一步提升开发区竞争力。推进德国工业园创建,衔接省商务厅,对德国相关政府机构开展推介、推进合作。四是深入推进接轨上海。贯彻落实《嘉兴市深化接轨上海三年行动计划(2014~2016年)》,抢抓上海自贸区扩容和上海产业平台转型提升的契机,进一步建立健全与上海重点开发区(园区)长效合作机制,从项目引进与合作向信息互通、平台互接、产业互补、项目互荐转变,在2014长三角·嘉兴投资贸易洽谈会上,有4家开发区(园区)分别与上海重点园区和平台签约结对。8月,嘉兴市在上海举办"嘉兴市对接上海自贸区建设提升开放水平"专题研讨班,省级以上开发区和平台的负责人参加了培训,全方位学习自贸区先进经验和做法,有助于嘉兴市招商主体更有效地推进接轨上海和招大引强选优工作。五是强化目标管理和考核。市政府对各省级以上开发区下达利用外资和招大引强目标任务,强化对重大项目的考核,市商务局每月公布各省级以上开发区招大引强工作进展情况,开发区之间晒项目、比成绩,形成浓厚氛围。充分征求各开发区意见建议,进一步修改完善开发区考核办法,突出招大引强选优和转型发展的工作导向,更加注重质量和效益,强化实体经济和规模效益引资导向。

(王丽佳)

嘉兴经济技术开发区、嘉兴国际商务区

【概况】 2014年,嘉兴经济技术开发区、嘉兴国际商务区经济社会实现快速发展。生产总值完成150.01亿元,比上年增长7.6%;固定资产投资完成180.43亿元,增长17.1%;合同利用外资完成4.54亿美元,增长13.3%;实到外资3.29亿美元,增长10.9%;财政总收入完成41.1亿元,增长25.3%,其中区级公共预算收入15.61亿元,增长29.9%,两项指标增速均列嘉兴市首位。节能降耗完成市下达任务。

突出招大引强选优。年内,把招商引资作为首要任务,招商理念上,以投资强度、注册密度、产出幅度、环境可容度和科技先进度"五个度"为标准,严把项目准入关;以科技含量高、资本密度高、产业关联度高、投入产出高和投产速度快的"四高一快"项目为主攻方向;做到"三个同步":引进项目境内、中国港台地区、日韩、欧美四地同步,引进资金内资和外资、国资和民资同步,引进产业先进制造业和现代服务业同步。招商方法上,把握三个坚持:坚持专业化招商,通过委托专业团队,特别是外国在中国设立的咨询机构、外资银行、四大会计师事务所等中介机构,获取项目信息;坚持服务型招商,通过精细化、全方位的招商服务和以外引外,赢得投资商的信任;坚持产业链招商,遵循龙头项目带动和产业链条驱动的发展规律,引进产业链项目。同时,为加快承接上海自贸区溢出效应,组建专业小分队,在自贸区进行蹲点招商。项目服务上,从项目立项、规划报批,到工商、税务、土地、环保等相关手续办理"一条龙",实行全程代办制,确保入驻项目的快速推进,提升企业的满意度。在大项目、好项目引进上实现重大突破,成功引进荷兰皇家飞利浦、美国荷美尔、中国香港协鑫集团浙江省区域总部及天然气分布式能源示范项目等重大项目,3家企业总投资约20亿美元。

切实加快平台建设。重点打造40平方公里现代服务业、6.47平方公里先进制造业和

3.23平方公里2.5产业同步发展新平台。2010～2014年，累计投入基础设施建设资金150多亿元，区内嘉兴国际商务区、嘉兴先进制造业产业基地以及嘉兴智慧产业创新园等产业平台已经成形。至年底，国际商务区共安排政府投资项目150多个，完成投资105亿元，基础设施日益完善、功能配套日益完备，并引进总投资超过400亿元的重大项目18个，其中阿里巴巴嘉兴项目及北大青鸟两个项目投资接近200亿元，国际金融广场建设有序推进；全面完成先进制造业产业基地拆迁，建成路网，总投资10亿美元的丹麦乐高智力玩具等项目有序推进，飞利浦项目开工建设；智慧产业创新园总建筑面积22万平方米的一期工程全面建成运行，总建筑面积31万平方米的二期工程正在抓紧建设，成功引进中航天、甲骨文、北斗等40多家企业。

着力扩大有效投入。2014年，总投资185.5亿元的8个项目列入省411工程，其中产业项目7个，总投资130.5亿元，基础设施项目1个，总投资55亿元。8个项目中有4个项目同时列入省重大产业项目，分别为东方日立锅炉年产15台高效环保节能锅炉增资项目、嘉兴海拉灯具有限公司年产120万套汽车灯具项目、乐高玩具制造(嘉兴)有限公司一期项目和阿里巴巴集团传云(嘉兴)物联网技术有限公司(华东)物流中心一期项目，4个项目均已开工建设。这些重大产业项目的投资，实现了经济总量的扩大和投资结构的持续优化。年内，第三产业投资增长33.3%，第三产业投资占全部固定资产投资比重的86.4%，其中生产性服务业投资占第三产业投资比重的23.4%，比上年提高4.7个百分点；民间投资占全社会投资比重的42.3%，比上年提高10.2个百分点。公建配套项目上，政府投资项目完成34.36亿元，增长10.5%，全力推动下穿铁路通道建设，共规划建设7条铁路下穿通道(其中已建成或在建5条)，其中下穿沪昆线通道4条，下穿高铁线通道3条，总投资8.4亿元，这些项目的建设和建成，完善整个城市的交通网络，为老百姓出行提供极大的便利。民生保障项目上，坚持把“五水共治”“三改一拆”作为全面治理环境、倒逼转型升级的重要举措，着力推进老旧小区改造、污水管网建设、安置小区建设等为民办实事项目。2010～2014年累计投资90多亿元建设农民安置房300万平方米，及时解决拆迁农户的安置问题；2013～2014年，投入资金4.3亿元，实施“清水惠民”及“五水共治”工程共计191个项目，2014年实现“清三河”，三年任务一年完成。

推动经济转型发展。一是调存量。大力推进纺织服装、机械加工、基础元器件制造等传统产业的提升发展，推进“机器换人”行动计划，全年实施“机器换人”项目76项，占全区工业投资总额的41.1%。同时加大对“低小散”企业的淘汰和转移力度，加快“退二优二”“退二进三”步伐，至年底，共腾退低效用地198.27公顷。二是优增量。加快培育和发展新兴产业，推动增量持续优化，全区高新技术产业增加值、战略性新兴产业增加值分别占规模以上工业增加值的23.1%和28.5%，规模以上工业增加值率达23.68%，为全市最高。全区食品加工行业工业总产值比上年增长52.8%，对全区规模以上工业增长贡献率达到67.4%，由此，嘉兴经济技术开发区产业结构调整力度发生明显变化，转型升级取得成果。加快服务业发展，全区服务业增加值占GDP比重的43.7%，高于全市平均约2个百分点；同时，服务业内部结构不断优化，全区生产性服务业投资以超过50%的速度增长，占社会三产投资的比重超过30%。

全面深化改革创新。一是实行大部制改革。在原有机构设置、人员编制基础上，先后成立招商引资工作部、党群人事工作部和国际商务区开发建设工作部，并在实践中完善提高。2014年8月成立国际商务区开发建设工作部，工作部由三个处、一个公司和一个街道组成，经过按实运作，国际商务区的运行达到力量充实、机构完善、职责清晰、运作高效的状态；招商引资工作部建立后，进一步明确和细化各招商主体的方向、定位，切实解决内部无序竞争和政策平衡等问题。二是创新工作推进机制。在项目推进上,将220个重点项目分为4个功能片区,分别成立由委领导任组长的工作组,采用“分片包干、集团作战”的方式,形成“任务到片区、责任到部门、推进到项目”的工作机制,明确责任,在各个工作组之间形成竞争机制。在拆迁工作上,抽调110名干部员工分5大责任区进行分片包干,以拆违促拆迁,以拆迁带拆违的办法,通过开展“集中拆违月”“集中整治月”和创建“无违建区”百日攻坚等行动,取得很好的效果,累计拆除违建71.04万平方米,通过省“无违建区”的考核验收。三是深化审批制度改革。充分发挥开发区“小政府、大服务”的特点,全面推行“两集中,两到位”的行政审批制度改革,实施以“联审制、模拟制、代办制”为核心内容的三制联动机制,审批事项实际时限比法定时限平均提速90%以上。

大力发展社会事业。切实加大对街道经济、社区经济的扶持力度,着力解决基层有钱办事的问题,各街道、社区经济实力明显增强。投入1.03亿元高标准推进5A级社区居家养老服务中心建设,做到社区全覆盖,形成“一刻钟社区养老服务圈”,居家养老模式和服务标准得到省民政厅的肯定与推广,被省质监局列为2014年第二批省级标准化试点项目。从2014年开始为全区60岁(含)以上老人每人购买一份意外伤害保险,由政府“买单”。大力引进优质教育资源,探索合作办学新模式,提升杭师大经开附小合作办学质量,引进北大附属嘉兴实验学校,计划于2015年3月开工,2016年9月开学。以基层法治、德治、自治“三治”建设为依托,不断加强基层基础建设,全区刑事案件、“两抢”案件、盗窃案件发案率连续3年持续下降。

【主要道路“二次开发”成效明显】 嘉兴经济技术开发区于2010年启动对城北路、城南路、城东路和中环西路等主要道路实施“二次开发”,拆迁搬迁或改造提升沿线产业层次低、产出效益差的企事业单位,着力引进现代服务业项目,经过四年实践,成效明显。至年底,四条主要道路累计完成拆迁沿线企事业单位116家、遗留户53户,盘活土地面积105.53公顷,成功引进现代服务业项目60多个,实现土地的节约利用和提升城市的形象,同时,加快推进产业的转型升级。城南街道工业一期区块沿路部分通过“二次开发”,成功引进高档汽车4S店32家,税收由“二次开发”前的几百万元增加至2014年的6000多万元。

【飞利浦优质生活家居业务创新园项目开工】 10月23日,飞利浦优质生活家居业务(中国)创新园项目正式开工建设。该项目于7月7日签约落户嘉兴经济技术开发区,由世界财富500强企业荷兰皇家飞利浦公司投资,一期占地面积12.93公顷,总投资20亿元,计划于2015年建成,2016年年初进入调试运营。建成后,该创新园将成为飞利浦家居业务领域产品的综合研发和制造基地,预计员工约3000名,年产值超60亿元,产品将销往中国及全球市场。创新园还将包括产品体验和测试中心,拥有约200名经验丰富的产品研发和测试人员。

【美国荷美尔项目签约落户开发区】 12月,由财富500强企业美国荷美尔食品公司投资的荷美尔地区总部项目和荷美尔高端食品加工项目签约落户嘉兴经济技术开发区。其中荷美尔地区总部项目合同利用外资1.1亿美元,一期将建立荷美尔公司在中国的财务中心、销售中心、金融中心;二期将整合现已运营的中国工厂资产到该地区总部;三期将进行荷美尔公司在中国地区其他项目的投资建设,预计至2020年,该地区总部销售额可达30亿元。荷美尔高端食品加工项目总投资2.99亿美元,建设完成后上海工厂将整体搬入并立即形成规模产出。项目总用地约11.67公顷,分两期建设,一期将形成年产3万吨的各类高端冷冻肉类制品的加工能力,达产后产值不低于18亿元,二期完成后达到年产5万吨的加工能力,总产值不低于30亿元。

【国际商务区集中征地拆迁专项行动】 2月，嘉兴经济技术开发区党工委、管委会提出在国际商务区集中开展征迁专项行动的决策部署，行动要求做到集中区域，以嘉兴国际商务区区域内的遗留户及需要拆迁的企业作为拆迁重点；集中力量，在全区范围内抽调人员，组成若干工作组和责任区；集中时间，被抽调人员集中半年时间，主要从事拆迁工作。年内，完成签约383户（其中农户357户、企业26家），签约总面积36.98万平方米，拆除总面积20.5万平方米，圆满完成年初确定的各项目标任务。

【创建“无违建区”】 1月，嘉兴经济技术开发区按照省委省政府、市委市政府对“无违建县（市、区）”创建活动的统一部署，明确提出在嘉兴全市范围内率先争创全省第一批“无违建区”的目标，经过多轮强势推进，自9月开始开展百日攻坚行动，成效明显，并通过了省“无违建区”的考核验收。至年底，全区完成违建拆除和分类处置工作，累计拆除违建70.61万平方米，违建占地60.82万平方米，拆后利用面积46.81万平方米，利用率76.96%，全区12户“一户多宅”全部清理完成，高速公路沿线违法广告牌32块全部拆除。

【获评2013年度全省国家级开发区先进单位】 5月，经浙江省商务厅评定，嘉兴经济技术开发区在全省二十家国家级开发区中综合考评列第二名，获评2013年度国家级开发区先进单位。同时，开发区获得2013年度外贸进出口十强开发区和2013年度利用外资十强开发区两个单项十强的殊荣。年内，开发区进一步坚持开放引领，强化创新驱动，努力构筑开放创新高地，为全市、全省经济社会发展作贡献。至年底，累计引进韩日、欧美、中国港澳台等40多个国家和地区近571家外商投资企业，合同利用外资46.8亿美元，实际到位外资26.12亿美元，其中投资规模超过1000万美元的项目171个，投资规模超亿美元的重大项目12个，吸引17家世界500强企业投资。

【获评省级产业集聚区综合考评优秀单位】 5月，经省产业集聚区规划建设工作领导小组办公室组织综合考评和省政府审定，嘉兴现代服务业集聚区在全省14家省级产业集聚区中综合考评位列第二，获评2013年度省级产业集聚区综合考评优秀单位。年内，集聚区开发建设取得新进展，全年规划控制区完成产业项目投资（不含基础设施投入）146.06亿元，完成目标任务的110.65%；重点规划区完成固定资产投资155.98亿元，完成目标任务的103.3%。

（李　琴）

嘉善经济技术开发区

【概况】 2014年，嘉善经济技术开发区完成地区生产总值69亿元，比上年增长7.9%；实现财政总收入15.38亿元，增长17.6%，其中地方财政收入6.63亿元，增长14.3%；完成固定资产投资37.14亿元，其中工业生产性投资26.04亿元；销售收入2000万元以上规模企业工业产值283亿元，增长13%，规模以上企业利税15.8亿元，增长11%，其中利润6.95亿元，增长4.2%；进出口总额16.19亿美元，增长6%，其中出口12.11亿美元，增长4.38%。

全年，坚持引资、引智、引税“三引并举”，累计外出招商600人次，接待客商1958人次，举办、参加各类招商活动60余场。合同利用外资2.62亿美元、实际利用外资1.19亿美元，实际利用县外内资22.3亿元。

以成立中国（上海）自由贸易试验区嘉善项目协作区为契机，进一步深化融入上海，无缝对接自贸区。委派专人到自贸区挂职锻炼，在上海浦东设立招商联络处，主要针对自贸区、张江高新区、金桥开发区、康桥开发区、宝山区、长宁区等区域进行招商。

突出“西区二次创业、转型发展”，部署开展“服务千企”大走访活动，实施工业企业亩均绩效评价分档管理，积极推进“机器换人”，加大租赁企业综合管理力度，新增“小升规”29个、“个转企”44个，挖掘存量资源的潜力，加快探索建立低效用地、闲置厂房、“难产”项目腾退机制，完成“退低进高”26.65公顷(399.6亩)、旧厂房改造37.23万平方米，盘活存量厂房3.96万平方米。在服务企业、优化发展软环境上取得积极成效，获全省“四换三名示范开发区”称号。完成规模以上服务业营业收入46亿元。全力推动重点物流业项目建设，全力打造320国道沿线现代物流业集聚区。整合特色园区功能平台，成功申报市级现代服务业集聚区。有序实施晋阳东路沿线“退二进三”，提升同城品位。

针对重大项目，成立由开发区主要领导负责的项目服务班子全程高效服务，精简审批流程，缩短建设时间。完成喜力啤酒、新格精密机械2个项目“零审批”备案，其中喜力啤酒实现当年签约、当年开工建设。扎实推进县重点项目建设，39个新建项目中开工30个，开工率76.92%。

发挥企业创新主体作用，3个企业通过国家级高新技术企业复审认定，浙江众成包装股份有限公司申报省级创新型企业，申报省级科技型中小企业6个；列入省级新产品立项69项。积极搭建科技合作平台，与北京大学创新研究院联合建立嘉善产学研合作中心。加大专利品牌工作力度，完成专利申请507件，申报各级专利示范企业7个、各级研发中心5个。加快领军型人才培育，新增“省千人计划”领军人才1名，建立开发区省级博士工作站。

完成开发区东区及西区控制性详细规划编制工作。扎实推进东区基础设施大会战项目建设，主要道路框架初步形成，并同步推进道路绿化及配套管线建设。有序实施建成区形象提升工程，投资1亿元实施长江路、黄河路改造；启动新华路东段大修改造；新增区内公共绿化面积10万平方米。

【省长李强视察开发区】 4月8日，省长李强到嘉善经济技术开发区视察企业运行情况。李强先后视察了浙江众成包装股份有限公司和晋亿物流有限公司，听取企业情况介绍，并就企业在转型升级、机器换人、空间换地、电商换市等“四换三名”方面所取得的成绩表示肯定，勉励企业继续加大科技投入，加速企业发展，加快实现转型升级发展目标。省政府秘书长李卫宁，嘉兴市委副书记、市长肖培生，嘉善县领导姚高员、许晴陪同视察。

4月8日，省长李强到嘉善经济技术开发区视察企业运行情况。

【喜力啤酒落户并开工建设】 3月20日，全球500强企业喜力酿酒(浙江)有限公司在开发区举行开工奠基仪式。荷兰王国驻上海总领事鄱佩德，省商务厅副厅长胡潍康，嘉兴市副市长盛全生，嘉善县领导姚高员、许晴、沈国强、顾林法、丁金华，以及喜力中国区总裁陈展鑫、喜力亚太华东区总经理陈春岩等公司高层出席奠基仪式。该项目占地面积18.8公顷(282亩)，将建成年产30万吨高端啤酒的生产基地，面向中国大华东区域市场。

【嘉善斯道拉恩索正元包装有限公司开业】 4月2日，嘉善斯道拉恩索正元包装有限公司举行开业典礼。芬兰驻上海领事馆总领事龙玛丽(Mrs. Marja Joenusva)，副总领事海沛彦(Mr. Arto Haapea)，瑞典驻上海领事馆副总领事贝琳达(Ms. Linda Backteman)，嘉兴市副市长盛全生，嘉善县委副书记、县长许晴，副县长李小平，斯道拉恩索中国区总裁宋望球以及区(街道)的有关领导参加了开业仪式。嘉善斯道拉恩索正元包装有限公司是全球最大的生产纸和纸板的公司之一斯道拉恩索集团旗下子公司，该公司于2013年落户嘉善，项目总投资4000万元，注册资本3500万元，主要加工、生产、销售纸制品以及提供印刷包装产品的开发、设计、包装服务。

【阿克苏·诺贝尔涂料有限公司十周年庆典】 4月11日，世界500强企业阿克苏·诺贝尔涂料(嘉兴)有限公司举行十周年庆典仪式。该公司是嘉善引进的第一个世界500强企业。十年来，为嘉善经济社会发展发挥积极作用，先后获嘉善十佳转型升级示范企业、管理创新示范企业、十大亩均产出示范企业等荣誉。县领导姚高员、沈国强出席该公司的庆典仪式。

（张树佳）

平湖经济技术开发区

【概况】 2014年，平湖经济技术开发区完成生产总值96.59亿元，比上年增长13.6%，占平湖市(不含嘉兴港区和嘉兴电厂，下同)26.7%。工业总产值3473988万元，占平湖市39.3%。168个主营业务收入2000万元以上规模工业企业实现工业总产值3111756万元、主营业务收入3096416万元、利税总额294409万元、其中利润186276万元，增长58%，完成进出口总额279292万美元，增长7.7%，其中出口193880万美元，增长12%，实现财政总收入211229万元，其中地方公共财政预算收入82671万元。平湖经济技术开发区(钟埭街道)连续两年蝉联平湖市工作目标绩效考核一等奖。

招商任务超额完成。全年，审批外资项目24个，总投资40497万美元，注册资本26287万美元，完成合同利用外资26152万美元，占平湖市的49.2%；实到外资15099万美元，占平湖市的39.9%。继续进入全省利用外资10强。引进市外内资71077万元，比上年增长40.6%，完成浙商回归实到资本123604万元。新引进项目中，审批总投资1亿美元以上的外资项目2个；新引进注册资本1000万美元以上外资项目5个，5000万美元以上2个，1亿美元以上1个。

重点项目快速推进。全年，在建项目111个，完成工业生产性投入41.8亿元，比上年增长19.9%。列入平湖市重点工业推进项目的有31个，全年完成投资223317万元，完成全年任务的136%。其中新建项目5个，续建项目安排26个。完成工业及服务业准入项目30余个，办理土地挂牌项目20余个，开发区有史以来最大的项目日新制钢实现当年立项，当年审批，当年开工。

整合提升拓展空间。全年完成“两退两进”项目20个，共42.086公顷(631.29亩)，其中低效(空闲)腾退6个，合计9.162公顷(137.43亩)；兼并重组5个，合计10.627公顷(159.403亩)，退二进三4个，合计4.71公顷(70.65亩)，行业内提升4个，合计10.17公顷(152.54亩)，淘汰落后产能1个7.417公顷(111.25亩)，超额完成年度任务指标的126%。标准厂房工程建设稳步推进，目前在建工程3个，前期准备工程5个；标准厂房园区工程1~3号车间完成竣工验收；领军人才创业园标准厂房建设完成初步设计评审。

科技人才成绩显著。全年，引进硕士以上高层次人才26名(含博士11名)，引进国家“千人计划”1名，培育省“千人计划”2名，引育嘉兴市级以上领军人才6名及平湖领军人才3名；成功培育合波光电光学薄膜研究开发中心、合信易塑料机械辅助设备研发中心等2家省级研发中心，依爱夫游戏服装研发中心、上扬设备研发中心等4家市级研发中心。全力推进高新企业培育工作，梳理2015~2017年高企培育对象企业23个，占平湖市50%以上，重点扶持发展，突出开发区高新产业优势。大力推进开发区产业创新，提升产品科技含量，全年申请专利493件，其中发明专利82件，新增1个省级和2个平湖市级专利示范企业。

平台优化整体提升。完成新明路、新群路、新凯路与平兴公路交叉口工程；钟埭工业园区、中兴工业园和曙光工业园污水管道工程全部竣工;新兴一路、新兴二路北段、平成路等3条道理的改造及亮化工程稳步推进;平成路、新凯路、兴工路等14条道路亮化工程加快实施;完成兴工路两侧、独黎公路南侧、兴平三路等共64万平方米绿化建设及绿化补植工程。2万平方米永兴大厦文体中心、9000平方米公安大楼地上建筑工程方案定稿。白马幼儿园完成初步设计评审。樱花小镇、枫叶广场、茶花公园、银杏大道等特色工程稳步推进。

【生物技术产业园获评省外商产业示范基地】 8月29日,通过省商务厅会同省政府办公厅、省经信委、省科技厅、省财政厅等省级部门及有关产业专家的共同认定,平湖经济技术开发区生物技术产业园被评为第二批“浙江省外商投资新兴产业示范基地”。生物技术产业作为转型升级的突破口和发展潜力,平湖经济技术开发区科学规划产业定位、精心打造园区平台、全力开展产业招商,生物技术产业园区规模初步形成,科技创新及产业集聚取得明显进步,第二大主动力产业的地位突显。生物技术是继光机电产业培育成功后开发区又一重点培育的新兴特色产业,2009年年初开始规划,目前生物技术产业正加快集聚,至年底,落户开发区的生物技术项目26个,产品涉及生物技术产业中位于前沿的食品、药品、化妆品、保健品及生物农业、医疗用材料、医疗器械、耗材等细分产业。全年,开发区26个生物技术项目总投资66462万美元,其中外商投资项目17个,总投资57036万美元,合同利用外资27646万美元,实到外资24088万美元。

【光机电产业园获评现代装备制造业特色园】 11月,平湖经济技术开发区光机电产业园被嘉兴市政府授予“现代装备制造业特色专业园”。建区以来,平湖经济技术开发区在招商引资工作中集中突出“光机电为主、大项目为主”的特色,作为目前区内最大、最新、最具发展潜力的特色支柱产业的光机电产业,于2008年首次超越服装产业,成为平湖市第一大产业,并于2010年成功申报浙江省外商投资光机电产业示范基地,被平湖市政府确定为三大主动力产业之一。

【方便面元祖日清食品项目签约落户】 9月15日,平湖经济技术开发区成功签约方便面元祖日清食品企业投资项目。嘉兴市副市长盛全生出席签约仪式,时任平湖市委书记(现任省发改委副主任)翁建荣、平湖市副市长钱永彪陪同出席。项目投资方日清食品株式会社是一个以生产速食食品为主的著名企业,在全球15个国家,建立包括33家公司、21个工厂的全球网络。注册资本50亿日元。该项目的签约落户,是开发区生物技术产业园成立以来投资总额最大的一个外资项目,注册资本5700万美元,总投资1.63亿美元,用地5公顷(75亩),项目于2014年12月底完成公司设立,计划2015年开工建设,2017年正式投产,届时年产值将突破8亿元。

【开发区管委会开展全员竞聘】 9月,平湖经济技术开发区党工委本着能上能下、公开竞争、择优聘用的原则,开展中层干部和一般员工全员竞聘工作,全区共有189名员工参加竞聘。通过竞职演说、现场打分和综合评定,共有56人走上中层岗位,其中一般干部竞聘至中层岗位的有10人,中层副职竞聘至正职岗位的有7人,原中层干部降级聘任或聘用至一般岗位的有6人,中层干部岗位交流调整的有9人;在一般干部岗位竞聘中最终有15人落岗,其中5人直接办理了离职手续,2人终止合同改聘为临时用工,8人进行为期一个月的待岗及培训后选择了为期一年的试岗。本次竞岗秉承“不唯年龄讲品行,不唯资历讲能力”的原则,在中层干部的竞岗条件设置上,机关工龄不设上下限,参加竞岗的共有37位“80”后干部,其中24人通过竞聘走上中层干部岗位,其中“85”后干部15人,担任中层正职的7人;在男满51周岁、女满48周岁的干部中,有5名同志竞争上岗,继续做表率,挑重担。通过全员竞聘,加深了干部岗位竞争的忧患意识,打破机关岗位组织安排、待遇旱涝保收、任职论资排辈的用人制度惯性，推进了机关用人向用能的转变。

【开发区实行集中行政审批】 9月，平湖经济技术开发区开展集中行政审批。按照“权责一致、能放即放、区街运作、部门指导”的原则，将平湖市政府依法下放给开发区的部分市（县）级行政审批和管理服务权限，首批共涉及16个部门112项审批事项和33项管理服务事项，通过委托或延伸的方式由开发区便民服务中心统一承接，集中行使，进行“一站式”服务，为开发区企业、群众和经济社会发展提供高效便捷的行政审批和管理服务。

【开发区获“治水美镇、浙江样本”称号】 10月，由浙江省网信办、浙江在线、浙江城镇网联合主办的“治水美镇·浙江样本”大型网络互动活动公布治水美镇50强名单，平湖经济技术开发区（钟埭街道）获得“治水美镇·浙江样本”中“工业治污”样本美镇称号。2014年，开发区完成污水管网建设17.8公里，同时不断推进企业污水入网工作，6月底，开发区完成平湖市下达本年度全部47个重点入网企业的现场验收。12月，完成开发区已方增补的103个企业的入网工作，全年累计完成150个企业污水入网，基本实现开发区建成区及工业集聚点企业污水全入网，进一步提升了园区环境。

【中国虫草博物馆开馆】 10月，位于平湖经济技术开发区的浙江泛亚医药产业基地的中国虫草博物馆正式开馆，平湖市副市长蔡国平，开发区党工委副书记、钟埭街道办事处主任邹勤良出席开馆典礼。中国虫草博物馆作为世界上第一个以“展示全球虫草标本、还原虫草生长环境、传授虫草科普知识、传播虫草养生文化”为主题的科学互动性博物馆。该馆由主体展馆及其附设的工业旅游景点两部分组成，分8个展厅。展馆面积1.2万平方米，景点面积1.5万平方米。主体展馆集中展示1900年前的中外科学家对虫草的研究成果以及古典古籍、古物件和虫草民俗文化及古代虫草的养生文化，汇集了全世界500余种虫草标本、寄主昆虫的标本，以及相关的资料、图片。工业旅游景点则通过虫草透明工厂、虫草药圃、虫草饲喂实验园等，向参观者展示虫草固体发酵车间以及虫草工业化固体生物发酵培育场景。在开馆典礼上，国家中医药管理局科技开发交流中心向博物馆颁发了“虫草科普教育示范基地”“金蝉花产业化示范基地”“虫草研究开发推广示范基地”的铭牌；平湖市旅游局向博物馆颁发了“国家AA级旅游景区”铭牌。

【依爱夫企业获评嘉兴市市长质量奖】 8月，“嘉兴市市长质量奖”评选结果公布，平湖经济技术开发区区内企业浙江依爱夫游戏装文化产业有限公司获得此殊荣。自企业成立以来，依爱夫积极引入《卓越绩效评价准则》，并结合自身经营管理实际，从领导、战略、过程管理等7个方面进行自我评价，进一步明确企业使命、远景及价值观，并将企业最大的转型体现在战略上，逐步完成从加工贸易型向研发贸易型转型、从贴牌生产向自创品牌转变，从传统服装产业向文化创意产业转轨。公司自主童装品牌IKALI（伊佳林），是全国首个提出生活游戏装概念的儿童时尚服饰品牌，配合新建成的以情景变装为主题，融合角色扮演、育乐拓展的综合性少儿游乐场所——开心梦工厂的对外开放，深受儿童和家长青睐。近几年，依爱夫企业产值年增长率在30%以上。2014年，企业总产值4.6亿元，主营业务收入4.6亿元，利税8900万元。

（邹辰玮）

嘉兴港区（乍浦开发区）

【概况】 2014年，嘉兴港区获全市2014年度工作目标责任制考核一等奖。全年实现规模以上工业总产值532.59亿元；完成固定资产投资

91.35 亿元,比上年增长 18.3%,其中工业生产性投入 61.06 亿元,增长 8.2%;完成合同利用外资 2.18 亿美元,实际到位外资 1.11 亿美元,引进市外内资 13.56 亿元, 完成市下达目标任务的 117.9%;乍浦港区货物和集装箱吞吐量分别达到 4958 万吨、106 万标准箱, 增长 5.4%、6%。嘉兴出口加工区实现工业总产值 5.43 亿元,增长 11.7%;实现进出口额 1.57 亿美元,增长 37.7%;实现进出区货值 10.89 亿美元,增长 20%;实现物流营收 1470 万元,增长 51.2%;完成保税物流票数 13460 票,增长 35.88%。化工新材料园区进入全国化工园区前十强,乍浦经济开发区在 43 家省级开发区中上升至第 13 位,港区申报省级进口平台顺利获批,国家级生态工业示范园区创建工作有序推进,港区综合物流园加快提升发展,新经济园正式启动实施。挂牌成立"上海莘庄工业区嘉兴港区分区""嘉兴港区—浙江大学研究生教学实践基地"。推进"五水共治"工作,行政交接断面水质考核连续 12 个月达到良好等次,17 条河道中的 14 条达到Ⅳ类水标准, 完成全部 20 条垃圾河的清理和 19 条黑臭河的治理。"三改一拆"工作成效明显,获评全市 2014 年度"三改一拆"工作目标责任制考核优秀单位,"无违建区""无违建镇""无违建工业园区"等创建工作有序推进,乍浦镇成功创建"无违建猪舍镇",成为嘉兴市域存量生猪和存量猪舍面积最少的镇(街道)。挂牌成立上海市东方医院嘉兴港区医院、杭州师范大学附属乍浦实验学校,平湖二院二期工程、乍浦小学迁建工程顺利推进,中山花苑安置小区按期交房, 公共自行车系统开通运行, 老农贸市场提升改造工程全部完成。"平安港区"建设基础不断夯实,社会保持和谐稳定。

【铜精矿项目落户嘉兴出口加工区】 9 月 28 日,嘉兴出口加工区与香港瀚林控股集团有限公司举行国内首个铜精矿加工项目签约仪式。该项目总投资 6 亿美元,规划用地 56.67 公顷,首期投资 1 亿美元,注册资金 8000 万美元,用地 12.33 公顷。项目投资方翰林集团主要从事大宗有色金属、黑色金属、石油等产品的国际贸易。公司年销售产值超过 100 亿元,与多家国内外企业建立长期合作关系,具有丰富的市场经验。

【乍浦记忆展示馆对外开放】 1 月 28 日,乍浦记忆展示馆对外开放。乍浦镇记忆展示馆位于乍浦镇汤山公园文博中心内,面积 400 多平方米,是平湖市第一个乡镇级的记忆展示馆。记忆展示馆以记述历史、传承文明、激励后人、建设未来为主题,主要反映从古到今与乍浦经济、社会发展、人民生活等息息相关的历史文化。

【举办投资·创业环境说明会】 5 月 28 日, 2014 嘉兴港区(上海)投资·创业环境说明会暨合作·项目签约仪式在上海举行。各行业的 60 多位客商和 10 多位海外归国人才参加会议。在合作·项目签约仪式上, 嘉兴港区管委会和上海莘庄工业区管委会签署《嘉兴港区管委会与上海莘庄工业区管委会战略合作框架协议书》,嘉兴港区和莘庄工业区在产业、品牌、项目合作方面将开启全方位的合作。双方签署两份合作协议和 5 份项目投资协议。投资协议涉及零增地招商项目、网购城项目、华东理工大学产学研项目等。

【杭州师范大学附属乍浦实验学校揭牌】 9 月 1 日, 杭州师范大学附属乍浦实验学校揭牌仪式在原九龙山小学举行。杭师大附属乍浦实验学校是集小学、初中九年一贯制的公办学校,通过资源共享、人才培养、派驻教师等方式推进学校发展,打造合作学校品牌。

【港区公共自行车投入运营】 9 月 29 日,嘉兴港区举行"绿色出行,低碳生活,从我做起"嘉兴港区公共自行车启动仪式,港区公共自行车服务系统正式投入运营。港区公共自行车项目是 2014 年港区"十大"民生实事之一,设立 32 个自行车服务点, 投放公共自行车 1200 辆左右。一期18个点主要沿天妃路、建港路两侧的老城区为主，二期9个点将扩展到乍浦塘西侧化工园区内，三期5个点主要完善外围工作，每个服务点存放车辆在20至30辆。

【浙北大宗商品交易中心项目落户港区】 10月28日，嘉兴港区举行浙北大宗商品交易中心项目签约仪式，浙北地区首家综合性大宗商品现货交易平台正式启动。该项目由科旗国际有限公司和浙江纽恩洁瑞动力股份有限公司共同出资成立，注册资金5亿元人民币。计划用三年左右的时间达到交易额超150亿元，税收超2亿元，逐步建设成为浙北重要的大宗商品综合性交易中心、定价中心、结算中心、信息中心和物流中心，最终形成在国内具有影响力的大宗商品交易服务集合商。

【乍浦农贸市场开业】 10月28日，乍浦农贸市场改造后开业。乍浦农贸市场地处主城区中心原老农贸市场地段。原老农贸市场建造使用时间较长，布局不合理、基础设施差、功能不完善，日常管理缺位，市场“脏、乱、差、臭”问题突出。2013年9月30日，乍浦镇老农贸市场提升改造工程正式动工建设。工程分两期实施。一期工程总投资约3000多万元，工程总用地7391.92平方米，总建筑面积6262.27平方米，共建摊位200个、商铺67个。

【上海市东方医院全面托管平湖二院】 11月18日，上海市东方医院全面托管平湖二院，同时增挂上海市东方医院嘉兴港区医院牌子。上海市东方医院（同济大学附属东方医院）始建于1920年，是一所集医疗、教学和科研于一体的现代化三级甲等综合性医院。医院设有国家级紧急医学救援队，有国家、上海市重点专科、特色专科9个，在心力衰竭、急诊创伤、心脏外科、口腔种植修复、心血管内科、微创外科、骨科、肿瘤综合诊治等学科领域具有明显特色。平湖二院是港区内唯一一所二级乙等综合性医院。

【实现村（社区）慈善工作站建设全覆盖】 2014年，嘉兴港区实现乍浦镇15个村（社区）慈善工作站暨慈善帮扶基金全覆盖。在2012年下半年先行成立4个村（社区）慈善工作站以后，其余的11个村（社区）慈善工作站在2014年10～11月期间先后成立，募集善款209.64万元，896名村（社区）干部、党员、村民小组长、村民代表捐款9万元，62家企事业单位捐款200.64万元，119人加入村（社区）慈善工作站（监督小组）组。

【保税物流中心项目列为省服务业重大项目】 2014年，嘉兴出口加工区保税物流中心项目列为省2014年服务业重大项目计划。该项目计划新建22000平方米公共型保税仓库、1000平方米附属配套用房、10000平方米露天堆场及相应的配套附属设施。2014年，计划完成投资9289万元。2014年，省发改委根据“创新性、带动性、可行性”原则，将服务业重大项目分为现代物流、信息服务、商贸会展、总部经济、科技服务、旅游、文化服务、养老和社区（社会）服务等七大类。投资规模亿元以上，被列为省服务业重大项目建设，可优先保证各级服务业发展，引导财政专项资金支持，优先保障省服务业重大项目建设用地指标。为加快服务业发展，推动港区经济发展。港区服务业发展局指导企业申报各级服务业重点项目，累计5个项目列入省、市服务业重点项目，争取上级扶持资金近500万元。

（周鑫海）

浙江嘉兴工业园区

【概况】 2014年，浙江嘉兴工业园区实现工农业总产值257.8亿元，比上年增长1.5%，公共财政预算收入13.67亿元，剔除市属特定企业1.23亿元，实际入库12.44亿元，增长7.6%；实现全社会固定资产投资36.9亿元，与上年持平。农民人均纯收入23831元，增长10.4%。

全年实现农业总产值14.44亿元。“两区”建设扎实推进，新增粮食生产功能区2个，面积223.8公顷(3357亩)。“万元千斤”模式推广面积933.33公顷（1.4万亩），粮食总产量3.7624万吨。蔬菜、西甜瓜、葡萄、甲鱼四大农业特色产业优质化，实现产值10.7亿元。

全年实现销售收入2000万元以上规模工业产值223.5亿元，规模以上工业利税18.7亿元，产值超10亿元企业7个，新增亿元企业3个。产业集群发展态势良好，三大集群产业实现产值178.7亿元，占规模以上产值的80%。

实行服务业倍增计划，全年实现服务业增加值14.6亿元，比上年增长12%，服务业税收1.7亿元。卓信融资租赁项目、康久中医院、和达电子和伊田园项目成功入驻。楼宇经济快速发展，全年新增楼宇面积5万平方米，新增注册资金2.4亿元。

招商选资逆势推进。围绕“汽配机电、新材料、通讯电子”三大集群产业，鼓励现有企业增资扩股、以商引商、委托招商，在“招大、引强、选优”上求突破。全年，引进注册1850万美元的宇培电商、注册1.26亿元人民币的德国开天传动等大项目，引进区外内资6.7亿元，完成目标的134%，其中，市外注册内资6.3亿元，完成年度目标的210%，市外到位7.3亿元，完成年度目标的162.2%；合同利用外资11130万美元，完成目标的111.3%；实际利用外资7145万美元，完成年度目标102.1%；引进浙商回归资金6.4亿元，完成年度目标的104.9%。

坚持以项目促投资，以投资促转型。全年，工业园区工业投入25亿元，三产投入10.6亿元，均完成区下达任务指标。按照“供地、开工、投产、挖潜、转型”五个一批工作思路，班子成员带班一对一落实推进，全年，新建项目4个，在建项目18个，其中投入1亿元以上大项目2个，5000万元～1亿元项目17个，加西贝拉、卫星石化、敏实机械、绿地集团等大项目推进顺利。加快消化转而未供，全年新增供地项目6个共13.53公顷(203亩)，向上争取新增土地指标约13.33公顷(约200亩)。

“两退两进”有序推进。淘汰落后产能涉及企业31个，其中市级任务5个，完成年度任务的103%。按照化工行业整治计划，关停清洋化学等4个小化工企业，转产1个化工生产企业。腾退低效土地26.35公顷(395.2亩)，利用闲置厂房2.3万平方米。创新驱动能力进一步增强，全社会研究与发展经费(R&D经费)投入4.1亿元，实现战略性新兴产业产值160.6亿元，比上年增长8.8%，申报国家高新技术企业2个，申报专利共323项。注重服务能力和水平的提升，提振企业发展信心。“机器换人”“两化融合”等工作深入开展，全年，列入市、区机器换人项目库36项，涉及敏实机械、金石包装等企业30个。帮助企业争取区级以上工发资金2200余万元。培育小升规企业10个。组织金石包装、天信电线、恒冠汽车等30多个企业参加两化融合和精细化管理培训。

城乡建设在统筹联动中稳步推进。加强城镇基础设施建设，维修镇区华南路、中华大道，新建园林路。维修镇区红绿灯和监控，对绿化补缺，实现镇区道路标志全覆盖。实施建国集镇生活污水支管网工程。推进步云集镇老旧公房维修、农村公路危桥改造。园区南区配套设施不断完善，新平路等6条南区道路亮化工程完工并亮灯。“两新”工程持续推进。推进农户集聚与安置，全年，累计集聚安置农户201户。完善新市镇功能，2013年度市级小城市培育试点镇考核中，大桥镇被评为优秀等次。完成土地综合整治14公顷(210亩)、土地开发4.2公顷(63亩)、建设标准农田16.67公顷(250亩)。安置房建设加快推进，十八里花苑、水马南苑安、中和苑一期等安置房完成主体结构验收。

社会保障、就业、福利事业全面推进。全年发放低保金93.3万元，救助金104.9万元。继续实施农村危旧房改造工作，维修、翻建困难户危(旧)房9户。认真组织春节期间慰问工作，慰问各类对象2252户，发放慰问金、慰问品57.2万元。社会保障覆盖面进一步扩大，净增参保人数1235人，企业社保新开户40家；办理失业保险973人次，发放失业保险金额

107.32 万元。着力做好就业再就业及人员培训工作，累计提供就业岗位 4504 个，免费为求职者介绍工作 2385 份。加强农民转移就业技能培训，共组织再就业培训 45 人，两创、就业以及各项专业技能培训 1366 人。

教育、文化、卫生等公共服务水平进一步提升。义务教育阶段入学率 100%，学前三年幼儿入园率 97.1%。举办第七届江南葡萄文化节，广泛开展城乡文体十大联赛活动。2014 年合作医疗参保率 99.2%，计划生育符合率 99.7%，群众对计划生育工作的满意率 95%以上。

工业园区生态环境显著改善。全面抓好“五水共治”工作，落实全镇 94 条河流河长责任制，进一步完善“一河一策”，加大沿河两岸违章整治力度，完成垃圾河清理 118 条 51.3 公里，整治黑臭河 41 条 26.5 公里，交接断面水质考核合格。启动十八里圩区一期工程，实施农村生活污水治理项目，推进戴杨港河道综合整治示范工程。全力开展“三改一拆”工作，累计拆除各类违章建筑 54.6 万平方米，其中拆除违章猪舍 1962 户 41.1 万平方米，清理一户多宅 54 户 8566.9 平方米。严控面源污染，走访 14 个村 1890 户农户，限期整改 26 户。成立镇“四位一体”保洁办，组建 262 人的保洁员队伍，建立“户集村收镇处理”的垃圾收集处理体系。

城乡面貌稳步提升。进一步改善农村人居环境和生态环境，推进“美丽乡村”先进镇和精品村、精品片区建设，2014 年成功创建市级“美丽乡村”先进镇。绿道和道路绿化建设全力推进，新增绿化面积 26.8 公顷(402 亩)，新建通道绿化 8.87 公顷(133 亩)，河道绿化 7.87 公顷(118 亩)，农田林网 3.27 公顷(49 亩)，经济林 2.67 公顷(40 亩)，城镇绿化 1.47 公顷(22 亩)，村庄绿化 2.67 公顷(40 亩)，完成率 100%。

【省级葡萄示范区项目通过验收】 6 月 20 日，省农业厅现代农业园区考核验收组到大桥镇胥山村、江南村，对大桥镇省级葡萄产业示范区项目进行考核验收。考核组实地查看绿江葡萄合作社胥山新品种、新技术示范基地及江南村千亩葡萄核心示范区，听取镇农业技术服务中心关于大桥省级葡萄示范区项目建设情况的汇报，并按照浙江省现代农业园区(示范区、精品园）考核验收考评办法，逐一查评考核验收材料。南湖区大桥省级葡萄示范区于 2011 年 8 月被列入第二批省级现代农业主导产业示范区，建设地点位于大桥镇江南村、胥山村。示范区总面积 306.67 公顷(4600 亩)，其中核心示范区 73.33 公顷（1100 亩），新品种示范基地 10 公顷(150 亩)，绿色葡萄生产区 223.33 公顷(3350 亩)。示范区实施单位为大桥镇农业技术服务中心，园区整合资金 2831 万元。通过示范区建设，2013 年，每公顷效益 21.1155 万元(亩均效益 14077 元)，培育了嘉兴市绿江葡萄专业合作社等合作社 3 个，嘉兴市十八里葡萄研究所等农业龙头企业 2 个，带动葡萄种植户 3000 余户。考核验收组认为该示范区创建点总体符合省级现代农业园区(示范区)建成标准，同意通过验收。9 月 27 日，省农业厅、财政厅联合发文认定。

【大桥镇入围全国综合实力百强镇】 10 月，中国社科院发布《2014 年中小城市绿皮书》，首次推出“中国中小城市综合实力百强镇”榜单，大桥镇成为嘉兴市唯一上榜乡镇。近年来，大桥镇以建设东南产业新城为目标，立足“三加”，实现经济健康可持续发展。一是加大产业培育。培育汽配机电、通信电子、新材料三大主导产业。与招商等工作捆绑，开展主导产业项目信息的捕捉、对接。2014 年，该镇三大主导产业实现产值 178.72 亿元。做强葡萄、甲鱼等农业特色产业，目前该镇葡萄种植面积 1226.67 公顷(1.84 万亩)，甲鱼养殖 2808 万只。二是加强平台配置。以市级小城市培育试点镇为契机，出台新型城镇化规划。水马南苑等 40 万平方米安置房和保障房开工建设，提升城镇承载力。完善工业园区配套设施建设，新平路等 6 条道路亮化工程已完工并亮灯。2014 年该镇重大政府投资项目累计完成投入 7.008 亿元。三是加快转型升级。推进化工行业整治，淘汰关停科源化工等 4 个落后产能企业。推广智能化等先进制造系统,提高技术改造在工业投资中的比重,实现"机器换人"项目25个。

【市本级首所骨伤科医院入驻园区】 1月,嘉兴富江骨伤科医院(筹)选址于嘉兴工业园区广益路与亚中路交叉口,正在办理前期相关手续,计划于2015年5月正式运营。该医院定位为二级骨伤科专科医院,规划用地7500多平方米,计划设立床位100张,总投资3000万元。由在骨伤专科医院从事20年以上的资深骨伤专家坐诊,以中医传统特色为主,并结合现代医学技术开展各类骨科治疗及手术,为本地居民提供以骨伤科为主的多层次疾病诊疗、预防保健等医疗服务。该医院为市本级首所骨伤科专科医院,被列为省社会力量办学办医项目之一。

【宇培电子商务分拨结算运营中心落户园区】 6月,宇培浙江物流资产发展有限公司正式领取外商投资企业批准证书,标志着总投资6亿元、注册资本5000万美元的宇培电子商务分拨结算运营中心落户嘉兴工业园区。宇培电子商务分拨结算运营中心项目计划建设集自动化分拣设施、订单生成、追踪、结算系统、供应链管理系统等功能于一体的电子商务分拨结算运营平台,为国内外大型电商企业,电子商务平台,区域内大型生产制造企业提供电子商务结算和分拨运营服务。首期项目建成全面投入运营后,宇培电子商务运营平台以及战略合作运营商每年所产生的稳定税收预计2500万元,随着业务量的增加和二期项目的建设,预计最终年税收6000万元以上。上海宇培集团是致力于电子商务、仓储设施和现代物流一体化运营的知名产业园区开发商,是RRJ资本、美国凯雷投资集团等国际私募巨头在华战略合作伙伴。宇培集团以上海、北京、广州为核心,以28个省会城市为重点,在全国开发50个电子商务运营中心,开发总面积达300万~500万平方米。

【诺伊曼实业落户园区】 3月,被中国航天基金会授予"中国航天事业合作伙伴"称号的浙江诺伊曼实业有限公司正式落户嘉兴工业园区。浙江诺伊曼实业有限公司主营零压力记忆绵系列产品,这种从美国进口,以聚氨酯为主的记忆绵,是美国航天局20世纪80年代为缓解宇航员升空和返回时臀部及腰部所承受的巨大压力而专门研发的。诺伊曼从国外引进这一新材料、新技术后,专业研发新型"零压力"健康产品,目前已连续荣获上海世博会特许生产商、上海市十大畅销品牌、中国睡眠研究会理事单位、品牌中国理事单位等荣誉称号,已成功申请注册10多项专利,生产出200多个系列产品,产品远销美国、加拿大、德国、法国、意大利、日本和东南亚等地区。诺伊曼嘉兴项目计划新建年产38000吨中高档记忆绵生产线,项目总投资5亿元,一期注册资本5000万元,预计正式投产后年销售收入10.18亿元。

【嘉兴中通吉物流项目顺利推进】 嘉兴中通吉物流有限公司项目,由中通快递股份有限公司出资成立,经过前期准备,于2013年12月底开工建设。该项目总投资2亿元,其中固定资产投资约1.1亿元,注册资本6000万元,位于嘉兴工业园区东区江南路延伸段与欧嘉路交叉口西南侧,占地面积约2.502公顷(37.53亩),主要打造中通速递嘉兴集散中心、从事国内快递业务、电子商务配送及嘉兴区域快件集散。该项目通过近一年的建设,于2014年"双十一"期间建成开业,完成投入8000万元。项目建成后,第一年营业收入可突破1亿元,实现税收500万元。中通项目的顺利推进,将为嘉兴工业园区的物流业发展再添助力。

(董　雄　宋　云)

浙江嘉兴秀洲新区、秀洲工业园区

【概况】 2014年,浙江嘉兴秀洲新区、秀洲工业园区完成全社会固定资产投资71.27亿元,比上年增长6.84%。其中,工业性投入33.42亿元，增长 11.76%；服务业投入 37.86 亿元，增长 2.85%。销售收入 2000 万元以上规模工业总产值 200.97 亿元，增长 14.72%。完成财政预算收入 16.19 亿元，增长 34.8%。合同利用外资 3.33 亿美元，增长 4.46%。实到外资 1.69 亿美元，增长 11.29%。市外内资实到资金 18.51 亿元，增长 9.03%。市外内资注册资金到位累计 5.9 亿元。上报浙商回归引资额 11.72 亿元。

光伏园区建设持续深化。以应用示范为核心价值的分布式光伏品牌效应开始凸显，"秀洲模式"入选中国能源报"国内特色光伏电站"系列开篇文章，国家能源局领导肯定秀洲经验"可复制、可推广"，入选首批国家新能源示范区，全国、全省分布式光伏发电现场交流会在园区召开，奠定了光伏高新区在业界的领先地位。全年，累积引进光伏、泛光伏类项目 40 个，折合人民币 120 多亿元。国电通与万马合作的光伏云工程与云服务平台、北京鉴衡光伏认证中心等顺利入驻，光伏科创园、中电科 36 所等一批重大项目开工建设。年内首批 61 兆瓦分布式光伏发电项目已并网发电 50 兆瓦，嘉兴首座风光储智能电动汽车充电站正式投入使用，"五位一体"的先发优势逐步形成。

持续实施先进制造业与三产服务业双业并举战略，制造业方面，引进中润汽车零部件、永瑞汽配等 7 个 5000 万美元外资或 5 亿元以上内资重大项目，引进万马光伏、科能新能源 3 个上市公司直接投资项目；服务业方面，围绕电子商务、服务外包、互联网金融等产业，引进 1000 万元以上项目 18 个，其中亿元以上项目 6 个。产业转型升级方面，通过"机器换人"，推动园区工业生产方式由"制造"向"智造"转变。全年，累计完成工业投资 33.42 亿元，其中，完成技改投入 22.5 亿元，占工业投资的 67.3%，比上年提高 6.1 个百分点。成立"G20"精英企业峰会和成长型企业峰会，为企业信息交流、产业链项目互助提升搭建平台。全年纳税超百万元企业 158 个，其中税收超 1000 万元企业 31 个。

平台环境建设持续完善。全面推进城市建设三年行动计划攻坚，全年完成政府性项目投资 13.2 亿元。完成 2012 年度经济适用房、九里村、高桥花园拆迁安置房等 35 万平方米的建筑工程，东升西路延伸段、秀湖实验学校、南洋职业技术学院等重点工程全面开建。完成电力管网建设 11 公里，供水管网建设 9 公里，新建道路路灯 6 公里。"五水共治"方面，完成有雨污串流现象的 10 个小区和 20 个企业的改造和整改；关停位于水源保护区内的中石化加油站；开展印染行业整治，3 个企业列入关停名单，责令 7 个企业整改；全长 8.5 公里的污水外排复线顺利贯通。"三改一拆"方面，完成 20.4 万平方米旧厂区有机更新，"退二进三"腾退土地 13.77 公顷(206.5 亩)，"退低进高"腾退土地 20.39 公顷(305.78 亩)。

要素资源保障持续强化。资金保障方面，全年安排融资项目 15 项，累积融资 27.65 亿元，比上年增长 25.6%。土地供应方面，全年完成农转用指标 63.8 公顷(957 亩)，完成供地 21 宗，总面积 148.47 公顷(2227 亩)(含秀湖)。科技人才方面，新增 2 个省级重点企业研究院(电腾光伏云、世源科技)、2 项省重大专项(生辉照明、浙江科技孵化公司自主设计项目)、2 个省级企业研发中心(世源科技、美盾防护)，引育国家"千人计划"4 人、省"千人计划"3 人。社会维稳方面，开展十四次大规模排查，受理矛盾纠纷案件 148 起，涉及人员 1037 人，全年没有出现一起大的上访，继续保持和谐稳定局面。党群工作方面，成立浙江汇信实业有限公司和浙江佳源通信技术有限公司党支部。开展"职工人文家园系列活动"，共有 1000 余人参加活动。发起职工医疗互助保障，有 15 个企业，3000 多名职工参保。完成 48 个企业新居民工作站建设，基本实现企业内新居民自我管理、自我服务。

【国家 863 课题落户秀洲】 2 月 26 日，由浙江嘉兴光伏高新技术产业园牵头组织，中国电子科技集团公司第 36 研究所等 5 个企业联合申报国家 863 计划项目——"基于分布式能源的智能微电网关键技术研究与集成示范"获国家科技部批复立项,这是嘉兴市首个由政府牵头承担的国家863课题。本次课题围绕分布式能源的智能微电网关键技术研究与集成示范项目,在基于用户和园区光伏发电与储能系统的智能微电网关键性装备和控制技术开展研究,重点开展面向智能微电网的光伏并网逆变器的设计、优化与关键技术的研发;开展复合储能装置的研发;开展分布式光伏发电就地采集终端的研制。户用光伏智能微电网集成示范应用区选择在秀洲区新塍镇沙家浜社区,规划建设100户家庭光伏发电示范户,屋顶安装太阳能光伏发电机组,光伏发电量全部上网,将是浙江省首个农村集聚住宅小区的屋顶光伏太阳能示范应用项目。

【嘉兴光伏高新区并网发电】 3月26日,中广核太阳能嘉兴龙腾科技分布式屋顶光伏发电项目在嘉兴光伏高新区并网发电,该项目由中广核太阳能(嘉兴)有限公司承建,总装机容量8.923兆瓦,预计正常运行寿命25年,以总体效率80%计算, 年上网电量900万千瓦时,25年运营期内总发电量可达2.25亿千瓦时。该项目采用“分块发电,集中并网”的系统方案,分别在龙腾科技7个厂房屋顶安装总计35692块250瓦的多晶硅光伏组件,组成光伏发电系统,再由逆变系统将所发的直流电转化为交流电,通过汇流系统接入升压变,升压至10千伏后,接入用户侧的10千伏配电系统。该项目的安装根据屋顶原有结构和倾角,采用负重式支架固定安装,做到不影响原屋顶排水、通风、采光、散热等使用,且建成后,夏天还能为厂房起到一定程度的隔热作用。该项目的建成,缓解企业及周边地区的高峰用电需求,带来可观的经济效益,还能产生重要的环境效益,据测算,该项目每年可减排标准煤3240吨, 二氧化碳8973吨,二氧化硫270吨,节水36000立方米,减少粉尘排放2448吨。

【中国首个云光伏项目落户嘉兴光伏高新区】 6月16日,北京国电通网络技术有限公司和浙江万马股份有限公司正式签订合作协议,确定在嘉兴光伏高新技术产业园设立合资公司——浙江电腾云光伏科技有限公司,这标志着中国首个云光伏项目正式落户嘉兴光伏高新区。该项目计划总投资5000万元,注册资金1900万元,由国电通公司与万马电缆项目分别持股51%、49%。该公司基于云计算、大数据、物联网等新一代信息技术,搭建了“分布式光伏一体化运营服务平台”,可提供统一监控、统一运维、统一计量等一系列服务。

【秀洲新区成立“G20”精英企业峰会】 5月9日, 秀洲新区成立秀洲新区精英企业峰会,因首批有20个企业参加,又称秀洲新区“G20”企业家峰会。与会的企业峰会成员主要为秀洲新区规模以上重点工业企业的法定代表人或高层管理人员, 且企业主营业务收入均超亿元或年度实缴税收超过600万元, 并具有良好的社会声誉等。秀洲新区精英企业峰会计划每季度举行一次主题活动, 主要采取召开会议、开展调研、组织考察、举办培训、开座谈会等多种形式,使政府的各项经济政策、发展思路与企业的心愿、呼声、建议能及时准确地互通有无;园区企业家间能更具凝聚力,有渠道、有依托携手合作,共同发展。至年底,共举办两届峰会活动, 有效促进了企业健康持续发展, 并加强了园区及企业与国内外的经济技术交流与合作。

【光伏科创园启动建设】 6月6日, 嘉兴市光伏科创园开工建设, 用地面积6.67公顷(100亩)。建筑面积21万平方米, 总投资约5.8亿元。园区分6幢单体及地下车库,1号楼为办公用房25层, 高达99.8米,2~6号楼为标准厂房,层次分别为12、10、10、8、7层。太阳能光伏创业园将于新型高效电池、新型高端装备制造和新型系统集成部件作为发展重点。着力探索产业集聚发展创新、光伏关键技术创新、支撑配套政策体系创新和分布式能源智能微网创新的协同创新发展路径, 坚持以应用促发展,通过应用带动太阳能光伏产品的市场需求，通过技术创新，逐步把生产成本、市场价格降下来，力争创全国一流规模、一流水平。

【秀洲工业园区列入国家低碳工业园区试点】 7月7日，秀洲工业园区被工业和信息化部、国家发展和改革委员会列入首批国家低碳工业园区试点。该园区作为正在建设中的全省唯一一个省级光伏高新技术产业园区，在光伏应用示范方面走在全国前列。评审专家认为该园区的光伏应用较好，并网推进快，政府补助力度大，运营维护上特色鲜明，评估成绩位列浙江省申报园区第一位。下一步，该园区将努力创建低碳产业集聚区、低碳能源示范区、低碳技术先导区、低碳管理试验区、低碳基础设施典范区"五位一体"的国家级低碳工业园区。目标到2015年，单位GDP二氧化碳排放量和单位工业增加值碳排放比2010年下降19.5%以上，基本形成以新能源、新材料和高端装备制造为重点的具有低碳竞争力的产业格局。

【国字号检测项目落户嘉兴光伏高新区】 11月12日，总投资为8400万元的浙江鉴衡检测技术有限公司在嘉兴光伏高新区注册成功，这是光伏高新区继国家电网、中国电子科技集团第三十六研究所、中国电子第十一设计研究院等项目后引进的又一国字号项目。该公司的总公司北京鉴衡认证中心，是经国家认证监督管理委员会批准，致力于为太阳能、风能、碳排放等清洁技术领域，提供技术开发、标准制定、认证、检测、产业和政策研究等服务的第三方机构，为国内少数同时具备中国合格评定国家认可委员会(CNAS)认可和中国计量认证(CMA)资质的检测认证机构。该公司计划建设形成"2实验室+4平台+1基地"，即光伏参考电池校准实验室、光伏组件分类测试实验室、光伏组件加速老化测试平台、微电网应用及仿真测试平台、户外移动检测平台、可再生能源监测及云服务平台、多种光伏系统户外实证基地等7个面向全行业的公共检测服务平台，为国内光伏产品制造企业、光伏电站开发商等企业提供更加科学有效的检测服务。

【获列全国分布式光伏发电应用示范区】 11月21日，嘉兴光伏高新区被国家能源局列入国家首批分布式光伏发电应用示范区。根据规划，该高新区将构建"双核四区多廊"的光伏示范应用空间布局。双核即以北科建智富城产业研发区为依托的"智谷科创区"和以光伏科创园为依托的"总部体验区"，集中展示光伏应用技术成果。四区即以秀湖公园为重点的"江南湖景区"，以宏普盛丰、信达房产为重点的"低碳公建区"，以加创路东、乍嘉苏高速西、中山西路南为重点的"未来展望区"和工业建筑大面积"连片示范区"。分别体现光伏技术在不同建筑载体中的应用特色。多廊即依托内路网，分步建设若干条在路灯照明、景观小品、公交站台等设施上应用光伏元素的绿色生态廊道。至年底，嘉兴光伏高新区内首批61兆瓦分布式光伏发电项目已并网发电50兆瓦；2.5公里的太阳能LED路灯样板工程运行平稳，节电率75%以上；国家"863"沙家浜社区集中连片屋顶光伏太阳能项目已建成并网。

【分布式光伏发电"秀洲模式"在全国推广】 8月4日，全国分布式光伏发电现场交流会在嘉兴召开，会上，分布式光伏发电应用"秀洲模式"，即(嘉兴经验)得到国家能源局肯定，认为"嘉兴经验'可复制、可推广'"，并入选中国能源报"国内特色光伏电站"系列开篇文章。11月21日，国家能源局为进一步推进分布式光伏发电示范区建设，充分发挥分布式光伏发电在引导社会投资、特别是民间资本投资方面的作用，在已公布的第一批18个分布式光伏发电应用示范区外，新增嘉兴光伏高新区等12个园区，共计30个，作为国家首批基础设施等领域鼓励社会投资分布式光伏发电应用示范区。12月4～5日，省政府在嘉兴召开全省加快光伏应用促进产业健康发展现场交流会，副省长毛光烈在会上肯定嘉兴光伏产业"五位一体"创新综合试点的经验。自2012年12月,省政府光伏产业“五位一体”创新综合试点工作启动以来,作为承担试点主要任务的嘉兴光伏高新技术产业园区全力以赴,在示范应用上探索出一条“政府引导、市场运作、统一管理”的路径,形成了分布式光伏发电应用“四个统一”的“秀洲模式”,即统一规划布局,确定“集中连片、多样多元”的开发模式;统一资源管理,对屋顶资源统筹管理;统一推进服务,确保项目规范建设、加快建设;统一运营管理,由专业运维公司负责分布式光伏电站的运行、维护等管理服务工作。

(吴海红)

浙江姚庄经济开发区

【概况】 浙江姚庄经济开发区的前身是姚庄工业园区,于1998年正式启动建设。2009年7月,嘉善县行政区划调整后,在姚庄工业园区的基础上规划建设嘉善临沪新区,并成立嘉善临沪新区管理委员会,加强园区管理。园区先后被认定为省级工业循环经济示范园区、嘉兴市特级工业功能区及浙江省光伏产业和精密机械产业示范基地。2014年5月,省政府同意整合设立浙江姚庄经济开发区,规划面积8.48平方公里,核心区5.8平方公里,分两期建设。

姚庄经济开发区一期:占地面积3平方公里,先后投入3亿多元,建成“三横三纵”26公里的道路框架,供电、供气、通信、供排水、绿化等基础设施配套齐全,园区内有220千伏变电站、日供水10万立方米的自来水厂和日处理污水2万吨的污水处理厂各1座。至年底,一期已引进外资企业和县外内资企业257个,年产值超过200亿元,初步形成光伏新能源、精密机械两大主导产业和新材料、高档食品、电子元件、高档纸制品、复合面料、皮革服装等特色产业。

姚庄经济开发区二期:占地面积2.8平方公里,2009年正式启动建设,先后投入2亿多元,新建和扩建了姚枫公路、临沪大道、宝群东路和清凉大道“三横一纵”道路框架,完善水、电、气和绿化等“八通一平”等基础设施。姚庄镇把二期作为精密机械产业的重点集聚区,规划建设了占地面积1.2平方公里的台中精密机械园和日本中小企业园两大“园中园”,着力打造精密机械产业的集聚高地。

2014年,姚庄镇实现财政一般预算收入5.88亿元,比上年增长14.3%,其中地方公共财政预算收入2.52亿元,增长19.1%;实现销售收入2000万元以上规模工业产值194.3亿元,增长13.3%。全社会固定资产投入43.53亿元,增长13.1%,其中工业生产性投入28.5亿元,增长11.9%;合同利用外资8837万美元,实到外资6191万美元,县外内资实际到位18.04亿元,增长71.3%。在工业经济扩量提质方面,全面落实工业企业绩效综合评价等转型举措,实施“机器换人”项目33个,有效减员千余人,完成“个转企”34个,新增规模以上企业7个,产值超亿元企业26个,光伏新能源和精密机械两大主导产业产值超150亿元。先后2次举办项目集中开工活动,推动12个新开工项目建设,全镇千万元以上项目开工率100%,竣工率和投产率80%以上,工业生产性投资额近年来首次列全县第一。

【兴建3D裸眼手机园区】 2014年,浙商李德荣先生在姚庄兴建3D裸眼手机园区。项目计划总投资10亿元,注册资本2亿元,成立大巨龙立体科技有限公司,主要生产3D裸眼手机、平板电脑等。目前大巨龙立体科技有限公司拥有博士后2名、博士10名,这将为建设国家级博士后工作站作铺垫。

【浙江姚庄经济开发区揭牌】 8月29日,浙江姚庄经济开发区举行揭牌仪式,同时水星家纺、腾飞物流等总投资25亿元的7个项目签约落户。嘉善县委、县政府在姚庄镇专题召开开发建设推进大会。

【海峡两岸(嘉善)经贸合作平台发展论坛】 11月6日,姚庄镇隆重举行以“共建平台、合作发展”为主题的2014海峡两岸(嘉善)经贸合作平台发展论坛。全国台湾同胞投资企业联谊会会长郭山辉、嘉兴市副市长盛全生,县领导姚高员、滕根林、何全根、朱苗,以及来自台湾的有关行业、研究机构的专家;来自上海、江苏、广东等地的台湾知名企业客商等参加论坛。论坛活动上,县委书记姚高员和台湾财团法人中国生产力中心总经理张宝诚为海峡两岸(嘉善)生产力促进中心揭牌。嘉善县人民政府与全国台企联签订共建海峡两岸(嘉善)经贸合作平台框架协议,浙江姚庄经济开发区管委会与台湾内湖科技园区、台中工业区签订合作框架协议。浙江姚庄经济开发区管委会分别与台湾键财机械企业股份有限公司、台湾振太机械企业股份有限公司、浙江伍亨房产开发有限公司的三个项目签约。

【获市现代装备制造业特色专业园称号】 11月,嘉兴市政府办公室公布市现代装备制造业特色专业园和龙头企业名单,姚庄镇精密机械产业园荣获市现代装备制造业特色专业园称号。姚庄的精密机械企业主要是生产数控机床,数控绕线机,专用设备,汽车、电脑用关键零部件,医疗器械及其他精密机械零部件等。先后引进高昶机械、田中精机、大钰机械、智泓科技、科友盛科技、宇钻精密、长谷川数控机床、富昌泰汽车部件、泰极爱思汽车部件、杜商精机、富信成磨床和上群机械等。至年底,区内已拥有精密机械制造企业100多个,其中规模以上企业32个,实现工业总产值54.49亿元。占全镇总量的30%以上。

(庄建明)

浙江独山港经济开发区

【概况】 浙江独山港经济开发区位于平湖市东南部,东接上海金山石化,南濒杭州湾,是平湖接轨上海的“桥头堡”,是嘉兴港“一体两翼”中的左翼,也是平湖“L”型城市的重要组成部分和城市副中心。2009年12月,撤销原全塘、黄姑两镇建制,成立独山港镇,按照“区镇合一、以区为主”的管理体制运行。2013年,纳入省级经济开发区管理序列。2014年8月,正式升级为省级经济开发区,更名为浙江独山港经济开发区。总面积100.5平方公里,滩涂围垦面积7.14平方公里,可建港岸线长12.6公里,前沿水深-13~15米,可建造3万~5万吨级码头泊位43个,建成万吨级以上码头9个,在建码头3个,在批码头5个。2014年,下辖22个行政村、3个社区居委会,户籍总人口83750人。

2014年,完成生产总值(含独山港镇,下同)551226万元,按可比价格计算,比上年增长9.4%。实现公共财政预算总收入78498万元,其中地方公共财政预算收入32471万元,分别比上年增长11.9%和6.5%,农民人均纯收入23251元。

全区有工业企业2240个,从业人员39767人,全年实现工业增加值356413万元。102个主营业务收入2000万元以上工业企业实现工业总产值1710333万元,比上年增长32.3%。主营业务收入1644906万元,增长29.8%。全年完成合同利用外资16381万美元,增长14.9%,实到外资3666万美元,引进市外内资146695万元,增长14.7%,其中浙商回归51727万元,新签项目12个,新设北京、深圳两个招商点,长期驻点招商。

完成固定资产投资56.1亿元,比上年增长22.3%,其中工业生产性投入36.6亿元,增长19.9%,服务业投入19.3亿元,增长25.4%。总投资1亿元以上项目累计开工24个,其中总投资2亿元以上项目累计开工17个,平湖石化、卫星能源等8个项目列入省海洋经济发展重大建设项目实施计划。港口物流迅速发展,2014年港口货物吞吐量1384万吨,集装箱9万标准箱。11个服务业重点项目全部开工建设,浙能嘉兴独山煤炭中转码头、白沙湾原油商业储备基地(二期)工程等4个服务业项目列入省海洋经济重大项目。

大力发展民营经济,鼓励传统产业转型升级,新增“个转企”57个,新增认定(复审)国家高新技术企业3个、省科技型企业5个、省级研发中心2个、嘉兴市级研发中心3个、平湖市级研发中心6个,申请专利514件。积极推进低效闲置土地的腾退转化工作,全年腾退建设用地33.33公顷(500亩),其中直接收回闲置土地10公顷(150亩)。

全年,完成基础设施投资(不含征迁)约13.9亿元。疏港道路加快建设,海河路西段拓宽、通港路一期、卫星路等3条道路已竣工,中山路一期一标段、振港路、凤舞路二期等8条道路正在加快建设。完善公用设施配套,化工公共管廊一期、特勤消防站竣工投入使用,工业水厂投入运行。重点抓好房屋搬迁安置区块、工业平台、道路基础设施建设涉及户的征迁扫尾工作,稳步有序推进白沙湾区域搬迁,启动搬迁421户,其中评估405户,签约312户。安置房小区绿洲花苑总建筑面积17.5万平方米、共1522套全部完工并通过竣工验收;龙吟花苑总建筑面积17.5万平方米、共1598套,一期330套已完成竣工验收,二期1268套通过竣工初验;文丰花苑总建筑面积22.65万平方米、共1606套正在加快建设中。加快新社区基础设施建设,总投资910万元,新进社区建房85户。“四位一体”长效保洁工作不断完善,投入2400万元,购置一批环卫设施,新建7座垃圾收集房、改建7座公厕,建成河道垃圾中转码头、垃圾压缩房。加强苗圃基地建设,做好道路节点绿化设计改造,投入3500万元,绿化面积61公顷(915亩),建成中山路绿化隔离带、海港路绿化等工程。“三改一拆”强势推进,完成“三改”面积14.1万平方米,拆除违法建筑24万平方米,处置违章搭建86起,其中强制拆除33起。“五水共治”全面推进。完成河道疏浚90条、50公里,清理垃圾河165条,53条黑臭河通过水质检测,完成农村生活污水治理2702户。

【独山港区正式升级成为省级经济开发区】 8月8日,根据《浙江省人民政府办公厅关于设立浙江独山港经济开发区的复函》,省人民政府同意设立浙江独山港经济开发区,实行现行省级经济开发区的政策。9月26日,浙江独山港经济开发区揭牌。独山港经济开发区规划面积7.1平方公里,东至汇港路,南至一线海堤,西至独山港排涝应急河,北至海河路。

【口岸开放获得国务院批复同意】 12月24日,独山港经济开发区口岸开发获得国务院批复同意。扩大开放独山港经济开发区岸线15.2公里,共17个泊位。

【新增2个浙江省著名商标】 2014年,独山港经济开发区“BINDEX”印刷品装订机械及“杰森”石膏板2个商标被列入该年度“浙江省著名商标”的认定名单,该称号有效期6年。

【浙江物产集团入驻开发区】 3月,独山港经济开发区A区1号码头项目举行签约仪式,嘉兴市港务局与浙江物产化工集团将携手合作开发A1码头,项目包括5万吨级和5000吨级液体化工泊位各一个,年设计吞吐能力191万吨,计划于2015年建成。目前,独山港区现有A2液体化工专业运输泊位难以满足新建项目投产带来的物流需求。此次浙江物产集团入驻开发建设独山港区A1码头项目,将为滨海新区化工新材料产业发展提供强有力的物流支撑,同时将进一步发挥独山港良好的区位优势和独特的海河联运条件,推动滨海新区海洋经济长远可持续发展。

【晨光电缆获省QC小组成果发表一等奖】 6月,2013~2014年度浙江省机械工业QC小组成果发表暨群众性质量管理活动表彰大会在杭州召开,晨光电缆超凡QC小组申报的活动成果——高压电缆防水抗拉牵引头的研制项目荣获一等奖。

【浙能煤炭中转码头主体工程通过交工验收】 12月18日,浙能嘉兴港煤炭中转码头工程外海码头、栈桥、内河港池和内河泊位工程通过交工验收。根据国家发改委《关于浙能嘉兴独山煤炭中转码头工程项目核准的批复》和交通运输部《关于浙能嘉兴独山煤炭中转码头工程初步设计的批复》，本工程规模为新建3.5万吨级海运煤炭接卸泊位3个和18个500吨级内河泊位，设计年通过能力3100万吨。该码头是2013年4月17日开工建设的。

【工业水厂（一期）工程试运行】 9月，独山港经济开发区工业水厂（一期）工程顺利投入试运行。随着独山港经济开发区发展提速，企业用水量逐步增加，原有的平湖市广陈水厂无法满足企业的用水需求。目前完成的独山港经济开发区工业水厂（一期）工程日供水能力4.9万立方米，并实现工业用水与生活用水分质供应，让工业企业使用上常规处理的工业用水，大型用水工业企业每年仅水费开支一项就节约400～500万元。

（毛　杰）

海盐经济开发区

【概况】 2014年，海盐经济开发区实现生产总值40.83亿元，比上年增长21.7%，高于海盐县平均13.7个百分点。其中第一产业增加值1.83亿元，增长4.5%，增速列全县第二；第二产业增加值32.69亿元，增长23.7%，其中工业增加值30.13亿元，增长24.4%，总量和增速均列全县第一；第三产业增加值6.31亿元，增长16.8%，增速列全县第一。三次产业结构比由上年的5∶79.8∶15.2调整为4.5∶80.1∶15.4。海盐港区C1、C2泊位年吞吐量390万吨，增长59.26%，增速居嘉兴港第一。

2014年，海盐经济开发区79个销售收入2000万元以上规模企业实现总产值261.95亿元，比上年增长16.8%，占全县总量的43.7%，比上年提高7个百分点。税收总收入88018万元，增长39.7%；地方税收收入39221万元，增长37.27%，其中大桥新区地方税收收入28331万元，增长50.43%；预算内可用财力21655万元，增长28.58%。

2014年，海盐经济开发区引进内资项目7个，新引进内资注册资本3.55亿元，引进内资28.046亿元，比上年增长25.8%，其中注册资本10.84亿元，增长19.8%。外资项目2个，合同利用外资21446.23万美元，增长12.7%。实到外资3908.27万美元，比上年下降56.1%。深入实施“四换三名”（腾笼换鸟、机器换人、空间换地、电商换市；名企、名品、名家）工程。13个企业实施16个“机器换人”项目，总投资7.9亿元，其中2个项目列入省示范项目，嘉兴艾迪西暖通科技有限公司被评为省级示范企业。31个企业实施电子商务。海利集团被列为省首批“三名”培育试点企业，海利环保纤维列入国家发改委资源综合利用“双百工程”骨干企业。浙江森友环保成套设备有限公司生产的砂石分离机及浆水回收设备CH100创新的导流式滚筒筛，入选“浙江制造精品”。

2014年，海盐经济开发区投入园区基础设施建设资金71932万元。拆迁农房455户，新开工建设大桥新区二、三、四期共28.48万平方米安置房。建成总建筑面积10293平方米的文化体育中心、12.3万平方米的创业公寓一期工程。建成市政道路1.6公里、污水管线1.9公里、给水管网1.719公里、雨水收集管网1.7公里。建成30个公共自行车租赁点。

2014年，海盐经济开发区投资8600万元，实施20个“五水共治”（治污水、防洪水、排涝水、保供水、抓节水）项目。其中总投资3000万元的古荡河场前泾段治理工程，至年底完成工程量85%。投资1200万元，实施八团村、海塘村1217户农户生活污水集中处理工程项目，至年底完成工程量的65%。投入绿化工程建设资金1359.7万元，新种绿化面积98.1公顷（1471.5亩）。年内，拆除违章猪舍183550.79平方米，拆除其他违章建筑44375.05平方米（其中鸡棚4165.9平方米）；封堵农业污染直排口

102个,工业污染直排口35个。淘汰燃煤小锅炉18台。11个企业投入10.71亿元,实施节能减排项目15个,全区万元生产总值能耗比上年下降11.2%。

2014年,海盐经济开发区参加新型农村合作医疗保险23192人,参保率99.84%。城乡居保续保2062人,新参保164人。计划生育率99.49%。新建上海交通大学技术转移站,16个企业与科技单位建立创新联盟。新引进硕士(副高)及以上高层次人才32名。12个企业建立文艺团体与村(社区)文艺团体联合,进村、进企、进党员群众中心户演出45场,农村文化日益繁荣。新增村级慈善冠名企业4个,新增年到账16万元。至年底,全区有村级慈善冠名企业25个,到账114万元。新一轮募集村级慈善帮扶基金275.79万元,比上年增长18.89%。

【创建国家级分布式光伏发电示范区】 12月,国家能源局公布第二批12个分布式光伏示范区名单,海盐经济开发区名列其中。该开发区拥有可供建设光伏屋顶发电站面积270万平方米。4月,选择厂房屋顶面积大、又有利用屋顶建设分布式光伏发电项目意向的浙江海利环保纤维有限公司进行"屋顶换能"试点。经过筹建,该公司计划投入8500万元,对12万平方米的厂房屋顶实施10兆瓦屋顶发电项目。被省发改委列入"2014年分布式光伏发电项目计划"。5月,引进浙江正泰新能源开发有限公司计划投资10.8亿元、分3年建设120兆瓦的分布式光伏发电项目,项目全部建成投产后,年发电量约1.17亿千瓦时。12月,成功列入"2014年国家级分布式光伏发电示范区",成为该开发区首个"国字号"示范区。12月24日,浙江海利环保纤维有限公司5.15兆瓦光伏发电项目并网运行,成为开发区首个光伏并网发电企业。

12月,海盐经济开发区成功创建国家级分布式光伏发电示范区。

【核电关联产业园获评特色品牌园区】 9月,浙江省商务厅发布《关于第二批浙江省外省投资新兴产业示范基地》的公示公告,海盐经济开发区核电关联产业园被列入第二批"浙江省开发区特色品牌园区"入选公示名单。核电关联产业园占地总面积7.4平方公里,建园后,先后引进辽宁省机械(集团)股份有限公司总投资2.5亿元、年产6000吨核电材料项目,中央企业华业钢构核电设备有限公司总投资2.5亿元、年产3.5万吨核电配置模块钢结构项目,二二公司总投资8.5亿元的核岛模块基地等15个核电关联产业项目,投资总额26.1亿元。2014年,先后获"浙江省开发区特色品牌园区"和"嘉兴市现代装备制造业特色专业园"称号。

【战略性新兴产业占规模以上工业产值之半】 2014年,全区20个节能环保(LED)、核电关联、新材料、新能源等规模以上战略性新兴产业企业实现工业总产值134.72亿元,比上年增长21.5%,占规模以上工业总产值的51.4%,首次占据规模以上工业总产值的一半。

【嘉兴市首个风力发电项目并网发电】 12月25日,嘉兴市首个风力发电项目——海盐风电场项目建成后并网发电。该项目是中国能源建设集团投资建设的,总投资36255万元,注册资本8696万元,安装2兆瓦/115风力发电机20台,总装机容量40兆瓦。5月,该项目开工建设。12月25日,并网发电。投运后,年上网电量约8640万千瓦时,年满负荷运行2160小时,每年可为国家节约标准煤2.84万吨,可减少二氧化碳排放 7.89 万吨、二氧化硫排放 573 吨、氮氧化物排放 229 吨、灰渣 11427.5 吨。

12 月 25 日,海盐风电场项目建成发电。

【8 个项目获省专项资金补助】 2014 年,海盐经济开发区有 8 个项目获浙江省专项资金补助 1410 万元。其中浙江东海蓝玉光电有限公司年产 200 万片 LED 外延芯片材料蓝宝石衬底片产业化项目获省循环经济发展资金补助 50 万元。海盐东段围涂工程项目、海盐中电工程风电有限公司风电场项目、海盐海利环保纤维有限公司年产 20 万吨再生聚酯差别化纤维等 3 个项目获省海洋经济重大建设项目专项资金补助 300 万元。东海大道南侧公园项目,被列入省海洋经济生态类项目,获补助资金 220 万元。浙江金达亚麻有限公司淘汰普通纺、新增 2.5 万锭色纺亚麻纱技改项目,吉安集团有限公司造纸生产线节能改造、资源综合利用清洁生产技改项目,浙江海利环保纤维有限公司年产 20 万吨再生聚酯差别化纤维项目被省经信委列入 2014 年工业转型升级财政专项技术改造补助资金项目,获补助资金 840 万元。

【引进首个汽车商贸园】 10 月,海盐经济开发区引进海盐禾众汽车商贸投资管理有限公司投资建设的汽车商贸园首家 4S 店开张营业。该公司建设的汽车商贸园投资 1.6 亿元,用地 4.47 公顷(67 亩),计划建设 5 个品牌的 4S 店及车友俱乐部、二手车交易市场等。

【建设“三大特色工业园区”】 2014 年,海盐经济开发区启动规划欧洲(德国)产业园、新经济产业园、智能装备制造园等“三大特色工业园”的建设。至年底,欧洲(德国)产业园 37445 平方米的标准房、展示中心开工建设;新经济产业园一期 4.2 万平方米标准厂房项目,于 2 月开工建设,至年底,土建基本结束。二期 7.2 万平方米标准厂房于 12 月开工建设;智能装备制造园,经海盐县委研究决定,由县统筹开发建设,至年底,完成选址,并进入前期规划。

【研制世界首个商用核电站主管道电渣锭】 9 月,浙江电渣核材有限公司研制生产出国家重大科技专项示范工程 CAP1400 核电站主管道用的 124 吨超低碳控氮不锈钢电渣锭,成为世界首个商用 CAP1400 核电站主管道电渣锭。该锭直径 2 米、高 5 米,呈圆柱形,重 124 吨,用于中国第三代核电技术自主创新的标志性工程 CAP1400 核电站山东荣成 1 号机组。按合同,浙江电渣核材有限公司共生产 6 个 CAP1400 主管道电渣锭。

【建立上海交通大学技术转移站】 10 月 17 日,海盐经济开发区与上海交通大学合作建立技术转移工作站。该站由开发区和上海交通大学核科学与工程学院、海盐县科学技术局三方共建,是开发区继 2013 年 12 月与上海第二工业大学合作建立技术转移工作站后的第二个技术转移工作站。

【举办首届读书节】 5 月,海盐经济开发区举办首届“阅读有益”读书节活动,以“阅读,让生

5 月,海盐经济开发区举办首届读书节活动。

活更优雅”为主题,通过“推荐一批好书名录,阅读一本好书,撰写一篇学习心得,开展一次征文活动,举办一次学习交流”等“五个一”活动,营造崇学氛围。共收到读书心得80余篇,读书征文120余篇。选择其中33篇编印成册,书名为《阅读,让生活更优雅》。

【推行“工作人员阳光日志”】 3月1日,海盐经济开发区在干部职工中全面推行《工作人员“阳光日志”》,把每位干部、职工每周所做的工作及取得的成效,通过日志的形式,晒到区局域网上。工作人员则将每天上、下午所做的工作,工作进展情况及成效等,详细填入日志中,并从工作量“重、较重、一般、轻松”中选择其中之一,作“自我评价”。各科室由一名工作人员负责,将本周的《工作人员“阳光日志”》在下周一挂到区局域网上。推行《工作人员“阳光日志”》后,干部职工工作更主动、务实。

(郑伍明)

海宁经济开发区

【概况】 2014年,海宁经济开发区实现地区生产总值56.76亿元,比上年增长6.2%,实现财政体制收入5.17亿元,增长5.4%。分别被工信部、国家能源局、浙江省知识产权局列为第一批产业集群区域品牌建设试点工作组织实施单位、分布式光伏规模化应用示范区和浙江省知识产权示范创建园区。

引资总量创历史新高。全年,完成合同利用外资31685.94万美元,实到外资20859.9万美元,分别占海宁市总量的52.83%和52.15%,分别比上年增长0.15%和8.76%。实到市外内资55.8亿元,其中注册资本25.54亿元,分别占海宁市总量的46.5%和42.57%,分别增长34.93%和43.5%。上报浙商回归项目30个,浙商回归到位资金25亿元,完成总任务20.4亿的123%。引进海宁嘉兴领军人才、两高人才4人。新批项目80个,其中外资项目24个,内资项目56个,中广核风力发电、(玉柴)仓储经营服务管理平台、国能中电、宜瓷龙新材料等重大项目成功落户。

项目推进创新纪录。实现固定资产投资57.85亿元,其中工业生产性投入46.53亿元,三产8.24亿元,政府性投入3.075亿元。进一步深化项目全程代办(领办、帮办)和精细化管理制度,助推一批项目加快开工竣工。全年列入供地产业项目51个,完成竣工产业项目18个,在推进特瑞英汽车新厂区建设过程中打造了立项到开工仅50个工作日的项目推进新纪录。全年累计申报“机器换人”试点企业61个,计划投资34.41亿元,全年完成总投资17.59亿元。

经济运行平稳增长。实现销售收入2000万元以上规模工业总产值224.9亿元,利税20.85亿元,其中利润11.22亿元,分别比上年增长4.55%、10.26%和7.35%;完成“小转规”企业21个,“下转上”10个,“个转企”38个。全面实施企业精细化管理,落实海宁市要素市场化改革,收集录入600多个工业企业信息,并录入海宁市亩产效益考核系统,完成0.2公顷以上(3亩以上)工业企业亩产效益评价分类,着手开展3亩以下工业企业信息登记。认定海宁市级企业技术(研发)中心14个,拥有企业科技机构109个,省级新产品83项,认定高新技术企业3个,专利申请608个,其中发明专利76件,新增浙江省出口名牌(著名商标)1件。高度重视安全生产和消防工作,推进企业安全生产标准化创建工作,至年底,累计创建国家二、三级安全生产标准化企业131个。扎实做好维稳、综治工作,加强矛盾纠纷排查和调解,全年排查和化解各类矛盾纠纷252起,调处金额762.3万元,涉及人数619人。确保全年无重大安全事故和群体性事件发生。

平台建设力度加大。加强规划引领,做好西区控规、火车站城市设计、广告路名牌规划、由拳路城市设计等相关规划的编制和修编工作。加快拆迁拆违，全年共完成拆迁197272平方米，拆违87896平方米。完成由拳路北侧有机更新区块内企业签约征收14个，其中腾房交地13个。华立砖瓦厂、超群水泥拆平交地，完成滞留户签约2户，利民村征迁评估顺利开展。加快基础设施建设，横山港等河道绿化工程、双宏路南延完工，环西二路(铁路北—硖仲路)、硖仲路南侧安置房等项目加快建设。加强水环境整治和生态环保工作，全面完成"垃圾河"长浜和"黑臭河"仲家浜治理，启动北区块易涝区域防洪闸站建设。深化河长制管理，全区40条河Ⅳ类水和Ⅲ类水占比提高37个百分点。黄标车淘汰、小锅炉整治等工作均领跑海宁市。

党的建设进一步加强。以"互联互通"工作法夯实基层党建基础。成功举办首届非公企业党建"领航论坛"，编印党建专刊《领航Ⅱ》，在海宁市率先推行非公企业党务工作者资格认证制度，完成机关党总支及37个基层党组织的换届选举，发展新党员27名，探索党员发展公开答辩"1+1"面试制度。加强基层党组织星级管理，推进"创业创新·活力和谐"企业创建，举办"最美党员故事汇"征集、"五水共治"金点子大赛等活动73次，有1152人次参与活动。

【上海漕河泾新兴技术开发区海宁分区建设】 2014年，上海漕河泾新兴技术开发区海宁分区完成固定资产投资25.89亿元，工业生产性投入22.37亿元，三产投资3.52亿元，分区企业实现生产总值38.95亿元，利润470万元。分区自主引进项目实到外资162.98万美元，实到内资4000万元。海宁科技绿洲项目一期工程于2014年8月竣工投入使用，至年底，出租率30.6%，并于10月获评第二批"浙江省开发区特色品牌园区"。漕河泾海宁分区控制性详细规划于2014年6月取得海宁市人民政府批复。于2014年启动质量、环境、职业健康安全三个体系贯标工作，制定内部管理、客户服务、园区管理等文件168个，正式取得中国国家认证认可监督管理委员会ISO 9001质量管理体系、ISO 14001环境管理体系及OHSAS18001职业健康安全管理体系认证证书，同时取得美国质量学会(ANAB)的质量管理体系认证证书，成为海宁市乃至浙江省第一个一次性通过质量、环境、职业健康安全三个体系认证的工业园区。

【全省第一个零审批工业项目开工】 3月3日，海宁经济开发区敦奴时装产业园项目开工建设。这是海宁市行政审批制度改革后第一个试点项目，也是浙江省第一个零审批工业项目。一期项目在2013年11月初拿地后，经海宁市上下各部门和项目建设单位的通力配合，在两个月内完成项目方案设计、部门制定承诺标准、企业承诺、部门审查承诺、承诺公示、施工图设计、施工图审核、接水、接电等前期工作，按预定计划顺利开工。项目总投资8亿元，总规划用地面积13.2公顷(198亩)，建筑面积26万平方米，致力于打造一个现代化的集设计中心、营销中心、物流中心于一体的企业总部园区。至年底，项目已完成一期宿舍和食堂框架建设。

【漕河泾科技绿洲获省开发区特色园区称号】 10月22日，浙江省商务厅公布省第二批外商投资新兴产业示范基地和开发区特色品牌园区名单，上海漕河泾新兴技术开发区海宁分区"漕河泾科技绿洲"名列开发区特色园区，成为海宁市首个获此殊荣的产业园区。近年来，海宁市经济开发区着力于提高建设效率、促进产业聚集和资源整合优化，形成一批集聚发展的产业园区和有较强竞争力的产业集群，提升了经济带动能力。其中，漕河泾科技绿洲建成占地67262平方米，建筑面积99668平方米，总投资3.6亿元的绿色、生态、开放新型示范园区。至年底，锦尚环境科技、辛蒂亚自动化科技和美福针织等技术密集型公司签约入驻，逐渐形成科技产业聚集优势。

（施凯文）

海宁农业对外综合开发区

【概况】 2014年,长安镇(高新区)(农发区)实现销售收入2000万元以上规模工业企业产值229.81亿元,实现利税22.03亿元,利润13.19亿元,工业生产性投入27.54亿元,比上年增长37%;外贸自营出口值5.82亿美元,增长9.7%。全年,长安镇(高新区)(农发区)综合实力位列嘉兴市44个新市镇第二强。

致力要素改革。推进低效利用土地市场化再开发,新增建设用地指标29.787公顷(446.8亩),盘活存量土地37.68公顷(565.2亩)。推进扩权强镇,承接行政审批事项190项,涉及工商、税务、国土、环保等34个海宁市级部门,全年办理事项11万件,作为海宁市首个乡镇公共服务中心办理市场准入"五证联办"事项的审批,获得"嘉兴市先进镇便民服务中心"称号。坚持以"四换三名"推动转型升级,成功创建嘉兴市现代装备制造业特色专业园,"机器换人"完成海宁市下达任务的162%,技改投入20亿元,"个转企"和分离发展服务业工作继续列海宁市第一,新增规模以上企业25个、高新技术企业3个。

聚力有效投入。全年,引进国际行业龙头项目和总投资超6亿元项目各1个,累计实现合同利用外资2.1亿美元,实际利用外资9082.7万美元;实到市外内资22.8亿元,浙商回归11.56亿元。狠抓项目开竣工,全年供地项目开竣工率均达95%以上,纪鸿国际、招商物流等一批重大项目顺利开工,中国智能骨干网一期项目全面竣工并投入运行。完成固定资产投资77.4亿元,比上年增长41.5%。实现规模以上工业增加值45亿元,实现服务业增加值28.5亿元,社会消费品零售总额28亿元。深化农业"两区"建设,省级现代农业综合区全面建成,新增土地流转面积87.8公顷(1317亩),土地流转率56.1%。

举力"五水共治"。在全镇(区)217条海宁市镇村三级河道实施河长制长效管理的基础上,将868只池塘(断头浜)纳入河长制管理,实现河长制全覆盖。河流交界面水质提升度保持全年合格,镇级主要河道水质等级提升一级。完成河道两侧25个工业企业入网,21个农村生活污水连片整治试点完成工程建设并成功通过海宁市验收,完成高新区污水管网改造工程。统筹推进防洪、排涝、节水等工作,完成42座泵房改造,衬砌排灌渠100.8公里。完成新建闸站3座、水闸2座,整治圩堤5049米。建成区绿地覆盖率27.1%。开展黄标车整治工作,淘汰黄标车308辆,超额完成年度目标任务。节能减排指标完成上级下达任务。

着力"三改一拆"。全力推进"无违建"镇创建,"无违建村"创建实现全覆盖,全年,共拆除违法建筑56.4万平方米,其中非农违建14.3万平方米,完成海宁市下达任务的236.7%。拆除违建猪棚8.6万平方米,关停生猪养殖场户495家,关停退养猪舍面积2.1万平方米;全镇165家温室甲鱼养殖户全部关停拆除,拆除面积27.5万平方米。启动新一轮村庄布局规划调整,村庄规划、土地利用总体规划、城镇总体规划实现多规合一。大力推进城市有机更新,东、中、西街历史街区,怡院小区等旧住宅区全面启动改造,"三旧"改造面积12.3万平方米,改造投入1.13亿元。深化美丽乡村建设,以"一带一路"、三条主线、10个节点为重点实施美丽乡村建设,被评为嘉兴市美丽乡村先进镇。

全力改善民生。深化统筹城乡就业,新增非农就业岗位1725个。新增机构养老床位120张,完成10个村(社区)居家养老服务照料中心建设。发放各类困难补助金354.2万元。成功创建"嘉兴市学前教育示范镇",仰山小学投入使用,浙江机电职业技术学院基本建成。城乡居民养老保险参保率99.7%,基本医疗保险参保率99.8%。省人民医院海宁医院新大楼基本建成,并被列为二级甲等医院。潮乡少儿习泳培训领先海宁市,被评为全国群众游泳健身活动模范池馆。完成4个村文化礼堂建设。大运河(长安段)成功入选世界遗产名录。

【"大长安民生"微信平台正式上线】 3月6日，长安镇（高新区）微信公众订阅号"大长安民生"上线。微信平台向群众提供民政、老龄、社区、慈善、人口和计划生育、残疾人事业等方面的政策信息。力求通过微信平台建立起政府与群众之间实时互动的新媒体信息交流，旨在为广大群众提供一个及时了解掌握与自身密切相关的民生政策、信息资源的交流平台。

【海宁国际花卉城开业】 4月29日，海宁国际花卉城（市场交易区）正式开业。该项目位于长安镇（高新区）花卉园区，总投资1.5亿元，占地面积约1.93公顷（约29亩），建筑面积约3.1万平方米，其中市场交易区1.8万平方米，已有数百户花卉商家及园艺公司入驻。项目将成为面向长三角地区，集交易展示、电子商务、信息交流、科技研发等多功能于一体的综合性花卉示范平台、国际精品花卉交易平台和一站式园艺中心采供平台。

【长安闸成为世界遗产点】 6月22日，联合国教科文组织第38届世界遗产委员会会议审议通过中国大运河项目列入《世界遗产名录》，长安闸随着中国大运河的申遗成功，成为世界遗产点。

【长安镇（高新区）文学艺术界联合会成立】 12月6日，长安镇（高新区）文学艺术界联合会成立大会胜利召开。大会选举产生由15名同志组成的首届文联委员会委员，聘请嘉兴市文联副主席、海宁市政协副主席田耘为运河文化保护与发展总顾问。文联下设音乐舞蹈、戏剧曲艺、运河文化研究、书画影四个协会。该文联的成立，将进一步推进长安镇（区）的文艺工作，营造长安特色运河文化，为文艺爱好者提供一个施展才华的平台。

【纪鸿包装顺利摘牌入驻高新区】 2月28日，浙江纪鸿包装有限公司顺利摘得"海土字2014008号"地块，标志着纪鸿包装项目入驻海宁高新区进入实质性启动阶段。该地块位于高新区新潮路东侧、春潮路北侧，占地面积6.67公顷（100亩）。项目总投资1亿美元，注册资金4000万美元，将建设年产20亿只食品包装容器生产基地，预计达产后每公顷销售收入1.5亿元以上（亩均销售1000万元以上），每公顷税收750万元以上（亩均税收50万元以上）。

【普洛斯物流项目签约仪式】 6月20日，普洛斯（中国）投资管理有限公司与海宁高新区签订项目投资协议。该项目选址于高新区扩容区块国际物流园内，由普洛斯（中国）投资建设，规划总面积19.67公顷（295亩），计划投入1.5亿美元，建设22万平方米具有国际水准的仓储物流设施，吸引知名企业入驻，培育成为立足于海宁，面向长三角地区的电子商务供应链物流基地。

【浙江维大茵特起重设备有限公司签约落户】 6月26日，浙江维大茵特起重设备有限公司顺利签约落户高新区。浙江维大茵特起重设备有限公司拟在高新区依江路南、新城河北侧新征用地2.354公顷（35.31亩），用于实施年产35万台手拉、手板葫芦、2000吨高强度起重链条项目。该项目总投资11161万元，注册资本1340万美元，达产后年销售收入1.5亿元，税收926万元。该项目主要开发、生产的手动手拉葫芦具有体积小、重量轻、无须电源等优势，是国内为数不多的能打破日本企业垄断该产品的生产商之一。

（王水鑫）

浙江海宁经编产业园区

【概况】 2014年，浙江海宁经编产业园区实现技工贸收入291.68亿元，比上年增长5.4%，实现利税18.65亿元，增长20.6%。其中工业产值165.21亿元，增长4.8%，销售收入161.66亿元,增长4.8%,利税13.01亿元,增长25.9%,利润7.36亿元,增长33.6%;建筑业产值76.64亿元,销售收入54.05亿元,利税2.55亿元;服务业实现营业收入75.97亿元,增长19.7%,实现利税3.09亿元,增长10.2%。园区实现每公顷产值5430万元(亩均产值362万元)、每公顷利税406万元(亩均利税27万元),人均产值90万元、人均利税6.85万元。全年合同利用外资4359.9万美元,实到外资2777万美元,实到市外内资8.36亿元,其中工业实到市外内资3.09亿元,服务业实到市外内资5.27亿元,市外内资实到注册资本4.1亿元,浙商回归完成2.85亿元。

【海宁智慧城挂牌经编产业园区】 5月14日,经海宁市人民政府批准,海宁智慧城正式挂牌海宁经编产业园区,并成立海宁智慧城管委会,这是海宁市首个以发展现代服务业为主的新经济园。智慧城以省级现代服务业集聚示范区——海宁经编产业生产性服务业集聚区为核心,规划建设面积1平方公里,创新发展智慧创意、现代金融、人力资源、工业设计、研发检测、服务外包、电子商务、软件信息、总部经济等生产性服务业和新兴服务业。至年底,经编总部商务区、科创商贸中心、中鑫创业园等区块启用,拥有服务业企业278个,从业人员2084人,引进国家千人计划人才项目5个,实现营业收入49.04亿元,实现利税2.44亿元。

【经编纺织品基地获列国家外贸示范基地】 1月,商务部公布"第三批国家外贸转型升级专业型示范基地"名单,全国共62个,其中浙江省6个,海宁经编纺织品基地名列其中,成为海宁市第一个国家级外贸示范基地,也是全国唯一的经编专业类外贸示范基地。

【建立上海工程技术大学海宁科技园】 3月18日,海宁经编产业园区和上海工程技术大学国家大学科技园签约,共建上海工程技术大学海宁科技园,依托经编产业园区资源优势和上海工程技术大学产学研合作优势,大力培育智慧城区、创意设计、数字商贸、节能环保、新材料等高新技术领域的创业孵化和产业化基地。海宁科技园以中鑫创业园标准厂房为主要区域,打造创新孵化区、研发加速区、产业协作区和配套功能区4个区块,重点引进优质高新技术企业,成为海宁市创业企业孵化、高新技术成果转化、创新创业人才培养基地。全年,引进科技服务业企业8个。

【沪浙人力资源服务产业园入驻】 1月20日,沪浙人力资源服务产业园入驻经编产业园区。该园由海宁经编产业园区管委会与海宁市人力社保局、上海博尔捷人才服务有限公司三方共建,是海宁市首个人力资源服务业集聚区。产业园以创智大厦为主要区域,总规划面积约1万平方米,按照"立足海宁,接轨上海,服务嘉兴,辐射杭州湾"的区域功能定位,重点引进人力资源服务外包、培训、猎头、管理咨询、人才市场和人才测评等人力资源服务企业。全年,引进高质量人力资源服务企业12个,开展45个人力资源服务项目,实现营业收入2211万元。

【新浪(浙江)产业园落户园区】 6月6日,"2014中国十大经济潮流人物·新浪潮沙龙——睿见潮城"在海宁经编产业园区举行,海宁市人民政府、新浪浙江、经编产业园区管委会共同签订新浪(浙江)产业园战略合作协议,该产业园落户经编产业园区。根据协议,合作双方将在招商、旅游、科技、互联网宣传等方面形成长期和优先合作,引入以现代服务业、先进制造业项目为主的企业,建设集网络经济产业、新兴技术研发和制造业、高端信息中介服务业于一体的网络科技经济园区。

【第五届中国·马桥经编交易会】 5月18~20日,第五届中国·马桥经编交易会在海宁经编产业园区总部商务区举行。本届交易会突破往年着重展示经编面料的惯例,首次向产业链深度延伸,完整的产业链展商彼此互为观众和采购商。本届交易会展位面积6000余平方米，参展企业近150个，3天内，吸引上海、杭州、绍兴、义乌、永康、慈溪以及江苏、福建等周边地区和省市的1800余人前来观展。

【第九届中国国际经编设计大赛】 第九届中国国际经编设计大赛分面料设计和服装设计两大分赛，分别于10月10日和10月20日进行决赛，评选出金、银、铜奖和各单项奖，并于10月21日在上海新国际会展中心借面料展举行颁奖典礼。本届设计大赛抓住“传承和创新同在”的宗旨，创下三个“第一次”：原料、织造、产品设计加工等完整经编产业链企业第一次全面参与，第一次由普赛制变革为邀请赛制，第一次以国内知名展会——中国国际面料展为大赛的展示舞台，将经编原料、面料及成品系统、直观地展示在观众面前。

【中天纺检测获省级创新基地称号】 12月，省质监局发文命名2014年度浙江省技术标准研究创新基地，浙江中天纺检测有限公司榜上有名，这是嘉兴地区唯一获此荣誉的公共标准创新服务平台。中天纺检测作为纺织领域第三方检测鉴定机构，主持制定了全国首个泳装面料国家标准，主导制定纺织行业国家标准1项、行业标准3项和联盟标准11项，参与制修订国家标准3项、行业标准6项，是纺织行业标准制定的领跑者。

【海宁经编产业园区党建创新经验全省推介】 4月24日，全省乡镇(街道、园区)两新组织党建工作现场推进会在杭州召开，省委常委、组织部长胡和平出席会议并讲话。会上，海宁经编产业园区党委围绕“抓实园区党建、服务双强争先”主题作经验介绍，这是嘉兴市唯一一个作交流发言的单位。近年来，经编产业园区党委把两新党建作为园区转型升级和科学发展的核心和保障，围绕构建“科学+工艺+人文”为特色的三维园区党建创新体系，实现党建从“有形”覆盖向“有效”覆盖的转变。在具体工作中，借鉴针织法“贴”的工艺特点，体现贴近生产、贴近服务、贴近青年“三个贴近”，重心下移，有针对性的组织好园区党建；借鉴编织法“网”的工艺特点，建好片区网格、智慧网络、便民网点“三张网”，集零为整，整编起来组织好园区党建；借鉴机织法“统”的工艺特点，落实统筹活力评价与和谐评估、统筹考评督促与过程辅导、统筹物质奖励与精神激励“三个统筹”，活力和谐，用机制式载体组织好园区党建。

（范浩毅　朱静贤）

桐乡经济开发区

【概况】 2014年，桐乡经济开发区实现工业总产值388.13亿元，比上年增长7.51%。新增销售收入2000万元以上规模企业20个，累计144个；新增亿元企业7个，累计39个；新增限额以上企业11个，累计54个。全年，企业缴纳税金129739万元，增长24.8%。其中，工业企业缴纳税金105090万元，增长20.3%；第三产业企业缴纳税金22395万元，增长43.6%。实现利润17.66亿元，增长22.5%，其中工业企业实现利润15.53亿元，第三产业企业实现利润2.13亿元。企业实现进口总额45281万美元，增长3.1%；出口总额125438万美元，增长20.3%。列入区内考核统计的规模以上工业企业124个，实现工业总产值176.1亿元，增长10.4%；完成销售产值173.8亿元，增长13.1%；累计产销率98.7%，新产品产值77.8亿元，新产品产值率44.2%；实现利润13.85亿元，缴纳税金9.87亿元。全年完成全社会固定资产投资37.88亿元，增长3.9%。工业生产性投入28.17亿元，增长0.6%。其中，设备投入18.02亿元，占比64%，技改投入23.9亿元，占比84.8%。完成第三产业投资9.71亿元，增长32.5%。

全年，继续围绕汽车及其零部件、玻纤及新材料两大主导产业开展招商；排摸现有闲置土地、厂房，联系杭州、上海等地客商，促进适合的项目与区内资源相对接;与上海市外商投资企业协会、上海市“三玻”行业协会、杭州上市公司协会等沪杭行业(企业)协会建立合作关系;开展欧美招商,拜访美国密西根中国中心,接待美国各州驻华协会会长、德国马特汽车运动咨询公司总经理等。年内,新批外资项目31个,其中新建项目15个、增资项目16个;合同利用外资24146万美元,比上年增长6.7%;实到外资19826万美元,增长31.8%。

【中国玻纤总部迁址桐乡开发区】 10月8日,在中国巨石第二十届国际玻纤年会上,举行中国玻纤总部迁址巨石集团桐乡本部的仪式。中国玻纤为注册在北京的上市公司,控股股东为中国建材股份有限公司,全资子公司是巨石集团有限公司。中国玻纤95%以上的收入和利润来自巨石集团。巨石集团在新加坡、加拿大、法国等建有14家海外控股子公司及两家海外独家经销商。5月,巨石埃及公司年产8万吨池窑拉丝生产线全线投产,产销率100%。中国玻纤迁址桐乡经济开发区,对桐乡发展总部经济起到积极引导作用,有利于巨石做强做大玻纤产业,吸引上下游相关产业进驻;有利于桐乡建设以风力发电、汽车、船用复合材料为主的玻纤复合材料产业基地。

【休闲房车产业园列为外商投资新兴示范基地】 10月,浙江省商务厅、财政厅联合公布第二批浙江省外商投资新兴产业示范基地,桐乡经济开发区休闲房车产业园名列其中。休闲房车产业园区规划面积2.11平方公里,基地定位为国家休闲房车制造产业基地、国家汽车内饰产品制造产业基地、长三角地区房车文化创意产业基地。近年来,桐乡经济开发区坚持走特色化与错位化汽车产业发展之路,集聚了一批以浙江戴德隆翠汽车有限公司为龙头的国内外知名汽车企业,引进大批科技人才,初步形成以开发研制、生产销售为主的产业园。2014年1月21日,浙江戴德隆翠汽车有限公司设计开发、生产制造的首辆“隆翠LONG TREE”牌拖挂式房车在桐乡基地下线;6月,2014中国国际房车展在北京举行,隆翠房车到现场参展;9月25日,戴德隆翠首批出口澳大利亚的8辆拖挂式房车在桐乡基地启程。中国汽车工程学会理事长付于武、中国汽车工业协会副秘书长叶盛基、中国汽车工业协会旅居车委员会常务副秘书长陈东升等出席发车仪式,首批订单出口拖挂式房车600台,余下订单陆续交付。

【获列“四换三名”示范开发区称号】 6月13日,在2014浙商开发区(园区)高峰论坛上,公布2014浙江“四换三名”示范开发区名单,桐乡经济开发区获此殊荣。2013年以来,桐乡经济开发区全面实施腾笼换鸟、机器换人、空间换地、电商换市行动,大力培育名企、名品、名家,全面推动经济转型升级发展。2014年,盘活存量土地46.67公顷(700亩),二次利用土地21.2公顷(318亩);实施“机器换人”项目49个;区内企业获中国驰名商标和浙江省著名商标各1个,浙江省名牌产品2个,浙江省出口名牌1个,嘉兴市著名商标2个,嘉兴市名牌产品1个,新增高新技术企业7个。桐乡市电子商务中心累计入驻电商企业90余个。

【承担省重点领域深化改革试点项目】 2014年,浙江省商务厅筛选一批重点领域深化改革项目,在全省开发区开展先行试点。桐乡经济开发区《推进要素资源全球配置改革试点》项目被指定为十项深化改革项目之一。开发区总结区内企业在要素资源全球配置方面的成效,制定《要素资源全球配置统计指标体系和统计调查办法》,印发给相关单位及企业;建立“企业对外投资意向库”“区外招商项目信息库”和“投资中介机构”等平台,服务企业;出台《桐乡经济开发区关于支持企业对外投资的若干政策意见》,鼓励企业通过直接投资或兼并等方式,设立工厂,建立营销机构、研发设计中心等推动自然资源、技术、市场要素资源全球配置;探索联动发展的可行路径,研究如何通过区内企业对外投资推进要素资源全球配置,反哺开发区，推动开发区综合实力提升和转型升级，实现跳出开发区发展开发区、区内区外联动发展的目标。

【浙江合众新能源汽车项目签约】 11月4日，浙江合众新能源汽车有限公司、桐乡经济开发区项目签约仪式在桐乡市政府举行。全国政协常委、清华大学学术委员会副主任、国家“863”计划节能与新能源汽车重大项目总体专家组组长欧阳明高，浙江清华长三角研究院院长王涛，河北微风集团董事长田京辉，嘉兴市副市长盛全生，桐乡市委书记卢跃东、市长盛勇军及四套班子领导出席签约仪式。浙江合众新能源汽车有限公司由河北微风集团出资，与清华大学，浙江清华长三角研究院的新能源汽车研发团队共同组建，集中国新能源汽车生产、研发和销售于一体。合众新能源汽车项目总投资45亿元，分两期建设。其中，一期投资20亿元，生产用地26.67公顷（400亩），预计年产新能源汽车10万台，建设周期20个月。

（屠建平）

浙江桐乡濮院针织产业园区

【概况】 2014年，濮院针织产业园区工业经济稳中有升，销售收入2000万元以上规模工业企业实现产值43.5亿元，工业增加值率25%。深化企业梯级培育，新增亿元企业4个、规模以上工业企业12个，完成“个转企”78个。深化“两改两创”（技术改造、股份制改造，品牌创新、管理创新），获专利授权360项，实施科研项目18项。开展小印花产业和印染、化工行业整治。实施“两退两进”项目15项，腾退土地9.53公顷（143亩），绩效调查工业用地350宗。盘活存量土地34.27公顷（514亩），完成土地二次开发5.53公顷（83亩）。全年投入建设资金6000多万元，建设道路、桥梁等基础设施。开展“五水共治”，改造园区雨水管网，经测量、调研、设计、论证后，进入施工阶段；清运庙白港、叶子桥港、吴家浜等河道河面垃圾。工贸大道人行道二期改造工程、永越大道中央隔离景观绿化改造提升工程竣工；工贸大道、宏苑路、工旺路、联越路、凯旋路等路段，宏苑广场、永兴港、闵家兜小区、整烫区樱花林、永越片林等区域的绿化带改造工程完工。

举办和参加相关招商活动，2014中国·濮院毛针织服装博览会期间，举办濮院镇投资说明会、2014 PH value第一汇等活动；组织企业参加桐乡市接轨上海产业对接会、北京·桐乡产业对接会、广交会、嘉兴市第一届浙（禾）商大会、“桐行天下，浙商回家”恳谈会、“时尚濮院，衫动鹏城”濮院毛衫产业推介会等活动。加强科技创新服务平台建设，加快毛针织设计创意园及毛针织创意孵化器建设，濮院小企业创业基地被命名为第三批浙江省小企业创业示范基地和第二批浙江省中小企业公共服务示范平台。加快创意设计产业发展，推进320创意广场整合提升，推进“全国毛针织行业知名品牌创建示范区”创建工作。9月，320创意广场成功创建为省工业强市（县）省级特色工业设计基地。

【濮院320创意广场列入省级工业设计基地】 9月18日，全省推进工业设计发展工作现场会召开，濮院320创意广场被列入省工业强市（县）省级工业设计基地，并获500万元省政府财政补助。320创意广场由桐乡市濮院毛针织技术服务中心运营，配备6名专职管理人员，坚持公司化管理，市场化运作。严格按照管理办法规定招驻各类工作机构，对入驻机构做好信息数据统计和绩效考核。入驻平台的创业团队提供100平方米以下的免费场所，给予一定的装修经费补助和提供开发设备等扶持。全年开展创业培训指导、交流合作10余次。320创意广场建筑面积1.5万平方米，累计入驻设计创意机构80多个，设计人员200多名。

【首届高级服装设计师培训班开班】 9月29日，

桐乡市首届高级服装设计师培训班在濮院镇开班。培训班由桐乡市委统战部、市侨联、濮院羊毛衫市场管委会、浙江欧伟时尚设计创意有限公司联合主办。桐乡市毛衫设计师协会及理事单位、部分会员企业、桐乡服装企业、濮院毛衫企业、濮院320创意广场的40多名企业代表和服装设计师参加培训。培训为期4天,特邀意大利籍国际著名设计师,原范思哲总设计师莫拉罗·吉恩·彼亚特罗(Muraro Gian Pietro)进行辅导。近年来,濮院着力提高毛衫设计研发和品牌建设,连续多年举办"濮院毛衫杯"设计大赛、设计师论坛、设计师大讲堂等活动。2014年5月,濮院镇羊毛衫市场管委会和意大利设计师团队签署共同扶持濮院毛衫设计师成长的框架协议,此次设计师培训班正是框架协议的内容之一。

【毛衫企业参展"PH Value 第一汇"】 10月20~22日,由中国针织工业协会主办的2014"PH Valu 第一汇"在上海新国际博览中心举行。濮院针织产业园区、经济开发区、屠甸镇、龙翔街道等13个针织服装企业,以整体组团的方式参展。此次展会以"衣柜桐乡、毛衫之都"为主题,展馆面积1000平方米。期间,举办"衣柜桐乡、毛衫之都"主题馆开馆仪式、国际交流对接会、设计师沙龙及专业买手对接会等活动。中国针织工业协会会长杨世滨、副会长杨纪朝,中国纺织工业协会副会长许坤元出席开馆仪式并参观濮院毛衫企业展区。参加展会的浙江浅秋服饰有限公司、浙江圣地欧服饰有限公司、浙江兰生羊绒服饰有限公司、浙江纯爱服饰有限公司、浙江森霸服饰有限公司、浙江千圣禧服饰有限公司、桐乡市纽纳斯服饰有限公司和嘉兴慕丽服饰有限公司8个濮院针织产业园区企业接到订单15份,完成成交额375万元,意向成交额1032万元。

【濮院毛衫品牌推介会在深圳举行】 12月17日,"时尚濮院,衫动鹏城"濮院毛衫产业推介会在深圳国际会展中心举行。这是濮院针织产业园区组织参加第十六届深圳国际服装贴牌/纺织面辅料/服饰配件博览会暨首届深圳原创设计时装周活动时召开的推介活动。会上,濮院羊毛衫城市场管理委员会与深圳市鹏城展览策划有限公司签订2015年推动濮院毛衫产业发展战略合作协议。协议约定,共同推动濮院毛衫区域品牌健康发展,建立资源互动、互助、互利关系;组织各种形式的贸易配对会、品牌交流推广、设计师交流等,增强濮院毛衫与深圳女装之间的联络与交流,扩大濮院毛衫区域品牌的影响力;在设计、研发、流行趋势及贸易展会等方面充分合作,增强企业间互动。圣地欧、纯爱、貂帅、东企等10余个濮院针织产业园区知名品牌企业代表在展会开展为期三天的自主品牌走秀互动展示以及静态模特样衣展示。来自全国纺织服装基地、著名服装交易市场、行业协会的领导,国内著名品牌企业、知名设计师代表,品牌服装、采购商代表以及桐乡羊毛羊绒企业界代表等参加推介会。

(李　昇　张夏啸)

社会经济统计资料

统计示意图

人均地区生产总值

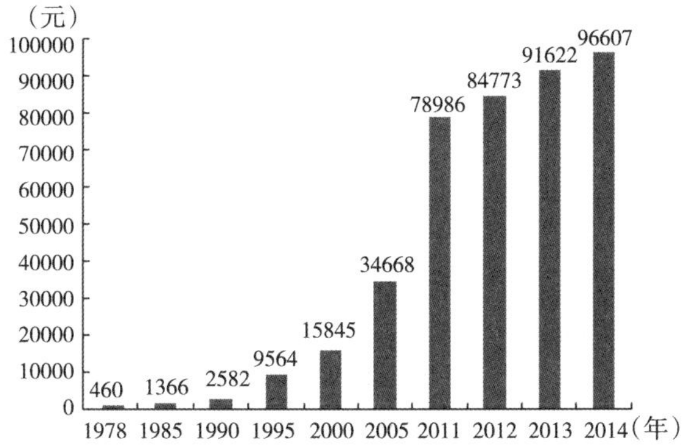

地区生产总值

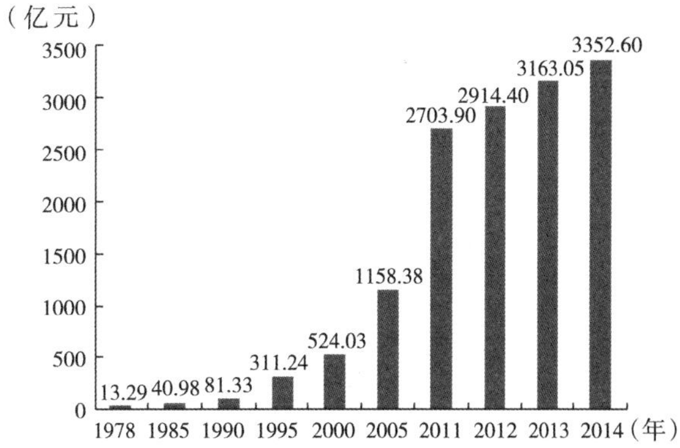

地区生产总值构成

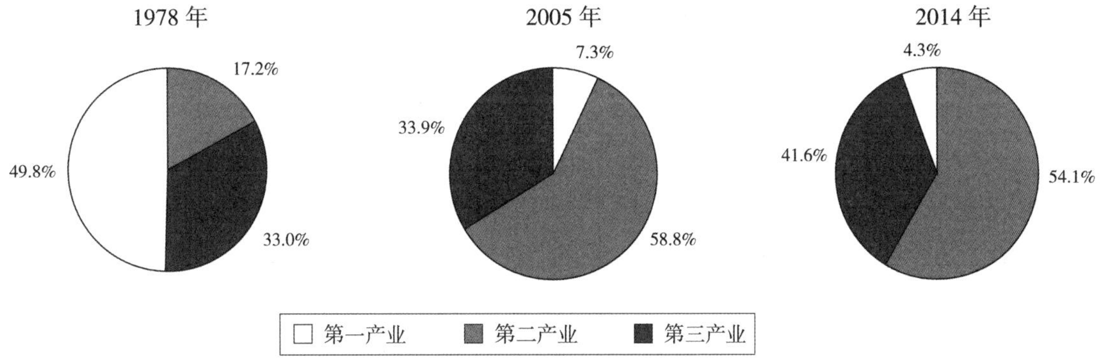

农业增加值

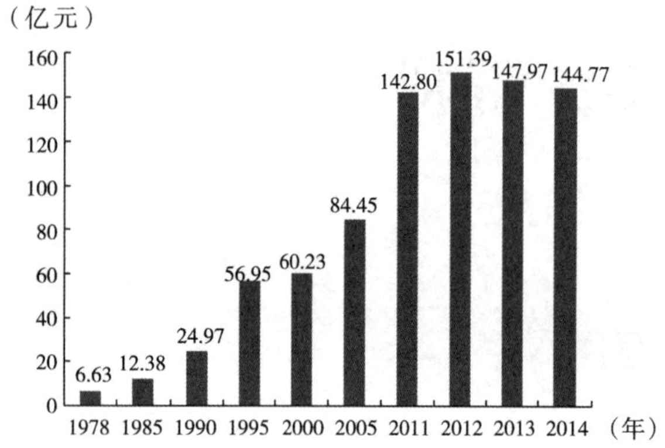

农业发展指数

（1980年为100）

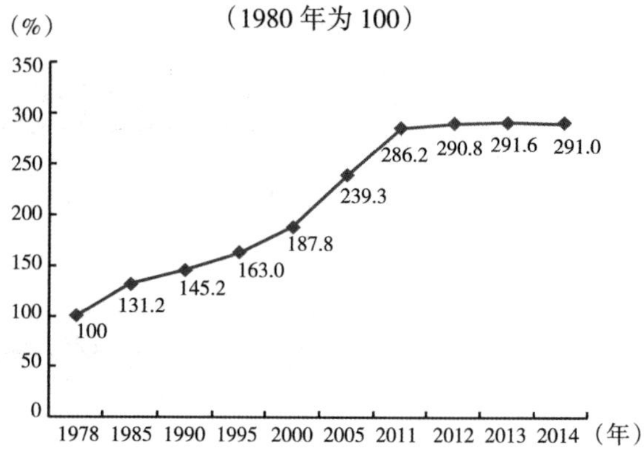

工业增加值

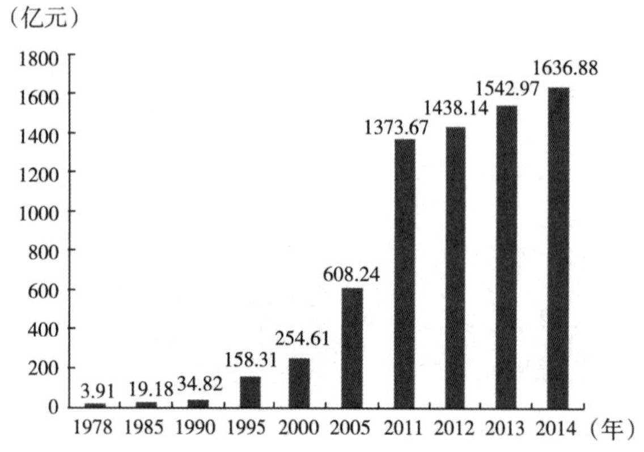

工业增加值发展指数

（以1980年为100）

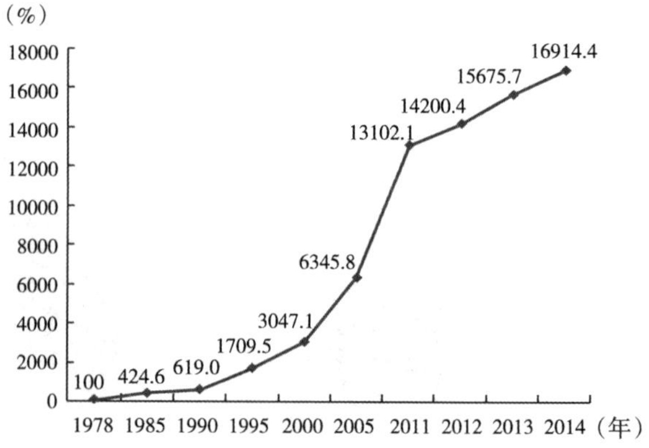

固定资产投资额

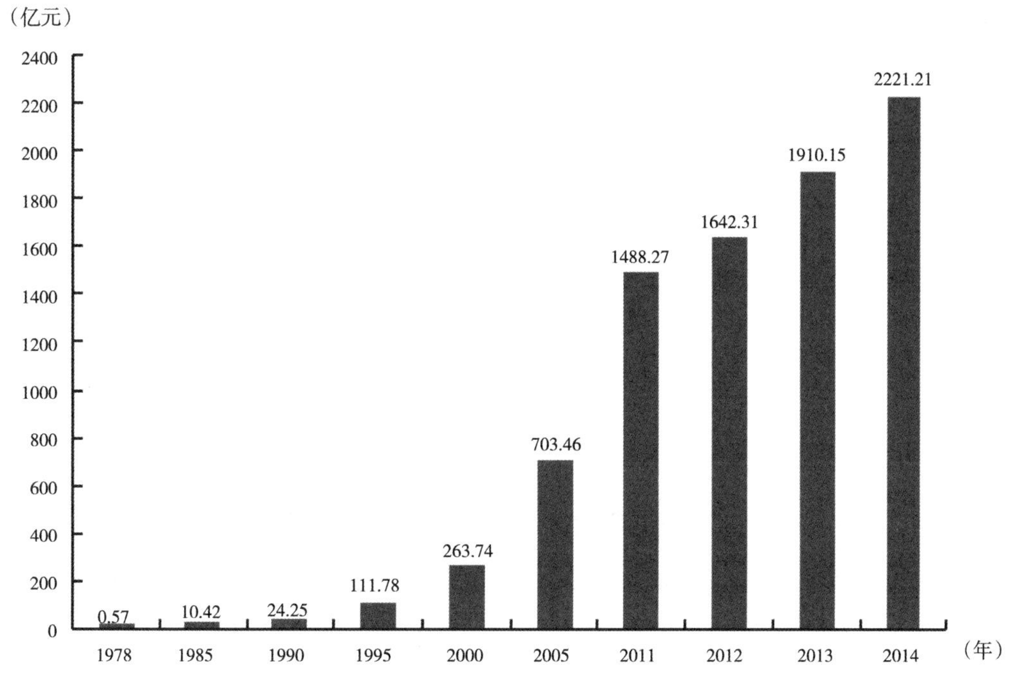

全社会消费品零售总额

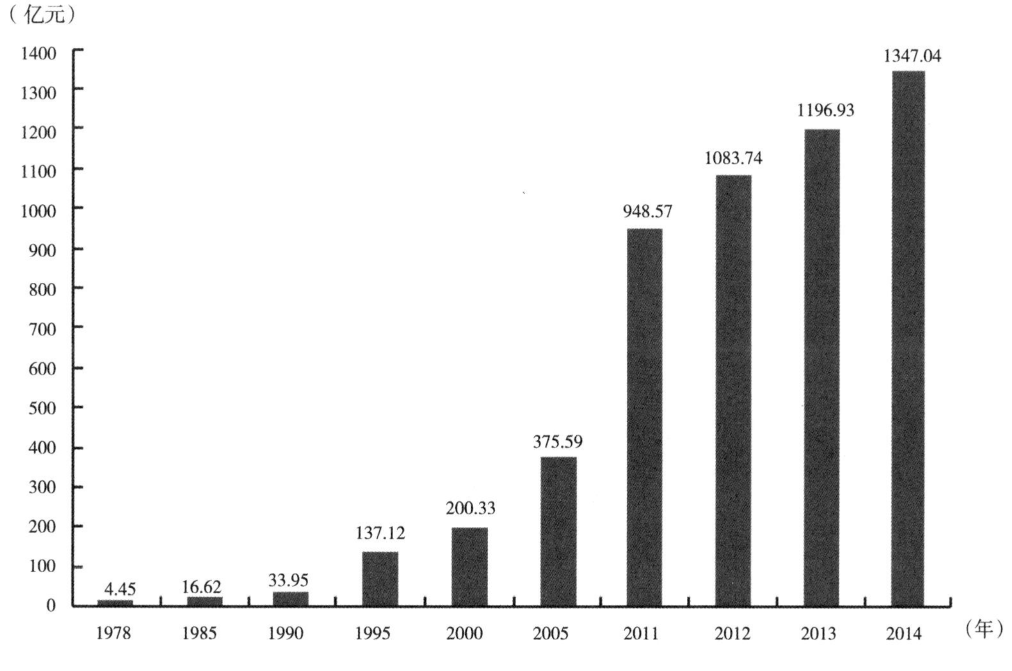

城乡居民人均收入

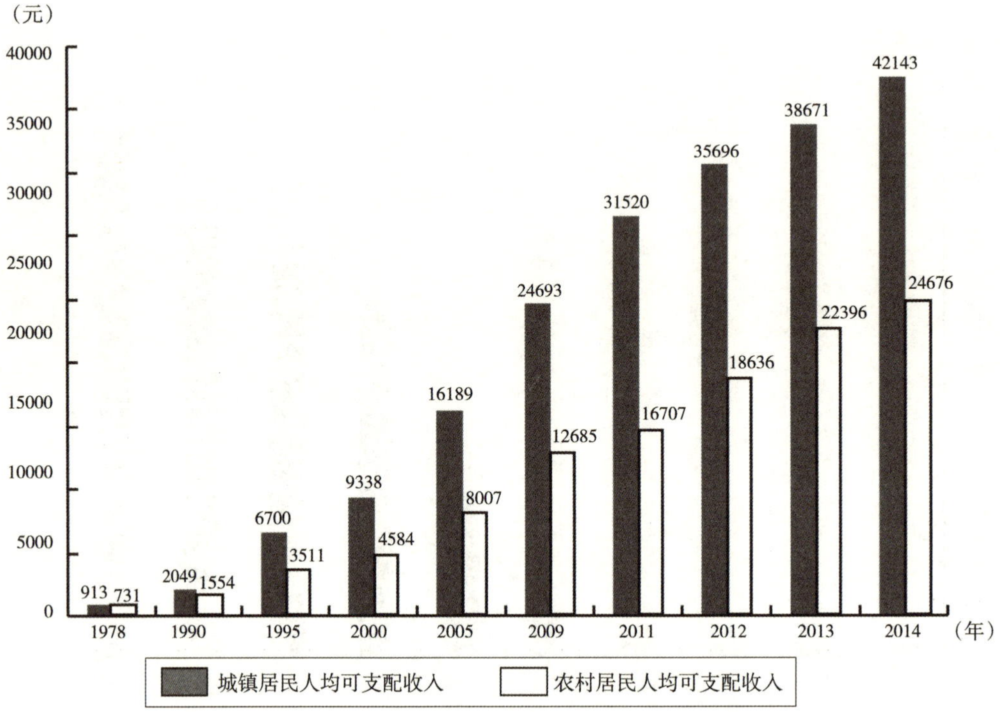

居民消费价格指数

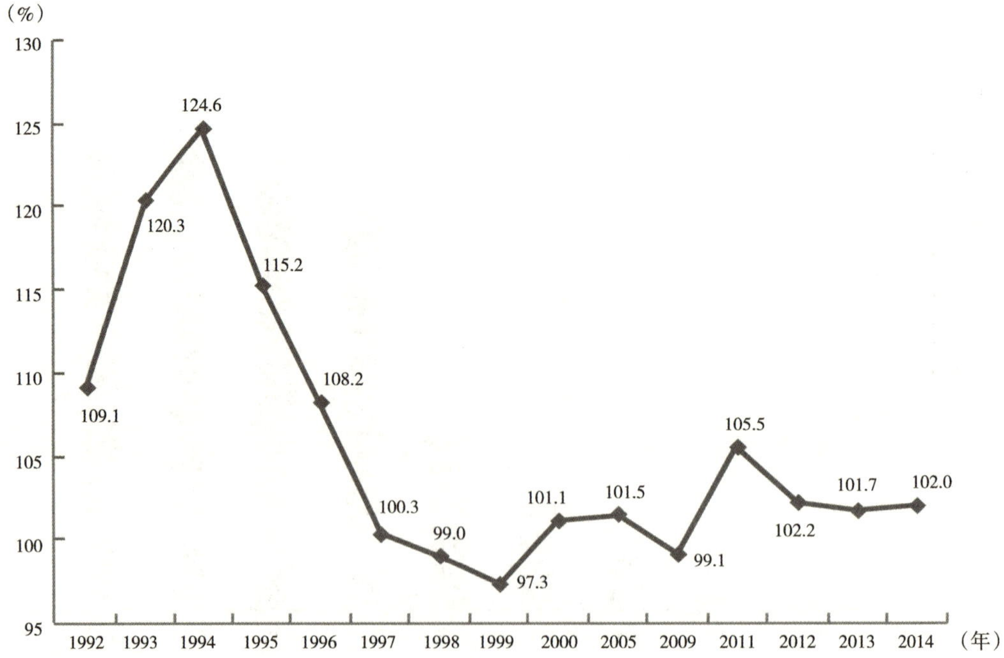

统计表

表 27

全市主要年份国民经济主要指标

指标名称	单位	2005 年	2006 年	2007 年	2008 年	2009 年	2010 年	2011 年	2012 年	2013 年	2014 年
年末总人口	万人	334.33	335.55	336.81	338.07	339.60	341.60	343.05	344.52	345.93	348.14
非农业人口	万人	112.20	115.99	120.36	130.14	139.92	146.87	156.36	157.57	159.23	160.98
地区生产总值	亿元	1158.38	1345.18	1586.00	1819.78	1919.37	2315.46	2703.90	2914.40	3163.05	3352.60
第一产业	亿元	84.45	88.17	97.07	105.52	107.51	127.00	142.80	151.39	147.97	144.77
第二产业	亿元	681.32	805.76	947.07	1081.21	1109.77	1337.15	1532.89	1598.34	1708.86	1813.67
工业	亿元	608.24	721.60	853.41	974.29	982.78	1190.48	1373.67	1438.14	1542.97	1636.88
第三产业	亿元	392.61	451.25	541.86	633.06	702.09	851.30	1028.21	1164.68	1306.23	1394.17
人均生产总值	元	34668	40162	47177	53929	56647	67982	78986	84773	91622	96607
全社会客运量	万人	16218	16878	16503	17167	11674	11955	12160	12343	12579	10780
全社会货运量	万吨	6881	10101	10463	10670	14853	16004	16869	16876	17266	18185
邮电业务总量	万元	383010	473488	528890	597576	664793	705979	775174	825524	873495	854324
社会消费品零售总额	亿元	374.44	429.72	501.22	599.61	694.30	799.36	948.57	1083.74	1196.93	1347.04
进出口总额	万美元	992235	1265358	1610963	1983273	1720475	2282418	2848425	2874358	3176292	3373431
出口总额	万美元	704385	917576	1167353	1410421	1234118	1603997	1927151	1960260	2151208	2365087
新签协议(合同)项目数	个	440	468	420	242	255	300	260	234	248	246
协议(合同)外资金额	万美元	250049	255863	345512	228735	262282	320604	311305	281419	339082	441547
实际利用外资	万美元	115666	122178	166228	135975	133460	160994	172066	178159	220676	249577
接待境外旅游者人数	万人	44.25	52.74	61.25	52.96	55.67	66.41	72.14	78.17	65.78	70.66
全社会用电量	亿千瓦时	150.21	181.05	212.89	231.74	250.86	290.52	327.91	351.42	385.45	396.45
工业用电量	亿千瓦时	121.43	149.37	178.16	193.37	208.40	240.90	271.30	289.23	314.46	328.88
固定资产投资	亿元	703.46	800.32	900.04	1006.80	1233.41	1488.26	1488.27	1642.31	1910.15	2221.21
财政收入	万元	1351398	1651123	2094362	2521332	2793539	3343272	4160001	4719213	5174915	5680944
地方财政收入	万元	667918	815470	1052352	1268694	1417039	1768297	2264023	2577319	2823092	3070675
财政支出	万元	734502	864978	1074227	1359199	1611146	1990633	2406148	2607030	3033633	3349028
金融机构年末存款余额	亿元	1341.75	1583.28	1796.09	2186.24	2853.30	3526.61	4075.18	4453.07	5072.69	5513.87
金融机构年末贷款余额	亿元	960.51	1144.71	1351.54	1603.84	2170.58	2615.92	3038.69	3419.53	3860.03	4393.16
市区居民消费价格指数	%	101.5	101.2	103.7	105.2	99.1	104.0	105.5	102.2	101.7	102.0
市区商品零售价格指数	%	100.9	101.0	103.4	106.6	98.2	104.0	105.0	101.7	100.7	101.3
职工工资总额	万元	1219593	1488325	1813124	2149705	2302949	2782681	3230244	3512573	3879595	3347183
职工平均工资	元	20552	22511	25883	29219	31965	36319	42990	48305	53057	58885
农村居民人均可支配收入	元	8007	8952	10163	11538	12685	14365	16707	18636	22396	24676
城镇居民人均可支配收入	元	16189	17828	20128	22481	24693	27487	31520	35696	38671	42143
城乡居民储蓄年末存款余额	亿元	737.14	850.43	907.48	1155.38	1376.76	1621.29	1870.56	2144.49	2438.21	2701.58
高等学校在校生	人	21298	25540	30173	36832	38932	52351	56821	73228	76561	78716
中等专业学校在校生	人	16546	18961	19230	19419	20816	22446	26331	25287	23613	22837
职业中学在校生	人	26034	24030	24745	24517	25066	28596	27440	26472	24501	22179
普通中学在校生	人	204237	206059	213265	219687	215717	207225	194676	183379	174957	170202
小学在校生	人	265992	254608	247686	236252	224763	225516	233814	230977	226835	245353

续表 27

指标名称	单位	2005 年	2006 年	2007 年	2008 年	2009 年	2010 年	2011 年	2012 年	2013 年	2014 年
卫生机构数	个	746	715	1445	1365	1370	1376	1364	1343	1340	1374
医院、卫生院	个	158	148	147	135	119	116	99	94	92	102
卫生技术人员	人	14280	15311	16635	19640	21176	22580	23729	25286	26439	28036
医生	人	6054	6341	6827	6957	7525	7865	8046	8458	8837	9280
床位数	张	11165	12062	12484	12929	13697	14927	16272	17992	19412	21038
医院、卫生院床位数	张	10577	11409	11794	12146	12842	14063	14964	16220	17740	19490

表 28

全市生产总值
(1978~2014 年)

单位:亿元

年份	生产总值	第一产业增加值	第二产业增加值	其中		第三产业增加值	人均生产总值(元)
				工业增加值	建筑业增加值		
1978	13.29	6.63	4.38	3.91	0.47	2.28	460
1979	16.63	8.39	5.52	4.80	0.72	2.73	573
1980	17.80	6.96	7.57	6.62	0.95	3.27	610
1981	19.96	7.78	8.65	7.74	0.91	3.53	680
1982	22.41	8.98	9.45	8.37	1.09	3.98	756
1983	23.27	8.37	10.44	9.37	1.07	4.46	780
1984	30.67	11.33	14.06	12.65	1.41	5.28	1025
1985	40.98	12.38	21.20	19.18	2.03	7.40	1366
1986	47.90	13.64	24.69	21.93	2.76	9.57	1584
1987	57.59	16.66	29.90	26.15	3.75	11.03	1811
1988	72.42	21.73	36.34	31.90	4.44	14.35	2339
1989	79.77	23.71	39.75	34.64	5.11	16.31	2554
1990	81.33	24.97	40.56	34.82	5.74	15.80	2582
1991	91.26	24.93	47.51	40.45	7.06	18.82	2877
1992	113.32	26.30	62.23	53.84	8.39	24.79	3547
1993	168.10	30.88	99.32	89.53	9.78	37.91	5227
1994	236.57	49.67	130.25	118.78	11.46	56.66	7313
1995	311.24	56.95	175.49	158.31	17.18	78.80	9564
1996	369.96	61.43	207.62	189.97	17.64	100.91	11306
1997	408.83	63.45	226.06	204.81	21.26	119.32	12439
1998	433.39	59.71	238.72	214.85	23.88	134.96	13149
1999	460.31	55.37	252.97	227.35	25.62	151.97	13947
2000	524.03	60.23	283.79	254.61	29.18	180.01	15845
2001	586.73	63.26	315.63	282.49	33.13	207.84	17694
2002	677.65	61.23	379.84	340.90	38.94	236.57	20402
2003	823.54	66.04	474.90	424.40	50.50	282.60	24755
2004	1002.41	76.80	588.19	522.88	65.31	337.42	30062
2005	1158.38	84.45	681.32	608.24	73.07	392.61	34668
2006	1345.18	88.17	805.76	721.60	84.16	451.25	40162
2007	1586.00	97.07	947.07	853.41	93.66	541.86	47177
2008	1819.78	105.52	1081.21	974.29	106.91	633.06	53929
2009	1919.37	107.51	1109.77	982.78	126.99	702.09	56647
2010	2315.46	127.00	1337.15	1190.48	146.67	851.30	67982
2011	2703.90	142.80	1532.89	1373.67	159.22	1028.21	78986
2012	2914.40	151.39	1598.34	1438.14	160.20	1164.68	84773
2013	3163.05	147.97	1708.86	1542.97	166.04	1306.23	91622
2014	3352.60	144.77	1813.67	1636.88	177.65	1394.17	96607

表 29

全市生产总值指数
（1978~2014 年）

单位：%

年份	生产总值	第一产业增加值	第二产业增加值	其中		第三产业增加值	人均生产总值
				工业增加值	建筑业增加值		
1978	100.0	100.0	100.0	100.0	100.0	100.0	100.0
1979	119.2	113.7	127.1	124.5	147.1	122.0	118.5
1980	124.4	91.6	174.4	172.6	188.6	137.6	123.1
1981	138.8	102.3	198.1	201.2	174.6	146.3	136.3
1982	154.4	116.2	216.5	217.7	207.5	162.4	150.4
1983	158.9	104.8	240.8	246.0	199.4	181.2	153.5
1984	196.1	130.9	302.4	309.5	246.8	208.6	188.8
1985	238.7	131.2	414.3	424.6	331.5	259.9	229.3
1986	278.3	135.1	506.3	516.7	419.3	318.4	265.4
1987	308.6	140.6	585.8	592.7	527.9	338.4	290.8
1988	336.1	144.6	644.9	659.7	527.9	382.4	313.1
1989	317.9	139.8	604.9	612.8	539.0	362.1	293.7
1990	320.8	145.2	612.8	619.0	556.8	348.4	293.9
1991	351.6	139.6	707.2	706.2	684.9	404.5	319.8
1992	415.2	146.4	867.0	896.9	671.8	499.9	374.9
1993	522.4	143.9	1177.2	1281.4	565.3	655.8	468.6
1994	595.8	156.6	1314.3	1436.2	600.7	817.8	531.2
1995	703.2	163.0	1583.9	1709.5	840.1	1000.7	623.3
1996	821.9	169.3	1884.2	2061.3	848.9	1201.6	724.5
1997	902.2	176.1	2063.7	2240.2	1024.9	1362.6	791.8
1998	990.1	174.2	2272.7	2457.8	1179.4	1556.0	866.5
1999	1088.7	179.8	2483.2	2686.8	1280.8	1778.8	951.5
2000	1219.5	187.8	2810.5	3047.1	1416.4	2001.7	1063.7
2001	1365.7	200.3	3170.3	3439.2	1589.2	2251.9	1188.0
2002	1552.3	207.3	3661.0	3971.7	1835.0	2567.2	1348.1
2003	1806.9	217.4	4377.8	4749.6	2193.1	2943.0	1566.7
2004	2096.0	231.9	5143.7	5572.5	2609.2	3412.7	1813.1
2005	2371.7	239.3	5848.8	6345.8	2928.9	3913.3	2047.4
2006	2700.7	248.2	6760.7	7348.2	3335.6	4424.9	2325.8
2007	3093.2	258.2	7779.0	8546.0	3488.7	5118.8	2654.1
2008	3423.2	264.1	8582.2	9470.2	3687.6	5771.8	2926.2
2009	3743.2	272.3	9226.6	10055.7	4447.0	6552.6	3186.6
2010	4257.5	282.1	10637.8	11696.1	4733.7	7383.4	3605.6
2011	4709.2	286.2	11746.4	13102.1	4612.5	8289.5	3968.0
2012	5119.8	290.8	12659.0	14200.4	4706.9	9213.1	4295.7
2013	5595.3	291.6	13914.2	15675.7	4952.8	10080.9	4675.0
2014	6016.2	291.0	14998.6	16914.4	5283.1	10883.4	5000.6

表 30

全市 2000 万元以上独立核算工业企业主要经济指标
(2005~2014 年)

单位:万元

指标名称	2005 年	2006 年	2007 年	2008 年	2009 年	2010 年	2011 年	2012 年	2013 年	2014 年
企业单位个数(个)	4497	5389	5986	6735	6819	7311	3987	4324	4707	5005
亏损单位个数(个)	562	635	635	1148	965	734	514	725	665	661
工业总产值(当年价)	21789594	26890978	33381612	37382586	38639861	51028508	57633603	60395206	68936724	74637540
工业增加值(当年价)	4789161	5864087	7380398	—	—	—	—	—	12735709	14132161
全部从业人员平均人数(人)	793296	867074	931027	956223	920096	964361	826321	820816	832990	852676
流动资产平均余额	8703262	10932570	13490013	16540045	—	—	—	—	—	—
年末固定资产原值	13940614	16154121	18568822	20510274	23827788	27473122	29885066	33535789	35411805	41499702
当年固定资产折旧	887625	1037042	1178038	1327553	1521201	1719124	1843819	2094902	2382313	2586975
固定资产净值平均余额	10009636	11670669	13024436	14091818	—	—	—	—	—	—
年末资产总计	22673857	27143518	32815421	37176078	42200376	50650938	55936423	62975802	69395376	75608191
流动资产	9316980	11895449	14910808	17583249	19690840	25051275	27988421	31482722	35690340	38908657
固定资产	11215391	12538786	14542239	16639070	17415575	19908316	21529396	23447563	24098826	27527998
年末负债总计	14445501	16968680	20094881	22415905	25608014	30352254	33781011	37360294	40930677	44360435
长期负债	4973975	4918089	4997956	4713752	4712829	5985711	5827841	7099084	6918234	7604221
流动负债	9471526	12050589	15096009	17621807	20642489	24156920	26984579	29779328	33538507	36232611
年末所有者权益	8228356	10174839	12720540	14758227	16592362	20298684	22155413	25527630	28406092	31200645
主营业务收入	21588658	26501423	32949819	36063234	37252616	50131182	56098856	59071449	67081113	72327922
主营业务成本	18932179	23247319	28963601	31722719	32402051	43700513	49251622	51852591	58694557	63182399
管理费用	865538	1052920	1292751	1567339	1691187	2129651	2336619	2613833	2911350	3191794
财务费用	463280	531506	613439	776468	645505	746636	880733	1161902	1046298	1134821
利润总额	1016471	1239412	1654711	1508820	2029096	3211009	3095176	2793036	3563875	3748437
亏损企业亏损总额	92699	112512	117837	214716	170992	118696	172537	337479	250249	336517
利税总额	1800649	2144227	2796401	2756709	3310027	4827103	5109196	4908591	5912705	6265338

说明:自 2011 年起规模以上工业统计划分标准由 500 万元提高为 2000 万元。

表 31

市和区、县(市)农业总产值
(2014 年)

单位:万元

指标名称	全市	市区	其中		嘉善县	平湖市	海宁市	海盐县	桐乡市
			南湖区	秀洲区					
农业总产值	2491172	611092	357619	253473	486963	260137	358002	318006	456971
一、种植业	1255179	248487	109717	138770	307473	145259	180100	153135	220725
1.粮食	388015	99973	40705	59269	56861	63548	51777	54371	61484
2.棉花	2414	113	103	9	—	446	965	592	299
3.油料	23107	3586	927	2659	1116	4663	6023	3620	4098
4.麻类	9	—	—	—	—	—	9	—	—
5.糖料	5718	699	549	150	14	130	3872	22	981
6.烟叶	461	—	—	—	—	—	—	—	461
7.药材	25998	436	93	343	—	144	35	97	25286
8.桑叶	16046	1275	62	1212	—	2	2281	1861	10628
9.茶叶	687	—	—	—	—	—	—	687	—
10.蔬菜、瓜类	450502	68734	34790	33944	160325	49966	50157	55287	66033
11.水果	189901	51887	24116	27771	47197	7502	27563	31960	23793
二、林业	11977	1014	855	159	330	1281	2760	4281	2311
三、牧业	830235	260585	190654	69931	112388	55649	110651	113870	177092
1.牲畜繁殖增长增重	596985	234446	180582	53864	91521	48947	58865	82094	81111
2.家禽饲养	76285	9847	5935	3912	7687	2409	19368	19051	17923
3.其他动物饲养	105530	8330	1788	6542	46	1048	27986	10246	57875
四、渔业	278287	82886	49787	33098	55501	36406	44660	29385	29450
五、农林牧渔服务业	115494	18120	6606	11514	11271	21543	19833	17334	27393

表 32

市和区、县(市)项目投资分行业固定资产投资额
(2014 年)

单位:万元

行　业	全市	市区	其中		嘉善县	海盐县	海宁市	平湖市	桐乡市
			南湖区	秀洲区					
总计	16954893	3932813	2459018	1473795	1938066	2151559	3572925	2361181	2998349
农、林、牧、渔业	251358	113291	87278	26013	—	33787	39963	27441	36876
采掘业	3838	403	—	403	—	3435	—	—	—
制造业	8634020	1649168	873136	776032	1159640	1201854	1738514	1353259	1531585
电力、燃气及水的生产和供应业	1370212	185496	71970	113526	49139	388568	265057	265606	216346
建筑业	10980	—	—	—	—	4550	3995	—	2435
交通运输、仓储和邮政业	402153	147255	111793	35462	106692	12142	46251	24597	65216
信息传输、计算机服务和软件业	1031035	317744	171697	146047	78352	99199	214261	201450	120029
批发和零售业	139917	49736	49736	—	17444	15300	30800	8860	17777
住宿和餐饮业	219345	111160	62769	48391	25613	—	18823	—	63749
金融业	80757	63895	63895	—	2050	985	4097	1794	7936
房地产业	1533110	405488	269493	135995	88846	106720	390808	142823	398425
租赁和商务服务业	915983	268337	217914	50423	77647	58482	354652	44749	112116
科学研究、技术服务和地质勘查业	109339	39729	25512	14217	24185	25551	8680	6822	4372
水利、环境和公共设施管理业	1337572	392345	350637	41708	160766	133180	256617	171941	222723
居民服务和其他服务业	55542	34364	15234	19130	15899	2000	1363	—	1916
教育	239537	65196	24469	40727	11388	8431	100410	23663	30449
卫生、社会保障和社会福利业	273176	24882	24882	—	20922	235	67175	17291	142671
文化、体育和娱乐业	259265	41712	25455	16257	74852	48205	16624	57100	20772
公共管理和社会组织	87754	22612	13148	9464	24631	8935	14835	13785	2956

表33

市和区、县(市)限额(500万元)以上项目投资主要指标
(2014年)

单位:万元

指标名称	全市	市区	其中		嘉善县	海盐县	海宁市	平湖市	桐乡市
			南湖区	秀洲区					
完成投资	16954893	3932813	2459018	1473795	1938066	2151559	3572925	2361181	2998349
建筑工程	7746855	1940676	1320753	619923	973986	801067	1642413	980471	1408242
安装工程	896496	143775	77784	65991	187930	194056	111722	131734	127279
设备工器具购置	6249531	1265186	594685	670501	721865	846058	1194711	1020939	1200772
其他费用	2062011	583176	465796	117380	54285	310378	624079	228037	262056
按国有控股情况分	16954893	3932813	2459018	1473795	1938066	2151559	3572925	2361181	2998349
国有及国有控股企业投资	4803839	1383597	1098693	284904	145783	836025	1166979	634267	637188
非国有投资	12151054	2549216	1360325	1188891	1792283	1315534	2405946	1726914	2361161
民间投资	10561310	2236057	1185170	1050887	1606016	1218782	2090630	1264956	2144869
按三次产业分	16954893	3932813	2459018	1473795	1938066	2151559	3572925	2361181	2998349
第一产业	251358	113291	87278	26013	—	33787	39963	27441	36876
第二产业	10019050	1835067	945106	889961	1208779	1598407	2007566	1618865	1750366
第三产业	6684485	1984455	1426634	557821	729287	519365	1525396	714875	1211107
新增固定资产	13585234	2596066	1573503	1022563	1859673	1425932	2915354	2155376	2632833
施工房屋面积(平方米)	49597933	10620788	8514780	2106008	5003964	4062548	14369109	4360934	11180590
住宅(平方米)	5219226	2176904	2176904	—	167000	260574	2153392	219998	241358
竣工房屋面积(平方米)	12869498	1326857	1126953	199904	1966435	847637	2622450	887370	5218749
住宅(平方米)	857403	183504	183504	—	—	121874	338867	5900	207258
竣工房屋价值	2267082	269290	230330	38960	321116	134483	756256	160884	625053
住宅	188173	32377	32377	—	—	9338	119198	800	26460
施工项目数(个)	5437	1337	685	652	621	362	1377	677	1063
新开工数(个)	3355	718	350	368	431	212	903	366	725
投产项目数(个)	3392	694	353	341	491	194	881	387	745
本年资金来源合计	17691466	4465589	2824928	1640661	1983402	2127543	3610689	2438069	3066174
上年末结余资金	943447	314956	255930	59026	7113	98742	396200	120030	6406
本年资金来源小计	16748019	4150633	2568998	1581635	1976289	2028801	3214489	2318039	3059768
国家预算内资金	537571	149564	133780	15784	40255	116979	70077	83066	77630
国内贷款	1997541	629965	534250	95715	1840	596972	351832	302050	114882
债券	13363	—	—	—	—	—	5363	—	8000
利用外资	526599	126220	119862	6358	229270	5146	9545	152656	3762
自筹资金	13246137	3104826	1659587	1445239	1689980	1291990	2758817	1552246	2848278
其他资金来源	426808	140058	121519	18539	14944	17714	18855	228021	7216
本年各项应付款合计	1793078	265311	225189	40122	12575	266482	876136	294490	78084

表 34

全市利用外资情况
（2005~2014 年）

年　　份	利用外资协议(合同)		实际利用外资（万美元）
	项目(个)	金额（万美元）	
2005	440	250049	115666
2006	468	255863	122178
2007	420	345512	166228
2008	242	228735	135975
2009	255	262282	133460
2010	300	320604	160994
2011	260	311305	172066
2012	234	281419	178159
2013	248	339082	220676
2014	246	441547	249577
市区	88	148150	85696
南湖区	27	38005	19165
秀洲区	36	43003	22511
嘉善县	32	64559	41848
平湖市	27	50162	34007
海宁市	40	76424	44007
海盐县	26	55371	10896
桐乡市	33	46881	33123

表 35

分地区预算内财政支出情况
（2014 年）

单位:万元

指标名称	全市	市区	嘉善县	平湖市	海宁市	海盐县	桐乡市
合计	3349028	1088806	396038	449179	606845	283962	524198
一般公共服务	341643	103065	42029	53444	63744	29235	50126
外交	—	—	—	—	—	—	—
国防	4418	671	197	905	1179	691	775
公共安全	236347	79371	29628	33946	39061	18165	36176
教育	756642	180013	85742	101841	151617	84498	152931
科学技术	140870	37351	18293	17420	29024	16340	22442
文化体育与传媒	79559	18999	10736	12086	17631	7036	13071
社会保障和就业	230555	93215	23093	35171	31422	16464	31190
医疗卫生	223482	48097	33236	30672	45214	20390	45873
节能环保	108751	21909	18501	11201	27712	5416	24012
城乡社区事务	391502	162252	41256	62973	61656	22102	41263
农林水事务	318522	84843	51563	37366	58431	33704	52615
交通运输	229446	132601	17881	10336	23677	13612	31339
资源勘探电力信息等事务	122930	48207	9263	28262	25444	2869	8885
其他支出	7086	3545	2550	4	300	30	657

表36

分地区预算内财政收入情况
(2014年)

单位:万元

指标名称	全市	市区	嘉善县	平湖市	海宁市	海盐县	桐乡市
合计	5680944	1680724	600580	904052	1084937	520112	890539
上划中央收入合计	2610269	742612	287239	447272	484677	249832	398637
增值税	1648257	423513	191610	311036	309924	162813	249361
消费税	14925	36541	1061	-28065	1101	3267	1020
企业所得税	734063	211291	70340	139706	134709	65651	112366
个人所得税	213024	71267	24228	24595	38943	18101	35890
地方级收入	3070675	938112	313341	456780	600260	270280	491902
税收收入	2951554	906306	301657	442547	583528	256044	461472
增值税	549419	141171	63870	103679	103308	54271	83120
营业税	729474	240590	64966	91003	153701	61358	117856
企业所得税	489374	140861	46893	93137	89806	43767	74910
个人所得税	142015	47511	16152	16397	25962	12067	23926
城市维护建设税	195007	61852	17856	31373	35054	20886	27986
城镇土地使用税	113755	33069	21097	17094	18570	8231	15694
印花税	54131	16111	4703	9240	10974	5226	7877
耕地占用税	53268	11966	11128	9474	7249	6111	7340
契税	205980	66608	19876	21401	50681	16574	30840
其他各税收入	419131	146567	35116	49749	88223	27553	71923
非税收入	119121	31806	11684	14233	16732	14236	30430
专项收入	97758	26627	11126	15652	16939	12683	14731
行政事业性收费收入	11853	2275	1763	1415	1023	713	4664
罚没收入	72603	15347	7242	11529	8874	11733	17878
国有资本经营收入	-72065	-19500	-8960	-15000	-10505	-11100	-7000
国有资源有偿使用收入	8588	6714	511	637	362	207	157
其他收入	384	343	2	—	39	—	—

表 37

市区城市公用事业基本情况
（2005~2014 年）

指标名称	单位	2005 年	2006 年	2007 年	2008 年	2009 年	2010 年	2011 年	2012 年	2013 年	2014 年
城镇建成区面积	平方公里	102.09	73.12	78.50	83.50	88.08	93.61	98.59	103.82	108.52	111.79
供水管道长度	千米	866.8	606.0	679.0	701.5	749.1	762.0	783.0	883.0	900.0	995.0
水厂生产能力	万立方米 / 日	47.09	36.70	49.09	44.05	49.05	49.05	54.00	71.80	70.50	70.50
年供水总量	万吨	9328	7374	8355	7687	7879	11282	10587	11685	12178	10277
生活用水	万吨	2404	2362	2249	1756	2053	2036	2379	2614	2722	2867
用水人口	万人	40.29	34.47	55.74	55.97	66.81	68.34	74.41	77.27	80.87	86.59
人均生活用水量	立方米 / 人日	308.45	300.26	198.69	160.56	155.79	152.25	161.90	170.66	168.66	159.86
实有公共汽车	辆	472	657	792	889	921	1006	1017	1042	1025	1007
营运线路长度	公里	508	440	526	347	913	1486	1344	1414	1527	1561
公共汽车客运总量	万人次	5029	6650	7349	7556	7141	8680	10126	10341	9176	9870
实有铺设道路面积	万平方米	925.2	848	916	1029	1050	1196	1300	1371	1438	1493
平均每人占有道路	平方米 / 人	22.96	24.60	16.43	18.38	15.71	17.50	17.47	17.74	17.74	17.12
实有桥梁	座	441	276	365	401	428	453	473	486	491	495
实有排水管道长度	公里	670	536	625	780	823	727	736	795	852	877
生活垃圾清运量	万吨	28	19.70	22.87	16.10	16.90	18.36	21.50	22.42	25.27	28.94
建成区园林绿地面积	公顷	2699	2602	2899	3128	3373	3629	4251	4379	4570	5265
园林绿化覆盖面积	公顷	3579	3533	3966	4213	4489	4665	4911	5190	5403	5659
建成区绿化覆盖率	%	28.90	37.95	39.45	39.92	40.69	41.09	43.12	42.18	42.11	42.94
每人占有公共绿地	平方米 / 人	10.75	11.78	10.06	11.18	12.60	12.92	13.41	13.64	13.50	13.34
公园面积	公顷	285.13	365	455	487	679	709	798	847	873	921
实有路灯	万盏	3.14	3.20	3.40	3.73	4.06	4.37	4.51	4.61	4.87	5.27

表38

分地区金融机构人民币存贷款情况
(2014年)

单位:万元

指标名称	全市	市区	嘉善县	平湖市	海宁市	海盐县	桐乡市
一、各项存款合计	55138654	19229593	5384766	6955507	10388477	4508851	8671460
1.单位存款	25101757	9757319	2164266	3222128	4799150	1872421	3286474
2.个人存款	27637053	7953158	3042625	3456448	5468524	2510260	5206038
3.财政性存款	769855	503217	95245	102783	28832	11867	27910
4.临时性存款	70205	37463	5741	5557	10725	2456	8263
5.委托存款	665682	241271	56649	119858	52074	91017	104812
6.其他存款	894101	737163	20241	48733	29171	20830	37963
二、各项贷款合计	43931643	15171024	4023389	4947882	7931728	4708390	7149230
㈠境内贷款	43926342	15169102	4020711	4947331	7931720	4708389	7149089
1.短期贷款	22836724	7087622	2326274	2472687	4679321	1793844	4476977
2.中长期贷款	20532693	7737268	1645085	2413019	3228689	2852023	2656608
(1)个人贷款	5848548	2324598	600571	645798	1020006	362075	895500
(2)单位贷款	13758241	4948633	1037714	1581982	2144011	2435192	1610709
(3)普通并购贷款	41880	41880	—	—	—	—	—
(4)银团贷款	884023	422156	6800	185239	64672	54756	150400
(5)贸易融资	—	—	—	—	—	—	—
(6)境外筹资转贷款	—	—	—	—	—	—	—
3.融资租赁	—	—	—	—	—	—	—
4.票据融资	508520	328930	43042	48404	11427	61709	15009
5.各项垫款	48405	15283	6309	13221	12284	813	496
㈡境外贷款	5300	1922	2678	551	8	2	140

表 39

全市总户数和总人口数
（2005~2014 年）

年 份	总户数（万户）	总人口数（万人）	按性别分		按户口性质分	
			男性(万人)	女性(万人)	农业人口(万人)	非农业人口(万人)
2005	101.05	334.33	166.52	167.81	222.14	112.20
2006	101.05	335.55	166.96	168.59	219.56	115.99
2007	101.75	336.81	167.38	169.44	216.46	120.36
2008	102.40	338.07	167.81	170.25	207.93	130.14
2009	102.83	339.60	168.33	171.27	199.68	139.92
2010	103.20	341.60	169.07	172.53	194.73	146.87
2011	103.63	343.05	169.58	173.47	186.69	156.36
2012	103.91	344.52	170.09	174.43	186.95	157.57
2013	104.33	345.93	170.61	175.32	186.70	159.23
2014	104.96	348.14	171.52	176.61	187.16	160.98
市区	28.30	86.36	42.62	43.74	40.47	45.90
南湖区	17.12	48.79	24.16	24.63	14.34	34.45
秀洲区	11.18	37.57	18.46	19.11	26.12	11.45
嘉善县	12.52	38.75	19.09	19.66	20.35	18.40
平湖市	14.79	49.14	24.09	25.05	25.09	24.04
海宁市	18.55	67.38	33.07	34.31	43.96	23.42
海盐县	12.16	37.83	18.67	19.15	15.78	22.05
桐乡市	18.64	68.68	33.97	34.70	41.50	27.18

表 40

全市人口变动情况
（2005~2014 年）

年 份	出 生		死 亡		自然增长率（‰）	迁入人口（人）	迁出人口（人）
	人数（人）	出生率(‰)	人数(人)	死亡率(‰)			
2005	23495	7.03	23900	7.15	−0.12	36583	33150
2006	22849	6.82	22443	6.70	0.12	38768	28241
2007	22348	6.65	22959	6.83	−0.18	39027	26303
2008	21914	6.49	23432	6.94	−0.45	37689	23845
2009	22993	6.79	23398	6.91	−0.12	37003	21733
2010	26572	7.80	24303	7.14	0.67	39261	21792
2011	24901	7.27	23742	6.94	0.34	35655	22489
2012	29903	8.70	25133	7.31	1.39	27968	17587
2013	28230	8.18	23972	6.94	1.23	27507	17373
2014	34618	9.98	23724	6.84	3.14	29479	17945
市区	8775	10.21	5514	6.42	3.80	9355	3678
南湖区	5030	10.35	3055	6.29	4.06	5443	2801
秀洲区	3745	10.03	2459	6.59	3.45	3912	877
嘉善县	3362	8.69	2824	7.30	1.39	3604	2970
平湖市	4584	9.35	3422	6.98	2.37	2153	1391
海宁市	7185	10.70	4534	6.75	3.95	5920	3836
海盐县	3691	9.78	2467	6.54	3.24	1809	1440
桐乡市	7021	10.25	4963	7.25	3.01	6638	4630

表 41

全市分行业城镇单位职工平均工资
(2009~2014 年)

单位:元/人

行　　业	2009 年	2010 年	2011 年	2012 年	2013 年	2014 年
总计	31965	36319	42990	48305	53057	58885
一、按企业、事业、机关分						
企业	27844	32165	38488	43421	47824	53452
事业	50591	55915	63273	69772	75558	83696
机关	65721	74148	86180	93534	100658	103720
二、按行业分						
农、林、牧、渔业	24352	26969	25010	29343	34427	37194
制造业	23911	28461	34093	38866	43378	48747
电力、煤气及水的生产和供应业	92741	102785	116288	88355	91634	103586
建筑业	27621	26847	34242	42332	44244	43041
交通运输、仓储和邮政业	41959	45376	50105	55223	56707	61320
信息传输、软件和信息技术服务业	68835	78594	71496	82596	74948	86118
批发与零售业	30223	31447	42368	46602	51471	55690
住宿和餐饮业	20312	23827	29008	32174	35349	39261
金融业	86272	97242	113302	124735	121799	128686
房地产业	31531	34502	42460	44607	50596	54650
租赁与商务服务业	28899	29307	32697	63616	67090	72717
科学研究、技术服务与地质勘查业	44957	47933	57138	59374	64468	74615
水利、环境和公共设施管理业	22997	27675	34050	37984	43322	47162
居民服务和其他服务业	30928	32134	39233	41440	52943	70000
教育	51077	54402	60314	66043	70564	77769
卫生、社会保障和社会福利业	51309	58840	65761	72736	79427	88315
文化、体育与娱乐业	47610	53983	56276	58041	64856	71033
公共管理与社会组织	60451	67985	77950	84684	91001	94922

表 42

全市分行业社会消费品零售总额
(2005~2014 年)

单位:万元

年份	社会消费品零售总额	其中:城镇零售额	按行业分 批发零售贸易业	住宿餐饮业	制造业	其他	其中:农业生产者
2005	3755923	2061530	3190839	398283	—	166800	—
2006	4323735	2392430	3679032	471551	—	173152	—
2007	5058651	2820898	4286222	588194	—	184236	—
2008	6070139	3397379	5229618	644064	—	196457	—
2009	6942960	3899810	5927886	821923	—	193150	—
2010	7993625	—	7142900	850725	—	—	—
2011	9485671	—	8480005	1005666	—	—	—
2012	10837443	—	9716511	1120932	—	—	—
2013	11969340	—	10771748	1197592	—	—	—
2014	13470432	—	12153528	1316904	—	—	—

表 43

全市城镇居民家庭基本情况
(2005~2014 年)

指标名称	单位	2005 年	2006 年	2007 年	2008 年	2009 年	2010 年	2011 年	2012 年	2013 年	2014 年
调查户数	户	620	570	570	650	650	650	650	650	1019	1005
平均每户家庭人口数	人	2.76	2.75	2.71	2.71	2.67	2.65	2.71	2.74	3.09	3.12
有收入者人数	人	2.09	2.11	2.11	2.02	2.03	2.05	2.06	2.09	2.43	2.46
离退休人数	人	0.49	0.50	0.50	0.49	0.52	0.53	0.44	0.48	0.46	0.50
无收入者人数	人	0.66	0.64	0.60	0.69	0.64	0.60	0.65	0.64	0.66	0.66
平均每户就业人数	人	1.56	1.57	1.55	1.48	1.47	1.46	1.56	1.57	2.03	2.05
平均每户就业面	%	56.52	57.09	57.20	54.61	55.06	55.09	57.56	57.30	65.67	65.79
平均每一就业者负担人数	人	1.77	1.76	1.75	1.83	1.82	1.82	1.74	1.75	1.52	1.52
人均可支配收入	元	16189	17828	20128	22481	24693	27487	31520	35696	38671	42143
消费性支出	元	10754	11887	12379	14346	15361	16559	19535	21720	21105	23032
食品	元	3867	4219	4713	5182	5178	5444	6712	7159	6348	7001
衣着	元	965	1057	1121	1282	1312	1444	1962	1998	1455	1547
家庭设备用品及服务	元	608	684	654	803	710	963	1135	1282	1348	1469
医疗保健	元	813	786	858	904	998	899	1058	1087	1454	1587
交通和通信	元	1353	1595	1558	2197	2982	3350	3754	4853	3700	3991
娱乐文教服务	元	1658	1824	2031	2245	2217	2532	2851	2862	2125	2394
居住	元	1057	1328	1033	1240	1454	1387	1427	1699	4129	4434
杂项商品和服务	元	433	394	411	494	510	539	635	781	546	608

表 44

全市农村居民抽样调查基本情况
(2005~2014 年)

指标名称	单位	2005 年	2006 年	2007 年	2008 年	2009 年	2010 年	2011 年	2012 年	2013 年	2014 年
调查户数	户	1720	1720	1720	1800	1800	1800	1800	1800	835	851
常住人口	人	6715	6708	6727	7013	6990	6997	7189	7163	3033	3228
人均可支配收入	元	8007	8952	10163	11538	12685	14365	16707	18636	22369	24676
人均总收入	元	11099	12192	14064	16527	17374	20377	25024	25938	—	—
人均总支出	元	9004	9746	11255	13393	13994	16013	19951	21336	—	—
生活费用总支出	元 / 人	5736	6197	6894	7811	8533	9274	10707	12326	13443	16163
年末生活房屋面积	平方米 / 人	62	65	66	67	69	69	71	72	72	72

表 45

长江三角洲地区主要经济指标(省内)
(2014 年)

指标名称	单位	杭州	宁波	嘉兴	湖州	绍兴	舟山	台州
年末总人口	万人	715.76	583.78	348.14	263.78	443.04	97.49	597.10
年末单位从业人数	万人	293.44	171.71	80.08	49.43	139.74	18.33	107.43
生产总值	亿元	9206.16	7610.28	3352.60	1956.00	4265.88	1015.26	3387.38
第一产业	亿元	274.35	275.70	144.77	120.34	194.28	100.90	215.63
第二产业	亿元	3845.58	3980.41	1813.67	999.10	2213.48	425.27	1578.85
工业	亿元	3414.90	3533.68	1636.88	901.76	1926.32	336.20	1374.80
第三产业	亿元	5086.24	3354.17	1394.17	836.56	1858.12	489.09	1592.89
城市居民人均可支配收入	元	44632	44155	42143	38959	43167	41466	39763
城市居民人均消费性支出	元	32165	27893	23032	24875	26231	27807	26458
居民消费价格指数(上年为 100)	%	102.0	101.9	102.0	102.3	102.1	101.7	102.3
固定资产投资额	亿元	4952.70	3989.46	2221.21	1242.92	2304.68	960.88	1765.93
财政预算内收入	亿元	1920.11	1790.89	568.09	295.71	546.34	148.93	485.29
地方财政收入	亿元	1027.32	860.61	307.07	167.84	317.27	101.02	265.21
地方财政支出	亿元	961.18	1000.86	334.90	224.57	346.44	188.19	371.47
金融机构存款余额	亿元	23950.05	13307.41	5513.87	2756.05	6554.22	1602.70	5609.04
城乡居民存款余额	亿元	6694.55	4780.31	2701.58	1369.95	2806.15	598.00	2892.41
金融机构贷款余额	亿元	20356.17	13610.61	4393.16	2324.95	5823.39	1416.03	4912.24
全年用电量	亿千瓦时	640.19	576.78	396.45	191.61	364.93	45.43	254.42
工业用电量	亿千瓦时	420.07	435.25	328.88	147.78	297.27	23.50	173.17
当年实际利用外资	亿美元	63.35	40.25	24.96	9.84	6.71	2.00	2.77
出口总值	亿美元	491.66	731.09	236.51	88.06	297.51	57.76	193.51
社会消费品零售额	亿元	4201.46	2992.03	1347.04	871.20	1487.14	376.58	1646.32

表 46

长江三角洲地区主要经济指标(省外)
(2014 年)

指标名称	单位	苏州	无锡	常州	南京	南通	扬州	镇江	泰州	上海
年末总人口	万人	661.08	477.14	368.64	648.72	767.63	461.34	272.07	508.51	1429.26
年末单位从业人数	万人	—	—	—	—	—	—	—	—	—
生产总值	亿元	13760.89	8205.31	4901.87	8820.75	5652.69	3697.91	3252.44	3370.89	23560.94
第一产业	亿元	203.98	138.13	138.46	214.25	339.57	227.36	121.45	209.25	124.26
第二产业	亿元	6892.98	4095.89	2408.11	3623.48	2812.34	1885.75	1631.10	1697.45	8164.79
工业	亿元	6360.14	3747.59	2170.19	3119.12	2307.64	1634.48	1498.41	1462.03	7362.84
第三产业	亿元	6663.93	3971.29	2355.30	4983.02	2500.78	1584.80	1499.89	1464.19	15271.89
城市居民人均可支配收入	元	46677	41731	39483	42568	33374	30322	35752	31346	47710
城市居民人均消费性支出	元	28973	27358	23590	25855	22035	18417	21310	19517	30520
居民消费价格指数(上年为 100)	%	102.1	102.2	102.2	102.6	102.1	102.1	102.0	102.1	102.7
固定资产投资额	亿元	6054.00	4610.77	3310.05	5430.77	3896.39	2416.66	2142.34	2197.34	6016.43
财政预算内收入	亿元	—	—	1335.45	1771.85	1403.93	726.27	656.10	805.94	—
地方财政收入	亿元	1443.82	768.01	433.88	903.49	550.00	295.19	277.76	277.95	4585.55
地方财政支出	亿元	1304.83	748.06	434.93	921.20	649.58	367.73	311.85	371.21	4923.44
金融机构存款余额	亿元	21428.20	11849.03	6758.57	20161.86	8339.54	4269.75	3536.27	3955.84	69549.14
城乡居民存款余额	亿元	6753.44	4341.45	2934.19	5055.77	4602.87	2117.09	1569.40	1984.80	21269.32
金融机构贷款余额	亿元	17247.94	8669.62	4789.74	15628.53	5130.38	2732.42	2679.83	2751.51	43227.33
全年用电量	亿千瓦时	1268.12	598.18	395.06	470.50	333.23	204.36	209.41	232.30	1369.03
工业用电量	亿千瓦时	1044.14	477.47	316.09	289.02	242.89	147.89	162.44	180.73	785.63
当年实际利用外资	亿美元	81.20	29.04	24.09	32.91	23.05	13.88	12.95	9.39	181.66
出口总值	亿美元	1811.78	442.31	213.64	326.28	224.80	76.82	66.02	61.78	2102.77
社会消费品零售额	亿元	4095.09	2607.90	1805.40	4167.19	2166.10	1128.10	1003.80	903.60	8718.65

表 47

各县(市、区)单位 GDP 能耗等指标
(2014 年)

地　区	单位 GDP 能耗（吨标准煤 / 万元）	单位 GDP 能耗增长（%）	单位 GDP 电耗增长（%）	单位工业增加值能耗增长（%）
嘉兴市	0.59	-4.7	-4.40	-3.94
南湖区	0.58	-4.6	-6.90	-2.98
秀洲区	0.71	-4.4	-3.70	-1.00
嘉善县	0.60	-5.8	-7.60	-5.01
海盐县	0.78	-4.1	-3.70	-4.59
海宁市	0.55	-4.2	-3.30	-3.27
平湖市	0.52	-4.0	1.07	-7.74
桐乡市	0.73	-4.8	-6.31	-3.57
嘉兴经济技术开发区	—	-4.0	—	-11.60
嘉兴港区	—	—	—	0.91

文件选编

规范性文件

嘉兴市城乡规划管理办法

（嘉兴市人民政府 2014 年 4 月 25 日发）

第一章 总 则

第一条 为加强城乡规划管理，协调城乡空间布局，改善人居环境，建设现代化网络型田园城市，促进城乡经济社会全面协调可持续发展，根据《中华人民共和国城乡规划法》《浙江省城乡规划条例》（以下简称城乡规划法、省城乡规划条例）等法律、法规，结合本市实际，制定本办法。

第二条 本市行政区域内制定和实施城乡规划，在规划区内进行建设活动，适用本办法。

第三条 本办法所称的城乡规划，包括城乡规划法律、法规确定的各类法定规划和其他用于指导城乡空间布局与建设的各类非法定规划。

第四条 制定和实施城乡规划，应当遵循城乡统筹、合理布局、节约土地、集约发展、先规划后建设、下位规划必须符合上位规划的原则，坚持以人为本，因地制宜，改善生态环境，促进资源、能源节约和综合利用，保护耕地等自然资源和历史文化遗产，保持地方特色、民族特色和传统风貌，防止污染和其他公害，并符合区域人口发展、国防建设、防灾减灾和公共卫生、公共安全的需要。

城乡规划的编制，应依据国民经济和社会发展规划，并与土地利用总体规划等相衔接。

第五条 各级人民政府应当加强对城乡规划工作的领导，根据工作需要加强城乡规划管理机构建设，并将城乡规划的编制和管理经费纳入本级财政预算。

第六条 市、县（市）人民政府设立城乡规划委员会，负责对涉及城乡规划编制和实施的重大事项进行审议。城乡规划委员会审议通过的事项，报本级人民政府按照法定程序审批。城乡规划委员会的日常工作由城乡规划主管部门负责。

城乡规划委员会建立城乡规划专家咨询制度，城乡规划制定、修改和实施中的重大事项应听取专家意见。

第七条 市人民政府城乡规划主管部门负责全市的城乡规划管理工作，并在南湖区、秀洲区和嘉兴经济技术开发区（国际商务区）设立派出机构。

县（市）人民政府城乡规划主管部门负责本行政区域内的城乡规划管理工作。

县级以上人民政府有关部门和镇人民政府应当按照各自职责，共同做好城乡规划管理的有关工作。

第八条 鼓励采用先进的科学技术，增强城乡规划的科学性，提高城乡规划实施及监督管理的效能。

市、县（市）人民政府可以按照国家和省有关技术标准、技术规范，制定适用于本区域的相关实施性技术规定，向社会公布后实施。

第二章　城乡规划的制定与修改

第九条　市域总体规划是统筹全市城乡建设和发展的纲领性文件。城市总体规划和各县(市)域总体规划都必须符合市域总体规划的要求。市域总体规划由市人民政府组织编制,报市人民代表大会常务委员会审议。

城市总体规划由市人民政府组织编制,经省人民政府审查同意后,报国务院审批。

县(市)域总体规划由县(市)人民政府组织编制,经市人民政府审查同意后,报省人民政府审批。

镇总体规划,由镇人民政府组织编制,报市、县(市)人民政府审批。

第十条　城市总体规划、县(市)域总体规划在报送审批前,应当先经本级人民代表大会常务委员会审议,审议意见交由本级人民政府研究处理。

镇总体规划在报送审批前,应当先经镇人民代表大会审议,审议意见交由镇人民政府研究处理。

规划组织编制机关报送审批总体规划,应当将本级人民代表大会常务委员会组成人员或镇人民代表大会代表的审议意见和根据审议意见修改规划的情况一并报送。

第十一条　国家级、省级历史文化名城、名镇、名村和历史文化街区保护规划的编制和审批按照国家、省、市有关规定执行。

历史文化名镇、名村所在地的镇人民政府应当根据批准的保护规划,编制修建性详细规划。市、县(市)人民政府城乡规划主管部门应当会同文化(文物)主管部门组织专家对修建性详细规划进行论证,并报市、县(市)人民政府批准后及时向社会公布。

第十二条　市、县(市)人民政府城乡规划主管部门会同人民防空主管部门依据总体规划,组织编制城市地下空间开发利用规划,经征求有关部门意见后,报本级人民政府审批。

地下空间开发利用规划应当对地下的交通设施、人防设施、公共服务设施、市政管网、需保护的文物及其他地下建筑物、构筑物等进行统筹安排。控制性详细规划应当落实地下空间开发利用规划的有关内容,合理确定地下空间的功能定位、空间范围和开发强度等要素。

第十三条　城乡规划中交通、水利、电力、燃气、通信、给排水、环境卫生、绿化、消防、医疗、教育、文化、体育、民政等专项规划由城乡规划主管部门和有关部门共同编制,报本级人民政府审批。各类专项规划之间应当衔接。控制性详细规划应当落实各项专项规划的有关内容。

市、县(市)人民政府在审批其他有关部门组织编制的涉及城乡空间布局的部门规划时,应由城乡规划主管部门就部门规划中涉及空间布局的内容是否符合城乡规划提出审查意见。

第十四条　分区规划〔包括各类新区(园区)总体规划〕应当依据城市总体规划、县(市)域总体规划,对具体区域的功能定位、发展目标、土地利用和公共服务设施、基础设施的配置做出进一步安排,对控制性详细规划的编制提出指导性要求。

分区规划〔包括各类新区(园区)总体规划〕由市、县(市)人民政府城乡规划主管部门和属地政府(管委会)共同组织编制,报市、县(市)人民政府审批。

第十五条　中心城区的控制性详细规划由市城乡规划主管部门组织编制,市人民政府审批。

县(市)城区的控制性详细规划由县(市)城乡规划主管部门组织编制,报县(市)人民政府审批。

市区各镇的控制性详细规划由镇人民政府会同所在区规划派出机构组织编制,经所在区人民政府审核同意后,由市人民政府委托市城乡规划主管部门审批。

各县(市)所辖镇的控制性详细规划由镇人民政府组织编制,报县(市)人民政府审批。

第十六条　市、县(市)人民政府城乡规划主管部门和镇人民政府可以组织编制重要地块的修建性详细规划,修建性详细规划应当符合控制性详细规划。

第十七条　市、县(市)人民政府城乡规划主管部门可以根据需要组织编制城市设计,指导城市建设。

总体规划阶段和控制性详细规划阶段的城市设计成果,作为城市总体规划、控制性详细规划的组成部分,按照相应规划规定的审批程序报批。

第十八条　村庄规划的编制和审批依照省城乡规划条例执行。其中,市区的村庄规划由镇人民政府组织编制,经所在区人民政府审核同意后,由市人民政府委托市城乡规划主管部门审批。

第十九条　城乡规划报送审批前,组织编制机关应当依法将城乡规划草案在政府网站、新闻媒体、规划展示固定场所或者通过其他方式予以公告,并采取论证会、听证会或者其他方式征求专家和公众的意见;公告时间不少于30日。法律、法规、规章规定不得公开的内容除外。

经依法批准的控制性详细规划应当自批准之日起30日内,通过政府信息网站以及当地主要新闻媒体等形式公布。法律、法规、规章规定不得公开的内容除外。

组织编制机关应当充分考虑专家、公众的意见,并在报送审批的材料中附具意见采纳情况及理由。

第二十条　经依法批准的城乡规划应当严格执行,任何单位和个人不得擅自修改;符合法定修改情形的,应当按照法律、法规规定的程序报批,并重新向社会公布。

控制性详细规划的修改应在不违反重大功能布局要求,不损害公共利益的前提下,综合评估基础设施、公共设施、交通、环境、景观等影响后进行。

第三章　城乡规划的实施

第二十一条　工程建设用地应当在城乡规划确定的建设用地范围内安排。各级城乡规划主管部门不得在城乡规划确定的建设用地范围以外作出规划许可。市、县(市)、镇人民政府应当根据经济社会发展水平,合理确定建设规模和时序,优先安排基础设施以及公共服务设施的建设。

城市有机更新应当坚持生活、生产、生态相融合,坚持发展经济、改善民生、弘扬历史文化相结合。对列入城市有机更新改造范围的地块,在特殊情况下确需调整有关指标的,需经科学论证,并报请市政府批准后方可进行调整。

第二十二条　市、县(市)、镇人民政府应当依法制定近期建设规划,并根据批准的近期建设规划编制城乡建设年度计划。

第二十三条　规划许可直接涉及申请人与他人之间重大利益关系的,规划许可机关在作出规划许可决定前,应当将规划许可内容、申请人和利害关系人享有的权利等事项在政府门户网站和建设项目现场等场所进行公告,公告期限不少于10日。

申请人、利害关系人对许可事项提出异议的,规划许可机关应当研究处理并在十五日内回复处理结果。申请人、利害关系人在法定期限内提出听证要求的,规划许可机关应当组织听证。

规划许可机关应当自作出规划许可决定之日起15日内,将许可内容在政府门户网站和建设项目现场等场所向社会公布。

第二十四条　开发利用地下空间,应符合有关城乡规划,在地下空间规划确定的层次空间内进行建设。与地表建设工程一并开发利用地下空间的,应当与地表建设工程一并办理规划许可手续;独立开发利用地下空间的,单独办理规划许可手续。

第二十五条　城乡规划主管部门依据有关法律、法规和经依法批准的城乡规划,对按照国家规定需要批准、核准或者以划拨方式提供国有土地使用权的建设项目选址进行审查,对符合要求的,核发选址意见书。

根据省建设项目选址规划的有关规定,由省人民政府城乡规划主管部门核发选址意见书的建设项目,市、县(市)人民政府城乡规划主管部门应逐级提出审查意见。

其他由省级有关部门批准、核准的建设项

目,市域总体规划确定的重点协调区和跨县级行政区域的建设项目,选址意见书由市人民政府城乡规划主管部门核发。

第二十六条　规划条件、建设用地规划许可证和临时建设用地规划许可证的核发依照省城乡规划条例执行。

第二十七条　建设单位或者个人应当严格按照规划条件和规划许可的内容进行建设;确需变更规划条件的,应当经城乡规划主管部门批准。有下列情形之一的,城乡规划主管部门不得批准:

(一)不符合控制性详细规划的强制性内容的;

(二)不符合村庄规划或者专项规划的强制性内容的;

(三)以出让方式提供国有土地使用权的住宅、商业、办公类建设项目,改变规划条件确定的用地性质,提高规划条件确定的容积率、建筑高度或者建筑密度,降低规划条件确定的绿地率,或者减少规划条件确定的基础设施、公共服务配套的。

市、县(市)人民政府应当制定规范规划条件变更程序的管理办法。

第二十八条　城乡规划已改变用地性质但近期建设规划中暂不实施改造的工业仓储类地块,在符合国家和省、市有关规定,且不改变业主单位、用地性质、经济技术指标和建筑结构的前提下,有关单位或者个人可以向城乡规划主管部门提出改造申请。城乡规划主管部门经审查、核实后如同意其申请,应根据实际情况出具改扩建工程的规划条件

第二十九条　建设工程规划许可证的核发依照省城乡规划条例执行。

建设工程设计方案应当符合规划条件或规划要求、相关技术标准和规范。建设工程设计方案中文字标明的技术经济指标应当与图纸所示相一致。

建设工程设计方案应当载明分类建筑用途。其中,用于销售的住宅、商业、办公类建设项目应当明确公共场所、公用设施和物业管理用房的位置、面积。

城乡规划主管部门应当依法对建设工程设计方案中有关城乡规划的内容进行审查,征求相关部门意见,组织专家论证。必要时可委托第三方机构进行方案评估。

第三十条　建设单位或者个人应当按照建设工程规划许可证的许可内容进行建设。确需变更许可内容的,应当经原审批机关批准。变更许可内容违反规划条件的,不得批准。

申请变更的许可内容涉及利害关系人的,城乡规划主管部门应当采取公示、听证会、座谈会等形式,听取利害关系人的意见。因变更规划许可内容给利害关系人合法权益造成损失的,应当依法给予补偿。

第三十一条　在村庄规划区内进行用地及建设的,应依照《浙江省城乡规划条例》规定执行,农村村民住宅建设应符合相关规划的要求。

第三十二条　建设单位应当委托具有相应测绘资质的单位进行坐标放线、验线和竣工测绘。地下管线工程的竣工测绘应当在覆土前进行。建设规模较大、实行分段分期建设的重要管线工程应当跟踪测绘。

市、县(市)人民政府城乡规划主管部门应当加强建设工程验线管理。

测绘单位应当按照国家和省有关测绘技术标准和规范,进行建设工程坐标放线、验线、竣工测绘以及房屋建筑面积测量,并对测绘图件、数据的真实性和准确性负责。

第三十三条　建设工程竣工后,建设单位或者个人应当向市、县(市)城乡规划主管部门申请建设工程竣工规划核实。建设工程竣工规划核实的办理,依照省城乡规划条例和省有关建设工程竣工规划核实的规定执行。

市、县(市)人民政府城乡规划主管部门委托镇人民政府核发乡村建设规划许可证的,可以委托镇人民政府依照前款规定办理核实手续。

城市基础设施的规划竣工核实可由市、县(市)城乡规划主管部门制定具体操作办法。

第三十四条　房屋使用人应当按照建设工程规划许可证确定的用途使用房屋。确需临

时或永久改变房屋用途的，应根据省城乡规划条例执行。

第三十五条　中心城区范围内应严格控制临时建设工程，确需建设的，应符合省城乡规划条例的规定。

第三十六条　选址意见书、建设用地规划许可证、建设工程规划许可证和乡村建设规划许可证的期限根据省城乡规划条例的规定执行。

第四章　监督检查和法律责任

第三十七条　市、县(市)人民政府及其城乡规划主管部门应当加强对城乡规划编制、审批、修改和实施的监督检查。

第三十八条　各级人民政府应当每年向本级人民代表大会常务委员会报告城乡规划的实施情况(镇人民政府向镇人民代表大会报告)，并接受监督。

第三十九条　市、县(市)人民政府城乡规划主管部门和镇人民政府应当依法进行行政许可，违反规定作出行政许可的，上级人民政府城乡规划主管部门应当依法责令其撤销或者直接撤销该行政许可。因撤销行政许可给当事人合法权益造成损失的，应当依法给予赔偿。

市区范围内镇人民政府未按照市城乡规划主管部门统一计划安排编制城乡规划的，由市城乡规划主管部门责令改正。

第四十条　违反本办法规定的行为，法律、法规已有法律责任规定的，从其规定；构成犯罪的，依法追究刑事责任。

第四十一条　市、县(市)人民政府城乡规划主管部门有下列情形之一的，由本级人民政府、上级人民政府城乡规划主管部门或者监察机关依据职权责令改正，并予以通报批评；对直接负责的主管人员和其他直接责任人员依法给予处分：

(一)违反规定批准改变规划条件或者规划许可内容的；

(二)违反规定核发建设工程规划核实确认书的；

(三)违反规定批准改变房屋用途的；

(四)对违法建设行为未在规定期限内依法履行查处职责的；

(五)其他违反法律、法规的行为。

第五章　附　　则

第四十二条　本办法下列用语的含义：

(一)市区指本市所辖的南湖、秀洲行政区。

(二)县(市)指本市所辖的嘉善、平湖、海盐、海宁、桐乡县级行政区。

(三)中心城区指嘉兴市城市总体规划确定的城市建设用地范围。

(四)各县(市)城区指各县(市)域总体规划确定的城市建设用地范围。

(五)经营性用地指商业、商务、旅游、娱乐、商品住宅等必须以招标、拍卖、挂牌方式出让的建设用地。

第四十三条　本办法自2014年6月1日起施行，由市城乡规划主管部门负责解释。《嘉兴市城市规划管理暂行办法》(嘉兴市人民政府令2000年第4号)和《嘉兴市区农房建设规划管理暂行办法》(嘉政发〔2004〕26号)同时废止。

嘉兴市本级新增建设用地计划指标使用管理办法(试行)

(嘉兴市人民政府办公室2014年7月1日发)

第一章　总　　则

第一条　为加强对市本级新增建设用地计划指标的使用管理，优化土地资源配置，促进土地节约集约利用，提高土地利用效益，充分发挥土地资源配置对经济社会转型发展的导向作用，根据《中共嘉兴市委嘉兴市人民政府关于促进市本级经济发展的若干意见》(嘉委发〔2013〕46号)精神，制定本办法。

第二条　本办法所称市本级新增建设用地计划指标(以下简称“计划指标”)，是指省下达我市本级全年可自行分配使用的切块计划指标，包括新增建设用地指标、农用地指标和耕地指标。

本办法涉及的计划指标，除特别说明外，均指以耕地指标为核心测算所需的新增建设用地指标和农用地指标。

省重大产业项目获取的奖励计划指标,由项目所在区全额使用。

第三条　市本级范围内确需占用农用地、未利用地并使用计划指标,编制上报农用地转用方案和土地征收方案的建设用地项目,适用本办法。

第二章　计划指标分配导向和程序

第四条　计划指标的分配使用遵循市场竞争和政府统筹的原则。计划指标优先使用于土地利用效率和土地投入产出水平高的产业项目,确保公共服务、基础设施、生态环境等民生项目用地。合理控制房地产开发用地总量,优化住宅、商业等房地产用地供应结构。对于总投资5000万元以下的工业项目、低端低效项目、各类园区外项目,原则上不安排新增建设用地。

第五条　每年安排约50%的计划指标用于优质产业项目,且安排全部计划指标的30%用于优质工业项目,优先确保已列入省重大产业项目库的项目用地。

实行市直接安排计划指标给优质产业项目的制度。每年11月底前由各区域主体确定优先次序后向市预申报,经市级相关部门审查并排序后，建立优质产业项目用地报批库,报市政府审定。

申请列入优质产业项目用地报批库的项目,应同时符合下列条件:

(一)产业定位:符合《中共嘉兴市委嘉兴市人民政府关于促进市本级经济发展的若干意见》(嘉委发〔2013〕46号)明确的各区域特色主导产业项目和相关行业主管部门认定的项目。

(二)项目效益:优质工业项目投资强度不低于320万元/亩,容积率不低于1.0,亩均销售收入不低于320万元，亩均税收不低于13万元,并达到当年省控行业标准,其中总部型、研发集成型等优质工业项目在亩均销售和亩均税收各提高50%的基础上,投资强度不低于250万元/亩；优质服务业项目投资强度不低于200万元/亩。

(三)项目选址:符合城市总体规划、产业规划、土地利用总体规划等,不占用基本农田。

(四)耕地补充:涉及占用耕地的,应落实耕地占补平衡。

(五)项目前期:完成用地选址、土地勘测和征地协议草签。

第六条　每年安排约50%的计划指标(包括市非产业类重大项目指标、切块指标和专项奖励指标)用于其他项目。

根据分级负责的原则,分别建立其他项目用地报批库。其他项目入库条件,按照本办法第五条第三款第(三)、(四)、(五)项执行。其中，通过协议出让土地或划拨土地的项目,应取得项目立项(服务联系单)、用地选址和用地预审等批准文件;属政府投资的项目,应列入市政府年度投资计划并落实项目建设资金;属需补办手续的违法用地项目,应取得同意补办确认单。

(一)市非产业类重大项目包括市委、市政府同意实施的市非产业类重大项目、市级有关部门(单位)非产业类项目以及湘家荡区域项目。自2014年起5年内,每年安排不低于300亩新增建设用地计划指标(农用地指标、耕地指标按平均数安排)给湘家荡区域项目,并允许将其使用范围拓展至与湘家荡统筹谋划的区域。

(二)根据用地剩余空间、补充耕地、土地节约集约、新农村保障等综合测算情况下达切块指标。切块指标主要用于城市基础设施、公益民生等效益好且急需的重大项目，由南湖区、秀洲区、嘉兴经济技术开发区(国际商务区)自行安排建设项目。

(三)专项奖励指标用于奖励在土地节约集约利用、无土地违建镇(街道)建设、争取国家和省重点基础设施单列指标及省重大产业项目奖励指标等工作中成效明显的地区。

第三章　用地报批

第七条　纳入用地报批库且已安排计划指标的项目，市、区两级相关部门可采取模拟审批等方式，加快项目前期审核、审批工作。

根据优质产业项目用地报批库和其他项目用地报批库中的项目排序，安排使用计划指标，直至计划指标使用完毕。纳入用地报批库但未获安排计划指标的项目，自动转为用地报批预备项目。

第八条　编制上报农用地转用方案和土地征收方案时，应具备供地条件。其中，中心城区报国务院审批用地的项目，在实施方案二次报省审批前，应具备供地条件。供地条件指通过协议出让土地或划拨土地的项目，应取得项目可行性研究报告或初步设计批复，并取得用地规划许可证，基本具备开工建设条件；公开出让土地的项目，应具备净地出让条件。

第九条　中心城区报国务院审批用地项目的规模，根据当年度选址位于中心城区且已安排计划指标的项目面积确定。

第十条　已安排计划指标的项目，确实无法报批的，转由项目用地报批库第一顺序预备项目报批。其中，市直接安排计划指标的，由市负责调整项目安排。中心城区报国务院审批用地的项目，在实施方案二次报省审批时，原则上不得调整；确需调整项目的，须报经市政府同意和省国土资源厅认可。

预备项目用地报批时，若存在计划指标无法全部满足预备项目用地需求、排序靠后项目、非预备项目等情形，由市、区政府提出处理意见。预备项目农用地转用方案和土地征收方案的报批条件，按照本办法第八条规定执行。

第四章　工作职责

第十一条　市、区政府及市级有关部门（单位）要各司其职、密切配合，共同做好计划指标的使用管理工作。

（一）市政府：负责审核确认年度计划指标分配使用方案（含中心城区项目用地报批方案）、优质产业项目用地报批库和其他项目用地报批库。

（二）南湖区政府、秀洲区政府、嘉兴经济技术开发区（国际商务区）：负责辖区内优质产业项目调查、排序及预申报工作，确保申报信息的真实性；负责其他项目调查、用地报批库建设和计划指标安排等工作；负责做好市部署的其他工作。涉及湘家荡区域的工作，由南湖区政府负责。

（三）市发展改革委：负责提出限制类、淘汰类项目目录；负责制定优质服务业项目认定标准；负责优质服务业项目和市非产业类重大项目认定和排序；参与优质工业项目认定和排序；负责审核并出具项目用地报批支撑性材料。

（四）市经信委：负责制定优质工业项目认定标准；会同市级相关部门对优质工业项目进行认定和排序；负责审核并出具项目用地报批支撑性材料。

（五）市国土资源局：负责编制和下达年度计划指标分配使用方案（含中心城区项目用地报批方案）；负责统一建设优质产业项目和其他项目用地报批库；负责评估计划指标安排使用情况；负责部署开展优质产业项目、市非产业类重大项目预申报和初审；负责向市发展改革委、市经信委提供初审后的优质产业项目、市非产业类重大项目预申报材料，并参与认定和排序工作；负责指导编报农用地转用方案和土地征收方案；负责提出本办法规定之外情形的处置意见，并报市政府审定；负责审核并出具项目用地报批支撑性材料。

（六）市级有关部门（单位）：负责本部门（单位）建设项目的排序和申报工作，确保申报信息的真实性；负责提交本部门（单位）建设项目审核、审批过程中所需材料；负责审核并出具项目用地报批支撑性材料。

第五章　监管评估

第十二条　对安排计划指标项目的供地情况实行监管评估制度。每年 1 月 15 日前，对上一年度已安排计划指标并经国家和省批准农用地转用和土地征收的项目，实施供地情况专项评估。批准时间未满3个月的项目,列入下一年度评估。

(一)对供地率未达到50%最低限度要求的,按缺口面积相应扣减切块下达的计划指标,直至扣完为止。

(二)由市安排计划指标的优质产业项目在土地出让时,应将项目申报的预期投资强度、亩均产出等主要评价指标纳入土地出让合同管理和批后监管。对未落实评价指标,并经认定为虚报投资和业绩等效益信息,套取计划指标的,追究相关人员责任,并扣减下达该地的计划指标。

第六章　附　　则

第十三条　各县(市)可参照本办法执行。

第十四条　本办法由市国土资源局负责解释。

第十五条　本办法自2014年8月1日起施行。

嘉兴市违法建筑认定与处置办法

(嘉兴市人民政府2014年7月28日发)

第一章　总　　则

第一条　为了推进和规范违法建筑的防控和治理工作,保障城乡规划有效实施,根据《中华人民共和国城乡规划法》《中华人民共和国行政强制法》《浙江省城乡规划条例》和《浙江省违法建筑处置规定》等有关法律、法规的规定,结合本市实际,制定本办法。

第二条　本市行政区域内违反城乡规划法律、法规的违法建筑的认定与处置,适用本办法。

违反水利、交通运输、土地管理等法律、法规的违法建筑,由有关部门依照水利、交通运输、土地管理等法律、法规的规定处置。

第三条　违法建筑处置工作应当坚持统一领导、依法处置、属地为主、综合整治的原则。

第四条　市、县(市、区)人民政府、市辖功能区管委会组织领导本辖区内违法建筑的处置工作。

市城市管理行政执法部门(以下简称“城管执法部门”)负责指导、监督全市违法建筑处置工作,可直接负责市区行政区域内城镇违法建筑的处置工作;县级城管执法部门具体负责本辖区内城镇违法建筑处置工作,并负责指导、监督本辖区内村镇违法建筑处置工作。

镇人民政府(街道办事处)具体负责本行政区域内村镇违法建筑处置工作以及依法组织实施上级人民政府责成的即查即拆、强制执行工作。

市、县(市、区)人民政府、市辖功能区管委会有关部门依法定职责配合做好违法建筑处置工作。

第二章　违法建筑的认定

第五条　本办法所称违法建筑,是指未依法取得规划许可或者未按照规划许可内容建设的建筑物和构筑物,以及超过规划许可期限未拆除的临时建筑物和构筑物,包括城市、镇规划区内的违法建筑(以下简称“城镇违法建筑”)和村镇规划区内的违法建筑(以下简称“村镇违法建筑”)。

第六条　有下列情形之一的建筑物,应当认定为城镇违法建筑:

(一)1990年4月1日至2007年12月31日《中华人民共和国城市规划法》实施期间,在依法划定的城市规划区内,未依法取得建设工程规划许可证或未按照建设工程规划许可证规定进行建设的;

(二)1990年4月1日至2007年12月31日《中华人民共和国城市规划法》实施期间,依法取得临时建设工程规划许可证,但在使用期限届满后未拆除的;

(三)2008年1月1日《中华人民共和国城乡规划法》施行后,在依法划定的城镇规划区内,未依法取得建设工程规划许可证或未按照建设工程规划许可证规定进行建设的;

(四)2008年1月1日《中华人民共和国城

乡规划法》施行后，在依法划定的城镇规划区内，未经批准进行临时建设的、未按照批准内容进行临时建设的以及超过临时建设批准期限不拆除的。

城镇违法建筑由属地镇人民政府（街道办事处）、城管执法部门负责具体调查工作，并由城管执法部门事先征求城乡规划主管部门意见后，根据建筑物建设时城镇规划的编制、许可、监管等因素依法综合认定。

第七条　具有以下情形之一的建筑物，应当认定为村镇违法建筑：

（一）1998 年 1 月 1 日《浙江省村镇规划建设管理条例》实施后，在依法划定的村庄、集镇规划区内，未依法取得村镇规划许可证的或未按照村镇建设规划许可规定进行建设的；

（二）2008 年 1 月 1 日《中华人民共和国城乡规划法》实施后，在依法划定的村镇规划区内，未依法取得乡村建设规划许可证的或未按照乡村规划许可规定进行建设的。

村镇违法建筑由属地镇人民政府（街道办事处）负责具体调查工作，并根据村镇规划编制、许可、监管等因素依法综合认定。

第三章　城镇违法建筑的处置

第八条　城管执法部门发现正在建设的建筑物属于违法建筑的，应当立即责令当事人停止建设；当事人拒不停止建设的，县（市、区）人民政府应当立即责成属地镇人民政府或城管执法部门直接拆除继续建设部分的违法建筑。

对于依法应当由其他部门处置的违法建筑，城管执法部门应当在 24 小时内移送相关部门处置。

第九条　城管执法部门经调查认定城镇违法建筑属于尚可采取改正措施消除对规划实施影响情形的，应当作出责令限期改正决定。

具有下列情形之一的违法建筑，可以认定为尚可采取改正措施消除对规划实施影响的情形：

（一）1990 年 4 月 1 日至 2007 年 12 月 31 日期间建成，未严重影响建设时城市规划且符合消防、质量安全等相关强制性标准和规范的，或无法查实是否严重影响建设时城市规划的；

（二）开发利用地下空间资源，且符合相关安全要求的；

（三）符合土地利用总体规划，被依法没收后的。

对依法可以补办规划许可手续的，城乡规划主管部门应当根据当事人的申请补办相关规划许可手续。

第十条　城管执法部门经调查认定城镇违法建筑属于无法采取改正措施消除对规划实施影响情形的，应当作出责令限期拆除决定。

未按照建设工程规划许可证的规定进行建设的，应当拆除未按照规定建设的单体建筑物。未按照规定建设部分与单体建筑物其他部分能够明确区分，且拆除该部分不会严重影响单体建筑物建筑结构安全的，可以仅拆除未按照规定建设部分。

第十一条　拆除《浙江省违法建筑处置规定》第十一条第一项至第四项和第六项所列违法建筑，可能对无过错利害关系人、公共利益造成重大损失，或者可能严重影响相邻建筑安全而不能实施拆除的，应当认定为不能拆除。

局部拆除对单体建筑物的整体建筑物结构造成重大安全隐患的，可以认定为不能拆除。

第十二条　被认定为不能拆除的城镇违法建筑，应当依法没收违法建筑或违法收入。

城管执法部门作出没收违法收入（含土地价值）决定的，当事人在执行完毕后，可以申请补办或变更规划许可手续。

城管执法部门作出没收实物决定的，应当将该建筑物移交给本级政府财政部门，由财政部门依法处置。被没收的违法建筑之前被作为小区配套附属设施、社会公益设施、社会应急设施的，财政部门可以在有关部门办理相关手续后，将没收的建筑物移交相关单位直接管理或使用。

第十三条　下列部门应当按照以下规定配合城管执法、财政等部门办理对实施没收处罚违法建筑的相关手续：

(一)环境保护部门应对没收的建筑利用是否符合环境保护要求,以及如何整改提出意见;

(二)公安消防部门应对没收的建筑利用是否符合消防安全要求,以及如何整改提出意见;

(三)国土资源部门应对没收的建筑利用是否符合土地利用规划提出认定意见;

(四)规划主管部门应对没收的建筑提出建议用途,同时补办相关的规划许可手续;

(五)建设主管部门应对没收的建筑的工程设计、工程质量安全提出审查和修正意见。

第十四条　在建筑物专有部分空间范围以外的共有部分搭建阳光房、隔离物等其他临时性建筑物、构筑物;或在建筑物专有部分空间范围内搭建永久性建筑物的,应当依法处置。

第十五条　未经批准建设的临时建筑,在责令限期拆除决定期限内,已补办临时建筑审批手续的,可不予拆除。

第四章　村镇违法建筑的处置

第十六条　村镇违法建筑按照下列规定处置:

(一)未取得村镇建设规划许可证但符合村镇规划的,由镇人民政府责令限期改正,补办有关规划许可手续。在原有建筑物上擅自加建的,符合房屋建筑安全强制性标准的,可补办有关规划许可手续;不符合房屋建筑安全强制性标准的,责令限期改正,逾期不改正的,限期拆除。

(二)未取得村镇建设规划许可证,不符合村镇规划的,在2008年1月1日前原地翻建,又符合土地利用总体规划、农村村民主体资格、一户一宅和宅基地限额标准的,可补办相关规划许可手续,除此以外的,限期拆除。

(三)已经取得村镇建设规划许可,但违反规划许可内容进行建设的,责令限期改正;逾期不改正的,限期拆除不按规定建设部分,不能区分不按规定建设部分的,可以限期拆除整体建筑。

(四)未取得村镇建设规划许可证或者未按照村镇建设规划许可证的规定进行建设的,由镇人民政府责令停止建设、限期改正;占用村镇公共设施用地、公益事业用地等情节严重的,应当予以拆除。

(五)在《浙江省村镇规划建设管理条例》实施后,《中华人民共和国城乡规划法》实施前建设的,按照《浙江省村镇规划建设管理条例》的规定处置。

第十七条　1998年1月1日《浙江省村镇规划建设管理条例》实施后,《中华人民共和国城乡规划法》实施前,由于村镇规划编制、许可、监管等历史原因形成的违法建筑,根据《浙江省村镇规划建设管理条例》规定依法处置完毕后,可补办相关规划许可手续。

第五章　违法建筑的拆除

第十八条　有下列情形之一的,可以暂缓拆除:

(一)违法建筑被人民法院查封、扣押或拍卖的;

(二)符合城镇廉租住房、经济适用住房申请条件的违法建筑当事人,其违法建筑拆除后无房居住或者住房面积低于本地住房困难标准的,可纳入城镇廉租住房、经济适用住房、公共租赁住房等予以保障。在未获保障或者未落实过渡措施之前,其违法建筑暂缓拆除;

(三)2008年1月1日前,农村村民住宅符合“一户一宅”政策规定且违法占用的土地符合当地农村村民建房审批规定标准;或违法占地部分拆除后影响房屋整体安全的;具备分户建房条件的农村村民,在充分落实安置政策之前其违法建筑符合镇、村庄规划要求且拆除后影响其正常生活、生产的;

(四)原有居住房屋属危险房屋拆除或因火灾等原因灭失,原址或易地新建的违法建筑当事人,其违法建筑拆除后无房可提供居住的;

(五)工业企业厂区内,增加容积率但未增加建筑密度,且不影响安全、消防通道和相关部门技术规定的;

(六)1998年1月1日《浙江省村镇规划建设管理条例》实施后,《中华人民共和国城乡规划法》实施前，由于村庄、集镇规划编制或村镇规划许可等历史原因形成的“未登记或未审批”建筑，不具备补办条件的；

（七）其他可以暂缓拆除的情形。

符合暂缓拆除条件的违法建筑超出限制面积部分的，应当依法拆除或没收。

第十九条　暂缓拆除的违法建筑应当由当事人提出申请，村委会（居委会）初审，镇人民政府（街道办事处）审核、县（市、区）人民政府同意。

暂缓拆除的违法建筑应当建立一户一档，镇人民政府（街道办事处）应当做好存档、备案工作。

暂缓拆除情形消失或暂缓拆除限期届满的，应当及时恢复处置。

暂缓拆除违法建筑的限制面积和限制期限由各县（市、区）自行规定，并报市人民政府备案。

第二十条　城镇违法建筑当事人在法定期限内不申请行政复议或者提起行政诉讼，又不自行拆除或者申请拆除违法建筑的，县（市、区）人民政府应当责成属地镇人民政府或街道办事处牵头组织有关部门依法强制拆除。

村镇违法建筑当事人在法定期限内不申请行政复议或者提起行政诉讼，又不自行拆除或者申请拆除违法建筑的，由属地基层人民政府组织强制拆除。

第二十一条　县（市、区）人民政府责成镇人民政府组织强制拆除违法建筑可能产生重大社会影响的，应当事先进行社会稳定风险评估。

第二十二条　有下列情形之一的违法建筑，城管执法部门或镇人民政府可以当场责令当事人立即拆除，当事人不立即拆除的，城管执法部门或镇人民政府可以立即代为拆除；当事人不在场的，城管执法部门或镇人民政府可以直接代为拆除，事后应当立即通知当事人，依法收取代为拆除费用，并依法作出处理决定：

（一）侵占《浙江省城市道路管理办法》规定的城市道路，包括道路设施和桥梁设施；

（二）侵占城市道路以外的其他公共道路范围的，包括村镇道路、小区（新农村社区）道路；

（三）侵占城乡规划绿地，包括公共绿地、小区绿地；

（四）占用消防通道、公共通道等其他公共设施；

（五）其他符合《中华人民共和国行政强制法》第五十二条规定的情形。

符合《中华人民共和国行政强制法》第五十条代履行规定的情形，城管执法部门或镇人民政府（街道办事处）可以代为拆除。

第二十三条　有下列情形之一的，应当认定为《浙江省城乡规划条例》第六十四条规定的无法确定建设单位或个人的违法建设项目：

（一）违法建筑被遗弃的或无法查明涉案当事人且该违法建筑无人使用两年以上的；

（二）违法建筑的建设单位已经注销或者违法建筑的建设个人已经死亡的；

（三）违法建筑的建设单位或个人为逃避查处故意不露面、故意拖延或故意提供伪证的；

（四）违法建筑涉及多个建设主体或涉案主体关系复杂，且现有证据无法确定的。

第二十四条　对无法确定建设单位或个人的违法建筑，由城管执法部门或有关镇人民政府在市级以上公开媒体或政府门户网站、违法建设项目现场予以公告，告知违法主体依法接受处理，公告期限为三十日。公告期限届满后仍无法确定违法建设单位或个人的，县（市、区）人民政府应当责成属地镇人民政府或街道办事处牵头组织有关部门依法强制拆除。

无法确定建设单位或个人的违法建设项目，不及时拆除影响安全、交通等的，可以在向公证机关办理证据保全手续后由城管执法部门或属地镇人民政府直接予以拆除。

第六章　其　　他

第二十五条　以房屋、土地或在建工程作为抵押物申请贷款的，金融机构应当向城管执法部门或属地镇人民政府（街道办事处）查询是否存在违法建设，经城管执法部门或属地镇人民政府（街道办事处）确认存在违法建设的，不予发放抵押贷款。

城管执法部门或属地镇人民政府(街道办事处)应当及时将违法建筑处理决定及执行情况告知房屋、土地登记机构,处理决定执行完毕前房屋、土地登记机构暂停办理抵押权登记。

第二十六条　建设工程设计、施工、监理等单位和物业服务企业不得承揽明知是违法建筑的项目设计和施工作业,有相关违法行为的,依法予以行政处罚。

第二十七条　对不能提供房屋所有权证或相关规划许可证的建筑或正在建设的违法建筑,供电、供水、供气、通信等单位不得提供相关服务。

对存在下列情况的,提供服务的单位应在接到城管执法部门或属地镇人民政府(街道办事处)告知书7个工作日内停止相关服务直至处理决定执行完毕,并将停止服务情况及时函告城管执法部门或属地镇人民政府(街道办事处):

(一)向违法建筑物提供供电、供水、供气、通信等服务的;

(二)将合法来源的电、水、气、通信等转供或变相提供给违法建筑物使用的;

(三)利用合法形式掩盖向违法建筑物提供供电、供水、供气、通信等服务的。

第二十八条　城乡规划主管部门应当严格依法对规划许可实施情况履行监督检查职责,落实建设工程验线、施工现场跟踪检查、竣工规划核实等管理措施,防止违法建设行为的发生。

城乡规划主管部门、城管执法部门和镇人民政府(街道办事处)应当建立查处违法建筑责任制和日常巡查制度。

第二十九条　任何单位和个人有权举报违法建筑和违法建设行为。

村委会(居委会)、物业服务企业在其物业管理区域内发现建设违法建筑的,应当予以劝阻、制止;劝阻、制止无效的,应当及时报告所在地城管执法部门或者镇人民政府(街道办事处)。

城管执法部门和镇人民政府(街道办事处)应当向社会公布举报电话、电子邮箱等,受理对违法建设行为的举报。

第三十条　本办法自2014年9月1日起施行。

嘉兴市地名管理办法

(嘉兴市人民政府2014年8月29日发)

第一章　总　　则

第一条　为加强地名管理,实现地名的规范化、标准化,方便人民群众生产生活,适应经济社会发展的需要,根据《地名管理条例》(国发〔1986〕11号)和《浙江省地名管理办法》(浙江省人民政府令第309号)等规定,结合本市实际,制定本办法。

第二条　本办法适用于本市行政区域内的地名管理工作。海域地名的管理,国家和省人民政府另有规定的,从其规定。

本办法所称地名,是指为社会公众指示具有特定方位或者地域范围的自然和人文地理实体名称。

第三条　地名管理工作应当遵循规范化、标准化的要求,兼顾历史和现状,尊重群众意愿,保持地名的相对稳定和延续,保护和传承优秀的地名文化,提高公共服务水平。

第四条　县级以上人民政府应当加强对地名管理工作的组织领导。地名管理工作应当坚持政府领导、统一管理、分工协作、分级负责、群众参与的原则。设立地名管理工作机构,配备与地名管理任务相适应的工作人员,将地名管理工作所需经费列入本级财政预算。

镇人民政府、街道办事处应当按照规定职责做好地名管理相关工作。

第五条　县级以上民政部门是地名管理的主管部门,负责本行政区域地名工作的统一管理,其职责:

(一)贯彻执行地名管理的法律、法规、规章;

(二)指导和协调本行政区域的地名管理;

（三）组织本行政区域地名规划编制和审核；

（四）依法办理地名的命名、更名、销名工作；

（五）设置和管理地名标志；

（六）开展地名信息公共服务，公布标准地名，组织编撰标准地名图、书、典、录、志等；

（七）组织地名学术研讨；

（八）负责地名文化保护工作，收集、整理、鉴定、保管地名档案；

（九）依法制止和处罚地名违法违规行为；

（十）其他。

第六条　有关部门、单位的主要职责：

（一）发展改革部门：在基建项目立项及后续审批过程中，凡涉及地名命名的，应当征求民政部门意见后确定和使用。

（二）城乡规划建设部门：负责协助民政部门做好地名规划编制工作，在编制城市规划时涉及地名的应当与地名规划相衔接；在核准城市规划方案调整、房屋产权登记等涉及地名的应当使用标准地名，暂定名或推广名等必须征求民政部门同意后方可使用；在办理住宅小区（楼）、建筑物等预售、工程验收、产权证等有关证件时，凡涉及地名的应当使用标准地名。

（三）国土资源部门：在办理土地使用权登记和建设项目用地复核验收时涉及道路、建筑物名称的，应当使用标准地名。

（四）公安部门：在户籍管理或设置道路交通指示牌时，应当使用标准地名；协助民政部门依法查处毁坏地名标志的行为。

（五）交通运输部门：在公路上设置路用标志、公共交通站点等，应当使用标准地名。

（六）市场监督管理部门：在企业登记时，应当使用标准地名；审批房地产媒体广告、户外广告时，涉及房地产项目名称的，应当查验标准地名的文件证明。

（七）城管执法部门：协助民政部门做好地名标志设置、监管及规范工作。

经信、农经、水利、旅游、环境保护等有关主管部门负责本部门职责范围内的地名管理工作。

教育、财政、文化、档案、质监、邮政等其他有关部门按照各自职责做好地名管理相关工作。

第七条　县级以上人民政府及其民政部门应当组织调查地名文化遗产，建立地名文化遗产保护名录，采取有效措施予以保护。

第八条　县级以上人民政府及其民政部门和有关主管部门在地名管理工作中，应当建立健全公众参与、专家咨询等工作机制，听取公众和专家的意见。

第二章　地名规划与命名标准

第九条　城市、镇应当编制地名规划。城市地名规划由市、县（市）民政部门组织有关部门编制，报本级人民政府批准后公布实施。镇地名规划由镇人民政府组织编制，经县（市、区）民政部门审核后，报县（市、区）人民政府批准后公布实施。

地名规划应当包括规划原则、地名体系及其空间布局、道路名称、地名标志、地名文化遗产保护等内容。

第十条　地名规划应当以城市、镇总体规划明确的内容作为规划依据。城市、镇详细规划涉及地名命名的，应当与地名规划确定的名称相衔接；规划编制部门应当征求同级民政部门意见。

工业、农业、水利、交通、土地利用、旅游等专项规划，涉及地名命名的，应当与地名规划确定的名称相衔接；有关主管部门应当征求同级民政部门意见。

第十一条　地名命名应当符合地名规划的要求，反映当地历史、文化、地理等特征，含义健康。

（一）不得使用损害国家主权、领土完整和公共利益的词语；

（二）不得使用带有封建和殖民色彩、崇尚王公权贵、违背社会公德的词语；

（三）不得使用含有国际组织名称的词语；

（四）一般不得使用“国际”“亚洲”“中国”“中华”“中央”“浙江”“嘉兴”等代表国家或行政区域专属名称的词语；

（五）一般不以人名作地名。禁止以国家领

导人的名字以及外国的地名和人名作为地名;

(六)不得使用通名词组命名地名,不得使用阿拉伯数字、外文字符、标点符号等非汉字字符(少数民族文字除外);

(七)未经有关主管部门同意,不得使用专业或行业名称;

(八)不得使用易产生误解、歧义的词语;

(九)不得使用其他可能产生不良影响的词语。

第十二条　地名的命名应当一地一名。

一地多名、一名多写的,应当进行标准化处理。

第十三条　地名的命名应当名实相符。

派生地名应当与主地名相协调;含有行政区域、区片或者道路(含街、巷、桥梁、隧道、轨道交通线路,下同)名称的,应当位于该行政区域、区片范围内或者该道路沿线。

镇人民政府、街道办事处名称不得使用非镇人民政府驻地、非街道办事处所在街巷名称。

具有地名意义的车站、港口、码头、机场、湖泊、水库等名称应当与所在地名称一致。

使用大厦、公寓、花园、庄园、别墅、中心、苑、居等通名的住宅小区(楼)、建筑物,应当具备与通名相适应的占地面积、总建筑面积、高度、绿地率等条件和功能。住宅小区(楼)、建筑物通名的使用标准按有关规定执行。

第十四条　下列地名不得重名,并避免使用近似、易混淆的名称:

(一)市内行政区域和重要自然地理实体名称;

(二)同一县(市、区)内的社区、村(居)民委员会辖区名称;

(三)同一镇内的自然村名称;

(四)同一城市、镇内的道路、住宅小区(楼)、建筑物名称。

第十五条　地名用字应当使用规范汉字,避免使用生僻或者易产生歧义的字。

汉语地名的罗马字母拼写,应当按照《汉语拼音方案》和《中国地名汉语拼音字母拼写规则》执行。

少数民族地名和外国语地名的汉字译写,按照国家有关规定执行。

第三章　地名命名、更名和销名程序

第十六条　山、河、湖、内陆岛屿等自然地理实体需要命名的,由县级以上民政部门予以命名;跨行政区域的,由相邻各方的民政部门报共同的上一级民政部门予以命名。

第十七条　行政区域名称,由申请设立行政区划的人民政府提出,报有审批权的人民政府在依法批准设立行政区划时一并确定。

社区、村(居)民委员会辖区名称,由申请设立社区、村(居)民委员会的镇人民政府或者街道办事处提出,经县(市、区)民政部门审核后,报县(市、区)人民政府在依法批准设立社区、村(居)民委员会时一并确定。

工业区、开发区、保税区、风景名胜区、自然保护区等名称,由申请设立该区的行政机关提出,经有关主管部门征求同级民政部门意见后,报有审批权的行政机关在依法批准设立该区时一并确定。

自然村名称,由镇人民政府或者街道办事处提出申请,经县(市、区)民政部门审核后,报县(市、区)人民政府审批。

第十八条　铁路、公路、航道、港口、渡口、车站、机场、水库、堤坝、海塘、水闸、电站、通讯基站、公园、公共广场、市场等具有地名意义的专业设施名称,由建设单位或者有关专业主管部门征求同级民政部门意见后,报有审批权的专业主管部门在依法批准建设专业设施时一并确定。

第十九条　新建道路,地名规划已确定名称的,建设单位或者有关主管部门在申请立项时应当使用地名规划确定的名称,并在建成交付使用前向县级以上民政部门办理正式命名手续;未确定名称的,建设单位或者有关主管部门应当在申请立项时提出道路命名方案,向县级以上民政部门办理命名手续。

已建道路无名的,由县级以上民政部门予以命名。县级以上民政部门在道路命名前应当将命名方案向社会公示，并征求有关主管部门意见。

第二十条　住宅小区（楼）、公开销售的建筑物以及其他需要命名的大型建筑物名称，由建设单位提出申请，报县级以上民政部门审批。建设单位申请发布涉及住宅小区（楼）、建筑物地名的广告，申请办理商品房预售许可证、房地产权属证书以及门（楼）牌的，应当向有关主管部门出示地名文件证明。

已建住宅小区（楼）、建筑物未命名，其所有权人或者物业所在的业主大会要求命名的，分别由所有权人或者其委托管理的单位、业主大会或者其授权的业主委员会提出申请，报县级以上民政部门审批。

第二十一条　申请住宅小区（楼）、建筑物命名的，应当提交下列材料：

（一）申请报告和立项文件；

（二）建设用地和建设工程规划许可文件及总平面图；

（三）拟用地名的用字、拼音、含义的说明；

（四）涉及行业（专业）名称的地名，提供行业（专业）主管部门同意证明；

（五）其他与申请命名相关的材料。

县级以上民政部门应当自收到申请之日起10个工作日内作出审批决定。对符合要求的名称，应当予以批准，并出具文件证明；对不符合要求的名称，应当不予批准，书面告知申请人并说明理由。但是，征求利害关系人及有关方面意见或者进行协调所需的时间除外。

第二十二条　门（楼）牌号码由县（市、区）民政部门或者镇人民政府、街道办事处按照国家和省有关规定统一编制。

第二十三条　地名确定后无特殊理由不得更名。

地名损害国家主权、领土完整和公共利益的，或者含义不健康的，或者有本办法第十四条规定重名情形的，应当更名。

地理实体因改造、拆除，其名称与改变后状态明显不符的，可以更名。

专有部分占建筑物总面积三分之二以上且占总人数三分之二以上的业主同意，并提供业主大会决议的，住宅小区（楼）、建筑物可以更名。

第二十四条　地名更名程序按照地名命名的相关规定执行。

对本办法第二十三条第二款规定的情形，地名所在地的县级以上民政部门应当发出地名更名通知书，有关单位或者个人应当自收到通知书之日起2个月内办理地名更名手续。

第二十五条　因自然地理实体变化、行政区划调整和城乡建设等原因而不使用的地名，由县级以上民政部门根据职责予以销名。

第二十六条　地名文化遗产保护名录中在用地名的更名应当严格控制；不使用的地名，县级以上民政部门和有关主管部门应当采取就近移用、优先启用、挂牌立碑等措施予以保护。

地名文化遗产保护名录涉及的地理实体拆除重建或者迁移后重新命名的，应当优先使用原地名。

第二十七条　有关主管部门按照本办法第十七条第三款、第十八条、第二十三条的规定对地名进行命名、更名的，应当在命名、更名后10个工作日内报同级民政部门备案；民政部门发现备案的地名不符合规定要求的，应当要求或建议审批机关予以纠正。

第二十八条　县级以上民政部门和有关主管部门应当及时向社会公布命名、更名和注销的地名信息，同时抄告同级公安、城乡规划建设、国土资源、交通运输、工商行政管理、邮政等相关管理部门。

因行政机关依照职权主动作出地名命名、更名和注销决定，致使公民、法人和其他组织的居民身份证、营业执照、房地产权属证书等证照和批文的地名信息需要作相应变更的，县级以上民政部门和有关主管部门应当根据公民、法人和其他组织的申请，在各自职责范围内免费为其提供出具相关地名证明或者换发证照和批文等服务，但法律、法规、规章另有规定的除外。

第四章　标准地名的使用和监督

第二十九条　依法命名、更名的地名为标准地名。本办法实施前已经使用并由县级以上民政部门编入地名录(志、图)或者地名数据库的地名,视同标准地名。

县级以上民政部门和有关主管部门应当采取措施,宣传、推广和监督使用标准地名。

第三十条　下列情形使用的地名应当是标准地名:

(一)地名标志、交通标志;

(二)地图、电话号码簿、交通时刻表、邮政编码簿等出版物;

(三)国家机关、企业事业单位、人民团体制发的公文、证照及其他法律文书;

(四)媒体广告、户外广告;

(五)其他应当使用标准地名的情形。

第三十一条　重要自然地理实体、行政区域界位、社区、村(居)委员会辖区、风景名胜区、自然保护区、专业设施、道路等,应当按照国家和省规定的有关标准设置地名标志。

第三十二条　道路、门(楼)牌地名标志由县级以上民政部门或者镇人民政府、街道办事处负责设置和管理。其他地名标志由提出地名命名申请的单位或者有关主管部门负责设置和管理。

属于建设项目的地理实体地名标志,应当在建设项目竣工验收前设置完成。

第三十三条　任何单位和个人不得涂改、遮盖、损毁或者擅自设置、移动、拆除地名标志。因施工等原因确需移动、拆除地名标志的,应当事先征得设置单位或者管理单位同意,并在施工结束前恢复原状,所需费用由工程建设单位承担。

地名标志管理单位应当保持地名标志的清晰和完好,发现损坏或者字迹残缺不清的,应当及时予以更新。

第三十四条　县级以上民政部门和有关主管部门要利用现代信息技术做好地名信息公共服务,加强地名信息协作,实现地名信息资源共享。

县级以上民政部门应当建立本行政区域的地名数据库,及时更新地名信息,保证地名信息的真实、准确。

第三十五条　县级以上民政部门和有关主管部门负责出版本行政区域或者本系统的标准地名出版物。其他任何单位和个人不得出版标准地名出版物。

第三十六条　县级以上民政部门和有关主管部门应当按照国家和省有关规定,建立健全档案管理制度,加强地名档案的收集、整理和保存工作,维护地名档案的完整、系统和安全。

县级以上档案管理部门应当加强对地名档案管理工作的指导和监督。

第三十七条　单位和个人违反地名管理的相关规定,按照国务院《地名管理条例》《浙江省地名管理办法》等有关规定依法处罚。

第五章　附　　则

第三十八条　本办法自 2014 年 10 月 1 日起施行。2003 年 11 月 26 日嘉兴市人民政府发布的《嘉兴市地名管理办法》(嘉兴市人民政府令第 24 号)同时废止。

其他重要文件

嘉兴市职工基本医疗保险暂行办法

(嘉兴市人民政府 2014 年 12 月 24 日发)

第一章　总　则

第一条　为健全和完善职工基本医疗保险制度,维护参保职工合法权益,促进社会和谐发展,根据《中华人民共和国社会保险法》和国家、省医疗保障体系建设的有关规定,结合我市实际,制定本办法。

第二条　本办法适用于市本级范围内的各类企业、机关、事业单位、社会团体和民办非企业单位(以下统称用人单位)及其职工以及自谋职业人员、领取失业保险金失业人员的基本医疗保险与相关管理活动。

第三条　职工基本医疗保险制度坚持以下原则:

(一)法定原则。所有用人单位及其职工应当依法参加职工基本医疗保险,并实行属地化管理。

(二)保基本原则。职工基本医疗保险的筹资和保障水平应当与本地经济社会发展水平相适应,满足参保职工基本医疗需求。

(三)权利义务对等原则。职工基本医疗保险费由用人单位和职工个人共同负担,待遇水平和缴费相对应。

(四)公平性原则。逐步归并职工基本医疗保险类型,推进职工基本医疗保险待遇的统一。

(五)可持续原则。职工基本医疗保险基金以收定支,实现收支平衡、略有节余。

第四条　建立健全包括大病医疗保险在内的补充医疗保险制度,鼓励发展与基本医疗保险相衔接的商业健康保险,满足参保人员多层次的医疗保障需求。

第五条　市人力社保行政部门主管全市职工基本医疗保险工作;市发展改革(物价)、民政、财政(地税)、卫生、审计、市场监管等有关部门按照各自职责,共同做好本办法的实施工作;南湖区政府、秀洲区政府、嘉兴经济技术开发区(国际商务区)管委会负责本辖区内职工基本医疗保险的相关实施工作。

第六条　市地方税务部门负责职工基本医疗保险费的征收工作。

第七条　市社保事务局负责职工基本医疗保险的参保登记、权益记录、待遇支付和审核稽核,信息系统建设和维护,日常咨询、业务培训和指导,定点医疗机构、定点零售药店的监督管理等工作。

第二章　医疗保险费征缴和管理

第八条　用人单位应当自用工之日起30日内,为其职工申请办理职工基本医疗保险参保登记。新设立的用人单位、基本医疗保险登记事项发生变更或依法终止的用人单位,应当在设立之日或有关情形发生之日起30日内办理开户、变更或注销登记手续。

第九条　职工基本医疗保险费以上上年度市区全社会在岗职工平均工资为缴费基数,分别由用人单位和职工个人以规定比例按月共同缴纳。

第十条　职工基本医疗保险暂设统账一、统账二两种类型。逐步调整职工基本医疗保险统账一、统账二缴费比例和待遇水平,适时将统账一过渡到统账二。过渡期内,职工基本医疗保险统账一、统账二具体缴费比例和待遇水平,由市人力社保局会同市财政局提出意见,报市政府同意后公布。

2015年,参加职工基本医疗保险统账一的,用人单位按在职职工人数,以缴费基数的3.5%缴纳;在职职工个人按缴费基数的0.5%缴纳。参加职工基本医疗保险统账二的,用人单位分别按在职职工人数和退休职工人数,以缴费基数的7.5%和4%缴纳;在职职工个人按缴费基数的2%缴纳。

第十一条　用人单位缴纳的医疗保险费按照财政、税务部门规定的渠道列支。职工个人缴纳的医疗保险费由用人单位代扣代缴。

第十二条　领取失业保险金期间的失业人员按规定参加职工基本医疗保险,其应缴纳的医疗保险费由失业保险基金支出;按规定参加本统筹地职工基本养老保险的劳动年龄段内自谋职业人员,按本办法第十条规定参加职工基本医疗保险的,以用人单位和职工个人缴费比例之和缴纳职工基本医疗保险费。

第十三条　用人单位及其职工按照规定缴纳医疗保险费的,自缴费次月起享受职工基本医疗保险待遇;未按规定缴纳医疗保险费的,自发生次月起,停止享受职工基本医疗保险待遇。

对于流动就业人员,在3个月内接续参保的,自缴费次月起,享受基本医疗保险待遇;超过3个月的,视为中断参保,在接续参保后须连续缴费满3个月后,方可享受职工基本医疗保险待遇。

退休人员应自退休审批后3个月内办理

基本医疗保险衔接手续,并按规定享受基本医疗保险待遇;超过3个月的,自办理次月起享受相关待遇。

第十四条　职工到达法定退休年龄并办理退休手续时,其职工基本医疗保险缴费年限(以下简称医保缴费年限)累计男满25年、女满20年的,可按规定享受职工基本医疗保险相应待遇。2001年6月30日前退休的,医保缴费年限不作规定。

本办法实施之前的医保缴费年限按职工基本养老保险缴费年限认定;本办法实施后的医保缴费年限按医保实际缴费年限计算。医保缴费年限按月累计。

职工退休后医保缴费年限不足的,可按办理年度职工基本医疗保险缴费基数的3.5%一次性补缴,记入医保缴费年限,不享受补缴期间职工基本医疗保险待遇。属用人单位应缴未缴的,由用人单位负责补缴,其余的由职工个人负责补缴。

第十五条　参加职工基本医疗保险统账一的用人单位,其退休人员经医保经办机构确认符合规定医保缴费年限的,按规定享受职工基本医疗保险统账一待遇;参加职工基本医疗保险统账二的用人单位,其退休人员经医保经办机构确认符合规定医保缴费年限并按本办法第十条规定参保缴费的,可享受职工基本医疗保险统账二待遇。

第十六条　按本办法第十条规定参加职工基本医疗保险的用人单位,其符合规定医保缴费年限的退休人员经本人申请、单位同意,可按医疗费用一次性移交管理办法,以1000元/年的标准一次性趸缴至75周岁(不足5年按5年),自缴费的次月起享受职工基本医疗保险统账二待遇。2015年1月1日之前已退休但未按规定时间接续参保的,需补缴中断期间的费用,具体办法按中断月份×2112元/月×5.5%标准计算,中断补缴年限的计算时点截止到2014年12月,不享受补缴期间医疗保险待遇。

过渡期内,逐步降低移交费用(含趸缴费用、中断补缴费用)。2015年度办理的,按移交费用的90%计算。

第十七条　以自谋职业身份退休的人员,经本人申请、医保经办机构确认,符合规定医保缴费年限的,可按规定享受职工基本医疗保险统账一待遇;经本人申请,可比照本办法第十六条规定一次性缴纳移交费用后,享受职工基本医疗保险统账二待遇。

第十八条　职工基本养老保险延缴人员,可按自谋职业人员标准按月缴纳职工基本医疗保险费,按规定享受相应的在职职工基本医疗保险待遇。

第三章　医疗保险个人账户及管理

第十九条　参加职工基本医疗保险统账一的,不建个人账户。参加职工基本医疗保险统账二的,按以下标准建立个人账户:

(一)在职职工(含双缴双保人员):35周岁(含)以下100元/月,35周岁以上至45周岁(含)120元/月,45周岁以上140元/月。

(二)退休人员:75周岁(含)以下160元/月,75周岁以上180元/月。

个人账户划入额随年龄段发生变化的,均在次年1月1日起调整。

第二十条　个人账户分当年个人账户和历年个人账户,当年个人账户主要用于支付符合基本医疗保险规定的门(急)诊和购药费用;历年个人账户资金可用于支付以下费用:

(一)符合基本医疗保险规定报销以后的各类自负费用;

(二)符合基本医疗保险医疗服务项目和药品目录,超过规定支付限额以上部分的医疗服务项目费用和药品费用;

(三)诊疗必需的自费服务项目费用,包括挂号费、复制片费、计算机图文报告费、彩色打印照片费、彩色一次性成像(波拉)照片费、洁齿费、煎药费;

(四)除国家扩大免疫规划以外的预防性免疫疫苗费用:狂犬病疫苗、各类肺炎双球菌疫苗、流感疫苗。

(五)其他符合国家、省规定的医药费用。

第二十一条　个人账户由医保经办机构统一管理，按银行活期存款利率每结算年度计息一次，其本金和利息归个人所有，可转移接续和依法继承。

第四章　医疗保险待遇

第二十二条　用人单位和职工个人缴纳的基本医疗保险费按规定纳入职工基本医疗保险统筹基金和个人账户。

第二十三条　参加职工基本医疗保险统账一的，在一个结算年度内，参保人员在定点医疗机构（定点零售药店）发生的符合基本医疗保险规定支付范围的门（急）诊（购药）和住院医疗费，按以下规定支付。

（一）参保人员在实施国家基本药物制度的社区卫生服务中心（站）发生的符合基本医疗保险规定支付范围的门（急）诊医疗费用，在门诊起付标准以上至门诊最高支付限额以下部分，由统筹基金按70%的比例支付；在其他定点医疗机构（零售药店）发生的符合基本医疗保险规定支付范围的门（急）诊（购药）费用，在门诊起付标准以上至门诊最高支付限额以下部分，由统筹基金按40%的比例支付。

门诊起付标准在职职工为500元、退休人员为300元；门诊最高支付限额为3000元，超过最高支付限额以上部分由个人承担。

（二）参保人员在定点医疗机构发生的符合基本医疗保险规定支付范围的住院医疗费用，在起付标准以上至最高支付限额以下部分，由统筹基金按以下比例支付：一级及以下医疗机构（社区卫生服务机构）为90%；二级（县级）医疗机构为85%；三级（市级）医疗机构为80%。

退休人员在上述支付比例的基础上增加5个百分点。

第二十四条　参加职工基本医疗保险统账二的，在一个结算年度内，参保人员在定点医疗机构（定点零售药店）发生的符合基本医疗保险规定支付范围的门（急）诊（购药）和住院医疗费，按以下规定支付。

（一）参保人员在实施国家基本药物制度的社区卫生服务中心（站）发生的符合基本医疗保险规定支付范围的门（急）诊医疗费用，先由当年划入的个人账户支付，当年划入个人账户不足支付，在门诊起付标准以上至门诊最高支付限额以下部分，由统筹基金按80%的比例支付；在其他定点医疗机构（零售药店）发生的符合基本医疗保险规定支付范围的门（急）诊（购药）费用，先由当年划入的个人账户支付，当年划入个人账户不足支付，在门诊起付标准以上至门诊最高支付限额以下部分，由统筹基金按50%的比例支付。

门诊起付标准在职职工为500元、退休人员为300元；门诊最高支付限额为6000元，超过最高支付限额以上部分由个人承担。

（二）参保人员在定点医疗机构发生的符合基本医疗保险规定支付范围的住院医疗费用，在起付标准以上至最高支付限额以下部分，由统筹基金按以下比例支付：一级及以下医疗机构（社区卫生服务机构）为90%；二级（县级）医疗机构为85%；三级（市级）医疗机构为80%。

退休人员在上述支付比例的基础上增加5个百分点。

第二十五条　参保人员在定点医疗机构发生的符合基本医疗保险规定支付范围的住院医疗费用，按照不同医疗机构级别设置统筹基金住院起付标准：一级及以下医疗机构（社区卫生服务机构）300元，二级（县级）医疗机构500元，三级（市级）医疗机构800元。

住院起付标准按次计收。在一个结算年度内，住院起付标准最多按两次计收，第三次及以后住院不设起付标准；住院期间发生转院的，起付标准按高级别医院标准计算。

第二十六条　职工基本医疗保险住院（包括规定病种门诊，下同）最高支付限额原则上按上上年度市区全社会在岗职工平均工资的6倍左右确定，暂定为20万元。

第二十七条　职工基本医疗保险规定病种，包括恶性肿瘤放化疗、尿毒症、器官移植后抗排异治疗、再生障碍性贫血、系统性红斑狼疮、血友病、重性精神病、肺结核病辅助治疗

(国家免费抗结核病药物治疗除外)、艾滋病机会性感染(国家规定的免费抗病毒治疗除外)等9种病种。规定病种参保人员在选定医疗机构门诊发生的符合基本医疗保险规定病种支付范围的针对性治疗费用,可视作住院医疗费用(不计起付标准),由统筹基金按三级医疗机构支付比例支付,其中门诊针对性中草药治疗费用,按每帖50元的最高支付标准纳入结算,不足标准的,按实结算。

第二十八条　参保人员有下列情况之一的,可申请设立家庭病床:

(一)因疾病引起瘫痪或丧失生活自理能力患者;

(二)恶性肿瘤晚期,行为困难需要支持治疗和减轻痛苦患者;

(三)三类以上手术(按卫生行政部门划分类别标准)后属恢复期患者;

(四)临终关怀病人。

家庭病床起付标准为每月80元;最高支付限额为每月2000元(建床时段内可统筹使用);建床期间发生的符合基本医疗保险规定支付范围的医疗费用,在起付标准以上至最高支付限额以下部分,统筹基金支付比例为70%。

第二十九条　建国前参加革命工作的老工人,在定点医疗机构(定点零售药店)发生的符合基本医疗保险规定支付范围的门(急)诊(购药)和住院医疗费,按以下规定支付。

(一)建国前参加革命工作的老工人在门(急)诊(购药)发生的符合基本医疗保险规定支付范围的医疗费用,先由当年划入的个人账户支付,当年划入个人账户不足支付,门诊起付标准以上部分(300元),由统筹基金按85%的比例支付。

(二)建国前参加革命工作的老工人在定点医疗机构发生的符合基本医疗保险规定支付范围的住院医疗费用,经基本医疗保险规定报销后,对其自负的医疗费用,再由统筹基金按85%的比例支付。

第三十条　完善职工大病保险制度。职工大病保险资金按缴费基数的0.2%筹集,其中统筹基金承担0.15%,财政承担0.05%。职工大病保险可由医保经办机构委托商业保险机构承办。

参保人员在一个医保结算年度内,在定点医疗机构发生的符合基本医疗保险规定支付范围的住院医疗费用,超过住院最高支付限额以上部分,由职工大病保险补助85%,上不封顶。

参保人员在一个医保结算年度内,在定点医疗机构发生的符合基本医疗保险规定支付范围的住院(规定病种)医疗费用,经基本医疗保险报销(含各类补助)后,个人累计自负医疗费用超过1.5万元以上部分,再按以下比例进行补助:1.5万元(不含)至5万元55%,5万元(不含)以上部分70%。

第五章　医疗保险服务管理

第三十一条　职工基本医疗保险实行定点医疗机构和定点零售药店制度。经卫生行政部门批准并取得《医疗机构执业许可证》的医疗机构、经市场监管部门批准并持有《药品经营许可证》和工商营业执照的零售药店,可按规定申请定点资格。

取得医保定点资格的医疗机构和零售药店与医保经办机构签订医保服务协议后,方可为参保人员提供服务。

第三十二条　参保人员可按规定在市本级范围内的定点医疗机构和定点零售药店选择就医、购药。鼓励参保人员在基层社区卫生服务机构就医。市本级范围内实行联网结算,参保人员凭本人社会保障·市民卡就诊,其发生的应当由参保人员个人负担(包括自费、自负)的医疗费用,由参保人员直接向定点医疗机构(零售药店)支付;应当由基金支付的,由定点医疗机构(零售药店)按照协议与医保经办机构按月结算。

因转院、信息系统故障等原因而未能刷卡结算的(定点零售药店除外),参保人员应在现金垫付相应医疗费用后3个月内,凭医疗费用专用结算凭证(发票原件)、清单、出院小结等到医保经办机构办理医疗费用结算。

至结算年度末,参保人员连续住院满6个月的,应予结算。

第三十三条　参保人员因病情需要，按基本医疗保险有关规定办理登记备案手续，转往杭州、上海当地基本医疗保险定点的三级医疗机构治疗，或因临时外出在市外医疗机构急诊、抢救的，其发生的符合基本医疗保险规定支付范围的医疗费用，由个人自费10%后，再按规定结算；按规定转入上海、杭州以外当地定点的三级医疗机构治疗的，由个人自费20%后，再按规定结算。

参保人员未按规定办理登记备案手续或在市外其他基本医疗保险定点医疗机构诊治的，其发生的符合基本医疗保险规定支付范围的医疗费用，由个人自费30%后，再按职工基本医疗保险规定的三级医疗机构报销比例结算。

第三十四条　对于退休后长住外地或因工作原因需驻外地3个月以上的，可向参保地医保经办机构申请办理异地安置备案手续，其在居住地定点医疗机构（可选择4家）发生的医疗费用，视同在我市定点医疗机构发生的费用，按规定报销。已办理异地安置备案手续的，3个月后方可撤销。

第三十五条　职工基本医疗保险医疗服务项目和用药范围按《浙江省基本医疗保险医疗服务项目目录》《浙江省基本医疗保险、工伤保险和生育保险药品目录》《浙江省医疗服务价格手册》以及国家、省、市有关规定执行。参保人员在本统筹地区以外就医（含异地安置、转外地治疗等），药品使用范围以《浙江省基本医疗保险、工伤保险和生育保险药品目录》为准；确属就医地基本医疗保险用药范围的，可列入支付范围，按乙类药品处理；诊疗项目、服务设施及标准按我市规定执行。

第三十六条　参保人员患规定病种需门诊针对性治疗的，可按规定向医保经办机构申请办理，经审核同意后，纳入规定病种结算范围，每2年审验1次。

参保人员可选定1家二级及以上定点医疗机构作为规定病种经治医院；需中草药针对性治疗的，可增选1家定点医疗机构（不限级别）作为经治医院。经选定的规定病种经治医院，在1年内不得变更。

第三十七条　参保人员需设立家庭病床的，经本人申请，收治医疗机构初审，报医保经办机构审核同意后，纳入家庭病床结算范围，逢医保结算年度，应结算一次。家庭病床建床时间最长不超过1年。

家庭病床原则上由参保人员居住地社区卫生服务机构负责收治和提供医疗服务。

第三十八条　定点医疗机构和定点零售药店应严格执行有关规定，为参保人员提供安全有效、价格合理的医疗服务和药品；确需提供基本医疗保险规定支付范围以外的服务和药品的，应事先征得参保人员或其直系亲属同意。

定点医疗机构和定点零售药店应按国家、省有关处方管理规定严格掌握中西药处方量。西药（中成药）处方量，急性疾病不超过3天，一般疾病不超过7天，慢性疾病不超过15天（常年服药者放宽至30天）。中草药处方量一般不超过7帖；规定病种门诊中草药处方量不超过14帖，其中因特殊原因需转市域外中草药治疗的，最高不超过30帖。

对于按国家处方药与非处方药分类管理规定、可以按销售登记制度销售的处方药品，可在有条件的定点零售药店试行按销售登记制度销售。具体实施办法由医保经办机构会同有关部门另行制定。

第三十九条　下列医疗费用不纳入职工基本医疗保险基金支付范围：

（一）应当从工伤保险基金中支付的；

（二）应当由第三人负担的；

（三）应当由公共卫生负担的；

（四）在境外就医的；

（五）故意犯罪造成自身伤害发生的；

（六）美容、整形等非基本医疗需要发生的；

（七）非基本医疗保险定点医疗机构（定点零售药店）发生的；

（八）其他法律、法规规定不予支付的。

第六章　医疗保险监督管理

第四十条　职工基本医疗保险基金统一纳

入社会保障基金财政专户，实行收支两条线管理，执行社会保险基金预决算制度和财务会计管理制度。任何部门、单位和个人均不得侵占、挤占和挪用基金,也不得用于平衡财政预算。

第四十一条　市人力社保部门应根据国家、省有关规定制定和完善基本医疗保险政策体系,并会同有关部门、单位建立健全定点医疗机构、定点零售药店监督管理和医保医师管理等配套制度。

医保经办机构应根据国家、省、市基本医疗保险有关规定，科学合理拟定定点医疗机构、定点零售药店服务协议,加强日常监督管理,规范其基本医疗保险服务行为,对违约行为进行处理；推进基本医疗保险结算制度改革,实施总额控制下的多种结算方式,有效控制医疗费用过快增长,减轻参保人员负担。

第四十二条　定点医疗机构、定点零售药店违反与医保经办机构所签协议的,依照有关约定追究其违约责任。情节严重的,取消定点资格。

参保人员违反基本医疗保险规定并造成基本医疗保险基金损失的，由医保经办机构追回已经支付的医疗保险金,并可向用人单位通报。

第四十三条　以欺诈、伪造证明材料或者其他手段骗取基本医疗保险基金支出的,依据《中华人民共和国社会保险法》第八十七条、第八十八条规定，责令退回骗取的医疗保险金，并处骗取金额二倍以上五倍以下的罚款。属于医疗保险服务机构的,解除服务协议;直接负责的主管人员和其他直接责任人员有执业资格的,依法吊销其执业资格。涉嫌犯罪的,移送司法机关依法处理。

第四十四条　医疗保险行政部门、征收机构、经办机构及其工作人员违反基本医疗保险规定的,按照《中华人民共和国社会保险法》第八十九条、第九十条、第九十一条、第九十二条、第九十三条、第九十四条有关规定处理。

第七章　其　　他

第四十五条　本办法所称的职工,包括在职职工(含双缴双保人员)、退休人员(含退职人员)。

自费费用是指不列入职工基本医疗保险规定支付范围、需由参保人员个人承担的医疗费用及其他费用。

自负费用是指列入职工基本医疗保险规定支付范围,按规定应由参保人员自己负担得起付标准、按比例报销后个人负担部分和门诊最高支付限额以上部分。

最高支付限额是指列入基本医疗保险统筹基金支付范围的医疗费用最高额度。

职工基本医疗保险结算年度为自然年度。

第四十六条　本办法实施之前,已将医疗费用按1000元/年标准一次性移交管理的退休人员,按规定享受职工基本医疗保险统账二待遇。

第四十七条　用人单位在过渡期内可按本办法第十条规定选择一种类型参加职工基本医疗保险。用人单位需转换参保类型的,原则上在每年12月份集中办理一次。

第四十八条　完善公务员医疗补助、企事业单位医疗补助政策。鼓励各类用人单位通过自建和购买商业健康保险等形式设立医疗补助制度,减轻参保人员医疗负担。

第四十九条　离休干部、六级及以上革命伤残军人、市级及以上劳动模范等人员的医疗补助办法,按有关规定执行。

第五十条　各县(市)按照《嘉兴市人民政府关于统一全市职工医疗保险有关政策的实施意见》(嘉政发〔2008〕59号)、《嘉兴市人民政府关于做好嘉兴市社会基本医疗保险市级统筹工作的实施意见》(嘉政发〔2009〕106号)等文件精神,结合本办法一并贯彻执行。

第五十一条　本办法自2015年起试行。原《嘉兴市城镇职工基本医疗保险暂行规定》(嘉政发〔2001〕112号)、《嘉兴市城镇职工基本医疗保险暂行规定有关配套文件的通知》(嘉政办发〔2001〕113号,除附件7–9外)同时废止。我市原职工基本医疗保险有关规定与本办法不一致的,以本办法为准。

文件目录

表 48

2014 年中共嘉兴市委文件目录

嘉委发文号	发文日期	标　　题
2	1 月 30 日	中共嘉兴市委嘉兴市人民政府关于成立嘉兴市“五水共治”工作领导小组的通知
3	1 月 28 日	中共嘉兴市委关于扎实开展党的群众路线教育实践活动的实施意见
4	2 月 10 日	中共嘉兴市委嘉兴市人民政府关于表彰 2013 年度先进集体和先进个人的决定
5	2 月 14 日	中共嘉兴市委嘉兴市人民政府关于表彰嘉兴市创建全国文明城市工作先进集体、先进个人和命名表彰 2012 ~ 2013 年度市级文明行业、文明街道、文明社区的决定
6	2 月 10 日	中共嘉兴市委关于印发《市委常委会带头扎实开展党的群众路线教育实践活动的实施方案》的通知
7	2 月 19 日	中共嘉兴市委嘉兴市人民政府关于 2013 年度县(市、区)、市级机关部门(单位)工作目标责任制考核结果的通报
8	2 月 20 日	中共嘉兴市委嘉兴市人民政府关于表彰 2012 ~ 2013 年度信访工作先进集体和先进个人的决定
10	3 月 19 日	中共嘉兴市委关于调整市委常委分工的通知
11	4 月 30 日	中共嘉兴市委嘉兴市人民政府关于表彰 2004 ~ 2013 年度平安创建工作先进单位的通报
12	4 月 30 日	中共嘉兴市委嘉兴市人民政府关于命名 2013 年度平安镇(街道)和表彰法治平安综治维稳无邪教镇(街道)创建工作先进的通报
13	5 月 5 日	中共嘉兴市委嘉兴市人民政府关于印发《嘉兴市深化接轨上海三年行动计划(2014 ~ 2016 年)》的通知
14	5 月 13 日	中共嘉兴市委关于印发《嘉兴市建立健全惩治和预防腐败体系 2013 ~ 2017 年实施细则》的通知
15	6 月 17 日	中共嘉兴市委嘉兴市人民政府关于成立嘉兴科技城规划建设工作领导小组的通知
16	6 月 23 日	中共嘉兴市委嘉兴市人民政府关于成立嘉兴市预算绩效管理工作领导小组的通知
18	7 月 25 日	中共嘉兴市委关于深入贯彻省委“两美”建设决定打造江南水乡典范的实施意见
19	7 月 23 日	中共嘉兴市委嘉兴市人民政府关于加强安全生产促进安全发展的实施意见
20	7 月 23 日	中共嘉兴市委嘉兴市人民政府关于全面深化统筹城乡综合配套改革加快实现更高水平城乡一体化的实施意见
21	7 月 23 日	中共嘉兴市委嘉兴市人民政府关于推进市属国资国企改革发展的若干意见
23	10 月 27 日	中共嘉兴市委嘉兴市人民政府关于加快发展信息经济的若干意见
24	12 月 15 日	中共嘉兴市委嘉兴市人民政府关于公布第三批嘉兴市“南湖百杰”优秀人才和 2012 ~ 2014 年嘉兴市人才工作先进单位的通报

(姚沈敏)

表 49

2014 年嘉兴市人大常委会文件目录(一)

嘉人大常文号	发文日期	标　　题
1	1 月 13 日	嘉兴市人大常委会 2014 年工作要点
2	3 月 28 日	嘉兴市第七届人民代表大会常务委员会关于促进全面深化改革再创体制机制新优势的决定
3	6 月 30 日	嘉兴市七届人大常委会关于同意市政府将市水务集团财政补贴资金列入 2015 年安排预算的决议
4	7 月 31 日	嘉兴市第七届人民代表大会常务委员会关于批准嘉兴市本级 2014 年度财政决算的决议
5	9 月 24 日	嘉兴市第七届人民代表大会常务委员会关于授予陈勇等七位人士“嘉兴市荣誉市民”称号的决定
6	9 月 24 日	嘉兴市第七届人民代表大会常务委员会关于推进“两美”建设打造江南水乡典型的决定

续表49

嘉人大常文号	发文日期	标　　题
7	12月31日	关于召开市七届人大五次会议的决定
8	12月31日	关于将省财政厅下达的地方政府债券资金纳入地方政府预算的决议

表50　**2014年嘉兴市人大常委会文件目录(二)**

嘉人大常办文号	发文日期	标　　题
1	4月3日	嘉兴市七届人大常委会第十七次会议审议意见
2	5月30日	嘉兴市七届人大常委会第十八次会议审议意见
3	5月30日	市人大常委会关于校园及周边食品安全工作的视察意见
4	7月7日	关于交办市人大常委会有关视察意见的通知
5	8月8日	市七届人大常委会第二十次会议审议意见

(杨　勇)

表51　**2014年嘉兴市人民政府文件目录(一)**

政府令文号	发文日期	标　　题
47	4月25日	嘉兴市城乡规划管理办法
48	8月29日	嘉兴市地名管理办法
49	10月31日	嘉兴市综合行政执法实施办法

表52　**2014年嘉兴市人民政府文件目录(二)**

嘉政发文号	发文日期	标　　题
1	2月7日	嘉兴市人民政府关于2014年深化扩大有效投资“三抓三保”专项行动进一步推动投资提质增效的实施意见
2	1月8日	嘉兴市人民政府嘉兴军分区关于表彰2013年度国防动员工作和后备力量基层规范化建设先进的通报
3	1月3日	嘉兴市人民政府关于公布嘉兴市第十八届社会科学优秀成果的通知
4	1月3日	嘉兴市人民政府关于同意《嘉兴市城市住宅区(危旧房、城中村)改造专项规划》的批复
5	1月21日	嘉兴市人民政府关于表彰2013年度嘉兴市行政审批服务工作先进单位的通报
6	1月26日	嘉兴市人民政府关于表彰2013年度政府信息公开工作先进集体和先进个人的通报
7	1月24日	嘉兴市人民政府转发市审计局关于进一步加强市级部门审计整改工作的意见
8	1月28日	嘉兴市人民政府关于表彰2013年度人口和计划生育目标管理责任制考核优秀单位的通报
9	1月27日	嘉兴市人民政府关于表彰2013年度嘉兴市依法行政工作先进单位的通报
10	1月29日	嘉兴市人民政府关于同意给予侦破桐乡“12·30”特大持枪抢劫案有关单位和个人记功的批复
11	1月29日	嘉兴市人民政府关于表彰2013年度人力资源和社会保障工作考核优秀单位的通报
12	1月29日	嘉兴市人民政府关于命名第二批嘉兴市扶残助残爱心镇(街道)的决定
13	1月29日	嘉兴市人民政府关于表彰2013年度嘉兴市市长质量奖获奖单位的通报

续表 52

嘉政发文号	发文日期	标　　题
14	2月8日	嘉兴市人民政府关于同意秀洲区生态环境功能区规划(2012～2025)的批复
15	1月30日	嘉兴市人民政府印发关于改革完善食品药品监管和工商质监行政管理体制的实施意见的通知
16	2月13日	嘉兴市人民政府关于2013年度民政(社会)工作目标责任制考核情况的通报
17	2月14日	嘉兴市人民政府关于印发2014年民生实事项目的通知
18	2月17日	嘉兴市人民政府关于同意《嘉兴南湖景区改造提升规划》的批复
19	2月17日	嘉兴市人民政府关于表彰2013年度全市生猪养殖业转型发展工作先进集体和先进个人的通报
20	2月19日	嘉兴市人民政府关于印发政府工作报告重点工作责任分解的通知
21	2月23日	嘉兴市人民政府关于表彰2013年度全市城管执法先进集体和优秀个人的通报
22	2月25日	嘉兴市人民政府关于表彰2013年度全市安全生产工作先进集体和先进个人的通报
23	2月27日	嘉兴市人民政府关于下达2014年嘉兴市国民经济和社会发展计划的通知
24	3月3日	嘉兴市人民政府关于表彰2013年度全市开放型经济先进集体的通报
25	3月3日	嘉兴市人民政府关于表彰2013年度全市国土资源管理工作先进单位的通报
26	3月4日	嘉兴市人民政府关于秀洲"9·11"较大道路交通事故调查报告的批复
27	3月4日	嘉兴市人民政府关于嘉善西塘"9·2"较大道路交通事故调查报告的批复
28	3月5日	嘉兴市人民政府关于表彰2013年度全市工信系统先进集体和先进个人的通报
29	3月7日	嘉兴市人民政府关于印发2014年嘉兴市城市道路交通治堵工作方案的通知
30	3月7日	嘉兴市人民政府关于表彰2013年度全市城乡建设工作先进单位的通报
31	3月14日	嘉兴市人民政府关于表彰2013年度全市服务业发展先进集体和先进个人的通报
32	3月13日	嘉兴市人民政府关于印发《嘉兴市创建省科技金融改革创新试验区实施方案》的通知
33	3月21日	嘉兴市人民政府关于表彰2013年度支持浙商创业创新促进嘉兴发展目标责任制考核先进单位的通报
34	3月24日	嘉兴市人民政府关于推行政府部门权力清单制度的意见
35	3月27日	嘉兴市人民政府关于加快推进法治政府建设的工作意见
36	4月14日	嘉兴市人民政府关于表彰2013年度嘉兴市农业农村工作先进集体和先进个人的通报
37	4月4日	嘉兴市人民政府关于印发嘉兴市大气污染防治实施方案(2014～2017年)的通知
38	4月4日	嘉兴市人民政府关于调整部分市政府领导及专职副秘书长工作分工的通知
39	4月9日	嘉兴市人民政府关于表彰2013年度嘉兴慈善先进的通报
40	4月16日	嘉兴市人民政府关于继续支持第二轮王江泾镇省级小城市培育试点工作有关问题的批复
42	4月30日	嘉兴市人民政府关于同意中心城区1～51单元局部地块控制性详细规划的批复
43	5月12日	嘉兴市人民政府关于同意嘉兴市市区城市节水中长期规划(修编)的批复
44	5月12日	嘉兴市人民政府关于印发"无违建镇(街道)"创建活动实施方案的通知
45	5月27日	嘉兴市人民政府关于表彰市区"三小车"整治工作先进集体和先进个人的通报
46	6月5日	嘉兴市人民政府关于加快电子商务(电商换市)发展的实施意见
47	6月9日	嘉兴市人民政府关于印发加强社会保险基金管理的意见的通知
48	6月10日	嘉兴市人民政府关于全面推进"三名"工程的实施意见
49	6月12日	嘉兴市人民政府关于推进"空间换地"深化节约集约用地的实施意见
50	6月17日	嘉兴市人民政府关于同意中心城区1～26等六个单元控制性详细规划的批复
51	6月20日	嘉兴市人民政府关于同意《嘉兴市区通信基础设施专项规划》的批复
52	6月30日	嘉兴市人民政府关于表彰2013年度征兵工作先进单位和先进个人的通报
53	6月30日	嘉兴市人民政府关于平湖申平塑胶有限公司"8·30"较大事故调查报告的批复

续表 52

嘉政发文号	发文日期	标　　　　题
54	7月1日	嘉兴市人民政府关于嘉兴市城市规划委员会更名及成员调整的通知
55	7月18日	嘉兴市人民政府关于桐乡屠甸“4·7”较大道路交通事故调查报告的批复
56	7月25日	嘉兴市人民政府关于同意中心城区1～38等四个单元控制性详细规划局部修改的批复
57	8月7日	嘉兴市人民政府关于印发市区支持现代都市型生态农业和农村发展若干财政政策意见的通知
58	7月28日	嘉兴市人民政府关于印发嘉兴违法建筑认定与处置办法的通知
59	8月1日	嘉兴市人民政府关于公布第九届嘉兴市文学艺术南湖奖获奖作品名单的通知
60	8月1日	嘉兴市人民政府关于调整市区征地补偿“区片综合价”标准的通知
61	8月5日	嘉兴市人民政府关于调整全市最低工资标准的通知
62	8月19日	嘉兴市人民政府关于印发嘉兴市全面开展综合行政执法试点工作方案的通知
64	8月20日	嘉兴市人民政府关于公布2014年嘉兴市科学技术奖获奖人员和项目的通知
65	8月28日	嘉兴市人民政府关于划转部分行政处罚权的通告
66	9月15日	嘉兴市人民政府关于进一步优化完善村庄布点规划的指导意见
67	9月19日	嘉兴市人民政府关于发布嘉兴市政府核准的投资项目目录(2014年本)的通知
68	9月29日	嘉兴市人民政府关于国有土地上房屋征收的决定
69	9月30日	嘉兴市人民政府关于推动现代企业制度建设对接资本市场加快发展的若干意见
70	10月20日	嘉兴市人民政府关于授予格拉亚诺·威亚尼等四位外国专家“南湖友谊奖”的通知
71	10月31日	嘉兴市人民政府关于印发《嘉兴市信息化和工业化深度融合实施方案（五大专项行动计划)(2014～2017年)》的通知
72	10月27日	嘉兴市人民政府关于同意给予金渊开除处分的批复
73	10月27日	嘉兴市人民政府关于同意给予姚金明开除处分的批复
74	11月6日	嘉兴市人民政府关于禁止露天焚烧秸秆的通告
75	11月14日	嘉兴市人民政府关于对未取得绿色环保标志汽车实施区域限制通行的通告
76	11月19日	嘉兴市人民政府关于表彰旅游工作先进个人和企业的通知
77	11月20日	嘉兴市人民政府关于调整市本级最低生活保障标准及实行城乡统筹的通知
78	11月28日	嘉兴市人民政府关于同意中心城区1～43单元和西片4～16单元控制性详细规划的批复
79	11月28日	嘉兴市人民政府关于表彰2014年度嘉兴市市长质量奖获奖单位的通报
80	12月2日	嘉兴市人民政府关于进一步加强计量工作的实施意见
81	12月3日	嘉兴市人民政府关于公布嘉兴市第十九届社会科学优秀成果的通知
83	12月15日	嘉兴市人民政府关于印发嘉兴市本级产业发展规划的通知
84	12月15日	嘉兴市人民政府关于印发加快分布式光伏发电发展补充意见的通知
85	12月22日	嘉兴市人民政府嘉兴市军分区关于批转市人力社保局嘉兴军分区政治部嘉兴市军人随军家属就业安置实施细则的通知
86	12月22日	嘉兴市人民政府关于加快发展养老服务业的实施意见
87	12月24日	嘉兴市人民政府关于转发嘉兴市职工基本医疗保险暂行办法的通知
88	12月28日	嘉兴市人民政府印发关于加强新型城镇化建设金融服务保障若干意见的通知
89	12月24日	嘉兴市人民政府关于同意给予张晓江开除处分的批复
90	12月24日	嘉兴市人民政府关于同意对周洪根予以政纪立案的批复
92	12月31日	嘉兴市人民政府关于同意中心城区1～29等七个单元控制性详细规划局部修改的批复

（费公驰）

表 53

2014 年政协嘉兴市委员会文件目录

嘉政协文号	发文日期	标题
1	1月6日	中国人民政治协商会议浙江省嘉兴市第七届委员会常务委员会关于召开政协嘉兴市第七届委员会第三次会议的决定
2	1月7日	中国人民政治协商会议浙江省嘉兴市第七届委员会常务委员会关于同意李瑞明、陈海鸣同志辞去政协嘉兴市七届委员会委员职务的决定
3	1月7日	中国人民政治协商会议浙江省嘉兴市第七届委员会常务委员会关于撤销俞天明政协嘉兴市第七届委员会常委、委员资格的决定
4	1月7日	中国人民政治协商会议浙江省嘉兴市第七届委员会委员增补名单
5	1月7日	中国人民政治协商会议浙江省嘉兴市第七届委员会任免决定
6	1月15日	政协嘉兴市委员会 2014 年工作要点
7	3月10日	关于市七届政协主席会议成员分工的通知
8	3月11日	嘉兴市政协 2014 年重点工作安排
9	3月12日	关于调整市七届政协第十一(妇联)界别活动组组长的决定
10	3月12日	关于开展“政协上下联动、千名委员同行”,助推“五水共治”民主监督实施方案
11	5月20日	政协嘉兴市委员会关于加强与市各民主党派、工商联、人民团体和各界政协委员联系的意见
12	5月20日	政协嘉兴市委员会优秀界别活动组和优秀委员评选表彰办法
13	6月4日	中国人民政治协商会议浙江省嘉兴市第七届委员会委员增补名单
14	6月4日	中国人民政治协商会议浙江省嘉兴市第七届委员会常务委员会关于同意单胜道同志辞去政协嘉兴市七届委员会委员职务的决定
15	6月9日	政协嘉兴市委员会关于委员密切联系群众的意见
16	10月9日	关于拟举行嘉兴市庆祝人民政协成立 65 周年相关活动的请示
17	11月11日	关于赴浙江湖州、江苏常州学习考察的报告
18	11月20日	中国人民政治协商会议浙江省嘉兴市第七届委员会委员增补名单
19	11月20日	中国人民政治协商会议浙江省嘉兴市第七届委员会副秘书长任职决定
20	11月24日	政协嘉兴市委员会提案办理工作民主评议办法(试行)
21	12月9日	政协嘉兴市委员会关于基层政协委员联络室开展民主协商工作的意见
22	12月10日	政协嘉兴市委员会 2014 年度提案办理工作民主评议实施方案
23	12月22日	中国人民政治协商会议浙江省嘉兴市第七届委员会常务委员关于加强和改进调查研究工作的意见
24	12月29日	关于表彰 2014 年度社情民意工作先进集体的通知
25	12月29日	关于表彰嘉兴市政协七届三次会议以来优秀提案的决定
26	12月26日	关于表彰嘉兴市七届政协优秀界别活动组和优秀委员的决定

(胡　翚)

附　　录

先进名录

【2014 年度十强新市镇】

嘉善县姚庄镇
海宁市长安镇
海宁市袁花镇
桐乡市崇福镇
南湖区大桥镇
嘉善县西塘镇
桐乡市濮院镇
桐乡市洲泉镇
平湖市新仓镇
秀洲区王江泾镇

【2014 年度嘉兴市市长质量奖】

恒锋工具股份有限公司
浙江东明不锈钢制品股份有限公司
浙江依爱夫游戏装文化产业有限公司

【2014 年度嘉兴市走新型工业化道路十强企业】

浙江晶科能源有限公司
日本电产芝浦(浙江)有限公司
韩泰轮胎有限公司
巨石集团有限公司
桐乡市中辰化纤有限公司
闻泰通讯股份有限公司
浙江壳牌化工石油有限公司
浙江海利控股集团有限公司
浙江圣邦实业集团有限公司
加西贝拉压缩机有限公司

【2014 年度市本级走新型工业化道路十强企业】

嘉兴兴禾汽车零部件有限公司
浙江雅莹集团
浙江生辉照明有限公司
浙江德景电子科技有限公司
晓星化工(嘉兴)有限公司
浙江亚特电器有限公司
浙江五芳斋实业股份有限公司
浙江卫星控股股份有限公司
浙江正泰电缆有限公司
浙江嘉欣丝绸股份有限公司

【2014 年浙江省劳动模范】

陈彦飞　嘉善县第一人民医院外科主任
吴雪军　嘉善县公安局姚庄派出所所长
王爱荣　嘉兴市善通运输(集团)有限责任公司驾驶员
宋大夫　嘉善县干窑镇干窑村党委书记
黄德荣　浙江伴宇实业股份有限公司董事长
盛喜华　浙江金丝娘水果专业合作社副社长
韩其芳　浙江晨光电缆股份有限公司总工助理
汪东晓　平湖市公安局独山港派出所民警
赵其芳　恒锋工具股份有限公司车间主任
吴张平　浙江嘉兴繁荣电器有限公司技术总监兼研发中心主任
陆志华　海盐县人民医院党总支书记、院长
万福祥　海盐县秦万芦荟专业合作社理事长
吴　英　海宁市人民医院心内科主任

贾维国 海宁市丁桥镇新仓村村民委主任兼调解主任
谭建新 海宁市大元运输有限责任公司快客分公司驾驶员
鲍风华 海宁市龙洲印染有限责任公司电工班班长
庄奎龙 新凤鸣集团股份有限公司董事长
张永根 浙江省董家茭白专业合作社理事长
钟耀权 桐乡市恒泰精密机械有限公司生产技术部部长
顾娟文 桐乡信用联社崇福信用社副主任兼主办会计
陆晨阳 嘉兴市南湖区余新镇中学校长
胡 燕 南湖区解放街道菜花泾社区党总支书记、主任
沈福良 嘉兴市潜福食品有限公司董事长
高明慧 嘉兴市秀溢农业科技有限公司总经理
洪福珍 上海外国语大学秀洲外国语学校校长、党支部书记
张 军 欣悦印染有限公司总经理助理、工会主席
张益平 嘉兴市乍浦港口经营有限公司集装箱作业队队长
谭霄红 嘉兴市委组织部公务员管理处处长、干部综合处副处长
沈霞芳 嘉兴市地税局第一税务分局主任科员
王 勤 嘉兴一中英语教研组组长
沈志光 嘉兴市秀州中学校长兼党总支书记
刘加良 嘉兴市第一医院大内科主任
康一强 嘉兴市港航管理局城郊科办事员
魏建铭 嘉兴市园林绿化工程公司苗木站站长
陆龙泉 加西贝拉压缩机有限公司技术研究院副院长
冯晓科 国网浙江省电力公司嘉兴供电公司副总工程师
余存钦 嘉兴市公安局技术侦察支队民警

（市档案局）

文论选录

嘉兴市“十三五”海陆统筹发展战略研究

“21 世纪是海洋经济世纪”。近年来，浙江省乃至全国海洋经济发展速度明显加快，2011 年浙江海洋经济发展示范区建设上升为国家战略，2013 年省政府批复同意设立嘉兴滨海港产城统筹发展试验区（以下简称“试验区”），2014 年以长江经济带、丝绸之路经济带和 21 世纪海上丝绸之路为核心的“两带一路”国家重大战略正式启动。在此背景下，如何顺应当前海洋经济由单纯的海洋开发向海陆统筹发展转变的大趋势，将滨海开发战略、滨海开发带动战略提升为海陆统筹发展战略，进而剖析嘉兴海陆统筹发展的比较优势与存在的主要问题，厘清嘉兴实施海陆统筹发展战略的总体思路和重点任务，已成为谋划嘉兴“十三五”经济社会发展战略的关键和核心所在。

一、嘉兴市实施海陆统筹发展战略的重大意义

海陆统筹是指涉海区域在进一步优化提升陆域国土开发的基础上，以提升海洋在区域发展全局中的战略地位为前提，以充分发挥海洋在经济社会发展、资源环境保障等方面中的作用为着力点，通过海陆资源要素配置、产业发展、交通体系建设、生态环境保护等领域的统筹协调，促进海陆两大系统的优势互补、良性互动和协调发展，构建涉海区域大陆文明与海洋文明相容并济的可持续发展格局。实施海陆统筹发展战略，对于嘉兴落实“两带一路”国家重大战略、推进经济社会转型升级跨越发展，以及应对沿海地市加快海陆一体化发展的挑战等具有重大意义。

（一）是落实“两带一路”国家重大战略的迫切需要

2014 年，以长江经济带、丝绸之路经济带

和21世纪海上丝绸之路为核心的“两带一路”国家战略正式启动,将对中国以及国际经济产生重大而深远的影响。浙江作为率先发展、走在前列的东部沿海发达省份,在“两带一路”建设中扮演着不可或缺的角色。目前,浙江正以宁波与舟山群岛新区为依托,积极谋划“海上丝绸之路”战略。嘉兴地处长江黄金水道和南北海运大通道构成的“T”形交汇地带,古代曾参与创造并见证了海上丝绸之路的历史辉煌,在海上丝绸之路建设中地位重要,应努力将嘉兴海洋经济发展列入国家海上丝绸之路和长江经济带的战略框架,最大限度地参与、融入21世纪海上丝绸之路这一对外开放创新平台的建设之中。

(二)是适应嘉兴市经济社会转型升级的客观需要

嘉兴北部是生态功能区,中部主要布局传统制造业,只有南部是新兴产业发展的希望。在此背景下,嘉兴未来产业发展和经济增长的关键就在滨海产业带。2000年以来,嘉兴市先后实施了滨海开发战略与滨海开发带动战略,海洋经济得到较快发展,滨海新城也初具雏形。然而,这两大战略都过于片面强调海洋经济自身的发展,而相对忽视陆域经济对海洋经济发展的促进作用,以及二者的优势互补、良性互动和协调发展。其结果是,一方面滨海开发对嘉兴市腹地陆域经济的带动效应非常有限,陆域产业升级依然缓慢;另一方面滨海产业带开发密度较低、体制机制不顺,近岸海域水污染严重,已经成为制约嘉兴市经济社会发展的重大障碍。因此,迫切需要将嘉兴市滨海开发战略、滨海开发带动战略提升为海陆统筹发展战略。通过海陆统筹发展,加快形成海陆资源互补、产业互动、空间互联和环保互促的海陆一体化发展新格局,大力推进嘉兴市经济社会结构的战略性调整和赶超发展。

(三)是应对沿海地区加快海陆互动发展的现实需要

随着发展海洋经济上升至国家发展战略层面,以港产城一体化模式推动海陆统筹发展,已经成为国内沿海城市的重要发展模式。如2014年江苏省政府批准设立南通陆海统筹发展综合配套改革试验区;上海的临港地区、江苏的连云港等明确将“港产城一体化发展”作为重要发展方向;广东的珠海高栏港经济区正全力向港产城一体化的第四代港口战略转型;山东的烟台港也在积极推进“单一港口发展”向“港产城深度融合”转变,等等。嘉兴市周边城市,包括宁波、舟山、台州与温州,以及江苏的连云港、南通等城市都纷纷提速海陆一体化发展,力争成为海上丝绸之路的重要一员,以此推动区域经济的跨越式发展。为应对周边城市在海陆经济互动发展上你追我赶的激烈竞争,嘉兴市迫切需要实施海陆统筹发展战略,积极打造“21世纪海上丝绸之路”的重要港口城市,提升嘉兴市在长三角沿海城市中的排名位次。

二、嘉兴市实施海陆统筹发展基础

(一)优势条件

1.地域优势为海陆统筹发展提供了先决性条件

一是海河联运优势独特。嘉兴内河航道密度全省领先。河港是全国25个内河主要港口之一,嘉兴港则是国家沿海一类对外开放口岸和浙江省第一个海河直达联运港。二是港口岸线资源丰富。嘉兴港拥有独山港区、乍浦港区和海盐港区三个港区,有可规划建设万吨级生产性泊位的深水岸线23公里,海岛面积66.3公顷。三是区位优势明显。嘉兴地处沪、杭、苏、甬四大城市的中心,紧邻国际大港上海港和宁波—舟山港。此外,嘉兴市还拥有历史人文内涵丰富的滨海旅游资源,海洋科技潜在支撑能力较强,体制机制较为灵活高效。

2.海陆经济优势为海陆统筹发展提供了关键性条件

一是海洋经济实力有所上升。2012年,全市海洋经济增加值298.71亿元,同比增长10.8%,高于GDP增速2.8个百分点。海洋经济增加值占GDP比重10.3%,同比提高0.2个百分点。二是临港产业体系初步形成。目前,全市临港产业以乍浦、独山、海盐三大港区为中心,初步构建了以化工新材料、装备制造、核电关联等为主导的临港先进制造业集群。三是港口腹地经济较为发达。嘉兴港直接经济腹地覆盖嘉兴、杭州与湖州三市,间接经济腹地延至绍兴、宁波、上海及苏南、皖南等部分地区。杭嘉湖绍四市组成的杭州都市经济圈是国家级转型升级综合改革试点区域,2013 年其生产总值占浙江省的比重已达 45.95%,是浙江省经济最具活力的区域。

3.示范区与试验区政策优势为海陆统筹发展提供了保障性条件

2011 年浙江海洋经济发展示范区建设上升为国家战略,定位嘉兴为示范区北翼布局的重要组成部分, 特别是 2013 年省政府批准嘉兴建立全省首个以港产城统筹发展为主题的试验区,这为嘉兴市海陆统筹发展提供了重要的保障性条件。嘉兴市可充分利用嘉兴作为示范区北翼布局的重要组成部分,按照港产城统筹发展试验区“先行先试”的要求,深化海陆体制机制改革, 不断创新海陆一体化开发战略、海陆经济协调管理机制、海陆统筹的投融资机制、海陆科技创新激励机制等,为全市海陆统筹发展提供有力的体制机制保障。

(二)存在的主要问题

1.海陆统筹发展基础有待夯实

作为全省七个沿海城市之一,2013 年全市海洋生产总值达到 315 亿元(预期),比上年增长 5.7%,低于 GDP 增速。全市海洋生产总值占 GDP10%,占全省海洋生产总值 5.7%,占比还不高。海洋产业现代化水平较为低下,海洋装备制造、海洋生物医药等新兴产业刚刚起步。海洋产业发展的科技含量总体不高, 运用高新技术促进海洋经济发展的投入相对不足。截至 2013 年年底,全市共有 426 个项目入选“创新嘉兴·精英引领计划”,但有关海洋科技创新方面的项目基本空白。此外,嘉兴港大型化、公用化、专业化泊位缺乏,陆向疏港通道、海河联运网络不畅,口岸通关环境、金融支撑与信息化水平欠佳,都影响了嘉兴港对市域腹地经济的拉动作用。

2.海陆统筹互动效应有待强化

一是互动意识比较薄弱。目前滨海新区三个开发主体分属三个行政区,各主体在本行政区内尚能确立海陆联动理念, 但对市域范围内的海陆统筹往往考虑较少,而从浙北、苏南等间接腹地视野考察海陆互动发展更显不足; 二是互动效应分散弱小。滨海新区对经济腹地的带动作用尚未达到自觉推进的程度。滨海新城建设还处于起步阶段,经济总量尚小,产业结构也较为单一。除化工行业已形成产业链外,核电关联、LED 光电等新兴产业规模偏小,石油化工品市场等大宗商品交易平台构建时间尚短或正在打造中,对市域腹地经济的拉动效应非常有限。

3.海陆统筹联动机制有待健全

嘉兴市至今尚未制定全市性的包括海陆基础设施建设、资源开发利用、产业协调发展、环境治理保护的总体规划,对全市海陆统筹发展缺乏宏观指导和科学依据。近年来,虽对滨海新区制定了整体发展规划,但由于缺乏有效的产业分工和利益共享机制,因而得不到很好的贯彻落实,导致三个片区在海陆发展上存在明显的重复建设问题。因此,如何以试验区建设为契机,在全市层面制定实施海陆统筹发展规划,探索构建统筹海陆产业协调发展和转型升级的体制机制、海陆生态环境保护的体制机制等,都是亟待解决的重要问题。

4.海陆统筹环境保护有待加强

由于近年来嘉兴市工农业生产快速发展,城市人口不断增加,而相关海洋环保措施又未及时跟上,导致大量陆源污染物通过河流携带入海, 嘉兴市近岸海域的水环境遭到严重破坏。嘉兴近岸海域劣四类水质比例高达 100%。据调查,2011 年, 嘉兴近岸海域最大超标指标为无机氮,超标倍数达到 11.2 倍,在全省各沿岸城市中位居第一; 富营养化指数均值为 23.6,属严重富营养化。海洋环境污染已经严重制约嘉兴市海洋经济的可持续发展。

三、嘉兴市实施海陆统筹发展战略的总体要求

(一)总体思路

以科学发展观为指导, 深入贯彻中共十八大和十八届三中全会精神,全面落实省委省政府关于加快建设“海洋强省”的总体部署,以转变经济发展方式为主线,以体制机制创新为动力,以滨海港产城统筹发展试验区建设为着力点,大力实施海陆规划布局统筹、港口腹地联动发展、海陆产业互动发展、海陆集运疏体系完善与海陆生态文明建设“五大工程”,努力建成全国海河联运引领区、“21 世纪海上丝绸之路” 的重要港口城市和长三角重要的临港产业基地。

(二)发展定位

——全国海河联运引领区。依靠嘉兴在全国独一无二的海河联运优势,以陆海统筹为手段,完善港口综合功能和海河联运网络,促进嘉兴港与宁波—舟山港、上海港优势互补、错位发展,将嘉兴港打造成为长三角国际化现代新港口和现代海河联运大港。充分发挥内河网络纵深和腹地经济发达优势,以大宗商品交易平台建设为重点,大力发展内河集装箱,积极拓展外贸内支线,培育发展港口物流业、航运服务业,将嘉兴打造成全国海河联运引领区。

——“21 世纪海上丝绸之路” 的重要港口城市。“21 世纪海上丝绸之路”是中央提出的新的重大战略。在增强市级控制力的基础上,嘉兴市应以试验区建设为着力点,统筹推进运河经济和海洋经济,打造成“21 世纪海上丝绸之路”的重要港口城市。

——长江三角洲重要的临港产业基地。以沿杭州湾北岸产业带为主阵地,以嘉兴滨海新区和嘉兴现代服务业集聚区为核心, 合理布局、错位发展,扶持一批海洋清洁能源、海洋装备制造和海洋生物医药等海洋新兴产业,提升一批核电关联、汽车零配件、化工新材料等先进制造业产业,建成长三角具有较强竞争力和区域特色的临港产业基地。

(三)目标要求

围绕全省海洋经济发展示范区规划和嘉兴海洋经济发展要求,结合嘉兴滨海港产城统筹发展试验区建设实际,确定近期和中期两个阶段发展目标。

1.近期目标(2014 ~ 2017 年)

——综合经济实力显著提升。经济总量不断提高,力争到 2017 年全市海洋生产总值达到 471 亿元,占嘉兴 GDP 的 11%左右,区域竞争力和影响力明显增强,海洋经济的地位和作用更加突出,对陆域经济的辐射带动力明显增强。

——港航服务水平明显提高。海河联运和货物中转能力明显提升,海陆联动集疏运体系基本完备,港口效能日益提高,对周边地区的辐射效应显著增强。2017 年,嘉兴港年货物吞吐量争取突破 1 亿吨,集装箱吞吐量争取达到 200 万标准集装箱。

——海洋产业集群有所壮大。临港先进制造业和海洋新兴产业培育成效明显,现代服务业发展加快,初步形成以临港产业为主导的现代海洋产业体系,2017 年, 临港制造业产业集聚区总产值达到 5000 亿元,其中化工新材料、装备制造业产业成为千亿级集群。

——海洋科教水平有所增强。建成一批海洋科研、海洋教育、海洋文化基地,海洋科教文化和海洋科技成果产业化能力有所提升,涉海区域专利授权量有所增加。2017 年,全市涉海区域研发经费占 GDP 比重达到 2.7%。

——海陆生态环境有所改善。以创建“五水共治”省级示范区和建设“美丽海洋”为目标,陆源污染物排海得到有效控制,海洋生态环境保护和污染治理得到有效加强。2017 年,主要污染物减排达到省定要求。

2.中期发展目标(2018 ~ 2020 年)

到 2020 年, 全市海洋生产总值达到 647亿元,占 GDP 比重达到 12%;海洋三次产业结构优化为 0.2 : 74.5 : 25.3,现代海洋产业体系基本建立; 全市涉海区域研发经费占 GDP 比重达到 3%以上;嘉兴港规模进一步提升,年货物吞吐量达到 1.2 亿吨, 集装箱吞吐量 300 万标准集装箱;港口、产业、城市的发展实现良性联动,基本建成滨海港产城统筹发展试验区; 全面建成全国海河联运引领区、“21 世纪海上丝绸之路”的重要港口城市、长三角重要的临港产业基地。

四、嘉兴市实施海陆统筹发展战略的重点任务

将滨海开发战略、滨海开发带动战略提升为海陆统筹发展战略, 以试验区建设为着力点，最大限度地利用岸线、港口、滩涂与海域一体化综合开发，大力实施海陆规划布局统筹、港口腹地联动发展、海陆产业互动发展、海陆集运疏体系完善与海陆生态文明建设“五大工程”，着力形成海陆资源互补、产业互动、空间互联和环保互促的海陆统筹发展新格局。

（一）实施海陆规划布局统筹工程

1.顺势调整城市定位与行政区划

——顺势调整现有城市定位。在2010年国务院批准实施的长三角区域规划中，对嘉兴的城市定位是“运河沿岸重要的港口城市”。这一定位在当前国家启动实施“两带一路”重大战略的新背景下应顺势调整为“海上丝绸之路重要的港口城市”，确立城市向海发展的战略方向，在重大规划、重大平台、重大项目布局上充分考虑这一因素，加快现有城市中心区与滨海新区的联通和融合。

——尽快启动行政区划调整。围绕“海上丝绸之路重要的港口城市”这一新的城市定位，需要适时启动行政区划调整。建议撤销平湖、海盐两县（市），分别改为嘉兴市下辖的两区，以使市本级直接与海相连，为滨海新区统筹发展提供体制保障。逐步将现有滨海新区和港口岸线开发范围向西拓展，以此增强嘉兴市本级的综合实力和对滨海新区的辐射带动力，确立滨海新区在引领全市海陆经济一体化发展方面的主阵地地位和主导作用。

2.推进海陆空间布局互联

——推进海域与陆域发展规划合一。抓住嘉兴市列入国家“多规合一”试点城市的契机，推进海洋发展规划与陆域发展规划合一，并做好与《浙江海洋经济发展示范区规划嘉兴市实施方案》等相关规划文件的对接，统一规划海洋开发与沿岸的陆域开发，科学谋划嘉兴市海陆统筹发展的战略定位、发展目标、空间布局、重点产业、基础设施和生态建设等，实现海陆规划管理一张图，确保实现嘉兴市海陆统筹健康有序发展。

——推动海陆空间统一布局。进一步完善“一带两核三区多节点”的海洋经济发展空间功能布局，重点推动嘉兴市9个沿海产业功能区和10个腹地制造业功能区，在空间上重新谋划产业布局和产业分工，逐步实现“港区”+“核心区”+“外围区”的海陆产业联动发展格局。推进空间联动，通过港区与核心区、外围区资源的整合和集成，加强信息流、资金流、商品流、人才流的流速及其集聚和辐射作用；推进功能联动，充分整合港区、核心区和外围区各具特色的园区功能，如国际贸易功能、保税仓储功能、出口加工功能、高新技术开发功能，并将不同的园区功能与港区的口岸运输枢纽功能紧密联系，实现港区、核心区和外围区的一体化发展。

（二）实施港口与腹地联动发展工程

海洋经济本质上就是港口经济。腹地是港口赖以存在和发展的基础，港口则是腹地的发展门户，二者的联动发展，是沿海地区海陆经济互动发展最直接和有效的方式。

1.加快港口转型升级

——完善嘉兴港综合功能。从世界范围内看，港口功能历经四代演变，第四代港口是当前港口发展的最新模式，其功能由原先保障港区经济持续发展的“后勤服务总站”转变为统筹港区与腹地发展，综合生产、销售与运输等生产环节的“前方调度总站”。目前嘉兴港基本处于“运输中心＋服务中心”的第二代港口水平，港口功能较为低级，不利于发挥对腹地产业的辐射拉动作用。因此，嘉兴港要加快作为区域综合性大港的相关生产性泊位、港口大物流园区、港口配套服务业建设，努力建立加工中心、装配中心、配送中心和信息服务中心。

——完善口岸服务体系。力争将独山、海盐两大港区列为对外开放一类口岸。推进嘉兴港区“大通关”体系建设，以通关服务中心为平台，提供便捷高效的“一站式”通关服务。推进嘉兴港生产指挥系统、EDI系统、电子口岸系统建设，打造“智慧港口”。依托长三角大通关协作机制，强化与宁波—舟山港、上海港的合作，实现嘉兴与沪甬两地口岸管理信息系统互联互通，促进嘉兴港外贸货物跨关区运输一体化。

——建设上海自贸区保税物流配套区。全

力推动嘉兴出口加工区升级为综合保税区，支持独山港区申报建设保税区或保税物流中心，或整合纳入嘉兴出口加工区范围。依托试验区建设，积极承接上海保税物流配套功能，大力推进物流业与制造业、商贸业联动，争取上海自贸区外贸进出口集装箱在国内沿海港口和上海港之间的捎带业务、扩大启运港退税试点范围等政策延伸到嘉兴港。推进与洋山港保税港区的“飞地”保税物流合作，打造上海自贸区配套服务的大宗商品仓储、交割中心。着眼服务自贸区进口货物的分拨运输，积极引育国际化的物流供应商、运输商，鼓励兼并重组中小物流企业，提升嘉兴市物流配套服务能力。

2.推进港口与城市互动发展

——加快滨海新城建设。港口城市是港口的最直接经济腹地。继续实施“1640”工程，加快构建以嘉兴城区为中心、滨海新城为副中心之一的现代化网络型田园城市。进一步优化滨海新区“一主两副、城乡一体”的城市空间布局，完善中心城市功能，强化中心城区商务、科技、金融、信息等综合服务能力，有效改善产业发展环境，支撑临港产业发展。

——推进港城经济与区域经济协调发展。将嘉兴港与滨海新城作为一个有机整体，适当超前和高起点进行统筹规划，推进二者的协调发展。根据嘉兴港口条件和腹地货源情况，加大政策支持力度，建立健全嘉兴港与市域腹地工业园区的合作机制，引导二者建立物流战略联盟，推动工业园区的货源更多地通过嘉兴港运输到外界。加快便捷通道港口建设，在临港区域建立商品加工基地，强化与区域经济的密切合作。

3.深化港口之间的分工合作

——加强三大港区的分工协作。完善“一港三区、海河联运”空间布局，促进乍浦、独山、海盐三大港区分工协作，错位发展。推进乍浦港区码头功能调整与货种结构优化，提升集装箱和液化品中转能力，支撑化工新材料园区发展。推进独山港区成片开发、规模化经营，加快发展集装箱、石油化工品及煤炭、粮食等大宗散杂货的专业化公用码头，支撑独山综合物流园与石化产业园发展。推进海盐港区万吨级码头集群，支撑后方核电关联、装备制造等产业发展。

——扩大港口联盟合作。全面深化嘉兴港与上海港、宁波—舟山港的合作，打造成为上海港和宁波港的“最佳配角港”，提升集装箱中转能力，强化嘉兴港对市域腹地经济的带动作用。推进嘉兴港与内河港的合作联盟，加强与杭湖绍三市等城市内河港的海河联运协作，强化与港口经济腹地的货源对接。通过与周边大港的联盟合作，推动嘉兴市最大限度地融入21世纪海上丝绸之路建设。

(三)实施海陆产业互动发展工程

临港产业是港口与腹地经济互动的纽带，而海陆产业之间又存在密切的关联性，因此，鼓励企业双向兼并重组强化产业链互动，向内陆腹地延伸临港产业链条，构建海陆复合的产业链，是促进海陆经济互动发展的基本途径。

1.积极发展海洋现代服务业

——港口物流业。充分发挥嘉兴港国家一类开放口岸及海河联运、腹地纵深等优势，着力推进浙江嘉兴石油化工产品市场、嘉兴煤炭中转基地、嘉兴粮食交易市场、嘉兴长三角国际石(木)材交易市场等交易平台建设，构建浙北大宗商品物流中心。大力发展面向大型石化企业、电力供应企业的原材料物流，培育发展面向杭嘉湖和浙中经济腹地的水水转运、水陆联运和陆陆承运等多式联运的商品仓储、配送、转运物流。

——海洋运输业。重点配置发展大动力、节能、高效的运输船舶，支持组建远洋、沿海和内河船舶运输公司以及集装箱联运公司，拓展上海港、宁波—舟山港航线和外贸内支线，促进海洋运输向大型化、智能化、专业化发展。充分发挥内河航道发达优势，大力发展内河集装箱，将内河集装箱运输融入内外贸集装箱运输体系。

——航运服务业。扶持发展船舶交易、船舶管理、航运经纪、航运咨询、船舶技术等航运服务业，不断提升港航物流服务能级和水平。着力推进金融支撑系统建设，强化港航服务金融创新，在滨海新区启动港城商务金融中心建设，推动开展船舶抵押贷款、预付保函等金融业务，推进完善海域使用权抵押贷款、仓单质押等多种质抵押融资方式。

——滨海旅游业。以滨海港产城实验区为依托，沿岸线加快构建九龙山度假区—杭州湾跨海大桥风景区—海盐武原镇景区—白塔山海岛生态旅游区—秦山核电科技观光旅游区—港区化工新材料园—南北湖风景区—海宁钱江观潮旅游区滨海旅游带，打造山、海、桥、港和现代工业园五位一体的滨海旅游精品，促进滨海旅游与内陆旅游互动发展。

2.壮大海洋新兴产业与临港先进制造业

——海洋新兴产业。依托中国核电城，大力发展核电能产业，依托省级光伏高新技术产业园等，着力发展太阳能光伏产业，建设浙北新能源产业基地。实施嘉兴 1#、2#、3# 海上风电项目，积极发展海上风能产业。以平湖经济开发区等为载体，引进培育海洋生物产业项目，重点发展海洋生物和海洋医药化工业。

——临港先进制造业。立足中国化工新材料（嘉兴）园区和独山港区石化产业园，对接上海金山石化基地，重点发展芳烃深加工等五条化工新材料产业链，推动产业链融合和延伸，打造长三角地区化工新材料产业基地；立足中国核电城，重点发展核电装备制造、核电运行服务等产业，建设浙江核电关联产业基地；依托平湖、海盐等地企业，积极发展船舶电器、船舶设备等船舶装备制造业，扶持发展与船舶装备相配套的特种钢板、轴承、铸件以及控制系统制造等行业。

3.推进临港产业与腹地产业互动发展

——以产业链条延伸推进临港产业与腹地产业连接。依托临港产业，强化港口与腹地产业链接，通过纵向延伸产业链条，横向拓展配套协作，带动关联产业发展，提升港口与腹地产业的互动能力。例如，嘉兴港可依托现代港口物流业、核能等主导产业，与腹地产业合作共建“核电厂—核电装备制造—核电运行服务—核电技术培训—核电技术应用”等核关联产业链。推动 9 个沿海产业功能区和 10 个腹地制造业功能区，在空间上重新谋划产业布局和产业分工，逐步实现“港区”+“核心区”+“外围区”的海陆产业联动发展。

——鼓励企业双向兼并重组强化产业链互动作用。目前，嘉兴市已有桐昆、卫星化工、海利控股等腹地企业，通过入驻港区，利用临港优势延伸产业链条，成功实现海陆产业互动发展。建议总结推广以上企业的经验，以追求资源在全市范围内优化配置为目标，引导嘉兴市腹地优势企业到滨海新区投资办厂，前向或后向延伸产业链；鼓励滨海新区优势企业在市域腹地布局下游产品的生产企业或营销网络。同时，积极引导滨海新区企业和市域腹地企业，以优势企业为龙头，通过联盟、合作和兼并等方式，组建更具竞争力的海陆产业集团公司，推动嘉兴市海陆经济整体实力的有效提升。

4.构建海陆复合产业链条

——构建以海洋工程装备制造业为重心的产业链体系。海洋工程装备制造业是为发展海洋工程业、开发利用海洋资源、发展海洋经济提供技术装备的基础产业，涉及领域广，关联度大。通过发展嘉兴市海洋船舶工业，可以关联带动嘉兴市陆域的机械、冶金、电子、钢铁、电气、化工、建材、仪表，以及金融、科研与技术服务等产业的发展。

——构建以海洋业油气为重心的产业链体系。海洋油气业，是指在海洋中勘探、开采、输送、加工原油和天然气的生产活动。抓住东海油气输送通过嘉兴市的契机，大力发展嘉兴市的海洋油气业，可关联带动嘉兴市陆域机械、电力、化工，以及科研与技术服务、交通运输等产业的发展。

——构建以海洋生物医药业为重心的产业链体系。海洋生物医药主要包括海洋药品制造和海洋保健品制造等产业。通过发展嘉兴市海洋生物医药产业，可关联带动嘉兴市陆域机械工业、化学工业中的海洋制药分离设备制造、海洋制药专用设备制造、海洋制药实验分析仪器制造等产业发展。

——构建以海洋清洁能源业为重心的产业链体系。海洋清洁能源产业是指在沿海地区利用核电、海洋能、海上风能、太阳能等进行的能源生产活动。通过发展嘉兴市海洋清洁能源产业,可以关联带动嘉兴市陆域机械工业中的海洋潮汐能、波浪能、潮流能、盐差能原动机制造,海洋电力供应仪表制造,海洋电力自动控制系统装置制造,海岛太阳能应用成套系统、移动式太阳能发电系统制造、核电装备制造等产业发展。

——构建以滨海旅游业为重心的产业链体系。旅游是一项涉及“食、宿、行、游、购、娱”六要素的经济活动。通过发展嘉兴市滨海旅游业,可以关联带动嘉兴市陆域海上游乐设备制造、海上旅游工艺品制造、海洋饰品制造等产业发展。同时还可通过联盟、合作和兼并等方式,组建跨景点的海陆旅游文化产业集团,促进海洋旅游与内陆旅游的互动。

(四)实施海陆集运疏体系完善工程

港口集疏运系统是港口与广大腹地相互联系的通道,是港口赖以存在与发展的主要外部条件。要加快构建以嘉兴港为枢纽,集海河、公水、水水、铁水等多式联运的综合集疏运体系,重点推进在全国独一无二的海河联运体系建设,努力把海河联运优势拓展到杭州、上海及苏南、皖南等腹地区域。

1.完善海河联运集疏运网络

——加快内河疏港航道建设。加快推进三大港区内河疏港航道建设,完成湖嘉申线航道(嘉兴段)一期工程,推进杭平申线(浙江段)航道改造工程,启动连接上海及长三角区域的湖嘉申线(嘉兴段)二期及京杭运河三级航道整治工程“四改三”嘉兴段等重大海河联运项目建设,加快构筑“三横三纵一联网”的高等级内河航道网络体系。

——完善三大港区海河联运集疏运网络。改造提升乍浦港区(一期)—乍浦港内河航道—乍嘉苏海河联运通道及以东西大道为主的疏港类道路,连通乍浦港区一期、二期,沟通浙北、苏南内河航道网,实现集装箱、石油化工等货物的高效运输;开发形成独山港区—独山排涝应急航道—黄姑塘线—杭平申线海河联运通道,沟通浙北内河航道网,推进集装箱、煤炭等货物的高效运输;启动建设海盐港区—长山河—杭平申南线通道,加快建设海盐港区—海塘线—杭平申北线通道,推进何家桥内河港池和散杂货内河作业区建设,实现秦山、林龙等外海码头货物通过三条海河联运通道与浙北、苏南内河航道互通。

2.完善公水集疏运网络

——加快港区近距离疏港道路建设。随着嘉兴港总货物吞吐量的快速增加,港区近距离疏港公路交通运力非常紧张。主要集中在嘉兴港东西大道与东方大道,交通堵塞严重。建议近期将东西大道拓宽6车道,东方大道修建立交桥,远期在东方大道建设4车道疏港高架路。积极探索以杭浦高速嘉兴段为试点,对进出港区的集装箱货车实施减免过路费等优惠政策,推动东西大道部分物流量分流杭浦高速。此外,为促进嘉兴港与市本级腹地经济的良好互动,积极探索在远期建设市本级直达嘉兴港的疏港高架专用路。

——加强港区与对外通道公路的衔接。进一步完善陆上疏港通道网络,加快实现与后方高速公路网的无缝对接。推进海盐—安吉公路、八团至曙光公路等工程建设,加强海盐港区与沪杭、杭浦、乍嘉苏高等对外通道及嘉兴市区的衔接;加快杭州湾跨海大桥北岸连接线二期工程建设,强化乍浦、海盐港区与沪杭高速、杭浦的衔接;实施独山、乍浦、海盐港区连接线拓宽工程建设,推进独山—广陈公路、乍浦—新埭公路的改建工程。

3.完善铁水集疏运网络

——加快构建与沪杭一体化的铁路集运疏体系。推进铁路支线与港区的连接,重点加快沪乍杭铁路与通苏嘉城际铁路工程的建设。加快乍嘉湖铁路建设,连接华东铁路第二大通道。积极构筑以沪昆铁路、沪杭客运专线、上海—嘉兴—宁波城际等为重点的市域快速轨道交通线网,加快嘉兴铁路物流中心规划建设。

（五）实施海陆生态文明建设工程

1.节约集约利用资源

——集约利用岸线资源。完善岸线保护利用规划，加强岸线资源的统筹管理。强化尚未利用岸线分区准入机制，优化岸线审批。完善已开发利用岸线监督机制，提高码头、港区的使用效率。实施岸线资源有偿使用制度，强化岸线资源储备，通过控股、参股、收购等市场化手段整合码头、岸线资源，加强港口的公共服务功能和港口的可持续发展。

——发挥海域资源效益。加快建立市级海域储备中心，实施海域使用权"直通车"制度。完善海域价值评估、产权登记配套制度，建立海域使用权、海上构（建）筑物交易平台，畅通海域使用权、海上构（建）筑物抵押融资渠道。在每年发布海洋环境公报的基础上，建立健全海洋环境、海域管理、海洋经济信息发布制度。制定实施外蒲山、王盘山岛群保护和开发利用规划，确保海域资源使用效率最大化。

2.强化海陆污染同防同治

——加大污染防治力度。加强工业污染控制，加快印染、造纸、制革、化工等重污染行业整治提升，严格水污染物排放标准，完善产业升级倒逼机制。加强生活污染防治，着力提高城镇污水处理效率，严格污水处理厂排放标准，强化污泥无害化处置。加强农业面源污染防治，强化种植业面源污染与畜禽养殖污染治理。加强海洋污染防治，强化水产养殖污染控制和船舶和港口污染治理。积极实施海岸带固体废弃物的集中处理与资源化利用工程，实施大气环境保护与酸雨治理工程，合理划定火电厂、化工厂分布区域，有效控制废气排放、粉尘污染。

——健全污染防治机制。完善海陆污染同步监督防治，建立海域、陆域、岸线和产业"四位一体"的环境管理体系。制定临港产业环保准入标准，出台《嘉兴市禁止或严格控制化学品负面清单与控制对策》。完善落后产能退出机制，在部分重点企业试行排污总量控制制度。建立生态环境产权制度，探索排污权有偿使用和交易机制，制定出台全市排污权交易实施细则，建设排污权交易储备中心。实施生态环境保护责任追究和环境损害赔偿制度，探索制定《全市跨行政区域河流交接断面水质保护管理考核办法》，建立上下游之间的生态补偿机制。

——强化生态环境监测。建立健全以海限陆、海陆统筹、源头控制、防治结合的海洋环保监管机制。构建完善海陆环境立体联合监测体系，加强涉海环境联合执法和跨行政区域海陆污染联合防治能力。加大对印染、造纸、制革、化工等重点排污行业监管力度，强化滨海一带陆域重点企业排污监管和污水处理厂设施建设。严格控制陆源污染物入海数量。建立海陆环境和入海径流水质监测网及监测信息发布机制，准确把握生态环境质量与发展趋势、入海污染物排放状况，及时向公众公开环境监测信息。

3.大力发展循环经济

——优化发展循环经济。鼓励产业集聚发展，实施园区循环化改造，推进能源梯级利用、水资源循环利用、废物交换利用、土地节约集约利用，促进企业循环式生产、园区循环式发展、产业循环式组合，构建循环型工业体系。重点推进临港石化、新材料园区生态化和循环化改造，创建国家级循环经济示范园区。构建打造循环经济产业链，加强废弃物的综合回收利用，实施污染零排放。

——加大节能减排力度。推广单位污染物排放总量控制标准，从严控制产能过剩企业规模，集中治理落后产能，高能耗、高污染企业。引进先进技术设备，尽快对重点企业实施清洁生产，从内部控制源头污染，降低万元工业增加值综合能耗，加强化学需氧量（COD）、氨氮、二氧化硫、烟尘、氨氧化物、VOCs 等主要污染物减排力度。

五、嘉兴市实施海陆统筹发展战略的保障机制

（一）强化海陆统筹的组织领导

建议市委、市政府成立嘉兴市海陆统筹发展领导小组（可与嘉兴市海洋经济领导小组整合），由主要领导担任组长，市级有关部门及各县（市、区）共同参与，举全市之力，统筹协调全市海陆发展。领导小组负责制定、指导嘉兴市海陆统筹发展的重点计划、重大事项等。同时，还要充分发挥市滨海办的作用，强化市滨海办的管理职能，统筹推进滨海港产城统筹发展试验区建设工作。

(二)健全海陆跨区域合作机制

在滨海新区内，涉及市、平湖、海盐等三个行政主体，且嘉兴港经济腹地覆盖杭嘉湖地区，以及上海、苏南、皖南等部分地区。因此，必须建立健全市内外两个层面的区域合作机制。市内层面，建立滨海新区各主体(平湖市、海盐县、嘉兴港区、市滨海办)常态化的联席会议制度，加强信息互通共享，及时解决涉及多个主体的重大事项。在市外层面，建议以嘉兴港与上海港、宁波—舟山港的合作为基础，依托长江三角洲城市经济协调会，成立由嘉兴与其腹地城市政府组成的“嘉兴与嘉兴港腹地城市经济协调委员会”，负责协调嘉兴与其腹地城市之间海陆统筹发展中出现的相关问题。

(三)创新海陆资源管理体制机制

借鉴舟山市探索海陆资源管理模式实现海陆经济互动发展的做法经验，参照舟山群岛新区扁平化管理机制，整合管理要素，重塑管理体制。推动建立嘉兴市海陆经济互动发展的“三中心两公司”(嘉兴市土地储备中心、嘉兴市港口岸线储备中心、嘉兴市海域海岛使用权储备交易中心、嘉兴市港口岸线开发有限公司和嘉兴市海洋资源收储有限公司)的海陆资源管理模式，构建嘉兴市“海、岸、陆”的资源管理框架，在陆域经济发展的基础上，最大限度推进海洋经济发展，实现海陆资源融合和经济互动。

(四)完善海陆资源要素保障机制

——完善土地要素保障机制。依托嘉兴市纳入国家土地整治规划编制试点，推广乍浦镇“亭八”经验，探索土地整治新模式。依托嘉兴市列入全国城镇低效用地再开发试点，推进城镇低效用地再开发。同时，加大“退二进三”、“三改一拆”、城市有机更新推进力度，努力向存量土地要增量、要效率。争取滨海港产城试验区国家、省重点基础设施单列土地指标和省重大产业项目奖励土地指标。建立动态用地指标分配机制，逐步扩大试验区在市本级、平湖市、海盐县年度新增建设用地中的分配份额。

——完善金融要素保障机制。争取中央和省级财政专项资金，各级财政加大资金投入，重点支持海洋新兴产业、海洋公益平台、海洋科技创新和海洋生态环保等重点领域建设。鼓励银行业金融机构加大对海洋经济重点领域、重点项目、重点企业的信贷资金投放力度。以嘉兴市省科技金融改革创新试验区创建为契机，探索和发展融资租赁、航运保险等新型海洋金融服务，支持符合条件的金融机构发展海域使用权抵押贷款、港口岸线抵押、仓单质押等贷款业务。开展政府和民间私人资本合作(PPP)试点工作，引导民间资本参与滨海新区公用事业、基础设施等项目建设。

——完善科技要素保障机制。支持嘉兴学院等嘉兴市高校积极发展港口物流、海洋工程、物联网等涉海类新兴、交叉学科专业。依托浙江清华长三角研究院、中科院浙江应用技术研究院、嘉兴科技城、浙江科技孵化城(嘉兴)、中电36所等平台，建立一批省级以上涉海实验室、中试基地、工程技术中心和科技创新基地，重点在海洋电子、海洋声纳的研发与产业化等方面实现突破。支持涉海企业会同科研院校，在船舶与海洋工程装备、海洋生物医药、海洋能等领域，联合组建创新战略联盟。鼓励中小学开展海洋科技特色教育，培育发展一批海洋科教文化基地，加强海洋科普教育。

——完善人才要素保障机制。依托嘉兴学院、嘉兴职业技术学院等嘉兴市现有高校师资力量，加速培养和引进一批海洋科技人才。强化与浙江大学、浙江海洋学院、国际海运职业技术学院等涉海院校人才联合培养与引进，并在住房、收入分配、基金资助、出国进修等方面给予支持。深入实施“创新嘉兴·精英引领计划”，“紧缺人才引进计划”和“杰出人才培养工程”，优先引进高层创业、高端创新、高级管理海洋人才，探索建立海洋创新人才特区。

(市政府办公室　柏卫东)

农村土地制度创新的成本收益分析

——以浙江省嘉兴市“两分两换”为例

一、“两分两换”农地制度创新的动力分析

研究“两分两换”制度创新的动力和内在机理，新制度经济学提供了很好的分析工具。新制度经济学认为制度创新是制度的替代、转换与交易过程，非均衡的制度结构必然导致制度变迁，从非均衡到均衡的制度演变过程也就是制度变迁的过程。在制度均衡状态下，制度创新不会给创新主体带来额外利益，因此，制度创新不会出现。但是，当市场规模扩大、生产技术发展、一定利益集团对自己的收入预期有改变等外部条件发生变化，而出现了“潜在利润”时，即产生了制度失衡，新的制度创新就会出现。正如诺思所说：“如果预期的净收益超过预期的成本，一项制度安排就会被创新。只有当这一条件得到满足时，我们才可望发现在一个社会内改变现有制度和产权结构的企图”。由此可见，制度创新的内在动力是制度创新主体期望获取最大的“潜在利润”，制度创新的充分条件是制度创新可能获取的潜在利润大于为获取利润而支付的成本。新制度经济学认为，制度可以在个人、组织、政府等不同主体的层次上进行；制度创新可以是诱致性制度变迁（需求诱致型制度变迁），也可以是强制性制度变迁（供给主导型制度变迁）。诱致性制度变迁是指现行制度安排的变更、替代或新制度安排的创造，它由个人或一群（个）人，在响应获利机会时自发倡导、组织和实行；强制性制度变迁是由政府命令、法律引入和实行。现实经济生活中，诱致性制度变迁和强制性制度变迁是很难分割的，两者共同作用推动制度创新。新制度经济学力图构建一个符合经验史实的制度创新理论框架，并以其阐释制度创新的经济实绩。

借鉴新制度经济学的基本理论，可以建构“两分两换”制度创新的动力系统。嘉兴之所以能够进行农地制度“两分两换”的创新，其主要原因有二：其一，是进行制度创新的环境条件基本具备；其二，是制度创新的充分条件已经具备，即制度创新可能获取的潜在利润大于支付的成本，各类主体期望获得的最大的“潜在利润”的需求诱致制度创新。

从农地制度创新的环境条件看，嘉兴基本具备了两个方面环境条件：一是进行农地制度创新的基本政治和法律基础条件基本具备。2008年10月21日，党的十七届三中全会通过了《中共中央关于推进农村改革发展若干重大问题的决定》，决定中指出：“建立健全土地承包经营权流转市场，按照依法自愿有偿原则，允许农民以转包、出租、互换、转让、股份合作等形式流转土地承包经营权，发展多种形式的适度规模经营”，“农村宅基地和村庄整理所节约的土地，首先要复垦为耕地，调剂为建设用地的必须符合土地利用规划、纳入年度建设用地计划”；2008年，嘉兴市在加快推进新农村建设、城乡一体化的实践过程中，被省委、省政府确定为统筹城乡综合配套改革试点地区，具备了一定先行试验权；现行的法律框架体系与嘉兴农地制度创新也基本匹配。二是农地制度创新的经济、社会、自然环境基本具备。地方政府经济实力较强，嘉兴市所辖5个县（市）均进入全国百强县，城乡发展水平比较均衡，2008年进行“两分两换”试点时，据统计全市户籍人口人均GDP达到7765美元，农民人均纯收入11538元，城乡居民收入比小于1.95：1，远低于全国水平3.31：1；大批农村劳动力实现了向二、三产业的转移就业，并有相当一部分已在城镇置房定居，80%以上的农民不再主要从事农业生产；农地收入占比缩小，农户80%以上的收入不再直接来自农业生产；嘉兴自然条件优越，城乡之间交通便利。

从各类主体农地制度创新的需求看，不同的主体有获取最大的“潜在利润”的不同需求。农户获取最大的“潜在利润”的需求：（1）土地价值最大化。尽管土地级差地租的存在，客观上形成农地价值低于城镇土地价值。但是，一方面，随着城镇化、工业化水平的不断提高，城镇建设用地日趋紧张；另一方面，由于农户自建房散乱、农村宅基地和自建房屋闲置等，造

成农村建设用地效率低。据预测，到2020年，嘉兴每年有3万亩以上建设用地需求，而年均新增建设用地指标仅为1.68万亩，每年至少存在1.32万亩的巨大缺口；与此形成鲜明对照的是，农村户均宅基地高达0.96亩，为全省的2.5倍，用于通村达户的道路占地也达40余万亩。城镇、农村建设用地供求不平衡及价值差异，诱致农户要求农地制度创新获取最大的“潜在利润”。(2)收入水平提高。嘉兴现有农地利用存在严重的规模不经济，农地承包面积人均不足3亩。土地细碎化提高了使用机械的物质费用，降低了粮食生产的劳动生产率、土地生产率和成本产值率，降低了农户收入；同时，土地细碎化经营也妨碍农村劳动力向二、三产业转移，影响农户的非农收入。追求收入水平提高致农户要求农地制度创新获取最大的“潜在利润”。(3)生活水平改善。尽管嘉兴城乡发展水平比较均衡，但城乡“二元结构”仍然导致城乡居民在分享教育、文化、医疗、社会保障等公共产品和公共服务时存在较大差异，这个差异诱致农户要求农地制度创新获取最大的“潜在利润”。

企业(主要指承接土地的经营商)获取最大的“潜在利润”的需求主要在于获取规模经济效应：降低生产经营成本，提升抗风险能力等。规模经济效应诱致企业要求农地制度创新获取最大的“潜在利润”。

地方政府获取最大的“潜在利润”的需求：(1)财政收入增加。土地级差地租的存在导致地方政府有农地非农化的需求。农地非农化既可以增加地方政府土地转让收入(土地财政)，也可以增加土地产出，增加财政收入。农地非农化的需求诱致地方政府要求农地制度创新获取最大的“潜在利润”。(2)社会公共服务管理成本降低。嘉兴农户居住分散，90%左右的农民还散居在17017个自然村(行政村为855个)。居住分散导致水、电、气、路等基础设施的建设、运行和维护成本非常高，公共服务管理成本高。降低社会公共服务管理成本需求诱致地方政府要求农地制度创新获取最大的“潜在利润”。(3)土地利用效率提高。现有的农地制度导致农业用地规模不经济和农村建设用地利用率低、产出低。土地利用效率提高的需求诱致地方政府要求农地制度创新获取最大的“潜在利润”。(4)社会协调发展。现有的农地制度是导致社会转型与经济转型不同步、城镇化进程明显滞后于工业化进程、农村生产方式与生活方式的转换相背离的重要原因，也是阻碍城乡协调发展的关键因素。社会协调发展需求诱致地方政府要求农地制度创新获取最大的“潜在利润”。

在基本具备制度创新的环境条件基础上，各类主体产生期望获得的最大的“潜在利润”的需求，诱致制度创新；制度供给者(地方政府)通过制度安排(“两分两换”制度设计)、设计制度装置(“关于开展统筹城乡综合配套改革试点的实施意见”和“关于进一步优化土地使用制度，推进‘两分两换’工作的通知”等政策措施)，提供新的农地制度——“两分两换”。

二、“两分两换”制度创新成本与收益分析

“两分两换”农地制度创新，涉及农户、农地承包商和地方政府三种不同的行为主体，农户、农地承包商主要承受是个体的成本与收益；地方政府除承受直接的经济成本与收益外，还要承受社会、政治成本与收益。如何测算各种行为主体在制度创新中所发生的成本与收益，诺思等运用“滞后供给模型”的变形，建立了一个包括新制度安排的层次、外部利润和制度变迁时滞等因素的“成本——收益模型”。尽管模型中有些成本与收益无法直接计量，但可以进行逻辑推估，进而形成理性判断。下面运用该模型分别从农户、土地承包商和地方政府三种不同行为主体进行“两分两换”制度创新的成本——收益分析。

(一)农户

就农户而言，参与“两分两换”制度创新，既能够获取收益，也要付出成本。能够获取的收益包括一次性收益R(如拆迁补偿等)和未来各年的预期收益Ri(如土地流转租赁费收入、非农工作收入和保障收入等)；付出的成本也包括一次性支出C(如房屋建设支出、购房支出等)和未来各年土地流转的机会成本Coi。将农户各年所获得的收益与成本进行折现求和，其在制度创新期间的净收益现值总和为：

$$PV=R-C+\sum_{i=1}^{n}\frac{(R_i-C_{oi})}{(1+r)^i}$$

其中，PV 表示农户从“两分两换”中获取的净收益现值之和；R 表示农户获取的一次性收益；C 表示农户付出的一次性支出；R_i 表示农户在第 i 年获取的预期收益；C_{oi} 表示农户土地流转的机会成本；r 表示未来收益的贴现率；n 表示土地流转的总年限（因为宅基地置换采取的一次性补偿，这里主要考虑土地流转的时间）。

此外，农户还可享受宅基地和商品房升值，同时实行“两分两换”还有利于农户分享城镇教育、文化、医疗、社会保障等高质量的公共产品和公共服务，提高生活质量。

（二）企业（土地承包商）

就企业（土地承包商）而言，参与“两分两换”制度创新，可以获得未来各年承包流转地发展高效农业项目的增量收入和规模经济预期收益 R_i，同时也需要付出未来各年的土地租赁费支出（增量支出）C_i。其净收益现值总和为：

$$PV=\sum_{i=1}^{n}\frac{(R_i-C_i)}{(1+r)^i}$$

此外，企业（土地承包商）通过规模化经营还增强抵御风险能力，使企业的土地产出效益普遍提高。

（三）政府

就地方政府而言，参与“两分两换”制度创新，既能够获取收益，也要付出成本。能够获取的收益包括一次性收益 R（如土地转换收益等）和未来各年的预期收益 R_i（如税费增加收入、公共经费支出减少等）；付出的成本也包括一次性支出 C（如拆迁补偿支出、安置小区建设成本、宅基地复垦成本和青苗补偿费等）和未来各年支出成本 C_i（如保障支出）及因实施该项制度可能给其他利益集团的利益造成损失，因而其他利益集团所施加的预期“阻滞成本”C_{di}。其净收益现值总和为：

$$PV=R-C+\sum_{i=1}^{n}\frac{(R_i-C_i)}{(1+r)^i}$$

此外，地方政府还能获得区域投资环境改善、产业结构调整优化、就业率提高及社会协调发展等社会收益和政治收益。

三、一个例证——余新镇“两分两换”成本收益分析

嘉兴市首批确定在 9 个镇（街道）（现已扩展为 13 个）进行“两分两换”试点。试点区域总面积为 265.2 平方公里，农户 3.96 万户，人口 14.7 万人，宅基地面积 4.11 万亩。各试点镇（街道）按照依法、自愿、有偿原则，因地制宜，积极创新，形成了各具特色的模式。由于不同的模式，其置换补偿有所不同，因此其成本收益也有所不同。本文以余新镇为例分别从农户、土地承包商农地和地方政府三种不同行为主体进行成本与收益的测算。

（一）基本情况

余新镇选择以传统农业生产为主、宅基地比较分散、闲置土地较多的明星、金星、余西、长秦、曹王等五个村进行“两分两换”试点，计划利用五年时间全面完成试点。试点实施区域面积 43692 亩，其中耕地面积 25875 亩，园地面积 4673 亩，宅基地面积 4502 亩（户均 1.064 亩），水域面积 2419 亩，其他建设用地面积 2891 亩，其他农用地面积 3332 亩；需搬迁农户 4231 户，人口 15421 人，搬迁农房建筑面积 99.43 万平方米，置换宅基地面积 3977 亩，流转土地面积 30548 亩。宅基地置换 3977 亩中，实行公寓房置换 2327 户，户均 0.3 亩，占用建设用地 698 亩；实行易地迁建置换 1904 户，户均 0.5 亩，占用建设用地 952 亩，合计建设用地 1650 亩，共节约建设用地 2327 亩。通过宅基地复垦，可获得建设用地指标 2327 亩，计划用于工业用地 522 亩，商业（住）开发用地 1500 亩，农业开发用地 305 亩。

（二）制度安排

1.房屋置换。以户为单位，在所有土地流转基础上，农民宅基地置换方式有异地安置、公寓房安置和货币安置三种。三种置换方式农户旧房补助统一参照拆迁政策评估补偿，不享受征地养老金保险，但享受土地流转生活保障政策，旧房归拆迁方所有，并负责拆除，进行宅基地复垦。

宅基地异地置换:即拆除旧房在新社区建新房,农户新建房按照农民宅基地建房审批,必须在镇规划的新社区建造;公寓房置换:按照原住房合法建筑面积实行“拆一还一”政策,以城镇公寓房置换安置;货币安置:按照原住房合法建筑面积每平方米1000元进行补偿。

2.社会保障与就业。以流转土地经营权置换生活保障:整户承包田全部流转出来,家庭成员年满61周岁以上人员可享受每月生活补助100元;整户承包田、旱地、自留地、园地全部流转,家庭成员年满61周岁以上人员可享受每月生活补助200元;劳动力就业安排:男51~60周岁、女46~60周岁的人员由余新镇渔里投资开发有限公司推荐再就业,确保每年用工100~150天(本村村民享有优先权);男18~50周岁、女18~45周岁的人员自谋职业;61周岁以上(含61周岁)人员,不再安排用工。

3.土地流转。土地流转租赁费以每亩600元/年,每三年递增10%结算,并享受相关青苗补偿政策。流转期限至2028年12月。

(三)成本收益测算

1.农户。农户采用的置换方式不同,其成本与收益也不同。由于货币置换的比例较低(2%),这里主要考察宅基地异地置换与公寓房置换的户均成本与收益。根据实施“两分两换”区域人口总数与户数,户均人口按3.65人计算,享受社会保障人口户均按1人计算,其余人按土地流转后参加工作增加收入计算,计算期限按20年计算(2008~2028),贴现率按8%计算。

表54 **农户成本收益测算表** 单位:元

项目		一次性支出		经常性支出	
		宅基地异地置换	公寓房置换	宅基地异地置换	公寓房置换
成本	建房支出	100×4×600			
	购房支出		240×500		
	房屋装修支出	200000	200000		
	流转地机会成本			500	500
	小计	440000	320000	500	500
项目		一次性收入		经常性收入	
		宅基地异地置换	公寓房置换	宅基地异地置换	公寓房置换
收益	拆迁补偿	156200	156200		
	青苗补偿费	12500	12500		
	土地租金收入			600	600
	工作增收			13400	13400
	房屋出租收入			12000	12000
	社会保障收入			1200	2400
	小计	168700	168700	27200	28400

数据来源:本表有关数据来自“‘嘉兴模式’农地流转有无推广价值”“余新镇推进‘两分两换’的实践与思考”和“南湖区余新镇‘两分两换’宅基地置换城镇住房实施意见(试行)”及实际调研数据。

将上述测算数据代入农户净现值计算公式,可分别计算出:宅基地异地置换:户均PV=12313.40元;公寓房置换:户均PV=135206.28元。

由此可见,无论是“宅基地异地置换”还是“公寓房置换”,农户的PV均大于0。

2.企业(土地承包商)。由余新镇两家投资公司和参与试点的5个村的村经济合作社共同投资成立的渔里投资开发有限公司(以下简称“渔里公司”),是“两分两换”工作在余新镇的“执行者”。因此,农户土地流转是先与“渔里公司”签约,将土地委托给公司统一流转。公司每亩支付年租金 600 元给农户，每三年递增 10%,流转期限至 2028 年 12 月。“渔里公司”再通过农业招商将土地承包给企业（土地承包商），目前暂定的起租标准是 500 亩，年租金 1200 元/亩,青苗补偿费、土地流转 61 周岁以上老年人生活补助、流转土地水利、电力、道路等基础配套设施费由“渔里公司”承担。因此,就企业(土地承包商)而言,其发生的成本主要包括租金和生产经营成本(含种子、化肥、水电、人工等);其收入包括高效农业收入、规模经济效益和降低风险收益等。据企业(土地承包商)估算,规模经营经济作物每亩年销售收入 1.2 万元左右,每亩年经营成本(含租金)5000 元左右,保守估算每年每亩净利 4000~5000 元左右。本文按每年每亩净利 4500 元计算,每户企业(土地承包商)承包土地按 500 亩计算,计算期限、贴现率同上。每户企业（土地承包商)PV=2209.08 万元。企业(土地承包商)PV 大于 0。

3.地方政府。地方政府的成本与收益包括直接与间接两部分,间接成本收益如“阻滞成本”与税费增加、用地效率提高增收等考虑到数据的可得性,没有计算。计算期限、贴现率同上。

将上述测算数据代入地方政府净现值计算公式,可计算出:PV=1636.54 万元。

表 55　**地方政府成本收益测算表**

单位:万元

项　　目			金　额
成本	房屋搬迁补偿	旧房补偿	59530.00
		搬迁奖励、农具等补偿	4527.00
		过渡期补助	2030.00
		企业搬迁补偿	6368.00
		小计	72455.00
	安置小区建设成本	自建小区(含土地下征费、宅基地审批费、小区配套设施费等)	12376.00
		公寓房安置小区(含土地下征费、土建成本、小区配套设施费等)	44958.00
		小计	57334.00
	宅基地复垦成本		1869.00
	公司运作财务费用		10980.00
	土地流转成本	青苗补偿费	5289.00
		61 周岁以上老年人生活补助	14131.00
		土地流转租金支出(30548 亩×600 元/亩(每三年递增 10%))	48919.54
		流转土地水利、电力、道路等基础配套设施费	6110.00
		小计	74449.54
		合计	217087.54
收益	用地转换收益	工业用地出让收入((522 亩×23.5 万元/亩)	12267.00
		商业用地出让收入(1500 亩×100 万元/亩)	150000.00
		小计	162267.00
	农户购安置房收入	4231 户×53%×240 平方米×500 元/亩	26909.16
	土地租金收入	30548 亩×1200 元/亩	70016.02
	动迁房残值收益	99.43 万平方米(25 元/平方米)	2485.75
		合计	261677.93

数据来源:本表有关成本数据均来自“南湖区‘两分两换’推进模式案例之二:余新镇整村推进模式”和“嘉兴市南湖区余新镇城乡建设用地增减挂钩试点项目区实施规划(2009~2011 年)”及实际调研数据。

地方政府 PV 也是大于 0 的，且地方政府还能获得产业结构优化、就业率提高及社会协调发展等社会收益和政治收益。

综上所述,由于“两分两换”满足了农户、企业(土地承包商)和地方政府追求“潜在利润”的需求,制度创新所涉及的各个利益主体均成为受益者,容易达成一致性,降低了制度创新成本,是一种典型的帕累托改进。

四、政策建议

1.资金平衡问题。目前“两分两换”的资金运作均通过政府参股投资设立的公司进行。资金运筹面临的突出问题是:资金先期的大量投入与土地出让收入的延后获得所造成的时间上的资金不平衡。一方面,“两分两换”前期房屋搬迁补偿、安置小区建设和宅基地复垦等需要大量的资金投入;另一方面,由于宅基地复垦、用地指标获取需要一定的时间,导致土地出让收入的延后获得。那么要满足“两分两换”前期的大量资金投入,除运用政府投入的资金外,还需要依托公司从金融机构融资。如此运行的结果必然造成公司财务费用的大量增加和资金使用压力的加大。考虑到“两分两换”后税费增加及乡镇财政实力相对薄弱的实际,建议上级政府部门予以相应的财政支持。具体包括通过设立政府主导的担保公司为“两分两换”融资提供担保;通过政府与金融机构合作创新低成本的金融产品(如政府贴息等);通过税收优惠、财政补贴等减轻“两分两换”的资金压力。

2.土地平衡问题。土地运营面临的突出问题是:先期安置农户建设用地指标的使用与宅基地复垦置换建设用地指标的延后获得所造成的时间上的土地运营不平衡及建设用地指标需求与供给之间的矛盾。一方面,“两分两换”前期安置小区建设等需要建设大量用地指标;另一方面,由于宅基地复垦、用地指标获取需要一定的时间,导致建设用地指标的延后获得。那么要满足“两分两换”前期的建设用地要求,需要一定的用地周转指标,而用地周转指标的取得通常需要一定的审批时间。如此运作的结果必然大大延长宅基地置换周期,进而延后土地置换收益的实现。考虑到“两分两换”总体土地利用效率提高的实际,在符合政策法规的前提下,建议:(1)科学规划。在建设用地指标的安排上,前期多安排,安置后少安排;(2)用足政策。根据国土资源部《城乡建设用地增减挂钩试点办法》,积极开展城乡建设用地增减挂钩试点,充分利用节约土地所带来的建设用地指标,以满足“两分两换”中的土地需求。

3.政策平衡问题。政策面临的突出问题是:以前的拆迁补偿政策与“两分两换”补偿政策的平衡及土地承包权流转与社会保障、收入的平衡。总体而言,“两分两换”补偿低于建设拆迁补偿;土地承包权流转换得的保障水平较低,土地承包权流转换后缺乏保障离地农民收入的长效机制。如此运作的结果必然造成农户收益相对偏低,进而影响农户参与“两分两换”的意愿,农地制度创新难以实现。建议:(1)适当增加房屋搬迁等补偿。在综合考虑区位、地价及地方财力的基础上,适当增加补偿。(2)适度提高社会保障水平。考虑社会保障公共产品的属性,在“两分两换”制度内补偿的基础上,增加政府投入,适度提高社会保障水平。(3)建立保障离地农民收入的长效机制。考虑离地农民收入主要来源于打工收入,应建立离地农民就业服务平台(含培训、就业中介等),确保离地农民再就业,建立保障离地农民收入的长效机制。

(嘉兴学院　佘明龙　翁胜斌　李勇)

新世纪以来嘉兴市区经济转型发展主要特征与问题研究

一、市区经济发展主要特征

进入新世纪以来,市区加快体制转轨、社会转型,积极推进经济发展方式转变,创新发展思路和发展路径,经济综合实力显著增强。市区GDP由2000年的127.16亿元增加到2012年的713.3亿元,按可比价格计算,年均增长13%。2012年市区按常住人口计算人均GDP达9365美元,这标志着市区经济进入新的发展阶段。

(一)发展阶段处工业化中后期

美国经济学家H·钱纳里提出的工业化标准

模型将经济结构转型过程的国民收入水平变化划分为6个阶段，涵盖了从欠发展阶段到成熟经济阶段的全过程。2012年，市区按当年汇率计算的常住人口人均GDP达9365美元，按1998年美元汇率推算5648美元（假设美元通胀率平均2%）。考虑到现阶段制造业在市区经济中仍然占有重要地位、服务业还处在发展壮大时期，大致可以得出市区目前处于工业化中高级阶段。

（二）发展态势总体趋向平缓

市区经济增长呈现波浪式发展，从经济增长周期看，市区经济的发展大致划分为1998～2000年、2001～2005年、2006～2009年、2010年至今四个周期，从波谷到波谷平均约3～4年。从发展趋势看，平均增长趋势线逐步回缓，发展的环境和条件继续发生新变化，传统增长模式面临新挑战。从短期趋势看，市区在经历2010～2012年经济增速的周期性平稳调整后，2013年起有望逐步迈入经济运行的回升周期，从长期趋势看，市区经济保持较快增长的压力进一步增大。

（三）发展环境约束日趋强化

市区外向度较高的优势受到冲击。从经济发展外部环境看，金融危机影响是深远的，随着传统低成本优势红利逐渐削弱，市区外贸进出口总额与GDP比例由2001年的53.6%提高到2007年的87.4%，其中出口总额与GDP比例由44.7%提高到64.6%。2008年以来，金融危机直接导致市区发展外部环境严峻。2012年，市区外贸进出口总额、出口总额与GDP比例分别为69.1%、49.9%，分别比金融危机前的2007年减少18.3个百分点、14.7个百分点。

市区经济强度的提升与资源环境约束矛盾突出。土地产出率（注：GDP/区域土地面积）由2000年的1314万元/平方公里提高到2012的7369万元/平方公里；工业产出率（注：工业增加值/工业用地面积）由2005年的5.22亿元/平方公里提高到2011的13.81亿元/平方公里，市区工业产出率在全省位次由2005年的第9位提高到2011年的第6位；城市建设用地投资强度由2005年的3.16亿元/平方公里提高到2011的4.52亿元/平方公里，居全省第4位。以建设用地为例，2011年市区城市建设用地面积和工业用地面积均居全省第7位；市区工业万元增加值废水排放量由2000年的21吨/万元增加到2011年的25吨/万元；资源环境等要素约束的加剧。

（四）增长动力依赖要素推动

新世纪以来，市区经济增长的主要推动力来自投资，市区固定资产投资规模迅速扩大，从2000年的146.2亿元上升到2012年的444.83亿元，年均增长9.7%，投资占GDP比重由2000年的53.2%提高到62.4%，2012年其比重分别高出全市、全省5.5个百分点和13个百分点。但同期的资本产出率却呈现下降，投资效果系数（新增GDP/全社会固定资产投资）从0.26元下降到2011年的0.10元，“十二五”前两年为0.16元。市区每新增亿元GDP所需投资额（资本产出率）年度间有波动，但投入的粗放程度总体上都高于全市和全省平均水平，投入方式、结构亟待转换。

（五）经济结构仍处转型过渡期

从产业结构看，市区三次产业结构由2005年的6.2：53.0：40.8演变为2012年的4.4：49.1：46.5；就业人员比重由2005年的16.7：54.3：29，转变为2011的11.4：55.1：33.5。非农从业人员比重上升到88.6%，比2005年提高5.3个百分点。长期以来市区主要依靠农业、工业为主带动经济增长的局面正在逐步改变。

从所有制结构看，民营经济是促进市区经济增长主要推动力，民营经济对市区经济发展的推动作用越来越大。市区民营经济增加值（注：核算口径=经济总量—国有经济份额—港澳台经济—外商经济份额。）由2004年的128.37亿元增加到2012年的404.9亿元，2005～2012年，按现价计算，市区GDP年均增长13.5%，而民营经济增加值年均增长14%，高于GDP年均增速0.5个百分点，2005～2012年市区民营经济对GDP增长的贡献率60.2%，成为推动经济快速发展的主要动力。从收入结构看，新世纪以来，市区GDP初次分配中的政府、企业、居民三者比重出现了新的变化趋势。市区城镇居民人均可支配收入由2000年的9240增加到2012年的33626元，年均名义增长11.4%,实际增长9.1%,农村居民人均纯收入由2000年的4527元增加到18264元，年均名义增长12.3%,实际增长9.9%,城乡居民实际增速分别低于同期GDP增速3.9个百分点和3.1个百分点。市区劳动者报酬比重总体呈下降趋势，比重由2000年的50.2%下降到2011年的43.5%;企业所得(折旧和盈余合计)比重有所提高，由2000年的34.6%提高到2011年的41.7%;国家所得(生产税净额)基本持平,由2000年的15.2%回落到2011年的14.8%。

(六)产业结构效益均衡度提高

产业结构效益的高低对于地区经济的发展具有重要意义,结构偏离度和比较劳动生产率两个指标是测试产业结构效益的常用指标。新世纪以来,市区产业结构效益均衡度继续提高,主要呈现以下两大特征:一是产出结构与就业结构偏离状况有所改善。从产业结构偏离度绝对值看,市区三大产业结构偏离度绝对值总体呈现好转趋势。20世纪90年代,结构偏离度绝对值在50%以下徘徊；目前基本稳定在20%左右,标志着市区GDP结构和就业结构均衡度逐年提高。二是二元经济结构差距趋于缩小。依据美国著名经济学家刘易斯等人提出的二元结构理论,利用产业比较劳动生产率结构对比系数核算市区二元结构情况表明:新世纪以来,市区二元对比系数经历“高—低—高”的变化。2008年回落至0.3以下,目前又回升至0.4左右,而发达国家一般在0.5~0.9。说明市区大力实施城乡一体化发展战略,加大统筹城乡发展工作力度，二元经济结构有明显改善，但市区二元结构与发达国家仍有较大差距。

二、市区经济转型发展面临的主要问题

(一)转型发展中的供给结构亟待进一步优化

近年来,虽然市区产业结构得到了一定的调整优化,但在产业结构调整、产业转型升级方面还存在很多不足。从工业内部看,对工业总量增长贡献较大的制造行业主要是纺织业、通信设备、计算机及其他电子设备、通用设备制造业、化学工业、冶金工业、纺织服装、电气机械及器材制造业等产业,且在全市制造业分工中具有相对优势的产业也以传统工业为主。市区的大型、特大型、重量级企业偏少,在形成产业发展链方面缺乏领头羊,难于形成规模经济,制约了主导产业的形成和发展。从市区制造业结构相似系数比较(注:系数值接近1,说明两个时期或两个地区产业结构较相近,产业结构变化小;系数值接近0,说明两个时期或两个地区产业结构偏离大，产业结构变化大。),2002年以来10年间,全市、市区制造业产业结构相似系数分别为0.903、0.932，市区制造业产业结构相似系数相对较高,与县(市)有差距,特别是与平湖市、嘉善县差距明显,显示出市区制造业产业结构调整力度还有待进一步加大。

(二)转型发展中的需求动力亟待进一步协调

2012年,市区固定资产投资、社会消费品零售总额、进出口总额和出口额分别达到444.83亿元、300.53亿元、78.09亿美元和56.35亿美元,从中也可以看出市区经济的国内市场消费拉动力偏弱。新世纪以来,市区最终消费规模不断增加,但消费率提升不快,个别年份徘徊不前。以城乡居民最终消费为例,多年来,市区城乡居民平均保持30%左右的消费率水平,明显偏低。而城乡居民消费率偏低与市区劳动报酬率不高(注:居民平均收入/人均常住人口GDP)高度相关。市区城乡居民平均收入占人均GDP比重由2000年的47.7%下降到2012年的44.7%,与一般发达国家50%以上水平差距明显。可见,市区经济转型发展中的需求动力亟待进一步协调，不断提高国内市场消费的拓展能力与不断提高市区城乡居民消费率水平任重道远。

(三)转型发展中的创新能力亟待进一步强化

当前市区科技进步投入的不足与创新机制的滞后问题仍然存在。市区政府财政用于科技支出水平由2005年的0.73亿元增加到

2012年的3.05亿元,年均增长22.7%;科技支出占财政支出比重由2005年的2.9%提高到2012年的3.5%，低于全市平均0.5个百分点。市区R&D经费占GDP的比重还较低。2012年市区科技经费支出(R&D)占GDP的比例达到2.21%,比2006年提高0.9个百分点,但仍低于全市平均0.09个百分点。从产出角度看,与结构升级方向相一致的高加工度、高附加值和高新技术产业发展相对缓慢。2012年,市区规模以上工业高技术产业增加值占工业增加值的比重18.4%,仍低于全市平均1.5个百分点。

（四）转型发展中的中心城市辐射集聚力亟待进一步提升

中心城市的集聚力有所下降。以人口和产业经济集聚为例,市区常住城镇人口占全市比重由1990年的41.1%下降到2000年的33.2%,2012年降至31.9%;GDP规模占全市比重由1990年的26.1%下降到2012年的24.7%，其中服务业增加值占全市比重由1990年的30.9%下降到2012年的29.8%;投资规模占全市比重由1990年的31.6%下降到2012年的27.1%。中心城市的辐射能力偏弱。由于当前浙江财税体制与行政管理体制等因素,在一定程度上影响了嘉兴市域范围各类资源与生产要素在空间上的优化布局和合理集聚,这使得市区作为中心城市的区域中观经济调控力不够,中心城市与各县(市、区)经济转型发展中缺乏必要的合理的科学的产业规划和分工体系,从而导致中心城市对全市经济发展增长极的带动作用不显著甚至有所弱化。

（五）转型发展中的体制机制活力亟待进一步激发

据初步核算,市区非公经济总量占GDP比重由2004年的57.2%提高到2012年的68.6%。应当指出,多年来,市区经济体制改革优化了经济所有制结构,活跃了市场氛围,促进了市场竞争,这是市场经济发展的内在要求。新世纪以来,市区民营经济发展很快，尽管民营经济与市场体制具有天然的亲和力，但受政策和长期以来形成的体制机制制约,与此相适应的资本市场和产权交易却难以得到充分的发展，面广量大的中小企业成长和产业重组在一定的程度上受阻。此外,市区各级政府的管理职能与各经济功能区的管理职能也有待于进一步深化体制改革。以精简、统一、效能为原则,进一步激发体制、机制的活力,建立行为规范、运转协调、公正透明、廉洁高效的行政管理体制。

三、促进市区经济转型发展的产业选择

下阶段,市区要以科学发展为主题,以经济结构调整为主线，以推进新型城市化为抓手,依靠制度创新与科技进步,继续深化改革,改善经济运行环境,不断增强经济发展的内生活力和动力,推进市区经济平稳健康发展。

1.优先发展现代服务业

市区作为全省唯一的现代服务业集聚区,要加快落实《关于加快推进产业集聚区建设的若干意见》(浙委办〔2010〕74号)文件精神,突出国际商务和科技创新特色，大力发展面向长三角的优势服务业,如总部经济、高端商贸服务业、会务会展、高端教育、高端房产等五大城市功能服务业;重点发展科技研发服务业、电子商务交易平台、新一代信息技术产业(物联网)、工业咨询与服务、现代物流业等五大生产性服务业。

2.加快发展先进制造业

市区应当在长三角国际先进制造业基地中发挥重要作用。一是要加快发展先进装备制造业。市区要充分利用毗邻上海国际大都市的技术、资本、市场等资源优势,大力发展装备制造业，成为长三角先进装备产业重要组成部分。二是要加快发展高新技术产业。市区要充分利用清华长三角研究院、中科院嘉兴中心为核心的“双核六园”等创新发展平台,着力推进自主创新，提升科技综合实力和区域创新能力,促进创新型经济发展迈出坚实步伐。三是加快工业结构优化升级。市区要鼓励运用高新技术和先进适用技术，改造提升传统优势产业。要以“两退两进”促进块状经济提升产业层次,加速传统块状经济向现代产业集群转型。

3.大力发展现代都市农业

市区农业资源优势突出,其农产品在省内

及长三角地区具有一定的规模优势和知名度。市区要发挥嘉兴市农业的特色优势,继续深入实施农业"五个一百"工程,加快农业规模化、组织化、标准化、生态化。要创新农业科技成果的转化和推广机制,加强农田水利建设,完善农业社会化服务,不断提高农业现代化水平。市区应依托以上海为龙头的长江三角洲都市圈发达的科技、经济和社会优势,大力发展集生产、服务、消费于一体的经济和生态等多种功能并存的都市型农业,使市区成为长三角地区重要的都市型农业示范区。

(嘉兴市统计局　蒋明祥)

重要报道目录

表 56

2014 年国家级主要报刊有关嘉兴的重要报道

标　　　　题	刊出报刊	日　期
海宁让市场充分"说话"	人民日报	1月5日
嘉兴:"道德讲堂"构筑精神高地	光明日报	2月16日
嘉兴农科院南繁育种团队:一群皮肤黝黑的农业科学家	光明日报	6月8日
浙江嘉兴发布中共创建史研究成果 —— 一大召开时全国有 58 名党员	人民日报	6月24日
让光伏发电走得更远	人民日报	9月4日

(胡正一)

表 57

2014 年中央人民广播电台有关嘉兴的重要报道

标　　　　题	播出栏目	日　期
嘉兴新康泰克感冒药市场管理情况调查	央广夜新闻	1月7日
嘉兴"小升初"政策及现状调查	央广夜新闻	1月10日
嘉兴土地流转情况调查	央广夜新闻	1月15日
新居民嘉兴过春节,努力追求自己的梦想	全国新闻联播 新闻和报纸摘要	2月1日 2月2日
嘉兴海宁行政审批制度改革	央广夜新闻	2月17日
去冬今春各地深入开展文化、科技、卫生三下乡服务基层活动	新闻和报纸摘要	3月15日
狗市上的"星期狗"	央广夜新闻	4月16日
加盟企业市场化,嘉兴开辟党员志愿双层服务	央广新闻	5月22日
第十届中国粽子文化节在浙江嘉兴开幕	央广新闻	5月30日
中国粽子文化节龙舟赛	新闻空间	6月1日
端午踏白船赛	新闻空间	6月3日
非物质文化遗产掼牛比赛	跃动经济	6月4日
嘉兴暑期幼小衔接班调查	21 点夜新闻	6月30日
浙江嘉兴南湖"红立方"党员志愿者服务驿站正式启用	央广新闻	7月1日
公立医院欠费逐年增加,呼吁尽快完善相应处理机制	央广夜新闻	7月8日
受"娜基莉"影响,南排工程长山闸开 5 孔、南台头闸开 2 孔向外海放水	直播中国	8月1日
浙江、西藏、四川晒整改成绩单	新闻和报纸摘要	9月22日
科技启蒙教师寿章元	难忘中国之声	

续表 57

标　　题	播出栏目	日　期
五芳斋粽子制作技艺传承人胡建民(非遗稿)	难忘中国之声	10月16日
掼牛传承人韩海华(非遗稿)	难忘中国之声	10月18日
嘉兴女特警高琦	难忘中国之声	12月1日

表 58

2014年中央电视台有关嘉兴的重要报道

标　　题	播出栏目	日　期
建设文化礼堂,丰富农村文体生活	朝闻天下	1月4日
多地迎客流高峰,细化服务保出行	朝闻天下	1月17日
惠及三农,加快农村金融创新	新闻直播间	1月20日
风清气正,地方两会简约不简单	新闻直播间	1月21日
高速爱心接力,拯救受伤女童	新闻直播间	1月22日
临近春节,各地加强电力设施巡视	新闻直播间	1月24日
关闭活禽交易市场	新闻直播间	
公安部:严打开设赌场聚众赌博犯罪活动	朝闻天下	1月27日
高端餐饮纷纷推出"平民价"	新闻直播间	1月28日
7月起主城区永久关闭活禽市场	新闻直播间	
跨海大桥封道,大批危化品车滞留	新闻直播间	2月10日
男子持枪劫金店,五分钟后落法网	新闻直播间	2月12日
浙江警方破获特大制贩假性药案:小作坊生产利润惊人	新闻直播间	2月13日
多地中小学停课,校车送学生回家	朝闻天下	2月19日
行驶货车自燃,雨雪天气更需防范	新闻直播间	
学生感染诺如病毒,部分学校停课	新闻30分	2月21日
传染源初步判断为不洁净桶装水	朝闻天下	
诺如病毒患者恢复良好	24小时	2月22日
两车刮擦引追逐,高速上演飞车战	24小时	3月22日
茅盾:书稿为铭,用文学发声	朝闻天下	4月6日
各地交通部门应对清明出行高峰	新闻直播间	
钻栏杆危险,小学生调皮头被卡住	新闻直播间	4月12日
加强电网改造,保春季农业生产	新闻直播间	4月18日
聚焦平凡,鼓励梦想	新闻联播	4月21日
公安部督办的16起专案全部告破	新闻30分	4月27日
各地贯彻落实总书记关于农村公路发展精神	新闻联播	4月30日
习近平总书记讲话在残疾人和社会各界人士中引起强烈反响	新闻联播	5月17日
浙江海宁油罐车小学门口自燃:全校140多名师生安全疏散	新闻直播间	5月26日
相约六一,让欢乐绽放	新闻联播	6月1日
多样民俗感受端午传统魅力	新闻联播	6月2日
包粽子大赛:看数量更看质量	新闻直播间	
浙江嘉兴:南湖龙舟竞渡闹端午	新闻直播间	
各地多种形式纪念建党93周年	新闻联播	7月1日

续表 58

标　　题	播出栏目	日　期
关闭活禽交易,卖活禽最高罚5万	新闻直播间	7月2日
禁止活禽交易,全面开卖杀白禽	新闻直播间	
溺水事件多发,儿童暑期安全敲警钟	新闻直播间	7月20日
又现交叉潮,游客观潮莫忘安全	新闻直播间	7月31日
我国建立核电应急救援机制	新闻联播	8月22日
潮头近水位高,多变大潮值得期待	新闻直播间	9月7日
自驾看潮要排号,多项措施保交通	新闻直播间	
海塘监控全覆盖,确保观潮安全	新闻直播间	
钱塘江边观大潮	新闻直播间	9月8日
数万游客在盐官争睹钱塘潮	新闻直播间	
赏月观潮,钱塘江边过中秋	新闻直播间	
八月十五夜,伴月听夜潮	新闻直播间	
大缺口雨中观潮,交叉潮能否出现	新闻直播间	9月10日
壮观激烈的回头潮,今日能否呈现	新闻直播间	
老盐仓:最惊险的回头潮	新闻直播间	
钱塘潮水逆江涌,五大看点争雄姿	新闻直播间	
五大观潮点,精彩全记录	新闻直播间	
又到一年观潮季,八月十八赏大潮	新闻直播间	
八月十八钱塘潮,气势壮观天下无	新闻直播间	9月11日
我国主要外贸区域通关一体化启动	新闻联播	9月23日
24万志愿者用行动传递"正能量"	朝闻天下	10月6日
货车追尾,消防员身顶货车救司机	新闻直播间	10月21日
第二届乌镇戏剧节开幕	新闻联播	10月31日
水剧场演《青蛇》,感受别样戏剧	新闻直播间	
秋收时节服务三农保秋收	新闻直播间	11月4日
首届世界互联网大会19日举行	新闻直播间	11月19日
精心准备,保障大会顺利进行	新闻直播间	
加强沟通,构建和平安全开放空间	新闻直播间	11月20日
世界互联网大会永久落户乌镇	新闻直播间	11月21日
浙江全省推广"税捷通"自助平台	新闻直播间	12月6日
打造智能"绿色营业厅"	新闻直播间	12月16日

（胡宏宾）

名牌产品

【概况】 2014年,嘉兴市新增浙江名牌产品35个,其中工业浙江名牌26个、农业浙江名牌4个、服务业浙江名牌3个、区域名牌2个。新增嘉兴名牌产品45个,其中工业嘉兴名牌30个、农业嘉兴名牌7个、服务业嘉兴名牌7个、区域嘉兴名牌1个。新增嘉兴市市长质量奖企业3个。嘉兴市服务业浙江名牌在全省名列前茅。至年底,嘉兴市累计有202个浙江名牌产品,344个嘉兴名牌产品,20个企业获得"嘉兴市市长质量奖"。

表 59

2014 年嘉兴市新增浙江名牌产品称号的产品

产品名称	申报企业名称	类别
雅莹服装	浙江雅莹服装有限公司	工业
粽子	嘉兴市真真老老食品有限公司	工业
沙发	嘉兴维特拉电气科技有限公司	工业
多功能吊顶装置(含浴霸、换气、照明装置)	浙江东信电器有限公司	工业
LED 光源、灯具	浙江生辉照明有限公司	工业
太阳能热水器	浙江斯帝特新能源有限公司	工业
针织服装	梦迪集团有限公司	工业
楼宇对讲	浙江西谷数字技术有限公司	工业
超纤皮	禾欣可乐丽超纤皮(嘉兴)有限公司	工业
羊毛衫	平湖市悦春毛衫制衣有限公司	工业
汽车用万向节	浙江欧迪恩传动科技股份有限公司	工业
箱包	新秀集团有限公司	工业
铝合金型材	浙江富丽华铝业有限公司	工业
皮革服装	浙江诺之服饰有限公司	工业
灯头	浙江晨丰灯头有限公司	工业
沙发	浙江川洋家私有限公司	工业
装饰织物	海宁金永和家纺织造有限公司	工业
电梯	曼斯顿电梯(浙江)有限公司	工业
袜子	浙江耐尔集团有限公司	工业
女装	安正时尚集团股份有限公司	工业
塑料复合膜	海宁粤海彩印有限公司	工业
北极鸭羽绒被	浙江东兴羽绒制品有限公司	工业
油墨	洋紫荆油墨(浙江)有限公司	工业
嘉名牌纬编面料	浙江嘉名控股有限公司	工业
管状输送带	浙江双箭橡胶股份有限公司	工业
水泥	浙江新都水泥有限公司	工业
鲜猪肉	嘉兴市食品肉类有限公司	农业
中华鳖	嘉善县美华水产养殖场	农业
海北圩牌甲鱼	桐乡市大麻海北圩水产专业合作社	农业
三百年留香杭白菊	桐乡新和保健品有限公司	农业
零售服务	嘉兴市戴梦得购物中心有限公司	服务业
旅游服务	海盐县南北湖旅游投资集团有限公司	服务业
纺织品检测	浙江中天纺检测有限公司	服务业
海宁太阳能	海宁市太阳能行业协会	区域
桐乡杭白菊	杭白菊原产地域产品保护办公室	区域

表 60

2014 年新增嘉兴名牌产品称号的产品

产品名称	申报企业名称	类别
针织面料	嘉兴市梦迪织造有限公司	工业
女式服装	浙江森创服装有限公司	工业

续表 60

产品名称	申报企业名称	类别
智能吸尘器	嘉兴市凯力塑业有限公司	工业
电动调节装置	嘉兴礼海电气科技有限公司	工业
织带	嘉兴市华严花边织造有限公司	工业
铸铝户外休闲家具	嘉兴恒誉金属制品有限公司	工业
一次性成型无缝内衣	浙江文娜针织有限公司	工业
聚丙烯	浙江鸿基石化有限公司	工业
生活用纸	浙江景兴纸业股份有限公司	工业
电动童车	浙江佳佳童车有限公司	工业
多功能汽车修理整形器	平湖市通力机械有限公司	工业
淋浴房	嘉兴市圣路易斯洁具有限公司	工业
干混砂浆	嘉兴市博宏新型建材有限公司	工业
铝合金型材	浙江富丽华铝业有限公司	工业
烧结保温砖	海盐达贝尔新型建材有限公司	工业
变频器	嘉兴市佳乐科仪有限公司	工业
皮革服装	浙江格莱美服装有限公司	工业
YHM 多晶硅片	浙江溢闳光电科技有限公司	工业
全玻璃真空太阳集热管	嘉兴北大华丰新能源有限公司	工业
背提包	浙江卡拉扬商务休闲用品有限公司	工业
女式服装	浙江裕德服装有限公司	工业
经编面料	浙江圣丹努纺织有限公司	工业
饱和聚酯树脂	浙江光华新材料有限公司	工业
聚氯乙烯涂层膜材	浙江星益达增强材料有限公司	工业
集成灶	浙江火星人厨具有限公司	工业
稀浆封层车	浙江美通筑路机械股份有限公司	工业
风电变流器	浙江海得新能源有限公司	工业
道路照明用 LED 灯	浙江福光灯具科技有限公司	工业
蚕丝被	桐乡市钱皇蚕丝被有限公司	工业
粗纺毛纱	桐乡市海通毛绒服饰有限公司	工业
禽肉、禽蛋	嘉兴市天蓬畜禽养殖专业合作社	农业
葡萄	嘉善星河葡萄专业合作社	农业
无花果	平湖市草仙子无花果专业合作社	农业
肉鸡	海盐县鸳鸯禽业专业合作社	农业
羊肉	海盐县丰义牧业有限责任公司	农业
花卉	浙江虹越花卉股份有限公司	农业
大米	浙江宝隆米业有限公司	农业
工程监理服务	浙江子城工程管理有限公司	服务业
幼儿服务	嘉兴庆安幼儿园	服务业
工程管理服务	浙江嘉宇工程管理有限公司	服务业
房地产评估	平湖市佳诚房地产评估事务所(普通合伙)	服务业
餐饮	平湖白金汉爵大酒店有限公司	服务业

续表 60

产品名称	申报企业名称	类别
办公服务	嘉兴佳惠商务有限公司	服务业
融资租赁服务	荣年融资租赁(中国)有限公司	服务业
大麻家纺布艺	桐乡市大麻家纺协会	区域

（孙菊英）

著名商标

【概况】 2014 年，全市新认定驰名商标 2 件，累计 18 件；新认定浙江省著名商标 22 件，累计 234 件；新认定嘉兴市著名商标 57 件，累计 778 件。

表 61　**2014 年认定的“驰名商标”名录**

商标名称	企业名称	商标所指商品或服务
华友	浙江华友钴业股份有限公司	氧化钴
和心	浙江和心纺织有限公司	纺织织物

表 62　**2014 年认定的“浙江省著名商标”名录**

商标名称	企业名称	商标所指商品或服务
友邦	浙江友邦集成吊顶股份有限公司	金属建筑材料;家具金属部件;五金器具;普通金属艺术品
EP	浙江雅莹服装有限公司	服装
DUNNU	浙江敦奴联合实业股份有限公司	服装
绿晨	嘉兴市绿晨蔬菜食品有限公司	脱水菜
HM	浙江红马铸造有限公司	铸钢件
WFS	桐乡市五丰丝织有限责任公司	纺织织物、丝绸(布料)
八字	海盐县八字葡萄专业合作社	葡萄
红厨	浙江银海不锈钢制品有限公司	非电气炊具
飞策	飞策防爆电器有限公司	防爆灯
凤鸣	新凤鸣集团股份有限公司	涤纶长丝
硖石灯彩	海宁市硖石灯彩有限公司	灯彩
BINDEX	平湖英厚机械有限公司	印刷品装订机械
永泰隆	浙江永泰隆电子股份有限公司	电子电能表
T&T	新秀集团有限公司	箱包
宏源基布	海宁市宏源无纺布业有限公司	无纺布
亚达	亚达管道系统股份有限公司	金属管道
XINAO	浙江新澳纺织股份有限公司	针织绒线
JEHONN	嘉兴市捷豪清洁用品有限公司	拖把、清洁器具(手工操作)
川洋	浙江川洋家私有限公司	沙发
杰森	杰森石膏板(嘉兴)有限公司	石膏板
TANAC	浙江田中精机股份有限公司	绕线机
嘉善杨庙雪菜	嘉善杨庙雪菜产业管理协会	腌制雪菜

表 63

2014 年认定的"嘉兴市著名商标"名录

商标名称	企业名称	商标所指商品或服务
科菲	浙江科菲科技股份有限公司	电解装置
	浙江万中物流有限公司	货物运输
	浙江鸿基石化有限公司	聚丙烯
南湖之春	嘉兴市南湖新区开发建设有限公司	文娱活动
南湖	嘉兴市新世纪旅游食品有限公司	豆制品
鸣华红船	嘉兴市鸣华船模制作有限公司	船模工艺品
KEXUN	嘉兴市科讯电子有限公司	船用内部通讯装置、报警器、扩音器
泰恩	嘉兴泰恩弹簧有限公司	弹簧
WILKIE	威尔克工业纺织(嘉兴)有限公司	工业用纺织织物
恒控	嘉兴市恒通电控设备有限公司	配电箱
精控	嘉兴市加控电气设备制造有限公司	断路器
华丽特	嘉兴市华特机电有限公司	管状电机
ShangHong	嘉善上虹货架有限公司	金属货架
万泰特钢	浙江万泰特钢有限公司	建筑用热轧钢筋
博鸿居	华之腾集团有限公司	家具、木制工艺品
泗洲	浙江泗洲电缆有限公司	电线、电缆
	浙江道尔顿地毯有限公司	地毯
家家老丁头	嘉善祥和食品有限公司	酿造食醋
陶箩	嘉善金穗粮食专业合作社	大米
ZJL	嘉善永鑫紧固件有限公司	金属垫圈、金属螺丝
奇强	嘉善东一线业有限公司	线
欧来能	嘉兴市博宏新型建材有限公司	砂浆
平湖九彩龙	平湖九彩龙艺术团	文艺演出
AYB	平湖市艾伊宝服饰有限公司	童装
杰森	杰森石膏板(嘉兴)有限公司	石膏板
妙农缘	平湖市妙农家庭农场	葡萄
ami	平湖永鑫五金制品有限公司	金属铰链
	浙江富丽华铝业有限公司	铝型材
S	海盐三鑫钢管有限公司	钢管
	浙江创能新能源科技有限公司	空气源热泵热水器
国松	嘉兴国松衣架有限公司	塑料衣架
达贝尔	海盐达贝尔新型建材有限公司	烧结保温砖
浮梦灵犀	海盐彩逸工艺丝制品有限公司	围巾、睡衣
明士达	浙江明士达新材料有限公司	灯箱布、PVC 夹网布
虹越	浙江虹越花卉股份有限公司	植物种子、植物、花卉
诺之	浙江诺之服饰有限公司	服装
新艺	海宁市新艺机电有限公司	剃须刀片
海烙	浙江信达可恩消防实业有限责任公司	灭火器、灭火设备
盛宝	浙江德宝电器有限公司	冰箱、冰柜
麦克顿	浙江麦克顿时装有限公司	皮革服装

续表 63

商标名称	企业名称	商标所指商品或服务
威奇电气	浙江威奇电气有限公司	高低压成套电器设备
泥土香	海宁市泥土香特色种养专业合作社	活鸡、槜李
荷叶星	海宁市周王庙镇荷叶葡萄专业合作社	葡萄
皮意	浙江皮意纺织有限公司	纺织面料
星益达	浙江星益达增强材料有限公司	PVC 涂层布
久久胶塑	海宁久久胶塑有限公司	太阳能热水器用密封圈
钱江联兴	浙江联兴饲料科技有限公司	饲料
纯眠	桐乡众想纺织有限公司	床上用品
衡明	桐乡市衡明菊业有限公司	杭白菊
奥利丝韵	桐乡市佳韵纺织品有限公司	床上用品
柏妮诺	桐乡市春风皮革制衣有限公司	皮革服装
高桥福光	浙江福光灯具科技有限公司	灯具
OVATEETERM	桐乡市天铖制衣有限公司	皮革服装
耀润	桐乡市耀润电子有限公司	磁性材料和器件
新磊	桐乡市新都混凝土有限公司	混凝土
富乐依	桐乡市大地纺织有限公司	装饰布
TIANJIA	桐乡市天佳五金制品有限公司	金属锁

（谭琪学）

索 引

说 明

1. 本索引采用主题分析方法，按主题词拼音字母顺序和音序排列。
2. 标引词后数字表示内容所在页码，标引词后有多个页码表示别的页码是该条目参见内容所在位置，页码数后字母a、b分别表示内容在该页的左右栏别。
3. 为便于检索，除易产生歧义者外，一般将单位和事件前的“嘉兴市”“嘉兴”“市”予以省略。
4. 本年鉴的篇目、分目用黑体字标明，表格用楷体字标明并后注“(表)”；“特载”“专记”“大事记”“人物”“社会经济统计资料”“文件选编”“附录”的内容不作索引，主题中标点符号和数字不作索引。

A

阿里巴巴·平湖产业带　496a
阿里巴巴·桐乡产业带　520a
埃博拉出血热防控　430b
艾滋病、性病防治　431a
爱国卫生　436b
爱心年夜饭活动　178b
爱婴医院复核　433b
安全生产管理　242a
安全生产监察执法　243a
安全生产行动　156b
安全隐患排查　242b
安全预防控制　242a
案卷纠错研讨会　406b

B

百家重点电子信息企业　118a
百名优秀红船民兵连长大比武　379a
班主任基本功大赛　385a
保税物流中心项目　533b
保险业　210a
保障民生事业　193b
保障用地需求　229b
报道世界互联网大会　419a
报纸　411b
边防检查　191b
滨海港产城统筹发展试验区　225a　296a
病死动物无害化处理中心　504b
博物馆二期工程　402a
部门联动执法　148b
部门权力清单梳理　407b

C

财产保险公司业务情况(表)　210
财产净收入增速　456b
财税　金融　193
财政　193a
财政监管　194b

财政预算改革　194b
参政议政　329b　330b　332a　334b　354b
餐饮业　178a
餐饮住宿业税费　178a
残疾人事业经费保障　358a
残疾人职业技能竞赛　357b
蚕桑　81a
漕河泾科技绿洲　547b
测绘与地理信息市场监管　128b
查办腐败案件体制机制　253a
查办违纪违法案件　253a
查处假冒专利案件　164a
产城融合战略及空间布局规划　127b
产科能力建设　433b
产品质量检验检测中心　238a
产学研共同体建设行动计划　386b
产业发展规划　224b
成人教育　390a
诚信建设工作　54b
城市大气环境质量状况　150a
城市管理　142a
城市排水防涝规划　138b
城市生活垃圾收运体系　141b
城市停车服务收费　228a
城市有机更新　139b
城市总体规划修改　127a
城乡公交西北停保场　101b
城乡规划管理　126b
城乡环境卫生整洁　437a
城乡建设　124
城乡社区服务中心建设　443a
城乡社区设置　442b
城乡社区社会组织公益创投大赛　441a
城乡生活垃圾分类收集　520b
城乡统筹发展水平　50b
城乡卫生创建　436b
城镇居民人均可支配收入　456a
城镇居民收入　456b
城镇居民消费支出与收入　457a
吃住行支出占比　457a
池塘生态化改造　85a
虫草博物馆开馆　531a
出版电子读物　413a
出口退税简政放权　195b
出口信用保险公司嘉兴办事处　217b
出入境检验检疫　189b
除四害工作　436b
处理台商投诉求助案件　261a
传媒　410
传染病防治监管　428b
传统媒体与新媒体融合　416b
传统优势产业　91a
创建“无违建区”　527a
创建E邮综合服务平台　122a
创人民满意消防队伍　367a
创新嘉兴·精英引领计划　298a
创新驱动发展　251b
创新为老服务载体　445b
创新维权方式　235a
创业型城市创建　447a
春节元宵文化活动　400a
促进房地产市场发展意见　135a
村慈善工作站　533b
村慈善帮扶基金全覆盖　488b

D

打防侵财犯罪行动　364b
打击“伪基站”　121a
打击“黑广播”　121a
打击传销犯罪　365a
打击经济犯罪　365a
打击涉黄涉赌犯罪　365b
打击涉医违法犯罪行动　366a
大爱之行拟立项项目　441b
大脚板乐园　514a
大企业培育　94b
大气污染防治项目　167b
大项目投资总额　181a
大型机械防风应急演练　183b
大型商场　171a
大云温泉获批省级度假区　155a
戴梦得购物中心　171a
单独两孩政策　289a　438a
党报阅报栏民生项目　413a
党的群众路线教育实践活动报道　416a　418b
党风廉政建设主体责任　252b
党管武装工作考评　379b
党史专题资料征编　265a
党校工作　269b

党校系统建设　272a
党员志愿服务　255b
党员志愿者服务驿站　472b
档案、党史、地方志工作　263a
档案登记备份中心达到省级标准　264a
档案服务民生模式　263b
道路绿色照明改造　105a
低保标准提高　441a
低收入农户收入倍增计划　145b
低碳工业园区试点　539a
低压光伏反孤岛装置　105b
地表水环境质量状况　150a
地方税务　197a
地理国情普查　128a
地理环境　40a
地理信息共享平台　128a
地名管理工作　442b
地下建筑物登记工作　136a
碘缺乏病防治　431a
电力　104a
电商换市发展　287a
电商园区建设　168b
电信嘉兴分公司　116a
电子信息百强企业　117b
电子信息产品制造业　117b
电子信息产业示范园区规划　118b
电子元件百强企业　117b
电子政务与公共服务信息化　113a
电子政务云计算中心建设　113b
调查研究职能　262b
调整内部管理模式　108b
调整土地使用税政策试点　197b
动物疫病防控　82b
读者服务活动　405a
端午民俗文化的当代传承研讨会　400a
端午群众性民俗文化体育活动　400a
对口支援和对口帮扶　301b
对台工作　260a
对台招商引资　261a
对外技术服务　109a
对外检测合作　191b
对外经济技术合作　180b
对外贸易　179a
多规合一试点　127a　289b　295b
多用途码头工程　184a

E

二维码办证系统　192b

F

发布民营经济发展报告　339a
发行嘉兴旅游护照　153b
发展村级集体经济　88b
发展养老服务业实施意见　445a
法律服务中心　372a
法律援助　373a
法院　369a
法院信息化建设　371a
法制工作　292a
法治　361
法治港航建设　103b
法治宣传教育　373a
范泾草莓获金奖　80b
方家山核电工程　108a
防震减灾　164b
防震减灾宣传周　165a
防治碘缺乏病日宣传　177b
房产办证预约服务　136b
房地产经纪机构非法集资风险排查　135b
房地产业　133b
房地产业发展高峰论坛　135a
纺工路下穿沪杭客运专线通道　102b
飞利浦项目　305a　526b
非奥运动项目基地认定　425a
非法集资经济犯罪　365a
非法胎儿性别鉴定治理　439b
非公医院开业　497a
非物质文化遗产　402b
非盐商品销售　177a
非遗文化客厅启动　403a
分布式电源调控及运营平台　106a
分布式光伏发电示范区　503a　539b　544a
分布式光伏发电现场交流会　93b
风力发电项目　544b
风力发电站运行　105a
封闭区域价格信息　227b
凤雅国际陶笛节　474b
服务传承人月活动　402b

服务类消费投诉　453a
服务民生报道　412b
服务台资企业　261a
服务外包　181a
服装设计师培训班　553b
妇女儿童社工服务　347a
妇幼保健　433a
妇幼保健信息共享　434a
妇幼重大公共卫生服务项目　433b

G

干部教育培训体系　255b
港区公共自行车运营　532b
高等教育　387a
高技能人才振兴工程　298a
高新技术特色产业基地　159b
高新技术园区建设　159b
个私经济发展　52a
个转企提质扩面　234a
耕地保护责任机制　230b
工程质量治理行动　132a
工商登记制度改革　234a
工商行政管理　233b
工商银行嘉兴市分行　204b
工业　89
工业绩效评价　90a
工业设计大赛　520a
工业水厂工程　543a
工资性收入　456a
公安　363a
公办幼儿园保教费标准　227b
公共场所卫生监管　429a
公共法律服务体系　372a
公共气象服务　151a
公共事务信息交换　113b
公共信息共享交换　448b
公共资源交易规范　241b
公共资源交易监管　241b
公共租赁住房与廉租住房并轨　451a
公交优先示范城市创建　289b
公交优先战略　100b
公路　99a
公路边环境整治　100a
公路建设　100a
公务员考核　297b
公务支出公款消费审计　232a
公益微电影《奔跑》　359b
供销　174b
供销系统改革　175a
供应商采购大会　153b
共青团嘉兴市委　342b
古籍保护　405b
股权交易中心桐乡运营中心　519a
骨伤科医院　536a
瓜菜水稻轮作现场会　80a
关闭活禽交易市场　471b
观众听众节　417b
光大银行嘉兴分行　207b
光伏产业试点经验推广　118b
光伏创新试点工作　288a
光伏建筑一体化产品推广目录　118a
光伏科创园建设　538b
光机电产业园　530a
广播　电视　413b
广播影视管理　420a
广电惠农服务　417b
规范信访秩序　292a
规范行业经营行为　454b
规范性文件备案　292b
规范学校卫生工作　432a
规划　测绘　126a
国防动员工作考评　381b
国防教育宣传周　376a
国防教育与政治动员　374b
国际经编设计大赛　551a
国际贸易促进工作　181b
国际商务区征地拆迁　527a
国际友城经济合作推进会　303b
国家“十二五”水专项课题评估　138b
国家版图知识宣传　128b
国家级及省级开发区　523
国家级光电建筑示范项目　133b
国家级教学成果奖　394b
国家级绿色生态示范城区　501b
国家节水标杆企业　495a
国家可再生能源建筑应用示范城市　133b
国家课题落户秀洲　537b
国家免疫规划　431b
国家农民专业合作示范社　493b

国家食品安全风险评估应用技术中心 471a
国家税务 194b
国家新型城镇化综合试点 287a
国家信息消费试点市 114b
国家印刷示范企业 496b
国家重点镇 144a
国民经济和社会发展 45b
国民经济和社会发展计划 222b
国内贸易 166
国寿产险嘉兴中心支公司 215b
国土资源管理 229a
国土资源信息化 231b
国有产权和经营性资产管理 226a
国有企业财务监督 226a
国有资产管理 225b
国资国企改革意见 225b
国字号检测项目 539a

H

海关 187a
海关特殊监管区域通关一体化改革 189a
海利循环产业园 503b
海宁潮国际博览会 511b
海宁大厦 172a
海宁电子商务产业园 510a
海宁国际花卉城 549a
海宁华联大厦 172a
海宁经济开发区 546a
海宁农村商业银行 511a
海宁农业对外综合开发区 548a
海宁市 505a
海宁要素改革试点经验 509a
海宁中国家纺城 170b
海宁中国皮革城 170b
海事 185a
海峡两岸经贸合作平台发展论坛 540b
海盐港区多用途码头项目 184a
海盐经济开发区 543a
海盐县 498a
海洋管理 85b
海洋规划修编 85b
海洋环境保护 86a
海洋与渔业 84b
海洋与渔业行政执法 86b
海域执法行动 85b
海智计划浙江工作基地 348b
汉字听写大会 385b
杭州都市圈转型升级改革试点 301a
杭州师范大学附属乍浦实验学校 532b
杭州湾大桥北接线工程 101a
杭州至海宁城际铁路建设规划 510b
航道建设 103a
好书有约项目 405b
禾城农村商业银行 208b
合众新能源汽车项目 553a
合作交流工作 299b
何家桥线内河航道改造工程 504a
和谐社区创建 443b
和谐寺观教堂创建 455b
核电关联产业园 544b
荷兰驻沪总领事访问嘉兴 303b
红船精神与科学发展理论研讨会 271b
红色旅游书屋 153b
红十字工作示范县 517b
后备力量基层规范化建设 377b
湖州银行嘉兴分行 209a
户口登记管理清理 365b
护校安园工作 366a
沪杭高速液氧槽罐车侧翻事故 382b
沪浙人力资源服务产业园 550b
华东师范大学附属海宁市高级中学 385b
华泰产险嘉兴中心支公司 215a
华夏银行嘉兴分行 209b
环保公众参与机制 149a
环保机制改革 147a
环保宣教活动 149a
环保执法行动 148b
环城东路综合整治工程 520b
环境保护　气象 146
环境法制建设 148a
环境管理 146a
环境监测科研 148a
环境监测能力建设 147b
环境监测与科研 147a
环境卫生 141b
环境宣传教育 149a
环境质量评价 147b
环境质量状况 149b
黄标车违法查处 366b

回国留学人员创业创新基地 356a
获嘉兴市科学技术进步一等奖项目(表) 161
获省信息服务业发展资金 119b

J

机电产品出口 179b
机构编制工作 298b
机构编制管理 299a
机构编制监督检查 299b
机关党建工作 268a
机器换人实效 90a
机器换人行动 288a
机器人展览会 94a
机组安全运行 107b
机组大修 108b
基层防汛防台体系 112b
基层供销社建设 175a
基层人大工作 279b
基层人防建设 382a
基层特色专科建设 434b
基层卫生 434a
基层卫生人员培训 435a
基层文明创建 57b
基层信访机制 292a
基础测绘能力 129a
基础教育 384b
基础网络建设与运营 116a
基金小镇 469a
缉枪治爆行动 365b
疾病控制 430a
集成吊顶行业检测中心 501b
计划管理 222a
计划生育特殊家庭帮扶 438b
计算机审计应用 233a
纪鸿包装入驻高新区 549a
纪检监察工作 252a
纪检体制改革 253b
纪念建校 30 周年活动 270a
寄生虫病防治 431a
家禽集中屠宰管理办法 166b
家庭暴力告诫制度实施办法 346b
嘉禾宋文钞出版 265a
嘉化能源上市 220a
嘉善经济技术开发区 527b
嘉善县 483a
嘉善县教师流动国家级试点 385b
嘉台两地高层交流 261a
嘉台两地教育交流 262a
嘉图红十字学校 359b
嘉兴(乍浦)港 182b
嘉兴·丽水山海协作文化交流 408b
嘉兴·南投两岸邻里节 261b
嘉兴·台湾摄影作品交流展 261b 408b
嘉兴大剧院承接演出 399b
嘉兴概貌 40
嘉兴港分货类吞吐量(表) 184
嘉兴港区(乍浦开发区) 531b
嘉兴港区供水价格 228a
嘉兴港全域开放方案 188a
嘉兴港通关服务中心项目 183a
嘉兴光伏高新区发电 538a
嘉兴广播电视大学 389b
嘉兴国防动员工作 377a
嘉兴国际人才城 481a
嘉兴国际御厨争霸赛 168a
嘉兴好声音选秀 418a
嘉兴籍大陆配偶故乡行 261b
嘉兴建华企业家协会 330a
嘉兴教育学院 389b
嘉兴经济技术开发区 524b
嘉兴经济技术开发区审计 233a
嘉兴军分区 72a
嘉兴历代才女诗文徵略出版 401b
嘉兴旅游发展有限公司 152b
嘉兴旅游咨询服务中心 153a
嘉兴民营经济发展回眸出版 265a
嘉兴南湖景区改造规划 154b
嘉兴南洋职业技术学院 389b
嘉兴年鉴出版 265b
嘉兴汽车商贸园 170a
嘉兴商会发展论坛 339b
嘉兴市"掌上档案"应用平台 266a
嘉兴市部分出访团组情况(表) 305
嘉兴市部分团组接待情况(表) 305
嘉兴市残疾人联合会 356b
嘉兴市残疾人运动会 357b
嘉兴市村庄布点规划 144b
嘉兴市第一医院王江泾分院 481b
嘉兴市分税种国税收入完成情况(表) 196

嘉兴市分县(市)国税收入完成情况(表) 196
嘉兴市服务类投诉情况(表) 454
嘉兴市妇女联合会 345a
嘉兴市歌舞团 399b
嘉兴市工商联 337b
嘉兴市公证业务数据(表) 372
嘉兴市归国华侨联合会 355a
嘉兴市红十字会 358a
嘉兴市获国家科学技术奖项目(表) 160
嘉兴市获浙江省科学技术奖项目(表) 160
嘉兴市基层法律服务业数据(表) 372
嘉兴市纪律检查委员会 60a
嘉兴市建筑业管理局驻贵州办事处 132a
嘉兴市看守所迁建项目 367b
嘉兴市科学技术协会 347b
嘉兴市科学家教城乡行 385a
嘉兴市留联会代表大会 356a
嘉兴市律师业务数据(表) 372
嘉兴市七届人大四次会议优秀建议名单(表) 280
嘉兴市人民代表大会 273
嘉兴市人民代表大会常务委员会 61b
嘉兴市人民检察院 72a
嘉兴市人民政府 62a 282
嘉兴市人民政府工作部门及直属单位 62a
嘉兴市森林火灾应急预案 84a
嘉兴市商品类投诉情况(表) 453
嘉兴市上市公司情况(表) 220
嘉兴市社会科学界联合会 349a
嘉兴市社会科学优秀成果(表) 350
嘉兴市十大杰出青年评选 344a
嘉兴市台胞台属联谊会 353b
嘉兴市委工作部门及直属单位 60a
嘉兴市委员会 59b
嘉兴市文学艺术界联合会 351a
嘉兴市羊毛衫协会 92a
嘉兴市域总体规划修编 127a
嘉兴市运河申遗 288b
嘉兴市中级人民法院 72a
嘉兴市自主创新贡献奖获奖人员(表) 161
嘉兴市自主创新重大贡献奖获奖人员(表) 161
嘉兴市总工会 340a
嘉兴蔬菜批发市场 169b
嘉兴水果市场 169b
嘉兴五四文化博物馆 401b
嘉兴现代物流园 478b
嘉兴学院 387a
嘉兴银行 208b
嘉兴灶头画 402b
嘉兴职业技术学院 388a
嘉兴中国纺织城 170a
嘉兴中通吉物流项目 536b
监督科技进步条例实施 279b
监督制约机制 368b
茧丝绸交易市场 169a
检查征兵工作 378a
检察 367b
检验监管模式 190a
检验检测高技术服务业集聚区 237b
建成姚家荡公园 141a
建设项目环评审批 146b
建设银行嘉兴市分行 205b
建设智慧交通 114a
建筑施工安全生产监督 131a
建筑业 130a
健康教育工作 431b
健康素养提升工程 437b
健全党内关爱机制 269a
健全债务风险管控体制机制 296a
江南大厦 171b
江南总部基地项目 510a
交接断面水质考核优秀 58b
交通 电力 水利 99
交通安全监管 103b
交通通信和居住占比 458b
交通银行嘉兴分行 205b
教师队伍建设 391b
教师职称评审 392a
教师资格认定 392a
教师资格注册 392a
教学提升工程 270b
教育 383
教育督导 391a
教育科研 393a
教育投入与装备 395b
教育文化娱乐支出增幅 457a
接轨上海战略 153a
接警指挥新模式 367a
节俭养德全民节约行动 56a
节能技术推广 97b
节能降耗 96b

结构性减税政策 195a
结核病防治 430b
届中述职述廉评议 336b
金融服务活动 203a
金融审计 232a
金融生态环境 202a
近岸海域环境质量状况 150b
进出口食品安全检测 190b
进境羊毛截获杂草疫情 190a
进口产品风险监测预警 190b
进入国家级非遗名录 403b
京杭大运河城市旅游推广联盟 154a
经编纺织品基地 550a
经济管理与服务 222
经济普查工作 229a
经济责任审计 233a
经济转型升级 47b
经营净收入增幅 456b
经营业绩考核 226a
精品果蔬展销会 80a
精品葡萄评比 80b
精神文明建设 53a
精英企业峰会 538b
净网行动 364b
竞技体育 423b
九三学社嘉兴市委会 333b
居民医保经办职能整合 448a
居住证制度改革 289a
举办《我是河长》新闻行动 416b
举行“浙江金盾—1406”演习 381b
军地走访慰问 378a
军民共建 378a
军人随军家属就业安置实施细则 378a

K

开发区转型发展 287b
开展“共促五水共治”活动 267b
开展“节能减排”行动 58b
开展“进企解困”行动 91a
开展“三小车”退运整治 366b
开展“双爱”活动 447a
开展“五水共治”研讨班 149b
开展《嘉兴菜谱》编写 178b
开展 ADR 和 MDR 工作 239b
开展 CCC 免办受理 191a
开展废气治理行动 58b
勘察 设计 129a
科技成果申报评审 160b
科技成果与科技合作交流 160b
科技创新和技术管理 109a
科技创新平台规划 128a
科技合作交流 162a
科技环境、人才与项目 158a
科技企业孵化器 159b
科技型企业培育 160a
科技型企业融资 158b
科普讲师团 348b
科学技术 158
科研提质工程 271a
控制医疗费用 435b
口岸埃博拉防控 190a
口岸对外开放 192a
口岸工作新机制 189b
口岸开放获国务院批复 542b
跨境电商推介会 123a
快递投诉处理平台 454b

L

蓝宝石晶体材料 118a
劳动就业 446a
老干部工作 266b
老干部生活待遇 267b
老旧住宅危急维修资金制度 136a
老龄工作 445a
老年护理院建立 475a
离岸外包业务 181b
离退休干部读书会 267a
李叔同纪念馆 495b
历史沿革 41b
利率市场化 202b
利用赌博机犯罪案 513b
利用外资 180a
联通嘉兴分公司 116b
粮食 173a
粮食码头使用港口岸线获批 184a
粮食生产先进县 503a
粮油 78b
两打两保行动 364b

两化融合技术服务　115a
两化深度融合国家示范区　115a
两美嘉兴建设　251b
林业　83b
零审批工业项目开工　547b
零审批试点　488a
旅台同胞教育奖励基金　355a
旅游产业融合发展　155a
旅游电子杂志　154a
旅游规划建设　154b
旅游开发项目　154b
旅游商品获全国金奖　154a
旅游商务中介平台　154a
旅游市场开发　152b
旅游市场营销机制　152b
旅游行业监管　155b
旅游招商　154b
履行参政党职能　325b　327b　336b
绿化彩化提升　140b
绿色水运建设　103b
落实“两个两万亿”　234b

M

马桥经编交易会　550b
慢性非传染性疾病防控　431b　502a
矛盾纠纷“联排联调联处”　365b
美国荷美尔项目签约　526b
美丽嘉兴宣传　419a
美丽乡村建设　144b
民办教育　390a
民办养老机构　497b
民兵　预备役　兵役　378a
民兵“红旗党支部”创建　379a
民兵预备役部队组织整顿　377b
民防救援队伍培训　382a
民革嘉兴市委会　325a
民革文艺界党员联谊会　326b
民间档案文献史料收藏晒宝　265b
民间文化艺术之乡　482b
民间应急救援中心　497a
民间资本进入公共领域　296b
民建嘉兴市委会　329a
民进嘉兴市委会　330a
民盟嘉兴市委会　327a
民生档案资源建设会议　264b
民生实事工程　290a
民生实事项目　445a
民生银行嘉兴分行　207b
民营和小微企业出口　179b
民政工作　440b
民主党派　72b
民主党派和工商联　325
民族　宗教　455a
名胜与旅游　152
命案全破　364a
木材与种苗检疫中心实验室　191a

N

内部审计工作　233b
内河港口升级　103a
内河外贸集装箱航线　183a
纳税人满意度　196a
南湖风景名胜区　152a
南湖合唱节　472b
南湖景区获“全国最佳旅游目的地”　152a
南湖区　465a
南湖区列中国市辖区百强　468a
南湖区市场监督管理局　472a
南湖桃花节　474b
南湖之春经贸活动　470a
南京青奥会环苏“护城河”安保　380b
能源消费总量管理　97a
能源要素配置　97b
农产品流通　167a
农产品质量安全　78a
农村产权公开交易平台　88a
农村电子商务市场　122b
农村集体资产产权制度　88a
农村家庭经营净收入　458a
农村结对共建　269b
农村经营管理　87b
农村居民财产净收入　458a
农村居民工资性收入占比　457b
农村居民人均可支配收入　457b
农村居民生活消费支出增长　458a
农村居民食品消费　458b
农村生活污水治理　145a
农村土地流转　87b

农村文化礼堂建设 258b
农村义务教育学校名师全覆盖 487b
农发行嘉兴市分行 204a
农房改造集聚 145a
农工民主党嘉兴市委会 331b
农机 86b
农机修理职业技能比赛 87b
农贸市场改造 234b
农民专业合作社信用评价 88b
农田水利标准化 111b
农业 77
农业“两区”建设 77a
农业部信息进村入户试点县 116a
农业服务平台建设 175b
农业科技研发成果转化 163a
农业科技与科技新农村建设 163a
农业社会化服务 77b
农业行政执法 78a
农业银行嘉兴市分行 204b
农业与资源环境审计 232b
农业种养结构 471b
农业综合信息平台 115b
农用航空植保无人喷洒机 87b
女鞋名镇 521a
诺伊曼实业 536a

P

排水设施工程质量整治 139a
培育工业强镇 90b
培育农业经营主体 77b
培育信息经济 90b
培育要素交易市场 241a
培育种业发展项目 78b
皮革博览会 512a
平安产险嘉兴中心支公司 213a
平安嘉兴和法治嘉兴 251a
平安人寿嘉兴中心支公司 216a
平安银行嘉兴支行 207a
平湖地震事件 165b
平湖经济技术开发区 529a
平湖名媛百货 172b
平湖市 489a
破获非法运输象牙制品案 84a
葡萄产业协会成立 80b
濮院毛衫品牌推介会 554b
濮院羊毛衫市场 171a
浦发银行嘉兴分行 206a
普惠金融“嘉兴样本” 201a
普洛斯物流项目签约 549b

Q

七届市政府常务会议 284a
期货代理交易额 220b
其他行政、事业、企业单位 68b
企业创品牌经营 155b
企业电商平台 114b
企业授信总额管理 203b
企业职工文化建设 342a
企业转型升级 98b 197b
启动“三名”工程 90b
启动“十三五”规划编制 222a
绮园景区 501b
气候概况 42b
气候特征 42b
气象 150b
气象防灾减灾管理 151b
气象现代化 151b
汽车客运中心 496b
器官捐献 360a
钱江观潮节 511b
钱江通道北接线通车 100b
强制隔离戒毒工作 373b
侨界艺术家书画展 356a
侨务工作 306a
秦山核电 107a
禽流感防控 83b
青年创业就业促进中心 344b
清河治水五先行活动 346a
秋蚕期桑螟 81a
区域创新体系与高新技术产业 159a
区域医联体协作 436a
取缔非法大棚演出 407a
取消网吧总量控制 406a
全国健身舞大赛 424b
全国美展综合画种 352b 482a
全国水生态文明城市建设试点 112b 288a
全国体育场地普查 426a
全国文明城市创建 250b

全国孝亲敬老之星 441a
全国游泳之乡 512b
全国质量强市示范城市创建 236b
全国综合实力百强镇 535b
全科医生签约服务 434b
全民健身设施 425a
全社会用电量按行政区人均水平构成(表) 106
全社会用电量按用电性质构成(表) 106
全省“十大最美港航品牌” 183a
全市导游大赛 156a
全市地税收入情况(表) 199
群众路线教育理论研讨 349b
群众体育 424b
群众团体 72b 340

R

燃料油政策性退税 188a
人保产险嘉兴市分公司 212a
人才服务 337b
人大法制环境建设 279b
人感染禽流感防控 430a
人口计生工作实事 438a
人口与计划生育 438a
人民调解 373a
人民防空 381a
人民人寿嘉兴中心支公司 217a
人民生活 456a
人民政协成立65周年座谈会 315a
人权司法保障 368b
人事工作 297a
人寿保险公司业务情况(表) 211
人员和薪酬管控 226b
软件业及技术服务业 119a

S

三次产业运行 45b
三大收入提升 47a
三大养老工程建设 489a
三地一治工作 230b
三改一拆工作 249a
三环南路下穿沪昆铁路立交 102a
三级干部大会 247a
三塔路沿线景观改造 140b
三小车整治退运 472a
三制联动审批机制 240b
散装销售汽油规定 168a
扫盲教育培训 390b
沙发布生产基地 521a
莎普爱思上市 220a 496b
商贸领域监督管理 167b
商贸流通品牌建设 166b
商品类消费投诉 453b
商务人才选拔大赛 182a
商务印书馆版本图书馆 505a
商业银行专项检查 227b
商用核电站主管道电渣锭 545b
上海“亚信峰会”大云卡点安保 380a
上海漕河泾新兴技术开发区海宁分区 547a
上海工程技术大学海宁科技园 550a
上海交通大学技术转移站 545b
上海市东方医院托管平湖二院 533a
上海自由贸易试验区嘉善协作区 488a
绍兴银行嘉兴分行 209a
社保基金监管 449b
社保经办服务体系 449a
社会保障 447b
社会服务 326b 328b 329b 331a 335a
社会工作服务示范地区 442a
社会工作人才建设 444b
社会价格监督 227a
社会救助制度 441b
社会粮油供需平衡调查 174a
社会民生发展 48b
社会女性创业培训班 347a
社会生活 438
社会文化 400a
社会稳定指数评价 480b
社会需求增长 46b
社会治安防控体系建设 366a
社会治理创新机制 362a
社会主义核心价值观 53a 385a 412a
社会资本办医 436a
社会综合治理 371a
社会组织登记管理 444a
社会组织自身建设 444a
社科优秀成果评选 350b
社区、社团、社工建设 442b
社区矫正 373b

社区教育实验区　390b
社区教育实验项目和特色课程评审　390b
社区警务工作　366a
社区与农村信息化　115b
社区之声文艺调演　400b
涉法涉诉信访工作改革　362b
涉老场所饮水健康公益工程　441b
涉批中介机构改革　480b
涉企经营服务性收费　227b
审计　231b
生活饮用水监测　429b
生活饮用水水质卫生管理示范县　502a
生态环境改善　50a
生态嘉兴建设　58a
生态示范创建工作　59a
生态循环农业　77b
生态镇全覆盖　487a
生物技术产业园　530a
生鲜农产品"放心柜"　167a
生猪屠宰监管　167a
生猪养殖减量　288b
生猪养殖污染收费管理办法　228a
生猪养殖业转型　249a
声环境质量状况　150b
省"钱江杯"优质工程奖　132b
省安全文明施工标准化工地　132b
省级残疾人文化示范基地　481a
省级产业集聚区综合考评优秀单位　527b
省级电子商务示范县创建单位　469b
省级放心农贸市场　480b
省级和国家级工法　133a
省级科技金融创新示范区　202b
省级旅游度假区　487b
省级慢病综合防控示范区　479a
省级葡萄示范区项目　535a
省级企业技术中心　133a
省级森林城市　517a
省级社区教育实验区　479a
省级示范文明城市　516b
省级双拥模范城创建　442a
省级现代农业综合区　504a
省级药品安全示范县　502a
省教学研究成果奖　395a
省教育科研优秀成果奖　395a
省居住证制度改革试点　440a
省科技特派员工作先进市　163b
省农村生活污水治理工作优胜市　522b
省荣军医院搬迁　139a
省少数民族传统体育运动会　456a
省委党校南湖分校　270a
省心理健康教育教师专业技能奖　395b
省知识产权工作示范区　479a
师德建设年　392b
施工现场关键岗位人员变更管理　131b
实施居民楼道亮化　105a
实行集中行政审批　531a
食品药品诚信体系　239a
食品药品管理机制　239a
食品药品监督管理　238a
食品药品整治　238b
世界互联网大会　248a　258a　516b
市场监管力度　176a
市第七次妇女代表大会　347a
市和县(市、区)机构及负责人　59b
市级医院托管式办医模式　435b
市民卡功能应用　448b
市民运动会暨老年人运动会　424b
市七届人大常委会会议　274b
市七届人大常委会主任会议　276a
市七届人大四次会议　274a
市七届政协主席会议　310a
市区城市道路　137b
市区旅游专线　156a
市区燃气规划　139a
市容环卫工作专家库　142a
市委七届全会　247b
市委人大工作会议　274a
市现代装备制造业特色专业园　541a
市医学重点学科建设　435a
市政公用事业　136b
市政协七届常委会议　309a
市政协七届三次会议　308b
市知联会组织换届　259b
市直属学校教师招聘　393a
市志续修工作　265b
示范推广新型肥料　79a
事业单位岗位聘用　298a
手足口病防治　430b
受理仲裁案件　293b
蔬菜　79a

双推工作报道 419b
水产品质量安全整治 85a
水产养殖技术推广 85a
水稻机械化穴直播观摩会 87a
水果 80a
水环境整治 112a
水利 110a
水利“大禹杯”金奖 517b
水路 102b
水上安全监管 186b
水资源保障 111a
税收法治 198a
税收法治环境 195b
税收风险管理 196a
税源和税收管理 198a
司法公开 371b
司法行政 371b
死亡动物无害化集中处理体系 82b
四季旅游主题 152b
四轮电动车回购 454a

T

太保产险嘉兴中心支公司 213b
太保人寿嘉兴中心支公司 213a
太平人寿嘉兴中心支公司 216b
淘汰落后产能 98a
特色工业园区 545a
特种设备与产品质量监管 237a
特种行业监管 167b
提升农村公路等级 100a
提升文明旅游素质 57a
提升研究水平 263a
体改工作 295a
体育 420
体育产业 425a
体育产业发展资金 425b
体育产业品牌创建 425b
体育产业增加值 425a
体育旅游融合 425b
体育人才基地建设 424a
体育社团考核 425a
天安保险嘉兴中心支公司 214b
铁路 101b
铁塔嘉兴分公司 117a
通关无纸化率 187b
同济大学浙江学院 388a
桐乡东兴商厦 172b
桐乡技师学院 521b
桐乡经济开发区 551b
桐乡市 514a
桐乡市漫画艺术馆 518a
铜精矿项目 532a
统计 228b
统计法制建设 229a
统计制度方法创新 228b
统一战线工作 259a
投资·创业环境说明会 532b
投资项目节能评估 97a
突出群体信访事项 291b
图书馆“微平台” 405a
图书事业 404a
土地出让和耕地保护审计 231b
土地确权登记发证 231a
土地整治工程 230a
土地执法监察 231a
土地资源承载力 230b
推出《法治嘉兴》网络专题 419a
推出套餐服务 218b
推进“清三河”行动 58a
推进“三名”工程建设 95a
推进“四边三化”行动 59a
推进媒体融合 412b
推进名品工程 234b
推进无纸化进程 190a
推进重点改革试点 296b
推行阳光信访 291b
退养生猪农民转型 82a

W

外汇管理 218a
外经贸　口岸 179
外贸服务措施 191a
外商投资服务外包项目 181b
外商投资企业效益 180b
外事工作 301b
完成“卫士－14”演习 380a
完成股权划转 177b
完善便民措施 371a

完善收入征管措施　193a
晚粳稻单产　79a
汪胡桢故居修缮　402b
王江泾镇村公交枢纽站　481a
网络零售额　168b
网络商品价格监管　228a
网络协助执行查控机制　136a
网上粮食交易中心　174a
网上政务大厅建设　113a
危旧房屋大排查　135b
危险废物管理　146b
维大茵特起重设备有限公司签约　549b
维护金融消费者权益　203b
卫生　426
卫生档案工作执法检查　264a
卫生监督　428b
未成年人思想道德建设　55a
温泉小镇规划获批　155a
温室甲鱼养殖整治　85b
文化　397
文化产业园招商引资　413a
文化传媒广场项目　405b
文化交流　408a
文化节活动　268b
文化市场管理　406a
文化市场检查　406a
文化市场行政执法　407b
文化市场依法行政培训会　407a
文化市场执法案卷评析会　407a
文化遗产保护宣传　403a
文明城市创建　53b
文明家风传承行动　56b
文明嘉兴宣传　418b
文生修道院修缮　139a　402a
文物　博物　401b
文物数据库及管理系统　401b
文物消防检查　406b
文艺交流　353b
我们的节日主题活动　57b
我最喜爱的十大人民警察　367b
乌镇国际戏剧节　521b
无偿献血工作　433a
无线电管理　120a
五水共治工作　248b
武装　374
武装警察部队　380a
物价管理　226b

X

喜力啤酒开工　528b
下放行政许可权　455b
夏秋季兵员征集　378b
县(市、区)　465
县(市、区)主要机构　73b
县级留学报国基地　486b
县级社科联组织建设　349b
县水生动物防疫检疫中心　504b
县综合交通信息服务平台　487b
现代装备制造业发展合作交流会　92a
现代装备制造业行动计划　92a
乡村文化艺术周　401a
乡镇分馆提档升级　404b
乡镇服务型政府建设示范培训班　442a
乡镇卫生院等级评审　434a
乡镇文联建设　353a
享受省审批权限地市　229b
项目竣工验收　109b
消毒产品监管　429b
消防安全事故防控能力　367a
消费者权益保护　451b
小城市培育试点　144a
小城镇建设　143b
小反刍兽疫防控　83b
校园卫生安全健康监督　429b
校园文化艺术节　400b
校园智能投递中心　123b
新澳股份上市　220a
新兵野营拉练　380b
新塍镇国家实验区创建　443a
新疆阿克苏中职教师挂职　387a
新居民积分入学公办学校　440b
新居民计划生育管理　439b
新居民事务　440a
新居民子女教育　390a
新浪产业园　509b　550b
新农村建设　144b
新市镇建设　145b
新闻出版管理　419b
新闻出版和广播影视管理　419b

新闻网站 418a
新兴产业 92b
新兴产业项目获资金扶持 94a
新兴市场国家出口 179a
新型报刊亭 122b
新型城镇化进程 295b
新型农作制度推广现场会 80a
新增A级旅游景区 154b
新增认定软件企业 119b
新增软件产品登记 119b
新增设市级保险机构(表) 211
新增浙江省著名商标 542b
信诚人寿嘉兴中心支公司 217b
信访工作 291a
信访工作制度 291a
信泰人寿嘉兴中心支公司 216b
信息化建设与信息产业 113
信息经济发展和两化深度融合 115a
信息经济工作会议 115a
兴业银行嘉兴分行 206b
星耀南湖精英峰会 255a
行政复议应诉和行政调解 293b
行政合同合法性审查 293a
行政区划及人口 44a
行政审批层级一体化 240a 295a
行政审批服务质量 241b
行政审批及公共资源交易服务 239b
行政审批前置所涉收费 227a
行政审批职能整合 236b
行政审批制度改革 306b
行政审批中介服务管理 240b
行政执法改革 287a
幸福家庭关爱工程 439a
休闲房车产业园 552a
秀洲德商村镇银行 209b
秀洲电力营业厅开业 105b
秀洲工业园区 536b
秀洲农民画加强交流与合作 409a
秀洲区 475a
秀洲区公交停车西场 101a
秀洲新闻扩版 412b
徐肖冰·侯波纪念馆 518b
畜禽 81b
畜禽农产品安全监管 83a
畜禽屠宰工作 83a
畜禽养殖污染治理 146a
畜禽养殖效益 82a
畜禽遗传资源保护 82b
宣传工作 256a
学前教育先进县 391a
巡特警能力建设 366b

Y

雅培营养品有限公司投产典礼 304b
亚洲轮滑锦标赛 512b
烟草 175b
沿海防护林建设 84a
研发"检务通"平台 369a
盐业 176b
盐业配送中心 177b
盐业市场供应 177a
盐业市场监管 177a
阳光产险嘉兴中心支公司 215a
养老服务人才建设 446a
养老机构发展 445b
养鱼稳粮增收 85a
姚庄社会服务联系点 333a
药品生产质量风险管理 239b
业余无线电管理 121a
一体化警务建设 114a 363a
医教科研 434b
医疗 432a
医疗保健服务平台 267b
医疗保健和教育文化娱乐支出 458b
医疗保健支出增速 457a
医疗服务市场监管 428b
医疗服务质量 432b
医疗卫生体制改革 435b
医疗质量安全管理 432b
医务社工工作 433a
医学教育工作 435a
依法行政示范单位 238a
移动嘉兴分公司 116b
义务教育发展基本均衡市 512a
义务教育学校教师校长轮岗 392b
银行信贷资产质量 203b
银行业 199a
银行业金融机构本外币存贷款情况(表) 200
引进名优水产品种 85a

应急搜救工作 186b
应用对策研究 349b
优化路网和停车系统 137b
优化纳税服务 198b
优化能源结构 97b
优秀教师表彰 393a
优秀勘察设计评选 129b
优秀提案选录 316b
优秀议案选录 280a
优质茧收购试点 81b
邮政 121b
邮政储蓄银行嘉兴市分行 208a
游客满意度指数 156b
游泳市场监管 425b
友邦吊顶上市 219b
渔业安全管理 86a
渔业园区建设 84b
与名校及科研院所共建创新载体 162a
与中国工程院环境与轻纺工程学部签约 348b
宇培电子商务分拨结算运营中心 536a
元祖日清食品项目 530b
园林绿化 139b
阅读伴我成长读书活动 385a
云光伏项目 538a

Z

灾备中心数据恢复演练观摩会 264b
增殖放流工作 86a
渣土运输管理平台 143a
乍浦记忆展示馆 532b
乍浦农贸市场 533a
战略性新兴产业 544b
招商银行嘉兴分行 206b
召开“树标杆、学标杆”现场会 132a
浙(禾)商大会 300b
浙北大宗商品交易中心项目 533a
浙大国际联合学院 510a
浙江独山港经济开发区 541a
浙江海宁经编产业园区 549b
浙江嘉兴工业园区 533b
浙江清华长三角研究院 162a
浙江省班主任工作室领衔人 385b
浙江省美丽乡村创建先进县 501a
浙江桐乡濮院针织产业园区 553a
浙江物产集团 542b
浙江姚庄经济开发区 540a
浙江乍浦港口岸更名 184b
浙江中科院应用技术研究院 162b
浙能煤炭中转码头工程 542b
浙商创业创新 300a
浙商银行嘉兴分行 207a
真诚服务年活动 122a
整风肃纪行动 252b
整治“伪基站”行动 364b
证券 期货 219a
证券交易额 220b
政策法规性别平等咨询评估机制 346b
政策性蘑菇及蘑菇大棚保险 79b
政策性养蚕保险试点 81a
政策研究工作 262a
政府购买社会工作服务 444b
政府权力清单制度 296a
政府投资审计 232b
政府性资金审计 232a
政府职能转变和机构改革 299a
政协嘉兴市委员会 71a 307
政治纪律和组织纪律监督 253b
支持光伏行业发展 188b
支持口岸开放 190b
知识产权试点示范工作 163b
执法规范化建设 364a
职工医保异地就医业务 449a
职业与放射卫生监管 429a
指导群众路线教育实践活动 203a
志愿服务活动 344b
志愿服务建设 54b
制定“五水共治”方案 138a
质监部门机构改革 236a
质量技术监督管理 235b
致公党嘉兴市委会 335b
智慧电网建设 113b
智慧健康建设 114a
智慧教育项目 114b 396a
智慧农业试点 115b
智慧畜牧业建设 115b
中层干部交流 255a
中等职业教育 386a
中等职业学校技能节 386b
中共嘉兴市委 244

中共一大南湖会议相关历史问题考证　350a
中国玻纤总部迁址桐乡　519a　552a
中国工程科技论坛　348b
中国共产党早期组织及其成员研究　349a
中国海关与 FLECC 执法专题研讨会　188b
中国农技推广协会调研　78b
中国人寿嘉兴分公司　212a
中国银行嘉兴市分行　205a
中欧绿色智慧城市交流会　114a
中小企业公共服务平台　96b
中小微企业扶持　95b
中小学教师培训　392b
中小学数字校园示范校　396b
中信银行嘉兴分行　206a
中兴创投签署协议　471a
中医药事业发展　432b
中职教育专业创新基地　386b
中职学生技能比赛　386a
中职学校项目创建　386a
众美联餐饮产业联盟嘉兴区域平台　178b
重大水利工程　111b
重大项目建设　223a
重点领域改革　224a　250a
重点领域节能管理　97a
重点行业整治　98b
重水堆科研专项　109a
重要党务与决策　247a
重要会议　274a　308b
重要政务与决策　284a
主要工作　279a　315a
主要气候事件　43b
住房保障　449b
住房公积金业务指标　451a
住院医师规范化培训　435b
专利、知识产权保护　163a
专利管理和服务　164b
专题民主协商　259b
专业社工服务机构　444a
专业市场　169a
专业文化　399b
转移净收入增长　458a
转移净收入占比　456b
资源物产　40b
资源要素市场化配置改革　295a
自助图书馆建设　404b
宗教违法建筑处置　455b
综合交通体系规划编制　127b
综合行政执法试点　298b
总分馆体系建设　404a
组织工作　254a
祖统工作　327a
最美基层图书馆　513b
最美家庭活动　346a

图书在版编目(CIP)数据

嘉兴年鉴.2015 / 嘉兴市地方志编纂委员会编.－北京:方志出版社,2015.11
ISBN 978-7-5144-1814-9

Ⅰ. ①嘉… Ⅱ. ①嘉… Ⅲ. ①嘉兴市-2015-年鉴
Ⅳ. ①Z525.53

中国版本图书馆 CIP 数据核字(2015)第 291935 号

嘉兴年鉴(2015)

编　　者:嘉兴市地方志编纂委员会
责任编辑:陈　菁

出 版 人:冀祥德
出 版 者:方志出版社
地址　北京市朝阳区潘家园东里9号(国家方志馆4层)
邮编　100021
网址　http://www.fzph.org
发　　行:方志出版社发行中心
电话 (010) 67110500
经　　销:各地新华书店
印　　刷:浙江正方设计印刷有限公司

开　　本:787×1092　1/16
印　　张:44
字　　数:1161千字
版　　次:2015年11月第1版　2015年11月第1次印刷
印　　数:0001~2500册

ISBN 978-7-5144-1814-9　定价:300.00元